国家哲学社会科学成果文库

NATIONAL ACHIEVEMENTS LIBRARY
OF PHILOSOPHY AND SOCIAL SCIENCES

汉代墓外设施研究：以王侯墓葬与中小型墓葬为参考

刘尊志 著

科学出版社

内 容 简 介

本书在广泛收集考古资料的基础上,运用考古学理论和方法,结合文献及其他相关资料,对汉代王侯墓葬及中小型墓葬的墓外设施进行了全面、深入的研究,分析了汉代墓外设施的内容、类型、功能、作用、等级及其发展演变等诸多内容,探讨了墓葬及相关内容所体现的两重空间和三维世界,阐述了汉代墓葬所反映丧、葬、祭的有机结合与综合发展,是对汉墓研究的一项重要补充。

本书适用于从事历史、考古、文博等方面的专家、学者和大中院校相关专业的师生参考、阅读。

图书在版编目(CIP)数据

汉代墓外设施研究:以王侯墓葬与中小型墓葬为参考/刘尊志著.—北京:科学出版社,2021.4
(国家哲学社会科学成果文库)
ISBN 978-7-03-068149-2

Ⅰ.①汉… Ⅱ.①刘… Ⅲ.①墓葬(考古)-设施-研究-中国-汉代 Ⅳ.①K878.84

中国版本图书馆CIP数据核字(2021)第034331号

责任编辑:张亚娜 郑佐一/责任校对:邹慧卿
责任印制:肖 兴/封面设计:黄华斌

科学出版社 出版
北京东黄城根北街16号
邮政编码:100717
http://www.sciencep.com

北京盛通印刷股份有限公司 印刷
科学出版社发行 各地新华书店经销
*
2021年4月第 一 版　开本:720×1000 1/16
2021年4月第一次印刷　印张:45 1/2 插页:4
字数:710 000
定价:298.00元
(如有印装质量问题,我社负责调换)

作者简介

刘尊志 男，1971年12月出生，江苏丰县人。现为南开大学历史学院考古学与博物馆学系、南开大学中国社会史研究中心教授，博士生导师，主要从事秦汉魏晋南北朝考古与物质文化的研究与教学工作。先后就读于南开大学与郑州大学，研究生学历，历史学博士学位，考古学及博物馆学方向博士后，曾在江苏省徐州市徐州博物馆从事田野考古发掘及研究工作多年，为中国考古学会秦汉考古专业委员会委员。发表学术论文及发掘简报80余篇，部分发表在《考古》《文物》《考古学报》等期刊。出版《徐州汉墓与汉代社会研究》《汉代诸侯王墓研究》专著2部，主编《淅川新四队》发掘报告1部（第二作者），主编《中国考古大发现》（增订本）及学术论文集各1部，参编著作多部，为"马克思主义理论研究和建设工程重点教材"《文物学概论》编写组主要成员。主持国家社科基金项目、国家社科基金重大项目子项目、教育部人文社会科学重点研究基地重大项目、天津市社会科学规划重点项目等多个项目。

《国家哲学社会科学成果文库》
出版说明

为充分发挥哲学社会科学研究优秀成果和优秀人才的示范带动作用，促进我国哲学社会科学繁荣发展，全国哲学社会科学工作领导小组决定自 2010 年始，设立《国家哲学社会科学成果文库》，每年评审一次。入选成果经过了同行专家严格评审，代表当前相关领域学术研究的前沿水平，体现我国哲学社会科学界的学术创造力，按照"统一标识、统一封面、统一版式、统一标准"的总体要求组织出版。

全国哲学社会科学工作办公室
2021 年 3 月

序

前不久刘尊志教授给我发来其最近大作《汉代墓外设施研究：以王侯墓葬与中小型墓葬为参考》书稿，嘱我作序。我通读了书稿，觉得此书颇有新意，与以往同类考古学研究著作的学术视角有所不同。

古代墓葬研究历来是考古学研究中的"热点"，它们的共同特点是大多学者更多关注墓葬的"遗物"，而"遗迹"往往着墨较少，人们"热"也就"热"在墓葬之中的"珍宝"文物之上！而此书却把重点置于"遗迹"（"遗址"）之上，也就是该书所说的"墓外设施"，我认为这是本书的特色。

中国墓葬史如果从旧石器时代晚期北京山顶洞人墓葬开始，至今已有18000多年的历史。墓葬始于人们对"亲人"的怀念，这也被认为人类思想史的开端。中华民族及其先民把"生老病死"视为人生历史的"全过程"，"生死"又被视为其中最为重要的两个历史"节点"，而"死"比"生"更为人们及社会所重视，因为"死"是人生的"终结"，"生"则仅仅是人生的起点。人类的"生"与"死"是完全不同的两个人生时空，在华夏与中华民族历史文化中却被赋予"意义"相近而"形式"相反的两个"世界"，即"阳间"与"阴间"的"二元世界"。所谓"阳间世界"就是人们现实生活着的世界，"阴间世界"则是人去世后的虚拟"世界"，"阴间世界"是人类在"阳间世界"去世之后的"灵魂"之"生存"空间。人们设想生前在"阳间世界"的一切，死后要延续到"阴间世界"，因此古代墓葬随着历史发展越来越体现出"事死如生"的"外在表象"更多，这也成为中国古代墓葬文化上的一个极为突出的特点。国王、皇帝生前在都城、宫城、大朝正殿统治着国家，死后其陵墓也要仿照其生前的宫室等进行建设与开展祭祀活动，这也就是古代文献《吕氏春秋》所说的"陵墓若都邑"，这种"若都邑"在帝国时代早期还仅仅是通过墓内模拟设施表现出来，如《史记·秦始皇本纪》记载：秦始皇陵墓室之中"以水银为百川江河大海，机相灌输，上具天文，下具地理"的天象与地域国家象征。与此同时开始出现陵墓地面之上的陵园等设施，如秦始皇陵的"陵墓"之上的双重陵园、陵园四面辟门、"四门"分别与"亚字形墓"之东西南北"四墓道"等，又与都城及宫城的四门辟门是一致的。至于社会其他阶层的墓葬之墓主人虽然其社会地位与帝王不同，但是其墓葬文化理念表现是一致的，可以说人们"视死如生"与帝王之"陵墓若都邑"的理念是相同的。

随着社会发展，古人从史前时代进入"文明社会"，"文明社会"又从"王国"发展到"帝国"时代，其间中国古代墓葬史也与之发生了"同步"变化，这一墓葬史变化的历史节点恰恰就在秦汉时代，由于秦王朝的历史短暂，两汉四百多年的古代墓葬史显得尤为重要。刘尊志教授的《汉代墓外设施研究：以王侯墓葬与中小型墓葬为参考》一书，恰恰就是该学术领域考古学、历史学解读上述重要古代墓葬规制变化的力作。

近年来关于秦汉时代墓葬内容的考古报告已经有不少面世，但是它们更多关注的是考古发现的资料"描述"与类比，这在学科建立初期阶段是必需的，但是资料积累到一定阶段，应该就要进一步重视墓葬考古资料所揭示的墓葬修建者的意图及其产生的社会作用。再者，有些考古资料本来可以对"殡""葬""祭"三方面进行综合研究，而多年来有些考古学家往往只是局限于对"墓葬"本体的遗迹与遗物的研究，而涉及实施墓葬活动主体的"人"与"墓"的前后之"殡"、"葬"与"祭"相关的活动研究似有不足，然而这些活动恰恰蕴含着更为深刻的思想、更为丰富的历史内涵。刘尊志教授的《汉代墓外设施研究：以王侯墓葬与中小型墓葬为参考》一书，顾名思义是以"汉代"为全书时空界定范围，分成两个时代，即"西汉"与"东汉"。在此基础之上，根据墓主人"社会等级"又分为"诸侯王"、"列侯"与"中小型墓葬墓主人"三级，作者又通过对"中小型墓"的墓主人身份不同又将其分为"中型墓"与"小型墓"两类墓主人，因为二者社会地位与阶层有所不同，这样的分析与认定是颇有学术见地的。

上述墓葬分类对比研究的基础资料是"墓地外部设施"，而"墓地外部设施"因其不同时期、不同地域、不同墓主身份地位而不同，作为历史研究而言墓主身份地位是决定其各自"墓地外部设施"不同的主要原因，因为"墓主人"身份地位属于"社会属性"；而同类"墓主人"的"墓地外部设施"因"时代"与"地域"形成的不同类型，属于"自然属性"。

该书所提出的两个时代（西汉与东汉）的诸侯王墓、列侯墓与中小型墓的"三等级"墓主，从国家层面而言，其功能是维护国家秩序的"法制"延续。但是涉及广大民众的"墓葬文化"活动，基本上是以不同时期社会主导文化为基础的墓葬礼制与地方"民间葬俗"相结合形式进行。"民间葬俗"是由于各个地区社会发展进程不同、自然地理环境不同、生活内容不同、文化背景不同、宗教信仰不同等而各自形成的。但是各地的不同墓葬民俗，只是中华民族墓葬历史文化"大同"之中的"小不同"，或谓"大同"之中的"小异"。所谓华夏与中华民族墓葬文化"大同"之实质，就是墓葬中的"阴阳"二元世界的哲学理念、宗法社会的等级观念、父系社会的家族信念等。

在中华民族的悠久历史长河中，墓葬被视为国家、家族、家庭与个人的大事。先秦时代的《左传·成公十三年》记载："国之大事，在祀与戎。"《左传·文公二年》又载："祀，国之大事也。"所谓"戎"即国家"军事"，"祀"为"祭祀"礼仪，礼仪包括吉、凶、宾、军、嘉五礼，对此《礼记·祭统》认为："礼有五经，莫重于祭"。《礼记·昏义》云："夫礼始于冠，本于昏，重于丧祭，尊于朝聘，和于射乡。"

我从该书看到，"祭"作为"殡""葬"之后的礼仪、礼俗活动，随着历史发展"祭"的活动内容与"平台"越来越多、社会影响越来越大。正如刘尊志教授在该书中所说的那样："墓外设施系统在东汉时期基本确立并不断完善，墓葬内外的两重空间和墓内、墓外、现实世界的三维世界也得以形成和确立，同时在发展中逐渐形成并确立了以墓地祭祀设施为核心的墓外设施系统，与帝陵的陵寝设施相对应，体现出更为丰富的内容和内涵。同时，墓外设施也是现实世界和生人与地下墓穴和逝者产生联系的媒介和纽带，这使得相关内涵得以延伸，既有对逝者的服务，也反映出生者的诸多需求，亦与社会发展及其内容紧密联系。"可见"墓葬"的活动重点由对逝者的"后事"安排，越来越变为对逝者的"纪念"。"纪念"逝者通过"祭祀"活动，为了祭祀活动的开展，设置了各种各样的祭祀"平台"。

作为"先睹为快"者，我深深感觉刘尊志教授的《汉代墓外设施研究：以王侯墓葬与中小型墓葬为参考》一书，不只是一部汉代墓葬考古学的重要著作，而且它对秦汉历史学研究也多有建树。

刘庆柱
2021 年 2 月 15 日

目　　录

绪论 ……………………………………………………………………………（1）

第一章　西汉诸侯王墓地外部设施……………………………………（34）
　　第一节　西汉诸侯王墓地外部设施考古发现概况………………（34）
　　第二节　西汉诸侯王墓地外部设施的内容、功用与特点………（92）
　　第三节　相关问题…………………………………………………（177）

第二章　东汉诸侯王墓地外部设施……………………………………（185）
　　第一节　东汉诸侯王墓地外部设施考古发现概况………………（185）
　　第二节　东汉诸侯王墓地外部设施的内容与内涵………………（198）
　　第三节　相关问题…………………………………………………（210）

第三章　汉代列侯墓地外部设施………………………………………（213）
　　第一节　汉代列侯墓地外部设施发现概况………………………（213）
　　第二节　汉代列侯墓葬的葬地、墓域或冢地……………………（231）
　　第三节　西汉列侯墓地外部设施的内容、制度与特征…………（237）
　　第四节　东汉列侯墓地外部设施的内容、制度与特征…………（297）
　　第五节　两汉列侯墓地外部设施比较分析………………………（319）

第四章　汉代列侯墓葬及中小型墓葬的墓地祭祀设施………………（328）
　　第一节　列侯墓葬及中小型墓葬墓地祭祀设施种类……………（329）
　　第二节　墓地祠堂…………………………………………………（330）
　　第三节　其他墓地祭祀设施………………………………………（433）
　　第四节　汉代墓地祭祀设施有关问题……………………………（446）

第五章　汉代中小型墓葬外部设施……………………………………（474）
　　第一节　塘、池、沟、壕、坑……………………………………（475）
　　第二节　墙、垣……………………………………………………（522）

第三节　窑 ……………………………………………………（551）

　　第四节　阙与刻石 ………………………………………………（594）

　　第五节　其他设施 ………………………………………………（624）

　　第六节　相关问题 ………………………………………………（646）

第六章　汉代墓外设施系统的形成与确立 …………………………（650）

　　第一节　墓外设施内容及其发展 ………………………………（650）

　　第二节　墓外设施与丧葬 ………………………………………（673）

　　第三节　墓外设施系统的形成与确立 …………………………（689）

结语 ……………………………………………………………………（695）

参考文献 ………………………………………………………………（702）

后记 ……………………………………………………………………（716）

Contents

Introduction ··(1)

Chapter I External Facilities in the Cemeteries of the Western Han Feudatory Kings ···(34)

    Section I Archaeological Discoveries of External Facilities in the Cemeteries of the Western Han Feudatory Kings ······················:(34)

    Section II Contents, Functions and Characteristics of External Facilities in the Cemeteries of the Western Han Feudatory Kings ········(92)

    Section III Related Issues ··(177)

Chapter II External Facilities in the Cemeteries of the Eastern Han Feudatory Kings ···(185)

    Section I Archaeological Discoveries of External Facilities in the Cemeteries of the Eastern Han Feudatory Kings ···················(185)

    Section II Contents and Connotations of External Facilities in the Cemeteries of the Eastern Han Feudatory Kings ···················(198)

    Section III Related Issues ··(210)

Chapter III External Facilities in the Cemeteries of the Han Feudatory Princes ··(213)

    Section I Archaeological Discoveries of External Facilities in the Cemeteries of the Han Feudatory Princes ····························(213)

    Section II Tomb Regions of the Han Feudatory Princes ·······················(231)

    Section III Contents, Systems and Characteristics of External Facilities in the Cemeteries of the Western Han Feudatory Princes ·········(237)

  Section IV Contents, Systems and Characteristics of External Facilities in the Cemeteries of the Eastern Han Feudatory Princes ······ (297)
  Section V Comparative Analysis of the External Facilities in the Cemeteries between the Western Han and Eastern Han Feudatory Princes ······ (319)

Chapter IV Sacrificial Facilities in the Cemeteries of the Han Feudatory Princes as well as Small- and Medium-Sized Tombs ······ (328)
  Section I Catagories of Sacrificial Facilities in the Cemeteries of the Han Feudatory Princes as well as Small- and Medium-Sized Tombs ······ (329)
  Section II Ancestral Halls in the Cemeteries ······ (330)
  Section III Other Sacrificial Facilities in the Cemeteries ······ (433)
  Section IV Related Issues of Cemetery Sacrifice in the Han Dynasty ······ (446)

Chapter V External Facilities of Small- and Medium-Sized Tombs in the Han Dynasty ······ (474)
  Section I Ponds, Pools, Ditches, Trenches and Pits ······ (475)
  Section II Walls and Fences ······ (522)
  Section III Kilns ······ (551)
  Section IV Entrance Towers and Engraved Stones ······ (594)
  Section V Other Facilities ······ (624)
  Section VI Related Issues ······ (646)

Chapter VI The Formation and Establishment of the Tomb External Facility System in the Han Dynasty ······ (650)
  Section I Contents and Development of the External Facilities in the Cemeteries ······ (650)
  Section II Tomb External Facilities and Burial ······ (673)
  Section III The Formation and Establishment of the Tomb External Facility System ······ (689)

Epilogue ······ (695)
References ······ (702)
Postscript ······ (716)

绪 论

两汉时期，社会政治、经济、思想、文化等诸多内容在统一封建王朝背景下均取得了长足进步，墓葬这一特殊社会内容也在继承前代的基础上获得较大发展，出现和形成了诸多新内容、新因素，与墓葬相关的制度、礼俗和内容等不仅是汉代社会的重要构成，也对后世产生了十分重要的影响，因此汉代墓葬在中国古代墓葬发展史上有着举足轻重的地位。外部设施是古代墓葬极为重要的组成部分，在汉代获得了多方位、飞跃性的发展，古代墓葬自身的双重世界及死者与生者的三维世界基本形成，而这也标志着古代墓葬的发展进入了一个新的阶段。本书即是对汉代墓葬，主要是王侯墓葬及中小型墓葬外部设施进行的综合性考古学研究。

一、研究对象

本书的研究对象主要包括两个方面：墓葬范畴和墓葬外部设施。

（一）墓葬范畴

汉代之前的墓葬，有墓外设施者多为等级较高的墓葬。

春秋时期有墓外设施的高等级墓葬已有相当数量。陕西凤翔雍城秦公陵区，中字形大墓即王陵及相关墓葬的陵园相对独立，且王陵上基本都有祭享类建筑物，如M37等[1]。浙江印山越王陵使用了隍壕等设施[2]。

---

[1] 陕西省雍城考古队韩伟：《凤翔秦公陵园钻探与试掘简报》，《文物》1983年第7期；陕西省雍城考古队：《凤翔秦公陵园第二次钻探简报》，《文物》1987年第5期。

[2] 浙江省文物考古研究所、绍兴县文物保护管理所：《印山越王陵》，文物出版社2002年版。

战国时期有墓外设施的高等级墓葬更多，墓外设施的内容也更为丰富和多样。山西新绛柳泉战国早期晋君墓地中，已发掘的M301、M302、M303，每组上均有连为一体的夯筑封土，在第2组大墓附近采集到板瓦、筒瓦等①。河南新郑的韩国国君墓葬中，许岗墓葬区M3墓冢上的废墟堆积中发现不少战国时期的板瓦、筒瓦等建筑材料②，当时墓上应有建筑；胡庄墓地M2封土上发现保存较好的墓上建筑，由散水、壁洞、柱石和部分屋顶瓦砾层等组成，其西侧还发现有拐角形墓旁建筑③。辉县固围村魏王墓上发现"享堂"或"寝"类建筑，有散水、柱础、台基等，出土瓦当、筒瓦、板瓦等建筑材料④。河北地区已发现的三组中山王陵墓均有相关陵墓建筑，基本位于封土之上，M6、M7的封土顶部原都有堂类建筑⑤；城外墓区1组的陵墓建筑保存相对较好，封土顶部保留有堂、回廊等建筑基址，存有墙壁、壁柱洞、地面、卵石散水、檐柱础及板瓦、筒瓦、瓦当、瓦钉、脊饰、砖等，封土前面平台最下一级底边的中部有瓦片堆积，说明这里可能是门阙所在，而王后墓上也有类似于"王堂"的建筑基址，说明王墓与后墓上的建筑是分置的，即每墓一堂⑥。邯郸赵王陵中一些墓葬的封土上有相关建筑，每座陵台的东部还有既宽又长的道路，可能和祭祀或其他行为有关⑦。湖北荆州熊家冢M1的某些祭祀坑上或附近发现有柱洞遗存，可能是墓地的附属建筑⑧。一些墓葬的墓外建筑已位于墓侧，陕西咸阳附近的秦惠文王"公陵"及王后陵，

---

① 山西省考古研究所侯马工作站：《新绛柳泉墓地调查、发掘报告》，《晋都新田》，山西人民出版社1996年版，第145—187页。
② 河南省文物研究所新郑工作站、新郑县文物保管所：《新郑县辛店许岗东周墓调查简报》，《中原文物》1987年第4期。
③ 河南省文物考古研究所：《河南新郑胡庄韩王陵考古发现概述》，《华夏考古》2009年第3期。
④ 中国科学院考古研究所：《辉县发掘报告》，科学出版社1956年版，第84、85、88页。
⑤ 河北省文物研究所：《战国中山国灵寿城1975—1993年考古发掘报告》，文物出版社2005年版，第119、122页。
⑥ 河北省文物研究所：《䗴墓——战国中山国国王之墓》，文物出版社1995年版，第13—22页。
⑦ 河北省文管处、邯郸地区文保所、邯郸市文保所：《河北邯郸赵王陵》，《考古》1982年第6期。
⑧ 荆州博物馆：《湖北荆州熊家冢墓地2006—2007年发掘简报》，《文物》2009年第4期；荆州博物馆：《湖北荆州熊家冢墓地2008年发掘简报》，《文物》2011年第2期。

有陵园，陵园西侧有几处规模较大的建筑遗址，可能属于寝或相关设施①。

秦始皇陵继承前代的制度和做法，封土西侧有平面近方形，由主殿、侧殿、回廊、门道几部分组成的正殿及由若干单体建筑组合成的院落式附属建筑②，并有食官建筑③及园寺吏舍建筑等④。

与汉代之前明显不同，两汉时期有外部设施墓葬的范畴明显扩大。除帝王陵墓、列侯贵族及相关墓葬拥有多种形式、不同类型、种类丰富、数量众多的墓外设施外，较多的中小型墓葬也有不同形式、数量不等，而且具有相应时代、地域和发展特征的墓外设施。

两汉帝陵外部设施众多，且存在相应的发展和变化，体现出汉代陵寝制度的发展和逐步完善及其内容、组成、内涵等，帝陵是两汉政治、精神、文化的象征物和载体之一。关于两汉帝陵的外部设施，一方面考虑到相关文献与考古资料较为丰富，所需研究的内容多而庞杂，而本书篇幅有限；另一方面，帝陵具有特殊性，外部设施内容多样。目前，考古工作者对两汉帝陵的外部设施进行了诸多工作，相关资料得到不断充实和丰富，作为汉代陵寝制度研究的重点，已有较多学者从多个方面、不同角度对两汉帝陵的外部设施、陵寝制度等进行了研究和论述，为我们提供了重要的参考和借鉴。鉴于以上两点，本书对两汉帝陵的外部设施不做专门研究分析，但在相关研究中会有所涉及。

汉代王侯墓葬与中小型墓葬数量大，墓外设施数量多，种类丰富，加之较多等级较高的王侯墓葬在制同中央的影响下，体现出较多与帝陵相近或相似的内容，与两汉帝陵外部设施的发展完善相对应，汉代王侯墓葬与中小型墓葬的墓外设施在某种程度上可以体现出汉代墓葬外部设施相应的发展及其内容、内涵等。目前，关于汉代王侯墓葬及中小型墓葬外部设施的研究还相对较少，专题或综合性研究极少或不见，本书将研究所涉及的墓葬范畴定为

---

① 刘卫鹏、岳起：《咸阳塬上"秦陵"的发现和确认》，《文物》2008年第4期。
② 袁仲一：《秦始皇陵的考古发现与研究》，陕西人民出版社2002年版，第80—91页。
③ 秦俑考古队：《秦始皇陵西侧"骊山飤官"建筑遗址清理简报》，《文博》1987年第6期。
④ 陕西省考古研究所、秦始皇兵马俑博物馆：《秦始皇陵园2000年度勘探简报》，《考古与文物》2002年第2期。

汉代的王侯墓葬及中小型墓葬，主要包括汉代诸侯王与王后及其相关墓葬、汉代列侯及其夫人等的墓葬、各类中型和小型墓葬，相关研究即针对这些类型墓葬的外部设施展开。开展汉代王侯墓葬及中小型墓葬外部设施的研究，借鉴关于两汉帝陵外部设施已有的研究成果，可对汉代墓葬、墓葬的外部设施、丧葬制度与礼俗、相关丧葬内容等有更为深入的理解和全面、综合的认识。

（二）墓葬外部设施

墓葬外部设施，可简称为墓外设施，是墓葬之外与墓葬有关的设施。汉代，墓葬封土已全面普及，因此就本研究来讲，墓外设施基本是指封土之外的设施及封土堆筑后打破或叠压封土而形成的相关设施。

除陪葬墓、陪葬坑外，墓外的相关建筑则是衡量墓外设施发展的重要因素。汉代是墓葬外部设施全面发展的一个重要时期，而汉代之前，墓外设施则经历了一个漫长的发展过程。以墓外建筑为例，最早可能位于墓顶或墓上，后又移至墓侧，体现出一个发展变化的过程。杨宽先生曾言，秦汉以后的陵寝制度，当即起源于先秦的墓上建筑[①]。关于墓外建筑出现的年代，杨鸿勋先生认为，陵墓上建享堂很可能是奴隶制初期就已有了的，估计西周统治者的陵墓上有过享堂，不过至今尚未发现确切的实例[②]。杨宽先生认为安阳大司空及妇好墓等商代墓葬墓上的遗迹为墓上建筑，指出商代墓地已有建筑出现[③]。也有学者在研究后指出，西周没有墓上建筑，按照常理，商代也不会有墓上建筑[④]。

春秋中、晚期，高等级墓葬的陵园逐渐呈现出独立的特征，这在很大程度上促使了墓外建筑的出现和发展。上文所举陕西凤翔雍城秦公陵区、浙江印山越王陵等墓葬的外部建筑出现，即用于祭祀和保护墓葬。

战国时期，高等级墓葬的陵园更为独立，封土墓发展，墓外建筑得到较多使用，建筑规模扩大，设施考究，更加适应于高层统治者的需求，如

[①] 杨宽：《先秦墓上建筑和陵寝制度》，《文物》1982年第1期。
[②] 杨鸿勋：《战国中山王陵及其兆域图研究》，《考古学报》1980年第2期。
[③] 杨宽：《先秦墓上建筑问题的探讨》，《考古》1983年第7期。
[④] 李伯谦：《从晋侯墓地看西周公墓墓地制度的几个问题》，《考古》1997年第11期。

韩国国君墓葬中的许岗墓葬区M3、辉县固围村魏王墓及河北平山中山王陵等。墓外建筑的性质与墓祭关系更为密切，进一步来讲，这些建筑应是秦汉时期寝类墓外建筑的早期形态。蔡邕言："至秦始皇出寝，起之于墓侧。"①但从现有资料看，战国时期，高等级墓葬的墓外建筑经历了由墓上移至墓侧的发展过程，这与封土的规模扩大，陵园的独立，统治者祭祀需要的扩展等有较大关系，而这也表明陵园设施的逐步规范化。有些战国王侯墓，墓上建筑与墓侧建筑共存的特征已较明确，如一些赵王陵，封土上有建筑，陵台东部还有道路；新郑胡庄墓地M2韩国国君墓，封土上有墓上建筑，墓葬西侧还有拐角形墓旁建筑；秦东陵陵区4座陵园中大型墓葬的墓外建筑都位于墓侧②。以上说明，最迟至战国晚期，王陵的墓外建筑已基本移至墓侧，且有一些具备了"寝"的功能。

先秦王墓及秦始皇陵均为高等级墓葬，汉代之前等级稍低或较低的墓葬还极少有相关墓外设施内容被发现和发掘。随着汉朝的建立及其统治的日渐巩固，在继承前代的基础上，与墓葬有关的外部设施得到较大发展，对应的墓葬等级趋于多样，分布地域渐广，设施内容和种类趋于丰富，一些新的设施开始出现。西汉晚期开始，尤其是东汉时期，墓外设施的使用得到普及，一些旧式或与时代不相适应的设施渐被摒弃，较多新型设施涌现并得到推广，特别是中小型墓葬，与墓祭、墓葬修建和守护等有关的设施十分普遍。就汉代墓葬的外部设施来讲，既不似汉代之前多服务于等级较高的墓葬，也不像先秦时期一些墓葬的设施仅位于墓上，而是较为普及，较多等级人员的墓葬皆有使用，墓上虽有相关设施打破或叠压封土，但更多的是位于墓葬旁侧或附近，甚至在墓区之内或墓地之中，构成了汉代墓葬的重要内容。

二、考古发现与研究概况

目前，与汉代王侯墓葬及中小型墓葬外部设施有关的考古资料日渐丰

---

① （东汉）蔡邕：《独断（下）》，《文渊阁钦定四库全书·子部十》，第850册，第88页。
② 陕西省考古研究所、临潼县文管会：《秦东陵第一号陵园勘察记》，《考古与文物》1987年第4期；陕西省考古研究所：《秦东陵第二号陵园调查钻探简报》，《考古与文物》1990年第4期；陕西省考古研究所秦陵工作站：《秦东陵第四号陵园调查钻探简报》，《考古与文物》1993年第3期。

富，而与之有关的研究也逐渐增多，为全面认识汉代王侯墓葬及中小型墓葬外部设施提供了重要资料和参考。

（一）考古发现

两汉帝陵墓外设施丰富多样，而与两汉帝陵有关的考古工作很多与墓葬外部设施有关，而且成果丰硕。与帝陵外部设施的考古工作相比，汉代王侯墓葬与中小型墓葬的墓外设施多与墓葬自身的考古发掘有关，其中很多是在对墓穴进行考古发掘的过程中开展，当然也有一些是先期调查、勘探或发掘，或是墓葬发掘后，对其墓外设施再进行相关考古工作。因此，汉代王侯墓葬与中小型墓葬外部设施的考古资料公布较为零散，有些仅在公布的墓葬考古资料中有所提及，有的单独公布，少量有考古报告出版，而有些考古发现不仅零散而且不具备连续性，很多还是在配合基本建设中有所发现，加之有些未能引起足够重视或难以形成一篇简报等原因，并未能得到公布。随着考古工作的日益发展，考古工作者对于墓葬外设施的重视程度得到极大提高，很多汉代墓葬的外部设施得以公布或发表，这也使得相关研究成为可能。

需作说明的是，本书的第一至五章将就不同等级墓葬的外部设施或不同类别的外部设施进行具体论述，本部分仅作概述。

1. 西汉诸侯王墓葬的外部设施

截至目前，已发现和发掘的西汉诸侯墓大致为46处96座，较多西汉诸侯王墓葬有与墓外设施相关的内容公布[①]。就西汉诸侯王墓葬的外部设施来讲，相关资料并不统一，内容也不尽相同。

有的发现有园邑遗存，有的诸侯王墓外有陵园、祠庙、寝园等遗迹，相当数量的西汉诸侯王墓外有陪葬坑、陪葬墓，而就西汉诸侯王墓来讲，异坟异穴合葬墓较为常见。除上述内容外，有的西汉诸侯王墓外还发现有园寺吏舍、道路、水井、防排水设施、手工业作坊，个别墓葬还有地标石。总体

---

① 关于两汉诸侯王墓及列侯墓葬的统计，详见本书第一至三章，特此说明，不再另注。

来看，保定满城汉墓①、章丘危山汉墓②、平度六曲山胶东王墓③、徐州狮子山汉墓④与驮篮山汉墓⑤、永城保安山墓区的梁王墓地⑥、盱眙大云山汉墓⑦等的墓外设施数量大、种类多、内容内涵较丰富。与西汉诸侯王墓外部设施有关内容多见于墓葬发掘简报或报告，但也有少量与墓外设施有关的发掘报告，如《永城西汉梁国王陵与寝园》⑧。

2．东汉诸侯王墓葬的外部设施

目前基本可确认的东汉诸侯王（后）墓葬有20余座，但多数无墓外设施公布，或相关资料极少，或较简略、散乱。

最具代表性的为洛阳偃师华润电厂M89⑨、洛阳孟津朱仓村东"李密冢"⑩及安阳西高穴曹操高陵⑪。偃师华润电厂M89，墓葬西侧有成组的建筑。

---

① 中国社会科学院考古研究所、河北省文物管理处：《满城汉墓发掘报告》，文物出版社1980年版。

② 王守功、崔圣宽：《章丘市危山汉代陪葬坑》，《中国考古学年鉴·2003年》，文物出版社2004年版，第217、218页。

③ 青岛市文物保护考古研究所、平度市博物馆：《平度六曲山墓群2011—2014年度调查勘探报告》，《青岛考古（二）》，科学出版社2015年版，第84—98页。

④ 狮子山楚王陵考古发掘队：《徐州狮子山楚王陵发掘简报》，《文物》1998年第8期；韦正、李虎仁、邹厚本：《江苏徐州市狮子山西汉墓的发掘与收获》，《考古》1998年第8期。

⑤ 邱永生、徐旭：《徐州市驮篮山西汉墓》，《中国考古学年鉴·1991年》，文物出版社1992年版，第173、174页。

⑥ 河南省商丘市文物管理委员会、河南省文物考古研究所、河南省永城市文物管理委员会、阎根齐主编：《芒砀山西汉梁王墓地》，文物出版社2001年版；河南省文物考古研究所：《永城西汉梁国王陵与寝园》，中州古籍出版社1996年版。

⑦ 南京博物院、盱眙县文广新局：《江苏盱眙县大云山汉墓》，《考古》2012年第7期。

⑧ 河南省文物考古研究所：《永城西汉梁国王陵与寝园》，中州古籍出版社1996年版。

⑨ 洛阳市文物考古研究院：《偃师华润电厂考古报告》，中州古籍出版社2012年版，第89、235、385页。

⑩ 张鸿亮：《洛阳孟津朱仓李密冢东汉墓园》，《2014中国重要考古发现》，文物出版社2015年版，第72—75页；洛阳市文物考古研究院：《邙山陵墓群考古调查与勘测第一阶段考古报告》，文物出版社2018年版，第109—112页。

⑪ 河南省文物考古研究所、安阳县文化局：《河南安阳市西高穴曹操高陵》，《考古》2010年第8期；河南省文物考古研究院：《曹操高陵》，中国社会科学出版社2016年版；河南省文物考古研究院、安阳市文物考古研究所、曹操高陵管理委员会：《安阳高陵陵园遗址2016—2017年度考古发掘简报》，《华夏考古》2018年第1期。

孟津朱仓村东"李密冢"发现墓（陵）园遗址，有两重环壕，主冢东有建筑基址，另有道路、排水渠等。安阳西高穴曹操高陵的工作开展较多，发现建筑遗存、神道、相关的坑、用作参考和标识的砖砌竖洞等，而一些祭祀设施有后期损毁的迹象，这与文献记载的内容及曹操墓葬的特征较相符①。

3. 汉代列侯墓葬的外部设施

截至目前，已发现并可大致确认的两汉列侯墓葬近140座，其中西汉列侯（含列侯夫人）级别的墓葬有70余座，东汉列侯（含列侯夫人）级别的墓葬60余座。

西汉列侯墓葬的外部设施主要包括墓园及相关设施、道路、排水设施、水井、墓垣、墓上立石与墓前石雕、相关建筑、陪葬坑、合葬及祔葬与陪葬墓、守冢设施等多种。最具代表性的西汉列侯墓葬有陪葬阳陵的部分列侯墓葬②、陪葬杜陵的凤栖原张安世家族墓地③、江西南昌海昏侯墓地④等。

东汉列侯墓葬的墓外设施主要包括墓园及相关设施、相关建筑、道路、合葬墓、祔葬墓、保护设施等。最具代表性的墓葬为河南省汉魏洛阳城西东汉墓及其墓园遗址⑤。

4. 中小型墓葬的外部设施

中小型墓葬是汉代墓葬中数量最多的，所占比例较大，而且又具有分布地域广、时代延续性强、种类丰富多样等特点，是进行汉代墓葬及丧葬礼

---

① 《晋书·礼志》载：黄初三年（222年），曹丕下诏要求"高陵上殿屋皆毁坏"目的是"以从先帝俭德之志"，见（唐）房玄龄等：《晋书》，中华书局1974年版，第634页。

② 曹龙：《西汉帝陵陪葬制度初探》，西北大学硕士学位论文，2009年，第14—27、41—49页。

③ 陕西省考古研究院：《西安凤栖原西汉墓地田野考古发掘收获》，《考古与文物》2009年第5期；张仲立、丁岩、朱艳玲：《长安凤栖原西汉家族墓地》，《中国文物报》2010年4月16日第4版；《凤栖原汉墓：西汉大将军的家族墓园》，《中国文化遗产》2011年第6期。

④ 江西省文物考古研究所、南昌市博物馆、南昌市新建区博物馆：《南昌市西汉海昏侯墓》，《考古》2016年第7期。

⑤ 中国社会科学院考古研究所洛阳汉魏城队：《汉魏洛阳城西东汉墓园遗址》，《考古学报》1993年第3期。

俗等研究必不可少的参考。与汉代之前不同，汉代的中小型墓葬中，很多有墓外设施，尤其西汉晚期至东汉时期的中小型墓葬。概括来看，汉代中小型墓葬的外部设施主要包括陪葬墓、陪葬坑、祭祀坑、排水沟、围沟、隍壕、墓垣、墓园、神道、墓树、祠堂与相关设施、修墓或守墓建筑、碑、阙、石兽与石人及相关石刻、窑场等10余种之多。

一些有相应等级的中型墓葬有陪葬墓和陪葬坑，如江苏徐州顾山汉墓，有1座陪葬墓和1座陪葬坑[①]。排水设施较为普遍，体现出保护墓葬及墓地的目的和用途，湖南常德沅水下游的较多土墩墓修建有排水设施，有的位于墓外，有的位于墓内，还有的将墓内、外设施连接起来，并配以水塘，如土墩D3，西南角和东南角还保留有两个水塘，而土墩有较多的排水沟，按照一定的坡度倾斜，并与内部的排水暗沟相连接，最后汇入外部的水塘[②]。围沟在两汉中小型墓葬中均有发现，西汉墓葬中，时代较早者明显有对秦墓围沟继承的特征，如河南省三门峡市发现的一些围沟墓，较典型的有大岭粮库围墓沟墓[③]、火电厂秦末汉初围沟墓[④]等，该地也发现有东汉时期的围沟墓，如南交口M17，形制为大型洞室砖券墓葬，时代为东汉后期[⑤]。其他如天水市武山县东旱坪M46，年代为秦至西汉初期[⑥]。而一些西汉帝陵的陪葬墓也使用围沟，如阳陵东区[⑦]及咸阳渭城区民生工程汉代墓地的一些墓葬[⑧]等。西汉晚期开始至东汉时期，都城之外地区的一些家族墓地开始使用围沟或隍壕，且有相当数量。河南省鹤壁淇县大马庄墓地发现1处围沟，围绕墓

---

① 徐州博物馆：《江苏徐州顾山西汉墓》，《考古》2005年第12期。

② 湖南省常德市文物局、常德博物馆、鼎城区文物局：《沅水下游汉墓》，文物出版社2016年版，第53—57、735、736页。

③ 三门峡市文物考古研究所：《三门峡大岭粮库围墓沟墓发掘简报》，《中原文物》2004年第6期。

④ 三门峡市文物工作队：《三门峡市火电厂秦人墓发掘简报》，《华夏考古》1993年第4期。

⑤ 河南省文物考古研究所：《三门峡南交口》，科学出版社2009年版，第278页；河南省文物考古研究所：《河南三门峡南交口汉墓（M17）发掘简报》，《文物》2009年第3期。

⑥ 甘肃省文物考古研究所：《甘肃武山县东旱坪战国秦汉墓葬》，《考古》2003年第6期。

⑦ 陕西省考古研究所：《汉阳陵·前言（中文）》，重庆出版社2001年版，第111页；曹龙：《西汉帝陵陪葬制度初探》，西北大学硕士学位论文，2009年，第18、19、41—48页。

⑧ 陕西省考古研究院：《陕西咸阳渭城区民生工程汉墓发掘简报》，《考古与文物》2017年第2期。

葬 5 座，时代为东汉①。江苏邳州山头东汉墓地之外发现有大型的隍壕，宽约 20、外周长约 330、最深处约有 1 米，将整个墓地环绕其中，完整保留了东汉家族墓葬的墓园②。墓园与墓垣均较常见，有保护墓葬等作用，而前者还体现出墓地规划等内容。有的墓园内仅 1 座墓葬，如安徽省萧县破阁 XPM88，外有用石块砌筑而成的长方形茔垣，内有 1 座墓葬，时代为东汉中晚期③。有的内有多座墓葬，如江苏徐州贾汪区的石猴林东汉墓地，占地近 2000 平方米，发现东汉砖石混砌墓、砖室墓近 20 座，墓葬区外围存有围墙遗迹。墓垣主要用于保护封土和墓葬本身，徐州市东郊翠屏汉墓，外围明显可以看到由石块垒砌的长方形墓垣，共有内外两层，外垣长约 50、宽 40 米，内垣长约 38、宽 28 米④。河南密县打虎亭汉墓，M1 封土冢下部周围的石垣墙原保留高约 3 米左右，用凿制规整的方形和长方形青石构件环砌一周圆形石墙⑤。神道在文献中多有记载，但实物存留较少，四川渠县有汉阙的一些中型墓葬，神道基本位于两阙之间，从两阙身后开始朝向墓地，形制皆为凹槽形式，内部为花土，凹槽应是神道的路基⑥。阙与其他墓外石刻的实物发现较多，但出土位置相对散乱，较多已经位移或与原所属墓葬关系不详，有些则与相关墓葬关系密切，反映出相应的设置与功用，如四川雅安的高颐阙⑦及山东嘉祥武氏墓地双阙等⑧，二者还有相关石兽发现。墓碑以天津市武清区的鲜于璜碑最具代表，出土于墓前，附近还有以花纹方砖铺砌的享堂（祠堂）之类祭祀建筑物⑨。浙江省绍兴县富盛镇乌石村跳山东坡发现

---

① 河南省文物局：《淇县大马庄墓地》，科学出版社 2013 年版，第 193—196 页。
② 南京博物院、邳州博物馆：《邳州山头东汉墓地》，科学出版社 2010 年版，第 156、193 页。
③ 安徽省文物考古研究所、安徽省萧县博物馆：《萧县汉墓》，文物出版社 2008 年版，第 144、145 页。
④ 徐州博物馆：《江苏徐州市翠屏山西汉刘治墓发掘简报》，《考古》2008 年第 9 期。
⑤ 河南省文物研究所：《密县打虎亭汉墓》，文物出版社 1993 年版，第 6 页。
⑥ 四川省文物考古研究院、渠县文物管理所：《四川渠县汉阙考古调查勘探简报》，《四川文物》2014 年第 4 期。
⑦ 耿继斌：《高颐阙》，《文物》1981 年第 10 期。
⑧ 蒋英炬、吴文祺：《汉代武氏墓群石刻研究》，山东美术出版社 1995 年版，第 7—16 页。
⑨ 天津市文物管理处、武清县文化馆：《武清县发现东汉鲜于璜墓碑》，《文物》1974 年第 8 期；天津市文物管理处考古队：《武清东汉鲜于璜墓》，《考古学报》1982 年第 3 期。

东汉建初买地摩崖，又称建初买地刻石、建初买山地记，摩崖题额为"大吉"二字，正文为"昆弟六人，共买山地，建初元年（76年），造此冢地，直（值）三万钱"①。一些地区还发现修建墓葬或服务于墓主下葬而修建的临时性设施遗存，以徐州地区的西汉墓葬较具代表，这可从当地发现的一些西汉时期的空墓，如蔡山汉墓等看出②。手工业作坊也是汉代中小型墓葬外部设施的一项重要内容。徐州市西郊小长山东坡发现一处面积达四五千平方米的汉代采石遗址，内有多个采石点，而其附近密集分布大量的汉代墓葬，彼此关系密切③。江苏睢宁姚集镇蛟龙村蛟龙山前、山后的坡地土墩上发现石灰窑10余座，距离较近的为睢宁刘楼东汉墓葬群，这些石灰窑除满足高等级墓葬的需求外，还为陵区内较多中小型墓葬的修建烧造石灰。最常见的为陶窑，发现数量多，分布较广，以西汉晚期至东汉时期的墓葬外或墓地居多。河北、山东、安徽、湖南等地区的汉代墓地均有发现，陕西、河南、湖北等地区汉代墓地发现数量较多。其他地区也发现一定数量，内蒙古自治区的巴彦淖尔磴口县纳林套海墓地发现陶窑2座，应是专门为建造墓室而烧砖的④；甘肃酒泉下河清发现5座砖窑，时代为东汉，生产的砖很可能是为筑造附近的砖墓烧造的⑤；四川广安武胜匡家坝发现一处汉代窑群，有5座，时代在西汉晚期或东汉初期，很可能是专为建筑汉代墓葬用砖的陶窑⑥；贵州沿河县洪渡镇发现大量汉代砖、石室墓及5座窑址，窑的烧造年代为东汉时期，窑内的砖与附近汉代墓葬用砖的形制、规格、纹饰颇相类似⑦。除上述内容外，汉代中小型墓葬还有较多外部设施，限于篇幅，不再一一叙述。

---

① 彭云、葛国庆：《汉刻重宝——建初买地摩崖》，《东南文化》2005年第4期。
② 李平、耿建军：《徐州西汉空墓的特点及形成原因》，《湖南省博物馆馆刊（第9辑）》，岳麓书社2013年版，第267—275页。
③ 林刚：《小长山发现汉代采石场遗址：面积达四五千平方米，国内汉代采石场遗址增至3处》，《彭城晚报》2011年2月22日第A11版。
④ 魏坚：《内蒙古中南部汉代墓葬》，中国大百科全书出版社1998年版，第11—51页。
⑤ 甘肃省文物管理委员会：《酒泉下河清汉代砖窑窑址试掘简报》，《文物参考资料》1958年第12期。
⑥ 重庆市博物馆陈丽琼：《四川武胜匡家坝汉代砖窑试掘记》，《考古与文物》1980年第2期。
⑦ 贵州省博物馆考古队：《贵州沿河洪渡汉代窑址试掘》，《考古》1993年第9期。

5. 汉代列侯墓葬及中小型墓葬的墓地祭祀设施

墓祭在汉代得到发展、推广和普及，较高等级的帝王墓葬，若无特殊情况，基本都有自身的祭祀设施，而且很可能是多种设施的组合，如西汉帝王陵墓，帝陵有陵庙与寝殿和便殿等，诸侯王墓则有祠庙与寝类设施或寝园等。汉代列侯墓葬及中小型墓葬最常见的祭祀设施为祠堂，瓦顶祠堂有相当数量，且时代跨度长，从西汉早期至东汉晚期均有使用。西汉都城长安附近及陪葬帝陵的一些墓葬发现较多瓦顶结构祠堂，均为西汉时期。都城附近如长安邮电学院汉墓前有祠堂类建筑，为双开间[①]。陪葬帝陵的墓葬中发现祠堂者多为列侯级别墓葬，陪葬茂陵的霍光墓东北部有一高台建筑，可能为祠堂[②]；陪葬杜陵的富平侯张安世墓地，东部围沟内侧有祠堂遗存，已经科学发掘[③]。

东汉都城洛阳附近发现的基本为东汉墓葬外祠堂，部分为帝陵陪葬墓的祠堂。汉魏洛阳城西东汉墓东部建筑群中祠堂建筑规模较大[④]，孟津朱仓东汉 M708 东北部中心大型夯土台基（F1）与 M709 东北部建筑遗迹[⑤]，均可能为祠堂。其他地区也有相关发现。江苏邳州市埠上汉代墓地建筑（F1），时代为西汉，或可早至西汉早期[⑥]；徐州市荆山村西汉墓地西南有双开间祠堂，时代为西汉中晚期[⑦]。江西南昌西汉海昏侯刘贺与夫人墓南侧有祠堂及

---

① 西安市文物保护考古所程林泉、张小丽、翟霖林：《谈谈对张家堡汉墓群的几点初步认识》，《中国文物报》2008 年 2 月 15 日第 5、7 版；西安市文物保护考古所：《西安张家堡新莽墓发掘简报》，《文物》2009 年第 5 期。

② 咸阳市文物考古研究所：《汉武帝茂陵钻探调查简报》，《考古与文物》2007 年第 6 期；陕西省考古研究院、咸阳市文物考古研究所、茂陵博物馆：《汉武帝茂陵考古调查、勘探简报》，《考古与文物》2011 年第 2 期。

③ 陕西省考古研究院：《西安凤栖原西汉墓地田野考古发掘收获》，《考古与文物》2009 年第 5 期。

④ 中国社会科学院考古研究所洛阳汉魏城队：《汉魏洛阳城西东汉墓园遗址》，《考古学报》1993 年第 3 期。

⑤ 洛阳市文物考古研究院：《洛阳孟津朱仓东汉墓园遗址》，《文物》2012 年第 12 期。

⑥ 徐州博物馆：《江苏邳州埠上村四座西汉墓发掘简报》，《中原文物》2018 年第 1 期。

⑦ 徐州博物馆：《徐州荆山村西汉墓群发掘简报》，《穿越长三角——京沪、沪宁高铁江苏段考古发掘报告》，科学出版社 2013 年版，第 25—42 页。

相关建筑，时代为西汉中期偏晚阶段①。东汉墓前的此类祠堂也很多，如河南濮阳南乐宋耿洛 M1 墓口外祠堂②、山东济南北毕村墓地祠堂③，天津市武清区东汉晚期鲜于璜墓的封土外有"享堂"类祭祀建筑④。石祠堂大约产生于西汉晚期或末年，东汉时期的墓葬前较为常见。山东地区主要有长清孝堂山祠堂⑤、金乡"朱鲔石室"⑥及嘉祥的武梁祠与前石室、左石室⑦等。江苏省徐州地区主要有贾汪青山泉白集汉墓祠堂⑧、铜山县洪楼东汉墓祠堂⑨等。安徽省发现的汉代石祠堂主要有宿州地区的宝光寺汉墓祠堂⑩与褚兰 M1、M2 各自祠堂⑪等。另有一些为相关墓葬内出土画像石或相关遗迹，为祠堂画像石的再利用，部分亦可复原。如山东嘉祥宋山出土较多祠堂画像石材⑫，可复原四座小祠堂⑬。

　　汉代列侯墓葬及中小型墓葬外还有其他祭祀设施。一是寝，发现较少，

---

① 江西省文物考古研究所、南昌市博物馆、南昌市新建区博物馆：《南昌市西汉海昏侯墓》，《考古》2016 年第 7 期。

② 安阳地区文管会、南乐县文化馆：《南乐宋耿洛一号汉墓发掘简报》，《中原文物》1981 年第 2 期。

③ 山东大学历史文化学院、济南市考古研究所、章丘市博物馆：《济南市北毕村汉代画像石墓》，《考古》2012 年第 11 期。

④ 天津市文物管理处考古队：《武清东汉鲜于璜墓》，《考古学报》1982 年第 3 期。

⑤ 蒋英炬、杨爱国、信立祥等编：《孝堂山石祠》，文物出版社 2017 年版。

⑥ 蒋英炬、杨爱国、蒋群：《朱鲔石室》，文物出版社 2015 年版。

⑦ 蒋英炬、吴文祺：《武氏祠画象石建筑配置考》，《考古学报》1981 年第 2 期；蒋英炬、吴文祺：《汉代武氏墓群石刻研究》，山东美术出版社 1995 年版，第 37—46 页。

⑧ 南京博物院：《徐州青山泉白集东汉画象石墓》，《考古》1981 年第 2 期。

⑨ 王德庆：《江苏铜山东汉墓清理简报》，《考古通讯》1957 年第 4 期；《江苏发现的一批汉代画象石》，《文物参考资料》1958 年第 4 期；徐建国：《徐州汉画像石室祠建筑》，《中原文物》1993 年第 2 期。

⑩ 王化民：《宿州宝光寺汉墓石祠画像石》，《文物研究（第 8 辑）》，黄山书社 1993 年版，第 64—70 页。

⑪ 王步毅：《安徽宿县褚兰汉画像石墓》，《考古学报》1993 年第 4 期。

⑫ 济宁地区文物组、嘉祥县文管所：《山东嘉祥宋山 1980 年出土的汉画像石》，《文物》1982 年第 5 期。

⑬ 蒋英炬：《汉代的小祠堂——嘉祥宋山汉画像石的建筑复原》，《考古》1983 年第 8 期。

如江西南昌海昏侯刘贺墓前的设施①。二是墓园外的灶坑，汉景帝阳陵东司马道北第一排10号陪葬墓园（BP1Y10）的门阙以南与阳陵东司马道北界沟之间发现东西向一字排开的小型灶坑14处，向东西两边仍有分布，共有57处，可能与墓葬的祭祀有关②。三是祭台或供台，多发现于西汉晚期至东汉时期的墓葬前，其他位置也有。山东青岛土山屯墓群中，编号封10发现有砖构平台，位于封土南侧的缓坡之上，略呈方形，砖构平台中央放置一灰陶罐③。河南辉县路固汉代墓地中，有在坟丘上用砖的现象，如AM40、AM61、BM5，可能是墓上（坟丘顶）摆祭用的平台④。四是祭祀坑。海昏侯墓地中，刘贺墓道前有寝，寝靠近墓道的北侧二墙基之间有1不规则圆形祭祀坑，另在墙基外东西两侧各有灰坑，或与祭祀有关⑤。陕西省蓝田支家沟汉墓，封土中部偏南处发现一陪葬坑（编号为K1），内有少量动物骨骼、木炭、红色漆皮、铜饰件及"□□丞印"封泥等，为祭祀坑⑥。河北邢台南郊西汉南曲侯刘迁墓，墓室南边1.5米处发现一个和墓室平行的长方形坑，长14.2、宽1.4米，坑内发现一堆牛骨和猪骨、猪牙等⑦，亦为祭祀坑。陕西合阳西汉M1为土坑斜坡洞式墓，墓道南端2.6米处有一坑，坑口与墓道开口平行，为祭祀坑⑧。河南平顶山黑庙墓地中的H2、H3，与周边墓葬均有一定距离，

---

① 江西省文物考古研究所、南昌市博物馆、南昌市新建区博物馆：《南昌市西汉海昏侯墓》，《考古》2016年第7期。

② 曹龙：《西汉帝陵陪葬制度初探》，西北大学硕士学位论文，2009年，第26页。

③ 青岛市文物保护考古研究所：《青岛土山屯墓群考古发掘获重要新发现——发现"祭台"、人字形椁顶等重要遗迹，出土温明、玉席和遣册、公文木牍等珍贵文物》，《中国文物报》2017年12月22日第4版。

④ 中国社会科学院考古研究所：《辉县路固》，科学出版社2017年版，第458—460、194—198、274—280页。

⑤ 江西省文物考古研究所、南昌市博物馆、南昌市新建区博物馆：《南昌市西汉海昏侯墓》，《考古》2016年第7期；田庄、张杰、刘慧中：《南昌西汉海昏侯刘贺墓园礼制性建筑研究》，《南方文物》2018年第2期。

⑥ 陕西省考古研究院：《陕西蓝田支家沟汉墓发掘简报》，《考古与文物》2013年第5期。

⑦ 河北省文物管理处：《河北邢台南郊西汉墓》，《考古》1980年第5期。

⑧ 陕西省考古研究院：《2011年陕西省考古研究院考古发掘新收获》，《考古与文物》2012年第2期。

发掘者推测应为具有祭祀性质的坑①。

由上可以看出，汉代王侯墓葬与中小型墓葬的外部设施较为多样，综合构成了这些墓葬的相关内容，体现出相应的内涵，也为开展综合性研究提供了丰富的实物资料。

（二）研究的不足及研究概况

就汉代墓葬外部设施的研究而言，帝陵因其自身的特殊性加之与墓外设施相关的考古工作开展较多，对应的研究数量多，涉及内容广泛，较为深入。与之对比，汉代王侯墓葬与中小型墓葬外部设施的研究则相对较少，且还有诸多欠缺或不足之处。

1. 研究的欠缺或不足

主要有以下几个方面。

（1）缺乏汉代王侯与中小型墓葬外部设施的综合性研究，就每一类型墓葬或不同种类的设施来讲，也缺少综合性的研究成果。

（2）较多研究成果散见于墓葬发掘报告或简报之中，专门性的论述极少，很多发掘报告与简报的相关研究也多是简单提及，深入研究不多。

（3）目前较多研究针对于汉代王侯墓葬与中小型墓葬的形制与出土遗物，对墓外设施关注较少，或仅简单提及。

（4）与墓葬等级相对应，等级越高，对应的研究成果越多，反之则相对较少，较为典型的是汉代诸侯王墓外部设施的研究成果明显多于列侯墓葬及中小型墓葬。

（5）高等级墓葬外部设施的研究成果与墓葬（含外部设施）的发现大体成正比。汉代王侯墓葬中，西汉诸侯王墓外部设施的研究成果明显多于东汉诸侯王墓及两汉列侯墓葬。

（6）列侯墓葬及中小型墓葬祭祀设施，较多关注祠堂这一类遗存，其他方面少见研究成果。

（7）对一般中小型墓葬的外部设施关注度较弱。

---

① 河南省文物局：《平顶山黑庙墓地》，科学出版社2014年版，第3、143、144、162页。

（8）就中小型汉墓外部设施的研究来讲，除上文所述祠堂外，多数是针对一类或少量，具有一定特殊性的设施，如墓碑、阙等，而且很多从书法艺术或相关方面进行研究，与墓葬本体之间的联系相对薄弱。

（9）关于墓外设施尤其是中小型墓葬外部设施的内容、内涵及其所蕴含的丧葬内容还少有关注。

2．研究概况

关于汉代墓葬的外部设施，杨宽先生在《中国古代陵寝制度史研究》一书中有相关论述，如西汉中期以后坟前的祠堂建筑、东汉墓前石祠及"寝"类建筑、汉代祠堂前阙、汉代阙前的罘罳建筑、墓前神道上华表（石柱）的起源和演变、墓碑的起源及其发展等[①]。但就整体而言，如上所述，目前还没有与汉代王侯墓葬及中小型墓葬外部设施相关的综合性研究，但与汉代王侯墓葬及中小型墓葬外部设施相关的研究已有很多，或为专题研究，或相关研究中有所涉及，为本书开展相关研究提供了重要的参考和借鉴。下文从本书拟开展研究的几个方面进行简要叙述。

（1）两汉诸侯王墓外部设施研究

综合性与专门性研究不多，如《汉代诸侯王、列侯墓的地面建制——汉代王、侯墓制研究之一》[②]一文。还有较多在相关研究中有所涉及，《中国古代陵墓考古学研究》[③]《古代帝王陵寝实录》[④]《中国古代帝王陵寝》[⑤]《古代陵寝》[⑥]等书中对汉代诸侯王墓均进行了不同程度的研究，但相对简略，涉及墓外设施的内容极少。有些论述稍多，如《汉墓的考古学研究》一书[⑦]及《秦汉

---

① 杨宽：《中国古代陵寝制度史研究》，上海人民出版社2003年版。
② 刘振东：《汉代诸侯王、列侯墓的地面建制——汉代王、侯墓制研究之一》，《汉唐与边疆考古研究（第一辑）》，科学出版社1994年版，第67—75页。
③ 董新林：《中国古代陵墓考古学研究》，福建人民出版社2005年版。
④ 曹砚农：《古代帝王陵寝实录》，岳麓书社1997年版。
⑤ 孙中家、林黎明：《中国古代帝王陵寝》，黑龙江人民出版社1987年版。
⑥ 贺云翱、郭怡：《古代陵寝》，文物出版社2008年版。
⑦ 黄晓芬：《汉墓的考古学研究》，岳麓书社2003年版。

陵寝》①《汉代诸侯王墓述论》②《秦汉相乘，帝王同制——略论秦汉皇帝和诸侯王陵园制度的继承与演变》③《汉代诸侯王陵的营建和葬制》④等论文。笔者在《汉代诸侯王墓研究》一书中对汉代诸侯王墓的外部设施亦有论述，但重点为西汉诸侯王墓的外部设施，东汉诸侯王墓的外部设施讨论较少⑤。

大致来看，关于西汉诸侯王墓外部设施的研究相对较多。刘瑞、刘涛二位先生的《西汉诸侯王陵墓制度研究》一书，对西汉诸侯王的墓外设施有较多论述，并对相关问题进行了深入分析和探讨⑥。《试论西汉早期的丧葬特征及其形成》⑦一文对相关问题有所涉及。笔者也对西汉诸侯王墓的陵园制度及相关问题进行了分析⑧。也有对某些省份的西汉诸侯王墓外部设施进行的研究和分析，如李银德先生在《江苏西汉诸侯王陵墓考古的新进展》一文中对江苏地区西汉诸侯王墓的外部设施及其内容等进行了相关论述⑨。更多的是针对某一地区西汉诸侯王墓，以河南永城梁王墓、江苏徐州楚王墓及湖南长沙的长沙王墓的研究居多。

① 河南永城梁王墓

内容较多。与永城梁王墓有关的发掘报告如《永城西汉梁国王陵与寝园》⑩《芒砀山西汉梁王墓地》⑪，对梁王墓地的墓外设施均有叙述和分析。已

---

① 黄展岳：《秦汉陵寝》，《文物》1998年第4期。
② 黄展岳：《汉代诸侯王墓述论》，《考古学报》1998年第1期。
③ 王学理：《秦汉相乘，帝王同制——略论秦汉皇帝和诸侯王陵园制度的继承与演变》，《考古与文物》2000年第6期。
④ 郑绍宗、郑滦明：《汉代诸侯王陵的营建和葬制》，《文物春秋》2001年第2期。
⑤ 刘尊志：《汉代诸侯王墓研究》，社会科学文献出版社2012年版。
⑥ 刘瑞、刘涛：《西汉诸侯王陵墓制度研究》，中国社会科学出版社2010年版。
⑦ 蔡永华：《试论西汉早期的丧葬特征及其形成》，《考古学研究》，三秦出版社1993年版，第575—587页。
⑧ 刘尊志：《论西汉诸侯王墓陵园及相关问题》，《考古》2011年第4期。
⑨ 李银德：《江苏西汉诸侯王陵墓考古的新进展》，《东南文化》2013年第1期。
⑩ 河南省文物考古研究所：《永城西汉梁国王陵与寝园》，中州古籍出版社1996年版。
⑪ 河南省商丘市文物管理委员会、河南省文物考古研究所、河南省永城市文物管理委员会、阎根齐主编：《芒砀山西汉梁王墓地》，文物出版社2001年版。

有关于梁国王墓陵寝建筑的分析①，也有对墓葬的选址②、墓地概况③的论述，还有相关比较研究，如《梁国王陵与西汉帝陵的比较研究》④《从梁王陵看西汉帝王的丧葬制度》⑤等。这些研究有的针对墓外设施，有的则是在相关研究中有所涉及。就具体问题来讲，刘振东、谭青枝二位先生分析后认为"梁孝王和李王后共用一个寝园"⑥，阎根齐先生亦言："从对保安山二号墓东墓道前的文物勘探结果和该寝园的考古发掘实物证明，保安山二号墓前已无寝园的可能，梁孝王和李后确实共用一座寝园。"⑦

②江苏徐州楚王墓

此类墓有一定数量。《徐州汉墓建筑中国汉代楚（彭城）国墓葬建筑考》一书中有关于西汉楚王墓外部设施的叙述和相关分析⑧。《徐州西汉楚王陵墓考古的发现与收获》一文对徐州地区一些西汉楚王墓的外部设施有相应论述，如狮子山汉墓、驮篮山汉墓等⑨。针对具体楚王墓地的外部设施也有相关研究，《徐州市铜山县楚王山汉墓群考古调查》一文分析了楚王山墓地的墓外设施⑩；《徐州狮子山楚王陵园初步研究》一文以考古资料为基础，对狮子山楚王墓陵园进行了分析；《徐州北洞山西汉楚王墓陵园及秦梁洪考》

---

① 韩维龙、张志清：《永城西汉梁国王陵陵寝建筑试析》，《华夏考古》1999年第3期。
② 陈华光：《西汉梁王墓群的选址与排列》，《中州今古》2003年第1期；王良田、张天军：《西汉梁王葬芒山原因初探》，《黄淮学刊》（哲学社会科学版）1998年第1期。
③ 王良田：《西汉梁王墓地述论》，《商丘师范学院学报》2006年第3期。
④ 王良田：《梁国王陵与西汉帝陵的比较研究》，《中原文物研究》，大象出版社2003年版，第248—254页。
⑤ 梁云：《从梁王陵看西汉帝王的丧葬制度》，《华夏考古》2003年第2期。
⑥ 刘振东、谭青枝：《关于河南永城保安山二号墓墓主问题》，《考古与文物》2001年第4期。
⑦ 阎根齐：《保安山二号墓主人相关问题辨析——兼与刘振东、谭青枝商榷》，《华夏考古》2008年第3期。
⑧ 周学鹰：《徐州汉墓建筑中国汉代楚（彭城）国墓葬建筑考》，中国建筑工业出版社2001年版。
⑨ 李银德：《徐州西汉楚王陵墓考古的发现与收获》，《大汉楚王》，中国社会科学出版社2005年版，第15—21页。
⑩ 刘照建、梁勇：《徐州市铜山县楚王山汉墓群考古调查》，《汉代考古与汉文化国际学术研讨会论文集》，齐鲁书社2006年版，第247—254页。

一文分析了北洞山汉墓的陵园、陪葬墓、陪葬坑等内容①。

③湖南长沙长沙王墓

《长沙出土西汉印章及其有关问题研究》一文对一些与长沙王墓外设施有关的印章进行了分析，并论述了与之有关的内容②。《略谈长沙象鼻嘴一号汉墓陡壁山曹𡢃墓的年代》一文分析了象鼻嘴M1、曹𡢃墓的周围发掘的数十座西汉中小型墓葬③，指出这批中小型墓葬与吴氏王室墓地存在十分密切的联系，墓主或是徙来看守陵墓的百姓，或是与吴氏王室关系密切的侍臣近亲，死后陪葬于此④。《湖南望城风篷岭汉墓年代及墓主考》一文对长沙地区出土的一些器物及其铭文进行了分析，指出刺庙是继位长沙王为刺王刘建德建造的庙⑤。

除上述内容外，《危山汉墓布局及墓主人身份推定》一文对章丘危山汉墓的陵园布局、墓外设施如陪葬坑、陶窑等也有相关分析⑥。

东汉诸侯王墓相关的研究不多，如《东汉诸侯王墓考古发现与研究》⑦《东汉诸侯王墓葬制度探析》⑧等，而相关研究对于墓外设施的论述较少。就具体诸侯王墓来讲，有的在发掘简报和发掘报告中有相应的论述和研究，如《河南安阳市西高穴曹操高陵》⑨一文及《曹操高陵》⑩一书均有论述。也有在相关研究中针对某一诸侯王墓葬的外部设施有相关研究，如偃师华润电厂

---

① 梁勇、缪华：《徐州北洞山西汉楚王墓陵园及秦梁洪考》，《汉代陵墓考古与汉文化》，科学出版社2016年版，第104—112页。

② 周世荣：《长沙出土西汉印章及其有关问题研究》，《考古》1978年第4期。

③ 长沙市文物工作队：《长沙西郊桐梓坡汉墓》，《考古学报》1986年第1期。

④ 宋少华：《略谈长沙象鼻嘴一号汉墓陡壁山曹𡢃墓的年代》，《考古》1985年第11期。

⑤ 何旭红：《湖南望城风篷岭汉墓年代及墓主考》，《文物》2007年第12期。

⑥ 王守功、崔大庸：《危山汉墓布局及墓主人身份推定》，《中国文物报》2003年11月28日第1版。

⑦ 刘振东：《东汉诸侯王墓考古发现与研究》，《洛阳汉魏陵墓研究论文集》，文物出版社2009年版，第79—87页。

⑧ 张玉霞：《东汉诸侯王墓葬制度探析》，《中州学刊》2010年第4期。

⑨ 河南省文物考古研究所、安阳县文化局：《河南安阳市西高穴曹操高陵》，《考古》2010年第8期。

⑩ 河南省文物考古研究院：《曹操高陵》，中国社会科学出版社2016年版。

M89,《试析洛阳偃师一座东汉金缕玉衣墓的性质》①《偃师华润电厂东汉墓相关问题探析——兼谈洛阳东汉高等级墓的特点》②二文对其墓外设施皆有分析。

（2）汉代列侯墓葬外部设施研究

学界关于汉代列侯墓葬的研究整体较少，《汉代诸侯王、列侯墓的地面建制——汉代王、侯墓制研究之一》一文对两汉列侯墓葬有所论述，亦涉及两汉列侯墓葬的外部设施③。

与汉代诸侯王墓相似，西汉列侯墓葬发现、确认数量要多于东汉列侯墓葬，有学者对西汉列侯墓葬及其外部设施进行了相关研究，如李银德先生的《西汉列侯葬制研究》④《西汉列侯墓地设施初探》⑤二文。2006年，湖北云梦县睡虎地M77出土《葬律》竹简，其中记载有关西汉列侯墓外设施的诸多内容，包括墓园、门阙、罘罳、祠堂等，一些设施还有详细描述，如茔域范围、墓园垣高、祠堂尺寸及相关设施的位置等⑥，有学者通过对该简的分析，论述了西汉列侯墓葬外部设施的有关内容⑦。西汉帝陵的陪葬墓中有相当数量的列侯墓葬，有学者在对帝陵陪葬墓的研究过程中分析了一些陪葬帝陵列侯墓葬的墓外设施⑧。关于一些西汉列侯墓地或相关内容，也有相关研究，但墓外设施论述极少，如《谈谈对张家堡汉墓群的几点初步认识》⑨、

---

① 张鸿亮：《试析洛阳偃师一座东汉金缕玉衣墓的性质》，《洛阳考古》2014年第2期。
② 张鸿亮、史家珍：《偃师华润电厂东汉墓相关问题探析——兼谈洛阳东汉高等级墓的特点》，《洛阳考古》2014年第4期。
③ 刘振东：《汉代诸侯王、列侯墓的地面建制——汉代王、侯墓制研究之一》，《汉唐与边疆考古研究（第一辑）》，科学出版社1994年，第67—75页。
④ 李银德：《西汉列侯葬制研究》，《湖南省博物馆馆刊（第2辑）》，岳麓书社2005年版。
⑤ 杨武站：《西汉列侯墓地设施初探》，《考古》2018年第11期。
⑥ 湖北省文物考古研究所、云梦县博物馆：《湖北云梦睡虎地M77发掘简报》，《江汉考古》2008年第4期。
⑦ 彭浩：《读云梦睡虎地M77汉简〈葬律〉》，《江汉考古》2009年第4期。
⑧ 曹龙：《西汉帝陵陪葬制度初探》，西北大学硕士学位论文，2009年。
⑨ 西安市文物保护考古所程林泉、张小丽、翟霖林：《谈谈对张家堡汉墓群的几点初步认识》，《中国文物报》2008年2月15日第5、7版。

《长沙杨家山西汉"刘骄"墓和"杨子赣"墓考》[①]。近年来，随着一些西汉列侯墓葬及其外部设施的被发现和发掘，极大地推动了西汉列侯墓葬及其墓外设施的研究。西安凤栖原墓地发现有围墓沟、祠堂、道路等较多设施，有学者以该墓地为切入点，对西汉列侯墓葬及其墓外设施进行了分析[②]。江西南昌海昏侯墓地的发掘更是在学界引起关于西汉列侯墓葬的研究高潮，墓外设施也得到较大关注。信立祥先生的《西汉废帝、海昏侯刘贺墓考古发掘的价值及意义略论》[③]、白云翔先生的《西汉王侯陵墓考古视野下海昏侯刘贺墓的观察》[④]、张仲立与刘慧中先生的《海昏侯刘贺墓逾制几论》[⑤]、高崇文先生的《西汉海昏侯陵墓建制琐谈》[⑥]、李银德先生的《刘贺的陵与墓》[⑦]等，对海昏侯刘贺墓的墓外设施或西汉列侯墓葬的外部设施均有相应论述。针对墓外设施也有相关成果，如杨军先生的《江西南昌西汉海昏侯墓园》一文对海昏侯墓的基本情况做了介绍[⑧]，刘瑞先生在《海昏侯刘贺墓墓园制度初探》一文中对海昏侯刘贺墓墓园进行了深入研究，关于内垣，该文指出"《葬律》的记载内容间接表明列侯墓存在'内垣'或是象征意义上的内垣"[⑨]。孙华先生的《海昏侯刘贺墓墓园遗迹刍议》[⑩]及田庄、张杰、刘慧中等先生的《南昌西汉海昏侯刘贺墓园礼制性建筑研究》[⑪]等文对刘贺墓的墓园及礼制建筑亦进行了论述和分析。笔者也对西汉列侯墓葬墓外设施进行了浅显分析，并

[①] 何旭红：《长沙杨家山西汉"刘骄"墓和"杨子赣"墓考》，《湖南省博物馆馆刊（第11辑）》，岳麓书社2015年版，第321—329页。

[②] 胡斌：《从西安凤栖原西汉家族墓地来看西汉列侯墓葬的几个问题》，西北大学硕士学位论文，2012年。

[③] 信立祥：《西汉废帝、海昏侯刘贺墓考古发掘的价值及意义略论》，《南方文物》2016年第3期。

[④] 白云翔：《西汉王侯陵墓考古视野下海昏侯刘贺墓的观察》，《南方文物》2016年第3期。

[⑤] 张仲立、刘慧中：《海昏侯刘贺墓逾制几论》，《南方文物》2016年第3期。

[⑥] 高崇文：《西汉海昏侯陵墓建制琐谈》，《南方文物》2017年第1期。

[⑦] 李银德：《刘贺的陵与墓》，《南方文物》2017年第1期。

[⑧] 杨军：《江西南昌西汉海昏侯墓园》，《大众考古》2015年第12期。

[⑨] 刘瑞：《海昏侯刘贺墓墓园制度初探》，《南方文物》2016年第3期。

[⑩] 孙华：《海昏侯刘贺墓墓园遗迹刍议》，《江西师范大学学报》（哲学社会科学版）2018年第1期。

[⑪] 田庄、张杰、刘慧中：《南昌西汉海昏侯刘贺墓园礼制性建筑研究》，《南方文物》2018年第2期。

论述了南昌西汉海昏侯墓墓外设施的发现价值和意义①。在借鉴凤栖原墓地、南昌海昏侯墓地等的考古成果及已有研究的基础上，笔者对江苏徐州荆山村西汉墓地的性质进行了分析，指出该墓地应为一处西汉列侯墓地②。

不过，目前关于东汉列侯墓葬及其墓外设施的研究还极少，这一点亟须加强。

（3）汉代列侯与中小型墓葬的墓地祭祀设施研究

关于汉代墓祭或墓祀，研究成果较多。相关设施方面，杨树达先生在《汉代婚丧礼俗考》的墓葬部分对有关文献有所辑录③。《汉代墓祀新探》④及《试论汉代的墓祀制度》⑤等文也有相应的分析和论述。

已有研究中，上文所述与列侯墓葬外部设施相关的一些研究中对汉代列侯墓地祭祀设施有所论述，但主要为祠堂，其他设施分析较少。关于中小型墓葬外部设施也大致如此，针对于墓地祠堂的研究成果较多。需要说明的是，目前还暂无针对于汉墓祠堂的综合研究。信立祥先生的《汉代画像石综合研究》对汉代祠堂尤其是石祠堂进行了分类分析和研究，另就与祠堂相关的诸多内容进行了论述⑥，对开展汉代祠堂尤其是石祠堂的研究有重要参考价值。张从军先生在《黄河下游的汉画像石艺术》的第七章对汉代石祠堂及其画像进行了分析和解读⑦。杨爱国先生的《幽明两界——纪年汉代画像石研究》指出汉代，尤其是东汉时期，同一家族中祠堂的使用存在差别，官位高者规模大，低者规模小，但就不同家族而言，同一形制或规模的祠堂，墓主身份相差悬殊，或同一阶层的墓主，祠堂的形制和规模也有差别，换言之，祠堂的结构、规模和使用的墓主身份关系不明显⑧。郑岩先生在《逝者的面具——汉

---

① 刘尊志：《浅析西汉列侯墓葬墓外设施——兼论南昌西汉海昏侯墓墓外设施的价值和意义》，《南方文物》2017年第1期。

② 刘尊志：《江苏徐州荆山村西汉墓地性质浅探》，《中原文物》2016年第6期。

③ 杨树达撰，王子今导读：《汉代婚丧礼俗考》，上海古籍出版社2000年版，第97—129页。

④ 李如森：《汉代墓祀新探》，《北方文物》1998年第1期。

⑤ 马新：《试论汉代的墓祀制度》，《山东大学学报》（哲学社会科学版）2014年第1期。

⑥ 信立祥：《汉代画像石综合研究》，文物出版社2000年版。

⑦ 张从军：《黄河下游的汉画像石艺术》，齐鲁书社2004年版。

⑧ 杨爱国：《幽明两界——纪年汉代画像石研究》，陕西人民美术出版社2006年版。

唐墓葬艺术研究》中对汉代石祠堂进行了研究，同时还绘制有多个汉代石祠堂与墓葬的位置关系图①。武利华先生的《徐州汉画像石通论》重点介绍和研究了今徐州地区的汉代石祠堂，还介绍了一些征集的石祠堂及构件等，亦进行了相关研究和复原②。

关于某一墓地祠堂亦有相关研究。既有对该墓地祠堂的重点研究和复原，也有对汉代石祠堂进行的相关研究，如《孝堂山石祠》③《朱鲔石室》④及关于嘉祥武梁祠与前石室、左石室进行相关研究的《武氏祠画象石建筑配置考》⑤及《汉代武氏墓群石刻研究》⑥。

关于某一地区汉代石祠堂的研究多为论文，数量较多。山东邹城地区有《邹城东汉祠堂整理与研究》⑦，该地区峄山北龙河发现的宋金墓，建材中有东汉祠堂画像石与刻铭石材⑧，有学者对画像石及祠堂刻铭进行了专题研究⑨。滕州地区有《滕州汉代石祠堂及祠堂画像》一文，介绍了该地区汉代石祠堂及散存祠堂用石，分析了该地区汉代祠堂的特征⑩，另有《滕州汉代祠堂画像石》一文⑪。其他有对山东东阿铁头山出土芗他君祠堂石柱进行的分析⑫，有关于嘉祥宋山出土永寿三年（157年）许安国祠堂用石的论述⑬等。

---

① 郑岩：《逝者的面具——汉唐墓葬艺术研究》，北京大学出版社2013年版，第111页。

② 武利华：《徐州汉画像石通论》，文化艺术出版社2017年版。

③ 蒋英炬、杨爱国、信立祥等编：《孝堂山石祠》，文物出版社2017年版。

④ 蒋英炬、杨爱国、蒋群：《朱鲔石室》，文物出版社2015年版。

⑤ 蒋英炬、吴文祺：《武氏祠画象石建筑配置考》，《考古学报》1981年第2期。

⑥ 蒋英炬、吴文祺：《汉代武氏墓群石刻研究》，山东美术出版社1995年版。

⑦ 谢健、程明：《邹城东汉祠堂整理与研究》，《大汉雄风——中国汉画学会第十一届年会论文集》，高等教育出版社2008年版，第491—496页。

⑧ 邹城市文物局：《山东邹城峄山北龙河宋金墓发掘简报》，《文物》2017年第1期。

⑨ 胡新立：《邹城新发现汉安元年文通祠堂题记及图像释读》，《文物》2017年第1期。

⑩ 陈庆峰、潘卫东、李慧：《滕州汉代石祠堂及祠堂画像》，《枣庄师范专科学校学报》2002年第1期。

⑪ 翟洪勇：《滕州汉代祠堂画像石》，《文学界：理论版》2013年第1期。

⑫ 罗福颐：《芗他君石祠堂题字解释》，《故宫博物院院刊》1960年。

⑬ 济宁地区文物组、嘉祥县文管所：《山东嘉祥宋山1980年出土的汉画像石》，《文物》1982年第5期；赵超：《山东嘉祥出土东汉永寿三年画像石题记补考》，《文物》1990年第9期。

安徽北部淮北、萧县等地有较多石祠堂及祠堂画像石出土，有学者对皖北地区汉代石祠堂画像石进行了分析[①]，还有学者就淮北地区汉代石祠堂及其画像石进行了论述[②]。徐州地区的石祠堂较多，上文所述《徐州汉画像石通论》一书有相关研究，另外还有一些研究性论文。徐建国先生先后撰写了《徐州汉画像石室祠建筑》[③]及《〈徐州汉画像石室祠建筑〉补说——兼议古代徐州祭祀建筑源起》[④]两文，其中有对洪楼汉墓祠堂[⑤]复原及其方位、朝向等的推测。武利华先生的《徐州汉画像石祠堂和祠堂画像》一文对徐州地区汉代石祠堂及画像进行了分析。关于徐州地区散存汉代石祠堂画像石也有相关论文，如《徐州新发现的汉代石祠画像和墓室画像》等[⑥]。

关于汉代石祠堂还有其他方面的研究。一是复原研究，山东嘉祥宋山出土较多祠堂画像石材[⑦]，蒋英炬复原了其中四座小祠堂[⑧]；徐州铜山县汉王东沿村发现较多石祠画像石[⑨]，笔者也对之进行了复原研究[⑩]；武利华先生在《徐州汉画像石通论》一书中还对徐州地区散存或征集的一些祠堂画像石所属祠堂进行了复原。二是与汉代石祠堂有关的再葬画像石，有学者通过研究

---

① 朱永德：《皖北"抱鼓石"形汉代画像石祠堂》，《大汉雄风——中国汉画学会第十一届年会论文集》，高等教育出版社 2008 年版，第 485—490 页。

② 欧雪梅、解华顶：《淮北市南山汉文化博物馆馆藏汉代祠堂画像石赏析》，《文物鉴定与鉴赏》2017 年第 2 期。

③ 徐建国：《徐州汉画像石室祠建筑》，《中原文物》1993 年第 2 期。

④ 徐建国：《〈徐州汉画像石室祠建筑〉补说——兼议古代徐州祭祀建筑源起》，《两汉文化研究（第二辑）》，文化艺术出版社 1999 年版，第 329—342 页。

⑤ 王德庆：《江苏铜山东汉墓清理简报》，《考古通讯》1957 年第 4 期；《江苏发现的一批汉代画象石》，《文物参考资料》1958 年第 4 期。

⑥ 郝利荣：《徐州新发现的汉代石祠画像和墓室画像》，《四川文物》2008 年第 2 期。

⑦ 济宁地区文物组、嘉祥县文管所：《山东嘉祥宋山 1980 年出土的汉画像石》，《文物》1982 年第 5 期。

⑧ 蒋英炬：《汉代的小祠堂——嘉祥宋山汉画像石的建筑复原》，《考古》1983 年第 8 期。

⑨ 徐州博物馆：《徐州发现东汉元和三年画像石》，《文物》1990 年第 2 期；王黎琳、李银德：《徐州发现东汉画像石》，《文物》1996 年第 4 期。

⑩ 刘尊志：《江苏徐州东沿村出土东汉祠堂画像石浅析》，《中原文物》2018 年第 1 期。

指出，其中的部分画像石应为祠堂画像石①，之后还有相关学者对再葬画像石的研究进行了相应的补充②。三是与石祠堂有关的画像石，如石祭案等③。

（4）汉代中小型墓葬外部设施研究

汉代中小型墓葬的外部设施多而杂，就目前而言，未见与之有关的综合性研究，而已有研究也仅仅集中于某些方面，或多或少，有的虽然很多，如阙、碑等，但相当部分集中于艺术或书法等方面，与墓葬相关的内容涉及较少。下文仅就相关研究成果作简要概述。

中小型墓葬外的围沟是设施内容之一，有学者就秦汉墓葬围沟进行了相关探讨④。《洛阳孟津大汉冢西晋围沟墓发掘简报》一文的结语中也就汉至魏晋的墓葬围沟，乃至北魏和隋唐时期的围沟墓进行了相关分析⑤。

中小型墓葬的陪葬坑发现不多，徐州地区具有一定的代表性，笔者在相关研究中对徐州地区中小型墓葬的陪葬坑⑥及陪葬陶俑⑦进行了相关分析。

关于墓地陶窑，相关成果有所涉及，而与之有关的研究成果也有一定数量，主要有《汉代山东制陶业的发展》⑧《汉代陶窑初论》⑨《战国及秦汉之际陶窑初步研究》⑩《秦汉时期砖瓦窑研究》⑪等，对全面认识汉代墓地陶窑有着重要的参考价值。

---

① 周保平：《徐州的几座再葬汉画像石墓研究——兼谈汉画像石墓中的再葬现象》，《文物》1996年第7期。

② 钱国光、刘照建：《再葬画像石墓的发现与再研究》，《东南文化》2005年第1期。

③ 杨孝军、郝利荣：《论汉画像石中"祭案"与"庖厨"的意义——兼论〈太平经〉中的死后世界以及汉代民俗信仰》，《中国汉画学会第十三届年会论文集》，中州古籍出版社2011年版，第84—90页。

④ 李进：《秦汉墓葬围沟问题初探》，西北大学硕士学位论文，2013年。

⑤ 洛阳市第二文物工作队：《洛阳孟津大汉冢西晋围沟墓发掘简报》，《文物》2011年第9期。

⑥ 刘尊志：《徐州汉墓与汉代社会研究》，科学出版社2011年版，第268—273页。

⑦ 刘尊志：《徐州西汉墓葬陪葬陶俑的置放方式及相关问题》，《考古与文物》2007年第2期；《徐州西汉墓陪葬陶俑组合及相关问题》，《考古》2013年第8期。

⑧ 逄振镐：《汉代山东制陶业的发展》，《齐鲁学刊》1987年第5期。

⑨ 李毓芳：《汉代陶窑初论》，《汉唐与边疆考古研究（第一辑）》，科学出版社1994年版，第76—91页。

⑩ 王春斌：《战国及秦汉之际陶窑初步研究》，《考古与文物》2011年第6期。

⑪ 李清临：《秦汉时期砖瓦窑研究》，《考古与文物》2014年第2期。

阙在汉代有不同功用，墓阙是其中一种，也是墓外设施的一类。关于汉阙的研究较多，但部分是关于墓阙的分析，较多则涉及艺术等内容。有一些与汉阙有关的著作和图录，如《四川汉代石阙》①《中国汉阙》②《中国汉阙全集》③等，其中对墓阙有相关分析。关于汉阙的研究论文很多，有关于汉阙研究的综述与思考，如《存世汉代墓阙研究综述》④《关于汉阙研究尚待商榷的问题》⑤等；有关于汉阙的专题研究，如《汉阙考》⑥等；有对某一地区汉阙的研究，也有对比研究，如《四川汉阙的价值》⑦《成都汉阙刻石铭文考释》⑧《渠县汉阙之沈府君阙研究三题》⑨《重庆市忠县乌杨阙的初步认识》⑩《重庆忠县汉阙与四川渠县汉阙之比较研究》⑪等；有较多关于汉阙与文化艺术的研究，如《汉阙的文化意味》⑫《论汉阙建筑的文化特性及其当代意义》⑬《汉阙艺术研究》⑭《东汉〈冯焕阙〉及其隶书》⑮《渠县汉阙艺术研究》⑯等。

碑在汉代具有多种用途，墓碑在西汉晚期出现，东汉时期逐渐流行，成为墓外设施的主要内容。关于汉代墓碑的研究多见于汉碑研究之中，

---

① 重庆市文化局、重庆市博物馆：《四川汉代石阙》，文物出版社1992年版。
② 高文：《中国汉阙》，文物出版社1994年版。
③ 张孜江、高文主编：《中国汉阙全集》，中国建筑工业出版社2017年版。
④ 李航：《存世汉代墓阙研究综述》，《艺术研究》2016年第1期。
⑤ 龚廷万、龚玉：《关于汉阙研究尚待商榷的问题》，《四川文物》2011年第3期。
⑥ 姜生：《汉阙考》，《中山大学学报》（社会科学版）1997年第1期。
⑦ 冯一下：《四川汉阙的价值》，《四川文物》1984年第4期。
⑧ 邓代昆：《成都汉阙刻石铭文考释》，《四川文物》1988年第3期。
⑨ 侯忠明：《渠县汉阙之沈府君阙研究三题》，《达县师范高等专科学校学报》2003年第3期。
⑩ 李大地、邹后曦、曾艳：《重庆市忠县乌杨阙的初步认识》，《四川文物》2012年第4期。
⑪ 陈绪春：《重庆忠县汉阙与四川渠县汉阙之比较研究》，《院校风采》2009年第1期。
⑫ 陈国生：《汉阙的文化意味》，《华夏文化》1996年第1期。
⑬ 张博：《论汉阙建筑的文化特性及其当代意义》，《陕西师范大学学报》（哲学社会科学版）2008年第2期。
⑭ 廖巾敏：《汉阙艺术研究》，东南大学硕士学位论文，2012年。
⑮ 侯忠明：《东汉〈冯焕阙〉及其隶书》，《艺术考古》2009年第1期。
⑯ 余慧娟、高一丹：《渠县汉阙艺术研究》，《民族艺术研究》2010年第6期。

也有针对某一墓碑的研究，而艺术或书法研究是汉碑研究的一大方面。清代钱泳编《汉碑大观》内收集汉碑多件①，《汉代婚丧礼俗考》一书对汉代墓碑文献资料进行了梳理②。很多学者从多方面对汉碑做了研究，著作如《汉碑读析》③等；论文如《汉碑偶识》④《汉碑概说》⑤《试论汉碑的史料价值》⑥等。有针对某一地区或某一墓葬出土碑进行的研究，如《河南现存的汉碑》⑦，天津武清鲜于璜碑的出土在学界影响较大，发掘简报即对之有相关研究⑧，之后还有较多研究，如《汉〈鲜于璜碑〉探考》⑨等。相关研究对汉代墓碑也有论述，如《西汉石刻文字初探》⑩一文，《芦山县的东汉石刻》⑪《芦山的东汉石刻》⑫二文对四川芦山樊敏碑、"杨君之铭"碑首等有论述。《汉代武氏墓群石刻研究》一书对武氏墓地相关石碑进行了叙述和分析⑬。

关于墓前的石兽、石人、石柱等，也有相关研究成果。就石兽而言，《汉代陵墓石兽研究》一书收集资料丰富，并进行了详细分类和针对性研究，得出较多具有深度的结论。如作者在书中指出，东汉时期墓前设立石人石兽，是仿效宫苑城阙仪仗类石雕所制；墓地建筑体系开始仿效宫苑建筑，在墓地开设神道，设立门阙并列置石人、石兽，确立了东汉时期墓前石兽的基

---

① （清）钱泳（钱梅溪）：《汉碑大观》，中国书店1984年版。
② 杨树达撰，王子今导读：《汉代婚丧礼俗考》，上海古籍出版社2000年版，第124—129页。
③ 施永安：《汉碑读析》，吉林文史出版社2015年。
④ 李发林：《汉碑偶识》，《考古》1988年第8期。
⑤ 楚保玲、赵振乾：《汉碑概说》，《史学月刊》1997年第5期。
⑥ 吕婷：《试论汉碑的史料价值》，山东大学硕士学位论文，2010年。
⑦ 河南省文化局文物工作队：《河南现存的汉碑》，《文物》1964年第5期。
⑧ 天津市文物管理处、武清县文化馆：《武清县发现东汉鲜于璜墓碑》，《文物》1974年第8期；天津市文物管理处考古队：《武清东汉鲜于璜墓》，《考古学报》1982年第3期。
⑨ 李象润：《汉〈鲜于璜碑〉探考》，《书法之友》1999年第5期。
⑩ 徐森玉：《西汉石刻文字初探》，《文物》1964年第5期。
⑪ 陶鸣宽、曹恒钧：《芦山县的东汉石刻》，《文物参考资料》1957年第10期。
⑫ 李军：《芦山的东汉石刻》，《四川文物》1994年第6期。
⑬ 蒋英炬、吴文祺：《汉代武氏墓群石刻研究》，山东美术出版社1995年版，第17—22页。

本制度等①。其他如《中国雕塑艺术史》②《徐州汉画像石通论》③等书中也有相关分析。另有研究性论文，如《洛阳新获石辟邪的造型艺术与汉代石辟邪的分期》④《河南叶县发现的东汉石兽——兼谈汉晋的陵墓华表》⑤《江苏徐州出土的汉代陵墓石雕》⑥等。

还有通过图像资料对汉代中小型墓葬外部设施内容进行的研究。如墓树，信立祥先生在《汉代画像石综合研究》中有较具说服力的研究⑦，而郑同修先生通过研究指出：相关常青树（长青树）可能为社树，图案反映了汉代对土地神崇拜、立社、祭社之俗，体现了汉代社祭等内容⑧。

综上所述，汉代王侯墓葬与中小型墓葬外部设施的相关考古资料已较为丰富，涉及墓外设施的诸多内容，而因等级、时代、地域等的差异，相关设施又呈现出多样化的特点，为全面认识汉代墓外设施的内容、内涵及其发展、特征等提供了丰富的实物资料。与汉代王侯墓葬及中小型墓葬外部设施相关的研究成果也日益增多，而且涉及面越来越广，虽然还存在一些欠缺或不足之处，但众多研究成果为我们开展相关研究提供了重要参考和借鉴。丰富的考古、文献资料及研究成果，使得本研究成为可能，本书即以这些资料或成果为基础，对汉代王侯墓葬与中小型墓葬的外部设施开展全面、深入的综合性研究。

三、研究的理论、方法与目的、意义

墓葬是社会内容的一项重要组成，有学者指出："墓葬较之城址、手工业遗址等，其包含的信息较为丰富，除了涉及当时社会的政治、经济、文化及社会生活之外，还全面地反映了人的精神、宗教思想以及上层建筑等方方

---

① 秦臻：《汉代陵墓石兽研究》，文物出版社2016年版。
② 王子云：《中国雕塑艺术史》，人民美术出版社1988年版。
③ 武利华：《徐州汉画像石通论》，文化艺术出版社2017年版。
④ 苏健：《洛阳新获石辟邪的造型艺术与汉代石辟邪的分期》，《中原文物》1995年第2期。
⑤ 杨爱玲：《河南叶县发现的东汉石兽——兼谈汉晋的陵墓华表》，《中原文物》1981年第2期。
⑥ 杨孝军：《江苏徐州出土的汉代陵墓石雕》，《四川文物》2009年第1期。
⑦ 信立祥：《汉代画像石综合研究》，文物出版社2000年版。
⑧ 郑同修：《汉画像中"长青树"类刻画与汉代社祭》，《东南文化》1997年第4期。

面面，为我们展示出一个立体而全面的古代社会面貌，而这也正是考古学研究最终想要达到的目的""从墓葬建筑模式到随葬物品，大致可分为天神系统、人间系统和阴界系统等三个系统。"① 就墓葬来讲，是古人"事死如事生，事亡如事存"②的场所、载体、依托和体现。汉代，随着社会及墓葬自身的发展，墓外设施逐渐得到应用并不断普及，种类多、数量大、分布地域广、使用者身份多样、时代延续强且又不断创新和摒弃，就墓葬类型而言，高等级者有帝王陵墓，低等级的有一般墓葬，不同级别的墓葬都对墓外设施有所使用。因此可以说，两汉时期，古代墓葬的内外两重空间已得到确认、推广和普遍应用。当然，西汉时期的一些等级较高墓葬如诸侯王墓，封土下、墓穴外还有相关设施，类似一个过渡地带，但有此现象者基本是高等级墓葬，且随着时代的发展逐渐消失，内外两重空间的特征越来越明显。

关于汉代墓葬的研究，较多成果注重于墓葬形制与陪葬品的研究，就本书来讲，相关研究是针对汉代王侯墓葬与中小型墓葬的外部设施展开，作为墓葬研究的一部分，其研究的理论、方法与目的、意义和墓葬形制、陪葬品等的研究有相似之处，但也存在一些自身特点。

（一）研究理论与方法

本书主要运用考古学的基本理论和方法。考古类型学的理论方法要充分运用到资料收集及其具体研究之中，并以考古类型学的研究为基础，进行更加深入的研究和分析。地层学的理论方法在本研究中也是必不可少的，汉代王侯墓葬与中小型墓葬的外部设施有很多与封土存在叠压或打破的关系，而封土外的墓外设施，绝大多数被后期损毁或破坏，叠压、打破关系较为常见，如我们判断某一王墓陵园墙的毁弃时间，相应的打破关系可能会提供较好的参考。

二重证据法是开展考古学研究的重要理论和手段。20世纪初，王国维先生提出这一对考古学、历史学研究行之有效的方法，对考古学、历史学的

---

① 韩国河、柴怡：《有关墓葬考古学研究的思考——以两汉墓葬为例》，《西部考古（第一辑）》，三秦出版社2006年版，第331—340页。

② 《礼记·中庸》，《十三经注疏·礼记》，台湾艺文印书馆2001年版，第887页。

研究有着十分重要的推动作用。随着学术研究不断深入，有较多学者对二重证据法进行了推进、补充、完善和论述、思考，如《二重证据法与历史学、考古学研究》[①]《"二重证据法"新论》[②]《方法与态度：二重证据法的考古学反思》[③]《背景与动机："二重证据法"提出的学术反思》[④]《王国维"二重证据法"蕴义与影响的再审视》[⑤]《"二重证据法"的界定及其规则探析》[⑥]等。就汉代王侯墓葬与中小型墓葬外部设施来讲，很多见于文献记载，因此文献与考古资料的结合对于本研究是十分重要和必须坚持的，有学者也指出"在文献记载资料十分丰富、可靠的情况下，这一基本的原则是必须坚持、必须遵循的。"[⑦]而未来考古学将在文献史学不断加深整合中得到发展[⑧]。

开展汉代王侯墓葬与中小型墓葬外部设施的研究，不同于以往关于汉代墓葬形制及其陪葬品的研究。第一，考古资料收集上，要甄别、分辨、梳理与外部设施有关的内容，还要顾及相关资料，整理、整合，合理利用。第二，对于文献资料要进行全面整理，并与考古资料相结合，充分运用至研究之中。第三，合理运用和吸收已有研究成果的结论。第四，墓外设施资料的公布有简有繁，有的需进行实地考察，而这是不可缺少的。第五，要注重墓外设施与墓内内容的结合，不能得出片面性、武断的结论。第六，墓外设施涉及内容较多，如防排水、手工业作坊等，需要与其他学科知识相结合。

---

① 刘毅：《二重证据法与历史学、考古学研究》，《世纪之交的中国史学》，中国社会科学出版社1999年，第36—47页。

② 刘毅：《"二重证据法"新论》，《南方文物》1997年第3期。

③ 徐学琳：《方法与态度：二重证据法的考古学反思》，《南方文物》2015年第1期。

④ 后晓荣、杨燚锋：《背景与动机："二重证据法"提出的学术反思》，《南都学坛》2017年第5期。

⑤ 乔治忠：《王国维"二重证据法"蕴义与影响的再审视》，《南开学报》(哲学社会科学版) 2010年第4期。

⑥ 李锐：《"二重证据法"的界定及其规则探析》，《历史研究》2012年第4期。

⑦ 宋治民：《战国秦汉考古研究的思考》，《四川大学考古专业创建三十五周年纪念文集》，四川大学出版社1998年版，第246—255页。

⑧ 北京大学考古文博学院：《考古学与中国历史的重构——为纪念北京大学考古专业成立五十周年而作》，《文物》2006年第6期。

汉代王侯与中小型墓葬外部设施，有些考古资料暂未公布，本书在研究过程中，可能会使用一些未发表的资料，这些资料或来源于笔者曾主持和参与的相关考古工作，或由考古同仁提供，特在此说明并致以诚挚的感谢。出于行文及资料使用的方便，本书将按时代、墓葬等级及设施类型等开展研究，除绪论部分外，主要内容分为六章，第一章至第五章是按时代、墓葬等级及设施类型等开展的研究，第六章针对汉代王侯与中小型墓葬墓外设施系统的形成进行相关研究，最后为结语和参考文献等。另外，本书不单独设置"相关研究"，一些研究内容融入各章之中，特作说明。

（二）研究目的与意义

作为墓葬研究的一部分，墓外设施的考古学研究，其目的和意义与较多墓葬研究有相通之处，但也存在与研究对象相对应具有针对性的研究内容及目的，而其最突出的研究意义就是为墓葬研究尤其汉代墓葬研究提供相应的补充和参考。

本书拟在广泛收集、整理、整合与汉代王侯墓葬及中小型墓葬外部设施有关的考古与文献资料的基础上，运用考古学的理论与方法，结合其他相关方法和手段，对汉代王侯墓葬与中小型墓葬的外部设施进行全面综合的系统研究。通过研究，对汉代王侯墓葬与中小型墓葬的外部设施进行归纳分类，论述其功能和作用，探讨其等级特征、时代特点和地域间的差异与共性，分析其发展、演变、创新、摒弃及其逐渐被确认、推广和普遍应用的进程，阐述与墓外设施有关的丧葬制度和礼俗及其内容和内涵，研究与其相关的丧葬需求和目的及其所反映的墓地规划与设施设置。同时还会将墓外设施与墓葬中的内容相结合，综合探析汉代王侯墓葬与中小型墓葬的丧葬内容及其丧葬思想、丧葬文化，探究汉代墓葬的整体发展及其影响和历史地位。

目前，关于汉代王侯墓葬与中小型墓葬外部设施的考古资料虽已日渐丰富，但整体上较为散乱。本研究将对相关考古资料梳理、整合，进行合理分类，以对墓外设施的内容和组成有较为全面、清晰的认识。再结合墓外设施的位置及内容，系统阐述其功能和作用，这对于分析墓外设施的特征及其发展均具有重要作用，同时也是研究墓外设施在汉代全面发展的重要参考。墓外设施作为墓葬的组成内容，其全面发展和普遍应用对于研究汉代墓葬的整体发展可提供必要的参考和补充。

墓葬研究的目的之一是阐述古代丧葬制度与习俗，分析丧葬思想和文化，探究丧葬目的和需求。墓葬形制、陪葬品及墓主尸身等基本属于封土内空间的内容，其对于"研究种族的体质特征，了解古代埋葬的风俗，了解古代的工艺制作及社会经济生活的情形"[①]等有重要作用，也是研究丧葬制度、习俗、思想、文化及其目的、需求等的重要参考，而这也是进行墓葬研究的重点，目前所知较多与墓葬有关的研究成果均是围绕墓葬形制、陪葬品及墓主尸身等展开的。墓外设施是指封土上、封土外，包括叠压或打破封土的相关设施，是不同于墓葬内或封土下另一空间的内容，并与墓葬内部有着密切关系，二者相辅相成，共同组成墓葬的整体内容，而就汉代墓葬而言，墓外设施已成为墓葬不可分割的内容和组成部分。墓外设施内容丰富，很多设施从多个方面、不同角度体现着与墓葬相关的丧葬制度、习俗、思想、文化及其目的、需求等。可以说，墓外设施是研究汉代墓葬及其丧葬制度、习俗、思想、文化及目的、需求等的重要参考，也是必不可少的参考，而且其作用和价值不容忽视。

宏观层面上，汉代王侯墓葬与中小型墓葬的墓外设施主要包括体现墓主身份等级的设施、墓葬与墓地保护设施、墓祭设施与辅助设施等几大类，这些设施相互搭配，组合利用，综合体现出汉代墓外设施的多样性及内容、内涵等。考察汉墓封土内的内容，墓葬形制、陪葬品等均是服务于死者，尤其是发展过程中形制的第宅化、陪葬品的生活化[②]，更加体现出服务于死者，为死者所用的特征，反映的正是"事死如事生"的丧葬内容。就墓外设施来讲，虽然很多仍是服务死者，但较多则为生者所用或死者埋葬后由生者所为，这在墓葬守护及墓祭设施等方面表现得尤为明显，体现出生者对死者的态度和行为，即生者仍将死者当作在世一样对待，并通过墓外设施达到相应的目的，墓内外的内容全面体现出事死如事生、事亡如事存的丧葬内容和思想，而这又是"敬其所尊，爱其所亲""孝之至也"[③]的集中体现。本书的研究目的之一就是试图阐述汉代墓葬体系中墓内和墓外的关系和功用。

---

① 王仲殊：《墓葬略说》，《考古通讯》1955 年第 1 期。
② 韩国河：《秦汉魏晋丧葬制度研究》，陕西人民出版社 1999 年版，第 266—293 页。
③ 《礼记·中庸》，《十三经注疏·礼记》，台湾艺文印书馆 2001 年版，第 887 页。

汉代王侯墓葬与中小型墓葬的墓外设施内容多样，除辅助设施以外，其余三类均是其重要内容。西汉时期，体现墓主身份等级的设施、墓葬与墓地保护设施、墓祭设施均在汉代王侯墓葬与中小型墓葬墓外设施中占有一定比例，但从西汉晚期至迟东汉早期，墓祭设施的地位渐显，很多设施与之组合形成以墓祭为主体的设施群，这在较多东汉中晚期的墓地中表现得尤为明显。设施组合以墓祭为主体，同时又能充分体现墓主身份等级，达到墓葬与墓地保护等目的。本书拟通过相关研究，分析汉代王侯墓葬与中小型墓葬外部设施的发展和完善，进而探讨以墓祭为核心或主体的墓外设施体系的形成。

综合来讲，本书是以考古资料为基础，结合文献记载及相关资料，借鉴和参考已有的研究成果等对汉代王侯墓葬与中小型墓葬外部设施进行的综合性考古学研究。通过研究可对汉代王侯墓葬与中小型墓葬的外部设施有较为全面和清晰的认识，同时也希望本研究能够为汉代墓葬及汉代丧葬制度、习俗、思想、文化等的研究提供相应的参考和补充。

第 一 章

西汉诸侯王墓地外部设施

西汉实行分封制度,从建国之初至王莽代汉之前均有分封诸侯王,其中既有较多同姓即刘姓诸侯王,也有一定数量的异姓诸侯王,异姓诸侯王以西汉早期居多。诸侯王有始封、嗣封和绍封者,均有着较高政治地位和身份等级,但诸侯王的权力体现出西汉早期较大,之后逐渐被削弱的特征,西汉中晚期,一些诸侯王"惟得衣食税租,不与政事"[1]。西汉诸侯王墓与墓主身份等级相对应,多有墓外设施,从相应方面体现出西汉诸侯王墓的发展及其内容。

第一节 西汉诸侯王墓地外部设施考古发现概况

西汉诸侯王多葬于封域之内,墓葬基本位于诸侯国都城附近,或集中,或分散,部分距离都城稍近,部分略远,少量诸侯王薨于京都,基本陪葬于帝陵。

随着考古工作的不断开展,已发现、发掘或大致确认的西汉诸侯王墓已有相当数量,据笔者 2012 年统计,已调查、发现、发掘西汉诸侯王(后)墓 43 处近 84 座[2]。其中陪葬惠帝安陵的赵王张敖及鲁元公主的异坟异穴合葬墓[3],因张敖后被贬废为宣平侯[4],本书不将二墓作为诸侯王墓及王后墓,并在第三章中将二墓当作列侯墓与夫人墓葬开展相关研究。近年来,又有一些西

---

[1] (东汉)班固:《汉书·诸侯王表》,中华书局 1962 年版,第 395 页。
[2] 刘尊志:《汉代诸侯王墓研究》,社会科学文献出版社 2012 年版,第 35 页。
[3] 陕西省考古研究所:《西汉安陵调查简报》;孙铁山:《关于西汉安陵的新发现》,《考古与文物》2002 年第 4 期。
[4] 《汉书·栾布传》载:"会赵午、贯高等谋弑上,事发觉,汉下诏捕赵王及群臣反者。……赵王敖事白,得出,废为宣平侯,乃进言叔等十人。"(东汉)班固:《汉书》,中华书局 1962 年版,第 1982 页。

汉诸侯王墓被发现、发掘和调查、确认，刨除本书不计算在内的相关墓葬，已知的西汉诸侯王墓至少有40余处90座左右，主要集中于西汉南越国（赵姓）、长沙国（吴姓或刘姓）、赵国（张姓）、吕国（吕姓）及刘姓江都国、广陵国、泗水国、吴国、六安国、楚国、梁国、淮阳国、齐国、鲁国、菑川国、昌邑（或山阳）国、定陶国、济南国、济北国、胶东国、中山国、常山国、河间国、真定国、广阳国、燕国等诸侯国内，为这些诸侯国的王墓及王后墓。

已发现和发掘的西汉诸侯王墓葬或墓地多遭受盗掘和破坏，就墓外设施而言，遭受破坏尤甚，加之相关因素的影响，一些诸侯王墓的墓外设施不存或不见资料公布。但多数西汉诸侯王墓葬或墓地有外部设施，有些还较为丰富，为研究西汉诸侯王墓地外部设施及全面认识西汉诸侯王墓葬提供了较重要的实物资料，也为认识西汉丧葬内容等起着相应的补充作用。

以西汉诸侯王墓葬的考古发现为参考，按照现有行政区划可对西汉诸侯王墓葬外部设施的考古发现作简要概述。

（一）陕西省

1处1座。

陪葬长陵的M21可能为汉武帝子齐王闳的墓葬，墓葬周围发现"齐园宫当""齐园"等瓦当，与陵园或墓园有关[①]（图1-1）。

图1-1 高祖长陵陪葬墓（M21）周围出土"齐"字文瓦当

（二）北京市

2处3座。

大葆台M1、M2为异坟异穴合葬的王墓与后墓，M1封土局部被M2封土叠压，墓主为广阳顷王刘建及其夫人[②]。

---

① 石兴邦、马建熙、孙德润：《长陵建制及有关问题——汉刘邦长陵勘查记存》，《考古与文物》1984年第2期。

② 北京市古墓发掘办公室：《大葆台西汉木椁墓发掘简报》，《文物》1977年第6期；大葆台汉墓发掘组、中国社会科学院考古研究所：《北京大葆台汉墓》，文物出版社1989年版。

老山汉墓为燕国某代王后的墓葬，西侧一百多米处发现大型夯土堆积，推测周围是一处燕王陵区①。

（三）河北省

至少7处13座。主要有刘姓中山国、常山国、真定国、河间国的王墓与后墓，另有张姓赵王墓等。

1．中山国王墓

（1）满城 M1、M2

为靖王刘胜及其夫人窦绾的异穴合葬墓，相距约120米，有与墓外设施有关的内容②。

①守陵

满城县的陵山至今仍有一个叫守陵村的村子，"应该就是当时被迫看守陵墓的民户后代所居住的村落。该村群众至今还相传，他们的祖先是给人看坟的，但因年代长久，所看守的究竟为谁的坟，已无人知道了"，透露出与守陵有关的信息。

②陵园

满城汉墓所在山峰，南北各有一小山头，形成凹字形，西侧主峰中部修建二主墓，两墓前左右对峙的两个小山头可能象征墓前的双阙。

③陪葬墓

王墓与后墓附近有18座陪葬墓，是以一代王为中心的中山王陵区，王墓、后墓及陪葬墓都位于陵园之内③，有学者认为，从陵山主峰南侧向山下行的拐弯处开始，按各墓的排列关系，可分为四群，每群之中墓葬数量不等，身份等级也有较大的差异，该处可能是中山靖王刘胜的家族墓地，墓主

---

① 王鑫、程利：《石景山老山汉墓》，《中国考古学年鉴·2001年》，文物出版社2002年版，第104、105页。

② 中国社会科学院考古研究所、河北省文物管理处：《满城汉墓发掘报告》，文物出版社1980年版，第4、7、9、10、216、335页。

③ 郑绍宗、郑滦明：《汉诸侯王陵的营建和葬制》，《文物春秋》2001年第2期。

包括靖王刘胜后代子孙和妾媵等①（图1-2）。

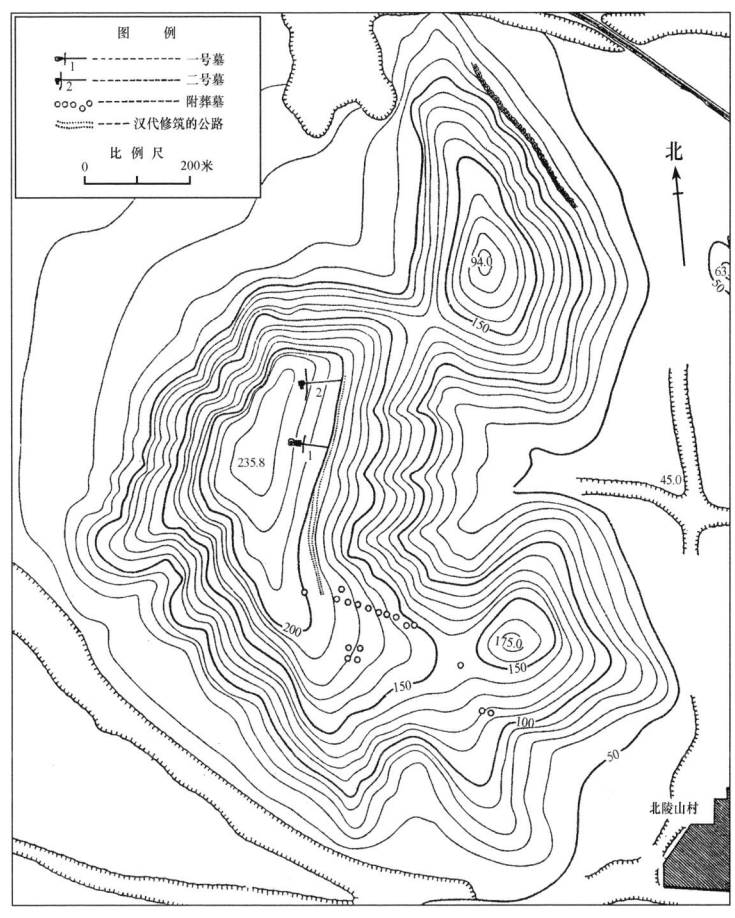

图1-2　河北满城汉墓及陪葬墓、相关遗迹分布示意图

④祠庙

陵山顶上有汉代砖瓦，可能是"祠庙"一类建筑的遗物，板瓦和筒瓦纹饰较多样，时代有早晚，推测在刘胜绝祀之前，"祠庙"曾数经修葺。王后墓出土有"中山祠祀"封泥，也可能与祠庙有关。

---

① 郑绍宗：《满城汉墓》，文物出版社2003年版，第65—69页。

⑤道路

二主墓墓口前的山坡上有一条宽6—14米的南北古道，当地群众称为"跑马道"，古道通连两墓的墓口，然后从南坡顺山势蜿蜒达于山下。墓前部分的路面最为平坦，除开山成路外，还用墓洞中凿出的石片加宽路面，M1墓口南侧一段，凿山修路的痕迹尤为明显。发掘者认为，此道应是营建墓穴和埋葬死者时工人修建的上山道路。从墓地现场观察，开凿墓洞之前，似先修建上山道路，从东南山脚一直修建到选定建墓地点的主峰东坡上。作为陵区中重要的交通道路，此道还可能供祭祀时使用。

⑥封墓设施

M1、M2墓口处堆积大小不同的石块，大石块估计是从墓口上部山上推下来的，小石块应是从墓洞中凿出，M2尤为明显，在挖墓道前，先开凿岩石修成一扇形地带，在扇形地带窄的一头挖掘墓道，扇面部分连接墓外的山道，埋葬后，堆积石块，并作修整，最上为夹杂小石块的表土，厚0.7—1米，中间一层为较大石块堆积，厚约1米，最下层亦为大石块。

（2）定县八角廊M40①

西汉中期中山怀王刘修墓。墓葬周围原有平面长方形的城垣，南北长145、东西宽127、墙基厚11米左右。墓室上铺黄沙和陶片一层，周围也堆积较厚陶片，有陶器和板瓦、筒瓦等残片，可吸水防潮，或起某种防盗的作用，堆积的陶片是当时从窑场收集来的残碎品。

（3）定县三盘山中山王墓②

M120、M121、M122规模较大，其中2座为王与王后的异坟异穴合葬墓，另1座或为高等级祔葬墓，或是另一王后的墓葬，墓地所葬为中山哀王刘昌或穅王刘昆侈及其王后和他们家族成员。

三盘山M121出土有"中山庙祀"封泥③，传世的还有"中山穅庙"封泥④。

---

① 河北省文物研究所：《河北定县40号汉墓发掘简报》，《文物》1981年第8期；河北省博物馆、文物管理处、中共定县县委宣传部定县博物馆：《定县40号汉墓出土的金缕玉衣》，《文物》1976年第7期。

② 河北省文物研究所：《河北考古重要发现》，科学出版社2009年版，第162—165页。

③ 郑绍宗、郑滦明：《汉代诸侯王陵的营建及葬制》，《文物春秋》2001年第2期。

④ 孙慰祖主编：《古封泥集成》，上海书店出版社1994年版，第41页。

2. 献县 36 号汉墓

墓主为西汉早期偏晚阶段河间王后或嫔妃，其南侧大墓可能为第一代河间王文王刘辟疆的墓葬，二者为异穴合葬，附近一些小规模墓葬可能为祔葬墓或陪葬墓[①]。

《沧州文物古迹》一书《献县王侯墓》对河间国王墓有相关介绍，如惠王刘良墓（又称云台山），封土高达 28 米，且多数陵墓上早年建有祠庙[②]。本书不将这些墓葬列入已知西汉诸侯王墓中，但相关研究会有涉及。

3. 获鹿高庄汉墓

石家庄鹿泉获鹿高庄村西凤凰山发现常山宪王刘舜墓及王后墓[③]，刘舜墓南侧发现夯土遗迹，因范围不明，不能复原[④]。

4. 北新城汉墓

石家庄鹿泉城关镇北新城村附近发现异坟异穴合葬的诸侯王墓与夫人墓，南墓编号为 M1，北墓为 M2，封土相连，墓主为西汉后期某一真定王与王后[⑤]。

5. 石家庄小沿村汉墓

墓主可能是汉初赵王张耳，封土西 50 米处采集到秦汉砖瓦多种，有奔鹿树叶纹、卷云纹、X 纹等圆瓦当及绳纹瓦、外饰回云纹内为十字方格纹砖等（图 1-3），应有地面建筑[⑥]。

---

① 河北省文物研究所、沧州市文物管理处、献县文物管理所：《献县第 36 号汉墓发掘报告》，《河北省考古文集》，东方出版社 1998 年版，第 241—260 页。

② 沧州市文物局：《沧州文物古迹》，科学出版社 2008 年版，第 64、65 页。

③ 河北省文物研究所、鹿泉市文物保管所：《高庄汉墓》，科学出版社 2006 年版。

④ 郑绍宗、郑滦明：《汉诸侯王陵的营建和葬制》，《文物春秋》2001 年第 2 期。

⑤ 河北省文物研究所、鹿泉市文物保管所：《鹿泉市北新城汉墓 M1 发掘简报》，《河北省考古文集（五）》，科学出版社 2014 年版，第 70—80 页；河北省文物研究所、石家庄市文物研究所、鹿泉市文物保管所：《北新城汉墓 M2 发掘报告》，《河北省考古文集（四）》，科学出版社 2011 年版，第 111—134 页。

⑥ 石家庄市图书馆文物考古小组：《河北石家庄市北郊西汉墓发掘简报》，《考古》1980 年第 1 期。

图 1-3 河北石家庄小沿村西汉墓封土西侧采集的砖瓦拓片
1. X 纹瓦当 2、3. 卷云纹瓦当 4. 奔鹿纹瓦当 5. 花纹砖

除上述墓葬外,《河北定县 40 号汉墓发掘简报》还指出:定县陵北村有一座封土直径 200 多米的西汉墓,很可能为中山孝王刘兴墓[①]。本书不将其列入统计之中。

(四)河南省

2 处 17 座。以梁王墓地为主,另有淮阳王墓等。

1. 永城芒砀山梁王墓地

位于永城市芒山镇,为梁孝王刘武及之后诸代梁王及王后的墓葬区,计 16 座[②]。大致可分为 3 个陵区,即保安山陵区、僖山陵区及夫子山—铁角山—窑山三个陵区,并有时代差异(图 1-4)。保安山陵区发现有陵园、寝园等,后二者在这方面暂未有相关发现。

---

① 河北省文物研究所:《河北定县 40 号汉墓发掘简报》,《文物》1981 年第 8 期。
② 河南省商丘市文物管理委员会、河南省文物考古研究所、河南省永城市文物管理委员会、阎根齐主编:《芒砀山西汉梁王墓地》,文物出版社 2001 年版;河南省文物考古研究所:《永城西汉梁国王陵与寝园》,中州古籍出版社 1996 年版。

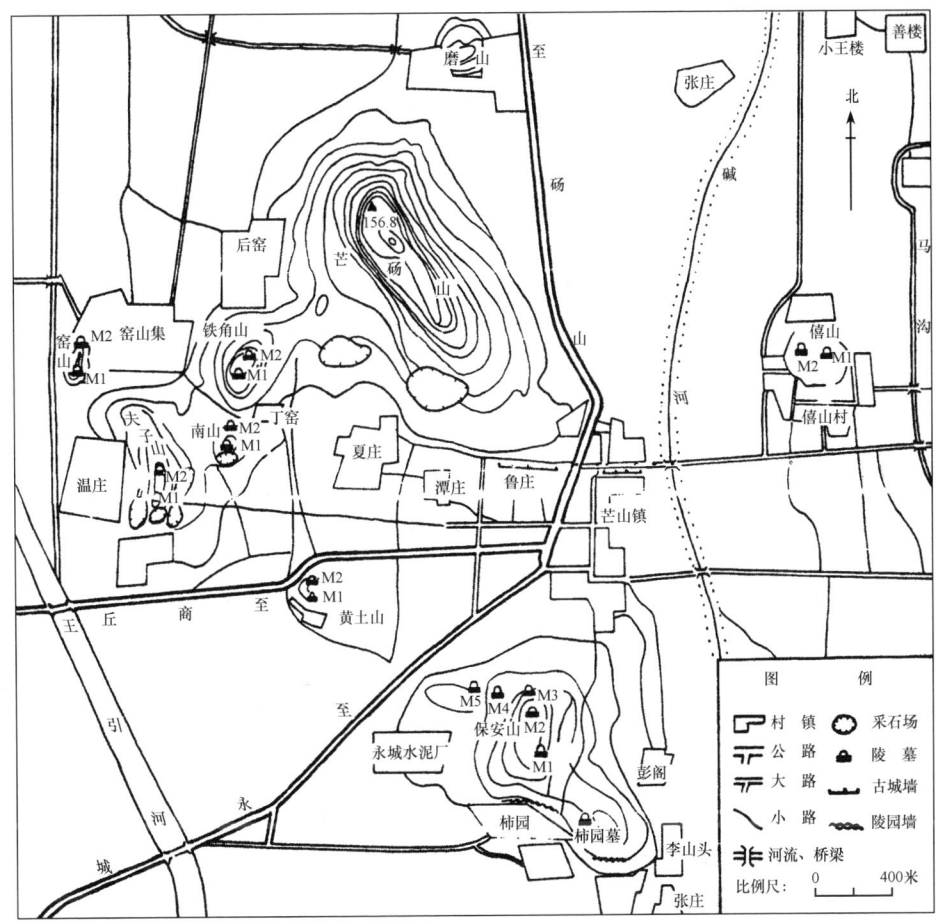

图 1-4　河南永城芒砀山梁王墓葬分布图

（1）保安山陵园[①]

保安山 M1、M2 为梁孝王及其王后的墓葬，南北并列，相距约 200 米。陵园位于保安山周围，陵园墙四面将保安山包围起来。经初步调查，南、北、东三面都发现夯土墙。南墙位于柿园村后，北距保安山 M1 墓口 250 米。原地上高度 2.5 米，后被破坏，仅留一小段。复原长度为 400 米，根据保安山山势和残存南墙的走向，推知南墙长于 400 米。陵园墙为小平

---

① 河南省文物考古研究所：《永城西汉梁国王陵与寝园》，中州古籍出版社 1996 年版，第 16—22 页。

夯夯筑，夯层厚8—10厘米，夯窝直径约5厘米，夯层内夹有少量汉代陶片。根据钻探情况，陵园墙应该是延续不断的，部分陵园墙的实际宽度约13米。东墙南端起于保安山M1墓口东南200米、柿园—芒山镇的小路东侧，由此向北延续150米后，时断时续，在与保安山M2相对处向东折50米后再向北延伸400米后西折，东北角已达芒山镇边缘。东墙总长约900、墙体宽（连带护坡）12.75米。园墙的下部为基槽，西高东低，内经夯筑，夯窝为圆形、平底；墙体呈底宽顶窄状，夯层厚度8—10厘米，夯窝为平底、圆形，用黄褐土夹杂料礓石夯筑。园墙内侧地势较高，现存墙体高度与内侧地面平，墙外侧地势较低，底部与外侧地面平，高差约5米，墙外为斜坡状。外侧斜坡也有夯筑痕迹，可能与墙体为同一时代。从地层关系、相关灰坑、洞穴与陵园墙的打破关系来看，东陵园墙被毁不晚于汉代，可能与寝园遭毁坏的时代相当。北墙东端位于山城集南部，最东部有一小段还可看到，由东北转角向西400米，原永城农药厂北85米处有一段保留较好，墙体成为一台阶地的边缘，从断面看，墙宽7—10、残高2米余，夯层厚10—15厘米，但根据地形观察，墙应沿着台地边沿向西至白灰厂北约30米处向西南延伸。西墙局部可见夯土，可能为陵园墙的一段，按此走向，陵园墙应沿着水泥厂东院墙内侧向南延伸。根据以上残留的墙体及墙基，可复原出陵园的平面范围，平面近方形，南北约900、东西750米，把保安山大部分围在陵园之内（仅除去东南峰柿园墓部分），陵园内有保安山一号、二号两座大墓和众多的陪葬墓。陵园围墙面积之大，可能有两个原因：一是两座墓同一个陵园，墓的规模又大，所以其陵园不得不修大些；二是受地形的制约，山势较陡，多石少土，陵园墙只能建在山四周平坦的地势上，既便于封闭，也便于取土。陵园墙的修建依山势并利用台地边缘，既省工，又增加了墙的高度。

东门遗址位于东陵园墙中部偏南，西与保安山M1墓口相对，相距180米。东陵园墙有一段夯土断开，并在两侧各发现一块带有凹槽的方石，估计为门两侧的门枢基石。门址呈长方形，南北宽4米，东西已清出9米，方向130度（图1-5）。门道向东为夯土斜坡，门道略低于南北两侧夯土，高差0.25—0.5米。地面铺设方形石块，排列方式为错缝排列，铺设地面平坦。门址中部南北两侧壁上各保留一个半圆形柱洞，南壁上的直径0.25、深0.4

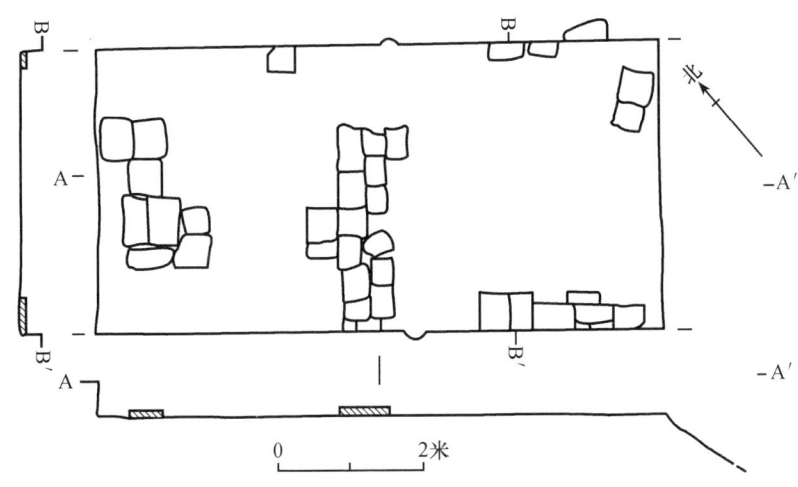

图 1-5　河南永城保安山汉墓陵园东门址平、剖面图

米，洞内填土疏松，底部各有一块小石板，根据位置此处应为门墩。门两侧为夯土，夯窝直径4—5厘米，为圜底圆夯，分布密集。东门址外侧为一斜坡，亦为夯土，从东门址到夯土边缘水平距离6.5米，夯土高2.2米。根据现有迹象观察，当时门上部应有顶，与后代城门楼相似。门道两侧夯土应是陵园墙的一部分，即与陵园墙连为一体，又作为门道南北两侧的墙，门道可视为"燧"。

陵园外侧为一大片平地，从东门处至彭阁村300米的范围内，地上随处可见汉代筒瓦、板瓦残片，也有夯土遗迹。东门外100米与门相对处有一圆形土堆，钻探为夯土台基，台基东西10、南北20米，当地群众称之为"拜台"，与陵园有关，可能当时在此建有门阙。保安山陵园现仅发现一道夯土陵园墙，该夯土台基可能为阙的台基，以此代表陵园的外宫垣。

陵园内除发现寝园及较多小型汉墓外，也发现其他建筑遗迹，东门址西北15米处钻探出一正方形建筑基址，边长9米，面积81平方米，四周用石块垒砌，中间夯土，编为9号基址。寝园东北100米，台地之下发现一长方形建筑基址，长8、宽5米，面积40平方米，四周用条石垒砌，中间夯土，编为5号基址。这些建筑基址应是为守卫陵园、寝园的士兵、下级官吏而设的"园寺吏舍"。

（2）梁孝王墓寝园[1]

位于保安山东侧，保安山 M1、M2 之间的台地上，东端距陵园东墙 120 米，北端距 M2 约 100 米，其回廊前墙与 M1 墓道南壁成一条直线。台地南北长约 180、东西宽 70 米，西为较陡的山坡，东为一断崖，断崖下为另一面积更大的台地。寝园建筑依山势而建，其西靠近断崖，在建筑之前进行了地形平整，将断崖稍加修整使之平直，并用石块砌成墙，以防止山体向东滑落。东部地势低洼，先用石块从低处砌成石墙，墙内侧填土建房。

整个遗址平面长方形，南北长 110、东西宽 60 米，面积 6600 平方米。寝园内主要建筑的四面有园墙包围，园墙亦为长方形，东西 44、南北 89 米，面积 3916 平方米（图1-6）。东园墙为夯土墙，外侧 1.7 米处还有一道石墙保护其基础，南园墙亦为夯土墙，西园墙上部为夯土，下部为石块垒砌，北墙为石基础，已倒塌。园墙内可分为前后两部分，既可以相通，又有不同的布局，相对独立。发掘各类遗迹 40 处，其中院落 6 处、房基 9 座、窖穴 3 座、灶及火膛 7 个、回廊 1 处、石台阶 5 座，另有殿、堂遗迹 2 处，还有排水明、暗沟 7 条。

寝园主要有以下几部分组成[2]。

① 南门

整个寝园建筑的南大门，位于南墙中间，门道宽约 7.5 米，东、西两侧有供安门的柱槽。

② 回廊

大殿主体建筑以外的设施，分南北两个回廊，南回廊的北墙中偏东有与南门基本相对的门道，回廊外侧现存石墙基，内侧亦为石墙，空间内有石柱础。

③ 院落

有多个。Ⅰ 号院位于寝殿南侧，东、西、南被回廊包围。长方形，东

---

[1] 河南省文物考古研究所：《永城西汉梁国王陵与寝园》，中州古籍出版社 1996 年版，第 23—90 页。
[2] 《芒砀山西汉梁王墓地》一书对寝园的相关设施有所总结，本书引用了其中的相关内容。见河南省商丘市文物管理委员会、河南省文物考古研究所、河南省永城市文物管理委员会、阎根齐主编：《芒砀山西汉梁王墓地》，文物出版社 2001 年版，第 13、14 页。

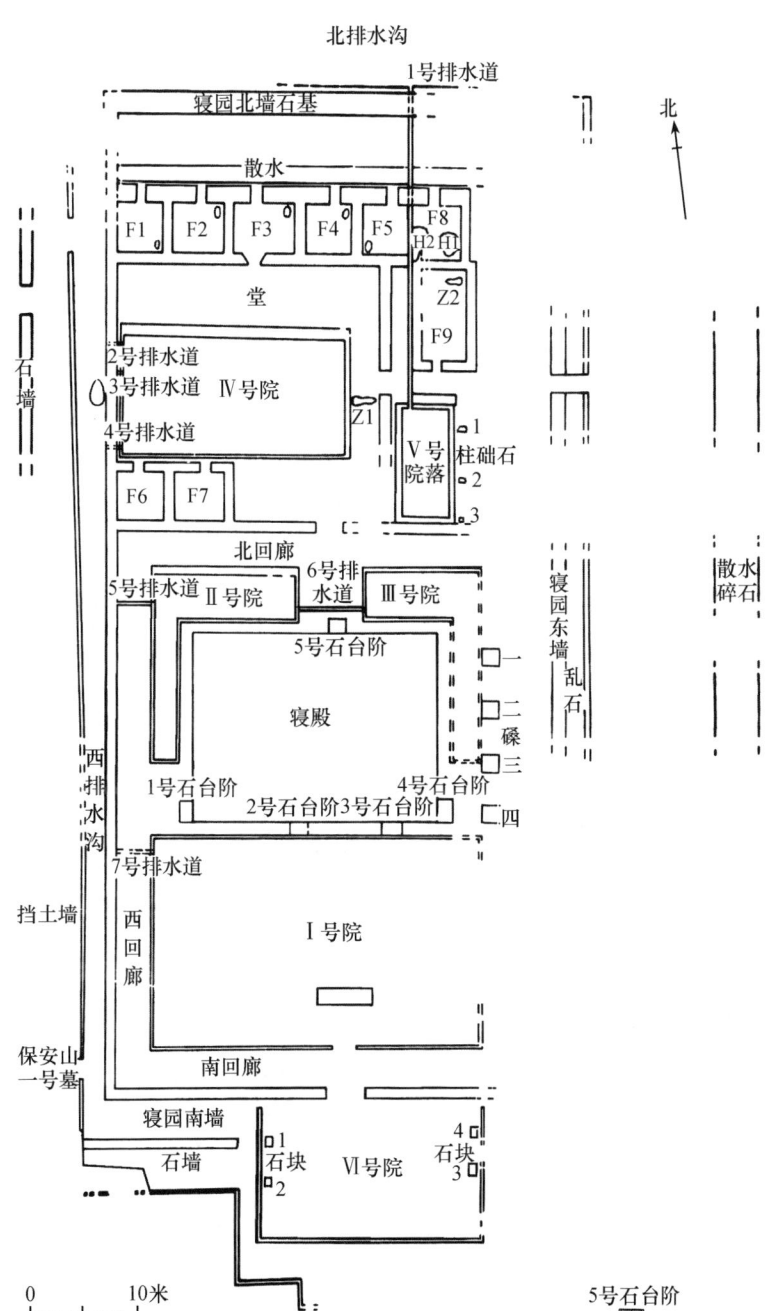

图 1-6 河南永城保安山 M1 寝园平面图

西长30、南北宽18.6米。南、西、北侧用石条砌成台基，院内南侧为一用石条垒砌的长方形平台，可能为门屏设施。Ⅱ、Ⅲ号院位于寝园中部西侧和东侧，东西对应，平面皆为曲尺形，南北长约17、东西宽约13米，四周用石条垒砌。

④ 寝殿

位于寝园中部，是整个寝园的主体建筑，四周回廊环绕，寝殿现存柱础和石台阶等，平面近方形，东西长22.2、南北宽16.4米，面积364.08平方米。

⑤ 堂院。包括Ⅳ、Ⅴ号院和厅堂建筑，位于寝园的中部偏北。其中Ⅳ号院东西长20.3、南北宽11米，Ⅴ号院南北长10、东西宽5米。Ⅳ号院南侧又有面阔与进深皆4米余的房基建筑2处。殿堂位于寝园北部，东西长26、南北宽5.8米，面积约150平方米。殿堂的北侧和东侧为一组6处房基和1处庖厨建筑基址。出入寝园后部的门道有2处，为中门和东门，东门位于寝园东北部，两侧为夯土墙，向东通过斜坡踏道可出入于寝园。

⑥ 防、排水设施

较完善，有挡土墙、挡水墙、散水护坡、排水道、排水沟等，水向西、向北排出，寝园西侧山上的雨水，可利用修筑的挡土、挡水墙来减少雨水的冲力，另外，寝园北侧所修壕沟可将雨水排入沟内。

⑦ 外部设施

主要位于寝园南部，从寝园南回廊及南门以南，有院落（Ⅵ号院）、挡土墙等。Ⅵ号院位于寝园南回廊以外，东西长20、南北宽11.6米，面积232平方米。院落西、东、南三面各有0.25米宽的石台基，在东、西两侧各有两块对称平放的方石。院东、西、南三面外侧都有较丰富的瓦片堆积，应有回廊或房屋类建筑。Ⅵ号院及周围建筑是寝园之外的附属建筑，应为模仿"外朝"所建，其作用可能是停放车马。东西两侧平放方石的作用不是很清楚，可能作为"上马石""下马石"之用。挡土墙有两道。第一道位于寝园南回廊外，在墙南3.4米处，以西部断壁为起点，向东长14米，墙用方石砌成，宽1、西部高1.4米。该墙功能是挡住南部高地上的土和石块以防向北滑落，进而保护寝园。第二道位于第一道南4米的山坡上，由此向东，又转向南，再向东后残断，现仅留下部基础，其作用在于保护寝园南部及Ⅵ号院周围的一些建筑。

⑧出土遗物

有陶器、铁器、铜器、石器等，功能上可分为生活用具、农具、工具、建筑材料与构件等，以建筑石材、板瓦、筒瓦为大宗，瓦当也有一定数量，其中一些板瓦、筒瓦上有"孝园"二字（图1-7），为确定寝的属性提供了可靠的实物资料。

图1-7 河南永城梁孝王寝园出土"孝园"文字筒瓦

整个寝园建筑基址以殿、堂、院、室为主体，规模宏大，布局严谨。其特点有三：一是以高台建筑为主体，二是以大殿为主体的布局形成"前朝"，三是后寝以殿堂为中心，形成"前堂后室"的布局。寝园后部的H2内出土一件带"郎器"二字的陶盆口沿，"郎"应为"寝郎"或"园郎"，是寝园的官员之一。寝郎、园郎都属于荣誉性官职，帝陵的此类职官一般由皇帝生前近亲大臣充任，以表示臣忠于君。梁孝王寝园属诸侯王一级，出土有"郎器"，也应是由梁孝王生前的近亲大臣充任寝郎，因其原来职位较高，才使用了专用器皿。因此，该寝园应有相应的管理机构。

（3）保安山 M2 寝园[①]

保安山 M2 的 1 号陪葬坑内出土铜质"梁后园"印章（图1-8），有可能是掌管王后寝园园令的官印。但存在疑问，即考古发掘未发现 M2 有寝园，而是与 M1 共用一个寝园。就"梁后园"印章来讲，很可能为后墓（M2）陵园相应官吏的印章。

---

① 河南省商丘市文物管理委员会、河南省文物考古研究所、河南省永城市文物管理委员会、阎根齐主编：《芒砀山西汉梁王墓地》，文物出版社 2001 年版，第 352 页。

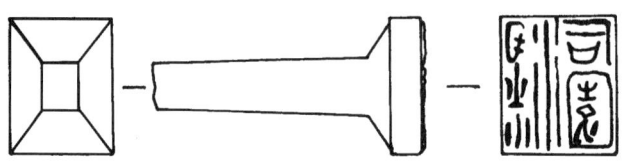

图 1-8　河南永城保安山 M2K1 出土 "梁后园" 铜印

（4）柿园汉墓陵园墙①

柿园汉墓，又称李山头 M1，墓主为西汉景帝到武帝时期的某位梁王，也存在为梁孝王嫔妃或另一王后的可能②，形成"一王二后"合葬形式下的墓葬布局。另有李山头 M2，位于李山头北冢，早年被破坏，墓室已不存③。

柿园汉墓所在山头南北两侧山脚下均不同程度地保存着夯土墙痕迹。南侧山脚下偏东处的一段夯土墙保存较完整，呈东西向，现存长 60 米，略直，墙的外侧距山脚下约 25 米，外侧上下垂直，高出地面 3 米，夯土层明显，上端每层厚 0.1—0.15 米，1 米以下夯层渐厚，厚 0.15—0.2 米，夯窝呈圆口平底，直径 8—12 厘米，土质纯净，为黄色黏土，个别夹杂着板瓦、筒瓦片，墙外侧底部向南略伸。墙南侧原为平地，北侧迹象不明显，大体从南侧向北和山体表面趋平。大致来看，柿园汉墓的四周陵墙是在山脚下沿山体自然走势绕山一周。但是，西墙和北墙很可能是和保安山一、二号墓的南墙和东墙连接在一起的，而陵墙西侧缺口也表明其可能和梁孝王墓连在一起而成为一个陵园。陵墙的内外分布许多形制较小的竖穴土坑石棺墓，也有中等形制的石室墓，可能是山顶主墓的祔葬墓。

---

① 河南省商丘市文物管理委员会、河南省文物考古研究所、河南省永城市文物管理委员会、阎根齐主编：《芒砀山西汉梁王墓地》，文物出版社 2001 年版，第 82、83 页。

② 《芒砀山西汉梁王墓地》中指出："由于柿园汉墓所在的位置、形制和出土大批的女俑，也不能排除有可能是梁孝王嫔妃的墓葬。梁孝王和王后墓也基本可以定位，保安山三号墓由于出土大批精致金缕玉衣片，有可能是其中一位嫔妃的墓，但梁孝王是西汉初期一位身份特殊的诸侯王，几乎享受了西汉皇帝所有的待遇，他生前拥有的'贵人、大贵人'等嫔妃也会不止两人，而这些人生卒年史书记载不详。因此，柿园汉墓也有可能是梁孝王嫔妃的墓葬。"

③ 郑清森：《芒砀山西汉梁国王陵墓葬相关问题探讨》，《考古与文物》2001 年第 3 期。

（5）僖山汉墓石围墙[①]

僖山 M1、M2 为西汉中晚期的梁王和王后的异穴合葬墓，M1 位于山顶东侧，东向，M2 位于山顶西侧，西向，两墓相距约 50 米，封土连接[②]。二墓南侧约 23 米处发现一道东西走向的石围墙，方向 97 度。石围墙距封土表面 1.7、宽 4.45 米，为五排石条南北并列垒砌，有的地方也发现石条横砌的现象（图 1-9）。石条制作不规整，角棱不甚明显，表面也没有凿制

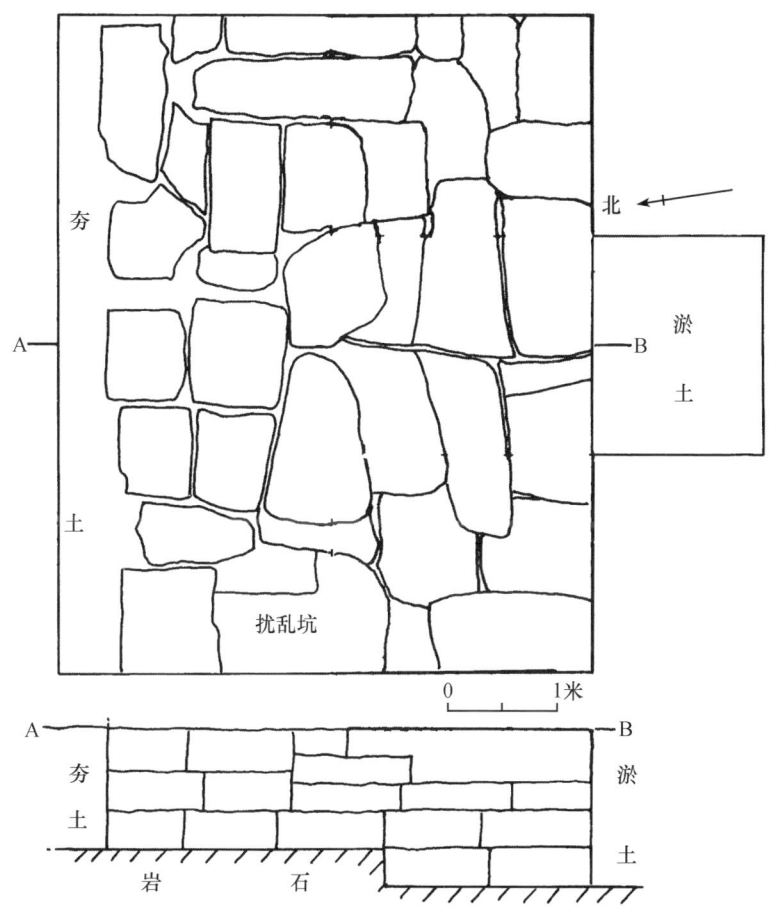

图 1-9　河南永城僖山 M2 石围墙（局部）平、剖面图

---

① 河南省商丘市文物管理委员会、河南省文物考古研究所、河南省永城市文物管理委员会、阎根齐主编：《芒砀山西汉梁王墓地》，文物出版社 2001 年版，第 278、279 页。

② 僖山 M2 相关资料另见永城市博物馆：《河南永城僖山二号墓清理简报》，《文物》2011 年第 2 期。

的錾道痕迹，尺寸大小亦不统一，一般长约1、宽0.8、厚0.3米。石围墙修建前，先将山体岩石凿成两个台阶，然后用石条在上面砌筑石墙，其北壁垒砌凌乱，南壁相对规整，现保存石条上下三层，高约1.1米。石围墙的北侧为红褐色土和黄灰色土混合而成的夯土，其南侧为黄灰色的杂土，内夹杂较多碎石块。僖山M1、M2东面、北面和西面因开山采石，破坏严重，已成悬崖，石围墙不存，推测应是绕山体一周，其作用是用来封挡山顶夯土的。

（6）墓顶建筑[①]

梁王或其夫人墓葬基本占据一个山头，山顶上都有高大的封土堆，一般高8—10米，覆盖整个山顶。山顶表面呈平顶，较平坦，四周呈圆形或方形，地表面至今散存许多筒瓦、板瓦等汉代建筑构件，其中保安山M1和柿园汉墓的墓顶还存有汉代建筑的基槽或其他遗存，说明山顶之上有建筑，此类建筑很可能为祭祀设施。

保安山M1顶端有高大封土堆，呈上平下圆的圆台状，现存封土高约10米，圆台上发现汉代板瓦、筒瓦等，可能有建筑。

保安山M2墓顶为长方形土台，有汉代堆积层，黄黏土，内含较多汉代板瓦、筒瓦、瓦当等残片，该层下有一层碎石，碎石下为山体岩石（图1-10）。汉代堆积依山势高低不同而有所变化。该处山顶应有建筑，废弃年代也当在汉代[②]。

柿园汉墓山顶表面覆盖一层封土，长宽均100米余，现存厚度4米，至半山腰渐无。顶呈圆台状，散布一些残砖碎石和筒瓦、板瓦，另发现云纹瓦当，采集4件，纹饰不一。墓顶原有建筑，筒瓦、板瓦、瓦当等为山顶建筑的构件。

窑山梁王、王后墓南北并列，皆为东向，一号墓位于山顶正中，二号

[①] 河南省商丘市文物管理委员会、河南省文物考古研究所、河南省永城市文物管理委员会、阎根齐主编：《芒砀山西汉梁王墓地》，文物出版社2001年版，第12、13、81、232、233、248、258、277、297、301、302、303—305、308、313页。

[②] 河南省文物考古研究所：《永城西汉梁国王陵与寝园》，中州古籍出版社1996年版，第186—188页。

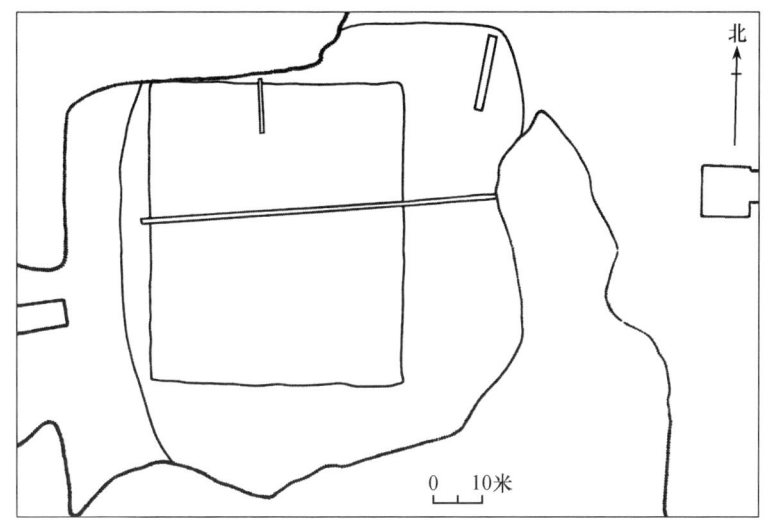

图 1-10　河南永城保安山 M2 墓顶建筑平面图

墓略偏北，时代为西汉中晚期，墓主人可能是梁王刘嘉夫妇。顶部平坦，正中表面现存有高约 10 米的黄色封土，南高，向北渐低，至 M2 顶封土高约 8 米，夯土南北长 80、东西宽 50 米，面积约 4000 平方米。山顶及山东侧半腰留有许多碎板瓦、筒瓦和砖，可能原有建筑。

夫子山 M1、M2 位于夫子山南北两峰，坐西朝东，南北并列，相距约百米。M1 顶部封土保存较好，呈覆斗形，现存封土南北长 12、东西宽 8、中心高约 4 米。封土表面有绳纹筒瓦、云纹瓦当残片。M2 顶部现存封土较少。

铁角山顶呈馒头状，半山腰以上均为封土，高 6 米多，山顶并列两个封土堆，南为 M1，北为 M2。M1 封土位于山顶正中位置，顶呈覆斗状，南北长 70、东西宽 60 米；M2 封土南北长 50、东西宽 40、高出山体表面 4.5 米，表面散存许多汉代绳纹瓦片。

南山一、二号汉墓位于南山山顶，南侧为 M1，北侧为 M2。山顶上现有高约 7 米的黄胶泥封土，面积近 500 平方米，至半山腰。未见建筑材料遗存，可能与破坏有关。

黄土山 M2 位于山北侧，与 M1 南北相距约 20 米。山顶部封土南高北低，南侧高 10 米，北侧渐低至 8 米，略呈马鞍形。顶部及山脚下散布较多陶板瓦、筒瓦等，推知山顶原可能有汉代建筑①。

僖山 M2 山顶覆有夯土，与 M1 夯土连成一片，为红褐色土与黄灰色土混合夯打而成，夹杂碎瓦片和碎石块。东西长 80 余米，南北宽约 50 米，山顶东部夯土较厚。该处梁王墓地在山顶修建方面与早中期的梁王墓相近，可能因时代较晚，虽在墓顶有预留，但已不再修建相关建筑，这也许与此类建筑的衰落有关。

（7）南山东坡山脚处夯土台面②

南山东坡偏北近山脚处有南北长 50 米，东西宽 30 多米，略呈长方形的夯筑封土台面。夯层较薄，每层 0.06—0.1 米，极其坚硬，夯窝密集，排列有序，夯筑封土厚 4 米。可能为祭祀的设施，存在为寝园类建筑的可能。

（8）梁王墓地的陪葬墓

数量较多，多个梁王墓地有发现。

① 保安山陵园与柿园汉墓附近的部分小型汉墓（陪葬墓）③

保安山 M1、M2 及柿园汉墓周围，发现大量小型西汉墓，比较集中的有以下四处。

①—1：保安山 M1 西侧，永城水泥厂厂区东部。墓地范围较大，南北长约 300、东西宽 200 米。墓葬形制多为竖穴土坑，墓坑长 2—5、宽 1—2 米，方向多为东西向。在水泥厂取土过程中，发现墓葬多座，出土有陶罐、陶壶、铜镜、铜钱等。时代多为西汉中、晚期。

①—2：柿园汉墓南及东南，柿园村与李山头村之间。为一东西向土岭，在土岭断壁上发现分布密集墓葬。墓葬形制为竖穴土坑，填土经过夯实，一般埋葬较深，距地表 3—5 米。

①—3：柿园墓东北，彭阁村西南。墓葬多位于山下黄土坡上，规模较小，多为石棺墓，随葬器物不多。

---

① 关于黄土山汉墓，另见：河南省文物考古研究所、永城市文物旅游管理局：《永成黄土山与鄫城汉墓》，大象出版社 2010 年版，第 3—91 页。

② 河南省商丘市文物管理委员会、河南省文物考古研究所、河南省永城市文物管理委员会、阎根齐主编：《芒砀山西汉梁王墓地》，文物出版社 2001 年版，第 305 页。

③ 河南省文物考古研究所：《永城西汉梁国王陵与寝园》，中州古籍出版社 1996 年版，第 223—226 页。

①—4：保安山 M1 东、梁孝王寝园所在台地下面的大片平地上。分布范围大，西到梁孝王寝园，东至梁孝王陵园东墙，南到通往梁孝王墓的小路北侧，北至保安山 M2 东的山坡下，南北长约 200、东西宽约 100 米，地势平坦，黄土深厚。发现的汉墓多为竖穴土坑墓，埋葬较深。已被破坏的或已露出墓口的四座墓葬中，M1—M3 为长方形竖穴土坑墓，M4 为带长方形竖穴墓道的土洞墓。M1 墓口长 2.8、宽 1.2—1.5、墓深 1.1 米，方向 97 度，由于被盗，仅在墓室西北部发现一彩绘壶盖。M2 墓口长 3、宽 1.6、墓深 7.2 米，方向 98 度，葬具为石棺，被盗，葬具已被扰动，在墓底发现的少量碎陶片上多有彩绘，在石棺两底板之间发现一串五铢钱，共 7 枚。M3 墓口长 3.4、宽 2.3、墓深 5.8 米，方向 96 度，石棺加工精细，墓内残存有一些陶器碎片，有壶、器盖，多有红色彩绘。M4 方向 95 度，墓道口长 2.95、宽 0.9 米，墓道深 3.06 米，底部四周有二层台，在二层台上南北向平铺四块不规则的石板，可能起墓门的作用，墓室平面为长方形，葬具为木棺，仅存朽痕。在棺的东侧放置陪葬品，共 7 件，有陶壶、陶罐、陶盒、陶釜等。四座小型汉墓的方向比较一致，随葬陶器上多施红彩，时代大体相近，应在西汉中期。此时，梁孝王陵园不可能废弃，与此无关的人员也不可能葬在陵园之内，可推知这 4 座墓葬的墓主人应是守陵的嫔妃或官吏。

② 保安山 M3—M5[①]（图 1-11）

保安山 M3 位于保安山西北侧山脚下，南距 M2、西距 M4 均约 200 米，属保安山陵墙范围内。外部形状为一高出地面约 5 米的土丘，为土坑竖穴式，东西长方形，长 4、宽 2 米。出土有金缕玉片 588 枚，包括面罩、柙等，另有玉鼻塞、玲、璧、环、饰及玛瑙贝、铜镜等，墓主与梁王、王后墓葬关系密切，为王室主要成员，时代与 M2 相距不远，按照梁国王陵墓地排列方法，该墓很可能为梁孝王的嫔妃之墓，也可能为梁孝王的某位夫人。

保安山 M4、M5 位于保安山近西端北侧山脚下的台地上，东南距保安山二号墓近 300 米。东西两座高大的封土堆并列，M4 在东，M5 在西。M4 顶有高约 10 米的封土堆，顶部平坦，平面略呈方形，南北长 25、东西宽

---

① 河南省商丘市文物管理委员会、河南省文物考古研究所、河南省永城市文物管理委员会、阎根齐主编：《芒砀山西汉梁王墓地》，文物出版社 2001 年版，第 76—80、309、337 页。

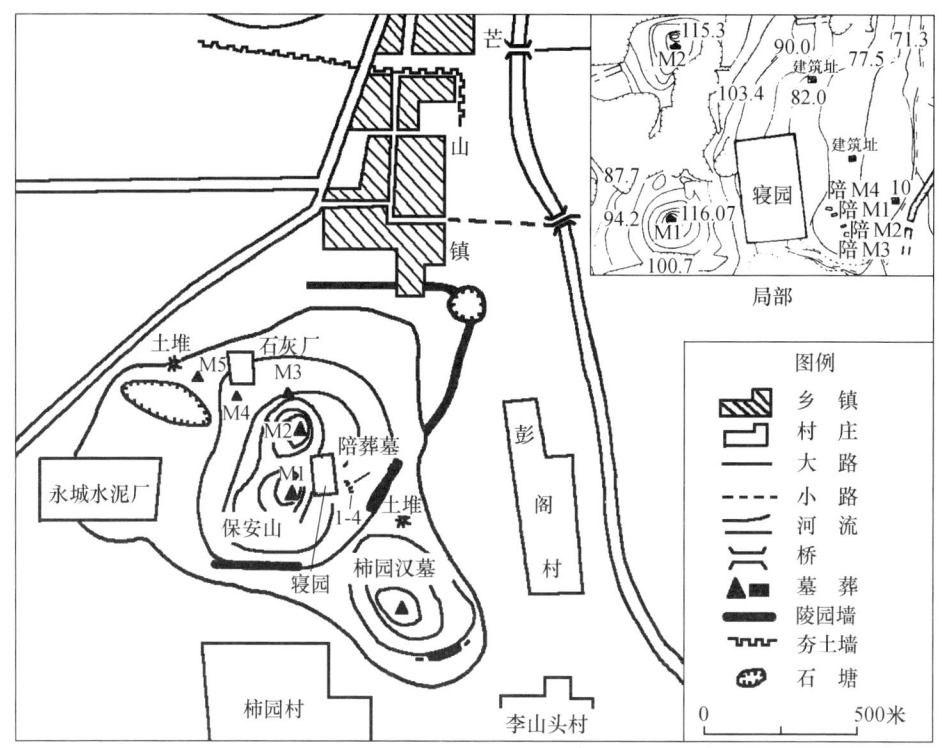

图 1-11　河南永城保安山梁王墓部分陪葬墓分布图

21、周长约 92 米。封土堆底部略呈圆形，东西长 75、南北宽 60、周长约 250 余米。墓道朝东，墓道内全部用长约 1.1—1.3、厚 0.4 米的石条填塞，是一座"凿山为室"的崖墓。M5 位于 M4 西侧，与 M4 东西相距 48 米，也是一处高出地面 8 米的封土堆。封土堆顶部平坦，略呈方形，南北长 21、东西宽 30 米，周长约 90 米。封土底边略呈圆形，东西 42、南北最宽处 48 米，周长约 180 余米。保安山 M4、M5 皆埋于保安山北侧脚下，这是芒砀山西汉梁王陵墓群中比较特殊的现象。从 M4 已暴露出的墓道及墓道内的封石可以看出，这两座墓可能都是具有相应规模的崖墓，且两座墓封土堆高大，其中 M5 的封土堆高度及周长都小于 M4。二墓选葬在保安山脚下，且与黄土山、夫子山、南山相望，北边是开阔的平原，说明二墓的位置也较好，与梁孝王墓应有一定关系。二墓的时代与梁孝王墓相距不远，墓主很可能是西汉梁王的嫔妃、近亲或大臣。

③ 僖山 M3、黄土山 M3、夫子山 M3[①]

僖山 M3 与王、后墓葬相距 100 余米，位于南侧山腰，为汉代画像石墓，由墓门、前室、耳室、中室及两侧室等组成，有封土，时代为西汉晚期或稍晚。墓主具有相对较高的身份，虽不一定为嫔妃，但可能为王室成员或相关人员[②]。

黄土山 M3 位于王、后墓之间东侧半山腰的二层台地上，与王墓、后墓相距 20 米，由墓道和墓室两部分组成，应是与黄土山王墓、后墓有关的王室贵族或大臣的墓葬[③]。

夫子山 M3 位于夫子山的西侧山脚下，东为王、后墓，墓主为王室贵族或大臣[④]。

④ 其他中小型陪葬墓群[⑤]

④—1：磨山竖穴土坑墓群。分布于磨山南侧山脚至芒山主峰北侧山脚下的一片平地里。占地东西长 300、南北宽 60 米，分东西两区。东区的墓葬，墓坑长 2—3、宽 1—2 米，多呈东西向，较多墓底一侧树立一块长方形石条，每五六座为南北向一排，每墓葬 1 人，头西脚东，随葬一组陶器，少数有刀、剑、带钩及钱币等。西区有规模相对较大的墓葬，一些有 3—5 米长的墓道，有的平面呈"刀"形，墓道连于墓室一侧。时代从西汉中期至东汉初期，墓主多为一般平民，一些身份地位稍高者，或为园邑或陵区中的相应官吏。

④—2：柿园石棺墓群。位于柿园汉墓南侧陵墙以南的平地上，已知四五十座，皆为石棺墓，少量埋在陵墙之内，多数为单棺墓，少数双石棺并列，每棺长 2 米余，宽 1 米余，深约 0.7 米，一些石板内侧刻有直线三角纹、同心圆纹等，陪葬品为一组陶器，数量少，个别有铜镜、铁剑、钱币等，时代为西汉中期至东汉初期。

---

① 河南省商丘市文物管理委员会、河南省文物考古研究所、河南省永城市文物管理委员会、阎根齐主编：《芒砀山西汉梁王墓地》，文物出版社 2001 年版，第 8、9 页。

② 李俊山：《永城僖山汉画像石墓》，《中原文物》1990 年第 1 期。

③ 河南商丘地区文物工作队：《河南永城黄土山三号汉墓发掘简报》，《考古与文物》1998 年第 2 期。

④ 商丘地区文物工作队：《河南永城夫子山三号汉墓发掘简报》，《华夏考古》1998 年第 4 期。

⑤ 河南省商丘市文物管理委员会、河南省文物考古研究所、河南省永城市文物管理委员会、阎根齐主编：《芒砀山西汉梁王墓地》，文物出版社 2001 年版，第 9、10 页。

④—3：僖山的半山腰周围有一些中小型墓葬，时代为西汉中期至东汉初期。

芒砀山西汉梁王陵区分布着数以千计的小型竖穴土坑墓、空心砖墓、石棺墓等，有的建于陵园的内外两侧，有的位于山脚下平地里，较少零星分布，大都是数十或上百成群，分布有规律，规模一般较小，形制简单，出土遗物不甚丰富。这些墓葬是西汉梁王墓地的重要组成，有些墓葬的墓主可能与王墓的守陵人有关，这些守陵人世代相袭，以此为业，死后即葬在陵区附近，形成规模很大的小型墓葬群。

（9）梁王墓地的陪葬坑[①]

梁王墓地中，已发现或发掘的墓外陪葬坑主要有保安山 M2 的 1、2 号陪葬坑及夫子山 M1 与 M2 的陪葬坑、南山 M1 的陪葬坑。

① 保安山 M2 的 1 号、2 号陪葬坑（K1、K2）

K1 位于保安山 M2 所在山顶南侧约 50 米，为不规则长方形竖穴石坑，出土遗物 1800 多件，其中一方形铜印的印文为"梁后园"三字[②]。

K2 位于西墓道填土中，是在西墓道封堵之后开挖的，平面长方形，出土遗物均为明器车马饰件。

② 夫子山汉墓陪葬坑

M1 东约 150 米处有 1 座陪葬坑，出土器物均为生活实用器皿。M2 东 50 米处有 1 座陪葬坑，为不规则的长沟，出土有实用车马器。

③ 南山 M1 陪葬坑

位于墓道东南 57 米处，为一东西向长方形的石坑，出土铜锤、壶及两枚五铢铜钱。

芒砀山西汉梁王墓陪葬坑的共同点大致如下：一是位于墓道出口以外的附近或墓顶之上；二是在山上开凿的长方形石坑，坑口用石条覆盖，坑内填土；三是陪葬坑内出有车马器、兵器或实用生活器具等。坑内多是车马器

[①] 河南省文物考古研究所：《永城西汉梁国王陵与寝园》，中州古籍出版社 1996 年版，第 188、189 页；河南省商丘市文物管理委员会、河南省文物考古研究所、河南省永城市文物管理委员会、阎根齐主编：《芒砀山西汉梁王墓地》，文物出版社 2001 年版，第 43—75、297、299、300、304、305、350—352 页。

[②] 李俊山：《梁孝王王后墓车马坑发掘记》，《文物天地》1993 年第 1 期。

与生活器物，意味着墓主人在另一个世界中乘车和出行的同时，也要继续享用生前的用品，相关器物当属于随葬王或王后出行时使用的乘舆及物品，也不排除后人祭祀时埋入的可能。

除上述墓外陪葬坑外，还有与之相似的内容，某种程度上亦可视为陪葬坑，但又存在自身较明显的特征[①]：

① 柿园汉墓墓顶封土中，围绕墓顶周围每隔20米置1俑龛，每龛1俑，现仅残龛；

② 柿园汉墓墓道南侧约5米的封土内也发现有陶俑，具有守陵性质；

③ 夫子山M1墓道东段出土陶俑、鎏金车马器，推测墓道末端可能存在车马器物陪葬坑。

（10）冶铁作坊[②]

位于芒山镇西边的鲁庄北，在芒砀山主峰南麓下，属北高南低的斜坡地带，面积1万多平方米。空地可见炼铁矿的炼渣，多呈黑色、深灰色琉璃块状。炼炉炉壁残块发现甚少，有炉腔烧流块和红色炉壁残块，未发现熔炉炉壁残块和范块。鲁庄内北部出土的碎渣块中有极破碎的熔炉壁碎块、熔渣碎块，说明铸造部分在南，冶炼部分在北。永城县南部侯岭乡西边的大王庄及南边的柏山有少量铁矿，距芒山冶铁遗址35千米，从冶铁遗址残留较多的炼渣看，开采的铁矿是运到芒山冶炼而不是就地冶炼，这可能与铁矿地山小且林炭资源缺乏，而芒山林炭资源较丰富有关。

从位置看，冶铁遗址正位于梁国墓群的中心，是一处专为梁国王墓群凿建提供钢铁工具的冶铸作坊。芒砀山诸墓皆凿石穴为墓室，石工量甚为巨大，需要很多铁工具开山凿洞。作坊似专为王墓的开凿而设，其与各陵的距离，最近者1千米，最远者2.5千米，为各王墓的开凿、铁工具的供给及工具的修理创造了便利条件。工具的大修回到本作坊进行，仅刃部的加工与淬火，可能在每陵施工现场临时设的锻造小作坊，以便及时维修工具。参考中

---

① 河南省商丘市文物管理委员会、河南省文物考古研究所、河南省永城市文物管理委员会、阎根齐主编：《芒砀山西汉梁王墓地》，文物出版社2001年版，第171、294、339页。

② 李京华：《永城梁孝王寝园及保安山二号墓出土铁器、铜器的制造技术》，河南省文物考古研究所：《永城西汉梁国王陵与寝园》，中州古籍出版社1996年版，附录二，第286—293页。

山王墓出土 36 件铁质工具范来看，似乎墓外也设有铸铁和锻铁的临时作坊，以补大铁官作坊供应的不足，维修用坏的铁工具。

（11）树木

《后汉书·袁绍列传》载："梁孝王先帝母弟，坟陵尊显，松柏桑梓，犹宜恭肃。"① 可知梁孝王墓坟丘之上植有松、柏、桑、梓等树木②。

（12）礼制建筑

芒砀山主峰上发现一处汉代大型礼制建筑基址，残存平面近方形的石台基，南北长 33.5、东西宽 31.5 米，面积 1055 平方米，四边用凿制规整的条石垒砌成石墙，墙中间为原始岩体，顶部为夯土③（图 1-12）。大型建筑基址中间以土、石形成墩台，四周砌石墙，墙外有柱，柱上有檐，推测为四周有回廊，中间为夯土或岩石墩台，上部有顶的一处以石、木结构为主的高台建筑；也可能是有四周回廊，顶部露天的高台，其作用应是礼仪性祭祀建筑—祭坛。礼制建筑地处梁国王墓区的中心部位，建于芒砀山最高点上，是梁国王室的中心祭祀建筑，各代梁王陵墓的地位都在其后，故将陵墓环绕布列于其四周。若建筑四周为回廊，上部有顶，很可能是祭祀梁王祖先的祖庙；若上部无顶，为一座露天的石台，则应为祭坛，可能是梁国在芒砀山顶上修建的祭祀名山、大川的建筑。

图 1-12　河南永城芒砀山汉代礼制建筑东侧石墙

2．杞县许村岗西汉墓④

原有 6 座大墓，现存 4 座，封土相连，相距 30—60 米。M1 位于墓群的

---

① （南朝宋）范晔撰，（唐）李贤等注：《后汉书·袁绍列传》，中华书局 1965 年版，第 2396 页。

② 河南省商丘市文物管理委员会、河南省文物考古研究所、河南省永城市文物管理委员会、阎根齐主编：《芒砀山西汉梁王墓地》，文物出版社 2001 年版，第 339 页。

③ 河南省文物考古研究所：《河南永城市芒砀山汉代礼制建筑基址》，《考古》2007 年第 7 期。

④ 开封市文物管理处：《河南杞县许村岗一号汉墓发掘简报》，《考古》2000 年第 1 期。

最南端，是现存封土最大的一座，时代为西汉晚期，墓主属诸侯一级，很可能为某代淮阳王或王后。M1 南面的地表上散落较多汉代绳纹筒瓦、板瓦及少量几何纹方砖、卷云纹瓦当等，估计应为当时"享堂"之类建筑的遗存。

（五）安徽省

2 处 4 座，均位于六安市，为西汉六安王墓。

1．双墩汉墓[①]

M1、M2 南北并列，M1 在南，为王墓，已发掘，墓主可能为六安王刘庆，与 M2 为异坟异穴合葬。M1 西南 30 米处有 1 长条形竖穴土坑式陪葬坑（K1），为车马坑，封土西端墓外有 3 座陪葬墓，呈一字形南北分布，均为凸字形带斜坡墓道的小型竖穴土坑墓，墓道朝东，棺椁均已腐朽，陪葬品放在墓坑南侧和西端。附近还有一些墓葬，亦是陪葬墓[②]。

2．马大墩汉墓[③]

南北并列二墓，时代为西汉中前期，墓主很可能为某代六安王。北墓封土高 15 米，系自下而上夯筑而成，附近还有封土高 4—13 米的墓葬 20 多座，为陪葬墓。北冢西北发现一南北向车马坑，木椁结构，内埋二乘车、四匹马和一个殉葬的驭奴。

3．其他

大范围的王陵区内还有一些可能为王墓和后墓，因未确定，暂不列入。另在"八大墩"附近地面上散布一些建筑材料残片，有板瓦、筒瓦、瓦当、

[①] 安徽省文物考古研究所、安徽省六安市文物局：《安徽六安双墩一号汉墓发掘简报》，《文物研究（第 17 辑）》，科学出版社 2010 年版，第 107—123 页。

[②] 安徽省六安市文物管理局胡援：《对六安双墩一号汉墓的几点认识》，《中国文物报》2007 年 7 月 27 日第 7 版。

[③] 邵建白：《安徽六安城东西汉车马坑清理简报》，《文物研究（第三期）》，黄山书社 1988 年版，第 87—91 页。

残砖和井圈等,局部区域的地面遗物较丰富,表明原可能有地面建筑遗存,其性质应与陵园建筑有关①。

(六) 湖南省

可确定的有5处6座。位于今长沙附近,为吴姓或刘姓长沙王、王后的墓葬。

1. 咸家湖象鼻嘴 M1②

墓主为长沙王吴著或刘发,墓葬附近的丘陵地带上有较多中小型墓葬。

2. 咸家湖望城坡 M1(渔阳墓)③

时代为西汉前期,墓主为吴姓长沙王的王后渔阳。墓葬的东、西、南三面各有一外藏坑,长方形岩坑竖穴结构,K1埋器物,K2可能陪葬车马,K3内为陶质牲、禽动物俑。

3. 望城风篷岭汉墓

为宣帝之后的刘姓长沙王墓与王后墓,异穴合葬,M1经正式发掘,出土金缕玉衣片,为王后墓,未见墓外设施资料公布④。M2在M1东南约300米,被盗,出土"长沙王玺"金印等,为王墓,附近有一些中小型汉墓,为祔葬墓或陪葬墓⑤。

---

① 安徽省文物考古研究所、安徽省六安市文物局:《安徽六安双墩一号汉墓发掘简报》,《文物研究(第17辑)》,科学出版社2010年版,第107—123页。

② 湖南省博物馆:《长沙象鼻嘴一号西汉墓》,《考古学报》1981年第1期。

③ 长沙市文物考古研究所、长沙简牍博物馆:《湖南长沙望城坡西汉渔阳墓发掘简报》,《文物》2010年第4期。

④ 长沙市文物考古研究所、望城县文物管理局:《湖南望城风篷岭汉墓发掘简报》;何旭红:《湖南望城风篷岭汉墓年代及墓主考》,《文物》2007年第12期。

⑤ 长沙市文物考古研究所:《长沙"12·29"古墓葬被盗案移交文物报告》,《湖南省博物馆馆刊(第6辑)》,岳麓书社2009年版,第329—368页。

4．其他王墓或后墓

（1）咸家湖徒壁山曹䤸墓，墓主可能为西汉中晚期刘姓长沙王的王后[1]，也存在西汉早期墓葬的可能[2]。应有异穴合葬的王墓，无其他墓外设施资料公布。

（2）望城风盘岭汉墓，为西汉早中期长沙王墓或王后墓的可能性较大[3]，因出土兵器较多，很可能为王墓，其附近应有异穴合葬的王后墓。

5．相关资料

相关资料或为发掘资料，或是调查、勘探资料。

（1）经调查，陡壁山、象鼻嘴、扇子山、狮子山都有大型汉墓，附近的丘陵地带也有中小型墓葬[4]。

（2）望城风篷岭 M2 周围及附近有 11 座规模较大的墓葬被盗掘，其中可能有王墓、后墓及其他等级较高人员的墓葬[5]。

（3）扇子山西侧发现的陪葬坑是扇子山所属大墓的陪葬坑，为家畜俑坑，清理出较多动物俑，该坑应是扇子山大墓的外藏椁[6]。

（4）《略谈长沙象鼻嘴一号汉墓陡壁山曹䤸墓的年代》一文中的相关内容[7]。

长沙市文物工作队于 1978—1983 年在象鼻嘴 M1、曹䤸墓的周围陆续发掘了七八十座西汉中小型墓葬，均为土坑竖穴，长度一般在 2—4 米之间，

---

[1] 长沙市文化局：《长沙咸家湖西汉曹䤸墓》，《文物》1979 年第 3 期。
[2] 宋少华：《略谈长沙象鼻嘴一号汉墓陡壁山曹䤸墓的年代》，《考古》1985 年第 11 期。
[3] 长沙市文物考古研究所、长沙市望城区文物管理局：《湖南长沙风盘岭汉墓发掘简报》，《文物》2013 年第 6 期。
[4] 湖南省博物馆：《长沙象鼻嘴一号西汉墓》，《考古学报》1981 年第 1 期。
[5] 长沙市文物考古研究所：《长沙"12·29"古墓葬被盗案移交文物报告》，《湖南省博物馆馆刊》（第 6 辑），岳麓书社 2009 年版，第 329—368 页。
[6] 单先进：《湖南长沙咸嘉湖扇子山畜俑坑》，《农业考古》2001 年第 1 期。
[7] 宋少华：《略谈长沙象鼻嘴一号汉墓陡壁山曹䤸墓的年代》，《考古》1985 年第 11 期。

宽度一般在 1.5—3 米之间，器物组合为鼎、盒、壶、罐①。可分为四期：即战国秦汉之际、汉初至文景之际、文景之际至武帝元狩五年（前 118 年）以前、武帝元狩五年以后武昭宣时期。第二期和第三期的墓葬数量最多，占发掘墓葬总数的 86%，仅属于第二期的墓葬占墓葬总数的 50%，出土陶器的形制与象鼻嘴汉墓出土陶器的形制基本相同，但属于一、四期的墓葬却发现不多。第二、三期墓葬的大量出现，与吴氏王室墓地的存在有着十分密切的联系，这批中小型墓葬的墓主抑或是徒来看守陵墓的百姓，或是与吴氏王室关系密切的侍臣近亲，死后陪葬于此。

距象鼻嘴 M1 及曹㜈墓以北约 10 华里处有 1 座古城址，经调查、勘探和试掘，初步断定该城的建筑年代为西汉初，其性质及作用目前虽难定论，但建筑的年代与吴氏王陵的存在无疑有着密切关系，或与陵邑有关。

长沙汉墓中曾出土"顷园长印"封泥和"长沙顷庙"（图 1-13）、"靖园长印"石印函②。靖园是定王刘发庶子洮阳靖侯狩燕的陵园，靖园长当为看守靖侯墓的官吏；"长沙顷庙"应是顷王鲋鮈的庙印，鲋鮈为定王刘发的长孙，顷园长亦应是看守顷王陵园的长官。"靖园长印"出土于长沙东郊杨家山附近的杜家坡，"长沙顷庙"出土于长沙北郊的潘家

1　　　　　　　2

图 1-13　湖南长沙汉墓出土与西汉诸侯王墓陵园、祠庙有关的封泥和印章
1. "顷园长印"封泥　2. "长沙顷庙"石印函

坪，说明顷王的寝庙、陵园亦在附近。推断刘氏长沙王室的墓地应在湘江东岸即今长沙市的东郊和北郊一带，而不在湘江西岸，这也从地域上划分开了吴、刘两代长沙王的茔域。

（5）《湖南望城风篷岭汉墓年代及墓主考》一文中的相关内容③。

长沙市枫树坪工地曾出土 2 件有"长沙元年"铭文的铜鼎，1 件鼎的铭

---

① 长沙市文物工作队：《长沙西郊桐梓坡汉墓》，《考古学报》1986 年第 1 期。
② 周世荣：《长沙出土西汉印章及其有关问题研究》，《考古》1978 年第 4 期。
③ 何旭红：《湖南望城风篷岭汉墓年代及墓主考》，《文物》2007 年第 12 期。

文为"剌庙铜鼎一容斗五升有盖并重十五斤六两长沙元年造第三"①。湖南省博物馆还收藏1件长沙市桂花园出土的铜牛灯，腹右侧镌刻"剌庙牛镫四礼乐长监治"铭文，同出的铜鼎铭文中有"长沙元年"②。"剌庙"应是指剌王刘建德之后某代长沙王为剌王建造的庙，剌庙内的祭祀铜器应是专为剌庙制作的。

（6）《汉代长沙国考古发现与研究》一书中与长沙王墓及对应墓外设施有关的内容③。

除已公布的资料外，未发掘的西汉长沙王墓与王后墓还有18处，其中可能为王墓与后墓的天马山M1、M2皆发现有墓外设施。2011年的调查中，在天马山M1所在山包的南坡、西坡发现数处呈坡状分布，夹杂灰陶筒瓦、板瓦、云纹瓦当的堆积，初步判断为与陵墓相关的遗存。天马山M2墓北山坡平缓坡地发现一处残断的夯筑与石砌结合的墙体，略呈弧形，残长230、残高1米，夯土内夹杂灰陶筒瓦、板瓦残片，初步判断为陵寝类建筑垣墙，其内侧或建造较大型的陵寝类建筑如寝或庙等。东山汉墓西侧距墓葬约100米处的丘陵平缓坡上部亦有残存长约50米的一段夯筑墙体，可能为陵寝类建筑垣墙。马坡山汉墓，山体断面上发现有夹杂陶瓦的堆积。

湖南长沙发现的西汉诸侯王墓中，一些墓葬如扇子山大墓、望城风篷岭M2，附近可能会有王墓或王后墓，因性质不详，本书暂不列入，而如《汉代长沙国考古发现与研究》一书所记天马山M1与M2、东山汉墓、马坡山汉墓等亦不列入统计，但墓葬与墓外设施的考古资料会在相关研究中有所涉及。

（七）广东省

1处1座。为广州象岗山第二代南越王赵眜墓④。通过对南越王墓使

---

① 周世荣：《湖南战国秦汉魏晋铜器铭文补记》，《古文字研究》1983年第4期。
② 高至喜：《牛灯·湖南省博物馆藏》，《文物》1959年第7期。
③ 何旭红：《汉代长沙国考古发现与研究》，岳麓书社，2013年，第50、112—115、285页。
④ 广州市文物管理委员会、中国社会科学院考古所、广东省博物馆：《西汉南越王墓》，文物出版社1991年版；广州象岗汉墓发掘队：《西汉南越王墓发掘初步报告》，《考古》1984年第3期。

用石材进行的科学鉴定可知，该墓建筑石材的主要产地为广州番禺莲花山一带，部分可能开采于广州北郊飞鹅岭南侧，两地有古采石坑，为该墓的石料原产地。莲花山一带开采量大，广州至莲花山有一条非常方便的水路运输线，从莲花山运送石料到南越王墓所在的象岗山确实是方便的①。

（八）江苏省

13 处 27 座。分属于多个诸侯国，主要分布于今扬州、宿迁、徐州三地，墓外设施有较多发现。

1. 扬州仪征张集庙山汉墓

暂未发掘，经科学探测，推测该处为西汉诸侯王墓葬，而附近团山、舟山的汉墓应为该诸侯王墓墓主妻妾或僚属的陪葬墓②。该处为西汉早期吴国王墓的可能性较大，与其相距较近且规模较大的汉墓可能为王后的墓葬，而在大的墓地范围内还有较多成组分布的墓葬，很可能是吴王墓葬的陪葬墓。

2. 扬州高邮神居山（天山）汉墓③

为神居山（天山）M1、M2，东西并列，坐北朝南，墓主为广陵王刘胥夫妇。墓上原有陵庙、寝园等建筑，周边还有一些墓葬，其中 1 座与王墓及王后墓呈品字形分布，墓主身份较高，很可能是"一王二后"合葬形式下的墓葬布局，其他则为祔葬墓和陪葬墓。

---

① 朱照宇：《南越王墓建筑石料及其原产地的鉴定研究》，《西汉南越王墓》，文物出版社 1991 年版，第 499—513 页。

② 南京博物院、仪征博物馆筹备办公室：《仪征张集团山西汉墓》，《考古学报》1992 年第 4 期；邹厚本主编：《江苏考古五十年》，南京出版社 2000 年版，第 232、233 页。

③ 梁白泉：《高邮天山一号汉墓发掘侧记》，《文博通讯》第 32 期，1980 年；高炜：《汉代"黄肠题凑"墓》，《新中国的考古发现与研究》，文物出版社 1984 年版，第 443 页。

3. 扬州邗江宝女墩汉墓[①]

宝女墩顶主墓可能为广陵王刘守的墓葬，已发掘的M104等级较高，墓主身份相当于长公主、大贵人级别，位置在宝女墩西侧，与M105一起可视为该墩主墓的陪葬墓。周边及较近地区还有一些西汉墓葬，亦是陪葬墓。M104西北发现长达100余米的排水沟，营造规整，可能为墓墩所有，在某种程度上也与诸侯王墓有关。

4. 宿迁泗阳大青墩汉墓[②]

1处1座，为西汉中期某代泗水王的墓葬。泗阳县三庄乡北至橡树村，南至李庄村，东西宽500、南北长7000米的长方形范围内，分布着汉代土墩墓40余座，成5组分布，均以大墓为中心，大墓占地面积在5000平方米以上（图1-14）。据勘测，这些汉墓均有规律地分布在一条南北向轴线上，大墓应为泗水国的王墓，周围的土墩墓为贵族和官

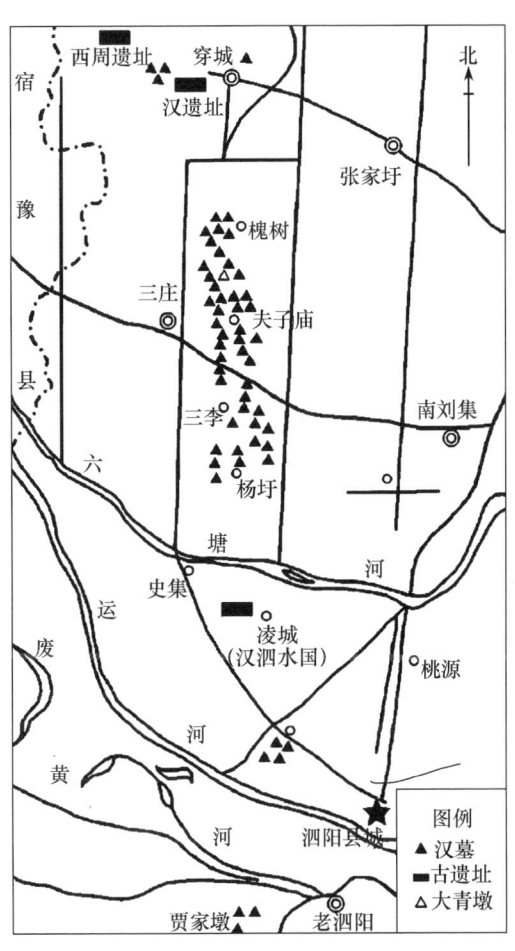

图1-14 江苏宿迁泗阳三庄汉墓分布示意图

---

① 扬州博物馆、邗江县图书馆：《江苏邗江县杨寿乡宝女墩新莽墓》，《文物》1991年第10期。
② 陆建芳、杭涛：《泗阳县大青墩汉墓》，《中国考古学年鉴·2003年》，文物出版社2004年版，第176、177页；江苏省大青墩汉墓联合考古队：《泗阳大青墩泗水王陵》，《东南文化》2003年第4期；李银德：《江苏西汉诸侯王陵墓考古的新进展》，《东南文化》2013年第1期。

员的陪葬墓，组成面积大、数量多的王陵区汉墓群。大青墩属于由北向南的第2墓组，以其为中心，周围还分布着6座覆斗形汉墓。其他泗水王墓暂无详细资料公布，本书不作统计。

5. 宿迁盱眙大云山汉墓[①]

1处3座，为江都王刘非及二位王后的墓葬，位于陵园南部，均为南、北2条斜坡墓道的中字形墓葬。M1位于陵园东南，为王墓，墓主下葬年代应在公元前128年或稍后一段时间[②]。M2与M1东西并列，墓室西南角与M1墓室东北角相距13米，两墓在同一大的封土堆内，为同茔异穴，M2出土金缕玉衣与玉棺等，墓主人为刘非的王后[③]。M8在M1西140米处，墓主为女性，也为王后或相近级别的人员[④]，呈"一王二后"合葬形式的墓葬布局。

墓地的墓外设施内容较丰富，除3座主墓外，还涉及陵园、陪葬坑、陪葬墓等。

（1）陵园及相关设施

较完整，总体布局清晰，平面近正方形，边长490米。四面筑有陵墙，东墙中段较完整，地表尚有长约150米的墙体保存较好，其余三面陵墙大多仅剩夯土墙基。陵园内墓葬及相关设施排列布局有序，严谨规整（图1-15）。除陵园及四面墙体外，还有陵园内道路、排水明沟、排水暗沟、东司马道、陪葬墓、陪葬坑等遗迹。

东墙墙体底部宽23、顶部宽15.5、现高3.5米。墙内外两侧均以石块护坡，外侧护坡较陡，为80°，内侧护坡较缓，为45°。墙体直接建于基岩上，两侧石护坡堆砌于基岩面后再对中间填土进行夯筑，如此反复直到陵

---

① 南京博物院、盱眙县文广新局：《江苏盱眙县大云山汉墓》，《考古》2012年第7期。
② 南京博物院、盱眙县文广新局：《江苏盱眙县大云山西汉江都王陵一号墓》，《考古》2013年第10期。
③ 南京博物院、盱眙县文广新局：《江苏盱眙大云山江都王陵二号墓发掘简报》，《文物》2013年第1期。
④ 李银德：《江苏西汉诸侯王陵墓考古的新进展》，《东南文化》2013年第1期。

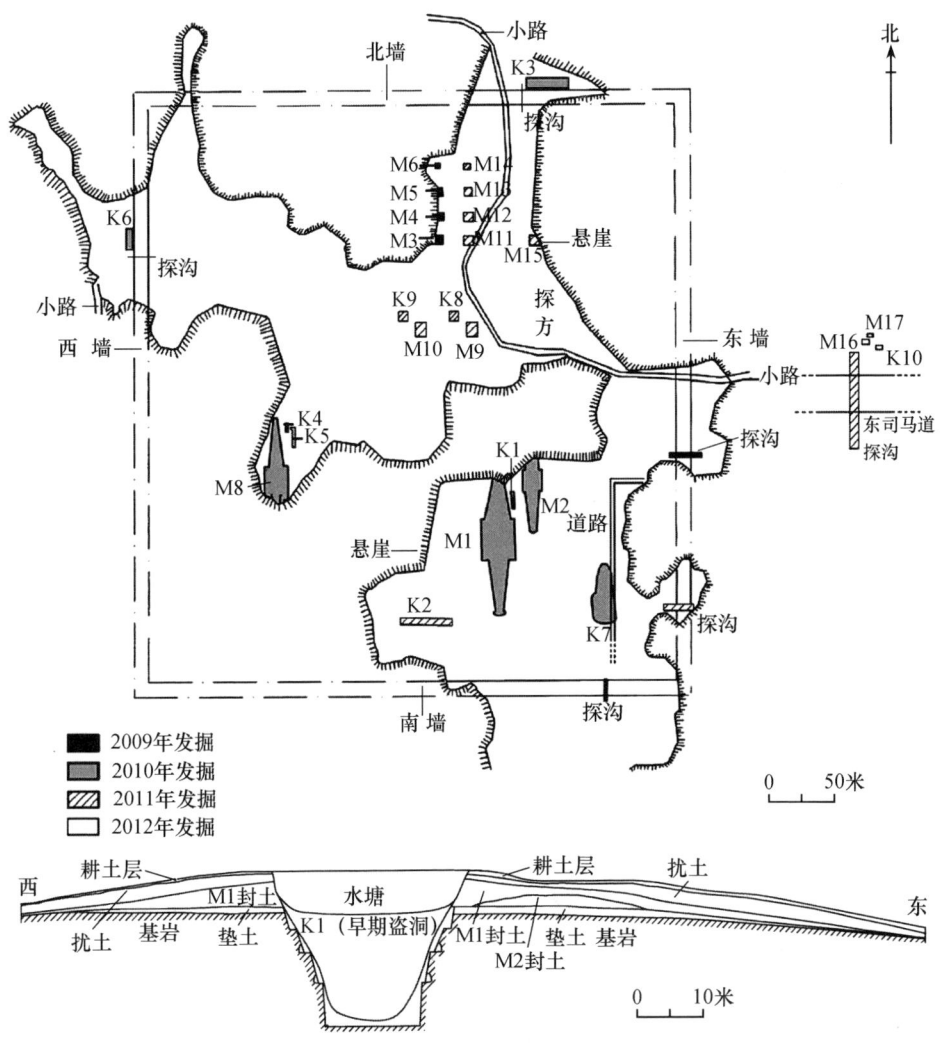

图 1-15　江苏盱眙大云山汉墓陵区平、剖面图

墙达到预定高度。解剖陵墙的过程中发现有石砌排水暗沟 1 条，开口叠压于陵墙下，说明陵园营造进行了预先规划，先修砌排水暗沟，再于暗沟之上营造陵墙。

东司马道位于陵园东侧，依山势而建，自山顶陵园东墙顺山麓夯筑至山脚，长约 800 米。司马道路面宽 45 米，南北两侧坡面以石块护坡，护坡外各修筑宽 25 米的排水道，有叠压于道路下的石砌排水明沟 1 条。排水沟方向

35°，修筑规整，从位置等因素分析，该排水沟似与陵园寝庙建筑设施有关。

（2）陪葬坑

陵园墙内墓葬外发现一定数量的陪葬坑。车马陪葬坑2座（K2、K7），K2中布置长方形木椁，木椁内自东向西共放置真车马5辆；K7木椁置于岩坑中部，内共置明器马车50余辆，应为战车[1]。兵器陪葬坑2座（K3、K6），分别位于陵园北墙外与西墙外，两坑均清理出大量模型兵器。

（3）陪葬墓

数量多，分布有规律。

陵园墙内、外皆有较多陪葬墓，主要位于陵园北部及东侧的司马道北侧，园墙内的陪葬墓区经过精心设计与规划，布局整齐划一。

M9与M10为园墙内规模最大的两座陪葬墓，位于中部，东西并列，为南区陪葬墓，南与M1封土相邻，在墓室西北方各有独立的陪葬坑（K8、K9），墓主人为刘非的妃嫔，地位当属仅次于王后的高级妃嫔[2]。

北区陪葬墓与南区陪葬墓有一定距离，现存M3—M6、M11—M15，共9座，分3列，正南北纵向排列。M11—M14位于三列墓葬中部，墓葬之间距离大体相近，并与南区陪葬M9呈一条直线，相距57.4米。M3—M6位于M10北，M11—M14西侧。两列墓葬平行分布，经调查，在M3—M6西部与M15东部原均有南北纵向排列的墓葬分布，性质也应为陪葬墓，因后期开山采石破坏严重，具体数量不明。北区陪葬墓均为竖穴岩坑，平面为长方形或正方形，方向2°，年代在江都国立国之后，早于江都国国除的时间。这些墓葬营建规模、棺椁结构、随葬品种类与数量等，皆以该墓距离一号主墓的远近逐次降低或减少，统一的营造模式显示出墓主人之间身份与等级的差异。9座墓葬的墓主人均应为刘非的妃嫔[3]。

---

[1] 中国社会科学院考古研究所文化遗产保护研究中心、南京博物院考古研究所大云山考古队：《江苏盱眙县大云山汉墓七号陪葬坑实验室考古清理》，《考古》2017年第8期。

[2] 南京博物院、盱眙县文广新局：《江苏盱眙大云山江都王陵M9、M10发掘简报》，《东南文化》2013年第1期；李则斌、陈刚：《江苏大云山江都王陵10号墓墓主人初步研究》，《东南文化》2013年第1期。

[3] 南京博物院、盱眙县文广新局：《江苏盱眙县大云山西汉江都王陵北区陪葬墓》，《考古》2014年第3期。

东区有 M16、M17 两座陪葬墓，为同茔异穴合葬墓，M16 位于 M17 南部，相距 1 米，墓上封土位于陵园墙外东部，西侧边缘与陵园东墙外侧相距 128 米，南侧边缘与东司马道北边相距 18 米（图 1-16）。根据墓葬所处陵园外位置、封土形制与结构、陶器组合及形制、铜印印文等材料综合分析，M17 墓主当为江都国高等级官员，M16 墓主为其夫人，时代应在江都国中期前后。二墓作为陵园外重要的王国高等级官员及其夫人墓葬，为探明汉代诸侯王墓陵园外王国官员陪葬制度提供了难得材料①。

图 1-16　江苏盱眙大云山江都王墓东区陪葬 M16、M17

6. 徐州西汉楚王墓

8 处 18 座，墓外设施资料内容较丰富。

（1）出土的文字资料

① 小龟山 M1 出土的 1 件铜量上铭文为"重一斤一两十二朱，楚私官重一斤一两十八朱，第二—□北平園"②。有学者研究后认为，"北平园"应

---

① 南京博物院、盱眙县文广新局：《江苏盱眙县大云山西汉江都王陵东区陪葬墓》，《考古》2013 年第 10 期。

② 南京博物院：《铜山小龟山西汉崖洞墓》，《文物》1973 年第 4 期。

与分封在彭城（今徐州）的第一代楚元王刘交的陵园有关，此器极有可能系刘交墓陵园管理机构所督造①。不过，"北平园"为刘交墓葬陵园的可能性不大，或是某代楚王陵邑的名称②。

② 土山东汉墓封土中出土"楚夷园印""楚文园印""楚文园丞"封泥③，与西汉楚王（夷王刘郢〈客〉及文王刘礼）墓葬陵园有关，表明二处楚王墓有相应的陵园管理机构及官吏、人员等。

③ 狮子山汉墓出土"楚祠祀印"铜印章④，可能与狮子山汉墓或其他楚王墓的祠庙有关。

④ 小龟山西汉楚王墓西侧不远大孤山北侧山头发现的大孤山M2很可能为该楚王墓的陪葬墓⑤。大孤山M2出土铜钫上有"庙容四斗一升重十七斤四两第九"等铭文，"庙"字表明该件铜钫与王墓祠庙有关，该墓墓主王霸生前很可能是小龟山楚王墓祠庙的官吏或与此相关的人员。

（2）具体墓葬及相关考古资料

已发现、发掘的西汉刘姓楚王墓、王后墓均位于今徐州市周边低矮的山丘上，皆为异穴合葬，大多是凿山为藏的横穴式崖洞墓，一条墓道。从现有资料看，西汉早期的较多楚王墓与王后墓为异坟异穴合葬，主要有楚王山楚王墓与王后墓（M1与M2）⑥、狮子山楚王墓⑦与羊鬼山王后墓⑧、驮篮山楚

---

① 邱永生：《徐州狮子山楚王陵园初步研究》，《南京大学历史系考古专业成立三十周年纪念文集》，天津人民出版社2002年版，第245—249页。
② 刘尊志：《汉代诸侯王墓研究》，社会科学文献出版社2012年版，第281页。
③ 杨洁、腾道林等：《土山汉墓新发现300余方封泥和两处盗洞，专家详释盗墓之谜》，《都市晨报》2005年2月16日A2版。详细资料暂未发表。
④ 王凯、耿建军：《试析徐州西汉楚王墓出土官印及封泥的性质》，《考古》2000年第9期。
⑤ 徐州博物馆：《江苏徐州市大孤山二号汉墓》，《考古》2009年第4期。
⑥ 刘照建、梁勇：《徐州市铜山县楚王山汉墓群考古调查》，《汉代考古与汉文化国际学术研讨会论文集》，齐鲁书社2006年版，第247—254页。
⑦ 狮子山楚王陵考古发掘队：《徐州狮子山楚王陵发掘简报》，《文物》1998年第8期；韦正、李虎仁、邹厚本：《江苏徐州市狮子山西汉墓的发掘与收获》，《考古》1998年第8期。
⑧ 耿建军：《徐州市羊鬼山西汉墓陪葬坑》，《中国考古学年鉴·2005年》，文物出版社2006年版，第170—172页。

王墓与王后墓（M1与M2）①、北洞山楚王墓与桓戒山西麓王后墓②。西卧牛山北侧楚王墓与王后墓（M2与M3）的时代为西汉早期偏晚接近西汉中期，为同坟异穴合葬墓③，二墓东侧稍远距离的卧牛山M1④很可能为另一座王后墓⑤，体现出"一王二后"合葬的墓葬布局。M3东偏北150米，M1西约300米有一陪葬坑，横穴岩洞结构，北向，规模较小，原定为卧牛山M4⑥，经研究，确认其为一陪葬坑⑦。时代晚于西卧牛山楚王墓的其他西汉楚王墓地中，王墓与后墓基本为同坟异穴合葬。主要有龟山楚王墓、王后墓（M2、M3），南北并列，西向，中间有一壶门相通，南墓（M2）为第六代刘姓楚王刘注墓，北墓（M3）为王后墓⑧。东洞山发现3座墓葬，王墓（M1）居中，M2和M3分居南北两侧，为2座王后墓⑨，也应是"一王二后"合葬的墓葬布局，时代略晚的M3与王墓存在异坟合葬的可能。南洞山楚王墓、王后墓东西并列，南向，有过道相连，东为楚王墓，西为王后墓⑩。

---

① 邱永生、徐旭：《徐州市驮篮山西汉墓》，《中国考古学年鉴·1991年》，文物出版社1992年版，第173、174页。

② 徐州博物馆、南京大学历史系考古专业：《徐州北洞山汉墓发掘简报》，《文物》1988年第2期；徐州博物馆、南京大学历史系考古专业：《徐州北洞山西汉楚王墓》，文物出版社2003年版；梁勇：《从西汉楚王墓的建筑结构看楚王墓的排列顺序》，《文物》2001年第10期。

③ 耿建军、刘超：《徐州市泉山区西卧牛山汉墓发掘》，《江苏考古（2010—2011卷）》，南京出版社2013年版，第87—91页；李银德：《江苏西汉诸侯王陵墓考古的新进展》，《东南文化》2013年第1期。

④ 周学鹰：《徐州汉墓建筑——中国汉代楚（彭城）国墓葬建筑考》，中国建筑工业出版社2001年版，第134—139页。

⑤ 耿建军：《徐州卧牛山西汉楚王墓地墓主人及相关问题的认识》，《中原文物》2019年第3期。

⑥ 刘超：《徐州市卧牛山四号墓发掘》，《江苏考古（2014—2015卷）》，南京出版社2017年版，第101—103页。

⑦ 耿建军：《徐州卧牛山西汉楚王墓地墓主人及相关问题的认识》，《中原文物》2019年第3期。

⑧ 南京博物院、铜山县文化馆：《铜山龟山二号西汉崖洞墓》，《考古学报》1985年第1期；尤振尧：《〈铜山龟山二号西汉崖洞墓〉一文的重要补充》，《考古学报》1985年第3期；徐州博物馆：《江苏铜山龟山二号西汉崖洞墓材料的再补充》，《考古》1997年第2期。

⑨ 徐州博物馆：《徐州石桥汉墓清理报告》，《文物》1984年第11期；孟强：《徐州东洞山三号墓的发掘及对东洞山汉墓的再认识》，《东南文化》2003年第7期。

⑩ 梁勇：《从西汉楚王墓的建筑结构看楚王墓的排列顺序》，《文物》2001年第10期；周学鹰：《徐州汉墓建筑——中国汉代楚（彭城）国墓葬建筑考》，中国建筑工业出版社2001年版，第126—134页。

较多西汉楚王墓地有与墓外设施相关的内容，一些内容丰富，一些少见或未有资料公布，这与后期黄河泥沙淤积、遭受破坏及考古工作开展不一致等均有一定关系。

① 楚王山汉墓[①]

墓区北侧的铜山县水泥八厂前麦地中发现一轮状凸起，根据位置、尺寸等推测，可能是陵园北墙。M1封土南侧有一大型排水沟，陵园南墙当在排水沟以北。由于闸口村紧邻墓葬西北侧，世代繁衍于此的居民早已将地表改造的面目全非，陵园建筑亦被毁坏殆尽，陵园西墙未发现迹象，陵园东墙也暂未发现痕迹。排水沟南距墓葬封土18.5米，东西长46、南北宽3.8—4.2米，人工开凿痕迹清晰可辨。初步认定此沟为特意设置的排水设施，可有效阻断主峰下流的洪水，保护封土，这一排水沟与秦始皇帝陵防洪大堤[②]较为相似。

楚王山汉墓的东侧偏左有南北狭长的台地，南北长约90、东西宽40米左右，大小与梁孝王寝园相当，呈从南向北渐次降低的趋势。台地上发现较多建筑材料，有板瓦、筒瓦碎片，西南部分布最为集中。从东侧冲刷断面可以看出，此台地系人工夯筑而成，或可能为"寝园"遗址。

现地面可看到4座规模较大墓葬，另有一些墓葬封土已被破坏。王后墓与王墓南北并列，位置稍有偏差，其他距离相对稍远，规模也稍小，为陪葬墓，墓主为王室贵族成员或王之嫔妃的可能性较大（图1-17）。楚王墓位于楚王山西北侧小山顶部，封土较高，呈覆斗状，自上而下分三个层次。墓垣用石灰岩青条石垒砌而成，《水经注》载："山阴有楚元王冢，上圆下方，累石以之，高十余丈，广百许步，经十余坟，悉结石也。"[③] 石砌墓垣遭破坏较为严重，据调查，原有7—8层，高3—4米，石长宽一般为1、厚0.4米。

---

① 刘照建、梁勇：《徐州市铜山县楚王山汉墓群考古调查》，《汉代考古与汉文化国际学术研讨会论文集》，齐鲁书社2006年版，第247—254页。

② 袁仲一：《秦始皇陵考古发现与研究》，陕西人民出版社2002年版，第379—387页；秦始皇帝陵博物院：《秦始皇帝陵陵园考古报告（2009—2010）》，科学出版社2012年版，第50、51页。

③ （北魏）郦道元著，（清）王先谦校：《合校水经注》，中华书局2009年版，第358页。

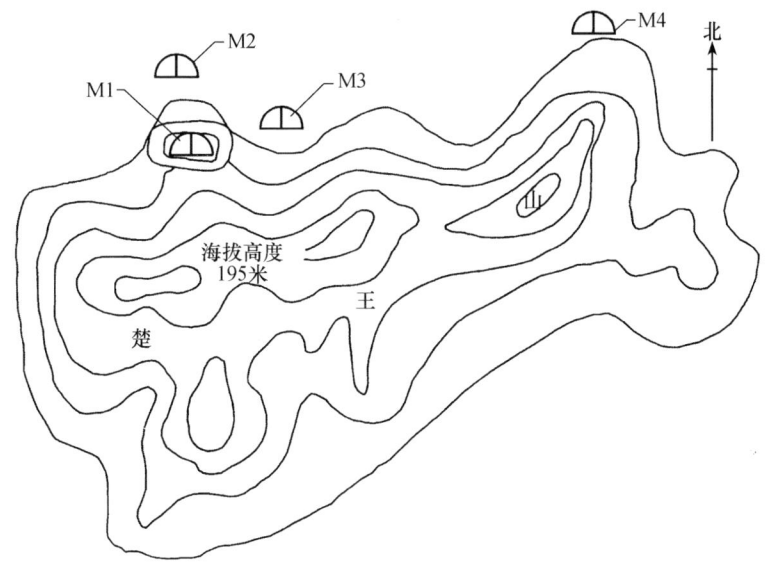

图 1-17　江苏徐州楚王山楚王、王后墓及陪葬墓分布图

② 狮子山汉墓

考古发现虽稍零散但较丰富，涉及面较广。陵区东部靠近 104 国道附近发现一些建筑堆积及遗迹，有夯土墙等，初步推测为陵园墙的某一建筑遗存，极可能为东门址或相关建筑[①]。狮子山西坡发现的排水设施，由陶质绳纹排水管和卵石散水等组成，其近旁还发现集中分布的建筑材料，推测应是一处汉代地面建筑遗迹[②]。狮子山主峰偏西约 60 米处发现直接开凿于岩石的方形基址浅坑，亦应有建筑存在；羊鬼山北坡散落大量汉代板瓦及瓦当，东坡有保存较好的长方形建筑遗存[③]。陵区西南发现规模较大的兵马俑陪葬坑群，坑周围有大量汉代建筑遗物，证明曾有相当规模的地面建筑[④]。狮子山、羊鬼山的东、北部发现俑坑、车马坑、陶盛器坑等，数量多，排列较有

---

① 笔者主持发掘，详细资料暂未发表。
② 韦正、李虎仁、邹厚本：《江苏徐州市狮子山西汉墓的发掘与收获》，《考古》1998 年第 8 期。
③ 邱永生：《徐州狮子山楚王陵园初步研究》，《南京大学历史系考古专业成立三十周年纪念文集》，天津人民出版社 2002 年版，第 245—249 页。
④ 徐州博物馆：《徐州狮子山兵马俑坑第一次发掘简报》，《文物》1986 年第 12 期。

规律①。狮子山西绣球山顶部有两座陪葬墓，墓主为高级官吏②，另有骆驼山陪葬墓、陵区西北部世贸汉之源工地陪葬墓群，后者所葬为陵园及相关人员③。以上说明，狮子山汉墓有规模较大、规划整齐的陵园。根据考古发现，结合帝陵陵园及其他诸侯王墓陵园，借鉴已有的研究成果，可知该墓实行的为内外双重陵园制度，内陵园包绕狮子山楚王墓及相关设施，外陵园范围大，既有王后墓，也有陪葬墓、较多陪葬坑等，而外陵园的园墙外大致为狮子山汉墓陵园的外界线，以此为参考，狮子山西坡、北侧羊鬼山北坡发现的建筑遗存可能与王墓及后墓独立陵园的配套建筑设施有关，而该墓地所体现的双重陵园制度应是西汉诸侯王墓地或其中多数诸侯王墓葬使用的陵园制度；综合来看，狮子山汉墓外陵园的范围大致是东到104国道附近，南在狮子山南，西至兵马俑坑和骆驼山，北界在世贸汉之源之北，范围广，面积大，内涵丰富；104国道附近的建筑遗址说明外陵园当有门及园墙等，而门还建有门阙等设施，结合所处位置，推测东门在狮子山楚王墓外陵园的门中当占有重要地位④。

《江苏西汉诸侯王陵墓考古的新进展》一文对狮子山汉墓陵园内的发现也有描述：2004—2005年，在羊古山（亦作鬼山、龟山）王后墓的东侧调查并陆续发现陪葬坑10多座，布局排列齐整、横竖成行；在狮子山楚王墓东侧发现包括门阙在内的陵寝建筑遗址，出土大量砖、瓦和瓦当等建筑材料；羊古山东侧发现一组保存较好的建筑遗址，有砖瓦铺砌的廊道、路面等⑤。

《狮子山楚王陵》一书⑥及《徐州狮子山西汉楚王陵园考古调查及初步研究》一文对狮子山汉墓陵园已有的考古成果做了梳理，同时又将近十年

---

① 耿建军：《徐州市羊鬼山西汉墓陪葬坑》，《中国考古学年鉴·2005年》，文物出版社2006年版，第170—172页。

② 徐州博物馆：《徐州绣球山西汉墓清理简报》，《东南文化》1992年第3、4期合刊。

③ 林刚、崔强：《骆驼山东坡汉墓可能和楚王陵有关》，《彭城晚报》2008年12月18日第3版；《骆驼山东坡工地出土两枚罕见"玉舞人"》，《彭城晚报》2009年1月11日第3版。

④ 刘尊志：《论西汉诸侯王墓陵园及相关问题》，《考古》2011年第4期。

⑤ 李银德：《江苏西汉诸侯王陵墓考古的新进展》，《东南文化》2013年第1期。

⑥ 葛明宇：《狮子山楚王陵》，南京出版社2011年版。

来的考古新资料进行了归纳,指出狮子山楚王墓陵园由楚王墓、王后墓、陪葬墓、兵马俑坑及陶俑组装场所、从葬器物坑群及各类建筑遗址等组成(图1-18)①。上文所述未有涉及的考古资料有：陵园西北的骆驼山,除南部山头有一座夫妻同穴合葬墓外,北部山头则有一座未开凿完工的"空墓"；狮子山主峰东约100米处有一圆台形遗迹,底部呈椭圆形,推测可能为带封土的竖穴墓葬,狮子山山体西部也可能有墓葬存在；陵区东部、羊鬼山东侧陪葬坑以东有较多的东汉墓,陵区西部兵马俑坑以西有数十座南北朝时期墓葬,或许与狮子山汉墓陵区也有关系；兵马俑陪葬坑北侧发现的五号坑和六号坑为一个相对独立的单元,六号坑为俑坑,五号坑在其西侧,大小相近,内有马俑等,但坑内有柱础、板瓦、筒瓦等建筑材料,可能为一木构建筑遗

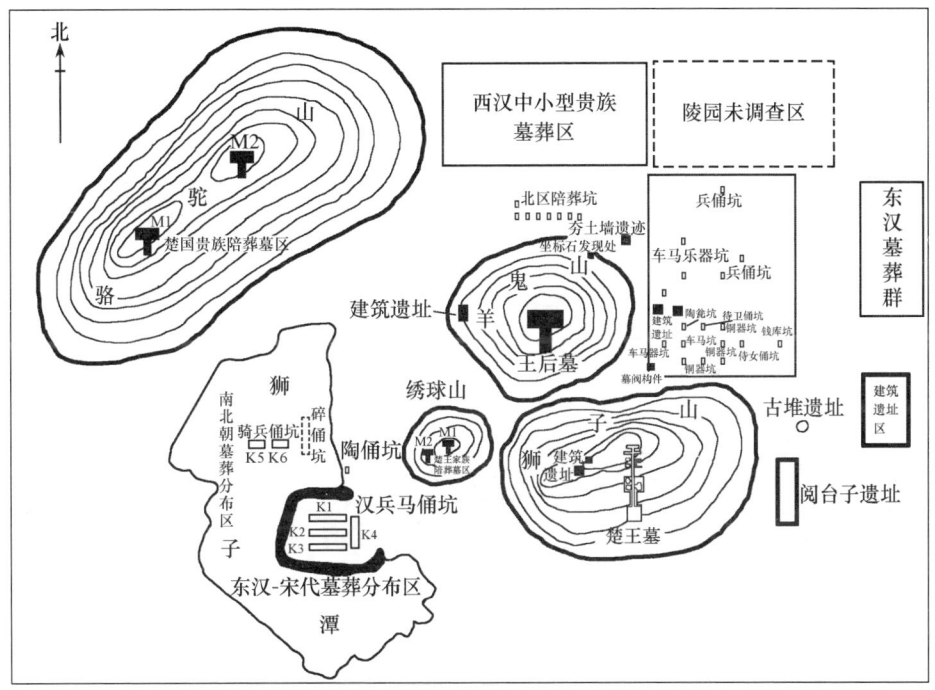

图1-18 狮子山楚王墓陵园重要遗迹分布图

---

① 刘聪、周黎、周波：《徐州狮子山西汉楚王陵园考古调查及初步研究》,《中原文物》2019年第6期。

存，很大可能是兵马俑尤其是马俑组装时的临时建筑设施；陵区东侧，西距羊鬼山汉墓 100 米以东，南北长 300、东西宽 150 米的区域内分布较多的陪葬坑，包括车马坑、乐器坑、钱币坑、食器坑、各种铜器及陶器坑以及各类俑坑；羊鬼山北侧发现一组人工开凿的长方形坑，南北两排，前排七座，后排一座，坑体平面呈长方形，南北长约 2.8、宽约 2.2 米，均为空坑，根据坑体形状及开凿方式推测为未使用的器物坑；狮子山西麓发现 1 座小型陶俑坑，可能还有类似的器物坑等；陵区内建筑遗址发现较多，其中陵区东部发现较为明确的建筑遗迹 6 处，1 处位于狮子山东侧，2 处位于狮子山与羊鬼山之间的东部位置，3 处位于羊鬼山东及东北区域，狮子山主峰东约 200 米的陵区东部发现一方形建筑遗址，出土了大量的陶砖、板瓦、筒瓦及瓦当；狮子山与羊鬼山中间东约 150 米位置发现人工制作的残石 1 块，有可能为陵墓阙的局部，可辨瓦脊和当头（图 1-19：3）；再如羊鬼山东至东北一带的 3 处建筑遗址，两处发现用砖瓦铺设的回廊路面或散水，为陵园内某一建筑遗址

图 1-19　江苏徐州狮子山汉墓陵园中的相关建筑遗存
1、2. 羊鬼山东至东北处建筑遗址　3. 陵墓阙局部　4. 羊鬼山东北夯土基址平面图

（图1-19：1、2），另一处为夯土基址，上部被破坏，南北两侧均被打破，试掘部分呈长方形，基址两侧及中间局部残存高约0.35米的夯土，发掘情况显示此处或为陵垣局部（图1-19：4）；狮子山汉墓东侧约80米处的"阅台子"遗址，为高于地面约1.6—2米的平台，南北长约100、东西宽约30米，发现汉代板瓦、筒瓦等建筑材料，或为寝园建筑遗存；另外还有羊鬼山东北半坡发现的坐标石及陵园西部、骆驼山南麓发现的汉代水井遗存等。

大致来看，狮子山楚王墓陵区内的重要遗存主要包括以下几点。

一是王墓与后墓异坟异穴合葬。

二是陵园，为双重陵园。王墓即狮子山汉墓为陵园内的主体，有自身的内园墙，后墓也有自身的园墙，羊鬼山东至东北一带发掘的陵垣局部当与后墓园墙有关；陵区外围还有园墙，即外重陵园墙，面积较大，基本包绕上文所述的相关遗迹，东侧门址或相关建筑的发现也证明外重园墙的存在，而东侧门为主要的外陵园门；狮子山与羊鬼山中间东约150米位置发现的陵墓阙局部可能与内陵园的园墙门有关，也不排除为外陵园设施的可能。

三是寝园。狮子山汉墓东侧"阅台子"遗址为王墓寝园的可能性较大，羊鬼山东发掘的一处建筑遗址，长方形，面积100平方米左右，有砖瓦铺砌的廊道、路面等，出土大量砖、瓦和瓦当等建筑材料，附近还有一些建筑遗存，为后墓寝园的可能性较大[①]，这说明王墓与后墓各有寝园，相对独立，与帝后陵墓基本一致，后墓寝园还发现有陶井（圈）以及铁工具等，陶井应为陵园寝庙中相关人员的生活用水井[②]，而铁质工具为生活用具。

四是祭祀礼仪建筑或相关设施。狮子山主峰偏西约60米处发现直接开凿于岩石的方形基址浅坑与山西坡发现的排水设施及相关建筑距离较近，二者有可能为同一大建筑的不同位置和设施；羊鬼山主峰西侧约100米处也有

---

① 羊鬼山汉墓封土南侧是与狮子山分界的山沟，从这一地形看，墓道口处是不可能修建寝园建筑的，该建筑遗存位于羊鬼山汉墓东侧，紧靠封土，其东又为陪葬坑区，且已发现的陪葬坑部分具有祭祀的性质（见耿建军：《徐州市羊鬼山西汉墓陪葬坑》，《中国考古学年鉴·2005年》，文物出版社2006年版，第170—172页），因此笔者推测该处当为羊鬼山汉墓的陵寝建筑遗址，而羊鬼山汉墓作为王后墓有自身的相关建筑也属正常。

② 李银德：《江苏西汉诸侯王陵墓考古的新进展》，《东南文化》2013年第1期。

建筑遗存,这两处建筑遗存为祭祀礼仪设施的可能性较大,这与上文所述一些梁王墓的祭祀设施相似,但偏离主峰,也可能起到一定的守护作用。

五是园寺吏舍。主峰东约 200 米,距离狮子山一定距离发现的面积较大建筑遗址在陵区东部,与王墓和后墓有一定距离,南为寝园遗址,北近东门址,西北又是成组的陪葬坑,为园寺吏舍的可能性较大。园寺吏舍有一定数量管理陵区、为陵区祭祀等服务、保护陵区的人员,其在外陵园东门内南侧,距离王墓与后墓、二墓各自寝园均不远,便于出入陵区、控制外来人员、守护陵墓与设施、开展对王与王后的祭祀等。祭祀后要将部分祭祀物品放入陪葬坑内埋藏,考虑到还有一些建好但没埋藏物品的空坑,可能由国力衰退或其他原因造成[①],但也从一个侧面表明该建筑为园寺吏舍的可能性较大。再参考上文所述梁孝王墓陵园东门址附近发现的"园寺吏舍"遗存,亦与寝园距离不远,故基本可确定狮子山主峰东约 200 米的建筑遗址为楚王墓陵区中的"园寺吏舍"。

六是表示"山北山东"方位的地标石(图 1-20:1)。

1　　　　　　　　　2

图 1-20　江苏徐州狮子山汉墓陵园出土的相关遗物
1. "山北山东"地标石　2. 陶井圈

七是灰坑,主要发现于东区陪葬坑东至外陵园墙之间,大小和深度不同,其内主要为建筑材料的堆积,可能与陵园建造及其修葺等有关[②]。

---

① 刘聪、周黎、周波:《徐州狮子山西汉楚王陵园考古调查及初步研究》,《中原文物》2019 年第 6 期。
② 笔者主持发掘,详细资料暂未发表。

八是相关加工场所及遗存，兵马俑坑北有组装陶马俑等的设施，而骆驼山南麓发现的汉代井圈所属水井（图1-20：2）也可能与陶俑制作有关，惜暂未发现陶窑及制坯作坊等，而陶井也可能与作坊的工人生活有关。

九是陪葬坑，大致可分为四个大的区域：狮子山汉墓西部偏南打破封土后埋藏的兵俑坑或器物坑、墓葬西约400米偏南处的多个兵马俑陪葬坑（图1-21）、羊鬼山东区陪葬坑、羊鬼山北区开凿未用的"空坑"，陵区东北部还有零散的兵俑坑，但可与羊鬼山东区陪葬坑大致归于一个区域，另在兵马俑陪葬坑周围还发现大量汉代的砖、瓦、瓦当和排水管道等遗物，可能为保护性设施。

图1-21　江苏徐州狮子山兵马俑陪葬坑局部

十是封土外的陪葬墓，刨除王后墓，亦分不同区域，并根据地形、位置体现出相应的等级和层次，规模稍大者距离王墓相对较近，墓主为王国官吏或高级贵族等，规模小者距离王墓稍远，墓主为陵园内相关人员或其他等级身份人员。主要可分为三区：第一区位于王墓的东西两侧，西侧较近距离的绣球山汉墓是楚王子女的陪葬墓地，M1应为楚国翁主的夫妇合葬墓[1]，狮子山主峰东约100米处带封土竖穴墓葬的墓主也很可能为楚王的家庭成员；第二区位于陵区西部的骆驼山顶，数量不多，封土周边发现许多建筑用陶残片，墓葬为竖穴石坑，具有相应等级，墓主可能为具有一定等级的官吏，如楚王近臣等，抑或为贵族成员；第三区位于陵区西北部的世贸汉之源工地，为骆驼山东坡及羊鬼山北坡，分布密集，排列有序，多为竖穴土坑木椁或木棺墓，无洞室，部分有边箱等，少量陪葬品相对丰富，墓主身份普遍不高，初步推测墓主为陵园内相关人员，陪葬品丰富或墓坑较大者可能为低级官吏或宫室女性，有的女性墓葬中出土较多殓葬玉器，墓主原可能是楚王的低级嫔妃，楚王死后在陵区守陵，其死后亦葬在陵区，该墓群的边缘地区还发现一些东汉、北朝、隋唐时期的墓葬，推测

---

[1]　葛明宇：《徐州狮子山楚王陵陪葬墓的调查发现与认识》，《华夏考古》2012年第3期。

这一陪葬墓区的延续时间相对较长;陵区中还有另外一些东汉墓群、北朝墓群,而如兵马俑陪葬坑南部发现的众多东汉至唐宋时期墓葬①,都可视为狮子山楚王墓陪葬墓的延续,或与守陵人员及其后代长期居住于陵区有关,这些墓葬可能就是为楚王守冢者后裔的墓葬②,而附近一定距离或区域或许有狮子山楚王墓的园邑。

③驮篮山汉墓③

楚王墓与王后均坐北朝南,东西相距约130米。楚王墓(M1)在西,王后墓(M2)居东(图1-22)。

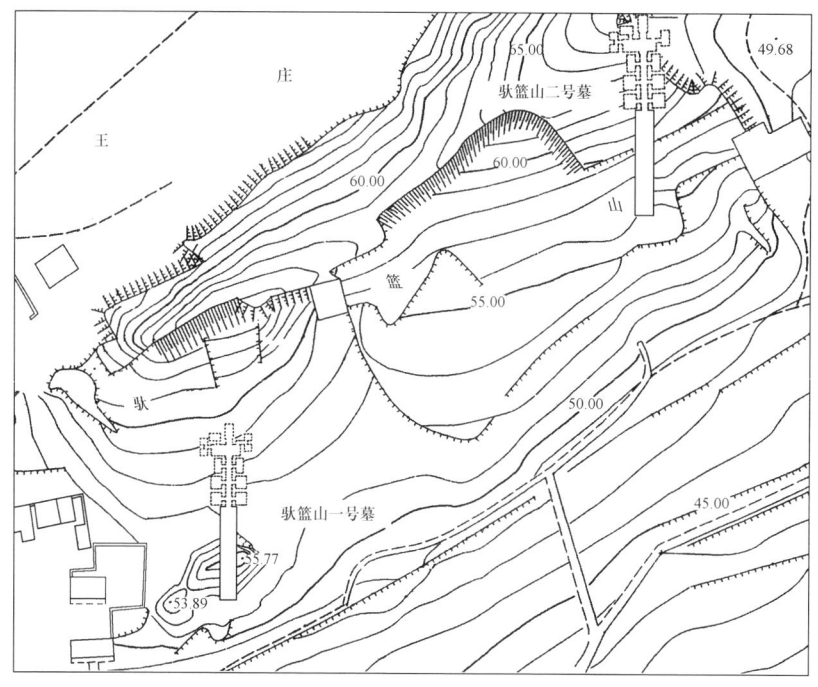

图1-22　江苏徐州市驮篮山楚王墓与王后墓位置示意图

---

① 徐州博物馆:《徐州狮子山兵马俑坑第一次发掘简报》,《文物》1986年第12期。
② 刘尊志:《徐州狮子山楚王墓墓主再探》,《徐州师范大学学报》(哲学社会科学版)2005年第2期。
③ 邱永生、徐旭:《徐州市驮篮山西汉墓》,《中国考古学年鉴·1991年》,文物出版社1992年版,第173、174页;李琳、甘晓妹:《驮篮山汉墓惊现神秘陪葬坑》,《彭城晚报》2004年4月9日第2、3版;笔者参与其他较多阶段的调查与发掘,详细资料暂未发表。

两座墓葬南稍远距离发现有道路、夯土、灰坑和建筑残片堆积。东南发现的一条用石板铺成的道路遗迹，路面相对较窄，可能是陵园中的便道，而非行车马的大道。夯土与建筑残片堆积应为园墙或其内某些建筑遗存。灰坑可能用于掩埋建筑材料，也可能与陵园内相关人员的活动有关。结合该处距南部山头的山脚较近，推测部分夯土遗迹可能是陵园园墙。

王墓及王后墓前未发现相关建筑遗存，推测寝园没建在墓道口处。M2东南侧不远平坦耕地内发现大面积的建筑遗存，建筑用陶残片堆积较厚，有大量板瓦、筒瓦和瓦当出土，推测此处原有相应规模的建筑。考虑到距离王后墓较近，此处为后墓陵寝建筑的可能性较大，而其在具体方位上与羊鬼山汉墓寝园一致，进而表明王墓与后墓可能为独立寝园。

驮篮山西南顾山的西北部，距离驮篮山陵园较近位置发现一处汉代居住遗址（图1-23），可能与驮篮山楚王墓的园邑有一定关系①。

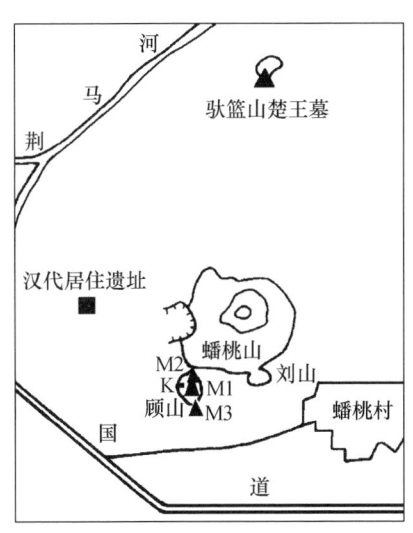

图1-23　江苏徐州驮篮山汉墓与周边墓葬、居住遗址位置示意图

两墓出土带有"宫""空"字的陶片，推测为"宫司空"，应与墓葬修建有关，由此判断，当时墓葬外应有负责诸侯王墓及王后墓修建官员临时使用及与墓葬修建有关的临时设施。

顾山西汉墓与楚王墓距离不远，为夫妻同坟异穴合葬墓，M1为石坑竖穴洞室墓，规模较大，墓主男性，二墓外有一陶俑器物坑和一陪葬墓，墓主为高级官吏夫妇，墓内及陪葬坑内出土的相关器物特别是陶俑与驮篮山楚王墓内出土陶俑极为相似，存在为驮篮山楚王墓陪葬墓的可能。就位置而言，该墓位于外陵园之外，但与楚王墓有较密切的关系。另在驮篮山陵区内也有中小型墓葬。

---

① 徐州博物馆：《江苏徐州顾山西汉墓》，《考古》2005年第12期。

驮篮山南侧不远偏西山脚处有一定数量的兵马俑、乐舞俑陪葬坑,已发掘3个,位于驮篮山M1南侧约100米,呈南北走向,分别为乐舞坑、兵马坑和器物坑。

　　大致来看,该楚王墓地已知墓外设施有合葬墓、陵园及相关设施、后墓寝园、园邑、与墓葬修建有关的临时设施、陪葬墓、陪葬坑等,陵园的规划严谨,布局整齐,多项设施较为齐全,其北界应在驮篮山北麓,南界至南部山头北部,东西边界暂不清楚。

　　④ 北洞山汉墓[①]

　　王墓居西北,南向,后墓在东南桓山(也称桓戒山)西麓,西向,二者相距一定距离。

　　楚王墓外地表有建筑用陶残片遗存,原应有陵园内建筑。王墓所在山头的北坡及其北部的后楼山已发掘10余座西汉墓葬,除1座(M8[②])时代较早外,其他与王墓时代较接近,多为竖穴石坑洞室墓,墓葬等级有别,但普遍相对较高,单人葬居多,也有少量夫妻同穴合葬墓,墓主为高级贵族官吏或楚王的嫔妃等,而靠近楚王墓北侧者为高等级嫔妃墓的可能性较大,这些墓葬为王墓的陪葬墓[③]。陪葬墓排列较有规律,自楚王墓所在山头北坡至后楼山山顶共八排,第一排位于楚王墓所在山头北坡,另外七排位于后楼山南坡至山顶部位,每排有6—7座墓葬,墓葬之间相距约20、每排墓葬间隔约30米。另在后楼山西北约200米处有一小土包,当地人称为小土山,调查发现夯土遗迹,经钻探,有一墓,可能为一座带墓道的竖穴式墓葬。楚王墓往西约70米处有陪葬俑坑,发现陶俑、陶马等,坑呈长方形,南北向,开凿于山体岩石中。

　　大致来看,该楚王墓地的墓外设施包括合葬墓、陵园及相关设施、陪

[①] 徐州博物馆、南京大学历史系考古专业:《徐州北洞山西汉楚王墓》,文物出版社2003年版,第2、3、47、48页;梁勇、缪华:《徐州北洞山西汉楚王墓陵园及秦梁洪考》,《汉代陵墓考古与汉文化》,科学出版社2016年版,第104—112页。

[②] 徐州博物馆:《江苏徐州市后楼山八号西汉墓》,《考古》2006年第4期。

[③] M1见徐州博物馆:《徐州后楼山西汉墓发掘报告》,《文物》1993年第4期;M2—M7见孟强:《徐州后楼山汉墓群》,《中国考古学年鉴·1997年》,文物出版社1999年版,第134、135页。M9、M10资料暂未发表。另有零星发现,资料亦暂未公布。

葬坑、陪葬墓群及陵园建筑等几部分组成。陵园范围大致南到近水高地，即楚王墓往南 200 米左右、桓山往南 100 米左右，楚王墓往西 400 米左右，后楼山往西 200 米左右，后楼山往北 100 米左右，桓山往东 100 米左右。

⑤ 卧牛山汉墓

已发掘 3 座规模较大的横穴崖洞墓，皆北向，为"一王二后"合葬形式的墓葬布局，M2 与 M3 东西并列，M2 在西，规模最大，为王墓，M3 在东，规模稍小，为王后墓，二者之间有通道，M1 位置居东，与 M2、M3 相距约 400 米。M2 东北 150 米处为 1 长方形陪葬坑，外为平底过道，内为长方形洞室，出土遗物基本为车马明器与兵器，为车马仪仗坑（图 1-24）。M2、M3 西北稍远距离发现有中小型墓葬，存在为该处楚王墓陪葬墓的可能。

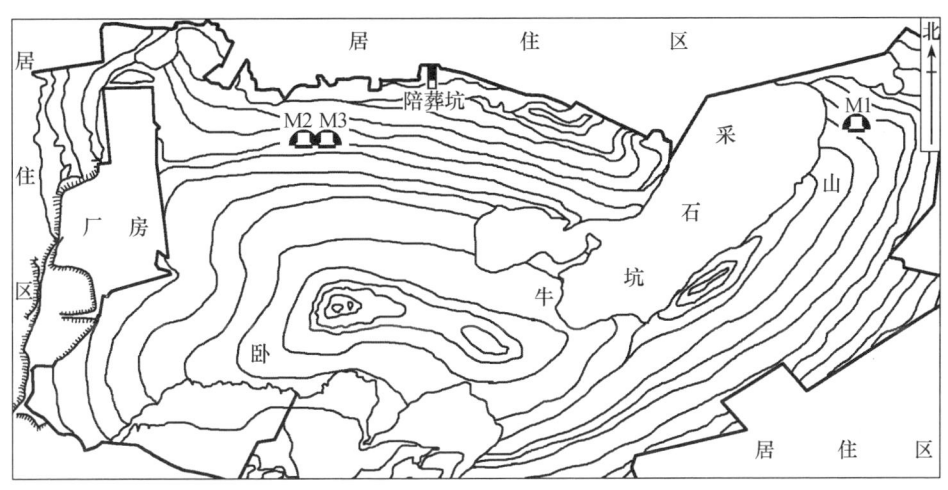

图 1-24　江苏徐州卧牛山西汉楚王墓地墓葬及陪葬坑分布示意图

⑥ 小龟山汉墓

王墓与后墓南北并列，西向，有壸门相通。后墓在北，其北侧不远为 M1，竖穴洞室结构，出土带有"楚私官""御食官""文后家官""丙长翁主"等铭文铜器，等级较高[①]，为王墓与后墓的祔葬墓。

小龟山西稍远距离的大孤山北麓发现与王墓时代相近、有一定等级的西

---

① 南京博物院：《铜山小龟山西汉崖洞墓》，《文物》1973 年第 4 期。

汉墓葬2座。M2为石坑竖穴洞室墓，葬3人，1男2女，出土铜鼎、提梁壶、玉印、带钩、剑饰等，时代与小龟山汉墓接近，男性墓主王霸的身份为官吏，该墓为楚王墓的陪葬墓之一[①]。根据出土铜器上的"庙"字铭文等判断，王霸生前很可能是该楚王墓地祠庙的相应官吏，这也说明楚王墓地建有祠庙。

⑦ 东洞山汉墓

已发掘的3座横穴崖洞墓南北并列，均西向，为"一王二后"合葬形式的墓葬布局。M1居中，规模最大，为王墓，M2在北，M3在南，二墓与M1的距离均较近（图1-25）。M3形制较M2简单，时代晚于与M2，二墓的墓主有先后关系。

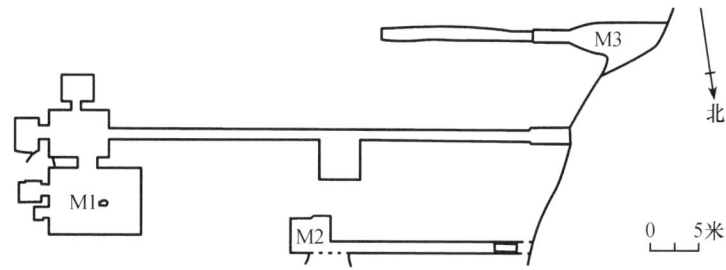

图1-25　江苏徐州东洞山西汉楚王墓地M1—M3平面图

楚王墓所在山头的顶部有南北长约60、东西宽30米的平坦地面，周围有断续的石墙遗存。石墙以石块垒砌，仅存基础，西北角保存稍好，残长1.9、宽1.5、高0.7米，遗址内和山坡上采集到的瓦片和陶器残片多为泥质灰陶，饰绳纹，显系汉代遗物。遗物和遗迹与楚王墓有关，汉代盛行墓祀，相关遗迹原可能是祠庙一类建筑[②]。

东洞山汉墓西北距离350米的碧螺山北坡已发现、发掘与楚王墓时代接近、等级不一的墓葬5座，山顶也有汉墓，均应是楚王墓的陪葬墓，由于距离王墓不远，当在楚王墓的大陵区之内。其中M5为石坑竖穴洞室墓，洞室内有瓦顶结构木建筑，夫妻同室合葬，男性墓主应为楚国官吏或贵族[③]。

---

① 徐州博物馆：《江苏徐州市大孤山二号汉墓》，《考古》2009年第4期。
② 徐州博物馆：《徐州石桥汉墓清理报告》，《文物》1984年第11期。
③ 徐州博物馆：《徐州碧螺山五号西汉墓》，《文物》2005年第2期。

⑧ 南洞山汉墓

王墓与后墓东西并列，有斜向通道相连，为同坟异穴合葬，后墓在西。

王墓南约 250 米，墓口南向偏东处发现石砌墙基遗址，墙长约 15 米，往西延伸约 50 米转向北，高约 3 米，向北延伸不明；具体做法是先在斜山坡上挖出地槽砌墙，以土和石块嵌缝，墙砌好后又在墙内外填置碎石和杂土；墙体石块较大，一般长 2、宽 0.55、厚 0.5 米，开凿痕迹粗且深，很可能是汉代墓祀建筑即陵寝建筑遗存①。

（九）山东省

12 处 23 座。分布于不同地区。

西汉早中期的巨野红土山汉墓为竖穴石圹墓，墓主为昌邑王刘髆②，此墓北 1500 米处的金山南侧有一未建成即废弃的大型崖洞墓，推测为昌邑王刘贺预造墓③，本书不统计该墓，而该处亦暂无墓外设施资料公布。淄博市临淄区窝托村南西汉齐王墓，封土面积较大，墓葬位于封土中部，为中字形竖穴土坑结构，南北向，墓室南、北各有一条墓道，墓主可能为第二代齐王刘襄，封土下北墓道西侧和南墓道东西两侧共发现 5 个陪葬坑④，封土外相关设施未见报道。其他多个西汉诸侯王墓均有与墓外设施相关的资料公布，内容、种类、数量不一。

1. 定陶灵圣湖定陶王墓⑤

一个陵园内有 3 座大型汉墓，M1、M3 南向，均为石室墓，相距较近，从墓葬规格及出土遗物等来看，应属诸侯王级别，时代为西汉晚期，

---

① 周学鹰：《徐州汉墓建筑——中国汉代楚（彭城）国墓葬建筑考》，中国建筑工业出版社 2001 年版，第 132、133 页。

② 该墓还存在为梁孝王之子山阳王刘定墓的可能，见中国社会科学院考古研究所刘瑞：《巨野红土山西汉墓墓主新考》，《中国文物报》2008 年 2 月 29 日第 7 版。

③ 山东省菏泽地区汉墓发掘小组：《巨野红土山西汉墓》，《考古学报》1983 年第 4 期。

④ 山东省淄博市博物馆：《西汉齐王墓随葬器物坑》，《考古学报》1985 年第 2 期。

⑤ 山东省文物考古研究所、菏泽市文物管理处定陶县文管处：《山东定陶县灵圣湖汉墓》，《考古》2012 年第 7 期。

为王墓与后墓；M2 东向，规模宏大，是目前山东地区发掘的规模最大的一座黄肠题凑葬制的木椁墓，墓主为丁姬更为可信，这与丁姬为汉哀帝刘欣的生母有关。也有学者认为 M1 为丁姬墓①，并指出该墓被破坏并遭火烧，与史书记载内容相符②。不论墓主具体归属如何，三墓皆呈"一王二后"合葬形式，丁姬墓虽特殊，但亦应视为王后墓，而 3 座墓葬中当有定陶王刘康墓及王后墓。另外，陵园内或许还有陪葬坑、陪葬墓、陵寝等设施。

相关文献对定陶王墓的记载涉及墓外设施。《水经注》载："济水又东北迳定陶恭王陵南，汉哀帝父也。帝即位，母丁太后建平二年（公元前 5 年）崩。上曰：'宜起陵于恭皇之园。'……今其坟冢（丁姬墓），巍然尚秀，隅阿相承，列郭数周，面开重门，南门内夹道有崩碑二所，世尚谓之丁昭仪墓……丁姬坟墓，事与书违，不甚过毁，未必一如史说也。"③由此来看，该墓地有陵园墙，而且很可能为双重陵园墙。但记载中称南门内夹道有崩碑二所，结合中国古代墓碑的产生与发展，所记载的碑为后世所立的可能性较大。

2. 曲阜九龙山鲁王墓

发现 5 座鲁王或王后墓，东西并列，南向，开凿于半山腰处，1972 年发掘 4 座，均由墓道、墓门、甬道、墓室和耳室组成④。5 号墓规模较小，为单室墓，另外还有两座⑤，未见相关资料，本文皆不计入统计。

鲁王墓前面有空地和车马道，从地面现存遗迹分析，应有陵园。墓地有多座墓葬，规模不同，其中可能有祔葬墓或陪葬墓。

---

① 杜长印：《定陶县力本屯石室大墓考证》，《菏泽师范专科学校学报》2004 年第 1 期。
② 据《汉书·外戚传》载，王莽派人"开丁姬椁户，火出炎四五丈，吏卒以水沃灭乃得入，烧燔椁中器物。"并称"丁姬死，葬逾制度，今火焚其椁。"后又派人掘平丁姬故冢，"周棘其处以为世戒云。"见（东汉）班固：《汉书·外戚传》，中华书局 1962 年版，第 4003、4004 页。
③ （北魏）郦道元著，（清）王先谦校：《合校水经注》，中华书局 2009 年版，第 127 页。
④ 山东省博物馆：《曲阜九龙山汉墓发掘简报》，《文物》1972 年第 5 期。
⑤ 张全景：《孔孟故里之九龙山风景区旅游开发研究》，《曲阜师范大学学报》1999 年第 3 期。

3. 章丘危山汉墓[①]

位于危山顶部，为1座济南王墓。封土现存部分呈圆形，墓葬形制为甲字形竖穴岩坑墓，墓道向北，墓主为西汉济南王刘辟光。

墓地可分为主墓、半山腰陶制品制作区及陪葬坑、山脚东部陪葬坑及陪葬墓、山脚西部陪葬坑等四部分。从地势看，危山顶上为主墓，向下为一南北向的山沟，陪葬坑及中、小型墓葬位于沟的东西两侧，半山腰为陶制品制作区及陪葬坑，整个陵地气势宏大，应有陵园存在。但陵区布局不完整，这与墓主刘辟光参加叛乱、兵败自杀等有关。

（1）陪葬坑

山北坡中部有多座车马俑坑，山脚东部陪葬坑皆为兵马俑坑，均南北向，山脚西部陪葬坑遭破坏，仅存底部，出土许多陶俑残片。俑坑的时代大致都在西汉文景时期。

（2）陪葬墓

1号兵马俑坑西南约3米处的M2，长3.3、宽约3.1米，为夫妻合葬墓，西墓室为木棺，东墓室为石椁，东室边箱内分别放置铜弩机、铁镞、弹丸等武器和陶罐、盆、漆壶、盘等生活用品，墓主是与兵马俑坑有关的官吏与夫人。

4号陪葬坑周围发现10座中小型墓葬，发掘了其中的7座，均为长方形土坑墓，M3、M5、M6略大，余均小型墓葬。M3有斜坡状墓道，M5、M6并列，相距1.4米。M5长5.4、宽2.7米，葬具为木质棺椁，椁室南侧有头箱，内随葬2件陶罐，木棺上有红漆，墓主头向南。M6位于M5西，长4、宽2.4、深6米，墓圹四壁经加工，为积炭墓，被盗，残存玉印章、玛瑙装饰品及铁器、陶器等。推测规模略大墓葬的墓主可能为王国官吏、王室贵族或嫔妃，规模较小者的墓主则为一般人员。

[①] 王守功、崔圣宽：《章丘市危山汉代陪葬坑》，《中国考古学年鉴·2003年》，文物出版社2004年版，第217、218页；崔圣宽、王善荣：《章丘危山发现烧制陶俑的窑址》，《中国文物报》2003年8月15日第1版；王守功、崔大庸：《危山汉墓布局及墓主人身份推定》，《中国文物报》2003年11月28日第1版；房道国、王善荣、孙涛：《济南危山汉兵马俑坑发掘纪实》，《大众考古》2015年第5期。

（3）陶窑

发现3座，为烧制陶车、马、人俑的窑。Y2与Y3共用一个操作间，填土中有大量的车、马俑及瓦片、陶盆等残件。

Y1，大部分被破坏，残存大量陶制车、马、人俑残片。

Y2，位于操作间南部，分火膛、窑室、烟道3部分，窑室在生土上凿成，北侧是火膛，南部为窑床，窑床用青砖垒砌，2个烟道位于窑室南侧，窑室、烟道内均有陶俑残件。

Y3，位于操作间西部，由火膛、窑室、烟道3部分组成，窑室穹隆形顶，窑壁经过长时间烧烤，内侧呈青灰色，外部呈红色。窑室后壁中间有向外凿出的凹槽，顶部向外伸出2长方形烟道口，在火膛及窑室填土内出土有陶半两、俑手、车马构件、瓦片等。

另外，Y2西面有陶窑使用时期的堆积，其内夹杂着大量烧土粒和残破人俑、车、马、瓦片、陶范土及大量草木灰等，这里应为陶窑在使用过程中倾倒烧灰和垃圾的地方。陶窑南部还发现两个取土坑，底部都不甚规整，坑内堆积多为淤积层，并夹杂有残碎陶俑及板瓦、筒瓦残片等，可能与制陶取土有关。

4．济北王墓

2处4座。均为同茔异穴合葬墓。长清双乳山两座汉墓东西并列，M1已发掘，系一座大型甲字形石圹竖穴式木椁墓，墓主可能为西汉中期谋反的济北王刘宽；福禄山顶部两座墓葬，排列与双乳山两座汉墓相近[①]。

5．章丘洛庄汉墓[②]

土坑竖穴式木椁墓，东西向，有东、西两条墓道，方形覆斗状封土下有较多陪葬坑，墓主为西汉早期吕国第一代王吕台。

封土下东墓道南北两侧有一些"夯土"遗迹，南北成排分布，较规律，

---

① 山东大学考古系、山东省文物局、长清县文化局：《山东长清县双乳山一号汉墓发掘简报》，《考古》1997年第3期；任相宏：《双乳山一号汉墓墓主考略》，《考古》1997年第3期。

② 济南市考古研究所、山东大学考古系、山东省文物考古研究所等：《山东章丘市洛庄汉墓陪葬坑的清理》，《考古》2004年第8期。

相关建筑物是在修墓或入葬时为举行某种仪式而特意修建的,待墓葬回填后,便把这些建筑拆掉,并将柱洞重新回填夯平。从遗迹平面图看,相关建筑东部局部在封土外,这一建筑与封土下的建筑可能存在差异,很可能是祭祀的遗留。

6. 临淄山王村齐王墓①

山王村东北发掘 1 座西汉时期的陪葬坑,规模大,埋藏丰富,有骑马俑、车、器物等,坑的南侧不远处有大冢子,为陪葬坑所属墓葬。坑内共发现建筑模型、人物俑、动物俑等 516 多件(套),建筑模型包括门阙、前门、大门以及后院内的楼房、粮仓、庖厨等,有一定的规划布局(图 1-26),院

图 1-26 山东临淄山王村陪葬坑中的建筑模型
1. 后院布局 2. 后院大门 3. 望楼顶部娱乐场景

---

① 山东省文物考古研究所、临淄区文物管理局:《临淄山王村汉代兵马俑》,文物出版社 2017 年版。

内还布置车马出行，为完整的府邸布局。俑坑的年代上限不早于西汉中期，下限不晚于西汉晚期，墓主可能为武帝之子怀王刘闳。山王村陪葬坑的年代或可早至西汉中期以前，所属墓葬的墓主为"七国之乱"后的三位齐王之一，最可能是齐懿王刘寿，相关陶俑体现出齐王身份以及保卫其家庭安全的武装力量[①]。

7. 菑川王墓

2处3座。

（1）昌乐县东圈汉墓[②]

并列2墓，位于山丘上，相距较近，发掘的M1为竖穴洞室墓，墓北向，由墓道、甬道、南室、北室及四个耳室组成，年代大体相当于宣、元时期，墓主为某代菑川王夫人。M2为王墓，墓主为某代菑川王。

（2）青州香山汉墓

发掘汉代陪葬坑、窑址各1座，所属香山汉墓为大型甲字形土坑竖穴墓，陪葬坑位于墓道西侧，应在封土下，时代为西汉早中期，墓主和菑川国有关[③]，为第一代菑川王刘贤的可能性较大[④]。

8. 平度六曲山胶东王墓[⑤]

青岛平度六曲山墓群范围内应有14处西汉时期胶东国的王（后）墓。从调查看，六曲山墓群可分为三个区域，每一区域均有几座大型或中型墓葬，且位于所属区域的核心位置，地势也相应较高。六曲山墓区的大型墓葬有覆斗状封土，长宽40—60米，周边均分布一些中型墓葬，封土长宽20米左右。窟窿山区域和北虎山区域各有2—3处中型墓葬，覆斗状封土长宽

---

① 徐龙国：《山东临淄山王村汉墓陪葬坑的几个问题》，《考古》2019年第9期。
② 潍坊市博物馆、昌乐县文管所：《山东昌乐县东圈汉墓》，《考古》1993年第6期。
③ 刘华国：《山东青州香山汉墓陪葬坑出土大批精美文物》，《中国文物报》2006年9月13日第2版。
④ 李森：《香山汉墓墓主为第一代菑川国国王》，《中国文物报》2006年12月8日第7版。
⑤ 青岛市文物保护考古研究所、平度市博物馆：《平度六曲山墓群2011—2014年度调查勘探报告》，《青岛考古（二）》，科学出版社2015年版，第84—98页。

20—25米。三个区域还成群分布大量的小型墓葬，多有封土。在陵区内采集较多的建筑材料残件，包括云纹瓦当、板瓦、筒瓦、铺地砖等，应是相关建筑的遗存。其中，西陵台、东陵台、"将军坟"、北陵台，均南侧为墓道，墓外多有相关设施。本书将这四座墓葬列入统计。

（1）西陵台

封土北侧存一建筑基址，东西长70、南北宽15米，约1000平方米，台基上出土大量筒瓦、板瓦和瓦当。西陵台外侧小山坡上分布大小不同约8处陪葬墓，封土边长7—15米。

（2）北陵台

封土北侧有一建筑基址，主体呈长方形，东北处往北延伸，整体呈曲尺状，面积约850平方米。建筑基址北、东侧及陵台的北、东坡，均散落大量的板瓦、筒瓦和铺地砖残块，推测为建筑基址上建筑倒塌后建筑构件散落所致。封土西部外侧发现4处类似陪葬坑性质的遗迹，面积分别为150—300平方米。北陵台南坡约500米自然延伸下来的台地上发现2处兵马俑陪葬坑，出土人俑、马俑等。

（3）东陵台

封土北侧有一夯土台基，长方形，东西长约23、南北宽约10米，面积约230平方米。夯土台基北侧有一处高出现地表0.5米的基岩平台，并与此夯土台基高度相同，东西长约20、南北宽约15米，其上散落大量的板瓦、筒瓦和铺地砖残块，推测基岩平台亦是夯土台基的一部分。封土外侧有2陪葬坑，面积300—450平方米。

（4）"将军坟"

封土北侧是否有建筑，现存疑，西北和西南发现2处陪葬坑，面积分别约为300、220平方米。墓葬一侧有2处陪葬墓，南北排列，多为长方形竖穴，亦有刀把形墓道的墓葬。

（5）其他

北陵台的南坡、西陵台的东坡、东陵台的东北坡均发现灰沟迹象的遗迹，怀疑可能与墓葬的陵园有关。其可能为墓葬围沟，进而形成内陵园的界限。

总的来看，本书统计已发现和发掘的西汉诸侯王墓大致为46处96座左右，其中不包括未计算在内的西汉诸侯王资料。这些西汉诸侯王墓大多有墓外设施，对全面研究西汉诸侯王墓具有重要的参考价值。

第二节　西汉诸侯王墓地外部设施的内容、功用与特点

已发现、发掘的西汉诸侯王墓数量较大，对应的墓外设施反映出相应的功能和作用，折射出与之对应的特征和特点，体现出西汉诸侯王墓葬外部设施的丰富性、多样性、等级性及其发展特征。

一、守陵人员的相关设施

墓葬是人死之后的埋葬场所。汉代，为保证死者在地下能够安逸地生活，较多墓葬外设置与守陵人有关的设施。一般家庭或家族在墓地修建相关设施，或为墓庐或是冢舍，有人住在其中进行守护。高等级墓葬中，与陵墓守护相关的内容较为复杂多样。西汉诸侯王墓外有较多陪葬墓，可起到思想上的守陵作用，一些陪葬坑如兵马俑坑、仪卫俑坑等的埋藏内容更为突出，如河南永城柿园汉墓所在山顶及其墓道南侧封土中发现的陪葬陶俑，发掘者称之为守陵俑[①]。另外就是设置守陵人员，有相当数量，人员性质多样，并在继承前代及借鉴帝陵的基础上，为陵墓守护人员设置园寺吏舍，而且很多墓葬设有园邑[②]。

（一）园寺吏舍

园寺吏舍是与诸侯王陵区有关人员居住及工作的场所，相关人员及设

---

①　河南省商丘市文物管理委员会、河南省文物考古研究所、河南省永城市文物管理委员会、阎根齐主编：《芒砀山西汉梁王墓地》，文物出版社2001年版，第171页。

②　就西汉帝陵来讲，所设的相关设施为陵邑，而从相关文献来看，诸侯王墓的此类设施称为园邑较为恰当，这既体现出帝王之间的差异，也反映出与诸侯王墓相符的特征。如《汉书·武五子传》载："有司奏请：'……愚以为亲谥宜曰悼，母曰悼后，比诸侯王园，置奉邑三百家。故皇太子谥曰戾，置奉邑二百家。史良娣曰戾夫人，置守冢三十家。园置长丞，周卫奉守如法。'"[（东汉）班固：《汉书》，中华书局1962年版，第2748页。]

施对诸侯王墓及其陵区有着守护作用。与功能、作用相对应，这一设施基本位于陵区内。可以确定的此类遗存较少。永城保安山陵园内东门址西北15米处钻探出一正方形建筑基址（9号基址），面积81平方米，四周用石块垒砌，中间夯土；寝园东北100米台地下也发现一长方形建筑基址（5号基址），长8、宽5米，面积40平方米，四周用条石垒砌，中间夯土，二者是为守卫陵园、寝园士兵、下级官吏而设的"园寺吏舍"。徐州狮子山汉墓东侧，外陵园东门址内侧偏南的建筑遗址也是"园寺吏舍"。与园寺吏舍有关人员的墓地也有发现。保安山M1东、寝园所在台地下南北长约200、东西宽约100米的大片平地上有多座墓葬，大多为竖穴土坑墓，埋葬较深，已被破坏或已露出墓口的四座墓葬时代大体相近，为西汉中期，墓主人可能与守陵的嫔妃或官吏有关。徐州狮子山楚王墓陵区外陵园内北侧偏西的今世贸汉之源工地有较多规模不大墓葬，其中也可能有与园寺吏舍有关人员的墓葬。

另有与园寺吏舍相似的设施。诸侯王去世后，其较多嫔妃为其守陵需有相应的住所，这些嫔妃既服务于陵园内的相关工作，如辅助祭祀等，也对墓地起到相应的守护作用。《汉书·成帝纪》载"出杜陵诸未尝御者归家"[1]，而尝御者仍奉陵如故。这些嫔妃死后也葬在陵区内，狮子山汉墓西北的世贸汉之源墓地及永城保安山M1东寝园所在台地下的一些墓葬均有此类人员的墓葬。

（二）园邑[2]

陵（园）邑是汉代帝王陵墓及列侯墓葬等高等级墓葬为守护陵墓而设置的重要设施[3]。帝陵设置陵邑与保证陵区繁荣、日常侍奉和管理陵园有关，

---

[1] （东汉）班固：《汉书·成帝纪》，中华书局1962年版，第324页。

[2] 关于汉代诸侯王墓的园邑，笔者在《汉代诸侯王墓研究》一书中，以考古、文献为基础，就西汉诸侯王墓园邑制度、管理与官吏、设置目的、延续时间、在陵区中的位置等进行了分析。见刘尊志：《汉代诸侯王墓研究》，社会科学文献出版社2012年版，第280—284页。

[3] 西汉列侯墓葬设置园邑在文献中有载。如薄太后父亲被追尊为灵文侯，"会稽郡置园邑三百家，长丞已下吏奉守冢"[（西汉）司马迁：《史记·外戚列传》，中华书局，1959年，第1971页]。再如霍光薨，"置园邑三百家，长丞奉守如旧法"[（东汉）班固：《汉书·霍光传》，中华书局1962年版，第2948页]。

同时还有较强的政治目的，而西汉诸侯王墓设置园邑则主要是为了侍奉陵园或保护墓葬和陵区。园邑与守陵人有着密切关系，西汉诸侯王墓陵区发现的相关居住址或墓葬及其他信息均体现出与西汉诸侯王墓园邑有关的内容。

满城汉墓附近的陵山守陵村，与满城汉墓守陵有关，原可能为满城汉墓的园邑，后逐渐演变为现在的守陵村。

芒砀山西汉梁王陵区分布着数以千计的小型墓葬，有竖穴土坑墓、空心砖墓、石棺墓等，其中一些墓葬的墓主可能与王墓的守陵人有关，这些守陵人世代相袭，以此为业，死后即葬在陵区附近。最典型的为磨山竖穴土坑墓群，占地东西长300、南北宽60米，分东西两区，东区墓葬的规模一般较小，西区有规模相对较大的墓葬，时代从西汉中期至东汉初期，墓主或为园邑中的平民，或为相应官吏。

长沙西郊的桐梓坡汉代墓地，已陆续发掘了七八十座西汉中小型墓葬，以汉初至文景之际、文景之际至武帝元狩五年（前118年）以前的墓葬居多[①]，墓主或是徙来看守陵墓的百姓，或是与吴氏王室关系密切的侍臣近亲，死后陪葬于此；另在距象鼻嘴M1及曹嬛墓以北约十华里处有一座古城址，其建筑年代与吴氏王陵的存在无疑有着密切关系，或许与诸侯王墓园邑有关。

徐州小龟山M1出土的一件铜量上有"北平园"铭文，北平园存在为某代楚王园邑名称的可能。狮子山汉墓陵区西南兵马俑坑南有较多的东汉至唐宋时期墓葬，墓主可能是为楚王守冢者的后裔，该墓地北侧的世贸汉之源工地中也可能有守陵者或园邑中相关人员的墓葬。驮篮山汉墓陵园外西南发现的汉代居住址，亦存在为该墓园邑遗存的可能。

（三）相关认识

西汉诸侯王墓陵区中与守陵人员相关的设施服务于守陵人员，进一步达到守护陵墓的功能和作用，也体现出陵区的规划和设置。

与守陵人员相关的设施虽留存不多，但在多个方面有所体现，这也反映出守陵设施、人员与陵区或墓地的关系。从地域上看，国力较强的诸侯国

---

① 长沙市文物工作队：《长沙西郊桐梓坡汉墓》，《考古学报》1986年第1期。

王陵区内容较多，而山地丘陵地带的诸侯王墓地，与守陵人员相关的设施或相关内容留存较多。就一些具体内容来讲，不同诸侯国也有差别，如陵园内守陵人的墓葬在分布上有所不同，保安山 M1 东寝园所在台地下有相关人员的墓葬，而徐州狮子山汉墓，守陵人的墓葬基本位于外陵园内北侧较大面积的陪葬陵区，与其他相关人员的墓葬在一个大的区域。时代或发展方面，西汉早期或王国较强盛时期，此类设施多且丰富，中期及以后或国力趋弱的时期，此类设施少也相对简单。若王墓分布较集中，相关设施如园邑及对应内容等还体现出较明显的连续性和时代延续较长的特点。

一些诸侯王墓地，与守陵人员相关的设施存在一定层次，这与其具体功能、丧葬需求及对应人员身份地位的差异等存在相应联系，同时还会在相关人员墓葬分布等方面有所体现。永城保安山陵区，园寺吏舍在东门址西北及寝园东北一定距离的陵园墙之内，园邑则应在陵园墙之外；守陵人员的墓葬，有的位于陵园的内侧，有的在外侧，有的位于山脚下的平地里，有零星分布者，更多是数十或上百成群，分布有规律。徐州驮篮山汉墓，园邑在陵园墙外西南一定距离，而与墓葬有关的园寺吏舍则很可能位于陵园内，考虑到墓前（南侧）较为空敞，发现很多建筑，其中可能会有园寺吏舍。

还有一点需作说明，诸侯王墓分布较为集中者，每一王陵区皆应有自身的园寺吏舍，但很可能与其他王墓共同有一园邑，永城梁王墓地、长沙吴姓王陵区皆大致如此；诸侯王墓分布较分散者，每一陵区皆应有自身的园寺吏舍及园邑，但较之王墓分布集中地区的园邑，可能规模稍小，人员数量也相对要少。

二、陵园与相关设施

陵园是以墓葬为主体或核心，包含诸多与墓葬有密切关系或相应关系的墓外设施，主要墓葬及其相关设施具有相应规划，并按照一定要求分布于主要墓葬所属的陵地或陵区之中，而这一面积较大、具有规划、包含多个不同性质或功用设施的地域范围即为陵园。陵是古代高等级或高级别墓葬的称谓，陵园也因此成为高等级或高级别墓葬的专用，汉代亦是如此。汉代，帝王陵墓的此类设施被称为陵园，而列侯及更低级别，多称为墓园，体现出相应的等级差异。

随着考古工作的不断深入，与西汉诸侯王墓陵园有关的资料日渐丰富，关于西汉诸侯王墓陵园的认识也得以深化。《西汉诸侯王陵墓制度研究》一书对西汉诸侯王墓陵园有较为详细的探讨和分析[①]，《江苏西汉诸侯王陵墓考古的新进展》一文对江苏地区西汉诸侯王墓陵园有相关分析[②]，也有学者对西汉梁王墓地陵园进行过论述[③]，还有就某一地区某一诸侯王墓陵园进行的分析和论述，如今徐州地区的西汉楚王墓，有关于狮子山汉墓陵园的探讨[④]，也有对北洞山汉墓陵园的分析[⑤]等。笔者也对西汉诸侯王墓陵园的设置、管理官吏与人员、命名、陵园形状、不同诸侯国或诸侯王墓陵园的差异等进行了分析，并论证了西汉诸侯王墓陵园实行的应为双重陵园制度[⑥]（图1-27）。在上述研究基础上，本书仅作几点补充分析。

（一）园墙

就"园"而言，形成一定面积或范围，具有自身内容和内涵，大致即可称为园。园可以有墙，这样形成界限，园的特征较为明显；园也可无墙，即在一定范围内形成园。西汉帝王陵墓乃至列侯墓或其他墓葬，园墙在上述两个方面均有体现。西汉帝陵实行三重陵园制度[⑦]，内陵园和中陵园基本有墙，外陵园则大致属开放式，诸侯王墓陵园也有类似情况。

---

① 刘瑞、刘涛：《西汉诸侯王陵墓制度研究》，中国社会科学出版社2010年版，第413—417页。
② 李银德：《江苏西汉诸侯王陵墓考古的新进展》，《东南文化》2013年第1期。
③ 韩维龙、张志清：《永城西汉梁国王陵陵寝建筑试析》，《华夏考古》1999年第3期；王良田：《梁国王陵与西汉帝陵的比较研究》，《中原文物研究》，大象出版社2003年版，第248—254页。
④ 邱永生：《徐州狮子山楚王陵园初步研究》，《南京大学历史系考古专业成立三十周年纪念文集》，天津人民出版社2002年版，第245—249页；刘聪、周黎、周波：《徐州狮子山西汉楚王陵园考古调查及初步研究》，《中原文物》2019年第6期。
⑤ 梁勇、缪华：《徐州北洞山西汉楚王墓陵园及秦梁洪考》，《汉代陵墓考古与汉文化》，科学出版社2016年版，第104—112页。
⑥ 刘尊志：《论西汉诸侯王墓陵园及相关问题》，《考古》2011年第4期；《汉代诸侯王墓研究》，社会科学文献出版社2012年版，第290—304页。
⑦ 刘瑞：《西汉景帝阳陵应存在内中外三重陵园制度》，《中国文物报》2007年3月2日第7版；《秦、西汉帝陵的内、中、外三重陵园制度初探》，《中国文物报》2007年5月18日第7版。

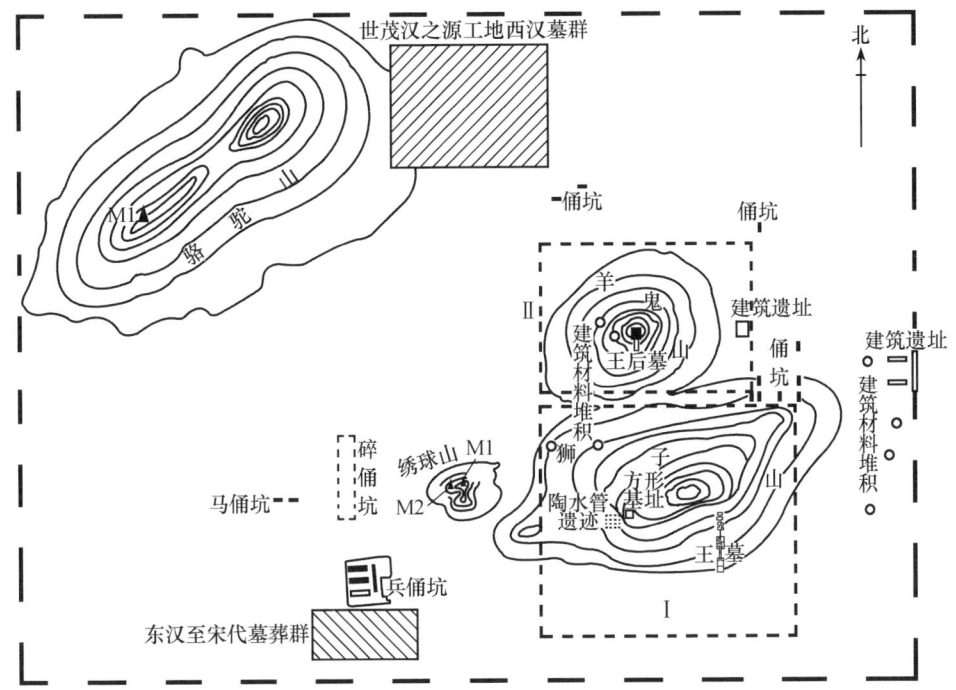

图1-27 江苏徐州狮子山楚王墓陵园遗迹分布及陵园复原设想平面图（笔者绘）
Ⅰ：内陵园　Ⅱ：外陵园　------复原陵园界墙

1. 陵园墙的两种形式

西汉诸侯王墓陵园基本实行双重陵园制度，在园墙的使用方面主要有以下两种形式。

（1）内、外陵园皆有园墙

较多诸侯王墓地有发现。一些诸侯王墓周边砌建有内陵园墙当无疑问，这与墓主及墓葬自身等级和地位密切相关，狮子山陵区的羊鬼山王后墓即发现内陵园墙的局部。也有一些外陵园砌有园墙，其内包绕王墓、后墓、陪葬坑、陪葬墓及祭祀设施和园寺吏舍等，较典型的有永城保安山汉墓陵园及徐州地区的狮子山汉墓陵园、驮篮山汉墓陵园等较多陵园。

（2）内陵园有园墙，外陵园为开放式

如上所言，诸侯王墓与相关设施周边当建有内陵园墙，但外重陵园则不一定修建园墙。盱眙大云山汉墓，内陵园面积较大，园内有王墓及相关设施，园墙外更大面积为外陵园，包括司马道、一些陪葬坑、陪葬墓等，但未见外园墙。此类情况还应有一定数量，限于资料，还有很多不能完全说清楚。笔者认为，西汉中晚期，随着诸侯国权力地位的下降，加之较多王墓与后墓或距离较近，或同坟异穴，甚至还有同穴合葬，使得较多诸侯王陵区的很多内容集中于王墓与后墓附近，内陵园的重视程度得到进一步提高，范围也适当扩大，内陵园墙将相关内容包绕在内。外陵园中虽有相关设施，但整体上较西汉早期明显衰落，一些或相当数量诸侯王墓地的内陵园外不再修建园墙，形成"开放式"的外陵园。

由上可知，西汉诸侯王墓地中，一般修建内陵园墙，外陵园墙则或有或无，而其中还可能存在相应的时代特征和发展变化，即西汉早期多有两重园墙，西汉中期至晚期，内陵园保持修建，外陵园则渐趋开放，无园墙。另外还可能存在相应的地域特征，限于资料还不甚清晰。

2. 相关问题

（1）诸侯王墓周边较近距离所砌垣墙

已发现的西汉诸侯王墓周边较近距离所砌垣墙（王后墓或不见，或与王墓一起），存在为内陵园园墙的可能，尤其是西汉中晚期一些相对独立的诸侯王墓，这种可能性在一定程度上是存在的。但考虑到垣墙距离墓葬太近，其内除墓葬外基本无其他设施，作为保护墓葬垣墙的可能性更大。

（2）门阙

在外陵园的门外砌建门阙是西汉诸侯王墓陵园的特征之一。从已知资料看，阙多修建于外陵园墙的主要门之外，考虑到相关墓葬时代相对较早，东门最常见门阙遗存。梁孝王陵园的东门外100米与门相对处有一圆形土堆，钻探为夯土台基，台基东西10、南北20米，可能为门阙。有的门阙则借助自然山势，如满城汉墓，所在山峰的南北各有一小山头，形成凹字形，西侧主峰中部修建二墓，墓前这两座左右对峙的小山头可能就是象征墓前的双阙。西汉早期，有的王墓或后墓的内陵园也可能有门阙，狮子山与羊鬼山之间东部不远发现的门阙石很可能为内陵园的遗物。

（3）部分外陵园墙

有些诸侯王墓地存在外陵园墙，且有相应范围。由于保存状况较差，较多外陵园墙已不复存在，但一些也有所保留，部分尤其是分布于山地丘陵地带的一些王墓，外陵园墙多与葬地的地理环境相结合，砌建具有相应规模且其内有诸多设施的陵园墙。具体来讲，这些诸侯王墓的外陵园墙多借助山体修建，不仅范围大，而且具有相应高度，并利用山丘的海拔高度，达到保护陵区内墓葬及相关设施等目的。

梁王墓地中，保安山陵园最具代表，园墙四面将保安山包围起来。陵园的南、北、东三面都发现夯土墙，而西侧大致在保安山西坡。该陵园的外陵园墙受地形的制约，多石少土，园墙的修建依山势并利用台地边缘，既便于封闭，也便于取土，还增加了墙的高度。柿园汉墓的园墙与之接近。

西汉楚王墓基本位于相对独立的山丘之上，而附近还多有一些海拔不高的山丘，楚王墓地则将这些山丘充分利用。时代较早的楚王山汉墓、狮子山汉墓、驮篮山汉墓及北洞山汉墓等，都应有外陵园墙。楚王山汉墓南为东西向的山峰，外陵园墙很可能借助山势修建；狮子山汉墓陵区西北为海拔略高的骆驼山，该陵区的西北园墙可能包绕该山或沿其山势修建；驮篮山南有相应海拔的山头，东西距离较长，陵园南墙应是依山势修砌；北洞山汉墓北的后楼山上虽有较多的陪葬墓，但体现出南侧多墓，北侧无墓的分布情况，估计楚王墓陵园北墙依该山北坡修建，而东南的桓戒山西侧有王后墓，陵园的东南墙或许会依该山东坡修建。这四处楚王墓地，在不同位置皆有山丘，大致均在陵区边缘，可视为天然屏障，起到保护的目的。西汉中晚期的楚王墓地也多有此类情况，相关墓葬若有外陵园墙，亦可能借助有关山丘、起到保护陵区内墓葬及相关设施的目的。小龟山汉墓西侧一定距离为大孤山，该山东北坡有楚王墓的陪葬墓；东洞山汉墓西北为东西向的碧螺山，山北坡有一定数量的陪葬墓，若有外陵园墙，当在该山北；南洞山汉墓的西北为东北—西南走向的拖龙山，南侧也有山头。

满城汉墓所在的陵山相对独立，王墓与后墓所在山头大致呈南北向，两侧又有伸出的山脊，在一定距离又形成两个南北对峙的山头，整体呈凹字形。如上文所言，南北对峙的两个山头，为象征墓前的双阙，而外陵园墙当绕陵山而建，整体的保护功能更为突出。

（二）陵区分布与陵园

西汉诸侯王墓的陵区分布并不统一，或集中或分散，也存在局部集中、部分分散的情况，就整体而言，基本是集中与分散两大类。不论分散或集中，西汉诸侯王墓实行的均是独立陵园制度，这些独立的陵园，因诸侯王墓分布的不同而存在相应差异。

分布集中的诸侯王陵区，诸侯王墓独立的陵园之间距离较近。在此基础上，一些大陵区内的独立陵园会呈现出成排或成组分布的情况，如泗水王陵区、六安王陵区等。泗阳县三庄乡分布着汉代土墩墓40余座，呈5组分布，均以大墓（泗水王墓）为中心，周围的墓葬为贵族和官员的陪葬墓，组成面积大、数量多的王陵区汉墓群。从王墓的分布来看，众多诸侯王墓的陵园应是排列成组、有序分布的，考虑到皆位于大的陵区中，若无特殊情况，陵园的朝向也应基本一致。一些王陵区如梁王墓地，诸侯王墓与王后墓会选择相对独立的山丘，各陵园之间的距离可能稍远，但也有些陵园之间距离较近，甚至会有相连或借用已有陵园墙的情况。如柿园汉墓，四周陵墙在山脚下，沿山体自然走势绕山一周，但它的西墙和北墙很可能是与保安山一、二号墓陵园的南墙、东墙连接在一起的。分布集中在一定程度上会限制或制约单一诸侯王墓陵园范围的大小，梁王墓地中，柿园汉墓即是一例，但梁王墓地的其他诸侯王墓又相对分散，此种情况不甚明显，而诸如泗水王墓可能更突出。另就王墓分布集中的地区来讲，每一陵园虽独立存在，但可能会共享一些大墓地的设施，如园邑等，梁王墓地还体现出手工业作坊等内容。

陵园分布与墓址选择关系密切，也与墓地的自然地理有较大关系。分布较分散的诸侯王陵区，体现出与选址相关的需求及内容，而诸侯王墓陵园的独立性较强，彼此之间的距离较大。陵园的独立性还表现在朝向的自主性、园内设施按需安排等方面，这与选址有关，而陵园的大小则是根据国力、自身需求结合时代及其王国地位等来确定。以徐州楚王墓为例，基本绕都城彭城一周分布，各个方位皆有王墓，每一王墓区的陵园均较独立，正常情况下各有园邑。陵园的朝向也不尽相同，楚王山汉墓、狮子山汉墓陵园朝东的可能性较大；驮篮山汉墓南侧为山，东西开敞，考虑到其位于最东北位置，朝西的可能性较大，但因其时代为西汉早期，不排除朝东的可能；北洞山汉墓陵园东侧为桓戒山，故朝南的可能性最大，这与墓葬朝向一致，但桓戒山与北洞山在位置上略有错位，也存在朝东的可能，这与其时代为西汉早期也大致相符；西卧牛楚王墓北向，北、西两面较为开阔，东部有南北向山脊，推测陵园朝北或朝西；小龟山汉墓西向，陵园朝西的可能性较大，亦可能朝南；东洞山汉墓西北有碧螺山，西侧开敞，墓葬为西向，陵园朝西的可能性最大；南洞山汉墓西侧为拖龙山，南有山头，陵园东向的可能较大，但墓葬南向，二者并不一致。再如满城汉墓，距离其他中山王墓距离较远，独立性较强，陵园设置与陵山相匹配，朝东，并借用山势有二象征性的阙。该处的王墓与后墓凿山为藏，以铁水封门，出土较多铁工具，墓外可能有铸铁和锻铁的临时作坊，该作坊与其他中山王墓无关，不同于梁王墓地的冶铁铸造作坊。

（三）两重陵园制度的再分析

西汉帝陵实行三重陵园制度，内陵园仅葬天子，为帝陵封土所在，是三重陵园系统的核心；中陵园内有皇后陵及其陵园，修建一些与陵园祭祀相关的祭祀建筑等，埋藏数量众多的"外藏"坑，共同构成对帝王的第二层陪葬系统；外陵园中埋葬大臣和后妃，并建设一些其他性质的建筑，构成对帝王的第三层陪葬系统，总体体现出一种完整而严格的陵墓埋藏系统[①]。西汉诸侯王墓则实行两重陵园制度，王墓与后墓异穴合葬且有相当距离者，王墓与帝陵相似，有自身陵园，即内陵园，外陵园在某种程度上又涵盖了帝陵中陵园和外陵园的一些内容，后墓及其他陪葬墓、一些陪葬坑、相关设施等位于其中；同坟或同穴合葬及王墓与后墓距离较近者，则是王墓与后墓及相关设施在内陵园，陪葬墓等位于外陵园之中，内、外陵园成为王墓与后墓的共

---

① 刘瑞：《西汉景帝阳陵应存在内中外三重陵园制度》，《中国文物报》2007年3月2日第7版；《秦、西汉帝陵的内、中、外三重陵园制度初探》，《中国文物报》2007年5月18日第7版。

用设施[①]。以上内容既体现出帝王陵墓之间的等级差异，也反映出王墓陵园在遵循基本制度基础上存在较大的灵活性，即根据不同情况、不同需求，实行符合自身特征的双重陵园制度。

随着考古工作的深入及一些西汉诸侯王墓陵园的新发现，关于西汉诸侯王墓双重陵园制度，还可作相关分析。近年来，较具代表性的为盱眙大云山西汉江都王墓陵园，不仅保存状况稍好，相关内容也较丰富，墙内外皆有相关设施，体现出两重陵园的内容与特点。园墙内面积大，设施较多，排列有序，整体布局严谨规整。较之以往所知永城保安山梁王墓陵园、徐州狮子山楚王墓陵园、河北满城汉墓陵园等，有一些新的或不同内容，对西汉诸侯王墓双重陵园制度也有新的体现和说明。

大云山汉墓陵园墙内南部有3座规模较大墓葬，M1与M2东西并列，在同一大的封土堆内，属于同坟异穴合葬，陵园的相关特征与上文所述同坟合葬诸侯王（后）当大体相似；M1西侧偏北稍远距离（140米）还有一座规模较大的墓葬（M8），墓主为女性，该墓与M1属异坟异穴合葬，相关特征与上文所述异坟异穴合葬且有一定距离者大致相近。M2的墓主已确定为王后，M8墓主的身份接近王后，可能为M2墓主之前或之后的另一王后，所以在位置上存在差异。园墙内南部，M1、M2有2座陪葬坑，均与车马陪葬有关，封土下二墓之间还有一座陪葬坑（K1），M8北墓道东侧封土下也有2座陪葬坑，结合墓葬位置、形制、规模及陪葬坑数量、规模等，表明M8墓主地位较高，应为王后，而整个陵园墙内，M1为核心，M2、M8是仅低于M1的重要墓葬。园墙内北侧为陪葬墓区，分2个层次，之间有间隔，墓主均为江都王的妃嫔，只是等级上因距离主墓的远近而有差别。该墓地园墙内有较多的陪葬墓，而很多诸侯王墓的陪葬墓位于内陵园外。但是，大云山汉墓陵园墙内均是与诸侯王墓有密切关系的设施，王后与不同等级的妃嫔均属王之内宫人员，陪葬车马也是与诸侯王关系密切的内容，这些设施与王墓共处一起当属正常，共同构成了内陵园的内容。解剖园墙东司马道时，发现叠压于道路下的石砌排水明沟1条，修筑规整，从出土位置等因素

---

① 刘尊志：《论西汉诸侯王墓陵园及相关问题》，《考古》2011年第4期；《汉代诸侯王墓研究》，社会科学文献出版社2012年版，第290—304页。

分析，该排水沟似与陵园寝庙建筑设施有关，表明陵园墙内设施较多样，并有不同功能。陵园墙的东墙有门，门外为相对较宽的司马道，说明陵园为东向。司马道依山势而建，自山顶陵园东墙顺山麓夯筑至山脚，长约800米，考虑到其已至山脚，末端大体应是外陵园的边界，也就是说，该墓外陵园与较多位于山地丘陵的诸侯王墓地相近，外陵园边界大致绕山体一周。除司马道外，园墙外紧邻处有象征武库的兵器陪葬坑，还有连接园墙内外的道路等。园墙外东侧一定距离有陪葬墓，墓主为王国高级官吏及其夫人。该处陪葬墓的墓主身份与王之嫔妃明显不同，代表的是王国官僚体系，葬于陵园墙外应属正常，也说明该墓有内外陵园，且外陵园中有相关设施。综合来看，大云山汉墓实行的也是双重陵园制度，内陵园有园墙，面积大，内有王墓、后墓及相当数量的陪葬墓和一定数量的陪葬坑；外陵园的边界大致绕山体一周，有司马道连接内陵园并通向外部区域，同时还有象征武库的兵器陪葬坑及象征王国官僚机构的高等级官吏陪葬墓等。

西汉诸侯王墓内外陵园的设置，既体现出王墓的等级和王的身份地位，也反映出诸侯王陵园的规划、设置及其相应需求。

三、寝、寝园及相关设施

寝是古代墓葬外的主要祭祀设施之一，置死者或先人之衣冠几杖象生之具，等级较高墓葬建有寝殿。汉代墓葬的寝园是指寝殿及相关设施的总称，有的有围墙，围而成园。关于帝陵的寝与寝园，文献记载较多，《后汉书·祭祀志》载："汉诸陵皆有园寝。"[1]《汉书·韦贤传附子韦玄成传》载："又园中各有寝、便殿。"师古注曰："寝者，陵上正殿，若平生露寝矣。便殿者，寝侧之别殿耳。"[2] 西汉高等级墓葬的寝园内还有其他设施，如便殿及保护、辅助设施等。从保存较好、已经发掘的永城梁孝王墓寝园看，寝园或相关建筑仿死者生前所居痕迹明显，院落众多，车马、灶房等一应俱全，而且还有一些生活用具出土，而从位置、建筑质量来看，寝园在高等级墓葬陵园中具有较为重要的地位。

---

[1] （西晋）司马彪：《续汉书》志第九《祭祀志》，中华书局1965年版，第3199页。
[2] （东汉）班固：《汉书·韦贤传附子韦玄成传》，中华书局1962年版，第3115页。

关于西汉诸侯王墓地中的寝、寝园及相关设施，笔者在《汉代诸侯王墓研究》一书中就其命名、管理人员与官吏、与墓葬的位置关系、寝园与墓祭的关系、谋反诸侯王是否有寝园、诸侯王墓寝园与帝陵寝园的关系等进行了分析[①]，下文主要对西汉诸侯王墓地中寝、寝园及相关设施进行再梳理，并就有关问题作相应分析。

（一）西汉诸侯王墓地寝、寝园及相关设施遗存

关于秦汉时期高等级墓葬的寝、寝园及相关设施，东汉蔡邕在《独断》中指出："古不墓祭，至秦始皇出寝，起之于墓侧，汉因而不改。"[②] 这为判断西汉诸侯王墓地的寝、寝园及相关设施提供了参考。已发掘的永城保安山 M1 寝园位于 M1 东偏北，其南回廊与保安山 M1 的墓道北壁相对，西墙与墓道口成一条直线。寝园平面长方形，四面有墙围绕，可分前、后及附属建筑三部分。前部以寝殿为中心，四周有回廊环绕，其内有多个院落，另有门及其他设施，寝园大门外有六号院落，可供祭祀者停放车马之用；后部通过"中门"与前部相联结，建筑布局注重于实用，但也体现了以排房（堂）为其主体的建筑格局，"堂"后一墙之隔是 5 间并排的房屋，但房门都向北开，发现灶及较多生活用具，可能是作庖厨之用，即厨房。遗址出土器物较多，建筑石材、板瓦、筒瓦为大宗，一些板瓦、筒瓦上有"孝园"二字，为陵寝属性确定提供了可靠实物资料。另有与寝园有关的挡土墙、排水沟及其他设施等，较为多样和全面。寝园东门两侧的护墙上发现五处带刻字的石块，内容有"正月己丑""二月己未""三月己未""五月壬申"等，推断刻字年代为公元前 150 年，这应是寝园的始建年代。与之对比，其他诸侯王墓地的寝、寝园及相关设施遗存保存状况较差，加之资料公布详简程度不一，反映的内容皆不如保安山 M1 寝园全面，但能够表明为墓外旁侧的寝或寝园，并体现出相应的内容和内涵。现将相关遗存统计如下（表 1-1）。

---

① 刘尊志：《汉代诸侯王墓研究》，社会科学文献出版社 2012 年版，第 304—313 页。
② （东汉）蔡邕：《独断（下）》，《文渊阁钦定四库全书·子部十》，第 850 册，第 88 页。

表 1-1 西汉诸侯王墓外寝、寝园及相关设施遗存统计简表

编号	诸侯王墓 国别	诸侯王墓 墓葬	寝或寝园遗存	相关信息
1	赵（异姓）	石家庄小沿村汉墓	封土堆西面五十米处采集到秦汉砖瓦多种，存在有寝类建筑的可能	有不同纹饰圆瓦当、回纹方格纹砖、绳纹瓦等
2	梁	保安山M1	位于M1与M2之间的台地上，距离M1近，有墙、门、院落、房基、殿、堂、窖穴、排水沟、挡土墙、灶、回廊、台阶	分前、后及附属建筑三部分，前部以寝殿为中心，出土板瓦、筒瓦上有"孝园"文字
3	梁	保安山M2	山顶的陪葬坑出土"梁后园"铜印章，可能有单独寝园	
4	梁	窑山汉墓	山东侧半腰留有许多碎板瓦、筒瓦和砖，可能有建筑	
5	梁	黄土山汉墓	山脚下散布较多陶板瓦、筒瓦等，或有相关建筑	
6	梁	南山汉墓	东坡偏北山脚处有近长方形的夯土台面，夯层坚硬、夯窝密集，或为寝类建筑	南北长50余米、东西宽30多米，面积1500平方米
7	淮阳	杞县许村岗M1	墓南面的地表上，散落有较多的汉代建筑材料，原有祭祀类建筑	建筑材料有绳纹筒瓦、板瓦、几何纹方砖、卷云纹瓦当等
8	六安	王陵区尤其八大墩附近	地面上散布一些建筑材料的残片，局部区域的地面遗物较为丰富，当有建筑	有板瓦、筒瓦、瓦当、残砖和井圈等
9	广陵	高邮神居山汉墓	墓地原有寝园	/
10	江都	大云山汉墓	有寝庙类建筑设施	东部排水沟与之可能有关
11	楚国	楚王山汉墓	东侧偏左南北狭长台地，人工夯筑而成，由南向北渐次降低	南北长约90、东西宽40米，建筑材料有板瓦、筒瓦碎片
11	楚国	狮子山汉墓	墓东约80米处"阅台子"遗址，为高台遗址，为高于地面约1.6—2米的平台	南北长约100、东西宽约30米，建筑材料有板瓦、筒瓦
12	楚国	羊鬼山汉墓	东坡偏南有长方形建筑，面积100平方左右，保存较好，有砖瓦铺砌的廊道、路面	建筑材料有瓦、瓦当、铺地砖等，另有陶井、排水管
13	楚国	驮篮山M2	东南不远平坦耕土下处发现大面积建筑遗存，推测此处当有一定规模的建筑遗存	建筑用陶残片堆积较厚，有大量陶板瓦、筒瓦和瓦当
14	楚国	南洞山汉墓	墓葬口南偏东约250米有石砌墙基，局部高约3米，可能是寝类建筑遗迹	砌建讲究，墙体石块较大，开凿痕迹粗且深
15	胶东	平度六曲山 西陵台	封土北侧存一建筑基址，约1000平方米	台基上曾出土大量的筒瓦、板瓦和瓦当
16	胶东	平度六曲山 北陵台	封土北侧有一处建筑基址，主体呈长方形，整体呈曲尺状，面积约850平方米	北、东侧散落大量的板瓦、筒瓦和铺地砖残块
17	胶东	平度六曲山 东陵台	封土北侧一夯土台基，台基北侧相连有一处基岩平台，与夯土台基高度相同	散落大量的板瓦、筒瓦和铺地砖残块
18	长沙	天马山M2	墓北西坡山麓平缓坡地发现弧形墙体	夹杂灰陶筒瓦、板瓦残片
19	长沙	东山汉墓	西侧距陵墓约100米处亦有一段夯筑墙体	/

(二)有无寝、寝园或相关设施的问题

就西汉诸侯王墓来讲,若无特殊情况,墓外当修建或留存具有祭祀功能的寝或寝园及相关设施,由于损毁和破坏,一些墓葬外不见,但参考同一地区或同一时代的其他诸侯王墓,多数西汉诸侯王墓地原都应有此类设施。如徐州狮子山汉墓,墓东有寝园建筑遗存,其王后墓东侧偏南也有寝类设施;平度六曲山调查勘探的4处诸侯王墓葬,其中3座墓葬的封土北侧(后侧)皆有一建筑基址,且有较多建筑材料出土,推测另一王墓"将军坟"也可能存在建筑基址。长沙天马山M2与东山汉墓等皆发现有陵寝类建筑的垣墙,其中天马山M2北山麓西坡平缓坡地发现夯筑与石砌结合,略呈弧形的墙体,东山汉墓的西侧距陵墓约100米处亦有夯筑的墙体。

有些西汉诸侯王(后)墓外可能没有寝或寝园类设施(王墓与后墓共用一寝或同一寝园者不算在内),这应有一定的原因。

1. 谋反诸侯王的墓葬

笔者在《汉代诸侯王墓研究》一书中曾指出:"谋反诸侯王也存在有寝园的可能,这与寝园修建较早有关,并与其可以下葬在生前修建墓葬中的待遇较为一致。西汉时期,虽然对谋反者处罚较重,但其亲属并不一定被诛杀,修建寝园是供其亲属或后人祭祀的。"[①] 如高邮天山广陵王刘胥墓,墓地可能有寝类建筑。再如徐州驮篮山汉墓,虽王墓没有相关发现,但后墓有寝类设施。可以说,谋反诸侯王的墓葬外可能有此类设施,但并不是全部都建有寝或寝园类设施。目前,大致确认的西汉时期谋反诸侯王墓葬已有一定数量[②],大多数墓地不见寝或寝园类设施,说明有些谋反诸侯王的墓地可能没有寝或寝园类设施。

2. 西汉末年被王莽贬为公或更低等级诸侯王的墓葬

诸侯王因被贬,在等级身份及丧葬需求等方面已不能达到西汉王朝统治时期诸侯王墓的标准,有些诸侯王墓可能会有简化的祭祀设施,有些则无

---

① 刘尊志:《汉代诸侯王墓研究》,社会科学文献出版社2012年版,第313页。
② 刘尊志:《汉代诸侯王墓研究》,社会科学文献出版社2012年版,第457—462页。

财力和人力来修建与西汉王朝统治时期相对等的诸侯王墓葬及其相关设施，墓外无寝或寝园类设施当在情理之中。

3. 西汉早期的吕王墓葬

汉初吕后专权时期，大封吕氏为王，有的吕姓王在吕后执政时期去世，其墓外可能修有寝类祭祀设施，但很快诸吕被诛，被诛后的吕姓诸侯王墓地应没有寝类设施，而原本修建的一些祭祀设施也可能被毁掉。山东章丘洛庄汉墓很可能为吕国第一代王吕台的墓葬，墓外没有明显的祭祀遗存，从平面图来看，东部封土外局部存在相关建筑，其与封土下的建筑可能存在差异，很可能是祭祀的遗留，且留存面积不大。

（三）具体性质

是指相关遗存为寝或寝园，抑或为相关设施，西汉诸侯王墓地发现的相关遗存，这三种可能皆存在，但数量或比例存在差别。

有些建筑遗存为寝，未形成多种设施组合而成的寝园，也未见包绕寝及相关设施的园墙等。石家庄小沿村汉墓的时代为西汉早期，封土堆西面50米处采集到秦汉砖瓦多种，有寝类建筑，但不一定有寝园。平度六曲山西陵台、东陵台、北陵台的北侧皆有一建筑基址或夯土台基，面积均不大，未见园墙等，应仅有寝类设施。徐州楚王山汉墓与南洞山汉墓的墓前偏侧有人工夯筑台地或石砌墙基，杞县许村岗M1墓南面地表上的祭祀类建筑，永城梁王墓地中西汉中晚期诸侯王墓葬外的一些建筑，面积皆不大，也不见墙类遗存，或是相关建筑有区分。它们应是寝类设施，而不能统称为寝园。

有些建筑为寝园。保安山M1、M2之间的台地，近M1的建筑遗存为寝园当无疑问，保安山M2或许有单独寝园，其他时代相对稍早的一些梁王墓外也可能有寝园。徐州狮子山汉墓东"阅台子"遗址南北长约100、东西宽约30米，是高于地面约1.6—2米的平台，为寝园建筑遗存；羊鬼山王后墓东侧偏南发现的建筑遗存有廊道、路面、陶井、排水管等设施，还发现有铁质工具，虽发掘面积不大，但设施较多，应为寝园。徐州驮篮山M2东南侧不远平坦耕土下发现的大面积建筑遗存，建筑用陶残片堆积较厚，推测当有一定规模的建筑遗存，也应可能寝园。另外，高邮神居山汉墓、大云山汉墓及六安王陵区中一些王陵亦可能有寝园。

个别如洛庄汉墓墓前的祭祀遗存，面积不大，作为墓前祭祀设施应无疑问，但不能视作寝类设施。该墓墓主具有特殊性，与其他诸侯王墓存在差别可以理解。

大致来看，西汉诸侯王墓地中，作为祭祀设施的寝或寝园皆有相当数量。西汉早期偏早的诸侯王墓地有寝类设施但未见有寝园，这与时代较早有关，西汉早期偏晚阶段，寝园形成并得到推广，但直至西汉晚期，寝类设施与寝园基本都是并行的。就同一地区的诸侯王墓来讲，也是既有寝园，也有寝类设施，但有相应的发展变化，西汉早期偏早阶段不见寝园，早期偏晚阶段得到使用，至晚期又多为寝类设施。另外，不同的诸侯国，因地位和实力的不同或差距，也可能会对寝与寝园的使用有相应影响。

（四）单独使用与共用（表 1-2）

与帝后陵墓相似，一些诸侯王墓与王后墓各有自身的寝类设施或寝园。石家庄小沿村汉墓附近有祭祀设施，应是单独使用，杞县许村岗 M1 与之相似。保安山 M1 与 M2 之间台地有寝园，靠近 M1，而 M2 所在山顶的陪葬坑出土有"梁后园"铜印章，可能有单独寝园，但其他资料表明王墓与后墓可能共用一个寝园。徐州地区的楚王山汉墓，M1 东侧偏左有寝园，与 M2 距离较远，应是单独使用，后墓也可能有自身的寝园；羊鬼山汉墓、驮篮山 M2 均为王后墓葬，墓葬前旁侧各有寝园，二墓所属的王墓也可能会有自身的寝园或寝类设施，即单独使用，狮子山汉墓东"阅台子"遗址的发现即可说明。平度六曲山的北陵台、西陵台、东陵台的北侧皆有礼制建筑，为单独使用。

表 1-2　西汉诸侯王墓外寝类设施或寝园与墓葬位置关系统计简表

编号	诸侯王墓		墓葬朝向	寝或寝园的具体位置	相对位置	备注
	国别	墓葬				
1	赵（异姓）	石家庄小沿村汉墓	北	封土堆西面	左侧或左后侧	单独使用
2	梁	保安山 M1 与 M2	东	二墓之间台地，靠近 M1，北距 M2 稍远	M1 墓道口外左，M2 右侧	二墓共用
3		窑山汉墓	东	所在山头东侧	墓前	二墓共用
4		南山汉墓	东	所在山头东侧	墓前	二墓共用

续表

编号	诸侯王墓		墓葬朝向	寝或寝园的具体位置	相对位置	备注
	国别	墓葬				
5	淮阳	许村岗 M1	南	墓葬前侧	墓前	单独使用
6	楚国	楚王山汉墓	东	墓道口东侧偏北	墓前一侧	二墓共用
7		狮子山汉墓	南	墓东侧偏南	墓前一侧	单独使用
		羊鬼山汉墓	南	墓东侧偏南	墓前一侧	单独使用
8		南洞山汉墓	南	墓葬南侧	墓前	二墓共用
9	胶东	西陵台	南	墓葬北侧	墓葬后侧	单独使用
10		北陵台	南	墓葬北侧	墓葬后侧	单独使用
11		东陵台	南	墓葬北侧	墓葬后侧	单独使用

有的则是王墓与后墓共用寝园或寝类设施。就保安山 M2 来讲，虽有"梁后园"铜印章出土，但不一定与后墓寝园有关，很可能是与后墓陵园有关的印章。关于保安山汉墓寝园，有学者分析指出："梁孝王和李王后共处一个寝园。"[①] 有学者进一步指出："对保安山二号墓东墓道前的文物勘探结果和该寝园的考古发掘实物证明，保安山二号墓前已无寝园的可能，梁孝王和李后确实共用一座寝园。"[②] 上表所列的西汉梁王墓与王后墓多数也应是共用。部分六安王墓、高邮神居山汉墓、大云山汉墓也可能是王墓与后墓共用。徐州楚王山汉墓发现的寝类设施位于王墓东侧偏北，而其北侧为王后墓，该设施存在为二者共用的可能，但位置更偏于王墓一侧；南洞山汉墓的王墓与后墓距离较近，之间有通道，而且王墓与后墓是同坟异穴，在二墓南发现有寝类建筑，二墓共有的可能性大。

可以看出，单独使用或共用者皆有相当数量，而且不同时代均有存在。地域上，有的诸侯王墓与后墓为共用寝园或寝类设施，如梁王墓地；有的则可能是单独使用，如胶东王墓；有的则是单独使用与共用的情况皆存在，如徐州地区的楚王墓，但整体呈现出较早阶段异坟异穴合葬者多为单独使

---

① 刘振东、谭青枝：《关于河南永城保安山二号墓墓主问题》，《考古与文物》2001 年第 4 期。

② 阎根齐：《保安山二号墓主人相关问题辨析——兼与刘振东、谭青枝商榷》，《华夏考古》2008 年第 3 期。

用，同坟异穴合葬者基本是二墓共用的特点和发展特征。单独使用或共用存在较大的灵活性，这与诸侯王（后）墓的祭祀、陵区规划、设施设置等均有相应关系。

（五）距离与位置

距离是指寝类设施或寝园与墓葬之间的距离。从目前资料来看，大多相距不远，但具体而言又有远近之别。有的与墓道口紧邻，如保安山寝园，与 M1 墓道口紧邻；有的与封土稍有距离，如石家庄小沿村汉墓，建筑遗存距离封土约 50 米，个别稍远，如徐州南洞山汉墓，相关建筑位于墓葬口南偏东约 250 米处。大致来看，寝类设施或寝园与墓葬的距离并不固定，具有灵活性，这与墓葬所处的地理环境、陵区规划等有关。在时代、地域上也没有统一或相应的规律存在，亦是其灵活性的体现。

位置是指寝类等设施位于墓葬的何种位置，还有与墓葬朝向对应的相对位置。

具体位置有墓葬东、南、北三侧，暂未见位于西侧者；相对位置则有墓前、墓前偏侧、墓一侧（左侧或左后侧）、墓后侧等表现形式，在时代、地域及其同一诸侯国王墓中，均表现出较大的灵活性。需作说明的是，一些诸侯国的王墓具有一定的统一性，如胶东王墓，多位于墓葬北侧，而墓葬南向，即位于墓葬后侧；楚、梁二国则多在墓前或一侧。

（六）配套设施

寝类设施或寝园作为西汉诸侯王墓地的重要设施，也有一些与之配套的设施，一方面是对寝类设施或寝园的保护，另一方面也体现出寝类设施或寝园在西汉诸侯王墓地中的重要性。从目前考古资料看，一些寝类设施的相关配套设施较少，也有较多配套设施者。保安山汉墓寝园，有门、回廊等，排水设施较完善，有挡土与挡水墙、散水护坡、排水道、排水沟等，另有窖穴、灶、台阶等，而该寝园还有配套的管理机构，寝园后部的 H2 内出土带"郎器"二字的陶盆口沿，"郎"应为"寝郎"或"园郎"，是寝园的官员之一，进而说明有相应配套的管理机构。徐州羊鬼山汉墓寝园有配套的廊道、路面，还有水井及排水设施，水井可能与寝园用水有关，另外还发现有铁质工具。另外，盱眙大云山汉墓的陵园墙外东部的司马道发现有排水沟，发掘者认为排水沟似与陵园寝庙建筑设施有关。

四、祠庙与相关设施

西汉惠帝时采纳叔孙通建议，在高祖刘邦长陵附近修建"原庙"，陵旁立庙在西汉高等级墓葬外逐渐推广开来。帝陵之庙，称为陵庙，诸侯王墓地之庙，虽有陵庙之称，但考虑到等级的差异，称为祠庙可能更为恰当。关于西汉诸侯王墓祠庙，笔者在《汉代诸侯王墓研究》一书中就西汉诸侯王墓祠庙的命名、管理人员与官吏、祠庙与相关墓葬的关系、祠庙形状与保存状况等进行了分析[①]，下文在此基础上主要就西汉诸侯王墓墓顶，或所在山头顶部或山坡处发现的祭祀礼仪类建筑遗存进行再梳理，对与其相关的陪葬坑、物品等作简单论述，并就与之有关的问题作浅显分析。

（一）西汉诸侯王墓墓顶，或所在山头顶部或山坡处的祭祀礼仪类建筑遗存

据目前资料，较多西汉诸侯王墓的墓顶，或所在山头的顶部或山坡处发现有祭祀礼仪类建筑。现将相关建筑遗存及信息统计如下（表1-3）。

大致来看，相关墓葬有一定数量，以横穴崖洞墓居多，另有竖穴岩坑及竖穴土坑墓等，但数量略少。墓葬所在山头顶部或墓葬顶部相对较平，也有的在山坡处的平坦处，有一定面积，有的经过修整，并有建筑材料如砖、板瓦、筒瓦甚至瓦当、相关器物等出土，一些发现有建筑基槽或基址坑，时代稍早西汉诸侯王墓的此类建筑附近还有陪葬坑等设施。

表1-3　西汉诸侯王墓墓顶或所在山头顶部的祭祀礼仪类建筑遗存统计简表

编号	诸侯王墓		建筑遗存	相关信息
	国别	墓葬		
1	中山	满城M1 满城M2	山顶上发现汉代砖瓦，板瓦、筒瓦纹饰较多样，时代有早晚，数经修葺	可能为祠庙，M2出土"中山祠祀"封泥可能与祠庙有关
2	河间	多数王墓	有的墓顶有建筑	早年建有祠庙

---

① 刘尊志：《汉代诸侯王墓研究》，社会科学文献出版社2012年版，第284—290页。

续表

编号	诸侯王墓		建筑遗存	相关信息
	国别	墓葬		
3	梁国	保安山M1	有圆台状封土，发现建筑的基槽等	建筑材料有汉代板瓦、筒瓦
4		保安山M2	长方形土台，有汉代堆积和建筑材料，汉代堆积依山势高低不同而有所变化	发现汉代板瓦、筒瓦、瓦当、器物等残片，另有一陪葬坑
5		柿园汉墓	圆台状封土，长宽均100米余，现存厚4米，散布一些建筑材料	发现残砖碎石、筒瓦、板瓦、瓦当，有围绕一周的俑龛坑
6		窑山汉墓	顶部平坦，山顶正中现存高约10米的封土	有许多碎板瓦、筒瓦和砖
7		夫子山汉墓	M1、M2覆斗形封土，M1中心高约4米	封土表面有筒瓦、瓦当残片
8		铁角山汉墓	M1、M2覆斗形封土	表面散存许多汉代绳纹瓦片
9		南山汉墓	山顶有高约7米的封土	遭破坏
10		黄土山汉墓	顶部封土南高北低，略呈马鞍形	散布较多陶板瓦、筒瓦等
11		僖山汉墓	山顶有封土，呈长方形	未见遗存
12	广陵	高邮神居山汉墓	墓上有祠庙	/
13	楚国	狮子山汉墓	狮子山主峰偏西（西坡）有两处建筑遗存，可能为同一建筑的不同位置	墓内出土"楚祠祀印"铜印
14		东洞山汉墓	山顶有60米×30米的长方形平坦地面，周围有断续的石墙遗存，以石块垒砌	遗址内和山坡上采集到的汉代瓦片和陶器残片

（二）配套的陪葬坑

数量不多，仅发现于少量时代较早西汉诸侯王墓地的此类祭祀设施附近。

狮子山汉墓的相关祭祀设施位于山西坡，在该山西麓发现有陶俑坑，或还有器物坑等，相互之间可能存在关联。

保安山M2K1位于保安山M2墓顶南侧约50米，出土大量鎏金铜车马饰件及铜、铁兵器和生活用具及其他器物共1800多件，为车马器物坑，另有"梁后园"方形铜印1枚。根据陪葬坑的位置及出土遗物，该坑应与墓葬祭祀有关。

柿园汉墓的墓顶发现一定数量的龛状坑，每坑一站立俑，面朝外，而且围绕墓顶的周围每隔20米置1俑龛。从俑的形制、朝向及围绕情况看，这些俑坑及陶俑具有守护相关建筑设施的作用，当与祭祀有关。

（三）伴出物品

西汉诸侯王墓葬顶部，或所在山头顶部或山坡处的建筑，除建筑材料外，有的还发现陶器残片等，相关器物应是建筑中使用的物品。

综合来看，西汉诸侯王墓葬顶部，或所在山头顶部或山坡处的建筑遗存发现较多，时代从西汉早期延续至西汉晚期阶段，应是西汉诸侯王墓地的重要设施，而很多考古资料将其定性为祠庙类设施。建筑位于墓顶，或所在山头顶部或山坡处，与汉代之前墓上设置礼仪建筑有相似之处，体现出丧葬习俗的延续和发展，也反映出与西汉诸侯王墓葬祭祀有关的内容。参考墓外设施保存相对较好的西汉梁孝王墓，寝园已经发掘，排除了为寝园的可能，墓顶或所在山头顶部或山坡处的建筑作为祠庙的可能性极大。而一些建筑附近有陪葬坑，当与祭祀有关，还具有思想上的守护作用，亦在一定程度上说明此类建筑为祠庙的可能性较大。

（四）相关问题

与西汉诸侯王墓祠庙有关的遗物还有一些，体现出与祠庙相关的内容。

1. 印章或封泥

满城 M2 出土的"中山祠祀"封泥、徐州狮子山汉墓出土的"楚祠祀印"铜印，均与诸侯王墓祠庙有关。长沙北郊的潘家坪出土有"长沙顷庙"石印函，为定王刘发长孙顷王鲋鮈的庙印。

2. 相关器物

长沙市枫树坪工地出土 1 件有"剌庙铜鼎一容斗五升有盖并重十五斤六两长沙元年造第三"的铜鼎，长沙市桂花园出土"剌庙牛镫四礼乐长监治"铭文的铜灯，"剌庙"应是为剌王建造的庙。徐州大孤山 M2 出土"庙容四斗一升重十七斤四两第九"等铭文的铜钫。

综合来看，与祠庙相关的遗物有印章、封泥及铜灯、铜鼎和铜钫等器物，铜器上多有铭文，体现出与墓祭及相关设施有关器物的特殊性。再结合上文，还有一些陶器等。上述遗物或为祠庙专门制作，或专供祠庙使用，一些器物则是祠庙中的常用器物，这也说明西汉诸侯王墓祠庙及相关设施在使用过程中当有配套的器物，同时也反映出这些祠庙在绝祀之前，应得到多次使用。一些出土带"庙"字刻铭铜器的墓葬中，有的墓主可能与诸侯王墓祠庙有关，如徐州大孤山 M2 的墓主王霸，墓葬为王墓的陪葬墓。

五、墓垣、围墙、围沟与相关设施

西汉诸侯王墓具有相应规模，大多数堆筑有高大封土，对墓葬及封土下相关设施起到了保护等作用。有些诸侯王（后）墓不筑封土，依山为陵，山体本身即起到类似封土的作用，同时又在墓门处修砌土坯，土坯间用铁水浇灌成铁门，如满城 M1；或是砖砌封门，并在两层封门之间浇灌铁水，形成砖壁铁墙，如满城 M2[①]。为保护封土或保护墓葬，有些诸侯王墓在封土外修砌墓垣、围墙，或开挖围沟，一些还有其他设施。

（一）墓垣

由于多数诸侯王墓有高大封土，在封土下部边缘或稍高位置修砌墓垣应是当时保护封土的一种重要方式。由于时代久远，加之后期各种形式的破坏，许多西汉诸侯王墓封土外已不见墓垣，仅少量墓葬有相关遗存。

徐州市西郊大彭镇楚王山汉墓，墓垣用石灰岩青条石垒砌而成，文献记载，"楚元王冢，上圆下方，累石以之，高十余丈，广百许步"[②]。据调查，原有 7—8 层，高 3—4 米，石长宽一般为 1、厚 0.4 米。石砌墓垣在徐州地区西汉中小型墓葬中较为多见，一般为不规则块石垒砌，楚王山汉墓等级较高，使用加工条石垒砌也在某种程度上体现出墓葬及其墓主等级身份，而且有的墓垣石上有刻字也说明了这一点。今河南、苏皖北部、鲁中南地区一些东汉时期等级较高中型墓葬的石砌墓园为经加工的块石砌筑，这也体现出相应的发展和影响。

[①] 中国社会科学院考古研究所、河北省文物管理处：《满城汉墓发掘报告》，文物出版社 1980 年版，第 10、216—220 页。

[②] （北魏）郦道元著，（清）王先谦校：《合校水经注》，中华书局 2009 年版，第 358 页。

（二）围墙

包绕封土，由块石垒砌或夯土筑成，墙基与墓葬封土稍有距离，但间隔不大，基本为长方形，或近方形。

定县八角廊 M40，圆形封土，墓葬外周围有城垣，墙基与墓葬封土距离较近（图 1-28）。城垣平面长方形，长宽差别不大，南北长 145、东西宽 127 米，墙基厚 11 米左右。永城僖山梁王墓与王后墓的南侧约 23 米处有一道东西走向的石围墙，距封土表面 1.7、宽 4.45 米，为五排石条南北并列垒砌，有的地方用石条横砌，石条制作极不规整，尺寸大小不一，长约 1、宽 0.8、厚 0.3 米，是先将山体岩石凿成两个台阶，然后用石条在上面砌筑石墙，墙内侧有夯土，可起到加固的作用。该石墙可能是绕墓葬一周，

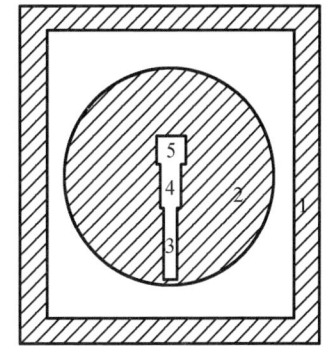

图 1-28 河北定县八角廊 M40 垣墙与墓葬平面图
1. 城垣 2. 封土 3. 墓道 4. 前室 5. 后室

其作用是用来封挡山顶夯土的。另外，长沙天马山 M2 与东山汉墓等墓外一定距离发现的垣墙，亦或属于此类性质。

（三）围沟

发现不多。主要见于平度六曲山胶东王墓，北陵台的南坡、西陵台的东坡、东陵台的东北坡地均发现灰沟迹象的遗迹，与墓葬的陵园或有关系。此类灰沟可能会起到一定的防排水作用，但并非专门的排水设施，考虑到距离墓葬封土较近，推测为墓葬围沟的一部分。徐州楚王山汉墓（M1）南部有人工开凿一条大沟，可起到阻排水作用，进而达到保护封土与墓葬的作用，但仅此一处东西向大沟，未见合围，在此不视作围沟，而将其作为防排水设施。

（四）其他

河北满城中山靖王刘胜及其夫人窦绾的墓葬未见封土，这与其他较多西汉诸侯王（后）墓存在明显差别。墓葬外不见墓垣、围墙或围沟，二者的

封门也有自身特色，而在封门外还有专门的设施用以保护墓葬和封门。二墓的墓口处有堆积石块，大石块是从山上推下来的，小石块为墓洞里凿出的，其中 M2 的墓道外凿成一扇形地带，墓主埋葬后，在扇形地带堆积石块，并作修整，最上为夹杂小石块的表土，厚 0.7—1 米，中间一层为较大石块堆积，厚约 1 米，最下层亦为大石块（图 1-29）。在墓口堆积石块并作修整，一方面可从实际封护的角度保护墓道入口和封门，另一方面，修整的堆积，在一定程度上具有迷惑作用，可起到相应的防护作用。

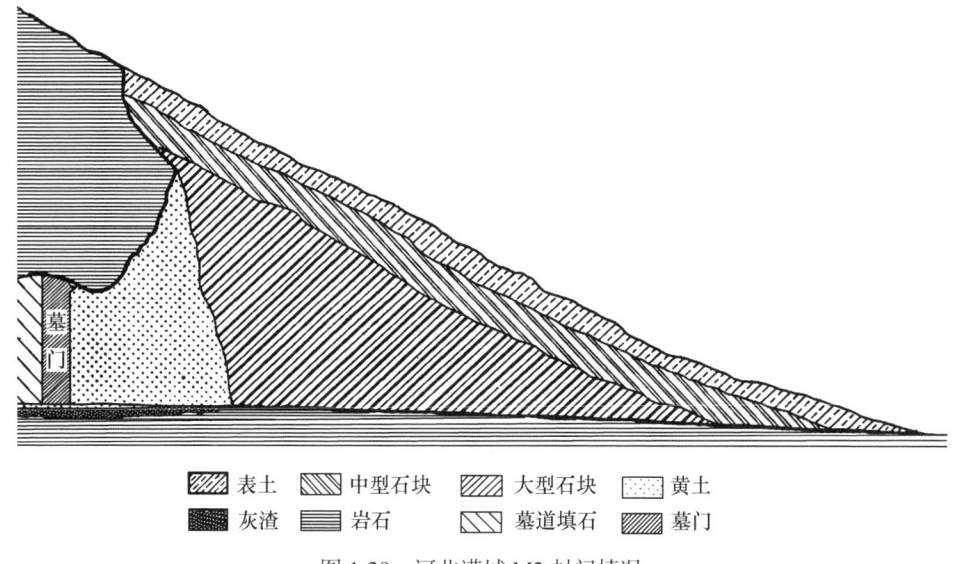

图 1-29　河北满城 M2 封门情况

六、合葬墓

关于西汉诸侯王墓的陪葬墓，笔者在《汉代诸侯王墓研究》一书中从合葬形式、相对位置两个方面进行了相关论述[①]，本书不再赘述。

西汉诸侯王墓与王后墓大多为异坟异穴合葬，少量为同坟异穴合葬，如河北献县 M36（王后墓）与河间王墓、徐州地区西汉中晚期的一些王墓与后墓；仅个别为同坟同穴合葬，如泗阳大青墩汉墓，反映出时代、等级特

---

① 刘尊志：《汉代诸侯王墓研究》，社会科学文献出版社 2012 年版，第 73—83 页。

点，也体现出相应的发展和变化。因此，就西汉诸侯王墓来讲，墓外有合葬墓较为常见。从大的方面来讲，王后墓虽有其特殊性，但亦可视为王墓的陪葬墓，规模小于王墓，位置上亦基本处于从属地位。

一些西汉诸侯王墓地中还存在一王墓二后墓的现象，即墓地中有1座诸侯王墓葬，另有2座规模小于诸侯王墓但又有相应规模，在位置等方面可大致定为王后墓的墓葬。两座墓葬中，一座为王后墓当无疑问，其与诸侯王墓为异穴合葬，另一座墓葬的墓主很可能是诸侯王的另一王后，墓葬与诸侯王墓葬也形成异穴合葬。考虑已有一座王后墓葬，若该墓为王后墓，则该墓墓主很可能是在另一王后墓墓主死后再立的王后，二者有先后关系及时代差异；若该墓的墓主非王后，墓葬作为等级较高祔葬墓的可能性则更大。

七、陪葬坑[①]

除规模宏大的墓穴、结构复杂的墓室外，相当数量的西汉诸侯王墓还有一定数量的陪葬坑，体现出西汉诸侯王墓外藏系统的发展、陪葬内容的丰富，一些还反映出祭祀等内容。关于西汉诸侯王墓陪葬坑，发掘报告或简报有相关分析，如《芒砀山西汉梁王墓地》一书附录四《关于西汉梁国王陵的若干问题》的第二部分为"关于西汉梁国王陵的陪葬坑"研究[②]；一些关于西汉诸侯王墓的综合研究也有论述，如《西汉诸侯王陵墓制度研究》一书等[③]；笔者在《汉代诸侯王墓研究》一书中将其融入墓葬形制部分，并在进行外藏系统的论述中做过相关分析[④]；另外还有一些关于西汉诸侯王墓葬及汉代丧葬等的研究性论文也有所涉及，但针对西汉诸侯王墓陪葬坑的专门性综合研究还较少。

[①] 西汉诸侯王墓的陪葬坑位置较为多样，本书将封土下的陪葬坑与墓外陪葬坑一并叙述，一是考虑到相互之间存在共性，二是达到对陪葬坑研究的完整性，这样可以对西汉诸侯王墓陪葬坑有相对全面的认识。下文在考古发现概况部分对封土下的陪葬坑亦有叙述。

[②] 河南省商丘市文物管理委员会、河南省文物考古研究所、河南省永城市文物管理委员会、阎根齐主编：《芒砀山西汉梁王墓地》，文物出版社2001年版，第349—352页。

[③] 刘瑞、刘涛：《西汉诸侯王陵墓制度研究》，中国社会科学出版社2010年版，第413—417页。

[④] 刘尊志：《汉代诸侯王墓研究》，社会科学文献出版社2012年版，第85—122页。

（一）考古发现概况

与西汉诸侯王墓葬墓主身份、地位及墓葬等级相对应，相当数量的西汉诸侯王墓有陪葬坑，但并非全部，而是存在一定的时代及地域差别。从地域来看，今江苏中北部、山东中东部较多，河南、安徽、湖南的一些地区也有发现，大致包括西汉时期的长沙、六安、江都、泗水、楚、梁、济南、吕、齐、淄川、胶东等诸侯国的相关王墓，多数为刘姓诸侯王墓，也有少量异姓诸侯王墓。一些诸侯国的多座王墓发现有陪葬坑，有的则极少或仅1座王墓。西汉诸侯王墓的陪葬坑数量不等，形制及埋藏内容既有相似之处，也存在诸多差异。下文依地区将相关考古发现概述如下。

1. 湖南省

分布于长沙市附近，为吴姓长沙王或王后墓葬的陪葬坑，计2处。

（1）望城坡M1（渔阳墓）陪葬坑

墓葬的东、西、南三面各有1陪葬坑，皆为岩坑竖穴（图1-30）。K1位

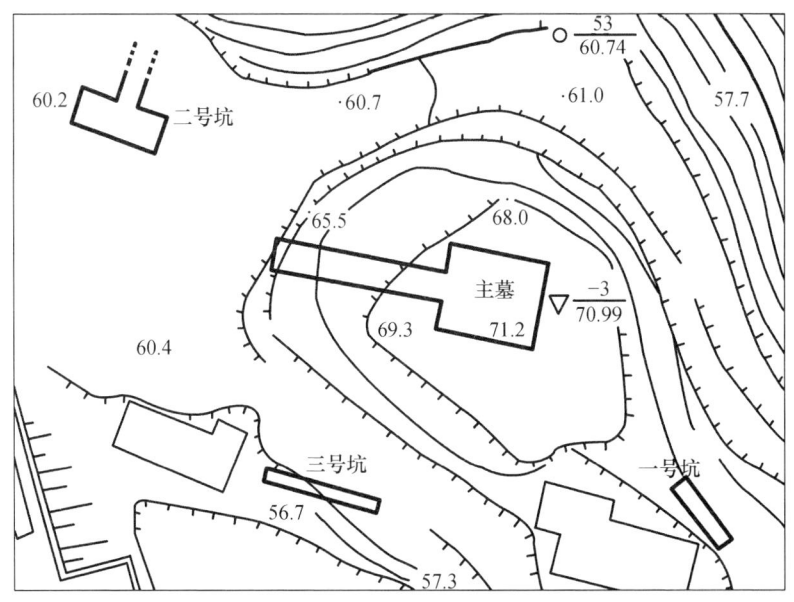

图1-30　湖南长沙渔阳墓与陪葬坑位置图

于主墓东南约260米，长条形，坑壁四周不甚规则。长9.35、宽2.45、残深0.6米，方向336°，出土泥质灰陶鼎、盒、瓮及印纹硬陶大口罐等。K2位于主墓墓道西北侧约200米，平面呈凸字形，东西长11.6、南北宽4.5、深2米，方向40°，坑壁与底较规整，底四角及边缘均有方形柱洞，发现朱绘漆皮、铁环等，可能为车马坑。K3位于主墓南侧约240米处，方向300°，长条形，长14.6、宽1.2、深0.45米，陪葬物品分3段堆积，皆为陶质牲、禽动物俑，共100余件，种类有牛、猪、羊、狗、鸡、龟、蛇等。

（2）扇子山畜俑坑

位于扇子山大墓西侧约60米，方向正西，岩坑，呈长方形，宽1、残长4.1、深0.95米，壁直底平，清理出的陶畜俑包括牛、羊、猪、狗等四类，共40余件，为畜俑坑。

2. 安徽省

位于六安市，为刘姓六安王墓陪葬坑，计2处。

（1）双墩M1陪葬坑

M1时代为西汉中晚期，西南30米处有一座陪葬坑（K1），为车马坑。长条形竖穴土坑，总长28米。斜坡道位于坑北侧，坡度15°，长10米。主坑体长18、宽4.16、深4.01—4.14米，内四壁用木板作衬帮，并用原木柱撑挡，底铺一层木板衬底。遭盗扰严重，坑内发现有8匹马遗骸和4部车的残迹，出土车辕、车轭、车轴、车轮、车舆等木车构件及较多铜车马饰件。封土下东（主）墓道的南北两侧各有一陪葬坑（K2、K3），均为长方形竖穴土坑（图1-31）。K2早期遭破坏，残长4.4—5.1、宽3.1、深1.1米。K3长9.1、宽3.3、深2.2米，底部有漆木残迹，出土铅质模型小车马器，推测该坑为放置模型车马的陪葬坑。

（2）城东马大墩汉墓陪葬坑

马大墩北冢西北发现1车马坑，长方形竖穴土坑，南北向，深3.5米。木椁结构，椁长14.2、宽4.04米，椁周与坑壁间用白膏泥填实。椁内有马的上颌骨、腿骨，另有较多的车马器。车髹漆，一些部位有被缰绳磨损的痕迹，属墓主人生前乘坐的马车；车马器多错金、错银和鎏金，制作精良。大致来看，坑内埋车2乘、马4匹，另有1殉葬的驭奴，铁脚镣为殉葬驭奴的物品。

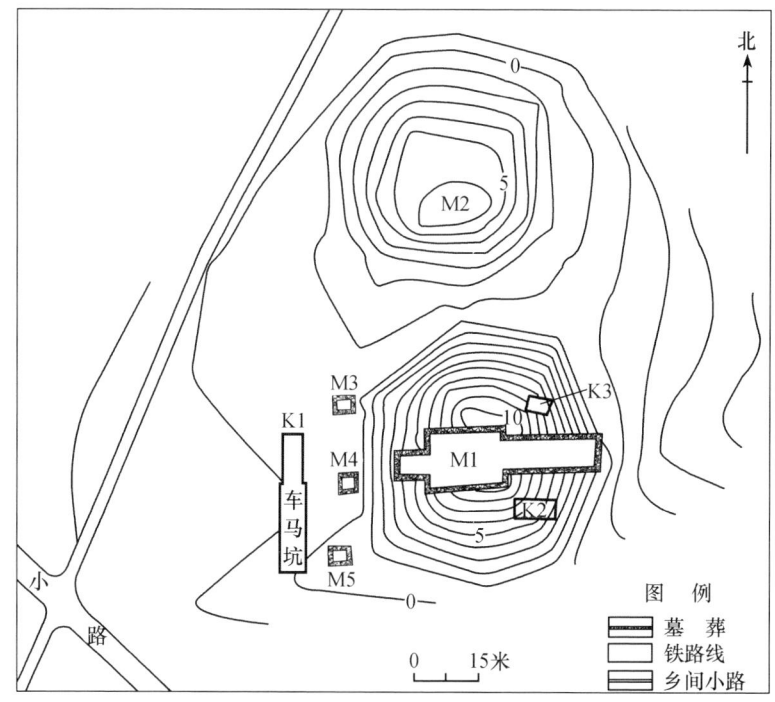

图 1-31　安徽六安双墩 M1 与周边遗迹

3. 河南省

均为东部地区永城芒砀山梁王墓地的陪葬坑，已发现或发掘的主要有保安山 M2K1 与 K2、夫子山 M1 与 M2 的陪葬坑、南山一号墓陪葬坑，另有其他墓葬的相关遗存。

（1）保安山 M2K1 与 K2

K1 位于 M2 墓顶南侧约 50 米，为不规则长方形竖穴石坑，东西长 3.4、南北宽 2.65、深 2.5 米，四壁凹凸不平，凿制较粗糙，坑口用大型石板封盖。坑内出土遗物 1800 多件，有大量鎏金铜车马饰件及一部分铜、铁兵器和生活用具、其他器物[①]，为车马器物坑，可能与后期祭祀有关，而山顶即有祭祀类建筑。K2 位于西墓道西约 0.5 米填土中，平面长

---

① 李俊山：《梁孝王王后墓车马坑发掘记》，《文物天地》1993 年第 1 期。

方形，南北长 6.18、东西宽 1.2、深 0.8 米，出土遗物 140 余件，均为形体较小的明器车马饰件。该坑是在西墓道封堵之后才挖的，陪葬物品后以封土夯实。

（2）夫子山汉墓陪葬坑

M1 东约 150 米处有一器物陪葬坑，已被破坏，出土有铜灯、甑、壶、钫、勺、盘、盆等 14 件铜器，皆生活实用器皿。M2 东 50 米处为一车马陪葬坑，为不规则的长沟，东西长 10 余米，残深 0.5 米，四壁不甚规整。出土的实用车马器属于一辆车。

（3）南山 M1 陪葬坑

位于墓道东南 57 米，为东西向长方形石坑，长 3.85、宽 1.7、深约 1.5 米，坑口上盖石板，坑内有 5 块凿制规整的隔石条。坑底东端并列放置铜锺和铜壶各 1，另出土两枚赤仄五铢铜钱。

（4）相关遗存

在某种程度上可视为陪葬坑，但又具有较明显的自身特征。

① 柿园汉墓顶部封土中"石龛"。是在墓顶封土开挖平面呈正方形的坑，至山顶自然基岩，四周再用长条形薄石板垒砌，坑底也平铺薄石板，顶用盖板。内放 1 件陶立俑，面朝外。相关设施围绕墓顶的周围，每隔约 20 米 1 个，数量较多。立俑高 70 余厘米，束袖，眼眉墨绘，鼻、耳、冠模制，造型与该墓门前两侧的站立彩绘俑相似，具有守陵的性质，可称为"守陵俑"（图 1-32）。

② 柿园汉墓墓道南侧约 5 米的封土内发现有陶俑，埋于距封土表面 0.5 米的土层内，未见石龛，为土坑。俑也具有守陵性质。

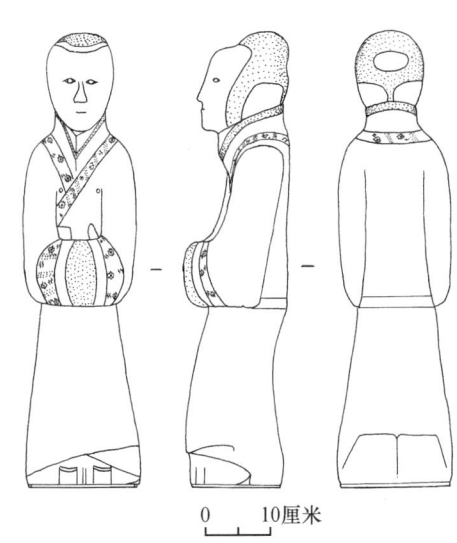

图 1-32　河南永城柿园汉墓出土"守陵俑"

③ 夫子山 M1 墓道东段出土陶俑 17、鎏金车马器 40 件，相关遗物埋藏于墓道末端填土内，相关遗迹可能为土坑，应为车马器物陪葬坑。

4. 江苏省

分属多个不同国别的诸侯王墓，有数量不等的陪葬坑，内容较丰富。

（1）泗阳大青墩汉墓陪葬坑

位于封土下墓道西侧，规模较大。分为上下两层，均随葬出行仪仗。上层出土文物135件，多木质，有立俑47、坐俑20、骑俑20、马34件，另有狗、船、车等10余件；下层出土的文物更多，有203件，亦多木质，包括立俑87、坐俑32、骑俑16、伎乐俑6、马47、车11件，另有木虎、木鼓等，可能为乐器构件。陪葬坑、外藏椁中的车马、武士俑、侍从俑、伎乐俑及相关器物组成了几套出行仪仗队，组合完整，规模壮观，气势喧赫。

（2）盱眙大云山汉墓陵区陪葬坑

共发现陪葬坑9座，其中陪葬墓M9、M10各1座（K8、K9），本文不作研究。另7座与江都王墓或王后墓有关。K1呈长方形，位于M1与M2之间，在二者共同的封土下，位置贴近M1，主体为M1即王墓的陪葬坑。其他有车马陪葬坑2座、兵器陪葬坑2座。K2、K7为车马坑。K2位于M1西南侧，竖穴岩坑，方向91°，坑体平面呈长方形，坑室开口长24.1、宽5.7、深6.1米，西侧有一16米的长条形坡道，坑中部置长方形木椁，椁室东西长19.8、南北宽3.8、高1.8米，侧板、底板、立柱、垫木等部件大体保持完好，结构清晰。椁内自东向西共放置真车马5辆，车1、2是四马单辀安车，车3为四马单辀立车，车4为三马单辀立车，车5为单辀小车。K7位于M2东南侧、陵园东南角，坑口平面呈甲字形，朝北，木椁置于岩坑中部，平面呈梯形，北窄南宽，长18.6、宽9.5—14.5米。初步推测，整个木椁内共置明器马车50余辆。从清理出的大量铁戟、剑等兵器来看，木椁内的马车应为战车，由于椁室中部出土大量木俑，整个K7战车与木俑的排列可能与汉代军阵制度有关。K3、K6为兵器陪葬坑，分别位于陵园北墙外与西墙外，坑体均紧靠陵墙。K3平面呈长方形，东西走向，与北墙走向一致。K6平面亦呈长方形，南北走向，与西墙走向相同。两坑均清理出大量模型兵器，有铁弩机、箭镞、戟、剑和漆盾等。

M8 为时代稍早的江都王后墓，北墓道东侧偏北有 2 排列略有错位的陪葬坑，均位于封土下，K4 平面长方形，规模稍小，K5 北端略向西伸，规模相对稍大。

（3）徐州狮子山汉墓陵区陪葬坑

分布于陵区的不同区域，数量较多，封土下不见，少量打破封土，多在封土外。

王墓西部偏南一处，是打破封土后的埋葬，可能与陵墓守护或祭祀有关。

陵区西部偏南稍远距离为兵马俑陪葬坑群，在王墓西约 400 米处，为多个兵马俑陪葬坑，出土大量陶制兵马俑和相关遗物。一、二、三号俑坑平行排列，四号俑坑在三坑东部，与三者垂直，均为竖穴坑式。做法是在地面上挖一条口宽底窄的长沟，沟底凿平，但未加细修，在底部排放陶俑，然后用原坑土掩埋，填土疏松，多夹杂较小的黑色礓石。一号坑总长 27.7 米，口宽底窄，断面呈倒梯形，深 0.55—1.05 米。内置陶俑皆西向，分布疏密不等，排列不齐，大多已残破，有发辫俑、带盔俑、着战袍俑、官吏俑、甲胄俑、跪式兵俑、马及象征性指挥木车等，中部岩石处有长 2.2 米的一段未放置陶俑，形成前（西）、后（东）两段。二号坑与一号坑相距 4.9 米，东西长 27.5、口部残宽 2.2、底部宽 1.4—1.6 米，中间也有裸露岩石将坑分为东西两段，出土陶俑与一号坑相似。四号坑在东侧，正南北向，残长 26.2、宽 1.65、深 0.2—0.4 米，平底。出土兵俑以步兵为主，也有骑俑，战车不见，隐约可辨一乘指挥车的痕迹。俑坑周围发现大量汉代砖、瓦、瓦当和排水管道等遗物，可能为保护性设施。四坑的西北方向稍远距离为五、六号坑，是南北并排的 2 个马俑坑，二坑东不远还有 1 南北向的碎俑坑。五号坑存在为组装马俑等操作间的可能（图 1-33），六号坑存在摆放组装后马俑坑的可能，而碎俑坑可能为残次品及残损构件的存放处，推测先是规划好五、六号两个陪葬坑，一先用作组装操作间，一先用作组装后俑的存放场所，而碎俑坑为专门用来存放残次品和构件的，在所有俑坑所需马俑等组装完成后，六号坑内摆放马俑形成马俑坑，而五号坑保存操作间的状态，也形成陪葬坑，碎俑坑亦被掩埋。

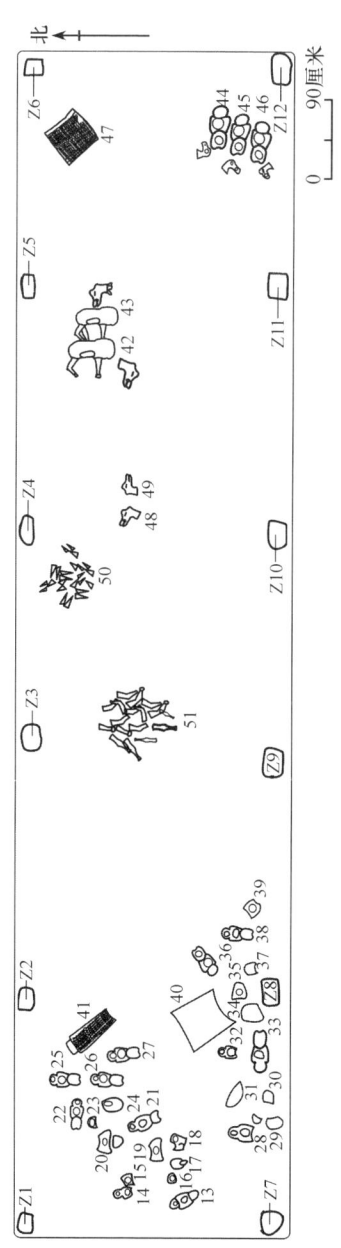

图 1-33 狮子山楚王陵五号坑发掘平面图
Z1-Z12. 柱础石　13-39. 陶马身　40、47. 板瓦
41. 筒瓦　42-46. 陶马　48、49. 马头
50. 马耳一组　51. 马腿一组

王墓东北、后墓稍偏东南的大片区域内调查并陆续发现、发掘陪葬坑10多座，排列齐整、横竖成行，坑多南北向。发掘了其中的7座，形制有竖穴岩坑、竖穴岩坑椁箱式、竖穴岩坑侧洞式、竖穴岩坑双侧洞式等，分别为俑坑（含兵俑坑）、陶瓮坑、车马坑、浴具坑、庖厨坑、铁器坑、钱币坑等（图1-34）。K1为俑坑，石坑竖穴式，长3.2、宽2.3、深2.5米，距坑口1.5米处有1组142件陶俑，均面西，1件女俑，余为排成12排方阵的男俑，包括仪卫俑和官吏俑，仪卫俑手持明器兵器，该坑应是具有守卫性质的陪葬坑。K2为器物坑，以陶瓮为主，长3.4、宽2.2、深3.3米，东西两侧各一洞室，大小基本相同，出土有漆耳杯及陶瓮、盆、俑和铜匜等，以陶瓮最多，26件，分7行，排列有序，纵横成行，瓮内有腐殖质痕迹，为粮食，该坑为象征性粮仓。K3为车马坑，长3.5、宽2.4、深4.2米，放置2辆约1/2比例的马车模型，马为陶质，车上有伞盖；坑东、西二壁有立柱，上有东西方向棚木，形成椁箱，棚木因腐朽向下塌陷，但木痕清晰可辨。沐浴器具坑中有铜壶、鍪、宽流扁壶、"药府"铭杵臼、鑰、盘、鉴等。钱币坑中自上而下依次为：第一层是近百件石璧和陶饼，第二层为铅饼，第三层

图 1-34　江苏徐州狮子山汉墓陵区东部的部分陪葬坑

为"半两"铜钱,象征府库。羊鬼山东北发现 1 座兵俑坑,可能与上述陪葬坑为整体一组。

羊鬼山西北发现 2 座兵俑坑,北侧有成组的坑,已做好,但为空坑,应是因相关原因而未埋藏物品。

（4）徐州驮篮山汉墓陵区陪葬坑

楚王墓（M1）南侧约 100 米发掘兵马俑坑、乐舞俑坑、器物坑各 1 个。坑皆南北走向,表面有大量汉代绳纹瓦碎片,呈环形分布,推测原有支柱,柱上覆瓦,由于受到外力挤压而坍塌。清理出土 100 多件乐舞俑及陶磬、陶虎头等乐器配件、兵马俑、侍俑和鼎等陶器碎片。

（5）徐州北洞山汉墓陪葬坑

楚王墓往西约 70 米处有陪葬俑坑,地势稍高,历年来居民修路建房挖土时在该地常能发现陶人俑、马等文物。俑坑呈长方形,南北向,开凿于山体岩石中,其北端大致与楚王墓内土阙对齐。南北长约 30、东西宽约 20 米,坑内用石子、石粉、白灰混合土夯实,夯层清晰,厚约 0.16 米,夯层内夹杂泥质红陶片,夯窝圆形,直径约 0.07 米。

（6）徐州卧牛山楚王墓地陪葬坑

1 座,位于 M2 与 M3 的东北方向,为该地少见的带平坡道洞室形制,遭盗掘严重。坡道依山势走向开凿,长方形,平底,总长 19.8、宽 3—3.2 米,填土未见夯筑。洞室为狭长状的长方形,长 11.6 米,南北宽度与高度有差别,不规整,顶北部平,中南部为弧形,底亦不平。有木质门,已朽,留有门槽。出土遗物不见陶器,基本为模型车马器和兵器,推测应为车马兵器坑或车马仪仗坑（图 1-35）。

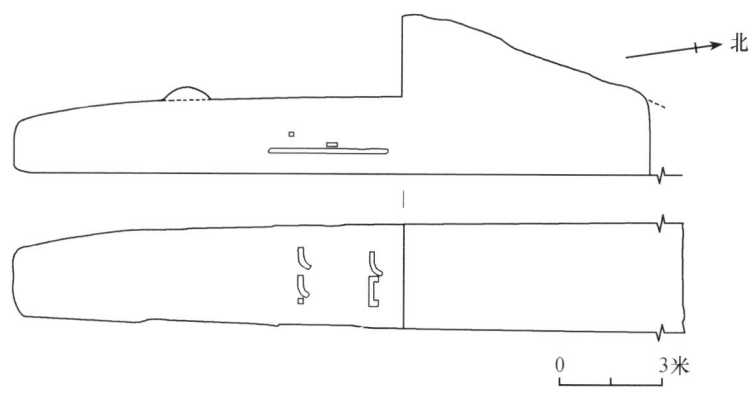

图 1-35　江苏徐州卧牛山西汉楚王墓地陪葬坑平、剖面图

5．山东省

多个不同国别的诸侯王墓葬有陪葬坑，主要包括济南章丘危山汉墓与洛庄汉墓、淄博临淄山王村齐王墓与大武乡窝托村齐王墓、潍坊青州香山汉墓、平度六曲山胶东王墓等。

（1）危山汉墓陪葬坑

主墓位于山顶，陪葬坑三处，依山势分布，分别为半山腰陪葬坑、山脚东部陪葬坑、山脚西部陪葬坑（图1-36）。半山腰有多座车马俑陪葬坑，出土数以百计残破的陶俑、车、马残片，有的还保留彩绘。山脚西部为4号坑，较浅，遭破坏，仅存底部，出土许多陶俑残片。山脚东部有2座长方形竖穴式陪葬坑，均南北向。K1长9.7、宽1.9、残深0.8—0.9米，为车马俑坑。坑壁不甚规整，坑内填土为黄褐土，略经夯打，有盖板和生土二层台。盖板是先以0.8—0.9米的间距东西向铺横板，然后盖南北向的竖板。二层台大部分被压塌，坑内遗物破损严重，共出土170余件俑，50多匹马、4辆车、数十面盾牌、150余个构件，是以车、马、俑摆放的仪仗队列，包括骑兵队列、马匹、护卫的骑兵、马车队列、建鼓和击鼓俑、女俑、步卒俑阵等。K2位于K1西约7米，长3.3、宽2.6米，有二层台，二层台上有东西向由圆木铺成的盖板。坑内有一辆双辕车，车前有2匹马，马旁和车

图 1-36　山东章丘危山汉墓陪葬俑坑与出土陶俑
1. K1　2. K2 及出土陶俑

内分别有 1 立俑和跪俑，车北部有 5 女立俑。坑底部发现 11 个木箱，由于腐朽严重，箱内遗物无法辨认。

（2）洛庄汉墓陪葬坑

墓葬封土下墓室外周围发现不同层位、不同类型的陪葬坑和祭祀坑 36 座。根据坑在墓葬开口地表及在封土中开口层位的不同，将它们分为三层。第一层主要分布于西墓道南、北两侧较远处，第二层主要分布于西墓道之上和东西墓道两侧较近处，均为小型陪葬坑，平面绝大多数呈凸字形，开口有高差，打破夯土，坑内的器物较单纯，且有举行某种仪式的迹象，为祭祀坑。东墓道马坑与车坑之间还发现 5 座各埋葬 1 匹马的竖穴小坑，四周及顶部用圆木搭成椁室，马头均朝墓室。其中 K14 通道口朝南，有 10 级台阶，与主坑接合处用 8 根圆木封门，主坑底四周均铺有地龙，东西木地龙之上竖有立柱，顶部柱与柱之间用竖梁相连，其上用圆木呈东西向密集排列，构成顶盖板，再用席子覆盖，最后填土夯平。第一层陪葬坑的开口与地上墓室同属一个平面，共有9座，一般坑内四周依壁排列的柱子较为密集，半数坑内有用木架搭成的隔层，分为二层或三层，每层均用木板平铺，上置器物。随葬品略有不同，13号坑内葬有2头牛，16号坑和36号坑内葬有数百件泥俑、陶器、兽骨，其他坑内或分层或单层埋葬有陶器、漆器、木俑、兽骨等。第二层开口距原地表深1米左右，西墓道附近的祭祀坑打破墓道中的填土，南北向排列的有6座（K21—K25、K27），另外2座（K26、K35）独立处于墓道入口外侧。随葬品除K21内发现一片面积40平方厘米见方的朱砂外，其他坑内的随葬品基本上都是陶器、漆器、木俑、兽骨等。其中K35入口向西，底部四边各有一根地龙，地龙之上靠壁密集排列立柱，顶盖板南北向排列，封门柱9根，立于西地龙上，底部东部排列2件陶瓷，中部有9件陶壶，3号壶内盛有鱼骨，7、8、9号壶上覆盖成片骨骼，多为禽类的肢骨，西部南北向分别放置羊骨和鱼骨，另在陶壶之间发现2枚封泥。第三层有14座大型陪葬坑（K1—K12、K15、K34），大体以墓室为中轴线南北对称排列，南侧略多，有的成双并列，有的则单一，车马坑位于东墓道两侧，具有出行的意义，墓室四角的一些坑则有仪仗护卫的作用。均开口于原地表，即与地下墓室开口同属一个层面。基本都为凸字形，整体结构为"坑道式"。主坑均呈长方形，向外凸出部分为较窄台阶状入口，坑内一般是先在底部四周铺设木地龙，其上每隔一段有一立柱，立柱之上用木梁相连，在其上用圆木横向封顶，入口处用较细的圆木封堵，顶上再铺盖席子，然后用土回填、夯实。K1、K2为兵器坑。K3、K4为食物储藏坑，K3出土漆案、封泥、小口罐等陶器及谷物、动物骨骼等；K4入口处堆放约100公斤的木炭，东部放陶禽类、一箱鸡蛋及鱼骨，西部放置漆木箱，另有封泥。K5为饮食器皿及食物储藏坑，出土铜鼎、盆、匜、勺等90余件及大量漆器和陶器，如案、盆、耳杯、盒、盘等，坑西南角和中部还发现2套铜权、4件铜量器、1枚封泥。K6为储物坑或杂物坑，出土6件带有天干地支的长方形骨牌、10件泥丸及20余枚半两钱。K7未发现遗物。K8、K10、K12、K15为车马仪仗坑，主要埋葬仪仗类木俑，有马、仪仗俑、御俑、牵马俑及成排木质偶车等。K9为犬马坑，出土马7匹、犬10只。K11为车马坑，埋葬3辆大车，每车驷马，饰件齐全，为实用马车。K14单居一处，为乐器坑（图1-37）。K34位于墓室东南部稍远，为动物坑，埋藏有猪、羊、狗、兔等100余具完整骨架。

图1-37　山东章丘洛庄陪葬坑（K14）出土乐器局部

（3）大武乡窝托村齐王墓陪葬坑

墓葬封土下北墓道的西侧和南墓道的东西两侧发现有5个陪葬坑，依次编为K1—K5，方向基本相同，且与墓道成垂直，显然是经过统一设计的，而随葬坑和墓室上面的封土连为一体，说明墓室和随葬坑是同时营造的。陪葬坑平面均为长方形，结构基本相同，即在长方形竖穴土坑内构筑木椁。构造方法是：先挖出长方形竖穴土坑，在坑底密排圆木做椁底，再沿四壁用枋木叠成椁壁，椁内底之上铺一层人字纹苇席，便于放置随葬品，在四壁枋木之上，横向密排圆木，构成椁顶，椁顶上面覆盖席子，然后填土夯筑，且与墓室上面的封土同时夯筑。K1位于北墓道西侧，为器物坑，长19.9、宽4.1、深3米，坑内主要为礼器和生活用具，种类较多，计有铜器、陶器、银器、铁器、漆器等200余件。K2位于南墓道西侧，为殉狗坑，长7.7、宽4.1、深3.36米，椁内有殉狗30只，狗骨架较粗壮，互相叠压，排列无规律，狗颈部均系有用贝壳串成的项圈，殉狗很可能是供墓主人生前玩乐或狩猎用的猎狗。K3位于南墓道西侧，为兵器仪仗坑，长13.4、宽

4、深3米,椁内有铜镞、木弓、弩机、箭杆、弹丸、漆盒、漆箱、仪仗器、乐器等5000余件。K4位于南墓道东侧,坑东端挖一斜坡式坑道通向地面,坑道两壁各挖一道平行于底部、断面略呈半圆形凹槽,目的可能是为容纳车辆两侧外凸车軎部分,陪葬坑总长30.2、宽4.6、深3.8米,内埋藏车4乘,均为实用车,中部殉马13匹,狗2只。K5在南墓道东侧,为兵器、器物坑,长20.4、宽3.74、深2.1米,坑内以兵器为多,其次是生活用具,铁制兵器有戟、铍、殳、矛四种,铜制兵器有戈、矛、戟等,另有漆盾12件、铁铠甲数领,生活用具有铜镜、熏炉与漆奁、箱及骰子、铅条等。

（4）山王村齐王墓陪葬坑

位于墓葬北侧不远。为一座西汉早期陪葬坑,整体呈长方形,坑口略大于坑底,由2个南北向长方形竖穴坑和中间过道组成,南北总长15.3米。四壁有朽木痕迹,顶部有板灰痕迹,应是在坑的四周立有木板,顶部加盖。底部有分布均匀的圆形柱洞,原应有立柱,可承接器物箱盖板,但底部无木质板灰痕迹,器物应直接摆放在经加工的生土地面上,然后在器物上罩器物箱覆盖,形成无底的器物箱式结构。坑内共发现建筑模型、人物俑、动物俑等516件（套）,其中建筑模型包括门阙、前门、大门以及后院内的楼房、粮仓、庖厨等,有一定的规划布局,院内还布置有车马出行,为完整的府邸布局（图1-38）。

（5）香山汉墓陪葬坑

陪葬坑位于墓道西侧,墓室西北角,南北长7.3、东西宽5.1米,根据墓室、墓道尺寸,结合陪葬坑与墓室、墓道的位置描述,该陪葬坑当位于封土下。陪葬坑底部有木板铺垫,陪葬品分二层排放,南部东西向叠压一陪葬箱。陪葬品约2000余件,以陶质为主,种类丰富,分布密集,如成套的礼器、生活用具（如鼎、盒、壶、盆、盘）等,陶俑包括仪仗兵马俑、立俑、牺牲俑、家禽俑（图1-39）,坑底层南部清理出土大量铜、铁兵器,兵器周围出土不完整封泥数枚。

（6）六曲山胶东王墓陪葬坑

3座诸侯王墓外发现有陪葬坑。北陵台南坡约500米自然延伸台地西

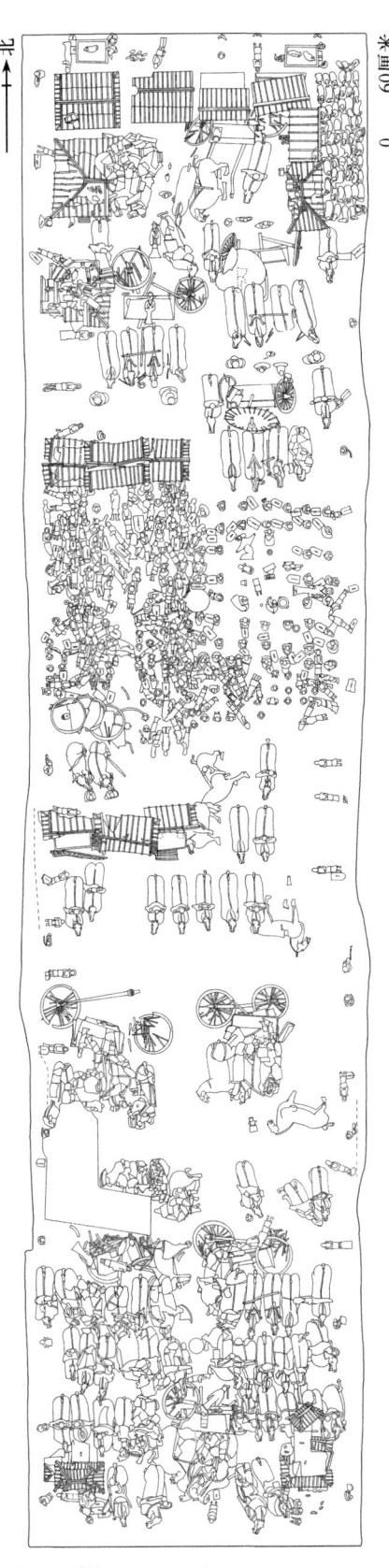

图 1-38 山东临淄山王村车马俑坑出土遗物平面图

图 1-39　山东青州香山汉墓陪葬坑（局部）及出土陶俑

南部有 2 座陪葬坑，为东西向和南北向，长约 15、宽 2—4 米，出土人俑、马俑等（图 1-40），可能为兵马俑坑。封土西部外侧发现 4 座疑似陪葬坑，3 座为较窄的长方形，1 座为缺角正方形，面积 150—300 平方米。东陵台封土外侧有 2 座陪葬坑，面积 300—450 平方米。"将军坟"封土西北和西南发现 2 座陪葬坑，面积分别约为 300、220 平方米。

（二）陪葬坑的位置

是指陪葬坑与墓葬之间的相对位置，即作为外藏系统内容之一的陪葬坑位于墓葬的何种位置。以封土表层作为区分墓葬内外界隔的参考，可将陪葬坑与诸侯王墓的位置关系分为封土外、封土中及封土下三种相对宽泛的形式，其中封土下为墓穴附近或周边，封土中基本是陪葬坑砌建时打破封土，使用后埋入封土之中，即先封填墓葬后挖坑，埋放器物后再覆土或夯实，这属于墓外设施的内容。诸侯王墓陪葬坑位置存在相应的时代特征，有些诸侯王墓的陪葬坑位置关系则是不同形式的组合，而不同的形式又存在多个不同的内容，综合体现出陪葬坑与诸侯王墓葬位置关系的多样性。有的陪葬坑与相关遗迹并存，体现对应的功能和作用，而不同墓葬或不同的陪葬坑，相关功能和作用既有相似性也有区别和差异。

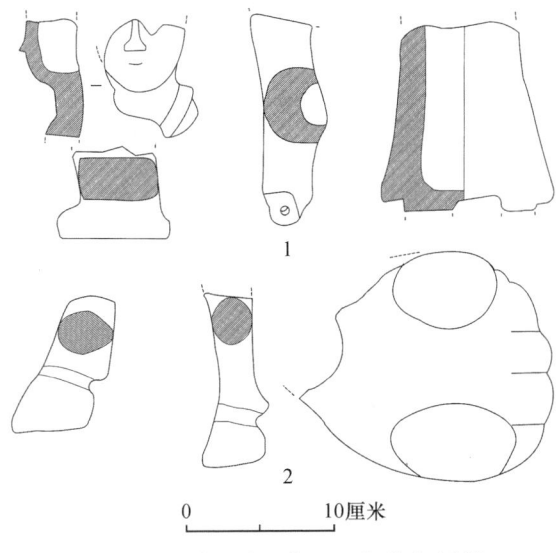

图 1-40　山东平度六曲山汉墓群兵马俑坑出土人俑与马俑残件

1. 位置分析

（1）封土外

与封土有一定距离，远近不等，不同墓葬、不同位置的陪葬坑数量存在差异，一些陪葬坑形成具有特定含义的组合内容，一些陪葬坑则包含多种内容；一座陪葬坑者，内容也有不同，或内容相对单一、功用明确，或埋藏多种内容。根据与封土距离远近的不同可分为二型。

A 型：陪葬坑与封土距离较近，坑的数量不等，但基本为 1—2 座，1 座者居多，位于封土的一侧或两侧。

六安双墩 M1 东向，封土西南 30 米处有一陪葬坑，马大墩北冢西北不远为一陪葬坑，二坑皆为车马坑。临淄山王村齐王墓可能南向，1 座陪葬坑位于诸侯王墓北侧不远，埋藏内容除车马外还有其他内容。平度六曲山胶东王墓经调查勘探均南向，北陵台封土西部外侧有 4 处陪葬坑遗迹，东陵台封土外侧有 2 座陪葬坑，"将军坟"封土的西北和西南各发现 1 座陪葬坑。盱眙大云山 M1、M2 位于同一封土下，封土的西南和东南较近距离各有 1 座陪葬坑，分别为 K2 与 K7，K2 与墓道垂直，K7 与墓道平行，皆车马坑，K2 内陪葬真车马，K7 中陪葬明器车马，2 座陪葬坑的分布和位置可能与封土下 2 座墓葬有关。

B 型：陪葬坑与封土距离较远，坑的数量不等。数量多者，位置相对较多样，数量少者，位置大多单一。

徐州狮子山楚王墓的时代大致在文帝时期[①]，陵区中王墓与后墓为异坟异穴合葬，陪葬坑大多分布于王墓或后墓封土外较远距离。王墓西侧 400 多米处有多个规模较大的陪葬坑，陪葬内容与军事等有关，组成兵马俑陪葬坑及相关内容；王墓东北及后墓东南的大片区域有多个陪葬坑，排列密集，是多类性质陪葬坑的综合性组合，功能多样。王后墓封土外的西北与北侧一定距离还发现有兵俑坑等，当时起到相应的守护作用。六曲山胶东王墓中北陵台的 2 个兵马俑陪葬坑位于陵台南坡约 500 米。长沙望城坡 M1（渔阳墓）的 3 座陪葬坑位于墓葬的东南、西侧和南侧，距离分别约 260、200、240 米，为器物、车马、动物坑。章丘危山诸侯王墓位于山顶上，陪葬坑位于半山腰及山脚的东部与西部。徐州驮篮山汉墓的 3 座陪葬坑位于 M1 南侧约 100 米，北洞山汉墓的 1 座陪葬坑位于墓道南端西侧约 70 米处，卧牛山西汉楚王墓地的 1 座陪葬坑与 M2、M3 相距约 150 米。长沙望城扇子山大墓西侧约 60 米为畜俑坑。盱眙大云山汉墓陵区的 K3、K6，距离主墓相对较远，分别位于陵园北墙外与西墙外，但坑体均紧靠陵墙。永城梁王墓地中，西汉中期的夫子山 M1 东约 150 米处有一陪葬坑，M2 东 50 米处为一陪葬坑，南山 M1 陪葬坑位于墓道东南 57 米处。

（2）封土中

对应的诸侯王墓相对较少，陪葬坑数量亦不多。根据陪葬坑与墓葬位置关系的不同可分为三型。

A 型：位于诸侯王（后）墓所在山头的顶部，与相关祭祀设施共存。

保安山 M2 所在山头顶部有长方形土台，有汉代堆积层，发现较多建筑

---

① 刘尊志：《徐州两汉诸侯王墓研究》，《考古学报》2011 年第 1 期。

材料残片，原可能有祭祀设施，K1 位于墓顶南侧约 50 米。柿园汉墓顶部呈圆台状，散布一些建筑材料残片，为建筑遗存，围绕墓顶的周围每隔约 20 米有 1 个石凫，形成多个小型俑坑。二处墓葬陪葬坑的陪葬内容与祭祀和守护当有关系。

B 型：位于诸侯王（后）墓的墓道末端或较近距离，或与祭祀有关。

保安山 M2K2 位于西墓道西约 0.5 米的填土中。柿园汉墓墓道南侧约 5 米的封土内发现陶俑，可能为小型俑坑。夫子山 M1 墓道东段出土陶俑和鎏金车马器等，为陪葬坑。

C 型：位于诸侯王（后）墓墓道一侧较远距离。

徐州狮子山汉墓的墓道西侧有兵俑坑，或许有其他陪葬坑，可能与祠庙有关，当具有祭祀的功能。

（3）封土下

相关诸侯王墓葬不多，为一条墓道的甲字形或两条墓道的中字形竖穴墓葬，陪葬坑与墓道平行或垂直于墓道。陪葬坑数量多者，包含多种内容，少者内容或相对单一、功用明确，或埋藏多种内容。根据与墓葬及其墓道位置的不同可分为四型。

A 型：陪葬坑分布于中字形墓葬周边，数量较多。章丘洛庄汉墓封土下墓葬旁侧有 36 座不同内容的陪葬坑，与墓道或平行或垂直，而且可分为不同层次，有的还打破墓道填土（图 1-41）。该墓陪葬坑与帝陵有一定相似，如分布于墓穴周边、数量较多等，但因墓葬呈东西向长方形，故在墓坑周边形成东西向带状分布，且朝向、排列方式等也不如帝陵陪葬坑规律。

B 型：陪葬坑位于中字形墓葬的两条墓道的旁侧，以主墓道两侧居多，数量略少。临淄大武乡窝托村齐王墓封土下南北两条墓道的旁侧皆有陪葬坑，计 5 条，内容也较多样，与墓道垂直，南墓道为主墓道，两侧各有 2 陪葬坑，北墓道西侧 1 陪葬坑（图 1-42）。

C 型：陪葬坑位于中字形墓葬的主墓道两侧，数量少，基本是两侧各 1 座。六安双墩 M1，东墓道为主墓道，封土下东墓道南北两侧各 1 座与墓道平行的陪葬坑，均为车马坑。

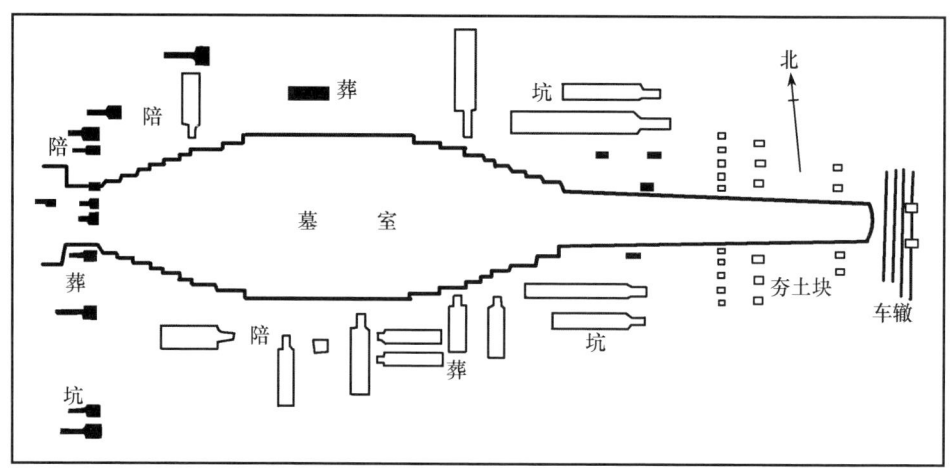

图 1-41 山东章丘洛庄汉墓与陪葬坑分布平面图

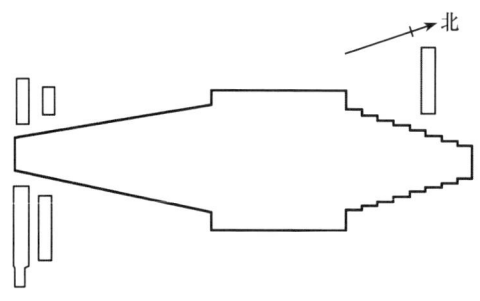

图 1-42 临淄大武乡窝托村南西汉齐王墓与封土下陪葬坑

D 型：陪葬坑位于中字形墓葬一侧墓道或甲字形墓葬墓道的一侧，1—2 座陪葬坑。甲字形诸侯王墓中，青州香山汉墓北向，墓道西侧，墓室西北角有 1 陪葬坑；泗阳大青墩汉墓南向，墓道西侧有 1 陪葬坑，二陪葬坑均与所属墓葬的墓道平行，且皆分上、下两层，埋藏内容丰富。中字形诸侯王墓中，盱眙大云山 M1 的南墓道为主墓道，封土下北墓道的东侧有 1 陪葬坑，陵区内作为另一座王后墓的 M8，封土下靠近北墓道的东侧亦有 2 陪葬坑，与 M1 具有一致性。

2．相关内容

西汉诸侯王墓的陪葬坑位置较为多样，主要包括封土外、封土中及封土下三种主要形式，相关墓葬之间既有相似之处，又存在不统一性，这与墓葬所处时代、所在地域、具体墓葬的陵区规划、诸侯王或王后下葬时的丧葬需求等均有一定关系。就时代来讲，封土外的 A 型，时代大多为西汉早期偏晚阶段至中期；B 型中陪葬坑数量多者，位置多样，时代相对稍早，下限大致为西汉早期偏晚阶段,数量少者,位置单一,时代也略晚,基本为西汉早期偏晚阶段至中期。封土中的 C 型,时代可能早至文帝时期或文帝早期;A 型的时代基本为西汉早期偏晚阶段;B 型的时代则从西汉早期偏晚阶段延续至中期。封土下的 A 型、B 型、C 型所属墓葬不多,其中 A 型、B 型的陪葬坑数量多,时代较早,为汉文帝即位前后,即公元前 179 年前后;C 型、D 型的陪葬坑数量少,基本 1—2 座,时代略晚,为西汉早期偏晚阶段至中期。

封土中的陪葬坑数量不多,A 型为墓顶,均属永城梁王墓地,变化不大。B、C 两型与墓道均有一定关系,C 型早于 B 型,反映出陪葬坑与墓道间距离的逐渐接近。对比封土外陪葬坑位置的两种类型,并将两型中各自时代早晚的不同诸侯王墓进行对比,可以看出,时代较早者,陪葬坑与墓葬的距离相对要远,具体位置相对多样,如徐州狮子山汉墓、长沙渔阳墓、章丘危山汉墓等,但随时代的发展,陪葬坑与墓葬的距离趋近,具体位置也趋于单一,在这一过程中,陪葬坑数量的减少应是重要的原因之一。封土下陪葬坑的位置随时代发展由繁到简,与之同步的也是数量的减少,体现出对应特征。从墓葬及其陪葬坑的时代来看,西汉诸侯王墓陪葬坑的三种位置形式在不同时期诸侯王墓地皆有发现,这说明,至少目前的资料很难反映出西汉诸侯王墓的陪葬坑存在由封土外向封土下再向墓葬旁的发展趋势,这与诸侯王墓等级较高应有一定的关系,而地域、陵区规划及丧葬需求等也是相应因素。另外,陪葬坑与墓葬的位置还体现出前后左右的不同,但规律不明显,亦体现出相应的丧葬需求、墓地规划及陪葬坑位置的具体安排等内容。

西汉诸侯王墓的陪葬坑位置,有的存在单一性,有的则相对复杂,体现出同一位置类型中多个具体位置的组合。封土外如望城渔阳墓,3 座陪葬坑分列于墓葬不同位置,形成组合,章丘危山汉墓陪葬坑是山腰处与山脚东、西两侧的组合,而徐州狮子山汉墓体现得更为明显,西侧有兵马俑坑及相关陪葬坑,王墓与后墓东侧有成组的多种内容的陪葬坑,另在后墓北等处还有陪葬坑。也有一些墓葬的陪葬坑是多种位置类型的组合,这与同一位置类型中多个具体位置的组合相似,均与陪葬坑的数量相对较多有着直接关系。西汉早期的徐州狮子山楚王墓地是封土外 B 型与封土中 C 型的组合,永城保安山 M2 及柿园汉墓是封土中 A 型与 B 型的组合。平度六曲山北陵台为封土外 A 型与 B 型的组合，墓葬时代在西汉早期偏晚阶段至中期。西汉中期的诸侯王墓有一定数量，永城夫子山 M1 的陪葬坑是封土外 B 型与封土中 B 型的组合，六安双墩 M1 的陪葬坑为封土外 A 型与封土下 C 型的组合，二者仅 2、3 座陪葬坑；盱眙大云山墓地是封土外 A、B 型与封土下 D 型的组合，相对复杂，但王墓、后墓及其陵区仅 7 座陪葬坑，数量亦不多。就西汉早期偏晚阶段至中期的诸侯王墓来讲，有一些仅有 1 座陪葬坑，位置单一，也有为不同位置的组合，但不同位置的陪葬坑数量较少，这与时代相对较早的一些墓葬，如徐州狮子山汉墓、章丘洛庄汉墓等在某一位置类型或具体位置皆有较多陪葬坑，存在着明显不同，体现出相应的衰落态势，诸侯国权力被剥夺及诸侯王权力被削弱应是原因之一。

陪葬坑是被陪葬者身份地位的体现，也是将生前拥有带到墓地希望死后继续享用的反映，是"事死如事生，事亡如事存"[①]丧葬思想与目的的展现，较多西汉诸侯王墓的陪葬坑皆可说明这点。有些陪葬坑在位置方面也体现出相应的功能和作用，如狮子山汉墓与危山汉墓的兵马俑坑，与主墓距离相对较远，可起到思想上的守护作用，前者位于狮子山汉墓陵区西侧偏南，为相对开阔地区，后者位于山腰和山脚，而主墓在山顶。有些陪葬坑与祭祀及相关内容也有一定关系，章丘洛庄汉墓封土下有较多祭祀坑，而永城梁王墓地的一些陪葬坑中的物品不排除后人祭祀时埋入的[②]，保安山 M2 与柿园汉墓的山顶皆有陪葬坑，与之一起的还有祭祀性设施，保安山 M2 顶部的陪葬坑祭祀性质尤为明显，而柿园汉墓顶部的小型陪葬坑，与祭祀和守护都可能有一定关系。

（三）形制与结构

已发现、发掘的西汉诸侯王墓陪葬坑已有相当数量，对应的形制结构存在诸多不同，体现出与数量、地域、时代等相对应的特征，也反映出相应

---

① 《礼记·中庸》，《十三经注疏·礼记》，台湾艺文印书馆 2001 年版，第 887 页。
② 河南省商丘市文物管理委员会、河南省文物考古研究所、河南省永城市文物管理委员会、阎根齐主编：《芒砀山西汉梁王墓地》，文物出版社 2001 年版，第 349—352 页。

的发展与变化。陪葬坑与所属西汉诸侯王墓均体现出地域分布较广的特征，就地理环境来讲，有的位于山地丘陵地带，有的分布于无山地区，对应的形制结构也有所不同。

1. 形制结构分析

山地丘陵地带以竖穴石坑居多，极少数为横穴式，无山地区则为竖穴土坑，也有些山地丘陵地带的诸侯王墓陪葬坑修建于封土或墓道填土中，为竖穴土坑，亦见土圹石底者。

（1）竖穴石坑式

在山体上开凿，坑的主体基本为长方形，部分不规则。根据坑外是否有设施及坑体有无坡道或洞室等可分为四型。

A型：坑外不见相关设施，坑体一侧有坡道，平面形状多呈凸字形。坑内有木椁，椁内置放陪葬物品。根据坡道开口坑壁的不同可分为二亚型。

Aa型：坡道位于一侧长坑壁中部。长沙望城坡M1(渔阳墓)K2，东北、西南两侧壁为长壁，坡道位于东北侧壁中部。坑壁规整，底部平整，坑底四角及边缘均有方形柱洞，原有木柱和木板搭建的木椁，但无顶盖及相关内容的描述。

Ab型：坡道位于一侧窄壁，多居中部，个别与坑宽接近。盱眙大云山江都王陵园内K2，东西向，西侧有一长条形坡道，与坑的宽度相近，坑中部置长方形木椁。K7南北向，北端有坡道，坑体平面接近甲字形，木椁置于岩坑中部，平面呈梯形。

B型：坑外不见相关设施，坑体一侧无坡道，坑底有洞室，竖穴内以土封填。根据洞室的多少可分为二亚型。

Ba型：一侧有洞室，为单侧洞室，竖穴与洞室呈"凸"形。徐州羊鬼山东南发现的陪葬坑中有此类型，称为竖穴岩坑侧洞室陪葬坑①。

Bb型：两侧有洞室，为双侧洞室，平面呈"凸"形，为竖穴岩坑双侧洞室陪葬坑。徐州羊鬼山东南K2，竖穴石坑，内填红土，坑的东西两侧各有一洞室，左右对称，大小基本相同，内置器物。

---

① 李银德：《江苏西汉诸侯王陵墓考古的新进展》，《东南文化》2013年第1期。

C 型：坑外不见相关设施，坑体一侧无坡道，坑底无洞室，平面形状多为长方形。根据坑体内相关设施的不同可分为四亚型。

Ca 型：坑口以大石板封盖。根据坑内是否有石板隔砌可分为二式。

Ⅰ式：坑壁及相关位置无石板垒砌。永城保安山 M2K1，不规则长方形，四壁凹凸不平（图 1-43）。

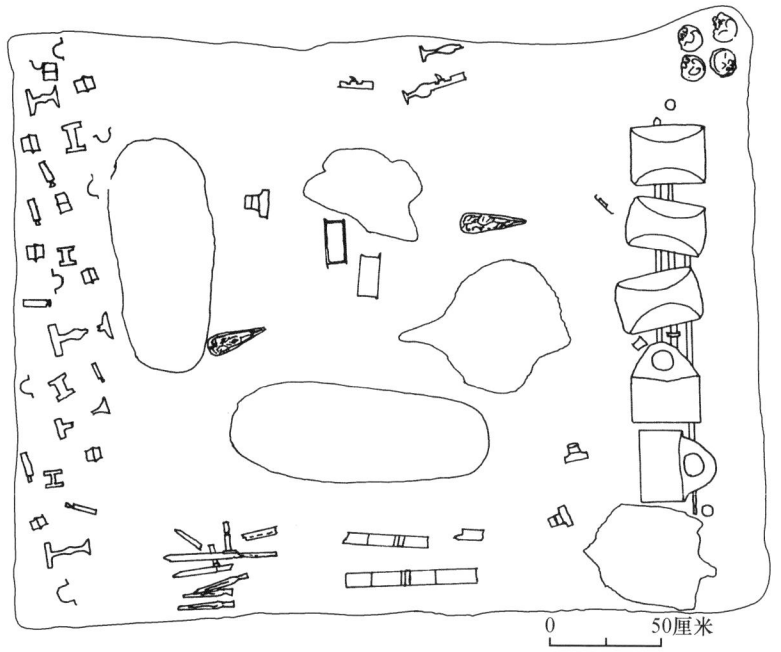

图 1-43　河南永城保安山 M2K1 底部出土器物图

Ⅱ式：坑壁及相关位置有石板垒砌。永城南山 M1 陪葬坑，坑内有石条隔砌，类似石椁。为 5 块凿制非常规整的石条，其中一块阴刻"二月"文字。

Cb 型：坑内近坑壁由木柱和木板搭建，内置相关物品。根据相关设施上是否覆瓦可分为二式。

Ⅰ式：相关设施上铺木板，无覆瓦。徐州羊鬼山东南 K3，陪葬坑东西两侧近坑壁处各有 3 个立柱，立柱上南北向平铺 1 块木板，上髹红漆，在立柱上的南北向木板上又东西向平铺木板 14 块，已朽。

Ⅱ式：相关设施上铺板并覆瓦。徐州驮篮山M1南发现的3座陪葬坑，原有支柱，柱上铺板覆瓦，推测由于受到外力挤压而坍塌，坑的表面有大量汉代绳纹瓦碎片呈环形分布。

Cc型：坑内有木椁，椁内置放物品。徐州羊鬼山东发现的陪葬坑中有此类型，称为竖穴岩坑椁箱式陪葬坑[①]。

Cd型：坑内不见相关设施，相关物品摆放坑内后填土封盖。徐州羊鬼山东南K1，坑内无相关设施，填土较乱，上层为红黏土掺碎石子，下层为碎瓦片。长沙望城坡M1（渔阳墓）K1、K3皆长条形（图1-44），K1坑壁四周不规整，坑内无设施。长沙扇子山陪葬坑，壁直底平，未见相关设施，填土为挖坑时的黄砂泥和锤碎的风化岩拌和土。盱眙大云山陵园墙外的K3与K6，平面长方形，未见相关设施。北洞山楚王墓西陪葬坑，长方形，南北向，坑内用石子、石粉、白灰混合土夯实，夯层内夹杂泥质红陶片。

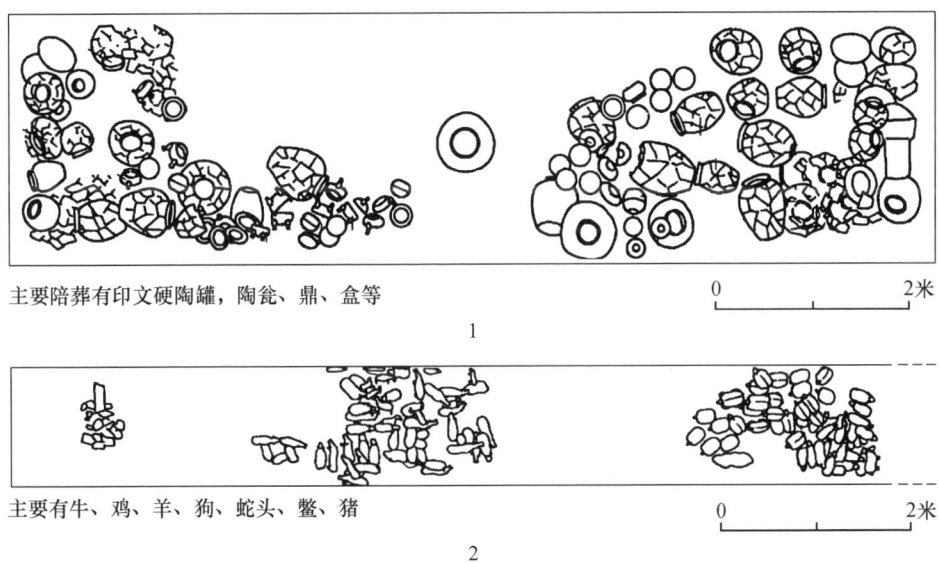

图1-44　湖南长沙西汉渔阳墓陪葬K1、K3器物分布图
1. K1　2. K3

---

① 李银德：《江苏西汉诸侯王陵墓考古的新进展》，《东南文化》2013年第1期。

D型：坑体竖穴一侧无坡道，坑底无洞室，整体呈长方形，面积较大，坑内亦不见相关设施，但坑外有相关设施。徐州狮子山汉墓西偏南的兵马俑坑，均为竖井式，做法是在地面上挖一条口宽底窄的长沟，沟底找平，但未加细修，在底部排放陶俑，然后用原坑土掩埋，填土疏松，多夹杂较小的黑色礓石（图1-45）。俑坑周围发现大量汉代的砖、瓦、瓦当和排水管道等遗物，坑外原修建有保护性设施遗存。

图1-45　江苏徐州狮子山汉墓兵马俑二号坑剖面图

（2）竖穴土坑式

或在原生土上开挖，或在封土或墓道填土上挖土成坑。根据一侧有无坡道或中间有无过道可分为三型。

A型：一侧有坡道，基本位于窄端，平面呈凸字形，中间无过道。坑内有木构的椁，内置相关物品。根据椁顶是否有覆盖物可分为二亚型。

Aa型：椁顶无覆盖物。六安双墩M1K1，坑内四壁用木板作衬帮，并用直径15—20厘米的原木柱撑挡，坑底铺一层木板衬底，木材均腐朽严重，但无顶盖及相关内容的描述（图1-46）。

Ab型：椁顶覆席，可避免填土时往椁内渗土，对埋藏物品起到保护作用。临淄大武乡窝托村齐王墓的陪葬K4位于墓道东侧，东端有通向地面的斜坡坑道，坑道两壁还有容纳车軎的半圆形凹槽，坑内以圆木做椁底，底上铺苇席，四壁以枋木垒壁，顶部密排圆木，顶上盖席。章丘洛庄汉墓封土下有较多此型陪葬坑，坡道位于窄端，相当部分有台阶，坑体底部有木地龙，地龙上四周及顶部用圆木搭成椁室，顶上再铺席，坡道与坑体结合处有多根圆木封门，坑内埋藏内容丰富多样。第一层的半数陪葬坑内还有隔层，2—3层不等，木板平铺，上置器物。K14通道口朝南，有10级台阶，与主坑接合处用8根圆木封门，主坑开口下约0.2米处向内收缩形成二层台，顶部柱与柱之间用竖梁相连，顶盖板用圆木呈东西向密集排列构成，坑内分三个相对独立的区域摆放乐器及相关物品。K35入口向西，顶盖板南北向排列，封门柱9根（图1-47）。

图1-46　安徽省六安双墩M1外陪葬K1

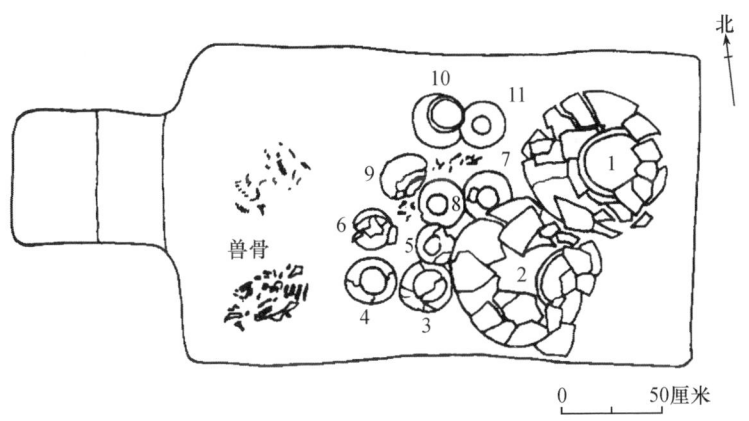

图1-47　山东章丘洛庄35号陪葬坑平面图
1、2.陶瓮（P35∶1、2）3-11.陶壶（P35∶3-11）

B型：一侧无坡道，平面长方形，中间无过道。根据坑内设施的不同可分为四亚型。

Ba型：坑内为木椁。临淄大武乡窝托村齐王墓的陪葬K1—K3与K5，坑内均有木椁（图1-48），其砌筑方法与K4木椁相同。六安马大墩汉墓北冢陪葬坑，木椁结构，椁周与坑壁间用白膏泥填实。泗阳大青墩汉墓陪葬

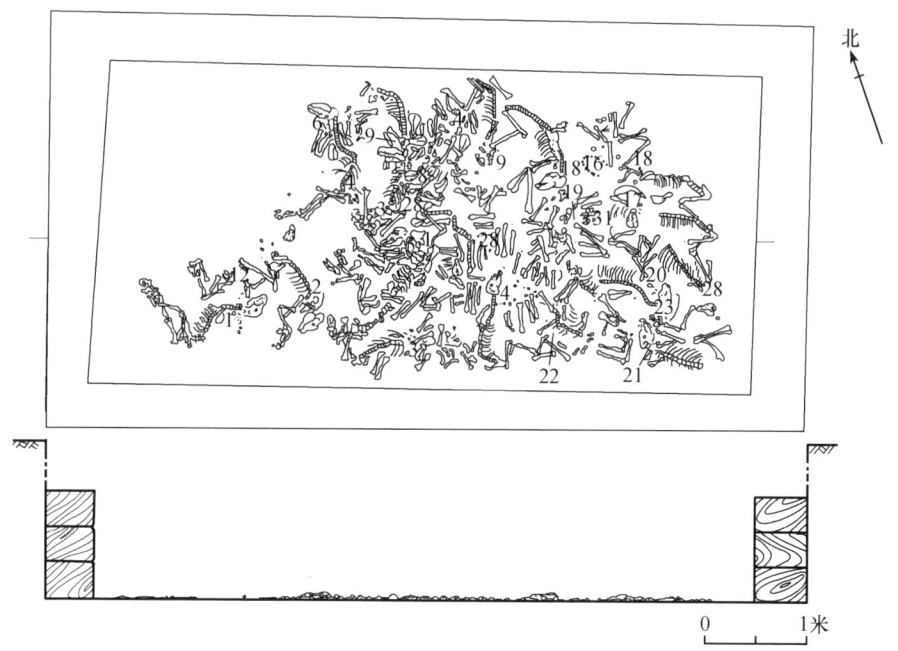

图 1-48　山东临淄大武乡窝托村南西汉齐王墓陪葬 K2 平、剖面图
1-28. 贝壳、铜环　29、30. 贝壳　32. 铜环

坑，坑内以木板材构筑椁室，分上下两层，但无顶盖及相关内容的描述。

Bb 型：坑壁为生土二层台，其上为盖板。危山汉墓东部陪葬坑，南北向，K1 坑壁不甚规整，坑内填土为黄褐土，略经夯打，有盖板和生土二层台，盖板是先以 0.8—0.9 米的间距东西向铺横板，然后盖南北向的竖板，二层台大部分被压塌，坑内遗物破损严重。K2 亦有二层台，在二层台上有东西向由圆木铺成的盖板。

Bc 型：底部有木板铺垫，板上置箱，箱内盛放陪葬物品。青州香山汉墓陪葬坑，出土遗物置放于三个木箱内，分三层叠置。

Bd 型：坑内不见相关设施，相关物品摆放坑内后填土封盖。永城保安山 M2K2，开挖于 M2 西墓道西 0.5 米的土层内，摆放器物后，封土夯实（图 1-49），柿园汉墓墓道南侧的陪葬坑与之相似，六安双墩 M1K2、K3 也大致如此。

C 型：一侧无坡道，平面长方形，中间有过道。临淄山王村齐王墓外陪葬坑，由 2 个南北向长方形竖穴坑和中间过道组成，形成一个大的陪葬坑。

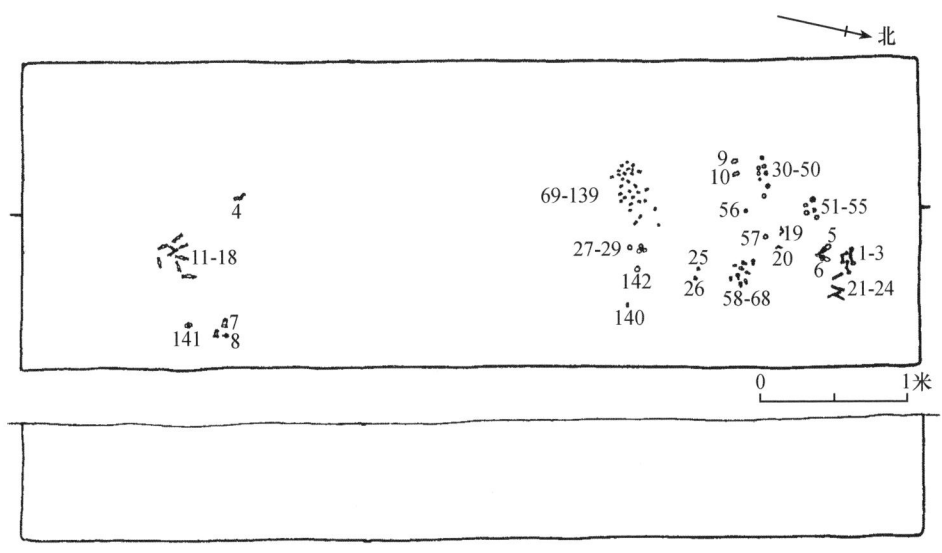

图 1-49　河南永城保安山 M2K2 平、剖面图

1-3. 铜衔　4. 铜承弓器　5、6. 铜当卢　7、8. 铜车軎　9、10. 铜冒　11-18. 铜盖弓帽　19、20. 铜軏　21-24. 铜镳　25、26. 铜带扣　27-29、142. 铜环　30-57. 铜泡　58-68. 铜节约　69-140. 铜管络饰　141. 铜衡末轭首饰

坑底发现南北向 3 排 9 组分布均匀、排列整齐的圆形柱洞，有的柱洞底垫青石，四壁和陪葬陶俑的顶部有朽木或板灰痕迹，表明坑的四周有木板，立柱上部承接器物箱的盖板，但坑内器物下面没有木质板灰痕迹，推测器物是直接摆放在经加工的生土面上，然后在器物上加盖（图 1-50）。

（3）竖穴土圹石底式

所属诸侯王墓较少，基本开挖于墓葬封土之上。永城柿园汉墓顶的封土中有发现，面积较小，多个成组围绕墓顶分布，类似小龛，发掘资料称之为"俑龛"。修葺方法是先在墓顶封土开挖呈平面正方形的坑，深至山顶的自然基岩，四周用长条形薄石板垒砌，坑底也平铺薄石板，顶用盖板。坑内仅置 1 站立的陶俑，面朝外。该类坑面积小，多个成组分布，与一般所见的陪葬坑有所不同，较少见。有的西汉诸侯王墓的墓道内有相关发现，如徐州北洞山汉墓，墓道两侧有凿砌的龛，内置陶俑，起到象征性守卫等作用[①]。

---

① 徐州博物馆、南京大学历史系考古专业：《徐州北洞山西汉楚王墓》，文物出版社 2003 年版，第 9—11 页。

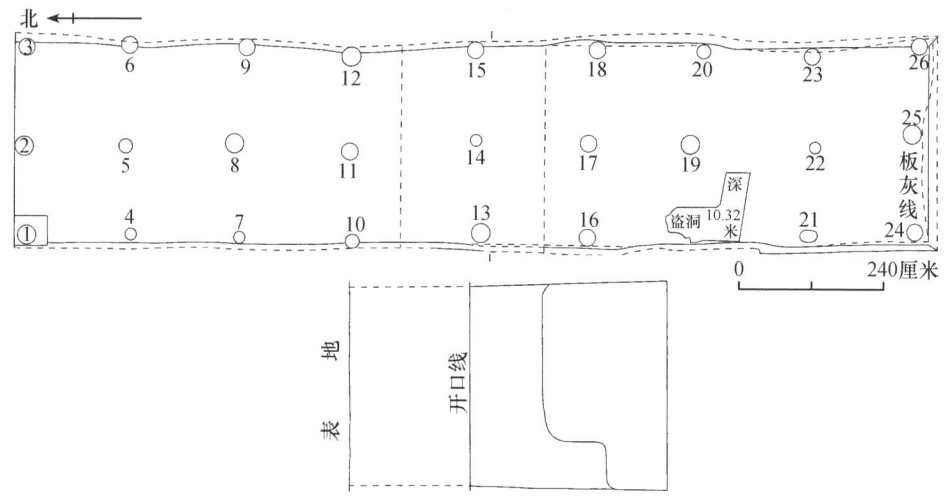

图 1-50　山东临淄山王村兵马俑坑平、剖面图

图 1-51　江苏徐州卧牛山西汉墓地陪葬坑

（4）横穴崖洞式

仅见徐州西卧牛山楚王墓地 1 座陪葬坑，外为平坡道，坡道末端在山体凿长方形洞室，形制似竖穴土石坑有坡道且有顶盖者，但为在山体上向内深凿而成（图 1-51）。

2．时代特征与发展变化

西汉诸侯王墓陪葬坑的形制和结构较为多样，结合所属诸侯王墓的时代，体现出相应的时代特征和发展变化。

就现有资料，西汉早期偏早阶段，即高祖刘邦至惠帝刘盈时期的诸侯王墓，基本不见陪葬坑的相关资料，这与该阶段诸侯王去世少，相关墓葬发现更少有较大关系。目前所知这一时期的诸侯王墓葬仅有河北石家庄小沿村汉墓，墓主可能是异姓赵王张耳，无陪葬坑资料公布。对照汉高祖长陵、惠帝安陵皆有相当数量陪葬坑来看，分封于地方的诸侯王在死后还没有使用陪葬坑的制度，这或许与墓葬时代早，相关制度及丧葬内容暂未形成有着一定关系。使用陪葬坑的西汉诸侯王墓主要集中于西汉早期中段（高后—文帝刘恒时期）至西汉中期早段（武帝刘彻时期），涉及墓葬与陪葬坑较多，分布地域广，形制与结构十分丰富。西汉中期后段（昭宣时期），还有一些诸侯王墓使用陪葬坑，但墓葬与陪葬坑的数量均不多，坑的形制结构也趋向简单化，西汉晚期，诸侯王墓基本不见陪葬坑。西汉中期后段及之后，诸侯国权力大为削弱，加之相关丧葬内容的发展演进，陪葬坑数量整体减少、形制趋简，一些是数量减少或不再使用，一些如泗阳大青墩汉墓等，仅1座陪葬坑且位于墓道旁侧较近位置，还有一些诸侯王墓不见陪葬坑，但在墓内有与之相似的设施，如徐州小龟山楚王与王后墓等，在墓葬甬道前端两侧设耳室置俑和车马，即设置车马室。以上内容均应是西汉中期诸侯王墓陪葬坑减少、衰落并趋于不见的因素。

从高后时期开始，西汉诸侯王墓开始使用陪葬坑，昭宣时期陪葬坑逐渐减少并消失，时代跨度100余年，期间陪葬坑的形制结构呈现出多样化的特征，在不同的期段又体现出相应的时代特点和发展变化（表1-4）。

表1-4 西汉诸侯王墓陪葬坑分期简表

类型		期/段	早期			中期	
			早段	中段	晚段	早段	晚段
竖穴石坑式	A型	Aa				——	
		Ab					——
	B型	Ba			——		
		Bb			——		
	C型	Ca I				——	
		Ca II				——	
		Cb I			——		
		Cb II				——	
		Cc			——		
		Cd		——			
	D型			——			

续表

类型		期/段	早期			中期	
			早段	中段	晚段	早段	晚段
竖穴土坑式	A型	Aa				—	
		Ab			—		
	B型	Ba	——————————————————————				
		Bb			—		
		Bc			—		
		Bd					
	C型						
竖穴土圹石底式					—		
横穴崖洞式					—		

竖穴石坑式陪葬坑可分为四型。Aa 型时代略早,大致为西汉早期偏晚阶段,陪葬坑具有一定的特殊性,如坡道位于一侧长坑壁中部,顶盖不见描述;Ab 型的时代稍晚,大致在西汉早期偏晚阶段至中期早段,形制与结构较完备,坡道位于窄端一侧,木椁较完善。B 型及 Cc 型主要为徐州羊鬼山东南的陪葬坑,该处陪葬坑多,时代上有一定跨度,大致在西汉文景时期。Ca 型所涉及的二式陪葬坑为永城梁王墓地不同时期诸侯王(后)墓的陪葬坑,Cb 型所涉及的二式陪葬坑为徐州地区不同时期楚王(后)墓的陪葬坑,均体现出相应的发展和变化,其中 Ca 型 Ⅰ 式大致在西汉早期偏晚阶段至中期早段,Ⅱ 式的时代则为中期;Cb 型 Ⅰ 式大致在文景时期,Ⅱ 式则集中于西汉早期偏晚阶段,即景帝时期。Cd 型涉及诸侯王墓及陪葬坑相对较多,时代延续亦较长,大致从早期中段至中期早段,该型坑相对简单,抑或是其得到较多使用的原因。D 型主要为徐州狮子山兵马俑坑,是大致在文帝早期。

竖穴土坑式陪葬坑可分为三型。A 型有坡道,B 型无坡道,二者在时代上基本并存。A 型坑内有木椁,Aa 型与 Ab 型的差别在与椁顶有无覆盖物,Ab 型椁上覆席,时代较早,基本为西汉早期中段,Aa 型时代要晚,基本属中期,二者对比,可体现出相应的发展,Aa 型坑内为逐渐衰落的体现。B

型形式多样，Ba 型坑内有木椁，时代跨度长，大致从西汉早期中段至西汉中期，再结合上文，使用木椁的陪葬坑时代基本贯穿西汉诸侯王墓陪葬坑的始终。Bc 型使用了二层台，其上覆盖板，但无木椁，或许与墓主参与"七国之乱"有关。Bd 坑内不见相关设施，而这也是西汉诸侯王墓陪葬坑常见的形式之一，时代基本为西汉早期偏晚阶段至中期。C 型少见，时代大致在西汉早期偏晚至中期早段，过道的使用体现出对于陪葬坑的发展，而其将器物直接摆放于底部也体现出发展中的简化。

竖穴土坑石底相对少见，主要见于永城柿园汉墓，时代基本为西汉早期偏晚阶段。横穴崖洞式亦少见，见于徐州卧牛山西汉楚王墓地，时代为西汉早期偏晚阶段。

可以看出，早期阶段，无论是单一诸侯王墓地，还是总体而言，陪葬坑的数量均较多，形制与结构也相对复杂多样，至中期，陪葬坑数量减少，形制与结构也趋于简化，类型减少。西汉诸侯王墓陪葬坑的形制结构既有普遍使用者，也有特殊者，普遍者的使用时间一般较长，特殊者多集中于某一地区甚至是某一墓地，普遍者则见于不同地区、不同时期。一些类型存在变化，既存在有早期不完善趋于完善的发展，也有西汉中期渐趋衰落和简化的变化。整体来看，西汉早期是诸侯王墓使用陪葬坑最为普遍、形制结构具有多样性的时期，西汉中期，较多地区诸侯王墓的陪葬坑趋于衰落，仅少量诸侯王墓的陪葬坑的形制结构较为复杂、设施较全。

西汉诸侯王墓陪葬坑的形制结构体现出相应的时代、地域特征及与诸侯国、诸侯王相对应的丧葬内容，反映出相关丧葬需求下的诸侯王丧葬内容，折射出与诸侯国或诸侯王权力、地位等相关的社会内容。陪葬坑的形制与结构，与坑的功能和具体内容密切相关，如坑内摆放物品的数量、品种及摆放方式等，都会在一定程度上影响到陪葬坑的形制和结构。大致来看，陪葬坑的形制、结构与所属墓葬相对应，其特征、特点及其发展有相似或相近的内容和内涵，但由于不同因素的影响，也会有不统一或相对突出的自身特点。如形制结构相同，甚至位置相近的陪葬坑，陪葬内容并不相同。另外，陪葬坑的具体方向有多种形式，既有相同也有差异，但在陪葬内容及其功能作用方面，相同方向者并不一定相同，不同方向者则可能有相同的陪葬内容和功用。

（四）内容与性质

相当数量的西汉诸侯王墓有陪葬坑，而陪葬坑也有相当数量，除位置、形制结构较为多样外，埋藏内容也极为丰富，体现出相对应的陪葬内涵及丧葬内容，折射出与之相关的陪葬性质。陪葬坑的位置、形制、结构与埋藏内容有着一定关系，同时又因时代、地域及其诸侯国、诸侯王等的不同而形成诸多自身特点和相关特征。

1. 埋藏内容与陪葬性质

保安山 M2K1，坑内共出土遗物 1800 多件，有大量鎏金铜车马饰件还有一部分铜、铁兵器和生活用具及其他器物，为车马器物坑。由于位于墓葬所在山顶祭祀遗存的附近，与祭祀当有一定关系。M2K2 出土小型车马饰件 140 余件，皆明器，因该坑是墓道封堵之后才挖的，加之坑内为明器车马，存在祭祀后埋藏的可能，也具有陪葬的功能。柿园汉墓所在山头上围绕墓顶的多个龛形坑，每坑内有 1 俑，虽该山头上也有祭祀性建筑，但这些龛形坑对其呈围绕之势，应是具有守护作用的俑坑。该墓墓道南侧约 5 米的封土内也有陶俑坑，陶俑均为站立侍俑状，也具有守陵的作用。夫子山 M1 外陪葬坑出土铜灯、甑、壶、钫、勺、盘、盆等 14 件生活实用铜器，应为器物坑，M2 外陪葬坑出土实用车马器，为车马陪葬坑，二坑应是具有陪葬性质的坑。南山 M1 外陪葬坑出土有铜容器和钱币，也是具有陪葬性质的器物坑。另外，夫子山 M1 墓道东段的陪葬坑出土陶俑 17 件、鎏金车马器 40 件，为车马俑坑，具有陪葬功能。上述陪葬坑中，有些陪葬有车马器、兵器或实用生活器具等，或位于墓道出口以外附近，或墓顶之上，相关器物属于当时陪葬王或王后出行时使用的乘舆及物品，有的则可能是后人祭祀时埋入的，体现出死者在另一世界继续享用，满足其乘车和出行的需求。就柿园汉墓封土内埋藏的"守陵俑"来讲，在西汉帝陵及其他诸侯王墓外均较少见，它既不同于墓内随葬的陶俑或动物俑，也不同于墓道内随葬的俑群，更与专门埋葬的兵马俑坑等性质有别，应具有独特的守陵作用，同时又与祭祀设施并存，体现出双重的作用。

六安双墩 M1 外西南部陪葬坑内发现 8 匹马遗骸和 4 部车的残迹，出土较多铜车马器及木车构件，为车马坑；马大墩汉墓北冢西北的陪葬坑出土有马骨和较多车马器，坑内原埋二乘车、四匹马和一个殉葬的驭奴，从车的一些部位有被缰绳磨损的痕迹看，当属墓主生前乘坐的马车，该坑也应是车马坑。二坑的陪葬功能明显，以满足死者在死后世界继续享用，满足乘车和出行的需求。双墩M1的封土下还有2陪葬坑，K2破坏严重，K3内为模型车马，推测K2可能为器物坑，相关器物、模型车马与墓主一同埋入地下，陪葬特征明显，是死者地下拥有的体现。

长沙望城坡M1（渔阳墓）三个陪葬坑存在不同的埋藏内容。K1的出土物有泥质灰陶器和印纹硬陶器如鼎、盒、瓮等，为器物坑；K2为车马坑；K3出土陶质牲、禽动物俑约100余件，为动物俑坑（图1-52）。扇子山大墓西侧陪葬坑清理出陶畜俑包括牛、羊、猪、狗等40余件，为动物俑坑。上述四坑均应是陪葬坑，功能是满足死者在死后世界的拥有。

图1-52　湖南长沙望城坡西汉渔阳墓陪葬K3出土陶动物

盱眙大云山汉墓陵园墙内的K2内置真车马5辆，为真车马陪葬坑，功能与上述夫子山M1墓道东段陪葬坑、六安王墓外陪葬坑的车马陪葬相似。K7内置明器马车、木俑和一些兵器，陪葬特征明显，马车应为战车，坑内陪葬内容与汉代军阵制度有关，故该坑还具有思想上的守护作用。陵墙外的K3、K6紧邻园墙，出土大量模型兵器，二坑作为兵器坑应是象征性的武库，是死者希望在地下仍继续拥有的体现。M1 与 M8 封土下北墓道东侧还各有陪葬坑，M1 为 1 座（K1），M8 为 2 座（K4、K5），埋藏内容未公布，推测可能会与出行、器物等有关。

泗阳大青墩汉墓的墓道西侧有一陪葬坑，分为两层，随葬有出行仪仗，与其他外藏设施陪葬的出行仪仗遗物一起组成了成组成套的出行仪仗队伍。出行仪仗是展现墓主身份地位的重要标志物，该墓时代为西汉中期，体现出这一时期诸侯王墓的陪葬特点，而出行仪仗是其中极为重要的内容。

徐州狮子山汉墓外的陪葬坑数量多，分布位置亦较多。楚王墓西部偏南及羊鬼山西北和东北发现有兵俑坑，与陵墓守护有关。陵区西部偏南的兵马俑陪葬坑，既是楚王及楚国权力地位的体现，也是楚王生前拥有在地下的再现，还起到思想上的守护作用，抑或还有其他功用（图 1-53）。兵马俑坑

图 1-53　江苏徐州狮子山汉墓兵马俑坑出土兵俑

西北侧的五、六号坑及其东侧的碎俑坑,又可能与兵马俑坑(一至四号坑)组合为一个整体,也可能有其他功用。诸侯王墓与王后墓之间向东有南北成列、东西成排的较多陪葬坑,包括兵俑坑、陶瓷坑、车马坑、浴具坑、庖厨坑、铁器坑、钱币坑等,可分为器物坑、车马坑、兵俑坑等大类,也有车马器物坑,功能多样,既有守护作用,也反映出墓主生前拥有,希望死后继续享有功能,而该处陪葬坑附近有祭祀设施,并东对陵园东门,因此一些还与祭祀有关。这批陪葬坑很大程度上还体现出"事死如事生、事亡如事存"[①]的丧葬内容及其陪葬内容的生活化特点等。与之相似,驮篮山汉墓已知的陪葬坑有乐舞坑、兵马俑坑和器物坑,体现的功能和内涵也较相近。北洞山汉墓外目前所知仅有俑坑,具有象征性的守护作用,兵马俑及其器物坑不见,尤其是不见兵马俑坑,可能与社会发展及其墓主归属有关。笔者认为,该墓墓主为第四代刘姓楚王刘礼的可能性较大[②],其在"七国之乱"之后即位,楚国在"七国之乱"前拥有的很多权利包括丧葬内容等,或被剥夺或遭削弱,无兵马俑坑和器物坑应在情理之中。

章丘洛庄汉墓时代较早,陪葬坑均位于封土下,但数量较多,围绕墓葬,且向外排列。其中有相当数量是具有祭祀性质的坑,表明墓主下葬前后及其封土封填之前有较为隆重的祭祀活动,而这些坑内埋藏物丰富,又起到陪葬并供墓主地下享用的作用,大量的食品可以说明。另外,还有车马坑、乐器坑等,既是对生前使用之物的埋藏,也是地下享用的反映。

临淄大武乡齐王墓封土下有5座陪葬坑,分别为器物坑、殉狗坑、兵器仪仗坑、车马坑、兵器与器物坑,内容不一,各有特点,反映出与墓葬密切相关的车马出行、兵器仪仗、生活等内容。该墓墓主很可能为第二代齐王刘襄,薨于汉文帝元年(前179年),此时齐国国力强盛,而且诸侯国有自己的军队,所以陪葬坑既有车马仪仗,也有较多的兵器,体现出西汉早期齐国还具有强大军事实力的特征。

---

① 《礼记·中庸》,《十三经注疏·礼记》,台湾艺文印书馆2001年版,第887页。
② 刘尊志:《试论徐州北洞山西楚王墓墓主》,《考古与文物》2007年增刊(汉唐考古),第168—175页;《徐州两汉诸侯王墓研究》,《考古学报》2011年第1期;《汉代诸侯王墓研究》,社会科学文献出版社2012年版,第482—489页。

章丘危山汉墓的墓主很可能为参与"七国之乱"的济南王刘辟光，其墓外的陪葬坑基本为兵马俑陪葬坑，这与徐州驮篮山汉墓相似，功能和作用亦是将生前拥有埋入地下，希望地下享用等，同时也起到思想上的守护作用。与徐州狮子山汉墓兵马俑坑相比较，危山汉墓的兵马俑坑更接近于兵马仪仗坑，而一些坑如K2还具有一些器物坑的特征。

青州香山汉墓的墓主可能为参与"七国之乱"的菑川王刘贤，陪葬坑的埋藏内容有兵马俑也有器物，可称为兵马俑器物坑，功能和作用与驮篮山、危山汉墓的此类坑相近。综合来看，徐州狮子山汉墓、驮篮山汉墓及山东危山汉墓、青州香山汉墓的兵马俑坑体现出相应的发展和变化，其中狮子山汉墓兵马俑坑时代早的特征明显，而后三者则有较大的相似性，体现出相近或相同的埋藏内容，也反映出与狮子山汉墓外兵马俑坑之间的发展和变化。

出土兵马俑的陪葬坑还有平度六曲山胶东王墓外陪葬坑，如北陵台西南部的2座兵马俑坑，该墓在已调查勘探的胶东王墓中相对独立，且墓外陪葬坑数量较其他要多，结合出土兵马俑残片的形制，墓主或可能为参加"七国之乱"的胶东王刘雄渠，而陪葬坑内也有其他器物，体现出与上述几处参加"七国之乱"诸侯王墓葬外兵马俑坑相似的特征。平度六曲山其他一些诸侯王墓外也有陪葬坑，但较多具体埋藏内容未见公布，不做讨论。

临淄山王村齐王墓外陪葬坑的埋藏内容则较为丰富，坑内共发现建筑模型、人物俑、动物俑达516件（套）之多，其中建筑模型包括门阙、前门、大门以及后院内的楼房、粮仓、庖厨等，有一定的规划布局，院内还布置车马出行，为完整的府邸布局。该坑的陪葬内容将墓主生前的拥有通过模型的形式埋入地下，以求死后继续享用，也体现出陪葬内容的多样化、生活化及全面化等特点。

2. 陪葬内容与相关问题

综合来看，西汉诸侯王墓陪葬坑内的埋藏内容以车马、兵马、器物、人俑、动物俑、食物等为主，另有乐舞、府邸等较多内容。一些陪葬内容又可细分为多个不同的种类，如器物，按照材质有陶器、铁器、铜器、漆器等，陶器还可分为多种，如瓮与其他容器、礼器等，而器物按照功能又有兵器、容器、日常生活用具、浴具、庖厨、钱币等区分。动物有动物俑，也有实际动物如马、狗等。乐舞有乐舞俑坑，也见乐器坑，还有较多为不同作用、不同质地的乐器。丰富的陪葬内容体现出多种形式的功能和作用，反映出墓主的陪葬需求及其与丧葬有关的祭祀内容，另外还有守护陵墓等思想上的需求。

　　车马陪葬在先秦时期的陪葬坑中已较为常见，西汉诸侯王墓陪葬坑多有车马陪葬，应是对先秦丧葬习俗和制度等的继承。就西汉诸侯王而言，车马既是身份地位的象征，也是日常生活不可缺少的内容，在继承前代基础上，设置车马陪葬坑，显示着墓主的身份地位，也体现出车马这一常用内容与墓主的关系。有的为真车马陪葬，如六安马大墩汉墓北冢西北的陪葬坑，出土有马骨，而车的一些部位有被缰绳磨损的痕迹，另外还有一个殉葬的驭奴。有的为明器车马，不仅陪葬的车马数量大，而且涉及的诸侯王墓及其陪葬坑较多，体现出西汉时期车马陪葬发展的新趋势，而这不仅影响到中小型墓葬，如徐州奎山 M11，竖穴南部的龛中有一辆明器车和较多的车马器，器形较小，模型特征明显[①]；也对其后时期的车马陪葬有较大影响，西汉晚期及东汉时期的很多墓葬使用车马陪葬，较多墓葬已不见真车马等皆可说明，相关墓例较多，不在此列举说明。除一般出行的车马以外，汉代诸侯王墓陪葬坑内的车马陪葬内容还在其基础上有所发展，如车马仪仗、车马军阵等，内容更加丰富，而且也体现出汉代墓葬在陪葬物品方面日趋生活化的特征。关于车马陪葬，也可能具有辅助墓主升仙的功能，在此仅作说明，不做过多讨论。另外，一些诸侯王墓的车马陪葬坑会呈现出真车马与模型车马并用的特征，如大云山汉墓等，而这也是西汉墓葬陪葬特征的体现。

　　兵马俑坑是秦与西汉时期高等级墓葬外陪葬坑的一项重要内容。一些西汉诸侯王墓外已发现一定数量的兵马俑陪葬坑，时代基本为西汉早期，具体而言，墓葬时代为汉景帝平定"七国之乱"（前154年）前后阶段及之前时期。这与诸侯国的权力及国力等有关，也是诸侯王身份地位的展现，同时还体现出相应的发展变化，这在上文已有论述。"七国之乱"后，朝廷加强了对诸侯国的管理和削弱，诸侯国的权力、地位及其国力等较之"七国之

---

① 徐州博物馆：《江苏徐州市奎山四座西汉墓葬》，《考古》2012年第2期。

乱"前已是大相径庭，与诸侯王相关的丧葬内容也随之有了较大变化，兵马俑陪葬坑基本消失，代替它的为车马仪仗或车马出行及具有仪卫性质的陶俑等，即使有的还具有一定的车马军阵特征，墓主也是与朝廷有密切关系的诸侯王，如盱眙大云山汉墓，墓主为江都王刘非，平定"七国之乱"有功，徙为江都王，治吴故国，以军功赐天子旌旗，后又上书愿击匈奴[①]，有车马军阵及兵器类的墓外陪葬坑可以理解，不过就陪葬的具体内容来讲，尤其是K7，规模不大，且其内基本为明器车马和兵器，反映出兵马俑坑转换后的衰落特征，而陵园墙外的两个兵器陪葬坑的规模更小，其内埋藏的也均是模型兵器，这与文帝初年的临淄大武乡齐王墓封土下兵器陪葬坑不同，大武乡齐王墓的兵器陪葬坑中有数量大、种类多的实用兵器。

埋藏大量器物是西汉诸侯王墓陪葬坑的一大特征，较多诸侯王墓有此类陪葬坑，有的如狮子山汉墓，此类陪葬坑不仅多，而且分类明确。器物坑是诸侯王权力、财富的体现，也是身份地位的象征，同时也反映出生前所有继续在地下享用的丧葬思想和需求。相关器物涉及食品、沐浴、庖厨、钱财等多个方面，与诸侯王生前和死后的生活均密切相关。结合相应墓葬的出土遗物，反映出西汉时期墓葬陪葬品渐趋生活化的特征，而且这一特征随时代的发展不断加强。西汉诸侯王墓陪葬坑的陪葬内容趋于生活化的表现，除使用大量器物陪葬，设置专门的器物品种坑之外，还在其他内容的陪葬坑中有所体现，如一些车马或兵马俑陪葬坑逐渐与多种器物搭配或组合，一些动物俑坑的出现，而如临淄山王村齐王墓陪葬坑，有建筑模型（含门阙、前门、大门以及后院内的楼房、粮仓、庖厨等）、车马出行等，并有配套的人物俑、动物俑等，生活化特征已较突出。另如徐州驮篮山汉墓外发现的乐舞坑，也是生活化的反映和写照，亦体现出相应的礼乐内容。

动物俑在一些西汉诸侯王墓陪葬坑中有所发现，其性质和功用与器物陪葬坑有一定的相似。由于西汉诸侯王墓陪葬坑的时代基本集中于西汉早期至中期，是否体现出地方诸侯王逐渐食封地主化的特点还不能妄下结论，但与其对财富拥有及地下享用应有不可分割的关系。与之相对应，还有一些诸侯王墓的陪葬坑内殉葬有狗、马等，性质有相似之处，考虑到时代较早，如

[①] （西汉）司马迁：《史记·五宗世家》，中华书局1982年版，第2096页。

洛庄汉墓、临淄大武乡齐王墓封土下陪葬坑，也体现出较早阶段诸侯王墓陪葬动物的特点和内容。人物俑发现数量较多，而且较多诸侯王墓的陪葬坑有发现。一些与车马、兵马及乐舞、府邸等有关，起到搭配、辅助等作用；一些陪葬坑则不同，是以人物俑为主，其中又以侍俑、仪卫俑居多，既是现实生活的再现，也是现实内容移至地下继续拥有的反映。这些陶俑有的可展现墓主生前生活，反映不同等级人员（如诸侯王与相应官吏）间的关系，同时也起到象征性守护作用，即守护墓主、守卫陵墓等。

西汉诸侯王墓陪葬坑的埋藏内容十分丰富，具体功能也各有不同，功能的多样性，体现出较多的丧葬内容和丧葬需求及其与诸侯王有关的生活、统治等社会内容。就埋藏或陪葬内容来讲，有继承和发展，也有创新和摒弃，并在西汉晚期随着陪葬坑消亡。埋藏或陪葬内容既有实用物品，也有较多为模型器物，而且模型器物在西汉早期偏晚阶段至中期较为普遍，但就整个西汉诸侯王墓陪葬坑来讲，实用物品与模型器物几乎是并存的，只是随着时代发展，模型器物逐渐成为主要内容，但在此过程中并未完全摒弃实用物品。另外，实用物品、模型器物的使用也存在地域性，有的诸侯国王墓陪葬坑内埋藏的基本为实用之物，如临淄大武乡齐王墓封土下陪葬坑，包括实用车马、兵器、器物，还有殉狗等；有的基本为模型器物，如危山汉墓兵马俑坑、徐州狮子山汉墓兵马俑坑；还有一些坑内既有模型器物，也有实用物品，如羊鬼山东的一些陪葬坑。就陪葬坑的具体内容来讲，稍早阶段每一陪葬坑的内容、用途或功用相对单一或较为一致，即比较明确，早期偏晚阶段，虽仍有一些单一或一致内容的陪葬坑，但很多陪葬坑的内容趋于多元化，如车马器物坑、兵马器物坑等，而一些陪葬坑则更为全面，如临淄山王村齐王墓陪葬坑，内容包含诸多方面，体现了陪葬坑制度的发展和创新。另外，还有一些新内容出现，如陶质动物坑、柿园汉墓的俑甗坑等。

将陪葬坑内的埋藏物品与墓葬内出土物对比来看，有些西汉诸侯王墓陪葬坑的时代有些与墓葬时代相同，封土下的诸多陪葬坑即是如此，墓顶或封土外的陪葬坑部分亦可能与诸侯王墓时代相同；有的陪葬坑时代会晚于诸侯王墓，如打破封土或墓道填土的陪葬坑，墓顶及封土外的陪葬坑部分亦可能晚于诸侯王墓，尤其是一些具有祭祀性质的陪葬坑，一些可能为后期祭祀后的埋藏，如徐州狮子山汉墓的陪葬坑中，兵马俑坑的时代与墓葬时代基本相同，而陵区东部较多陪葬坑出土的陶俑较之兵马俑明显精致，一些陶俑则与时代晚于狮子山汉墓的驮篮山汉墓等出土的陶俑较为接近。当然，也存在一些陪葬坑的时代早于诸侯王墓时代的情况，但应是早于诸侯王或王后下葬的时代，而不是诸侯王墓葬本身，这与汉代预作寿陵有关。而有些陪葬坑可能是在墓主正式下葬之前埋藏相关物品的，但具体时间与诸侯王或王后下葬的时间不会相差太远。

综合来讲，陪葬坑是对先秦丧葬内容的继承、延续和发展，体现在位置、功能、数量、形制、结构及内容、性质等诸多方面。就形制和结构来讲，一些陪葬坑与所在地区的墓葬形制相结合，形成具有时代和地域特征的陪葬坑形制，如徐州羊鬼山东发现的石坑竖穴洞室陪葬坑，相近的形制和结构在当地西汉中型墓葬中也较常见，而陪葬内容亦是如此，具有地方和时代特色的陶俑等皆可说明。在发展过程中，陪葬坑充分体现出西汉诸侯王的丧葬需求，其中墓外陪葬坑反映出诸侯王墓陵区的规划与守护，墓葬内外的协调，也与相关丧葬行为及活动如祭祀等密切相关，从多个方面体现出诸侯王的身份地位。陪葬坑在西汉时期因中央的诸侯王政策及诸侯国、诸侯王的发展变化，以及丧葬制度、习俗的演进等因素的影响，逐渐趋于衰落，这在西汉中期已较明显，晚期则消失不见，相关内容与墓葬形制相结合，成为墓葬形制和结构的一部分。西汉诸侯王墓陪葬坑的衰落与列侯及一些等级较高中型墓葬的陪葬坑消失基本同步，明显较之帝陵相对要早，如汉平帝康陵及王皇后墓，王皇后陵北墓道两侧发现外藏坑7座，内有木炭块等[1]。诸侯王墓陪葬坑的衰落与朝廷的政令有着一定关系，汉成帝即位之初（前33年），有司言："乘舆车、牛、马、禽兽皆非礼，不宜葬"，被"奏可"；永始四年（前13年）又下诏言"车服嫁娶埋葬过制"[2]。这两次诏令对西汉诸侯王墓陪葬坑的设置和埋藏内容均有较大限制和影响，车马、动物陪葬等诸侯王墓陪葬坑常见的陪葬内容开始衰落并消失。但帝陵或许不受政令的影响，因此通过对比，也体现出与西汉诸侯王身份地位及其丧葬内容等发展相符的特征。

---

[1] 陕西省考古研究院、咸阳市文物考古研究所：《汉平帝康陵考古调查、勘探简报》，《文物》2014年第6期。

[2] （东汉）班固：《汉书·成帝纪》，中华书局1962年版，第302、325页。

（五）两点说明

1. 墓外陪葬坑与墓内陪葬坑

较多西汉早中期的诸侯王墓有陪葬坑，形制结构较为多样，埋藏内容十分丰富，位置也不尽相同。从位置来看，有封土外、封土中和封土下三种主要形式，封土中的基本是打破封土或填土的再建造，因此这一位置的陪葬与封土外的陪葬坑可视为墓外设施的内容之一。封土下的陪葬坑基本被封土叠压，以封土为界隔，这一位置的陪葬坑当视为墓内设施，这应是其与封土外和封土中陪葬坑的区别之一。

墓外陪葬坑所属墓葬数量多，封土下陪葬坑所属墓葬相对较少，这在西汉早中期均有体现，表明封土外及封土中陪葬坑在西汉诸侯王墓陪葬坑中占有较大比重，得到较多使用，这与诸侯王自身的身份地位应该有关。

整体来看，封土下陪葬坑及其所属墓葬的时代并不晚于墓外陪葬坑及其所属墓葬，这说明二者是并行的，因此在陪葬内容上具有较多的相似性，在具体性质上也能体现，如车马坑、器物坑等。由于位置的不同，在功能性质上又体现出相应差异，墓外的一些陪葬坑具有守护功能，体现出较明显的陵区规划，封土下陪葬坑体现的陪葬功能较为突出。二者对于祭祀皆有体现，但墓外更多的是墓主下葬后的祭祀，封土下则是下葬前和下葬过程中的祭祀。

墓外及封土下的陪葬坑均体现出早期数量多、类型丰富，中期数量少、类型简单的特征，而它们的形制结构、埋藏内容也有较多的相似性。随着发展，墓外与封土下的陪葬坑均趋于衰落，并逐渐演变成墓内设施的组成部分，就这一点而言，或许封土下陪葬坑的促进作用要大于墓外陪葬坑。可以说，墓外及封土下陪葬坑既有差别，又有较多的相似性，二者共同组成了西汉诸侯王墓陪葬坑的内容和内涵，体现了西汉诸侯王墓陪葬内容及其外藏系统等的发展，反映出与墓主身份地位及其发展变化相关的内容，对认识西汉诸侯王墓外部设施有着重要的参考价值。

2. 与陪葬坑相似的内容

主要为墓道内的陪葬物品。永城芒砀山梁王墓地中的柿园汉墓，墓道

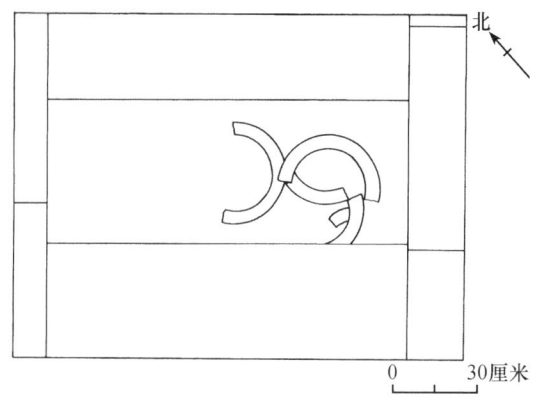

图 1-54　河南永城柿园汉墓墓道内的车轮坑

的封石中有随葬陶车轮的坑（图 1-54）；墓道门前的墓道封石中有对称分布的守门吏俑；墓道底部从甬道门口以西 17.8 米，墓道内的封石西端，在东西长约 17、南北宽 4 米，面积约 60 平方米的范围内发现大量排列有序的车马器、陶俑和兵器等遗物，判断随葬车有 24 辆，分别置于南北近壁处，南北各 12 辆；墓道底部还有钱窖，其内放满铜钱，摆放非常规整，大多成串，一串对折，共 45 串、25 层，总计约 225 万枚[①]。柿园汉墓的墓道出土车马、陶俑及兵器等描绘了西汉诸侯王级别的礼仪场面，是为墓主人出行、迎送、护卫的仪仗阵容[②]，钱币窖藏则反映出墓主对财富的拥有和在地下世界的继续享用，这与较多诸侯王墓的车马陪葬坑、陶俑坑等有着相似之处，但位置不同。结合该墓的时代，或许反映出陪葬坑开始或逐渐移向墓内，并渐成为陪葬内容的组成部分或墓葬形制结构一部分的发展和变化。

八、陪葬墓

西汉诸侯王的政治权力和社会地位较高，身份具有特殊性，诸侯王墓拥有一定数量的陪葬墓属于正常，体现出古代丧葬中的陪葬内容及相关社会内容。关于西汉诸侯王墓的陪葬墓，笔者在《汉代诸侯王墓研究》一书中曾做过相关分析，既包括墓外的陪葬墓，也有墓内或相关位置的陪葬墓，以封土之外最为常见，也有与王（后）墓在同一封土下者，但数量不多，亦存在无

[①] 河南省商丘市文物管理委员会、河南省文物考古研究所、河南省永城市文物管理委员会、阎根齐主编：《芒砀山西汉梁王墓地》，文物出版社 2001 年版，第 121—123、171—173 页。

[②] 河南省商丘市文物管理委员会、河南省文物考古研究所、河南省永城市文物管理委员会、阎根齐主编：《芒砀山西汉梁王墓地》，文物出版社 2001 年版，第 356 页。

陪葬墓的现象，而陪葬墓数量存在差异，陪葬者的身份地位等也有不同[①]。在此基础上，本书主要就西汉诸侯王墓封土外的陪葬墓再作相关分析。

（一）位置、数量与陪葬者的身份、等级

位置是指与诸侯王（后）墓，主要是诸侯王墓的位置关系。不同的位置与陪葬墓数量及陪葬墓墓主的身份等级有着较为密切的关系。根据与诸侯王（后）墓距离的远近及其处于陵园内外的不同，大致可将西汉诸侯王墓外陪葬墓的位置分为四型。

A 型：位于内陵园内。陪葬墓数量不等，个别稍多，墓葬等级多数较高。根据陪葬墓数量的多少可分为三亚型。

Aa 型：基本为 1 座，有相应规模、等级较高，与诸侯王（后）墓距离较近。定县三盘山汉墓、高邮神居山汉墓、徐州小龟山汉墓与东洞山汉墓、定陶灵圣湖汉墓等皆有 1 座此类型墓葬。陪葬墓的墓主为王的另一王后或等级特高的嫔妃，抑或为其他身份。此类墓葬中，一些可能为王墓的另一合葬墓，一些则可视为高等级祔葬墓。山东曲阜九龙山发现东西并列、南向、开凿于半山腰处的 5 座墓葬，其中 5 号墓规模较小，为单室墓，很可能为靠近鲁王墓的祔葬墓。

Ab 型：王墓附近的陪葬墓数量稍多，有 2—3 座，或略多。安徽六安双墩 M1，封土西侧（后侧）边缘有南北排列的 3 座陪葬墓，陪葬墓西还有一陪葬坑。3 墓均为凸字形带斜坡墓道的竖穴土坑墓，有棺椁，墓主为诸侯王嫔妃的可能性较大。

Ac 型：内陵园中，王墓一侧或附近有多座陪葬墓。盱眙大云山汉代墓地中，王墓（M1）位于内陵园中偏南位置，一座王后墓（M2）与之位于同一大的封土下，另一座等级高、规模大、位置相对独立的女性墓葬（M8）位于 M1 西侧不远，与 M1 形成异坟异穴合葬，墓主很可能为江都王的另一王后。M1 北有排列有序的多组陪葬墓，靠近 M1 的 2 座陪葬墓有陪葬坑，再往北还有多排多座。M1 北排列有序墓葬的墓主，均为江都王的嫔妃，墓葬与 M1 距离越远，墓主等级身份也逐次降低。

[①] 刘尊志:《汉代诸侯王墓研究》，社会科学文献出版社 2012 年版，第 122—136 页。

B 型：位于内陵园外，外陵园中。与诸侯王墓亦有远近区别，形成不同层次，陪葬墓的数量和墓主或墓葬等级也有不同。根据与诸侯王墓或内陵园的远近差别及相关因素的不同，又可分为二亚型。

Ba 型：距离王墓较近，陪葬墓数量普遍不多，一些处于相对独立的位置，墓葬等级较高，墓主为稍高等级的嫔妃、王之近臣或高级官吏、诸侯王的家庭或家族成员等。献县 M36 及南侧大墓附近有一些规模略小的墓葬，为王墓的陪葬墓。永城保安山 M3，位于保安山西北侧山脚下，南距 M2 约 200 米，墓主很可能为梁孝王的某位夫人；M4、M5 位于保安山西端北侧山脚下的台地上，东西并列，东南距离保安山 M2 近 300 米，墓主很可能为梁王嫔妃或王的近亲、大臣。僖山 M3 与王墓相距约 100 米，黄土山 M3 位于王墓与后墓之间东侧半山腰，夫子山 M3 在王墓与后墓西侧的山脚，墓主皆存在为嫔妃的可能，亦可能为王室贵族或大臣。大云山江都王墓内陵园东墙外侧较近距离的 M16 与 M17，有一定规模，墓主为江都国较高等级的大臣及其夫人。泗水王陵区中，大墓周围的土墩墓为陪葬墓，墓主为贵族和官员，组成面积大、数量多的王陵区汉墓群，如大青墩汉墓，周围分布着 6 座覆斗形汉墓。徐州地区的楚王山 M3、M4 位于王墓与后墓的东侧，有高大封土，墓主为楚王近亲或高级嫔妃，也可能是王国的高级官吏；狮子山汉墓西侧绣球山顶有 2 座陪葬墓，规模大且较复杂，墓主为楚王近亲或高级官吏；北洞山汉墓所在山头北侧有几座等级较高的墓葬，与其北侧后楼山上的较多陪葬墓有界限，墓主为楚王嫔妃的可能性较大。平度六曲山区域调查勘探的大型墓葬周边大多分布一些中型墓葬，封土长宽 20 米左右，如"将军坟"，墓葬一侧有 2 处陪葬墓，南北排列。

Bb 型：与王墓距离稍远，墓葬数量较多，墓葬等级、墓主身份地位高低不同，其中既有王之低级嫔妃，也有一般贵族、官吏及等级稍低的王室家族成员等，墓地中墓葬时代延续较长。因数量多，陪葬墓的排列分布较有规律，一般来讲，与诸侯王墓距离近、地势较好或相对独立的陪葬墓，有相应规模，等级也相对较高；距离稍远、分布集中的陪葬墓，多数规模小，等级也稍低一些。河北满城汉墓，陵山主峰南侧向山下有 4 组陪葬墓，墓主可能是刘胜后代子孙和妾媵。梁王墓地中，较多王墓有此类型的陪葬墓。保安山 M1 西侧有南北长约 300、东西宽 200 米的陪葬墓地，墓葬规模不大，时代为西汉中、晚期；柿园汉墓南及东南为分布密集的陪葬墓，有相应等级，但普遍不高；柿园墓东北、彭阁村西南的陪葬墓，规模较小；保安山 M1 东有南北长约 200、东西宽约 100 米的台地，其上有较多陪葬墓，墓主人应是守陵的嫔妃或官吏；僖山半山腰周围有一些中小型墓葬，时代为西汉中期至东汉初期。六安王陵区中，双墩 M1 附近有一些规模不大的墓葬，马大墩汉墓附近还有 20 多座封土高 4—13 米的陪葬墓。长沙王墓也多有发现，象鼻嘴汉墓附近的丘陵地段上有多座中小型墓葬；风篷岭汉墓附近有一些中小型汉墓，经调查，陡壁山、扇子山、狮子山都有大型汉墓，附近的丘陵地段上有中小型墓葬；"12·29"古墓葬被盗案涉及的刘姓长沙王墓葬，附近有较多中小型墓葬。江苏邗江宝女墩汉墓周边及较近地区还有一些西汉墓葬分布，为陪葬墓。徐州狮子山陵区北外陵园内有面积较大的陪葬陵区，即世贸汉之源工地墓群，分布密集，排列有序，墓主为陵园内相关人员，包括低级官吏或宫室女性，个别等级稍高者陪葬有玉组佩等，但墓葬规模不大，其他陪葬品较少。北洞山北的后楼山发现较多陪葬墓，成排分布，靠近东侧、南侧且相对独立的墓葬等级较高，墓主为高级贵族官吏或楚王近亲等。东洞山汉墓西北侧的碧螺山山顶及北侧有较多陪葬墓，分布有规律，一些墓葬的墓主为等级较高的官吏或贵族，也有等级较低者。山东章丘危山汉墓的陪葬墓分布于陪葬俑坑附近，墓主有王国官吏、王室贵族或嫔妃，而规模较小墓葬的墓主则为一般人员或是陵区内相关人员。平度六曲山区西陵台，外侧的小山坡上分布大小不同约 8 处陪葬墓，封土边长 7—15 米。

C 型：位于外陵园墙内、外侧，与诸侯王墓距离较远，数量不等，等级也有差别。相对应的西汉诸侯王墓数量不多。根据陪葬墓数量的多少及其相应等级的不同可分为二亚型。

Ca 型：墓葬数量较少，但具有相应等级，墓主是与诸侯国或诸侯王墓地有关的官吏。狮子山汉墓陵园墙西界包绕的骆驼山山顶有 1 座等级较高的墓葬，墓主为相关官吏。北洞山汉墓西北、后楼山西有一小土山，可能是 1 座带墓道的竖穴式墓葬，等级较高。小龟山汉墓西侧一定距离，大致相当于陵园外的大孤山北侧有 2 座墓葬，其中 M2 墓主可能是与小龟山汉墓陵庙有关的官吏。

Cb 型：墓葬数量多，分布密集，但等级普遍不高。柿园汉墓南侧陵墙以南的平地上有四五十座陪葬墓，皆石棺墓，时代为西汉中期至东汉初期，墓主身份普遍不高，可能与陵区相关人员有关。

D 型：位于诸侯王墓外陵园外相对较远的距离，在某种程度上与西汉诸侯王墓又存在关联，因此可视为陪葬墓。根据墓葬数量的多寡及其墓葬等级的差异可分为二亚型。

Da 型：墓葬数量不多，相对独立，等级较高。徐州驮篮山汉墓陵园南界以南一定距离为蟠桃山，蟠桃山西侧可能有作为驮篮山汉墓陵邑的居住遗存，而与蟠桃山西南相连的顾山有与驮篮山汉墓时代接近的 2 座等级相对较高的墓葬，为夫妻同坟异穴合葬，其中 M1 为竖穴洞室墓，二墓外还有陪葬坑及陪葬墓等。

Db 型：主要发现于诸侯王墓分布较为集中的陵区，王墓较为分散者少见此类陪葬陵区。墓葬数量多，相对集中，有一定规划，与某一具体王墓关系不大，但与整个王陵区（集中分布者）有关。墓葬等级普遍不高，内部也有相应差别。永城梁王墓地中，磨山南侧山脚至芒山主峰北侧山脚下的一片平地里有较多竖穴土坑墓，占地东西长 300、南北宽 60 米，分东西两区。墓坑尺寸不大，每区墓葬有序排列，时代从西汉中期至东汉初期，其中西区分布有规模略大的墓葬，墓主多为一般平民，一些可能为守陵或相关人员，规模略大墓葬的墓主，可能是陵邑或陵区中的相应官吏。长沙西郊桐梓坡汉墓群，已陆续发掘了七、八十座西汉中小型墓葬，均为土坑竖穴，尺寸不大，汉初至文景之际、文景之际至武帝元狩五年（前 118 年）之前的墓葬数量占发掘墓葬总数的 86%，当与吴氏王室墓地存在密切联系，墓主抑或是徒来看守陵墓的百姓，等级较高者或是与吴氏王室墓地有关的官吏及相关人员等。

（二）性质与组合

综合来看，Bb 型最为常见，涉及陪葬墓数量大，陪葬者的身份等级较为多样。其他位置类型的陪葬墓，陪葬者的等级并不统一，数量也是有多有少。其中，Aa 型具有特殊性，Ab、Ac 型较少见；Ba 型虽有相关发现，但整体比例不高；与 Ca 型有关的诸侯王墓有一定数量，但陪葬墓数量不多，Cb 型陪葬墓虽有一定数量，但此类型在西汉诸侯王墓地中不多见；Da 型较少见，可能与陵区规划及其他原因有关；Db 型多与集中分布的诸侯王陵区有关，发现不多，在某种程度上也具有特殊性。

就陪葬性质，尤其是墓主身份等级来看，A 型及 Ba 型中，除去与诸侯王墓异穴合葬的一座或两座王后墓外，其余皆可被视为具有祔葬性质的陪葬墓。墓主为王之嫔妃者居多，数量也不同，另外还有其他一些人员。具体来看，Aa 型中部分可视为祔葬墓，部分墓主为诸侯王的另一王后或等级很高嫔妃的可能性较大；Ab 型的墓主应为诸侯王嫔妃，即属于诸侯王嫔妃的陪葬内容，Ac 型与 Ab 型相同，但数量较多，Ba 型涉及的陪葬墓等级也普遍要高，墓主为稍高等级的嫔妃、王之近臣或高级官吏、诸侯王的家庭或家族成员等。Bb 型的墓主既有王之低级嫔妃，也有一般贵族、官吏及等级稍低的王室家族成员等，还有诸侯王的后代子孙和妾媵，亦有一般人员或是陵区内相关人员等，其在陪葬位置及其规划上存在区别，又体现出综合陪葬的特征和内容。Ca、Da 型所属陪葬墓的墓主大多为官吏，或王国官吏，或与诸侯王墓有关的官吏，这与 A、B 型中墓主多为嫔妃、王室成员、王的后代子孙、王之近臣等存在明显不同，而其与诸侯王墓距离稍远也体现了这一点。与 Cb 型、Db 型有关的陪墓葬，墓主大多与守陵或陵区中相关人员有关，等级普遍不高，但又与诸侯王墓有着密切关系，Cb 型较少见，Db 型又体现出与诸侯王墓集中分布有关的内容。

西汉诸侯王墓的陪葬墓在分布上存在层次和规划，这在与诸侯王墓的距离远近、墓葬数量等方面皆可体现，同时又反映出陪葬墓墓主的等级身份及其与诸侯王的关系等内容。距离诸侯王墓较近的陪葬墓，数量少，但墓葬等级高；距离远者，刨除特殊性，则数量较多，但墓葬等级或墓主身份地位普遍较低。靠近诸侯王墓者为诸侯王的另一王后或等级较高嫔妃，其与王墓（部分含后墓）位于内陵园之中；稍远者即内陵园之外的陪葬者，与诸侯王关系密切；还有较多陪葬在外陵园之内的人员，也是与诸侯王或诸侯王墓有一定关系的人员，具有相应的等级，这两种类型的陪葬墓当是西汉诸侯王墓陪葬墓的主体，陪葬墓墓主的身份使得其可以陪葬于陵园内，而其中因等级的差异又体现出距离与数量的差异。陵园墙之外的陪葬者虽有一些具有相应等级，但墓主属于王国官吏，而等级低者则是与守陵或陵区有关的人员，与陵园内陪葬墓墓主身份相比较，体现出一定的亲疏远近之别。

西汉诸侯王墓的陪葬墓存在距离、数量、等级的差别，按规划和要求分布于陵园的不同区域或位置，进而形成相应的组合，不同性质的墓外陪葬墓形成诸侯王墓地陪葬墓的综合内容。由于时代、地域及不同诸侯国、不同诸侯王等的差异，相关组合虽在整体上有着一致性，但又存在自身特点和相应特殊性。另外，由于相关原因，一些诸侯王墓地还暂无或仅有少量陪葬墓发现，墓地陪葬墓的综合内容不能被完全体现。大致来看，时代早、国力强势的西汉诸侯国王墓，墓地陪葬墓的综合内容多较全面，时代晚、国力弱或因特殊因素去世的诸侯王（如参与谋反等），墓地陪葬墓的综合内容则大多不全面，或仅有少量内容。一些组合内容较多，如永城的部分梁王墓、徐州地区的狮子山汉墓与北洞山汉墓、盱眙大云山汉墓及部分长沙王墓，而时代属于西汉晚期的北京大葆台汉墓、老山汉墓等，陪葬墓较少，徐州驮篮山汉墓[①]、济南危山汉墓[②]，墓主可能是参加"七国之乱"的诸侯王，而长清双乳山汉墓，墓主可能是犯有谋反之罪的济北王刘宽[③]，陪葬墓的数量、类型明显较少，组合内容相对单一。

（三）特征与特点

西汉诸侯王墓外的陪葬墓，形制与本地区的中小型墓葬基本一致，但也体现出相应的地域特征，山地丘陵地带多竖穴岩坑，平原地带则多竖穴土坑。以徐州地区为例，等级高的陪葬墓多竖穴洞室，等级低的则多竖穴石坑。有些陪葬墓还有自身特点，如永城梁王墓地中，柿园汉墓南侧陵墙以南的平地上，已知的陪葬墓有四五十座，皆为石棺墓。

就时代而言，西汉早期有西汉早期的特点，晚期则有晚期特征，徐州地区西汉楚王墓的陪葬墓中，不同时期的墓口尺寸、等级高墓葬的竖穴与洞室对应关系、洞室中装饰等都有不同的时代特征及发展特点。陪葬品亦是如此，地域间有区别，时代上有差异和发展。

---

① 关于驮篮山楚王墓的墓主，笔者认为其应是参与"七国之乱"的楚王刘戊，详见刘尊志：《徐州狮子山楚王墓墓主再探》，《徐州师范大学学报》（哲学社会科学版）2005 年第 2 期。

② 王守功、崔大庸：《危山汉墓布局及墓主人身份推定》，《中国文物报》2003 年 11 月 28 日第 1 版。

③ 任相宏：《双乳山一号汉墓墓主考略》，《考古》1997 年第 3 期。

陪葬墓的数量、陪葬者的身份地位等也因地域存在差异，而在时代上也有体现，大致表现为西汉早中期陪葬墓数量多，形式多样，上述的较多类型皆有体现，而且特殊性也较多；西汉晚期，数量减少，形式简化，类型较少，特殊情况不多见。

可以说，西汉诸侯王墓外的陪葬墓既有地域性，也有时代性，同时还有一些特殊性；既有统一性，也因时代、地域及其诸侯国，甚至诸侯王的差异，体现出自身特征及相对灵活的特点。

（四）功能与作用

西汉诸侯王墓外大多都有一定数量、不同层次、等级不一的陪葬墓，这些陪葬墓作为诸侯王墓的墓外设施，体现出相应的功能和作用。

墓外能够拥有相当数量、等级不同、多个层次的陪葬墓，充分反映出被陪葬者的身份和等级，这与诸侯王作为地方最高统治者有较大关系。众多的陪葬墓，体现出诸侯王陵区的规划和需求，这既表现在不同层次上，也反映在不同陵区之中墓葬的排列和位置安排等方面，而这需要诸侯王墓陵区有相应面积，进而又折射出诸侯王及其陵区的特殊性。诸侯王墓外的陪葬墓分布于诸侯王陵区规划的位置，还可起到思想上守护诸侯王墓的作用，同时也是古代事死如生、事亡如存丧葬思想的体现，即生前拥有在死后仍然存在。不同位置、等级的陪葬墓亦体现出诸侯王家庭与家族的亲密关系，反映出诸侯王的嫔妃制度，表现了对应的宗亲内容，而其中还有较为严格的等级差异及亲疏远近等内容。西汉诸侯王墓的陪葬者还有一些王国官吏，既体现出王国的官僚制度和机构，也反映出王国在地方的统治体系。

需作说明的是，西汉诸侯王墓地在进行陪葬墓位置规划和墓位安排时，存在一定的制度或要求。内陵园中，基本为王后、王的各级嫔妃及相关女性，其他男性人员除非有特殊情况，一般不会安排在内陵园中，但在封土下则可能会有相关男性陪葬或殉葬，如徐州狮子山汉墓，墓室中有殉葬的女性，墓道口处有陪（殉）葬的男性，该男性很可能是楚王墓的食官令，其主要是负责为死去楚王提供膳食祭品，这或许是其殉葬于楚王墓的一个重要原因[1]。不

---

[1] 刘尊志：《徐州狮子山"食官监"陪葬墓及相关问题简论》，《秦始皇帝陵博物院（2018年总8辑）》，西北大学出版社2018年版，第165—174页。

过，内陵园外的一些位置也有王的嫔妃或相关女性的墓葬，有的还与其他墓葬位于一个大的墓葬群之中，但就王国官吏或与陵区有关的男性官吏来讲，基本不能葬在内陵园中，这应是相关制度或要求。盱眙大云山墓地体现较为明确，内陵园中为王墓、后墓和较多嫔妃墓，王国官吏等的墓葬则在内陵园的园墙之外。因此可以说，内陵园代表的应是王之内宫，而王国的官僚体系和相关机构在内陵园外进行体现，大云山江都王墓地中，代表武库的2座陪葬坑均在内陵园的园墙之外即可说明，类似内容在狮子山墓地等中也有体现。

还有较重要的一点，西汉诸侯王墓的陪葬墓中，有相当数量陪葬墓的墓主是与诸侯王墓的祭祀、守护及其陵区内生活、管理、服务有关的人员，反映出与西汉诸侯王丧葬相关的内容，也说明西汉诸侯王墓地的管理、守护等较成体系，并存在相对完善的制度和规定。

九、道路

发现不多，但西汉诸侯王墓地，大多或全部都应有相关道路，只是由于年代久远及后期破坏等原因，一些西汉诸侯王墓地内暂未发现。因位置的不同，道路的功用和服务对象也有差异，考虑到陵区地理环境等的差别，道路的功用和服务对象还存在一些细处的不同。根据位置的差异，可分为三型。

A型：位于陵区内，主体在陵园内，局部伸出陵园墙外，连接多个设施，宽窄不一，曲直不定。

满城汉墓陵区内，南坡由山下顺山势蜿蜒而上，至主峰东坡上尤其是墓口前，路面平坦，而且连通M1与M2的墓口，墓口前山坡道路的宽度为6—14米。或开山成路，或以石片加宽路面，而道路与营建墓穴和埋葬死者有关，所以修建时间在墓葬开凿之前。道路也应与后期祭祀有密切关系，即原有的道路功能转化为祭祀及相关用途的道路。

盱眙大云山汉墓陵区发现一条小路（L1），北界在内陵园墙外，向西延伸，向南弧曲经K3西进入内陵园中，又经北区陪葬墓东四墓东侧，斜向西南，再经M9与K8东侧斜向东南，之后渐成东西向，经内陵园东墙后向东延伸。内陵园西墙外有小路痕迹（L2），经西墙门道与陵园内相通。根据L1与M11的叠压打破关系，其时代可能稍早于M11，可连接相关设施，应是陵区内用于修建相关设施的通道，其后又作为连接相关设施的道路，用于祭祀及相关活动。另外，内陵园东南有 Γ 形道路（L3），东可能与内陵园墙东门相连接，南北较长，南端一部分叠压在 K7 之上，继续向南延伸，其时代较 K7 及其 M1 等晚，推测是进行 M1 祭祀的道路。

满城汉墓、盱眙大云山汉墓陵区发现的该型道路也服务陵区人员的日常管理及相关生活。

B 型：主体位于内陵园墙外，相对较宽，亦较直，并有配套的设施，为司马道，主要服务于诸侯王及相关人员的下葬和相应的祭祀礼仪活动。西汉帝陵为四出司马道，诸侯王墓的陵园规模虽小于帝陵陵园，但考虑到制同中央等特征，有些也可能有四门，即很可能有四条司马道，而且在西汉早中期，很多诸侯王墓陵园的司马道中，东司马道很可能为主要道路。考古发现的此型道路不多，目前仅见大云山西汉江都王墓陵区，而且为东司马道。道路依山势而建，自山顶陵园东墙顺山麓夯筑至山脚，长约 800、路面宽 45 米，南北两侧坡面以石块护坡，护坡外各修筑宽 25 米的排水道。

C 型：属陵区内相关建筑的道路，或在设施内，或连接不同设施并有延伸。一般较规整，有相应宽度，部分铺砌特征明显。

徐州狮子山汉墓的王后墓羊鬼山汉墓东侧有寝园类设施，发现有砖瓦铺砌的廊道及路面等。驮篮山汉墓南侧一定距离的建筑遗存东南处发现一道路，石板铺成，有一定宽度，可能是连接相关设施的便道。

山东曲阜九龙山鲁王陵区，墓前发现有车马道，可能与墓葬下葬或祭祀等有关。

十、防排水设施

有一定数量，见于多个西汉诸侯王墓地。

（一）排水沟

相对多见，或在山体上开凿，或由相关材料（砖或石，亦见排水管道、木板等）砌筑。根据具体位置及其所体现实际功用等的差异可分为三型。

A 型：位于墓葬附近，用于诸侯王（后）墓葬的防排水。根据其与墓葬位置关系的差异又可分为二亚型。

Aa 型：位于墓葬的一侧，有相应宽度，可起到阻排水的作用。徐州楚王山汉墓南侧有在山体开凿的东西向长沟,与墓葬相距18.5米,东西长46、南北宽3.8—4.2米,南部山峰下流的洪水至此可向东西两侧(主要是西侧)流走,起到有效的阻断作用。

Ab型:墓葬封土下或所在墓墩的一侧向外延伸,可排出墓葬内的积水。江苏邗江宝女墩M104、M105与所属主墓(诸侯王墓)位于同一土墩,M104西北发现长达100余米的排水沟,营造规整,两壁竖立木板,中间以鹅卵石填实,宽、深皆0.6米,推测该排水沟可能为整个墓墩所有,即与诸侯王墓有关。

B型:属诸侯王陵区内相关设施的排水设施,基本由砖、石或排水管道等砌成,有的局部为暗沟,局部为明沟,有的设施外有壕沟将水外排。

永城保安山M1寝园发现的排水沟道较多,有寝园西园墙与第二道墙之间的西排水沟,方石垒砌(图1-55);有寝园北墙外侧的北排水沟,西部与西排水沟相连,水由此向东排出;排水道都是从寝园内向外排水,由向西、向北两个方向的水沟组成,这些水道在经过墙体、房基、廊等建筑的地方皆用暗沟,经过院落时用明沟,计有7个排水道,用料有砖、石等,或砖石混砌。另外,寝园外所修壕沟可将雨水排入沟内。

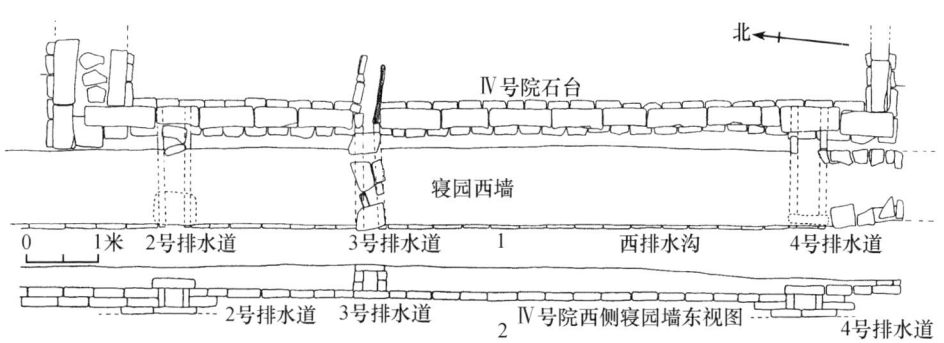

图1-55 河南永城保安山寝园排水道
1. 平面 2. 剖面

徐州狮子山西坡发现由陶质绳纹排水管和卵石散水组成的排水道,其近旁发现较多建筑材料,原应有地面建筑。狮子山与羊鬼山东侧发现有排水管,附近有建筑,如羊鬼山汉墓地东侧的寝园。

C 型：位于陵园墙及司马道附近，基本由砖石等砌成，有排水明沟和排水暗沟两种形式，而且两种形式的沟根据需要组合使用，以江苏盱眙大云山江都王陵为代表。解剖陵墙过程中发现石砌排水暗沟 1 条，暗沟开口叠压于陵墙下，即先修砌排水暗沟，再于暗沟之上营造陵墙，而东司马道南北两侧护坡外各修筑宽 25 米的排水道，并发现有叠压于道路下的石砌排水明沟 1 条。发掘简报认为司马道下的排水明沟与陵园寝庙建筑设施有关，但笔者认为，这一排水设施位于陵园墙外，至少在此与寝庙建筑设施关系不大，但其若往陵园内延伸，则可能与陵园内寝庙建筑设施相连。综合来看，该型排水沟（道）应是陵园内外的排水设施，主要服务于陵区的排水，而该型排水沟也可能会连接陵区内相关设施的排水沟，进而形成相互连接的排水系统。

（二）挡土墙及散水护坡

发现不多，主要服务于诸侯王陵区内相关设施的防排水。永城保安山 M1 寝园，西侧可利用修筑的挡土、挡水墙减少来自西侧山坡雨水的冲力（图 1-56）。挡土、挡水墙有两道，皆位于寝园西侧，这与西侧为山体有关。第一道墙位于寝园西 7 米，为一砌建在山坡上南北向石墙，墙基宽 1.1 米，主要是为减少雨水对寝园的冲力，防止泥土、山石因雨水等向东滑落，在墙北段还有排水口，雨水可由此进入第二道墙内，然后向北流去。第二道墙位于寝园西园墙西侧 3 米处，石块垒砌墙基，该石墙在北端地势平坦处是在地面上起建，南端地形陡峭，形成高 2 米左右的石崖，在石崖上用方石垒砌，以增加高度，其与寝园西墙相夹形成西排水沟。散水护坡位于寝园以东，修建有东挡土墙和散水坡，挡土墙用石块砌成，散水由碎石铺成，起到防止寝园向东滑落，防止雨水冲刷寝园东部山坡等作用。

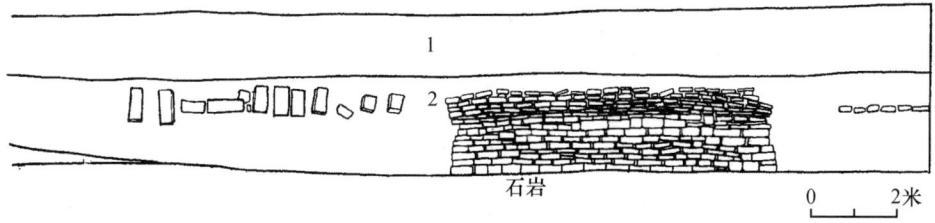

图 1-56　河南永城保安山寝园西墙外挡水墙

（三）其他设施

西汉诸侯王墓葬封土外的围沟及一些诸侯王墓所在陵区的一些自然山沟等，也起到一定的排水作用。

十一、作坊与手工业

目前所知主要为冶铁作坊、制陶遗存及采石遗迹等。

（一）冶铁作坊

与西汉诸侯王墓相关的冶铁遗址仅在梁王墓地发现一处，位于梁王墓群的中心，基本是为梁王墓群的开凿、修建供应或专供铁质工具，另在每个陵区还可能设有临时的，用于维修的锻造小作坊。根据相关资料，满城汉墓外也可能有铸铁和锻铁的临时作坊。大致来看，西汉诸侯王墓外，冶铁及制作的大作坊或临时作坊基本集中于崖洞墓的附近，如徐州狮子山汉墓，出土多件不同类型的铁质工具，推测应与崖洞墓的开凿和修建所需数量较多、种类较丰富的铁质工具有关，体现出与西汉诸侯王墓分布地域相同的特征。

（二）制陶遗存

以陶窑最为常见，发现数量多，而且不止一个西汉诸侯王墓地有发现，如危山汉墓外3座陶窑、青州香山汉墓外陶窑等。定县八角廊M40的墓室上面铺有陶片，堆积较厚，发掘者认为这些陶片应是从当时窑厂收集来的残碎品，推测该墓附近或可能有陶窑。

制陶遗存也有其他内容，多数亦与陶窑有关，如危山墓地陶窑遗迹，附近发现倾倒垃圾和烧灰的场所及两个取土坑等。

徐州狮子山兵马俑坑中，五号坑与另外四坑（一至四号坑）距离稍远，位于四坑的西北方向，与六号坑南北并排，均为马俑坑，但东西长度均不大，二者东侧还有南北向的碎俑坑。结合上文所述，推测五、六号坑可能为设计中的陪葬坑，但先要服务于一至四号坑内俑的使用，五号坑可能为组装陶马等的组装坑或操作间，六号坑为组装后的临时摆放坑，碎俑坑为一些残次品或残损构件的放置之处，三者形成一个成套的组装陶俑设施。从一至四号坑出土陶马等来看，基本都是由多个部位拼合而成。推测组装后的马俑在达到相应数量后会运到一至四号坑，在一至四号坑填埋后，五、六号坑及碎俑坑亦被掩埋，并形成"陪葬坑"。在此基础上笔者推测，三坑附近或一定距离，或许会有专门烧制兵马俑的陶窑，只是由于后期破坏已不见，或暂未发现。

考察西汉诸侯王墓外的陶窑，有的是为陪葬坑烧造相应陪葬物品的，以陶俑等多见，这与陶俑使用量较大应有一定关系，亦会烧造其他器物，但整体不多。考察陶窑及其所属墓葬，大部分时代较早，而且基本为西汉早期，这些墓葬多有相应规模的陪葬坑，甚至是兵马俑陪葬坑，坑内埋藏丰富，埋俑数量大，体现出相应的时代特征。陶窑的形制也体现出与时代相符的特征，危山汉墓外的Y2、Y3，基本由操作间、火膛、窑室、烟道等组成，窑室在生土上凿成，有2个烟道等，反映出时代较早的特征。

（三）采石场

作为西汉诸侯王墓葬外设施，主要为墓葬的修建、封堵及墓外设施的修建等提供石材。广州南越王墓修建过程中使用的较多石材来源于广州番禺莲花山一带，部分可能开采于广州北郊飞鹅岭南侧，两地是南越王墓修建时石材的原产地，还可能存在相关的水路运输线。梁王墓地中一些早期梁王墓使用大量的塞石，也可能有专门的采石场。徐州博物馆西侧及北侧发现的西汉时期采石遗址，面积大，延续时间长，所开采石料中的相当部分可能是为西汉楚王墓提供塞石[1]。该采石场与楚王墓有一定距离，但采石集中，应为官营采石场地，而开采的相关石料也可能用于宫殿建造及诸侯王陵区内相关建筑的建造。相关采石遗存还见于徐州狮子山楚王墓的墓道内，为大致东西向的采石坑，中间有一长条石断开形成的碴口，南北两侧较光滑，其西侧还有一截基本断成两段的塞石[2]，与徐州博物馆西、北采石场的一些采石坑较为相似。

---

[1] 徐州博物馆：《江苏徐州市汉代采石遗址发掘简报》，《考古》2010年第11期。另在《徐州西汉楚王墓塞石的开凿与封填》一文中有相关补充，见耿建军：《徐州西汉楚王墓塞石的开凿与封填》，《考古》2013年第3期。

[2] 狮子山楚王陵考古发掘队：《徐州狮子山楚王陵发掘简报》，《文物》1998年第8期；韦正、李虎仁、邹厚本：《江苏徐州市狮子山西汉墓的发掘与收获》，《考古》1998年第8期。

从地域看，采石设施基本与崖洞墓或使用大量石材的竖穴岩坑墓有关，结合采石场所处地理环境，反映出相应的地域特征。另外，西汉晚期，崖洞墓及使用较多石材的墓葬，形制趋于简略，规模变小，石材使用量减少，也使得采石设施渐趋衰落，又折射出相应时代特点。

十二、其他

（一）墓树

关于西汉诸侯王墓域内栽植的墓树，现有考古资料未有存留，而众多西汉诸侯王墓中，仅梁王墓地在《后汉书·袁绍列传》有载，植有松柏桑梓等。其他西汉诸侯王墓，多数也应植有墓树。以徐州地区的狮子山与羊鬼山汉墓、驮篮山汉墓、北洞山汉墓、西卧牛汉墓等为例，所在山头的顶部及山坡目前仍有较多堆土，原植树的可能性较大，而其他地区、不同时期的一些西汉诸侯王墓地存在相应可能。

就墓树的功用来讲，可作为标识，多棵树木可成林，标识的特征更为突出，进而可体现出墓地的肃穆与庄严，还可与墓祭等相结合，达到相应的思想需求。汉代，植树已成为身份地位的象征，《潜夫论·浮侈》也记有"死乃崇丧，造起大冢，广种松柏"[1]，间接说明墓地植树存在等级性，西汉诸侯王墓地植树也是其身份地位的展现。另外，墓地植树还可起到减少水土流失、保护封土等作用。

（二）修建墓葬时的临时设施

古代墓葬，尤其是高等级或具有相应规模墓葬，修建时多有与之有关的临时设施，或为监督人员、管理官吏的临时办公场所，或为工匠的临时居住及放置工具的场所等。与西汉诸侯王墓修建相关的遗存基本不见，但有相关遗物。徐州驮篮山汉墓出土带"宫""空"字的陶片可能与之有关。陪葬狮子山汉墓的绣球山汉墓，竖穴墓道夯土中出土陶钵上有"宫司空"等文字，陶钵为工匠使用后废弃的遗留，这在徐州地区西汉竖穴石坑墓葬中较为

---

[1]（东汉）王符撰，（清）汪继培笺：《潜夫论笺校正》，中华书局1985年版，第137页。

常见[①]。绣球山汉墓位于狮子山汉墓陵区内，在王墓墓西侧不远，等级较高，修建该墓的工匠也很可能是修建狮子山汉墓的部分工匠，他们在修建墓葬的过程中，将陶钵遗落在墓中当属正常。司空为九卿中少府的属官，主要掌管宫廷建筑，其职责也包括修建陵墓等。相关遗物及文字说明，西汉诸侯王墓修建时有相应的官吏、管理机构，当然也会有工匠，同时因修建时间较长，应有与之相关的临时设施。

此类设施服务于墓葬及相关设施的修建，具有临时性，在墓主下葬之后被拆除，所以墓地中基本不见。

（三）自然山沟

数量不多，主要是陵区内借用山体的自然沟，以达到相应的排水目的，同时也起到分界或其他作用。狮子山楚王墓与羊鬼山王后墓以二者之间的山沟为界，有所区分。危山汉墓陵区中，主墓地势高，向下为一南北向山沟，陪葬坑、陪葬墓等位于该沟的东西两侧，该沟具有相应的界限作用。

该类设施因地势而为，巧妙地利用地形地势，充分体现出陵区设计与规划的内容和需求。

（四）灰坑

发现较少。基本分布于陵区内某些位置，形状、大小和深浅不一。从位置看，徐州狮子山汉墓、驮篮山汉墓等发现的灰坑距离墓葬相对较远，多是陵区内相关建筑附近。灰坑内的埋藏物品基本为建筑材料，如板瓦、筒瓦、瓦当等残片，表明灰坑与陵区内相关建筑废弃材料的处置有关，和墓葬修建无直接关系，这与一些中小型墓葬外发现的灰坑有所不同[②]。灰坑规模一般不大，埋藏物堆积分层并不明显，由此来看，很多灰坑当是一次填埋，体现出处理废弃材料的特征。当然，一些规模略大者也存在多次或分批处理废弃材料的可能。

---

① 刘尊志：《徐州汉墓与汉代社会研究》，科学出版社版 2011 年版，第 249 页。
② 相关内容见第五章第一节，中小型墓葬外发现的一些"灰坑"，多为与墓葬修建有关取土坑，坑内土质疏松，埋藏简单。

另外，其他设施的配套内容也有类似灰坑的作用。危山汉墓发现的陶窑中，Y2西面有倾倒烧灰和垃圾的地方，其内有大量烧土粒、陶范土、草木灰及器物残片等。

（五）水井

徐州狮子山汉墓与羊鬼山汉墓东侧区域及其骆驼山南麓发现有水井，为陶井圈砌建，推测前者为陵园中寝庙的相关人员生活用水井，也可能为陵园内其他人员提供用水；后者或许与相关作坊有关。安徽六安王陵区内也发现井圈，可能与陵园内建筑或相关人员的生活有关。

（六）地标石

狮子山汉墓陵区东北出土有表示"山北山东"方位的地标石。该石当与陵区规划，如相关设施的设置等有关。关于相关方位的文字资料，在徐州地区其他西汉诸侯王墓也有体现，如驮篮山汉墓M1，塞石上有"前山"等刻铭。

（七）礼制建筑

发现于芒砀山主峰上，属芒砀山梁王陵区，为大型礼制建筑。该建筑可能是祭祀梁王祖先的祖庙，也可能是梁国在芒砀山顶上修建的祭祀名山、大川建筑，即祭坛。该类建筑目前仅发现一处，具有特殊性，同时也与梁国的特殊地位及梁王墓葬集中分布于芒砀山有着一定关系。

综合来看，西汉诸侯王墓外的设施较为多样，内容内涵极为丰富，涉及与诸侯王墓葬有关的诸多方面。相关设施主要包括园寺吏舍及相关设施、园邑与配套内容、陵园与相关设施、寝或寝园及相关设施、祠庙与相关设施、墓垣、围墙、围沟、墓前积石、合葬墓、陪葬坑、陪葬墓、道路、防排水设施、水井、手工业作坊、灰坑、地标石、修建墓葬时的临时设施、大陵区的礼制建筑、墓树等20余种，而很多还可细分为不同形式或不同类型。这些设施分布于诸侯王墓地的不同位置，有的较独立，有的成组、成批出现，还有的与其他设施相互组合，部分埋入地下，如陪葬墓、陪葬坑等，更多种类位于地表，综合构成西汉诸侯王墓的外部设施系统，形成较为完备的墓外设施体系。诸多的墓外设施，反映出与诸侯王丧葬有关的很多内容，体现出不同的功能和作用。大致来看，上述设施的功能和作用可归纳为陵区守护、陵区管理、陵区服务、墓地祭祀、陵园设置、墓葬保护、夫妻合葬、陪葬、辅助等几个大的方面，充分满足了相关丧葬需求，达到了相应的丧葬目的。很多设施的功能和作用并非单一化，而是具有多样性，且不同设施之间还存在交叉和互用。众多诸侯王墓地的外部设施，既有统一性，也有多元性，统一性体现了西汉诸侯王墓地设施的整体特征，多元性则体现了墓外设施的时代性、地域性、特殊性及其发展特点等，这与西汉诸侯王墓的发展及汉代社会的演进有着密切关系，同时也是墓外设施不断完善的重要因素。概括而言，西汉诸侯王墓的墓外设施与汉代社会、汉代丧葬的发展关系密切，有继承，有发展，也有摒弃与改造，全面体现出诸侯王的丧葬需求、思想及与身份地位相符的丧葬礼俗和制度，综合反映出西汉诸侯王墓地的规划、布局与设置，对全面认识西汉诸侯王墓的丧葬内容有着较为重要的参考和借鉴。

第三节 相 关 问 题

西汉诸侯王墓的外部设施及其功能作用较为多样，特征、特点也较为突出，反映出相应的丧葬需求及其陵区建设等内容。关于西汉诸侯王墓的外部设施，还有一些相关问题需作简单论述。

一、西汉诸侯王墓与自然地理

墓外设施大多数为人为设施，部分则是借助山势或相关环境砌建或修筑的，亦是人为设施，如山地丘陵地带诸侯王墓陵园边界的设置或园墙的砌建等；个别诸侯王墓地也会借用自然山沟或山头，辅助陵区规划和设置，如章丘危山汉墓，位于山顶，向下为一南北向的山沟，陪葬坑及中、小型墓葬位于沟东西两侧；满城汉墓则借用所在山峰东侧两个南北对峙的山头，形成象征性墓前双阙。上述山沟或山头已基本融入诸侯王墓地的外部设施之中，可视为相对特殊的墓外设施。就西汉诸侯王墓来讲，其所在位置的自然地理虽不能够视为外部设施,但与诸侯王墓又有较为密切的关系,故在此做简单论述。

北京老山汉墓建在老山的东南山坡,地势高旷,东靠八宝山和田村山,西望金顶山和西山,西北枕靠老山主峰,东南是开阔的平原,不远处有一条小河[①]。

河北地区的中山王陵分布在槐水两岸并以南岸为主,河间国王陵分布在滏阳河东[②]。中山王墓中的满城汉墓,所在山头为太行山东麓的一座小山丘,为孤立小山,西面与抱阳山相邻,北面一定距离与大楼山、玉山相望,东北与眺山遥遥相对,东、南两面是平原,而该山南北各有一小山头,西侧主峰中部修建二墓,形成凹字形,再前则为宽阔的平地。获鹿高庄常山王墓位于太行山余脉凤凰山下东侧,背靠太行山,前为广阔平原(图1-57)。

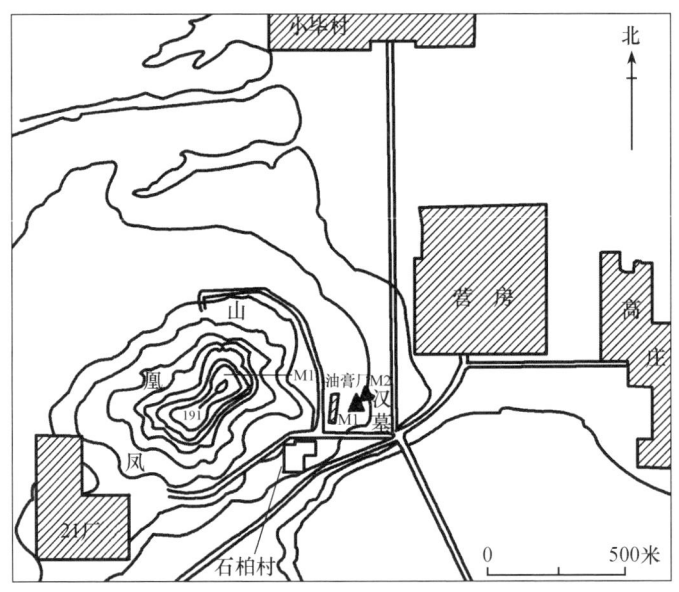

图1-57 河北获鹿高庄常山王与王后墓葬位置图

[①] 王鑫、程利:《石景山老山汉墓》,《中国考古学年鉴·2001年》,文物出版社2002年版,第104、105页;程实:《北京发现大型西汉陵墓》,《历史教学》2000年第6期。

[②] 郑绍宗、郑滦明:《汉诸侯王陵的营建和葬制》,《文物春秋》2001年第2期。

山东章丘危山汉墓所在山丘地处泰沂山系北侧山地与平原交接处，是一座独立于山区和平原之间的砂石丘陵，山的南坡较短，北坡较长，土层较厚①。

江苏徐州地区西汉楚王墓公布的资料最为丰富。楚王山汉墓南依山峰，北侧有古汴水（汉代获水）自西而来，绕山而东行，形成山水相依的地势，楚王山山体周围平坦，地势开阔，北望古获水，形成枕山面水之势，与汉代"藏风聚气"的墓葬选址理念相吻合②。狮子山楚王墓西北有高大的骆驼山，南为大面积的开阔地，古泗水环绕山前流向东南，是一处山水际会，藏风聚气的风水宝地③。北洞山汉墓南向，北依后楼山，南面为大片开阔地，西、南临古泗水河道，地理地势较好。卧牛山汉墓，背靠卧牛山，山北侧不远为古汴水，在我国古人眼里这是背山面水的风水宝地④。

湖南望城风篷岭汉墓所在的"风篷岭"位于湘江一级阶地向丘陵过渡的地带，东面地势开阔平坦，西、南、北三面丘陵起伏。望城坡西汉渔阳墓依山临湖，地势高旷。象鼻嘴 M1 所在山头北高南低，距湘江河岸约 1 千米，东边偏北有低洼的铜盆湖，南临咸嘉湖，西边和西北边有扇子山、陡壁山和狮子山（图 1-58）。风盘岭汉墓处于谷山北侧支脉一座小山丘顶部，地势高敞，山麓下西、南两面为农田。

汉代墓葬，尤其是高等级墓葬，对墓址的选择十分重视，注重"堪舆术"，选择形胜吉地，以达到多种丧葬需求，如防盗、防水等，另外还有较多思想上的追求。就西汉诸侯王墓来讲，一些墓葬选择北向，在诸侯王墓中所占比例较小，如上文所述徐州卧牛山西汉楚王（后）墓，反映出对形胜吉地的选择，体现出墓址与周边自然环境的关系。西汉诸侯王墓与周边自然地理相互结合，构成陵区及其周边环境，二者有机结合，形成一体；西汉诸侯

---

① 房道国、王善荣、孙涛：《济南危山汉兵马俑坑发掘纪实》，《大众考古》2015 年第 5 期。

② 刘照建、梁勇：《徐州市铜山县楚王山汉墓群考古调查》，《汉代考古与汉文化国际学术研讨会论文集》，齐鲁书社 2006 年版，第 247—254 页。

③ 王恺、葛明宇：《徐州狮子山楚王陵》，生活·读书·新知三联书店 2005 年版，第 5 页。

④ 周学鹰：《徐州汉墓建筑——中国汉代楚（彭城）国墓葬建筑考》，中国建筑工业出版社 2001 年版，第 134 页。

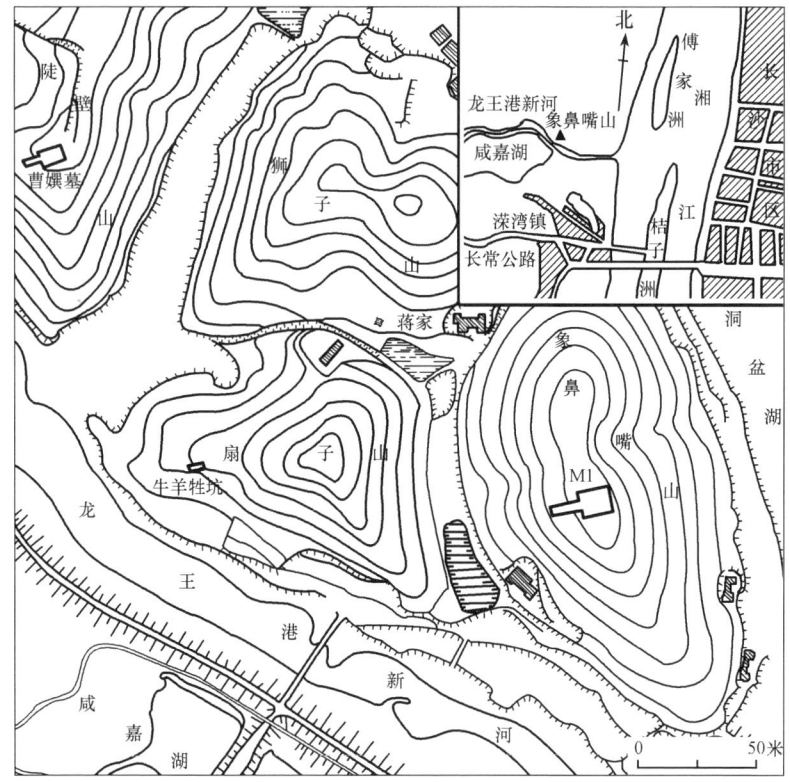

图 1-58　湖南长沙象鼻嘴 M1 及咸家湖徒壁山汉墓位置与地形图

王墓所选墓址的自然地理又为墓葬修建与保护、陵区的规划和设置、墓外设施的建造与利用等提供了选择和保障，因此应被视为汉代诸侯王墓研究的一项重要内容。

二、"一王二后"的墓葬布局

合葬与墓葬布局是西汉诸侯王墓及其外部设施的一项内容。西汉诸侯王墓与王后墓在合葬方面有多种形式，体现出相应的发展和演变，同时也反映出墓地中墓葬的布局。西汉诸侯王墓与王后墓的合葬形式及其墓葬布局还存在一定的特殊性，"一王二后"的合葬形式及与之对应的墓地布局即是其中内容之一，这在上文已有相关叙述。

关于西汉诸侯王墓地中"一王二后"的布局，有学者在相关研究中有所涉及①，笔者亦对这一问题进行了较为详细的论述和分析，指出西汉时期此类具有特殊性的王与王后的合葬形式及墓葬布局有多例，且表现形式不一，反映出诸侯王与王后合葬内容的多样性；王后墓在某种程度上可视为王墓陪葬墓中规格最高者，二座王后墓与一座王墓的组合，既不同于正常的一王一后合葬形式，具有明显的特殊性，也反映出西汉诸侯王墓外部设施布局的内容，体现出西汉诸侯王家庭中的夫妻关系②。

西汉诸侯王墓地存在二座后墓合葬王墓的情况，与诸侯王原王后去世较诸侯王早，诸侯王再立新王后有关，而再立的王后去世后亦与王合葬于同一墓地中。西汉诸侯王墓地出现的"一王二后"合葬形式及墓葬布局，不仅可对西汉诸侯王丧葬中的合葬、祔葬及相关内容等有较深入的认识，也可为研究汉代诸侯王墓地外部设施的内容、构成和内涵等提供相应的参考。

三、封土下的相关设施

除封土外与打破封土的"墓外设施"及墓葬本体（含墓道）中的诸多"墓内设施"外，二者之间的封土下、墓口或墓道旁还有一些设施，体现出西汉诸侯王墓设施的多样性，对研究西汉诸侯王墓外部设施可提供相应的补充和参考。

（一）墓道两侧壁的相关设施

长沙风盘岭汉墓，墓坑南侧偏东为斜坡式墓道，由南向北缓降至墓坑。墓道两壁上凿有方形竖槽及柱洞，共5对10个，两两相对，分布于墓道两侧，南北间距1.8—2.5米不等。竖槽为方形或近方形，上端在现地表露头，下端与墓道底部处于同一平面；竖槽之下为柱洞，呈方形竖井状，柱洞中部均有圆形木柱朽痕（图1-59）。推测为墓葬修建或墓主下葬

---

① 李银德：《江苏西汉诸侯王陵墓考古的新进展》，《东南文化》2013年第1期；李则斌、陈刚：《江苏盱眙大云山汉墓考古成果论证会纪要》，《文物》2012年第3期。

② 刘尊志：《试论汉代诸侯王墓地中"一王二后"的布局》，《考古学视角下的秦汉家庭与日常生活学术研讨会论文集》，科学出版社2019年版，第308—332页。

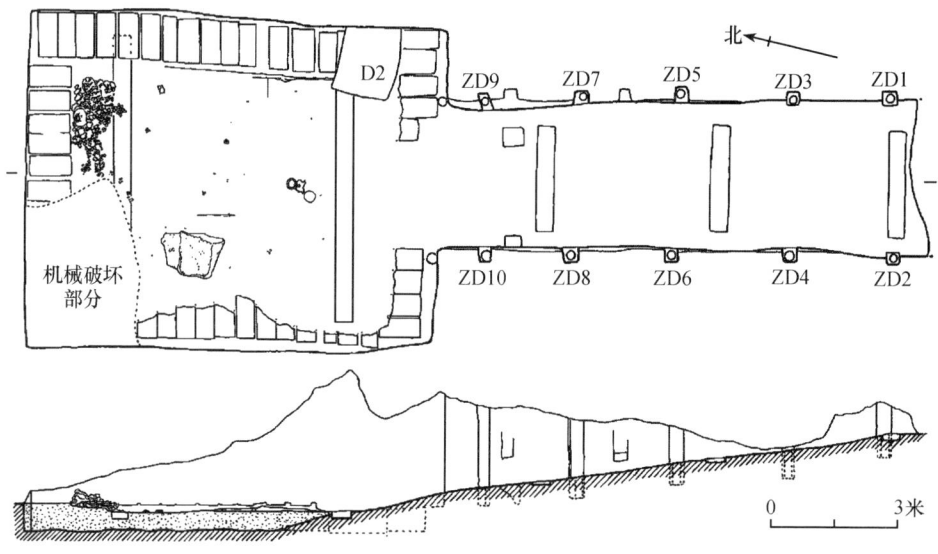

图 1-59　湖南长沙风盘岭汉墓平、剖面图

时（抑或为举行相关仪式）搭建设施的遗留，类似内容在东汉末的曹操高陵墓道两侧也有发现[1]。

此项内容在其他一些诸侯王（后）墓的墓道内也有体现。献县 M36，墓道内侧二层台上有 16 个柱洞，间距不等，大致两两相对，稍有错位，柱洞或柱窝内未发现朽木痕迹，推测应为下葬时墓道搭篷所用，用毕即拆除，仅留柱洞。长沙望城风篷岭 M1，第三级台阶至墓道下端口有两道与墓道方向一致的平行沟槽，两道沟槽北端的外侧各有一长方形浅坑，东西相对，推测与当时向墓坑内运送棺椁等葬具材料或建造墓葬时搭建某种木构建筑有关。

（二）墓圹周边设施

章丘洛庄汉墓，在地下墓室开口层面的周边夯筑起一周高约 2 米左右的"围墙"，形成一个大墓圹。推测其作用主要是保护墓口与墓穴，同时也可能与墙外陪葬坑（含祭祀坑）的设置有关。

定陶灵圣湖 M2，墓圹四周边缘分布有一周柱洞，排列有序。柱洞开口

---

[1]　河南省文物考古研究院：《曹操高陵》，中国社会科学出版社 2016 年版，第 31—35 页。

层位比墓圹开口略低，上部覆压封土。其与墓圹与椁室之间积砂槽内木柱以及墓室上部积砂上的柱洞，构成一个跨度近36米的柱洞群，初步推测与构建椁室时的临时建筑有关，墓室修建完工后，移除整个墓坑上方的木质建筑构架，再封填灰膏泥并夯筑封土。

（三）墓道口的建筑

章丘洛庄汉墓，封土下东墓道南北两侧发现一些"夯土"遗迹，南北成排分布，距离与排列非常有规律，遗迹面积大小不一，小的只有40平方厘米见方，大的也仅1平方米余，开口于原地表，表面平整，有明显的夯打、整平痕迹，经解剖其下为柱洞，是在建筑物用完后，拔走柱子，重新回填的（图1-60）。相关建筑物是在修墓或入葬时为举行某种仪式而特意修建的，待墓葬回填后，便把这些建筑拆掉，并将柱洞重新回填夯平。与之相连，封土外也有建筑遗迹存留，笔者在上文曾做分析。从平面图看，东侧近墓道口处为相对独立的一部分，由于局部暴露在外，可能为祭祀的遗留，或许后期仍有使用，当然也存在与封土下建筑为一体的可能，修筑封土时并未将其完全覆盖。

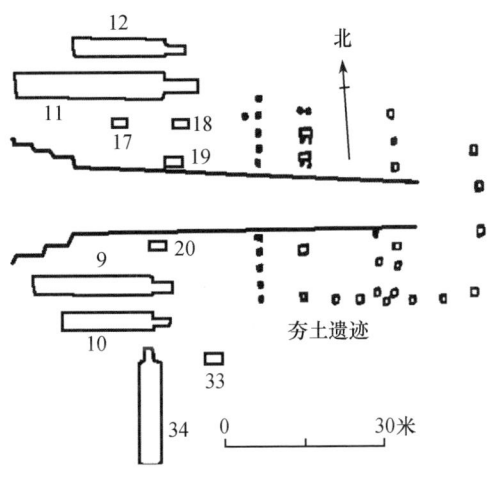

图1-60 山东章丘洛庄汉墓东墓道两侧及前部建筑遗存

（四）相关墓葬

与西汉诸侯王墓同一封土下的墓葬基本为同坟异穴合葬的王后墓，这在上文已述，如献县M36与主墓等。也有其他墓葬与王墓同坟异穴，如江苏邗江杨寿乡宝女墩，主墓位于墩顶，可能为广陵王刘守的墓葬，已知的M104位于墩中心以西约10米，距离墩顶约15米，M105在M104北9.6

米，二者平行排列。M104为扬州地区规模较大的中型墓葬，时代为新莽，下葬时间在居摄二年（7年）之后，墓葬属于中型墓葬，墓主身份相当于长公主、大贵人级别，为广陵王之妾、婢的墓葬。二墓的埋葬位置在宝女墩西侧，均应为宝女墩主墓即诸侯王墓的陪葬墓，也可称为袝葬墓。

综合来讲，已发现、发掘和基本确认的西汉诸侯王墓数量较多，与西汉诸侯王墓地外部设施相关的考古资料也十分丰富，综合体现出西汉时期诸侯王墓地外部设施的内容、内涵及其发展演变等，也对开展西汉诸侯王墓的综合研究具有重要的参考价值和作用。

第 二 章

东汉诸侯王墓地外部设施

东汉王朝沿袭西汉分封制度，亦分封较多诸侯王，以同姓诸侯王为主，晚期还有异姓王。已发现并确认的东汉诸侯王墓数量不多，墓外设施整体上较少，但也有一些集中发现或较为重要的内容，对全面认识东汉诸侯王墓葬及其葬制、葬俗等有着相应的参考价值和作用。

第一节 东汉诸侯王墓地外部设施考古发现概况

与西汉诸侯王相似，东汉诸侯王去世之后多葬在封域之内，墓葬位于诸侯国都城附近，部分距离稍近，部分略远，或集中，或分散。东汉时尤其是中期以后，在"奉朝请"[①]的名义下，一些诸侯王留驻京师，死后亦葬于京师[②]，相当数量陪葬于帝陵。考古资料也体现出地方诸侯国与京师皆有东汉诸侯王墓的特征。

据笔者 2012 年统计，基本可确认为东汉诸侯王（后）的墓葬有 18 座，主要分布于今河北、河南、山东、江苏等地[③]。近年来，又有少量东汉诸侯王墓被发现和确认。东汉都城洛阳附近大致可确认 3 处 4 座。一处为偃师首

[①] 《后汉书·孝和孝殇帝纪》注曰："三公、外戚、宗室、诸侯多奉朝请。"（南朝宋）范晔撰，（唐）李贤等注：《后汉书》，中华书局 1965 年版，第 171 页。

[②] 《后汉书·孝明八王传》载：常山王刘侧，"立十三年薨，父子皆未之国，并葬京师。"《后汉书·章帝八王传》载：乐安王刘宠，"立二十八年薨，是为夷王。父子薨于京师，皆葬洛阳。"（南朝宋）范晔撰，（唐）李贤等注：《后汉书》，中华书局 1965 年版，第 1678、1797 页。

[③] 刘尊志：《汉代诸侯王墓研究》，社会科学文献出版社 2012 年版，第 351 页。

阳山镇华润电厂 M89 与 M90，墓向一致，M89 出土金缕玉衣片 18 枚，东侧紧邻的 M90 规模略小，墓主为 M89 墓主的夫人①，推测 M89 的墓主为少帝，后封为弘农王的刘辩，M90 的墓主为其夫人②，可视为王后墓。偃师东汉洛南陵区 M1046，经钻探，原始封土直径 76 米，墓室平面长方形，加之位于帝陵区的西部，墓主身份可能为诸侯王或相近级别人员③；孟津朱仓村东 M683 为地处洛阳邙山陵墓群—东汉陵区陪葬墓区内的"李密冢"，封土略呈方形，长斜坡墓道甲字形墓，墓室为方形回廊砖石结构，墓壁底层为黄肠石，砖筑券顶，出土玉衣片等，时代为东汉早期，墓主为刘姓诸侯王④。安徽寿县寿春镇亦发现 1 座，出土金器、玉石器、铜器和铁器计 29 件套，玉衣片皆穿孔，铜舟有"元和二年（85 年）""乘舆"等五十字，另有嵌松石八龙纹金带扣等，墓主很可能是死于东汉和帝永元元年（89 年）的光武帝刘秀子阜陵质王刘延⑤。大体来看，可确认的东汉诸侯王墓约有 20 余座。与东汉诸侯王墓外部设施有关的考古资料相对较少，部分王墓无相关资料公布，部分有，且有的王墓的墓外设施被较多地揭露出来。

稍早阶段的考古资料中，与东汉诸侯王墓地外部设施相关的资料少且较散乱。河南淮阳北关 M1、M2 位于同一封土下，M1 墓主为陈顷王刘崇，夫人墓在其北侧，M1 早年被盗，出土云纹瓦当 2 件（图 2-1：1、2），而第一代陈敬王刘羡墓则可能是位于淮阳市城南的思陵冢⑥。河北定州 43 号墓亦

---

① 洛阳市文物考古研究院：《偃师华润电厂考古报告》，中州古籍出版社 2012 年版，第 77—79、205—210、353—355 页。

② 张鸿亮：《试析洛阳偃师一座东汉金缕玉衣墓的性质》，《洛阳考古》2014 年第 2 期；张鸿亮、史家珍：《偃师华润电厂东汉墓相关问题探析——兼谈洛阳东汉高等级墓的特点》，《洛阳考古》2014 年第 4 期。

③ 洛阳市文物考古研究院：《洛阳偃师东汉洛南陵区 2008 年考古勘探简报》，《洛阳考古》2015 年第 2 期。

④ 张鸿亮：《洛阳孟津朱仓李密冢东汉墓园》，《2014 中国重要考古发现》，文物出版社 2015 年版，第 72—75 页；洛阳市文物考古研究院：《邙山陵墓群考古调查与勘测第一阶段考古报告》，文物出版社 2018 年版，第 109—112 页。

⑤ 许建强：《拂去尘埃见真容——破解安徽寿县寿春计生服务站汉墓主人之谜的几件藏品》，《收藏家》2012 年第 12 期。

⑥ 周口地区文物工作队、淮阳县博物馆：《河南淮阳北关一号汉墓发掘简报》，《文物》1991 年第 4 期。

图 2-1 东汉诸侯王墓内出土云纹瓦当
1、2.河南淮阳北关 M1 内出土　3.河北定州 43 号墓内出土

在早年被盗，为夫妻同穴异室合葬墓，墓内出土有云纹瓦当①（图 2-1：3）。这些瓦当，或原为墓外建筑材料，因墓葬遭盗扰而至墓内，也可能是墓内陪葬品或垫置棺的用品。江苏徐州土山彭城王墓地已发掘东汉墓葬四座，包括彭城王、王后及相关人员的墓葬等②，M1、M2 在同一封土内，封土堆的西、南部散落大量汉代板瓦、筒瓦、瓦当等建筑残片，可能与墓外建筑有关，另在 M2 的东侧见有石料加工的遗存③。江苏睢宁刘楼东汉下邳王墓地有多座墓葬，已发掘 3 座，可能有下邳国王后的墓葬，亦有其他人员墓葬④，北侧发现较多东汉时期烧石灰的窑⑤，可能与王陵区内墓葬修建有关。

---

① 定县博物馆：《河北定县 43 号汉墓发掘简报》，《文物》1973 年第 11 期。

② 南京博物院：《徐州土山汉墓清理简报》，《文博通讯》第 15 期，1977 年，第 18—23 页；周学鹰：《徐州汉墓建筑——中国汉代楚（彭城）国墓葬建筑考》，中国建筑工业出版社 2001 年版，第 141—152 页。该处目前已发掘 4 座东汉墓葬，笔者参与了 M2 部分阶段的发掘工作，M3、M4 为笔者主持发掘。

③ 相关资料是笔者在徐州博物馆工作期间，参与土山汉墓相关考古工作的过程中发现或调查所得，特作说明。

④ 睢文、南波：《江苏睢宁县刘楼东汉墓清理简报》，《文物资料丛刊（第 4 辑）》，文物出版社 1981 年版，第 112—115 页；仝泽荣、盛储彬：《睢宁县刘楼二号东汉墓》，《中国考古学年鉴·1997 年》，文物出版社 1999 年版，第 138 页。笔者参与了 M3 的发掘，墓主可能为某代下邳王的王后，另在该墓地还有较多带封土的墓葬。

⑤ 盛储彬、吴公勤：《徐州市睢宁蛟龙东汉窑址》，《中国考古学年鉴·2002 年》，文物出版社 2003 年版，第 196、197 页。

近年来的考古工作对一些东汉诸侯王墓地外部设施多有揭露，主要为河南洛阳偃师华润电厂M89、孟津朱仓村东"李密冢"、安阳西高穴曹操高陵[1]等的墓外建筑遗存。

（一）偃师华润电厂M89与M90

M89与M90为异穴合葬墓，参照偃师华润电厂墓葬分布图，二墓附近较空敞，最近的为东侧的M91、M92、M94—M97，为陪葬墓的可能性较大，这与东汉帝陵的陪葬墓有所相似。M89西侧有成组的建筑，南向，北高南低，平面形状大致呈"L"形，由一大一小方形夯土和五道东西向、三道南北向长条形夯土组成，南北通长60.5、东西宽58米。夯土为分段夯成，大方形夯土东西长25.6（北）—26.2（南）、南北宽24（西）—24.7（东）米，小夯土东西11.9、南北11.8米，长条形夯土最宽（南1）3.3、最窄（北2）1.7米（图2-2）。出土遗物丰富，有板瓦、筒瓦及陶器残片等，而其被M02（西晋墓）打破，结合时代晚于建筑基址的几座灰坑，推测建筑的年代当在东汉时期，而夯土东北角与M89墓道西南角相距仅3.3米，建筑朝向与墓向一致，应为M89（含M90）的墓侧建筑[2]。

（二）洛阳孟津朱仓村东"李密冢"

墓园遗址面积约10万平方米，外围建有两重环壕，内有5座大型墓冢。主冢东有建筑基址，包括大型夯土台基、院落、道路、排水渠等，出土建筑材料有"长乐未央"瓦当、方砖及石柱础等（图2-3）。墓园修筑年代较早，保存结构相对完整，整体布局与东汉帝陵陵园具有相似性[3]。

---

[1] 河南省文物考古研究所、安阳县文化局：《河南安阳市西高穴曹操高陵》，《考古》2010年第8期；河南省文物考古研究院：《曹操高陵》，中国社会科学出版社2016年版。

[2] 洛阳市文物考古研究院：《偃师华润电厂考古报告》，中州古籍出版社2012年版，第8、9、235、385页。

[3] 张鸿亮：《洛阳孟津朱仓李密冢东汉墓园》，《2014中国重要考古发现》，文物出版社2015年版，第72—75页。

第二章 东汉诸侯王墓地外部设施　189

图 2-2　河南偃师华润电厂 M89 与西侧建筑

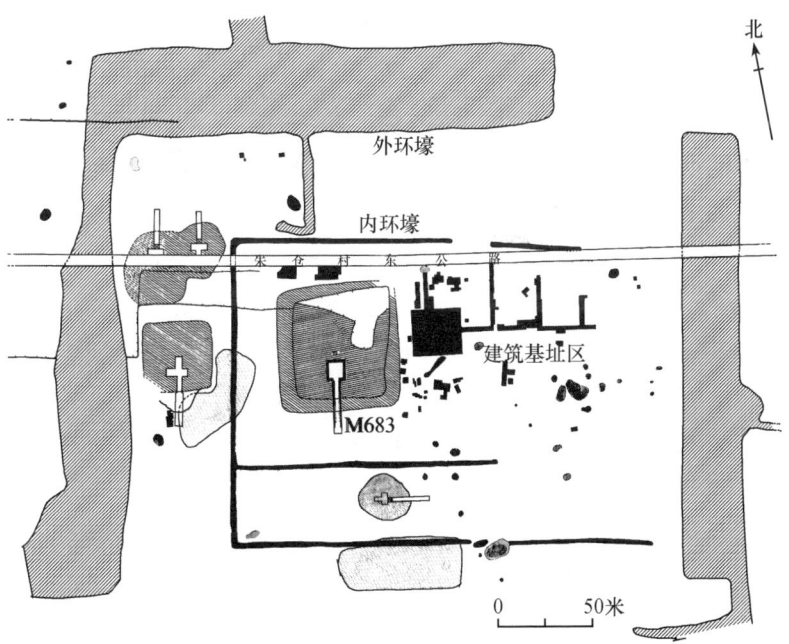

图 2-3　河南洛阳孟津朱仓村东"李密冢"墓园平面图

(三）安阳西高穴高陵

与安阳西高穴曹操高陵有关的考古资料主要有 2 篇简报和 1 部报告，其中 2010 年公布的《河南安阳市西高穴曹操高陵》发掘简报，墓外设施基本未有涉及[①]。另 2 项资料对该墓外部设施则有所公布和分析。

1.《曹操高陵》[②]

为曹操高陵发掘的阶段性考古发掘报告，发掘确认西高穴 M2 为一座二次葬的墓葬，第一次下葬后，墓道被掩埋，第二次合葬时，在原来墓道的基础上重新开挖，对原始墓道有所破坏，局部有所不同，因此存在较多打破关系。公布的与墓外设施有关资料较多，并进行了相关论述和分析，主要包括墓葬上部、墓道两侧及其前端局部等处的设施，另有陪葬墓等。

考古发掘所见墓道南北两侧的地面上，分别各有 1 排与墓道平行、排列有序的磬形坑，朝向墓室方向，每个磬形坑的内弯处，各有 1 个不规则的长方形坑，形成组合，墓道两边的磬形坑、长方形坑均南北两两对应，排列十分规整，每排磬形坑之间的间距大致相同，其内弯之间的间距均为 4 米左右（图 2-4）。两类坑的内部填土多为五花土，含少量料礓石，经过夯打，土质坚硬（图 2-5）。它们应属于原始墓道两侧设施，可能是修建墓道时搭建防雨设施的遗存，也可能为第一次墓主下葬时设置仪仗留下的遗迹。就前一种来讲，为了防止雨水倒灌进墓坑和用于冬季的防寒，在开挖墓道时，需要修建保护设施，如搭建防护大棚，因此墓道两侧遗留有排列有序的磬形坑和长方形坑。

墓道东端南北相对 2 个磬形坑（K43、K13）均被墓道打破，其东面还有对称的磬形坑，并被两个较大的长方形坑打破。位于墓道东北角的较大长方形坑编号为 K1，东西长 2.4、南北宽 1.17、深 1.1 米，其内清理出排列有

[①] 河南省文物考古研究所、安阳县文化局：《河南安阳市西高穴曹操高陵》，《考古》2010 年第 8 期。
[②] 河南省文物考古研究院：《曹操高陵》，中国社会科学出版社 2016 年版。与西高穴 M2 墓外设施有关资料及相关研究见该书第 33—35、40—44、51—58、94、101—105、256、263—268 页等。

第二章 东汉诸侯王墓地外部设施　191

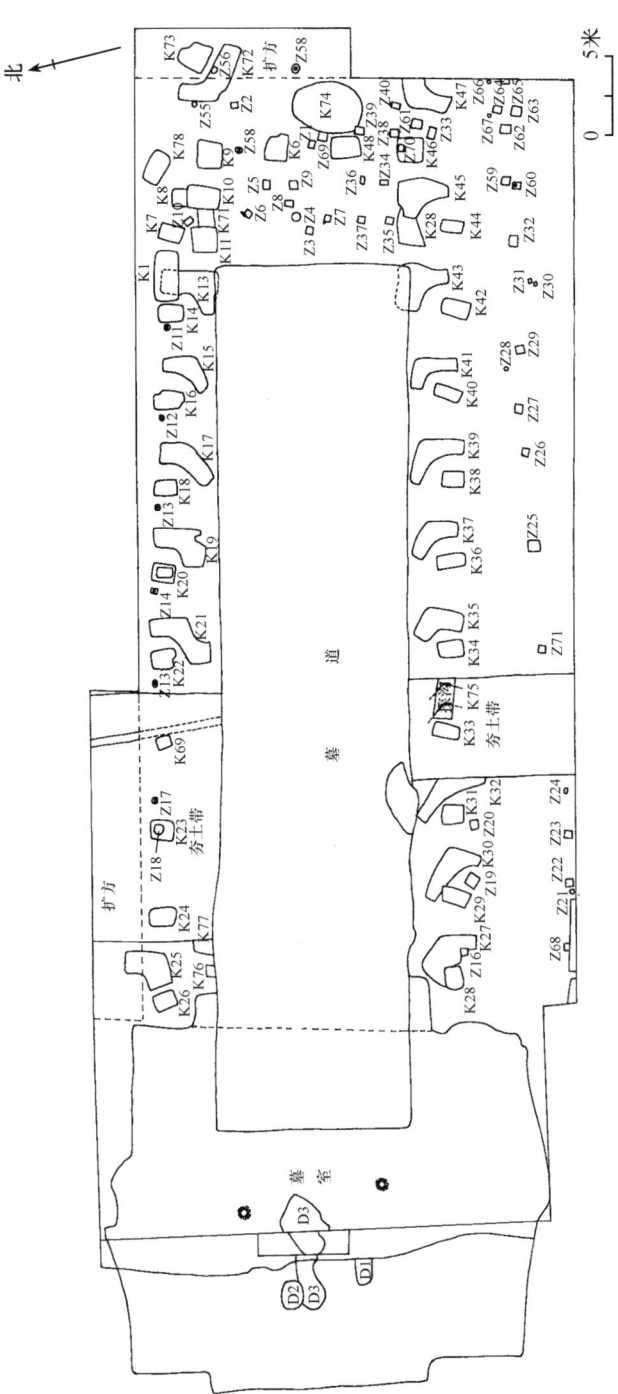

图 2-4　河南安阳西高穴 M2 部分地面遗迹分布图

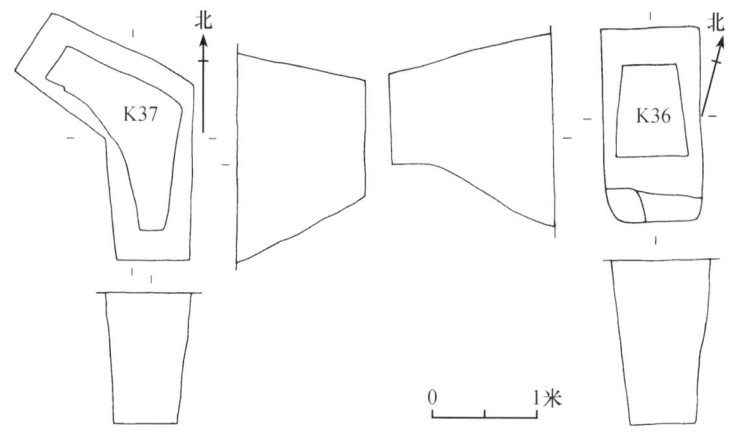

图 2-5　河南安阳西高穴 M2 墓道旁侧的磬形坑与长方形坑

序的铁钉，推测原埋有 1 只木箱（图 2-6）。形成时代晚于原始墓道和磬形坑，为较早阶段墓主安葬后形成，而磬形坑及组合的长方形坑属原始墓道两侧遗迹。

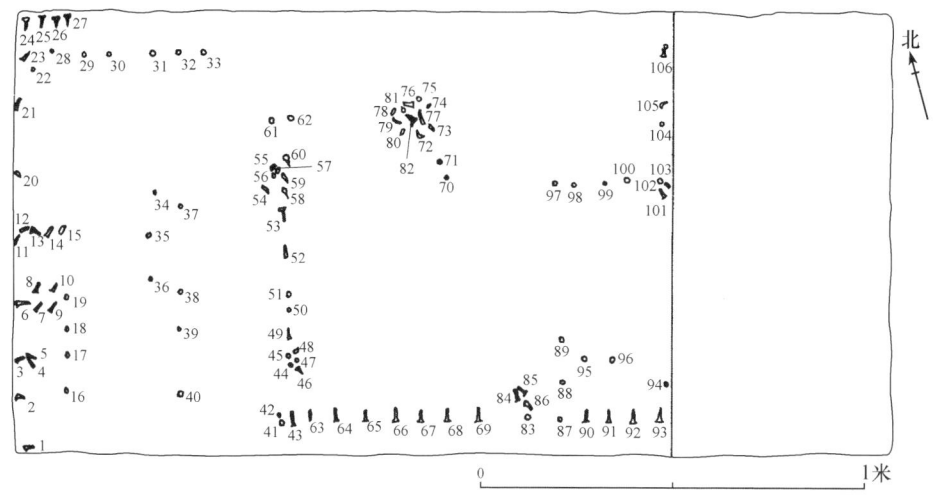

图 2-6　河南安阳西高穴 M2K1 坑口 1 米处铁钉分布图

墓道南侧东端磬形坑的位置，有一长方形土坑。墓道的东面，正对墓道的地面上有一大的圆形坑（K74），其与墓道之间的地面上有大量南北向排列的柱洞，柱洞的西侧有一组南北向均匀排列的 4 个大型方坑（K46、

K48、K6、K9）。墓道南侧的地面上有一排东西向的方形柱洞，排列十分规整。大致判断，原有一组建筑，形成时间晚于磬形坑。K74很浅，深仅0.3米，直壁、平底，形成时间晚于这组建筑。解剖柱洞如Z23，下部较浅，推测建筑为临时性建筑。墓道东端南侧发现夯土带，根据与磬形坑、长方形坑、原始墓道等的打破关系，夯土带晚于磬形坑，早于现有墓道，与M2有关，可能时代略晚于原始墓道，但为原始墓道的附属设施，为第一次下葬时修建，可能是举行葬礼或祭祀第一次下葬墓主的临时性建筑。相关建筑可能是为了举行丧礼、停放灵车、摆放灵柩、进行祭奠等活动而临时搭建的"下房"，同时还有奉哀册、讼诔文之处，所谓"容车幄"，又可称为"便殿"。根据柱洞与夯土带之间打破关系等判断，后来在该处遗迹上又建有类似建筑，推测为第二次合葬时重建的"下房"。下葬之后，可能又改为寝殿，置死者生前衣物用品，用于祭祀和纪念。墓道以东的地面上发现大量排列有序的柱洞，说明有陵前建筑，可能为祭殿类遗迹。墓道东端发现的圆形坑（K74）、长方形坑（K1）及大型的椭圆形坑，均为墓主下葬后祭祀遗留下的遗迹。

墓门前墓道两侧发现有夯土台，可能为第一次墓主下葬后修建的建筑。

墓室顶部的中间部位，正对墓道南北两壁内侧，各有一砖砌竖洞（图2-7）。通过对原始墓道中心点和二竖洞中心点的测量，M2的原始墓道为90°，而今发掘所见墓道为110°。二者可能是先葬者下葬后将墓道掩埋并为后葬者开挖墓道提供的参考和标识。

1　　　　　　　　　　　　2

图2-7　河南安阳西高穴M2墓室顶部的砖砌竖洞
1. Z53　2. Z54

M2 西面清理了几座墓葬，时代为曹魏时期，推测应为 M2 的陪葬墓。另 M2 北围墙内有一墓葬（M1），与 M2 之间有一东西向夯土遗迹，可能为界隔。

2.《安阳高陵陵园遗址 2016—2017 年度考古发掘简报》[①]

2016 年 11 月至 2017 年 5 月，发掘单位对陵园及建筑遗迹进行了发掘。发现并确认曹操高陵陵园主要由内外周夯土基槽、神道、东部建筑和南部建筑等 5 个部分组成，M2 即曹操高陵为陵园的中心（图 2-8）。此次发掘除有一些新的墓外设施被确认之外，还对之前的一些遗迹和结论等有了新的认识，如确定了陵园的东门与神道及其陵园的北门等；指出 M1 时代早于陵园，具体时间与 M2 不同；陵园东北部的大片夯土为一年代稍晚的遗迹，确认东部闸门沟年代晚于陵园等。

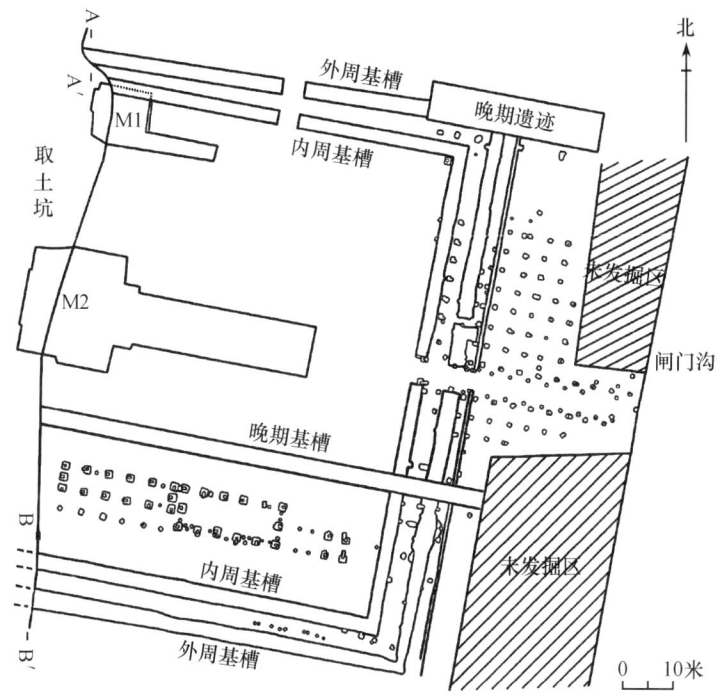

图 2-8　河南安阳西高穴陵园总平面图

---

① 河南省文物考古研究院、安阳市文物考古研究所、曹操高陵管理委员会：《安阳高陵陵园遗址 2016—2017 年度考古发掘简报》，《华夏考古》2018 年第 1 期。

内周夯土基槽平面呈长方形，环绕陵墓东、北、南三面。基槽宽度2.8—2.9 米，现存深度为 0.5 米左右，直壁平底，较规整，填土为夯实的黄褐土夹杂少量深褐土块，夯层厚 0.08—0.15 米。根据形状、填土及位置特征判断，这周基槽可能为陵园的垣墙基槽。东部基槽正对 M2 墓道位置有一宽 5 米的缺口，应为陵园东门，缺口南北两侧各有一边长约 1 米的夯土柱础，基槽外向东 0.75 米位置有一列南北向柱础与墙平行。北部基槽在距离西部断崖 58 米位置也有一宽约 3 米的缺口，应为北门。

内周基槽外侧 3—4 米的位置平行环绕另一周夯土基槽，整体平面呈长方形。外周北基槽现存长度 74 米，南基槽现存长 70 米，东部长为 93.4 米。基槽口部宽 2.8—2.9 米，现深 1.8—2.2 米，弧壁圜底。外周基槽东部正对 M2 墓道及内周基槽东门处也有一宽 5 米的缺口，缺口南北两侧有对应的柱础。缺口向北 7.3 米位置另有一宽 1.6 米的小缺口，北部在对应垣墙北门的位置也有一缺口，缺口处残留一列南北向砖块，可能与门道有关。根据平面形状、与内周基槽的距离、结构及填土特征如夯土包含大量料礓石，且南部包含碎瓦片等遗物，综合判断，此外周基槽可能是垣墙外侧的壕沟。

内外基槽东门的南北侧各有一列 9 个边长 0.43—0.6 米的方形柱础自西向东延伸，东西相邻柱础之间距离 3 米，两列柱础之间南北相距 4 米。从布局和尺寸看，两列柱础向东延伸形成一条通道，这一通道位于墓前地面上，并且与墓道位置相对应，当为神道。神道从东门外向东延伸 35.5 米，东部被破坏，两侧的柱础表明原来可能有建筑，但柱子的材质和具体形态已不可知。

M2 与内周南部基槽之间有一组建筑，为陵园内南侧建筑遗迹，其北部边缘距离 M2 墓道中线 29 米。根据柱础的平面分布特征，建筑由自东向西的四部分组成。第一部分位于最东端，由四个较大的凸字形夯土柱础组成外边长 4.6、内边长 2.5 米的一个方形建筑。第二部分由 4 个边长 0.3 米的方形小柱础组成，平面形状为长方形，南北长约 4.5、东西宽约 2.9 米。第三部分位于小柱础西侧、整个南部建筑的中部，由 14 个边长 1.1—1.2 米的方形柱础组成东西向长方形。整个建筑外周东西长约 20.5、南北宽约 8.4 米，内部东西面阔 18、南北进深 6 米。根据柱础布局，应为一面阔 5 间、进深 1 间的建筑。最西端为第四部分，由 14 个大方形柱础和 6 个小方形或圆形柱础组成东西向长方形建筑。根据柱础布局看，整体为一面阔 5 间、进深 1 间的建筑，而南部外侧小柱础部分可能是廊。这组建筑整体东西外长 23、南北宽 9 米，建筑主体部分面阔（内）21、进深 6 米，外廊进深 3.6—3.7 米。

外周基槽以东也分布有建筑遗迹，仅存由方形夯土柱础构成的柱网，被神道分为南北两区。时代晚于陵园，与陵园布局没有直接关系。

整体来看，高陵内有陵园墙，外有壕沟，陵园壕沟围合区域南北宽 93.4、东西残长 70 米，基槽宽度 3 米左右，说明陵园整体规模不大。高陵（M2）位于陵园南北中部位置，而陵园亦是以 M2 为中心修建的。陵园有东、北二门，东门较宽，北门稍窄，有由墓道通往东门的神道，而且延续较长。陵园内南侧有成组建筑，其中两组面阔 5 间、进深 1 间的建筑。

高陵陵园建筑及相关设施，反映了东汉末年作为异姓王的曹操在当时不同于一般刘姓诸侯王的特殊地位，陵园垣墙内的建筑分布于南侧，这与东汉帝陵陵园布局[1]有所相似，但整体布局特征又与东汉帝陵有明显差异，陵园朝向、垣墙、壕沟及神道两侧立柱等均与东汉帝陵不同。另需说明的是，陵园内还有一座墓葬，即 M1，其"后室自上而下全部为夯土填实，故该墓葬里并没有真正的墓室，也没有发现葬具和墓主人的遗骸"[2]，这种现象及其与陵园的早晚关系可能表明，修建陵园之前有意对 M1 进行了清理回填，M1 与 M2 并不是同时期的墓葬，M1 时代早。

东汉诸侯王墓地还体现出族葬、王与王后异穴合葬及其祔葬墓、陪葬墓等内容。河北邯郸南郊张庄桥村北东汉墓地，2 座规模较大墓葬的男性墓主可能是第 3 世赵顷王刘商、第 4 世赵靖王刘宏和第 5 世赵惠王刘乾中的两位东汉诸侯王，而其他墓葬可能为祔葬或陪葬墓[3]。山东济宁肖王庄一带原有 9 座墓葬，现存带封土的墓葬 4 座，墓群规模大，远望似山丘，已发掘的 M1，墓主为任城孝王刘尚，M1—M9 为东汉任城国的王墓及其他墓葬[4]

---

[1] 韩国河：《东汉帝陵有关问题的探讨》，《考古与文物》2007 年第 5 期。
[2] 河南省文物考古研究院：《曹操高陵》，中国社会科学出版社 2016 年版，第 260 页。
[3] 陈光唐、王昌兰：《邯郸历史与考古》，天津出版社 1991 年版，第 94 页；马小青：《张庄桥古墓小考》，《邯郸职业技术学院学报》2006 年第 1 期。
[4] 济宁市文物管理局：《山东济宁市肖王庄一号汉墓》，《考古学集刊（第 12 集）》，中国大百科全书出版社 1995 年版，第 41—112 页；胡光跃：《任城王汉墓出土黄肠石题刻全集》，三秦出版社 2017 年版，第 1、2 页。

（图 2-9）。济宁市区南部普育小学东汉晚期某代任城王夫人或王妃墓葬[①]，附近可能有合葬墓或其他墓葬。江苏睢宁双古堆 2 座墓葬相距 200 米，为某代下邳王与王后的异坟异穴合葬墓[②]。其他如临淄东金岭镇齐炀王刘石与夫人合葬墓（M1）[③]、临沂兰山区曹家庄某代琅琊王与夫人合葬墓[④]、定县北庄中山简王刘焉与夫人合葬墓[⑤]、扬州邗江甘泉山广陵王刘荆与夫人合葬墓（M2）[⑥]等，或有族葬及祔葬墓、陪葬墓等，但暂无资料公布。

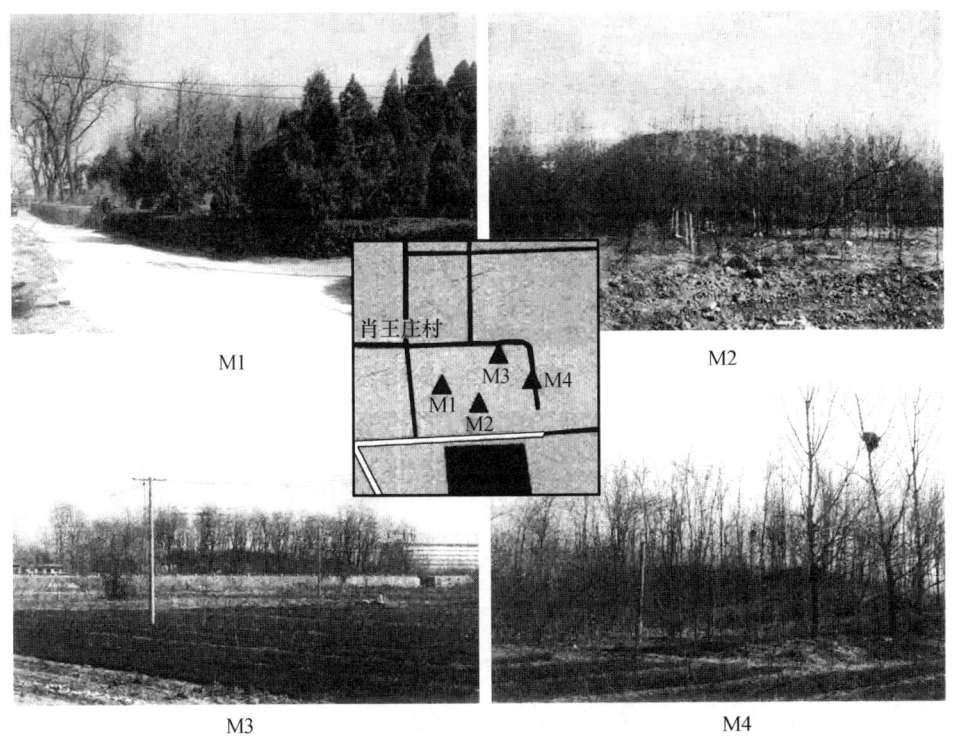

图 2-9 山东济宁肖王庄任城王墓地相关墓葬分布及其外景图

① 济宁市博物馆：《山东济宁发现一座东汉墓》，《考古》1994 年第 2 期。
② 刘尊志：《双古堆汉墓群》，《徐州文化博览》，文化艺术出版社 2003 年版，第 32、33 页。
③ 山东省文物考古研究所：《山东临淄金岭镇一号东汉墓》，《考古学报》1999 年第 1 期。
④ 临沂杨君：《曹家庄汉墓毁损严重》，《中国文物报》1998 年 3 月 1 日第 2 版。
⑤ 河北省文化局文物工作队：《河北定县北庄汉墓发掘报告》，《考古学报》1964 年第 2 期。
⑥ 南京博物院：《江苏邗江甘泉二号汉墓》，《文物》1981 年第 11 期。

第二节　东汉诸侯王墓地外部设施的内容与内涵

与东汉诸侯王墓地外部设施相关的文献及考古资料整体较少，个别如安阳西高穴 M2（曹操高陵），资料公布较多，而该墓作为东汉末年异姓王曹操的墓葬，具有特殊性。这对于全面认识东汉诸侯王墓地外部设施造成一定的影响，但整体来看，该墓又与其他东汉诸侯王墓存在一定的共性，在一定程度上反映了东汉诸侯王墓地外部设施的内容、内涵及其相关问题。

一、与东汉诸侯王墓地外部设施相关的文献资料

关于东汉诸侯王墓地的外部设施，史书中记载较少。《后汉书·光武十王列传》载：东海恭王刘彊死后，"特诏中常侍杜岑及东海傅相曰：'……将作大匠留起陵庙。'"[1]《光武十王列传》还载：中山简王刘焉薨，"大为修冢茔，开神道。"唐李贤注："墓前开神道，建石柱以为标，谓之神道。"李贤注文是对神道的解释，但不能说明或确定刘焉墓原建有石柱，同文另载修建刘焉墓时，"发常山、钜鹿、涿郡柏黄肠杂木，三郡不能备，复调余州郡，工徒及送致者数千人。"[2]《水经注》有很多关于东汉墓地外部设施的记载，但涉及东汉诸侯王墓者不多。其中，《汶水》条载："漆沟水侧有东平宪王苍冢，碑阙存焉。"[3]《易水》条载："范晔《汉书》云：'中山简王焉之窆也，厚其葬，采涿郡山石，以树坟茔，陵遂碑兽，并出此山。'"[4]该处郦道元引《后汉书》之说，很大的可能是，在作《水经注》时刘焉墓外并没发现这些墓外设施，而引《后汉书》是做相关引证和说明。

---

[1]（南朝宋）范晔撰，（唐）李贤等注：《后汉书·光武十王列传》，中华书局1965年版，第1424、1425页。

[2]（南朝宋）范晔撰，（唐）李贤等注：《后汉书·光武十王列传》，中华书局1965年版，第1450页。

[3]（北魏）郦道元著，（清）王先谦校：《合校水经注》，中华书局2009年版，第375页。

[4]（北魏）郦道元著，（清）王先谦校：《合校水经注》，中华书局2009年版，第185页。

二、垣墙、环壕与陵园

主要考古资料为洛阳孟津朱仓村东"李密冢"及安阳西高穴曹操高陵。

东汉早期的孟津朱仓村东"李密冢",外围建有两重环壕,内有 5 座较大墓冢、相关建筑及其设施,陵园面积约 10 万平方米。

安阳西高穴曹操高陵,内为陵墙,外有壕沟,壕沟围合区域南北 93.4、东西残长 70 米,面积 6500 多平方米,内墙与外壕的东部及北部各有双重门,曹操墓居于中心位置,另有多个不同性质和类型的墓外设施,M1 居于 M2 北侧,靠近围墙,与 M2 有界隔,但二墓是不同时期的墓葬,M1 时代早于陵园,其他一些陪葬墓位于陵园外。

文献记载极少,《汶水》条载东平宪王(刘)苍冢,碑阙存焉,阙应与陵园的门有关。

垣墙、环壕可起到保护诸侯王墓葬及相关设施的作用,陵园及其垣墙、环壕、园门、墓阙等,也体现了陵园的面积、规划、设置等内容,还与举行相关丧葬活动等有着密切关系,进而体现出与墓主身份地位相符的特征。"李密冢"与西高穴 M2 的陵园外皆有环壕或壕沟,可视为围沟,对东汉诸侯王墓地的规划和保护有着重要作用,并对其后的一些墓葬或墓地有着相应影响,如洛阳孟津大汉冢发现具有相应等级的西晋围沟墓地(图 2-10),另外,邙山地区还有北魏和隋唐时期的围沟墓[①]。

相关设施也折射出墓地中不同墓葬的布局,"李密冢"的陵园内有多座墓葬及其他设施,曹操高陵陵园内为相关设施,一些陪葬墓则位于陵园之

图 2-10 河南洛阳孟津大汉冢西晋墓与围沟

---

① 洛阳市第二文物工作队:《洛阳孟津大汉冢西晋围沟墓发掘简报》,《文物》2011 年第 9 期。

外。二者所体现的不同布局特征或许和墓地位置有关，"李密冢"位于帝陵区，虽时代较早，但陵园将所有内容包括在内；曹操高陵较独立，陵区周边地域较广，陪葬墓等位于陵园之外。无论如何布局，基本都是诸侯王墓居于中心位置，并有一些相关设施，而其他一些墓葬的位置稍偏，形成具有主次的两重陵园，这与西汉诸侯王墓陵园有所相似，体现出与东汉诸侯王身份等级基本相符的特征。由于目前与东汉诸侯王墓陵园相关的考古资料还相对较少，这仅仅是一种推测和暂定的结论。

西高穴曹操高陵陵园有2门，东门宽，北门窄，东门与神道连接，为陵园主门，这与墓葬朝向也一致。由于其他东汉诸侯王墓地暂无相关发现，而西高穴曹操高陵则具有一定的特殊性，但也可能说明，东汉诸侯王墓的陵园不存在四门，而很可能为两门或一门。墓葬朝向或墓道向外延长线延伸至陵园墙（沟）处有一门，用以连通陵园内外，而且很可能为内外双重的门，在进行墓祭及其他相关活动时，都应是通过该门进出。陵园的其他方位还可能有一门，规模较之陵园主门要小，亦具有连通陵园内外的作用，但不具有主要作用，或许与陵园内工作人员进出有关。考虑到西高穴M2北还有一座墓葬，即M1，虽其与M2不是同时期，且修建M2陵园之前有意对M1进行了清理回填，但M2与之有界隔，且M1的墓道东端距离陵园北门较近，因此该门（北门）或许与M1有一定的关系。但北门与M1的关系仅是一种猜测，若这种猜测成立的话，则其具有特殊性。抛开特殊性，东汉诸侯王墓的陵园很可能仅有一门。不过，参考已发掘的东汉列侯墓如汉魏洛阳城西东汉列侯墓的墓园，四周为长方形的夯筑土垣，至少有墓葬朝向方向的主门（南门）及北门[1]。考虑到东汉诸侯王的等级身份，陵园有二门的可能性较大，个别也可能为一门。无论一门还是二门，与帝陵陵园基本为"四出司马门"[2]相比较，体现出明显的等级差异。东汉诸侯王墓陵园

---

[1] 中国社会科学院考古研究所洛阳汉魏城队：《汉魏洛阳城西东汉墓园遗址》，《考古学报》1993年第3期。

[2] 关于东汉帝陵"四出司马门"，《后汉书·礼仪志》注引《古今注》中有相关记载，光武原陵，垣四出司马门；其他包括明帝显节陵、章帝敬陵、和帝慎陵、殇帝康陵、安帝恭陵、顺帝宪陵、冲帝怀陵、质帝静陵，无周垣，为行马，四出司马门。（西晋）司马彪：《续汉书》志第六《礼仪志》，中华书局1965年版，第3149、3150页。

仅有一门与一些列侯或具有相应等级的墓地有所相似，如河南偃师阎楼东汉墓地，外有环沟围绕，东南有一出口①。上述相近或相似的内容，既反映出东汉诸侯王墓与列侯及相应级别墓葬在某些方面趋同的特征，也体现出东汉时期诸侯王权力地位削弱的社会状况。西高穴M2陵园主门附近的柱础表明原有相关建筑，但未见阙或相关设施，而根据《水经注·汶水》条记载，有些诸侯王墓陵园门外可能有阙，说明东汉诸侯王墓的陵园对门阙有所使用，但不一定为石阙，所以后世所见不多。

据《后汉书·礼仪志》注引《古今注》的相关记载，东汉诸帝陵中，光武帝刘秀的原陵有陵园墙，明帝刘庄的显节陵无周垣，为行马，之后诸帝陵的陵园基本都以行马作为陵园界限②。上文所述"李密冢"及西高穴高陵的陵园均有明显的界线设施，与明帝显节陵及之后帝陵的陵园有明显不同，考虑到皆有围沟，亦与光武帝原陵陵园有所差异。这或许说明，东汉诸侯王墓地在陵园界限的使用和设置方面与帝陵有所差异，是根据自身等级身份，结合实际需求，使用明显的界限设施，或围沟，或垣墙，或二者相结合，这与明帝及之后诸帝陵无周垣、为行马的差别尤为明显。已知东汉列侯墓葬如汉魏洛阳城西东汉列侯墓葬的墓园，为夯筑的土垣；一些具有相应等级的墓地，如河南偃师阎楼东汉墓园，四周为围沟，江苏徐州贾汪石猴林东汉墓地，外有长方形围墙，西侧可能有门，墙内有墓葬10余座③。这些墓葬或墓地与东汉诸侯王墓相近，皆有界限设施，体现较大的共性，而这也与陵园门一样，反映出东汉诸侯王及其墓葬的等级特征和发展特点。已知东汉诸侯王墓陵园及其界限设施（垣墙、环壕）等有双重界限设施，"李密冢"为两重环壕，曹操高陵外为围沟，内为垣墙，陵园门也因此为两重。目前，虽不能

---

① 洛阳市第二文物工作队、偃师市文物管理委员会：《偃师阎楼东汉陪葬墓园》，《文物》2007年第10期。

② 关于东汉帝陵对于垣墙使用及无周垣为行马或改垣墙为行马，《后汉书·礼仪志》注引《古今注》曰，明帝显节陵……无周垣，为行马……"其后的和帝慎陵、章帝敬陵、殇帝康陵、安帝恭陵、顺帝宪陵、冲帝怀陵、质帝静陵等均有类似记载。(西晋)司马彪：《续汉书》志第六《礼仪志》，中华书局1965年版，第3149、3150页。

③ 徐州博物馆：《贾汪徐工综合试验场项目考古调查试掘》，《徐州考古资料汇编（2014年度）》，内部资料，2015年，第43—50页。

确定这是否为东汉诸侯王墓陵园的制度内容，但在整体上体现出优于列侯及其他等级稍低墓地墓园的特征，进而体现出东汉诸侯王墓地等级高的特点。

需要指出的是，虽然有些东汉诸侯王墓地发现陵园及其垣墙、环壕等设施，但数量较少，且时代或为东汉初期，或为东汉末年，所属墓葬具有一定的特殊性，"李密冢"时代早于光武帝的原陵，西高穴 M2 为曹操之墓，相关设施不能完全代表东汉诸侯王墓地的陵园或界限设施。但是，二者虽时代相差久、各具特殊性，却有一定的共性，这对认识东汉诸侯王墓地陵园及相关设施当有相应的参考或价值，或许随着考古工作的不断深入，其他东汉诸侯王墓地陵园的相关内容与二墓地的共性增多，进而可形成普遍性的特征和制度性的内容。

三、神道及相关设施

神道是指墓前向外延伸的道路，又谓神行之道，具有礼制、神圣及实用等多种功能，同时还有多种设施配置于神道旁侧或相应位置，以达到或实现上述功能和作用。已知资料中，部分东汉诸侯王墓前有神道及相关设施。

文献资料方面，《后汉书》载中山简王刘焉薨，其冢前开神道，而据唐李贤注，神道旁侧可能有石柱为标，再依《水经注·易水》引范晔《汉书》的记载，刘焉墓前神道旁侧或相应位置还有石碑、石兽。另《水经注·汶水》载，东平宪王（刘）苍冢，除阙外还有碑，与神道也有关。

现有考古资料中，可明确为东汉诸侯王墓神道的遗存不多。"李密冢"的陵园内有道路，或有神道资料。西高穴 M2 的神道较清晰，位于墓前地面上，与墓道位置相对应，向东延伸形成一条通道，较长且有相应宽度。西高穴 M2 神道两侧有较多方形柱础自西向东延伸，东西相邻柱础间距 3 米，原可能有立柱或相关建筑，但未见有石象生及碑等。

等级相对较高的墓葬使用神道在西汉就已存在，《汉书·霍光传》载："太夫人显改光时所自造茔制而侈大之。起三出阙，筑神道。"[1] 东汉时期，有一定等级的中型墓葬较多使用神道，如四川渠县有汉阙的一些中型墓葬，

---

[1]（东汉）班固：《汉书·霍光传》，中华书局 1962 年版，第 2950 页。

神道基本位于两阙之间，从两阙身后开始连接墓葬[①]。出于礼制、实用等的需求，并与诸侯王自身等级地位相符合，多数东汉诸侯王墓的墓前也应有神道，而神道旁侧或相应位置还可能配置有相应设施，有的可能为碑、立柱等，有的则不见，体现出多样性特征。与东汉中晚期尤其是晚期的较多中小型墓葬在神道旁侧或相应位置配置石人、石兽、石柱、石碑等相对比，有着明显差别，这也许说明诸侯王墓神道旁侧或相应位置可能配置碑、立柱等，甚至还可能有石象生，但并不普遍，原因或是相关内容还没有被等级较高人员完全接受，东汉诸帝陵亦不见石象生也大致说明了这一点。

四、祭祀礼仪建筑及相关设施

主要包括祭祀礼仪建筑及与祭祀礼仪有关的设施等。

（一）祭祀礼仪建筑

西汉诸侯王墓多建祠庙，以供祭祀。东汉早期，有的诸侯王去世后，在陵园内也修有陵庙。《后汉书·光武十王列传》载：东海恭王刘彊死后，"特诏中常侍杜岑及东海傅相曰：'……将作大匠留起陵庙。'"[②] 刘彊为光武帝嫡长子，薨于公元58年，其父刘秀薨于公元57年，去世时间相距较近。根据文献资料，光武帝原陵修建有陵庙，从明帝刘庄的显节陵开始，东汉帝陵不再起陵庙[③]。因此，东海恭王刘彊墓修建陵庙的做法可能是参考和借鉴了光武帝原陵。不仅东汉早期的帝王陵墓修有陵庙，一些东汉早期的列侯死后，也修建有与身份地位相符的祠庙。《后汉书·安城孝侯赐传》载："（光武）帝为

[①] 四川省文物考古研究院、渠县文物管理所：《四川渠县汉阙考古调查勘探简报》，《四川文物》2014年第4期。

[②] （南朝宋）范晔撰、（唐）李贤等注：《后汉书·光武十王列传·东海恭王彊传》，中华书局1965年版，第1424—1425页。

[③] 《后汉书·明帝纪》载："遗诏无起陵庙，藏主于光烈皇后更衣室。"《两汉纪·后汉纪》则载："遗诏不起陵庙，藏主于世祖庙更衣台。"两段记载虽有所差别，但却能说明两点：一、光武帝刘秀原陵可能沿袭旧制设有陵庙；二、明帝显节陵及其后帝陵基本无陵庙之设。《东汉观记》记载的更为明确，"谥曰光武皇帝，庙曰世祖。"由上可知，刘秀原陵应建有陵庙，名称为"世祖庙"。

（赐）营冢堂，起祠庙，置吏卒，如春陵孝侯。"[1] 刘赐为刘秀族兄，薨于公元52年，较刘秀、刘彊去世早。由上来看，不仅光武帝的原陵，时代为东汉早期（至少公元58年之前）的一些王侯死后，其墓地很可能会修建用于礼仪祭祀的陵庙或祠庙。不过，从文献记载来看，王侯墓葬的陵庙或祠庙很多是在朝廷赐予的背景下修建的，体现出与墓主身份地位相对应的特殊性。

从考古资料看，东汉诸侯王墓外建有相应的祭祀礼仪建筑。一些东汉诸侯王墓外发现有云纹瓦当等建筑材料，如西高穴曹操高陵，墓外地表出土云纹瓦当数量较多；一些诸侯王墓被盗，墓内出土有云纹瓦当等，部分可能是由墓外盗扰所致，瓦当极可能为墓地祭祀礼仪建筑设施的遗留。相关建筑遗迹也有发现，作为诸侯王墓外的祭祀礼仪建筑，其规模小于东汉帝陵的相关设施，也不如帝陵设施丰富和多样，但较之列侯及更低等级墓葬前的祠堂规模大，内容亦较丰富，这与东汉诸侯王的身份等级较为相符。考虑到东汉诸侯王较西汉时的诸侯王而言，权力多被剥夺，地位大为下降，其墓地祭祀礼仪建筑也与西汉诸侯王墓存在较大不同。上文所述洛阳偃师华润电厂M89、洛阳市孟津朱仓村东"李密冢"及安阳西高穴M2，墓外发现的祭祀建筑均有相应规模。华润电厂M89的墓外建筑包括大小两个方形夯土遗存（图2-11），"李密冢"外为大型夯土台基等（图2-12）。西高穴M2南侧的建筑遗迹自东向西由四部分组成，包括方形建筑、长方形建筑及2个面阔5间、进深1间的建筑，另有外廊等。由这几处遗存来看，东汉诸侯王墓外的墓地祭祀礼仪建筑基本为一处，但又可细分为不同建筑，为建筑组合。相关建筑有主次之分，既有用于祭祀礼仪的主体建筑，也有配套的附属设施，共同服务于诸侯王墓地祭祀与相关礼仪活

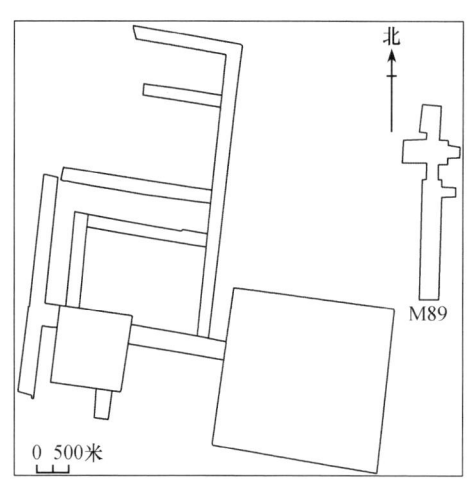

图2-11 河南偃师华润电厂M89与墓外建筑

---

[1] （南朝宋）范晔撰、（唐）李贤等注：《后汉书·安成孝侯赐传》，中华书局1965年版，第565页。

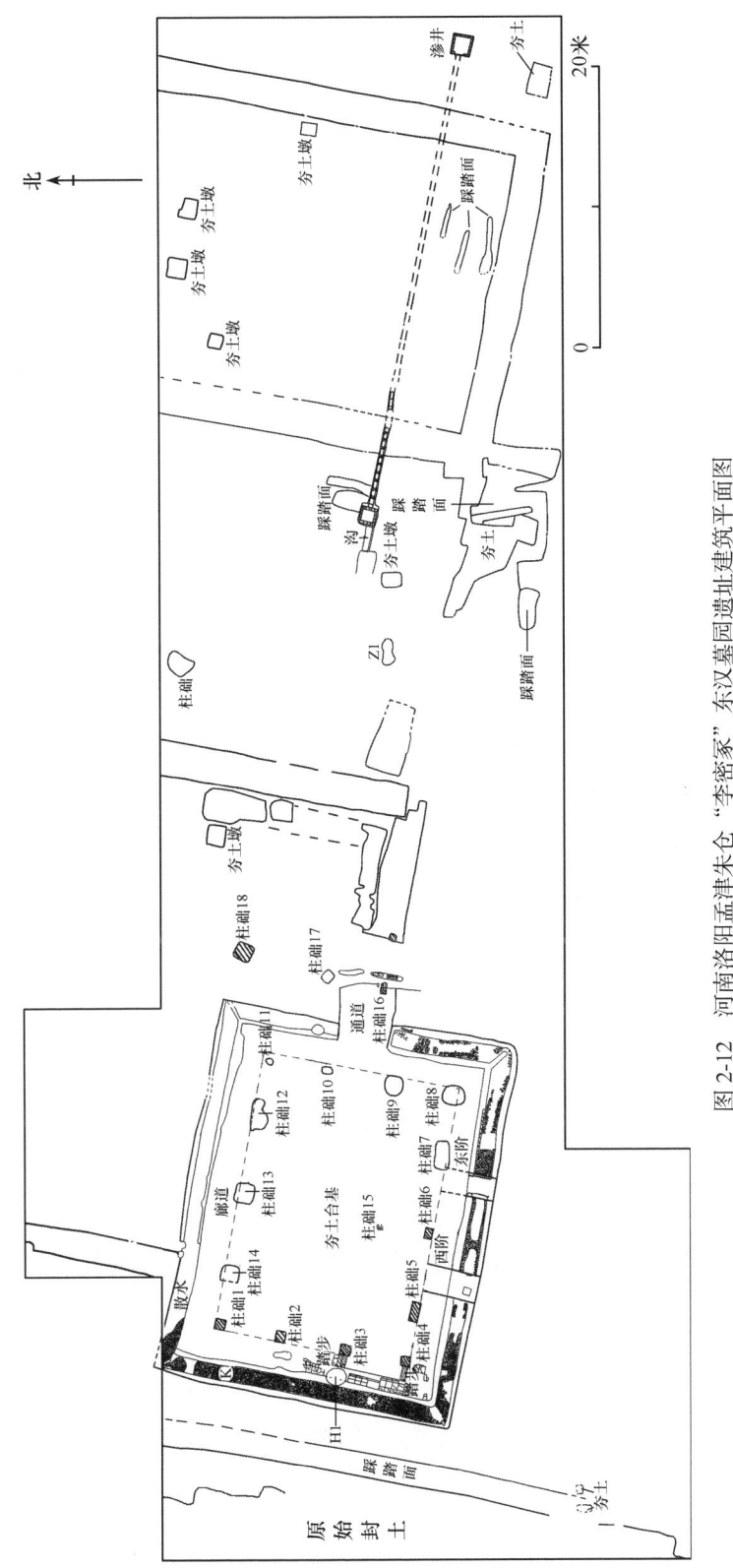

图 2-12 河南洛阳孟津朱仓 "李密冢" 东汉墓园遗址建筑平面图

动。整体来看，东汉诸侯王墓外的祭祀礼仪建筑更接近于列侯及更低等级墓葬外的祠堂，进而折射出相应的制度和特征。与西汉诸侯王墓有相对独立的祠庙及寝便殿明显不同，更像祠庙及寝便殿的综合。可以说，东汉诸侯王墓结合墓主的身份地位，借鉴列侯及其他中小型墓葬外修建祠堂的做法，形成符合自身需求和特点的墓地祭祀礼仪建筑，尤其是随着明帝显节陵不起陵庙，更加促进了诸侯王墓祭祀礼仪建筑一体化的发展。

祭祀礼仪建筑与东汉诸侯王墓的位置关系也有不同的表现形式。洛阳偃师华润电厂 M89，墓道南向，祭祀礼仪建筑位于西侧，为墓葬右侧。洛阳孟津朱仓村东"李密冢"，墓道南向，祭祀礼仪建筑位于东侧，为墓葬左侧，与东汉帝陵具有相似性。安阳西高穴 M2，墓道东向，祭祀礼仪建筑位于南侧，为墓葬右侧。可以看出，东汉诸侯王墓的墓地祭祀礼仪建筑的位置具有灵活性，如东侧、西侧与南侧，或左或右，这与帝陵的相关设施均位于东侧有所不同；同时又具有一致性，即位于墓葬的旁侧，与墓葬平行，这或许是相应的制度或要求，与东汉时期一些中小型墓葬的祠堂位于墓葬前端，平面与墓道呈 T 字形亦有不同，反映出相应的等级性。祭祀礼仪建筑具体设施的位置也有差别，洛阳偃师华润电厂 M89 的墓外建筑，南端即靠近墓道口处为小型的夯土遗存，北侧靠近墓室处为面积较大的夯土遗存；安阳西高穴 M2 墓道南侧的祭祀礼仪建筑，东侧近墓道口处为小型建筑，靠近墓室处（西侧）为 2 组面阔 5 间、进深 1 间的建筑。

（二）相关设施

基本发现于安阳西高穴 M2 的墓外，主要有以下内容。

1. 墓道旁设施

墓道两侧的磬形坑与长方形坑，可能是第一次墓主下葬时设置仪仗留下的遗迹。

2. 墓道东端的一些面积稍大的坑

为墓主下葬后祭祀遗留下的遗迹，如 K1，其内清理出排列有序的铁钉，推测原埋有 1 木箱。

3. 墓道南侧地面的建筑

为临时性建筑，可能是为了举行丧礼、停放灵车、摆放灵柩、进行祭奠等活动而临时搭建的"下房"，同时还可能是奉哀册、讼诔文之处。后来在该处遗迹上又建有类似建筑，为上文所述的祭祀礼仪性建筑。

4. 其他建筑

墓道以东的地面上有陵前建筑，可能为祭殿类遗迹。墓门前墓道两侧发现有夯土台，可能为第一次墓主下葬后修建的建筑。

上述设施在一定程度上反映出安阳西高穴 M2，即曹操高陵的特殊性，而相关设施在其他东汉诸侯王墓地也可能存在，但就目前而言，应是曹操高陵特殊性的体现。

五、合葬、陪葬与祔葬墓

东汉诸侯王墓中，较多为同坟同穴或同坟异穴合葬，仅少部分为异坟异穴合葬，体现出相应的合葬内容。江苏睢宁双古堆汉墓为王与夫人异坟异穴合葬的二墓，其西的刘楼汉墓群中，已发掘的独立封土下墓葬（其中一座可能为王后墓）均为单人葬，诸侯王与夫人当为异穴合葬。山东济宁肖王庄M1与普育小学东汉墓均为独立坟冢，内葬1人，诸侯王与夫人为异穴合葬。

较多的东汉诸侯王墓有祔葬墓和陪葬墓。河北定州市石刻馆院内的35号汉墓，为具有一定规模的多室墓，出土数10块有鎏金铜丝残段的玉衣片[1]，可能为某一东汉中山王墓的祔葬墓。已发掘的睢宁刘楼东汉墓中，M1墓主为列侯级别人员，且为未成年人[2]，当为诸侯王墓的祔葬墓；M2墓主为官吏或贵族[3]，墓葬为诸侯王墓的祔葬墓或陪葬墓。徐州土山东汉墓地已

---

[1] 定州市文物管理所：《定州市35号汉墓清理简报》，《文物春秋》1997年第3期。

[2] 睢文、南波：《江苏睢宁县刘楼东汉墓清理简报》，《文物资料丛刊（第4辑）》，文物出版社1981年版，第112—115页。

[3] 仝泽荣、盛储彬：《睢宁县刘楼二号东汉墓》，《中国考古学年鉴·1997年》，文物出版社1999年版，第138页。

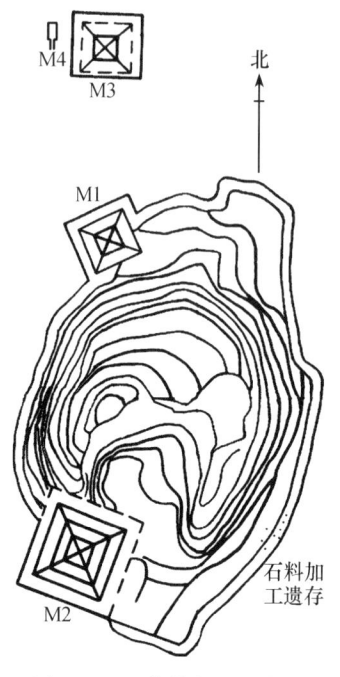

图 2-13 江苏徐州土山东汉彭城王墓地墓葬分布图

发掘东汉墓葬 4 座，M2 为某代彭城王的墓葬，内葬彭城王及相关女性；M1 墓主为女性，出土有银缕玉衣，二墓为同坟异穴合葬；M1 西北方向有一规模较大的墓葬，为 M3，为祔葬墓或另一王后墓；M3 西侧有一规模相对较小的墓葬，为 M4，应为陪葬墓（图 2-13），该墓地在合葬、祔葬、陪葬方面的内容较全面，而且还体现出相应的特殊性。洛阳偃师华润电厂 M89 附近有一些时代相近的东汉墓，存在为陪葬墓的可能。洛阳孟津朱仓村东"李密冢"所在陵园内有 5 座墓葬，当有陪葬与祔葬墓。安阳西高穴 M2 陵园内，M2 位于中心位置，西北角有一墓葬（M1），与 M2 不是同一时期，且在修建 M2 陵园之前有意对 M1 进行了清理回填，所以该墓很难视为祔葬墓或陪葬墓，但在陵园外西侧发现一些与 M2 有关的陪葬墓。

大致来看，随着汉代合葬形式的发展，与诸侯王异穴合葬的夫人墓数量较少，但这些异穴合葬的夫人墓又体现出与东汉帝陵基本为同穴合葬的不同，反映出东汉诸侯王墓的一些自身需求或特点。因东汉诸侯王具有较高的等级和身份，所以在其陵区中，祔葬与陪葬现象仍较常见，但诸侯王的权力地位较之西汉诸侯王被削弱和下降许多，东汉诸侯王墓的祔葬与陪葬墓数量并不多。随着东汉诸侯王墓作为食封地主的特征日趋明显，祔葬与陪葬墓多与诸侯王（后）墓位于同一陵园内，如睢宁刘楼东汉墓地、洛阳孟津朱仓村东"李密冢"所在陵园、徐州土山东汉墓地等，虽然墓葬之间存在等级差别，但分布上与一般的家族墓地又较为接近或相似。安阳西高穴曹操高陵的陵园内为诸侯王墓，陵园外为陪葬墓的情况较少见，折射出西高穴 M2 及其墓主的特殊性。

六、其他设施

内容丰富，功能和作用也较为多样。

(一)院落、道路、排水渠

洛阳孟津朱仓村东"李密冢",除陵园、大型夯土台基外,还发现有院落、道路、排水渠等,相关设施较为多样。西高穴 M2 的陵园有东、北二门,为进出陵园的通道,而进入陵园后,除东门的神道外,还应有其他道路通向相关设施。

(二)墓葬修建设施

安阳西高穴 M2,现所见墓道的南北两侧地面上,分别各有一排与墓道平行、排列有序的磬形坑与长方形坑,可能是在开挖墓道、修建墓室及下葬时保护性设施配套内容。

(三)临时设施

1. 祭祀礼仪临时设施

上文已有叙述。安阳西高穴 M2 墓道南侧地面建筑,解剖柱洞如 Z23,下部较浅,推测可能是为了举行丧礼、进行祭奠等活动的临时性建筑,而墓道两侧的磬形坑与长方形坑,也可能是第一次墓主下葬时设置仪仗留下的临时建筑遗迹。

2. 与墓葬修建有关的临时设施

安阳西高穴 M2 修建时,墓门、甬道、各侧室等的修建,需要加工大量的楔形砖,产生许多边角废料,同时加工铺地石时也会产生一定量的废石料。在回填时,将这些破碎的废砖块和碎石块掺进土中,回填到墓室上部,这样既加固了墓室,同时又处理了废料[①],推测应有废料临时存放场地。徐州土山 M2 的东侧封土下见有石料加工的遗存,可能是临时加工场地,堆筑封土时被掩埋。

---

① 河南省文物考古研究院:《曹操高陵》,中国社会科学出版社 2016 年版,第 97 页。

（四）参考或标识

安阳西高穴 M2 墓室顶部的中间部位，正对墓道南北两壁内侧，各有一砖砌竖洞，可能是先葬者下葬后将墓道掩埋并为后葬者开挖墓道提供参考和标识。

（五）墓葬修建材料的开采与制作设施

江苏睢宁刘楼墓群北侧发现较多东汉时期烧石灰的窑，它们当是专门为此处东汉墓群烧造建墓所需石灰的，其中一些石灰窑的产品应用于诸侯王墓。安阳西高穴 M2 用白灰作黏合剂，主要用于垒砌墓壁、勾缝、抹平和粉刷墙体，用来抹平墙体的白灰里面，一般掺杂有碎麻，起到增加墙壁附着力和加固作用[①]，推测附近或稍远距离应有服务于该墓的石灰窑。

西高穴 M2 使用大量墓砖，其中有特制大砖，应为修建该墓专门烧制的，可能有陶窑[②]。

关于中山简王刘焉墓，文献中载有与其修建有关的内容，包括采石、树坟茔、刻凿陵石碑兽等，一些与采石有关，即很可能有采石场。

关于采石设施，徐州土山东汉墓的南侧及西南侧发现有大面积的汉代采石遗存，时代以西汉为主[③]，但也存在土山东汉彭城王墓在附近采石并进行加工的可能。

第三节 相关问题

东汉时期，诸侯王权力地位下降，诸侯王墓葬与很多贵族官吏，乃至大中地主、地方官吏等的墓葬有较多相近或相似性，墓葬形制与陪葬品等均体现出从俗性及其食封地主化的特征，但在黄肠石的使用、玉衣殓葬等方面

---

① 河南省文物考古研究院：《曹操高陵》，中国社会科学出版社 2016 年版，第 93 页。
② 河南省文物考古研究院：《曹操高陵》，中国社会科学出版社 2016 年版，第 99、100 页。
③ 徐州博物馆：《江苏徐州市汉代采石遗址发掘简报》，《考古》2010 年第 11 期。

又体现出相应的特权性[①]。东汉诸侯王墓的墓外设施虽在文献中有载,亦有相关考古发现,但文献记载不多,可确认的东汉诸侯王墓数量少,与东汉诸侯王墓葬外部设施有关的资料更少,很难全面或详细了解东汉诸侯王墓葬外部设施的内容和特征,与其相关的制度和丧葬内容也仅是一部分,很难窥其全貌。

虽然相关资料较少或不甚全面,但也在一定程度上反映出东汉诸侯王墓葬外部设施的发展及其相关特征和特殊性。王与王后异穴合葬墓数量较少,与汉代同穴合葬墓的发展密切相关,而祔葬墓与陪葬墓的数量和分布也体现出诸侯王食封地主化和家族墓地的特征。较多诸侯王墓葬外不见陪葬坑,这是汉代墓葬整体发展的体现。不过,东汉诸侯王墓葬有用于祭祀的坑,但很少见,而且是东汉末年的异姓诸侯王墓,刘姓诸侯王墓葬外基本不见,反映出相应的特殊性。神道及相关设施、垣墙、环壕与陵园、墓葬修建材料开采与制作设施、部分临时设施等,与东汉时期诸侯王墓自身的发展及其修建有关,如石料的开采、墓砖的烧造、石灰的制造等,安阳西高穴 M2 墓道的南北两侧地面上的磬形坑与长方形坑,也体现出与东汉有相应等级墓葬相关的内容,至于该墓的参考或标识,较为少见,则是特殊性的反映,但又是当时合葬普及的体现。祭祀礼仪建筑是东汉诸侯王墓外极为重要的设施,是汉代墓祭设施发展在诸侯王墓地的体现,其规模、功能及其建筑一体化的特征,与东汉诸侯王的等级身份和墓葬发展相符,既有灵活性,也有统一性,相关遗物和遗存也说明祭祀设施在诸侯王墓中的普及,而安阳西高穴 M2 还有其他祭祀礼仪建筑或设施,更表明祭祀礼仪类设施对于东汉诸侯王墓的重要性,亦在某些方面体现出相应的特殊性。

东汉诸侯王墓的墓外设施对多方位认识东汉墓葬墓外设施提供了相应参考。一方面,诸侯王墓具有较高等级,与帝陵有较多关联,其墓外设施对认识东汉高等级墓葬关于墓外设施的使用、墓外设施的内容、内涵及其相关制度等均有重要价值。如"李密冢",时代在东汉第一位皇帝光武帝原陵之前,墓冢在西,祭祀礼仪类建筑等位于墓东的格局及其陵园的发现,对东汉陵寝制度研究具有借鉴意义。另一方面,东汉诸侯王墓在其发展过

[①] 刘尊志:《汉代诸侯王墓研究》,社会科学文献出版社 2012 年版,第 399、340 页。

程中，有着较强的从俗性，食封地主化的特征较为突出，其墓外设施与列侯墓葬及其他中小型的墓外设施有诸多相近或相似之处，对于全面了解东汉列侯墓葬及中小型墓葬的墓外设施也可提供相应的参考。另外，东汉诸侯王墓葬墓外设施的内容、内涵及其发展、特征等又反映出诸多与东汉诸侯王这一等级阶层发展相关的内容，亦可折射出相应的社会内容。

还有一点需要说明，东汉诸侯王墓葬的墓外设施还体现出相应的继承、发展及其影响，就影响来讲，以安阳西高穴 M2 为例，相关发掘简报指出：安阳曹操高陵，"陵园朝向、垣墙、壕沟及神道两侧立柱等特征均与东汉帝陵不同。但是其垣墙外周壕沟的特征与北魏长陵十分相似[1]，同时高陵神道两侧的立柱虽然目前无法判断具体形式，但是其与北魏帝陵的神道石刻功能应该有相似之处[2]。这种现象说明，高陵的陵园制度在一定程度上具有承前启后的特征，可能对北魏陵园制度的形成有一定影响。"[3]

就东汉诸侯王墓的外部设施来讲，相关墓葬少，且个别较集中，与西汉诸侯王墓的外部设施相比较，还有较多欠缺和不全面之处，很难开展两汉诸侯王墓外部设施的综合对比。但就两汉诸侯王墓的外部设施来讲，还是存在诸多不同，如西汉诸侯王墓地的外部设施中有陪葬坑、祠庙等，东汉诸侯王墓地的外部设施则不见陪葬坑等设施；西汉诸侯王墓与王后墓多为异坟异穴合葬，东汉则少见；西汉诸侯王墓的陪葬墓或祔葬墓数量多，等级与类型多样，东汉诸侯王墓的陪葬或祔葬墓数量相对少，等级和类型也相对简略。另外，陵园、相关建筑等也有诸多不同和差异，限于资料和篇幅，不再一一分析。

---

[1] 洛阳市第二文物工作队：《北魏孝文帝长陵的调查和钻探》，《文物》2005 年第 7 期。
[2] 韩国河：《东汉北魏陵寝制度特征和地位的探讨》，《文物》2011 年第 1 期。
[3] 河南省文物考古研究院、安阳市文物考古研究所、曹操高陵管理委员会：《安阳高陵陵园遗址 2016—2017 年度考古发掘简报》，《华夏考古》2018 年第 1 期。

第三章

汉代列侯墓地外部设施

史载"汉兴之初……立二等之爵""大者王，小者侯也"①。两汉王朝均有列侯的分封，西汉早期多称为彻侯，汉武帝及之后，基本以列侯相称，但因侯的种类不同，也存在较多具体名称，而列侯的分封也体现出时代连续性强、数量大、种类多等特点。目前，能够确认的汉代列侯墓葬已有相当数量，墓外设施的内容、内涵不尽相同，这与汉代列侯自身的发展存在密切联系。

第一节 汉代列侯墓地外部设施发现概况

西汉时分封各种列侯计811人，其中功臣侯280人（随父24）、王子侯429人（皇孙1、王孙22）、外戚侯102人（随父43）②。东汉时所封列侯较之西汉略多，史书记载共分封各种列侯877人（含随父），侯国分布范围更加广泛③。随着考古工作的不断深入，已有相当数量的汉代列侯墓葬被发现或确认，部分经相关调查或勘探，部分则进行了考古发掘。其中一些墓葬的墓主身份较为明确，一些则发现与列侯丧葬等级相同或相近的遗物，被确认为列侯或列侯级别墓葬。目前，已发现并可大致确认的两汉列侯墓葬约140座，一部分位于京畿周边，相当数量为帝陵陪葬墓，一些分布于全国其他地

---

① （东汉）班固：《汉书·诸侯王表》，注引韦昭曰："汉封功臣，大者王，小者侯也。"中华书局1962年版，第393、394页。

② 张号召：《西汉列侯的分封及演变》，郑州大学硕士学位论文，2010年，第5页。

③ 赵海龙：《东汉侯国地理研究》，郑州大学硕士学位论文，2015年，第60—64页。

区，其中西汉列侯墓葬 70 多座，东汉列侯墓葬 60 余座[①]。

关于汉代列侯墓地外部设施，文献记载较少，且仅是简单提及，如祠堂、墓垣、门阙、罘罳、神道等，基本不见详细描述。湖北云梦睡虎地 M77 出土《葬律》记有西汉列侯墓地外部设施的诸多内容，包括墓园、门阙、罘罳、祠堂等，一些设施还有详细描述，如茔域范围、墓园垣高、祠堂尺寸及相关设施的位置等[②]，但整体简单且不全面。随着考古工作的不断开展，与两汉列侯墓地外部设施有关的考古资料不断丰富，在一定程度上弥补了史料的不足，也为全面认识汉代列侯墓葬提供了重要的实物参考。需要说明的是，目前仍有一些列侯墓葬暂未发现墓外设施或相关资料未被公布，而有相关发现者，由于墓地环境遭受较多破坏，加之考古工作开展及资料公布程度皆有不同，相关设施的考古资料也详略不一。

一、西汉列侯墓地外部设施

已发掘并可确认的西汉列侯墓葬中，较多发现与墓外设施有关的遗迹和遗物，但均遭受不同程度的破坏。少量墓葬有相关遗迹可寻，有的埋于地下得以存留，有一些仅存相关遗物，还有一些暂无发现或资料暂未公布。下文亦按地区进行梳理与描述。

（一）陕西省

1. 帝陵陪葬墓

（1）长陵陪葬墓

杨家湾 M4、M5 封土外有一定数量的陪葬坑及一些小型西汉墓，西北还有一座规模较大的墓葬（图 3-1），为西汉早期绛侯周勃夫妻异穴合葬墓及其子周亚夫墓等所属墓地[③]。

---

① 相关数据为笔者统计所得，因有些墓葬暂无墓外设施及相关内容，本文不作涉及。
② 湖北省文物考古研究所、云梦县博物馆：《湖北云梦睡虎地 M77 发掘简报》，《江汉考古》2008 年第 4 期；彭浩：《读云梦睡虎地 M77 汉简〈葬律〉》，《江汉考古》2009 年第 4 期。
③ 陕西省文管会、博物馆、咸阳市博物馆杨家湾汉墓发掘小组：《咸阳杨家湾汉墓发掘简报》，《文物》1977 年第 10 期；陕西省文物管理委员会、咸阳市博物馆：《陕西省咸阳市杨家湾出土大批西汉彩绘陶俑》，《文物》1966 年第 3 期。

（2）安陵陪葬墓

安陵东部今跃进村附近为宣平侯张敖墓与夫人鲁元公主墓，二墓与其他3座墓位于同一墓园内，墓园呈凸字形，周围发现有垣墙。M1规模大，可能为鲁元公主墓，其西北侧有一处大面积的建筑遗址。M2在M1东侧，为宣平侯张敖墓，M3—M5位置居东，4号陪葬墓封土北侧发现东西向下水管道3组及相关建筑遗存和遗物[①]。

（3）阳陵

阳陵东部的陪葬墓之间多以壕沟或围墙界分，距司马门及司马道近，墓园面积及墓葬规模较大，有的还有外藏坑或建筑遗址（图3-2）。一些列侯墓葬墓园以壕沟围成，靠近司马道一侧的壕沟中间留有门道，有的门道两侧有夯土遗迹，为门阙。有的以垣墙为界隔，但墓园时代多在景帝以后[②]。

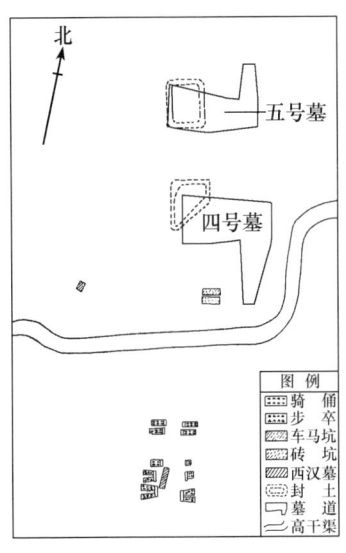

图3-1 陕西咸阳杨家湾汉代墓地及陪葬坑、陪葬墓分布示意图

司马道北第一排7号墓园（BP1Y7），西围沟与Y6共用。墓道南端向南32米有门阙遗址，左右对称，门道宽5米，单侧门阙遗址长20、宽

---

① 陕西省考古研究所：《西汉安陵调查简报》、孙铁山：《关于西汉安陵的新发现》，《考古与文物》2002年第4期；咸阳市文物考古研究所：《西汉帝陵钻探调查报告》，文物出版社2010年版，第24—26页。

② 咸阳市博物馆：《汉景帝阳陵调查简报》，《考古与文物》1980年第1期；陕西省考古研究所：《汉阳陵》，重庆出版社2001年版；陕西省考古研究所阳陵考古队：《汉景帝阳陵考古新发现（1996—1998）》，《文博》1999年第6期；汉阳陵考古队：《西安市高陵泾河工业园区阳陵陪葬墓园和阳陵邑遗址》，《中国考古学年鉴·2003年》，文物出版社2004年版，第349、350页；马永嬴、曹龙、杨武站：《汉阳陵陪葬墓园》，《中国考古学年鉴·2006年》，文物出版社2007年版，第399页；焦南峰：《试论西汉帝陵的建设理念》，《考古》2007年第11期。关于汉阳陵东区陪葬墓，尤其是高陵县泾河工业园区光明饮品公司内发掘的阳陵陪葬墓，相关资料主要采自曹龙：《西汉帝陵陪葬制度初探》，西北大学硕士学位论文，2009年，第14—27、41—49页；《西汉帝陵陪葬制度初探》，《考古与文物》2012年第5期。

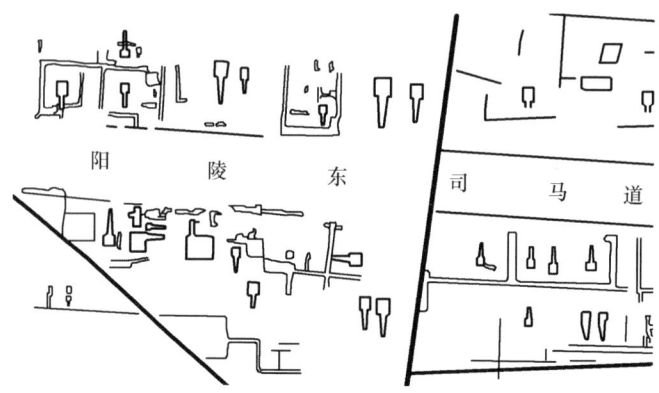

图 3-2 汉阳陵东区陪葬墓园钻探平面图（局部）

5米。门阙距南围沟13米，南围沟与门阙门道正对处开一门道，宽5米。M797为墓园内规模最大的一座，位于中部偏西。外藏坑（K1）横跨在墓道北端，坑的中间部分压在封土下，东西两端在封土之外，分别长9米与2米。K1全长34、宽3.2、深5.25米左右，长方形竖穴坑道结构，坑内为木质结构的地下隧道，底部由一夯土隔梁分为两部分，西半部放置大量生活器皿，东半部放置着衣式裸体陶俑、陶牛、陶马等。墓园东北部有2座小型墓葬，时代为东汉晚期。

司马道北第一排10号墓园（BP1Y10），面积约1.2万平方米。围沟平面为曲尺形，不全部联通，东围沟和北围沟均有弯折处。东围沟由南向北约24.4米处发现一生土隔梁，似为通道。南围沟中间断开，为墓园门阙遗址，稍向墓园里缩进约5米左右。遗址基础土圹以门道南北向中线为轴，东西基本对称分布。中间门道两侧部分的夯土基址规模相当，基本对称。紧挨门道处有夯土基址，门阙基址的两侧有夯土基址，门道中部发现一西南—东北向土槽[①]。墓园门阙以南与司马道北界沟之间发现东西向一字排开的小型灶坑14处，大小相当，分布规律，朝向一致，火门均朝北，间距为2.4—4米不等。单个灶体由操作间、火门及灶坑三部分组成。这一组灶坑向东西两边仍有分布，共有57处，似与墓园的修建或墓葬的祭祀有关。M740位于墓园

---

① 陕西省考古研究院：《2008年陕西省考古研究院考古调查发掘新收获》，《考古与文物》2009年第2期。

中部，墓道南端底部有一陪葬坑（K2），为车马坑，而在墓室之上有一横跨的陪葬坑（K1），左右两端在墓外，规模较K2大许多。

司马道南第一排7号墓园（NP1Y7），墓园西围沟与Y6东围沟共用，南围沟长约80、东围沟约长85米。M85为墓园内规模最大的一座，平面呈甲字形。M85墓道以东有大量小型墓葬，多为南北向。

司马道南第一排8号墓园（NP1Y8），墓园西围沟与Y7东围沟共用，南围沟长130米，东围沟被破坏，残存局部。M760、M761为墓园中规模较大的两座墓葬，均为甲字形，东西排列。墓园西北角无规律分布10余座小型墓葬，其中8座属于长斜坡墓道洞室墓。

司马道南第一排9号墓园（NP1Y9），墓园西围沟与Y8东围沟共用，已破坏，南围沟长220、东围沟长90、宽20米。M130（周应墓）位于墓园东南角，M144位于墓园的西南角，墓园中部有大片的空白地带，西南角有20余座小型墓葬，东半部有50余座小型墓葬，分布均无规律。

司马道南第一排10号墓园（NP1Y10），西围沟与Y9东围沟共用，东围沟长约105米，北端与司马道南界沟相接，南围沟长约70米。M457为该墓园中规模最大的一座，位于墓园东部，平面呈甲字形。墓园西南角及东北角有大量小型墓葬分布，时代大都为西汉晚期至东汉中期。

司马道南第一排11号墓园（NP1Y11），西围沟与Y10共用，南围沟长135、东围沟长185米。M590为该墓园内规模最大的墓葬，平面呈甲字形，紧贴东围沟。M590墓道东侧为M566，墓向与M590相反，竖穴墓道，随葬有玉器、铜镜、弩机等。小型墓葬主要位于M590墓道以西的墓园西部，分布无规律，时代多为西汉晚期以后。

（4）茂陵陪葬墓

霍去病墓封土四周筑有平面呈南北长方形的围墙，地表发现残碎的汉代砖瓦，推测有相关建筑。封土上置有大量巨石，并有石人、石马等大型圆雕石雕十余件，品种丰富[①]。

霍光墓封土周围有夯土墙遗迹，由于破坏严重，墓园情况不明。墓葬

---

① 王子云：《西汉霍去病墓石刻》，《文物参考资料》1955年第11期；傅天仇：《陕西兴平县霍去病墓前的西汉石雕艺术》；马子云：《西汉霍去病墓石刻记》，《文物》1964年第1期。

周围有外藏坑15座，平面形状有长方形和曲尺形两种，也发现有建筑遗址，墓葬东北部有一高台，散存大量建筑材料残片，可能为祠堂类建筑[①]。

卫青墓封土四周筑有平面呈南北长方形的围墙，南、西、北墙正中发现门址，东门叠压在茂陵博物馆下；上官桀墓周围有平面呈南北长方形的壕沟围绕，长199.5—206.3、宽156.5米，南壕沟西段和墓道对应处设有门，门址东西24.8、南北4.5、门道宽5.8米；M14、M15均属列侯级别墓葬，封土四周皆有长方形围墙，前者平面呈东西向，后者平面呈南北向，南墙正中有门址，东西50.6、南北4.4—4.5、门道宽36.8米，墓园内西北部有2座小型墓葬[②]。

阳信家冢（M23）为列侯级别墓葬，据早期在其周围进行的大面积钻探和勘察工作，得知周围尚有38个坑和4座墓葬[③]，近年来进行的考古钻探，发现该墓周围有外藏坑16座、建筑遗址2处、小型墓2座，未见墓园围墙[④]。

（5）杜陵

富平敬侯张安世及其夫人墓（西安凤栖原M8与M25）外有兆沟围成的略呈方形的墓园，张安世墓位于墓园中心，两侧各有3个兵马俑陪葬坑，偏东侧为夫人墓。祠堂建筑位于夫人墓东侧，二者东西相对，祠堂北还有一相连的小型房屋建筑。墓园内发现道路、排水沟及相关建筑构件如"长乐未央"瓦当、花纹方砖等，有道路通向祠堂。墓园外周边还有12座中小型墓葬，以东部居多，均朝向墓园[⑤]。

---

① 咸阳市文物考古研究所：《汉武帝茂陵钻探调查简报》，《考古与文物》2007年第6期。
② 陕西省考古研究院、咸阳市文物考古研究所、茂陵博物馆：《汉武帝茂陵考古调查勘探简报》，《考古与文物》，2011年第2期。
③ 咸阳地区博物馆、茂陵博物馆：《陕西茂陵一号无名冢一号从葬坑的发掘》，《文物》1982年第9期。
④ 陕西省考古研究院、咸阳市文物考古研究所、茂陵博物馆：《汉武帝茂陵考古调查勘探简报》，《考古与文物》，2011年第2期。
⑤ 陕西省考古研究院：《西安凤栖原西汉墓地田野考古发掘收获》，《考古与文物》2009年第5期；张仲立、丁岩、朱艳玲：《长安凤栖原西汉家族墓地》，《中国文物报》2010年4月16日第4版；《凤栖原汉墓：西汉大将军的家族墓园》，《中国文化遗产》2011年第6期。

2. 其他列侯墓葬

西汉中晚期的西安石家街汉墓是一座列侯级别的墓葬，墓葬东北约30米处发现建筑遗迹，平面呈东西向长方形，可能为祠堂，墓葬东南约19米处有南北向陪葬坑（K1）[①]。西汉中期的长安邮电学院汉墓，墓主为列侯级别，墓外有双开间祠堂建筑[②]。西安市富力赛高城市广场西汉墓地，围沟围成的墓园南北长135、东西宽154米，兆沟完整，宽约7、深4米。园内有1座甲字形大墓（M14）及23座其他汉墓，另有8座汉墓位于墓园外，M14的时代为西汉早期，墓主身份不低于列侯一级，而该处为废弃于西汉晚期偏早阶段的一处高等级贵族墓地[③]；31座小型汉墓中，4座西汉早期墓葬，分别位于围沟内东北角（M4与M6）、西南角（M24）及围沟外西南角（M12），M4、M6、M12的附近均有其他分布集中的墓葬，等级不高，可视为M14的陪葬墓，园中还有墓葬打破M14，时代相对晚，等级亦较低，可能与M14无隶属或陪葬关系[④]。西安市北郊张家堡汉代墓地，发掘汉墓440余座，M110、M114、M115规模较大，相距不远，呈品字形分布，属列侯及相近级别墓葬，时代为西汉中期晚段至新莽

[①] 西安市文物保护考古研究院柴怡、张翔宇、孙武：《西安东郊石家街发现汉代列侯级别墓葬》，《中国文物报》2013年8月16日第8版。

[②] 该墓葬资料尚未发表，在相关简报与研究文章中有所提及，西安市文物保护考古所程林泉、张小丽、翟霖林：《谈谈对张家堡汉墓群的几点初步认识》，《中国文物报》2008年2月15日第5、7版；西安市文物保护考古所：《西安张家堡新莽墓发掘简报》，《文物》2009年第5期。

[③] 陕西省考古研究院：《2011年陕西省考古研究院考古发掘新收获》，《考古与文物》2012年第2期；《陕西西安富力赛高城市广场汉墓发掘简报》，《考古与文物》2017年第3期。

[④] 关于该墓地中的M14，发掘简报有介绍，但重点是对另外31座规模较小墓葬进行的介绍和研究。简报指出："M14发现之初，即考虑其与这批小型汉墓之间的关系。其中M19打破M14，而结合兆沟以内分布着大量没有规律排列的西汉晚期墓葬来看，这些小型墓葬与M14的时代有明显差别，故应该没有隶属关系。"详见陕西省考古研究院：《陕西西安富力赛高城市广场汉墓发掘简报》，《考古与文物》，2017年第3期。笔者认为，其中一些墓葬分布无规律，且有的打破M14，当与M14关系不大，但一些应与M14存在关系，尤其M4、M6、M12、M24，时代与M14接近，可能为其陪葬墓，因其等级低，作为袝葬墓似不可能，而这些墓葬附近与其形成一组的墓葬时代相对要晚，有可能是陪葬者后人的墓葬，进而也形成对M14的陪葬。

时期①。

武帝元狩五年（公元前 118 年）至昭帝之间的蓝田支家沟汉墓，墓主人与西汉皇室有密切关系，身份应不低于列侯一级，封土周边有墓园墙垣，东西长约 110 米②。

汉中市城固博望镇汉墓，甬道内出土似封泥印字纹陶片，有"博望侯造（铭）"等字，另有五铢钱币等，大致可确定该墓为博望侯张骞之墓，地表发现有残碎的汉代砖瓦，推测有相关建筑，墓外还有大型圆雕石翼兽等③。

（二）河北省

邢台南郊北陈村南汉墓，出土有玉衣片及"刘迁"文龟纽铜印 1 枚，墓主为南曲炀侯刘迁（前 81 年—前 51 年），所在墓地另有 2 座规模较大墓葬，三墓封土东西一字毗连，各距数十米④。

邯郸隆尧固城村南汉墓，出土玉片约 230 枚，墓主为第三代或第四代象氏侯（刘千秋或刘汉强），墓葬外周围地面多见汉代砖瓦、陶器等⑤。

（三）山东省

西汉早期的济南腊山汉墓，墓主人是一名叫"傅娡"的列侯夫人，墓葬的早期盗洞内填有大量云纹瓦当、绳纹板瓦和筒瓦残片，还有少量带花纹的铺地砖，相关建筑在墓葬被盗时已废弃⑥。

五莲县仲崮山 M4 出土"刘祖私印"龟纽铜印，另有 150 片玉片等，墓主刘祖为东昌趯侯刘成之曾孙，距离较近的 M3 极可能为刘祖夫人的墓葬，二墓附近还有 2 座时代接近的墓葬，为家族或家庭成员墓葬⑦。

---

① 西安市文物保护考古所：《西安张家堡新莽墓发掘简报》，《文物》2009 年第 5 期；西安市文物保护考古研究院：《西安市张家堡两座西汉墓葬的发掘》，《考古》2019 年第 2 期。
② 陕西省考古研究院：《陕西蓝田支家沟汉墓发掘简报》，《考古与文物》2013 年第 5 期。
③ 卜琳、白海峰、田旭东等：《张骞墓考古记述》，《考古与文物》2013 年第 2 期。
④ 河北省文物管理处：《河北邢台南郊西汉墓》，《考古》1980 年第 5 期。
⑤ 隆尧县文物保管所：《河北隆尧县出土刻花贴金玉片》，《文物》1992 年第 4 期。
⑥ 济南市考古研究所：《济南市腊山汉墓发掘简报》，《考古》2004 年第 8 期。
⑦ 潍坊市博物馆、五莲县图书馆：《山东五莲张家仲崮汉墓》，《文物》1987 年第 9 期。

平度界山M1、M2相距约9米，M1墓主女性，M2墓主男性，二者可能为西汉中期的某位平度侯及其夫人墓葬，M1东南约30米处还发现一座汉墓，为M3，陪葬品也较丰富，可能为列侯家庭成员墓葬①。

聊城阳谷吴楼M1，时代为西汉晚期，墓主为阳平侯王禁后世的某一列侯或家族成员，附近有4座时代接近的汉墓，地表发现许多圆形瓦当，直径16厘米，上有篆书"长乐未央"四字（图3-3）②。

图3-3　山东聊城阳谷吴楼M1地表出土陶瓦当

（四）江苏省

主要为今徐州地区的西汉列侯墓葬，仪征烟袋山M1也有相关遗存。

1. 徐州市

北郊宛朐侯刘埶墓有较明显的墓垣，地表均散落较多建筑材料残片。封土下墓葬两侧各1座规模较小墓葬（M4、M5③），封土外西北有1座陪葬坑，东部稍远距离还有2座等级略高墓葬，M1出土金饼等④。火山刘和墓与夫人墓并列，距离较近，时代为武帝早期，刘和墓出土完整的银缕玉衣，墓主为列侯，二墓西南山坡有一被盗的西汉墓，规模稍小，三墓封土外散见较多残碎的板瓦与筒瓦残片⑤。后山汉墓为上下两层，上层为新莽前后对下层墓葬破坏后安葬的夫妻二人同穴合葬；下层为西汉早期单人葬，出土陶俑、200余枚玉衣片等，墓主为列侯级别的刘姓贵族，地表有残碎

---

① 青岛市文物局、平度市博物馆：《山东青岛市平度界山汉墓的发掘》，《考古》2005年第6期。

② 聊城市文物管理委员会：《山东阳谷县吴楼一号汉墓的发掘》，《考古》1999年第11期。

③ 笔者在徐州博物馆工作时发掘，资料现存徐州博物馆。

④ 徐州博物馆：《徐州西汉宛朐侯刘埶墓》，《文物》1997年第2期；邱永生：《徐州郭庄汉墓》，《考古与文物》1993年第1期。

⑤ 耿建军、盛储彬：《徐州火山汉墓》，《中国考古学年鉴·1997年》，文物出版社1999年版，第132、133页。

的板瓦与筒瓦残片①。

东郊陶楼山 M1 为夫妻同穴合葬，墓内出土"君侯之印"龟纽银印 1 件，还有双面铜印 2 方，1 方为阳文，正面印文为"刘顼"，背面为"臣顼"，男性墓主刘顼为列侯，该墓周边还有 3 座墓葬，四墓时代接近②。

南郊拖龙山 M3 为列侯级别墓葬，位于山头最高点，处于墓地最南端，墓葬有两层墓垣，位于墓口附近，略呈方形，再外还有一层围墙，规模较大，为较规整的长方形，东西长 35、南北宽 25 米，以大小不等的块石砌成，南围墙外侧高度近 1 米（图 3-4），墓葬位于外层围墙内偏西侧，M4 位于东北角，围墙内散存大量板瓦、筒瓦及云纹瓦当残片，以 M3 东侧、M4 南侧空地最为集中，原应有建筑，围墙外东北稍远距离山脊上有 2 座墓葬，东侧山坡 1 座墓葬，与 M3、M4 时代接近，属于同一墓地③。

图 3-4　江苏徐州拖龙山 M3 南侧园墙（局部）

东北郊荆山村西汉墓地有主墓（M4），也有其他多座墓葬、陪葬坑、房屋建筑（祠堂）等④，很可能为一处西汉列侯墓地，以 M4（列侯夫妻同穴合葬墓）为核心，该墓竖穴口有一陪葬墓，墓葬东、西两侧也设置陪葬墓（M2、M9）；西南方向稍远距离为一车马陪葬坑（K1），其与主墓之间的山坡地带为 M1、M3 两座袝葬墓，四者基本呈直线分布；墓地东南

---

① 徐州博物馆：《江苏徐州后山西汉墓发掘简报》，《文物》2014 年第 9 期。
② 徐州博物馆：《徐州市东郊陶楼汉墓清理简报》，《考古》1993 年第 1 期。
③ 徐州博物馆：《徐州拖龙山五座西汉墓的发掘》，《考古学报》2010 年第 1 期。
④ 徐州博物馆：《徐州荆山村西汉墓群发掘简报》，《穿越长三角——京沪、沪宁高铁江苏段考古发掘报告》，科学出版社 2013 年版，第 25—42 页。

山坡还有 4 座呈东北—西南向直线分布的陪葬墓（M5—M8），特征较统一；墓地南端中部，主墓、祔葬墓、陪葬坑排列的延长线上有一双开间祠堂，出土相关建筑材料；该墓地还可能有墓园墙包绕，惜破坏严重，情况不详①。

2. 扬州市

烟袋山汉墓（编号 YYM1）为西汉中期夫妻同穴合葬墓②，M1 西北 50 米有 4 座陪葬坑，编号为 07YYK1—K4（简称 K1—K4）（图 3-5），均竖穴土坑，东西向，K1—K3 呈品字形排列，K4 位于 K1 东侧 2.5 米处，皆为车马坑，以偶车马即明器车马、象征性车马为主，如 K4，出土车马器、木俑、兵器和其他木器等（图 3-6），年代为西汉中期，属 M1 的陪葬坑，而 M1 墓主与广陵国王族有关，身份为诸侯王以下的列侯③。

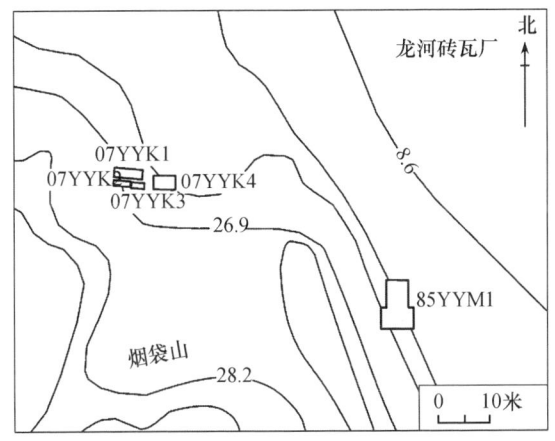

图 3-5　江苏仪征烟袋山 M1 及车马陪葬坑分布图

图 3-6　江苏仪征烟袋山 M1K4 出土木俑

---

① 刘尊志：《江苏徐州荆山村西汉墓地性质浅探》，《中原文物》2016 年第 6 期。
② 南京博物院：《江苏仪征烟袋山汉墓》，《考古学报》1987 年第 4 期。
③ 扬州市文物考古研究所、仪征市博物馆：《江苏仪征市烟袋山西汉车马陪葬坑发掘简报》，《考古》2017 年第 11 期。

(五)安徽省

巢湖北山头2座西汉墓葬,东北—西南向排列,相距23米,M1为列侯级别墓葬,M2墓主可能为列侯夫人①。

阜阳西汉汝阴侯夏侯灶夫妻异坟异穴合葬墓,东西并列,相距不足20米②。

(六)江西省

南昌市新建区墎墩山海昏侯刘贺及其夫人墓的周围有以刘贺墓为中心、平面呈梯形的墓园,有园墙,东、北两面辟门,门外有阙,北门内有礼制性建筑,刘贺墓东侧为夫人墓,西北有一南北长方形的车马陪葬坑,二墓南侧为成组的回廊式建筑,有厢房、祠堂等建筑及水井等,刘贺墓前还有专门的祭祀性建筑——寝,寝的北侧墙基之间及东西墙基的外侧有灰坑,为祭祀坑的可能性较大,园内另有7座墓葬、刘贺墓北侧二墓墓主一为刘贺子嗣,另一或为刘贺子嗣,或为与刘贺关系密切的女性;另5座位于墓园的东部,有的墓前也有祠堂类建筑,一些墓葬外围有排水沟,园内有完善的道路和排水系统,并出土较多建筑材料及生活用具③。

莲花县罗汉山老虎坳为第一代安成侯刘苍墓,周围尤其是封土堆西侧曾发现多座汉白玉柱础,表明该处很可能存在墓园及相关建筑④。

---

① 安徽省文物考古研究所、巢湖市文物管理所:《巢湖汉墓》,文物出版社2007年版,第90—141、147—150页。

② 安徽省文物工作队、阜阳地区博物馆、阜阳县文化局:《阜阳双古堆西汉汝阴侯墓发掘简报》,《文物》1978年第8期。

③ 江西省文物考古研究所、南昌市博物馆、南昌市新建区博物馆:《南昌市西汉海昏侯墓》,《考古》2016年第7期;江西晨报、江西省文物考古研究所:《发现海昏侯》,江西教育出版社2015年版。

④ 江西省文物考古研究院、萍乡市莲花县文物办:《江西莲花罗汉山西汉安成侯墓》,上海古籍出版社2017年版;徐长青:《莲花汉墓——江西发现唯一最早的汉代王侯墓葬》,《江西画报》2009年第2期;李育远:《莲花县西汉安成侯墓》,《中国考古学年鉴·2008年》,文物出版社2009年版,第233、234页。

（七）湖南省

长沙马王堆 M1—M3 位于同一墓地，M1、M2 为西汉早期夫妻异穴合葬墓，M1 墓主女性，出土用于封缄的数十块"轪侯家丞"封泥，漆器上有"轪侯家"文字，M2 出土"轪侯之印"、"长沙丞相"龟纽铜印及"利苍"玉印，墓主为长沙国相、轪侯利苍及其夫人，M3 墓主为 M1 与 M2 墓主的儿子利豨或其兄弟[①]。杨家山刘骄与杨子赣夫妇墓位于同一座山包上，为异坟异穴合葬，"刘骄"或为封君，两墓很可能为列侯及其夫人墓[②]。

永州市鹞子岭 M1、M2 位于墓地的第三封土堆下，M1 墓主为第三代泉陵侯刘庆，M2 墓主为其夫人[③]，在第一、二封土堆之间还清理有泉陵侯家族成员刘彊的墓葬[④]。

沅陵县城关镇西虎溪山沅陵侯吴阳墓（M1），南侧不足 20 米并列有夫人墓葬（M2）[⑤]。

（八）四川省

绵阳双包山 M2 时代为西汉早期，相当于列侯级别墓葬，附近还有 1 座规模相对较大墓葬（M1），可能为列侯家族或家庭成员墓葬，周边还有 20 余座不同规模的西汉木椁墓，时代下限至西汉晚期，与 M1、M2 当有一定关系。M2 中室的较多盖板两端有近方形卯口，东、西室盖板上也有 2 个卯

[①] 湖南省博物馆、中国科学院考古研究所：《长沙马王堆一号汉墓》，文物出版社 1972 年版；湖南省博物馆、湖南省文物考古研究所：《长沙马王堆二、三号汉墓·第一卷·田野考古发掘报告》，文物出版社 2004 年版。

[②] 何旭红：《长沙杨家山西汉"刘骄"墓和"杨子赣"墓考》，《湖南省博物馆馆刊（第 11 辑）》，岳麓书社 2015 年版，第 321—329 页。

[③] 湖南省文物考古研究所、永州市芝山区文物管理所：《湖南永州市鹞子岭二号西汉墓》，《考古》2001 年第 4 期。

[④] 零陵地区文物工作队：《湖南永州市鹞子山西汉"刘彊"墓》，《考古》1990 年第 11 期。

[⑤] 湖南省文物考古研究所、怀化市文物处、沅陵县博物馆：《沅陵虎溪山一号汉墓发掘简报》，《文物》2003 年第 1 期。

口，计 20 个，排列无规律可循，可能与墓上的祭祀设施有关[①]。

（九）广西壮族自治区

贵县罗泊湾 M1、M2 为西汉早期夫妻异坟异穴合葬墓，相距较近，M1 为竖穴土坑木椁墓，墓主男性，中原人，为列侯级别的地方最高官吏，M2 亦是带墓道的木椁墓，前室置车马，发现有殉人等，出土"夫人"玉印、"家啬夫印"封泥等，墓主为列侯级别官吏的夫人，M1 外有 2 座陪葬坑，一为车马坑，另一可能是庖厨坑[②]。

其他如陕西西安、河北邯郸、山东青州与滕州、江苏涟水等地还发现其他西汉列侯墓葬，但未见墓外设施及相关遗物的报道，不再一一列举。

二、东汉列侯墓地外部设施

与西汉列侯墓葬相比，大致可确定的东汉列侯墓葬数量略少，而且一些遭破坏严重，一些仅作调查钻探，墓葬外设施不如西汉列侯墓葬丰富，多体现出家族墓地的特征，仅个别墓葬外的设施较为全面。

（一）河南省

东汉都城洛阳及周边地区发现较多东汉列侯墓葬，其他地区也有发现，其中一些列侯墓葬有墓外设施等内容。

1. 洛阳地区

东汉列侯墓葬数量较多，部分呈现出家族葬的特征。孟津朱家仓村西北东汉墓群中发现 3 座有方形回廊的墓葬，墓内均出土铜镂玉衣片[③]，朱仓

---

① 四川省文物考古研究院、绵阳博物馆：《绵阳双包山汉墓》，文物出版社 2006 年版，第 6、48 页。

② 广西壮族自治区博物馆：《广西贵县罗泊湾汉墓》，文物出版社 1988 年版。

③ 郭培育、王利彬：《洛阳朱家仓汉墓群考古取得重要收获》，《中国文物报》2004 年 7 月 21 日第 1 版。

村北东汉晚期 M9 出土数百枚铜缕玉衣片[①]，对应墓主均属列侯或相近级别。偃师首阳山镇华润电厂 5 座东汉墓出土有铜缕玉衣片，片数不等，均有斜坡墓道，皆属列侯级别墓葬，附近皆有相关墓葬[②]。偃师城关镇潘屯村南发掘 3 座大型东汉封土墓（C18M26—M28），均出土有方形穿孔玉片，其中 C18M26 见银缕，年代为东汉中晚期，墓主属列侯或相近级别[③]。首阳新区永宁路发掘东汉墓 9 座，其中 M4 为横列前室双纵长后室砖石墓，墓主为列侯或相应级别人员[④]。其他如老城环卫站东汉晚期 M82[⑤]及偃师东汉洛南陵区的东汉列侯墓葬[⑥]等，大多也体现出家族葬的内容。就家族葬而言，部分为祔葬墓，部分为陪葬墓。

汉魏洛阳城西东汉墓，四周为夯筑土垣的长方形墓园，东西 190、南北 135 米，东、北二垣上发现建筑遗迹两处，一在墓园东北角，一在墓园北垣西段，为附属建筑，属墓园的防卫性设施。墓园内分为东、西二区，西区为墓葬，东区营建墓侧建筑群，建筑群面东，由东、西毗连的三进院落组成，东西长 90、南北宽至少 70 米[⑦]。建筑群的基本布局是：由大型殿基西北角向北筑夯土院墙一道，在距墓园北垣 13.6 米处折而向东，再由距墓园东垣 10.8 米处转而向南，构成建筑群的总院墙。西墙和北墙外皆有砖铺散

---

① 李继鹏：《孟津县朱仓东端东汉北魏墓葬》，《中国考古学年鉴·2010 年》，文物出版社 2011 年版，第 295 页。

② 洛阳市文物考古研究院：《偃师华润电厂考古报告》，中州古籍出版社 2012 年。M50 为第 64—95、186、332 页，M107 为第 82、83、216、364 页，M132 为第 89、90、227、228、378 页，M133 为第 90、91、229、230、379 页，M92 为第 31、32、149、289 页。

③ 李继鹏：《河南偃师发现三座东汉玉衣墓》，《中国文物报》2017 年 6 月 2 日第 8 版。

④ 洛阳市文物考古研究院、偃师市文物旅游局：《河南偃师永宁路东汉墓 M4 发掘简报》，《中国国家博物馆馆刊》2018 年第 11 期。

⑤ 中国社会科学院考古研究所洛阳唐城队：《1984 至 1986 洛阳市区汉晋墓发掘简报》，《考古学集刊（第 7 集）》，科学出版社 1991 年版，第 51—78 页。

⑥ 洛阳市文物考古研究院：《洛阳偃师东汉洛南陵区 2008 年考古勘探简报》，《洛阳考古》2015 年第 2 期。

⑦ 中国社会科学院考古研究所洛阳汉魏城队：《汉魏洛阳城西东汉墓园遗址》，《考古学报》1993 年第 3 期。

水，东墙外附建面东房舍一座，北墙外也有附属建筑。院墙围成的长方形区域内，复筑南北向夯土墙两道，将院内地面分成东西毗连的三重院落，并利用这些墙壁在各个院落内建造殿堂廊舍。Ⅰ号院落居建筑群最西部，由大型殿基F1及其以北的三道墙壁围成，院内现有建筑基址五座：大型殿基F1居南，F4和F5居北，东西两侧为F2和F3，建筑间的方形空间为天井。大型殿基F1西对墓葬，是最主要建筑，为祠堂，整体作南北向长方形，殿基面东，面阔五间，进深三间，环绕有宽廊道，殿堂周边安装青石栏杆，并有登道和附建小房等，殿基各侧壁为夯土，外包砌青石板。F2为廊房，一方面可由F1东北角慢道通往院落南部，同时还可通过建于其后壁上的脚门进入Ⅱ号院落。Ⅱ号院落位于Ⅰ号院落东侧，天井居于中心部位，天井南侧是以石铺地面为中心的方形建筑F6，天井北侧有较大型殿堂F7。Ⅲ号院落位于Ⅱ号院落东侧，院落中心为一块夯土，夯土之东、西、北三面各建房舍一座，即F8、F9、F10。墓园内尤其是建筑群中发现较多建筑物遗存，如墙皮、泥背、砖瓦，另有台基、栏杆等建筑构件。另外，墓园遗址上还见到大型陵墓石刻残件，如出于F1西、北二侧的神道石柱残块等，共35块，原物为圆柱体，风格颇似南朝陵墓神道柱。

《洛阳发掘的四座东汉玉衣墓》一文公布的4座东汉晚期玉衣墓中，机车工厂M1与C5M346的墓内均出土有云纹瓦当，考虑到墓葬被盗严重，存在地面建筑材料因墓葬被盗而移入墓中的可能[①]。

2．濮阳市

南乐宋耿洛的三座墓葬呈品字形排列，每墓相距约30米，墓向一致，时代相差不远，为同一家族墓葬。M1墓口外两侧不远有平砌砖墙向左右展开，残高2.2、残长4米，有较多板瓦、筒瓦、瓦当等建筑构件遗留，并发现木料痕迹，推测原有享堂类建筑，门两旁为残高2.55米的砖垛，可能起顶柱作用[②]。

---

① 洛阳市文物工作队：《洛阳发掘的四座东汉玉衣墓》，《考古与文物》1999年第1期。
② 安阳地区文管会、南乐县文化馆：《南乐宋耿洛一号汉墓发掘简报》，《中原文物》1981年第2期；王国平、张文彦、史国强等：《南乐汉墓》，中州古籍出版社2015年版。

3. 南阳市

市区教师新村东汉 M10，附近发现较多东汉墓葬，该墓是墓群中规模最大的墓葬①。

（二）河北省

石家庄肖家营村三座东汉墓葬南北排列，相距不远，均有相应规模，为同一家族墓葬，M3 墓主为具有侯爵身份男性的夫人，M2 位置居中，墓主应为男性侯爵，M1 则可能是其家族成员②。无极县甄氏墓地有多座东汉墓葬，部分等级较高，史村南墓葬为其中一座，为列侯级别③。

保定望都药所村两座汉墓相距约 30 米，均具有相应规模，墓主身份地位亦较高，应为同一家族墓葬，M1④ 墓主很可能为浮阳侯孙程⑤。蠡县汉墓被盗扰，墓内发现 4 块卷云纹瓦当⑥，有可能为陪葬品，也可能墓内有建筑，抑或原有墓外设施，因墓葬被盗被扰至墓中。

（三）天津市

蓟州区小毛庄东汉墓地已发现 7 座东汉墓葬，时代相差不远，以 M2 为核心密集分布，个别规模略大，墓室较多，应为同一家族墓地⑦。

---

① 南阳市文物考古研究所：《南阳市教师新村 10 号汉墓》，《中原文物》1997 年第 4 期。
② 河北省文物研究所、石家庄市文物研究所：《河北石家庄肖家营汉墓发掘报告》，《河北省考古文集（三）》，科学出版社 2007 年版，第 73—97 页。
③ 孟昭林：《无极甄氏诸墓的发现及其有关问题》，《文物》1959 年第 1 期。
④ 北京历史博物馆、河北省文物管理委员会：《望都汉墓壁画》，中国古典艺术出版社 1955 年。
⑤ 安志敏：《评"望都汉墓壁画"》，《考古通讯》1957 年第 2 期；林树中：《望都汉墓壁画的年代》，《考古通讯》1958 年第 4 期。
⑥ 河北省文物研究所：《蠡县汉墓发掘记要》，《文物》1983 年第 6 期。
⑦ 姜佰国：《蓟县小毛庄东汉墓葬》，《中国考古学年鉴·2014 年》，中国社会科学出版社 2015 年版，第 210 页。

(四)山东省

济南长清大觉寺 M2 东南约 1 千米为 M1,周边还有 3 座规模较大的汉代封土墓,其中归南汉墓距 M1 仅 500 米,密集的大墓分布说明此地可能是一处家族墓地,另在大觉寺村南曾出 1 件东汉石马[①]。

泰安东平王陵山附近现存有九座土冢,当地群众谓之"九子墓",王陵山东汉列侯墓为九冢之一[②]。

青州马家冢子东汉墓,封土中出土空心砖 1 块,用途不详[③]。

(五)江苏省

徐州市郊拉犁山 M1 与 M2 为夫妻异坟异穴合葬墓[④],北侧距二墓约 1000 米处有两座墓葬(M3 与 M4[⑤])。睢宁九女墩汉墓被盗扰,墓内发现有残云纹瓦当[⑥],存在因墓葬被盗被扰至墓中的可能。睢宁刘楼东汉 M1 位于大的下邳王陵区,属于家族墓地中墓葬之一[⑦]。刘楼东汉墓地北侧较近距离的蛟龙山南麓发现较多东汉石灰窑[⑧],众多石灰窑当服务于墓地中诸多墓葬的修建。

---

① 济南市考古研究所、长清区文物管理所:《济南市长清区大觉寺村一、二号汉墓清理简报》,《考古》2004 年第 8 期。

② 山东省博物馆:《山东东平王陵山汉墓清理简报》,《考古》1966 年第 4 期。

③ 山东省青州市博物馆《山东青州市马家冢子东汉墓的清理》,《考古》2007 年第 6 期。

④ M1 资料见李银德:《徐州市屯里拉犁山东汉石室墓》,《中国考古学年鉴·1986 年》,文物出版社 1988 年版,第 123、124 页;M2 资料见耿建军:《徐州市拉犁山二号东汉石室墓》,《中国考古学年鉴·1990 年》,文物出版社 1991 年版,第 208、209 页。

⑤ 刘照建、周波:《徐州市拉犁山三号、四号东汉墓》,《中国考古学年鉴·2002 年》,文物出版社 2003 年版,第 196 页。

⑥ 李鉴昭:《江苏睢宁九女墩汉墓清理简报》,《考古通讯》1955 年第 2 期。

⑦ 睢文、南波:《江苏睢宁县刘楼东汉墓清理简报》,《文物资料丛刊(第 4 辑)》,文物出版社 1981 年版,第 112—115 页。

⑧ 盛储彬、吴公勤:《徐州市睢宁蛟龙东汉窑址》,《中国考古学年鉴·2002 年》,文物出版社 2003 年版,第 196、197 页。

(六)安徽省

淮北李楼 M1 为夫妻同穴合葬墓，西北并列的 M2 可能为家庭或家族成员墓葬[①]。

亳州董园村 M1 与 M2 均为夫妻同穴合葬墓，距离较近，当为同一家族墓葬，其中 M1 出土银缕与铜缕玉衣各 1 套。根据考古资料，周边较大范围内为曹氏宗族墓地，墓葬数量较多，曹操宗族庞大，官僚又多，修建坟墓工程自然也是非常繁重的任务，而且墓葬多为多室砖墓，应有一个有领导的、统一的制砖烧窑的机构[②]。

第二节　汉代列侯墓葬的葬地、墓域或冢地

汉代，墓外设施已成为墓葬不可或缺的重要组成部分，从多个方面附属和服务于墓葬及其相关丧葬内容。葬地、墓域或冢地与墓外设施有着较为密切的关系，对墓外设施的设置与建造、内容及类型、发展和演变等均有相应影响。从目前资料看，汉代列侯去世后，其葬地存在不同形式，墓域或冢地则既有相似性，也存在不同之处。

一、葬地

本书所述汉代列侯的葬地，是指列侯去世后葬于何地，主要相对于列侯封地而言，概念比较宽泛，而非墓葬所在的具体位置。葬地与汉代列侯分封及列侯身份地位等相关，体现出多样性。

大致来看，主要有以下几种形式，而且两汉列侯墓葬存在一定差别。

(一)葬于封地

最为常见，考古发现也较多。西汉列侯墓葬如安徽阜阳汝阴侯夫妻墓、

[①] 安徽省文物考古研究所、淮北市博物馆：《安徽淮北市李楼一号、二号东汉墓》，《考古》2007 年第 8 期。

[②] 亳州市博物馆：《安徽亳州市发现一座曹操宗族墓》，《考古》1988 年第 1 期。

江西南昌海昏侯夫妻墓、安成侯刘苍墓等，东汉列侯墓葬如山东邹城发现的 2 处列侯墓葬[①]等。

（二）葬于京畿附近

两汉均有一定数量。西汉列侯墓如新安机砖厂利成侯墓[②]、石家街汉墓、长安邮电学院汉墓等，东汉列侯墓如《洛阳发掘的四座东汉玉衣墓》一文公布的 4 座东汉晚期玉衣墓、汉魏洛阳城西（白马寺墓园）东汉墓等。这些墓葬的墓主大多生前生活于京都，死后即葬于都城附近。

（三）陪葬于帝陵

列侯有封地，但有的列侯生前在朝廷为官或生活在京都，死后陪葬于帝陵。史书中记载两汉时期列侯被赐冢于帝陵者有一定数量。西汉时期，乐安侯李蔡，"以丞相坐诏赐冢地阳陵"[③]，都成侯金安上"薨，赐冢茔杜陵，谥曰敬侯"[④]。富平侯张安世，"谥曰敬侯。赐茔杜东"[⑤]。东汉安乐乡侯胡广"年八十二，熹平元年（172 年）薨。使五官中郎将持节奉策赠太傅、安乐乡侯印绶，给东园梓器，谒者护丧事，赐冢茔于原陵，谥文恭侯。"[⑥]汉章帝建初二年（77 年），"（居巢侯刘般）妻卒，厚加赗赠，及赐冢茔地于显节陵下"[⑦]。已知两汉列侯墓葬均有相当数量。西汉列侯墓葬如杨家湾 M4 与 M5、阳陵东部陪葬的诸多列侯墓、张安世及其夫人墓等，东汉墓葬如朱家仓村西北 3 座列侯或相近级别墓葬、朱仓村北 M9、偃师东汉洛南陵区勘探的多座列侯或相近级别墓葬等。

---

① 胡新立、王军、范维扬：《邹城抢救发掘东汉墓葬出土银缕玉衣残片，墓主人可能为某一代高平侯》，《中国文物报》1998 年 2 月 4 日第 1 版；程明：《邹县发现东汉铜缕玉衣片》，《中国文物报》1990 年 3 月 29 日第 1 版。

② 郑洪春：《陕西新安机砖厂汉初积炭墓发掘报告》，《考古与文物》1990 年第 4 期。

③ （西汉）司马迁：《史记·淮南衡山列传》，中华书局 1982 年版，第 3080 页。

④ （东汉）班固：《汉书·金日磾传》附《子安上传》，中华书局 1962 年版，第 2963 页。

⑤ （东汉）班固：《汉书·张汤传》，中华书局 1962 年版，第 2653 页。

⑥ （南朝宋）范晔撰，（唐）李贤等注：《后汉书·胡广传》，中华书局 1965 年版，第 1501、1502 页。

⑦ （南朝宋）范晔撰，（唐）李贤等注：《后汉书·刘般传》，中华书局 1965 年版，第 1306 页。

（四）虽有封地，但葬于其他诸侯国内

数量不多，多葬于一些诸侯国都城附近。因墓主自身的原因又可分为三种情况。

1. 列侯生前在诸侯国为官，死后与其夫人，甚至有家庭或家族成员，葬于该诸侯国。此类情况多见西汉列侯墓葬，如长沙马王堆 M1、M2 及祔葬的 M3 等，M1 墓主为轪侯利仓，在长沙国为相，死后葬于长沙国。

2. 因列侯自身原因，死后未葬封地，见于西汉列侯墓葬。如徐州发现的宛朐侯刘埶墓，墓主刘埶为楚元王刘交的第六子，景帝时，参与"七国之乱"，兵败被诛，但《史记》与《汉书》还有不同记载，如"被赦"或"除籍"[①]，经对簸箕山 M3 墓主牙齿的鉴定，墓主死亡时为约 30 岁，属非正常死亡，也存在自杀的可能[②]。刘埶死后，未葬其封地，而是葬在楚国都城北。

3. 一些王子侯虽有封地，但可能未就国，或死后葬于其父兄或先辈所在的诸侯国内。此类情况在两汉列侯墓葬中均可能存在。很多诸侯国境内或都城附近有列侯墓葬，如今徐州市，为西汉楚国与东汉彭城国都城彭城，其附近有较多列侯墓葬，时代包括两汉。河北定州东汉晚期的 M35 出土数十块大理石质玉衣片，玉衣孔内留有鎏金铜丝残段，墓主非中山王，为列侯的可能性极大[③]，而其也存在死后葬于父兄或先辈所在诸侯国内的可能。

第（四）类列侯墓葬中，西汉列侯墓葬或墓地相对独立，极少有陪葬诸侯王墓者，即使是第 1 种情况，也是独立墓地，这与很多在朝廷为官并陪葬帝陵的列侯墓葬明显不同。东汉列侯墓葬则有陪葬诸侯王墓者，如江苏睢宁刘楼 M1，墓主为列侯级别，死后葬于下邳王的墓地之中，但其情况特殊，墓主为未成年的小孩。

---

① 《汉书·王子侯表》载：宛朐侯埶，"四月乙巳封，三年，反，诛。"《史记·孝景本纪》载："（孝景三年，前154年）六月乙亥，赦亡军及楚子埶等与谋反者。"《汉书·景帝纪》载："楚元王子埶等与濞等为逆，朕不忍加法，除其籍，毋令污宗室。"

② 徐州博物馆：《徐州西汉宛朐侯刘埶墓》，《文物》1997年第2期。

③ 定州市文物管理所：《定州市 35 号汉墓清理简报》，《文物春秋》1997年第3期。

（五）葬于家乡或宗族墓地

主要为东汉列侯墓葬，多为异姓列侯。亳州曹氏宗族墓地有曹姓东汉列侯墓。濮阳宋耿洛村南东汉墓地中，M1墓主为东武阳侯，后诏贬为都乡侯，葬于家乡的宦者侯具瑗[①]。从大的方面看，上文（四）—2、3中的一些列侯与之有相似之处，但具体来讲，他们所葬的诸侯国并不一定为家乡之地，且墓地独立，亦不位于宗族墓地之中。造成以上情况均有自身原因，如宛朐侯刘埶，葬于其父兄所封的楚国都城彭城北，不是其家乡丰邑。因此，从现有资料看，此类可视为东汉列侯墓葬的特点之一，这可能与家族或宗族的联系不断加强等原因存在一定关系。

二、墓域或冢地

列侯墓地具有一定范围，可称为墓域或冢地，但墓域或冢地是较笼统的概念，一般泛指整个墓地。墓域或冢地内埋葬列侯及相关人员，并规划、设置、建造相应墓外设施等。

西汉时，朝廷为在朝堂做官的列侯赐冢行为较为普遍，而且基本是在大的帝陵陵区内，即在陪葬墓区内赐冢地以陪葬帝陵。文献关于李蔡、金日䃅与子金安上、张安世等列侯，皆明确记载为"赐冢"，汉成帝则在修建昌陵时赐予列侯及其他众多人员冢地。张禹虽是自治冢茔，但所选之地却是奏请后赐予的。霍光、董贤二人，文献中虽没有"赐冢"记载，但也应是赐冢，如董贤，是朝廷令将作为其起冢义陵旁的。考古资料中，陪葬长陵的周勃或周亚夫墓地、陪葬安陵的张敖与夫人等的墓地、陪葬茂陵的卫青与霍去病等的墓地，均应属于"赐冢"。另外，汉阳陵发现的较多列侯墓葬，多位于帝陵东司马道的南北两侧，可确定的有高宛制侯丙猜及绍封为侯的周应等的墓地[②]，推测其中一部分列侯墓地应属于"赐冢"。关于东汉时期的列侯冢地或墓域，史料也有一些相关记载，如武原侯徐璜，"卒，赙赠钱布，赐冢

[①] 安阳地区文管会、南乐县文化馆：《南乐宋耿洛一号汉墓发掘简报》，《中原文物》1981年第2期；王国平、张文彦、史国强等：《南乐汉墓》，中州古籍出版社2015年版。

[②] 曹龙：《西汉帝陵陪葬制度初探》，西北大学硕士学位论文，2009年，第21、44页。

茔地"①。东汉时也有赐赠列侯冢茔于先皇陵区的现象，汉章帝赐居巢侯刘般妻茔地于显节陵下；熹平元年（172年）胡广薨，赐冢茔于原陵。但总的来看，东汉时期朝廷赐冢现象略少，即使是东汉早期，赐冢也相对少见，安成孝侯刘赐死后，光武帝为其营建冢堂、起祠庙等，但并未提及赐予冢地。

分封于地方并葬于地方的列侯，朝廷虽然会派相关人员视丧事，但墓域或冢地位置的选择和确定则相对宽松。史书中基本不见相关记载，推测应是在不逾制的情况下，结合自身需要，选择合适的墓域或冢地，之后再制定规模，做好规划等。从考古资料看，陪葬西汉帝陵的列侯墓葬，墓地规划存在较多的一致性，而其他两汉列侯，尤其是地方列侯的墓地，自由性较强，也在一定程度上体现出上述内容。

列侯的墓域或冢地大小并不统一，即不存在较统一的标准，这与列侯所处时代、与朝廷的关系、自身的权力地位及分封差异（如始封、嗣封、绍封的差别）、所在地域的地理环境等均有一定关系。史载佞幸董贤的墓地"周垣数里，门阙罘罳甚盛"②，可见规模之大，而如江苏徐州荆山西汉墓地则相对较小。从文献资料看，守冢户数的差异可能就是墓域或墓冢大小差异的体现，有的为三百家，有的为二百家，也有的为三十户等，考古资料也证明了这一点。西汉列侯墓地中，南昌海昏侯墓地、西安张安世墓地等，面积较大，徐州陶楼西汉墓地等则相对较小；东汉列侯墓地中，长清大觉寺东汉墓地的规模相对较大，睢宁刘楼东汉 M1 陪葬于王墓附近，墓域不会太大，而如天津蓟州区小毛庄东汉墓地、濮阳南乐宋耿洛墓地等，墓葬排列紧密，墓地亦不会太大。

虽然没有统一的标准，但关于汉代列侯墓域或冢地的规模还是存在相应的规定。排除朝廷特别赐予的特殊情况，其他多数应是在不逾制或不僭越的前提下具有一定的自主性或灵活性。冢地或茔域中，列侯墓葬居于核心位置，其外还有较多种类、不同内容的设施，综合构成汉代列侯墓地的内容，并体现出相应的特点和发展演变等内容。

---

① （南朝宋）范晔撰，（唐）李贤等注：《后汉书·宦者传·单超》，中华书局1965年版，第2520—2522页。

② （东汉）班固：《汉书·佞幸传·董贤》，中华书局1962年版，第3734页。

三、茔域制度

茔域是指墓地的范围，亦可称为墓域或冢地等。两汉列侯墓葬的茔域因时代及所处位置等的不同，存在相应的差别，同时亦体现出相应的制度。

西汉朝廷有赐予列侯家地的制度。史载，西汉乐安侯李蔡，"以丞相坐诏赐冢地阳陵当得二十亩"①。从文献记载看，被赐予冢地的列侯，绝大多数是陪葬帝陵。不陪葬于帝陵的西汉列侯，史书中基本不见朝廷赐家地的记载，这既体现出朝廷的恩赐，也与帝陵陪葬区的规划有关。李蔡被赐家地是陪葬阳陵，其他如金日磾薨，"赐葬具冢地"②，陪葬于茂陵；金安上薨，"赐冢茔杜陵，谥曰敬侯"③。张安世薨，"赐茔杜东"④。而如杨家湾汉墓陪葬长陵，还有阳陵东区陪葬的一些列侯墓葬，很多亦可能是朝廷赐予的冢地。都城附近很多列侯墓葬的冢地，一些存在被赐予的可能，但很多可能是自选茔地，而地方列侯的冢地，自选自定当占绝大多数。但是，特殊情况下，朝廷也会为极少数列侯特赐家地，并置守冢户等。另据上文，有些列侯死后未葬所封侯国，而是葬在与之有一定关系的诸侯国内，如轪侯利苍葬在长沙国，或为自选冢地，或为长沙国赐冢；宛朐侯刘埶参加"七国之乱"，兵败，其死后葬于父兄所封的楚国，被赐予冢地的可能性较大；一些王子侯死后葬在原所属的诸侯国，一些冢地也很可能是诸侯国赐予。概括来讲，西汉时期既存在朝廷赐予陪葬帝陵列侯冢地的制度，也存在列侯自选自定冢地的制度，抑或存在诸侯国赐予冢地的情况。

与身份地位相对应，茔域范围也有相关规定，据《葬律》记载，西汉早期列侯墓地的范围是"茔（茔）东西四十五丈，北南四十二丈"⑤。超出茔域范围或非法获取茔域外的土地均是不合制的。杨家湾 M4、M5 规模较大，但墓道处曲折，M4 向南，M5 向北，应是不超出茔域范围的体现。乐安侯

---

① （西汉）司马迁：《史记·淮南衡山列传》，中华书局 1982 年版，第 3080 页。
② （东汉）班固：《汉书·金日磾传》，中华书局 1962 年版，第 2962 页。
③ （东汉）班固：《汉书·金日磾传》附《子安上传》，中华书局 1962 年版，第 2963 页。
④ （东汉）班固：《汉书·张汤传》，中华书局 1962 年版，第 2653 页。
⑤ 彭浩：《读云梦睡虎地 M77 汉简〈葬律〉》，《江汉考古》2009 年第 4 期。

李蔡，以其丞相身份得赐冢地二十亩，但其又盗取三顷，并卖取获利，还盗取神道外地一亩葬于其中，其罪行当下狱[①]。另如霍光死后，其夫人"改光时所自造茔制而侈大之，起三出阙，筑神道"[②]，这也成为后来朝廷治罪霍氏的原因之一。

东汉延续西汉的相关制度，列侯或列侯夫人去世后，有的享有朝廷赐予冢地的制度，基本是陪葬帝陵，如安乐乡侯胡广、居巢侯刘般妻等。陪葬帝陵的列侯墓葬，其墓地位置及墓域大小与帝陵的整体规划有关，如偃师东汉洛南陵区的多座列侯级别墓葬、孟津朱家仓村西北东汉列侯墓葬等。有的列侯葬于诸侯王墓地之中，如江苏睢宁刘楼 M1，情况应与陪葬帝陵的列侯墓相似。较多列侯，尤其是分封地方的列侯，自选冢地的情况应较为普遍。限于资料，关于东汉列侯墓域的面积或范围还不甚清楚，推测应与身份地位相符合，基本不会僭越或超过相应面积。

第三节　西汉列侯墓地外部设施的内容、制度与特征

西汉列侯墓地外部设施较为丰富多样，功能和作用不一，反映出与西汉列侯相关的丧葬制度，也体现出相应时代特点、地域特征与等级特色。

一、设施内容

主要包括墓园及相关设施、道路、排水设施、水井、墓垣、墓上立石与墓前石雕、相关建筑、陪葬坑、合葬墓、祔葬墓与陪葬墓、守冢设施等多种。有些墓地的外部设施内容丰富，有些则相对简单，还有部分墓葬外未见相关遗存，这可能与列侯墓地对相关设施的使用存在差异有关，也与设施遭受破坏或保存状况的不同有一定关系。

墓园，狭义地讲，是指墓葬及相关设施或内容共同形成的墓区；广义上则与茔域或冢地相似，但茔域或冢地是较笼统的概念，泛指整个墓地，墓园则多涉及相关设施。

[①]（西汉）司马迁：《史记·淮南衡山列传》，中华书局1982年版，第3080页。
[②]（东汉）班固：《汉书·霍光传》，中华书局1962年版，第2959页。

墓园设施最重要的是围绕墓地主墓（列侯墓葬）而形成的与墓地有关的设施，另有门、阙及角楼等。据湖北云梦睡虎地 M77 出土《葬律》记载，西汉早期的列侯茔地，"重园，垣之，高丈……中垣为门，外为阙，垣四陬为不（罘）思（罳）"[①]。笔者认为，所谓重园，应指内外双重墓园，这一点应无疑问，两重墓园内的内容不同，作用也会有差别。以此为参考，推测西汉早期的列侯墓地为双重墓园，并砌有垣墙或有其他设施，所砌垣墙高丈，中垣有门，门外有阙，垣墙的四角还有罘罳，即角楼之类的设施。

1. 类型分析

已发现、发掘的西汉列侯墓葬中，部分墓葬的墓园及相关建筑有所保留，个别相对完整。汉阳陵东区的陪葬墓之间多围以壕沟，部分有围墙。根据围绕主墓等构建设施情况的差异，可将西汉列侯墓葬的墓园分为三型。

A 型：垣墙围绕。《葬律》竹简所记"重园（？）垣之"当是指墓园垣墙。汉阳陵东区陪葬墓中，时代晚于景帝时期者，部分以垣墙为界隔。墙多有基础，并有相应高度，亦如《葬律》中所载"高丈"。根据墙体砌建材料的不同又可分为二亚型。

Aa 型：土墙，基本为夯土砌筑。

南昌海昏侯墓地，墓园墙面积大、结构完整，围成面积近梯形，墙周长 868 米、所围地域占地约 4.6 万平方米。墙由墙基和墙体组成，均夯筑，宽约 2 米（图 3-7）。

蓝田支家沟汉墓，东、北、西三面均发现墓园墙垣遗迹，东面夯墙残长 18、宽 0.5、高 0.85 米，北面长 27.5、宽 0.4、高 0.4 米，西面夯土分布南宽北窄，且在夯土中夹杂绳纹瓦，长 36.5、高 0.8、最宽处 5.8 米，东墙距现存封土 45.2、北墙 28.8、西墙 43.9 米，据此推测陵园东西宽约 110 米，但南北总长度不详。

汉惠帝安陵东的 1—5 号陪葬墓共处于一凸字形墓园中，墓园周围有园

---

① 彭浩：《读云梦睡虎地 M77 汉简〈葬律〉》，《江汉考古》2009 年第 4 期。

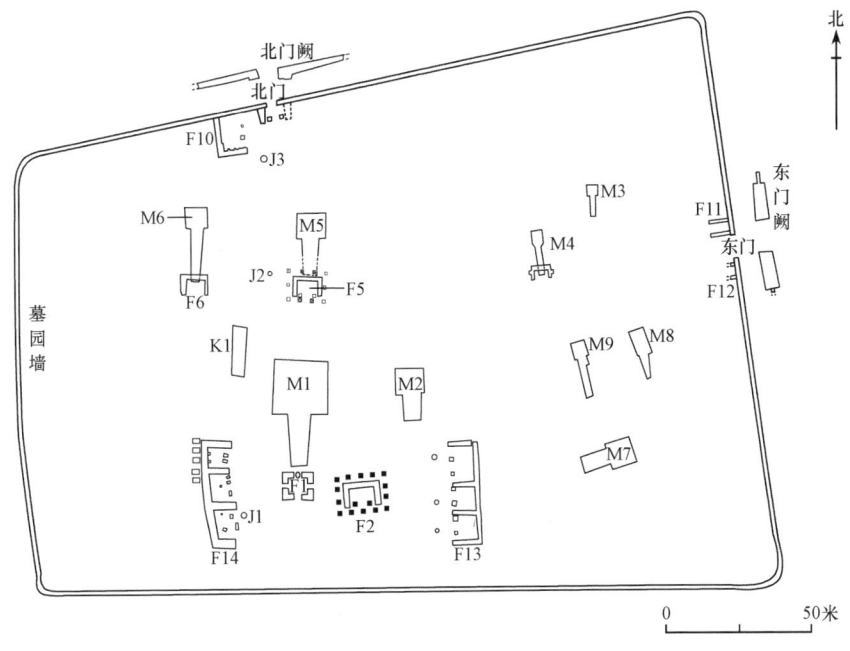

图 3-7 江西南昌海昏侯墓园平面图

墙，东西总长 732、南北通宽 212 米。东部垣墙南北长 115、宽 5.4 米，夯层平整坚硬，厚 4.5—12、平均厚度 5—7 厘米。其北墙向西延伸 418 米后折而向北延伸 97 米，再折向西延伸 314 米。西墙从北向南延伸 184 米，南墙东段有保存（图 3-8）。

汉武帝茂陵东部有较多陪葬墓，很多有墓园（图 3-9），陪葬的列侯墓葬中，卫青墓、霍去病墓的封土四周筑有平面呈南北长方形的围墙，霍光墓周围有夯土墙遗迹，M14、M15 的封土四周皆有长方形围墙，前者平面呈东西向，后者平面呈南北向。

Ab 型：石块砌墙。主要分布于山地丘陵地带。

徐州拖龙山 M3 位于山头最高点及墓地最南端，地势相对平坦。墓外有 2 层保护墓葬封土的墓垣，再外为一周规模较大、相对规整的长方形石砌围墙，为墓园墙，东西长 35、南北宽 25 米，南侧园墙外侧高度近 1 米，与墙外山体高差明显。园内偏西侧为 M3，M4 位于东北角，东南侧有大片平坦空地，原应有建筑（图 3-10）。园墙外还有 3 座时代相近的西汉墓葬。

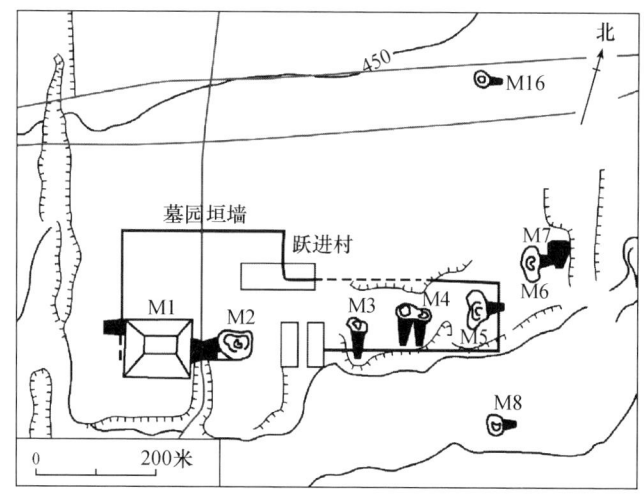

图 3-8　安陵东部陪葬墓园平面图

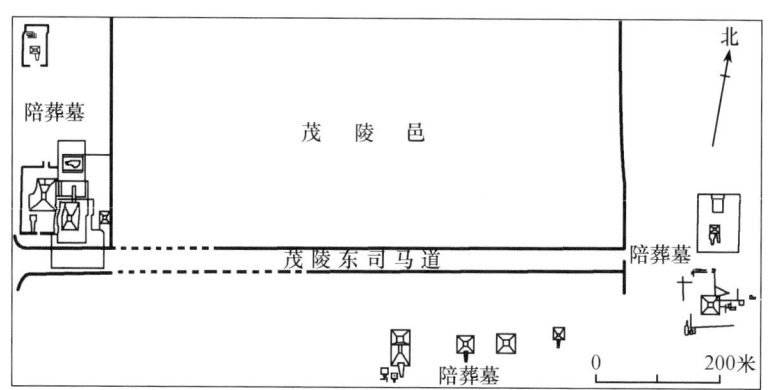

图 3-9　茂陵东部陪葬墓与墓园分布示意图

宛朐侯刘埶墓，围绕墓葬有较规整的石砌墓垣，内有主墓及 2 陪葬墓，其外还有陪葬坑，包绕上述内容似乎也有园墙，亦应为石砌，但保存较差，另在园墙外东侧还有 2 墓（图 3-11）。

B 型：壕沟围绕。壕沟为下挖而成，宽度与深度不等，有的曲折或不规整，亦称为围沟或兆沟。或封闭，或由多沟组成，一些沟并不相连，内有主墓及相关设施，有的在出口处修门址、阙或祠堂等设施。西安及周边地区常见，对汉代之前尤其秦代的围沟墓应有相应继承。根据壕沟（不含出口）是否封闭，又可分二亚型。

Ba 型：围沟相对封闭。

陪葬阳陵的列侯墓葬有壕沟围成的墓园，较多围沟闭合，靠近帝陵东司马道一侧壕沟中间留有门道，而且多与相邻墓园共用围沟。NP1Y7 西围沟与 Y6 东围沟共用，南围沟长约 80、东围沟长约 85 米。NP1Y8 西围沟与 Y7 东围沟共用，南围沟长 130 米。NP1Y9 西围沟与 Y8 东围沟共用，均已破坏，南围沟长 220、东围沟长 90、宽 20 米。

陪葬茂陵的上官桀墓，周围有平面呈南北长方形的壕沟围绕，长 199.5—206.3、宽 156.5 米，壕沟的东北部、东南部已被破坏，南壕沟西段和墓道对应处设有门。

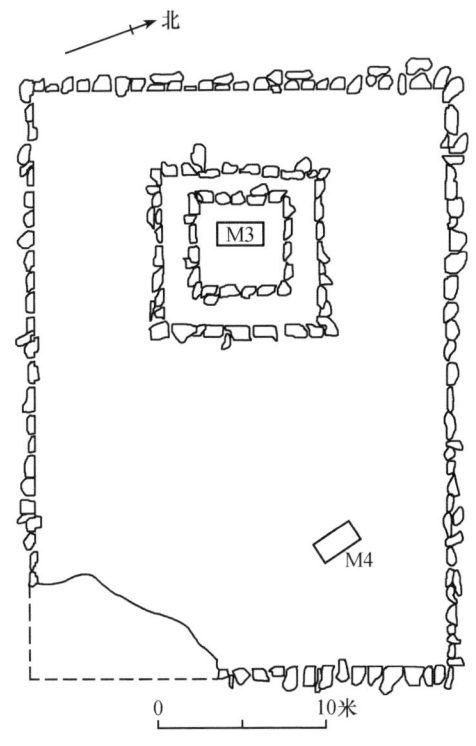

图 3-10 江苏徐州拖龙山 M3 园墙平面图

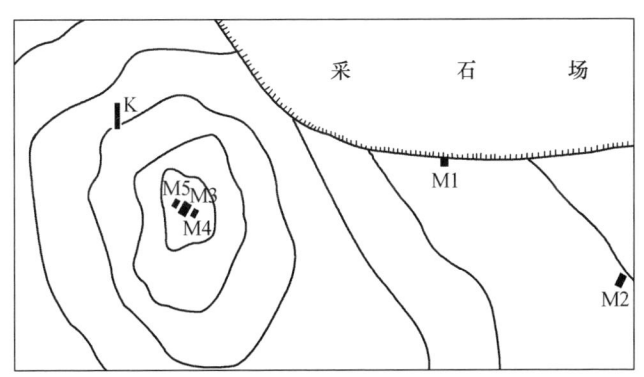

图 3-11 江苏徐州宛朐侯刘埶墓地墓葬与陪葬坑位置图

西安市富力赛高城市广场西汉墓地，以围沟围成长方形墓园，较完整，南北长 135、东西宽 154 米，兆沟宽约 7、深 4 米，未见门址等遗迹（图 3-12）。

Bb 型：壕沟有多条，部分不相连。

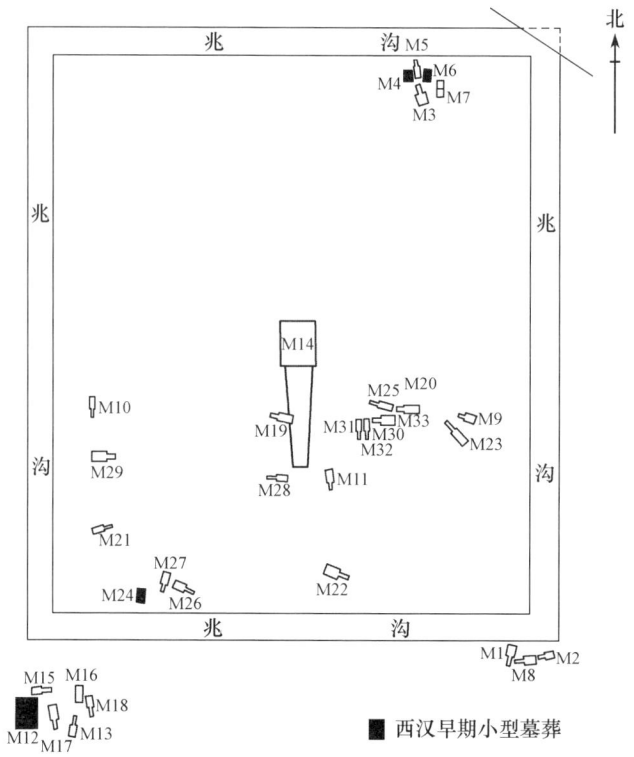

图 3-12 陕西西安富力赛高城市广场西汉墓园与相关墓葬分布示意图

阳陵东区的 BP1Y10，面积约 1.2 万平方米，围沟平面为曲尺形，不全部联通，东围沟和北围沟均有弯折处，东围沟有通道，南围沟中间断开，为墓园门阙遗址（图 3-13）。东围沟长 107 米，开口于地表以下 1.1 米处，口部边沿弯曲不齐，宽 2.8—3.8 米，沟壁较粗糙，向下略内收，底面凸凹不平，宽 1—1.5 米不等，沟深约 1.6—1.8 米，填土内夹杂有绳纹板瓦残片及少量残砖块。北围沟长 116 米，东西两端分别与东围沟和西围沟相接，中间部位向南有 90 度弯折，口部宽度约 1.6、底部宽度 0.7—1 米。西围沟长 109 米，北段较窄南段较宽，宽 1.4—2.6 米，沟壁面向下内收较粗糙，底面宽 0.6—1.8 米，南端未与墓园南围沟相接。南围沟东、西两边仅有小段，长度约 30 米，其中间部分断开，为墓园门阙遗址。

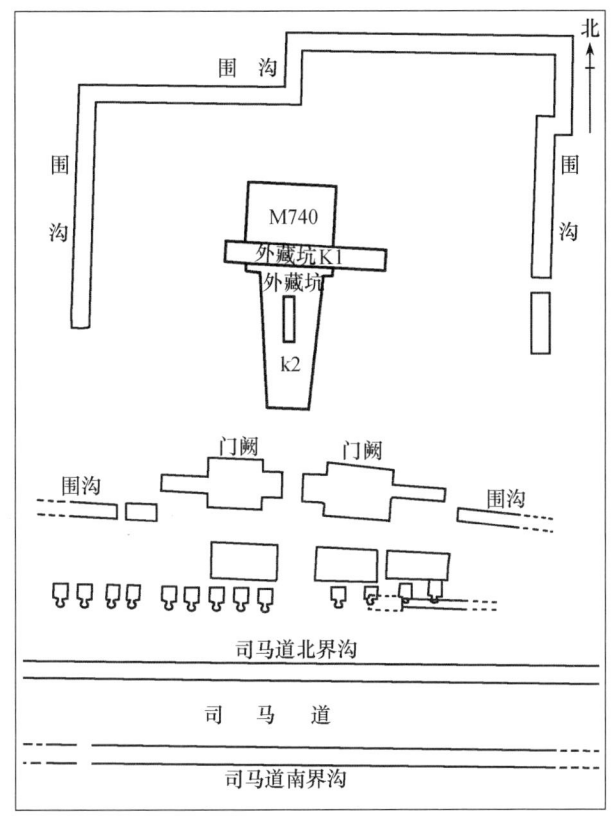

图 3-13　阳陵东区 BP1Y10 平面示意图

凤栖原张安世家族墓地面积达 6 万平方米，主墓外有兆沟围成的略呈方形的墓园。墓园四周至少 4 条兆沟，相互没有连接，深约 2—3 米，长宽则各不相同。南兆沟长约 70、宽达 20 米，北兆沟亦长 70 余米，东、西兆沟则分别长 20 余米。张安世墓位于墓园中心，两侧各有 3 个陪葬坑，偏东侧为夫人墓，内有道路、排水沟等，道路通向祠堂，祠堂建于东侧围沟北侧，祠堂北还有一相连的建筑。墓园外还有较多朝向墓园的中小型墓葬（图 3-14）。

C 型：无园墙或围沟。部分可能与破坏严重等有关，部分则原来可能就无相关设施，抑或为其他材料，已朽不存。园墙可能会因破坏严重或使用其他材料而不存，围沟则多是下挖而成，即使遭受破坏，也会有相关迹象，故

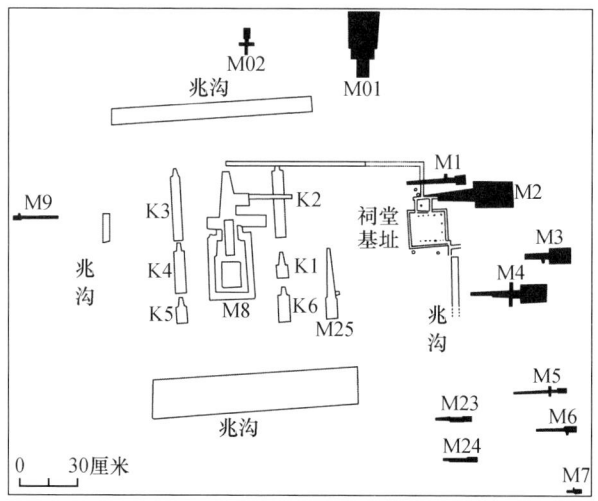

图 3-14　陕西西安凤栖原西汉墓园平面图

推测部分列侯墓地原没有墓园墙或围沟。西安石家街汉墓外有建筑遗迹，未见园墙。徐州荆山村西汉墓地亦未见园墙（图 3-15），陪葬茂陵的阳信家冢（M23）也可能没有。

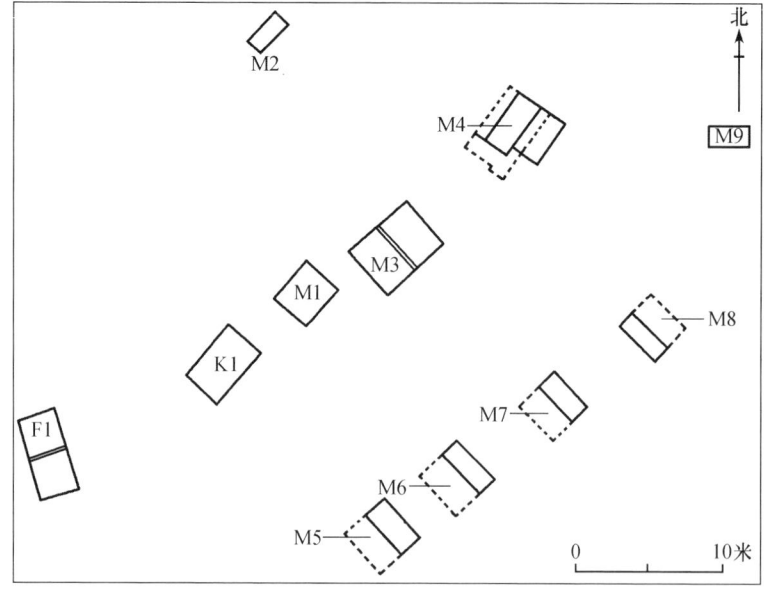

图 3-15　江苏徐州荆山村西汉墓地墓园平面图

列侯墓园对园墙或围沟的使用存在一定的地域性。墓园或使用园墙，或无园墙，而山地多使用石砌围墙，其他则多见土筑围墙。都城西安附近的较多墓葬，尤其是帝陵的陪葬墓，有相当部分使用围沟，而地方的列侯墓葬则基本不见，这既可能是都城附近列侯墓葬的特色，也与其受秦墓使用围沟影响有着一定关系，但并不排斥园墙或无沟无墙等情况。具体来看，陪葬安陵、茂陵的列侯墓葬，墓园有园墙，陪葬阳陵、杜陵等的列侯墓，墓园设置围沟，而阳陵东区的陪葬墓中，时代较早者多以围沟为界隔，稍晚者使用了园墙，茂陵的陪葬列侯墓中则是二者并存，以园墙居多。笔者认为，使用围墙或是围沟与帝陵的规划要求等可能有关，而就某一帝陵来讲，随着时代的推移，可能会存在由围沟向园墙的转变，但这仅是小范围的变化，并未影响所有陪葬帝陵的列侯墓葬。

2. 形状

无垣墙或围沟者，墓园形状多不清晰，有垣墙或围沟者则指围成的形状，墙或沟外即使有其他内容，总体形状亦大体一致。主要包括以下四种。

（1）长方形

陪葬阳陵的较多列侯墓葬，墓园以壕沟围成长方形，如NP1Y8、NP1Y9等。陪葬茂陵的上官桀墓以围沟围成南北向长方形的墓园；卫青墓、霍去病墓及M15、M14等的四周筑长方形围墙，前三者呈南北向，后者呈东西向。西安市富力赛高城市广场西汉墓地，兆沟围成长方形，南北长154、东西宽135米。徐州拖龙山M3石砌围墙为长方形，东西长35、南北宽25米。蓝田支家沟汉墓园墙东西宽约110米，但南北长度不详。西安凤栖原西汉墓地的墓园处于墓地的核心区域，东西长约195、南北宽约159米，长度相差约36米，亦应为长方形。

（2）梯形

南昌海昏侯墓地墓园西墙窄短，东墙宽长，南北两墙由西向东斜向外侈，与东墙相交，构成梯形。

（3）曲尺形

阳陵东区BP1Y10，东围沟北部微向东折，北围沟中部向南有90度弯折，构成曲尺形。

（4）凸字形

安陵东侧陪葬墓园西部近方形，东部南北两侧内收后向东延伸成长方形，构成侧置的凸字形。

综合来看，西汉列侯墓地的墓园形状，时代特征并不明显，陪葬帝陵的列侯墓园，其形状可能与帝陵的规划要求等有关；地方列侯墓地的墓园形状，则与所在墓地的环境及其设计要求等有相应关系。

3. 与园墙或围沟有关的设施

根据湖北云梦睡虎地西汉 M77 所出《葬律》中关于西汉早期列侯茔地的记载可知，与垣墙相关的设施有门、阙及四角的罘罳，祠堂也与之有关。与围沟相关的设施也有门、阙、祠堂等。除罘罳外，其他设施均有考古发现，另有通道及相关建筑等。由于墓葬的不同及保存状况的差异，具体内容也有较多差别。

（1）门址

根据安陵东 1—5 号陪葬墓墓园的走向和保存状况，1、2 号陪葬墓南或东侧可能有门。

陪葬阳陵的列侯墓园中，BP1Y7 南端有门道，宽 5 米。BP1Y10，南围沟中间断开，为门址，中间门道宽 2.6、进深 3.7 米，门道中部有西南—东北向土槽，可能用于安装门槛之类的设施。

陪葬茂陵的列侯墓葬中，卫青墓的围墙四面辟门，在墙的正中发现有门址。M14、M15 的南围墙正中有门址，东西 50.6、南北 4.4—4.5、门道宽 36.8 米。上官桀墓，南壕沟西段和墓道对应处设有门，门址东西 24.8、南北 4.5、门道宽 5.8 米。

南昌海昏侯墓园现发现有东门和北门，门址由门道、门墩和夯土基址构成，东门面阔约 5.7、进深约 1.8 米，北门面阔 10.6—12、进深约 5.7 米。

（2）门阙

陪葬阳陵的列侯墓园中，BP1Y7 南端有门阙遗址，以门道左右对称，单侧门阙遗址长 20、宽 5 米。门阙距南围沟 13 米，南围沟与门阙门道正对处开一门道，宽 5 米。BP1Y10 墓园门阙遗址稍向墓园里缩进约 5 米左右，遗址基础土圹总长约 53 米，以门道南北向中线为轴，东西基本对称分布，因宽度不同将夯土基础分为F1—F6六部分。门道两侧部分的夯土基址规模相当，基本对称，单体平面呈中字形。紧挨门道处的夯土基址宽3.6、长6.1米，门阙基址中心部位宽4.3—4.55、长12.4米，两侧的夯土基址宽2.4—2.5、长6.5米。

南昌海昏侯墓园东门、北门外有门阙建筑，阙台为夯筑，对称分布。从平面图来看，似为子母阙，东门双阙台平面呈凸字形，北门东、西阙台呈曲尺形。

（3）祠堂①

西安凤栖原张安世家族墓地的墓园内有道路连接祠堂。祠堂位于主墓正东、东侧墓园兆沟北偏内侧，为高台建筑，面东，是面三进五的方形堂室，门道东向，清理发现较完整的台基、柱础、门道、回廊、踏步、散水等建筑遗迹及筒瓦、瓦当、空心砖、方砖、条砖等建筑材料，而且该建筑基址还经过扩建。徐州荆山村西汉墓地，未发现墓园墙，祠堂位于西南侧且朝向西南，可能与园内相通，若有垣墙，该墓地的祠堂则与凤栖原墓地祠堂的功用基本一致。南昌海昏侯墓地、陪葬茂陵的霍光墓等也有祠堂遗存。

（4）通道

汉阳陵司马道北的BP1Y10，东围沟由南向北约24.4米处发现一生土隔梁，宽0.8米，似为通道，可能是与他园或园外相通的另一出口。

（5）罘罳

未见考古资料。《葬律》有相关记载，即垣四陬为不（罘）思（罳）。汉哀帝为宠臣董贤预作之墓，"周垣数里，门阙罘罳甚盛"②。

（6）相关建筑

海昏侯墓园东门及北门内侧皆有建筑。东门内有南北对称两房屋（F11、F12），均为单间；北门内西侧有一建筑（F10），规模较F11、F12大，大致为2间，室外东南有1眼水井。二门内的建筑可能具有守卫功能，而北门内F10为双开间，规模大，又可能具有相应的礼制性质。

---

① 关于汉代列侯墓地祠堂，本书第四章将有详细论述，该处仅就其特征作相关分析，特说明。

② （东汉）班固：《汉书·佞幸传·董贤》，中华书局1962年版，第3734页。

西安凤栖园张安世家族墓地祠堂北侧与之相连有一小型建筑，北与墓园内道路连接，有可能为守冢人居住的房屋，即冢舍。

综合来看，西汉列侯墓葬基本都有一定规模的墓园，而且形状不一，部分修砌垣墙，部分深挖兆沟作为界隔，列侯墓居于园墙或围沟合围之内的核心位置。垣墙或兆沟的某一位置修门，门外立阙，有的修建祠堂，部分在门道内有相关建筑，一些还在垣墙四角修建角楼，反映出西汉列侯墓葬对于墓园的重视及其设施的多样性。有些墓地发现有围沟，但未见其他设施，如西安市富力赛高城市广场西汉墓地，围沟为完整的南北长方形，但无门址、门阙等发现。有些墓葬暂未发现园墙或兆沟，或已损毁，笔者认为，若有围墙或兆沟，尤其是兆沟，相关痕迹或许可寻。因此推测，有些列侯墓葬或墓地原可能未建墓园围墙或兆沟，但西汉列侯墓地的墓园应该存在。以陪葬高祖刘邦长陵的杨家湾M4、M5为例，未发现园墙或兆沟，但二墓所属墓地有相应规模，为家族式帝陵陪葬墓，二墓规模较大，但墓葬形状均呈曲尺形，转折方向相反，这一状况可能与其不能超出墓园界限有一定的关系，换言之，其也应有规划的墓园范围，即有墓园存在。

4. 墓园中的相关内容

为墓园中除主墓及上文所述与垣墙或围沟相关设施之外的内容，较为丰富，作用不一。墓园有围墙或兆沟者，有的设施全部位于墙或沟内，有的设施则是墙或沟的内外皆有。

（1）道路

用以连通墓园内外及园内墓葬与设施等。墓园设门便于出入，因此应有连通墓园门内外的道路存在，而墓园内也会有相关道路，连接墓葬、祠堂或其他设施。由门阙通向列侯墓葬的道路也称为神道，史载："太夫人显改光时所自造茔制而侈大之，起三出阙，筑神道。"[1] 也有巡逻警戒功能的徼道，汉哀帝为宠臣董贤预作墓葬，外为徼道，周垣数里[2]。

---

[1] （东汉）班固：《汉书·霍光传》，中华书局1962年版，第2950页。
[2] （东汉）班固：《汉书·佞幸传·董贤》，中华书局1962年版，第3734页。

汉阳陵东司马道北BP1Y10，东围沟由南向北约24.4米处发现一疑似通道的遗存，连接墓园内外也应有道路。

南昌海昏侯墓发现数处有踩踏面的道路，连接主墓、祠堂及相关设施。

凤栖原墓地墓园内道路呈东—西方向，东向接祠堂基址的北端，西向接大墓M8墓道北部，经过发掘的道路长约35、宽2.5、残存厚度约0.4米，筑造规整，系先开挖基槽，再回填干净的黄土，然后夯筑压实，再后修整路面，最后在路面两侧竖立方砖，以保护路面。

较多墓园发现有门址，多为1处，如陪葬阳陵的列侯墓园。多者也有发现，海昏侯墓园有东、北两处门址，门外有阙；卫青墓园，南、西、北墙正中均发现门址。门有门道，相关道路由墓园外通过门道进入墓园内，并延伸至所需位置。海昏侯墓园发现东门及北门通向园内的道路。与之相似，一些墓地在祠堂或附近设出入口，有通道连接内外，如凤栖原墓地等。

（2）排水设施

安陵东1—5号陪葬墓所在墓园中，4号陪葬墓封土北侧20米处的一断面上发现东西向下水管道3组，上面1组，下面并列2组。下水管道剖面呈五角形，外饰粗绳纹，内饰麻点纹或布纹，通高34、直壁高23.5、底宽39、壁厚2.7厘米。

凤栖原M8一号耳室东北处有排水道，东—西方向，内置陶质管道，系挖槽埋铺。

海昏侯墓地有以水沟为代表的排水设施，一些祔葬或陪葬墓有专门的排水沟，而且封土范围以排水沟为界。

景帝阳陵的较多陪葬墓园以兆沟为界隔，亦起到相应的排水作用。

（3）水井

海昏侯墓园墙内发现3眼水井，分别位于主墓前礼制建筑西侧近西回廊处、M5前建筑旁及北门内建筑外东南侧，基本处于南北向的直线上。井较深，其内出土汲水陶罐、筒瓦、板瓦、瓦当、辘轳、木构件、封泥匣、带"食官"及"曹"等文字的漆耳杯等。

（4）墓垣

一些山地丘陵地区如徐州等地的西汉列侯墓，基本位于小山头顶部，多在封土外中下部和边缘以块石砌建多重墓垣。刘和墓、后山汉墓、东郊陶楼汉墓等均有相关遗留。簸箕山M3（宛朐侯刘埶墓）局部仍保存较好，近方形的墓垣围绕墓葬四周。拖龙山M3及其墓地中的M5、M7也有体现，其中M3封土中部和边缘有两层墓垣，略呈方形，边长分别为6和10米，所用石料大小不等，但内侧较齐；M5封土边缘外有一层圆形石砌墓垣，直径11.6米；M7封土中部偏下及边缘有2层较为规整的石砌墓垣，皆为圆形，外层墓垣直径10米，内层墓垣直径7.4米。

（5）墓上立石与墓前石雕

霍去病墓封土东、西两面有不少灰白色的天然巨石，置于封土上。墓前有种类丰富的大型石雕，包括立马、卧马、跃马、伏虎、卧象、蛙、鱼、蟾蜍、牛或羊、卧牛、人、人与熊、野猪等形象，花岗岩雕成（图3-16）。

图3-16　霍去病墓前石雕

张骞墓前为两尊大型石翼兽（图3-17）。

（6）相关建筑或设施

多为祭祀礼仪建筑及其配套设施，表现形式较多样，基本位于园墙或围沟内，以祠堂及相关建筑常见，少量居于外侧，也与祭祀等有关。上文所述海昏侯墓北门内与东门内的建筑，守卫性质相对突出，凤栖原墓地的祠堂则为祭祀礼仪建筑，冢舍为其配套设施。

安陵1—5陪葬墓的墓园中，1、2号陪葬墓即鲁元公主与张敖墓北有大片空地，鲁元公主墓西北侧发现一较大面积的建筑遗址，遗址内发现东西和南北向夯墙数道，地面发现大量粗绳纹板瓦及少量细绳纹筒瓦、回纹铺地砖及云纹瓦当残片等。该建筑

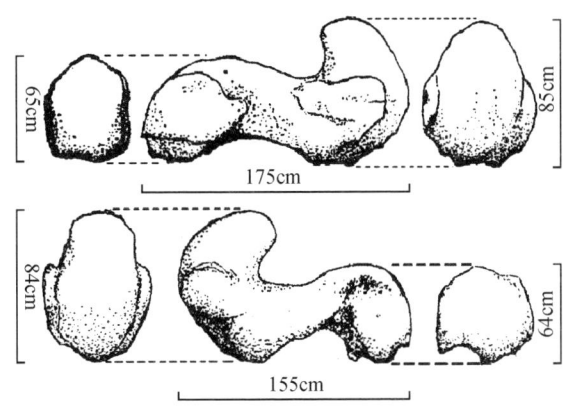

图3-17 张骞墓前出土石兽

可能与鲁元公主墓的祭祀设施有关，但也可能为其他时期的建筑[①]。3—5号陪葬墓中，3、4号陪葬墓的墓道南向，基本伸至墓园南垣墙附近，墓北有相应面积的空白地带。4号陪葬墓封土北发现东西向下水管道，下水管道南侧有一段东西向的夯土墙，墙宽2.15米，夯层4.5—12厘米，现存13层，夯窝圆形，平底。下水管道北侧发现大面积的瓦片堆积层，大多是外饰粗绳纹、内为素面的板瓦，也有少量的绳纹筒瓦和几何纹铺地砖等，铺地砖边长36、厚2.5厘米。推测原应有相关建筑，而且可能与3、4号陪葬墓的祭祀设施有关。

陪葬茂陵的霍光墓东北部残存一高台，位于墓园内，南北35、东西32、高0.6—1米，上面及周围发现大量绳纹瓦片、素面砖块、卵石及回纹铺地砖等，原平整土地时，曾在霍光墓周围发现大面积的壁画和不少柱础石等，应是祠堂的建材与装饰[②]。

海昏侯墓的礼制建筑位于墓园内，列侯与夫人墓南侧，为二墓共用。面积大、建筑考究，为高台建筑，由东西厢房（F13、F14）、寝（F1）和祠堂（F2）构成，东西长约100、南北宽约40米，总面积约4000平方米。厢房分别位于高台建筑的东、西两侧，较对称，均为长方形回廊形建筑，三开间，每组长约37、宽约10米，西厢房外还有配套的水井。祠堂为回廊形建

---

① 咸阳市文物考古研究所：《西汉帝陵钻探调查报告》，文物出版社2010年版，第25页。

② 咸阳市文物考古研究所：《汉武帝茂陵钻探调查简报》，《考古与文物》2007年第6期。

筑，主体夯土基址呈凹字形，外围分布方形夯土基础，东西长约 14、南北宽约 10 米，面积约 140 平方米。寝在其他列侯墓葬中极为少见，位于刘贺墓的墓道正前端、礼制建筑的中心位置，基址平面方形，由 4 座平面呈曲尺形的夯土基址组成，边长约 10 米，面积约 100 平方米。墓园内一些陪葬墓的墓道前端也有相关建筑，M3 有地面建筑堆积，M4—M6 墓前的地面建筑痕迹明显，其中 M5 的墓前建筑主体呈凹字形，有回廊，外围有夯土基础，有的基础内残存柱础石。

其他列侯墓葬也有相关发现。石家街汉墓的祠堂建筑遗址位于墓葬东北约 30 米处，平面为东西向长方形。长安邮电学院汉墓、徐州荆山村西汉墓地均有双开间祠堂。徐州拖龙山 M3 的墓园内东南侧空地，地表散存板瓦、筒瓦、瓦当残片较集中，当有祠堂类建筑。绵阳双包山 M2，中室较多盖板的两端有近方形的卯口，可能与墓上的祭祀设施有关。其他如陪葬茂陵的阳信家冢（M23）与霍去病墓、汉中城固张骞墓、济南腊山汉墓、聊城吴楼 M1、邯郸隆尧固城村南汉墓及徐州地区的宛朐侯刘埶墓、火山刘和墓、后山汉墓等，皆发现有相关遗迹或遗物，推测应有与祭祀相关的建筑，较多应为祠堂。

祠堂是供死者灵魂起居饮食和后人祭祀的场所和建筑，是墓地祭祀发展的产物。关于西汉列侯墓地修建祠堂，史书中有相关记载。"（霍）光薨……谥曰宣成侯……起冢祠堂。"① 张安世薨，"谥曰敬侯。赐茔杜东……起冢祠堂。"② 安昌侯张禹，"年老，自治冢茔，起祠堂"③。《葬律》中对列侯祠堂载有"祠（？）舍盖，盖地方六丈"，说明祠堂房顶的覆盖面积。

根据考古资料结合文献记载可知，西汉列侯墓地在墓园内修建祭祀礼仪建筑的做法已较普遍。相关建筑在墓园中的位置有所差异，具体内容和表现形式也有不同。有的位于园墙或兆沟内，与主墓关系密切，有的则在园墙或兆沟的边缘内侧，与整个墓地密切相关。具体来讲，还存在墓前、墓侧与墓上的差异。有的仅为祠堂，有的包括相关设施如冢舍等，有的则为成套礼

---

① （东汉）班固：《汉书·霍光传》，中华书局 1962 年版，第 2948 页。
② （东汉）班固：《汉书·张汤传》，中华书局 1962 年版，第 2653 页。
③ （东汉）班固：《汉书·张禹传》，中华书局 1962 年版，第 3350 页。

制建筑，包含回廊等设施，海昏侯墓还设有专门的寝。相关建筑的开间、大小存在差别，有的开间多，有的则仅为双开间，而建筑形式也不尽相同。总的来看，祠堂多为瓦顶木构建筑，在可能的情况下使用多开间，有的有装饰，基本达到了墓祭的需求。当然，祭祀礼仪建筑也不能僭越或逾制，《葬律》中对列侯祠堂的大小有相关规定；霍光死后，其夫人"改光时所自造茔制而侈大之……，盛饰祠室，辇阁通属永巷，而幽良人婢妾守之"[1]。这成为后来朝廷治罪霍氏的原因之一。

除祠堂外，西汉列侯墓葬还有其他与祭祀有关的设施，发现较少。汉阳陵东区北的BP1Y10，门阙以南与司马道北界沟之间，发现东西向一字排开的小型灶坑14处，大小相当，分布规律，朝向一致，火门均朝北，间距为2.4—4米不等。单个灶体由操作间、火门及灶坑3部分组成，操作间平面形状呈梯形，长1.4、宽为0.8—1、深约0.25米，壁面粗糙，底部北高南低呈斜坡状，填土大部分为浅褐色杂土，含有少量浅黑灰色草木灰及零星红烧土块；火门顶部均坍塌，形制不详，宽约0.3、进深0.26、残高约0.16米，东、西内壁从上往下略外扩，壁面有红烧土层，填土中含有草木灰及零星红烧土块；灶坑平面略呈椭圆状，南北长0.54、东西宽0.42、深约0.2米，口小底大，壁面有红烧土层，填土内发现有汉半两，钻探可知，该组灶坑向东西两边仍有分布，共有57处，似与墓园的修建或墓葬的祭祀有关[2]。笔者认为，其作为墓园修建设施的可能性不大，一是单体灶的整体面积不大，不利于烧造墓园建筑材料，而该墓园中也少见相关建筑材料；二是灶的数量多，排列整齐，整体上与墓园较为搭配。所以，这些灶的遗存很可能与祭祀有关，从保存状况看，亦不似墓园修建后的全面损毁，填土也大致说明了这一点，应是弃置不用后的逐渐损毁。具体作用可能是在墓祭时为受祭者提供祭品，为祭祀者提供饮食，即服务于墓祭。墓祭时提供祭品，为祭祀者提供饮食等内容在东汉祠堂画像中也有体现，如徐州汉王东沿村出土的两处祠堂画像石[3]，

---

[1] （东汉）班固：《汉书·霍光传》，中华书局1962年版，第2950页。

[2] 曹龙：《西汉帝陵陪葬制度初探》，西北大学硕士学位论文，2009年，第26页。

[3] 徐州博物馆：《徐州发现东汉元和三年画像石》，《文物》1990年第2期；王黎琳、李银德：《徐州发现东汉画像石》，《文物》1996年第4期。

可细分为多组祠堂画像，每组画像内容基本是东壁为祭祀前活动，包括庖厨、迎宾、乐舞等，后壁为祠主享祭，以宴饮为主，西壁为会宾等内容，另有门吏居外阙旁，迎宾送客，反映出完整的墓祭程序和过程[1]。

（7）陪葬坑

西汉列侯墓葬多有陪葬坑，从位置上看，有封土中、封土下及封土外之分。

封土中和封土下的陪葬坑，不含打破封土的陪葬坑，位置较多样，有的在封土中的某一位置，有的在墓道旁侧、墓室一侧或上部，还有的位于墓道内靠近墓室处，这可能与西汉墓葬陪葬坑自身的发展有关。石家街汉墓，墓道内靠近墓室处有东、西两并列的陪葬坑（K2、K3）。蓝田支家沟汉墓，封土下中部偏南处有一祭祀坑（K1），平面略呈长方形，南北长5.4、东西宽1、深0.24米。内有少量动物骨骼、木炭、红色漆皮、铜饰件及"□□丞印"封泥等。杨家湾M4，墓坑内有7座陪葬坑[2]。汉阳陵东区BP1Y10中，M740的墓道南端底部有一车马陪葬坑（K2）。邢台南郊刘迁墓，墓室南边1.5米处发现一个和墓室平行的长方形坑，长14.2、宽1.4米，坑内发现一堆牛骨和猪骨、猪牙等[3]，可能为祭祀坑。上述陪葬坑基本属于列侯墓葬自身的组成部分，不属于外部设施。

封土外及打破封土的陪葬坑是列侯墓葬外部设施的内容，有些陪葬坑局部位于封土下，局部伸出封土外，可视为墓外设施的组成内容。杨家湾汉墓，封土中、墓坑内与旁侧均发现有陪葬坑，部分则明显位于墓外，M4与M5外南部共清理南北向陪葬坑11个，土坑（洞）10个、砖坑1个，土洞不对称，出土物的多少、形式、种类也不尽相同，而最大土坑放置骑马俑，最小的一个土洞放置立俑[4]。陪葬茂陵的部分列侯墓葬外也

---

[1] 刘尊志：《江苏徐州东沿村出土东汉祠堂画像石浅析》，《中原文物》2018年第1期。

[2] 陕西省文管会、博物馆、咸阳市博物馆杨家湾汉墓发掘小组：《咸阳杨家湾汉墓发掘简报》，《文物》1977年第10期。

[3] 河北省文物管理处：《河北邢台南郊西汉墓》，《考古》1980年第5期。

[4] 陕西省文物管理委员会、咸阳市博物馆：《陕西省咸阳市杨家湾出土大批西汉彩绘陶俑》，《文物》1966年第3期。

有陪葬坑，《汉武帝茂陵考古调查、勘探简报》一文有相关描述[①]。阳信家冢（M23）周围有外藏坑16座，1981年发掘1座外藏坑，出土200余件铜器，而据该坑的发掘简报，该墓周围尚有38个坑和4座墓葬[②]；霍光墓周围有外藏坑15座，平面形状包括长方形和曲尺形两种，《西汉帝陵钻探调查报告》一书阐述略有不同，其中卫青墓南面偏东发现1条陪葬坑，坑宽6.5、伸出封土外13米，封土西23米处有1南北向陪葬坑，长74.8、宽3—4米。

① 种类与内容

西汉列侯墓地墓外陪葬坑的种类不一，陪葬内容也明显不同，主要有以下几类。

①—1：车马陪葬坑

杨家湾M4封土外南侧有车马陪葬坑，如砖坑，位于两侧排坑的中部偏西，南北长9.35、东西宽1.8、深1.4米，四壁用近方形花砖砌筑，坑内出土车马器等。

广西贵县罗泊湾M1，墓道尽头南22.7米东侧4.7米处有1车马陪葬坑，另有庖厨坑（图3-18）。车马坑内陪葬一辆实用马车，有漆皮、板灰痕等，东南角有1长槽，为车轮位置，出土軎、轭、带扣、衡末、节约、盖弓帽等30多件，多数鎏金[③]（图3-19）。

海昏侯刘贺墓西北有1车马坑，内有木质彩绘车5辆，分属安车和轺车，马匹约20匹，骨架已腐朽。马车经过拆卸，车马器装入彩绘髹漆木箱内放置在椁底板上（图3-20）。

徐州荆山村西汉墓地陪葬坑（K1）位于主墓（M4）西南一定距离，与袝葬的M1距离稍近，西南即为墓地祠堂。坑内出土铜軎、辖、杠箍、盖弓帽等车马器（图3-21）。

---

① 陕西省考古研究院、咸阳市文物考古研究所、茂陵博物馆：《汉武帝茂陵考古调查、勘探简报》，《考古与文物》2011年第2期。

② 咸阳地区博物馆、茂陵博物馆：《陕西茂陵一号无名冢一号从葬坑的发掘》，《文物》1982年第9期。

③ 广西壮族自治区博物馆：《广西贵县罗泊湾汉墓》，文物出版社1988年版，第12、13页。

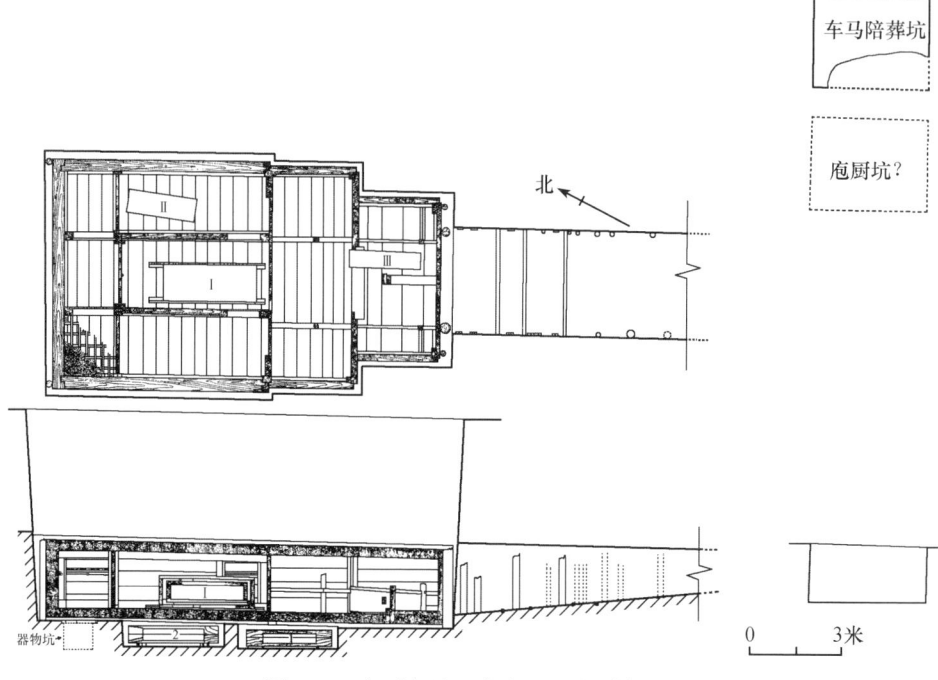

图 3-18　广西贵县罗泊湾 M1 平、剖面图

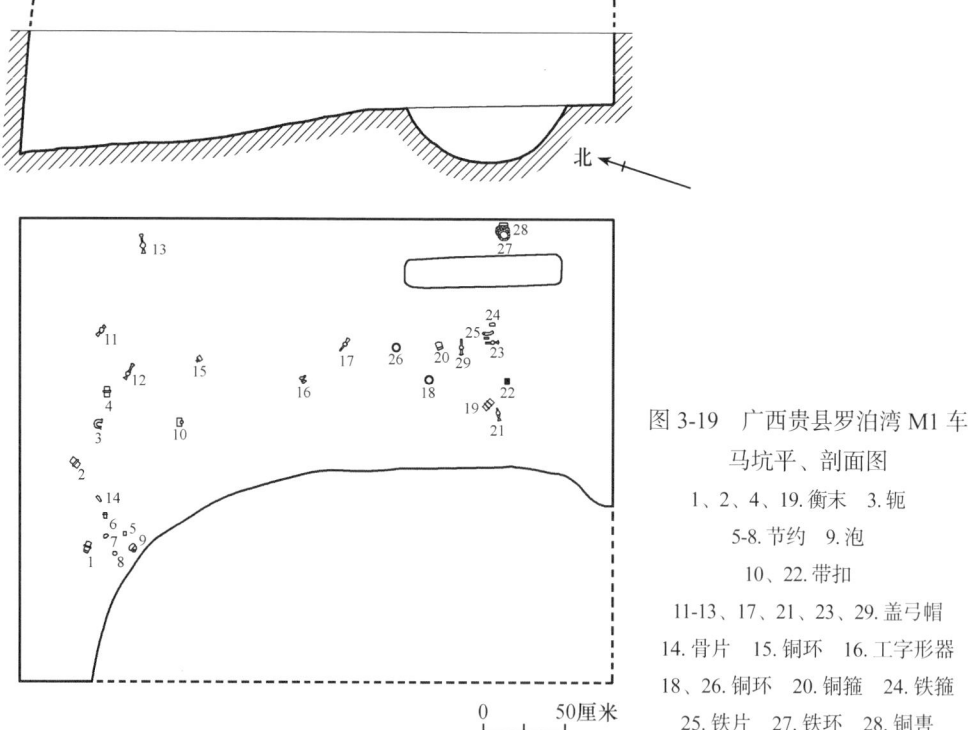

图 3-19　广西贵县罗泊湾 M1 车马坑平、剖面图

1、2、4、19. 衡末　3. 軏
5-8. 节约　9. 泡
10、22. 带扣
11-13、17、21、23、29. 盖弓帽
14. 骨片　15. 铜环　16. 工字形器
18、26. 铜环　20. 铜箍　24. 铁箍
25. 铁片　27. 铁环　28. 铜䔇

图 3-20　江西南昌海昏侯墓车马坑

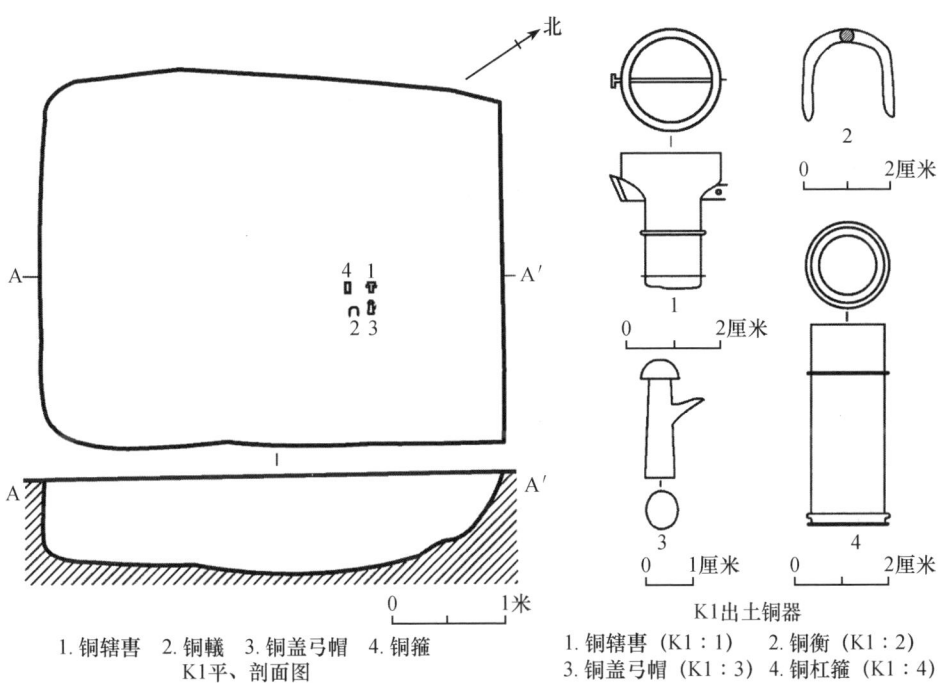

1. 铜辖軎　2. 铜轙　3. 铜盖弓帽　4. 铜箍
K1平、剖面图

1. 铜辖軎（K1:1）　2. 铜衡（K1:2）
3. 铜盖弓帽（K1:3）　4. 铜杠箍（K1:4）

图 3-21　江苏徐州荆山村西汉墓地陪葬坑平、剖面图及出土车马器

仪征烟袋山 M1 西北有 4 座陪葬坑，皆为车马坑，埋藏基本为明器车马，另有船、磨、灶、俑等。其中 K1 出土铜车马器、铜弩机、石磨、陶灶等 19 件；K2 出土铜车马器、铜剑格、石磨、陶器等 24 件；K3 出土铜车马器和铜弩机等 37 件；K4 出土铜车马器、铜兵器、木俑和其他木器等 506 件，木俑和车马器为多（图 3-22）。

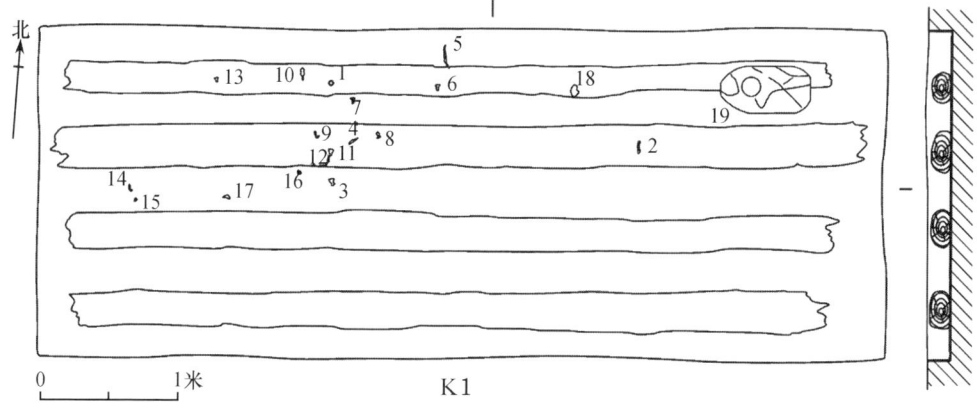

K1

1.铜环 2.铜衔 3、13.铜軎 4、8、11.铜扣饰 5、10.铜镳 6、7、12.铜盖弓帽
9、14.铜軧 15、16.铜帽形器 17.铜弩机 18.石磨 19.陶灶

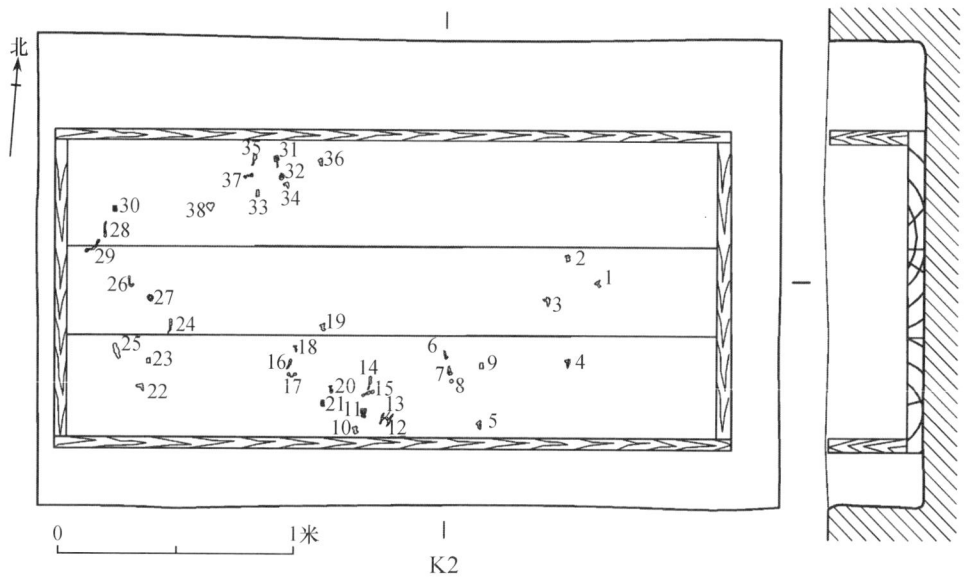

K2

1、10、19.铜軎 2、4、5、7、18、20、33、36.铜盖弓帽 3、22、34.铜弩机 6、26.铜軧 8、27.铜环
9、21、23、30.铜帽形器 11、31、38.铜扣饰 12、14、16、24、28、35.铜镳 13、15、17、29、37.铜衔
25.铜当卢 32.铜泡

图 3-22 江苏仪征烟袋山 M1 四座车马陪葬坑（一）

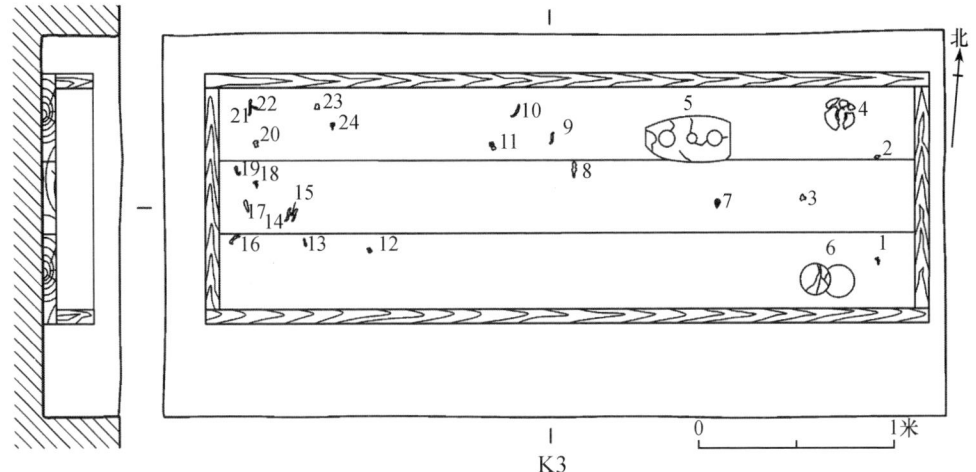

1、18.铜盖弓帽 2.铜剑格 3、20.铜軎 4.陶罐 5.陶灶 6.石磨 7、11、24.铜扣饰 8、17.铜当卢
9、14、21.铜镞 10.铜軥饰 12、23.铜帽形器 13、16、19.铜軔 15、22.铜衔

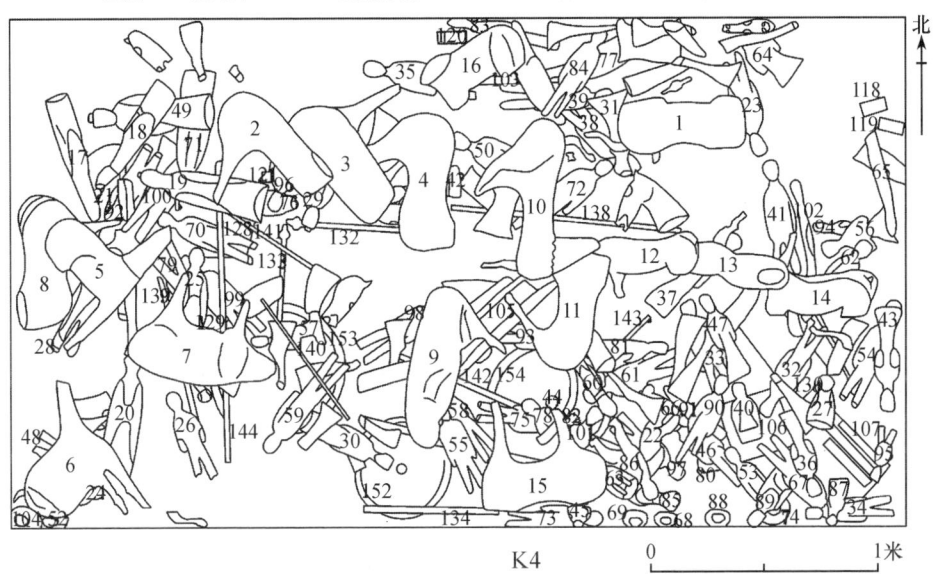

1-6、8、10-16.木马 7、9.木牛 17-20、49、71.木文吏俑 21、23、26、28、32-35、38、39、46、
48、52-55、58、59、61、67-70、72、73、75、79、80、83-85、89-91、93-100、102-104.木立兵俑
22、41、45、66、86.木形走俑 24、40、57、62、78、82、88.木跽坐俑 25、29、30、36、37、
43、47、65.木执盾立兵俑 27、42、44、63、87.木蹲跪俑 31、56、64、81.木骑马俑 50、60、
74、76、77、80、92、101.木执盾立兵俑 105.木船 106.木磨 107.木碓 118-120.漆木箭箙
128-130.木车座垫板 132-134.木车轴 138-144.木车辕 152-154.木车轮（下述器物叠压在上层器物下，
不见于本图中：51.木执盾立兵俑 108-117.铜弩机 121-127.漆木箭箙 131.木车座垫板 135-137.木
车轴 145-149.木车辕 150、151.木伞 155-163.木车轮 164-171.铜当卢 172-195.铜镞
196-207.铜衔 208-261.铜盖弓帽 262-282.铜环 283、284.铜铍 285-289.铜帽形器 290-327.铜泡
328-335.铜軎 336.铜剑格 337-355.铜镞 356-359.铜軥 360-418.铜管络饰 419-471.铜扣饰
472-481.小木俑 482-493.木车舆构件 494-497.木伏兔 498-500.木车衡 501-506.木车轭；
此外，木车、木牛的断腿未单独编号）

图3-22 江苏仪征烟袋山M1四座车马陪葬坑（二）

①—2：祭祀坑

石家街汉墓陪葬 K1，出土铜钫、铜壶、铜盆、陶壶、铁剑、动物骨骼及漆器、木匣痕迹等，为具有祭祀功能的陪葬坑。海昏侯墓前的寝北侧二墙基之间及东西两侧墙基外侧有祭祀坑，不规则。

①—3：兵马俑坑

杨家湾 M4 封土外南侧陪葬坑，有 6 个坑埋藏骑马俑，有的坑每排 10 个，共 10 排，有的坑每排 11 个，共 11 排，最多的 1 个土洞有 121 个俑，最少的有 47 个俑，埋藏立俑最多的 1 个土洞内有俑 300 多个，最少的有 100 个，为成组的兵马俑坑（图 3-23）。骑俑坑、步卒坑等相对独立，作五列四行排列，文官武士、舞乐杂役应有尽有，并有相关遗物。砖坑内有铜镞、弩机等，亦可视为兵马俑坑的组成之一。凤栖原 M8 东西两侧的 6 个陪葬坑，为成组的兵马俑坑，已经发掘的 K1、K3—K6，出土物主要有陶甲士俑、木甲士俑、木质小型车马及与军旅题材有关的各种金属兵器、其他用器等。陶质和木质甲士俑至少 2000 多件。陶甲士俑着衣披甲，束巾戴胄，执兵列队，气宇轩昂。K5 内主要陪葬着衣式陶甲士俑，近 500 件，坑内北部靠近通道位置出土青铜钟 2 件、青铜钺 1 件、陶器 2 件以及数枚青铜印章，如"卫将长史""当百将印"等铜印。K6 共清理、提取约 500 件着衣式陶甲士俑、20 余件木俑、青铜钟 3 件、青铜钺 1 件等，陶甲士俑和木甲士俑都是编列整体，呈现出明确的南北成列、东西成行的行列阵式（图 3-24）。因俑在队列中位置不同，武器配置也有差异，为汉代军队编列编员和武器配置研究提供了重要资料。木俑区域出有青铜钟、青铜钺、旗帜痕迹、铜印章等，都与指挥系统相关，另外还发现 11 枚有关军队官职的印章，与木俑有着明显的组合关系。

①—4：侍俑坑

宛朐侯刘埶墓西北 28 米处封土外有一长方形陪葬坑，出土陶俑 25 件，分男、女侍俑二种（图 3-25）。

①—5：庖厨坑

罗泊湾 M1 墓道西侧，与车马坑对应位置有一庖厨坑，已毁，形制不详①。

---

① 广西壮族自治区博物馆：《广西贵县罗泊湾汉墓》，文物出版社 1988 年版，第 12 页。

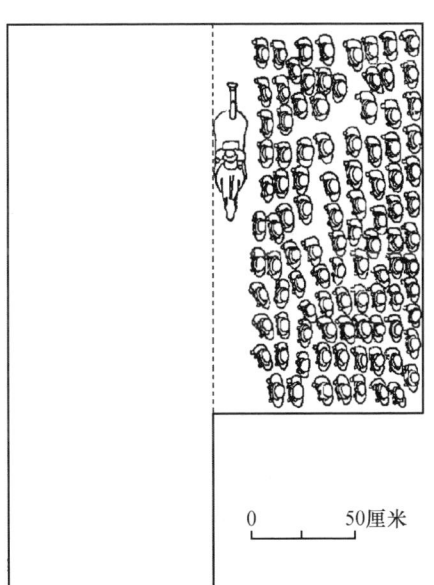

图 3-23　陕西咸阳杨家湾墓
外立俑坑平、剖面图

图 3-24　陕西西安凤栖原 M8 陪葬坑
与出土遗物

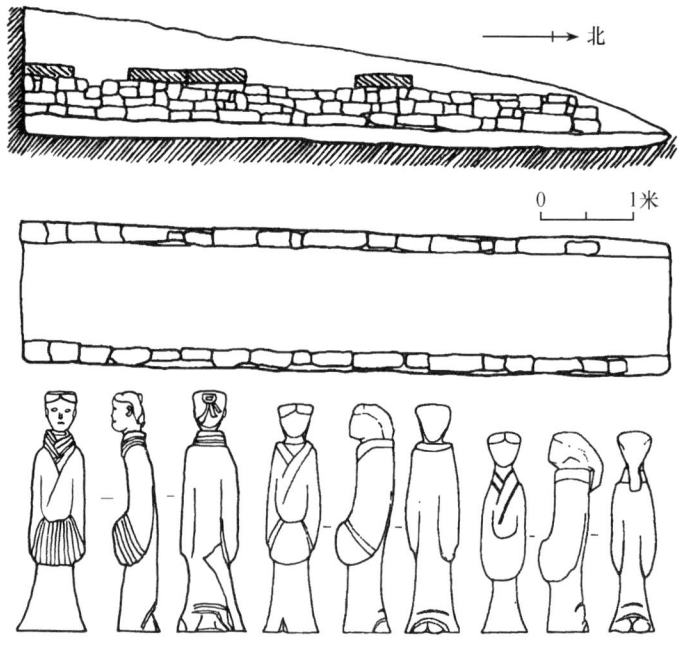

图 3-25　江苏徐州宛朐侯墓陪葬坑及出土陶俑

①—6：组合坑

阳信家陪葬 K1 为车马器物坑，是带过洞的方形洞穴坑室（图 3-26）。陪葬物品主要分布在东西两侧，东侧除一件铜锤外，其余都是车和驾车的铜马、木马等，西侧南部陈放的全是实用铜器，北部为漆器，坑室中部放置很多明器，多为铜当卢、衔镳、帽钉等。过洞与坑口底部放置 4 件木马，仅余铜马衔镳，另有漆耳杯的铜耳。过洞东西两壁的小龛中，西壁龛内置 1 铁槽，槽上拴 2 匹木制小马，东壁龛内置木马 2 匹。

陪葬阳陵的列侯墓葬外藏坑中有动物与器物坑。M797 陪葬 K1，坑底为两部分，西半部分放置大量的生活器皿，陶器有大型仓、带盖盒、彩绘茧形壶、锤、釜和彩绘钫，另有铁釜、锤等；东半部分放置着衣式裸体陶俑及陶牛、马等。M740 的外藏坑 K1 内有仿铜陶礼器及裸体俑和各类动物俑等。

② 数量、位置与分布

西汉列侯墓地墓外陪葬坑的数量不同，数量少者位置与分布相对简单，数量较多者，位置与分布较为多样。

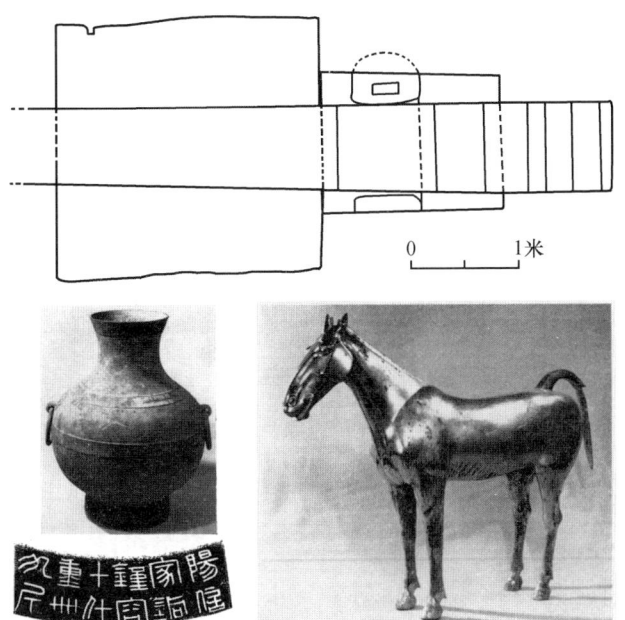

图 3-26　陪葬茂陵阳信家冢一号陪葬坑平面图及出土的铜锺、鎏金铜马

②—1：1 座陪葬坑

主要有宛朐侯刘埶墓、海昏侯刘贺墓、徐州荆山村西汉墓地、石家街汉墓、陪葬阳陵的 M740 与 M797 等。有位于墓前一侧者，石家街汉墓陪葬 K1 位于墓葬东南约 19 米处，徐州荆山村西汉墓地陪葬 K1 位于 M4 前偏西侧。有位于墓侧偏后者，刘埶墓与刘贺墓的陪葬坑均位于墓西偏后侧，刘贺墓陪葬坑与墓室距离近，紧邻封土，东部被封土叠压，刘埶墓陪葬坑则相距稍远。陪葬阳陵的一些列侯墓，陪葬坑位于封土上，坑的中间部分压在封土下，东西两端在封土之外。M797 陪葬 K1 横跨在墓道的北端，坑的中间部分压在封土下，东西两端在封土之外，分别长 9 米与 2 米。坑全长 34、宽 3.2、深 5.25 米左右。M740 外藏 K1 横跨在墓室之上，两端在封土之外。

②—2：2 座陪葬坑

主要有罗泊湾 M1、陪葬茂陵的卫青墓。罗泊湾 M1 的两座陪葬坑并列，距离较近，位于墓道前的东侧（左侧）。卫青墓的两座陪葬坑位于封土的南面和西面，一座局部被封土叠压，伸出封土外 13 米，一座在封土西 23 米。

②—3：多座陪葬坑

主要有陪葬长陵的杨家湾汉墓、陪葬茂陵的霍光墓与阳信家冢、陪葬杜陵的张安世墓等。杨家湾汉墓外的陪葬坑集中分布于封土南约70米处，土坑的分布是由南向北，东西两两相对，但并不对称。霍光墓与阳信家冢各有15、16（38或42）座陪葬坑，基本是围绕墓葬分布，其中阳信家冢的陪葬坑以墓前与墓后居多，纵向与横向皆有（图3-27）。张安世墓左右两侧各有3座陪葬坑。另外，仪征烟袋山M1西北有4座陪葬坑，埋藏内容较接近。

③形制与结构

西汉列侯墓葬墓外陪葬坑以长方形（含方形）居多，部分不甚规整，另有曲尺形，如霍光墓外的部分陪葬坑。多是坑内砌建椁室，木椁居多，椁内放置陪葬品。由于曲尺形陪葬坑暂无详细资料公布，本书仅就长方形（含方形）坑进行相关分析。长方形（含方形）陪葬坑的具体形制和结构存在共性，但也有相应差别，大致可分为有坡道或过洞和无坡道两类。

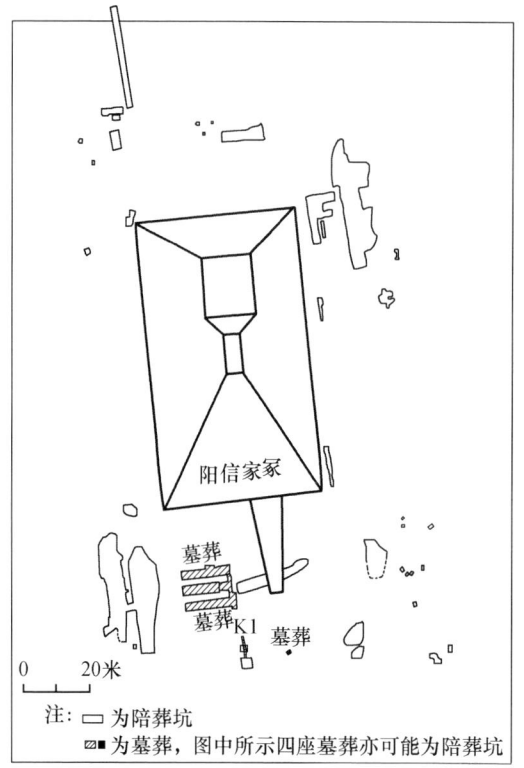

图3-27 陪葬茂陵阳信家冢与相关陪葬坑分布示意图

③—1：无坡道或过洞陪葬坑

四壁竖直。根据底部有无洞室可分为二型。

A型：石（土）坑圹，底部无洞室，竖穴底部砌椁放置陪葬物品。根据砌椁的不同又可分为二亚型。

Aa型：木椁，多朽不存。

罗泊湾M1车马陪葬坑，长方形土坑，南北长3.7、东西宽2.8、深入生土1.8米。另一坑与之相似，已破坏。

宛朐侯刘埶墓陪葬坑，长方形石坑，正北向，长7、宽1.1米。坑底较平整，因开凿于山的北坡，其南部较深，为1.4米，北部较浅，为0.2米。东西两壁的底部以高0.15—0.2米的岩体为基础，其上以石块垒砌成壁，高0.4米。壁上盖以石板，每块石板长1.4、宽0.6、厚0.15米。

徐州荆山村西汉墓地陪葬坑（K1），石坑竖穴，平面呈不规则长方形，长4.1、宽3.8、深0.7米。

仪征烟袋山M1西北的4座陪葬坑均为长方形，坑底有二层台，二层台内砌木椁。其中K4有2层椁盖板，顶层盖板上铺1层竹席，第2层盖板上有十字形穿璧图案（图3-28）。

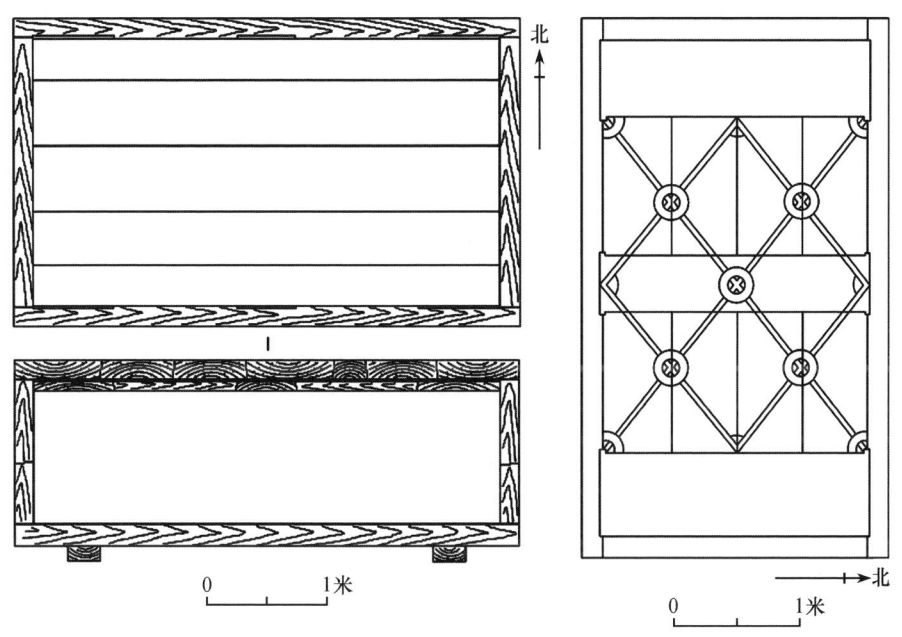

图3-28　江苏仪征烟袋山M1K4平、剖面图及第二层椁盖板

Ab型：砖椁。土坑内砌砖椁。杨家湾M4封土外南侧车马坑，南北长9.35、东西宽1.8、深1.4米，四壁用近方形花砖砌筑。

B型：基本为土坑，底部有洞室，1—2个不等。

杨家湾M4南陪葬坑中，土坑都是由地面向下挖一南北长东西窄的竖井，东边的一排均在竖井下再向东挖一个土洞，西边的一排都是向西挖一个土洞，其中东边最南一个和西边最南两个，是在竖井下挖成南北相对的两个土洞。最大洞东西长近5、南北宽2米多，最小的土洞东西长1.3、南北宽1.65米。土洞不对称，大小深浅也不一致。

③—2：有坡道或过洞的陪葬坑

坑的某一窄端修建坡道或过洞，可通往坑内，修筑陪葬坑时亦可作为上下的通道。根据坑体的不同可分为三型。

A型：竖穴式坑圹，部分有封门。

海昏侯刘贺墓车马坑，平面长方形，南北长17.7、东西宽4.24米，坑北有一条不及坑底的斜坡道。坑内木椁和加固木椁的柱子仅留痕迹，椁室高约1米。

凤栖原M8的6座陪葬坑皆开挖土圹构筑，为南北向的长条形，坑宽4—5.5、深约5、长6—38米，北端皆有阶梯式通道，整体比较规整。圹内有榫卯结构的木椁室，由垫木、地板、立柱、侧木、棚木、封门等构成，椁北端置封门两道，封门之外（北）即台阶式通道。

B型：地下隧道式坑体，有封门。

石家街汉墓的陪葬K1，南北向长条形，为地下隧道式木框架结构，北端有向外延伸的斜坡，发掘长度5.75、上口宽2.1、底宽1.73米。坑内填土经夯筑，坑底横铺木板，坑壁两侧分别有熟土二层台，二层台内侧间立高约0.45米的方柱，方柱之间平铺侧枋木，顶部以长条形木板横铺，其两端搭在熟土二层台上。北端近坡道处用近方形方木竖向构筑两层封门。

陪葬阳陵的M797K1为木质结构的地下隧道式建筑，东西向长方形，坑全长34、宽3.2、深5.25米左右，坑底部由一夯土隔梁分为两部分，西半部分长约12、东半部分长约22米。M740 K1与之相似。

C型：洞穴坑室。有封门。

阳信家家陪葬K1，方向为北偏西5°，是带过洞的方形洞穴坑室，平面呈凸字形。坑深3.2、坑口长1.2、全长4.15米。过洞长1.22、宽0.85、高0.8米，弧形顶。坑室以木板封门，门向北，过洞底部比坑室高出45厘米。坑室南北长2.45、东西宽2.3、高1.95米，顶亦为弧形。过洞的东西两壁各开一个小龛，内置陪葬物品。

④ 墓外与封土下或墓穴内陪葬坑共存现象

从考古资料看，相当部分的西汉列侯墓葬，墓外有陪葬坑，内容与性质不尽相同；有些墓葬外不见陪葬坑，有的则见于封土下或墓坑中；也有一些墓葬，墓外及封土下或墓穴内均有陪葬坑，为内外共存的现象，各坑内容互补，形成综合陪葬，反映出陪葬内容的多样性。杨家湾汉墓的墓南有多个集中分布的陪葬坑，M4 墓坑内外，封土下或填土中发现 7 个陪葬坑。K1—K3 在墓道入口处，K4 在第四层墓道转弯处的西边，K5、K6 在南墓道口之西约 20 米处，K7 在墓室的前面。K1—K3 为用具坑，K4—K6 为车马坑，K7 为祭祀坑。M5 封土底部墓口四角有东西南北相对的四个坑。就陪葬内容来看，墓外以兵马俑及相关内容为主，封土下或墓穴内陪葬坑则基本为祭祀坑、用具坑、车马坑等。陪葬阳陵的 M740，墓道南端底部有一车马坑（K2），其内自北向南依次为两排马骨及两架车。墓外陪葬坑较之规模大，陪葬有仿铜陶礼器与裸体俑、各类动物俑等。石家街汉墓，墓外陪葬坑为祭祀坑，封土下墓道内靠近墓室处有东、西两并列的陪葬坑，墓道西侧陪葬 K2 为车马器物坑，东侧陪葬 K3 则为车马坑。上述 3 处墓例，前两者基本为西汉早期或稍晚，石家街汉墓的时代为西汉中晚期。与上述几墓相似，有的墓葬外有陪葬坑，墓坑内以耳室的形式有类似的陪葬设施。西汉中期的凤栖原 M8，墓室外墓道两侧有土圹木椁结构的耳室 3 座，一号耳室出土"卫将长史"封泥 20 多枚，且仅为此一类封泥，陪葬内容与墓外陪葬坑有所不同。有的在封土中有陪葬坑，墓道两侧设龛。陕西蓝田支家沟汉墓的时代为西汉中期，封土中部偏南处发现一祭祀坑（K1），墓道东壁中部开挖两个壁龛，靠近前室开有两个壁龛，墓道西壁靠近前室亦开有两个壁龛，置放有器物、陶俑、车马器等，与陪葬坑的内容也不同。对比来看，可大致反映出西汉列侯墓葬外藏设施整体上是渐从墓外移入封土下或墓穴中，并成为墓内设施的发展内容，这与汉代墓葬的整体发展较为一致。但有一点需作说明，西汉早期的一些列侯墓葬在封土下及墓坑中已有一些类似陪葬坑的陪葬设施，表明相关设施的发展是并存且逐步演进的，且从整体上体现出上述发展和演变。

综合来看，相当数量的西汉列侯墓葬的墓外有陪葬坑，形制、内容等较为多样，也有较多西汉列侯墓葬外不见陪葬坑，虽然少数西汉早期偏早的列侯墓葬在封土外和封土中、封土下、墓坑中均有陪葬坑，但在西汉早期偏晚至中期偏早阶段的列侯墓地中，这种现象更为普遍，很多是内外共存。对比来看，地方列侯墓葬与陪葬帝陵或分布于都城附近的列侯墓葬，在陪葬坑方面有着诸多差别（表3-1）。陪葬于帝陵或分布于都城附近的列侯墓葬，墓主大多与皇室关系密切或在朝中担任要职，身份或地位要优于地方列侯，尤其是对比于地方嗣封列侯，陪葬坑也展现出相互间的差别和不同，而一些陪葬坑可能为皇帝特赐之用。从发展来看，西汉列侯墓葬的陪葬坑，总体反映出对应墓葬及墓外陪葬坑数量渐少的趋势，其中经历了封土下或墓穴内有陪葬坑的发展，至西汉晚期，墓外陪葬坑已较少见，很多为耳室或龛的形式，成为墓葬内的设施内容。

表3-1　地方列侯墓葬与陪葬帝陵或分布于都城附近列侯墓葬的墓外陪葬坑对照表

对比内容	地方列侯墓葬陪葬坑	陪葬帝陵或分布于都城附近列侯墓葬的陪葬坑
主要墓葬	罗泊湾M1、宛朐侯刘埶墓、海昏侯刘贺墓、徐州荆山村西汉墓地	杨家湾汉墓、陪葬阳陵的M797与M740、石家街汉墓、蓝田支家沟汉墓、凤栖原汉墓、阳信家冢、卫青墓、霍光墓
数量	多为1个，罗泊湾M1可能2个	一些墓葬数量多达数十个，个别不足10个，一些为1个
形制	相对简单，竖穴坑圹，个别有坡道	竖穴坑圹者少。多数复杂，有坡道或过洞，砌有封门，木椁室砌建复杂，如竖穴洞室、地下隧道坑体、洞穴坑室等
内容	车马多见，个别为侍俑，罗泊湾M1可能有庖厨	车马常见，祭祀、兵马俑也有一定数量。而且有组合类陪葬坑，如车马器物坑、动物与器物坑，伴出有俑
位置与分布	基本位于墓外某一位置	墓外某一位置或围绕墓葬均有一定数量
共存现象	基本不见	已发掘墓葬多有内外共存现象

（8）合葬、祔葬与陪葬墓

合葬、祔葬与陪葬是指不同墓主下葬后，墓葬在墓地中所体现的与墓主之间的相互关系，夫妻间称合葬，家族或家庭成员葬于同一茔地多为祔葬，而身份地位低者与较高者葬于同一墓地，大多形成陪葬。西汉列侯墓地对于合葬、祔葬与陪葬现象均有反映，相关墓葬较多，所体现的形式和内容亦较为多样（表3-2）。

表 3-2　西汉列侯墓的合葬、祔葬与陪葬统计简表

墓葬名称	合葬形式	时代	祔葬墓	陪葬墓
杨家湾 M4、M5	异坟异穴	早期	西北 1 墓	墓地有一些小型西汉墓
张敖与鲁元公主墓	异坟异穴	早期	墓园内东部有几座墓，或祔葬，或陪葬	
阳陵 NP1Y7M85	仅 1 座	中期	墓园西北角有 4 座甲字形墓，规模略小	墓道以东有大量小型墓葬（M84—M114）
阳陵 NP1Y8M760 与 M761	异坟异穴	早期—中期偏早	/	墓园西北角无规律分布 10 余座小型墓葬
阳陵 NP1Y9M130 与 M144	异坟异穴	早期	/	墓园西南角与东部分别有 20 或 50 余座小型墓
阳陵 NP1Y10M457	仅 1 座	早中期	/	墓园西南角与东北角各有大量小型墓
阳陵 NP1Y11M590 与 M566	异坟异穴	早中期	/	墓园西部有小型墓葬，分布无规律
茂陵陪葬 M15	不详	中期	/	墓园内西北部有 2 小型墓
阳信家	不详	中期	/	附近有小型墓
上官桀墓	不详	中期	/	墓南侧有 1 小型墓
凤栖原 M8、M25	异坟异穴	中期	墓园外规模较大墓葬	墓园外规模稍小墓葬
西安市富力赛高城市广场西汉 M14	未公布，不详	早期	不详或无	围沟内外至少 10 余座，部分成组，一些时代为早期
西安张家堡墓地 M110、M114、M115	不详	中期偏晚至新莽	时代稍晚者可能为稍早者的祔葬墓	一些中小型墓葬可能是陪葬墓
邢台南郊刘迁墓	异穴合葬	中期	另有 2 座规模较大墓葬	可能存在
聊城阳谷吴楼 M1	同穴异室	晚期	附近 4 座时代相近汉墓，可能有祔葬与陪葬	
平度界山 M1、M2	异坟异穴	中期	M3	不详
五莲仲崮 M3、M4	异坟异穴	中期偏晚	M1、M2	不详
宛朐侯刘埶墓	仅 1 座	早期偏晚	M1、M2	封土下墓穴两侧 M4、M5
徐州火山刘和墓	异坟异穴	早期偏晚	西南有 1 墓	墓穴内有 1 座陪葬墓
徐州陶楼 M1	同穴合葬	中期	附近有 3 座时代相近墓葬，可能有祔葬与陪葬	
徐州荆山村 M4	同穴异室	中晚期	M1、M3	M2、M9、M5—M8
拖龙山 M3、M4	异坟异穴	晚期	M5、M7	M6

续表

墓葬名称	合葬形式	时代	祔葬墓	陪葬墓
仪征烟袋山 M1	同穴合葬	中期	可能存在	
阜阳西汉 M1、M2	异坟异穴	早期	可能存在	
巢湖北山头 M1、M2	异坟异穴	早期	可能存在	
海昏侯 M1、M2	异坟异穴	中期	M5、M6	M3、M4、M7—M9
马王堆 M1、M2	异坟异穴	早期	M3	可能存在
永州鹞子岭 M1、M2	同坟异穴	晚期	家族成员刘彊墓等	可能存在
沅陵虎溪山 M1、M2	异坟异穴	早期	可能存在	
长沙杨家山汉墓	异坟异穴	中期	可能存在	
绵阳双包山 M2	异坟异穴	早期	M1	有相当数量的陪葬墓
贵县罗泊湾 M1、M2	异坟异穴	早期	可能存在	二墓内有殉人

① 合葬墓

除特殊情况外，西汉列侯与夫人应葬在同一处茔地，即同茔，特殊情况下可能会葬于不同地区或墓地，但考古资料目前还没有这方面的直接例证。已知考古资料中，西汉列侯与夫人在同茔的前提下，合葬形式较为多样。也可能存在无合葬的情况，从大的方面讲，这也属于合葬的一种表现形式。大致来看，主要有异坟异穴合葬、同坟异穴合葬、同坟同穴合葬、无合葬等几种形式。其中，异坟异穴合葬在正常情况下，夫人墓葬位于列侯墓葬的一侧，规模较列侯墓葬小，处于从属地位，是墓外设施的组成内容之一。

已知的西汉列侯墓地中，异坟异穴合葬数量最多，时代跨度长，以西汉早中期居多，西汉晚期趋减；分布地域广，都城周边及陪葬帝陵的列侯墓常见，地方列侯的墓地发现也较多。列侯与夫人墓之间有一定距离，一般较近。有的不足10米，五莲张家仲崮 M3、M4 相距不足 5 米，平度界山 M1 与 M2 相距 9 米；有的不到 20 米，阜阳双古堆 M1 与 M2 相距 17.7 米，沅陵虎溪山 M1 与 M2 相距不足 20 米；有的在 20—30 米之间，巢湖北山头 M1、M2 的直线距离为 23 米，凤栖原 M25 与 M8、徐州拖龙山 M4 与 M3 相距皆为 25 米左右，杨家湾 M4 与 M5 相距 26 米。另外，马王堆 M1、M2 的封土堆中心相距 36 米，海昏侯刘贺墓与夫人墓（M1 与 M2）封土有叠压，相距不远。个别相距稍远，贵县罗泊湾 M1 与 M2 相距有 500 余米。

正常情况下，列侯墓葬的封土及墓室规模大于夫人墓葬，突出列侯的身份和地位。也有特殊情况，如陪葬安陵的鲁元公主墓，其规模要大于张敖的墓葬。

至于其他合葬形式，或是封土下的夫妻并穴，或是墓穴内的双室或并棺，或是没有合葬者，均不属于墓外设施的内容，本书不做讨论。西汉列侯墓葬较多采取异坟异穴合葬，可能与显示列侯身份地位有关，但综合对比西汉列侯墓葬的合葬形式，又可以看出异坟异穴向同坟或同穴合葬的发展趋势，这与列侯权力地位的衰落，受其他中小型墓合葬形式的影响等有关。

② 祔葬墓

祔葬是指子孙或相关家庭成员葬在父祖或家庭相关人员的茔地或墓域中，处于墓地的非核心位置，具有从属的性质，进而形成家庭或家族聚葬，既区别于夫妻合葬，也不同于因等级差别等形成的陪葬。西汉列侯墓的祔葬墓有独立封土，墓穴基本位于规划地点，虽不是核心位置，但也是相对重要的区域，多数距离主墓较近，或在墓葬规模、形制及陪葬内容等方面较列侯及夫人墓逊色，但又比一般陪葬墓等级要高，墓主可能为列侯的嫡子孙或家族中的亲近人员，甚至还可能会有时代晚一些的列侯，部分则为列侯的妾或其他女性。

西汉列侯墓葬，部分无祔葬墓，可能与墓地规模、墓主身份及墓主需求等有关。阳陵东区NP1Y8、NP1Y9与NP1Y10，不见小于主墓但又有一定规模的墓葬，而墓园中除列侯墓或列侯与夫人墓葬之外，其他墓葬规模小，较接近，分布集中，推测该列侯墓可能无祔葬墓。

部分暂无相关资料公布，但可能存在祔葬墓，如仪征烟袋山M1、阜阳西汉M1与M2、巢湖北山头M1与M2、沅陵虎溪山M1与M2及长沙杨家山汉墓等。部分墓葬资料不甚明确，相关墓葬中可能存在祔葬墓。徐州陶楼M1，附近有3座时代相近墓葬，聊城阳谷吴楼M1，附近有3座墓葬，这其中均可能有祔葬墓。

有的较为明确。马王堆M1、M2为夫妻异穴合葬，M3为二墓墓主的儿子轪侯利豨或其兄弟之墓，祔葬于M1与M2（图3-29）。西安市北郊张家堡M110、M114、M115的性质与马王堆墓地相似，三墓之中有高级别墓葬祔葬于列侯墓。永州市鹞子岭墓地，已发掘的刘疆墓为某代泉陵侯墓的祔

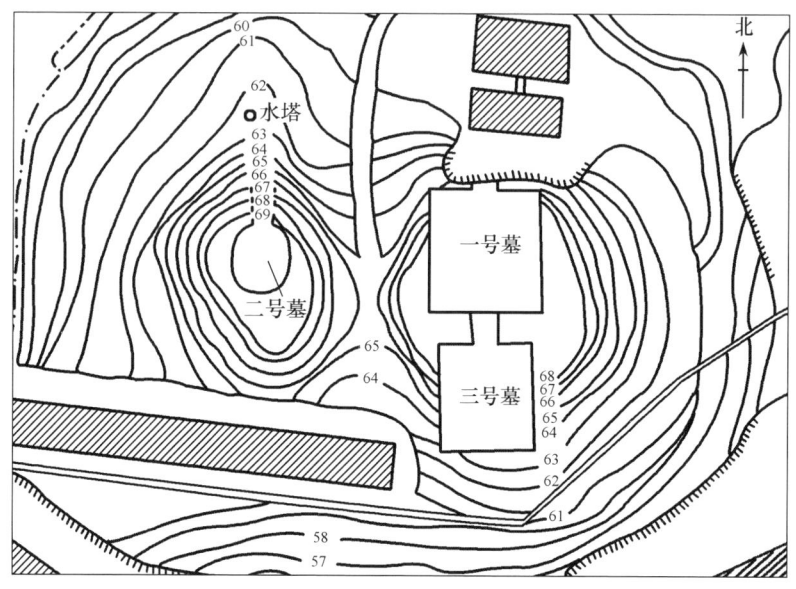

图 3-29 湖南长沙马王堆一、二、三号墓位置示意图

葬墓，刘疆为泉陵侯的家族成员（图 3-30）。凤栖原墓地东部靠近祠堂位置有几座规模略大的墓葬，为祔葬墓，而墓地东南及西部的一些墓葬，位置偏，规模小，当属陪葬墓。南昌海昏侯墓地中，主墓北侧的 M5、M6 规模略大，墓前有祠堂类祭祀建筑，均属祔葬墓，其中 M5 为刘贺长子刘充国的墓葬[①]。绵阳双包山 M1、M2 相距约 200 米，相对独立，墓地另有其他较多墓葬，部分为祔葬墓。杨家湾 M4、M5 西北有一规模较大墓葬，为祔葬墓。张敖与鲁元公主墓及其他几座墓葬位于同一墓园内，东部的几座墓葬与西部二墓形成两组，墓葬亦有相应规模，而且 4 号墓北还有建筑遗存，部分应为祔葬墓。邢台南郊刘迁墓附近有 2 座规模较大墓葬，其中一墓可能为列侯夫人墓，另一座则为祔葬墓。平度界山 M3 在 M1 东南约 30 米处，为 M1、M2 的祔葬墓。徐州拖龙山 M3 与 M4 位于同一园墙内，园墙外东北山脊的 M5 与 M7 均有墓垣，且墓葬有一定规模，陪葬品也相对丰富，为祔葬墓的

---

① 驻江西记者柯中华、伍文珺：《南昌汉代海昏侯国考古发掘取得新进展——墓园五号墓主人或为海昏侯长子》，《中国文化报》，2018 年 2 月 1 日第 2 版。

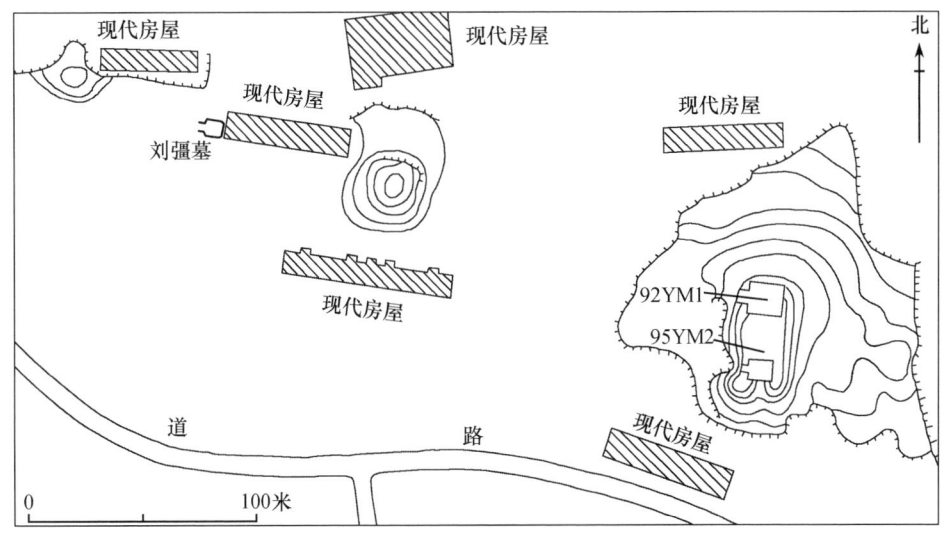

图 3-30　湖南永州鹞子岭泉陵侯墓地墓葬分布图

可能性较大。宛朐侯刘埶墓东部一定距离的 M1、M2 均有一定规模，其中 M1（郭庄汉墓[①]）出土金饼等文物，M2 出土随葬品 30 余件，可能是祔葬墓。徐州火山刘和墓与夫人墓西南山较近山头有 1 座墓，为祔葬墓。徐州荆山村西汉墓地中，M4 为列侯墓葬，M1、M3 在其西南，均有相应规模，为祔葬墓。五莲仲崮山的四座墓葬中，M4 为列侯墓，M3 为夫人墓的可能性最大，而 M1、M2、M3 呈东西向排列，M1、M2 均由墓道与墓室两部分组成，墓室有相应规模，葬具为棺椁，陪葬品有陶器、铜器、玉器等，当是祔葬墓。

西汉列侯墓葬多有祔葬墓，这是列侯身份地位的体现，同时也反映出相应的家庭和家族关系，体现出列侯家庭或家族成员的身份和地位。

③ 陪葬墓

较常见，数量不等，位于列侯墓地中，规模不大，形制结构相对简单，陪葬物品略少。多数位于列侯墓葬封土外的规划地带，为墓外设施组成内容之一。与列侯墓葬及其祔葬墓区分明显，在墓地中的位置相对较偏，体现出明显的陪葬特征。

---

① 邱永生：《徐州郭庄汉墓》，《考古与文物》1993 年第 1 期。

限于资料，一些西汉列侯墓葬的陪葬墓信息还不清楚，但多数应有陪葬墓。有的仅见相关描述，具体位置等信息不详。杨家湾 M4、M5 所在墓地有一些小型西汉墓，阳信家家附近也有小型汉墓，西安市北郊张家堡汉代墓地中有 3 座规模较大属列侯或相近级别墓葬，附近还有较多中小型墓葬，共计发掘 440 余座，其中应有列侯墓的陪葬墓；绵阳双包山汉墓附近有 20 余座不同规模的西汉木椁墓，时代下限至西汉晚期，应有列侯的陪葬墓。多数列侯墓葬的陪葬墓特征明显。张敖墓与鲁元公主墓所在墓园东部的几座汉墓中，可能存在陪葬墓。阳陵东部陪葬的列侯墓园中，NP1Y7 内 M85 墓道以东有大量小型墓葬（M84—M114），NP1Y8 内西北角无规律分布 10 余座小型墓葬，NP1Y9 内西南角与东部分别有 20 或 50 余座小型墓，NP1Y10 内西南角与东北角各有大量小型墓葬。西安市富力赛高城市广场西汉 M14，围沟内外至少 10 余座墓葬，一些时代与 M14 接近，为西汉早期，部分墓葬成组，等级相对较低，为陪葬墓。海昏侯墓的陪葬墓位于墓园垣墙内东部，与主墓、祔葬墓区分明显，排列有序，分别为 M3、M4、M7—M9。凤栖原墓地，陪葬墓规模均不大，位于兆沟外，分组排列，均朝向主墓，时代延续较长。拖龙山 M3 所在墓园外山脊处的 M6，位置偏僻，为陪葬墓。徐州荆山村西汉墓地中，M2 与 M9 分别位于山体的西北坡和东北坡，M4 的西、东两侧，墓地的西北部和东北部，位置较偏，墓葬规模小，陪葬品少且为陶器等，为 M4 陪葬墓，M5—M8 成排分布于东部，皆为竖穴洞室墓，规模不大，为陪葬墓。

有些西汉列侯墓葬的陪葬墓位于封土下、墓口旁或墓穴内，有的还有相当数量的殉葬者，这些均是列侯墓葬自身的组成部分，本书不将其列入墓外设施。徐州宛朐侯刘埶墓，封土下墓穴两侧有 2 座陪葬墓（M4 与 M5）；荆山村 M4 的竖穴口部东侧有 1 座陪葬墓，西侧壁与 M4 竖穴壁齐，较浅，深仅 0.8 米，有木质葬具，陪葬者脚部随葬陶器；火山刘和墓竖穴内西侧陪葬 1 人，男性，头南向，有漆木棺，棺内有铁剑、铜镜等随葬品，棺外北端陪葬有陶器，陶器两侧有石砌挡土墙。贵县罗泊湾 M1，椁室底板下有 7 个殉葬坑，分前后两排，纵向排列，每坑置棺木一具，棺内各置尸体一具，有的有少量陪葬品，男 1 女 6，年龄在 13—26 岁之间；M2 椁室底板下偏北位置也殉葬 1 人，年龄在 20 岁左右，陪葬漆器等。

大致来看，陪葬列侯的墓葬，墓主大多为列侯的家吏、奴婢或其他身份地位较低者，可能还有一些时代晚的陪葬者，考虑到陪葬墓数量不等，可折射出对应列侯的身份地位。

(9) 守冢设施

根据史料记载，相当数量的西汉列侯墓葬设有守冢人。文帝追尊薄太后父为灵文侯，置园邑三百家，长丞以下使奉守[1]。淮南王刘长以列侯礼葬于雍，置守冢三十户[2]。霍光死后，置园邑三百家，至成帝时，又置守冢百家，吏卒奉[3]。张安世兄张贺早死，宣帝即位后，感其恩，欲为其置守冢二百家，后因张安世求损守冢户数，宣帝下诏为张贺墓置守冢三十家，并赐贺谥曰阳都哀侯[4]。平恩侯许广汉（宣帝皇后许平君的父亲）死后，葬于南园旁，置邑三百家[5]。

可以看出，一些西汉列侯去世后，在其茔地设置守冢人应是相关丧葬内容之一。文献所载置园邑或守冢户的列侯墓葬，墓主多与朝廷关系密切，或有特殊背景。这或许说明，只有朝廷赐予或决定设置，列侯墓葬才可置园邑或设守冢户，而目前还没有直接的考古资料能够证明设置园邑或守冢户是西汉列侯墓葬的普遍行为，睡虎地 M77 出土《葬律》竹简也未见相关记载。换言之，较多列侯，尤其是众多分封至地方的列侯，正常情况下，朝廷可能不为其茔地赐守冢户，甚至可以说，其冢地可能就没有守冢人，即只有在朝廷赐予或准许的情况下才能设置守冢人。根据文献，朝廷可决定列侯墓葬置园邑或守冢户的户数，同时还会置相应官吏、按法奉守等，如"长丞以下使奉守""吏卒奉""长丞奉守如法"，这也说明置园邑或守冢户有着较为严格的制度。关于守冢的户数，朝廷赐予或准许的基本以二百家或三百家居多，宣帝欲为张贺置守冢二百家，而一些朝廷重臣或与皇帝、皇后等关系密切的列侯，所置守冢户为三百家，而这应是西汉列侯墓葬所置守冢户的上限。谋

---

[1] （东汉）班固：《汉书·外戚传》，中华书局 1962 年版，第 3942 页。

[2] （西汉）司马迁：《史记·淮南衡山列传》，中华书局 1982 年版，第 3080 页。

[3] （东汉）班固：《汉书·霍光传》，中华书局 1962 年版，第 2950、2959 页。

[4] （东汉）班固：《汉书·张汤传》，中华书局 1962 年版，第 2651、2652 页。

[5] （东汉）班固：《汉书·外戚传》，中华书局 1962 年版，第 3967、3968 页。

反的列侯因与朝廷或皇帝有相应关系，亦可设置守冢户，但户数较少，刘长即为例证。

置园邑或设守冢户的西汉列侯墓地当有相应的建筑或设施以供园邑人员或守冢户居住。考虑到大部分户数较多，如二百或三百家，结合列侯墓地的规划、守冢户及相关人员等级较低等因素，如此多的人口居住在墓园内尤其是墓园垣墙（围沟）之内似不合适，而应在墓园外，至少是垣墙（围沟）之外会有相对稳定的居住场所，并形成墓外设施的组成内容之一，既可起到保护列侯墓葬的目的，也可服务于列侯墓园，保持墓园内的整体性和有序性，这与帝陵陵邑或诸侯王园邑在某种程度上存在相似之处。

一些西汉列侯墓葬地，虽不一定设有园邑或置有众多的守冢户，但可能会根据自身情况确定是否设置守冢人，以看护墓地及负责墓园中的相关活动，并在不违反制度的情况下确定守冢者的多少，估计相关人员不可能太多，不会像园邑或守冢户居住那样形成面积较大的居住场所。守冢者居住建筑可称为冢舍，《汉书·游侠传》载："大治起冢舍。"[1]《汉书·何并传》载："林卿杀婢瘗埋冢舍"，颜师古注曰："冢舍，守冢之舍也"[2]。由后一记载来看，冢舍位于墓地中，面积不会太大，推测位置相对偏僻。从考古资料看，具有相应等级的西汉墓葬在墓园内或园墙（兆沟）内侧修建祠堂的同时，有时会修建冢舍。山东苍山县金山西汉墓具有相应的等级，墓道之上为石头砌筑石墙瓦顶房屋，南侧厅堂房间较大，为祠堂，祠堂南侧一定距离有1座建筑，是用2立柱支撑的一面坡敞篷式瓦顶房屋，有墙及石柱础等，应属厢房，与之对应的是祠堂北侧房屋，宽度与祠堂相同，南北内长2米，门位于东侧偏北部，为冢舍[3]。凤栖原西汉墓地祠堂北侧也有一相连的小房间，相对独立，亦为冢舍。南昌海昏侯墓的墓园及相关建筑遗存有所发现，从发掘情况看，墓园北门内有一双开间房屋，附近有1水井，很可能为守冢者居

---

① （东汉）班固：《汉书·游侠传·原涉》，中华书局1962年版，第3716页。

② （东汉）班固：《汉书·何并传》，中华书局1962年版，第3266、3267页。

③ 李振光、宋岩泉、党浩：《山东苍山县金山发现大型汉墓》，《中国文物报》2004年12月17日第1版。

住与生活之处。另在东门内南北两侧各有一小房，也可能为守冢者守护墓地的建筑。守冢者的任务是看护墓葬，同时也会服务于列侯墓地的相关活动，如祭祀等。另外，海昏侯 M1、M2 墓前祠堂两侧有面积较大的厢房，西厢房前还有 1 水井，可能会有相关人员居住，服务于祭祀，亦可起到守护墓葬的作用。由于考古发掘相对完整的西汉列侯墓园及祠堂等建筑相对较少，较多西汉列侯墓葬不能完全确认是否有冢舍类建筑，但较多墓葬外发现有建筑材料残片，除用于祠堂外，还可能与冢舍类建筑有关，徐州地区的西汉列侯墓葬地表即有较多发现。

二、功能与作用

西汉列侯墓地外部设施内容丰富，功能与作用也较为多样，涉及多个方面。相关功能和作用既有相似之处，如显示和说明墓主的身份和地位等，同时也有自身的功能和作用，体现出不同和差异。

墓园反映出墓地（茔域或冢地）的规划，同时也可保护墓葬及相关设施。园墙或围沟可作为界限，区分园内与园外，表明内外的差异，或是标识茔域范围。如凤栖原西汉墓地，尽管四周的兆沟不相连接，但是四周由兆沟围成，以此标志成为墓园，兆沟的组合明确显示墓园茔地界域的存在，同时表明该墓地的兆沟区域确切由某一个特定的人员所属[①]。与墓园相关的设施也有不同作用或功能，门、阙是连接墓园内外的设施，是墓地入口的象征，同时也是墓葬趋于第宅化在墓外设施方面的体现；罘罳的保护功能较为明显，而除祭祀性建筑外的其他建筑可供相关人员居住，也具有保护作用，同时还可服务于墓区内的相关工作。

道路可保证墓区内外的交通，连接主墓、祔葬墓、陪葬墓，服务于墓祭及墓域内的相关工作，同时也是墓域规划的体现，而徼道则具有巡逻警戒的功能。

排水设施与墓垣可以保护具体墓葬和整个墓域，如保护封土，减少水土流失，起到保护墓室及墓内设施、陪葬品等的作用。一些列侯墓外或墓园

---

① 张仲立、丁岩、朱艳玲：《凤栖原汉墓：西汉大将军的家族墓园》，《中国文化遗产》2011 年第 6 期。

内有水井，作为供水设施的可能性较大，当然涝时亦可排水。如海昏侯墓园，北门建筑旁及南侧祠堂西厢房旁侧皆有 1 水井，为相关人员或活动供水的可能性极大，而位于中部的 J2 可能服务于祔葬墓（M5、M6），由于距离二墓较近，也可能具有排水功能。

两处异姓列侯墓前置放大型圆雕石刻可能与墓主生前的突出贡献有关，如出使西域、抗击匈奴等，也可能与他们对其他丧葬文化有所吸收、接受和借鉴有关。这也说明，西汉时列侯墓在墓前置大型圆雕石刻具有一定的特殊性。

除供相关人员居住使用的建筑外，列侯墓地还有用于祭祀的祠堂或寝类祭祀设施，主要为墓地祭祀服务。

陪葬坑、合葬墓、祔葬墓及陪葬墓等，总体上都是陪葬于列侯墓葬的设施。陪葬坑多是墓主生前拥有的体现和反映，也可供死者在地下世界使用和享有，车马坑、侍俑坑、庖厨坑、组合坑等皆有相应功能，如杨家湾汉墓，有兵马俑陪葬坑，与墓主生前身份较为相符，既是事死如事生丧葬思想的体现，也反映出陪葬物品生活化的特征。还有一些墓葬反映出墓祭的内容，如石家街汉墓等的祭祀坑，这些均体现出相应的丧葬需求和内容。合葬墓、祔葬墓及陪葬墓等，体现出相应的家庭或家族关系，显示出列侯在家庭与家族中的尊位，折射出家族或家庭关系的加强，而陪葬墓又在一定程度上折射出列侯的政治地位及统治内容。

守冢设施主要是保护茔域和墓葬，在某些时候，还可能会服务于墓祭及其他活动。

综合来看，西汉列侯墓地外部设施的功能和作用涉及墓区规划、墓葬与墓域的保护、陵区内交通、墓祭、陪葬、守冢等多方面内容。概括来看，基本表现在四个方面，即反映墓主身份地位、体现族葬与陪葬体系、保护茔域和墓葬、辅助墓葬祭祀。

三、墓外设施制度

西汉列侯墓地外部设施既体现出墓葬内容的丰富多样，也反映出与列侯墓葬相对应的制度和规定。

（一）重园制度

墓园是西汉列侯墓地的重要设施，列侯墓大多居于墓园内的核心位置。云梦睡虎地西汉 M77 所出《葬律》载有"重园（？）垣之"，明确指出西汉早期偏晚阶段的列侯墓园为重园，即双重墓园。这不同于西汉帝陵普遍实行的三重陵园[1]，与诸侯王墓实行的双重陵园[2]虽有相似，但整体规模较小，具体规划亦有差异。

1. 关于重园的认识

关于西汉列侯墓园，《葬律》载有"重园（？）垣之，高丈。祠（？）舍盖，盖地方六丈，中垣为门，外为阙，垣四陬为不（罘）思（罳）。"关于中垣，相关研究认为"中垣，相对内垣而言，即外面一重垣"[3]，但简文中未对内垣有描述。有学者在此基础上又指出："《葬律》的记载内容间接表明列侯墓存在'内垣'或是象征意义上的内垣。"[4]由于目前并未见到西汉列侯墓地"内垣"的相关资料，推测内垣存在的可能性不大，也或许会有象征意义上的内垣。

从《葬律》的记载看，西汉列侯墓园有垣墙、门、阙及罘罳等设施，而关于垣墙的记载中又穿插对祠堂的描述，推测祠堂的位置与垣墙有着较密切关系。结合考古资料，西安凤栖原墓地祠堂位于东围沟北内侧，基本处于墓园东侧中部；徐州荆山村西汉墓地的祠堂与墓葬、陪葬坑有一定距离，若有垣墙，应位于南墙的中部。因此"中垣"或可理解为一侧垣墙中部，"中垣为门"则是其中部设门，而设门处与祠堂相对应。

不过，西安凤栖原墓地为围沟而非垣墙，但性质相同。有些列侯墓葬的祠堂位置与上述两墓不同，一些位于墓前，中垣为门则可理解为祠堂盖地

---

[1] 刘瑞：《秦、西汉帝陵的内、中、外三重陵园制度初探》，《中国文物报》2007 年 5 月 18 日第 7 版。

[2] 刘尊志：《论西汉诸侯王墓陵园及相关问题》，《考古》2011 年第 4 期。

[3] 彭浩：《读云梦睡虎地 M77 汉简〈葬律〉》，《江汉考古》2009 年第 4 期。

[4] 刘瑞：《海昏侯刘贺墓墓园制度初探》，《南方文物》2016 年第 3 期。

范围中部正对垣墙处开门,位置亦大致为一侧垣墙或围沟的中部,如上官桀墓,南壕沟与墓道对应处设门。当然也有特殊情况,如海昏侯墓地,祠堂正对的南垣墙未开门,但祠堂的相对位置亦是南垣墙中部内侧。由上可知,列侯墓园砌有一周垣墙或建有一周围沟的可能性很大,所以重园可能并不是指内外两重垣墙,也不是两重垣墙围成的不同空间,而可能是只有一周垣墙或相关设施,抑或没有,但均是在相关规划和要求下,形成的不同层次和内容的双重墓园,与墓园或围沟有关的设施及墓园中的相关内容按照规划和要求设置分布。有的设施或内容距离列侯墓葬近,关系较密切,与列侯墓形成一组;有的则与列侯墓葬相距较远,间隔明显,形成墓园中的另一组内容。不同的两组内容之间不一定有围墙或兆沟,抑或有象征性的界隔,但间隔清晰,区分明显,反映出列侯墓地双重墓园,即重园的制度、内容和特点。

2. 重园的四种形式

一是以垣墙或兆沟为界隔,将墓园分为两重。陪葬阳陵的 BP1Y10、M740 位于墓园内中部,有陪葬坑等设施,墓园南侧门外有服务于墓祭的成组灶坑,形成两重。西安凤栖原墓地中 M8 为主墓,两侧各 3 座陪葬坑;M25 为夫人墓,位于 M8 东南,二墓外绕以兆沟,东兆沟北内侧为祠堂及相关建筑,兆沟之外为相当数量的陪葬墓或袝葬墓。徐州拖龙山 M3 与 M4 位于长方形园墙内,主次有别,墙内东侧有祠堂类祭祀设施,园墙外 3 座墓葬为陪葬墓与袝葬墓。陪葬茂陵的霍光墓周围有外藏坑 15 座,东北部有祠堂类建筑,墓外周围有夯土墙遗迹,为围墙,围墙外还可能有其他设施。史载,霍光死后置有守冢户 300 家,当居住于垣墙外,墓园因此形成内外两重。

二是在垣墙或兆沟内形成双重墓园,间隔区分明显,而垣墙或围沟不是双重墓园的界隔,更可能是墓域的界限。安陵东侧的陪葬墓园四周有围墙,M1、M2 位置在西,相距较近,所在区域的围墙近方形,二墓北面还有祭祀性建筑;墓园内偏东侧有 3 座墓,与 M1、M2 分界明显,所在区域的围墙呈长方形,墓葬规模稍小,M3、M4 也可能有祭祀建筑。阳陵东区的列侯墓园多以沟围成,由于朝向帝陵东司马道,加之不同墓园毗邻,且相邻墓园共用同一围沟,因此围沟外大多无相关设施或内容,但墓园内主墓及相关设施与袝葬墓、陪葬墓区分明显,亦形成相对独立的两组内容。M85 为

NP1Y7中规模最大的一座墓葬，园内西北角有4座小型甲字形墓，M85墓道以东有较多小型墓葬，多为南北向；M760（高宛制侯丙武墓）、M761（夫人墓）为NP1Y8中规模较大的两座墓葬，园内西北角无规律分布10余座小型墓葬；M457位于NP1Y10内东部，规模大，园内西南角及东北角有较多小型墓葬。陪葬茂陵的M15四周有长方形围墙，墓园内西北部有2座小型墓葬。南昌海昏侯墓园中，夫人墓稍偏一侧，其与侯墓南面有祠堂及廊房，侯墓前还有寝，墓外西北侧有一陪葬坑，从墓园平面图看，廊房与祠堂南即为垣墙，体现的独立性更为明显，而作为祔葬墓的M5、M6也与上述内容共处于一个大的空间；东部陪葬墓相对成片存在，和上述内容间隔明显，与墓园东、北两门内侧的建筑等组成另一组内容。

三如西安市富力赛高城市广场西汉墓园，列侯墓（M14）及相关设施位于兆沟内墓园中相对独立的空间，墓园兆沟内外至少有10余座陪葬墓，部分成组，时代有延续，形成另一组合。

四是墓园无垣墙或兆沟，但亦形成两重墓园。徐州荆山村西汉墓地，主墓M4与另两座有一定规模的祔葬墓（M1与M3）、陪葬坑、祠堂为一组，位置居中；而陪葬墓（M2、M5—M9）为另一组。

由上可知，西汉列侯墓园大多可分为内外两重。一重为内园，以列侯墓葬为主体，多数还包括夫人墓、祭祀设施，墓外有陪葬坑者，陪葬坑亦位于其中；另一重为外园，基本为祔葬墓与陪葬墓，有的还包括守冢或服务祭祀的设施等。就已知西汉列侯墓地来讲，有的体现较为明显，有的则不甚清晰或相对模糊，但大多可反映出重园的特征。两重墓园之间有界隔或间隔，上文所述第一种形式是以垣墙或兆沟为界隔，第二、四种形式是间隔明显，抑或有象征性界隔，第三种形式则是二者兼备。内园具有独立性和特殊性，外园具有附属性，二者综合构成双重墓园。

西汉列侯墓地的重园制度在很大程度上会受到帝王陵墓陵园制度的影响，同时又结合自身地位和需求，形成与自身特点相符合的墓园制度。两重墓园的组成内容，既有大的统一，也有小的差别，以祔葬墓为例，多将其置于外园之中，但有的也被纳入内园者，如南昌海昏侯墓地、徐州荆山村墓地，体现出相应的灵活性。综合来看，西汉一代，虽然与列侯有关的制度、政策及列侯的身份地位存在较多变化，但从早期至晚期，重园制度一直存在，而且使用多、分布地域广，说明该制度与列侯的身份地位较为契合，是西汉列侯墓园的普遍制度。

3．相关问题

（1）墓园在一定程度上可体现墓地的规划，同时也可保护墓葬及相关设施。垣墙或围沟作为界限，或用来标识茔域范围，区分墓园的内外；或用来表明双重墓园内外的差异。如西安凤栖原西汉墓地，兆沟的组合明确显示墓园茔地界域的存在，同时表明该墓地兆沟区域内确切是由某一个特定的人员所属[①]。与垣墙或围沟相关的设施也有不同作用或功能，门、阙是连接内外的设施，很多还是墓地入口的象征，在某种程度上体现出第宅化的特征；罘罳的保护功能较为明显，而祭祀建筑外的其他建筑，很多可供相关人员居住，具有保护作用的同时也可服务于墓园内的相关活动。墓园中的相关内容较为丰富，与垣墙或围沟的有关设施相结合，综合体现出墓区规划、保护茔域和墓葬、反映墓主身份地位、体现族葬与陪葬体系、辅助墓葬祭祀等多方面的功能和作用。

（2）列侯生活时代不同，且存在始封、嗣封、绍封及列侯身份地位的具体差别等情况，使得列侯墓园在规模、内容及规划、设置等方面均存在差异。在朝廷为重臣及具有特殊身份的列侯，墓园规模大，设施丰富，如凤栖原张安世墓园、海昏侯墓园等；一些普通列侯的墓园不仅规模小，设施也较简略，如徐州东郊陶楼西汉墓等。至于一些有罪的列侯，其墓地亦可有相应规模的墓园，而且会有相应设施，如祔葬墓、陪葬坑等，如参与"七国之乱"的宛朐侯刘埶、因罪被免的东昌趮侯刘祖等的墓葬，而且刘埶墓的墓园较一般正常去世列侯的墓园规模要大。这或许说明，朝廷对有罪列侯的墓园规制或内容限制并不严厉，而这在有罪诸侯王墓陵园方面也有体现，如徐州驮篮山汉墓[②]，墓主很可能为参与"七国之乱"的第三代楚王刘戊与其夫

---

① 张仲立等：《凤栖原汉墓：西汉大将军的家族墓园》，《中国文化遗产》2011 年第 6 期。

② 邱永生、徐旭：《徐州市驮篮山西汉墓》，《中国考古学年鉴·1991 年》，文物出版社 1992 年版，第 173、174 页；李琳、甘晓妹：《驮篮山汉墓惊现神秘陪葬坑》，《彭城晚报》2004 年 4 月 9 日第 2、3 版。

人①，陵园范围大，设施多，而且还有兵马俑陪葬坑等。

（3）西汉列侯墓园的类型与形状不一，并有一定数量、不同功能和作用的设施与内容，反映出墓主的身份和地位，但与帝王陵墓的陵园相比较，又体现出相应的等级差异。规模小、设施相对少或简略是其特点之一。墓园与陵园在称呼上存在差异，帝王墓的陵园多有具体名称，帝陵不需多说，诸侯王墓陵园多以王的谥号为园名，列侯墓园则无具体名称，出土或传世的相关印章、封泥等也无相关资料。帝王墓陵园基本都设官吏进行管理，列侯墓地只有朝廷为其置园邑或派守冢户时会令长丞以下吏卒奉守，但这仅是极少数，且墓主具有特殊性；多数西汉列侯墓地无园邑设置，亦无相应吏卒奉守，而只是设置少量的守冢人。

（4）地方列侯在墓地规划时相对自由，但中央对列侯的丧葬有所管控，如《汉书·景帝纪》载："列侯薨，遣太中大夫吊祠，视丧事，因立嗣。"②中央对列侯丧葬逾制者的处理亦较严苛，武原侯卫不害"坐葬过律，国除"③。所以，地方列侯的墓园，大多应在规定面积或范围之内；而陪葬帝陵的列侯墓葬，其墓园与帝陵陪葬区的整体规划密切相关，墓园面积受限更为明显。史载，乐安侯李蔡，"以丞相坐诏赐冢地阳陵当得二十亩，蔡盗取三顷，颇卖得四十余万，又盗取神道外地一亩葬其中，当下狱，自杀"④。陪葬长陵的咸阳杨家湾M4、M5，规模较大，但形状均呈曲尺形，转折方向相反，可能与其不能超出墓园界限有一定的关系。

综上，西汉列侯墓地的墓园类型与形状较为多样，与垣墙或围沟有关的设施及墓园中的相关内容较丰富，整体上是以列侯墓葬为核心，配合相关设施与内容，形成有相应界隔或间隔的内外两重墓园，并成为普遍实行的墓园制度。墓园反映出西汉列侯墓地的规划、墓域与墓葬的保护，也折射出与墓主身份地位相关的诸多内容，并在一定程度上体现了西汉列侯丧葬的内容及其发展和演进。

---

① 刘尊志：《徐州两汉诸侯王墓研究》，《考古学报》2011年第1期。
② （东汉）班固：《汉书·景帝纪》，中华书局1962年版，第145页。
③ （东汉）班固：《汉书·高祖功臣侯年表》，中华书局1962年版，第587页。
④ （西汉）司马迁：《史记·淮南衡山列传》，中华书局1982年版，第3080页。

（二）合葬、祔葬与陪葬制度

西汉列侯与夫人多为同茔异坟异穴合葬，同坟异穴及同穴合葬者较少，这与帝王陵墓较相似，是身份地位的体现，也反映出相应的合葬制度。列侯墓葬多有一定数量的祔葬墓，祔葬者与列侯在家庭或家族层面及血缘方面有密切关系，墓葬位置稍偏，但均有相应规模。

从大的方面看，异坟异穴合葬的夫人墓亦属于列侯墓的陪葬墓，列侯墓在墓地中居于核心位置，夫人墓则处于从属地位，而且规模一般稍小。祔葬墓与陪葬墓亦是陪葬的主要内容，拥有一定数量陪葬墓是列侯墓葬的制度之一，多数陪葬墓等级较低。结合夫人墓，综合体现出陪葬中的亲疏近远关系，即夫人墓多位于列侯墓旁侧，祔葬墓稍偏，而陪葬墓位置较偏。

陪葬制度中另一重要内容为陪葬坑，但并不是所有的西汉列侯墓葬都有陪葬坑。对比来看，陪葬帝陵的部分列侯墓葬外的陪葬坑数量较多，如杨家湾汉墓、凤栖原M8及陪葬茂陵的霍光墓与阳信家冢等，墓外均有多条陪葬坑；其他列侯墓葬外多数为1座陪葬坑，个别可能为2—4坑，广西贵县罗泊湾M1外有2座陪葬坑，仪征烟袋山M1封土外有4座陪葬坑，这既存在相关原因，也反映出相应的制度，尤其是地方列侯墓葬，墓外1个陪葬坑大概是制度要求，个别可能会多，但较之陪葬帝陵的列侯墓葬，还是相对较少，仅个别为2—4座。就陪葬内容来讲，陪葬帝陵的列侯墓葬，陪葬坑可以陪葬兵马俑，甚至中期也存在，如张安世墓的陪葬坑，但其他列侯墓葬的陪葬坑则基本以器物、车马、侍俑坑居多，象征列侯生前生活或死后的拥有，组合类坑基本不见，这亦可能是相关制度和要求。

（三）墓祭制度

祭祀是汉代墓葬的重要内容之一，西汉时期已得到较大发展。较多墓葬内的结构及物品均体现出祭祀的内容，如前室的设置，食品与乐器的摆放等。出于纪念死者，为埋于地下的死者长久提供衣食及常用之物等目的，墓地祭祀逐渐成为重要的祭祀活动。

西汉列侯墓地祭祀设施反映的墓祭制度主要表现在两个方面。一是修砌具有祭祀性质的陪葬坑，如石家街汉墓外的陪葬K1，但并不多见；海昏侯刘贺墓前寝类建筑东西两侧及北侧的祭祀坑，呈不规则形状，应为举行相关祭祀活动后形成。二是修建用于祭祀的房屋类建筑以供长祭久祀，祠堂由此得到较多使用，文献、考古资料均可证明，这与帝陵的陵庙、诸侯王墓的祠庙较为相似。与墓主身份地位相对应，西汉列侯墓地祠堂建在墓园内或边界处，为夫妻墓葬或整个墓地共用。基本为瓦顶土木结构，多使用瓦当，而且常见象征身份地位的文字瓦当，最少为双开间，一些开间较多。徐州荆山村西汉墓地祠堂为双开间，海昏侯墓祠堂为三开间，凤栖原西汉墓地祠堂则是面三进五的方形堂室。虽然一些祠堂开间较多，但就面积来讲，无特殊情况，均要小于同时期诸侯王墓的祠庙，而《葬律》中也对西汉早期偏晚阶段的列侯墓地祠堂有"（祠）盖地方六丈"的规定。祠堂可建相关配套设施，海昏侯墓祠堂两侧建有厢房，凤栖原墓地祠堂北为冢舍。祠堂之外，有些墓葬可能还有其他祭祀建筑，如海昏侯墓道前建具有祭祀性质的寝，为该墓专用。一些列侯墓地中的袝葬墓或陪葬墓也可修建祭祀设施，海昏侯墓地有所体现。

需要说明的是，朝廷还有为在朝中为官的列侯修建祠堂的制度，但多是朝中重臣，霍光死后，朝廷发三河卒穿复土，起冢祠堂[①]，张安世去世后，朝廷派将作穿复土，起冢祠堂[②]。

（四）守冢制度

有相对严格的规定。列侯墓外设园邑或一定数量的守冢户，要由朝廷赐予或决定设置，但朝廷并不是为所有的列侯墓地都置园邑守冢户。园邑或守冢户的户数也不尽相同，多不超过三百家，有二百家者，少可至三十户。朝廷还会为之设置相应官吏，并要求按法奉守，主要为长丞及以下吏卒等。

多数列侯墓葬可自行设置守冢人，数量一般不多。守冢人住在茔域内或墓园边界，有专门的冢舍。主要职责是守护墓葬及相关设施，并在需要的时候服务于墓区内的相关工作。

---

① （东汉）班固：《汉书·霍光传》，中华书局1962年版，第2948页。
② （东汉）班固：《汉书·张汤传》，中华书局1962年版，第2653页。

（五）墓地石刻制度

少量西汉列侯墓地在墓前摆放石雕等石刻。张骞墓前石雕位于墓南160余米处，东西各一，二兽位于茔地入口处的可能性较大，这与较多东汉墓葬墓园门处的对称石雕较为相似，据《水经注·洧水》载，河南密县打虎亭汉墓[①]有二石阙，阙下夹对石兽[②]。张骞墓前的二兽可视作门阙石兽制度的早期内容。霍去病墓前的石雕众多，亦可视作石象生制度的早期形态，另在墓上还有巨石。不过，二墓时代较早，墓主的身份具有特殊性，相关内容很可能是针对墓主特殊性而形成的相应制度，还具有早期特征和不成熟的特点。

（六）有罪行列侯的墓外设施制度

关于这一点，文献中极少有记载，推测一些列侯因有罪，其墓地外部设施的内容及等级可能都会有所损减，部分甚至被废除。有些列侯虽犯重罪，但其墓地的外部设施还有较多留存，这与时代、朝廷政策及墓主身份的特殊性可能都有关系。刘长死后，朝廷以列侯礼葬之，设守冢户30家，似有损减。五莲张家仲崮M4的墓主刘祖，被免侯，但该墓有祔葬墓和陪葬墓。宛朐侯刘埶参与"七国之乱"，兵败，其墓葬（簸箕山M3）有相应面积的墓园，另有陪葬坑、陪葬墓及祔葬墓等，地表还有较多建筑材料残片。关于墓主，史书中有被诛、除籍与被赦等不同记载，从墓葬外的设施较多，尤其是陪葬墓、陪葬坑等来看，朝廷对参与"七国之乱"的刘埶处罚并不是太过严厉，但墓中不见象征列侯身份地位的殓葬玉器，金银器亦较少见，体现出相应的处罚。笔者推测，朝廷很可能对刘埶执行了除籍的处罚，同时亦赦其死罪，但在丧葬方面又享有一些原有身份地位的内容，故其被诛杀的可能性不大。就这一点，《史记·孝景本纪》与《汉书·景帝纪》的记载相对一致和可信。可以看出，朝廷对有罪列侯在墓地外部设施方面有相应制裁，但轻重并不统一。

[①] 河南省文物研究所：《密县打虎亭汉墓》，文物出版社1993年版。
[②] （北魏）郦道元著，（清）王先谦校：《合校水经注》，中华书局2009年版，第333页。

四、西汉列侯墓葬外部设施的特征

已发现、发掘的西汉列侯墓葬时代跨度长、分布地域广，部分因破坏严重或其他原因，暂未发现或暂未公布与列侯墓地外部设施有关的遗迹或遗物，多数则有相应资料公布，有的保存较好，公布的相关资料也较丰富（表3-3）。综合上文所述，西汉列侯墓葬外部设施有着与其发展、内容、制度等相对应的时代特点、地域特征及等级特色。

（一）时代特点

由表3-3可知，不同时期或阶段的西汉列侯墓葬都有墓外设施或相关内容，参照《葬律》的时代及记载内容，可将西汉列侯墓葬外部设施的发展分为四个阶段，不同阶段的内容、内涵既有相似，又有差别，体现出相应的发展和演变。

表3-3 西汉列侯墓葬墓外设施统计简表

省份	地区	墓地/列侯墓名称	墓外设施内容	时代
陕西	咸阳	杨家湾墓地	夫人墓、袝葬墓、陪葬墓、陪葬坑	早期（文景时期）
		张敖与鲁元公主墓	墓园（园墙）、夫人墓、袝葬墓、祭祀建筑、下水管道	早期（惠帝时期）
		阳陵BP1Y7-M797	墓园（围沟）、陪葬坑等	早期
		阳陵BP1Y10-M740	墓园（围沟）、陪葬坑、祭祀遗存	早期
		阳陵NP1Y7-M85	墓园（围沟）、袝葬墓、陪葬墓	早中期
		阳陵NP1Y8-丙武墓	墓园（围沟）、夫人墓、陪葬墓	早期
		阳陵NP1Y9-周应墓	墓园（围沟）、夫人墓、陪葬墓	早期
		阳陵NP1Y10-M457	墓园（围沟）、陪葬墓	早中期
		阳陵NP1Y11-M590	墓园（围沟）、夫人墓、陪葬墓	早中期
		卫青墓	墓园（园墙）	中期（武帝时期）
		霍去病墓	墓园（园墙）、圆雕石刻、立石、建筑	中期（武帝时期）
		霍光墓	夯土遗迹、陪葬坑、祠堂、	中期（宣帝时期）
		上官桀墓	墓园（兆沟）	中期
		茂陵陪葬墓M14	墓园（园墙）	中期
		茂陵陪葬墓M15	墓园（园墙）、陪葬墓	中期
		阳信家冢	陪葬墓、陪葬坑、建筑遗址、墓园或有或无	中期（武帝时期）

续表

省份/地区		墓地/列侯墓名称	墓外设施内容	时代
陕西	西安	凤栖原墓地	墓园（兆沟）、道路、排水设施、祠堂、冢舍、陪葬坑、夫人墓、祔葬墓、陪葬墓	中期偏晚至晚期
		石家街汉墓	祠堂、陪葬坑	中晚期
		蓝田支家沟汉墓	墓园（园墙）	中期（武昭时期）
		长安邮电学院汉墓	祠堂	中期
		西安市富力赛高城市广场M14	墓园（兆沟）、陪葬墓	早期，陪葬墓可至中晚期
		张家堡汉代墓葬	夫人墓、祔葬墓	中晚期至新莽
	城固	张骞墓	圆雕石刻、相关建筑	中期（武帝时期）
河北	邢台	南郊汉墓	夫人墓、祔葬墓	晚期偏早
	隆尧	固城村南汉墓	相关建筑遗存	晚期
山东	济南	腊山汉墓	祠堂或相关建筑，夫人墓	早期（文景时期）
	聊城	吴楼汉墓	相关建筑、祔葬（或陪葬）墓	晚期偏晚
	五莲	张家仲崮汉墓	祔葬墓	中期偏晚
	平度	界山汉墓	祔葬墓	晚期偏晚
江苏	徐州	簸箕山汉墓	墓园（？）建筑遗存、墓垣、陪葬坑、祔葬墓	早期偏晚
		火山汉墓	建筑遗存、墓垣、夫人墓、祔葬墓	早期偏晚
		后山汉墓	相关建筑遗存	早期
		东郊陶楼汉墓	墓垣、祔葬墓、陪葬墓	中期（武帝时期）
		荆山村西汉墓地	墓园、祠堂、陪葬坑、祔葬墓、陪葬墓	中晚期
		拖龙山西汉墓	墓园、建筑、墓垣、陪葬墓、祔葬墓	晚期
	扬州	仪征烟袋山M1	4座陪葬坑	中期
安徽	阜阳	双古堆西汉墓	夫人墓	早期（文帝时期）
	巢湖	巢湖北山头	夫人墓	早期
江西	莲花	老虎坳汉墓	墓园迹象、相关建筑	中期（武帝时期）
	南昌	海昏侯刘贺墓	园墙、门、门阙、道路、水井、排水设施、祠堂、寝、祭祀坑、配套建筑、陪葬坑、夫人墓、祔葬墓、陪葬墓	中期偏晚（宣帝时期）

续表

省份	地区	墓地/列侯墓名称	墓外设施内容	时代
湖南	长沙	马王堆汉墓	夫人墓、祔葬墓	早期偏晚
		杨家山汉墓	夫人墓	后期
	永州	鹞子岭汉墓	夫人墓、祔葬墓	末年
	沅陵	虎溪山汉墓	夫人墓	早期（文帝时期）
四川	绵阳	双包山 M2	陪葬墓、祔葬墓，可能有墓上祭祀设施	中期（武帝前后）
广西	贵县	罗泊湾汉墓	夫人墓、陪葬坑	早期，可至文景时期

第一阶段，西汉建国至文帝时期。汉王朝刚建立，正处在恢复发展阶段，列侯数量少，去世列侯不多。史料中有淮南王刘长因谋反死后按列侯礼下葬的记载，与墓外设施有关的是置守冢三十户；另有文帝为灵文侯置园邑、上食祠的记载，园邑置三百家，并有长丞以下使奉守，同时设寝庙上食祠如法，而灵文侯夫人园，同灵文侯园仪。经考古发掘的西汉列侯墓葬数量较少，主要有阜阳汝阴侯墓、巢湖北山头汉墓、青州城区西南角楼村西汉墓、虎溪山沅陵侯吴阳墓、罗泊湾汉墓等，杨家湾 M4 的墓主若为周勃，亦属于这一时期的列侯墓葬，张敖与鲁元公主墓及其墓园则经相关调查。大致来看，地方列侯多数是以列侯与夫人的异坟异穴合葬为主，罗泊湾汉墓地处南越，稍微特殊，墓外有陪葬坑。帝陵陪葬墓中，杨家湾汉墓除夫人墓外，还有祔葬墓、陪葬墓、陪葬坑等，张敖与鲁元公主墓地，除以上内容外还有其他内容，如垣墙、祭祀建筑，而且祔葬墓也有建筑遗存，另有排水设施等。大致来看，这一时期列侯墓葬外部设施以夫人墓最为常见，陪葬坑、陪葬墓、祔葬墓得到一定程度的使用，而一些具有特殊性的列侯墓葬使用了墓园，个别有垣墙，有的设有守冢户或园邑，祭祀建筑开始出现，但极少见。该阶段基本是在继承前代基础上，结合墓主身份地位、等级和丧葬需求，在中央政策规定范围内，参考帝王陵墓，形成与列侯葬制相适应的墓外设施内容、特征和内涵，较多设施还存在不统一性或不普遍性，而与皇室有密切关系者，墓地外部设施相对丰富。可以说，本阶段是西汉列侯墓地外部设施的初步发展阶段。

第二阶段，景帝至昭帝时期。这一时期，王朝统治渐趋稳固和繁荣，列侯政策较之初期有了较大变化，分封数量大增，列侯权力有所削弱，政治地位也随之下降，但在整体上促进了列侯丧葬的发展。众多列侯墓地在基本不逾制和不违反中央政策的情况下，参考帝王陵墓及其他墓葬，形成符合自身特点的丧葬内容，并尽可能从多方位展现列侯自身的政治地位和身份等级，充分满足自我的丧葬需求，墓外设施在前代发展基础上呈现出全面发展态势。《葬律》竹简记载了西汉列侯墓地墓外设施的较多内容，反映出中央政府对这一时期列侯葬制有相对明确和细致的规定，与《汉书·景帝纪》中关于列侯葬制的记载起到了相互补充的作用，而考古发现该时期西汉列侯墓葬数量多，分布地域广，反映的墓外设施内容亦较丰富。这一阶段的西汉列侯墓地，有的设有守冢户或园邑；墓园得到普遍使用，有的围以夯土垣墙，有的则有围沟，同时还设有门、阙、罘罳等；保护墓葬设施得到较大发展，如墓垣、排水设施等；列侯与夫人多为异坟异穴合葬，出现了同穴合葬，有祔葬墓及陪葬墓；陪葬坑常见，很多还存在与封土下陪葬坑并存的现象，有些列侯墓葬的陪葬坑则成为墓葬形制结构的一部分，体现出与其他中小型墓葬相近的发展态势；祠堂及相关祭祀设施数量增加，尤其是祠堂，得到普及和推广，这与《葬律》书写时代及记载内容基本相符，有的还有新的祭祀设施，如阳陵陪葬墓园发现的多个成排灶；墓园内道路得到发展，神道作用突出；一些墓葬使用墓地石雕等，体现出与墓主身份相符的特殊性。综合来看，该时期的发展是多方位的，有继承前代基础上的发展，而祭祀设施的推广普及表明墓祭重要性得以凸显，同时也有新内容出现，可以说，墓外设施的内容和功能基本具备。因此，该阶段是西汉列侯墓葬外部设施的全面发展期。

第三阶段，汉宣帝至王莽新朝代汉之前。延续前代的基础上，与社会发展相对应，有些列侯墓地的外部设施出现新的内容，有的内容则趋于完善，并充分体现出对应墓主的特殊身份和地位，而较多列侯墓地的外部设施则逐渐趋于衰落。发展完善的代表性墓葬如富平侯张安世墓、海昏侯刘贺墓、徐州拖龙山西汉 M3 等，另如高安侯董贤墓，"起冢茔义陵旁……外为徼道，周垣数里，门阙罘罳甚盛"[①]。张安世墓园与海昏侯刘贺墓园均规划有

---

① （东汉）班固：《汉书·佞幸传》，中华书局 1962 年版，第 3734 页。

序，设施较全。张安世墓园围以围沟，分成内外两重，内为列侯及其夫人墓葬、与二者有关的设施，外为袝葬墓和陪葬墓；刘贺墓园以垣墙围绕，其内分为两重，列侯与夫人墓、袝葬墓及相关设施相对独立，同时还有独立的祭祀设施，陪葬墓及守冢人的住所等属外重墓园，一些袝葬墓前也修建祭祀性建筑，守冢人住所也有水井等配套设施，两重墓园有明显的间隔和区分。就上述几墓地来讲，有的外部设施显示出渐趋衰落的态势，如陪葬坑，数量、种类均减少，仅张安世墓数量多，呈围绕列侯墓葬之势，刘贺墓仅1座，在其一侧，拖龙山M3则不见。其他较多西汉列侯墓地，墓外设施的衰落态势已逐渐明显，陪葬坑位于封土下或已完全转变为墓葬形制结构的一部分；墓园的使用仍延续前代，但有些墓园可能不用垣墙或兆沟，其他设施也趋于减少；陪葬墓与袝葬墓成为常见的墓外设施，但大多数量减少；祠堂类设施仍有使用，但位置不统一，还有一些墓葬不见相关遗存；其他如排水设施、守冢设施也较少见。大致来看，部分有特殊性质列侯的墓地外部设施获得较多发展，一般列侯墓地的外部设施则趋于衰落，二者有并存现象，因此该阶段可视为西汉列侯墓地墓外设施的延续发展期，有一定程度的补充发展，甚至有些列侯墓地的外部设施得到较大加强，内容极为丰富，但较多则是趋于衰落的特征。

  第四阶段，王莽新朝时期。随着政权的变更，很多列侯或被免，或除国或降为他职，原有的统治体系遭到全面破坏，许多"列侯"很难再修建多种形式的墓外设施，"列侯墓葬"与一般墓葬的差别极小，即使有所发现，若无表明墓主身份的遗物，已很难确认。已有的墓外设施可能会停止建造或遭到严重破坏，如凤栖原西汉墓地，至王莽时已全面衰落，而济南腊山汉墓的墓外设施是在王莽前后遭受到严重破坏。该时期的一些列侯墓葬如西安张家堡M115，仅有袝葬墓或陪葬墓，无其他设施发现。因此，这一时期可视为西汉列侯墓地外部设施发展的阻滞与被破坏阶段。

  由上可知，西汉列侯墓地的外部设施经历了不同阶段的发展，逐渐形成反映墓主身份地位、茔域与墓葬保护、族葬与陪葬体系、墓葬祭祀四位一体的内容和内涵，前二者得到巩固，族葬与陪葬体系逐渐加强，墓葬祭祀的重要性日益突出。虽然在王莽新朝时期受到阻滞和破坏，但其对东汉列侯墓地外部设施的发展有着较多影响，如袝葬墓、陪葬墓，墓葬祭祀设施等，而东汉列侯墓地在继承的基础上又有新发展，如陪葬坑消失不见，墓园更加完善，墓祭设施发展明显，相关建筑的第宅化特征愈发突出，反映出汉代列侯墓葬及其墓外设施的发展和演进，最典型的为洛阳白马寺东汉墓园，相关建筑及设施多，功能较为全面[①]。

（二）地域特征

虽然《葬律》中载有西汉早期偏晚阶段列侯墓地基本通行或大致通用的丧葬内容，且诸多西汉列侯墓地的墓外设施也有一些共性或相似之处，但西汉一代，侯国数量多，且分布于较多地区，因所处的政治背景、自然环境及所在地区丧葬习俗的延续等差异，列侯墓地墓外设施的具体内容和表现方式等呈现出诸多不同，反映出相应的地域特征。

陕西西安、咸阳，即西汉京师一带，列侯墓地外部设施的种类较全面，涵盖了上述的诸多内容，这与其独特的政治环境有一定关系。墓园大多有规划，多以垣墙或兆沟围成墓园，列侯墓葬在墓园中居核心地位，较为突出和明显，这在陪葬帝陵的列侯墓园中表现得尤为明显，其他非帝陵陪葬墓也有较多体现。另有单独一座列侯墓葬位于墓园之中的现象，这在地方列侯墓地极为少见。祠堂类祭祀设施有较多使用，同时也有其他一些祭祀设施和内容，如阳陵 BP1Y10。陪葬帝陵的列侯墓葬中，部分墓葬的墓主生前在朝中担任要职，墓外设施种类多，单类设施的内容亦较丰富，尤以陪葬坑最为明显。一些墓外设施的具体内容为本地列侯墓葬特有，如兵马俑陪葬坑等，一些设施的具体形制等与其他地区有较大差别，如陪葬坑的结构及陪葬物品的种类等，而与帝陵及其他较高等级墓葬有诸多相似，但基本无逾制者。特殊的墓外设施内容在陪葬帝陵的列侯墓园也有体现，除上文所述灶坑外，还有霍去病墓封土上的立石与墓前石雕等。受京师一带丧葬文化特别是帝陵的影响，此处列侯墓地形成较为明显的地域特征，这也与墓主生前的身份有关，同时帝陵及列侯墓地的规划和地理环境等也是较重要的因素。

地方列侯墓葬外部设施的形制及相关物品等与本地诸侯王墓或其他墓

---

① 中国社会科学院考古研究所洛阳汉魏城队：《汉魏洛阳城西东汉墓园遗址》，《考古学报》1993年第 3 期。

葬有较多相似，如建筑材料、陪葬坑中的物品等，均在一定程度上体现出与京师之地的差别及不同地区间的差别。地方列侯墓地的墓园基本以砌筑的垣墙为界隔，不见兆沟或围沟。除特殊情况之外，基本不设园邑者，多置一定数量的守冢者，有的配有相关建筑，陪葬帝陵的列侯墓则有设园邑者，也有置较多守冢户者。地方列侯墓的墓外陪葬坑基本为1座，极少量为2—4座，且规模不大，结构也相对简单，陪葬内容则以车马居多。地处南方的列侯墓葬，墓外排水设施较为丰富，中北部地区及京师一带相对少见。位于丘陵山地，尤其是山地的西汉列侯墓葬，很多墓外设施的建造与山体或石材有关，如徐州一带，多低矮山丘，列侯墓基本位于山丘顶部，墓外设施也因地制宜，陪葬坑为石坑，墓垣石砌，相关建筑以块石作基础等。还有一些特殊内容，如南昌海昏侯刘贺墓，墓主有特殊政治背景，墓外设施较全面，但其墓园平面不规则，也反映了相应的地域特征。

（三）等级特色

西汉时期，虽然关于列侯的政策有较多变化，但列侯的身份等级基本是低于帝王，高于一般的贵族和官吏，墓外设施也体现出与之相对应的等级特色。

1. 与帝王陵墓对比

与帝王陵墓一样，多数列侯墓葬设有守护墓葬的人员，即守冢人。帝陵设有陵邑，规模大，人数多，居住地较成规模，且内容丰富，列侯墓葬与其相差甚远。诸侯王墓大多会设园邑，户数一般为三百家，《汉书·武五子传》载："比诸侯王园，置奉邑三百家。"① 西汉列侯墓葬中，一些是朝廷为其设置守冢户或园邑，不仅名称与诸侯王墓相同，户数亦可至二、三百家，同时还会设长丞，置吏卒，要求按法奉守，诸侯王墓的园邑则设有园长、园丞等，与列侯墓葬存在差别，而其园邑规模也相对较大。就置园邑或守冢户来讲，相关列侯墓葬多是朝廷赐予或同意，数量不多，而多数西汉列侯墓葬基本是根据需求设置守冢人，人数少，且基本居住于墓园附近，同时还会承

---

① （东汉）班固：《汉书·武五子传》，中华书局1962年版，第2748页。

担墓园内的其他工作，这在等级上明显要低于诸侯王墓。

西汉帝王陵墓基本都修建陵园，列侯墓葬参照帝王陵墓设有墓园，与帝陵的三重陵园[①]相比较为简略，而与诸侯王墓双重陵园[②]有相似之处，亦分为两重。但整体而言，规模较小，有的列侯墓地墓园还不甚规整。极少数有类似诸侯王墓内陵园墙者，如拖龙山汉墓的园墙、凤栖原墓地的兆沟等，而二者又不见外垣墙。部分不见园墙或兆沟，相当部分是在园墙或兆沟内形成相对独立的两重内容。与墓园相关的设施和帝王陵墓的陵园有相似之处，如门址、阙、相关建筑等，但规模小，亦相对简略，较帝王墓陵园逊色很多。帝王陵墓的陵园多有名称，且设有专门的官吏，列侯墓地不见，有的仅为守冢人。

墓园内的设施较之帝王陵墓陵园内的设施少且相对简略，设施设置及内容、内涵亦不如帝王陵墓要求严格，而是体现出相对灵活的特点。较多西汉列侯墓葬的神道不甚明显或有曲折，设置上逊于帝王陵墓司马道或神道，规模亦较小。用于保护墓葬的设施相对简单，基本为墓垣及排水沟等，这与帝王陵墓有较多差别。陪葬坑数量少，品种亦不多，除陪葬帝陵的列侯墓葬的陪葬坑形制稍显复杂外，多数相对简单。西汉列侯与其夫人的墓葬多为异坟异穴合葬，这与帝王陵墓相似，但也有一定数量的同坟或同穴合葬者，这在帝陵中不见，诸侯王墓也仅有个别墓例。列侯墓外大多有陪葬墓，与帝王陵墓一样都经过规划，分布于某一或某些位置，但数量不多，分布面积小，整体规划简单，墓葬等级相对较低。西汉列侯墓葬多数会有一定数量的祔葬墓，墓主身份多样，还可能会有其后的某代列侯，这与帝王陵墓并不完全相同，但与帝王陵墓的一些高等级陪葬墓相似，分布于主墓附近，但列侯墓的祔葬墓等级普遍较低。

墓地祭祀较普遍，这与帝王陵墓相似。但祭祀设施的名称与帝王陵墓的墓祭设施有明显区别，帝陵为陵庙，诸侯王墓为祠庙，并有寝园，含寝

[①] 刘瑞：《西汉景帝阳陵应存在内中外三重陵园制度》，《中国文物报》2007年3月2日第7版；《汉景帝阳陵内、中、外三重陵园的建筑和埋藏特点》，2007年4月20日第7版；《秦、西汉帝陵的内、中、外三重陵园制度初探》，2007年5月18日第7版。

[②] 刘尊志：《论西汉诸侯王墓陵园及相关问题》，《考古》2011年第4期。

殿、便殿等，而多数西汉列侯墓葬用于祭祀的设施仅为祠堂。西汉列侯墓地的祠堂规模小，有的仅为双开间，而且很多为简单的瓦木结构，这与帝陵陵庙、寝便殿等无法比拟，也逊色于诸侯王墓祠庙和寝殿。帝王陵墓的陵庙或祠庙及寝园等有相应的名称，亦设有官吏，列侯墓地的祠堂则没有，但会有相关人员进行管理。目前所知，列侯墓地仅海昏侯刘贺墓前建有寝，但相对简单，规模不大，而且是个别现象，并不普及，多数列侯墓地的祭祀基本以祠堂为主，而不见寝类设施，设施设置整体较为简略。

2．与一般中小型墓葬对比

西汉时期的一般中小型墓葬，除墓垣或简易的排水设施及少量有陪葬（或袝葬）墓、陪葬坑外，其他墓外设施相对少且或有或无。西汉列侯墓葬与一般墓葬外部设施有较多相似，但列侯墓葬的墓外设施较成系统，内容多样，部分设施规模相对较大，与一般墓葬明显不同。

一般西汉墓葬中，一些有相应等级的墓葬建有墓园，所占比例不大，较多等级低的墓葬不见墓园或附属于其他墓葬的墓园，列侯墓葬则相对普遍。墓外有建筑的一般墓葬相对较少，祠堂类祭祀设施的使用多集中具有相应等级的墓葬，等级较低者较少见。就具有相应等级的墓葬来讲，山东苍山县金山西汉墓[1]、河北阳原三汾沟西汉 M9[2] 等修建有祠堂，海昏侯墓的部分袝葬墓或陪葬墓前端有祭祀性质的建筑[3]。一些如徐州一带的西汉楚国贵族或官吏墓葬，地表常见陶板瓦、筒瓦残片，部分还有陶瓦当残片，应有相关建筑存在，推测可能是墓葬修建时的临时建筑或守护墓葬的建筑遗存，亦可能用于墓地祭祀[4]，东郊黑头山封土外散落许多板瓦、筒瓦残片，原应有

---

[1] 李振光、宋岩泉、党浩：《山东苍山县金山发现大型汉墓》，《中国文物报》2004 年 12 月 17 日第 1 版。

[2] 河北省文物研究所、张家口地区文化局：《河北阳原三汾沟汉墓群发掘报告》，《文物》1990 年第 1 期。

[3] 江西省文物考古研究所、南昌市博物馆、南昌市新建区博物馆：《南昌市西汉海昏侯墓》，《考古》2016 年第 7 期。

[4] 刘尊志：《徐州汉墓与汉代社会研究》，科学出版社 2011 年版，第 254、255 页。

地面建筑①，翠屏山西汉墓封土附近发现一些板瓦、筒瓦残片，另有瓦当②。对比而言，墓外有建筑的一般墓葬比例不大，建筑规模小，品种也单一，列侯墓葬则较普遍，有的墓地祠堂规模略大。西汉列侯墓地多设有守冢者，有的还在墓园相应位置建一定规模的房舍；一般墓葬若有守冢者，数量不会太多，大多是在墓葬附近修建规模较小的建筑，为冢庐等，在一定时候或可用于墓地祭祀，而守冢者很可能是死者的家人。

同穴合葬者在西汉列侯墓葬中少见，一般墓葬则在西汉早期偏晚阶段之后逐渐增多。有些一般墓葬可能会有祔葬或陪葬者，但不如列侯墓葬普遍，祔葬或陪葬墓的数量较少，等级普遍较低，有些则融入大的家族墓地之中，很难区分。一般墓葬较少使用陪葬坑，多为西汉早期墓葬，极少中期墓葬，坑数量少（多数为1条），形制及陪葬内容相对简单，而对应墓葬也有相对较高的等级，如徐州顾山汉墓③、黑头山汉墓等，墓主为西汉早期楚国高级贵族或官吏。列侯墓葬则有相当比例，时代可延续至西汉晚期，且个别列侯墓葬的陪葬坑数量较多，陪葬内容丰富，如凤栖原M8的6个陪葬坑。

3．列侯墓葬之间对比

西汉列侯墓葬之间也存在差别，时代、地域及墓主身份等的差异都是造成差别的因素。西汉早期列侯的地位一般较高，中晚期则明显下降，体现在墓外设施上是有相应差别的。而列侯种类较多，不同种类之间亦有相应区别和不同。上文所述地域特征反映的一些陪葬帝陵列侯墓葬的外部设施，较之多数地方列侯墓地外部设施内容多且档次高，这与墓主在朝中担任要职，与朝廷关系密切有关。分封于地方的列侯，有的身份具有特殊性，如海昏侯刘贺，做过诸侯王和皇帝，其身份的特殊性也使得其墓地外部设施较之一般列侯墓地丰富。有些列侯生前犯罪，墓外设施可能会有一定程度的降格，造成与同等列侯墓地的差异。

概括而言，西汉列侯墓地的墓外设施既与帝王陵墓有较多相似，也与

---

① 徐州博物馆：《江苏徐州黑头山西汉刘慎墓发掘简报》，《文物》2010年第11期。
② 徐州博物馆：《江苏徐州市翠屏山西汉刘治墓发掘简报》，《考古》2008年第9期。
③ 徐州博物馆：《江苏徐州顾山西汉墓》，《考古》2005年第12期。

一般墓葬尤其是有一定等级的墓葬存在诸多相近之处。其与帝王陵墓的墓外设施有较多等级上的明显差异，相关内容亦有欠缺，如寝园及寝、便殿等，但总体内容及表现形式又与帝王陵墓较为贴近。其与一般墓葬中有相应等级的墓葬在等级上差别不大，但又与一般墓葬区别明显，使用比例及普遍程度较高。因时代、地域、墓主身份等的差异，列侯墓葬之间在墓外设施方面也有相应的差异。可以说，墓外设施在一定程度上证明了列侯的身份地位，展现了与等级身份相符的特征。整体来讲，西汉列侯墓葬在墓外设施方面基本遵循与自身等级地位相符的制度和规定，体现出与之相对应的诸多内容与内涵。西汉列侯墓葬在丧葬方面有逾制现象，如阜阳汝阴侯墓，原封土高约20米，超过了规定高度[1]，但不甚明显。就墓外设施来讲，则极少有明显逾制的内容。其原因大致有三：一是相关设施位于墓外，特征明显；二是中央对列侯的丧葬有所管控，《汉书·景帝纪》载列侯去世时，朝廷派人吊祠，视丧事和立嗣[2]即是证明，而中央对西汉列侯丧葬逾制者的处理亦较严苛，武原侯卫不害因葬过律被除国[3]；三是中央不断削弱侯国权力，为保证爵位，很多列侯不敢以身犯险。

第四节 东汉列侯墓地外部设施的内容、制度与特征

已发现的东汉列侯墓葬亦有相当数量，与西汉列侯墓葬相比较，相当部分东汉列侯墓葬仅作钻探或调查，而已确定的东汉列侯墓葬或相应级别墓葬，大多墓葬的外部设施遭破坏较严重，无相关遗迹或遗物发现，但也有一定数量的

---

[1] 云梦睡虎地 M77 出土《葬律》载：列侯"坟大方十三丈，高三丈。"见湖北省文物考古研究所、云梦县博物馆：《湖北云梦睡虎地 M77 发掘简报》，《江汉考古》2008 年第 4 期；彭浩：《读云梦睡虎地 M77 汉简〈葬律〉》，《江汉考古》2009 年第 4 期。郑玄注引《汉律》曰："列侯坟高四丈，关内侯以下至庶人各有差"，见（东汉）郑玄注，（唐）贾公彦疏：《周礼注疏》，阮元校刻《十三经注疏》，（台北）艺文印书馆 2011 年版，第 334 页；（唐）杜佑：《通典》卷 86《葬仪》亦注引有该内容，中华书局 1988 年版，第 2341 页。

[2] （东汉）班固：《汉书·景帝纪》，中华书局 1962 年版，第 145 页。

[3] （东汉）班固：《汉书·高祖功臣侯年表》，中华书局 1962 年版，第 587 页。

东汉列侯墓地，或有相关遗迹或遗物，或设施内容较为丰富，体现出不同的功能和作用，反映出与东汉列侯墓葬相关的丧葬制度及其特点、特征与特色。

一、设施内容

主要包括墓园及相关设施、相关建筑、道路、合葬墓、祔葬墓、保护设施（含守冢设施及其他墓地或墓葬的保护设施）等，保存状况有所不同。东汉列侯墓葬普遍实行同穴合葬，同茔异穴合葬的列侯夫人墓葬相对较少，而陪葬墓可确定者亦较少。另外，与其他东汉墓葬发展一致的是，陪葬坑已不见使用，不过也有一些新内容出现。

（一）石象生与神道石柱

济南长清大觉寺列侯墓附近，大觉寺村南曾出土1件大型东汉石马，可能与列侯墓葬或墓地有关。

汉魏洛阳城西东汉墓的东部建筑群附近，大型殿基F1的西、北二侧出土疑似神道石柱残块35块，形状不规则，大小各异，其中最大者仅长35、宽17厘米，均是表面有一定弧度，推测原物应为圆柱体，风格颇似南朝陵墓神道柱。遗址内还有较多石质建筑构件如柱础石、铺地石板及栏心雕饰残件、蜀柱及寻杖残件、石栏地栿等，相近位置还出土残高40厘米的异形石柱2件。从整体看，墓葬南向，相关建筑位于东侧，与帝陵的相关建筑位置相似，而神道当位于墓葬南侧，这些石柱残块的出土位置与神道所处位置并不相符。F1北的F3有脚门可通墓园主人墓，相关石材可能与道路有关，但道路并非神道，且石材出土位置与F3的角门亦有一定距离。考虑到这些石材与大型殿基距离较近，不见于建筑群的围墙外，推测原本应位于殿基附近，而石料个体不大，很可能是F1边缘设施的石构件。

（二）相关建筑

多数东汉列侯墓地不见。部分仅见相关遗物，有的列侯墓葬内出土建筑材料，是否墓外设施的遗物因墓葬被盗而落入墓内还不能确定。有的东汉列侯墓地建筑相对单一，有的则有面积较大、类型不一的建筑，反映出不同内容和特征。

因遭盗掘而落入墓内的遗物基本为瓦当，一些东汉列侯墓葬内有发现，若确因盗掘所致，原可能在墓外有建筑，祠堂的可能性较大。其中，江苏睢宁九女墩汉墓内发现残云纹瓦当（图 3-31：1）；河北蠡县汉墓被盗扰，墓内发现 4 块卷云纹瓦当（图 3-31：2、3）；洛阳地区的机车工厂 C5M346 出土云纹瓦当 2 件（图 3-31：4、5），M1 出土云纹瓦当 3 件（图 3-31：6、7）。洛阳偃师永宁路东汉 M4 的东耳室与前室东北角各出土 1 件云纹瓦当[①]，但因墓葬遭严重破坏，铺地砖已不存，瓦当的原有位置也很难确定。就出土瓦当来讲，原很可能就置于墓内，与陪葬或其他丧葬内容有着相应关系，这在中小型墓葬中常有发现，相关内容笔者已作相关研究和分析[②]，若属此类情况，则很难说明原墓外有相关建筑。

图 3-31　东汉列侯墓内出土云纹瓦当（可能原为墓外建筑材料）
1. 江苏睢宁九女墩汉墓出土　2、3. 河北蠡县汉墓出土　4、5. 洛阳机车工厂 C5M346 出土
6、7. 洛阳机车工厂 M1 出土

[①] 洛阳市文物考古研究院、偃师市文物旅游局：《河南偃师永宁路东汉墓 M4 发掘简报》，《中国国家博物馆馆刊》2018 年第 11 期。

[②] 刘尊志：《试论汉代墓葬内出土瓦当的位置及功用》，《考古与文物》2019 年第 5 期。

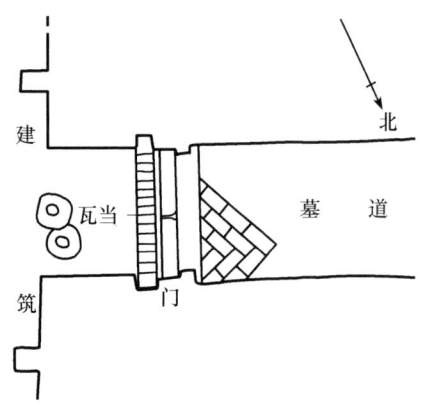

图 3-32　河南南乐 M1 濮阳南乐宋耿洛 M1 墓口外建筑遗迹分布示意图

河南濮阳南乐宋耿洛 M1 墓口外两侧不远有相关建筑遗迹，发现平砌砖墙向左右展开，残高 2.2、残长 4 米，有较多板瓦、筒瓦、瓦当等建筑构件遗留，并有木料痕迹，门两旁为残高 2.55 米的砖垛，可能起顶柱作用，推测原有享堂，即祠堂类建筑（图 3-32）。

汉魏洛阳城西东汉墓的东部为建筑群，偏于墓园的东北部。建筑群以大型殿基（F1）为主体，殿基各侧壁原均包砌青石板，较为考究，F1 居于建筑群最西部，西对墓园主人墓，应为祭祀性设施，极可能为祠堂类设施。建筑群大致为东西毗连的三重院落（Ⅰ—Ⅲ号院落），各个院落内建造殿堂廊舍，诸建筑间的方形空间为天井。Ⅰ号院落中，F1 东西 28、南北约 31 米，进深五间，面阔七间，环绕其有宽的廊道，该房有附建的小房，面东，室内东西长 3.3、南北宽 3.2 米，可能为冢舍；F2 为一面西的廊房，面阔三间，进深一间，可通往院落南部，亦可通过脚门进入Ⅱ号院落，F3 为面东廊房，面阔四间，进深一间，后壁中部辟有一个脚门，与其外道路连接，可能通墓园主人墓，两座廊房具有联通作用；F4 和 F5 居北，F4 整体面积略大，F5 的东西、南北各 9 米，但四壁厚，室内东西 4.2、南北 4.3 米，从位置及建筑结构看，或为角楼遗迹，室内北部铺石渣处为楼梯的位置。Ⅱ号院落的基本布局是天井居于中心部位，天井南侧是 F6，北侧为面积较大的 F7，F6 是一座东西三间、南北一间的建筑；F7 面阔五间，有登临台基的踏步，有的室内有埋入地下的陶瓮，可能具有储藏作用。Ⅲ号院落基本布局是院落中心为一建筑，东、西、北三面环绕该建筑各建房舍一座，即 F8、F9、F10，中心建筑中部埋大陶瓮一只，F8、F9、F10 原来可能是互相连通的一个整体，F8 清理部分有房舍四间半，F9 有房舍三间，F10 有房舍五间。三院落中，Ⅰ、Ⅱ号院落皆明确有一天井，Ⅰ号院落天井整体近方形，最外围是四面建筑的砖铺散水，其次是河卵石带，中心是一个东西 11.5、南北 7.1 米的长方形区域，地面全部以长方形青石板铺砌；Ⅱ号院落天井中心为一方形铺砖区，边长 11.7 米，地面以长方形小砖铺成人字纹。院外东侧附属建筑 F11，面阔至少为五间，院外北侧亦有附属建筑，围墙内最西部有一座小型建筑。整个建筑群规模较大，结构谨严，殿堂、廊房、天井错落分布其间，而众多建筑功能不一，大型殿基 F1 为主体建筑，具有祭祀功能，另有冢舍、角楼、储藏及其他功能房舍，充分显示出墓园内诸建筑的完善和全面。

山东青州马家冢子东汉墓封土中出土空心砖 1 块，用途不详，或说明墓外原有建筑。

（三）排水设施

汉魏洛阳城西东汉墓东部建筑群的多个建筑边缘有发现。大型殿基 F1 北侧和西侧均有宽 2.4 米的砖铺散水，北侧散水长 18.4、西侧已清理部分的散水长 22 米，皆用长方形大砖顺置错缝平铺，砖铺散水外侧紧连一条宽 1 米的河卵石带，河卵石带内侧高、外侧低，两侧立青石条拦边，中间栽河卵石。在 F4、F5 所在的台基前沿下也有砖铺散水，散水东西长 16.3、南北宽 2.21 米，以长方形大砖顺置错缝平铺。其他建筑附近的散水基本也大致如此。

（四）道路

发现少。汉魏洛阳城西东汉墓的东部建筑群中有多条道路，基本是以夯土为路基。以 I 号院落大型殿基 F1 附近为例，有道路多条（图 3-33）。东侧两处，一处仅存夯土基础，东、北二侧底部尚存栽包边青石条的土沟，夯土表面未见踏步痕迹，从其长度看，应为踏道；一处揭露部分东西长 4.8、南北宽 4 米余，规模颇大，从长度推测，或为慢道（图 3-34）。西侧一处为踏道，东西长 1.6、南北宽 1 米，尚存阶石两级，南侧还保存支撑阶石的侧立青石一块。

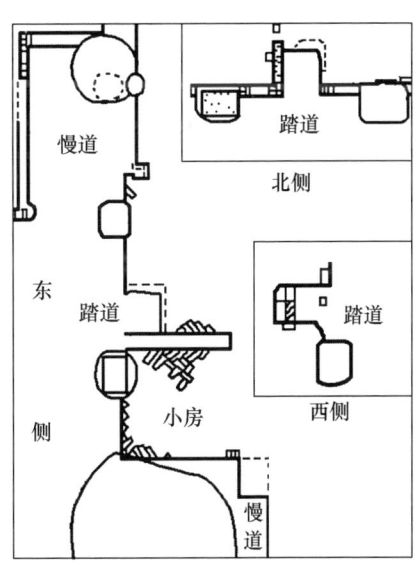

图 3-33 汉魏洛阳城西东汉墓园建筑群中大型殿基 F1 附近的相关道路

北侧二处，一处南北长 5.5、东西宽 3.5 米，西侧包青石条，北端栽青石条拦边，西侧所包青石条尚存一块，石面南高北低，倾斜度为 15°，从其位置及倾斜度看，此道为慢道；另一处为踏道，南北长 1.5、东西宽 1.55 米，东、西、北三面原包砌青石条，有栽石条之浅土沟。

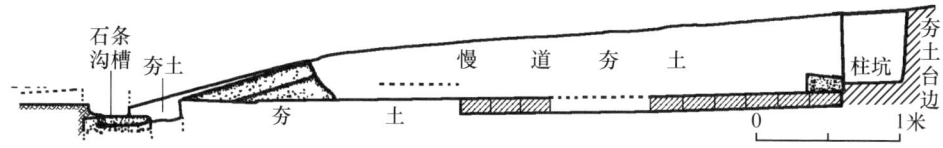

图 3-34 汉魏洛阳城西东汉墓园 I 号院落 F1 东北慢道立面图

除上述内容外，东汉列侯墓葬的外部设施还可能有神道，即墓外通向主墓的道路，暂无考古资料公布。神道外当有阙，虽无直接的考古资料，但在文献中有相关记载，如宦者高乡侯侯览，"豫作寿冢，石椁双阙，高庑百尺"[①]。

（五）合葬墓

数量较少。列侯夫人墓与列侯墓并列，有一定距离，规模稍小，形制相对简略，殓葬及陪葬方面亦存在差别。

徐州市郊拉犁山 M1、M2 为夫妻异穴合葬墓，M1 墓主为列侯，M2 墓主为列侯夫人。河北石家庄肖家营 M3，墓主为具有侯爵身份男性的夫人，M2 位置居中，墓主为男性侯爵（图 3-35）。

另，河南濮阳南乐宋耿洛 M1，墓主为宦者侯具瑗；江苏睢宁刘楼东汉 M1 为列侯级别墓葬，但墓主为小孩，二者均属于无合葬的列侯墓。

（六）祔葬墓

多有发现。与列侯墓葬有一定距离，多具有一定规模，很多达不到列侯级别，有些则为袭封爵位者，但基本为列侯家庭或家族成员。

---

① （南朝宋）范晔撰，（唐）李贤等注：《后汉书·宦者传》，中华书局 1965 年版，第 2523 页。

洛阳地区的一些东汉列侯墓可能会有数量不等的祔葬墓。南阳市教师新村东汉 M10 附近也可能有祔葬墓。濮阳南乐宋耿洛的 3 座品字形排列墓葬中，M2、M3 均是祔葬于 M1 的墓葬，M2 墓主很可能为袭封 M1 墓主爵位者（图 3-36）。

石家庄肖家营村 3 座东汉墓葬南北排列，相距不远，且均有相应规模，M1 墓主可能为祔葬的列侯家族成员。无极县甄氏墓地有多座东汉墓葬，其中当有列侯墓葬的祔葬墓。保定望都药所村两座汉墓相距约 30 米，均有相应规模，其中 M2 可能为 M1 的祔葬墓。

蓟州小毛庄东汉墓地中，一些墓葬规模略小于列侯墓，且时代相差不远，多数为祔葬墓。

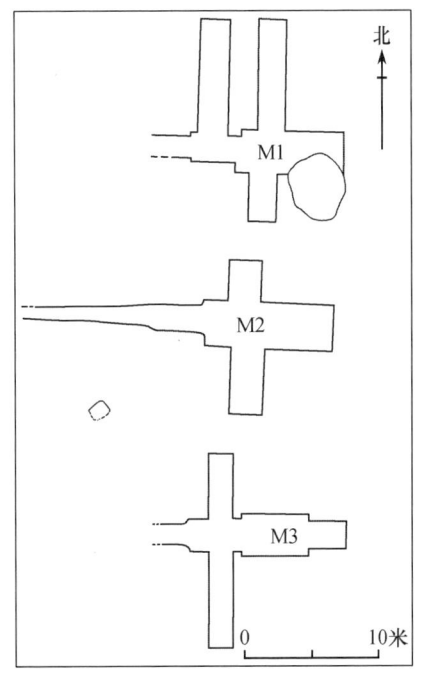

图 3-35　河北石家庄肖家营东汉墓葬分布图

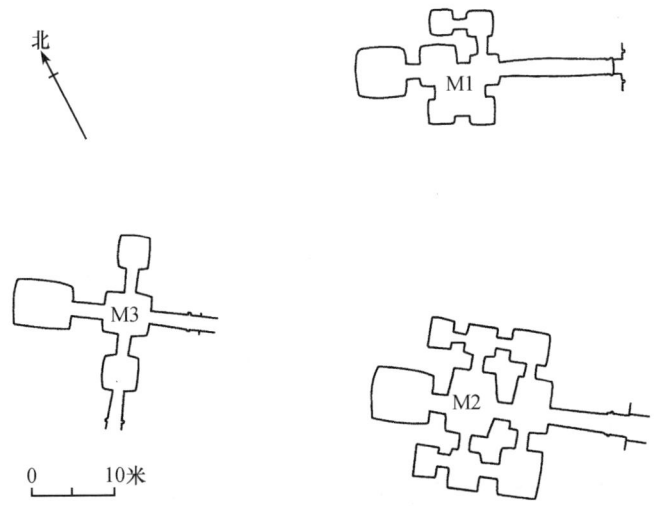

图 3-36　河南濮阳南乐宋耿洛东汉墓地墓葬分布图

济南长清大觉寺 M1 与归南汉墓及另外 2 座封土墓，与 M2 距离不远，规模略小，或具有祔葬的性质（图 3-37）。东平王陵山列侯墓，附近有多座规模接近的东汉墓，部分应为祔葬墓。

徐州拉犁山 M3、M4 距 M1、M2 约 1000 米，规模相对较小，但也有多个墓室，为祔葬墓的可能性较大。

安徽淮北李楼 M1 西北并列的 M2，从规模、位置等来看，应为祔葬墓（图 3-38）。亳州曹氏宗族墓地中，列侯级别墓葬是墓地中等级最高者，而该处是曹氏宗族的集葬地，其他墓葬等级低于列侯墓葬，部分作为祔葬墓较为恰当。

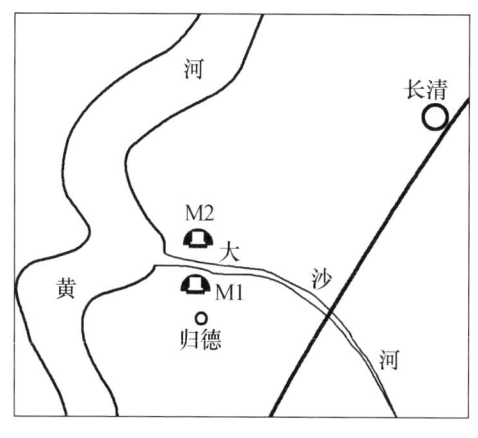

图 3-37　山东长清大觉寺 M1、M2 位置图

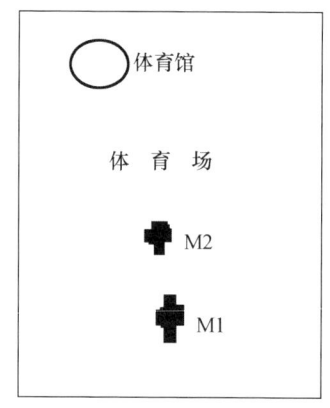

图 3-38　安徽淮北李楼 M1、M2 位置图

总的来看，祔葬列侯墓葬的墓主基本为列侯家族或家庭成员，其中也包括列侯的后辈（多为子辈）祔葬于父母者，且有相当数量，如濮阳南乐宋耿洛 M2、M3，安徽董园村 M1、M2 也存在相应可能。东汉列侯墓葬的祔葬墓多有发现，而且有些列侯墓的祔葬墓数量较多，这与东汉列侯的政治地位及其身份等级有关，即列侯的身份等级已大致相当于食封地主，这在一定程度上促进了列侯家庭及家族观念的加强，祔葬墓也因此有一定数量。

（七）陪葬墓

大多东汉列侯墓葬的陪葬墓数量不多。有些东汉列侯墓地发现较多等级相对低的墓葬，规模不一，其中可能会有陪葬墓存在。洛阳偃师首阳新区永宁路东汉列侯墓地发掘东汉墓葬 9 座，M4 为列侯墓，其他墓葬大小不一，可能有列侯墓的陪葬墓，但其中的 M149 为多室，葬多人，为东汉早期具有相应等级的多人葬墓[1]，而 M4 时代为东汉中晚期，可以确定 M149 非 M4 的陪葬墓。

再如南阳市教师新村东汉墓地、无极县甄氏墓地、蓟州区小毛庄东汉墓地，列侯墓葬附近有多座时代相近墓葬，其中均可能会有陪葬墓。

（八）与墓葬修建有关的设施

主要是服务于墓葬修建的砖窑和石灰窑。亳州曹氏宗族墓地，墓葬基本为多室砖墓，可能存在制砖设施和烧砖的窑。睢宁刘楼东汉墓地北侧则发现石灰窑，其生产的石灰可用于铺地防潮及黏结砖缝，而该墓地发掘的几座东汉墓葬[2]也基本证明了这一点。

（九）墓园与相关设施

东汉列侯墓地中，多发现祔葬墓或陪葬墓，有的还有异坟异穴合葬的夫人墓，或有其他设施。由于多数东汉列侯墓葬及其地表遗存遭受破坏，很多不见墓园墙（沟）及相关遗存如门、阙和相关建筑，故较多简报或相关资料未见墓园资料的描述。但有关设施及内容表明，东汉列侯墓地应有相应规划的墓园与相关设施。已公布的资料中，仅汉魏洛阳城西东汉墓公布的墓园资料较为丰富，下文以之为例作相关叙述。

汉魏洛阳城西东汉墓的墓园遗址整体呈东西长方形，总面积约 25650 平方米。四周有夯筑土垣，土垣转角处增设附属建筑。墓园以内分为东西二部分：西部安排墓园主人的墓葬，东部布置以大型殿基为主体的墓侧建筑群（图 3-39）。

---

[1] 洛阳市文物考古研究院、偃师市文物旅游局：《河南偃师永宁路东汉 M149 的发掘》，《中国国家博物馆馆刊》2018 年第 11 期。

[2] 睢文、南波：《江苏睢宁县刘楼东汉墓清理简报》，《文物资料丛刊（第 4 辑）》，文物出版社 1981 年版，第 112—115 页；仝泽荣、盛储彬：《睢宁县刘楼二号东汉墓》，《中国考古学年鉴·1997年》，文物出版社 1999 年版，第 138 页。三号墓资料暂存徐州博物馆。

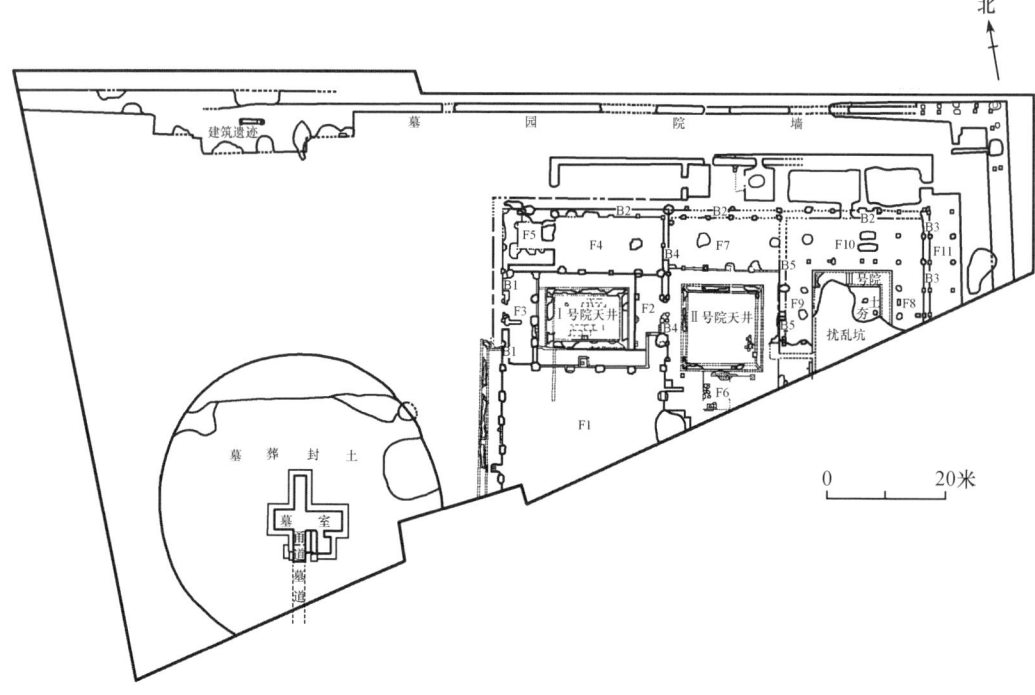

图 3-39　汉魏洛阳城西东汉墓园遗址平面图

1. 垣墙

墓园南北二垣墙各长约 190、东西二垣墙各长约 135 米，相交而成的墓园角如东北角基本成直角。东垣及北垣东段墙基稍窄，宽度为 2.5—3.5 米；北垣西段墙基稍宽，宽度为 3.4—4 米。墙体宽度一般为 1.2—1.3 米，墙夯筑，土质相对纯净，内含料礓，硬度较大。

2. 门址

北垣西段南对墓园主人坟墓处，由北垣墙基向南突出一块夯土，整体作凸字形，可能为墓园北侧门址。其与墓园北垣间有明显的分界，北侧宽大部分长 35、宽 3—3.5 米，向南突出部分长 17、宽 2.2—2.5 米。凸字形夯土中部偏北残存一土沟，沟内先填含瓦片杂土，其上叠置青石块 2 层，青石块上侧立青石条，石条上面与沟沿平。凸字形夯土周围曾出土一些绳纹板瓦和卷云纹瓦当残块。

3．垣墙的相关设施

墓园东北角，墙基稍宽于其他部分，墙基上的八对柱础石夹墙体而置，用于加固墙体，而此段墙高且承重，以短椽、青瓦筑造两面坡顶。墓园东北角内侧有一座小房，以墓园东、北二垣为东、北壁，另筑夯土墙为西壁和南壁，平面略呈长方形，室内长5、宽3.4—3.6米。西墙南端有一缺口，宽0.8米，附近发现石质门臼，应为门道。墓园四角都应有这类附属建筑，属于墓园防卫性设施，惜其他三角已被破坏或未经清理。

4．建筑群的院墙

墓园东部的建筑群东西长90、南北在70米以上。大型殿基F1西北角向北筑夯土院墙一道，此墙在距墓园北垣13.6米处折而向东，再由距墓园东垣10.8米处转而向南，构成建筑群的总院墙。发掘区内，院墙西墙长26.4、北墙长83、东墙长19、墙体宽1米。西墙和北墙外皆有砖铺散水，散水砖铺作人字纹，西墙外散水宽2、北墙外散水宽1.6米。东墙外附建面东房舍1座，北墙外也有附属建筑。在此院墙围成的长方形区域内复筑南北向夯土墙2道，墙体宽亦为1米，将院内分成东西毗连的三重院落，利用这些墙壁在各个院落内建造殿堂廊舍，构筑天井。

就目前资料，东汉诸侯王墓地很少见垣墙与相关设施，而帝陵从明帝显节陵开始改垣墙为行马[①]，推测相当数量的列侯墓葬参照帝王陵墓，亦不用垣墙或相关设施，而这也可能是较多东汉列侯墓葬不见垣墙或相关设施的原因之一。

二、功能与作用

较之西汉列侯墓地，已知东汉列侯墓地的外部设施内容相对要少，亦

[①] 《后汉书·礼仪志》注引《古今注》曰："明帝显节陵，山方三百步，高八丈。无周垣，为行马，四出司马门。石殿、钟虡在行马内。寝殿、园省在东。园寺吏舍在殿北。陨封田七十四顷五亩。"其后的和帝慎陵、章帝敬陵、殇帝康陵、安帝恭陵、顺帝宪陵、冲帝怀陵、质帝静陵等均有类似记载。（西晋）司马彪：《续汉书》志第六《礼仪志》，中华书局1965年版，第3149、3150页。

体现出不同的功能与作用，即整体上可显示和说明墓主的身份和地位，同时也体现出一些不同和差异。

石象生在一定程度上显示出墓主的身份与等级。若存在神道石柱，其作用与石象生相似，同时又可作为神道的标志，体现出神道的作用与重要性，对于墓地祭祀，二者亦可反映出相应的辅助功能及庄严性。

汉魏洛阳城西东汉墓园遗址内容丰富，东部建筑群为该墓的附属建筑群，殿堂、廊房、天井错落分布，其他房舍有序安排，相互之间功能可以互补，有用于祭祀的大型殿基 F1 及配套设施，有冢舍、藏储房舍等辅助房屋，有角楼等防护设施，还有天井、廊房及其他功能室，既可充分满足墓地祭祀及守护墓地的需求，也起到反映墓主身份与地位的作用，其内居住的相关人员还可服务于墓区内的其他工作。较多东汉列侯墓地仅发现相关遗物，个别有相关遗迹，大致可证明所属列侯墓地有祠堂（或享堂），即用于墓地祭祀的建筑。

东汉列侯墓葬外的排水设施发现不多，汉魏洛阳城西东汉墓东部建筑群有较多的散水遗迹，既可渗水与排水，也起到相应的装饰作用。道路的发现情况与排水设施相似，起到连接和联通作用，汉魏洛阳城西东汉墓东部建筑群中 F1 周边的道路还可能服务于祭祀。神道为墓地外通向列侯墓葬的主要通道，虽未有发现或确认，但应该存在，石象生等大致可说明，而其也服务于祭祀及举行其他活动。

合葬墓、祔葬墓及陪葬墓的功能和作用与西汉列侯墓葬相似，即反映出相应的家庭与家族关系，体现出列侯的政治地位等内容。异坟异穴合葬墓的比例大减体现出家庭观念增强背景下同穴合葬墓的普及。祔葬墓及陪葬墓的一直沿用既体现出列侯的家族或家庭关系，也反映出与墓主身份地位相对应的特征。墓外不见陪葬坑，则与两汉墓葬的整体发展较为一致。

与墓葬修建有关的设施，既服务于墓葬的修建，也体现出对墓葬修建的重视。

墓园垣墙或有或无，但均体现出墓地界限，也反映出列侯墓地的独立性及列侯的身份和地位，惜多数不明显。与墓园相关的设施发现不多，汉魏洛阳城西东汉墓的墓园墙为夯土砌筑，有门可联系墓园内外，便于出入，四角垣墙加宽加厚并修建相关房屋，守护作用明显。

三、墓外设施制度

东汉列侯墓葬的外部设施内容发现不多，体现的制度内容也相对简略，但有的列侯墓地反映的制度内容较丰富，并在某种程度上体现出相应的特殊性。

（一）合葬、祔葬与陪葬制度

东汉时，夫妻同穴合葬墓已较为普遍，列侯墓葬亦不例外，但也有一定数量的异坟异穴合葬墓，既是对前代的继承，也反映出列侯通过合葬形式体现身份地位的内容。异坟异穴合葬中，列侯墓居于尊位，规模较大，夫人墓处于从属地位，规模一般稍小。石家庄肖家营东汉列侯墓地，M2 位置居中，墓主为男性侯爵，M3 偏于一侧，墓主为具有侯爵身份男性的夫人。其他墓外设施亦可能偏重列侯墓葬，但相关资料极少，暂不能完全定论。另有一定数量的无合葬列侯墓，除睢宁刘楼东汉 M1 墓主为小孩外，较多为东汉时期的宦者侯，这也是合葬制度的内容之一。

祔葬墓相对普遍，说明该制度对于列侯墓葬来讲是常见和通用的。墓葬位置稍偏，虽有相应规模，但整体上逊于列侯墓葬，并反映出家庭、家族内的对应关系及等级、辈分等的差异。有相应数量，但较之西汉列侯墓葬明显衰落，这与列侯政治地位下降有关。

与西汉列侯墓地相似，东汉列侯墓地中的异穴合葬、祔葬及陪葬墓也体现出亲疏近远的关系，即夫人墓与列侯墓距离较近，祔葬墓稍偏，陪葬墓位置较偏，而祔葬墓又因墓主与列侯关系的不同及时代的差异，位置存在不同。

（二）墓园制度

已知的较多东汉列侯墓地未见墓园与相关遗迹、遗物，这与东汉高等级墓葬陵园或墓园的变化，如帝陵无周垣，为行马等有一定关系。但不可否认，东汉列侯墓地应有墓园，众多中小型墓葬的墓园可间接体现，而一些列侯墓地发现的相关遗迹和遗物也在一定程度上反映出东汉列侯墓园制度的相关内容。

1. 有关内容

较多东汉列侯墓葬有祔葬墓，非夫妻同穴合葬者多有异穴合葬的夫人墓，一些还有一定数量的祔葬墓与陪葬墓。夫妻异穴合葬者，列侯墓居于墓地核心位置，夫人墓与之并列，距离较近，但位置稍偏，其他墓葬与列侯墓距离略远，位置更偏。徐州拉犁山东汉列侯墓地，列侯墓与夫人墓并列，相距不远，作为祔葬或陪葬的M3、M4距二者较远。夫妻同穴合葬或无合葬的列侯墓在墓地中居于重要位置，祔葬或陪葬墓多居于一侧。有的列侯墓葬整体位置凸前，如蓟州小毛庄墓地中属列侯级别的M2，位于墓地东南角，相对独立，祔葬墓及陪葬墓位于西后侧，整体位置靠后。濮阳南乐宋耿洛东汉列侯墓地，三座墓葬均东向，M1、M2属列侯级别墓葬，M2、M3均是M1的祔葬墓，M1居北侧，位置稍靠前，其南侧M2位置稍偏，M3则位置靠后。淮北李楼发现的2座墓葬，南向，作为祔葬墓的M2位于列侯级别的M1北略偏西38米处。长清大觉寺发现的2座墓葬亦南向，列侯级别的M2位置居北，作为祔葬墓的M1在其东南约1千米处，距离远且位置稍偏，而墓地中还有3座汉代大型封土墓，其中归南汉墓距M1仅500米，可以看出，M2位置相对独立，其他墓葬与之相距稍远，位置略偏。由上来看，相关墓葬分布于列侯墓园，体现出位置、距离及分组或独立性等方面的内容，进而反映出与墓园有关的制度和内容。

河南濮阳南乐宋耿洛东汉列侯墓地中，M1前端墓道口发现祠堂类建筑，原应紧邻或靠近，甚至局部叠压墓葬封土，这与较多西汉列侯墓葬的祠堂位置相似，也说明该祠堂与墓葬是紧密联系的一组内容。有些列侯墓葬内出土的瓦当或许与墓地祠堂有关，若有祠堂，距离列侯墓葬当不远。

汉魏洛阳城西东汉墓地发现保存较好的墓园遗存，有长方形相对封闭的夯土垣墙包绕墓葬及相关建筑，墓葬封土北侧垣墙有门址，考虑到该墓的墓道朝南，若无特殊情况，正对墓葬的南垣墙也应有门。园内分为东西两部分，西部为墓葬，东部为建筑群，而建筑群有院墙，形成与西部相对独立的空间，因需要进出，其南侧的墓园垣墙也可能有门，或建筑群院墙外有与墓园南侧门或墓葬相通的道路。

2．相关制度

根据上述内容，可将东汉列侯墓葬的墓园制度大致概括为以下几点。

（1）有的列侯墓地以夯土垣墙包绕，有的可能使用象征性的设施，起到界隔或包绕作用，有的则很可能无垣墙或象征性的界隔。换言之，东汉列侯墓葬的墓园在垣墙或相似设施使用方面可能不存在统一性，是根据实际情况或需求确定相对应的形式或设施。

（2）列侯墓葬居于墓园的重要位置，墓园中的设施和其他墓葬以列侯墓葬为核心，按照要求规划布置，形成不同的组合与层次。墓园中的祭祀设施与列侯墓葬，或紧邻靠近，或相对独立，但主要服务于列侯墓葬。其他墓葬具有附属性，但作为墓地核心的列侯墓葬并不一定居于中心位置，而是有相对独立的空间，位置重要，显示出列侯墓葬在墓园中的地位。部分列侯墓葬位置凸前，如蓟州小毛庄 M2；亦见列侯墓葬位置在后（相对于墓道朝向），其他墓葬在前但位置稍偏的现象，如长清大觉寺东汉列侯墓地。

（3）重园制度仍然存在，亦有不同的表现形式。

一种形式如汉魏洛阳城西东汉墓地，以夯土砌筑垣墙包绕成墓园，西部的墓葬所属区域为一重，东部建筑群有院墙，相对独立，为另一重，考虑到东部建筑群中有祭祀及相关设施，这一形式是墓葬与祭祀设施分属不同层次墓园的体现。墓园垣墙包绕墓葬及建筑群，墓葬为主体，建筑为附属设施。

第二种形式如濮阳南乐宋耿洛东汉列侯墓地等，列侯墓葬及祭祀设施为一组，其他墓葬为一组，形成双重墓园，但墓地有无垣墙或象征性设施已不可知。墓葬前或附近可能有祠堂建筑的东汉列侯墓地大致如此。

第三种形式与第二种形式相似，但不见祭祀设施资料，或原若有祭祀设施，但具体位置或组合现已不清楚，故单独列为一种形式。列侯及夫人的同穴合葬或异坟异穴合葬墓为一组，祔葬墓等（若有陪葬墓亦包含在内）为另一组，形成双重墓园。蓟州小毛庄东汉墓地，列侯墓葬级别的 M2 位于墓地东南，位置凸前，周边有面积较大的空地，墓葬相对独立，其他墓葬分布于其右后侧，较密集，进而形成两个层次。徐州拉犁山墓地，列侯及其夫人的异坟异穴合葬墓距离较近，而祔葬或陪葬的 M3 与 M4 与二者相距较远，形成两组。

第四种形式是列侯墓葬、夫人墓葬及祔葬墓为一组，可能会有祭祀设施，位置应偏向列侯墓葬，若有陪葬墓，应与墓地中的其他设施为另一组，形成双重墓园。河北石家庄肖家营东汉墓地中，M2 位置居中，规模较大，为列侯墓葬，M1 在南，为列侯夫人墓，M3 南界与 M2 北界相距约 3 米，距离较近，推测三墓在同一重墓园内。

就第二、三、四种情况来讲，限于资料，相关墓地有垣墙（含象征性设施）或无垣墙（含象征性设施）已不可知。若有垣墙或象征性设施，可能还会存在以下情况。一是列侯级别墓葬与其他墓葬较近，垣墙或象征性设施内形成双重墓园，列侯墓葬与其他墓葬等间隔区分明显，如蓟州小毛庄东汉墓地、淮北李楼东汉墓地等。二是垣墙或象征性设施的内、外为两重墓园，列侯级别墓葬与其他墓葬或设施距离较远者可能有此种情况，如徐州拉犁山东汉墓地、长清大觉寺东汉墓地等，部分祔葬（或陪葬）墓距离列侯墓有 1000 余米。三是上述两种情况下，列侯级别墓葬与祔葬墓为 1 组，其他墓葬或设施为 1 组，可能是在垣墙或象征性设施内，也可能是垣墙或象征性设施内、外，形成双重墓园。

综合来看，东汉列侯墓地中，墓园、列侯墓葬及相关设施、墓葬之间存在多种表现形式，但基本仍以重园为标准。列侯墓葬（部分含异坟异穴合葬的夫人墓）为核心的一组，很多还包括祭祀设施，它们处于内园，外园则基本为祔葬墓、陪葬墓及相关设施。当然，也有列侯墓与祭祀设施等分属内、外园的现象，亦有列侯级别墓葬与祔葬墓为 1 组的情况，体现出统一墓园制度下的多样性和特殊性。另外，与墓葬修建有关的设施，当位于墓园的外缘，即属于外园的内容之一。

（三）墓祭制度

东汉列侯墓葬外部设施体现的墓祭制度较之西汉列侯墓葬有所变化，基本是通过祠堂类设施开展墓祭活动，其他设施如陪葬坑等不见。祠堂类设施一般具有相应面积，可供开展相应规模的祭祀仪式或活动，而作为房屋形建筑，又可达到多次祭祀的目的。

东汉列侯墓葬多为夫妻同穴合葬，一个祠堂可供祭祀夫妻二人，而异坟异穴合葬者，也基本是一个祠堂，由夫妻二人共同受祭。列侯墓地中若有嗣封列侯或其他人员墓葬，祠堂多修于始封列侯墓葬附近，如濮阳南乐宋耿洛东汉列侯墓地，仅在 M1（具瑗墓）前修有祠堂，继承具瑗爵位的 M2 墓主及时代更晚 M3 墓主的墓葬前并不见祭祀性建筑。与较多地方官吏和豪强地主普遍使用石祠堂不同，列侯墓葬的祠堂基本为瓦顶土木结构，瓦当使用较为普遍。祠堂的位置并不统一，有的位于墓前，如具瑗墓祠堂，在墓道口处，此类祠堂大多面积稍小，配套设施不多；有的则在墓园内墓葬一侧，与墓葬有一定距离，相对独立，如汉魏洛阳城西东汉墓地东部建筑群，有院墙，作为祠堂的 F1，面积大，配套设施多。就面积而言，整体应小于同时期帝王陵墓的祭祀设施，而考古资料又反映出都城附近部分列侯墓地祠堂面积较大的特点。配套设施方面，冢舍可能是常见设施，但发现极少，而从汉魏洛阳城西东汉墓地东部建筑群来看，还有角楼、储藏室、其他功能室等，而对应的交通、排水设施也较全面。

东汉初年，朝廷为去世列侯修建祠堂的现象仍然存在，如安成孝侯刘赐死，光武帝"为营冢堂，起祠庙，置吏卒"[1]。但类似内容的记载极少，尤其是明帝及以后基本不见，说明朝廷为列侯起祠庙（祠堂）的做法渐被摒弃，这与东汉列侯政治地位日渐下降有着一定关系。

（四）石象生及相关制度

东汉时期的一些中小型墓葬，尤其是地方官吏或豪强地主阶层的墓葬，部分在墓地入口或神道两侧立置有石雕人像或不同动物如羊、狮、辟邪、天禄等，多数成对，如山东曲阜南乡乐安太守麃君墓前有石人 2 件[2]，嘉祥武氏祠墓地入口处有石狮 1 对[3]，泗水县鲍王村东汉墓前有双翼辟邪 3、兽 1

---

[1] （南朝宋）范晔撰，（唐）李贤等注：《后汉书·安成孝侯赐传》，中华书局 1965 年版，第 565 页。

[2] 吕常凌主编：《山东文物精萃》，山东美术出版社 1996 年版，图 174；李翠文、孔勇摄影：《孔庙之汉石人亭》，《走向世界》2014 年第 49 期。

[3] 蒋英炬、吴文祺：《汉代武氏墓群石刻研究》，山东美术出版社 1995 年版，第 15、16 页。

件①，河南南阳汝南太守宗资墓前有天禄辟邪各1件②。帝王墓前基本没有发现，虽然《水经注》中关于光武帝原陵及中山简王刘焉墓有使用石象生或石兽的记载③，但据目前考古资料，光武帝原陵所在的洛阳孟津大汉冢④及刘焉墓所属的河北定县北庄东汉墓⑤，均未发现相关迹象，有无石象生还存疑。东汉列侯墓葬的等级介于帝王陵墓与地方官吏、地主墓葬之间，文献中未有或极少有东汉列侯墓地使用石象生的记载，考古资料也极少，济南长清大觉寺村南发现的1件大型东汉石马也仅是有可能与列侯墓葬存在关联。因此，东汉列侯墓葬对于石象生或石人、石兽等可能会有使用，但并不普及，还没有形成定制，甚至有可能与帝王陵墓相似，无石象生。与石象生相关的还有神道石柱，也不能完全确定是否使用。存在类似遗物的仅汉魏洛阳城西东汉墓地一处，亦可能是作他用。因此，就东汉列侯墓地来讲，对于石像生，或有所使用，也存在不使用的可能，且这种可能性较大。

（五）守冢制度

史书中无东汉朝廷赐予或为列侯墓地设置园邑或守冢户的记载，考古资料更不见此类资料，说明在东汉时可能已不存在朝廷为去世列侯赐园邑或守冢户的制度。东汉列侯墓地有根据需求规划的墓园，加之相关设施，对列侯墓葬可起到相应的保护作用，而与较多西汉列侯墓地一样，多数东汉列侯墓地也会设置有守冢人。守冢人居住的房屋为冢舍，汉魏洛阳城西东汉墓园建筑群中，大型殿基（F1）东侧附建的面东小房，为冢舍的可能性较大。守冢人除负责守冢、服务与祭祀外，还可能会参与墓园中的其他工作。从汉魏洛阳城西东汉墓园遗址的相关建筑来看，除冢舍外，还有角楼（图3-40）

---

① 王思礼：《山东泗水县鲍王村发现汉晋石兽》，《考古通讯》1958年第8期。
② 孙照金：《南阳汉代石雕天禄、辟邪的艺术特色》，《中原文物》2005年第4期。
③ 关于光武帝原陵使用石象生或石兽的记载见《水经注·阴沟水》：曹嵩墓前石马，"不匹光武隧道所表象马也"，关于中山简王墓使用石象生或石兽的记载见《水经注·易水》："范晔《汉书》云：'中山简王焉之薨也，厚其葬，采涿郡山石，以树坟茔，陵遂碑兽，并出此山，有所遗二石虎，后人因以名岗。'"（北魏）郦道元著，（清）王先谦校：《合校水经注》，中华书局2009年版，第351、185页。
④ 洛阳市第二文物工作队：《邙山陵墓群的文物普查》，《文物》2007年第10期。
⑤ 河北省文化局文物工作队：《河北定县北庄汉墓发掘报告》，《考古学报》1964年第2期。

及垣墙角房等具有防护功能的建筑，亦属守冢的内容，同时也为认识其他列侯墓葬的守冢内容和制度提供了相应参考。

四、东汉列侯墓地外部设施的特征

关于东汉列侯墓地外部设施，史书中有相关记载，考古资料亦有相应内容（表3-4），综合表现出其时代特征、地域特点、等级特色及相关内容。

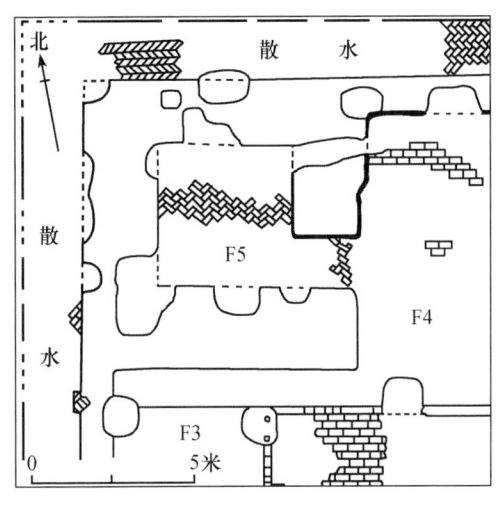

图3-40　汉魏洛阳城西东汉墓园F5（角楼）及周边遗迹分布示意图

表3-4　东汉列侯墓葬墓外设施统计简表

省份	地区	墓地/列侯墓名称	墓外设施内容	时代
河南	洛阳	汉魏洛阳城西东汉墓	垣墙、门址、石柱、道路、祠堂及相关设施、角楼、天井、藏室、廊房、小房、配房、散水等	晚期
		机车工厂 C5M346	可能因被盗使得墓外云纹瓦当移至墓内	晚期
		机车工厂 M1	可能因被盗使得墓外云纹瓦当移至墓内	晚期
		孟津朱家仓西北东汉列侯墓地	祔葬（或陪葬墓）墓	东汉
		偃师首阳山华润电厂5座东汉列侯级别墓	祔葬（或陪葬墓）墓	东汉
		偃师首阳新区永宁路东汉列侯墓地	祔葬（或陪葬墓）墓	东汉
	濮阳	南乐宋耿洛墓地	无合葬墓，有祠堂与建筑材料、祔葬墓	晚期
	南阳	市区教师村 M10	祔葬（或陪葬墓）墓	中期或略早
天津	蓟州	小毛庄东汉墓地	祔葬（或陪葬墓）墓，可能还有夫人墓	东汉
河北	石家庄	肖家营墓地	夫人墓、祔葬墓	早期
		无极县甄氏墓地	祔葬（或陪葬墓）墓	晚期
	保定	蠡县汉墓	可能因被盗使得墓外云纹瓦当移至墓内	中期
		望都药所村汉墓	祔葬墓	晚期

续表

省份/地区		墓地/列侯墓名称	墓外设施内容	时代
山东	济南	长清大觉寺 M2	祠堂或相关建筑，祔葬墓，附近有石马	晚期
	潍坊	青州马家冢子汉墓	封土中出土空心砖，可能与建筑有关	中晚期
	泰安	东平王陵山	祔葬（或陪葬墓）墓	中晚期
江苏	徐州	睢宁九女墩汉墓	可能因被盗使得墓外云纹瓦当移至墓内	晚期
		睢宁刘楼 M1	无合葬墓，墓地北发现石灰窑	明章时期
		市区南郊拉犁山汉墓	夫人墓、祔葬墓	晚期
安徽	淮北	李楼 M1	祔葬墓	晚期偏早
	亳州	董园村 M1、M2	祔葬墓、可能有陪葬墓，附近或许有制砖设施和烧砖的窑	晚期

（一）时代特点

目前已知的东汉列侯墓葬，时代为东汉早、中、晚三期者皆有，就墓外设施而言，多数考古资料集中于东汉中晚期，特别是东汉晚期阶段的列侯墓葬。与东汉早中期列侯墓葬墓外设施有关的内容基本是陪葬墓、祔葬墓，个别可能有建筑材料；与东汉晚期列侯墓地外部设施有关的内容则相对丰富，除陪葬墓、祔葬墓外，还有垣墙、建筑及相关设施等。上述内容与东汉列侯墓地外部设施的使用、保留、遭受破坏及考古发掘情况等有关，以此为参考，可综合概述东汉列侯墓地外部设施的时代特征。

东汉列侯墓地有相应规模的墓园，有的墓园有垣墙，基本为夯土砌筑；有的可能受帝陵影响，仅使用象征性界隔，有些则可能无垣墙或象征性界隔。垣墙或象征性界隔设门，数量不统一，如汉魏洛阳城西东汉墓园，垣墙可能有 2—3 个门，而墓葬朝向的门应为正门。有墓地外经由正门通向墓葬的神道，部分神道两侧或许有石象生、石柱等，而墓地中还会有连接墓葬与其他设施的道路。列侯与夫人同穴合葬相对普遍，异坟异穴合葬的列侯夫人墓较少，与列侯墓相距较近，位置稍偏，无合葬的列侯墓亦有一定数量，均存在相应原因。祔葬墓多位于一侧，位置略偏，大多数量较少，数量稍多者分布较集中。少量与列侯墓属同一层次和组合，但多数虽距离不远，却分属不同层次和组合，还有的相距较远，组合、层次与列侯墓区分明显。陪葬墓数量大减，有些列侯墓地不见，这与东汉列侯政治地位下降和权力削弱有较大关系。与帝王陵墓的发展一致，墓外不见陪葬坑。祭祀设施为祠堂及相关建筑，基本为瓦顶土木结构，不见同时期中东部地区中小型墓葬外较为流行的石祠堂。祠堂多与墓葬相邻或距离较近，属于同一组合或层次，个别则相对独立，属于不同的组合和空间，并有许多配套房屋和设施。较多列侯墓葬设有守冢人并有守冢设施，一些还会有角楼及其他防护设施，但少见朝廷赐园邑或守冢户的内容。另外，与墓葬修建相关的设施有所体现或在墓外有所发现。总的来看，东汉列侯墓园延续重园制度，较多是列侯墓（含异坟异穴合葬的夫人墓）居于内重，为墓园核心，一些还包括用于墓祭的祠堂，祔葬墓及陪葬墓为外重内容，具有附属作用；有的则是列侯墓独立一重，祭祀设施等为另外一重，形成相对独立的两重内容。

（二）地域特点

虽然东汉侯国的分封不同于西汉，列侯墓葬的分布也与西汉有差别，但在整体上又体现出相近之处，即都城附近有相当数量，其他分布于侯国或列侯的家乡，这使得东汉列侯墓葬的墓外设施也体现出一定的地域性。

分布于都城附近的列侯墓葬，有的陪葬帝陵，有的为相对独立茔地。陪葬帝陵的列侯墓葬，墓外设施的设置与帝陵整体规划有关，而有相对独立茔地的列侯墓葬中，一些可能参照帝陵外部设施修建墓地中的设施，汉魏洛阳城西东汉墓地即为体现，墓外建筑群的位置与帝陵基本一致，而且房屋及相关设施较多，内涵丰富。分布于地方的列侯墓葬，在茔地和墓域的选择上相对自由，墓域内的规划也因此存在多样性，这在祔葬墓、陪葬墓的分布上有相应体现。不过限于目前资料，其他设施的地域特点还不甚清楚。

（三）等级特色

东汉时期，列侯的政治权力大为削弱，政治地位不断下降，日趋于豪强化、地主化，不过其身份等级仍然较高，墓葬等级低于帝王陵墓，但高于地方或普通官吏、豪强地主等的墓葬，较多列侯死后使用玉衣殓葬即说明了这一点，而墓葬外的设施也有相应体现。

与帝王陵墓相比较，列侯墓葬茔域及墓园等的规模较小，相关设施种类少，规模不大，功能相对简略。汉魏洛阳城西东汉墓地墓园东部建筑群与帝陵的设施在某些方面有相似之处，但规模小，种类简单，可视为帝陵设施的缩小和简化版，这与墓主的身份地位应有较大关系。另外，东汉列侯墓葬的墓外设施虽然存在一定的地域性，但较之西汉列侯墓葬，统一性更为突出，这与东汉墓葬的整体发展有关，同时也与列侯的身份地位存在一定关系。

较之一般中小型墓葬，东汉列侯墓葬的墓外设施又有很多体现列侯身份等级的内容。墓地相对独立，有经过规划的墓园，多数有祔葬墓，有的还有一定数量的陪葬墓，少量列侯墓外为异坟异穴合葬的夫人墓，这也是其身份地位的体现。列侯墓地的墓园基本为重园，一般墓葬则多是单重墓园或同一家族墓地共用一个单重墓园。如江苏邳州燕子埠东汉彭城相缪宇墓，围墙依北高南低的山坡地形修筑，北半部呈梯形，三面包绕封土，南半部呈方形，较开阔，原可能建有祭祀设施，南墙基东端有一方形凹槽，似为门框臼窝，为出入口[①]。邳州山头东汉墓地，一个大的隍壕内有较多东汉墓葬，为家族墓地共用一个单重墓园，东南处有出入口，外宽内窄[②]。墓祭设施是列侯墓葬外部设施的一项重要内容，以祠堂为主，规模一般略大，基本是瓦顶土木结构，配套设施内容丰富；较多中小型墓葬不见墓外祭祀设施，有墓外祭祀设施者，或服务于整个墓地，或与单体墓葬有关，有祠堂及其他简易的祭台、祭案等。以中小型墓葬（墓地）的祠堂为例，规模小，配套设施简单，且相当数量为石祠堂，有些祠内面积仅1—2平方米，无配套设施。济南北毕村东汉墓地，墓外建筑位于M1、M2墓道之间，有围墙，其内北侧有3处房屋，南侧为活动场地，但整体面积小，房屋建造简单，作为祠堂的F2位置居中，为平砖垒砌，下无基础，为祠堂简化或相对简陋的形态[③]；石祠堂中单开间者面积很小，较多其内仅能容人或不能容人，如徐州贾汪白集汉墓祠堂[④]及

---

① 南京博物院、邳州博物馆：《东汉彭城相缪宇墓》，《文物》1984年第8期。

② 南京博物院、邳州博物馆：《邳州山头东汉墓地》，科学出版社2010年版，第156、193页。

③ 山东大学历史文化学院、济南市考古研究所、章丘市博物馆：《济南市北毕村汉代画像石墓》，《考古》2012年第11期。

④ 南京博物院：《徐州青山泉白集东汉画象石墓》，《考古》1981年第2期。

安徽淮北相山区洪山出土的两座汉代石祠堂等①。列侯墓葬设有守冢人，一般墓葬也有相关内容，但在对应设施及人员性质、数量等方面有明显差别，等级低的墓葬若有守冢设施，也仅是简单的冢庐；有的列侯墓地设角楼等防护设施，一般墓葬则少见。帝王陵墓基本不见使用石象生、石柱等，列侯墓葬可能有所使用，但极少见，而地方官吏或豪强地主的使用率明显要高，这也反映出列侯的身份等级。

可以说，墓外设施体现出的低于帝王陵墓但又较一般墓葬等级要高的特点，正与东汉列侯身份等级及其地位较为相符。

第五节　两汉列侯墓地外部设施比较分析

列侯是汉代分封制度的重要内容，两汉四百余年，分封列侯数量众多，与之相对应，列侯墓葬亦有相当数量。关于汉代列侯墓地的外部设施，史书有载，一些出土文献也有描述，而据目前考古资料，汉代列侯墓地外部设施的内容内涵较为丰富。两汉王朝的丧葬制度和内容存在诸多相近之处，列侯墓地的外部设施也有较多相同点或相似之处；而因政治、经济、思想文化及其他社会内容的发展，丧葬内容也处于不断变化之中，东汉列侯墓葬的丧葬内容与西汉列侯墓葬又有很多不同，墓外设施也体现出相应的差异，并反映出继承基础上的发展与变化。

一、两汉列侯墓地外部设施的考古现状对比

由于建造、使用、破坏及考古工作开展的程度不同，两汉列侯墓地外部设施的考古现状存在相应差异，这对相关研究也会产生相应影响。

对比已知两汉列侯墓葬考古资料，西汉列侯墓葬较东汉列侯墓葬的分布地域相对要广，除陕西、河南、河北、山东、江苏、安徽等地区外，四川、广西、湖南、江西等地也有发现，而这些地区暂无东汉列侯墓葬资料公布，这与两汉列侯的分封差异可能有一定关系。就两京地区而言，皆无另一

---

① 淮北市文物局：《安徽省淮北市发现汉代画像石祠》，《东南文化》2019年第6期。

时代的列侯墓葬，这是其共同点之一；都城所在地域的同时期列侯墓葬发现较多，并体现出陪葬帝陵和墓地在都城周边且相对独立等特点，这是另一共同之处。墓外设施的考古发现与列侯墓葬的发现较为一致。

具体考古发现方面，东汉列侯墓地的墓外设施整体较西汉列侯墓地略差一些，这与两个时期墓外设施的发展变化可能有关。西汉列侯墓地除陪葬墓、陪葬坑及祔葬墓外，还发现较多墓园遗迹及相关设施遗存，如南昌海昏侯墓地、西安凤栖原墓地、陪葬阳陵的较多西汉列侯墓地等；墓祭设施的遗存有较多，一些即使破坏严重，还见有瓦当及板瓦、筒瓦等残片，且有相当数量；墓园内的设施多有发现，如道路、水井及其他排水设施等；使用墓垣的墓葬有一定数量，且地域特色突出；有的西汉列侯墓地发现相应数量的墓前立石，以霍去病墓最具代表；守冢设施也有发现。另外，一些有罪行列侯的墓地也有相关发现，体现出相应的制度和内容。东汉列侯墓地的外部设施以祔葬墓最为常见，陪葬墓发现不多；墓园遗存及相关遗迹、遗物发现较少，一些被盗列侯墓葬内有建筑材料如瓦当等，但性质不能完全确定，这在西汉列侯墓葬中也存在，如济南腊山西汉墓等，性质较明确。已公布的资料中，东汉列侯墓园资料仅汉魏洛阳城西东汉墓地较为丰富，相关设施内容多样，道路及排水设施等也仅见于该墓地，且集中于东部建筑群，其他列侯墓地基本未见相关资料。东汉列侯墓葬墓垣资料未见公布，但有些东汉中小型墓葬是有墓垣的，《水经注·洧水》载："汉弘农太守张伯雅墓，茔域四周，垒石为垣，隅河相降，列于绥水之阳。"[①] 从发掘来看，张伯雅墓即河南密县打虎亭M1，圆形封土底部边缘为圆形石砌墓垣[②]；安徽宿州褚兰墓山孜M1，墓冢四周为石砌矮墓垣[③]。关于石象生与神道石柱，还不能完全确定东汉列侯墓地已有使用，即使有，对应墓葬及相关石刻的数量亦不多。东汉列侯墓地应有守冢设施，但仅汉魏洛阳城西东汉墓地东部建筑群有发现，且还有角楼等用于防护的附属建筑等。另外，东汉列侯墓地未有体现犯罪列侯墓地的情况，但对东汉时的宦者侯墓葬及外部设施有所体现。另外，还有少量与墓葬修建有关的设施等。

---

① （北魏）郦道元著，（清）王先谦校：《合校水经注》，中华书局2009年版，第333页。
② 河南省文物研究所：《密县打虎亭汉墓》，文物出版社1993年版，第6页。
③ 王步毅：《安徽宿县褚兰汉画像石墓》，《考古学报》1993年第4期。

概括来看，西汉列侯墓地发现的外部设施种类多，数量或比例相对较大，并在较多墓地均有发现或体现，而且还有较强的时代特征和地域特点，对认识西汉列侯墓地外部设施有重要作用和价值；东汉列侯墓地发现的墓外设施相对要少，数量及比例也较小，相关设施或内容的出土频率不高，仅个别墓地有相对丰富的内容，这在某种程度上限制了对东汉列侯墓地外部设施的整体认识，考古资料相对丰富的墓地或许存在特殊性，而特殊性并不能概括整体情况。但就东汉列侯墓地来讲，也有一些新内容被发现，体现出两汉列侯墓地外部设施的差异，也反映出相应的发展内容等。

二、两汉列侯墓地外部设施内容比较

关于两汉列侯墓地的墓外设施，虽然保存及考古发现状况存在差异，但均体现出相应的制度和内容。整体来看，西汉列侯墓地的墓外设施相对丰富，主要包括墓园及相关设施、道路、排水设施、水井、墓垣、墓上立石与墓前石雕、相关建筑、陪葬坑、合葬、祔葬与陪葬墓、守冢设施等多种；东汉列侯墓地的墓外设施稍显简略，主要包括墓园及相关设施、相关建筑、道路、合葬墓、祔葬墓、防护设施等，二者之间既有相同点也有不同之处。

两汉时期，均存在列侯自选茔地和朝廷赐予冢地的情况。所赐冢茔大多是陪葬帝陵，或为在位皇帝陵墓或是已故皇帝的陵墓，但西汉时期，朝廷赐冢地的现象较多，东汉则相对较少。西汉时，朝廷会为一些列侯墓地赐园邑或设守冢户，东汉时已不见。就茔域来讲，基本遵循制度，不能超出或僭越，而陪葬帝陵的列侯墓葬则基本遵照帝陵陵区的规划。

西汉列侯墓与夫人墓多为同茔异坟异穴合葬，这与帝陵及诸侯王墓较为一致，合葬的夫人墓成为列侯墓葬外部设施的重要内容，与列侯墓葬距离较近，规模略小，位置稍偏，多数与列侯墓葬共享相关设施，而相关设施的位置多偏向列侯墓葬。东汉列侯墓葬以同穴合葬为主，异坟异穴合葬的夫人墓相对较少，异坟异穴合葬者的相关内容与西汉列侯墓葬相似。两汉时期均有一些无合葬的列侯墓，并有相对应的原因，东汉时随着宦者侯的增多，对应的墓葬数量也有增加，而且有相关考古发现，如保定地区的望都东汉M1，存在为宦者浮阳侯孙程墓葬的可能。

祔葬墓在两汉列侯墓地中均较常见，时代延续性较强，且按规划葬于列侯墓地中，位置略偏，规模稍小，等级也略低。西汉列侯墓地的祔葬墓数量相对多，东汉列侯墓地的祔葬墓整体数量偏少。陪葬墓在西汉列侯墓地常见，一些数量较多，位置及墓葬的规模、等级与祔葬墓区分明显；东汉列侯墓地中，部分不见陪葬墓，部分列侯墓葬的陪葬墓与祔葬墓差别不大，不易区分。

陪葬坑在西汉列侯墓葬外相对常见，一些列侯墓葬的陪葬坑数量多，种类亦较多样，东汉列侯墓葬则完全不见陪葬坑，这与两汉墓葬的整体发展较为一致。

道路在两汉列侯墓地中均有发现。限于资料，东汉列侯墓地如汉魏洛阳城西东汉墓地，仅见东部建筑群内的相关道路，墓地外通往墓葬及相关设施与墓葬相连的道路暂未有资料公布。不过，有些东汉列侯墓地公布有石象生或疑似神道石柱的资料，推测神道作为墓地中重要的道路应该存在，而西汉列侯墓地的神道则见于文献记载。一些西汉列侯墓地发现道路，既有墓地外通往墓地内的道路，也有祠堂等设施与墓葬相连接的道路，还有一些墓地可确认有由门阙通向墓葬的神道。西汉列侯墓地发现有墓外石雕，张骞墓发现的一对石兽可能位于门阙处，而霍去病墓发现数量较多的石雕动物则位于墓前，二墓墓主的身份具有一定的特殊性，且对于石雕的使用并不统一，东汉列侯墓对于石雕的使用较少，至少目前无充足证据证明墓外有石象生等。

东汉列侯墓葬的防排水设施发现不多，汉魏洛阳城西东汉墓地有所发现，但均位于东部建筑群中，且多散水。西汉列侯墓葬的防排水设施相对丰富，除针对墓外相关建筑外，还用于墓葬，具体内容包括散水及排水道、排水沟等，一些西汉列侯墓地的围沟也可起到相应的排水作用。有的西汉列侯墓地发现有水井，其主要功能应是为墓地中相关人员供水，在某些时候也可起到排水的作用，东汉列侯墓外极少见。

墓垣是保护墓葬封土的设施，西汉列侯墓地多有发现，山地丘陵地带的墓葬多以块石垒砌，但东汉列侯墓葬未见与墓垣有关的资料公布，但有些墓葬可能存在，因破坏不存。

西汉列侯墓地的祭祀设施内容多样，有祭祀性质的坑，个别列侯墓前有专门的寝或辅助于祭祀的灶坑，多数则以祠堂为主要祭祀设施。东汉列侯墓地的祭祀设施较单一，为祠堂，建筑形式与西汉列侯墓地祠堂相似，为瓦顶土木结构，不见石祠堂。西汉列侯墓地的祠堂多见文字瓦当，东汉列侯墓地祠堂则多为云纹瓦当。通过霍光墓祠堂的考古资料可知，西汉列侯墓地的部分祠堂可能使用大量柱础，其内可能有壁画等装饰。东汉列侯墓地的祠堂也有使用柱础者，而从汉魏洛阳城西东汉墓地祠堂及相关建筑看，室内经过装饰，如大型殿基F1附建小房的残存墙皮，表面涂作青白色。东汉列侯墓地的祠堂室内有砖铺地，西汉列侯墓地祠堂极少或不见。西汉列侯墓地的祠堂位置多样，有的在墓前，有的在墓侧，具体位置方面，有的在垣墙或围沟内的某一位置，有的在垣墙或围沟的内侧一定距离，有的还可能位于墓上。东汉列侯墓地的祠堂或位于墓前，或在墓侧，有的如汉魏洛阳城西东汉墓地祠堂则相对独立于墓葬，与其他建筑形成建筑群，外有院墙，但整体上又与墓葬位于一个大的垣墙内。西汉列侯墓地中，有的祔葬墓，甚至陪葬墓的墓前有相关建筑遗存，如南昌海昏侯墓地的相关墓葬，东汉列侯墓地则仅见祠堂，且基本为列侯墓葬所用，如濮阳南乐宋耿洛墓地，祠堂位于M1的墓道前端。两汉列侯墓地的祠堂还存在大小不一的共同点，这与墓主的身份地位及墓葬时代应有联系，也与墓主的特殊性有一定关系。汉魏洛阳城西东汉墓葬地的墓主可能具有特殊性，从该墓地的祠堂来看，与其他建筑组成一个建筑群，祠堂的配套设施或建筑较多，如廊房、天井、储藏室等，这在西汉列侯墓地祠堂中较少见，西汉海昏侯墓地祠堂两侧为廊房，但其他建筑不见。

两汉列侯墓地都有守冢或守护墓地的设施，一些是在祠堂附近附建小房，形成冢舍，西安凤栖原西汉墓地与汉魏洛阳城西东汉墓地的祠堂均有此类设施。从史料来看，西汉时期，朝廷会为一些列侯墓地赐园邑或设置守冢户，东汉时期极少见。

从保存较好的两汉列侯墓地来看，有的还有其他用于保护墓葬或墓地的设施。南昌海昏侯墓的墓垣墙设北、东二门，二门内侧皆有建筑，而墓地祠堂两侧有面积较大的厢房，应具有相应的守护作用，特别是北门内侧建筑附近及祠堂西厢房前均发现有水井，可能会有相关人员居住生活，并对墓地与墓葬进行守护。汉魏洛阳城西东汉墓地东部的建筑群中除祠堂及配套建筑外，西北角还有角楼类建筑，用于防护。关于守冢设施，还有建于垣墙或相近设施之上或附近的建筑，据《葬律》简及相关文献记载，西汉列侯墓地的垣墙四角有罘罳，汉魏洛阳城西东汉墓地的垣墙四角墙体加厚，内有附属房屋，防护作用明显。

用于保护墓地和墓葬的设施还有垣墙、围沟等设施。西汉列侯墓地使用垣墙、围沟较普遍，且存在地域性，山地丘陵地带的垣墙多为石块垒砌，而围沟基本见于都城附近和陪葬帝陵的列侯墓，有的墓地可能没有垣墙或围沟。东汉列侯墓地基本不见围沟，汉魏洛阳城西东汉墓地发现夯土砌筑的垣墙，而很多列侯墓地可能受帝陵影响，有时会使用象征性界隔。西汉列侯墓地的垣墙或围沟多设门，并在门外建有土筑的阙，东汉列侯墓地有垣墙者也建有门址，但目前没有阙及相关遗存的资料公布。东汉墓阙的使用较为普遍，很多中小型墓葬在墓地入口砌建双石阙，推测列侯墓地的入口处也应有阙，可惜大多破坏不存，而且很可能为夯土筑阙，以显示与中小型墓葬的不同，当然也不能完全排除使用石阙的可能，如高乡侯侯览预作的寿冢为石椁双阙。

两汉列侯墓地经规划设置形成墓园，列侯墓葬（含列侯夫妻同穴合葬墓）及其墓外设施按照相关要求分布，形成不同的层次和组合，相关内容和作用亦有不同，但基本都是以列侯墓葬为核心分布和设置的。两汉列侯墓地的墓园基本都实行重园制度，即内外双重墓园，列侯墓葬及相关设施居于内重，陪葬墓、多数袝葬墓及一些守护性质的设施位于外重，体现出相应的层次并反映出列侯的身份等级，满足了相应的丧葬需求。因相关需求的不同及规划的差异等因素，两汉列侯墓园均体现出多种形式，而表现形式又存在较多的相似性，突出以列侯墓为核心的制度与内容。西汉列侯墓地的祭祀设施尤其是祠堂，基本与列侯墓葬为一组，而东汉列侯墓葬有的则为两组，如汉魏洛阳城西东汉墓地。

另有其他内容，如一些东汉列侯墓地可能有与墓葬修建等有关的设施，西汉列侯墓外未见相关资料。考虑到列侯墓葬及墓地均有相应规模，加之有不同种类的设施，西汉列侯墓葬外亦可能存在相关设施，但具体内容和功用还有待进一步的考古来发现和证实。

三、汉代列侯墓地外部设施的继承与发展

汉代列侯墓葬的发展，有对前代丧葬内容的继承，也受到同时期帝王陵墓的影响，同时也会受到所在地区自然地理、丧葬文化的影响，并根据需求吸收这一时期中小型墓葬的部分内容，在社会发展的环境下，根据列侯地位等级和丧葬目的，逐步发展和完善，墓外设施亦不例外。西汉列侯墓地的

外部设施对东汉有所影响，而东汉列侯墓地的墓外设施在继承的基础上逐渐发展形成自身的一些内容和特点。

（一）西汉列侯墓地墓外设施

汉之前分封制就已存在。周代分封制度与统一封建帝国背景下王侯分封有明显不同，汉王朝之前的秦帝国，虽以郡县制为主，但亦有侯这一爵位，《史记·秦始皇本纪》载秦始皇东巡，至于琅琊，跟随者有列侯武城侯王离、通武侯王贲及伦侯建成侯赵亥、昌武侯成、武信侯冯毋择及丞相、卿、五大夫等，并议事于海上。《集解》曰："列侯者，见序列。"司马贞《索隐》曰：伦侯，"爵卑于列侯，无封邑者。伦，类也，亦列侯之类。"[①] 由记载可知，秦代为侯者的政治地位较高，排于丞相、卿、五大夫等之前，但一些内容并不同于汉代列侯。由于秦的统治时间较短，与侯有关的制度并未得到相应发展。西汉时期，列侯的分封及相关制度有了诸多新的内容，与其相关的丧葬内容也是在结合社会发展等的情况下，逐渐形成的具有时代特点的内容和内涵，从某种程度上来讲，其具有较多的创新性。换言之，西汉列侯丧葬内容的创新因素要大于继承因素，对两汉列侯丧葬制度和内容的形成具有重要作用和意义。

先秦时期，墓外设施还处于初步发展阶段，不完善亦不普及。秦代，帝陵的墓外设施得到较大发展，多年来关于秦始皇陵的考古工作基本证实了这一点[②]。但其他等级墓葬的墓外设施极少有发现，而且关于秦代侯的墓葬资料基本没有，更毋谈侯墓的外部设施。因此，西汉列侯墓地的墓外设施应是在丧葬发展的大背景下，结合列侯的等级身份及丧葬需求，在帝王陵墓相关丧葬内容的影响下形成并日渐发展起来的，在其形成和发展过程中，其他级别的墓葬也可能对其有所影响。就继承来讲，应与先秦墓外设施的出现和逐步发展以及秦始皇陵对于西汉帝王陵墓的影响等有关。考察已知考古资料，西汉初期的列侯级别墓葬不多，而有墓外设施者更少。宣平侯张敖与其妻鲁元公主具有特殊性，张敖在贬为侯之前是诸侯王，而鲁元公主为惠帝姊

---

① （西汉）司马迁：《史记·秦始皇本纪》，中华书局1982年版，第246、247页。
② 曹玮、张卫星：《西安市秦始皇帝陵》，《考古》2014年第7期。

妹，二人之墓陪葬安陵，对于帝陵墓外设施的设置当有所借鉴，整个墓园为东西向的凸字形，祭祀及相关设施在墓北，这与西汉早期偏晚至晚期的很多列侯墓地不同。西汉早期偏晚阶段是西汉列侯墓地外部设施发展的一个重要阶段，较多这一时期的列侯墓葬有相关发现，设施内容较为丰富，湖北云梦睡虎地西汉文景时期M77发掘出土的《葬律》竹简中对彻侯丧葬礼仪、埋葬制度等有较详细的记载，关于墓外设施的内容及其制度记述较为详细，亦说明这一时期列侯墓葬对于墓外设施的使用已较为普遍，而且还形成了制度性的内容。西汉中期，在前代发展的基础上出现了一些新的内容，如霍去病墓前所立石雕动物及张骞墓前的石兽等，虽墓主具有特殊性，但体现出对新元素的吸收和使用，而且对后世墓前石雕或石象生的使用应具有极为重要的影响。随着中央关于列侯政策的变化及汉代墓葬自身发展等因素，西汉中期偏晚至晚期的列侯墓地外部设施的发展逐渐趋于稳定，墓园、祠堂、祔葬墓与陪葬墓等基本固定下来，部分还有陪葬坑，而其他配套设施如冢舍、道路、防排水设施、墓垣等也多有使用，特殊身份地位的列侯如海昏侯刘贺、富平侯张安世等，墓外设施在同时期的列侯墓地中具有明显的特殊性，而这在汉代列侯墓地中应是相对普遍存在的现象。王莽新朝时期，西汉列侯多数受到除国或不同程度的贬降，墓外设施趋于衰落。

西汉列侯墓葬经历了初步形成和逐步发展及衰落的发展过程，其中既有统一性，也有多样性和特殊性，在其发展过程中，既有帝王陵墓的影响，也有对先秦相关因素的继承，还有一些新的元素或内容逐渐融入，一些内容如陪葬坑等则因墓葬自身的发展及社会原因等逐渐消失，体现出与列侯等级身份相适合、与列侯丧葬需求相对应、与西汉丧葬发展相符合的内容和内涵。

（二）东汉列侯墓地墓外设施

东汉建立之初就有列侯的分封制，与列侯丧葬有关的诸多内容继承西汉。随着两汉之际丧葬内容的变化和发展，东汉帝王陵墓的丧葬内容与西汉相比有了较多不同，列侯墓葬受帝王陵墓的影响，也有了诸多新的内容。由于东汉列侯的政治权利及身份地位比之西汉有较大程度的削弱，东汉列侯墓葬与地方官吏和豪强地主等的墓葬在较多方面有相近或相似之处，所以其对于中小型墓葬的丧葬内容亦有不同程度的借鉴和吸收。

东汉列侯墓葬在茔域及墓地的大小和规划等方面对西汉列侯墓葬有相应继承，墓地中的合葬墓、祔葬墓、陪葬墓、墓园及相关设施、相关建筑等仍是墓外设施的主要内容。合葬墓与列侯墓距离较近，祔葬墓与陪葬墓的附属特征明显；墓园基本为重园，相关设施与墓地的保护、交通等有关；祠堂为主要的墓祭设施，基本以瓦顶土木结构。具体内容方面，又有着许多差异，同时期其他墓葬尤其是帝王陵墓的影响表现得较为突出，体现出发展和变化。较多列侯与夫人葬于同一墓穴，异穴合葬明显减少；祔葬墓虽一直存在，但数量减少；陪葬墓数量大减，很多列侯墓地不见陪葬墓，而西汉列侯墓地常见的陪葬坑在东汉时完全消失。双重墓园的规划也有变化，如汉魏洛阳城西东汉墓地，祭祀设施等与墓葬相对独立，分属两重，即规划上与列侯墓葬处于不同空间。东汉列侯墓地的墓外设施中不见围沟，所见仅为夯土砌筑的垣墙，部分则很可能受帝陵影响，使用象征性界隔，抑或没有界隔。西汉列侯墓地的祭祀设施以祠堂为主，另有寝、祭祀坑、灶坑等，东汉列侯墓葬则相对统一，基本为祠堂，这与东汉中小型墓葬相似，是发展中趋于统一的体现。守冢设施对西汉列侯墓葬有所继承，如设置冢舍等，但不见朝廷赐园邑或守冢户，应是与列侯权利地位相对应的发展与变化。

可以说，东汉列侯的丧葬内容有对西汉列侯丧葬的继承，也有发展过程中受帝王陵墓的影响及对中小型墓葬相关内容的融合与借鉴，综合形成符合列侯身份地位、满足其丧葬需求的制度和内容。墓外设施作为墓葬的重要组成部分，对上述内容有着充分的体现，也反映出与东汉列侯作为食封地主但又有一定身份等级相对应的特征和内容。

综合来讲，两汉列侯墓地的外部设施内容较为多样，功能、作用突出，综合构成了汉代列侯墓地外部设施的内容和内涵，既反映出汉代列侯墓地外部设施的全面发展及对应的丧葬制度，也体现出相应的时代特点、地域特征及等级特色。两汉列侯墓地的墓外设施与两汉时期墓葬发展的大环境相契合，逐渐形成与墓主自身相适合，与社会发展相适应的内容，也达到并充分满足了列侯的丧葬需求，如突出主墓、显示列侯的政治地位与身份等级、保护墓葬、服务墓祭、反映家庭与家族等内容。

第 四 章

汉代列侯墓葬及中小型墓葬的墓地祭祀设施

墓地祭祀设施是指处于墓地中，或位于墓葬封土外，或者叠压、打破封土，主要用于祭祀死者的设施，而这一设施与墓祭的发展关系密切。

关于墓祭出现的年代，学界存有争论，本书不做过多讨论。从考古资料看，东周时期，随着封土得到较多使用，墓外设施增多，墓地祭祀可能已出现，但并不完善也不普及。文献资料方面，《周礼·春官·冢人》载："凡祭墓，为尸。"① 东汉应劭在《汉官仪》中载："古不墓祭。秦始皇起寝于墓侧，汉因而不改。诸陵寝皆以晦、望、二十四气、三伏、社、腊及四时上饭。"② 蔡邕在《独断》中指出："古不墓祭，至秦始皇出寝起之于墓侧，汉因而不改。"③ 汉后成书的《续汉书》记有"古不墓祭，汉诸陵皆有园寝，承秦所为也。"④ 由上述记载看，墓祭至迟在秦代已得到相应发展，汉代已较普及和普遍，东汉王充所言"今俗墓祀"⑤ 也充分说明了这一点。

汉代帝王陵墓多有墓祭设施，而且从西汉早期开始，墓祭设施在帝陵中已得到较大发展。史载，汉惠帝接受叔孙通的建议，在渭北长陵旁建"原

---

① 《周礼·春官·冢人》郑玄注曰："祭墓为尸，或祈祷焉。"郑众云："为尸，冢人为尸。"（清）孙诒让撰，王文锦、陈玉霞点校：《周礼正义》，中华书局，2013年，第1704页。

② （东汉）应劭撰，（清）孙星衍校集：《汉官仪（卷下）》，《汉官六种》，中华书局1990年版，第182页。

③ （东汉）蔡邕：《独断（下）》，《文渊阁钦定四库全书·子部十》，第850册，第88页。

④ 《后汉书·祭祀志下》。引自（晋）司马彪撰，（梁）刘昭补注：《续汉书》，中华书局1965年版，第3199页。

⑤ （东汉）王充：《论衡·四讳》，黄晖校释：《论衡校释》，中华书局1990年版，第972页。

庙"①,"陵旁立庙"遂成为西汉一代陵寝祭祀制度的重要内容。《汉书·韦贤传》附子《韦玄成传》载:"自高祖下至宣帝,与太上皇、悼皇考,各自居陵旁立庙,园中各有寝、便殿。日祭于寝,月祭于庙,时祭于便殿。"②多年来的考古调查、勘探和发掘也证实了两汉帝陵祭祀设施的存在及其多样性和发展变化。汉代诸侯王制同中央,亦有墓祭设施,如祠庙、寝园等,前文相关章节中已作论述。本书第三章中,对汉代列侯墓地的祭祀设施有一些论述,但关于祠堂等内容并未展开,而列侯墓地祭祀设施又与中小型墓地祭祀设施存在较多相似之处,故本章将列侯墓葬与中小型墓葬的墓地祭祀设施合并一起,进行综合分析和论述,以期全面认识汉代列侯墓葬及中小型墓葬的墓地祭祀设施及其相关内容。

第一节 列侯墓葬及中小型墓葬墓地祭祀设施种类

《礼记·中庸》云:"敬其所尊,爱其所亲,事死如事生,事亡如事存,孝之至也。"③《左传·哀公十五年》亦载:"事死如事生,礼也。"④汉代墓地祭祀设施正是"事死如事生,事亡如事存"的体现,同时反映出对孝道的推崇及相对应的丧葬礼俗。关于汉代列侯墓葬及中小型墓葬的祭祀设施内容或种类,文献记载相对简略,多为祠堂,其他涉及较少。考古资料反映的墓地祭祀设施内容则较多,除祠堂外还有其他内容,大致可分为以下几类。

一是祠堂及相关设施。关于两汉墓葬使用祠堂,文献有载,而且名称多样。考古发现的祠堂数量较多,很多还有与之配套的设施等。

二是寝。发现较少,目前所知仅江西南昌海昏侯刘贺墓前有相应设施⑤。

---

① 《汉书·叔孙通传》载:"(叔孙通对惠帝曰):'愿陛下为原庙渭北,衣冠月出游之,益广宗庙,大孝之本。'上乃诏有司立原庙。"(东汉)班固:《汉书》,中华书局1964年版,第2130页。
② (东汉)班固:《汉书·韦贤传》附子《韦玄成传》,中华书局1964年版,第3115、3116页。
③ 《礼记·中庸》,《十三经注疏·礼记》,台湾艺文印书馆2001年版,第887页。
④ (西晋)杜预等注:《春秋三传》,上海古籍出版社1987年版,第540页。
⑤ 江西省文物考古研究所、南昌市博物馆、南昌市新建区博物馆:《南昌市西汉海昏侯墓》,《考古》2016年第7期。

三是祭台或供台。多发现于西汉晚期至东汉时期的墓葬封土前或墓上。部分石质或石砌，部分砖砌。露天置放，有的配有其他设施。一些砖砌祭台或供台规模较小，砌建简略。

四是祭祀坑。为具有祭祀性质的陪葬坑。西汉列侯墓葬外有所发现，有的中小型墓葬也有发现，规模不大，坑内埋有祭祀的物品等。

五是其他设施。汉阳陵东区陪葬的列侯墓园外发现有成排的灶坑[①]，少量墓地还发现有红烧土痕迹等，皆可能与祭祀有关。另有墓树等，在一些墓祭活动时亦可起到相应的作用。

上述墓地祭祀设施有并存现象。西汉墓葬如南昌海昏侯墓，既有祠堂，也有墓前专门的寝；东汉墓葬中，祭台或供台在祠堂中也有发现，有的则以其他形式形成类似祭台或供台类设施。这些设施有着不同的表现形式，具体功能也有差别，但均体现出墓祭的功用，反映出汉代墓地祭祀方式的多样性和普及性，这与汉代丧葬的全面发展及其社会普遍重孝等有着密切的联系。

第二节 墓地祠堂

《论衡·四讳》记有"古礼庙祭，今俗墓祀……墓者，鬼神所在，祭祀之处。"[②] 两汉帝王陵墓建有陵（祠）庙，另有寝殿、便殿等设施，其他等级墓葬则修建祠堂以供祭祀，正如《汉书·朱邑传》所载："起冢立祠，岁时祠祭。"[③] 随着墓地祭祀的发展，列侯与中小型墓葬对祠堂的使用渐成风气，"广种松柏，庐舍祠堂"[④]、"中者祠堂屏阁"[⑤]、"勿随俗动吾冢，种柏，作祠堂"[⑥] 等皆可说明。祠堂还有享堂、食堂、斋祠等名称，推广普及的同时，

---

① 曹龙：《西汉帝陵陪葬制度初探》，西北大学硕士学位论文，2009年，第26页。
② （东汉）王充：《论衡·四讳》，《论衡校释》，中华书局1990年版，第971、972页。
③ （东汉）班固：《汉书·朱邑传》，中华书局1962年版，第3637页。
④ （东汉）王符：《潜夫论·浮侈》，《潜夫论笺校正》，中华书局1985年版，第137页。
⑤ （西汉）桓宽：《盐铁论·散不足》，《盐铁论校注》，中华书局1992年版，第353页。
⑥ （东汉）班固：《汉书·龚胜传》，中华书局，1962年，第3085页。

作用也得到延伸，蔡邕在《郡掾吏张玄祠堂碑》中即言："于是立祠堂，假碑勒铭，式明令德，以示乎后。"① 关于汉代墓地祠堂，已有较多研究成果公布，如《汉代墓地祠堂研究》② 等。本书拟在已有研究的基础上，对汉代墓地祠堂及相关问题进行分析和论述。

需作说明的是，本书所述汉代墓地祠堂不包括帝王陵墓的陵庙或祠庙等设施，亦不含中小型墓内的"享堂"和墓中出土的祠堂模型，如山东淄博金岭镇M1出土陶制祠堂③，主要是指列侯级别墓葬及其他中小型墓葬所属墓地在墓葬封土外或叠压、打破封土而修建的祠堂及相关祭祀设施。

一、考古发现、出土文献及相关遗物

关于祠堂，《史记》《汉书》《后汉书》等中皆有记载，时代涉及两汉，祠（墓）主身份等级也有较多不同。文献中记载的众多祠堂基本都是墓地祠堂，如"起冢祠堂"④、"盛饰祠室"⑤ 及上文所引内容等。北魏时成书的《水经注》记载较多具体墓葬的祠堂，有些还有比较详细的描述，从涉及墓葬看，以东汉地方官吏及豪强地主的墓祠居多。多年来，已发现较多汉代墓地祠堂或相关遗存，出土文献中亦有描述，另有一些出土或散存、征集的遗物，尤其是瓦当，综合反映出汉代墓地祠堂的内容，并体现出相应的普及和发展。

（一）考古发现概况

随着考古工作的不断开展，已发现、发掘较多汉代墓地祠堂或相关遗存，虽遭受不同程度的破坏，但基本可确定为祠堂或祠堂类祭祀设施。

有的为瓦顶结构，分布地域较广。西汉都城长安附近一些非陪葬帝陵或陪葬帝陵的墓葬均有相关发现，大多时代为西汉。非陪葬帝陵的墓葬如石

---

① （清）严可均辑：《全后汉文》，商务印书馆1999年版，第789页。
② 黄婧琳：《汉代墓地祠堂研究》，福州大学硕士学位论文，2015年。
③ 山东省文物考古研究所：《山东临淄金岭镇一号东汉墓》，《考古学报》1999年第1期。
④ （东汉）班固：《汉书·张汤传》，中华书局1962年版，第2653页。
⑤ （东汉）班固：《汉书·霍光传》，中华书局1962年版，第2950页。

家街西汉墓，其东北发现有祠堂建筑遗迹[1]，长安邮电学院汉墓前发现祠堂，为双开间[2]。陪葬帝陵的墓葬，发现祠堂者多为列侯级别墓葬。陪葬安陵的宣平侯张敖墓与夫人鲁元公主墓的西北侧有一较大面积建筑遗址，4号陪葬墓封土北侧也有相关建筑遗存和遗物[3]。陪葬茂陵的霍光墓东北部有一高台建筑，可能为祠堂类建筑[4]，阳信家冢（M23）周围有2处建筑遗址，可能与祭祀等有关[5]。陪葬杜陵的富平侯张安世家族墓地位于西安市凤栖原，墓地东围沟内侧有祠堂遗存[6]。东汉都城洛阳附近发现的基本为东汉墓地祠堂，部分为帝陵陪葬墓的祠堂。汉魏洛阳城西东汉墓东部建筑群中祠堂建筑规模较大[7]，孟津朱仓东汉M708东北部中心大型夯土台基（F1）与M709东北部建筑遗迹[8]均可能为祠堂（图4-1）。京畿之外其他地区也有较多发现，时代包含两汉。河南省其他地区发现的基本为东汉瓦顶祠堂，如濮阳南乐宋耿洛M1祠堂[9]、新乡卫辉大司马墓地东汉M1封土北侧祠堂建筑（F1）[10]（图4-2），辉县路固汉代墓地发现一处汉代建筑遗存，CF1很可能为墓地祠

---

[1] 西安市文物保护考古研究院柴怡、张翔宇、孙武：《西安东郊石家街发现汉代列侯级别墓葬》，《中国文物报》2013年8月16日第8版。

[2] 西安市文物保护考古所程林泉、张小丽、翟霖林：《谈谈对张家堡汉墓群的几点初步认识》，《中国文物报》2008年2月15日第5、7版；西安市文物保护考古所：《西安张家堡新莽墓发掘简报》，《文物》2009年第5期。

[3] 咸阳市文物考古研究所：《西汉帝陵钻探调查报告》，文物出版社2010年版，第25页。

[4] 咸阳市文物考古研究所：《汉武帝茂陵钻探调查简报》，《考古与文物》2007年第6期；陕西省考古研究院、咸阳市文物考古研究所、茂陵博物馆：《汉武帝茂陵考古调查、勘探简报》，《考古与文物》2011年第2期。

[5] 咸阳地区博物馆、茂陵博物馆：《陕西茂陵一号无名冢一号从葬坑的发掘》，《文物》1982年第9期；咸阳市文物考古研究所：《汉武帝茂陵钻探调查简报》，《考古与文物》2007年第6期。

[6] 陕西省考古研究院：《西安凤栖原西汉墓地田野考古发掘收获》，《考古与文物》2009年第5期。

[7] 中国社会科学院考古研究所洛阳汉魏城队：《汉魏洛阳城西东汉墓园遗址》，《考古学报》1993年第3期。

[8] 洛阳市文物考古研究院：《洛阳孟津朱仓东汉墓园遗址》，《文物》2012年第12期。

[9] 安阳地区文管会、南乐县文化馆：《南乐宋耿洛一号汉墓发掘简报》，《中原文物》1981年第2期。

[10] 河南省文物局：《卫辉大司马墓地》，科学出版社2015年版，第16—20、30—32页。

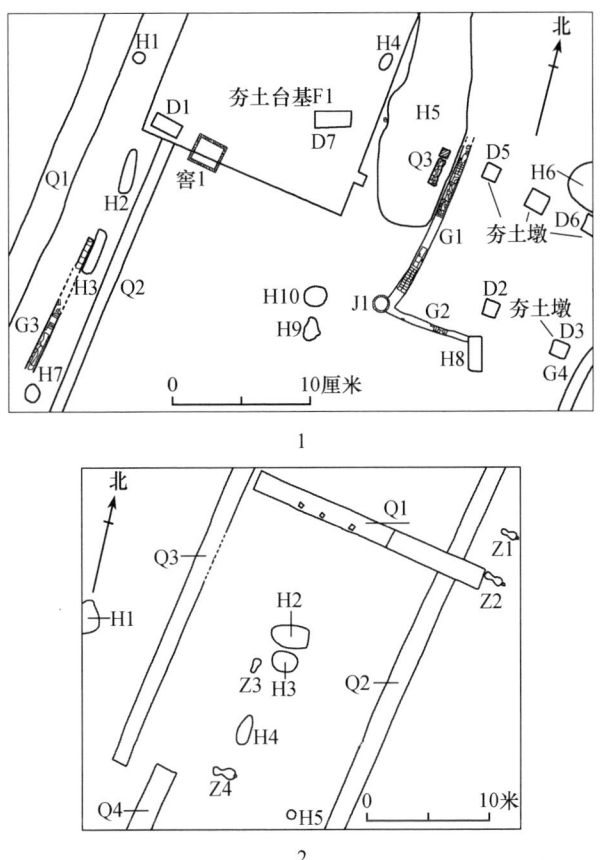

图 4-1　河南洛阳孟津朱仓 M708、M709 墓园遗址发掘区平面图
1. 孟津朱仓 M708 墓园遗址发掘区　2. 孟津朱仓 M709 墓园遗址发掘区

堂①（图 4-3）。江苏徐州市荆山村西汉墓地西南有双开间祠堂，时代为西汉中晚期②；邳州市埠上汉代墓地建筑（F1），时代为西汉，或可早至西汉早期③；铜山县班井东汉 M4 墓地祠堂，时代为东汉晚期④。山东省苍山县金山

---

① 中国社会科学院考古研究所：《辉县路固》，科学出版社 2017 年版，第 8、9 夹页、11—20、706 页。
② 徐州博物馆：《徐州荆山村西汉墓群发掘简报》，南京博物院：《穿越长三角—京沪、沪宁高铁江苏段考古发掘报告》，科学出版社 2013 年版，第 25—42 页。
③ 徐州博物馆：《江苏邳州埠上村四座西汉墓发掘简报》，《中原文物》2018 年第 1 期。
④ 徐州博物馆：《江苏铜山县班井四号墓发掘简报》，《中原文物》2009 年第 3 期。

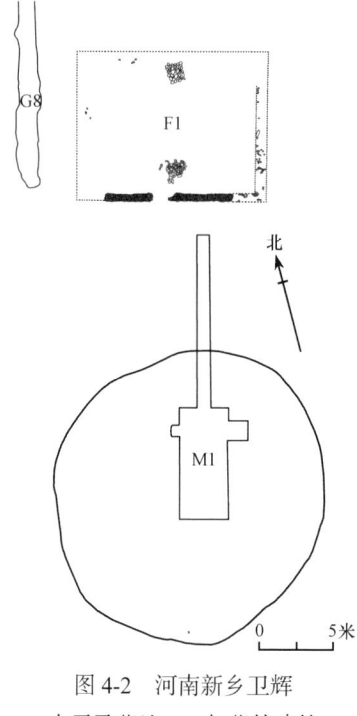

图 4-2 河南新乡卫辉大司马墓地 M1 与墓外建筑

汉墓,墓道上有建筑遗迹,时代为西汉晚期[①];济南北毕村墓地祠堂,时代为东汉[②]。河北省阳原三汾沟汉代墓地中,M9 墓道末端之上有建筑遗迹,时代为西汉晚期[③](图 4-4)。天津市武清区东汉晚期的鲜于璜墓,封土外有"享堂"类祭祀建筑[④]。湖北云梦癞痢墩东汉晚期 M1,封土外南侧有"享堂"类墓外建筑[⑤]。江西南昌西汉海昏侯刘贺墓与夫人墓南侧有祠堂及相关建筑,M3-M6 的墓道前端也有地面建筑堆积,时代为西汉中期偏晚阶段[⑥]。湖南常德市城区东汉晚期砖室墓(2004 常德柏子园 M1,《沅水下游汉墓》一书编为 M2416,其与附近的 M2417 墓外有"阙"),墓葬周边存留大量绳纹筒瓦、板瓦和兽面纹瓦当,可能有祠堂类建筑[⑦](图 4-5)。重庆忠县石匣子东汉晚期墓葬,封土上部有建筑遗

---

① 李振光、宋岩泉、党浩:《山东苍山县金山发现大型汉墓》,《中国文物报》2004 年 12 月 17 日第 1 版。

② 山东大学历史文化学院、济南市考古研究所、章丘市博物馆:《济南市北毕村汉代画像石墓》,《考古》2012 年第 11 期。

③ 河北省文物研究所、张家口地区文化局:《河北阳原三汾沟汉墓群发掘报告》,《文物》1990 年第 1 期;谢飞:《三汾沟汉墓》,《河北考古重要发现:1949—2009》,科学出版社 2009 年版,第 175—179 页。

④ 天津市文物管理处考古队:《武清东汉鲜于璜墓》,《考古学报》1982 年第 3 期。

⑤ 云梦县博物馆:《湖北云梦癞痢墩一号墓清理简报》,《考古》1984 年第 7 期。

⑥ 江西省文物考古研究所、南昌市博物馆、南昌市新建区博物馆:《南昌市西汉海昏侯墓》,《考古》2016 年第 7 期。

⑦ 孙泽洪、龙朝彬、文智等:《湖南常德市城区东汉砖室墓及墓阙清理简报》,《考古与文物》2007 年增刊(汉唐考古),第 36—42 页;湖南省常德市文物局、常德博物馆、鼎城区文物局:《沅水下游汉墓》,文物出版社 2016 年版,第 558—559、465—472、736 页。

第四章　汉代列侯墓葬及中小型墓葬的墓地祭祀设施　335

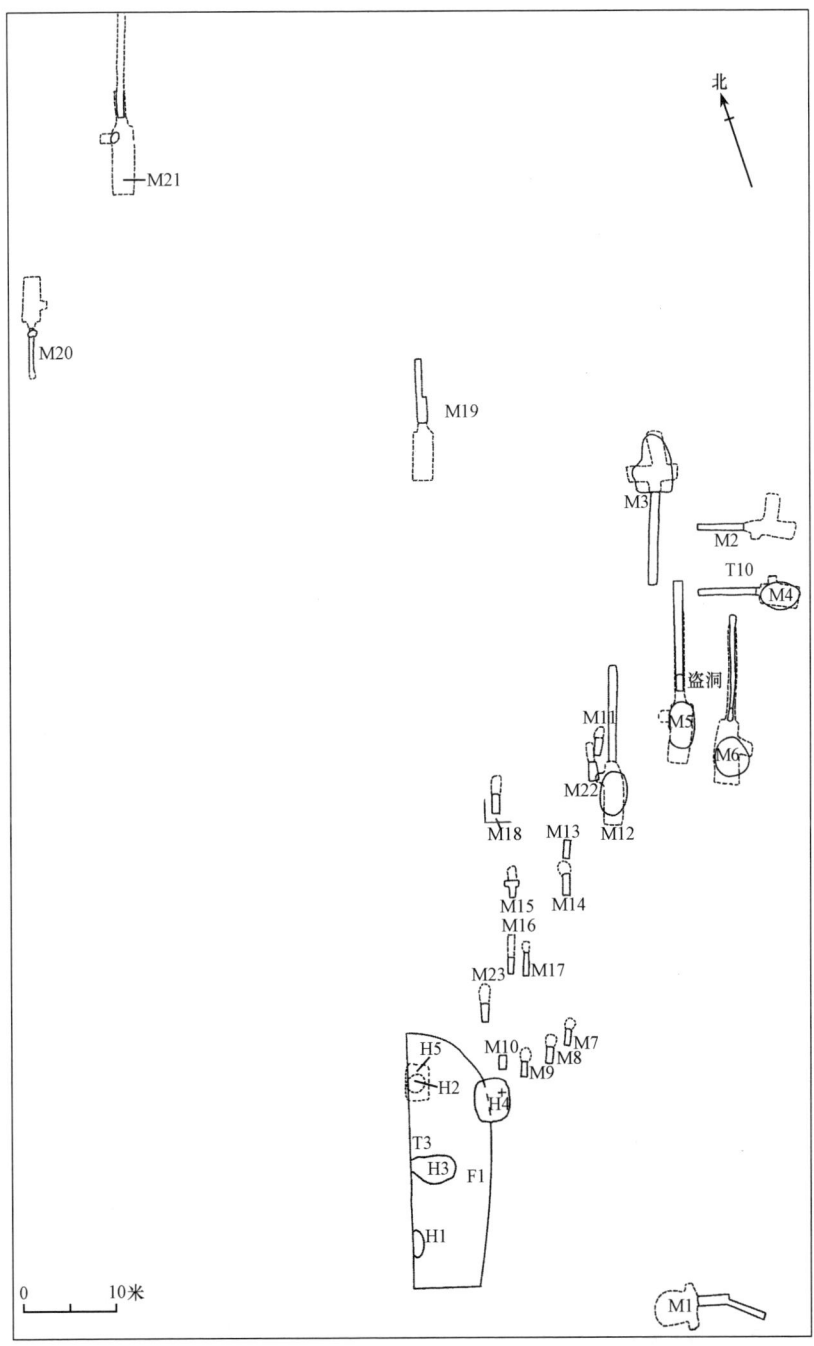

图 4-3　河南省辉县路固汉代墓地 C 区墓葬与祠堂

图 4-4　河北省阳原三汾沟 M9 前的建筑遗迹
1. 远景　2. 近景

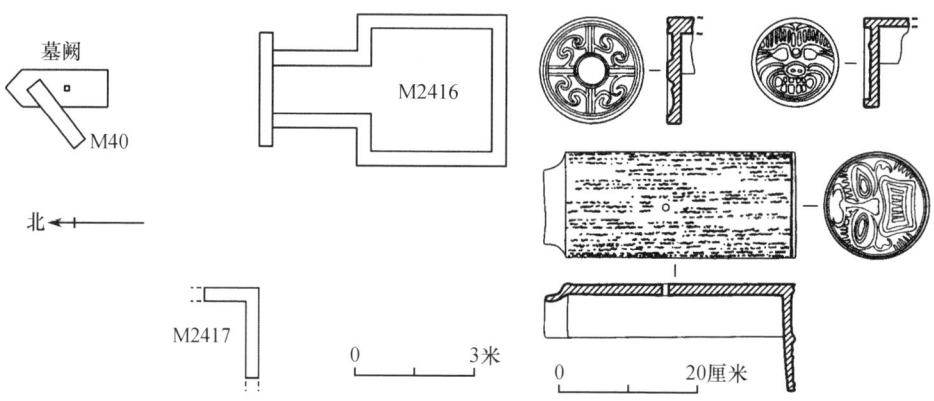

图 4-5　湖南省沅水下游 M2416、M2417 墓外建筑与出土遗物

迹①。四川绵阳双包山 M2，中室、东室、西室等盖板上有卯口，推测墓上原可能有祭祀建筑②。

以石材砌筑的祠堂也有相当数量，主要分布于今苏鲁皖交界地区，多残毁，部分可复原，另在相关墓葬内出土的画像石可能为祠堂画像石的再

---

① 北京大学三峡考古队：《重庆忠县石匣子东汉大墓发掘报告》，《南方民族考古（第 10 辑）》，科学出版社 2014 年版，第 297—324 页。

② 四川省文物考古研究院、绵阳博物馆：《绵阳双包山汉墓》，文物出版社 2006 年版，第 6、48 页。

利用，部分亦可复原。山东地区主要有长清孝堂山祠堂[①]、金乡"朱鲔石室"[②]及嘉祥的武梁祠与前石室、左石室[③]等。滕州、邹城等地也有发现，并有与该地区汉墓祠堂相关的研究论文[④]。江苏徐州地区的汉代石祠堂集中发现于贾汪区和铜山县，主要有贾汪青山泉白集汉墓祠堂[⑤]、铜山县洪楼东汉墓地祠堂[⑥]，另在铜山县汉王乡与安徽省的交界地区，徐州汉画像石艺术馆征集到1座小祠堂[⑦]，《徐州汉画像石通论》一书还介绍了一些征集或出土的祠堂，但多为构件[⑧]。安徽省发现的汉代石祠堂主要分布于皖北宿州和淮北一带。宿州地区有宝光寺汉墓祠堂[⑨]和褚兰M1、M2各自的祠堂[⑩]等。淮北地区多见两侧壁呈石鼓状的石祠堂，可修复者不多[⑪]，相山区洪山出土的两座汉代石祠堂中，一号祠堂保存稍好，可复原[⑫]，类似石祠堂在宿州地区

---

① 蒋英炬、杨爱国、信立祥等编：《孝堂山石祠》，文物出版社2017年版，第20—28页。

② 蒋英炬、杨爱国、蒋群：《朱鲔石室》，文物出版社2015年版，第46—55页。

③ 蒋英炬、吴文祺：《武氏祠画象石建筑配置考》，《考古学报》1981年第2期；蒋英炬、吴文祺：《汉代武氏墓群石刻研究》，山东美术出版社1995年版，第37—46页。

④ 陈庆峰、潘卫东、李慧：《滕州汉代石祠堂及祠堂画像》，《枣庄师范专科学校学报》2002年第1期；谢健、程明：《邹城东汉祠堂整理与研究》，《大汉雄风——中国汉画学会第十一届年会论文集》，高等教育出版社2008年版，第491—496页。

⑤ 南京博物院：《徐州青山泉白集东汉画象石墓》，《考古》1981年第2期。

⑥ 王德庆：《江苏铜山东汉墓清理简报》，《考古通讯》1957年第4期；《江苏发现的一批汉代画象石》，《文物参考资料》1958年第4期；徐建国：《徐州汉画像石室祠建筑》，《中原文物》1993年第2期。

⑦ 武利华：《徐州汉画像石祠堂与祠堂画像》，《两汉文化研究（第三辑）》，文化艺术出版社2004年版，第270—288页。

⑧ 武利华：《徐州汉画像石通论》，文化艺术出版社2017年版，第60—61、69、70页。

⑨ 王化民：《宿州宝光寺汉墓石祠画像石》，《文物研究（第8辑）》，黄山书社1993年版，第64—70页。

⑩ 王步毅：《安徽宿县褚兰汉画像石墓》，《考古学报》1993年第4期。

⑪ 朱永德：《皖北"抱鼓石"形汉代画像石祠堂》，《大汉雄风——中国汉画学会第十一届年会论文集》，高等教育出版社2008年版，第485—490页；欧雪梅、解华顶：《淮北市南山汉文化博物馆馆藏汉代祠堂画像石赏析》，《文物鉴定与鉴赏》2017年第2期。

⑫ 淮北市文物局：《安徽省淮北市发现汉代画像石祠》，《东南文化》2019年第6期。

图 4-6 《徐州汉画像石通论》一书
（第 59 页）复原的徐州东沿村出土石祠堂

也有发现，如萧县庄里乡城阳村西南山坡发现的一座石鼓形小祠堂，宿州市埇桥区栏杆镇亦有发现①。相关墓葬对汉代祠堂画像石的再利用也有较多发现，一些可进行复原。徐州东郊大庙晋墓，墓葬前室使用了东汉石祠堂，可大致复原②。山东嘉祥宋山出土较多祠堂画像石材③，可复原四座小祠堂④。徐州铜山县汉王东沿村发现较多石祠画像石⑤，属于多座祠堂⑥，可以复原成多座面积较小的祠堂⑦（图 4-6）。

（二）出土文献

2006 年，湖北云梦睡虎地发掘的西汉文景时期 M77 出土与西汉列侯丧葬有关的《葬律》竹简，记载有西汉列侯墓地祠堂的相关内容⑧。具体为："祠（？）舍盖，盖地方六丈。"有学者考证后认为，"简文左部不清楚，疑是'祠'。祠舍，供祭祀用的房屋，或称祠堂。盖地方六丈，指祠舍房顶的覆盖面积为三十六平方丈。一般来说，屋盖的覆盖面积大于房屋墙体圈围的

---

① 武利华：《徐州汉画像石通论》，文化艺术出版社 2017 年版，第 63—67 页。
② 徐州博物馆：《江苏徐州大庙晋汉画像石墓》，《文物》2003 年第 4 期。
③ 济宁地区文物组、嘉祥县文管所：《山东嘉祥宋山 1980 年出土的汉画像石》，《文物》1982 年第 5 期。
④ 蒋英炬：《汉代的小祠堂——嘉祥宋山汉画像石的建筑复原》，《考古》1983 年第 8 期。
⑤ 徐州博物馆：《徐州发现东汉元和三年画像石》，《文物》1990 年第 9 期；王黎琳、李银德：《徐州发现东汉画像石》，《文物》1996 年第 4 期。
⑥ 徐建国：《〈徐州汉画像石室祠建筑〉补说——兼议古代徐州祭祀建筑源起》，《两汉文化研究（第二辑）》，文化艺术出版社 1999 年版，第 329—342 页；张从军：《黄河中下游的汉画像石艺术》，齐鲁书社 2004 年版，第 314—316 页。
⑦ 武利华：《徐州汉画像石祠堂和祠堂画像》，《两汉文化研究（第三辑）》，文化艺术出版社 2004 年，第 270—288 页；《徐州汉画像石通论》，文化艺术出版社 2017 年版，第 56—61 页；刘尊志：《江苏徐州东沿村出土东汉祠堂画像石浅析》，《中原文物》2018 年第 1 期。
⑧ 湖北省文物考古研究所、云梦县博物馆：《湖北云梦睡虎地 M77 发掘简报》，《江汉考古》2008 年第 4 期。

面积。这里是对祠舍面积的规定，但未言明祠舍的位置。"研究采纳杨鸿勋先生"享堂建于坟上"的看法①进一步指出："按照'坟大方十三丈，高三丈'②之制，坟顶部的平地面积或可容纳祠舍。"③

《葬律》简记载了西汉早期对彻侯丧葬礼仪、埋葬制度的规定，说明这时的列侯墓葬外多应有祠堂。列侯墓地祠堂有顶盖，其覆地面积达36平方丈，刨除支撑顶盖墙体的厚度及顶盖多出墙体部分，祠堂当有相应的室内面积。结合上文，汉代墓地祠堂有位于坟上者，但更多的是位于墓侧，尤其是列侯墓，推测《葬律》简所记祠堂也可能位于墓侧，这与其面积相对较大当有关系，即墓侧有足够空间，可以尽量按需求建造相应面积的祠堂以供祭祀。当然，抑或当时祠堂见于坟上或墓侧的情况均有存在，《葬律》简并未就位置作相关记录。

（三）相关遗物

1. 模型明器

发现极少。山东临淄金岭镇M1可能为东汉早期齐炀王刘石的墓葬，墓内出土陶祠堂（享堂）模型1件，泥质灰陶，平面近方形，下为高7.5厘米的近方形空心基座，顶为庑殿顶，一条粗大正脊与四条扁平垂脊，顶上四面坡均密布瓦陇，三面墙壁，正面开敞，正面檐下正中间由一截面呈椭圆形的立柱支撑。同出的还有阶梯两个，为单独烧制而成，高度与祠堂基座的高度基本齐平，应属祠堂的附属阶梯，器表施朱色彩绘，可辨立柱、斗拱纹样，多脱落，面阔36、进深28、通高44厘米（图4-7）。临淄金岭镇M1为诸侯王级别，不属于本部分研究内容，但其内出土的陶制祠堂模型，一方面表明祠堂在东汉早期已较流行，并被一些墓葬作为模型明器用于陪葬；另一方面，也为我们认识东汉祠堂尤其是等级相对较高阶层墓地的祠堂提供了一定参考。

---

① 杨鸿勋：《战国中山王陵及兆域图研究》，《考古学报》1980年第2期。
② 为《葬律》所载内容，原文为"叙（壑）、斗、羡深渊上六丈，坟大方十三丈，高三丈"。
③ 彭浩：《读云梦睡虎地M77汉简〈葬律〉》，《江汉考古》2009年第4期。

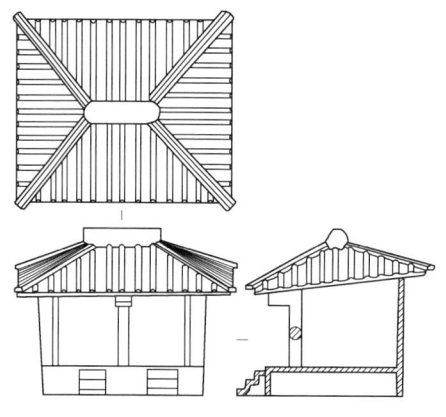

图 4-7　山东临淄金岭镇东汉墓出土陶享堂

2. 建筑材料

部分为出土遗物，但未见祠堂遗迹，应与附近墓葬有关；部分为采集或征集的遗物，其他信息不详。以板瓦、筒瓦、瓦当多见，部分不见瓦当，部分则是瓦当与板瓦、筒瓦共出，另有砖和柱础等，其中一些出土于盗洞等中。

（1）墓外出土板瓦、筒瓦等

相关墓葬较多，墓葬外地表常见板瓦、筒瓦残片，多分布于封土外周边，也见于封土之上。建筑材料原所属建筑，部分可能具有其他功用，部分则可能为祭祀设施的遗存。徐州地区较多汉墓有关发现并有一些资料公布。具有一定等级的西汉墓葬居多，如徐州市区南郊凤凰山 M1[①]，东郊的顾山汉墓[②]、小猪山汉墓[③]、黑头山汉墓[④]，北郊的火山汉墓[⑤]、簸箕山 M3（宛朐侯刘埶墓）[⑥]、九里山 M1[⑦]、苏山头汉墓[⑧]、天齐山汉墓[⑨]，西郊的韩山西汉墓[⑩]等；一些东汉墓也有相关资料公布，铜山县伊庄洪山东汉墓，封土四周

---

① 徐州博物馆：《江苏徐州凤凰山西汉墓的发掘》，《考古》2007 年第 4 期。

② 徐州博物馆：《江苏徐州顾山西汉墓》，《考古》2005 年第 12 期。

③ 刘照建：《徐州小猪山汉墓》，《中国考古学年鉴·1997 年》，文物出版社 1999 年版，第 135、136 页。

④ 徐州博物馆：《江苏徐州黑头山西汉刘慎墓发掘简报》，《文物》2010 年第 11 期。

⑤ 耿建军、盛储彬：《徐州火山汉墓》，《中国考古学年鉴·1997 年》，文物出版社 1999 年版，第 132、133 页。

⑥ 徐州博物馆：《西汉宛朐侯刘埶墓发掘简报》，《文物》1997 年第 2 期。

⑦ 徐州博物馆：《江苏徐州九里山汉墓发掘简报》，《考古》1994 年第 12 期。

⑧ 徐州博物馆：《江苏徐州苏山头汉墓发掘简报》，《文物》2013 年第 5 期。

⑨ 耿建国、马永强：《徐州市天启汉墓群》，《中国考古学年鉴·2002 年》，文物出版社 2003 年，第 193—194 页。

⑩ 徐州博物馆：《徐州韩山西汉墓》，《文物》1997 年第 2 期。

及山顶有较多的绳纹陶片①。其他地区的一些汉墓亦见有相关资料，如江苏盐城三羊墩汉墓，墓地有较多汉墓，调查发现地表残留一些汉代遗物，可能与墓外建筑有关②。

（2）墓外有板瓦、筒瓦与瓦当共出

公布资料相对稍少，出土位置同（1）。徐州东郊翠屏山汉墓，封土上及封土周围发现一些板瓦、筒瓦和瓦当残片，多饰绳纹③；南郊拖龙山M3，方形石砌围墙内散存大量板瓦、筒瓦及云纹瓦当残片，说明当时应有地面建筑，该墓内出土残文字瓦当1件，可能为盗扰所致，而围墙外的M5、M6地表也发现有文字瓦当④。河南淇县大马庄东汉墓地的围沟内出土板瓦、筒瓦、瓦当等⑤。

（3）封土外或封土中出土有砖，或与板瓦、筒瓦及瓦当共出

一是出土位置同（1）、（2），尤以墓葬周围常见。徐州东郊东甸子西汉M1，封土上部及周围有空心砖和大量的板瓦、筒瓦、瓦当残片，纹饰和式样较多⑥（图4-8：1）。河北隆尧固城村南汉墓周围的地面多见汉代砖瓦、陶器等⑦。霍去病墓的地表发现残碎汉代砖瓦，推测有相关建筑⑧。河南杞县许村岗M1位于墓群最南端，南向，墓葬南面的地表散落较多汉代绳纹筒瓦、板瓦及一些卷云纹瓦当、几何纹铺地砖等（图4-8：2），估计为"享堂"类建筑的遗存，不过该墓存在为诸侯王墓级别的可能⑨，本章在相关研究和分析中或有引用。二是在封土中发现有砖，如山东青州马家冢子东汉墓，封土

---

① 徐州博物馆：《江苏铜山县伊庄洪山汉画像石墓》，《华夏考古》2007年第1期。
② 江苏省文物管理委员会、南京博物院：《江苏盐城三羊墩汉墓清理报告》，《考古》1964年第8期。
③ 徐州博物馆：《江苏徐州市翠屏山西汉刘治墓发掘简报》，《考古》2008年第9期。
④ 徐州博物馆：《徐州拖龙山五座西汉墓的发掘》，《考古学报》2010年第1期。
⑤ 河南省文物局：《淇县大马庄墓地》，科学出版社2013年版，第193—196页。
⑥ 徐州博物馆：《徐州东甸子西汉墓》，《文物》1999年第12期。
⑦ 隆尧县文物保管所：《河北隆尧县出土刻花贴金玉片》，《文物》1992年第4期。
⑧ 咸阳市文物考古研究所：《汉武帝茂陵钻探调查简报》，《考古与文物》2007年第6期；陕西省考古研究院、咸阳市文物考古研究所、茂陵博物馆：《汉武帝茂陵考古调查、勘探简报》，《考古与文物》2011年第2期。
⑨ 开封市文物管理处：《河南杞县许村岗一号汉墓发掘简报》，《考古》2000年第1期。

中出土空心砖 1 块①，山西孝义 M14、M15，土冢均系夯筑，内夹杂着大量的汉代砖瓦残片，而 M15 出土较完整的铺地砖、筒瓦等，墓葬原可能有墓外建筑②（图 4-8：3）。

图 4-8　汉代墓葬封土外或封土中出土建筑材料
1. 江苏徐州东甸子西汉 M1 地表出土　2. 河南杞县许村岗 M1 地表出土　3. 山西孝义 M15 封土中出土

（4）墓内坍土或盗洞内出土板瓦、筒瓦、瓦当或砖等

河南鹤壁浚县贾胡庄东汉墓，墓底及墓内塌土中出土一定数量残缺、饰有绳纹的筒瓦和板瓦，原应用于地上建筑，随着墓顶坍塌而落下来③。西安市南郊曲江新区翠竹园小区 M1，甬道及墓室前端出土云纹瓦当及"长乐未央"文字瓦当共 6 件，甬道 1 件，墓室前端较集中，可能为盗墓所致，原墓外或许有祭祀设施④，也存在原是墓内物品的可能。山东济南腊山汉墓的早期盗洞内填充大量云纹瓦当、绳纹板瓦、筒瓦残片及少量带花纹的铺地砖，地表的相关建筑在墓葬被盗时已废弃⑤。

（5）文字瓦当

为汉代墓地出土，且很可能与墓地祭祀设施有关的遗物。帝陵的祭祀

---

① 山东省青州市博物馆：《山东青州市马家冢子东汉墓的清理》，《考古》2007 年第 6 期。
② 山西省文物管理委员会、山西省考古研究所：《山西孝义张家庄汉墓发掘记》，《考古》1960 年第 7 期。
③ 鹤壁市文物工作队、浚县文物旅游局：《浚县贾胡庄东汉画像石墓》，《中原文物》2000 年第 4 期。
④ 西安市文物保护考古所：《西安曲江翠竹园西汉壁画墓发掘简报》，《文物》2010 年第 1 期；西安市文物保护考古研究院：《西安西汉壁画墓》，文物出版社 2017 年版，第 56、59 页。
⑤ 济南市考古研究所：《济南市腊山汉墓发掘简报》，《考古》2004 年第 8 期。

设施常有发现,《西汉十一陵》①《西汉帝陵钻探调查报告》②二书及与西汉帝陵调查相关的一些资料中,关于西汉帝陵,尤其是晚期帝陵的祭祀设施常见文字瓦当资料公布,如"长生无极""长乐未央"等。东汉帝陵及汉代诸侯王墓也有所使用,但资料较少。列侯墓地及中小型墓葬发现数量不多,亦较零散。列侯级别的山东聊城阳谷吴楼M1,时代为西汉晚期,地表发现许多圆形瓦当,直径16厘米,部分上有篆书"长乐未央"四字③(图4-9:1),上文所述徐州南郊拖龙山西汉墓地的地表亦有发现(图4-9:2),皆可能与墓地祠堂有关。中小型墓葬如天津武清鲜于璜墓,墓外祠堂建筑附近出土有吉语文字瓦当(图4-9:3)。中小型墓葬的地表或盗洞中也常有发现,一些直接表明与祠堂有关,一些则带有"冢"字等。山西省天马—曲村遗址的东汉文化层中,发掘出土五铢钱、筒瓦、板瓦和"昀氏祠堂"瓦当,该处有较多汉代墓葬,发掘简报公布的东汉M3,由墓道、甬道、前后室组成,年代在新莽或东汉初期,推测"昀氏祠堂"瓦当应是专门为昀氏墓地祠堂烧造的瓦当④(图4-10)。陕西省甘泉县城北鳖盖峁汉墓群,位于较高台地上,已发掘的M8是一座西汉早期木椁墓,墓主具有一定的身份地位,墓室盗洞扰土中出土瓦当1件(M8:34),泥质灰陶,云纹,中心方格内有一"冢"字⑤;另在鳖盖峁采集到形制相同的4块"冢"字云纹瓦当,地表零星可见表面饰绳纹的板瓦、筒瓦残片⑥(图4-9:4、5),"冢"字云纹瓦当应为该墓地或M8地表祭祀性建筑所用,即原有墓外祭祀建筑。有一些采集或征集的文字瓦当,与墓地祠堂应有关系。陕西省汉中市采集有"祠堂屋当"⑦(图4-9:6),《中国古代瓦当图典》一书收集"守

---

① 刘庆柱、李毓芳:《西汉十一陵》,陕西人民出版社1987年版。
② 咸阳市文物考古研究所:《西汉帝陵钻探调查报告》,文物出版社2010年版。
③ 聊城市文物管理委员会:《山东阳谷县吴楼一号汉墓的发掘》,《考古》1999年第11期。
④ 北京大学考古系、山西省考古研究所:《1992年春天马—曲村遗址墓葬发掘报告》,《文物》1993年第3期。
⑤ 陕西省考古研究所、延安地区文管会、甘泉县文管所:《西延铁路甘泉段汉唐墓清理简报》,《考古与文物》1995年第3期。
⑥ 王勇刚、赵文琦:《陕西甘泉县发现汉代"冢"字云纹瓦当》,《文物》2004年第9期。
⑦ 王世昌主编:《陕西古代砖瓦图典》,三秦出版社2004年版,第363页。

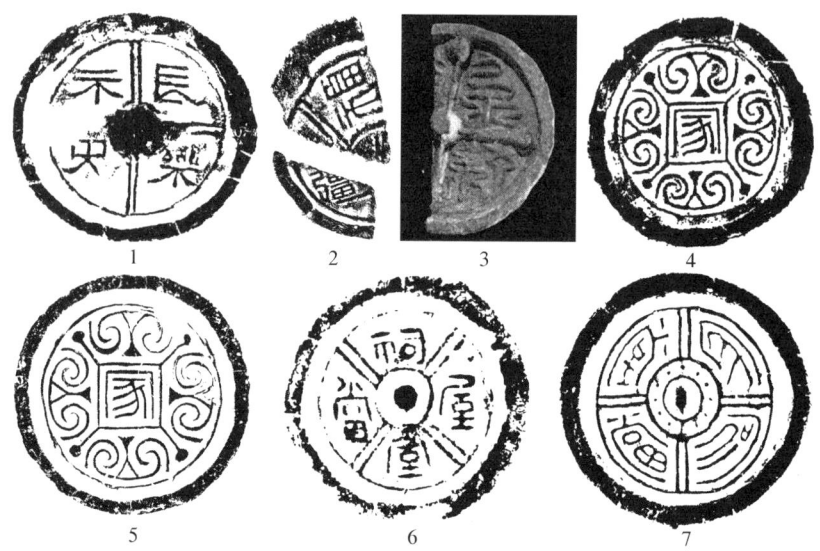

图 4-9　汉代墓葬地表或盗洞出土、采集的文字瓦当
1. 山东聊城阳谷吴楼 M1 地表出土　2. 徐州南郊拖龙山 M3 附近地表出土
3. 天津武清鲜于璜墓地表出土　4、5. 陕西甘泉县城北鳖盖峁 M8 地表或盗洞出土
6. 陕西省汉中市采集　7.《中国古代瓦当图典》一书收集

图 4-10　山西天马—曲村遗址出土祠堂文字瓦当

祠堂当"瓦当[①]（图 4-9：7），与祠堂关系明确。《陕西古代砖瓦图典》《周秦汉瓦当》二书还收录较多带"冢"字的瓦当，可能与墓地祠堂有关。前者收录有"长久乐栽—冢"、"冢上瓦当"、"冢上大当"、"冢"字、"冢上"瓦当及洛川出土的"长生无极—冢"瓦当[②]，后者收集有"巨杨冢当"、"冢"字当、"（瑞）冢"当、"万岁冢当"[③] 等。

---

① 赵力光：《中国古代瓦当图典》，文物出版社 1998 年版，第 446 页。
② 王世昌主编：《陕西古代砖瓦图典》，三秦出版社 2004 年版，第 217、218、374 页。
③ 徐锡台、楼宇栋、魏效祖：《周秦汉瓦当》，文物出版社 1988 年版，图 384、385、382、387。

汉代，不同等级墓葬的名称有着不同的称呼和叫法。皇帝、皇后、太上皇与皇后及被追尊的皇太后如钩弋夫人赵氏等的墓葬被称为陵，而且各有名称。西汉如长陵、阳陵、杜陵及太上皇的万年陵、钩弋夫人的云陵等，东汉如原陵、显节陵、敬陵、慎陵及汉献帝的禅陵等。诸侯王的墓葬一般不称为陵，但也有情况特殊者。如自称为陵者，山东曲阜九龙山鲁王墓的塞石上刻有"王陵塞石广四尺"①，徐州驮篮山汉墓的塞石发现"南山东下三"等刻铭，"南山"可能是"山陵"之意②。也有称为"冢"者，如中山简王刘焉死后，朝廷"诏济南、东海二王皆会。大为修冢茔，开神道，平夷吏人冢墓以千数，作者万余人。"③列侯墓葬及诸多中小型墓葬，多数被称为"冢"，这在文献中有载。由第三章论述列侯茔地所列史料可知，列侯墓葬基本都称为冢，而且很多为朝廷赐冢，西汉列侯如乐安侯李蔡、宣成侯霍光、秺侯金日䃅、都成侯金安上、恩德侯张贺、富平侯张安世、高安侯董贤等，东汉列侯如安成孝侯刘赐、武原侯徐璜、安乐乡侯胡广等。另如西汉安昌侯张禹，"自治冢茔"④，而以列侯礼葬的淮南王刘长，亦是置"守冢三十户"⑤。东汉的宦者高乡侯侯览，"豫作寿冢，石椁双阙，高庑百尺，破人居室，发掘坟墓。"⑥其他还有很多朝臣由朝廷赐予冢地。地方官吏、地主和相关人员的墓葬亦被称为"冢"，相关文献在《汉代婚丧礼俗考》一书的"墓葬"部分有所辑录⑦，本书不再多叙。综合来看，"冢"在汉代大致可视为列侯墓葬及中小型墓葬的统称。由此来看，上文所举诸多带有"冢"字的瓦当基本应属列侯墓地及中小型墓葬，而且很大可能是对应墓葬或所属墓地祭祀设施即祠堂的建筑材料。有些"冢"字瓦当具有明确的出土单位，如甘泉县鳖盖峁M8，墓葬等级也很好地说明了这一点。

---

① 山东省博物馆：《曲阜九龙山汉墓发掘简报》，《文物》1972年第5期。

② 邱永生、徐旭：《徐州市驮篮山西汉墓》，《中国考古学年鉴·1991年》，文物出版社1992年版，第173、174页。

③ （南朝宋）范晔撰，（唐）李贤等注：《后汉书·光武十王传》，中华书局1965年版，第1450页。

④ （东汉）班固：《汉书·张禹传》，中华书局1962年版，第3350页。

⑤ （西汉）司马迁：《史记·淮南衡山列传》，中华书局1982年版，第3080页。

⑥ （南朝宋）范晔撰，（唐）李贤等注：《后汉书·宦者传》，中华书局1965年版，第2523页。

⑦ 杨树达撰，王子今导读：《汉代婚丧礼俗考》，上海古籍出版社2000年版，第97—129页。

（6）建筑石材

个别发现石柱础，较多是祠堂石材，尤以石祠堂画像石数量较多。

① 墓外地表出土柱础

江西省萍乡市莲花县升坊镇罗汉山西汉安成侯墓，封土堆西侧曾发现多座汉白玉柱础，表明该处很可能存在墓园及相关建筑[1]，柱础或许就是祠堂建筑的遗存。霍光墓祠堂发现有大面积的壁画和不少柱础石等[2]。

② 石祠堂建材

个别为西汉末或王莽新朝时期，较多为东汉时期石祠堂用石，祠堂归属的具体墓葬不详。基本都有画像，包括石祠堂的多个部位，又可分为两种。一是散存石材，较散乱，很难成组，部分有刻铭，如山东汶上县的路公祠堂刻铭石材，时代大致在王莽新朝前后[3]（图4-11）；还有很多无刻铭画像石材，如江苏睢宁双沟出土抱鼓形画像石[4]、安徽北部淮北等地出土祠堂顶、壁石及较多抱鼓形画像石[5]等；还有较多单体散存画像石，如睢宁双沟出土牛耕图[6]等。另外，笔者对苏鲁豫皖交界地区进行考察时，在当地博物馆或画像石艺术博物馆中也多见此类画像石，包括基座、山墙、后壁、隔梁、檐角柱、顶盖及祭案等，有学者对一些地区此类散存画像石有相关介绍或研

---

[1] 江西省文物考古研究院、萍乡市莲花县文物办：《江西莲花罗汉山西汉安成侯墓》，上海古籍出版社2017年版，第6页；徐长青：《莲花汉墓——江西发现唯一最早的汉代王侯墓葬》，《江西画报》2009年第2期；李育远：《莲花县西汉安成侯墓》，《中国考古学年鉴·2008年》，文物出版社2009年，第233、234页。

[2] 咸阳市文物考古研究所：《汉武帝茂陵钻探调查简报》，《考古与文物》2007年第6期；陕西省考古研究院、咸阳市文物考古研究所、茂陵博物馆：《汉武帝茂陵考古调查、勘探简报》，《考古与文物》2011年第2期。

[3] 傅惜华、陈志农编辑，陈沛箴整理：《山东汉画像石汇编》，山东画报出版社2012年版，第130页。

[4] 徐州博物馆：《徐州汉画像石》，江苏美术出版社1985年版，图241、245。

[5] 朱永德：《皖北"抱鼓石"形汉代画像石祠堂》，《大汉雄风——中国汉画学会第十一届年会论文集》，高等教育出版社2008年版，第485—490页；欧雪梅、解华顶：《淮北市南山汉文化博物馆馆藏汉代祠堂画像石赏析》，《文物鉴定与鉴赏》2017年第2期。

[6] 徐州博物馆：《徐州汉画像石》，江苏美术出版社1985年版，图243。

图4-11 山东汶上县路公祠堂石材

究,如江苏徐州①及山东滕州②与邹城③等地区。二是出土的祠堂石材,一些有刻铭和画像,如山东微山出土永建五年(130年)④、永和四年(139年)⑤祠堂刻铭画像石,东阿铁头山出土的芗他君祠堂石柱⑥(图4-12:1)。一些祠堂刻铭画像石在后期被用来砌建墓葬等,形成再利用⑦,较具代表的如嘉祥宋山出土永寿三年(157年)许安国祠堂用石⑧(图4-12:2)、邹城峄山镇北龙河出土汉安元年(142年)祠堂用石⑨(图4-13)及江苏徐州铜山县伊庄洪山画像石墓出土刻铭祠堂画像石⑩等。一些则无刻铭,如嘉祥五老洼

---

① 武利华:《徐州汉画像石通论》,文化艺术出版社2017年版,第79—90页。

② 陈庆峰、潘卫东、李慧:《滕州汉代石祠堂及祠堂画像》,《枣庄师范专科学校学报》2002年第1期。

③ 谢健、程明:《邹城东汉祠堂整理与研究》,《大汉雄风——中国汉画学会第十一届年会论文集》,高等教育出版社2008年版,第491—496页。

④ 傅惜华、陈志农编辑,陈沛箴整理:《山东汉画像石汇编》,山东画报出版社2012年版,第302页。

⑤ 马汉国主编:《微山汉画像石选集》,文物出版社2003年版,第30、31页。

⑥ 罗福颐:《芗他君石祠堂题字解释》,《故宫博物院院刊》1960年。

⑦ 周保平:《徐州的几座再葬汉画像石墓研究——兼谈汉画像石墓中的再葬现象》,《文物》1996年第7期。

⑧ 济宁地区文物组、嘉祥县文管所:《山东嘉祥宋山1980年出土的汉画像石》,《文物》1982年第5期;赵超:《山东嘉祥出土东汉永寿三年画像石题记补考》,《文物》1990年第9期。

⑨ 邹城市文物局:《山东邹城峄山北龙河宋汉金墓发掘简报》,《文物》2017年第1期;胡新立:《邹城新发现汉安元年文通祠堂题记及图像释读》,《文物》2017年第1期。

⑩ 徐州博物馆:《江苏铜山县伊庄洪山汉画像石墓》,《华夏考古》2007年第1期。

图 4-12　山东出土祠堂题记画像石
1. 东阿铁头山出土的芗他君祠堂石柱　2. 嘉祥宋山出土永寿三年（157年）许安国祠堂用石

图 4-13　山东邹城峄山镇北龙河出土汉安元年（142年）祠堂用石

出土祠堂画像石[①]（图4-14）等。另在河南密县打虎亭M1的墓道填土中发掘出土一些残屋顶形的石质构件，构件上还保留有屋脊、凸凹相间的石瓦

---

① 嘉祥县文管所朱锡禄：《嘉祥五老洼发现一批汉画像石》，《文物》1982年第5期。

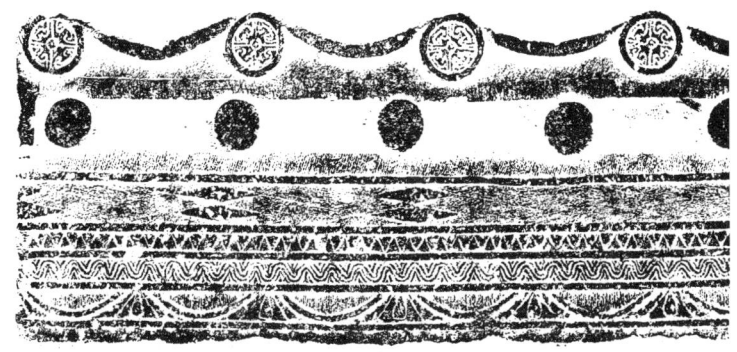

图 4-14 山东嘉祥五老洼画像石墓出土祠堂画像石（第十四石）

垅，这些石房顶构件在打虎亭两座汉墓内没有使用之处，故可能与打虎亭墓前地面建筑的石阙顶或石庙（祠堂）顶有关，抑或由于这些石阙顶或石庙顶在凿制过程中残损，便作为废品被填入打虎亭两墓的墓道内，这说明残房顶形石质构件是与打虎亭汉墓同时期的构件，也为打虎亭墓前可能有石阙或石庙建筑提供了重要旁证[①]。

二、墓地祠堂的类型

考古发现汉代墓地祠堂数量较多，体现出开间不一、面积不等、建筑材料有所差异、形制不尽相同等特点。根据建筑材料及砌建方式的不同可分为两类。需作说明的是，在对墓地祠堂类型进行论述过程中，本书亦会就相关遗物或遗迹做相应分析，以求全面认识汉代墓地祠堂。

（一）砖（石、土）墙瓦顶祠堂

文献有载，分布地域广，考古发现已有相当数量，或残留遗迹，或仅见建筑材料。单开间较少，多数两开间或多开间，有朝向一端的门，如西安市长安邮电学院西汉墓葬外的双开间祠堂。基本为瓦顶，瓦当使用普遍。根据墙体的不同可分为三型。

A 型：砖墙，以长方形砖垒砌，实心砖常见，亦有用空心砖者。根据有无基础可分为二亚型。

---

① 河南省文物研究所：《密县打虎亭汉墓》，文物出版社 1993 年版，第 356 页。

Aa 型：有基础。

有的为夯土基础。西安凤栖原西汉墓地祠堂为高台建筑，是面三进五的方形堂室，有台基、柱础、门道、回廊、踏步、散水等遗迹，且经过扩建（图4-15）。祠堂墙体未见描述，但从发现的空心砖、方砖、条砖等来看，存在为砖墙的可能。

图4-15　Aa 型砖（石、土）墙瓦顶祠堂（陕西西安凤栖原墓地祠堂）

一些为石砌基础。徐州铜山县班井东汉 M4，墓道外祠堂为东西向长方形，以墓道为中轴线中分为两开间，残长 8、残宽 4 米，块石垒砌基础，周围散落大量陶板瓦、筒瓦、瓦当、砖等残片；有圆形云纹瓦当及人面纹半瓦当，砖有实心和空心砖两种，饰几何纹、乳丁纹、网格纹、十字穿环纹，一些还饰心形纹，应是砌墙所用。徐州东甸子西汉 M1，地表有较多板瓦、筒瓦、瓦当及空心砖残片，所建祠堂可能为石砌基础，空心砖砌墙。

有的为砖砌基础。河南濮阳南乐宋耿洛 M1，墓口外两侧不远有平砌砖墙向左右展开，残高 2.2、残长 4 米，有较多板瓦、筒瓦、瓦当等建筑构件遗留，并发现木料痕迹，推测原有祠堂类建筑，门两旁为残高 2.55 米的砖垛，可能起顶柱作用（图4-16）。

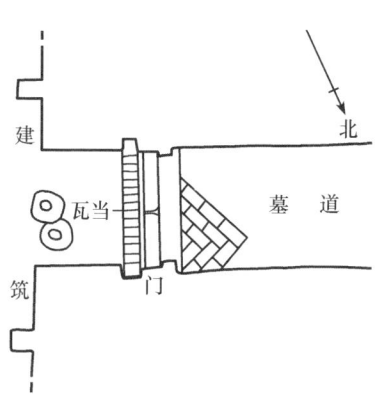

图4-16　河南濮阳南乐宋耿洛 M1 祠堂遗存

Ab 型：无基础。

山东济南北毕村东汉 M1、M2 两墓道之间的地上建筑中，F2 为祠堂，位置居中，南部与两墓道末端基本平齐，复原结构为坐北朝南的正堂与南侧东西两厢房，平砖垒砌，下无基础（图 4-17）。该祠堂可能是《后汉书》中张酺所言"槀盖庑"[1]，为祠堂简化或相对简陋形态。

B 型：石墙，以块石砌墙和基础。

山东苍山县金山西汉墓，墓道之上为石墙瓦顶房屋，石墙用不规则石块垒砌而成，东墙南端有门，内砌石墙，有西门通向西侧坟丘。南侧厅堂房间较大，为祠堂。

C 型：土墙，夯土砌筑，有的立木柱，部分有回廊、散水及磉墩等。根据有无基础可分为二亚型。

Ca 型：有基础。

有的为夯土基础。河北阳原三汾沟西汉 M9 墓道末端之上有建筑遗迹，残余部分平面呈 Π 形，包括黄土台、夯土台基、柱洞和瓦砾面，是与祭祀活动有关的瓦顶木构架建筑[2]（图 4-18）。安陵 1—5 号陪葬墓的墓园中，鲁元公主墓与张敖墓（1、2 号陪葬墓）北有大片空地，鲁元公主墓西北侧发现一较

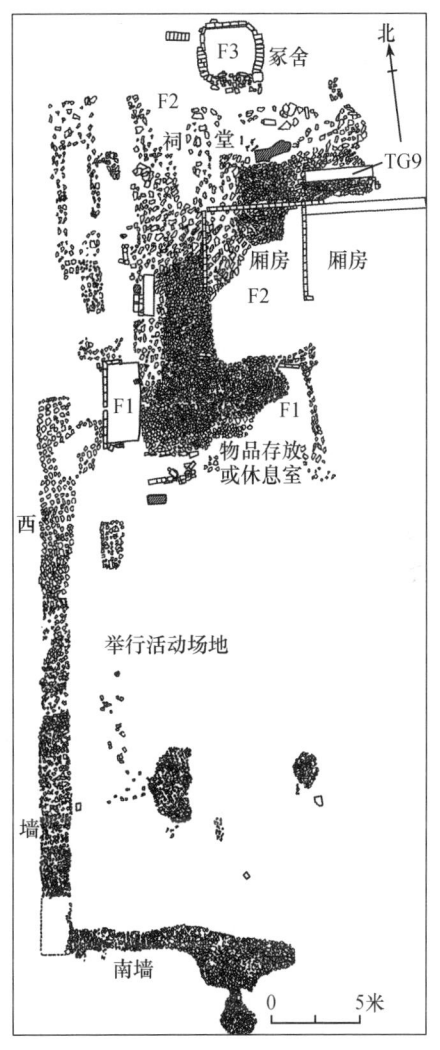

图 4-17　Ab 型砖（石、土）墙瓦顶祠堂
（山东济南北毕村东汉墓祠堂）

---

[1]　（南朝宋）范晔撰，（唐）李贤等注：《后汉书·张酺传》，中华书局 1965 年版，第 1533、1534 页。
[2]　河北省文物研究所、张家口地区文化局：《河北阳原三汾沟汉墓群发掘报告》，《文物》1990 年第 1 期。

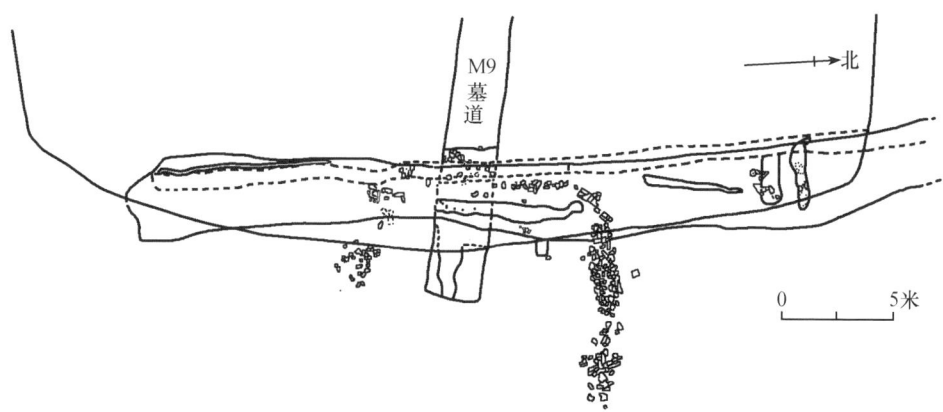

图 4-18　Ca 型砖（石、土）墙瓦顶祠堂 1（河北阳原三汾沟 M9 墓前祠堂）

大面积的建筑遗址，其内有东西和南北向夯墙数道，地面发现大量粗绳纹板瓦及少量细绳纹筒瓦、回纹铺地砖、云纹瓦当残片等，相关建筑有可能与鲁元公主墓的祭祀设施有关，也可能为秦代建筑①；3、4 号陪葬墓的北侧也有相应面积的空地，4 号陪葬墓封土北发现东西向下水管道，下水管道南侧有一段东西向、宽 2.15 米的夯土墙，北侧发现大面积的瓦片堆积层，多是外饰粗绳纹、内为素面的板瓦，也有少量的中绳纹筒瓦和几何纹铺地砖等，原应有相关建筑，可能与 3、4 号陪葬墓的祭祀设施有关。陪葬茂陵的霍光墓东北部残存一高台，位于墓园内，南北 35、东西 32、高 0.6—1 米，上面及周围发现大量绳纹瓦片、素面砖块、卵石及回纹铺地砖等，附近发现有大面积的壁画和不少柱础石等，当是祠堂的建材与装饰遗留②，从残存壁画和柱础石等来看，夯土墙的可能性较大。江西南昌海昏侯刘贺墓与夫人墓南侧为成组的回廊式建筑，有厢房、寝、祠堂等，祠堂属二墓共用，为回廊式高台建筑，夯土基址呈凹字形，外围分布方形夯土基础，三开间，向南开敞（图 4-19）；陪葬墓中，M4—M6 的墓道前端也有地面建筑堆积，均向南开敞，平面多凹字形，M4 建筑基址东、西两侧中部各 1 方形夯土基础，M5 地

---

①　咸阳市文物考古研究所：《西汉帝陵钻探调查报告》，文物出版社 2010 年版，第 25 页。
②　咸阳市文物考古研究所：《汉武帝茂陵钻探调查简报》，《考古与文物》2007 年第 6 期；陕西省考古研究院、咸阳市文物考古研究所、茂陵博物馆：《汉武帝茂陵考古调查、勘探简报》，《考古与文物》2011 年第 2 期。

第四章　汉代列侯墓葬及中小型墓葬的墓地祭祀设施　353

图 4-19　Ca 型砖（石、土）墙瓦顶祠堂 2（江西南昌海昏侯刘贺墓与夫人墓祠堂）

面建筑外围分布方形夯土基础，为回廊形建筑[①]。河南洛阳汉魏洛阳城西东汉墓东部建筑群最西部的大型殿基 F1 西对墓葬，是最主要建筑，为祠堂，整体作南北向面东长方形，面阔五间，进深三间，环绕有宽廊道，殿堂周边安装青石栏杆，并有踏道和附建小房等，殿基各侧壁为夯土，外包砌青石板（图 4-20）。洛阳孟津朱

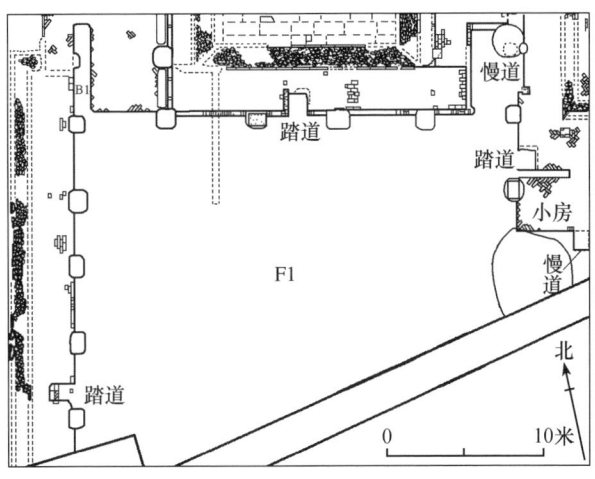

图 4-20　Ca 型砖（石、土）墙瓦顶祠堂 3（汉魏洛阳城西东汉墓祠堂）

仓东汉 M708 东北部南北长方形墓园是独立的建筑单元，中心大型夯土台基（F1）残存基槽，其东南有 1 处房址，另有庭院、墙、窖藏、水渠等，出土较多板瓦、筒瓦、瓦当、素面与几何纹铺地方砖及部分陶器。推测 F1 为 M708 的祠堂类建筑，虽其东部有砖墙和柱础，但与 F1 有一定距离，且 F1 界限明显，未发现砖墙遗迹和相关遗存，故可能为土墙。

有的为块石修砌的基础。徐州荆山村西汉墓地西南有双开间祠堂，石

---

① 江西省文物考古研究所、南昌市博物馆、南昌市新建区博物馆：《南昌市西汉海昏侯墓》，《考古》2016 年第 7 期。

砌基础，土墙，木构瓦顶。邳州埠上汉代墓地的建筑位于 M19 与 M25 之间，为南北向面东的长方形单开间房屋，下有石砌基础，基础上有瓦砾堆积（图 4-21），出土板瓦、筒瓦、瓦当等，为土墙瓦顶，为 M25 祠堂的可能性较大，该墓为石坑竖穴式。重庆忠县石匣子东汉墓封土上部发现石条构件修砌的基础残迹，原建筑可能为墓上的祭祀设施，因未见砌墙石料，推测是用土筑砌的墙（图 4-22）。

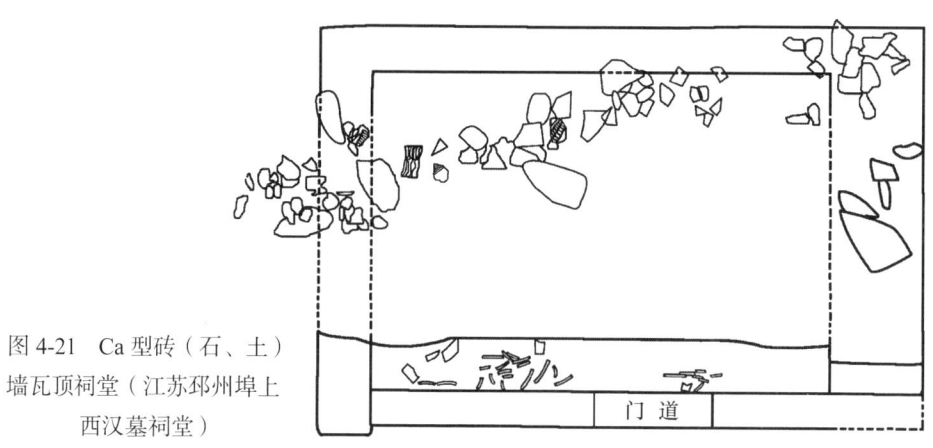

图 4-21 Ca 型砖（石、土）墙瓦顶祠堂（江苏邳州埠上西汉墓祠堂）

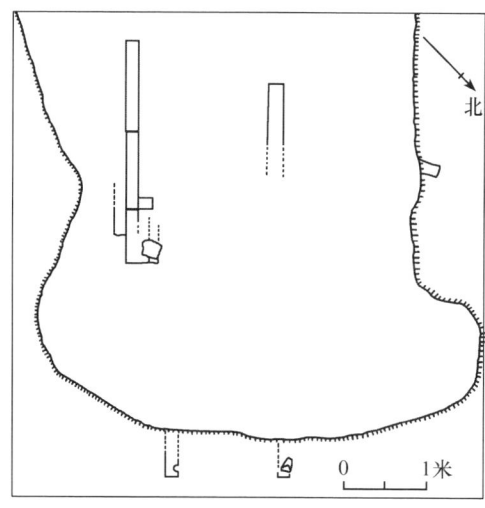

图 4-22 重庆石匣子东汉墓残存封土及封土上建筑遗存

有的为砖砌基础。湖北云梦癞痢墩东汉 M1，靠近封土堆的南面有用几何纹砖平砌的墙基。出土少量卷云纹瓦当、绳纹筒瓦等，应是已毁"供堂"或"享堂"类墓外建筑。天津武清鲜于璜墓碑出土于封土外，附近发现以花纹方砖铺砌的残迹，可能有"享堂"类祭祀建筑。二建筑遗存地表散存砖块极少，推测为砖基土墙。

Cb 型：无基础。

南昌海昏侯墓陪葬 M3 前有

地面建筑堆积，未见建筑基址[①]。河南新乡卫辉大司马墓地东汉 M1 封土北侧有一祠堂建筑（F1），呈东西向长方形，直接建在当时的生土面上，是先将房基四周的生土挖去一部分，再于其上建筑房屋，现存两个磉墩，房屋四周有卵石堆积的散水，南部散水中间偏西可能为门道，长约 1.06 米（图 4-23），祠堂及附近出土较多陶建筑材料与器物。河南新乡辉县路固汉代墓地发

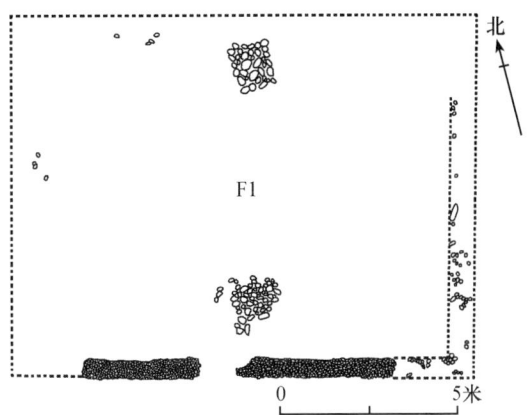

图 4-23　Cb 型砖（石、土）墙瓦顶祠堂（河南新乡卫辉大司马墓地祠堂）

现的汉代建筑遗存（CF1 为墓地祠堂）及相关遗迹，分布于汉代墓群中，与汉墓无打破关系，西部主体部分已被破坏，残存面积不大。残留部分可能是 F1 倒塌后的部分建筑构件堆积，分为三处，第一处居南，东西长 5、南北宽 1.5—2.5 米，约 10 平方米；第二处居中偏南，南北长 5、东西宽 2 米，约 10 平方米；第三处位于中北侧，南北长 10、东西宽 7—8 米，约 76 平方米，出土零星砖瓦片，整个建筑堆积约 100 平方米，堆积下未见基础槽和夯土，另有与 CF1 相关的窖穴、排水设施，也有灰坑、灰沟等生活垃圾堆积（图 4-24），CF1 附近有人居住，但人数不多，祠堂应有相关设施。洛阳孟津朱仓东汉 M709 东北部有独立墓园，内有夯土墙组成的多重封闭院落，包括中心院落和南、北各 1 座院落，出土瓦当等建筑材料及陶器等，中心院落南部有灶及灰坑等，北部相对空敞，且北墙系两次夯筑，基槽上有呈东西向排列的多个方形柱坑（边长 0.2—0.3 米），推测北部有借用北墙的建筑，且可能为该墓的祠堂，但相对简单，无基础或夯土台基。

　　有些汉墓外有相关痕迹，较多汉墓地表有一定数量的建筑材料残片存留，还有一些墓葬的墓内坍土或盗洞内有相关遗物出土，墓外建有祠堂的可

[①] 江西省文物考古研究所、南昌市博物馆、南昌市新建区博物馆：《南昌市西汉海昏侯墓》，《考古》2016 年第 7 期。

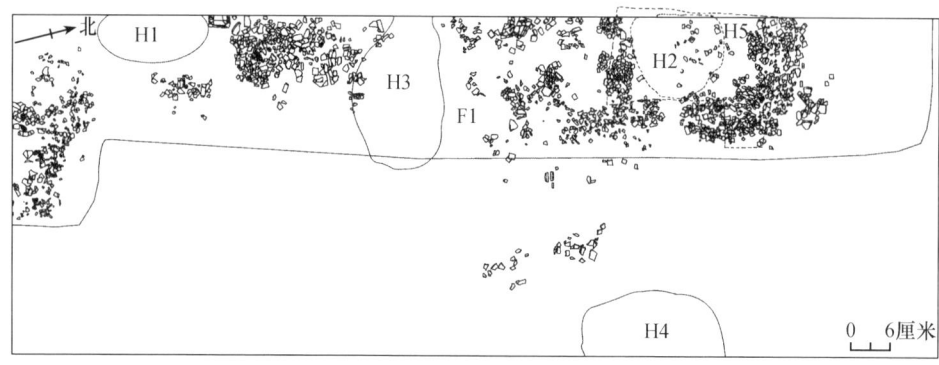

图 4-24　河南省辉县路固汉代墓地 C 区 F1 平面图

能性较大。上文所述考古发现的建筑材料部分的第（1）—（5）等的内容，很多可能为砖（石、土）墙瓦顶祠堂的遗留。徐州市区及附近较多西汉墓葬外发现有建筑材料残片，多分布于封土周边，以某一侧较集中，出土的瓦当残片很可能为祠堂损毁后的遗留。如南郊拖龙山 M3，封土外有长方形石砌墓园，其内东南部为大面积空地，散存大量板瓦、筒瓦及云纹瓦当残片，应有祠堂类祭祀建筑。

（二）石祠堂

文献中有相关记载，如《水经注·洧水》记载的"石庙"，该书中还有"石祠""石室"等名称[①]。考古发现的石祠堂基本以石材修砌，部分可复原。前部开敞，石材多刻画像。根据开间的不同可分为单开间石祠堂、双开间石祠堂、三开间石祠堂三种[②]。

1. 单开间石祠堂

仅 1 间，多数面积小。根据两侧壁的不同可分为三型。

A 型：两侧各一抱鼓形石壁，壁石朝墓葬方向竖立，上部多近竖长方

---

① （北魏）郦道元著，（清）王先谦校：《合校水经注》，中华书局，2009 年。
② 关于石祠堂的类型，信立祥先生将其分为四种类型：小型单开间平顶祠堂；单开间悬山顶祠堂；双开间单檐悬山顶祠堂；后壁带龛的双开间单檐悬山顶祠堂。信立祥：《汉代画像石综合研究》，文物出版社 2000 年版，第 75—80 页。

形，顶平，下部一侧圆鼓外凸，可称为抱鼓石壁祠堂。抱鼓石壁大多外壁粗糙，无画像，内壁刻画像，有的为一整幅画像，如安徽淮北市杜集梧桐村出土的一块抱鼓石画像，为后羿射日[1]；有的分两格，如江苏睢宁双沟出土抱鼓石画像，上为人首蛇身的神人，下为轺车出行[2]；有的为多格，如徐州南部散存抱鼓石画像，分四格，由上及下分别为神兽、人物、神兽、车马迎宾图案[3]。从图案布局尤其是车马出行或迎宾方向观察，石鼓居外侧。与之对应，有的抱鼓石外立面亦刻画像，睢宁双沟抱鼓石外立面刻有青龙戏璧。有的顶盖石板内壁亦有画像，如皖北出土顶石内壁刻日月图案[4]（图4-25）。已知的抱鼓石壁多数较小且薄，高约0.6—1.2、宽约0.35—1.15米，推测二石间距不大，搭建的祠堂面积小且低矮，但个别体量略大。关于后壁，部分可能依封土而不砌，有的则可能存在。根据有无基石又可分二亚型。

图4-25　皖北出土祠堂顶盖内侧画像

Aa型：底无基石，祠堂面积小且低矮。上文所述安徽省北部及江苏睢宁发现的部分抱鼓石祠堂，底部无基石，部分无后壁，体量较小[5]（图4-26）。有的则可能有后壁，如淮北梧桐村出土的第1、2石，石料、形制、宽厚及雕刻技法基本相同，应为同一祠堂用石，二者后立壁皆有"⌴"形槽，应是与后壁石板扣合需要而刻凿的（图4-27）。

Ab型：有基石与后壁。数量较少。安徽萧县庄里乡城阳村西南的山坡

---

[1] 欧雪梅、解华顶：《淮北市南山汉文化博物馆馆藏汉代祠堂画像石赏析》，《文物鉴定与鉴赏》2017年第2期。下文关于该地出土的抱鼓石壁祠堂画像石不再另注。

[2] 徐州博物馆：《徐州汉画像石》，江苏美术出版社1985年版，图241、245。

[3] 郝利荣：《徐州新发现的汉代石祠画像和墓室画像》，《四川文物》2008年第2期。

[4] 朱永德：《皖北"抱鼓石"形汉代画像石祠堂》，《大汉雄风——中国汉画学会第十一届年会论文集》，高等教育出版社2008年版，第485—490页。

[5] 欧雪梅、解华顶：《淮北市南山汉文化博物馆馆藏汉代祠堂画像石赏析》，《文物鉴定与鉴赏》2017年第2期；朱永德：《皖北"抱鼓石"形汉代画像石祠堂》，《大汉雄风——中国汉画学会第十一届年会论文集》，高等教育出版社2008年版，第485—490页。

图 4-26　Aa 型单开间石祠堂画像

1.皖北出土抱鼓石壁　2.江苏睢宁双沟出土抱鼓石壁　3.江苏徐州南部散存抱鼓石壁

图 4-27　Aa 型单开间石祠堂（安徽淮北梧桐村出土）

上发现一座石鼓形小祠堂，由基座石、两侧山墙石、后壁石、顶盖石组成，现存基座石、两侧山墙石[①]。基座石为一巨型石板，凿出深 3 厘米的三面凹槽，以稳定安放祠堂的三面墙壁，靠近后壁的地方，刻两只凿深 4 厘米的耳杯，为祠堂内象征性的常设供器。原有顶盖石，平顶，前端与山墙石的短边平齐，后端覆盖祠堂的后壁，祠堂复原后，外部面宽为 2.64、总体高度约 1.94 米，体量相对较大（图 4-28：1）。少量在后壁有龛，淮北市相山区洪山出土的两座汉代石祠堂，为前室后龛的凸字形结构，龛位于后壁中部，C1 的两抱鼓石之间嵌一长方形石板，为基石[②]（图 4-28：2）。

---

① 武利华：《徐州汉画像石通论》，文化艺术出版社 2017 年版，第 63—65 页。
② 淮北市文物局：《安徽省淮北市发现汉代画像石祠》，《东南文化》2019 年第 6 期。

第四章 汉代列侯墓葬及中小型墓葬的墓地祭祀设施 359

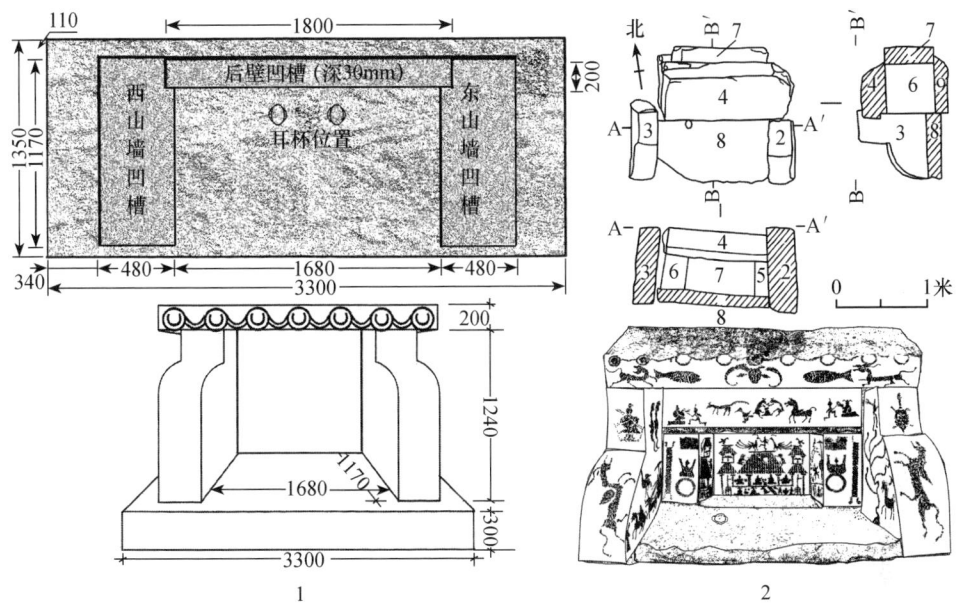

图 4-28 Ab 型单开间石祠堂
1. 安徽省萧县庄里乡城阳村出土 2. 安徽省淮北市相山区洪山出土石祠堂（C1）

B 型：两侧壁为竖长方形，平顶，以平石板封盖。少量底无基石，部分在封顶平板石上覆顶盖，顶盖中部起脊。根据底、顶的不同及是否有象征性门扉又可分为三亚型。

Ba 型：底有基石，无象征性门扉，封顶平板石上覆有中部起脊的盖。安徽宿州发现的石祠堂中，褚兰 M1、M2 各自的祠堂，墙基或基座为石砌，M2 祠堂保存稍好（图 4-29：1），均覆顶盖，顶盖外均有仿刻的檐、筒瓦、瓦当及相关纹饰。宝光寺汉墓祠堂，山墙顶端与屋顶盖结合部位刻榫卯（图 4-29：2），顶石内侧刻伏羲、女娲画像（图 4-30：1）；嘉祥宋山复原的四座祠堂亦为平顶，封以平石板，有顶盖，其中一号祠堂为单檐屋顶，有两头翘起的屋脊（图 4-29：3），四号祠堂顶石内侧刻日、月、交龙画像以象征天界[①]（图 4-34：2）。

Bb 型：底有基石，无象征性门扉，封顶平板石上不覆中部起脊的盖。徐州铜山县汉王乡东沿村村北山丘南侧及东距该地约 1 千米处出土较多东汉画

---

① 蒋英炬：《汉代的小祠堂——嘉祥宋山汉画像石的建筑复原》，《考古》1983 年第 8 期。

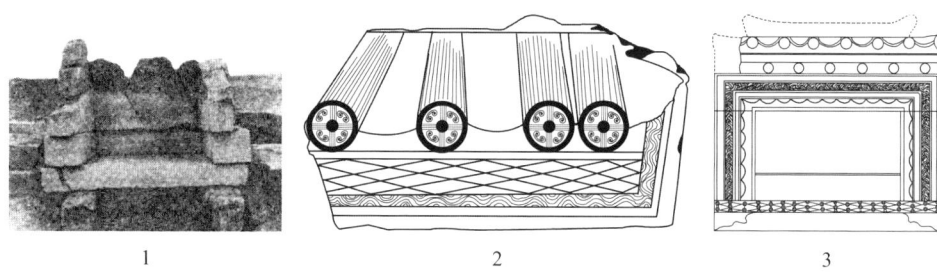

图 4-29　Ba 型单开间石祠堂
1. 安徽宿州褚兰 M2 墓地祠堂　2. 安徽宿州褚兰宝光寺祠堂屋顶石　3. 山东嘉祥宋山一号祠堂复原图

图 4-30　Ba 型单开间石祠堂顶盖内画像
1. 安徽宿州褚兰宝光寺祠堂顶盖　2. 山东嘉祥宋山四号祠堂顶盖

像石，为墓葬用石，所属墓葬已被破坏，石材基本为祠堂画像石，属于多个祠堂。经复原，画像石所属祠堂以南向为主，少量北向，基本由底（基）石、左右及后壁、顶板等组合砌建而成，规模不大，面积相似，可称为小型单间平顶石祠堂，一些祠堂的两侧壁石有高差，推测应是用来嵌扣基石的[①]。

Bc 型：前有象征性门扉，底无基石，封顶平板石上不覆中部起脊的盖。发现极少。徐州铜山汉王乡与安徽淮北交界地区出土一套形制完整的小祠堂，由五块画像石组成，分别是左山墙、右山墙、后壁墙和两个象征祠室门扉的立柱，无底基石，祠堂面阔 1.4、进深 0.7、通高 0.6 米，象征性门扉柱朝外一侧刻铺首衔环[②]（图 4-31）。从祠堂左右山墙及后壁来看，应有平石板封盖，但祠堂有二象征性门扉，若封顶平板石上覆中部起脊的盖，则显得较不协调，

---

① 刘尊志：《江苏徐州东沿村出土东汉祠堂画像石浅析》，《中原文物》2018 年第 1 期。
② 武利华：《徐州汉画像石通论》，文化艺术出版社 2017 年版，第 61、62 页。

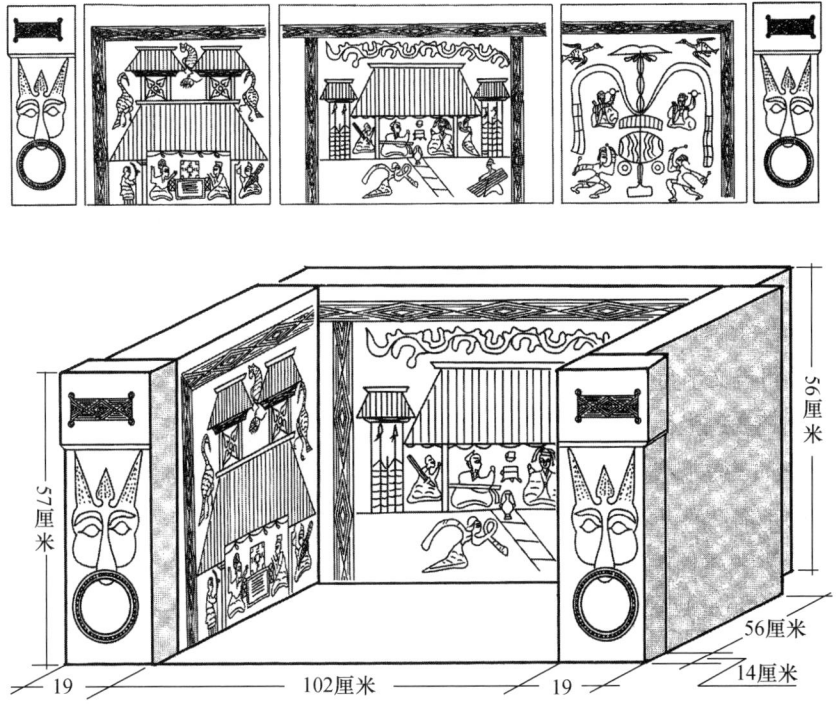

图 4-31　Bc 型单开间石祠堂（徐州铜山汉王乡与安徽淮北交界地区出土）

也不便于扣合，加之祠堂面积较小，推测封顶平板石上不覆中部起脊的盖。

C 型：两侧壁为尖顶圭形，悬山顶，有基石与后壁，顶盖呈两面坡式。山东嘉祥武梁祠，顶脊略平（图 4-32）；徐州青山泉白集汉墓祠堂，顶脊中部凸起，两端上翘，祠堂内设有祭案①（图 4-37）。

2．双开间石祠堂

面积略大。祠堂前部中间立 1 石柱，下为柱础，上为栌斗，柱上部与后山墙之间置三角石隔梁，既可承重又将祠堂分成两间。部分后壁设龛或有祭案等设施。两侧壁基本为尖顶圭形，为一石或由多石组合而成，有横长方形后壁。悬山顶，多为单檐两面坡顶盖。根据后壁是否有龛可分为二型。

---

① 有学者对白集汉墓祠堂的论述，在原来内容的基础上又增添了一些内容。详见武利华：《徐州汉画像石通论》，文化艺术出版社 2017 年版，第 70—73 页。

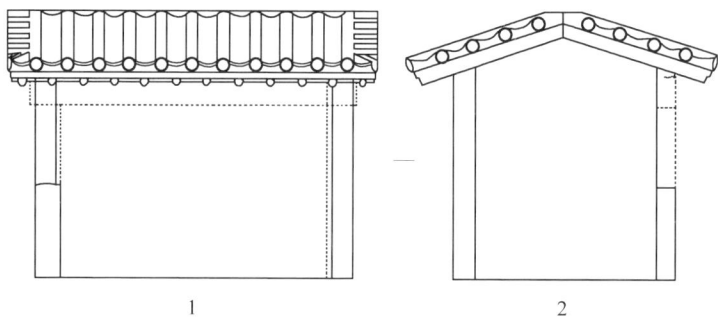

图 4-32　C 型单开间石祠堂（山东嘉祥武梁祠）
1. 正面图　2. 东侧面图

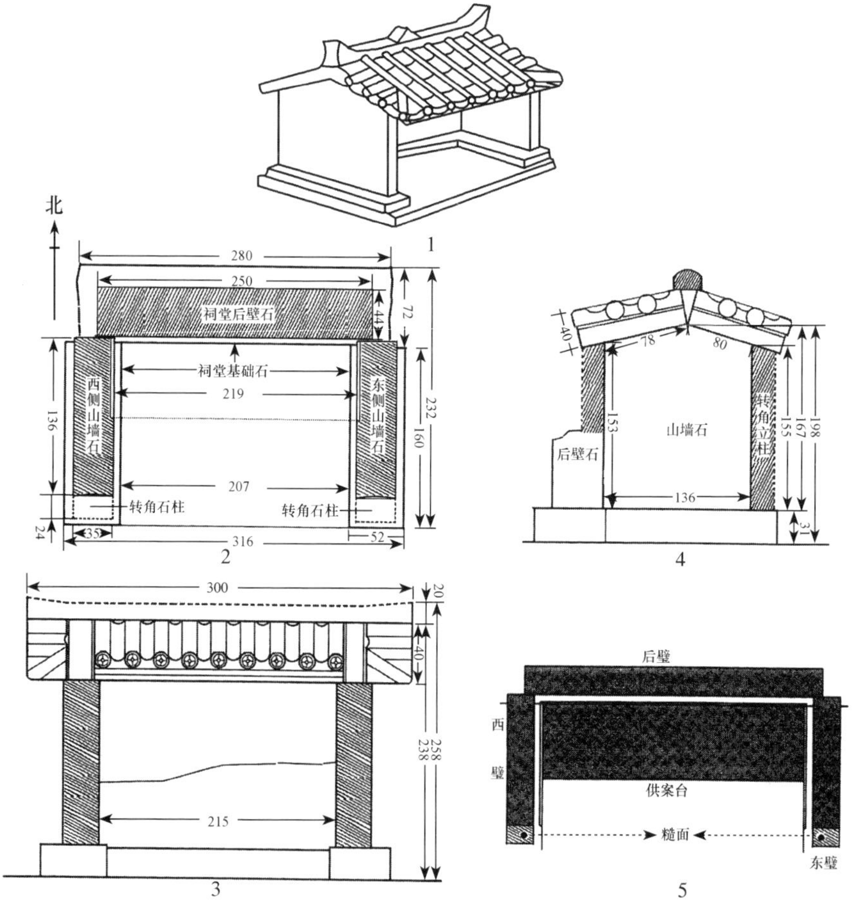

图 4-33　C 型单开间石祠堂（江苏徐州白集汉墓祠堂）
1. 立面图　2. 平面图　3. 前立面图　4. 山墙立面图　5. 供案石摆放

A型：祠堂后壁无龛，有的近后壁处有祭案。山东长清孝堂山祠堂，八角形石柱，顶盖原有正脊，室内北半部有石祭案（图4-34）。山东金乡"朱鲔石室"复原后的形制与孝堂山石祠相似，有盖顶石（图4-35）。徐州铜山洪楼东汉墓祠堂，矩形断面方柱底有凸榫，柱头上为蹶张或力士，起到象征性"斗"的作用，顶盖脊凸起，两端上翘[①]（图4-36）。

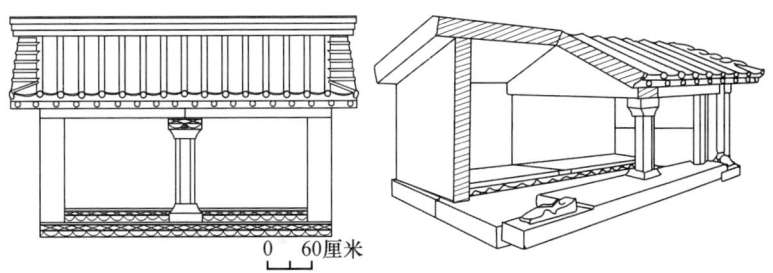

图4-34　A型双开间石祠堂（山东长清孝堂山祠堂正视与解剖图）

图4-35　A型双开间石祠堂（山东金乡"朱鲔石室"正视与东墙外立面图）

B型：祠堂后壁有小龛，近后壁处不见祭案。山东嘉祥武氏祠的前石室与左石室，立柱、三角石隔梁、顶脊等与A型祠堂相似，后壁下部有小龛（图4-37、图4-38）。

3．三开间石祠堂

仅见于文献。《水经注·济水》载："黄水东南流，水南有汉荆州刺史李

---

① 有学者对洪楼汉墓祠堂的复原在原来复原的基础上又增添了一些内容。详见武利华：《徐州汉画像石通论》，文化艺术出版社2017年版，第74—79页。

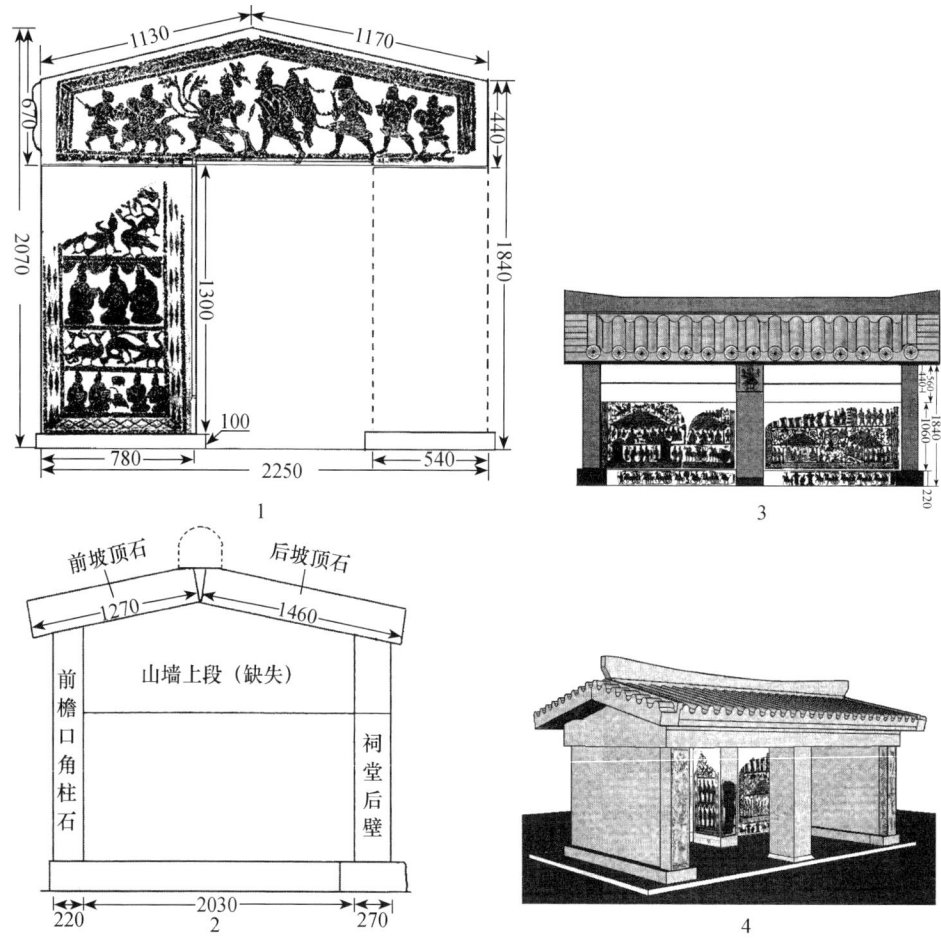

图 4-36　A 型双开间石祠堂（江苏徐州铜山洪楼东汉墓祠堂）
1. 祠堂中间隔梁　2. 祠堂山墙　3. 祠堂正立面图　4. 祠堂复原图

刚墓……见其碑，有石阙。祠堂石室三间，椽架高丈余，镂石作椽瓦，屋施平天，造方井，侧荷梁柱，四壁隐起雕刻，为君臣官属、龟龙鳞凤之文，飞禽走兽之像，作制工丽，不甚伤毁。"[①] 所记石祠与双开间祠堂有较多相似，如高椽架、镂石作椽瓦、侧荷梁柱及雕刻画像等，但为三开间，面积较大，而"屋施平天，造方井"在上述祠堂内也极少见到，推测祠内有类似天花板及藻井类设施。

---

① （北魏）郦道元著，（清）王先谦校：《合校水经注》，中华书局 2009 年版，第 141 页。

第四章　汉代列侯墓葬及中小型墓葬的墓地祭祀设施　365

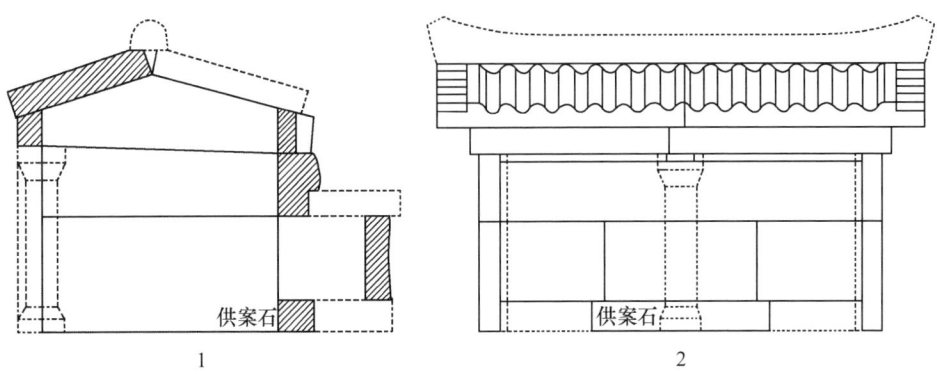

图 4-37　B 型双开间石祠堂（山东嘉祥武氏祠前石室）
1. 西侧立面图　2. 正面图

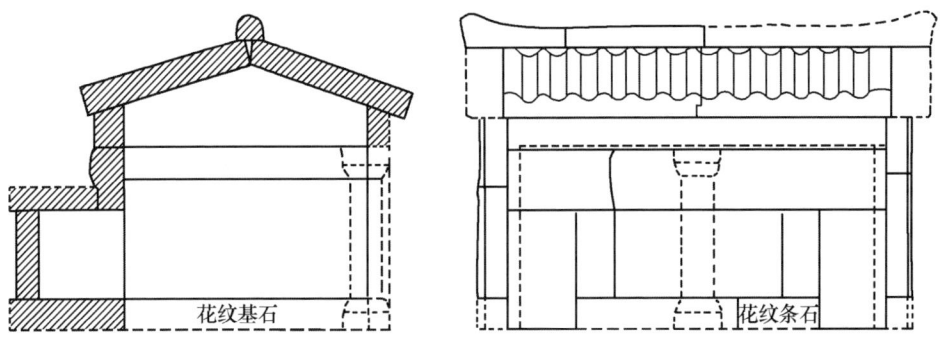

图 4-38　B 型双开间石祠堂（山东嘉祥武氏祠左石室）

　　石祠堂基本都有画像，包括仙界、神人、现实生活、动物、植物、战争、各类故事及祠主受祭与升仙等内容，不仅达到祭祀与实现墓主升仙的需求，多数还体现出祠主后代之孝等内容。相关研究已有很多，本书不做过多论述。祠堂刻铭文字亦较常见，西汉末至东汉一代皆有使用，除题榜外，还有一些字数多且较连续的文字，主要内容包括立祠的年月、人员、原因与目的，建祠的原料、过程、开支，祭品的使用，墓主生平与身份，与观者语、吉语和希望等。铜山汉王东沿村祠堂画像石上刻有"建武十八年（42 年）〔腊〕月子日□永平四年（61 年）正月□为石室直五千泉工莒少郎所为后子孙皆忌子""室直万□」七千夫〔第〕有□□□」命不〔恨〕□□厚得」重宗□也」"[①]。微山两城山出土祠堂刻铭有"永建五年（130 年）

---

① 徐州博物馆：《徐州发现东汉元和三年画像石》，《文物》1990 年第 2 期。

太岁在庚午二月廿三日，□□□□□立此食堂，当□□□□□居□意□学□□，何意被天灾，蚤离父母□□□□□五千□□□"①。嘉祥宋山出土永寿三年（157年）许安国祠堂刻铭文字近500字，分为左、右两部分，内容包括墓主身世、家庭、姓名、品德及修建墓葬、祠堂的原因和过程，另有吉语与希望等②。邹城峄山北龙河出土汉安元年（142年）祠堂刻文为竖排，41行，共606字，是迄今发现文字最多的汉代祠堂刻铭，记述了祠主里籍、官职、建祠、祔葬、叙哀、言孝、丧葬习俗及祠主男丁和女眷家族世系等③。刻铭与祠堂所刻画像一起供外人观看，使其对祠主、祠堂有所了解，兼施教化，亦在一定程度上起到保护祠堂与墓葬的作用。褚兰胡元壬墓祠堂及宝光寺祠堂等的正壁画像下部正中刻凸字形图案，突出部位分别题有"辟阳胡元壬□墓""郑掾家墓"，下部文字竖排，皆百余字，包括祠主与立祠情况、吉语等（图4-39）。作为祠堂正壁画像的一部分，其不具有独立性，且面积极小，所刻文字与很多祠堂题记相似，整体与墓碑有较大差别，称为祠堂刻铭或题记可能更恰当。另如东阿铁头山出土的芗他君祠堂石柱，四面均有画像，其中一面最上分3行刻"东郡厥县东阿西芗堂吉里芗他君石祠堂"，下10行正文，共417字，涉及内容较多④。作为祠堂的一部分，石柱位于墓外的可能性较大，而文字中的"唯观者诸君，愿勿攀伤，寿保万年，家富昌"等亦说明其位于墓外，否则不可能涉及"观者"。石柱以画像为主，仅一面局部刻字，内容与祠堂刻铭或题记相同，与碑差别明显，推测位于祠堂内，或为两开间祠堂立柱。带有刻铭的凸字形图案及石柱等在祠堂中的位置较为重要，前者与墓主牌位或神位可能有关，后者从形制尤其是配套的伏兽来看，刻写文字的一面当朝向外侧，这样更便于参观，又体现出与碑相似的作用。

---

① 傅惜华、陈志农编辑，陈沛筼整理：《山东汉画像石汇编》，山东画报出版社2012年版，第302页。

② 济宁地区文物组、嘉祥县文管所：《山东嘉祥宋山1980年出土的汉画像石》，《文物》1982年第5期；赵超：《山东嘉祥出土东汉永寿三年画像石题记补考》，《文物》1990年第9期。

③ 邹城市文物局：《山东邹城峄山北龙河宋金墓发掘简报》；胡新立：《邹城新发现汉安元年文通祠堂题记及图像释读》，《文物》2017年第1期。

④ 罗福颐：《芗他君石祠堂题字解释》，《故宫博物院院刊》1960年。

图4-39　安徽宿州宝光寺石祠堂正壁与文字刻铭

石祠堂暴露在外，因建材坚固，大小适于建造相关设施，加之刻有画像，很多在其后某个时期被用来砌建墓葬等，形成再利用[1]，如上文所举邹城峄山北龙河宋金墓。更多"再利用"的时代为三国两晋时期，如嘉祥五老洼画像石墓[2]及宋山复原的几座祠堂用石出土时所属墓葬、铜山县汉王东沿村画像石墓等。东沿村发现的石材中未见基石与顶盖石，估计与无纹饰或不便构建墓葬有关。徐州大庙画像石墓的时代为西晋时期，前堂后室结构，是后人利用汉画像石建造的墓葬，前堂为小祠堂形式，很可能为墓地祠堂的整移再利用，其属于C型单开间石祠堂，两山墙为尖顶圭形，边框有文字，如"□室""石室"等，覆两面坡式顶，前坡顶面凿出瓦垄，檐上刻瓦当纹[3]。

不同类型的祠堂，时代特征存在差别。砖（石、土）墙瓦顶祠堂中，A型为砖墙，时代为两汉，一部分的时代集中于东汉晚期。Aa型中，有一些西汉墓葬祠堂用砖砌建，徐州东甸子西汉墓祠堂时代为西汉早期偏晚阶

---

[1] 周保平：《徐州的几座再葬汉画像石墓研究——兼谈汉画像石墓中的再葬现象》，《文物》1996年第7期。

[2] 嘉祥县文管所朱锡禄：《嘉祥五老洼发现一批汉画像石》，《文物》1982年第5期。

[3] 徐州博物馆：《江苏徐州大庙晋汉画像石墓》，《文物》2003年第4期。

段，西安凤栖原墓地祠堂为西汉中晚期。Ab 型相对特殊，时代为东汉晚期。B 型多属于山地丘陵地带汉墓的祠堂，时代为西汉。C 型亦见于两汉。Ca 型多属西汉墓葬的祠堂，早期阶段已经出现，中晚期较多见，东汉时仍有一定数量。Cb 型亦相对特殊，时代为西汉中晚期及东汉，且东汉晚期多见。石祠堂至迟在王莽新朝时已有使用，如山东汶上县的路公祠堂，但具体形制不详。东汉时，石祠堂逐渐普及，数量增加，种类趋于丰富。A 型单间小型石祠堂的时代以东汉中晚期居多，部分或可早至东汉早期，尤其画像为平面阴线刻者。B 型单间小型石祠堂最早可能至西汉末年，东汉早中期均有一定数量，铜山东沿村出土的祠堂画像刻铭中即有"建武十八年（42年）"、"元和三年（86年）"等，至东汉晚期已较为流行。Bc 型举例小祠堂后部为墓葬，墓葬形制为竖穴石坑，而祠堂画像石的雕刻技法为平面阴线刻，综合该地区汉代墓葬的形制、画像石雕刻技法及内容等，推测其时代为西汉末至东汉初。就双开间和三开间石祠堂来讲，时代一般为东汉中晚期，并以东汉晚期祠堂多见。

另有其他发现。洛阳朱仓"李密冢"（M683）[1]，东有建筑基址，包括大型夯土台基、院落、道路等，建筑材料有陶质"长乐未央"瓦当、方砖及石柱础等。另有洛阳邙山后沟 M529[2]、偃师华润电厂 M89[3] 等，墓主为诸侯王或相应级别人员，祭祀设施等级较高，加之详细资料还未公布，本文暂不做论述。

三、墓地祠堂的朝向与位置

汉代墓地祠堂或相关遗迹反映出朝向与位置的多样性（表 4-1），这与祠堂所属墓地或墓葬朝向有较大关系，体现出祠堂的发展，也在一定程度上显示出祠堂的作用及其重要性。

---

[1] 张鸿亮：《洛阳孟津朱仓李密冢东汉墓园》，《2014 中国重要考古发现》，文物出版社 2015 年版，第 72—75 页。

[2] 洛阳市文物考古研究院：《洛阳孟津朱仓东汉墓园遗址》，《文物》2012 年第 12 期。

[3] 洛阳市文物考古研究院：《偃师华润电厂考古报告》，中州古籍出版社 2012 年版，第 77、78 页；张鸿亮、史家珍：《偃师华润电厂东汉墓相关问题探析——兼谈洛阳东汉高等级墓的特点》，《洛阳考古》2014 年第 4 期。

表 4-1　汉代墓地祠堂的朝向与位置

祠堂类型		墓葬（地）祠堂名称	时代	朝向	方位	与墓葬的位置关系	具体位置
砖（石、土）墙瓦顶祠堂	Aa型	西安凤栖原墓地祠堂	西汉中晚期	东	东部	墓右，墓园出口	出口内
		徐州铜山班井M4祠堂	东汉晚期	南	北部	墓葬前端	封土外
		濮阳南乐宋耿洛M1祠堂	东汉晚期	东	东部	墓葬前端	墓道末端
	Ab型	济南北毕村东汉墓祠堂	东汉晚期	南	南部	墓前，二墓道中间	墓道末端
	B型	苍山县金山汉墓祠堂	西汉晚期	东	东部	墓葬前端	墓道上
	Ca型	鲁元公主墓西北祠堂	西汉早期	东	西北	墓葬左后侧	封土外
		安陵4号陪葬墓祠堂	西汉早期	东	北部	墓葬后侧	封土外
		邳州埠上汉墓祠堂	西汉早期偏晚	东	东部	墓葬前端	封土外
		霍光墓祠堂	西汉中期	南	东部	墓葬左侧	封土外
		刘贺墓与夫人墓祠堂	西汉中期偏晚	南	南部	墓前，二墓道中间	封土外
		刘贺墓陪葬M4—M6祠堂	西汉中晚期	南	南部	墓葬前端	墓道末端
		徐州荆山村墓地祠堂	西汉中晚期	西南	西南	墓前，墓园出口	出口内
		阳原三汾沟M9祠堂	西汉晚期	东	东部	墓葬前端	墓道上
		云梦癞痢墩M1祠堂	东汉晚期	南	南部	墓葬前端	靠近封土
		武清鲜于璜墓祠堂	东汉晚期	南	南部	墓葬前端	封土外
		汉魏洛阳城西东汉祠堂	东汉晚期	东	东部	墓葬左侧	封土外
		洛阳孟津朱仓M708祠堂	东汉中晚期	东	东北	墓葬左后侧	封土外
		忠县石匣子东汉墓祠堂	东汉晚期	/		墓葬上部	封土顶端
	Cb型	刘贺墓陪葬M3祠堂	西汉中晚期	南	南部	墓葬前端	墓道末端
		新乡卫辉大司马M1祠堂	东汉晚期	西南	北部	墓葬前端	封土外
		新乡辉县路固C区墓地	东汉晚期	东	南部，相对独立		墓地南端
		洛阳孟津朱仓M709祠堂	东汉中晚期	南	东北	墓葬左后侧	封土外
	/	西安石家街汉墓祠堂	西汉晚期	南	东北	墓葬左后侧	封土外
		长安邮电学院汉墓祠堂	西汉中期	南	南部	墓葬前端	封土外
		徐州拖龙山M3祠堂	西汉晚期	/	东部	墓葬右侧	封土外
		杞县许村岗M1祠堂	西汉晚期	南	南部	墓葬前端	封土外
		阎楼东汉墓园遗址祠堂	东汉	东/南	东南	墓东，墓园出口	出口内
		湖南常德柏子园M1祠堂	东汉晚期	/	北部	墓葬前端	封土外
		浚县贾胡庄东汉墓祠堂	东汉晚期	/		墓葬上部	封土顶端
石祠堂	单开间	Aa型	徐州南及皖北较多抱鼓石壁祠堂	东汉	南	南部	墓前，部分墓门前	多内嵌封土边缘
		Ab型	萧县城阳村西南祠堂	东汉中晚期	南	南部	墓葬前端	紧邻封土
			淮北市相山区洪山两座石祠堂	东汉中期或稍晚	南	南部	墓葬前端	紧邻封土

续表

祠堂类型			墓葬（地）祠堂名称	时代	朝向	方位	与墓葬的位置关系	具体位置
石祠堂	单开间	Ba型	宿州褚兰宝光寺祠堂	东汉晚期	南	南部	不详	封土边缘
			宿州褚兰M1祠堂	东汉晚期	南	南部	墓葬左侧	封土边缘
			宿州褚兰M2祠堂	东汉晚期	南	南部	墓葬左侧	封土边缘
			嘉祥宋山一二三号祠堂	东汉晚期	南	南部	位于墓前	不详
			嘉祥宋山四号祠堂	东汉晚期	北	北部	位于墓前	
		Bb型	铜山县汉王东沿村出土祠堂画像石复原祠堂	东汉早期或略晚	多南 2北	南部 北部	位于墓前	内嵌或紧邻封土
		Bc型	萧县与徐州铜山汉王交界处征集祠堂	东汉晚期	南	南部	墓葬前端	
		C型	徐州贾汪白集汉墓祠堂	东汉晚期	南	南部	墓葬前端	内嵌封土
			嘉祥武梁祠	东汉晚期	北	北部	墓葬前端	朝神道口
石祠堂	双开间	A型	长清孝堂山汉墓祠堂	东汉晚期	南	南部	墓葬前端	封土外
			"朱鲔石室"	东汉晚期	南	南部	墓葬右侧	封土外
			铜山洪楼东汉墓祠堂	东汉晚期	南/西	西部	墓葬后部	封土外
		B型	嘉祥武氏祠前石室	东汉晚期	北	北部	墓葬前端	朝神道口
			嘉祥武氏祠左石室	东汉晚期	北	北部	墓葬前端	
	单开间与双开间祠堂		邹城汉代石祠堂	东汉	南向居多		多数位于墓前	内嵌或在封土边缘
			滕州汉代石祠堂	东汉				

（一）朝向

汉代墓地祠堂的朝向，东、南、北三个方向皆有，部分呈现出东南、西南或西北等朝向。也可能有西向者，如铜山县洪楼东汉墓祠堂，发掘前已遭破坏，有研究认为该墓东向，祠堂在墓西，可能朝西[①]。

西汉砖（石、土）墙瓦顶祠堂朝向以东、南居多，朝东者的使用时代跨度略长。邳州埠上村汉代祠堂所属M25的时代为西汉早期偏晚阶段，形制是东西向石坑竖穴，祠堂东侧有门道，略偏东南，朝向与墓穴方向基本一致。苍山县金山西汉墓、阳原三汾沟M9的时代为西汉晚期，墓道东向，祠堂横跨墓道，皆东向。陪葬安陵的1—5号墓中，鲁元公主墓的西北侧有祠堂类建筑，

---

① 徐建国：《徐州汉画像石室祠建筑》，《中原文物》1993年第2期。

朝东的可能性较大，其与墓向一致，但也可能朝其他方向，墓园东部4号陪葬墓封土北侧也有相关建筑遗存，朝南的可能性不大，推测也很可能是朝东的，与墓葬朝向不同。类似的还有霍光墓祠堂，位于封土东部，朝南或朝东的可能性均存在，但考虑到墓葬与帝陵司马道的关系，其朝南的可能性较大。其他南向者发现较多，时代基本为西汉中晚期。江西省萍乡市莲花县罗汉山西汉安成思侯刘苍墓的封土堆西侧曾发现多个汉白玉柱础，可能为祠堂建筑遗存，其位于墓葬西侧，南向的可能性较大，而墓主刘苍卒于公元前111年[1]，为西汉中期早段。南昌海昏侯刘贺墓与夫人墓外的祠堂及陪葬M3—M6墓道前端的地面建筑皆南向。河南杞县许村岗M1墓道南向，墓南地表残存建筑材料残片，西安市石家街汉墓坐北朝南，祠堂位于东北位置，平面呈东西向长方形，推测二墓祠堂皆为南向。由上来看，多数单体墓葬[2]及夫妻异穴合葬墓外的此类祠堂，朝向大多与墓葬朝向一致，但也有不一致者，如安陵4号陪葬墓、安成思侯刘苍墓的祠堂。家族墓地祠堂的朝向则与整个墓地大体一致。凤栖原墓地墓园东向，祠堂位于墓园东侧，门道东向。徐州荆山村西汉墓地内的主要墓葬有两排，呈东北—西南向排列，墓地西南为双开间祠堂，亦朝向西南。

东汉墓外砖（石、土）墙瓦顶祠堂的朝向较多样。家族墓地祠堂中，河南偃师阎楼东汉墓园，门位于东侧偏南，东向，门内有一方形建筑遗址，园内有多座墓葬，发现白灰皮、烧土块及残砖、瓦片等，为祠堂及相关建筑[3]（图4-40）。祠堂可能朝东，即与墓园朝向一致，但墓园内7座墓葬均南向，而祠堂服务于整个墓园，尤其是北部规模较大的墓葬，考虑到其近方形，有朝南的可能，且祠堂南有一片开阔地，亦便于开展祭祀等活动。河南省辉县路固汉代墓地的CF1很可能为墓地祠堂，是墓地集体祭祀的场所[4]，从保存情况、遗迹分布及相关遗存的内容等来看，祠堂为东向。单体及夫妻异穴合葬

---

[1]（西汉）司马迁：《史记·建元以来王子侯者表》，中华书局1982年版，第1072页。

[2] 从目前资料看，有墓地祠堂的独立封土下基本为1座墓葬，不见同坟异穴合葬者，考虑到墓葬相对独立，本书称之为"单体墓葬"。

[3] 洛阳市第二文物工作队、偃师市文物管理委员会：《偃师阎楼东汉陪葬墓园》，《文物》2007年第10期。

[4] 中国社会科学院考古研究所：《辉县路固》，科学出版社2017年版，第706页。

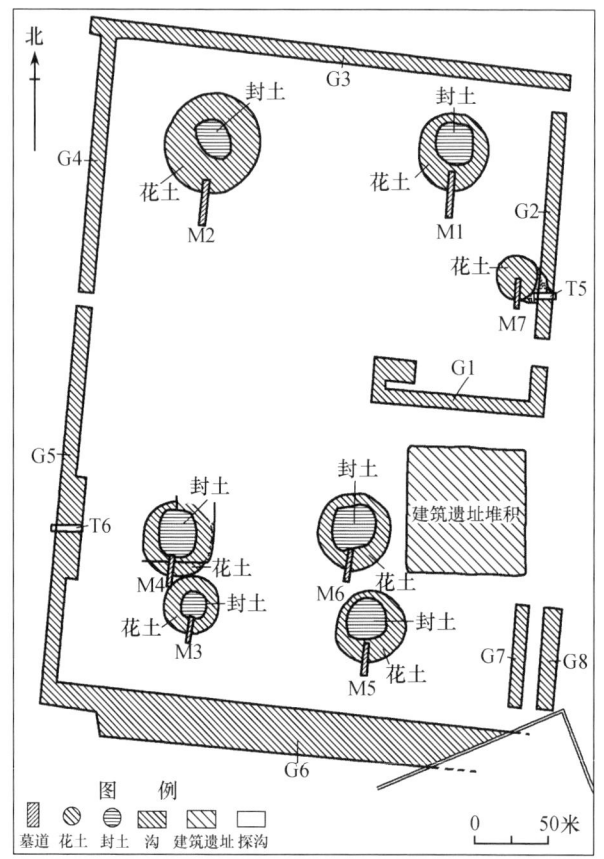

图 4-40　河南偃师阎楼东汉墓园遗址

墓地祠堂多南向。云梦癞痢墩 M1、武清鲜于璜墓、济南北毕村东汉墓等，墓葬朝南，祠堂位于南侧，皆南向。孟津朱仓 M709 墓园为南北长方形，中心院落亦南北向长方形，北、东、西三墙封闭，南墙衔接南侧院落西墙，祠堂依北墙而建，推测为南向。有的如河南新乡卫辉大司马 M1，墓道北向，祠堂位于封土北侧较近距离，南部有门对着封土，北部有无门不详，推测应为南向。铜山县班井东汉 M4 祠堂亦位于墓葬北部，有朝南的可能性。类似的还有湖南常德柏子园 M1（沅水下游 M2416），墓葬北向，墓道前端有阙，祠堂位于墓北侧，朝向情况与上述二墓相近。有的祠堂为东向。河南濮阳南乐宋耿洛 M1，墓道东向，祠堂横跨墓道末端，平砌砖墙、门砖垛均明确说明其为东向。汉魏洛阳城西东汉墓园内，大型殿基 F1（祠堂）面东。孟津朱仓 M708

墓园内的夯土台基（F1，祠堂）南端偏西有窖藏，西南角的 D1 及东部偏南的 D7 也可能为窖藏，由此来看，F1 不可能朝南。清理区域略成东西向长方形，但其整体为南北向长方形，故朝东的可能性较大。F1 东南一定距离由西向东依次有砖墙与柱础、排水沟及另一房址，也说明 F1 朝东的可能性较大。另据《水经注·睢水》记载："睢阳城北五六里，便得汉太尉乔玄墓。冢东有庙……庙南列二柱……庙前东北，有石驼……唯庙颓构，麤传遗堉。"① 可知乔玄墓祠堂为土（砖）墙瓦顶祠堂的可能性较大，在墓东，且东向。

另有一些汉代墓葬的祠堂位于墓葬封土顶部或近顶部，因破坏严重，朝向不明。

石祠堂中，时代属西汉者较少，且基本为西汉末年。山东汶上路公祠堂情况不明，徐州铜山汉王乡与安徽淮北交界地区出土的小型石祠堂，时代为西汉末，位于所属竖穴土坑墓前，极可能为南向。东汉墓葬外石祠堂最为常见。河南密县打虎亭东汉 M1 为汉弘农太守张伯雅墓，墓道南向②，《水经注·洧水》载："冢前有石庙"③，推测该墓祠堂应南向。考古资料反映的石祠堂亦多为南向。单开间石祠堂有一定数量。Aa 型保存相对较好者极少。根据相关调查，皖北地区的较多此型祠堂紧挨墓葬而建，有的直接建在墓门前，而墓葬基本为南向，故祠堂多南向。Ab 型数量较少，萧县庄里乡城阳村西南山坡发现的祠堂，坐北朝南，淮北市相山区洪山出土的两座汉代石祠堂亦南向。B 型中，Ba 型单开间石祠堂所属墓葬，部分非南向，但祠堂修建于墓葬南侧，为南向，如宿州褚兰 M1、M2 各自的祠堂，而 Bc 型的代表性祠堂时代为西汉末，很可能南向。C 型单开间石祠堂中，部分位于墓道前端，墓道与祠堂均南向，如徐州贾汪白集汉墓祠堂。双开间祠堂中，A 型亦有位于墓道前端且墓道与祠堂均南向者，如济南长清孝堂山汉墓祠堂等，而金乡"朱鲔石室"等，墓葬非南向，但祠堂修建于墓葬南侧，为南向。徐州铜山洪楼东汉墓为东向，祠堂修建于墓西，存在朝西的可能，但结合修复后的画像等来看，其朝南的可能性较大。其他一些石祠堂朝向也有学者做过相关论述。山东省邹城汉代石祠堂最突出特点

---

① （北魏）郦道元著，（清）王先谦校：《合校水经注》，中华书局 2009 年版，第 362 页。
② 河南省文物研究所：《密县打虎亭汉墓》，文物出版社 1993 年版，第 6、357 页。
③ （北魏）郦道元著，（清）王先谦校：《合校水经注》，中华书局 2009 年版，第 333 页。

是来自东方的东王公与居住在西方昆仑山上的西王母分别出现在左（东）右（西）壁，正与东西方向相属，两者在祠堂朝向上便成为一种固定方位的象征，金斗山祠堂画像石中有东王公、西王母画像，郭里独山村画像石中也有"东王父"形象，由此推断邹城汉代石祠堂多数为坐北朝南[①]；滕州发现的汉代石祠堂也有类似特点，两山墙上部分别刻西王母与东王公为主的画像，遥相对应[②]。根据祠堂壁所刻画像内容，如西王母与东王公位置、车马出行方向，宿州宝光寺祠堂及复原后的嘉祥宋山一至三号祠堂亦为南向，而徐州铜山东沿村出土祠堂画像石可复原的多数祠堂也是南向[③]。三开间石祠堂仅见于文献，虽有位于水南等记载，但并不能确定其朝向，推测其为南向的可能性较大。

有的石祠堂非南向。嘉祥武氏墓地中，作为神道入口标志的双阙还在原地，实测方向是北偏西约37°，整个武氏家族墓地包括各祠堂的方向基本朝北（北偏西或西北），这与墓地实际所处的环境相宜，因为南面不远为山脚，而西北面则是开阔平地，另外墓地内发现的两座石室墓亦与墓地双阙及祠堂的方向完全一致[④]（图4-41）。从西王母与东王公位置、楼阁旁连理树等图像配置来看，嘉祥宋山复原的四号祠堂为北向，这与另三座祠堂南向不同，亦可能与墓位安排等有关。汉王东沿村北山丘南侧出土第1、2石的大小、雕刻风格基本一致，当属同一祠堂的两壁石，从画像分布看，第1石居左，第2石在右，若祠堂南向，则1石在西2石在东，但第2石最上格中间有坐于虎座上的西王母，该石当在西侧，故推测二石所属祠堂为北向；东沿村东侧出土祠堂画像石中，第4、5、6石应为同一祠堂用石，第6石为后壁，第5石为祠堂东壁的可能性极大，而第4石当为西壁，按所属方位摆放，执戟门吏皆位于北侧，身体亦向北，祠堂应为北向。北向的相关原因与嘉祥宋山复原的四号祠堂当有相似或相近之处。

---

① 谢健、程明：《邹城东汉祠堂整理与研究》，《大汉雄风——中国汉画学会第十一届年会论文集》，高等教育出版社2008年版，第491—496页。

② 陈庆峰、潘卫东、李慧：《滕州汉代石祠堂及祠堂画像》，《枣庄师范专科学校学报》2002年第1期。

③ 刘尊志：《江苏徐州东沿村出土东汉祠堂画像石浅析》，《中原文物》2018年第1期。

④ 蒋英炬、吴文祺：《汉代武氏墓群石刻研究》，山东美术出版社1995年版，第2、3、119—127页。

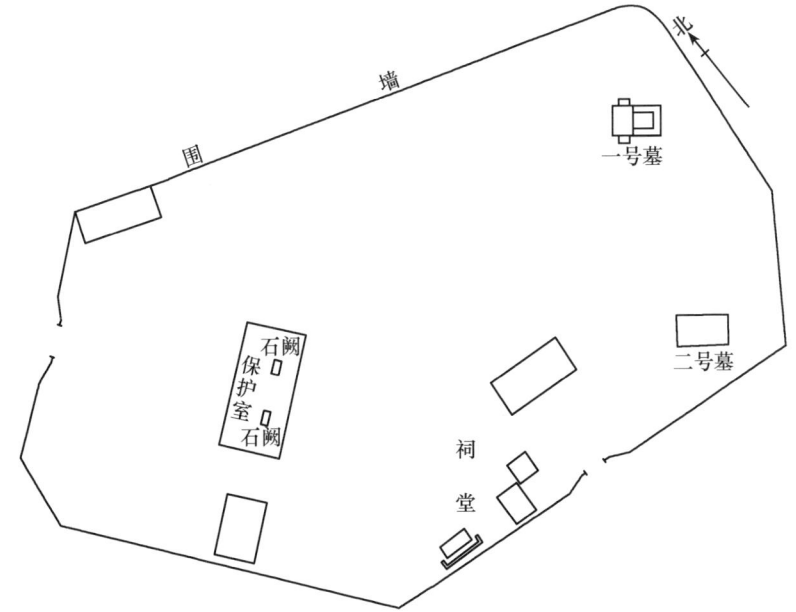

图 4-41　山东武氏祠墓群石刻分布示意图

（二）位置

主要是指祠堂的方位、与墓葬的位置关系及一些祠堂的具体位置等，部分墓地祠堂存在共性，部分则有一定的特殊性。

家族墓地祠堂存留不多，基本在墓园出入口处，但具体方位不一，而位于墓园沟（墙）内侧很可能是共性之一。凤栖原墓地祠堂位于东部墓园兆沟内侧，阎楼东汉墓园的祠堂位于墓园围沟东南出口内侧。徐州荆山村西汉墓地祠堂位于西南，因破坏严重，墓园墙已不可寻；淇县大马庄墓地发现平面呈 L 形围沟 1 处，围绕墓葬 5 座，原有墓地祠堂，推测二墓地的祠堂或相关建筑亦位于墓园沟（墙）内侧（图 4-42）。新乡辉县路固汉代墓地的祠堂位于墓地的边缘，亦可能是墓园的出入口处。具体来看，该祠堂位于墓地（发掘区的 C 区）的南侧偏东，很可能东向，而在其东侧偏中南部无墓葬，但东南稍远距离有 1 座墓葬（M1），所以该祠堂及相关建筑与上述墓地祠堂当存在较大的相似之处。

就方位而言，单体墓葬的祠堂以南侧居多，如海昏侯刘贺墓的陪葬

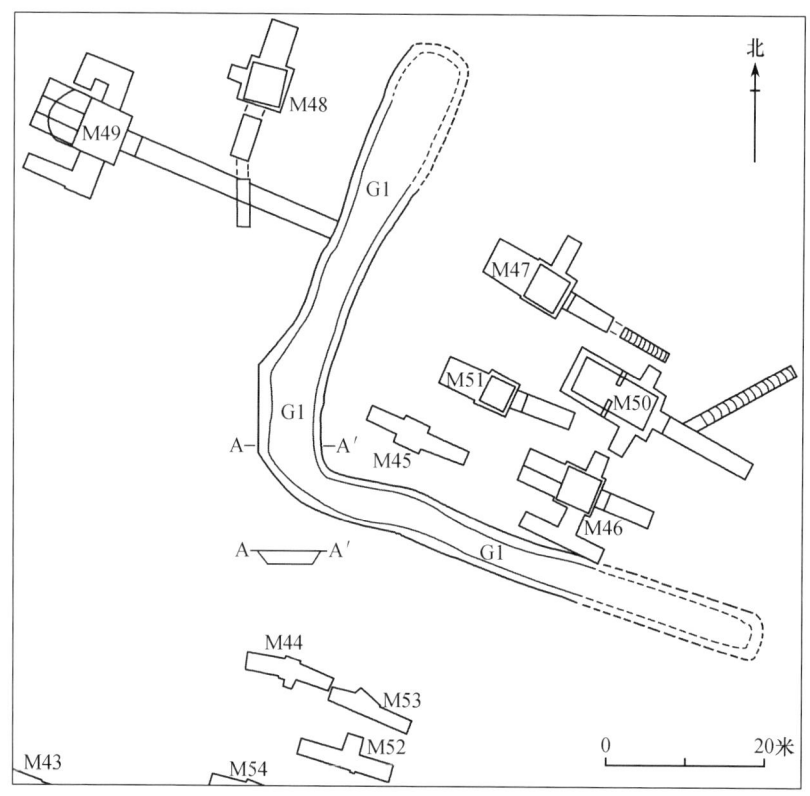

图 4-42　河南淇县大马庄墓地围沟与墓葬

（祔葬）墓、杞县许村岗 M1、武清鲜于璜墓、云梦癞痢墩汉墓、长清孝堂山汉墓（图 4-43）、徐州白集汉墓、宿州褚兰 M1 与 M2（图 4-44）等的祠堂及金乡"朱鲔石室"（图 4-45）、宿州褚兰宝光寺祠堂等。皖北及徐州南部的抱鼓石壁祠堂多位于墓葬南侧，萧县庄里乡城阳村西南山坡出土的石鼓形小祠堂坐北朝南，位于墓室南 9 米左右。滕州、邹城地区的石祠堂亦多如此。其他方位修建的祠堂也有发现。东侧如邳州埠上村西汉墓、霍光墓、阳原三汾沟西汉 M9、苍山县金山西汉墓、汉魏洛阳城西东汉墓、南乐宋耿洛 M1 等的祠堂。西安石家街汉墓及洛阳孟津朱仓 M708（图 4-46：1）、M709（图 4-46：2）等的祠堂位于墓葬东北，亦可视为东侧。西侧发现较少，莲花县罗汉山西汉安成侯刘苍墓，封土堆西侧发现多个柱础，若为祠堂建筑遗存，则祠堂位于墓葬西侧，另有徐州铜

第四章 汉代列侯墓葬及中小型墓葬的墓地祭祀设施 377

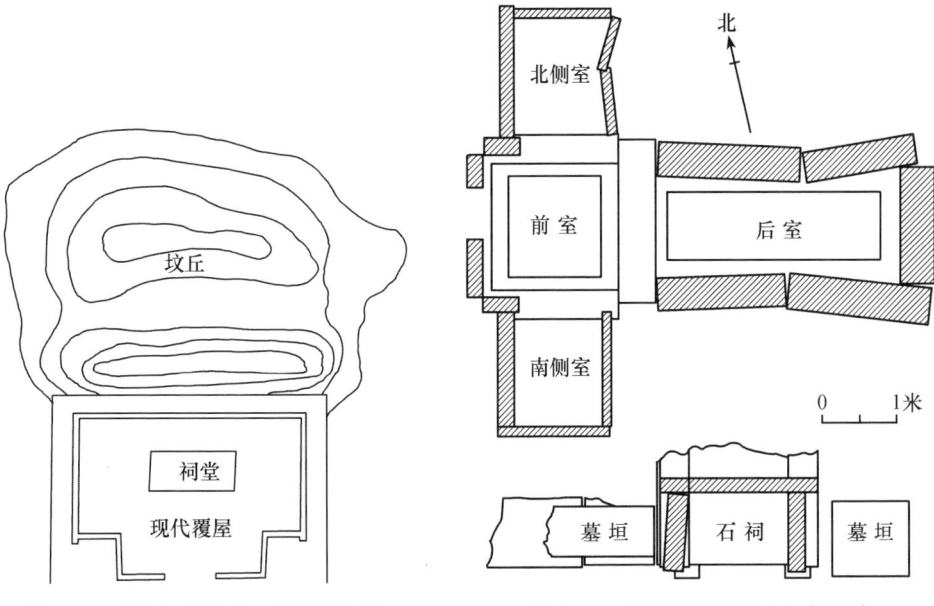

图 4-43 山东长清孝堂山墓葬与祠堂　　图 4-44 安徽宿州褚兰 M2 与祠堂

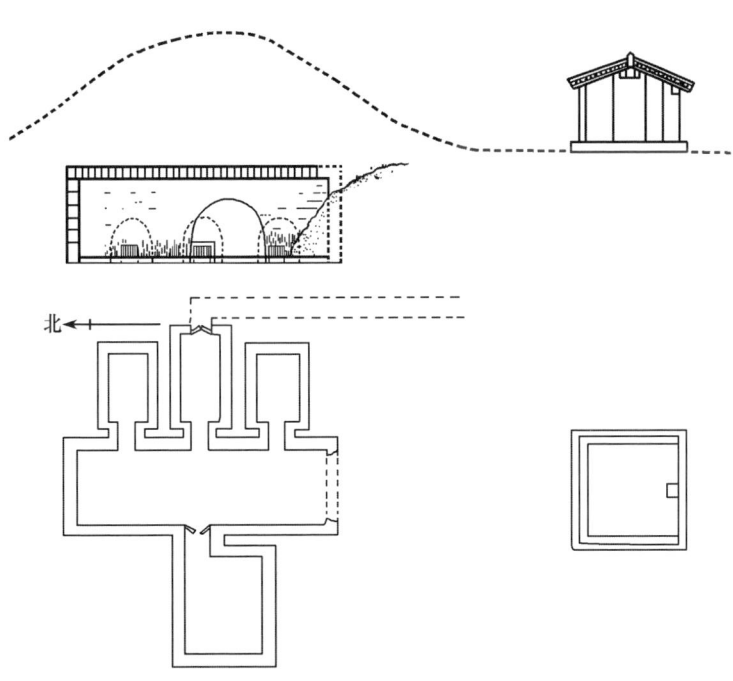

图 4-45 山东金乡"朱鲔石室"与墓葬

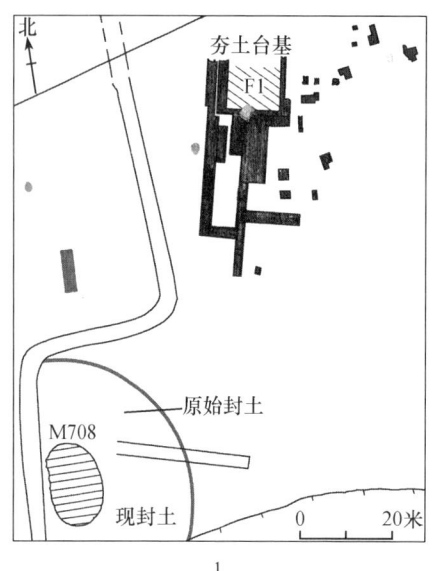 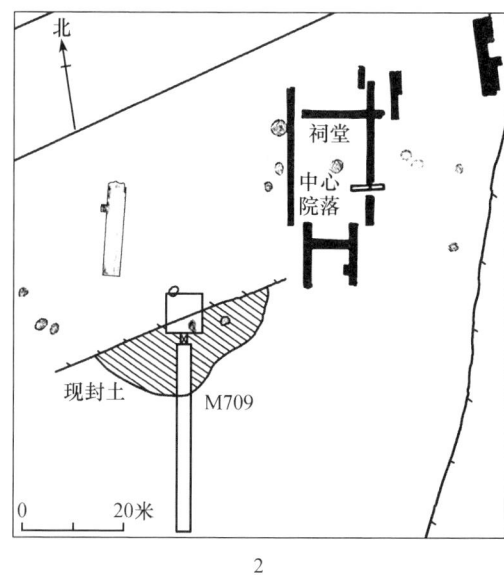

图 4-46　河南洛阳孟津朱仓 M708、M709 墓地祠堂与墓葬的位置关系
1. M708　2. M709

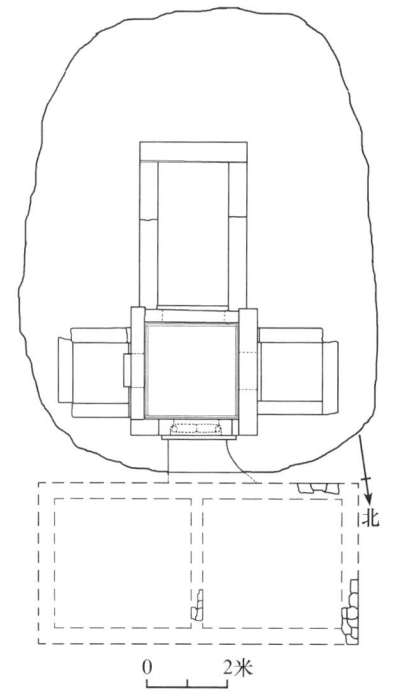

图 4-47　江苏徐州铜山县班井 M4 与祠堂

山洪楼汉墓祠堂。需作说明的是，二墓均东向，祠堂位于墓西，从方位上来讲属相反位置。北侧如卫辉大司马墓地 M1、徐州铜山班井 M4（图 4-47）、湖南常德柏子园 M1（沅水下游 M2416）等的祠堂及嘉祥武氏三祠，所属墓葬北向，祠堂位于墓前，但为北侧。复原的嘉祥宋山四号祠堂及徐州铜山县东沿村的部分祠堂亦为北向，位于墓北的可能性较大，且原所属墓葬也可能为北向。陪葬安陵的 1—5 号陪葬墓中，鲁元公主墓西北侧及 4 号陪葬墓封土北侧皆有建筑遗存，且都可能为东向，与上述墓外北侧祠堂有所不同。

夫妻异穴合葬墓共用祠堂基本位

于南侧，处于两墓道之间。刘贺墓与夫人墓祠堂位于墓道外，靠刘贺墓略近。济南北毕村M1与M2遭盗掘严重，可能为夫妻异穴合葬墓，也可能为同一家族成员墓葬，墓道均南向，墓道末端之间建有祠堂（图4-48）。

除家族墓地祠堂外，单体或夫妻异穴合葬墓地祠堂位置还体现出墓上及前、后、左、右的差异。墓上是指封土顶端或近封土顶部，祠堂与墓葬上下重叠。忠县石匣子东汉墓的封土顶部建有祠堂。绵阳双包山M2的封土上部可能有祭祀性设施。浚县贾胡庄东汉墓的墓底及墓内坍土中出土残缺的筒瓦和板瓦，皆饰绳纹，应是用于祭祀建筑，随墓顶坍塌而落下来的，原建筑当位于墓顶。徐州铜山伊庄洪山东汉墓位于小山顶上，封土四周及山顶有较多绳纹陶片，祭祀建筑也可能位于封土顶部。前端是指墓葬朝向的前部。《水经注·济水》载："戴延之《西征记》曰：'焦氏山北数里，汉

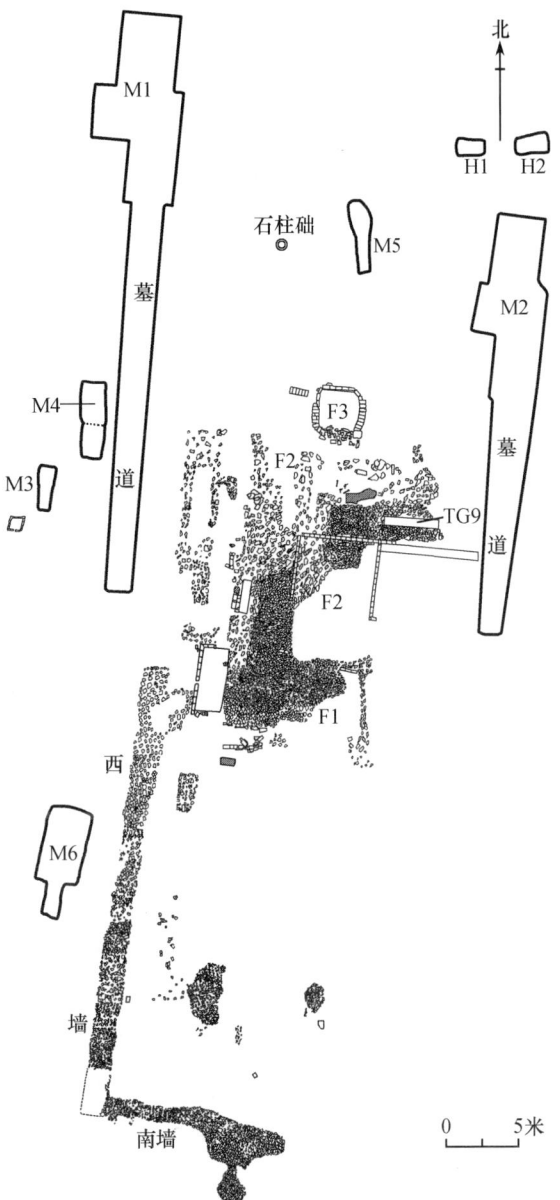

图 4-48　山东济南北毕村东汉墓与祠堂

司隶校尉鲁峻……冢前有石祠，石庙四壁皆青石隐起……'"① 长安邮电学院西汉列侯墓，墓前有双开间祠堂。徐州铜山汉王乡与安徽淮北交界地区征集的小祠堂，摆放在竖穴土坑墓前。考古资料反映的祠堂多为横长方形，与墓道或墓葬朝向构成 T 字形。大部分与墓葬朝向一致，如海昏侯墓陪葬墓、苍山县金山西汉墓、杞县许村岗 M1、武清鲜于璜墓、云梦癞痢墩汉墓、长清孝堂山汉墓、徐州白集汉墓、邳州埠上村西汉墓、阳原三汾沟西汉 M9、南乐宋耿洛 M1、湖南常德柏子园 M1（沅水下游 M2416）等的祠堂，嘉祥的几座石祠堂及萧县城阳村西南山坡石鼓形小祠堂也是如此，海昏侯刘贺墓与夫人墓、北毕村 M1 与 M2 的祠堂亦可视为此类。少量与墓葬朝向相反，如卫辉大司马墓地 M1 等的祠堂。后侧及左右两侧均是相对于墓葬朝向而言，南向者居多，祠堂朝向与墓葬朝向垂直。后侧即墓葬朝向的相反位置，莲花县罗汉山西汉安成侯刘苍墓、徐州铜山洪楼汉墓，均东向，祠堂在墓西，陪葬安陵的 4 号陪葬墓，南向，祠堂类设施在墓北。右侧如"朱鲔石室"，所属墓葬东向，祠堂在南部。江苏邳州燕子埠缪宇墓为东向，墓园内南侧为大片空地②，发现祭案等物③，原应建有祠堂，因墓园南墙有门，祠堂南向的可能性较大（图 4-49）。祠堂位于左侧者亦有一些墓葬。鲁元公主墓东向，祠堂类设施在墓的西北侧，为左侧。宿州褚兰 M1 与 M2 各自的祠堂，墓葬西向，祠堂在南。石家街汉墓及洛阳孟津朱仓 M709 的祠堂位于东北，为左后侧，与墓葬朝向一致。朱仓 M708 祠堂亦为左后侧，但朝东，与墓葬朝向呈垂直关系。由上来看，祠堂位于墓葬前端为主要形式，同时还有其他内容。有些墓葬非南向，为达到祠堂南向的目的，多选择位于墓葬的左侧或右侧，如"朱鲔石室"及宿州褚兰的几座汉代石祠堂等，这也与墓地环境、墓葬朝向的选择或确定等有一定关系，而位于墓葬后部的祠堂也选择南向亦说明了这一点。

---

① （北魏）郦道元著，（清）王先谦校：《合校水经注》，中华书局 2009 年版，第 142 页。
② 南京博物院、邳州博物馆：《东汉彭城相缪宇墓》，《文物》1984 年第 8 期。
③ 武利华：《徐州汉画像石通论》，文化艺术出版社 2017 年版，第 89 页。

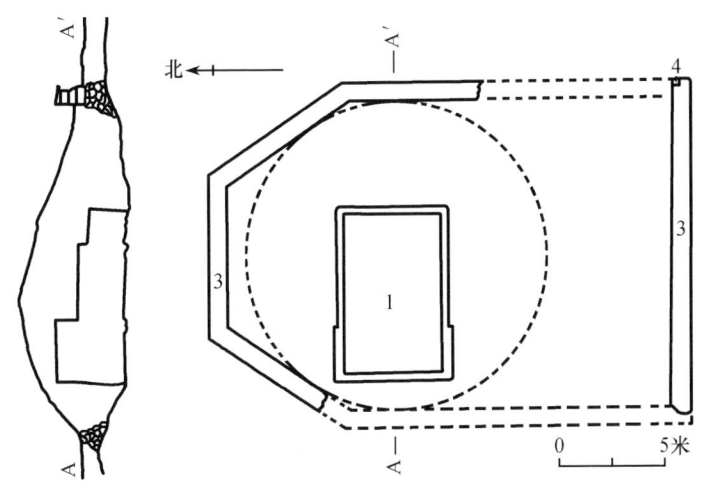

图 4-49　江苏邳州燕子埠东汉彭丞相缪宇墓
1.墓室　2.封土　3.墙垣　4.方形凹槽

汉代墓地尤其是有一定等级的家族性质墓地，大多会有墓园及相关设施，或筑墙或挖围沟形成相应界隔或界限，祠堂与墓园在位置等方面也体现出不同，同时反映出在使用性质等方面的差异。凤栖原墓地与海昏侯墓地皆有较为明显的墓园界限，前者为兆沟，后者为砌墙，对比来看，祠堂在位置及相应设置等方面既有相似性也存在差异。凤栖原墓地中，富平侯张安世及夫人墓外一定距离以兆沟围成墓园，园内为相对独立的空间，并有相关设施。祠堂建于二墓外一侧，为二墓共有，这与刘贺墓与夫人墓祠堂相似，但其不在墓前，而是墓葬右（东）侧，紧邻围沟，虽整体在围沟内侧，但东界与围沟东界平齐，且朝东开敞，这与刘贺墓及夫人墓祠堂不同。凤栖原墓地祠堂东部还有较多陪葬墓，尤其是 M1—M4，朝向对着祠堂，在一定程度上可能与主墓共用同一祠堂。徐州荆山村西汉墓地祠堂、阎楼东汉墓园遗址的祠堂也存在主墓与墓地内其他墓葬共用的可能，而辉县路固墓地 C 区的祠堂，为墓地的祭祀设施，是墓地集体祭祀的场所。海昏侯刘贺墓地有完整的墓园，内有主墓、相关设施及规划有序的陪葬墓，刘贺墓及夫人墓居于墓园南侧偏西，南为园墙，墓前有东西厢房包绕，祠堂位于其内，相对独立。该祠堂位于园墙内一定距离，朝南，但南侧园墙封闭，不开敞，而该祠堂仅为海昏侯墓及其夫人墓使用，其他墓葬并不能与刘贺墓及夫人的墓葬共用该祠堂。墓园内的陪葬（祔葬）墓尤其是等级较高的M3—M6，位于海昏侯刘贺墓及其夫人墓的北侧和东北侧，在墓前各有自身的祭祀设施。这些墓葬前修建的祠堂，形制与刘贺墓前祠堂相似，也与其他一些墓葬祠堂的位置相同，考虑到M3—M6的墓主身份及刘贺自身的特殊身份地位，才会在墓前修建祭祀性质的寝，但这些墓葬不可能建有单独的寝，故M3—M6前的祭祀性设施称为祠堂较为恰当。东汉武氏墓地诸墓也各有祠堂，如武梁祠、武荣祠、武开明祠，可能还有武斑祠。宋山复原的四座小祠堂，形制、画像雕刻技法及时代较为接近，也可能属同一墓地不同墓葬的独立祠堂，其中还有朝向不同的祠堂，如四号祠堂。孝堂山为一处东汉家族墓地，至少5座墓葬，石祠堂为最北墓葬所有，不属于其他墓葬，另在山下也发现有东汉墓前单独使用的小祠堂[①]。

就具体位置来讲，单体或夫妻异穴合葬墓祠堂有位于墓葬之上、封土顶部者，更多的是位于封土外较近距离或封土边缘，或叠压或打破，还有的是部分打破封土，部分在封土外。砖（石、土）墙瓦顶祠堂中，封土外较近距离或与封土紧邻者居多。土（石）坑竖穴墓若建有墓地祠堂，较多采用这种形式，徐州地区西汉石坑竖穴墓外有相关发现，邳州埠上村汉墓祠堂基本如此。有的墓园墙与墓葬间有一定间隔或空间，但相距不远，祠堂多应在墓园内园墙与墓葬之间，即墓园墙内，徐州拖龙山M3的墓地祠堂即建于封土外东侧墓园墙内，邳州燕子埠彭城相缪宇墓的祠堂亦可能如此，但其形制不详。其他形制墓葬中，汉魏洛阳城西东汉墓祠堂位于封土外墓园内，鲜于璜墓祠堂与墓碑出土位置较近，孟津朱仓M708与M709的墓园均为独立的建筑单元，祠堂建在其内，三者的墓地祠堂均与封土有一定距离。其他如云梦癞痢墩M1、卫辉大司马墓地M1、铜山县班井M4等的祠堂靠近封土堆，杞县许村岗M1与西安石家街汉墓的祠堂均位于墓葬附近。有的砖（石、土）墙瓦顶祠堂叠压在墓道之上，与墓道口距离较近，如阳原三汾沟M9、苍山县金山西汉墓等的祠堂。有的位于墓道末端，紧邻封土或局部打破墓道填土，如海昏侯墓陪葬M3—M6的墓前地面建

---

① 罗哲文：《孝堂山郭氏墓石祠》，《文物》1961年增刊。

筑，局部打破墓道填土。有的建在墓道口之外，如南乐宋耿洛 M1 祠堂等。石祠堂与封土有一定距离者基本为双开间祠堂，如铜山县洪楼汉墓祠堂，而"朱鲔石室"与孝堂山祠堂，外壁皆光平有花纹，独立于坟墓之前，内外皆可观瞻[①]。推测三开间石祠堂与双开间石祠堂相似。单开间石祠堂的表现形式较为多样。A 型单开间石祠堂，抱鼓石壁一般较窄，立放的稳定性较差，局部内嵌至封土可使其较稳固，加之形体小，内嵌亦较方便。从调查情况看，皖北地区的抱鼓石壁祠堂多数如此，有的还修建在墓门前，内嵌明显。目前所见抱鼓石壁，内有画像，外无画像，也应与内嵌有关。萧县城阳村西南山坡出土的石鼓形小祠堂，有后壁，平顶，下有较厚大的基座，推测其并不内嵌至封土，紧邻封土的可能性较大。B 型单间石祠堂中，Ba 型多与封土紧邻，如宿州褚兰 M1、M2 各自祠堂及褚兰宝光寺祠堂等，立于南垣墙正中，背靠墓冢封土，正面两端与墓垣连结；有的也很可能局部内嵌至封土中，祠堂侧壁和后壁相对粗糙，山东嘉祥宋山一号祠堂即是如此，有学者绘制有复原的该祠堂与墓葬的位置关系图[②]（图 4-50）。Bb 型祠堂中，徐州铜山县汉王东沿村出土的祠堂画像石复原的石祠堂，虽有底基石和后壁，但较薄小，且祠堂面积不大，局部内嵌至封土的可能性较大，也可能位于封土边缘，Bc 型与之基本相似。C 型单间石祠堂中，多数亦可能是后壁及两侧壁局部或全部内伸至封土中，形成内嵌式。石祠嵌入封土中，既方便砌建，也与增加稳定性有关。其他如邹城发现的祠堂画像石，背面多为凸凹不平、较为粗糙的石面，与正面镌刻精美的图案形成鲜明对比，推测邹城地区的东汉石祠堂不是完全独立于地面上的建筑，其墙壁皆可能用封土掩埋起来。滕州地区多见汉代小型单间石祠堂，可复原的大康留石祠堂、造纸厂石祠堂的两山墙和后壁外面都是凸凹不平的石面，推测石祠的两侧和后面可能是用封土掩埋起来的。作为祭祀设施的祠堂在墓地中有着十分重要的地位，如先砌建祠堂再筑封土，或用封土掩埋石祠堂侧壁和后壁，可能会对祠堂造成积土、污损等破坏，因此内嵌的形式应是在封土堆筑后再进行砌建的，并在一定程度上对封土形成打破，即在一侧封

---

① 蒋英炬、杨爱国、蒋群：《朱鲔石室》，文物出版社 2015 年版，第 55 页。
② 郑岩：《逝者的面具——汉唐墓葬艺术研究》，北京大学出版社 2013 年版，第 111 页。

图 4-50　山东嘉祥宋山一号祠堂侧面及郑岩绘该祠堂与封土组合示意图

土边缘根据需要挖成外敞式土槽，再在其内构筑石祠堂。结合部分砖（石、土）墙瓦顶祠堂的位置来看，汉代墓地祠堂的砌建时间多数应晚于封土堆筑时间。

山东临淄出土 1 件东汉王阿命刻石，总长 1.42 米，前低平较方，类似平台，面阔 0.925、高 0.21 米；后圆而凸起，高 0.78 米，朝平台处为竖向立面，开小龛，龛上刻三条瓦垄，龛内线刻人物画像，龛门右侧有两行隶书题记："齐郎王汉特□之男阿命四岁，光和六年（183 年）三月廿四日物故，痛哉！"（图 4-51）有学者对之进行了专门研究，指出后部圆而凸起的为坟墓，龛则代表祠堂，其内所刻的应是祠主"王阿命"的画像，瓦垄象征着祠堂顶盖，而祠堂前为祭祀平台，是汉代坟、祠堂与祭祀平台缩小组合的再现和模型[①]。该模型反映出小祠堂内嵌封土的情况与上文所述部分祠堂的情况基本相似。笔者

图 4-51　山东临淄出土"王阿命"刻石

---

① 郑岩：《逝者的面具——汉唐墓葬艺术研究》，北京大学出版社 2013 年版，第 98—125 页。

认为，该石原应位于墓主"王阿命"的墓葬外，并起到象征其墓葬祠堂的作用，前端的平台有相应面积，在祭祀时则可起到祭台或祭案的作用。但就该刻石自身来讲，祠堂前的平地则不一定代表祭台或祭案而应是墓地中祠堂前的空地，祠堂以龛的形式内凹，祠主画像刻于后壁，祭台或祭案很可能紧贴后壁，内凹处即可作为祭台或祭案，这与较多单开间祠堂基本一致。

据发掘简报，徐州贾汪白集汉墓祠堂位于封土边缘，原埋于封土之下。从清理情况看，该祠堂的左、右、后三墙埋在土中的特征明显，故三壁嵌入封土的可能性较大，而墓葬封土因长期受雨水冲刷，向封土边缘淤积较严重，在水土流失过程中很容易将整体不高、面积较小的石祠堂掩埋。发掘时，从填土中清理出土一些当时用于祭祀的祭器残片，若当时已将祠堂埋在土堆中，相关器物当较完整，即使是残片也当保留较全，而非仅余部分碎片，故祠堂原暴露在外的可能性较大。另在该墓墓室外四周发现叠堆的石条，有的已露出封土外，推测为石砌墓垣，可起到保护墓室的作用。笔者认为，石砌墓垣原应围绕墓葬一周，这与安徽宿州褚兰 M1、M2 较为相似。为达到坚固等目的，石条的大部分会埋在土中，局部裸露在外以保护封土，因水土流失及其他原因，部分被毁弃，部分被土掩埋，这也从一个侧面证明石祠堂是因水土流失而被埋入土中的。有学者绘制了白集汉墓祠堂、墓垣、封土位置示意图，大致是祠堂局部内嵌，前部开敞，两侧壁紧接石砌墓垣[①]（图 4-52），体现出相应的位置关系。

汉代墓地祠堂的朝向与位置充分体现出祠堂与墓葬的关系密切，显现出其在墓外设施中的重要性，这与墓祭日渐受到重视和不断推广有关。西汉早期的祠堂，与墓葬的相对位置并不统一，有北侧者，也有东侧者，但基本都朝东，而西汉一代，位于墓地或墓葬东部及朝东的祠堂均有一定比例，这与西汉时以东向为尊有一定的关系。西汉中晚期及东汉一代，位于墓葬南侧且为南向者数量明显增加，还有一定数量的墓地祠堂虽位于墓葬的其他位置，但多采取南向，甚至有一些位于墓葬北侧，但朝向却为南向的祠堂。综合来看，西汉中晚期以后，汉代墓地祠堂及相关设施以南向为

---

① 武利华：《徐州汉画像石通论》，文化艺术出版社 2017 年版，第 92、93 页。

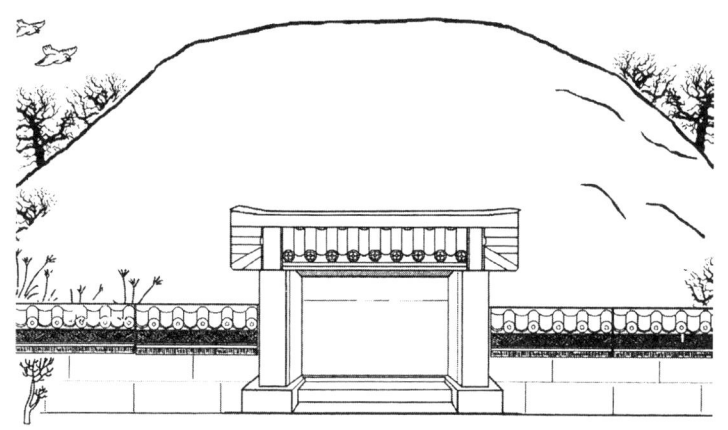

图 4-52 《徐州汉画像石通论》一书中白集汉墓祠堂、墓垣、封土位置示意图

准逐渐被接受和推广普及，并成为常见和最主要的表现形式，这与汉代社会及墓葬自身的发展均有较大关系。西汉时期，已有较多墓葬采取南向，不仅中小型墓葬，还有较多的诸侯王墓，而且西汉中晚期的诸侯王墓还体现出以南向居多，其他方向略少的特征[①]。就帝陵来讲，有的将祭祀设施建在陵南，如西汉景帝阳陵南有罗经石及相关建筑遗址[②]，汉宣帝杜陵与王皇后陵的寝园及相关建筑位于陵园南门一侧[③]。都城建筑也体现出相关内容，如长安城南郊的礼制建筑群，包括社稷、辟雍及王莽九庙等[④]。东汉都城洛阳的灵台、辟雍、明堂等礼制建筑亦位于南郊[⑤]，而帝陵及较多诸侯王墓均使用一条南向墓道，帝王陵寝"坐北朝南"埋葬礼俗得到确认，这与生活中地上建筑南向及都城洛阳的南北宫制等有一定的内在联系[⑥]，并会对相关墓葬外的祠堂位置和朝向产生极大影响。考虑到祠堂在墓葬所属墓地中的重要性，其多朝向墓地入口，进一步来讲，西汉晚期以后，尤其是东汉时

---

① 刘尊志：《汉代诸侯王墓研究》，社会科学文献出版社 2012 年版，第 334 页。
② 咸阳市文物考古研究所：《西汉帝陵钻探调查报告》，文物出版社 2010 年版，第 41 页。
③ 中国社会科学院考古研究所：《汉杜陵陵园遗址》，科学出版社 1993 年版。
④ 中国社会科学院考古研究所：《西汉礼制建筑遗址》，文物出版社 2003 年版。
⑤ 中国社会科学院考古研究所：《汉魏洛阳故城南郊礼制建筑遗址 1962—1992 年考古发掘报告》，文物出版社 2010 年版，第 3 页；王仲殊：《中国古代都城概说》，《考古》1982 年第 5 期。
⑥ 韩国河：《东汉帝陵有关问题的探讨》，《考古与文物》2007 年第 5 期。

期，位于南侧或采取南向的祠堂，其所属墓地的整体朝向多数可视为南向。这不仅表现出与帝王陵墓的一致性，也与汉代尊位及礼制的发展和确立相统一。其他位置和朝向的祠堂中，位于墓葬顶部者可能是对先秦丧葬内容的继承和延续，是原有葬制存留的体现，但部分祠堂可能南向；位于东侧者及东向者在西汉墓地祠堂中常见，东汉时仍有沿用，而就东汉帝陵的陵寝建筑来讲，有的也位于封土的东侧[①]，白草坡和大汉冢两处帝陵皆有体现[②]。至于其他位置或朝向，可能与地方葬俗延续或具体地理位置、丧葬需求等有着一定的联系。以上内容体现出汉代墓地祠堂朝向与位置的多样性，综合反映出汉代墓地祠堂逐步发展、渐趋统一和完善的特点，同时又折射出统一中的多样性特征。

四、墓地祠堂的空间与祭祀

祠堂是进行墓地祭祀及相关活动的重要墓外设施，与汉代墓地祠堂建筑面积对应的使用空间有着不同的形式和体现，进而反映出与墓祭有关的诸多内容。

（一）祠堂面积与空间

关于汉代祠堂的面积，云梦睡虎地M77出土《葬律》竹简记载有"祠（？）舍盖，盖地方六丈"，是对西汉早期偏晚阶段列侯墓地祠堂顶覆盖面积的描述。由于类型、时代、祠主身份等级、具体地理环境等的不同，汉代墓地祠堂的面积和空间也存在相应差异。

1. 砖（石、土）墙瓦顶祠堂

多数仅余基础，部分有墙，包括单、双开间及三开间、多开间祠堂（表4-2）。邳州埠上汉墓与云梦癞痢墩M1祠堂现存面积较小，可能为单开间。徐州荆山村西汉墓地及铜山县班井M4的祠堂为双开间，面积略大。苍

[①] 韩国河：《东汉帝陵有关问题的探讨》，《考古与文物》2007年第5期。

[②] 洛阳市第二文物工作队：《洛阳邙山陵墓群的文物普查》；洛阳市第二文物工作队、偃师市文物管理委员会：《偃师白草坡东汉帝陵陵园遗址》，《文物》2007年第10期。

山县金山汉墓祠堂内砌有可相通的石墙，应为双开间，面积近60平方米。辉县路固汉代墓地的祠堂，相当部分被破坏不存，残存面积约100平方米。刘贺墓与夫人墓祠堂为三开间，面积140平方米左右，刘贺墓陪葬M5、济南北毕村汉墓、卫辉大司马东汉M1等的祠堂面积也在100平方米以上，西安凤栖原墓地祠堂为面三进五，面积达360多平方米。汉魏洛阳城西东汉墓祠堂为面五进三，发掘部分面积已接近620平方米。还有面积更大者，西安石家街汉墓祠堂遗迹为850多平方米，霍光墓祠堂面积约1120平方米。阎楼东汉墓园祠堂遗址的面积则有6400平方米，推测该遗址内还包含其他相关建筑。

表4-2 砖（石、土）墙瓦顶祠堂尺寸（部分）

祠堂名称	长（m）	宽（m）	面积（m²）	备注
霍光墓祠堂	35	32	1120	残高0.6—1米，有壁画
西安凤栖原墓地祠堂	19	19	361	高台建筑，面三进五
阎楼东汉墓园遗址祠堂	80	80	6400	可能包含其他建筑
苍山县金山汉墓祠堂	10.2	5.7	58.14	内部相通，有石墙
邳州埠上汉墓祠堂	2.4	2	4.80	残 ★
刘贺墓与夫人墓祠堂	14	10	140	回廊式高台建筑，三开间
刘贺墓陪葬M4祠堂	7.9	4.95	39.105	夯土基础，凹字形建筑
刘贺墓陪葬M5祠堂	12	9	108	夯土基础，回廊形建筑
徐州荆山村墓地祠堂	5.2	2.4	12.48	双开间 ★
阳原三汾沟M9祠堂	12.5	10	125	残，夯土台基 ★
西安石家街汉墓祠堂	35.5	24	852	可能包含其他建筑
铜山县班井M4祠堂	8	4	32	双开间
云梦癞痢墩M1祠堂	/	/	7.5	已被破坏，残
汉魏洛阳城西东汉墓祠堂	28	22	616	残，面五进三，有廊道
洛阳孟津朱仓M708祠堂	16	15.3	244.8	夯土台基，残
济南北毕村东汉祠堂	13	11	143	破坏较甚，余南墙
卫辉大司马东汉M1祠堂	12.2	9.7	118.34	建在生土面上，四周有散水
辉县路固汉代墓地祠堂	残约26	残约8.5	残存100	无基础，有窖藏、排水沟等 ☆

注：一些祠堂的尺寸由笔者根据线图测量换算所得，★是全部数据；☆是部分数据，为近似值。

2. 石祠堂

部分可修复或复原，室内空间较小，普遍低矮（表4-3）。Aa 型单开间石祠堂面阔 0.5—1、进深 0.35—1.15、高 0.6—1.2 米，面积最大为 1 平方米略多，高不足 1.5 米。Ab 型单开间石祠堂虽形体稍大，但大多也不足 2 平方米，高亦不足 1.5 米，如萧县城阳村西南山坡祠堂，而淮北相山区洪山出土的 2 座石祠堂，占地面积分别约为 1.48、1.4 平方米。Ba 型单开间石祠堂面积一般不足 2 平方米，普遍不大，嘉祥宋山小祠堂的复原面积均不到 1 平方米，宿州褚兰 3 座祠堂的面积均不超过 1.5 平方米，高亦不到 1.5 米。滕州市出土汉代石祠堂多为小型单间祠堂，约占该地出土祠堂总数的 90%，据其构件的尺寸，堂内面积多在 1.2 平方米上下，而面积稍大的也仅有 2 平方米左右。Bb 型单开间石祠堂面积亦较小，徐州铜山汉王乡东沿村出土祠堂画像石，复原祠堂面积基本不足 1 平方米，内高亦不超过 0.8 米（表4-4）[①]。Bc 型单开间石祠堂相对少见，所举例子的祠壁加上门扉，进深为 0.7 米，祠内面积为 0.7 平方米稍多，内高则仅 0.6 米左右。上述这些祠堂基本不可容人，不仅面积小，祠内亦较低矮，有的仅 0.6 米左右，躬身都是不可能的。C 型单开间石祠堂的面积则相对略大，其中武梁祠室内约 2.7 平方米，白集汉墓祠堂室内约 3.29 平方米，高度分别是 1.73 米或 2 米，大致可以容人。双开间石祠堂的室内空间稍大，小者不足 7 平方米，略大者接近 9 平方米，高度在 1.9—3 米之间，如徐州洪楼祠堂，复原后的内部面积约 8.8 平方米[②]。最大的为"朱鲔石室"，约 13 平方米，高为 3 米。可以说，双开间石祠堂内容人基本没有问题。三开间石祠堂未见实例，但从开间及相关记载来看，其具有相应面积和高度，容人及出入当较为方便。

综合来看，砖（石、土）墙瓦顶祠堂多数面积与空间较大，与该类房屋易于砌建或构筑有关，石祠堂的面积与空间普遍较小，则与石料加工、搭建技术和要求等可能有关。目前所知，较多的单体墓葬使用砖（石、土）墙瓦顶祠堂，而家族墓地及夫妻异穴合葬墓前也基本都是该类祠堂，可以说，

---

① 刘尊志：《江苏徐州东沿村出土东汉祠堂画像石浅析》，《中原文物》2018 年第 1 期。
② 徐建国：《徐州汉画像石室祠建筑》，《中原文物》1993 年第 2 期。

表 4-3　石祠堂尺寸（部分）

祠堂名称	室外（单位：m）		室内（单位：m）			备注
	面宽	高	面阔	进深	高	
嘉祥宋山四座祠堂	1.9	1.7	1.2	0.64—0.68	0.69—0.73	单开间 Ba 型
嘉祥武梁祠	2.35	1.92	2	1.35	1.73	单开间 C 型　★
嘉祥前石室	3.65	2.63	3.3	2.05	2.2	双开间 B 型，不含龛
嘉祥左石室	3.75	2.6	3.3	2.1	1.95	双开间 B 型，不含龛　★
金乡"朱鲔石室"	4.36	3.4	3.96	3.3	3	双开间 A 型
长清孝堂山祠堂	4.12—4.14	2.74	3.78—3.8	2.18	2.01—2.19	双开间 A 型　☆
铜山洪楼汉墓祠堂	4.88	2.6	4.34	2.03	2.15	双开间 A 型
贾汪白集汉墓祠堂	/	/	2.19	1.5	2	单开间 C 型
褚兰宝光寺祠堂	/	/	1.61	0.92	1.4	单开间 Ba 型
褚兰 M1 祠堂	/	/	1.4	0.9	不详	单开间 Ba 型
褚兰 M2 祠堂	/	/	1.36	1.03	1.3（残）	单开间 Ba 型
Aa 型抱鼓石壁祠堂	/	/	0.50—1	0.35—1.15	0.60—1.2	形体小
萧县城阳村西南祠堂	2.64	1.94	1.68	1.17	1.24	Ab 型，稍大
萧县与汉王交界处祠堂	1.4	残 0.57	1.02	0.7	0.6[①]	单开间 Bc 型，无顶石
淮北市相山区洪山 C1	1.62	1.52	1.25	0.79	0.78	单开间 Ab 型，有面积较小的龛
淮北市相山区洪山 C2	残 1.48	残 1.31	1.25	0.7	0.84	单开间 Ab 型，有面积较小的龛

注：一些祠堂的尺寸由笔者根据线图测量换算所得，★是全部数据；☆是部分数据，均为近似值。

这类祠堂的使用范围较广；石祠堂则基本用于单体墓葬，即使是同一家族墓地，墓葬也是各有石祠堂，这应是二者的区别和特征之一。究其原因，应与祭祀空间的大小有一定的关系，即很难修建出适用于两个或多个墓葬使用、面积较大的石祠堂，但面积相对较小的石祠堂则易于修建。另外，石祠堂较为坚固，装饰多是雕刻而成，保存时间久，砖（石、土）墙瓦顶祠堂及其装饰因人力及自然力等的破坏，使用时间相对稍久即易损毁，需经常修缮。

[①] 武利华：《徐州汉画像石通论》，文化艺术出版社 2017 年版，第 61 页。

表 4-4　笔者复原铜山县汉王东沿村祠堂画像石所属石祠堂尺寸

祠堂编号	画像石材	规格与尺寸（单位：米）				备注
		进深	内横宽	内高	内部面积（m²）	
东一号	东第4—6石	0.63	0.9	0.66	0.567	缺底基、顶石
东二号	东第3石	<0.42	<1	/	<0.42	仅顶石
东三号	东第1、2石	略<0.73	≈1	约0.77	<0.73	余东壁、顶石
西一号	西第1、2石	0.74-0.75	/	0.77—0.78	/	仅二侧壁
西二号	西第3、4石	≈0.74	/	略<0.78—0.79	/	仅二侧壁
西三号	西第5、6石	≈0.71	/	≈0.77	/	仅二侧壁
西四号	西第8、9石	≈0.67-0.68	≈0.94	≈0.75	0.6298—0.6392	余东壁、后壁
西五号	西第7石	≈0.75	/	略<0.65	/	仅东壁
西六号	西第10石	≈0.69	/	略<0.71	/	仅东壁

（二）与祭祀相关的内容

不同类型、不同室内空间的墓地祠堂，反映出的相关祭祀内容如祭品摆放、开展祭祀、器具使用等，既有相似之处，又存在诸多不同和差别。

砖（石、土）墙瓦顶祠堂普遍面积较大，有足够空间摆放祭品，一些还能够容祭祀者在祠堂内开展相关活动。苍山县金山西汉墓祠堂，室内面积近60平方米，内砌隔墙，西南角有一用单层石块垒砌台边的方台，南北长1.6、东西宽1.4米，台西侧、西墙南端为通向坟丘的西门，推测方台与祭祀有关，当为放置祭品的祭台。徐州荆山村西汉墓地祠堂面积近13平方米，房基内东北部有一长方形块石，长0.73、宽0.46米，亦可能与置放祭品有关。鲁元公主墓西北的祭祀设施面积较大，遗址内有东西和南北向的夯墙数道，说明该设施的室较多，功能亦可能多样。霍光墓祠堂为高台建筑，室内有壁画等装饰，且面积达一千多平方米，空间较大，可能还包含其他设施。凤栖原西汉墓地祠堂是面三进五的方形堂室，而且经过扩建，推测可能与适应祭祀需求有关。洛阳孟津朱仓M708的祠堂为大型夯土台基，另有配套服务和其他设施。新乡辉县路固汉代墓地C区墓地祠堂（F1）位于墓地南端，虽仅余部分，但经发掘可知，祠堂整体面东，由南至北为三个相连，面积分别是10、10、76平方米的单位，并有其他设施。海昏侯墓祠堂亦有相当面积，而其东西两侧有面积较大的厢房，刘贺墓前还有专门的寝。洛阳汉魏故城东汉墓的墓园设施丰富，祠堂居于重要位置，面积大，建筑考究，配套设施丰富。

参考以上，笔者认为，具有相应面积的砖（石、土）墙瓦顶祠堂基本都会在室内某一位置设置相关设施，并在其上摆放祭品，而足够的空间又使得一般祭祀活动在室内即可举行。至于面积较小的此类祠堂，如邳州埠上村汉墓与云梦癞痢墩 M1 祠堂，因破坏严重，原面积不详，祭品摆放与进行祭祀的地点或许与其他祠堂相同。若祠堂面积确实较小，很可能是祠堂内摆放祭品，祭祀活动在祠堂外举行。就上述祠堂而言，若举行规模较大的祭祀典礼活动，则很可能在祠堂外，如祠堂前、庭院、台地等，而祭品也很可能摆放在祠堂外。

石祠堂中，三开间祠堂仅见于记载，室内有相应高度，面积也相对较大。双开间祠堂中，个别面积较大，如"朱鲔石室"，这些祠堂的祭品摆放及祭祀情况与较多砖（石、土）墙瓦顶祠堂可能相近。多数双开间石祠堂的室内面积未达到 10 平方米，但室内空间已具备摆放祭品的条件，并且人数少、规模小的祭祀活动也可在祠内进行，祠堂前端均开敞，也使得祭祀空间得到扩大。一些祠堂内设长祭台以摆放祭品等。滕州西古村石祠，双开间，靠后壁横置一块长贯左右侧壁的长方形祭台石[①]。长清孝堂山祠堂室内靠后墙横列一嵌入东西山墙的石祭案，由 2 块石板拼成，长约 3.8、宽 1.01 米，近 4 平方米，其上应供设有祠主神位及相应数量的祭品，而该祠堂的进深为 2.18 米，减去祭台宽度还有 1.17 米，剩余面积近 4.5 平方米，可供少量人员在祠内祭祀。武氏祠前石室后壁正中有石砌壁龛，横宽 1.5、进深 0.75 米，面积约 1.25 平方米，下有铺石。龛前端基石的上面较光滑，类似案面，前立面即向外一侧刻出弧形牙板形式，内饰云纹，外看为供案的一面。该石与龛共同组成象征性供案，因此龛内可供设祠主神位及一定数量祭品，这应是祠内设龛的目的之一，而另一目的则是减少对祠内空间的占用，更便于在祠内祭祀。武氏祠左石室与之相似，龛前侧有带花纹的基石，而前石室与左

---

① 陈庆峰、潘卫东、李慧：《滕州汉代石祠堂及祠堂画像》，《枣庄师范专科学校学报》2002 年第 1 期。

石室的室内面积均近 7 平方米，可供一定数量的人员在祠内祭祀。同上述一些砖（石、土）墙瓦顶祠堂一样，在规模大或人数相对多的情况下，该类祠堂也是将祭品及祭祀活动安排在祠堂之外。单开间石祠堂的相关内容略显复杂。A、B 型单开间石祠堂普遍面积较小，加之较低矮，祠内基本不能容人，估计其内仅可摆放祭品及相关物品，祭祀活动在祠外举行，考虑到对应的墓主身份一般不高，祭品也不会太多，虽祠堂内空间狭小但可置放，在某种需要、某些情况下，也存在将祭品摆放在祠外的可能。皖北地区的一些 Aa 型单间石祠堂内发现有长方形石祭案。Ab 型单开间石祠堂中，萧县庄里乡城阳村西南山坡祠堂，下有基座石，为一巨型石板，总长 3.3、宽 1.35、厚 0.4 米，祠堂的两侧山墙石及后壁石竖立在基座石上，在基座石靠近后壁的地方，刻两只凿深 4 厘米的耳杯，为祠堂内象征性的常设供器，而耳杯的刻凿，说明基座石也具有祭案的功能[①]。淮北相山区洪山 2 座祠堂皆在后壁有小龛功能应是用于摆放墓主的神位，其材质可能为石质或木质，因其可被随意移动，早期即已丢弃或毁坏，但二祠堂的主室基石上雕凿有耳杯，其功能是为祭祀墓主服务[②]，亦具有祭案的功能。Ba 型单间石祠堂中，安徽宿州褚兰的 3 座石祠堂，面积与高度不足以容人，而复原的嘉祥宋山四座小祠堂的基座石从前面观看就像一块供案石，推测在祭祀死者时将祭物供品放在祠内祭案或基座石面上。一些祠堂的相关祭祀器具与祭品也可能摆放在祠堂外，孝堂山下出土小祠堂后壁画像中即有 1 人在祠堂外跪拜祭祀，面前置祭食器物，直接放在地上[③]（图 4-53）。C 型单间石祠堂的室内空间略大，加之有相应高度，其内可摆放祭品，并能容极少数人在内祭祀。不过，相关祠堂的面积也仅在 2.7—3.3 平方米之间，空间相对窄狭，比较大或重要的祭祀活动会在祠堂外进行，而祭品等也可能摆放于祠外。徐州贾汪白集汉墓祠堂附近填土中清理出一些残的陶祭器，当时的一些祭祀活动及祭品摆放当在祠堂外，而此类祠堂前端开敞，也使得祭祀空间得到扩大。不过，就此型祠堂来讲，

[①] 武利华：《徐州汉画像石通论》，文化艺术出版社 2017 年版，第 63—65 页。

[②] 淮北市文物局：《安徽省淮北市发现汉代画像石祠》，《东南文化》2019 年第 6 期。

[③] 关野贞：《中国山东省汉代坟墓表饰》，东京大学工科大学纪要第八册第一号，1916 年，图 140。

图 4-53　山东长清孝堂山下小祠堂出土祠堂祭祀画像摹本

室内也会有祭案（或供台、供台），白集汉墓祠堂室内即设有祭案，以在祭祀时摆放祭品，祭案当摆在靠近祠堂后壁的地方，从祠堂东、西山墙基座石的糙面判断，祭案的尺寸为南北纵 0.64、东西横 2.07、高 0.25—0.3 米。祭案面积约 1.32 平方米，祠堂的室内面积减去祭案面积，所余面积不足 2 平方米，是可在室内进行小型祭祀活动的，但略大一些的祭祀活动则需在外进行，祠堂外发现的陶祭器说明了这一点。

可以看出，汉代墓地祠堂内可以摆放祭品，除面积或空间较小的祠堂外，较多祠堂内可举行相关的祭祀活动，尤其是人数极少的情况下，但规模大或参与人员多的大型祭祀典礼活动需在祠堂外举行，祭品摆放于祠堂内或祠堂外。信立祥先生对山东沂南画像石墓中室南、东、西壁横梁画像[①]进行了考证，指出相关内容为祠堂祭祀等，而从图像内容看，祭祀时的人数较多，供物摆放在祠堂外的庭院中[②]。换言之，祭祀者会根据祠堂空间和祭祀要求，充分运用祠堂的祭祀功能，并与相关场地或设施相结合，更好地进行墓地祭祀，以达到和实现祭祀逝者等目的。

徐州白集汉墓祠堂附近填土中清理出一些残陶质祭器，主要有杯、案、盘、勺等。其他较多墓地祠堂也有发现，以东汉墓地祠堂较为常见。徐州市荆山村西汉墓地祠堂内出土有断面为梯形的构件（图 4-54：1），作用不详。

[①] 南京博物院、山东省文物管理处：《沂南古画像石墓发掘报告》，文化部文物管理局，1956 年，图版 48、49。

[②] 信立祥：《汉代画像石综合研究》，文物出版社 2000 年版，第 249—253 页。

济南北毕村东汉墓祠堂内发现有陶瓮、盆、甑等遗物（图4-54：2、3）。洛阳孟津朱仓M708、M709的祠堂及附近也见有陶碗、盘、盆、罐等。新乡辉县路固墓地祠堂附近出土陶盆、甑等；卫辉大司马东汉M1祠堂及附近的G8出土遗物较多，均已残破，可复原者25件，器类包括罐、缸、甑、盆、钵、碗等，皆火候较高的泥质灰陶（图4-54：4—9），可能与供奉、朝拜、祭祀等活动有关，而非专门的随葬陶器或日常生活用品[①]。大致来看，相关器物以陶质盛器和饮食器为主，多数与酒食有关，这也从侧面反映出汉代祠堂祭祀时的内容，亦折射出相应的祭祀方式。

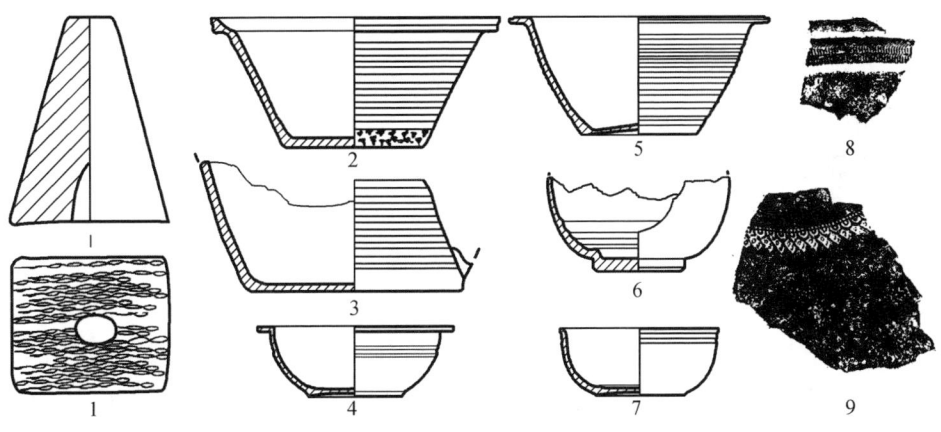

图4-54　汉代墓地祠堂出土陶器
1.构件（江苏徐州荆山村西汉墓地祠堂出土）　2.盆　3.甑（山东济南北毕村东汉祠堂出土）
4、5.盆　6.碗　7.钵　8、9.罐（河南卫辉大司马东汉墓祠堂出土）

关于祭台、祭案或供案等，上文已有相关论述。从一些祠堂的保存状况看，部分砖（石、土）墙瓦顶祠堂内的祭台、祭案或供案大多位于一隅，面积亦不大，苍山县金山西汉墓祠堂内祭台南北长1.6、东西宽1.4米，约2.24平方米；徐州荆山村墓地祠堂房基内东北部的长方形块石长0.73、宽0.46米，面积不足0.35平方米。武清鲜于璜墓祠堂附近出土长方形石盒1

[①] 河南省文物管理局南水北调文物保护办公室、四川大学考古学系：《河南卫辉市大司马村一号汉墓及墓前建筑》，《考古》2008年第11期；河南省文物局：《卫辉大司马墓地》，科学出版社2015年版，第16—20、30—32页。

件，覆斗形盖与盒身为子母口扣合，盖顶外刻四叶形纹，四面外刻三角纹和兽纹，盒身内有凹槽，内刻耳杯、盘和鱼等物（图 4-55），为墓祭遗物，可能是象征性常设供器，凹槽及盖则起到更好的保护作用。

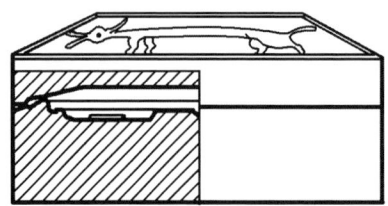

图 4-55　天津武清鲜于璜墓外出土祭案石盒

石祠堂内的祭台、祭案或供案的相关内容较为多样。嘉祥武氏祠的祠堂用石中有刻花纹的供案石（图 4-56），另有浅浮雕耳杯盛鱼画像，两只耳杯各盛一鱼，相对的两个圆圈内各有一物，似鳖，与祠堂祭案有关[①]（图 4-57），亦是象征性常设供器。前石室与左石室，后壁以石砌龛，下有铺石。前石室的龛横宽 1.5、进深 0.75 米，面积约 1.25 平方米，前端基石的上面较光滑，类似案面，前立面刻出弧形牙板形式，内饰云纹，外看似为供案；左石室与之相似，龛前侧有带花纹的基石，龛与前端基石组成象征性的供案。有的祭案靠近祠堂后壁，连接左右两侧壁，较窄长。长清孝堂山祠堂室内石祭案由 2 块石板拼成，近 4 平方米，徐州贾汪白集汉墓祠堂内的祭案面积约 1.32 平方米。有些则是祠堂基座与祭案合为一体，嘉祥宋山四座小祠堂的基座石，从前面观看就像一块供案石；萧县庄里乡城阳村西南山坡祠堂的基座石为一巨型石板，约 4.5 平方米，靠近后壁处雕凿 2 耳杯。

图 4-56　嘉祥武氏祠堂的供案石

[①] 蒋英炬、吴文祺：《汉代武氏墓群石刻研究》，山东美术出版社 1995 年版，第 27 页。

第四章　汉代列侯墓葬及中小型墓葬的墓地祭祀设施　397

图 4-57　嘉祥武氏祠堂的石祭案

类似形状与刻纹的散存和出土画像石还有一些，基本为祠堂石祭案，皖北、徐州、鲁南地区多有发现。皖北地区出土的此类画像石常见耳杯图案，有的除耳杯外还刻有其他图案。徐州贾汪青山泉子房村出土一块长方形祠堂石祭案，画面为十字穿环图案，中间并排凹刻三盘，盘中各有一鲤鱼，鱼头相反方向画像的中间有一长方形凹槽①。睢宁古邳散存的一块祠堂石祭案上刻2鱼、1龟、2耳杯等②（图4-58：1），邳州出土2耳杯、2鱼图案的石祭案（图4-58：2），睢宁古邳杆山出土祭石上刻2鲫鱼与2耳杯（图4-58：3），贾汪汴塘出土"双鱼盘图"石祭案，画面中央置一壶，壶中有三长柄器物，壶两侧各一盘，盘中为鱼（图4-58：4），枣庄市台儿庄区邢庄乡邢庄村也出土有类似内容的石祭案③（图4-58：5）。山东滕州出土的一块石祭案，画面大部分为穿璧纹，穿璧纹之上中间刻2并列的耳杯，耳杯两侧各1盘，盘中各盛2鱼④，画像布局与萧县庄里乡城阳村西南山坡祠堂的基座石相似，耳杯、盘及鱼等图案可能位于内侧，该石也很可能为祠堂基

---

① 王黎琳、武利华：《江苏铜山县青山泉的纺织画像石》，《文物》1980年第2期。
② 郝利荣：《徐州新发现的汉代石祠画像和墓室画像》，《四川文物》2008年第2期。
③ 杨孝军、郝利荣：《论汉画像石中"祭案"与"庖厨"的意义——兼论〈太平经〉中的死后世界以及汉代民俗信仰》，《中国汉画学会第十三届年会论文集》，中州古籍出版社2011年版，第84—90页；李锦山：《鲁南汉画像石研究》，知识产权出版社2008年版，第304、305、315页。关于壶中的物品，《鲁南汉画像石研究》一书称画像中间壶内所插为线香，并指出供佛多燃线香，信徒供佛、礼佛多上三支香，但线香大致在宋元时期才得到使用，画像时代明显早得多，很难说明画像中器物中放置的为线香，而壶内多盛酒类，所以壶内竖立的很可能为3件长柄勺或类似功能器物，而这也与两侧盘内置鱼相对应，综合体现出与墓祭有关的内容。
④ 翟洪勇：《滕州汉代祠堂画像石》，《文学界（理论版）》2013年第1期。

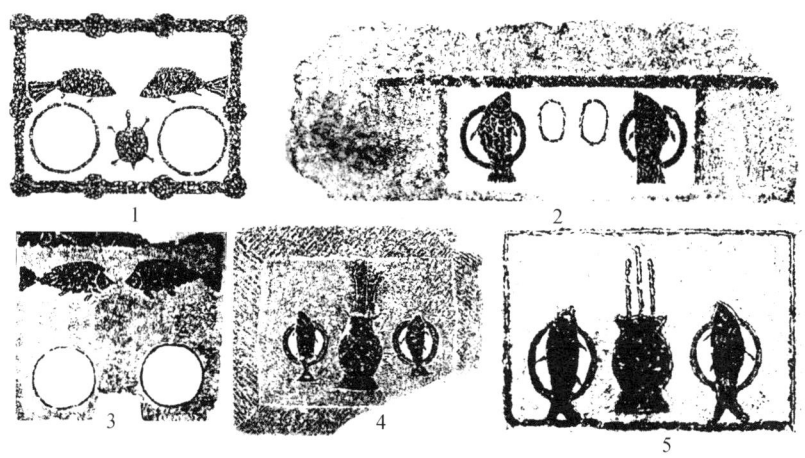

图 4-58　苏北、鲁南地区出土祠堂石祭案画像
1. 江苏睢宁古邳散存　2. 江苏邳州市出土　3. 江苏睢宁古邳杆山出土
4. 江苏徐州贾汪汴塘出土　5. 山东枣庄市台儿庄区邢庄乡邢庄村出土

座石。根据可复原石祠堂的基座石及散存祭案石的图像内容、布局、形制和大小等来看，较多至少一部分祭案石应作祠堂底基石使用，这在形状和大小方面皆有反映，图像的布局亦有体现。就内容来讲，包括祭器如盘、耳杯、壶等盛器，也包括祭品，主要为鱼，可能还有酒。从祭案石的大小来看，祠主的身份不高，且祭案石所刻的祭器和祭品也基本代表了这一阶层的祭祀内容。一些祭案石一石二用，既作为底基石，又具祭祀功能。如此既可节省石材，又体现出与祠主身份地位相对应的特征。祠堂石祭案既可摆放现实祭祀物品，所刻图案又具象征性祭祀意义，如象征性常设供器。刻画象征性常设供器的石祭案有相当数量，多与小型石祠堂有关，体现出墓主身份等级，而这些图案长久存在，可在思想上达到长久祭祀的目的，这应是面积较小石祠堂的内容和特点之一。另有素面祭案出土，如邳州市燕子埠东汉彭城相缪宇墓封土外出土 1 件石祭案，残长 1.17、宽 0.77、厚 0.23 米，素面，下有四足[①]，该墓的墓园内一侧为墓，另一侧较宽敞，可能修建有祠堂，而该祭案应与祠堂有关。

---

① 南京博物院、邳州博物馆：《东汉彭城相缪宇墓》，《文物》1984 年第 8 期；武利华：《徐州汉画像石通论》，文化艺术出版社 2017 年版，第 89 页。

一些祠堂的祭祀器具与祭品也可能摆放在祠堂外,或在祠堂外设祭案等设施,或直接将祭器与祭品置放在地,孝堂山下出土小祠堂后壁画像即可体现。

五、配套设施

与墓地祠堂有关,多位于祠堂外,少量在祠堂内,或配合祭祀,或保护祠堂,或与祠堂一起体现丧葬需求,或有其他功用。《盐铁论·散不足》载"中者祠堂屏阁"[①],屏阁应是墓葬外的另一建筑,可能与祠堂相配套服务于墓地祭祀。从已有考古资料看,一些祠堂或祭祀设施遗存面积较大,除祠堂外,还会有其他与之配套的设施。鲁元公主墓西北侧的建筑遗存面积较大,其内发现东西向、南北向夯土墙数道,相关建筑或配套设施应较多样。汉魏洛阳城西东汉墓东有大面积的建筑群,为东西毗连的三重院落,殿堂、廊房、天井错落分布,其他房舍如角楼类防护设施、其他功能室等安排有序,用于祭祀的大型殿基F1为祠堂,有配套设施,如冢舍、藏储房舍等。偃师阎楼东汉墓园的祠堂遗存面积达6000多平方米,其中应有多种设施。考古所见与墓地祠堂相关的配套设施多已损毁,但也有所存留,下文仅作分类简述。

(一)窖藏

部分位于祠堂内,部分在祠堂外或其他设施中,主要用于存储相关物品。

孟津朱仓M708祠堂(F1)南缘有1近正方形窖藏坑(窖1),长2.18、宽1.88、深0.64米,坑底为夯土,四壁砌砖(图4-59:1)。F1西南角与东部偏南还有2长方形坑(D1、D7),D1长2.08、宽1、深0.52米,底部边缘有残砖,D7长3.2、宽0.96—1.02、深1.02米,二坑为窖藏的可能性较大。

济南北毕村东汉墓祠堂南部的F1,西南角有以砖石垒砌的近长方形坑,长2.25、宽1.15、深0.4米(图4-59:2),简报称之为水池,但其为窖藏的可能性较大。

新乡辉县路固C区汉代墓地的祠堂类设施位于墓地南端,考古发现有与

---

① (西汉)桓宽:《盐铁论·散不足》,王利器校注:《盐铁论校注》,中华书局1992年版,第353页。

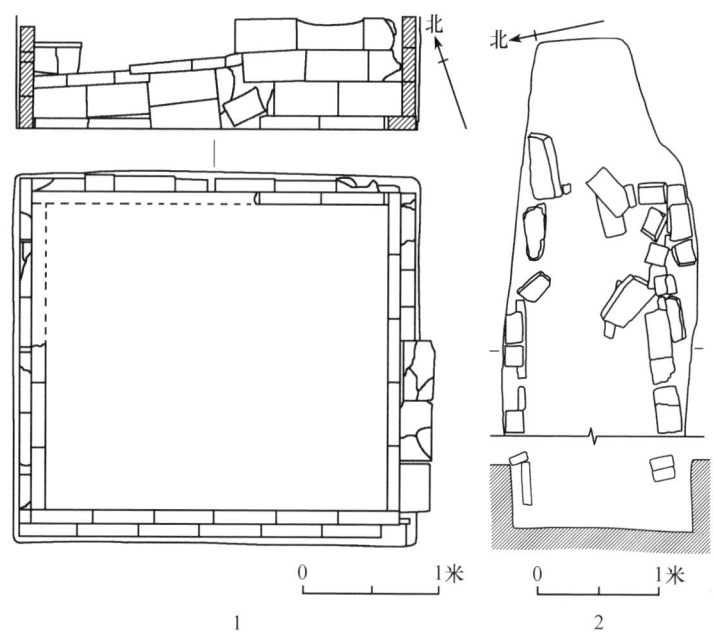

图 4-59 汉代墓地祠堂配套的窖藏
1.河南洛阳孟津朱仓 M708 祠堂窖藏　2.山东济南北毕村东汉墓祠堂南部的 F1 内窖藏

祠堂（CF1）相关的窖穴[①]。CH2 位于第三处堆积中部偏北，打破 CH5，二者有前后交替关系（图 4-60）。CH2 整体呈带状，口平面近圆形，壁面斜，相对整齐，底稍斜，无踩踏痕迹，内填深黄褐色土，土质疏松，出土少许砖块、瓦片，推测为储物类窖穴，废弃后一次性回填。CH5 亦为 CF1 的配套窖穴，与 CH2 位置部分重叠，范围大于 CH2，并被其打破。平面呈"L"形，北部向东折，四壁规整垂直，底面中间下凹，有踩踏痕迹。为砖石混砌的半地穴式窖穴，南墙石砌，内侧选用较规则石板平铺，外侧为不规则石块，北部东折部分的东墙、西墙为砖砌，西墙为顺砖错缝平砌，下部多用整砖，上部多用残砖，北墙为土筑。此外，祠堂遗存内及附近还发现一些具有窖藏或窖穴性质的遗存，用于储物，计 3 座，均打破 CF1 的堆积，为 CF1 附属设施的可能性不大，但很可能是东汉晚期，墓地祠堂毁弃后，相关人员进行墓祭等活动时的储物遗存，亦可视为与祠堂有关的设施（图 4-61）。详见表 4-5。

---

① 中国社会科学院考古研究所：《辉县路固》，科学出版社 2017 年版，第 11—20 页。

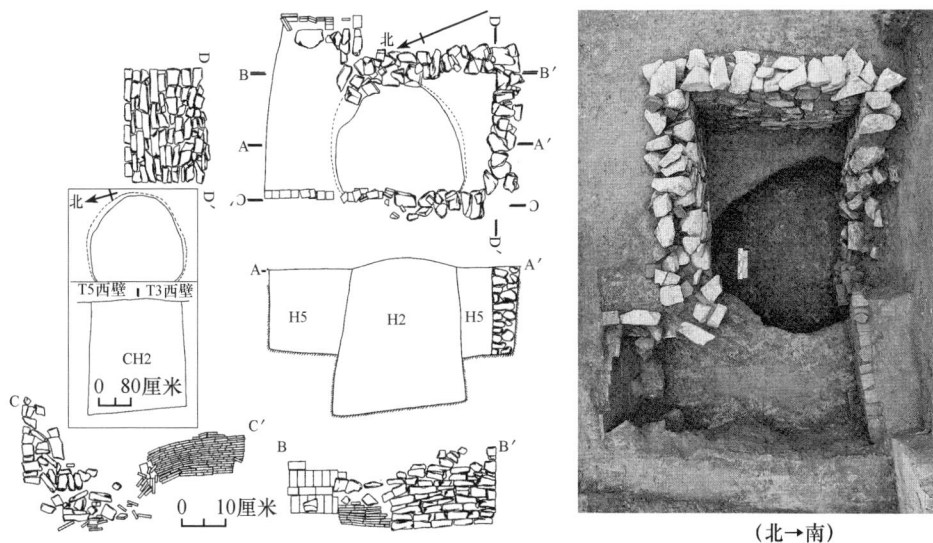

图 4-60　河南省辉县路固汉代墓地 C 区 F1 内的 H2 与 H5

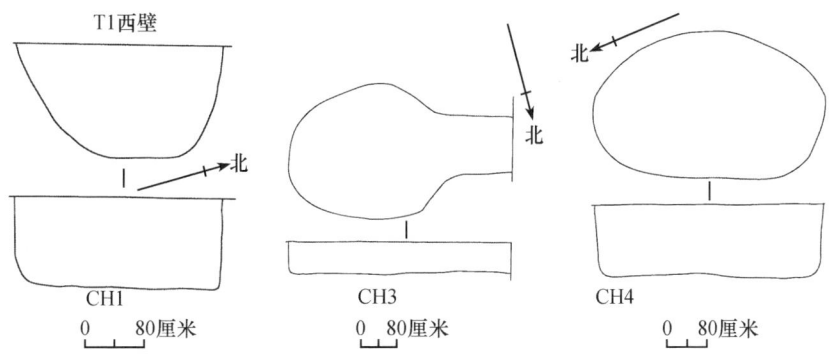

图 4-61　河南省辉县路固汉代墓地 C 区 F1 附近储物坑

表 4-5　河南省新乡辉县路固 C 区墓地发现的相关窖穴

编号	位置	形制	填土	遗迹与遗物	性质
CH1	第一、二处堆积之间	坑口平面椭圆形，口大底略小，壁面基本垂直，规整，底平	疏松黄褐色土	无踩踏或夯打痕迹，出土少许陶片	窖穴遗迹
CH3	第二、三处堆积之间	坑口呈横凸字形，西窄东宽，壁直，规整底略平	疏松黄褐色土	出土少许砖块、板瓦和筒瓦片	储物类窖穴，废弃后回填形成
CH4	第三处堆积东，建筑东部边缘	平面略呈椭圆形，口大底小，坑壁斜，规整，底整	疏松浅黄褐色土	无踩踏痕迹，出土少许砖块和板瓦片	储物类窖穴，废弃后一次性回填形成

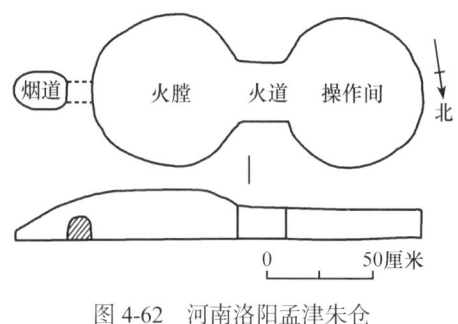

图 4-62　河南洛阳孟津朱仓
M709 祠堂外的灶（Z2）

（二）灶

祠堂内外均有发现，可用于加热或加工水与食品等。

孟津朱仓 M709 祠堂所在中心院落中部与南部各有 1 灶，东北侧东墙外有灶 2 处，均由操作间、火道、火膛、烟道组成，Z2 保存略好（图 4-62）。

济南北毕村祠堂中部有红烧土痕迹，伴出兽骨、铁削等，原可能有灶。

（三）室外场地

主要是配合祠堂开展规模大、人员多的祭祀典礼活动，亦有他用。

南昌海昏侯刘贺墓与夫人墓前祠堂南端、凤栖原祠堂门东皆有大片空地，可视为祠堂外祭祀场地。

《从事武梁碑》记有"前设坛墠，后建祠堂"[①]，可知武梁祠前设有专门的祭祀场地。

济南北毕村东汉墓祠堂南墓园围墙内有面积大且空敞的活动空间，为举行活动的场地。

孟津朱仓 M708 祠堂南侧为庭院，内有大面积的汉代活动面。

金山西汉墓祠堂与其他房屋之间有人为平整、东西相连的 2 个规整长方形台地，平坦开阔，用开凿墓葬运出的碎山石堆筑、铺垫、平整而成，应是开展祭祀活动的室外场地。

汉魏洛阳故城西东汉墓的祠堂为大型殿基 F1，所属建筑群为东西三个毗连的院落，院落中有天井，而从墓园遗址平面图来看，F1 东（前侧）有大面积的空地。

需作说明的是，较多汉代墓地祠堂位于墓前或墓侧，或位于墓群的某一位置，祠堂前端或附近一般都会有相应面积的空地以供开展相关活动。

---

① 蒋英炬、吴文祺：《汉代武氏墓群石刻研究》，山东美术出版社 1995 年版，第 17 页。

(四)厢房

位于祠堂旁侧,多见两组或两间,与祠堂相连或距离较近,大部分位置突前,为附属建筑,可配合祭祀及相关活动。

南昌海昏侯刘贺墓祠堂东西两侧各有一长方回廊形三开间厢房,厢房之间为大面积的空阔地,祠堂位置偏东北,另有其他设施。

济南北毕村东汉墓祠堂(F2)南侧有东、西两长方形砖砌厢房,西厢房为长方形,西墙由两列长方形砖平铺,东墙与南墙构成F2的东南角(图4-63:1)。

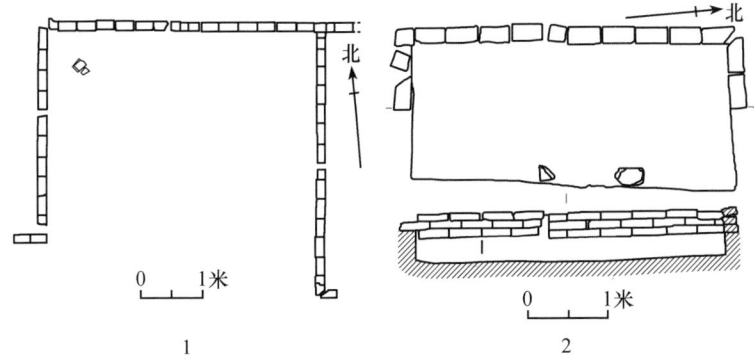

图4-63 山东济南北毕村东汉墓地祠堂的厢房与相关房屋
1.祠堂西厢房平面图 2.祠堂南房屋建筑(F1)西侧局部平、剖面图

长清孝堂山下出土小祠堂画像中的祠堂建筑为四合封闭式院落,正房两侧为左右厢房。

金山西汉墓祠堂南侧一定距离有1建筑,是用2立柱支撑的一面坡敞篷式瓦顶房屋,有墙及石柱础等,应属厢房,与之对应的是祠堂北侧也有房屋,但作他用。

孟津朱仓M708祠堂东部偏南一定距离有一处房址,发现南北两排多个夯土墩,附近有水渠,推测为祠堂的厢房。

汉魏洛阳故城东汉墓的祠堂附近有廊房、天井等,另有其他房屋,相关建筑之中,当有一些类似厢房的建筑。

新乡辉县路固C区汉代墓地祠堂遗存发现三处大致相连的建筑堆积,其中当有厢房类建筑设施。

（五）冢舍

汉代，守冢较常见，可起到守护墓葬、祠堂等作用。朝廷还为一些人员设置守冢者，如淮南王刘长、大臣霍光等。有一定政治地位或经济实力者乃至一般家庭，或设专门的守冢者，或自身为守冢人。守冢时居住的房屋称为冢舍，《汉书·何并传》载"林卿杀婢瘗埋冢舍"，颜师古注曰："冢舍，守冢之舍也。"[1]《汉书·游侠传》亦载"大治起冢舍"[2]。冢舍又称庐舍，《潜夫论·浮侈篇》载有"庐舍祠堂"，反映出祠堂与冢舍的关系。从考古资料看，冢舍一般建在祠堂旁侧或附近，或与祠堂相连或有小的间隔，多位于北侧或东侧，面积小且相对独立。

西安凤栖原西汉墓地祠堂及金山西汉墓祠堂北侧皆有一相连的小房间，为冢舍。金山西汉墓的冢舍宽度与祠堂相同，南北内长2米，门位于东侧偏北部。

汉魏洛阳城西东汉墓祠堂东侧偏北二登道间以殿基侧壁为后壁附建小房一所，面东，北壁夯筑，室内东西长3.31、南北宽3.2米，亦应为冢舍。

济南北毕村东汉墓祠堂北侧一定距离为冢舍（F3），是一座砖木结构小型建筑，墙基础修建于平面呈圆角方形的土圹中，有地上砖墙和木制斗拱及瓦顶，西南角还有一木门。

新乡辉县路固C区汉代墓地发现的建筑堆积，发掘者推测，既可能是墓地集体祭祀的场所，即祠堂，也可作为服丧人或守冢人的居所，即冢舍。笔者认为，该处的建筑堆积仅余部分，原建筑面积可能相对较大，且设施或许较多。现存为三处堆积，其中可能有冢舍，但整体建筑则不可能为冢舍。

需作说明的是，有些墓地可能仅有冢舍，不建祠堂，推测除守护墓葬的作用外，有的在一些时候也可用于墓葬祭祀，某种程度上又具有了祠堂的功能。湖北黄冈市陈家大地墓地发现水井，推测为守陵人的供水设施，井

---

[1]（东汉）班固：《汉书·何并传》，中华书局1964年版，第3266、3267页。
[2]（东汉）班固：《汉书·游侠传·原涉》，中华书局1964年版，第3716页。

的附近可能建有房屋，即冢舍，但未见祠堂遗存①。关于冢舍，文献中又多称为冢庐，有些是孝子（孙）为父母或长辈守冢居住之所，这不同于黄冈市陈家大地墓地由专人守冢及看护墓地。《后汉书》中多见，如"及母终，至性殆灭，（江革）尝寝伏冢庐，服竟，不忍除"②"（周磐）后思母，弃官还乡里。及母殁，哀至几于毁灭，服终，遂庐于冢侧"③。也有弟为兄庐墓者，《后汉书·马援传》载："援三兄况、余、员，并有才能……会况卒，援行服期年，不离墓所，敬事寡嫂，不冠不入庐。"④

（六）其他房屋

除厢房、冢舍外，还有与祠堂相关的房屋，以配合祭祀或起到相应的守护作用。

南昌海昏侯刘贺墓前有专门的寝，平面方形，由4座平面曲尺形的夯土基址组成，也是祭祀之所，但又与祠堂不同，是专供刘贺灵魂饮食起居之所。

济南北毕村东汉墓祠堂南的F1位于前端，大致为闭合空间，顶覆瓦，房屋西南角修砌有窖藏或水池（图4-63：2），考虑到位置及屋内设施，该房可能用来存放祭祀所用衣食及相关物品，也可供祭祀的宾客休息等。

汉魏洛阳城西东汉墓祠堂位于I号院落内，另有多座房屋，F4和F5居北，东西两侧为F2和F3，其中F2作为廊房，一方面可由F1东北角慢道通往院落南部，同时还可通过建于后壁上的脚门进入II号院落；F5的东西、南北各9米，但四壁厚，室内东西长4.2、南北宽4.3米，从位置及建筑结构看，或为角楼遗迹，室内北部铺石渣处为楼梯的位置。

（七）道路

为连接墓地内外、墓葬与祠堂及相关设施，便于开展祭祀及相关活动，

---

① 黄冈市博物馆、湖北省文物考古研究所、湖北省京九铁路考古队：《罗州城与汉墓》，科学出版社2000年版，第71、316—319页。
② （南朝宋）范晔撰、（唐）李贤等注：《后汉书·江革传》，中华书局1965年版，第1302页。
③ （南朝宋）范晔撰、（唐）李贤等注：《后汉书·周磐传》，中华书局1965年版，第1311页。
④ （南朝宋）范晔撰、（唐）李贤等注：《后汉书·马援传》，中华书局1965年版，第827、828页。

墓地中多修砌道路，部分则通向其他设施。南昌海昏侯刘贺墓有墓园外通向园内的道路，东、北两侧还有双阙，园内发现数处有踩踏面的道路，道路系统完善。

其他墓葬也应有墓地外通向祠堂的道路，尤其是祠堂位于墓葬前端者，相关道路可视为神道，惜少有发现。嘉祥武氏墓地的祠堂朝向神道口的双阙，神道应通向祠堂。

一些祠堂也有道路通向墓葬及相关设施。南昌海昏侯墓园内的道路有所体现，西安凤栖原墓园内有一条东接祠堂基址北端，西连M8墓道北部的道路，呈东—西方向，长数十米，宽2.5米，系先开挖基槽，回填干净黄土夯实后再修整路面，两侧还竖立保护路面的方砖。孟津朱仓M708墓园内有从祠堂通向南部庭院的道路，为廊道。汉魏洛阳城西东汉墓祠堂殿基侧面共清理出5处登道遗迹，皆以夯土为体，3处踏道，为进出祠堂之路，2处慢道，其中1处东依院落东墙，向北延伸至F2内，南北长5.5、东西宽3.5米，西侧包青石条，北端栽青石条拦边。

（八）排、供水设施

主要是保护祠堂与祠外场地或供祠堂等用水。

散水一般位于祠堂或相关设施周边，可起到将水外排、保护基础等作用。汉魏洛阳城西东汉墓祠堂北侧和西侧均有宽2.4米的砖铺散水，北侧散水长18.4、西侧清理部分长22米，皆用长方形大砖顺置错缝平铺，散水外侧紧连一条宽1米，内高外低的河卵石带，两侧立青石条拦边。新乡卫辉大司马东汉M1祠堂（F1）的周边发现较规整的卵石堆积，为房屋四周的散水。

排水沟一般位于祠堂附近。新乡卫辉大司马M1西侧有1条沟（G8），与祠堂为同一时代遗迹，形成可能与兴建M1、F1取土有关，同时也起到排水及保护作用。南昌海昏侯墓陪葬M3—M5封土周围有排水沟，对墓前祠堂也会有相应保护。西安凤栖原墓地祠堂周边有散水遗迹，而祠堂东南为一条南北向兆沟，既是墓园边界，也起到祠堂排水的作用。淇县大马庄东汉墓地可能有祠堂存在，曲尺形围沟与凤栖原墓地东侧兆沟作用基本相同。朱仓M708祠堂南侧庭院墙外西侧有排水渠（G3），南北向，渠底北高南低，残长 5.6 米，砖砌，有陶管道。新乡辉县路固 C 区汉代墓地发现的建筑堆积中也有排水设施，位于第二处堆积南侧，为砖石混砌，仅余小段，东侧下部为一长条石，余为青砖垒砌，残存部分有一梯形孔作排水道，底面中间有一块整砖，应是祠堂（CF1）的附属排水设施，南北走向，北高南低，水由北向南排出[①]（图 4-64）。

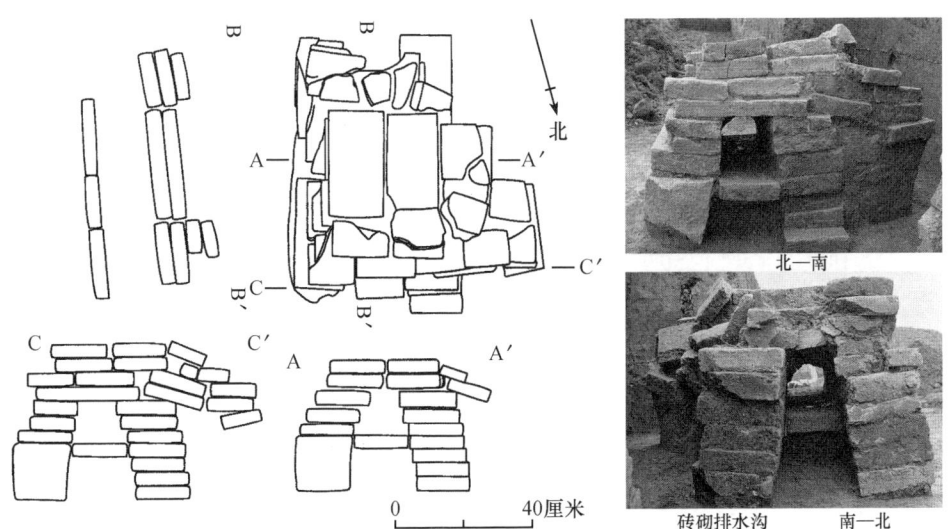

图 4-64　河南省辉县路固汉代墓地 CF1 内排水沟

井一般较深，可排水与渗水，但就考古资料而言，与祠堂有关的水井，更重要的作用是储水与供水。海昏侯墓前西厢房东南有 1 水井，可能是为祭祀及相关人员生活提供用水的。朱仓 M708 墓园内发现的 J1 为圆形，口部砖砌，与两条水渠（G1、G2）相连（图 4-65）。G1 南端连接 J1，南北向，残长 12.5 米，砖砌，渠底南高北低，通向祠堂前端；G2 位于祠堂东南房址南侧，西端与 J1 相连，渠底西高东低，残长 5.3 米，砖砌，当通向该房屋附近。根据渠底高差，正常情况下，水应从 J1 流向祠堂及东南房屋附近，因此 G1、G2 应为供水渠而非排水渠，J1 为供水设施而不是渗水井。考虑到 J1 现深仅 0.8 米，且底部为生土，为水井的可能性不大，而应是蓄水池，即在需要时，将池中的水灌入水渠，可流到指定的位置。

---

① 中国社会科学院考古研究所：《辉县路固》，科学出版社 2017 年版，第 11—20 页。

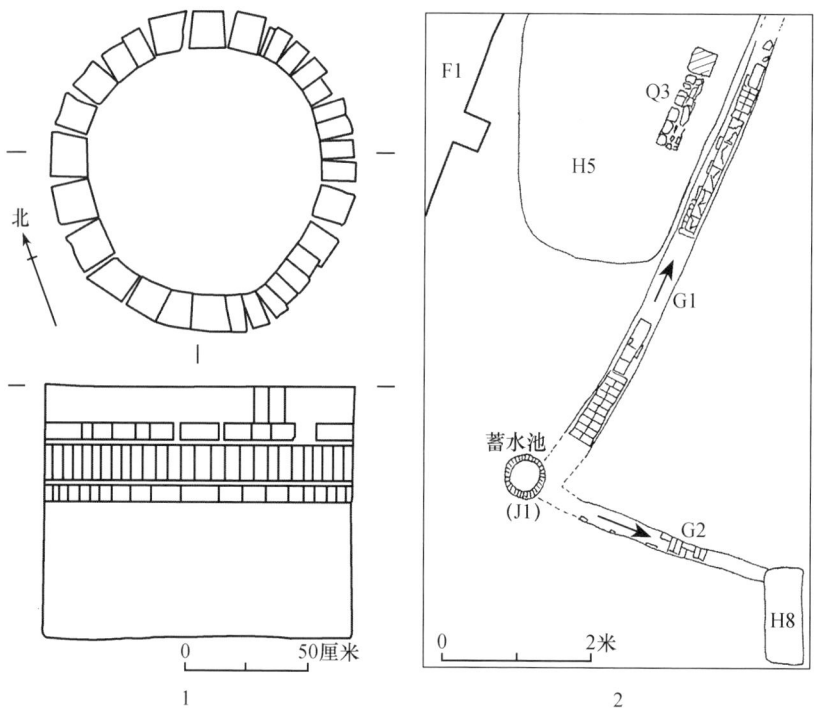

图 4-65　河南洛阳孟津朱仓 M708 祠堂附近蓄水池与水渠
1. 蓄水池平、剖面图　2. 蓄水池与相关水渠关系图

黄冈陈家大山地墓地偏东南部发现的水井开凿于红色砂石岩山坡上，系先凿井坑，后用预制的陶井圈叠砌而成，呈筒形。残存坑口平面呈圆形，坑上大下小，底呈圜状，残口直径 1.23、残深 2.6 米。坑壁一侧直一侧斜，陶井圈置于较直一侧，坑内井圈外围的填土为褐黄色黏土。井圈现存 7 节，上 2 节已残。每节井圈整体呈圆筒形，夹砂灰黑陶，火候较高。井圈外壁饰绳纹，内壁素面，上下口沿面各饰 3 周凹弦纹，井圈直径 84、高 35.2、胎厚 2.3 厘米。井内还清理出一陶井台，圆形，宽卷折沿，断面呈倒钩状，井台沿面绳纹，被抹平，外壁饰绳纹，内壁素面，直径 71.6、沿面宽 13、下直径 60.8、高 17.5 厘米，从下口直径分析，原上面几层井圈的直径略小，井内出土遗物有双耳陶罐、陶盂、构件、瓦及铜釜等（图 4-66）。井的建造、使用年代大致在西汉中晚期至东汉早期。该井附近山岗上有一些汉代墓葬，发掘者认为，井内堆积中有大量的陶瓦，说明井的附近建有房屋（冢舍），即有

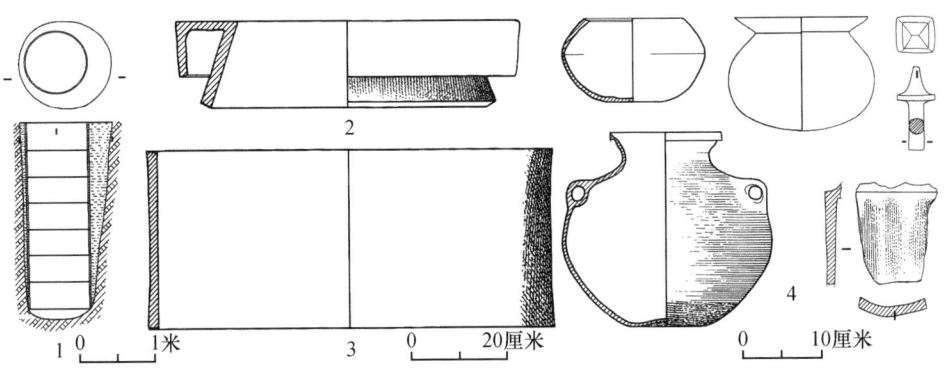

图 4-66　湖北省蕲春枫树林陈家大地 J1 平剖面图、井台、井圈及出土遗物
1. J1 平、剖面图　2. 井台　3. 井圈　4. 出土遗物

人居住，水井建在四面环山且面积较小的山洼里，虽居于几处墓地中央，但其地势不宜较多人口居住，而从井的现存情况看，原深度不过 5 米，且开凿于砂石岩上，蓄水量有限，不可能供给多人，井内遗物也反映出其使用频率较低，结合墓地中墓葬分布和井的修建位置，推测该水井有可能为守陵人所用，即为守陵人的供水设施[①]。如上文所言，该墓地的冢舍也可能具有一定的祭祀功能，故该水井当与守冢及祭祀时用水存在一定关系。

（九）石刻

墓地祠堂附近还常见为死者立的墓碑及与墓葬有关的石雕等，一方面可配合墓地祭祀，另一方面也共同体现相应的丧葬需求。《水经注·洧水》关于河南密县打虎亭汉墓有记载："冢前有石庙，列植二碑，碑云：'德，字伯雅，河南密县人也。'碑侧树二石人，有数石柱及石兽矣。"《睢水》条载汉太尉乔玄墓，"冢东有庙……庙南列二柱，柱东有二石羊，羊北有二石虎。庙前东北，有石驼，驼西北有二石马……石鼓仍存"。可见，祠堂较近距离立有碑，附近还有石柱、石人、石兽等。

武清鲜于璜墓外正南约 6 米处出土"汉故雁门太守鲜于君碑"，据发掘简报，墓碑出土时尚有碑座、石盒之物，并有祠堂建筑残迹，表明祠堂与墓

[①] 黄冈市博物馆、湖北省文物考古研究所、湖北省京九铁路考古队：《罗州城与汉墓》，科学出版社 2000 年版，第 71、316—319 页。

碑的关系较为密切，而伴出的石盒具有祭案性质。墓碑立于祠堂后似有不可，其最大的可能是在祠堂前较近距离，这与《水经注·洧水》所记打虎亭汉墓的祠堂与墓碑较为相似。当然，墓碑也或许会位于祠堂内的重要位置，这又与褚兰几座石祠堂后壁带刻铭的凸字形图案相近，但可能性较小。

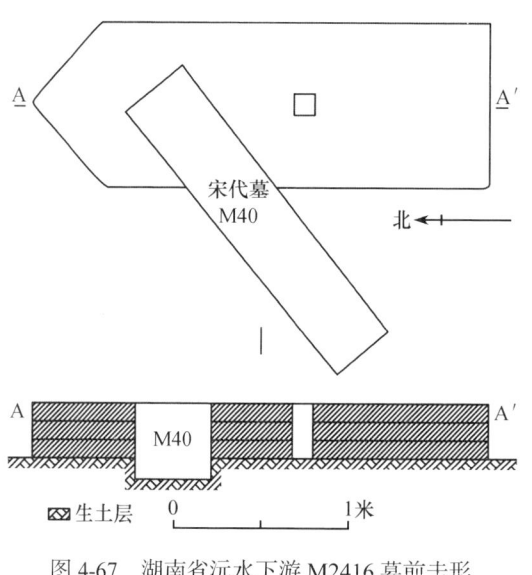

图 4-67　湖南省沅水下游 M2416 墓前圭形石质建筑结构图

湖南省常德市城区柏子园 M1（《沅水下游汉墓》编为 M2416），砖室，墓主可能属东汉晚期的一名二千石官员。墓葬前甬道封门北部 3.78 米处发现圭形石质建筑，长 2.62、宽 0.92、残高 0.3 米，系采用厚约 8 厘米的暗红色砂岩叠修而成，周边饰蕉叶纹，留有凿修的痕迹，中部有一方孔（图 4-67），其很可能为"墓阙"建筑，该"阙"与已知的较多为砖、土、木等材料建成的墓阙完全不同，也不同于石质阙，是由石料叠修而成，并有一直径 12 厘米，深可至底、安放木质建筑构件的方孔，推测其上部应有较复杂的木架结构，附近发现的部分筒瓦、板瓦、瓦当也可能是木质建筑上的覆盖物[①]。该石质建筑呈圭形，存在为阙座的可能，所属"墓阙"是一种新型的墓阙建筑。考虑到墓葬附近出土大量绳纹筒瓦、板瓦和兽面纹瓦当等，原有祠堂建筑的可能性极大，该阙可视为祠堂附近的石刻。但是，叠修石材在墓前甬道封门北部 3.78 米处，与墓葬封土距离较近或靠近封土，作为墓阙似有不妥。叠修石材规模不大，仅发现一处，中部有安装木质构件的榫孔，其上当有较复杂的木架结构，而且顶部很可能为瓦木顶结

---

① 孙泽洪、龙朝彬、文智：《湖南常德市城区东汉砖室墓及墓阙清理简报》，《考古与文物》2007 年增刊（汉唐考古），第 36—42 页；湖南省常德市文物局、常德博物馆、鼎城区文物局：《沅水下游汉墓》，文物出版社 2016 年版，第 558、559、465—472、736 页。

构。考虑到其规模，若为墓阙，筒瓦、板瓦和瓦当的使用量并不是太大，这与墓葬附近散存大量建筑材料亦不相符。综合其位置、形制及其他建筑材料，笔者认为，叠修石材很可能为墓前祠堂建筑的组成内容，原墓前建筑很可能为祠堂。一方面，石材可能为祠堂的基座石，与其对应位置还会有类似基座石材，亦有榫孔，内安放木质材料，构建相关框架后，再在其上修顶覆瓦，这样修建的祠堂同样可称为瓦顶木结构祠堂，但结构上又与上文所述的瓦顶木结构祠堂有明显不同，可视为一种新型的瓦顶木结构祠堂类型；另一方面，从出土位置看，石材居中，圭形的尖端朝外（北），其作为房屋建筑中部立柱的基座石材可能更为合理，很可能为类似柱础的基石，可用于安放中部立柱。由此推测，原建筑更可能为祠堂，是中有立柱的祠堂，而且会是中有木质立柱的双开间祠堂，这与墓主身份较相符，也与墓葬周边存留的大量绳纹筒瓦、板瓦和兽面纹瓦当等相符合。由于墓葬地表破坏较为严重，有无基础、为何墙体已不可知，因未有砖发现，至少不应是砖墙，但就形制而言，与上文所述的瓦木顶结构的祠堂既有相似，也有自身特点。

（十）设施组合

祠堂外的房屋与祠堂形成组合，内容不尽相同，有简有繁，综合体现出祭祀、保护及其他功用。砖（石、土）墙瓦顶祠堂与配套设施的组合内容较为丰富。

砖（石、土）墙瓦顶祠堂及相关设施基本以祠堂为核心，服务于墓葬的祭祀和守护，同时还具有其他功用。西安凤栖原西汉墓地是祠堂与冢舍的房屋组合，另有通向墓葬的道路。南昌海昏侯墓祠堂外有回廊，两侧有厢房，刘贺墓前有专门的寝，祠堂与寝前有活动场地及水井等，有完整的道路系统由墓外进入墓园内再通往墓葬和祠堂，而祔葬或陪葬墓前祠堂附近也有排水沟和道路等。金山西汉墓有祠堂、守冢者居住的小房间及配合祭祀的简易房屋（厢房），房屋外有一定面积用于相关活动的平整台地，还有道路及墙体等，将墓外建筑和墓葬连成一个整体。孟津朱仓 M708 祠堂位于一个大的独立墓园内，南为庭院，有廊道与祠堂互通，东部有厢房，另有墙、蓄水池、水渠等。济南北毕村东汉墓外由墙围成相对闭合的空间，北侧房屋形成一组，包括用于祭祀的祠堂与东、西厢房及配合祭祀和守冢人居住的房屋，围墙内南侧为大面积的活动空间。汉魏洛阳城西东汉墓祠堂位于墓园内,墓园四角有属于防卫设施的附属建筑,内有毗连的三重院落,祠堂所属的I号院落由祠堂及三道墙壁围成,内有冢舍、其他房屋及建筑间的天井、道路等,而整个建筑以大殿(祠堂)为主体,有院墙、廊房、散水、道路、天井,还有多间房屋分布其间,组成以一条中轴线对称布置、规模大、结构严谨的建筑群体。沂南画像中刻画的祭祀设施内容丰富,有道路通向墓主灵魂日常饮食休息的寝、宾客临时休息的曲尺形建筑、一单层平顶建筑、一处前中后三排房屋,两侧围以长廊的日字形庭院等,庭院门外有双阙,前院左侧有水井,而后排房屋为祠堂(图4-68)。有些墓地的祠堂遗存遭破坏严重,如偃师阎楼东汉墓园出口处的建筑遗存,面积较大,可能为多种房屋的组合。新乡路固C区汉代墓地祠堂及相关建筑局部不存,但从保留情况看,可分为三组,应为相应的设施组合,而排水、藏储等设施分工相对明确,进而形成组合建筑。

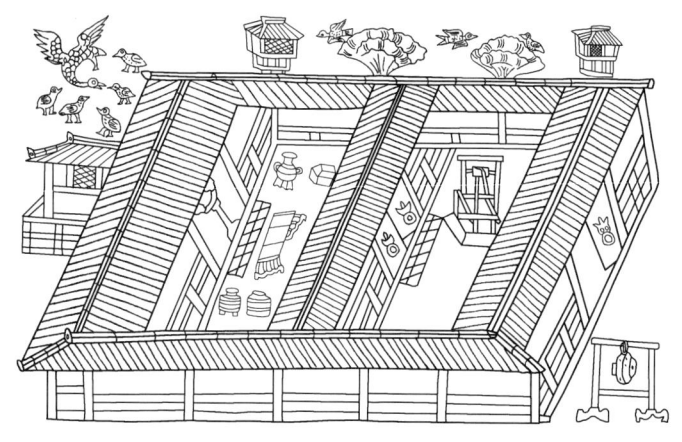

图4-68 山东沂南画像石墓出土日字形庭院画像(局部)

石祠堂的配套设施基本为道路及相关石刻等,亦是以祠堂为核心。石祠堂外不见或少见其他房屋,或许与破坏严重有关,更大的可能应是石祠堂一般不再搭配其他房屋。信立祥先生指出,石祠堂本身不易损坏,大多独置墓前,周围不再另建"冢舍"设专人守墓,而从芗他君祠堂、长清孝堂山祠堂等的题刻文字也可看出,小祠堂是没有专门守墓人看管的[①]。

---

① 信立祥:《汉代画像石综合研究》,文物出版社2000年版,第82页。

祠堂的普及，配套设施的多样化是墓地祭祀发展的体现，也是上冢祭祠日渐普遍化的反映。文献所载"岁时祠祭"①、"岁时往祠"②、"四时奉祠"③等，都使得祠堂及配套设施日趋完善和多样化。汉代尤其是东汉时期，有在外为官受诏"归家上冢"者，如王常、岑彭④，或"过家上冢"者，如吴汉、宋均、韩稜⑤等，《汉代婚丧礼俗考》一书有所辑录⑥。祠堂及配套设施使得这一祭祀活动得以开展，也对孝道的推广有促进作用，而在外为官者也希望家族或家庭墓地祠堂及配套设施更为完善和全面。另还有其他形式的上冢祭祀，《汉代婚丧礼俗考》一书将其总结为弟子上师冢、故臣上旧君冢、故吏上长吏墓、故仆上旧主之冢、地方长吏祠乡贤之墓、士大夫奠知己之墓、拜古圣贤人之墓、夷人拜遗爱于夷狄者墓等⑦，这同样也促进了祠堂及相关设施的发展和修建。另据《后汉书·独行传》载：李善"道经涓阳，过李元家。未至一里，乃脱朝服，持锄去草。及拜墓，哭泣甚悲，身自炊爨，执鼎俎以修祭祀。"⑧从这一记载看，相关祭祀活动可能会使用墓地祠堂的相关设施，也可能涉及临时设施，即自备炊爨等用具。

六、祠堂修建

汉代，有提前修建墓地祠堂者，但更多的是墓葬封填后再修建。结合考古与文献资料，与墓地祠堂修建有关的内容主要有以下几个方面。

---

① （东汉）班固：《汉书·朱邑传》，中华书局，1962年，第3637页。

② （东汉）应劭：《风俗通义·穷通·太傅汝南陈蕃》，《风俗通义全译》，贵州人民出版社1998年版，第294—300页。

③ （南朝宋）范晔撰，（唐）李贤等注：《后汉书·祭遵传》，中华书局1965年版，第744页。

④ （南朝宋）范晔撰，（唐）李贤等注：《后汉书·王常传》《后汉书·岑彭传》，中华书局1965年版，第581、659页。

⑤ （南朝宋）范晔撰，（唐）李贤等注：《后汉书·吴汉传》《后汉书·宋均传》《后汉书·韩稜传》，中华书局1965年版，第682、1412、1536页。

⑥ 杨树达撰，王子今导读：《汉代婚丧礼俗考》，上海古籍出版社2000年版，第183页。

⑦ 杨树达撰，王子今导读：《汉代婚丧礼俗考》，上海古籍出版社2000年版，第185、186页。

⑧ （南朝宋）范晔撰，（唐）李贤等注：《后汉书·李善传》，中华书局1965年版，第2680页。

（一）修建形式

祠堂作为墓地中祭祀墓主的设施，除个别为祠主自建外，大多是与死者有一定关系的机构或在世之人为死者修建，并因死者的相关差异体现出不同的形式。

1. 自建。《汉书·张禹传》载："禹年老，自治冢茔，起祠室。"① 所谓自建，并非自己亲自砌建，而是区别于朝廷赐建及派人修建等，并由其选址、设计，按需求备料，请人按计划和要求砌建祠堂。

2. 朝廷修建。霍光死后，朝廷"发三河卒穿复土，起冢祠堂"②。张安世薨，朝廷亦"赐茔杜东，将作穿复土，起冢祠堂。"③《汉书·王莽传》载："上谷储夏自请愿说瓜田仪，莽以为中郎，使出仪。仪文降，未出而死。莽求其尸葬之，为起冢、祠室。"④ 东汉安成孝侯刘赐死，光武帝"为营冢堂，起祠庙，置吏卒"⑤。马援的夫人卒，朝廷"更修封树，起祠堂"⑥。可以看出，上述死者的身份地位多数相对较高或有一定的特殊性，他（她）们的墓葬与祠堂均由朝廷修建，一方面不能逾制，另一方面朝廷也希望借此达到宣扬仁政、巩固统治及其他目的，而王莽的目的是"几以招来其余"，但事与愿违，"无肯降者"。

3. 朝廷监督下由地方修建或下诏为立祠堂，由地方修建。《汉书·景帝纪》载："列侯薨，遣太中大夫吊祠视丧事，因立嗣。"⑦ 由此可知，列侯尤其是地方侯国在修建去世列侯墓葬及祠堂的过程中会受到朝廷派去人员的监督，尽量达到不逾制，南昌海昏侯墓及祠堂可能属于这种情况。不过，有时朝廷会赐赠一定数额的钱财用于墓葬与祠堂修建。下诏为人立祠也有记

---

① （东汉）班固：《汉书·张禹传》，中华书局1962年版，第3350页。
② （东汉）班固：《汉书·霍光传》，中华书局1962年版，第2948页。
③ （东汉）班固：《汉书·张汤传》，中华书局1962年版，第2653页。
④ （东汉）班固：《汉书·王莽传》，中华书局1962年版，第4168页。
⑤ （南朝宋）范晔撰，（唐）李贤等注：《后汉书·安成孝侯赐传》，中华书局1965年版，第565页。
⑥ （南朝宋）范晔撰，（唐）李贤等注：《后汉书·马援传》，中华书局1965年版，第852页。
⑦ （东汉）班固：《汉书·武五子传》，中华书局1962年版，第154页。

载,"太守巴郡张翕,政化清平,得夷人和。在郡十七年,卒,夷人爱慕,如丧父母。苏祈叟二百余人,赍牛羊送丧,至翕本县安汉,起坟祭祀。诏书嘉美,为立祠堂"①"蜀平,征文齐为镇远将军,封成义侯,于道卒。诏为起祠堂,郡人立庙祀之。"②

4. 他人修建,即非自建、非家庭或家族修建,亦非朝廷行为,而是由别人修建。主要有以下几点。一是民众修建。蜀郡守文翁死后,"吏民为立祠堂,岁时祠祭,至今不绝"③。汉宣帝时,大司农朱邑去世,"其子葬之桐乡西郭外,民果共为邑起冢立祠,岁时祭祀,至今不绝"④。吏民为文翁立祠与文翁"仁爱好教化"有关,而朱邑原是桐乡吏,受到当地百姓爱戴。二是部民为立祠。桓典为国相王吉收敛归葬,并服丧、立祠⑤。三是友人为死者起祠堂。《艺文类聚》引西汉杨雄《家牒》载:"子云以天凤五年(公元18年)卒,葬安陵阪上,所厚沛郡桓君山,平陵如子礼,弟子巨鹿侯芭,共为治丧,诸公遣十字朝臣郎吏行事者会送。桓君山为敛赗,起祠茔,侯芭负土作坟,号曰玄冢。"⑥

5. 家族修建。考古发现一些家族墓地有共用一处祠堂者,如徐州荆山村西汉墓地、偃师阎楼东汉墓地等,祠堂当为家族修建。

6. 家庭修建。是指家庭成员为家庭中的逝者修建祠堂,从出土的祠堂用石刻铭及墓碑文字等来看,主要包括四点。一是儿子为父母立祠。徐州铜山汉王东沿村出土的"元和三年(86年)三月七日三十示大人子侯世子豪(高)行三年如礼治冢石室直(值)□万五千"画像刻铭⑦,微山两城乡出土的"永和二年(137年),大(太)岁在卯,九月二日,弟乡广里泱

---

① (南朝宋)范晔撰,(唐)李贤等注:《后汉书·邛都夷传》,中华书局1965年版,第852页。
② (南朝宋)范晔撰,(唐)李贤等注:《后汉书·滇王传》,中华书局1965年版,第2846页。
③ (东汉)班固:《汉书·循吏传》,中华书局1962年版,第3627页。
④ (东汉)班固:《汉书·朱邑传》,中华书局1962年版,第3637页。
⑤ 《后汉书·桓典传》载:"沛相王吉以罪被诛,故人亲戚莫敢至者。典独弃官收敛归葬,服丧三年,负土成坟,为立祠堂,尽礼而去。"(南朝宋)范晔撰,(唐)李贤等注:《后汉书》,中华书局1965年版,第1258页。
⑥ (唐)欧阳询撰,汪绍楹校:《艺文类聚》,上海古籍出版社1999年版,第731页。
⑦ 徐州博物馆:《徐州发现东汉元和三年画像石》,《文物》1990年第9期。

□昆弟男女四人，少□□□，复失慈母，父年……时□有，钱刀自足，思念父母，弟兄悲哀，乃治冢作小食堂传子孙，石工邢螭、□□□□、财弗直万……"画像刻铭①等，均是儿子为父母立祠。有的还包括孙辈，《从事武梁碑》载有"孝子仲章、季章、季立，孝孙子侨，躬修子道，竭家所有……前设坛墠，后建祠堂。"②二是弟为兄立祠。山东微山出土祠堂画像石上的刻铭为"永和四年（139年）四月丙申朔廿七日壬戌，桓桑终亡，二弟文山、叔山悲哀，治此食堂。"③三是父母及兄弟为死者立祠。许安国祠堂题记载许安国卒后，其父母及三个弟弟"以其余财，造立此堂"④。四是妻儿改造或装饰原有祠堂。《汉书·霍光传》载："禹（霍光子）既嗣为博陆侯，太夫人显改光时所自造茔制而侈大之。起三出阙，筑神道……盛饰祠室，辇阁通属永巷，而幽良人婢妾守之。"⑤除上述四点外，《汉书·原涉传》还载："涉自以为前让南阳赗送，身得其名，而令先人坟墓俭约，非孝也。乃大治起冢舍，周阁重门。"⑥其中或包括后世子孙为先人坟墓立祠的内容，但并不明确。

综合来看，修建墓地祠堂既有自建，也有家族和家庭修建，还有朝廷与其他民众或由地方建造的行为。家族和家庭修建是常见和主要的形式，以达到满足墓祭、充分示孝、加强家族或家庭团结等目的。

（二）施工人员

是指祠堂修建时的工作人员，既有监工者或相应官吏，也有设计者或画师，还有从事劳动的工匠或建筑人员等，多为祠主家募请而来，列侯及一些官吏的墓外祠堂，修建时则可能有朝廷派遣的人员。

---

① 马汉国主编：《微山汉画像石选集》，文物出版社2003年版，第38、39页。
② 蒋英炬、吴文祺：《汉代武氏墓群石刻研究》，山东美术出版社1995年版，第17页。
③ 马汉国主编：《微山汉画像石选集》，文物出版社2003年版，第30、31页。
④ 济宁地区文物组、嘉祥县文管所：《山东嘉祥宋山1980年出土的汉画像石》，《文物》1982年第5期；赵超：《山东嘉祥出土东汉永寿三年画像石题记补考》，《文物》1990年第9期。
⑤ （东汉）班固：《汉书·霍光传》，中华书局1962年版，第2950页。
⑥ （东汉）班固：《汉书·原涉传》，中华书局1962年版，第3716页。

砖（石、土）墙瓦顶祠堂的相关资料不多，一般墓葬外的祠堂规模不大，施工人员数量相对较少，高等级墓葬外祠堂一般规模较大，修建所需人员也相应较多。列侯及高等级贵族官吏的墓地祠堂可能由朝廷下派的人员负责监督，而朝廷也可能分派京城的一些工匠到地方进行祠堂修建。据上文所引文献，一些在朝中为重臣的列侯如霍光、张安世等，死后葬在都城附近，朝廷在修建他们墓葬与祠堂时还动用了三河兵卒和负责土木营建的将作等。类似的情况在等级更高的诸侯王墓祭祀设施——祠庙的修建也有体现，《后汉书·东海恭王彊传》载："帝追惟彊深执谦俭，不欲厚葬以违其意，于是特诏中常侍杜岑及东海傅相曰：'王恭谦好礼，以德自终，遣送之物，务从约省，衣足敛形，茅车瓦器，物减于制，以彰王卓尔独行之志。将作大匠留起陵庙。'"[①]

部分石祠堂刻铭记载有一些施工人员，上文所引资料中的"工营少郎""石工邢螭"等均是。其他如微山两城乡出土祠堂刻铭中记有"石工严申"[②]，许安国祠堂题记中有"募使名工，高平王叔、王坚、江湖、栾石、连车"，东阿芗他君石祠题记中有"使师操义，山阳瑕丘荣保、高平画师代胜、邵强生等十余人"。邹城发现的汉安元年文通祠堂题记中有"石工高平□、高平□□"等[③]。与祠堂配套的墓碑也有相关记载，如《从事武梁碑》载有"良匠卫改"。

（三）开支与用时

开支主要包括聘请人员、置办建筑材料及修建过程中的其他花费等，用时是指建造祠堂所用时间。一般来讲，规模大、结构复杂、设施多者开支较大，用时亦长，反之则相对要少。

砖（石、土）墙瓦顶祠堂的开支和用时已很难知晓，抱鼓石壁祠堂较为简单，开支不大，用时也不会太长，其他类型的石祠堂则在碑文或刻铭

---

① （南朝宋）范晔撰，（唐）李贤等注：《后汉书·东海恭王彊传》，中华书局1965年版，第1424、1425页。

② 马汉国主编：《微山汉画像石选集》，文物出版社2003年版，第36、37页。

③ 邹城市文物局：《山东邹城峄山北龙河宋金墓发掘简报》；胡新立：《邹城新发现汉安元年文通祠堂题记及图像释读》，《文物》2017年第1期。

题记中有所体现。《从事武梁碑》载有"竭家所有",徐州铜山东沿村发现的祠堂画像石上刻有"石室直五千泉""室直万□」七千""石室直□万五千",微山县两城乡出土祠堂刻铭有"□五千□""财弗直万",而桓桑祠堂从永和四年四月修至六年正月。许安国祠堂题记与芗他君石祠题记分别载有"以其余财……作治连月,功扶无亚,贾钱二万七千""经日甚久……更逾二年,迄今成已……价钱二万五千"。文通祠堂题记中载有"直五万",而祠堂毕成用了八个月的时间。

碑文及刻铭文字反映出建造一座石祠堂开支巨大、时间较久,笔者认为其中当有一定的夸张成分。首先,如此多的钱财,对豪强地主、富商大贾或地方中高级官吏来讲已是一笔不小的开支,更何况中小地主、普通官吏及身份等级更低者。许安国仅为卒史,武梁原为普通官吏,后退职为普通人员,还有身份更低者,为建墓祠耗资数万,几乎是殚尽家财。从中小地主或普通官吏使用的画像石墓来看,用材及砌建难度不逊于石祠堂,若开支及修建时间与石祠堂相近,对一般家庭来讲,财力与精力均是难以承受的。其次,石祠堂规模一般不大,特别是单开间石祠堂,似乎达不到相关文字中所述开支与用时。武梁祠及微山出土的"小祠堂"等规模较小,铜山东沿村刻铭画像石所属祠堂均搭建简单,而从配置复原起来的宋山小祠堂形制和规模可知,这种汉代墓地上的小祠堂构造较简单,在地面上很容易破坏,几个人一齐动手就可把它拆掉[1]。从复原的角度观察,邹城出土文通祠堂的大小可能与宋山一号祠堂相近,刻铭中记载其值五万;徐州大庙祠堂刻铭记有"起石室□直五万二千",而其为规模较小、搭建简单的单开间祠堂,对比其他,二者均有明显夸大。第三,石祠堂前端开敞,不仅其内画像可供人参观,刻铭中的开支与用时又可告知观者,达到立祠者显孝示礼、显爱示心,"显名立于世,光荣著于俗"[2]等目的,也与当时"崇饰丧纪以言孝,盛飨宾旅以求名"[3]的社会情况相符。

---

[1] 蒋英炬:《汉代的小祠堂——嘉祥宋山汉画像石的建筑复原》,《考古》1983年第8期。
[2] (西汉)桓宽:《盐铁论·散不足》,《盐铁论校注》,中华书局1992年版,第354页。
[3] (东汉)王符:《潜夫论·务本》,(清)汪继培笺:《潜夫论笺校正》,中华书局1985年版,第20页。

另有一点需作说明，从刻铭文字的内容看，这些文字可能是在祠堂完工之后刻上的，加之多位于一侧或某一位置，字体随意，似乎也印证了以上推测。但也有些刻铭文字较多，内容丰富，所属祠堂面积不大，若祠堂建好之后再刻字当较为困难，字体也不会太规整，推测这些字最晚应该是在祠堂搭建前就已刻好，如许安国祠堂刻铭及邹城文通祠堂刻铭等。即使一些字数少，字体潦草者也应在搭建前就已刻好，多数刻铭位于边侧，如祠堂修建完成，祠堂内空间极其狭小，则很难刻写。这也说明，上文所言刻铭文字的内容一定夸张，并不能完全或真实反映修建开支和时间，是外显于他人的一项内容，而且提前刻好的可能性较大。

（四）修建方法

汉代墓地祠堂正式修建之前一般要做好形制、规模、室内配置、用材用料、占地、位置、朝向、相关配套设施等的设计和准备，再按事先设计有步骤地进行修建，祠堂主体完工后，还要根据需要进行室外保护、室内装饰和器具摆放等工作。"盛饰祠堂"的记载说明当时祠堂装饰较为常见，而较多的石祠堂则在准备材料时已做好画像装饰。

砖（石、土）墙瓦顶祠堂的具体修建按程序先后主要包括起土、砌基、筑墙、覆瓦、室内装饰与设置、室外保护及配套设施的建造等工作。卫辉大司马M1祠堂西侧的沟可能与建造祠堂取土有关。基础、墙体、覆瓦、配套设施等在上文已有描述，而如室外保护，有的祠堂建有回廊，有的在墙体周边铺砌散水，附近修建排水渠等。室内装饰内容较多，对墙体的处理，多数是以泥抹平后再涂色；对地面的处理，或夯筑取平或铺砖。汉魏洛阳故城西东汉墓祠堂附近的冢舍，墙皮表面涂作青白色，室内地面以长方形小砖铺成"人"字纹。其他墓地祠堂或祭祀设施也常有铺地遗物出土。鲁元公主墓外发现较多回纹铺地砖，其东侧墓葬外出土有几何纹铺地砖。凤栖原墓地祠堂建筑遗存，见有花纹方砖等。杞县许村岗M1，墓葬南面地表散落有几何纹铺地砖等。武清鲜于璜墓，封土外的"享堂"类祭祀建筑发现以花纹方砖铺砌的残迹，花纹方砖砖面饰乳钉四叶形纹，边长35、厚7.5厘米。孟津朱仓东汉M708的建筑遗迹及相关遗存也出土有方砖，有几何纹和素面两种，几何纹砖外饰一周弦纹，两侧为几何纹，中间为几何纹与弦纹相间，边长 32.5、厚 5.8 厘米，素面砖边长 46—47、厚 5.5 厘米。济南腊山汉墓的早期盗洞内出土少量带花纹的铺地砖。孝义 M15 出土较完整的铺地砖、筒瓦等。城固博望镇张骞墓[①]、隆尧固城村南汉墓等，地表发现残碎的汉代砖瓦，部分砖可能与铺地有关，陪葬茂陵的霍去病墓也有类似发现。覆瓦最为常见，上文所举诸多墓例皆有发现，瓦的种类有板瓦、筒瓦及带瓦当的筒瓦等，很多可以确定为祠堂建筑者，多有上述建筑材料出土，如徐州荆山村西汉墓地祠堂等。就瓦当而言，应是汉代砖（石、土）墙瓦顶祠堂较为重要的建筑材料，并成为很多墓葬外是否存在祠堂类建筑的判定标准之一。

石祠堂修建前要进行石料选择、开采与加工等工作。东阿芗他君石祠题记载有"取石南山"。《从事武梁碑》记有"选择名石，南山之阳，擢取妙好，色无斑黄。……良匠卫改，雕文刻画，罗列成行，摅骋技巧，委蛇有章"。许安国祠堂题记所载内容丰富，包括采石点、开凿与加工方法、雕文刻画的内容等。徐州汉代采石遗址反映的采石工艺和方法[②]，在一定程度上可对祠堂用石的开采提供参考。

石祠堂的砌建因类型的不同而存在差异。多数抱鼓石壁祠堂（单开间）相对简单，壁石立固后在其上平铺盖顶石即可。个别则相对复杂。淮北市相山区洪山出土的 2 座石鼓形小祠堂，后壁有龛，由多块石材扣合搭建而成，两侧壁及后壁有画像，而且还有盖顶石、地基石等。萧县庄里乡城阳村西南山坡的石鼓形小祠堂，由基座石、两侧山墙石、后壁石、顶盖石四部分组成，基座石上根据需要凿三面凹槽以嵌壁石，两侧沟槽尺寸相等，后边凹槽尺寸与两侧凹槽不同。该祠堂位于墓室南 9 米左右，应是在墓葬封土外距离较近的位置，因不嵌入封土，故需要面积大于祠堂的底基石。祠堂砌建之前需根据底基石的面积修整墓前地面，以求平稳，之后平稳安放底基石，而三面墙壁再稳定嵌放在凹槽内，之后即可在三壁上部盖上平顶石板。需要指出的是，基座石靠后壁处凿出两耳杯，又基本解决了祠堂内空间较窄不便安放祭案石的问题。其他类型的石祠堂亦是多平整土

---

① 卜琳、白海峰、田旭东等：《张骞墓考古记述》，《考古与文物》2013 年第 2 期。
② 徐州博物馆：《江苏徐州市汉代采石遗址发掘简报》，《考古》2010 年第 11 期。

地或根据需要在封土一侧挖出凹槽，其后再砌建基础。褚兰 M1、M2 的祠堂，或卧铺条石作墙基，或两头用石条枕垫。孝堂山下小祠堂的基座石上凿出糙面①。铜山汉王东沿村出土画像石所属祠堂的基石，靠两侧壁高差嵌扣。其后是搭建祠壁，一些设施如龛、祭台等在此过程中亦搭建完成。孝堂山下小祠堂的两壁石底部外凸，加大了着力点与支撑面，与基座糙面结合，使得祠壁更牢固（图 4-69）。祠壁稳固后可在壁上端覆石顶盖，顶盖上安装脊石，而 Ba 型中的平顶祠堂多数是先盖石板再覆顶盖，这样更为平稳牢固。双开间祠堂的砌建相对复杂。先砌底基，以承祠壁及其他设施；再立石壁，两侧壁有的为一石，有的为两石或多石对接，上石上部基本呈三角形，形成山墙，后壁石多数两块，中间相接，两侧与侧壁后端扣合；室前立石柱，多整石雕成，上有栌斗（有的刻蹶张或力士，可达到象征栌斗的效果），下为柱础；后壁上端中部多凿凹槽，与石柱栌斗承托室中间上部架设的三角形隔梁石；之后即可覆屋顶，安装脊石。有些双开间石祠堂还有自身特点。"朱鲔石室"石柱之上与两山墙上的直角形槽口横架承檐枋石，两山墙中央有对应凹槽，其上有横托在两山墙和三角隔梁石上的檩石，上部以石板覆盖屋顶，石板内侧有半圆的橡形棱，便于扣合，较牢固（图 4-70）。孝堂山祠堂先铺基石，基石上立石砌墙；两侧墙均下压基石，上为三角形，其中东墙为上下两石，西墙为一整石，两侧墙后端均凿出凹

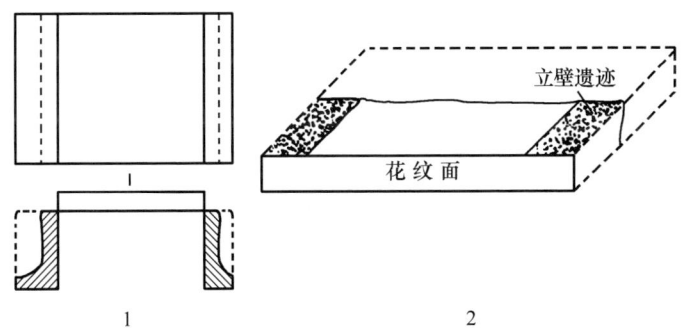

图 4-69　山东长清孝堂山下小祠堂实测与基座透视图
1. 实测图　2. 基座透视图

---

① 蒋英炬：《汉代的小祠堂——嘉祥宋山汉画像石的建筑复原》，《考古》1983 年第 8 期。

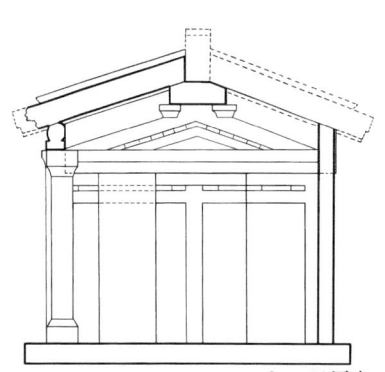

图 4-70　山东金乡"朱鲔石室"
三角梁东面结构图

面包夹后墙，后墙由两石拼接而成；搭墙过程中即将祭案石砌好，祭案由两长方形石板拼成，左右及后侧两端凿出凹面，嵌入两壁石及后壁石之下；之后与"朱鲔石室"相似，立石柱，并利用后壁凹槽固定三角形石隔梁，同时在两山墙的前侧面立支枋石，支枋石上承托横枋，横枋为左右各一，中间架置于石柱栌斗之上，然后盖上屋顶并安装脊石。就细节来看，隔梁前接石柱栌斗，后面凿出榫头嵌入凹槽中，而其前端亦有榫，与后端凹槽露出之榫同时嵌入屋顶石的凹槽之中；两山墙、后墙与枋石的上部均有坡面，与屋顶石相应位置的坡度相同，可以承托支撑屋顶石，而两山墙的坡面上还凿有榫，与屋顶坡上的卯相扣合，加大了牢固程度。

（五）临时房舍

为服务于墓葬修建或墓主下葬等修建的临时性房屋。墓主下葬时的临时性房屋多数已无从考证，修建墓葬时临时性房屋的相关遗存则有发现。据考古资料，徐州地区已发现、发掘汉代"空墓"10 余座，多为西汉竖穴石坑墓，其中蔡山汉墓与水山 M1 竖穴底部及填土中均有一定数量的板瓦、筒瓦残片[①]。空墓是修建但未葬人的墓葬，墓外修建祠堂或冢舍等的可能性不大，上述两墓竖穴填土中仅见板瓦、筒瓦，不见瓦当，且数量不甚多，说明相关建筑构造简单、规模不大，档次亦较低，应是修墓时的临时建筑。石坑墓开凿时间长，加之多位于山顶，与居住区有一定距离，修建用于工匠居住和工具存放等的临时建筑在情理之中。由于墓葬不再葬人，而修墓的临时建筑便于拆除后回填，故作为首选材料回填墓中，形成墓底有较多板瓦、筒瓦残片堆积的情况。就葬人的墓葬来讲，用于修墓的临时建筑在葬人前后被拆

---

① 李平、耿建军：《徐州西汉空墓的特点及形成原因》，《湖南省博物馆馆刊（第 9 辑）》，岳麓书社 2013 年版，第 267—275 页。

除，地表也会有一些建筑材料存留，多残。因此，不可将有相关材料残留的地面建筑统一定性为祠堂遗存或与祭祀有关的建筑。也有一些墓外临时建筑在葬人后经修缮可用作祠堂、冢舍或相关建筑，从而具备了新的作用和性质。

七、墓地、墓葬与祠堂的对应关系

祠堂作为墓地的祭祀设施，类型多样，同时又多有配套设施辅助于墓地祭祀，因墓地或墓葬的具体需求不同，祠堂类型的差异及其时代、地域等的差别，在使用或其他方面也形成不同的表现形式。

（一）多个墓葬的墓地

多个墓葬组成的墓地中，祠堂数量和归属并不相同，使用或对应关系存在差异。大致可分以下几种情况。

1. 墓地中多个墓葬共用一个祠堂

一般位于墓地的某一重要位置，而且很多为墓园的入口，周边有相应的空间。又可细分为两种类型。

（1）祠堂属于公用的祭祀设施，也就是服务于整个墓地祭祀的设施，无主次之分。

新乡辉县路固C区汉代墓地祠堂，位于墓地南端偏东，为整个墓地公用的祭祀设施[1]。偃师阎楼东汉墓园内有多座东汉墓葬，祠堂类建筑位于墓园东南的出入口内，服务于墓园内墓葬的祭祀活动。

（2）祠堂虽服务于整个墓地，但有主次之分。

位置安排上，此类祠堂应主要服务于墓地内等级较高的墓主，同时兼顾其他墓葬的祭祀。徐州荆山村西汉墓地祠堂位于整个墓地的西南，但其与等级较高墓葬距离较近，且在墓地设施的安排上属同一组[2]。西安凤栖原墓

---

[1] 中国社会科学院考古研究所：《辉县路固》，科学出版社2017年版，第8、9夹页，11—20、706页。

[2] 徐州博物馆：《徐州荆山村西汉墓群发掘简报》，《穿越长三角——京沪、沪宁高铁江苏段考古发掘报告》，科学出版社2013年版，第25—42页。

地，祠堂及相关设施位于主墓（M8 与 M25）东侧围沟的内侧，主要服务于二墓的祭祀，但在祠堂周边还有一些墓葬，均朝向祠堂①，故祠堂也应服务于这些墓葬的祭祀活动。

2．墓地中有一座祠堂，但仅服务于某一或两座墓葬

一般来讲，墓地中有多座墓葬，相互之间有一定距离，祠堂建于某一墓葬的附近或墓道前端，个别为 2 墓，应是服务于该墓葬或 2 座墓葬的祭祀，但非整个墓地的祭祀。就有祠堂的墓葬来讲，一般是墓地中等级较高的墓葬。

徐州东甸子西汉墓地有 3 座墓葬，M2 为空墓，M1 与 M3 分别位于相对独立的山头，相距约 150 米，M1 附近发现祠堂遗存，M3 不见②；市区凤凰山西汉墓地也有类似情况，M1 位于独立山头，其他墓葬（M2—M5）位于东南另一山的山坡，虽距离不远，但有一定距离，M1 地表有祠堂类设施遗存，其他墓葬外不见③；南郊拖龙山西汉晚期墓地，M3 与 M4 位于石砌墓园内，祠堂位于墓园内东南侧，为二墓的祭祀设施④，其他墓葬不使用；邳州埠上村汉代墓地的建筑（F1），为 M25 祠堂的可能性较大，而不是与其他墓葬共用⑤；铜山汉王班井村南东汉墓地，已知至少有 4 座墓葬，相距皆有一定距离，M4 位置偏东北，稍显独立，从墓葬形制等来看，是 4 座墓葬中等级最高者，其墓道口前端（北侧）有双开间瓦顶结构祠堂，另三墓不见⑥。河北阳原三汾沟墓地有多座墓葬，M9 位置居东，在墓地中属等级较高的墓葬（图 4-71），其墓道末端之上有建筑遗迹，其他墓葬不见⑦。河南濮阳南乐宋耿洛的 3 座墓葬呈品字形排列，每墓相距约 30 米，M1 为该墓地中等级最高

---

① 张仲立、丁岩、朱艳玲：《凤栖原汉墓：西汉大将军的家族墓园》，《中国文化遗产》2011 年第 6 期。
② 徐州博物馆：《徐州东甸子西汉墓》，《文物》1999 年第 12 期。
③ 徐州博物馆：《江苏徐州凤凰山西汉墓的发掘》，《考古》2007 年第 4 期。
④ 徐州博物馆：《徐州拖龙山五座西汉墓的发掘》，《考古学报》2010 年第 1 期。
⑤ 徐州博物馆：《江苏邳州埠上村四座西汉墓发掘简报》，《中原文物》2018 年第 1 期。
⑥ 徐州市博物馆：《江苏铜山县班井村东汉墓》，《考古》1997 年第 5 期；《江苏铜山县班井四号墓发掘简报》，《中原文物》2009 年第 3 期。
⑦ 河北省文物研究所、张家口地区文化局：《河北阳原三汾沟汉墓群发掘报告》，《文物》1990 年第 1 期。

的墓葬，墓口外有祠堂类建筑，另二墓不见①。四川绵阳双包山M2为墓地中等级最高的墓葬，墓上原可能有祭祀建筑，其他墓葬不见②。可以看出，上述几处墓地发现的祠堂或祠堂遗存均应是服务于所属墓葬，而非整个墓地。

3. 墓地中有多个墓葬，一定数量的墓葬有属于自身的祠堂，还有一些墓葬不见祠堂

大致来讲，有祠堂者一般较无祠堂者等级稍高，而一些墓地中，有祠堂者也存在等级差异，并在祠堂规模、形制等方面存在差别。

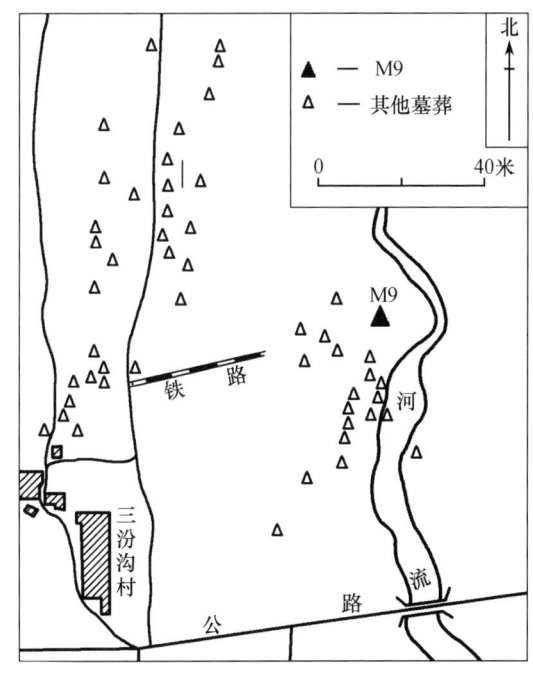

图4-71　河北阳原三汾沟墓地墓葬分布示意图

安陵东部的1—5号陪葬墓位于同一墓园内，1、2号陪葬墓可能共用一祠堂或祭祀设施，面积较大；东侧的4号陪葬墓北也有祭祀性设施，规模相对要小③。南昌海昏侯墓地中，刘贺墓与其夫人墓共用一祠堂，规模大，开间多，并有配套的廊房等，刘贺墓前还有专门的寝，墓地中等级稍高的M3—M6，墓道前端也有地面建筑堆积，但规模较小，另有几座墓葬不见相关设施④。济南长清孝堂山为一处东汉墓地（图4-72），地势较高处为一座等级较高墓葬，前有双开间石祠堂，低处一座等级稍低的墓葬前发现有单开间

---

① 安阳地区文管会、南乐县文化馆：《南乐宋耿洛一号汉墓发掘简报》，《中原文物》1981年第2期；王国平、张文彦、史国强等：《南乐汉墓》，中州古籍出版社2015年版。
② 四川省文物考古研究院、绵阳博物馆：《绵阳双包山汉墓》，文物出版社2006年版。
③ 咸阳市文物考古研究所：《西汉帝陵钻探调查报告》，文物出版社2010年版，第24—26页。
④ 江西省文物考古研究所、南昌市博物馆、南昌市新建区博物馆：《南昌市西汉海昏侯墓》，《考古》2016年第7期。

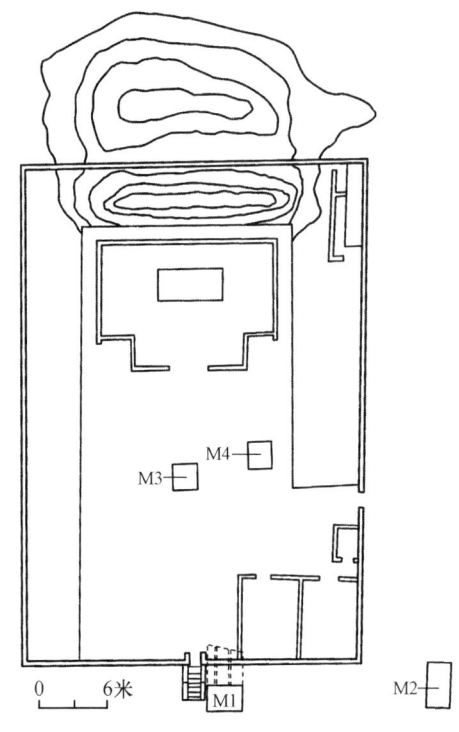

图 4-72 山东长清孝堂山石祠
与墓葬分布位置图

小祠堂，其他墓葬未见祠堂类设施①。嘉祥东汉武氏墓地发现一些东汉墓葬，祠堂有武梁祠及前石室、左石室等，祠主（墓主）生前为官吏，另有一些墓葬无祠堂②。嘉祥宋山出土画像石材复原的四座单开间石祠堂可能为同一墓地不同墓葬前的石祠堂③。徐州汉王东沿村北出土祠堂石材复原的单开间石祠堂可能为同一墓地中不同墓葬前的石祠堂，东沿村东侧出土画像石材复原的单开间石祠堂也可能为同一墓地不同墓葬前的石祠堂，反映出与上述墓地相同或相近的内容④。

4. 墓地中墓葬均有祠堂

墓地中的墓葬数量少，有的仅 2 座，各有属于自身的祠堂。

安徽宿州褚兰 M1、M2 属于同一墓地，二墓有一定距离，墓前均有祠堂⑤。湖南常德市柏子园东汉晚期砖室 M1、M2（《沅水下游汉墓》编为 M2416、M2417）距离不远，墓前皆有祭祀性设施，这可从墓葬周边存留的大量绳纹筒瓦、板瓦和兽面纹瓦当等看出⑥。

---

① 蒋英炬、杨爱国、信立祥等编：《孝堂山石祠》，文物出版社 2017 年版；罗哲文：《孝堂山郭氏墓石祠》，《文物》1961 年增刊。

② 蒋英炬、吴文祺：《武氏祠画象石建筑配置考》，《考古学报》1981 年第 2 期；蒋英炬、吴文祺：《汉代武氏墓群石刻研究》，山东美术出版社 1995 年版。

③ 蒋英炬：《汉代的小祠堂——嘉祥宋山汉画像石的建筑复原》，《考古》1983 年第 8 期。

④ 刘尊志：《江苏徐州东沿村出土东汉祠堂画像石浅析》，《中原文物》2018 年第 1 期。

⑤ 王步毅：《安徽宿县褚兰汉画像石墓》，《考古学报》1993 年第 4 期。

⑥ 孙泽洪、龙朝彬、文智等：《湖南常德市城区东汉砖室墓及墓阙清理简报》，《考古与文物》2007 年增刊（汉唐考古），第 36—42 页；湖南省常德市文物局、常德博物馆、鼎城区文物局等：《沅水下游汉墓》，文物出版社 2016 年版，第 558—559、465—472、736 页。

（二）单体墓葬

祠堂位于墓地的某一位置，属该墓的墓外设施，服务于该墓葬的祭祀及相关活动。

相关墓例有很多，如西安石家街西汉墓的建筑遗迹、苍山县金山汉墓墓道之上的建筑遗迹、汉魏洛阳城西东汉墓东部建筑群中祠堂建筑、孟津朱仓东汉M708及M709墓园内建筑遗存、新乡卫辉大司马墓地东汉M1封土北侧祠堂（F1）、武清鲜于璜墓封土外"享堂"建筑、云梦痾痾墩东汉晚期M1封土外南侧"享堂"、金乡"朱鲔石室"、徐州贾汪青山泉白集汉墓祠堂与铜山县洪楼东汉墓祠堂等。

需要指出的是，限于已有的考古资料，上述墓葬暂可视为单体墓葬，有些墓葬可能属于某一墓地中的一座墓葬，或相关资料未有发表，或墓地中的其他墓葬暂未发现或遭破坏不见。若其中的一些墓葬归属于2座或更多墓葬所属的墓地，其祠堂与墓葬或墓地的对应关系则与上述对应情况相同或相似。

（三）异穴合葬墓

此类情况上文已有涉及。南昌海昏侯刘贺墓与夫人墓、徐州拖龙山M3与M4，均为异坟异穴合葬墓，前者祠堂建于二墓之前，后者建于二墓旁侧，均为二墓所有。刘贺墓与夫人墓的祠堂，位置上更偏于刘贺墓，体现出墓主等级的差异；拖龙山墓地祠堂的地表遗存也偏于M3，亦反映出相应的差异。鲁元公主墓与张敖墓的祭祀设施位于鲁元公主墓的西北侧，也反映出这一特征。西安凤栖原墓地的祠堂，距离上与夫人墓相对较近，但祠堂在位置上偏北，且有道路等设施与列侯墓葬相通，体现的内容基本相同。济南北毕村墓地的东汉M1与M2很可能为夫妻异坟异穴合葬墓，祠堂位于二墓墓道前端，位置上更偏向M1[①]。

可以看出，夫妻异坟异穴合葬墓一般是共用祠堂，反映出汉代家庭观

---

① 山东大学历史文化学院、济南市考古研究所、章丘市博物馆：《济南市北毕村汉代画像石墓》，《考古》2012年第11期。

念下夫妻共同受祭的内容，同时也体现出汉代家庭中男尊女卑的社会现实，但也有特殊情况，如鲁元公主与张敖，前者身份特殊，墓地中祠堂的设置也存在相应的特殊性。

综合来看，墓地、墓葬与祠堂在使用或对应关系方面存在较多形式，而关系的不同也体现出相应的等级差异或地位差别，亦折射出一定的社会内容。同时，使用或对应关系也存在一定的时代特征，如（一）—1—（2）类多属西汉墓地，（一）—3类情况在西汉墓地中虽已存在，但数量稍少，且时代为西汉中后期，东汉时则较为常见，（一）—4类情况基本出现于东汉晚期墓地。不过，也有较多情况在两汉墓葬或墓地中均存在，体现出发展中的选择和延续。

八、墓地祠堂的发展、特点与影响

汉代墓地祠堂数量大、种类多，结合时代跨度、分布地域及对应墓主的身份和地位，综合体现出自身的发展、特点与影响，所反映与之相关的内容也较多样。

（一）发展、特点与影响

湖北云梦睡虎地 M77 的时代为西汉文景时期，出土竹简记载有西汉早期偏晚阶段列侯墓地祠堂的内容，表明祠堂在这一时期已为相关人员的墓地使用，并得到一定程度的发展，且至少列侯级别墓葬已形成相应的制度。但这一时期的墓地祠堂遗存极少，所知仅为有基础的瓦顶祠堂，其他信息较少。不过，在相对偏远的西南地区，由中原至此为官的高级别人员会将中原地区的一些丧葬或祭祀习俗带入此地，相关墓葬也可能有祠堂类祭祀设施，如四川绵阳双包山 M2。西汉中晚期，墓地祠堂数量增加，类型渐多，使用者的身份也较多样，但总体上还是砖（石、土）墙瓦顶祠堂。分布区域明显扩大，除京畿及东部重要区域外，向北扩展到今河北阳原一带，南则至今江西南昌。这与所属墓主的身份有一定关系，南昌墩墩山汉墓，墓主为原昌邑王，废帝，后改封海昏侯的刘贺，阳原三汾沟 M9 墓主可能是由中原来此地的官员，二者均在一定程度上反映出墓主与墓地祠堂发展和影响的关系。西汉末年，石祠堂开始出现，因其自身坚固、有画像、带刻铭等特点得到迅速普及，同时又衍生出许多新的种类，成为东汉时期极为重要的祠堂类型。石祠堂分布区域较大，据《水经注》记载，当时的东郡、山阳郡、河南郡、南阳郡等均有使用，但就考古资料而言，多位于今苏鲁豫皖交界地区，个别类型如抱鼓石壁祠堂则集中于今徐州南部与安徽宿州、淮北交界地区。墓地石祠堂使用者的身份多样，上至豪强地主、富商大贾或地方中高级官吏，下为一般有财力的平民和相关人员。东汉晚期，石祠堂数量大增，自身的结构、装饰、功用均得到进一步发展，如室内空间加大，使用龛或其他设施，达到了发展中的高峰。东汉时，砖（石、土）墙瓦顶祠堂仍有较多使用，形制、朝向与位置亦较多样，但又体现出南向为主的特征。有些祠堂的配套设施或相关建筑极为丰富，多数祠堂所属墓主身份地位略高，而使用地域则南至今湖南常德，西南延伸到今重庆一带，如湖北云梦癞痢墩东汉墓前的祠堂及重庆忠县石匣子东汉晚期墓葬封土上部的祭祀建筑遗存，而湖南常德柏子园M1的墓前也修建有祠堂类祭祀设施，而且很可能为双开间的瓦顶结构祠堂，但其与墓向一致，为北向，体现出发展中的多样化特征。需作说明的是，在石祠堂流行的地区也见有使用砖（石、土）墙瓦顶祠堂者，如济南北毕村东汉墓地祠堂，与之距离不远的长清孝堂山祠堂则为石祠堂；江苏铜山班井东汉墓M4祠堂修建在山上，为瓦顶结构，而较近距离的东沿村则发现较多小型石祠堂的画像石，从某种程度上体现出使用的差异性和多样性。

使用祠堂的墓主等级相对明确，如列侯、中高级官吏、富豪或豪强地主、有一定财力的中小地主、官吏或平民等。睡虎地M77出土竹简关于列侯墓地祠堂的记载及霍光妻子后来"盛饰祠堂"等，都说明相应制度的存在，而《盐铁论》所载"中者祠堂屏阁"[①]，更证明了其等级性。大致来看，不同等级人员之间、同一家族或家庭成员之间均存在诸多的差异和不同。但同一阶层的墓主，其祠堂的形制和规模也有差别，如徐州荆山村西汉墓地很可能为一处西汉中晚期的列侯家族墓地[②]，但祠堂规模不大，结构也相对简单，较之凤栖原墓地及海昏侯刘贺墓等的祠堂差别较大。就不同家族

---

① （西汉）桓宽：《盐铁论·散不足》，《盐铁论校注》，中华书局1992年版，第353页。
② 刘尊志：《江苏徐州荆山村西汉墓地性质浅探》，《中原文物》2016年第6期。

而言，同一形制或规模的祠堂，墓主身份也可能相差悬殊。也就是说，祠堂的结构、规模和使用者的身份关系有时表现得并不太明显①。

汉代，中原地区的墓地祠堂得到较大发展，并在发展过程中不断扩大其影响。上文所述四川绵阳西汉早期的双包山 M2 是体现之一，而东汉时期，相关影响更为明显，今湖北、湖南等地皆对墓地祠堂有所使用即说明了这一点。西南地区也受到一定影响，如重庆忠县石匣子东汉晚期墓葬的祭祀设施，而其影响力还远不止此。我国西南部汉墓外极少有墓地祠堂，而东汉至蜀汉时期的崖墓前室则常见凿建的"享堂"或祭祀场所，如四川乐山柿子湾崖墓 B 区 M1，为一座前堂横列式双墓穴墓葬，前室凿造出"享堂"②（图 4-73），乐山麻浩一号崖墓的前室南壁东部依岩壁凿有一圭首碑，碑面刻画像，从石刻画像内容看，前室应是祭祀场所③。根据墓葬时代、"享堂"

图 4-73　四川乐山市柿子湾崖墓 B 区 M1 前室享堂左壁正视图

---

① 杨爱国：《幽明两界——纪年汉代画像石研究》，陕西人民美术出版社 2006 年，第 178、179 页。
② 四川省文物考古研究院、乐山大佛风景名胜区管理委员会：《四川乐山市柿子湾崖墓 B 区 M1 调查简报》，《四川文物》2016 年第 5 期。
③ 乐山市文化局：《四川乐山麻浩一号崖墓》，《考古》1990 年第 2 期。

或祭祀建筑的形制、装饰及内容的分析，西南地区崖墓前室的"享堂"等应是受到中原地区墓地祠堂的影响。其中既有砖（石、土）墙瓦顶祠堂的因素，如柿子湾崖墓 B 区 M1 的"享堂"雕刻有仿木建筑图案，包括仿木结构木板墙及壁柱、壁穿和椽子、瓦当、瓦垄等，也有石祠堂的影响，如石刻画像等。可以说，相关影响是多方面的，而这一地区墓葬中的"享堂"或祭祀场所基本位于前室，位置相对居外，亦是中原地区墓地祠堂影响下相关内容的体现。但相关设施并不是修建在墓外，这可能与墓地位置及其自然环境有关。

（二）发展原因与影响

汉代列侯及其他中小型墓葬的墓地祭祀获得较大发展，建筑技术的提高是其原因之一，除此之外，相关原因还包括以下几点。一是丧葬的需求，墓祭不仅可祭祀逝者，满足其地下生活所需，也可对墓葬及相关设施有所保护；二是满足和实现死者升仙的理想化需求，祠堂作为主要祭祀设施，是墓主与天界沟通的媒介，通过祭祀，可完成墓主升仙的欲求。较多石祠堂画像中有西王母、东王公、伏羲、女娲等天界仙人及导引墓主升仙的内容。徐州铜山茅村出土的一幅祠堂画像分为四层，层层递进，表现出墓主升仙的整个过程[①]。洪楼祠堂的三幅画像则完整地表现了对仙界的描绘、引导墓主升仙及墓主夫妇升入天国后的情景[②]（图 4-74）。三是对孝道的追求与展现，这在上文已有相关论述，"生不极养，死乃崇丧"[③]的社会风气已"乱孝悌之真行，而误后生之痛者也"[④]，亦反证出当时对孝的重视。四是不同等级人员的重视，朝廷对帝陵的祭祀十分重视，其他诸阶层当受其影响，加之存在自身需求，对墓祭行为及其设施也十分重视，如海昏侯刘贺墓，除祠堂外，还有专门的寝以供祭祀。其他如"京师贵戚、郡县豪家，……起造大冢，广种松柏，庐

---

① 武利华：《徐州汉画像石祠堂与祠堂画像》，《两汉文化研究（第三辑）》，文化艺术出版社 2004 年版，第 270—288 页。

② 刘尊志：《徐州汉墓与汉代社会研究》，科学出版社 2011 年版，第 171、172 页。

③ （东汉）王符：《潜夫论·浮侈》，《潜夫论笺校正》，中华书局 1985 年版，第 137 页。

④ （东汉）王符：《潜夫论·务本》，《潜夫论笺校正》，中华书局 1985 年版，第 20 页。

图 4-74　江苏铜山县洪楼祠堂升仙画像（采自《徐州汉画像石》）
1. 图 84　2. 图 85　3. 图 80

舍祠堂，务崇华侈""起冢立祠，岁时祠祭""中者祠堂屏阁"等文献记载均可体现。五是儒家思想的影响，较多的祠堂画像中有"孔子见老子"及孔子弟子等画像，而儒家伦理思想亦将孝道放在首位。第六点，礼制的发展和变化。在大一统的社会背景下，汉代礼制得以不断发展和完善，礼仪制度、尊卑秩序得到较大发展，而忠孝观念为汉代礼制体系中的核心内容之一，对维护社会秩序的稳定作用明显，家族与家庭观念的增强即是内容之一。丧葬中的祭祀礼仪能够较好地体现礼仪、尊卑和忠孝等内容，而祠堂作为墓外祭祀礼仪设施，其推广普及与汉代礼制的变化和完善应有较密切关系。就礼制而言，对上述诸点又均有影响，在某种程度上可视为汉代墓祭发展的关键因素。

　　在上述因素影响下，列侯墓葬及中小型墓葬使用墓祭设施者增多，相关内容也趋于丰富，如神道、阙、石象生、石柱、碑、墓树等。祠堂作为墓祭最重要的设施，数量渐多，类型多样，并对以上内容有着充分体现。徐州大庙晋墓使用的东汉石祠堂，题记为"起石室□直五万二千，《孝经》曰：'卜其宅兆，而安措之，为家庙以鬼神飨之。'"这与《孝经·丧亲章》所载"卜其宅兆，而安厝之，为之宗庙，以鬼飨之"[①] 略有出入，由宗庙改成为家庙，反映出死者受祭的需求，体现了墓地祠堂在墓祭中的作用。另外，祠堂

---

① 胡平生：《孝经译注》，中华书局 2009 年版，第 39 页。

还可起到教化的作用，导人以孝，劝人向善，上文引蔡邕所言"式明令德，以示乎后"在一定程度上也是指此，而较多石祠堂中刻有历史故事与人物，既有正面宣传，也有对反面内容如夏桀、泗水捞鼎等的揭示，教化作用明显，这亦应是祠堂普及的原因之一。

随着汉代帝王陵寝的不断发展完善及相应礼仪制度的确立、列侯及其他中小型墓墓地祠堂的日渐普及和推广，全面推动了墓地祭祀的发展。汉代尤其是东汉时期，以祠堂为核心的墓外丧葬活动越来越受到重视。有学者指出：武氏墓地的两座石室墓的时代与武氏石阙、祠堂等地面建筑时间相同，属武氏家族墓葬应无疑问，但两座墓室虽全系石材建成，却仅在墓室门楣上以浅浮雕刻画对鱼和花纹，无其他画像，这说明当时武氏在墓地建筑物的石刻画像方面更重视地面祠堂等建筑[①]。

综合来看，汉代以墓祭为代表、祠堂为核心的制度虽不完善，如一些地区及一些低级墓葬或墓地不见墓地祠堂，一些墓葬仅有祠堂而无其他设施等，但无论数量、种类、分布地域，还是朝向、位置、祭祀空间、配套设施、与其他墓外设施的组合及搭配等均获得较大发展，而且内涵丰富。可以说，汉代墓葬的墓外丧葬系统已基本形成，并在较多地区已相对成熟，成为丧葬活动的重要内容。

第三节 其他墓地祭祀设施

祠堂及相关设施是汉代墓地最为重要的祭祀设施，与其发展相对应，汉代墓地还有其他一些祭祀性设施，这些设施的具体内容、数量、分布区域、时代延续性等较之祠堂有明显差异，一些还具有较突出的特殊性，但能够与祠堂相互补充，综合反映出汉代墓地祭祀的多样性，体现出汉代墓祭的发展及其内容、内涵等。相关设施主要有墓道前端的寝、墓园外的灶坑、墓地内的烧土及祭祀坑、祭台或祭案等，前三者具有特殊性，后二者则有相应的时代延续及分布地域，普及程度相对较大。

---

① 蒋英炬、吴文祺：《汉代武氏墓群石刻研究》，山东美术出版社1995年版，第119—127页。

一、特殊性墓地祭祀设施

发现数量少，基本仅在一处墓地有相关发现，反映出具有相应特殊性的墓地祭祀内容。

（一）墓园外的灶坑

发现于汉景帝阳陵东司马道北第一排 10 号陪葬墓园（BP1Y10）的门阙以南与阳陵东司马道北界沟之间，为东西向一字排开的小型灶坑，14 处，大小相当，分布规律，朝向一致，火门均朝北，间距为 2.4—4 米不等（图 4-75），单个灶体由操作间、火门及灶坑三部分组成，灶坑向东、西两边仍有分布，共有 57 处，可能与墓葬祭祀有关[①]。

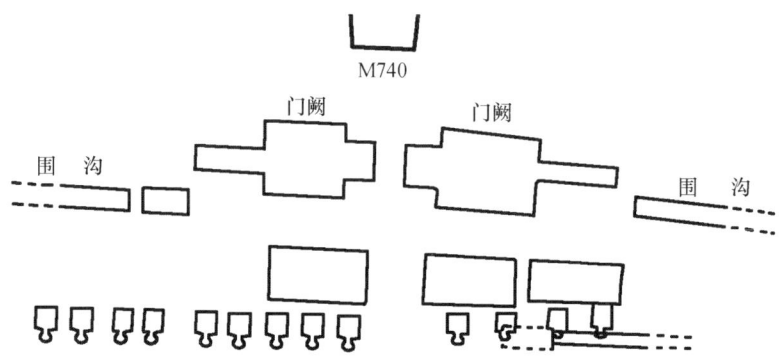

图 4-75　汉景帝阳陵东区 BP1Y10 南部成排小型灶坑

（二）墓地中的烧土

江苏邳州山头东汉墓地是东汉时期中小地主阶层的一个完整家族墓地，外有壕沟围绕，沟内墓地南端，多座墓葬之间的空地发现有相应面积的红烧土堆积。红烧土堆积位于 M21 南面约 2.5 米，M39 西面约 0.7 米处，平面呈椭圆形，遗迹开口于第 3 层灰褐土下，北部被施工水沟破坏，面积约 2 平方米，土质粗，土色发红，含有较多红烧土颗粒，未发现陶片，经解剖，堆积

---

① 曹龙：《西汉帝陵陪葬制度初探》，西北大学硕士学位论文，2009 年，第 26 页。

厚度有 0.1 米（图 4-76）。发掘报告指出：红烧土遗迹位于墓地的核心区，从遗迹的位置及层位分析，较大面积的红烧土堆积可能为墓地祭祀过程中所遗留下来的祭祀遗迹，应是因祭祀用火而烧成的红烧土遗迹[①]。

图 4-76　江苏省邳州山头东汉墓地中的红烧土遗迹

山头墓地的红烧土遗迹也可能为陶窑，用于烧造砖或陪葬品，弃用后损毁，加之位于墓地内，相关毁弃物被清理，在地面留下烧土痕迹。山头墓地的红烧土遗迹在位置等方面与较多东汉墓地的陶窑有相似之处，因此也很可能为陶窑毁弃后的遗留。

（三）墓道前端独立的寝

仅发现一处，为南昌海昏侯刘贺墓（M1）的墓道前建筑，编号为 F1。基址平面呈方形，由 4 座平面呈曲尺形的夯土基址组成，边长约 10 米，面积约 100 平方米，为墓地中的寝类祭祀性礼仪设施[②]。F1 为海昏侯刘贺墓独有，这使得该墓葬及寝均具有相应的特殊性。

海昏侯墓地中，M1 前祠堂（F2）为海昏侯墓及其夫人墓（M2）共有，除祠堂外，考古发现还有其他内容，如二墓前的廊房。另外，二墓封土下有方形大型夯土基座，共二层，下层基座为二墓共用。从考古发掘来看，M2位置稍偏，而其封土对 M1 封土形成了局部叠压，说明 M2 的时代晚于 M1。笔者认为，在原有规划中，M1 与 M2 共用夯土基座及祠堂，因刘贺去世较早，故先在其墓前修建了一座用于祭祀的寝，其夫人安葬后，又在二墓前修建了共用的祠堂，刘贺墓前的寝也因此保留下来，至今仍有相关遗存。从墓地遗迹分布图中 M1、M2、F2 等的位置和距离来看，若先修建祠堂及相关

[①] 南京博物院、邳州博物馆：《邳州山头东汉墓地》，科学出版社 2010 年版，第 156、193 页。

[②] 江西省文物考古研究所、南昌市博物馆、南昌市新建区博物馆：《南昌市西汉海昏侯墓》，《考古》2016 年第 7 期。

设施，M2 的修建及墓主下葬时可能会受影响甚至会损毁相关设施。因此，F1 是刘贺死后为其墓葬专门修建的祭祀设施，二墓共用的祠堂等设施是在刘贺夫人去世后修建的，而 F1 在 F2 修建后可能还有使用。另外，墓地中其他一些墓葬也会参考刘贺墓前修建祭祀设施的做法。M5 墓主已确认为刘贺儿子刘充国[①]，墓前有建筑，另有 M4、M6 等，但从平面布局看，基本呈"冂"形，与 F2（祠堂）更相似，作为祠堂看待更为恰当。

二、祭祀坑

部分列侯墓葬外发现具有祭祀性质的坑，数量不多，一般一墓一祭祀坑，相关问题在第三章中已作相关论述。除列侯墓葬外，一些中小型墓葬也发现有祭祀坑。从大的方面讲，祭祀坑属于陪葬坑的一种，但其用途或作用又具有专门性和针对性，即与墓祭有关。

（一）发现概况

墓外发现祭祀坑的列侯墓葬不多。陕西省蓝田支家沟汉墓，封土中部偏南处发现一陪葬坑（K1），平面略呈长方形，南北长 5.4、东西宽 1、深 0.24 米，内有少量动物骨骼、木炭、红色漆皮以及铜饰件、"囗囗丞印"封泥等，为祭祀坑[②]（图 4-77）。从平、剖面图看，该坑埋藏浅，打破封土的可能性较大，可视为墓外的祭祀坑，但也不完全排除原位于封土下的可能。海昏侯刘贺墓的墓道前有寝，寝的北、东、西三门附近均发现灰坑，为祭祀坑的可能性较大[③]（图 4-78），而这些"灰坑"可明确为墓外的坑。河北邢台南郊西汉南曲侯刘迁墓，墓室南边 1.5 米处发现一个和墓室平行的长方形坑，

---

① 驻江西记者柯中华、伍文珺：《南昌汉代海昏侯国考古发掘取得新进展——墓园五号墓主人或为海昏侯长子》，《中国文化报》2018 年 2 月 1 日第 2 版。
② 陕西省考古研究院：《陕西蓝田支家沟汉墓发掘简报》，《考古与文物》2013 年第 5 期。
③ 江西省文物考古研究所、南昌市博物馆、南昌市新建区博物馆：《南昌市西汉海昏侯墓》，《考古》2016 年第 7 期；田庄、张杰、刘慧中：《南昌西汉海昏侯刘贺墓园礼制性建筑研究》，《南方文物》2018 年第 2 期。

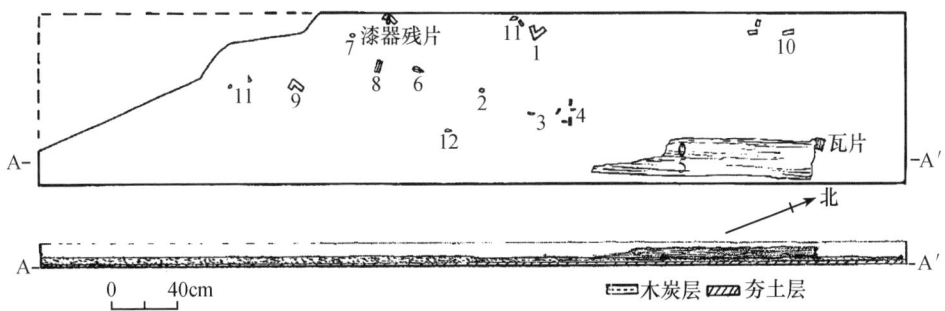

图 4-77 陕西蓝田支家沟汉墓祭祀坑（K1）
1. 案栏铜饰 2. 泡钉 3、4. 铜镞 5、6. 水滴形铜饰 7. 仗顶铜饰 8. 环形扳饰
9、10. 案栏铜饰 11. 铜残片 12. 封泥

图 4-78 江西南昌海昏侯刘贺墓前的寝与祭祀坑

长 14.2、宽 1.4 米，坑内发现一堆牛骨和猪骨、猪牙等[①]，亦可能为祭祀坑，但其位于封土下墓室旁侧的可能性最大，不一定为墓外设施。除上述内容外，陕西西安石家街汉墓外的陪葬 K1，位于墓葬东南约 19 米处，坑体内放置随葬品，出土铜钫、铜壶、铜盆、陶壶、铁剑等器物，也发现有漆器、动物骨骼及木匣痕迹等，可能是器物与祭祀内容等组合性质的坑[②]。

中小型墓葬外的祭祀坑也较少。就位置而言，主要有三种表现形式，但大致可确定为墓外设施。一是祭祀坑与具体或单一墓葬的墓道或墓穴有

[①] 河北省文物管理处：《河北邢台南郊西汉墓》，《考古》1980 年第 5 期。

[②] 西安市文物保护考古研究院柴怡、张翔宇、孙武：《西安东郊石家街发现汉代列侯级别墓葬》，《中国文物报》2013 年 8 月 16 日第 8 版。

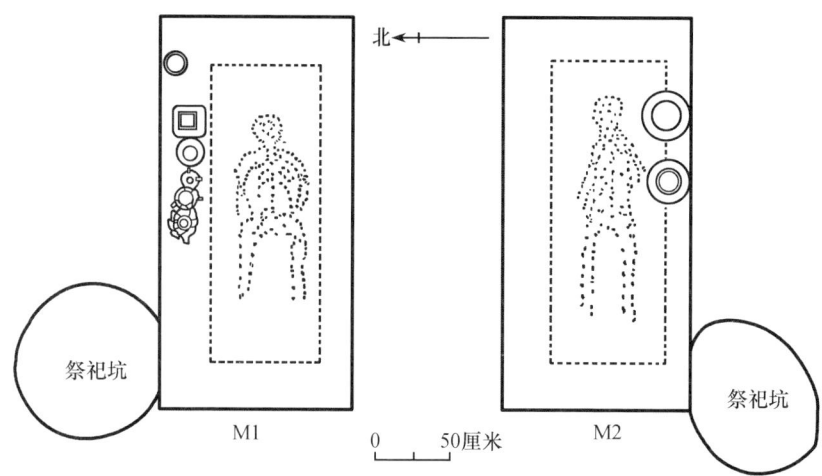

图 4-79　安徽省定远县侯家寨西汉墓与祭祀坑

图 4-80　河南省新乡王门墓地 M30 与墓前祭祀坑

一定距离，基本位于墓外。陕西合阳西汉 M1 为土坑斜坡墓道洞式墓，墓道南端 2.6 米处有一坑，坑口与墓道开口平行，似为同期[①]，M1 土洞内置 4 具尸骨，其中 1 具似为孩童，至于 4 人因何同时死亡，有待研究，但这也许是墓外置祭祀坑的原因之一。二是祭祀坑与具体或单一墓葬的墓道或墓穴相邻。安徽定远侯家寨西汉 M1、M2 为并穴合葬墓，M1 墓穴北侧及 M2 墓穴南侧各有一坑，坑内堆积物为草木灰烬、小动物骨骼和陶器碎片，未见封土[②]（图 4-79）。西汉后期偏晚至王莽时期的河南新乡王门墓地 M30，为斜坡式墓道土洞墓，紧邻墓道的北端有一祭祀坑[③]（图 4-80）。三是位于墓地之中，与周边墓葬有一定距

---

① 陕西省考古研究院：《2011 年陕西省考古研究院考古发掘新收获》，《考古与文物》2012 年第 2 期。

② 安徽省文物研究所：《安徽定远侯家寨西汉墓》，《考古》1987 年第 6 期。

③ 河南省文物局：《新乡王门墓地》，科学出版社 2013 年版，第 116 页。

离。河南平顶山黑庙墓地中的 H2、H3，与周边墓葬均有一定距离，H3 尤为明显，坑内堆积灰褐色土，包含大量草木灰及少量料礓石，土质疏松[①]（图 4-81），类似坑在陕西骊山小型秦墓中也有发现，如刘庄 M5、M8 及柿园砖厂区 M1，是祭祀坑类的遗存[②]。河南省淇县西杨庄汉代墓地西北侧发现一积石坑，坑内南北向中部堆积鹅卵石，发现一些灰色陶片等[③]（图 4-82）。

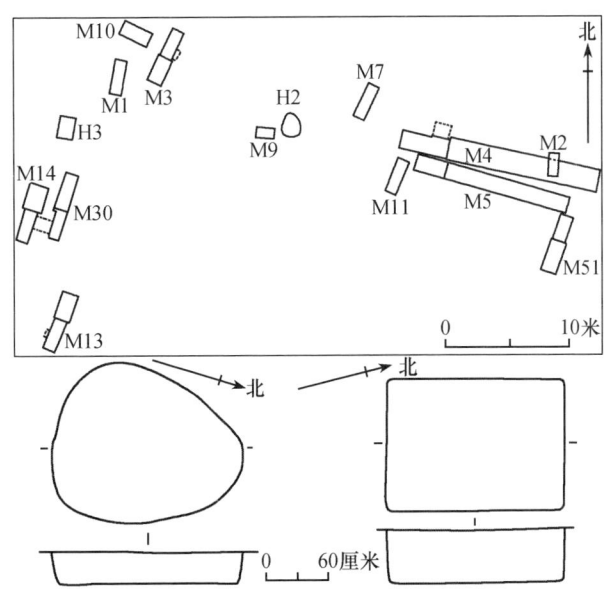

图 4-81　河南省平顶山市黑庙墓地部分墓葬与祭祀坑平、剖面图

（二）形制分析

从整体来看，祭祀坑的规模一般不大，相对较浅，形制也稍简单，但也体现出列侯墓葬祭祀坑规模相对较大，埋藏内容丰富、个别组合性质的坑相对复杂等特点。根据平面形状的不同，可分为三型。

A 型：平面长方形，根据坑内相关设施的有无及设施的不同又可分为四亚型。

Aa 型：坑内无设施。平顶山黑庙墓地 H3，无设施。蓝田支家沟汉墓外的 K1，平面略呈长方形，无设施。

Ab 型：坑内有龛。合阳西汉 M1 的墓地祭祀坑东西长 2.1、南北宽 1、

---

① 河南省文物局：《平顶山黑庙墓地》，科学出版社 2014 年版，第 3、143、144、162 页。
② 林泊：《陕西骊山小型秦墓祭位坑的勘查》，《考古》2002 年第 1 期。
③ 河南省文物局：《淇县西杨庄墓地、黄庄墓地 I 区发掘报告》，科学出版社 2015 年版，第 103 页。

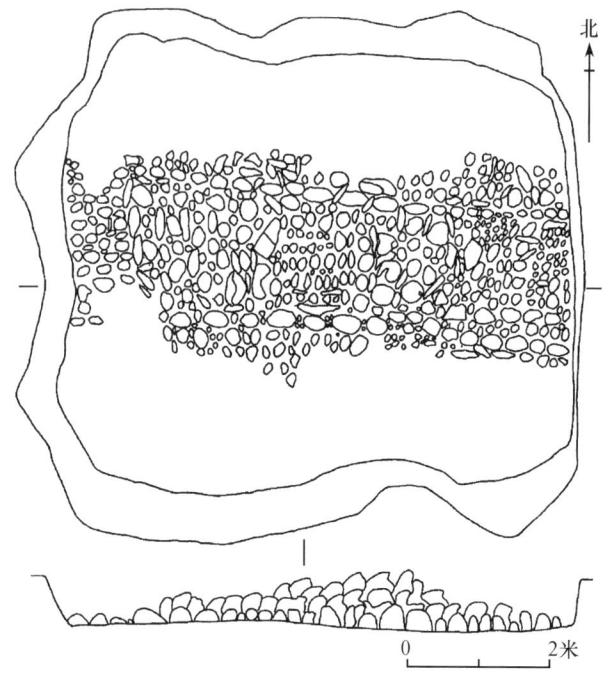

图 4-82　河南省淇县西杨庄墓地西北侧积石坑平、剖面图

深 1.1 米，坑东南角挖有壁龛，龛里置一陶罐，用陶砖封堵。

Ac 型：坑内有砖砌遗迹。新乡王门墓地 M30 祭祀坑东西长 0.7、南北宽 0.45、深 0.25 米，坑内用青砖竖直垒砌一工字形台面。

Ad 型：组合性质的坑，坑内相对复杂。西安石家街汉墓外的陪葬 K1，南北向长条形，为地下隧道式木框架结构，竖穴式坑体，北端有向外延伸的斜坡，南端情况不详。

B 型：平面近方形，无相关设施。河南淇县西杨庄汉代墓地积石坑，近方形，坑壁略向外倾斜，东西长 7.3、南北宽 7.5、深 1.5 米。

C 型：平面呈不规则圆形，无相关设施。平顶山黑庙墓地 H2 的一端略弧凸。定远侯家寨西汉墓祭祀坑较对称，直径 1、深 0.4 米，北坑略规整，南坑近椭圆形。海昏侯刘贺墓前的祭祀坑也大多为不规则的圆形。

（三）主要内容

等级较高的列侯墓葬，墓地祭祀坑的内容相对丰富，基本都有动物骨骸，有的还有漆木器或与之对应的封泥等。西安石家街汉墓外陪葬 K1 局部发现漆器、动物骨骸及木匣痕迹等，蓝田支家沟汉墓 K1 内有少量动物骨骸、木炭、红色漆皮、铜饰件及"□□丞印"封泥等。

中小型汉墓的祭祀坑，内容相对简单，多以草木灰烬、少量陶器或残片为主，个别有动物骨骸。合阳西汉 M1 祭祀坑的龛里置一陶罐，平顶山黑庙墓地中 H2、H3 堆积灰褐色土，包含大量草木灰及少量料礓石，淇县西杨庄汉代墓地积石坑积鹅卵石，有一些灰色陶片等，新乡王门墓地 M30 的祭祀坑内除砖砌遗迹外无其他遗物。定远侯家寨西汉 M1、M2 墓穴南侧各有一祭祀坑，坑内堆积物为草木灰烬、小动物骨骼和陶器碎片。总的来看，墓葬等级不高，普遍为中型偏小或小型墓葬。

综合来看，汉代墓葬外的祭祀坑数量不多，这是汉代之前丧葬内容的延续，西汉一代还有沿用，但中期之后数量渐少，东汉时期数量极少。祭祀坑形制多样，坑内置放物既有统一性又有差别，体现出相应墓葬等级和时代等的差别。需做说明的是，还有一些有较多数量墓葬的墓地或墓群发现有灰坑，为祭祀坑或作他用暂不能确定，部分可能存在祭祀的性质。

三、祭台或供台

关于汉代墓葬外的祭台或供台，上文已有论述，类似遗物数量相对较多，如山东省微山出土的一块方形画像石，高浮雕，刻伏羲女娲神兽画像，似为墓前的祭台[①]。石质祭台或供台基本与祠堂形成组合，且多位于祠堂内，是开展祠堂祭祀的设施之一。下文所述祭台或供台，附近或周边不见祠堂，而是作为墓地祭祀设施相对独立的置于墓外。多为砖砌，少量石砌。新乡王门墓地 M30 紧邻墓道的北端有一祭祀坑，坑内用青砖竖直垒砌一"工"字形台面，很大可能就是供台，使用后被掩埋。此类祭台或供台发现数量不多，且多集中于某一墓地的多个墓葬，某种程度上可视为该墓地的特点之一，而这又与同一墓地中多个墓葬有墓地祠堂的情况较相似。以东汉墓葬为主，有一定的等级但普遍不高，有的墓主甚至为平民或稍高等级者。

祭台或供台或位于坟丘之上，或在墓葬之前，一般较为简单。根据是否有相关配套设施，可分为二型。

A 型：有相关配套设施，共同服务于墓葬祭祀。遗存数量较少。

湖北省均县"双冢"为两座砖室墓，均被盗掘，M2 内葬多人，时代大致为东汉末。墓前封土外距墓门 4—8 米处，各置一长方形石祭台，台两侧各有石人骑兽一具（图 4-83），仅 M2 左侧一具略完整，系石灰岩石，另

[①] 马汉国主编：《微山汉画像石选集》，文物出版社 2003 年版，第 162、163 页。

图 4-83　湖北省均县"双冢"中 M2 墓外（前）的石祭台与石人骑兽（南北向）

在 M2 前室顶部前端盗洞口上遮盖有倒置的石方桌一面，为盗扰所致①。二墓石祭台均为长方形，是两块长条石加工后拼合而成，台面不光滑，也无盘形窝，长 172.5、宽 77、通高 26 厘米。石方桌近方形，长 71、宽 62、通高 21 厘米，四方形短足，外面两足刻有纹饰，桌面的一侧有凹下团窝，直径 22.5 厘米，形如盘，盘中央有小孔，穿过桌面。从形制看，亦应为石祭台或祭案，可能为附近其他墓葬前的设施，在 M2 被盗后，被移至盗洞处用以填封。石人骑兽 4 件，二墓各 2 件，3 件已残毁，仅 M2 祭台左侧 1 件略完整，整石雕凿而成，为辟邪，长 60、宽 21、高 53 厘米。从简报叙述看，附近不见建筑痕迹，推测上述遗物是当时墓前的祭祀设施。

山东青岛土山屯墓群中，封 10 发现有砖构平台，位于封土南侧的缓坡之上，略呈方形，砖构平台中央放置一灰陶罐②。

B 型：无配套设施，相关遗存数量略多。基本为砖砌。

河南新乡王门墓地 M30，供台用青砖竖直垒砌，为工字形台面（图 4-84）。

---

①　湖北省文物管理委员会：《湖北均县"双冢"清理简报》，《考古》1965 年第 12 期。
②　青岛市文物保护考古研究所：《青岛土山屯墓群考古发掘获重要新发现——发现"祭台"、人字形椁顶等重要遗迹，出土温明、玉席和遗册、公文木牍等珍贵文物》，《中国文物报》2017 年 12 月 22 日第 4 版。

河南辉县路固汉代墓地中，墓葬多数是带墓道的洞室墓，有封土。有在坟丘上用砖的现象，如 AM40、AM61、BM5，坟丘塌陷堆积上发现有砖，可能是墓上（丘顶）摆祭用的平台[①]。AM61，时代为新莽至东汉早期，有相关遗存；AM40，由坟丘、墓道、封门、甬道、墓室等组成，时代为东汉早期，塌落坟丘的中部有散乱

图 4-84　河南省新乡王门 M30 墓道前祭祀坑内砖砌台面

残砖，可能为坟丘上供台（图 4-85）；BM5 的时代为东汉中期，在塌落坟丘南部及墓道近封门处地面上均有砖构供台塌落的砖，部分塌落到墓道内，坟丘上面砖构供台范围较大，南北长约 1.8、东西宽约 1.2 米，保存较完整的砌砖为一顺一丁结构，有 3—5 层（图 4-86）。更常见的是坟丘前用砖砌简单的供台，AM23、AM59、AM73、CM3、CM2 等的坟丘前都有明显的供台设施[②]。AM23、AM73 的时代为东汉早期，其中 AM23 由坟丘、墓道、封门、甬道、墓室、耳

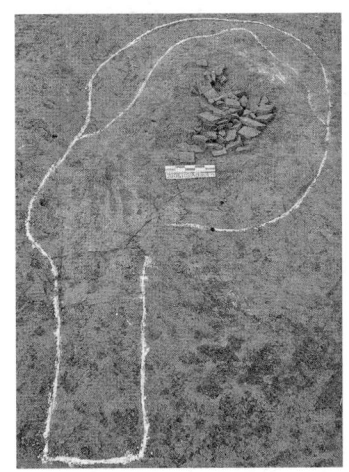
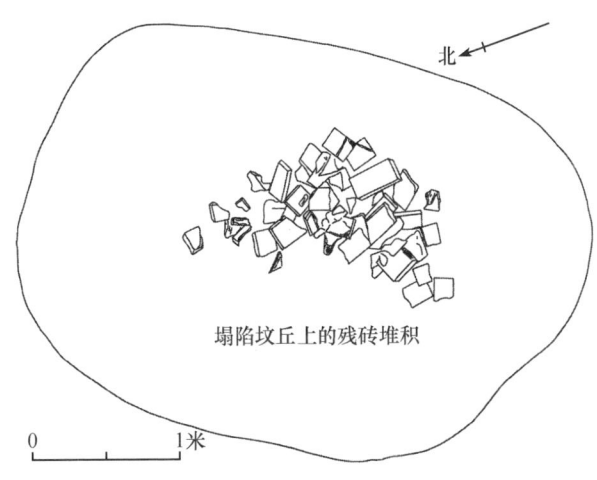

图 4-85　河南省辉县路固汉代墓地 AM40 墓上供台

---

① 中国社会科学院考古研究所：《辉县路固》，科学出版社 2017 年版，第 458—460、194—198、274—280 页。

② 中国社会科学院考古研究所：《辉县路固》，科学出版社 2017 年版，第 450—458、269—271、415—421 页。

室等组成,供台位于墓道尾端0.1—0.35米处,可能是随墓道填土下沉所致,有三层砖,底层为顺砖平铺,第二层为丁、顺侧砖作框,供台面保存两排砖,北部为三块丁砖平铺,南部为一块平砖顺铺;AM59由墓道、封门、甬道、墓室、耳室等组成,时代为东汉中期,墓道近封门处地面上有3块青砖,推测是墓外坟丘前供台用砖,随着墓道填土的塌陷而下沉所致;CM2、CM3的时代为东汉晚期,其中CM3由坟丘、墓道、封门、甬道、墓室等组成,供台位于墓外坟丘前,由于墓室塌陷,坟丘随之塌落,坟丘南侧的砖砌供台也随坟丘塌落,其原始形制不明,应为平砖平砌,砖至少有5层(图4-87)。

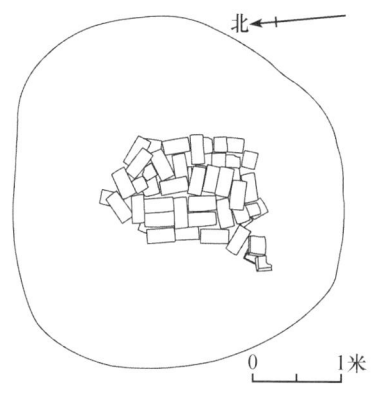

图4-86 河南省辉县路固汉代墓地BM5墓上供台

图4-87 河南省辉县路固汉代墓地CM3墓前供台

图4-88 山东省青岛土山屯墓群封5前砖砌祭台

青岛土山屯墓群中,7处封土发现有砖构平台,封10为其中之一,其他封土与之相似。平台均位于封土南侧缓坡之上,略呈方形,边长2—2.5米,基本结构是东西向铺素面平砖,再在周边用立砖砌出平台范围,如封5(图4-88)等,时代为西汉晚期,而且部分封土发现存在早晚关系的两处砖构平台,分别对应早晚两次封土的埋葬,其中较晚的平台一般位于整处封土南侧缓坡的中心位置,应是同时祭祀封土下两座墓的墓主人①。

河北秦皇岛抚宁县邴各庄东汉墓地中，M1规模较大，位于最北侧，其西侧有1座墓葬，南侧有4座墓葬，规模均相对较小，M1墓圹四周的地面有围墙遗迹，围墙外西侧与南侧皆有砖砌遗存，西墙外为砖砌方台，现长0.7、宽0.4、高0.35米，南墙外为一层平铺的砖，东西0.7、南北0.6米，砖面凸凹不平，似经过长期踩踏或多次使用②（图4-89）。M1墓圹四周的围墙遗迹当为墓垣，二处砖砌遗存则是砖砌的祭台，西侧祭台位于M2前，服务于M2，南侧祭台则服务于附近墓葬，而二者还主要服务于墓地中最大的墓葬——M1，推测M1前（北侧）可能还会有规模较大、设施更为完善的祭祀设施，或为祠堂③。

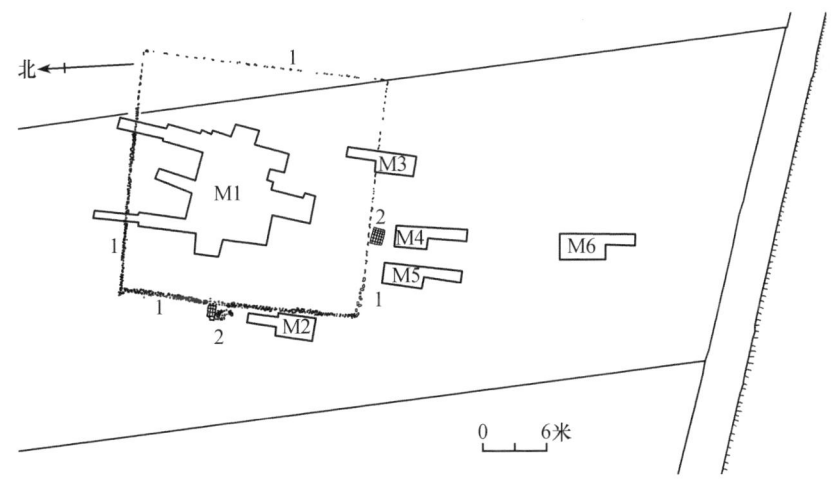

图4-89　河北抚宁县邴各庄汉代墓地墓外设施
1.石砌遗存　2.砖砌遗迹

---

① 青岛市文物保护考古研究所：《青岛土山屯墓群考古发掘获重要新发现——发现"祭台"、人字形椁顶等重要遗迹，出土温明、玉席和遣册、公文木牍等珍贵文物》，《中国文物报》2017年12月22日第4版。
② 河北省文物研究所：《河北抚宁县邴各庄汉墓发掘简报》，《文物春秋》1997年第3期。
③ 刘尊志：《河北抚宁邴各庄东汉墓地相关问题探讨》，《文物春秋》2020年第3期。

汉代墓葬坟丘上或墓前的祭台或供台，面积不大，砌筑也相对简单，应是在祭祀时摆放祭品的设施，这可能与汉代的"露祭"有关，进行"露祭"时可在祭台或供台上摆上酒食和其他祭品。前文所举山东孝堂山下小祠堂出土的祭祀图与这一类祭祀有所相似，但其更为简陋，未见祭台或供台，而是直接将祭品放置在墓前的地面上[①]。祭台或供台，有的具有临时性，在新的设施建成后即进行掩埋，更多的会得到多次使用。就多次使用的祭台或供台而言，既可供亲属多次祭祀，也与汉代多种形式的上冢祭祀有关，即一些与死者有相应关系的人员在祭祀死者时亦可使用。随着年长日久，一些损毁不见，一些则因墓葬封土的坍塌而落入封土或墓葬之中。

第四节　汉代墓地祭祀设施有关问题

汉代墓地祭祀设施内容丰富，还有一些问题须作相关分析，以期对汉代墓外祭祀设施有更为全面的认识。

一、石祠堂的复原与相关内容

从目前资料看，石祠堂大多发现于今苏鲁豫皖交界地区。因暴露在外，汉代石祠堂损毁较为严重。一些仅余个别石材，一些余有残迹，一些有多块石材，也有个别虽已残毁，但形状保留。随着考古工作的不断深入，还发现较多利用汉代祠堂画像石材砌建的再葬画像石墓，即汉画像石再利用墓葬。随着研究的不断深入，一些地区尤其是今苏鲁豫皖交界地区，较多汉代特别是东汉有画像题材的石祠堂得以复原，为认识汉代石祠堂提供了重要参考。

（一）苏鲁豫皖交界地区东汉石祠堂的复原概况

苏鲁豫皖交界地区是我国古代画像石产生或使用最早的地区，西汉早期偏晚阶段，大致在汉景帝时期，一些墓葬的墓门或其他位置已使用

---

① 关野贞：《中国山东省汉代坟墓表饰》，东京大学工科大学纪要第八册第一号，1916年，图140。

了画像石，较具代表的为徐州韩山西汉 M1①，洞室墓门 2 扇，皆刻有常青树，树的顶端立一鸟，下有悬璧②，这是目前所知时代最早的画像石③。西汉晚期至东汉初期，这一地区的画像石获得极大发展，目前所知时代较早的石祠堂也出现在这一地区，如山东汶上路公祠堂，时代大致在西汉晚期至王莽时期④。东汉时期是苏鲁豫皖交界地区石祠堂发展的重要时期，具体表现为数量大、种类多、分布广、使用者身份多样等特点。因立于墓外，这一地区的石祠堂多数遭受损毁或破坏，部分石材置于地表或墓葬附近，个别祠堂虽残损但仍位于墓旁，但也有相当数量的石祠堂被拆毁并作他用，形成祠堂画像石的再利用。截至目前，已有一定数量的东汉石祠堂被修复或复原，其中既有暴露于地表的祠堂或祠堂建材，也有再利用画像石材。

苏鲁豫皖交界地区的汉代石祠堂中，有些已有所损毁，后世对之进行了补修，虽形状保留，但有不当之处，考古工作者根据祠堂自身的结构和特点，进行了复原修复，得以恢复原貌，如长清孝堂山祠堂。有的祠堂石料被拆作他用，征集后可复原成祠堂，如金乡"朱鲔石室"。有学者对嘉祥武氏祠几座祠堂进行了复原和研究⑤，也有学者对邹城、滕州等地发现的一些汉代祠堂或石材进行了研究，部分作了相关复原⑥。徐州与皖北地区亦复原或修复一定数量暴露于地表的石祠堂或祠堂石材。有的为发掘出土，但损毁严重，可根据出土情况及石材形制、画像等进行复原，如徐州洪楼汉墓祠堂及

---

① 徐州博物馆：《徐州韩山西汉墓》，《文物》1997 年第 2 期。
② 胡望林：《徐州韩山汉墓》，《中国考古学年鉴·2006 年》，文物出版社 2007 年版，第 190、191 页。
③ 刘尊志：《徐州地区早期汉画像石的产生及相关问题》，《中原文物》2008 年第 4 期。
④ 傅惜华、陈志农编辑，陈沛箴整理：《山东汉画像石汇编》，山东画报出版社 2012 年版，第 130 页。
⑤ 蒋英炬、吴文祺：《武氏祠画象石建筑配置考》，《考古学报》1981 年第 2 期；蒋英炬、吴文祺：《汉代武氏墓群石刻研究》，山东美术出版社 1995 年版。
⑥ 陈庆峰、潘卫东、李慧：《滕州汉代石祠堂及祠堂画像》，《枣庄师范专科学校学报》2002 年第 1 期；谢健、程明：《邹城东汉祠堂整理与研究》，《大汉雄风——中国汉画学会第十一届年会论文集》，高等教育出版社 2008 年版，第 491—496 页。

白集汉墓祠堂等，有的保存稍好，如淮北相山区洪山汉代石祠堂（C1）[①]等。《徐州汉画像石通论》一书对铜山县汉王、邳州占城及安徽省北部与江苏铜山县交界地区等出土的较多石祠堂进行了复原研究，如淮北与铜山汉王交界地区的小祠堂、萧县庄里乡城阳村西南山坡的石鼓形小祠堂等，另就一些石祠堂构件进行了分析和论述，亦就白集汉墓、洪楼汉墓二墓石祠堂的复原提出了一些新的看法或观点[②]。有学者对皖北出土的较多石鼓形祠堂进行了论述[③]，也有学者对淮北地区出土石鼓形祠堂进行了研究[④]，相关研究又均涉及石鼓形祠堂的复原。

根据已公布的考古资料，今苏鲁豫皖交界地区存在较多的汉画像石再利用墓葬，相关墓例在上文已有叙述。关于画像石的再利用，有学者做过深入研究，并在研究中指出一部分画像石应为祠堂画像石[⑤]。一些汉画像石再利用墓葬内有明显的祠堂建材，如邹城峄山镇北龙河宋墓内出土汉安元年（142年）祠堂石材[⑥]。有的汉画像石再利用墓葬的相关室以东汉石祠堂石材搭建，结构上还有东汉石祠堂的特征，如徐州大庙晋墓，前堂为小祠堂形式，单开间，两山墙为尖顶圭形，边框有"口室""石室"等文字，两面坡式顶，前坡顶面凿出瓦垄，檐上刻瓦当纹[⑦]（图4-90）。早在20世纪80年代初，蒋英炬先生就将嘉祥宋山一些汉画像石再利用墓葬出土祠堂石材复原为几座小型石祠堂，同时还就这些石祠堂的有关问题进行了分析和论述[⑧]。江

[①] 淮北市文物局：《安徽省淮北市发现汉代画像石祠》，《东南文化》2019年第6期。

[②] 武利华：《徐州汉画像石通论》，文化艺术出版社2017年版，第55—96页。

[③] 朱永德：《皖北"抱鼓石"形汉代画像石祠堂》，《大汉雄风——中国汉画学会第十一届年会论文集》，高等教育出版社2008年版，第485—490页。

[④] 欧雪梅、解华顶：《淮北市南山汉文化博物馆馆藏汉代祠堂画像石赏析》，《文物鉴定与鉴赏》2017年第2期。

[⑤] 周保平：《徐州的几座再葬汉画像石墓研究——兼谈汉画像石墓中的再葬现象》，《文物》1996年第7期；钱国光、刘照建：《再葬画像石墓的发现与再研究》，《东南文化》2005年第1期。

[⑥] 邹城市文物局：《山东邹城峄山北龙河宋金墓发掘简报》；胡新立：《邹城新发现汉安元年文通祠堂题记及图像释读》，《文物》2017年第1期。

[⑦] 徐州博物馆：《江苏徐州大庙晋汉画像石墓》，《文物》2003年第4期。

[⑧] 蒋英炬：《汉代的小祠堂——嘉祥宋山汉画像石的建筑复原》，《考古》1983年第8期。

第四章　汉代列侯墓葬及中小型墓葬的墓地祭祀设施　449

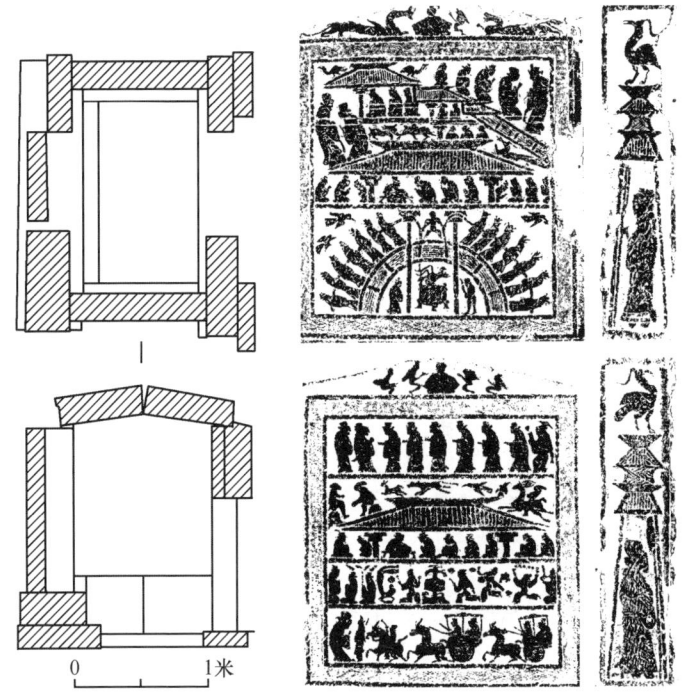

图 4-90　江苏徐州大庙晋汉画像石墓前室平、剖面图及部分用石
左：前室平、剖面图，右上：东壁及东壁南面画像，右下：西壁及西壁南面画像

苏徐州铜山汉王东沿村出土两批东汉画像石，均为墓葬用石，所属墓葬已被破坏，较多信息不详[①]。两处墓葬是将东汉画像石原属遗存拆除后，以其石材重新修葺的墓葬，石材基本为祠堂画像石，可能属于多个祠堂[②]，有学者进行了相关配置研究[③]。在已有研究的基础上，笔者亦对这两批祠堂画像石所属祠堂进行了复原研究，大致来看，这批石材以祠堂左、右壁居多，另有

---

① 徐州博物馆：《徐州发现东汉元和三年画像石》，《文物》1990 年第 9 期；王黎琳、李银德：《徐州发现东汉画像石》，《文物》1996 年第 4 期。

② 徐建国：《〈徐州汉画像石室祠建筑〉补说——兼议古代徐州祭祀建筑源起》，《两汉文化研究（第二辑）》，文化艺术出版社 1999 年版，第 329—342 页；张从军：《黄河中下游的汉画像石艺术》，齐鲁书社 2004 年版，第 314—316 页。

③ 武利华：《徐州汉画像石祠堂和祠堂画像》，《两汉文化研究（第三辑）》，文化艺术出版社 2004 年版，第 270—288 页；《徐州汉画像石通论》，文化艺术出版社 2017 年版，第 56—61 页。

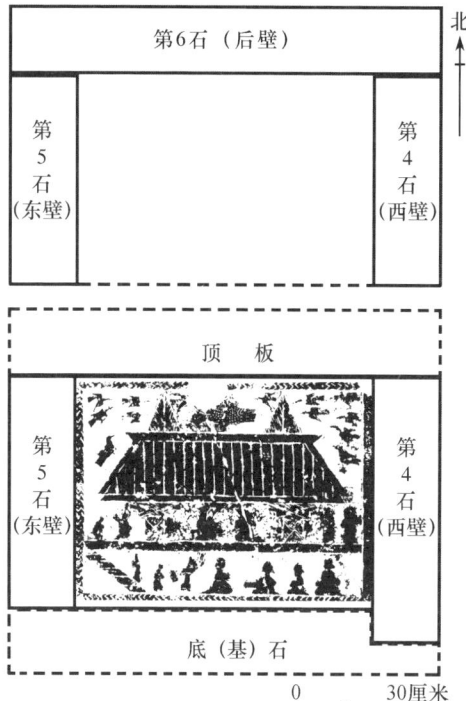

图 4-91　江苏徐州东沿村东一号祠堂复原俯视与正视图（笔者复原）

后壁及顶板石，可配置 9 座单间平顶石祠堂，以南向为主，少量北向（图 4-91），并体现出相应发展变化，反映出东汉时期该地区墓外石祠堂的推广普及和墓祭的发展完善①。

苏鲁豫皖交界地区出土较多的汉代祠堂石材，有的仅 1～2 块，不能恢复所属祠堂原貌，如徐州市邳州占城果园石祠堂等②（图 4-92）。但通过对这一地区汉代石祠堂的修复、复原及相关研究，关于不同类型汉代石祠堂的结构已较为明晰，一些构件的形制及画像、位置与用途也趋于明确，这为认识汉画像祠堂石材提供了借鉴和参考，进而可较好地判定一些散存或相关墓葬出土的汉画像石材是否为汉代祠堂的石材。

（二）相关画像石材的用途或属性

从大的方面讲，出土汉画像石的遗迹单位主要为墓葬及其地表，生活类遗迹也有出土，如徐州金地商都遗址的汉代地层出土刻有简单画像的石材，可能为建筑构件③。就墓葬而言，既有汉代墓葬地下墓室的建材，也有墓外设施的建筑材料，而墓外设施的建筑材料，多数应为祠堂石材。汉画像石再利用墓葬是出土汉画像石较为特殊的遗迹单位，时代延续较长，相当一

---

① 刘尊志：《江苏徐州东沿村出土东汉祠堂画像石浅析》，《中原文物》2018 年第 1 期。

② 郝利荣：《徐州新发现的汉代石祠画像和墓室画像》，《四川文物》2008 年第 2 期。

③ 刘尊志、周波：《徐州市金地商都先秦、两汉及明代遗址》，《中国考古学年鉴·2003 年》，文物出版社 2004 年版，第 172—173 页。

部分使用的画像石材为东汉墓葬外祠堂的建筑石材，当然也不排除对汉代画像石墓的再利用。除上述内容外，还有许多散存或没有出土单位的汉画像石，其中也有一定数量的汉代墓地祠堂所用石材。

关于一些散存或无出土单位汉画像石的性质或属性，有的可明确定为墓葬建筑用石，一些则可确定为祠堂用石，这两类石材的画像有相同之处，亦有自身的一些特点。祠堂画像石多见历史故事，注重宣扬礼制等；墓葬内画像石则更注重墓内装饰，服务于死者的地下生活。

图 4-92　江苏邳州占城果园出土祠堂画像石

形制方面，有些墓葬画像石特征明显，如较多墓葬的后壁石，上部呈半圆形，相关图案也与之相对应；一些祠堂画像石的自身特征也较突出，如带有山墙的画像石材；但也有一些特征不甚明显，如形制和地下墓室内画像石相似、画像内容无突出特征者，需要多方位考察和认定。借鉴对汉代石祠堂修复、复原和研究的成果，笔者认为，今苏鲁豫皖交界地区已知的汉画像石中，应有相当数量原应为祠堂用石，一些因暴露于地表，成为散存画像石，一些被移至再利用，成为画像石再利用墓葬的建筑材料。下文就该地区一些汉画像石的性质或属性作简单分析，其中一些已在相关研究中有所论述，本书仅作简要归纳。

1. 《徐州新发现的汉代石祠画像和墓室画像》一文涉及的石祠堂画像石[①]

徐州汉画像石艺术馆征集一批散存汉代画像石，其中石祠堂画像石11件。有些作为祠堂画像石的特征较为明显。第1石，为祭案石，画面刻二鱼、一龟、二耳杯。第3石面上刻屋脊瓦垄，反面刻羽人驭龙等图案，作为祠堂顶盖石应无疑问，而该石图像外有大片的空白也恰符合顶盖石的特点（图4-93：2）。第5—9石，为山墙石，石材上部山墙的特征明显（图4-94）。第10、11石为抱鼓石形，为该类祠堂壁石的特点也较突出。

有些石材不甚明显，第2、4石均为横长方形，第2石长83、宽77厘米，画面中有厅堂，内有二人跽坐，各有一侍者，建筑外两侧有树，文中将其定为祠堂后壁石（图4-93：1）；第4石纵长248、宽80厘米，图像为雨伯出巡图，文中将其定为祠堂顶盖石（图4-93：3）。

图4-93 《徐州新发现的汉代石祠画像和墓室画像》一文祠堂画像石
1.第2石 2.第3石 3.第4石

上述祠堂画像石中，顶盖石有羽人驭龙、雨伯出巡等仙界故事及相关图案，祠堂壁画像石主要有仙界及仙人与神兽、历史故事等，祭案石的图案有象征性祭品和耳杯等，祭祀特征突出，就第4石画像来讲，反映出祠主在另一世界生活的内容。这些祠堂画像石与上文所述众多可复原石祠堂的石材及画像有较多相似之处，反映出石祠堂石材及画像内容的多样性。

[①] 郝利荣：《徐州新发现的汉代石祠画像和墓室画像》，《四川文物》2008年第2期。

第四章 汉代列侯墓葬及中小型墓葬的墓地祭祀设施 453

图 4-94 《徐州新发现的汉代石祠画像和墓室画像》
一文中的祠堂山墙画像石
1. 第 6 石　2. 第 7 石　3. 第 8 石　4. 第 9 石

2. 徐州贾汪青山泉子房村出土的 4 块画像石[①]

为青山泉子房村村民平整土地时发现。关于 4 块画像石的用途或原属单位，公布资料指出：从雕刻技法、构图风格、人物服饰以及题材内容看，4 块画像石为东汉中晚期的作品，"估计此地原有画像石墓，但早年已被破

[①] 王黎琳、武利华：《江苏铜山县青山泉的纺织画像石》，《文物》1980 年第 2 期。

坏，清理时在附近没有发现墓葬痕迹及其他遗物"。基本是将 4 块汉画像石视为墓葬石材。据公布资料，4 块石材发现时距地表仅 30 厘米，埋藏较浅，这与一般画像石墓（包括再利用墓葬）不同，且附近没有发现墓葬痕迹及其他遗物，而 4 石的雕刻技法并不完全一致，第 2 石为凹入浅浮雕与浅浮雕相结合，其他三石都是剔地浅浮雕；边饰不统一，第 1 石边饰较窄的菱形纹，第 2 石边饰较宽的多线菱形纹，另两石则饰有半月纹或三角纹等。由此推测，4 块画像石可能是从不同遗存拆移至该处的，移位后准备作他用，但因故弃置该处。从 4 块画像石的形制及画像看，很可能为不同祠堂的建筑石材。

第 1 石呈横长方形，画面为十字穿环图案，中间并排凹刻 3 盘，盘中各刻 1 鲤鱼，画面一长侧凹入刻出一长方形空白（图 4-95：1），相关研究基本将此类画像石作为祠堂供案或祭案，而已大致确认的祠堂祭案与之有较多的相似之处[①]。已知的东汉石祠堂中，保存相对较好的萧县庄里乡城阳村西南山坡祠堂，基座石靠近后壁的地方刻 2 只凿深 4 厘米的耳杯，为祠堂内象征性的常设供器[②]。参考此石，第 1 石也可能是祠堂的底基石，但更可能为祭案石。第 2 石亦为横长方形，右侧残无，从原石的形制来看[③]，下部较宽的糙面原应置入土中，这在墓葬石材中极为少见，而左、上边饰外空白则便于搭扣，较适用于祠堂。画像有 1 建筑，内有 2 人，左侧 1 人前置 1 几案，建筑外有树，角上立鸟（图 4-95：2），图像内容与《徐州新发现的汉代石祠画像和墓室画像》一文中的第 4 石、徐州东沿村北山南出土第 9 石较为相似，也与东沿村东侧出土祠堂后壁石有相近之处。故推测该石为祠堂的后壁石。第 3 石残损严重，保留画像中有一马及一凤鸟，或为祠堂侧壁，亦存在为顶盖石的可能（图 4-95：3）。第 4 石为竖长方形，长 103、宽 88、厚

---

① 杨孝军、郝利荣：《论汉画像石中"祭案"与"庖厨"的意义——兼论〈太平经〉中的死后世界以及汉代民俗信仰》，《中国汉画学会第十三届年会论文集》，中州古籍出版社 2011 年版，第 84—90 页；武利华：《徐州汉画像石通论》，文化艺术出版社 2017 年版，第 89 页。

② 武利华：《徐州汉画像石通论》，文化艺术出版社 2017 年版，第 64 页。

③ 有画像石目录收集了该石，为原石拓片，可以看出原石残余部分的下部有一定高度为未加工的糙面，左、上有较宽的多线菱形纹边饰，边饰外有略窄的空白。相关资料见徐州博物馆编：《徐州汉画像石》，江苏美术出版社 1985 年版，图 167。

第四章　汉代列侯墓葬及中小型墓葬的墓地祭祀设施　455

图 4-95　江苏徐州贾汪青山泉子房村出土东汉祠堂画像石
1. 第 1 石　2. 第 2 石　3. 第 3 石　4. 第 4 石

20 厘米[①]。从原石照片看，画面右侧无边饰，左侧边饰外的空白较宽，上下边饰外的空白稍窄，这可能与搭建有关。就主体画像来讲，分上下两格，上格约占画面的三分之一，内为纺织图案；下格约占画面的三分之二，刻有房屋，屋脊两侧各立 1 鸟，屋内有 2 人对坐，前置 1 案，建筑外两侧分别为拴马和轩车。房屋内对坐 2 人的头部及衣着均有差异，左侧 1 人戴冠，应为男性，另 1 人应是女性，二人很可能是夫妇（图 4-95：4）。就房屋及其内的人物来讲，与第 2 石及相关画像石的内容较相似，而纺织图案在祠堂画像中

---

① 有画像石图录收集了该石，为原石照片，可以看出左侧空白较宽，右侧空白相对较窄，大致相当于左侧空白的二分之一，上下空白大致相同，并与右侧空白接近。关于该石尺寸，该图录记为 100×85 厘米。相关资料见徐毅英主编：《徐州汉画像石》，中国世界语出版社 1995 年版，第 46、85 页。

也有发现，如铜山县洪楼汉墓祠堂后壁画像，再结合该石主体画像、边饰及空白的布局等，其作为祠堂后壁石的可能性较大。

3. 其他相关画像石

苏鲁豫皖交界地区出土较多的汉代画像石，一些已基本被确认为祠堂画像石，皖北的萧县与淮北、江苏徐州及山东地区的济宁（含微山、邹城、嘉祥）、枣庄（含滕州）、临沂等地均有一定数量被确认的祠堂画像石。其中一些画像石的形制较为明显，如带山墙；一些有刻铭文字，如微山出土的较多画像石，但也有一些还有待于进一步认识和确认。根据上文所述石祠堂及用石的形制、画像、空白布局、边饰等的特点，结合相近或相似有刻铭文字的祠堂画像石，可将一些地区散存或再葬画像石墓中的一些石材确认或大致定为祠堂石材。

（1）徐州地区画像石

《徐州汉画像石》一书收录了较多的画像石，其中未注明出土单位的散存画像石中，存在一定数量的祠堂画像石[①]。

图158。原石上下为糙面，上部糙面略宽，主体图像为1房屋，内有2人，并有几案和酒具，建筑外有侍者、马等，与上文所述祠堂后壁石接近。

图170、171。原石横长方形，较窄长。主体图案外为边饰，边饰外有空白糙面，右侧较明显。图170，主体图案为二龙穿璧，图171，主体图案为穿璧纹（图4-96：1），二者很可能为小祠堂的顶盖石。

图179。原石横长方形。外有边饰，主体图案为建筑，有二主人及多名侍者。建筑上及两侧有凤鸟、神兽等，建筑下有乐舞、庖厨。主体图案与上文所述后壁石有2人在房屋内跽坐相似，而该石图案的长、宽比例亦与此类祠堂后壁石接近，推测为祠堂后壁石。

图201—204为一组，雕刻技法一致。从拓片看，图202下部边饰外有空白，有房屋和人物，原石可能为祠堂后壁。图203左侧与下部边饰外有空白，图204右侧与下部边饰外有空白，二者大小一致，较对称，图203有人物和乐舞，图204有车马和侍者等，二原石可能分别为祠堂的两侧

---

① 徐州博物馆编：《徐州汉画像石》，江苏美术出版社1985年版。

第四章　汉代列侯墓葬及中小型墓葬的墓地祭祀设施　457

图 4-96　《徐州汉画像石》一书中的祠堂画像石
1. 图 171　2. 图 224　3. 图 256　4. 图 263

壁，前者左侧及后者右侧与后壁相扣合。图 201 原石可能为顶盖，亦可能作他用。

图 223、224 为同一石。图 223 为照片，可以看出，主体图案外为边饰，边饰外有糙面空白，左右两侧较宽。画像主体为二凤鸟，另有龙和伏羲等（图 4-96：2）。推测原石为祠堂的顶盖石。

图 246、247 为同一石。图 246 为照片，可以看出，主体图案外为边饰，边饰外有空白。画像内容丰富，下为车马迎宾，其上有乐舞、建筑、人物、神兽等。另有 3 幅相对独立的画面，均为故事，右下近乐舞图处的两人右侧分别有题榜，已不清晰。综合来看，原石当为祠堂的东壁石。

图 250 与图 158 有所相似，另有图 262、263、269，原石可能皆为祠堂后壁石。

图 256。构图简单明晰，建筑内有二人对坐，外各立一侍者，建筑上有鸟（图 4-96：3）。构图及长宽比例与较多祠堂后壁石相似或相近。

图 262、263 与图 158、250 内容相似，略复杂，图 262 的画面右侧有舞者，左侧有人物和马，图 263 的画面左侧亦有马，右侧残，但在房屋之上有二龙交尾（图 4-96：4）。

（2）微山地区画像石

《微山汉画像石选集》一书收录了该地出土较多画像石的拓片，其中一些原石可明确为祠堂石材，这也为其他一些石材的判定提供了参考①。

第 30、31 页，为横长方形的建筑人物及祥鸟瑞兽、羽人图案画像，建筑内坐男女主人，右侧为刻铭，有"治此食堂"。第 32—33 页的西王母画像与 34—35 页的后羿射日画像的原石应分别为石祠堂西壁与东壁石材。第 36—37 页，为横长方形的建筑人物及鸟、鱼、铺首衔环等图案的画像，右侧刻铭有"立食堂"。第 38、39 页，为近方形的后羿射日图案画像，右侧刻铭提及"作小食堂"。上述诸拓片所属原石中，有刻铭者基本为祠堂后壁石材。

第 42、43 页、第 124、125 页、第 182、183 页、第 184、185 页，均为横长方形画像，部分边框外有糙面空白，图像下部为乐舞，上部为建筑，中间所坐为主人。从画像比例及该处可确定的祠堂画像石来看，原石为祠堂后壁石材的可能性较大。另外，第 42、43 页画像的原石照片为该书封皮，从画像外空白来看，该石作为祠堂石材应无疑问（图 4-97：1）。

第 126、127 页，为横长方形画像，主体为建筑人物，建筑内有二人，外有多个侍者，其上有凤鸟神兽，综合画像比例及内容，原石可能为祠堂后壁石材。

第 130、131 页，一侧宽壁有水榭人物图案，呈横长方形，一侧窄壁有伏羲捧日图案，呈竖长方形。该石应为祠堂的一侧壁，伏羲图案朝外。

第 134、135 页，为竖长方形扶桑、奏乐图案画像，结合上文所属后羿射日画像中的图案及奏乐图，原石应为祠堂东壁石材。

第 138、139 页，为横长方形画像，上为五仙人骑兽，下为建筑人物，画像比例及图像展示的内容说明原石可能为祠堂后壁石材。

第 140、141 页，为横长方形厅堂人物画像，画像比例和内容与前文所述祠堂后壁画像相似。

---

① 马汉国主编：《微山汉画像石选集》，文物出版社 2003 年版。

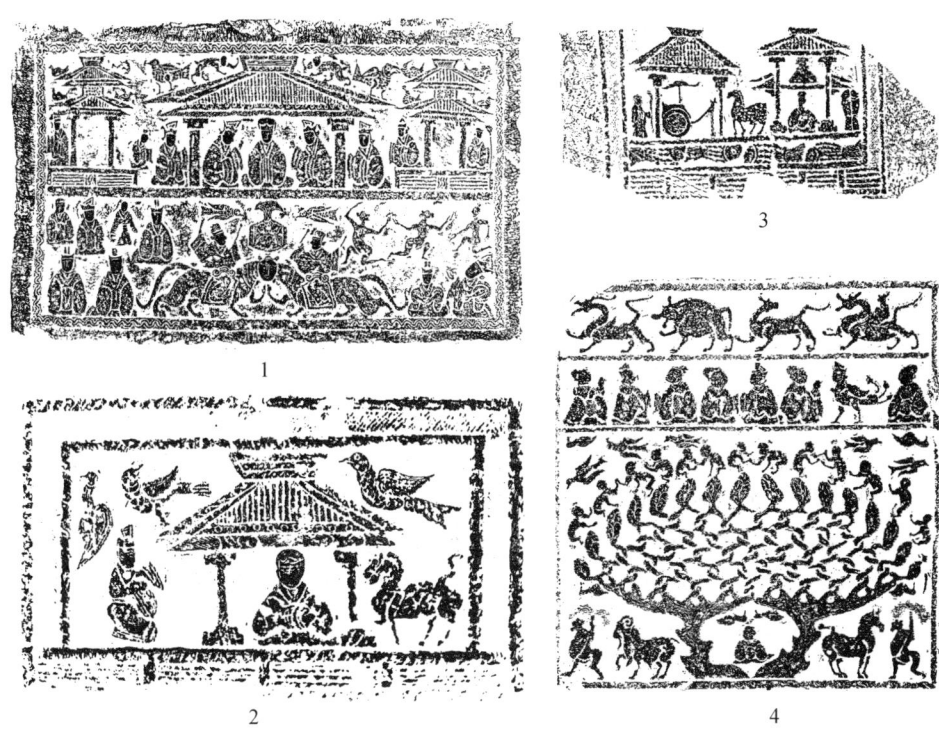

图 4-97 《微山汉画像石选集》一书中的祠堂画像石

第 142、143 页与第 160、161 页，为横长方形建筑人物画像，图像相对简单，与上文所举祠堂后壁画像基本一致，原石应为祠堂后壁石材（图 4-97：2）。

第 174、175 页，为竖长方形奔鹿与人物画像，奔鹿图像下有两排各 5 人跪坐。画像形制及比例与该地祠堂侧壁一致，多名人物的图案在东沿村出土的祠堂画像中也有发现，推测原石为祠堂侧壁石。

第 178、179 页、第 202、203 页、第 206、207 页，为竖长方形人物、树木及神兽画像石，第 178、179 页、第 206、207 页图像中，树木下有人作射鸟状（图 4-97：4），第 202、203 页图像中树木下有庖厨，上有扁鹊针灸，再上为神兽，原石应为祠堂东壁石材。

第 180、181 页、第 200、201 页、第 204、205 页、第 210、211 页，为竖长方形水榭人物捕鱼画像石，形制、尺寸及比例与祠堂侧壁石一致，原石应为祠堂的一侧壁石。

第186、187页，为横长方形人物建筑及车马画像石。左右两侧有较宽糙面空白，建筑中有主人和侍者，原石应为祠堂后壁石材（图4-97：3）。

第190、191页，为横长方形画像石，画像主体为建筑人物，建筑内为主人，外有多个侍者，其上有凤鸟、羽人等，原石可能为祠堂后壁石材。

（3）临沂地区画像石

《临沂汉画像石》一书收录了该地区较多墓葬及相关遗存如墓阙等的画像石拓片[①]。其中一些散存的画像所属原石应是祠堂石材。

第142页，图245、246，均为横长方形画像。图245所属石材长114、宽73厘米，画像所占面积不大，长77、宽38厘米，画像外为较窄的边饰，边饰的上侧及左右侧为糙面空白（图4-98：1）。原石应为平顶单间小祠堂的顶盖，相关尺寸较符合。图第246所属石材长121、宽70厘米，画像居中，长77、宽70厘米，左右两侧有较宽的糙面空白（图4-98：2）。原石亦为平顶单间小祠堂的顶盖，相关尺寸亦较符合。

该书收录的画像石中，一些为再利用画像石墓葬出土，其中可能有祠堂画像石，如侧壁石、后壁石等，限于篇幅不再列举。

除上述地区外，还有一些地区出土较多的汉代画像石，其中也包括一些祠堂画像石材，相关学者对之进行了相应论述。皖北地区有关于抱鼓石壁祠堂相关画像石和祠堂的论述[②]，滕州地区有关于石祠堂及祠堂画像的研究[③]，邹城地区有对本地区东汉祠堂尤其是石祠堂及其画像石材的整理与研究[④]。另外，山东地区出土汉画像石数量较大，辑录汉代画像石的图录也较多，其中也涉

[①] 临沂市博物馆编：《临沂汉画像石》，山东美术出版社2002年版。

[②] 欧雪梅、解华顶：《淮北市南山汉文化博物馆馆藏汉代祠堂画像石赏析》，《文物鉴定与鉴赏》2017年第2期；朱永德：《皖北"抱鼓石"形汉代画像石祠堂》，《大汉雄风——中国汉画学会第十一届年会论文集》，高等教育出版社2008年版，第485—490页。

[③] 陈庆峰、潘卫东、李慧：《滕州汉代石祠堂及祠堂画像》，《枣庄师范专科学校学报》2002年第1期；滕州市汉画像石馆：《滕州汉画像石精品集》，齐鲁书社2011年版。

[④] 谢健、程明：《邹城东汉祠堂整理与研究》，《大汉雄风——中国汉画学会第十一届年会论文集》，高等教育出版社2008年版，第491—496页；胡新立：《邹城汉画像石》，文物出版社2008年版。

图 4-98 《临沂汉画像石》一书中的祠堂画像石
1. 图 245　2. 图 246

及一些已知及未被确认的祠堂画像石，相关图录有《山东汉画像石汇编》[①]《山东汉画像石选集》[②]《中国画像石全集·山东汉画像石》[③] 等。

（三）相关认识

通过以上分析，关于汉代石祠及所用画像石材，大致有以下几点认识。

（1）散存画像石及再利用画像石墓葬中的画像石材，有相当数量或较大比例的祠堂画像石，除特征或画像内容较为明显的山墙、祭案等之外，还有较多的后壁石、两侧壁石、顶盖石等。这在今苏鲁豫皖交界地区分布较广，并体现出局部集中或祠堂数量较多、种类丰富的特点，反映出石祠堂在这一地区较为流行的特征。究其原因，地理环境及丧葬习俗的推广普及是内容之一，而石祠堂使用石材较为坚固，装饰丰富且保存时间长、易于展示等也与之有联系，这也促进了该地区石匠群及石料开采、石材加工等的全面发展。

（2）既往研究中，基本认为苏鲁豫皖交界地区出土汉画像石中的大多数是修建墓葬本体的石材，另有一部分为墓外设施如祠堂、墓阙等的建材。从上文论述看，墓外石祠堂的画像石材除原已确认之外，还有较多没有被确认者，其数量可能会更多，所占比例会更大。这与原有的认识存在偏差，但能够说明墓外石祠堂在这一地区的普遍流行，而且会在某一具体地区或某些

[①] 傅惜华、陈志农编辑，陈沛箴整理：《山东汉画像石汇编》，山东画报出版社 2012 年版。

[②] 山东省博物馆、山东省文物考古研究所编：《山东汉画像石选集》，齐鲁书社 1982 年版。

[③] 中国画像石全集编辑委员会编：《中国画像石全集·山东汉画像石》，山东美术出版社 2000 年版。

墓地有大量使用，体现出对于墓外设施的重视，这也为认识汉代墓外石祠堂的建筑材料及其画像内容提供了更多、更为丰富的参考资料。对比徐州铜山洪楼东汉墓内的画像石及其墓地祠堂画像石、嘉祥武氏祠画像石与相关墓葬内的画像石，可以看出，祠堂画像石不仅数量多，而且制作精，画像内容也较丰富，不仅表明当时对于墓外设施的重视，也体现出重视墓地祭祀设施以显示孝名的社会内容，折射出当时在墓葬或墓区整体建设中的风气和需求，而这也是墓外石祠堂发展的重要原因之一。可以说，东汉时期，今苏鲁豫皖交界地区，石祠堂的修建已成为画像石材使用的重点之一，在某种程度上可能与墓葬接近或更多一些，这在一墓一祠中体现得尤为明显。

（3）由于石祠堂暴露在外，加之数量多、石材规整、刻纹精美，而且很多画像内容具有辅助升仙等功能，相当数量被后世拆移用来重建新的墓葬，一些墓阙使用的画像石也未能幸免，形成画像石再利用墓葬，而这比从墓坑内移用墓葬用石要方便许多，因此造成墓外祠堂等大量被拆毁，一些幸免于难的石祠堂也因年长日久，损毁坍塌，石料被作他用或弃置荒野，致使今天虽能够见到较多汉画像石，但并不能确认其原始功用。随着相关研究不断深入，墓外石祠堂的画像石材会越来越多地得到确认，这将促进对汉代墓外石祠堂认识的进一步加深。

（4）随着考古及研究工作的不断深入，越来越多的汉代墓地祠堂画像石材被发现或确认，同一地点出土，画像及雕刻风格相同或相近，画像内容互补的画像石材形成了相应组合，进而可进行复原或修复。但需指出的是，目前公布画像石资料的途径多样，但更多地是重视画像，叙述内容基本为画像尺寸，仅部分对整体形制或尺寸做简单描述，多数不见详细描述；关于画像石材的整体形状，多数缺少整体性拓片或照片；画像之外的形制、构造，尤其是边框之外的空白区域，缺少必要的描述和尺寸叙述；一些凹槽、凸棱、高差等细节和数据基本不见，而这些均是复原石祠堂必不可少的重要参考。较多此类画像石或深藏库房，或已作为展品，即使专门去做相关考察，也不便获取相应数据，这对石祠堂的复原带来较大影响。因此，就汉画像石的研究而言，画像是极其重要、不可忽视的内容，这也是目前最受关注的研究内容。但是，就画像石的考古学研究来讲，画像及其内容虽是重点之一，画像石或石材自身的形制、尺寸及相关组成、构造与组合等，即对于画像石本体的研究，也应是或更应该是研究的关注点，其关系到石材的应用及其组成遗存单位的功能和作用，而在此基础上开展的画像内容研究可能更具深度，更有说服力，也更能体现汉代画像石的价值。

二、汉代墓葬内出土瓦当分析

从现有考古资料看，相当数量的汉代墓葬内出土有瓦当，较多墓葬内出土瓦当数量少，仅少数墓内出土瓦当数量略多。这些瓦当是否与墓地祠堂或相关建筑有关，还是具有其他功用，是需要探讨的问题。笔者在《试论汉代墓葬内出土瓦当的位置及功用》一文中对汉代墓葬出土瓦当进行了论述和分析，阐述了相关墓葬内出土瓦当与墓地祠堂或相关建筑有关，同时也指出，很多墓葬内出土的瓦当具有其他功能和作用，并体现出相应的丧葬习俗和内容[1]。

墓葬内是指墓穴中，包括甬道、相关设施、墓室及其棺椁之中，相关墓葬时代跨度长，分布地域广，等级和形制较为多样。出土瓦当均为陶质，以汉代流行的云纹瓦当为主，另有文字瓦当及动物纹或其他纹饰的瓦当，残瓦当居多。汉代墓葬内出土瓦当的位置存在多种形式，与之有关的遗迹、遗物及埋藏情况等也有差异，体现出墓内出土瓦当的具体功能、作用等较为多样，既有墓地设施的建筑材料，也有与墓穴、墓室、葬具、墓主尸身等有关的保护、装饰、砌建、陪葬、殓葬等多方面内容，同时还反映出相应的丧葬需求、程序、思想及其内容、内涵等。

大致来看，盗掘背景下相关墓葬内一些位置出土的瓦当很可能为墓外设施建筑材料遗存，主要服务于墓外设施的建造和装饰，非盗掘因素下墓内瓦当的出土位置虽涉及墓葬数量多、类型多样，但绝大多与墓外建筑设施无关。盗洞中出土的瓦当，较多原为墓外设施建筑材料。山东济南腊山汉墓的早期盗洞内填充大量云纹瓦当、绳纹板瓦和筒瓦残片及少量带花纹的铺地砖，地表的相关建筑在墓葬被盗时已废弃[2]。河南陕县刘家渠墓地中，东汉前期的 M19 与东汉后期的 M27 共出土圆形瓦当 12 件，均发现于盗洞中，8 件

---

[1] 刘尊志：《试论汉代墓葬内出土瓦当的位置及功用》，《考古与文物》2019 年第 5 期。
[2] 济南市考古研究所：《济南市腊山汉墓发掘简报》，《考古》2004 年第 8 期。

卷云纹瓦当，其中 M27：1，面上中央有"陈氏"阳文戳记；4 件"黄堂万岁"文字瓦当，都发现于 M19 的墓道盗洞中，这些瓦当可能与墓外设施有关，尤其是文字瓦当，或许与墓主人生前身份有关[①]（图 4-99：1）。洛阳机车工厂 C5M346 为双室砖券墓，出土卷云纹瓦当 2 件，1 件圆形，1 件残余四分之一，墓葬出土遗物平面图未见有瓦当，可能为盗墓所致[②]（图 4-99：2）。

一些瓦当出土于墓内坍塌土或填土中。连云港东海尹湾西汉中晚期 M3，为墓地中等级最高的墓葬，早年被盗，墓室扰乱严重，盗洞填土近椁板处出土云纹瓦当 1 件[③]。江苏邳州山头东汉墓地 M4，是由墓道、墓门、墓室组成的砖室墓，被盗扰，盗洞位于墓室的北部，由于盗扰，券顶上部已坍塌，墓室内填土为较软黄灰土，夹杂少量残骨、礓石和砖块，坍土中出有青灰板瓦、筒瓦残片及云纹半瓦当 1 件[④]（图 4-99：3）。上述二处墓例出土瓦当很可能原为墓外设施建筑材料，因墓葬遭盗掘而混入盗洞填土或坍塌土中。尹湾 M3 等级略高，墓外有祠堂的可能性较大，邳州山头东汉 M4 等级稍低，为大墓地中的一座，但其位置凸前，墓外附近原可能会有相关建筑设施。其他如河南鹤壁市浚县贾胡庄东汉墓，墓底及墓内坍土中出土一定数量残缺、饰有绳纹的筒瓦和板瓦，虽未有瓦当，但可以推测筒瓦和板瓦应是用于封土上建筑，随墓顶坍塌而落下来的[⑤]。

其他如湖北省均县双冢 M1，是由甬道和主室两部分组成的砖室墓，甬道后半部中间出土瓦当 1 件[⑥]，该墓外有祭祀设施，考虑到墓葬遭盗扰严重，与瓦当伴出的还有铁锸，该瓦当为墓外建筑材料并因盗掘至甬道处的可能性较大。西安市南郊曲江新区翠竹园小区 M1，盗洞与墓室前端皆有瓦当出土，甬道 1 件，墓室前端较集中，计 5 件，包括"长乐未央"文字瓦当及云纹瓦当。从墓葬平、剖面图看，盗洞与甬道和墓室前端相连，瓦当可能随盗

---

① 黄河水库考古工作队：《河南陕县刘家渠汉墓》，《考古学报》1965 年第 1 期。
② 洛阳市文物工作队：《洛阳发掘的四座东汉玉衣墓》，《考古与文物》1999 年第 1 期。
③ 连云港市博物馆：《江苏东海县尹湾汉墓群发掘简报》，《文物》1996 年第 8 期。
④ 南京博物院、邳州博物馆：《邳州山头东汉墓地》，科学出版社 2010 年版，第 44—48 页，图版一二三：2。
⑤ 鹤壁市文物工作队、浚县文物旅游局：《浚县贾胡庄东汉画像石墓》，《中原文物》2000 年第 4 期。
⑥ 湖北省文物管理委员会：《湖北均县"双冢"清理简报》，《考古》1965 年第 12 期。

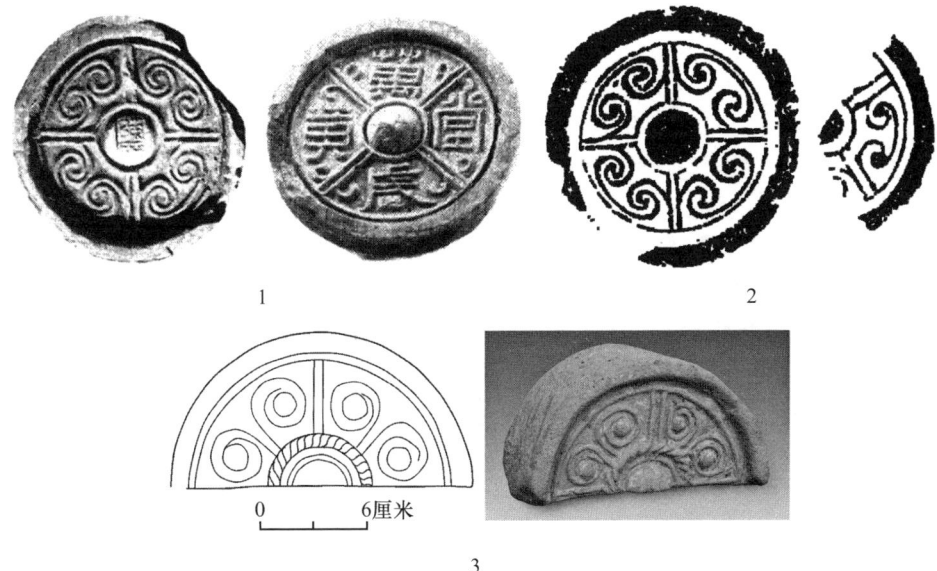

图 4-99　汉代墓葬盗洞及墓内坍土或填土中出土瓦当
1. 河南陕县刘家渠汉墓出土（M27：1、M19：10）　2. 河南洛阳机车工厂 C5M346 出土
3. 江苏邳州山头东汉 M4：01（填土中出土）

洞走向而落入墓内，甬道及墓室前端均有发现也大致说明了这一点，由此推测，墓外或许有祭祀设施；也不排除下葬时有意摆放的可能，而甬道盗洞内的 1 件瓦当为盗墓者移动所致，在其前端靠近盗洞口处还有遗留的玉肛塞 1 件[①]，或可说明这一点。河南省禹州新峰墓地西汉晚期后段的 M16，为斜坡墓道洞室小砖砌墓，墓道呈曲折状，墓道西部和墓室中部有盗洞，墓室中部的盗洞内偏南侧有 2 瓦当，均为云纹瓦当，墓室所处位置的盗洞内还有一件不带瓦当的筒瓦，保留较多，这些建筑材料为盗扰所致的可能性较大，也可能原为墓室中的物品[②]。

汉代墓地祠堂中，有相当数量的瓦顶结构祠堂，而这些祠堂的瓦顶多数使用瓦当，瓦当在某种程度上可视为判定墓外是否有瓦顶结构祠堂的参考

[①]　西安市文物保护考古所：《西安曲江翠竹园西汉壁画墓发掘简报》，《文物》2010 年第 1 期；西安市文物保护考古研究院：《西安西汉壁画墓》，文物出版社 2017 年版，第 56、58、60 页。

[②]　河南省文物局：《禹州新峰墓地》，科学出版社 2013 年版，第 158—159、244 页。

之一。另外，汉代墓地的其他建筑，尤其是与祠堂相关的建筑也会使用瓦当。由于暴露在外，加之年代久远，随时间推移，很多瓦顶结构的墓地祠堂或相关建筑损毁，原貌已不可知，较多汉墓外地表或封土上遗留许多建筑材料残片，瓦当为其中的一种，伴出的还有板瓦、筒瓦及铺地砖、空心砖等。有的墓葬被盗后，因回填或自然淤积，一些建筑材料随盗洞落入墓内，瓦当也在其中，这成为判断墓外是否有瓦顶祠堂或相关建筑的因素之一。因此，盗洞或墓内坍土等中出土的瓦当，很可能为墓地祠堂或相关设施的建筑材料遗存，且以祠堂的建筑材料为主。盗洞与墓室共出瓦当的现象较少，瓦当存在为墓地祠堂或相关设施建筑材料的可能，抑或原置于墓内，因盗扰而位移。因此可以说，盗掘背景下相关墓葬内出土瓦当大多可证明墓地原有相关建筑，而祠堂类祭祀设施的可能性最大，反映出墓地祭祀的发展和普及。

三、汉代墓内祭祀设施

墓内祭祀设施是指在墓内专门设置用以祭祀死者的设施，其主要是在死者下葬时或下葬前后服务于生者对死者的祭祀，并以物质的形式摆放于墓内相应位置，以求达到长久祭享的目的。两汉时期，墓内祭祀获得较大发展并逐渐推广普及，相关设施较为多样，对应墓葬多，分布地域广，时代跨度长，相关内容十分丰富。笔者在《汉代墓内祭祀设施浅论》一文中对汉代墓内祭祀设施作了相关论述[1]，下文仅作简述。

西汉早期墓葬中，墓内祭祀内容已有体现，最为突出的是前堂后寝的墓室布局，后室是墓主尸身安寝之处，前堂则有诸多器类，如相关礼器等，体现出与祭祀有关的内容。另有一些等级较高的墓葬在墓葬封土下、填土中或墓穴内设有祭祀坑。西汉中晚期，墓内祭祀的设施内容得到发展，在早期突出前堂后寝布局的基础上，逐渐产生或出现了祭祀特征明显的设施，不仅等级较高墓葬有相关体现，一些中小型墓葬也有使用并得到较多发展。至迟西汉晚期，有的墓葬在棺前留有一定面积的祭祀空间，摆放一些祭品，以日常生活用品及模仿日常生活器具为主，一些墓葬则设祭案或砌建祭台以供祭祀。河南洛阳市五女冢 M267 为西汉末年的单室砖墓，棺前摆设陶案，案上有陶

---

[1] 刘尊志：《汉代墓内祭祀设施浅论》，《中原文化研究》2019 年第 1 期。

耳杯、勺等（图4-100），案侧并列排放书写有"盐""肉酱""稻""麦万石"等字的陶壶、罐等①。陕西咸阳马泉西汉晚期墓葬，棺前有砖砌小祭台，其上摆放两排铜器具及一些陶质日常生活用品，而其他陶俑、仓、灶、井等置放于两侧或某一角落②。

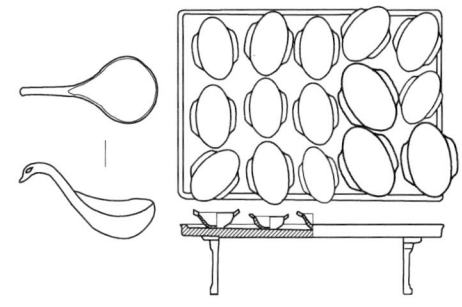

图4-100　河南省洛阳五女冢M267出土陶勺、案

东汉时的墓内祭祀设施及相关内容在西汉中晚期的基础上获得较大发展，与墓葬形制存在一定关系，种类较多，位置和内容既有相似性，也存在相应差别，大致可分为三类。

一是案与祭台或供台，最为普遍和常见。案有漆案，但更多的为仿漆案的陶案，有方形和圆形两种，有的墓葬中既有方案，也有圆案，多绘朱彩，其上摆放祭祀物品。祭台或供台多为砖砌，长方形居多，其上摆放祭祀物品。二者在形式上虽有差别，但功能和祭祀内容、方式等又具有较强的一致性，而且二者会在同一墓葬中使用。一些墓地中，因墓葬不同，有的用案，有的则为祭台或供台。河南洛阳烧沟M1026为小砖砌墓，前堂有1漆案，案上放置4个漆耳杯，前后各1件漆耳杯，两侧有兽骨和鸡骨等，M114、M1030等在相应位置有陶案，伴出有耳杯等器物③。安徽长丰县王大包M1为中字形砖砌墓，中室设祭台，由2层砖砌成④（图4-101）。就祭祀物品或供品而言，除相关器物外，还有以动物为供品者。河南辉县路固墓地中的一些汉代墓葬，墓室内以动物为供品，有的用完整猪，通常与供器一起置于厅堂；有的用猪头或猪腿，位置同整猪；有的用禽类动物作供品，或置于厅室地面，或放在陶盘中，还有的盛在耳杯中⑤。因此，某种程度上，动物骨骼也是判断汉墓中有无墓内祭祀的

---

① 洛阳市第二文物工作队：《洛阳五女冢267号新莽墓发掘简报》，《文物》1996年第7期。

② 咸阳市博物馆：《陕西咸阳马泉西汉墓》，《考古》1979年第2期。

③ 中国科学院考古研究所：《洛阳烧沟汉墓》，科学出版社1959年版，第45—47页。

④ 安徽省文物考古研究所：《安徽长丰县王大包汉墓发掘简报》，《文物研究（第18辑）》，科学出版社2010年版，第199—207页。

⑤ 中国社会科学院考古研究所：《辉县路固》，科学出版社2017年版，第731、732页。

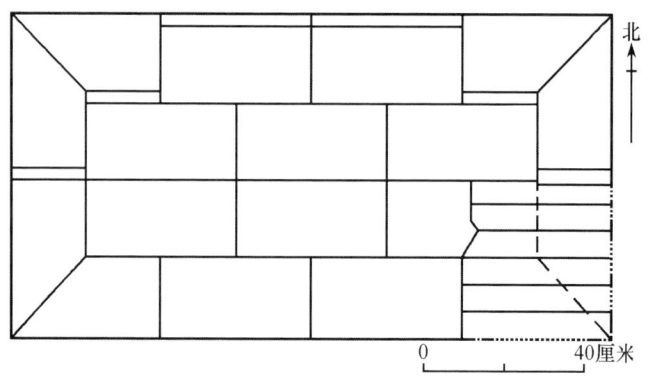

图 4-101　安徽省长丰县王大包东汉 M1 墓内祭台平面图

参考之一，尤其是东汉墓内棺前或前室中部等位置的相关发现。

二是祠堂或享堂，主要见于西南地区的崖墓，时代可延续至蜀汉时期。墓道末端墓门内前室或前堂有一高大享堂是其主要特点，享堂居外，较为宽大，为供整个家族或家庭祭奠之用的墓祠[①]。

三是刻字与画像，有的墓葬在前室石材上刻字，表明该室具有祭祀性质。有学者指出：汉代说的"堂"或"食堂"并不一定都是地面上的祠堂，地下墓室中的前室也称为"堂"或"食堂"，有些墓葬前室墓壁即刻有"作此食堂"[②]。一些墓葬相关室内的石刻画像或壁画也体现出与祭祀有关的内容，如山东沂南画像石墓中室的南、东、西壁横梁画像[③]，所反映是与祠堂祭祀有关的内容[④]。将祠堂祭祀画像置入墓葬之中，可视为墓内祭祀的内容和形式，体现出东汉时期墓内祭祀设施对墓外祭祀设施的借用和参考。

四、汉代墓内与墓外祭祀设施的异同

祭祀是古代墓葬的一项重要内容，虽有"古墓不祭"[⑤]之说，但先秦时

---

① 罗娅玲：《乐山市中区东汉崖墓的调查收获》，《四川文物》1990 年第 6 期。
② 蒋英炬：《汉代的小祠堂——嘉祥宋山汉画像石的建筑复原》，《考古》1983 年第 8 期。
③ 南京博物院、山东省文物管理处：《沂南古画像石墓发掘报告》，文化部文物管理局，1956 年，图版 48、49。
④ 信立祥：《汉代画像石综合研究》，文物出版社 2000 年版，第 249—253 页。
⑤ 严可均辑：《全后汉文·车驾上原陵记》，商务印书馆 1999 年版，第 752 页。

期，墓祭应已存在并获得相应发展[①]。汉代，在继承前代的基础上，墓祭有了较大发展，墓地祭祀设施类型不断丰富并得到推广和普及、墓内祭祀设施或内容日趋丰富，综合体现出汉代墓祭发展的多样性和全面性。相关内容笔者在《汉代墓内祭祀设施浅论》一文中已有论述[②]，大致来看，二者之间既有相同点，也有差异之处，从不同方面或以不同方式满足着墓葬祭祀的需求。

（一）功能作用

墓内祭祀设施与墓地或墓外祭祀设施都是服务于墓葬祭祀的，但在具体方面又有诸多不同。墓地祭祀设施是墓葬封填或死者入葬后，后人祭祀死者的设施，因位于墓外，既可以满足长久祭祀，也可以达到多次祭祀的作用，从思想上可通过多次祭祀来满足地下死者所需。墓内祭祀设施除崖墓享堂外，基本都是死者入葬后在其墓葬内一次性置放的祭祀设施，亦可达到长久祭祀的目的，并从思想上满足死者在地下享祭的愿望，但祭祀品具有固定性，无延续或更新。对于置祭者来讲，墓内祭祀设施置于墓穴中可满足死者所需，是事死如事生的体现，墓地祭祀设施则更多体现出事亡如事存的内容，具有多次性和更新特征，同时也可使置祭者达到显孝于墓外，以示生者之孝行等目的。

崖墓享堂很可能是对其他地区（以中东部地区为主体）墓地祭祀设施和墓内祭祀设施吸收后的综合。墓葬时代相对较晚，享堂形制与墓地祠堂相似，位置则与其他地区墓内祭祀相近，体现出双重影响。崖墓享堂位于墓道末端门后，便于下葬时及其他时间开展祭祀，在功能上也是双重的。因此，崖墓享堂应是东汉时中原及相关地区墓地祠堂等设施与墓内祭祀设施共同影响下的产物。从现有资料看，崖墓的墓主基本为汉人，也说明这一特殊墓内祭祀设施的形成受到上述双重影响的可能性极大。

（二）受祭对象

墓地（或墓外）祭祀及墓内祭祀的受祭对象均存在一定的复杂性，既有针对某一死者，也有多个死者，甚至是家庭或家族的成员。

[①] 董坤玉：《先秦墓祭制度再研究》，《考古》2010年第7期。
[②] 刘尊志：《汉代墓内祭祀设施浅论》，《中原文化研究》2019年第1期。

墓地祠堂既有某一墓葬单独使用的祠堂，其中包括单人葬和夫妻同穴合葬，也有夫妻异穴合葬，还有同一家族墓地共用一座祠堂者。墓外的其他祭祀设施，既有针对单一墓葬者，也有服务于整个墓地的，而如青岛土山屯墓群中封10发现的祭台，因墓葬中的死者埋葬时间不同，出现早晚两个设施[①]。墓内祭祀设施或服务于单人葬，或服务于夫妻合葬，亦有多人葬，而崖墓享堂则服务于一个家庭或家族。就服务于家庭、家族葬或二人以上的祭祀而言，祠堂与崖墓享堂是在同一设施中举行不同的祭祀，而较多的墓内祭祀，尤其是东汉横穴墓，则可能是多次摆放祭祀设施，这也是我们今天见到一些合葬墓的相关位置有多套陶盘及耳杯等器物的原因。

（三）等级特点

墓内祭祀设施与墓地或墓外祭祀设施相对应的墓葬等级均存在相应的差异，并在形制、规模、数量等方面有所体现，墓主的身份地位较为多样，并不统一。墓外设施方面，祠堂的开间、形制等体现出等级的差异，瓦顶结构祠堂如此，石祠堂表现得更突出。单开间的小型石祠堂所属墓葬的等级一般低于双开间石祠堂所属墓葬的等级，尤其是抱鼓石壁小型石祠堂所属墓葬等级一般较低。墓内设施方面，以墓内室中置盘等来讲，数量、种类等也体现出差异，而墓内祭台的大小有时也体现出相应等级的不同。

有相应等级的墓葬，其墓外既有祠堂及相关设施，多数墓内还会有祭祀设施或物品，而等级偏低的墓葬，有墓内祭祀设施或物品，但墓外基本不见祠堂及相关设施。换言之，设祠堂的墓葬，可能有墓内祭祀设施，但有墓内祭祀设施的墓葬不一定有墓地祠堂或相关设施，体现出相应的差异，这一内容在东汉中小型墓葬中表现得尤为明显。还有一点需作说明，西汉晚期至东汉一代，使用墓地祭祀设施中的单开间小祠堂及墓上或墓前砖砌祭祀设施的墓葬数量增多，而墓内祭祀中使用简单设施或少量器物的墓葬也有相当数量，这些墓葬的等级与规格普遍较低，在等级上体现出平民化墓葬祭祀设施

---

① 青岛市文物保护考古研究所：《青岛土山屯墓群考古发掘获重要新发现——发现"祭台"、人字形椁顶等重要遗迹，出土温明、玉席和遣册、公文木牍等珍贵文物》，《中国文物报》2017年12月22日第4版。

的发展和普及。就等级较低的墓葬来讲，在墓内设祭台或摆放相关器具，将下葬、墓祭融入墓内，这在汉代尤其是东汉时期成为墓祭的一种表现形式，达到了相应的祭祀目的，亦使得一些墓葬不再单纯使用祠堂等墓地祭祀设施，这应视为汉代墓祭发展的一个重要体现。

（四）时代发展

墓内与墓地祭祀设施的使用，基本都贯穿两汉，但二者在时代及发展上存在一些差异，同时又在某一时间段上有着交叉或一致性，反映出汉代墓祭在设施方面的整体发展。

墓地祭祀设施中，祠堂类设施为大宗，在西汉早期已得到使用，并在西汉一代获得较大发展。祠堂基本以瓦顶结构为主，开间、规模不等，装饰多样，成为列侯及相应级别人员墓葬墓地祭祀的重要设施。其他墓地祭祀设施的种类也较多样，一些与祠堂在时代上有并行，有的还在同一墓地或墓葬外出现，共同满足着墓祭的需求。然就整体而言，等级较低的墓地或墓葬，使用墓地祭祀设施者较少。东汉时，墓地祭祀设施的种类趋少，以祠堂为主的特征尤为明显，祠堂中的石祠堂比例增大，一些单开间小祠堂逐渐呈现出平民化和等级较低的特征，其他墓地祭祀设施的使用亦有同样特点，而墓外用于祭祀的祭台或供台，在某种程度上可视为祠堂的缩小或简化版本。西汉早中期，墓内祭祀设施发展缓慢，很多表现不明显亦不突出，且墓葬等级普遍偏高。西汉晚期阶段，随着中小型墓葬，特别是等级相对稍低阶层墓葬的使用，墓内祭祀设施得到发展，至东汉时逐渐形成自身的形式、内容和使用特点。与墓外设施相似，平民化或等级相对较低阶层使用普遍化也是东汉墓内祭祀设施的特点之一。

西汉晚期至王莽时期，是汉代墓祭设施发展的一个重要阶段，较多墓葬的封土内外不再使用具有祭祀性质的坑，很多新的内容出现并被接受，相关设施得到推广和普及。新内容方面，墓外石祠堂开始出现，供台也大致在这一时期得到使用；墓内的祭台亦在这一时期出现，专门的墓内祭祀空间基本形成，一些墓内则出现专门用于祭祀的陪葬品。就相关设施的推广和普及而言，除具体设施得到较多使用、分布地域扩大外，最为突出的是墓内外祭祀设施逐渐低等级化或平民化。究其原因，与王朝后期政治统治衰落带动下的社会发展，如原有的一些等级束缚趋于松懈、地方势力加强、家族与家庭的社会需求、社会思想（如孝道思想、谶纬思想）的不断影响等均有一定的关系。上述内容直接影响到东汉墓葬，为东汉时期墓祭的全面发展奠定了基础。从考古资料看，上述设施在东汉晚期仍较普遍，而且影响到东汉之后的某个时期。另外，东汉时期，受墓内、外祭祀的综合影响，西南地区还形成了一种新的祭祀设施，即崖墓享堂，而且一直沿用至蜀汉或更晚时期。

（五）地域分布

汉代，墓葬内外的祭祀设施得到普遍使用，地域分布较广是共同的特点之一，但也有所差别。

祠堂主要分布于汉王朝统治的主要区域，相对偏远地区的祠堂或时代较晚，或与墓主的身份和地位有关，如湖南常德柏子园 M1 的墓地祠堂，时代为东汉末[1]，可能与发展影响有关；四川绵阳双包山 M2[2] 与江西南昌海昏侯墓地的祠堂[3]，墓主为受封至此地的列侯。而一些祠堂类型如石祠堂，则主要集中于今苏鲁豫皖交界地区，并且发展较为完善。墓前与墓上供台或祭台、其他不同形式的墓地祭祀设施等，分布区域在祠堂分布的区域内，主要集中于某一地区的某一墓地，甚至是某一墓葬，使用地域相对局限。不过，在分布区域内，墓地祭祀设施还是体现出数量多、使用普遍的特点。墓内祭祀设施自西汉晚期开始得到逐渐推广，其分布区域较之墓地祭祀设施整体要大，如南部的广西、西部的青海等地均有发现。究其原因，与其逐渐低等级化或平民化当有较大的关系，而其便于修砌，且能够达到墓祭需求也应是相关原因。另外，吸收与创新也使得一些新型墓内祭祀设施在某一地区或地域推广开来，西南地区的崖墓享堂即是例证。

总的来看，墓外与墓内祭祀设施构成了汉代墓祭设施的主体内容，在

---

[1] 孙泽洪、龙朝彬、文智：《湖南常德市城区东汉砖室墓及墓阙清理简报》，《考古与文物》2007年增刊（汉唐考古），第36—42页。

[2] 四川省文物考古研究院、绵阳博物馆：《绵阳双包山汉墓》，文物出版社2006年版。

[3] 江西省文物考古研究所、南昌市博物馆、南昌市新建区博物馆：《南昌市西汉海昏侯墓》，《考古》2016年第7期。

汉代进行的墓祭活动中,既有以墓地祭祀为主者,也有单独使用墓内祭祀设施者,还有一些则是墓内、墓外祭祀设施的结合与并用。就墓祭设施涉及的墓葬而言,不同地域、不同时代、不同等级的墓葬均有,综合体现出汉代墓祭的全面发展。汉代墓祭的发展,促使墓祭设施的发展及其多样化、普及化,这与汉代重厚葬的丧葬行为,重孝的社会风气有密切关系,同时又是"事死如事生、事亡如事存"[1]丧葬思想的证明和体现。

---

[1] 《礼记·中庸》,《十三经注疏·礼记》,台湾艺文印书馆2001年版,第887页。

第 五 章

汉代中小型墓葬外部设施

汉代墓葬数量众多,汉王朝统治的多数区域都有发现,中小型墓葬占其中的绝大多数。本章所指中小型墓葬,是指除帝陵及王侯墓葬之外的墓葬[①]。两汉作为古代墓葬发展的重要时期,与墓葬相关的内容十分丰富,除封土、墓穴及墓穴内的葬具、设施、陪葬品等之外,还有较多服务于墓葬或丧葬的墓外设施,综合构成墓葬的组成内容。

汉代帝王陵墓和列侯墓葬的墓外设施规格高、内容丰富,加之相关考古工作开展较多,相应的研究多且较为深入。就中小型汉墓而言,墓外设施也常有发现,具体包括陪葬墓、陪葬坑、祭祀坑、排水沟、围沟、隍壕、墓垣、墓园、神道、墓树、祠堂与相关设施、修墓或守墓建筑、碑、阙、石兽与石人及相关石刻、窑等10余种之多,这些设施有较多位于墓葬封土之外,也有叠压或打破封土,或是由墓内延伸至墓外的相关遗迹,亦属于中小型墓葬的墓外设施内容。有的设施散见于相关文献,一些则不见记载;一些墓葬仅有一类设施且较简单,一些墓葬则有多类设施,并形成相应的组合。总体来看,相关资料较为散乱,除个别设施如祠堂、墓阙及相关刻石外,其他极少被研究和关注。

---

① 以往的一些研究将列侯墓葬列入中小型墓葬,随着考古资料的不断丰富,列侯墓葬的自身特征日渐突出,相关研究亦不将列侯墓葬归入中小型墓葬的范畴。本文采取《中国考古学·秦汉卷》的观点,不将列侯墓葬列入中小型墓葬。见中国社会科学院考古研究所:《中国考古学·秦汉卷》,中国社会科学出版社2010年版,第307页。

系统梳理汉代中小型墓葬外部设施，进行内容、类型、功能与作用等的研究，可形成较为全面的认识，并对所体现丧葬内容与礼俗及时空分布、等级特征等有更为深入理解，同时也为整体认识汉代墓葬外部设施甚至是汉代墓葬发展提供相应的参考。需作说明的是，中小型墓葬外部设施中的祭祀设施在本书第三章中已作相关分析，本章基本不做论述，但在相关研究中可能会有简单涉及。

第一节 塘、池、沟、壕、坑

塘、池、沟、壕、坑等多为人为砌建或开挖而成，位于墓外，或与墓内相连。功能作用不一，一些与水有关，或储水，或排水。张衡《冢赋》云："列石系以修隧，洽以沟渎，曲折相连，迤靡相属。"[①]还有一些有其他专门功用，部分则是多种功能的组合。

一、塘、池

塘、池多位于墓地内，与墓葬有一定距离，或稍远，或略近。面积较一般的坑大，内多储水，或有意开挖或砌建，或因其他原因而形成。

高等级墓葬中有所发现，面积较大，如汉武帝茂陵，陵园内西南部的1号建筑遗址，面积26万余平方米，西侧、南侧有围墙，东侧、北侧有水渠围绕，其内分布多处面积较大的池沼，池沼之间有水渠相连[②]。中小型墓葬所在墓地的塘、池较高等级墓葬有所逊色，但也有一些自身的特点。湖南沅水下游的土墩D3有多座墓葬，发掘前，D3西南角和东南角还保留有两个水塘，可能为建封土堆时取土留下的；D3有较多排水沟，按照一定的坡度倾斜，并与墩内部排水暗沟相连接，最后汇入外部水塘，其中南侧排水沟西

---

① （东汉）张衡著，张震泽校注：《张衡诗文集校注》，上海古籍出版社2009年版，第253页。
② 陕西省考古研究院、咸阳市文物考古研究所、茂陵博物馆：《汉武帝茂陵考古调查勘探简报》，《考古与文物》，2011年第2期。

高东低，直通东南角水塘①。D3外水塘最初为建封土堆时取土形成，之后成为D3的排、储水设施，而水塘位于墓地范围内，又具有其他功用。河南偃师阎楼东汉墓地，外有环沟围绕，其中G1东西向，两端均呈"L"形，西端接方形水池，池东西长28、南北宽14、口深2.3、底深4.6米②。《水经注》对一些东汉墓葬外池塘亦有相关记载。《洧水》载张伯雅墓（密县打虎亭汉墓③），"旧引绥水南入茔域而为池沼。沼在丑地，皆蟾蜍吐水，石隍承溜"，"池之南又建石楼"④。《淯水》条载王子雅墓"水南道侧有二石楼"⑤，所述墓葬在水南道侧，亦有石楼，可能有与张伯雅墓相似的池沼。

可以看出，汉代墓地中或墓葬旁的塘、池可起到墓葬排水的功能，而其在墓地中作为具有一定面积的储水设施，又与水道等一同起到"装饰"墓地的作用，使得墓地形成园林式效果，汉武帝茂陵西南1号建筑内的水渠、池沼便可体现。张伯雅墓的池沼在丑地（东北偏北方位），皆蟾蜍吐水，石隍承溜，反映得更为明显。湖南沅水下游D3附近的池塘也可能有相应功用，而D3位于发掘墓区的最北部，是墓地中级别最高者，亦可证明上述推断。

需作说明的是，一些墓葬的排水沟向外延伸较长，并通向墓葬附近的自然河内，这在今川渝地区相对多见。如重庆市临江支路西汉M3，伸出墓外的排水沟向西延伸相对较长，而西面有溪流⑥。自然河非人工开挖，与人工有意开挖的塘、池明显不同，但在墓葬排水作用方面，为墓葬排水的最终容纳者，这与沅水下游D3附近的池塘有着相似性。从大的方面讲，有的自然河亦可视为一些墓葬的外部设施，除排水外，还辅助于墓地的整体规划，但基本是局部应用。另如河南淇县黄庄墓地Ⅱ区，发现多座墓葬及沟、

---

① 湖南省常德市文物局、常德博物馆、鼎城区文物局：《沅水下游汉墓》，文物出版社2016年版，第53—57、735、736页。

② 洛阳市第二文物工作队、偃师市文物管理委员会：《偃师阎楼东汉陪葬墓园》，《文物》2007年第10期。

③ 河南省文物研究所：《密县打虎亭汉墓》，文物出版社1993年版。

④ （北魏）郦道元著，（清）王先谦校：《合校水经注》，中华书局2009年版，第333页。

⑤ （北魏）郦道元著，（清）王先谦校：《合校水经注》，中华书局2009年版，第460页。

⑥ 重庆市博物馆：《重庆市临江支路西汉墓》，《考古》1986年第3期。

河，编号为 G1、G2 者为自然沟河，沟内有陶器残片及板瓦等，G1 内还有云纹瓦当[①]。

总的来看，汉代中小型墓葬或所属墓地对塘、池的使用相对较少，但两汉墓葬皆有使用，功能上以排水或储水为主，还可辅助于墓地的整体规划，体现出与墓地环境相对应的特点，而对应的墓主大多具有一定的政治地位或经济实力，亦反映出相应的等级特征。

二、沟、壕

沟、壕一般不太宽，有相应的深度，多数较长，或直或曲。一些墓葬或墓地外有多条沟（壕），为一个整体但不相连。有的沟（壕）在墓外相对独立，有的则与封土或墓葬相连。沟（壕）或直接开挖，敞露于墓外；或由相关材料砌筑，部分有顶盖，还有的在盖上覆土。大致来看，可分为围沟（壕）与排水沟两大类。

（一）围沟（壕）

围沟（壕）系围绕单个墓葬或多个墓葬，甚至是整个墓地的窄沟，平面形状不甚统一，有一定长度和深度。或封闭，或有门，或由多个不相连沟（壕）组成。春秋时期，一些高等级墓葬已开始使用，称为隍壕或兆沟。陕西凤翔秦公陵区以兆沟围绕，每座陵园还有自身的兆沟[②]。浙江绍兴印山春秋末期越王墓，四周设人工挖掘的隍壕，四面正中各有一通道[③]。战国时期，围墓沟在秦地得到推广，一些中小型墓葬亦开始使用。随着秦的扩张，逐渐拓展到晋南豫西一带，今山西侯马、河南三门峡等地区均发现一定数量该时期使用围墓沟的墓葬。汉代，一些帝陵、王侯墓葬或墓地外也使用围沟，且

[①] 河南省文物局：《淇县黄庄墓地Ⅱ区发掘报告》，科学出版社 2015 年版，第 6、7 夹页。

[②] 韩伟：《凤翔秦公陵园钻探与试掘简报》，《文物》1983 年第 7 期；陕西省雍城考古队：《凤翔秦公陵园第二次钻探简报》，《文物》1987 年第 5 期。

[③] 浙江省文物考古研究所、绍兴县文物保护管理所：《浙江绍兴印山大墓发掘简报》，《文物》1999 年第 11 期。

有相当数量。汉平帝康陵，帝陵陵园与王皇后陵园外有一条围沟环绕[①]。汉景帝阳陵北区陪葬墓 YM1、YM2，等级较高，四周皆有不相连的壕沟[②]。一些汉代王侯墓地中或墓葬外也有围沟或壕沟，这在本书第一至三章中已有论述。大致来看，两汉王侯墓葬对围沟或壕沟皆有使用，但较多墓葬分布于两汉都城周边或帝陵附近，其他地区使用围沟或壕沟的王侯墓葬数量相对较少，如山东平度六曲山胶东王墓地，北陵台的南坡、西陵台的东坡、东陵台的东北坡均发现灰沟迹象的遗迹[③]，或可能为墓葬围沟。一定数量的汉代中小型墓葬对围沟或壕沟有所使用，并在一些方面体现出与帝陵及王侯墓葬不完全相同的特征。

1. 汉代中小型墓葬围沟（壕）的发现概况

考古发现使用围沟或壕沟的汉代中小型墓葬，时代跨度长，从西汉初一直延续至东汉晚期；分布地域广，除原已有发展的今侯马、三门峡等地有一定数量外，在今河南省（如偃师、新乡、鹤壁等地）、江苏省（如盱眙、邳州等地）、陕西省（如西安、咸阳等地）及江西的南昌、甘肃天水武山等地汉代墓葬外或墓地中也有发现。有的地区为多个墓葬或墓地有发现，有的地区仅一座墓葬或一处墓地有发现，虽整体比例不是太大，但有自身的一些内容和特点。

（1）甘肃省

天水市武山县东旱坪 M46，北、东、南三面围有一条沟（G1），平面长方形，西边以及南、北围墓沟西部被破坏，东段长 11.6、南段残长 15.8、北段残长 15.7 米，沟壁宽窄不等，高低不平，横断面为梯形，内填五花土，土质疏松。墓葬为带斜坡墓道的竖穴土坑墓，平面呈凸字形，年代为秦至西汉初期。围沟较浅，与墓室有一定距离，沟中仅有松软填土，推测当时是以

[①] 陕西省考古研究院、咸阳市文物考古研究所：《汉平帝康陵考古调查、勘探简报》，《文物》2014 年第 6 期。
[②] 曹龙：《西汉帝陵陪葬制度初探》，西北大学硕士学位论文，2009 年，第 14—27、41—49 页。
[③] 青岛市文物保护考古研究所、平度市博物馆：《平度六曲山墓群 2011—2014 年度调查勘探报告》，《青岛考古（二）》，科学出版社 2015 年版，第 84—98 页。

明沟暴露①。

（2）陕西省

多帝陵陪葬墓，个别不是，有的与帝陵有一定距离，可能与帝陵有关，但相对独立。

汉高祖长陵的陪葬墓主要位于陵园以东，2011年勘探的25座陪葬墓中，8座以围沟或园墙围成墓园，其中有等级略低的中型墓葬②。

汉景帝阳陵东部陪葬墓区，东、西两端各有南北向壕沟一条，作为两边界限，整个陪葬墓区为一个个由壕沟间隔成的大小不等墓园，平面多呈长方形，少量方形，较多墓园为不相连的多个围沟组成，而且有围沟共用现象。一些列侯墓园以围沟围成，还有较多等级相对低的中小型墓葬墓园也使用围沟，围沟近帝陵东司马道处有门、阙。其中，司马道北第一排11号墓园，西围沟长135、东围沟长200米，东围沟北段与第二排墓园共用，约95米；司马道南第一排6号墓园，西围沟长80、南围沟长约40、宽15米，东围沟长85、宽7米；司马道南第一排12号墓园，墓园西围沟共用，南围沟不清楚，东围沟长45、北围沟长约90米，在靠近西部留有约5米宽的门道；司马道南第二排11号墓园，北临NP1Y11，并共用其南围沟作为北围沟，长120米，西围沟长100、南围沟长140、东围沟长95米③。

咸阳渭城区民生工程汉代墓地，北部自东向西分布着义陵、渭陵、康陵、延陵等西汉帝陵。墓地清理围沟1条、汉墓8座，围沟中部偏南并排分布4座墓葬（M3—M6），均坐东向西，4墓南部为M7、M9，M9打破南围沟，围沟东部内侧为M1，南部外侧为M8。M7—M9的时代为西汉末至东汉初，M3—M6的时代为东汉中晚期，时代上有连续性。推测墓地中时代稍早的M9在修建时局部打破围沟，而东汉中晚期的墓葬仍葬在该围沟内，为同一家族墓地，大致来看，该墓地始建于西汉末，东汉时仍有使用④。

---

① 甘肃省文物考古研究所:《甘肃武山县东旱坪战国秦汉墓葬》,《考古》2003年第6期。
② 陕西省考古研究院:《2011年陕西省考古研究院考古发掘新收获》,《考古与文物》2012年第2期。
③ 陕西省考古研究所:《汉阳陵·前言》(中文),重庆出版社2001年版,第1—11页；曹龙:《西汉帝陵陪葬制度初探》,西北大学硕士学位论文,2009年,第19、41—48页。
④ 陕西省考古研究院:《陕西咸阳渭城区民生工程汉墓发掘简报》,《考古与文物》2017年第2期。

西安市高陵县姬家乡邓家塬村东南西汉家族墓地清理汉代墓葬 32 座及汉代围沟 4 组，4 组汉代围沟中有汉墓 26 座，G1 内 14 座，G3 内 4 座，G4 内 8 座，G1 内墓葬面积较大，时代为秦末汉初，G3 时代次之，G4 最晚，但不晚于西汉中期[①]。

西安市曲江雁湖小区墓地的北端有围沟围成的墓园，呈南北向长方形，南部偏东侧有一门，内有 3 座汉墓，M21 规模较大[②]。

（3）河南省

三门峡市已发现多座具有明显秦文化特征的汉代之前围沟墓，亦发掘一定数量的汉代围沟墓。大岭粮库西汉初墓葬，围墓沟平面近长方形，断面倒梯形，周长 44.9 米，其内为东西并列、方向一致的 M197、M198，相距较近，均为洞室墓，为夫妻并穴合葬墓[③]。火电厂发现 8 座秦末汉初规模大，埋葬深的墓葬，墓外有窄而浅的围墓沟，周长在 40—65 米之间，宽 0.5—1.5、深 0.8—1.8 米，周壁粗糙，底部平坦，填土松软，未经夯实（图 5-1），有的围墓沟内有 1 墓，如 CM09102，有的内为 2 座墓，如 CM08137、CM08139，均为竖穴土坑墓[④]。南交口 M17 是一座地面上尚存高大封土、四周环绕以围墓沟的大型洞室砖券墓，时代为东汉后期，围沟开口于耕土层下，距地表 10—35 厘米，上宽下窄，口部规整，斜壁内收，平底，四面宽度不尽相同，东面口最宽，为 2.75 米，西面和南面口较窄，为 2.2 米，平面呈东西向长方形，占地总面积 1105 平方米，东南角和西南角为直角，西北角和东北角则为圆角[⑤]。

偃师阎楼东汉墓园平面为长方形，南北长 455、东西宽 340 米，面积 15.4 万平方米。外围开挖闭合型环沟，断面梯形，上口较宽，宽 9—10 米，下部略窄，直壁，宽 7.5—8、深 3.2—6.5 米，沟内多见淤土，发

---

① 陕西省考古研究院：《2013 年陕西省考古研究院考古发掘调查新收获》，《考古与文物》2014 年第 2 期。

② 西安市文物保护考古所：《西安东汉墓》，文物出版社 2009 年版，第 21 页。

③ 三门峡市文物考古研究所：《三门峡大岭粮库围墓沟发掘简报》，《中原文物》2004 年第 6 期。

④ 三门峡市文物工作队：《三门峡市火电厂秦人墓发掘简报》，《华夏考古》1993 年第 4 期。

⑤ 河南省文物考古研究所：《三门峡南交口》，科学出版社 2009 年版，第 278 页；河南省文物考古研究所：《河南三门峡南交口汉墓（M17）发掘简报》，《文物》2009 年第 3 期。

现有陶片，南部、西南部个别地段加宽，东南部为双沟，有围沟6条，或相连，或有缺口，环沟西侧、东侧正中以及东北、东南角开有缺口，缺口处未发现门址，内有7座封土墓，东南还有大范围的建筑遗址①。

鹤壁淇县大马庄墓地发现1处围沟，平面呈L形，较浅，沟口宽度不一，围绕墓葬5座，时代为东汉②。

淇县黄庄墓地Ⅱ区发现的

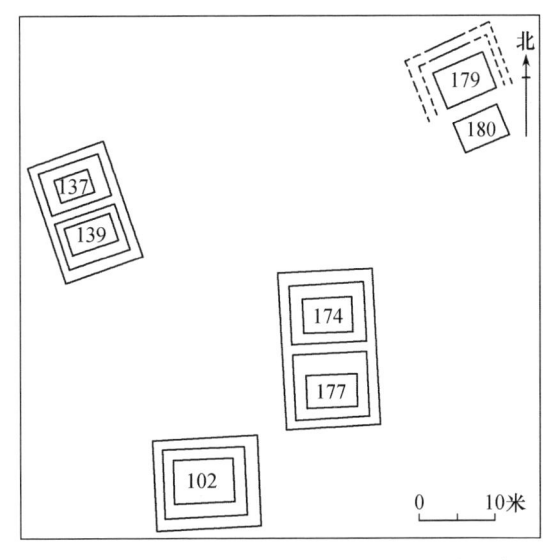

图5-1 河南三门峡火电厂部分围墓沟墓分布示意图

沟中，G3、G4为人工开挖的围沟③。G3位于西区，开口于③层下，打破生土，修筑规整，剖面呈倒梯形，上宽下窄，底部东西两壁下面一段较直，向上为斜坡状，沟底北高南低，较平坦，口长33.6、宽5.5米、底长33、宽2.1、深3.1米，填土松软，有少量器物残片，另有板瓦、筒瓦及砖的残块，时代为西汉晚期。沟内侧有一定数量的墓葬，沟外（西）侧亦有较多墓葬（图5-2）。位于沟内侧的M11、M14—M16为西汉晚期墓葬，与沟的开挖修建时间相同，沟内另有一些东汉墓葬，可能为同一家族成员的墓葬。沟西侧的较多墓葬也可能有围沟，形成不同家族墓地间的区分，但未见相关资料。Ⅱ区西北两侧有"┏"形围沟，为G4，口大底小，两壁基本对称，沟壁和底较规整，长约35、上口宽3.5—5、下口宽2—2.8、深2.2—2.5米，沟内填土属一次性堆积，有灰陶片、砖、

---

① 洛阳市第二文物工作队、偃师市文物管理委员会：《偃师阎楼东汉陪葬墓园》，《文物》2007年第10期。

② 河南省文物局：《淇县大马庄墓地》，科学出版社2013年版，第193—196页。

③ 河南省文物局：《淇县黄庄墓地Ⅱ区发掘报告》，科学出版社2015年版，第6、7夹页、118、120、126、172、173、176、177页。

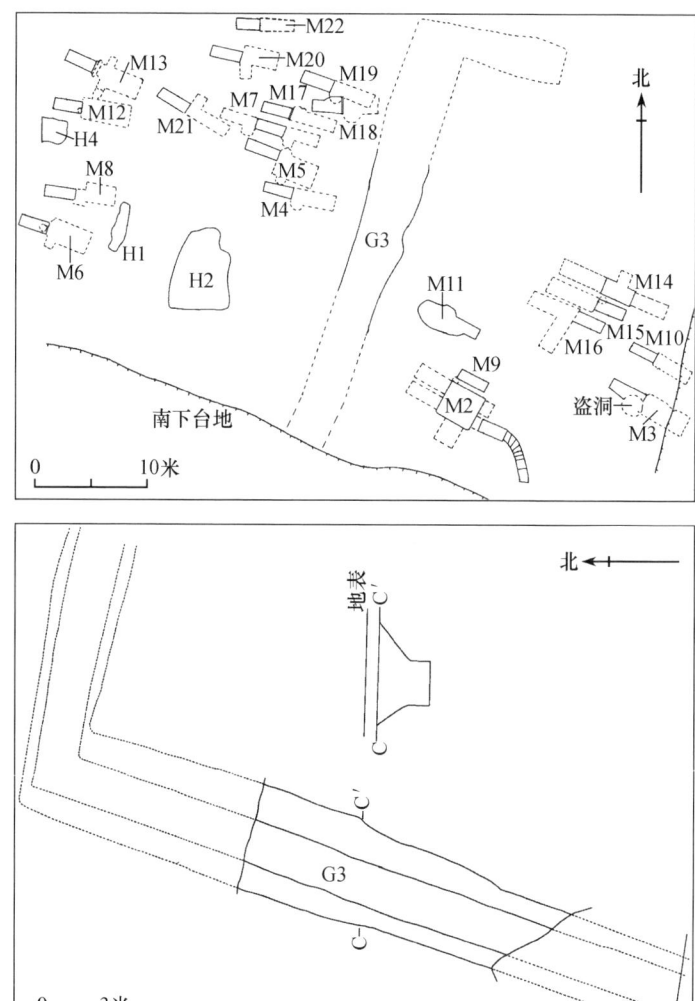

图 5-2　河南省淇县黄庄 II 区西部墓地 G3 与墓葬及其平、剖面图

瓦碎块等（图 5-3），沟内有汉墓 9 座，M31 时代早，为西汉晚期，M23 为东汉早期，M24—M30 的时代为东汉中期，M31 为东北—西南走向，发掘者推测其可能不属于该围沟，其余 8 座均西北—东南走向，应是有意识、按一定方位排列，M23 居于西侧，从发掘部分看，G4 正好将除 M31 之外的 8 座墓葬围起来，显见沟与墓地有关。笔者认为，M31 位置

偏东北，墓向亦与其他有差别，但时代上有连贯，也很可能是围沟内的墓葬，即围沟的时代大致在西汉晚期，其内有9座墓葬，这与西部墓地围沟的时代基本一样。从围沟及其内的墓葬分布，结合沟内出土的建筑材料来看，该墓地中西部的两处家族墓地至少有一处应有墓外建筑，且为祠堂的可能性较大。淇县黄庄墓地Ⅱ区与大马庄墓地距离较近，均有类似围沟，应是这一地区流行的墓地规划和设施。虽然存在后期破坏及发掘面积有限等状况，淇县黄庄墓地Ⅱ区与大马庄墓地的围沟多位于西、北两侧，这可能是该地区墓地的特点之一。也许亦可说明该区西部墓地G3西较多墓葬的西北侧应有围沟，而且相关围沟是有开口或非封闭的。黄庄墓地Ⅰ区与Ⅱ区相距不远，位置偏北，墓

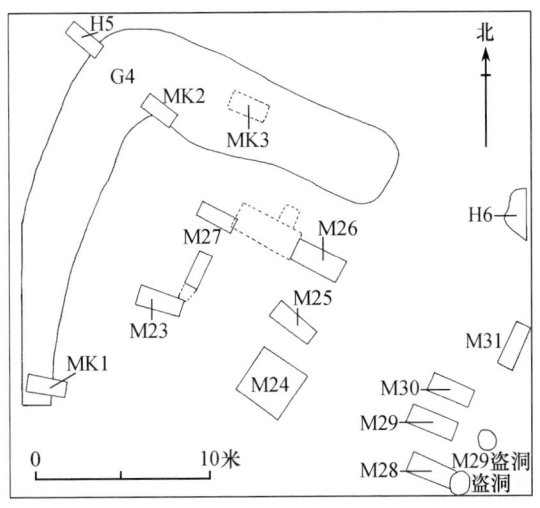

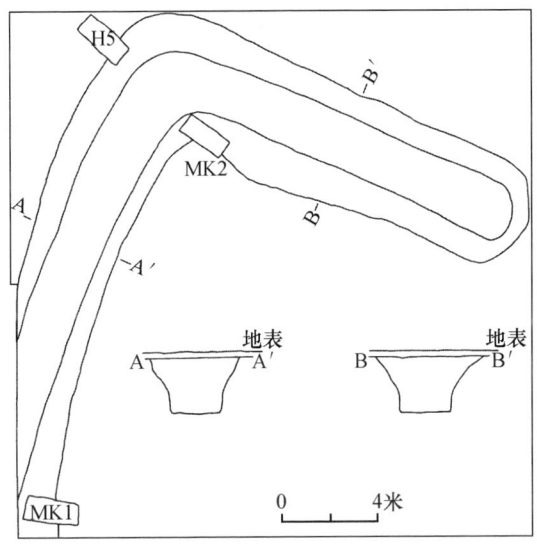

图5-3 河南省淇县黄庄Ⅱ区东部墓地
G4与墓葬及其平、剖面图

地内墓葬的时代为西汉，有些为西汉初，但该墓地未发现将多个、不同时期墓葬包绕的围沟。综合推测，这一地区大致从西汉晚期开始流行具有上述性质和功用的围沟[①]。

---

① 河南省文物局：《淇县西杨庄墓地、黄庄墓地Ⅰ区发掘报告》，科学出版社2015年版，第112页。

淇县西杨庄墓地与黄庄墓地Ⅰ区相距较近，约300米，原应属同一个大的墓地。黄庄墓地Ⅰ区时代较早，未发现围沟，但西杨庄墓地有发现，部分围沟位于东、北两侧，如G2、G5，西侧、南侧未有；部分位于西、北两侧，如G1；部分位于北、西两侧，如G3；部分位于北侧及东西两侧的北半部，如G4；有的仅见西侧部分，如G6。有些沟可能组合共用，如G4与G5、G5与G2则更明显，另外G1、G3、G6也可能会与相邻近的沟组合共用，使得整个墓地形成互相组合、借用的围沟群（图5-4）。就每个相对独立的墓地来讲，围沟仅局部封闭，部分又不连接。沟的开口均在第③层下，从打破东汉晚期墓葬的情况来看，时代当在东汉晚期或稍晚，宽度相对窄，壁接近垂直，口略大于底，较浅，相关围沟见下表[①]（表5-1）。笔者推测，这些围沟可能是在东汉晚期，为区分墓地，在相近时间内统一修建的，有的沟对一些东汉墓葬有所打破，但多是打破墓道，仅个别打破墓室的上部。

表 5-1　河南淇县西杨庄墓地围沟统计表

编号	平面形状	尺寸	打破关系	填土与包含物
G1	"⌐"形，折角较垂直	东西向沟稍长，为8米，沟口略大于沟底，长约8、宽1、深0.7米。南北向沟长6.01、宽0.96、深0.7米	东端打破M2墓道	填土灰黄色，略含沙，纯净，无包含物
G2	"⌐"形，北端向北凸	沟边不规则。沟南北长11.9、东西宽11.6、宽1.6米左右、深不足1米	西端打破M3墓道	填土灰褐色，无分层及包含物
G3	西北—东南向的"⌞"形	口大底小，但相差不大。总长18.5、口宽1.06、底宽0.8米，底部稍不平，东南部深0.82、中部深0.72、西北部深0.7米	打破M12前室上部	填土红褐色，较疏松，无包含物
G4	倒凹字形，东西分布	宽窄不一，深浅不均。东西长18.55、宽1.08—2.72、深0.46—0.62米	东南部打破M27墓道北端	填土灰褐色，较疏松，纯净，无包含物
G5	"⌐"形（曲尺形）	东西向沟长11.2、南北向沟长9.04、宽0.9—1.2米，沟深0.8米左右，底宽0.5—0.8米	打破M14墓道北端	填土浅黑褐色，无分层及包含物
G6	长条形，南北向分布	沟口略大于沟底。发掘部分长17.5、口宽1.46—1.8、底宽1.2米，沟底不平，深0.36—0.48米。	/	填土灰褐色，较疏松，无包含物

[①] 河南省文物局：《淇县西杨庄墓地、黄庄墓地Ⅰ区发掘报告》，科学出版社2015年版，第7、98—103页。

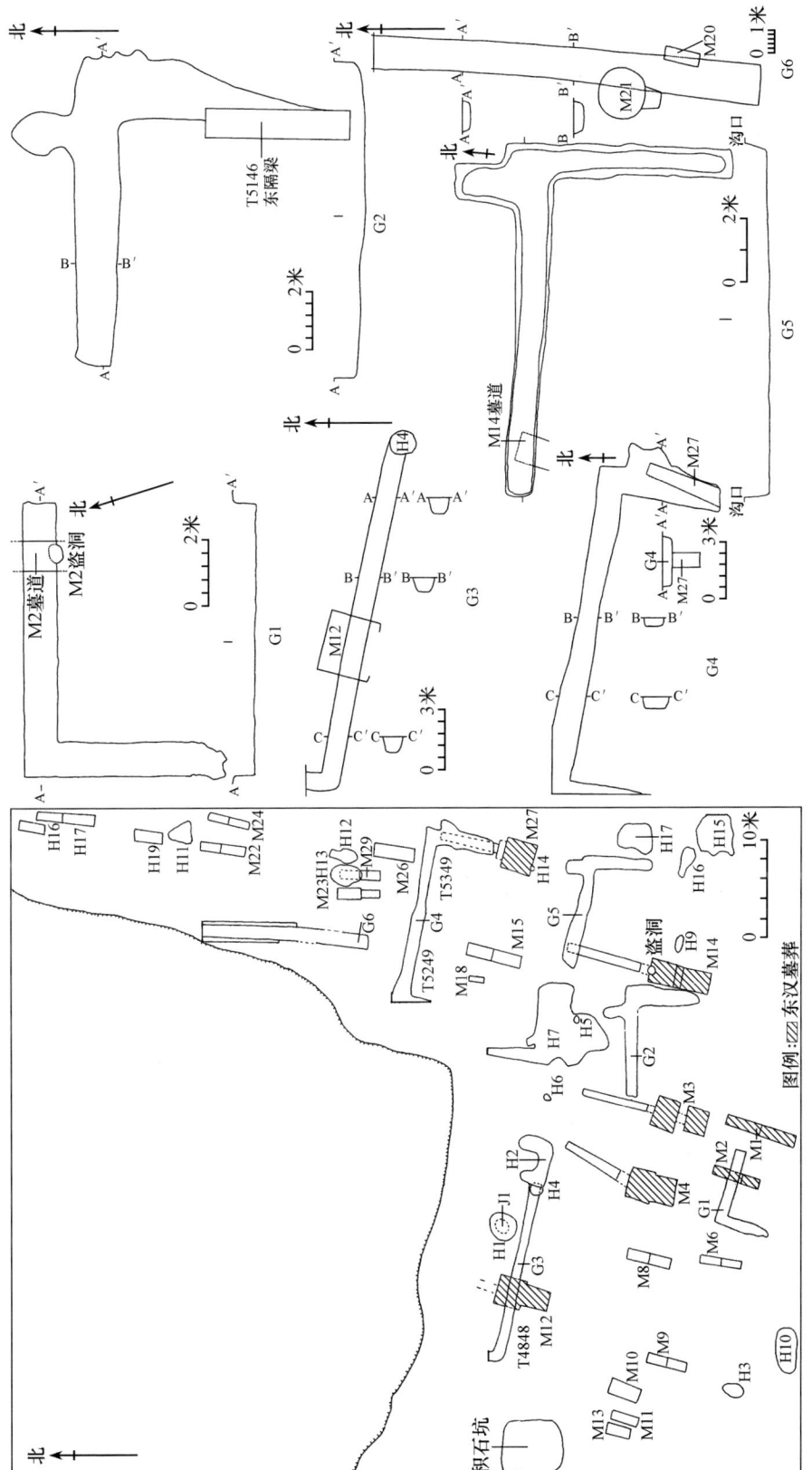

图 5-4 河南洪县西杨庄墓地汉代墓葬与围沟分布示意图及围沟平、剖面图

卫辉大司马东汉中晚期 M1，封土西北有沟 1 条（G8），局部围绕地面建筑（F1），二者时代相同①，因仅发现一段，暂定为局部围绕。

辉县百泉镇大官庄墓地，清理环壕 1 条，位于墓地中南部，东西横跨墓地的中区和西区，沟内出土东汉铜箭镞、铜戈、铜镜残片及陶豆、罐、瓦、砖等，时代为东汉②。

（4）江苏省

扬州甘泉镇张家墩西汉土墩墓，土墩原为南北向，方形覆斗状，土墩中心、东南、西南发现墓葬，分别编号为 M1—M3，土墩西侧及北侧发现两条壕沟，为 G1、G2，土墩南部、东部均未发现遗迹，推测已被后期破坏。土墩西侧 G1 开口于明清层下，打破生土，填土呈灰色，土质细腻，东距土墩边沿 2.5 米，残长 30、宽约 2 米，北高南低，出土数量较多的灰陶绳纹板瓦、筒瓦及少量红陶筒瓦、绳纹砖；G2 位于土墩北侧，残长 5、宽 1—1.5 米，填土与西侧壕沟相同，南侧有相连的排水沟③。

盱眙大云山西汉江都王陵东区陪葬墓 M16、M17 为江都国高等级官员及其夫人的同茔异穴合葬墓，封土外围发现有一圈围沟，平面近圆角方形，沟内底部含青淤土④。

邳州山头东汉墓地外周有圆角方形，东南—西北方向的大型隍壕将整个墓地环绕其中，完整地保留了东汉家族墓葬的墓园。隍壕开口于第③层灰褐土下，壕内为青灰淤土，较纯净，出土有少量绳纹陶片。隍壕宽约 20、外周长约 330、最深处约 1 米。东南处有片较纯净的黄褐土将青灰淤土隔断，应是墓地出入口，外宽约 13 米，内略窄，约 8 米⑤。

---

① 河南省文物局：《卫辉大司马墓地》，科学出版社 2015 年版，第 16—20、30—32 页。

② 河南省文物局：《河南省南水北调工程考古发掘出土文物集萃（一）》，文物出版社 2009 年，第 88—91 页。

③ 秦宗林、束家平：《扬州地区汉代土墩墓葬浅析》，《汉代陵墓考古与汉文化》，科学出版社 2016 年版，第 211—219 页。

④ 南京博物院、盱眙县文广新局：《江苏盱眙县大云山西汉江都王陵东区陪葬墓》，《考古》2013 年第 10 期。

⑤ 南京博物院、邳州博物馆：《邳州山头东汉墓地》，科学出版社 2010 年版，第 156、193 页。

（5）江西省

南昌海昏侯刘贺墓园中的 M3—M5，时代为西汉中期偏晚，封土周围有排水沟，且封土范围以排水沟为界[1]，可视为围墓沟。其中 M5 墓主为刘贺之子刘充国，等级略高[2]。

除考古发现外，文献资料也有记载。《水经注·溠水》载："溠水南有汉中常侍长乐太仆吉成侯州苞（辅）冢。冢前有碑，基枕西冈，城开四门，门有两石兽，坟倾墓毁，碑兽沦移……门表堑上起石桥，历时不毁。"[3] 堑可理解为壕沟，推测墓地可能有围沟，而为了连通墓地内外，还修建有石桥。

2. 汉代中小型墓葬围沟（壕）的平面形制分析

已知的汉代墓葬围沟（壕）多为长方形或近长方形，少量为曲尺形，口部一般略窄，断面多呈倒梯形，底平。根据平面形状的不同可分为二类。

（1）平面长方形或近长方形，根据平面闭合情况的不同可分为四型。

A 型：全面闭合。三门峡地区较多，体现出继承与特色，如火电厂秦末汉初的 8 座围墓沟墓等。其他地区也有少量发现。根据围绕墓葬数量及合葬形式的差异又可分为三亚型。

Aa 型：围绕 1 墓，单人葬。三门峡火电厂 CM09102，围墓沟四角方形（图 5-5：1）。天水市武山县东旱坪 M46，围沟（G1）平面长方形（图 5-5：2）。

Ab 型：围绕 1 墓，为夫妻同穴合葬。三门峡火电厂 AM02047，围沟四角微弧。东汉晚期的南交口 M17，围沟有两抹角，两方形角，墓内主室和侧室各葬一人（图 5-6）。

Ac 型：围绕 2 座墓葬，为夫妻异穴合葬。三门峡火电厂 CM08179 与 M180、M137 与 M139、M174 与 M177，二墓 1 组在围沟内，之间有 1 条沟

---

[1] 江西省文物考古研究所、南昌市博物馆、南昌市新建区博物馆：《南昌市西汉海昏侯墓》，《考古》2016 年第 7 期。

[2] 驻江西记者柯中华、伍文珺：《南昌汉代海昏侯国考古发掘取得新进展——墓园五号墓主人或为海昏侯长子》，《中国文化报》2018 年 2 月 1 日第 2 版。

[3] （北魏）郦道元著，（清）王先谦校：《合校水经注》，中华书局 2009 年版，第 458 页。

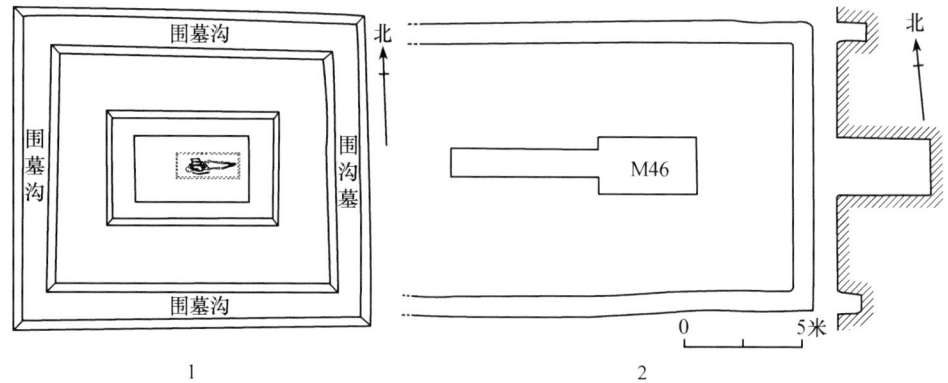

图 5-5 （1）类 Aa 型围沟
1. 河南省三门峡火电厂 CM09102　2. 甘肃武山县东旱坪 M46

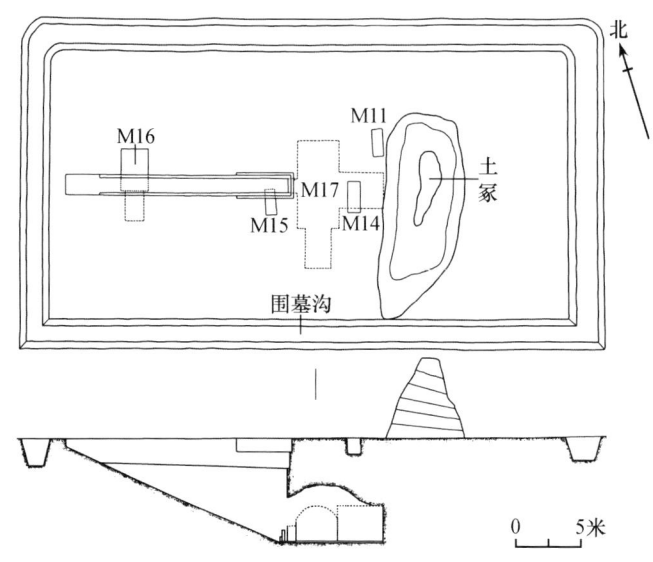

图 5-6 （1）类 Ab 型围沟（河南省三门峡南交口 M17）

将它们分开；大岭粮库围墓沟墓，沟四角方形，内有并列 2 墓（图 5-7：1）。盱眙大云山江都王陵东区陪葬墓 M16 与 M17 为异穴合葬墓，封土外围有一圈围沟，平面近圆角方形（图 5-7：2）。

B 型：基本为墓地，沟内围绕 3 座以上或更多墓葬，为家庭或家族墓地，其中 1—2 座墓葬等级稍高，围沟一侧留有出入口或修有门道，大小不一，部分围沟内有相关设施。西安市曲江雁湖小区东汉墓地北端的南北向

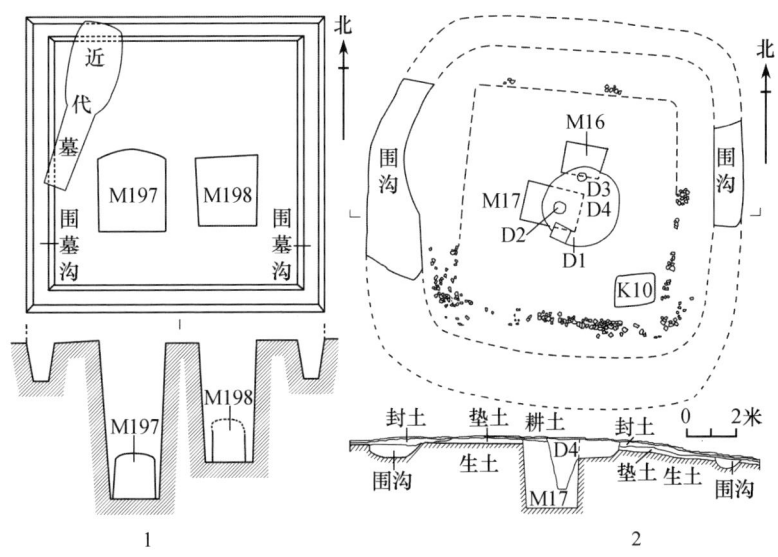

图 5-7 （1）类 Ac 型围沟
1. 三门峡大岭粮库围墓沟墓　2. 江苏省盱眙县大云山 M16、M17

长方形围沟，南部偏东侧有一较窄出口，内有 3 座墓葬（图 5-8：1）。西安市高陵县姬家乡邓家塬村东南西汉家族墓地中，G1 内有 14 座墓葬，G3 内有 4 座墓葬，G4 内有 8 座墓葬。偃师阎楼东汉墓园以多条有间断的沟围成长方形，东侧偏南为出口，内侧有建筑及多座墓葬等。邳州山头东汉墓地外以圆角长方形的围沟（隍壕）围绕，东南角为一出口，内有多座墓葬（图 5-8：2）。汉阳陵东陪葬墓区发现壕沟多条，一些陪葬墓之间即以壕沟分隔，壕沟也成为相关墓葬的围沟，有的发现有门道、阙等遗存。

C 型：围绕一座墓葬的封土，墓葬前端一侧有相关建筑与之相连，建筑的大小、形制有所差异。南昌海昏侯墓园中的 M3—M5，封土周围有排水沟，且封土范围以排水沟为界。

D 型：局部围绕，其内一般为多个墓葬组成的家庭或家族墓地，个别仅 1 墓，另可能还有相关建筑。淇县大马庄墓地发现 1 处平面呈 L 形的围沟，较浅，沟口宽度不一，围绕墓葬 5 座（图 5-9：1）。卫辉大司马东汉中晚期 M1 封土西北的 G8，局部围绕地面建筑（F1），二者时代相同。另有淇县黄庄墓地Ⅱ区西部墓地（图 5-9：2）、淇县西杨庄墓地（图 5-9：3）等，前者的围沟附近还可能有祠堂类建筑设施。

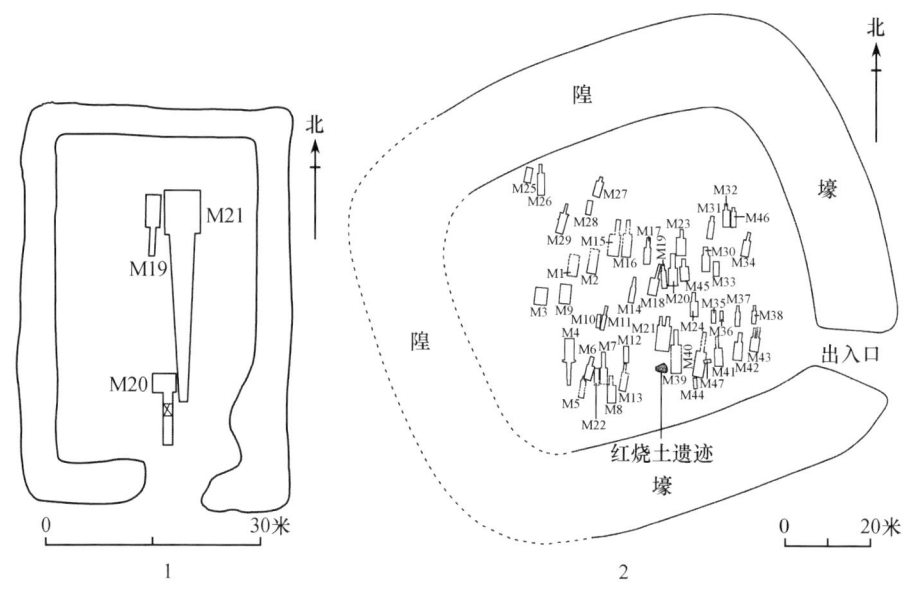

图 5-8 （1）类 B 型围沟
1. 陕西西安市曲江雁湖小区东汉墓地北端围沟　2. 江苏邳州山头东汉墓地围沟

（2）局部曲折，构成曲尺形。

发现较少。咸阳渭城区民生工程汉代墓地，清理发掘的围沟东侧南部曲折，南侧不见，为家族墓地的围墓沟，始建于西汉末，东汉时仍有使用（图 5-10）。

3. 功能与作用

汉代墓葬或墓地的围沟（壕）内有不同数量的墓葬，一些还有相关设施，围沟（壕）内形成相对独立的空间，而围沟（壕）也因此具备了相应的功能和作用。

时代较早的围墓沟，较多体现的是对前代葬制与葬俗的继承。除墓地规划、界定墓葬或墓地范围等功能外，还可反映墓主的身份地位。战国及秦代使用围沟的墓葬等级一般较高，汉代的中小型墓葬继承这一内容，相关墓主为显示身份地位，亦仿效和沿用，以显示自身的等级身份。甘肃天水市武山县东旱坪 M46，外有围沟，从墓葬规模、出土随葬品等来看，该墓较同墓地、同时期的其他墓葬规模大、随葬品丰富，有明显的特殊性，而围墓

第五章　汉代中小型墓葬外部设施　491

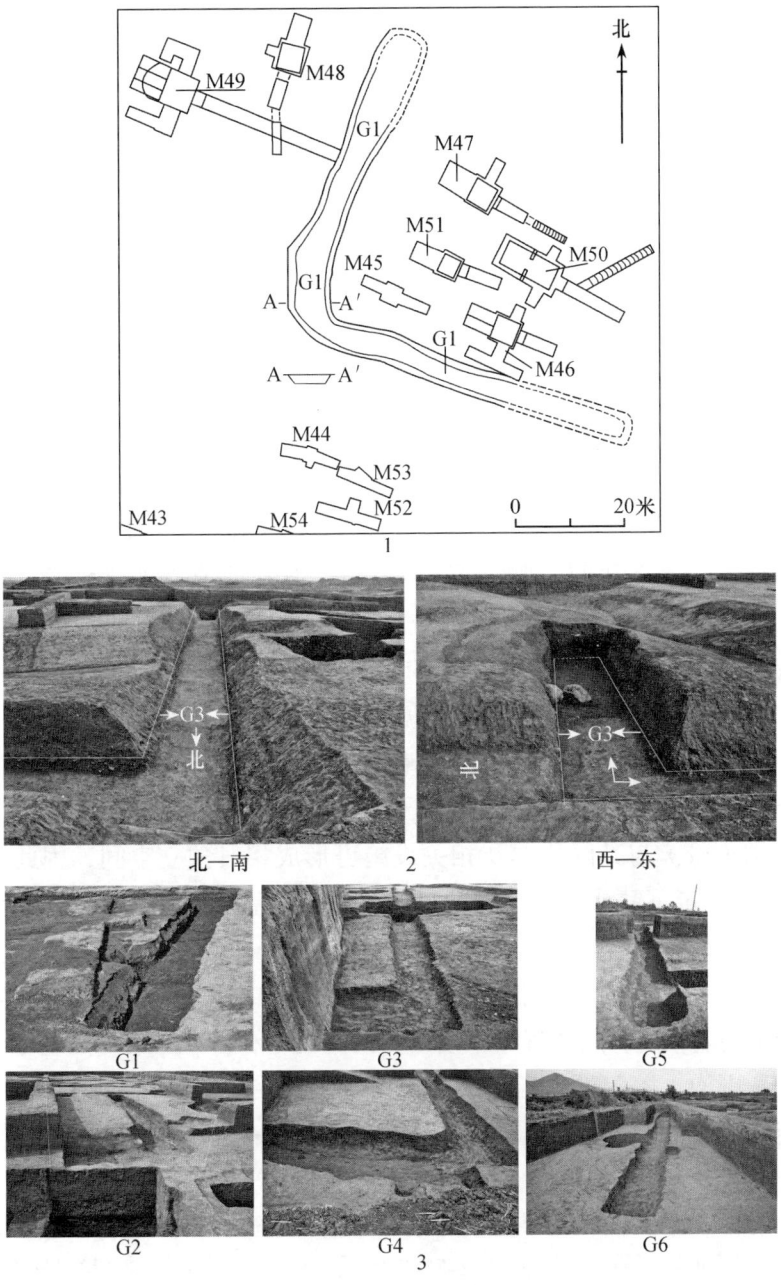

图 5-9　（1）类 D 型围沟

1. 河南淇县大马庄墓地围沟　2. 河南淇县黄庄Ⅱ区西部墓地围沟（G3）
3. 河南淇县西杨庄汉代墓地围沟

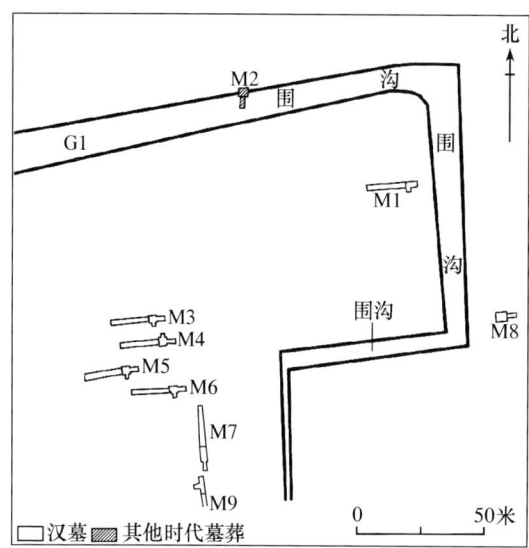

图 5-10 （2）类围沟（陕西咸阳渭城区民生工程汉墓与围沟）

沟不仅表明该墓葬范围还以此显示墓主人高贵的身份①。三门峡大岭粮库围沟墓，墓主生前社会地位较高或比较富有②，火电厂的围沟墓以围沟来显示墓主的身份③。南交口东汉墓地也有体现，M17规模较大，外有围墓沟，附近的其他墓葬不见围沟，规模也小④。就西汉早中期，乃至晚期偏早阶段，使用围沟（壕）的墓葬多数等级相对较高，除帝陵及王侯墓葬外，很多是帝陵陪葬墓或王侯墓葬的祔葬墓与陪葬墓。西汉晚期，这一特征渐被改变，一些普通等级的墓葬或墓地修建围沟。东汉时，高等级墓葬或墓地、一般等级的墓葬或墓地均对围沟（壕）有所使用，且以一般等级墓葬或墓地居多。可以说，西汉晚期之后，围沟（壕）的使用趋于大众化、平民化，象征高等级身份的特征逐渐淡化或消失。

围沟（壕）与其内墓葬及相关设施可形成相对独立空间，因此，围沟（壕）起到界定墓葬或墓地范围的功能，并在此基础上衍生出相应的功能和作用。第一是墓地的规划。围沟（壕）范围及大小，沟内外如何安排墓葬与相关设施，一些非全封闭围沟（壕）在何处开口或间断等均可体现。就陪葬帝陵的围沟墓来讲，还体现出帝陵陪葬区的规划和设计。第二是墓地或墓葬的保护。围沟（壕）可起到排水的作用，三门峡南交口M17围墓沟可能与排水有关，鹤壁淇县黄庄墓地Ⅱ区既有围墓沟，也有2条自然沟，排水功

---

① 甘肃省文物考古研究所：《甘肃武山县东旱坪战国秦汉墓葬》，《考古》2003年第6期。
② 三门峡市文物考古研究所：《三门峡大岭粮库围墓沟墓发掘简报》，《中原文物》2004年第6期。
③ 三门峡市文物工作队：《三门峡市火电厂秦人墓发掘简报》，《华夏考古》1993年第4期。
④ 河南省文物考古研究所：《三门峡南交口》，科学出版社2009年版，第278页；河南省文物考古研究所：《河南三门峡南交口汉墓（M17）发掘简报》，《文物》2009年第3期。

能更明显；围沟（壕）有一定的宽度、深度，与沟外形成明显界限，这在一定程度上可减少外界对于沟内墓葬等的破坏，而辉县大官庄墓地环壕内出土有兵器，反映出护卫墓地的功能更为突出。第三，服务于墓冢的加高。三门峡大岭粮库围沟墓 M197、M198，墓道内填土均被夯打，围墓沟内填土为纯净且未经夯打的五花土，说明墓葬在前，围墓沟在后，它有可能是为加高墓冢而挖的①；火电厂围墓沟开挖的目也包括加高墓冢，为表明墓葬的范围或其他需求，围墓沟挖好后不会填上，其内的填土不是埋葬墓主人时所填，而是后来逐渐堆积或后人填的②。第四，促进家庭葬与家族葬。综合来看，围沟（壕）内有1座或2座墓葬者较少，且时代为西汉早期，西汉中晚期及东汉时的围墓沟（壕）内基本是多座墓葬。西汉中期至晚期偏早，以主墓及陪葬、祔葬墓为主，西汉晚期之后，围墓沟（壕）内的墓葬则多以家庭或家族墓葬为主，相关墓葬或墓地数量多，分布地域广，在一定程度上反映出家庭或家族势力的发展，体现出墓地范围，便于开展家庭或家族祭祀，进而促进家庭或家族团结，河南淇县西杨庄墓地中的围沟，很可能是东汉晚期对家族墓地的范围划分和重新规划，间接体现出这一功能和作用。

4．相关特征

围沟（壕）有一定数量，体现出与墓葬及围沟（壕）相对应的特征。

陕西西安与咸阳、河南省三门峡地区，西汉早期的此类墓葬或墓地居多，尤其三门峡发现的围沟墓，沿袭汉代之前的特征明显，基本是沟内1墓或2墓。西汉中期以后，围沟（壕）作为界限的作用突出，但基本集中于帝陵陪葬墓及帝陵附近墓葬，少部分为诸侯王墓或列侯墓的陪葬墓。西汉晚期，围沟开始在一般等级的墓地中得到较多使用，这与家庭、家族墓地的发展，家庭及家族观念的加强有较大关系，而这一趋势在一些地区一直延续至东汉，成为家庭、家族墓地或大型墓地中不同家族墓地的区分或界限，甚至东汉晚期，还有一些墓地存在修建围沟以区分原有墓地的做法。可以说，汉代中小型墓葬的围沟有着不同的时代特征，西汉早期主要是继承前代，中期

---

① 三门峡市文物考古研究所：《三门峡大岭粮库围墓沟墓发掘简报》，《中原文物》2004年第6期。
② 三门峡市文物工作队：《三门峡市火电厂秦人墓发掘简报》，《华夏考古》1993年第4期。

在一些墓地中开始形成以界限为主要作用的围沟，西汉晚期，都城之外一些等级不高的墓地开始使用围沟，主体功能仍是以界限为主，并延续至东汉时期，且在一些墓地中得到发展。围沟（壕）的使用在东汉之后仍然存在。河南洛阳孟津大汉冢西晋墓葬，有人工挖掘而成的围沟，平面呈方形，形制规整，三面闭合，南部正中留有通道，北面围沟东西长 33.85、东面围沟南北长 35.05、西面围沟南北长 34.9、南面围沟东西长 34.15、南部正中通道宽 3.35 米[①]。围沟口大底小，断面呈梯形，转角齐整，保存较完整，沟内填红褐色土，较为纯净，含有少量细沙。内为 3 座墓葬（M55—M57），墓葬的开口层位与围沟相同，其中 M56 墓道在围沟内，天井则位于围沟之外，根据墓葬和围沟的位置关系，围沟墓的建造应有明确的目的性，即有精心规划，从 M56 的天井位置看，似乎墓葬早而围沟晚。围沟和墓葬结合在一起是一种茔域或者墓园的观念，在邙山地区的调查中也曾发现北魏和隋唐时期的围沟墓，此次发现将两个时代围沟墓的发展序列连接在一起[②]。

分布地域与时代有着密切关系。西汉早期，相关墓葬或墓地主要分布于秦文化影响较多的地区，如今甘肃、陕西西安、河南三门峡等地。西汉中期，使用地域扩大，诸侯国或列侯封地有所使用，但以帝陵陪葬墓及附近墓葬为主。西汉晚期，地域更大，一般等级墓地使用增多。东汉时，使用地域又有拓展，虽然有些地区仅 1 处墓地，但在总的分布上，区域较广，主要集中于今河南洛阳及其以东、以北地区，其他如江苏邳州山头东汉墓地等，体现出继承中的发展。

等级方面，西汉早期多为具有相应等级者使用，中期也是如此，且以陪葬帝陵者居多。西汉晚期，等级范围扩大，一般等级墓地的使用量逐渐增加，并延续至东汉，而东汉时期也有一些等级相对较高的墓地仍在使用，延续使用的东汉之后墓葬亦有相应等级。

（二）排水沟

排水设施在汉代墓葬中得到较多使用，既有墓内排水设施，也有墓外

---

① 洛阳市第二文物工作队：《洛阳孟津大汉冢西晋围沟墓发掘简报》，《文物》2011 年第 9 期。
② 洛阳市第二文物工作队：《洛阳孟津大汉冢西晋围沟墓发掘简报》，《文物》2011 年第 9 期。

排水设施，同时还有墓葬内外相通或连成一体的排水设施。帝陵及王侯墓葬的陵（墓）园内常见排水沟或排水管道，墓内排水设施也较为考究。徐州地区楚王墓的墓外排水设施有所发现，楚王山汉墓封土南 18.5 米处有一东西长 46、南北宽 3.8—4.2 米的排水沟，人工开凿痕迹明显，能有效阻断主峰下流的洪水，保护封土，为特意设置的排水设施[①]；狮子山汉墓西发现有排水设施，由陶制绳纹排水管和卵石散水等组成[②]。上述三种排水设施在汉代中小型墓葬中均有使用。其中，墓外排水沟及墓葬内外相通或连成一体的排水沟均可视为墓外排水设施。就一些墓外排水沟而言，某些位置与墓内排水设施相接，既可用于外部排水，亦可排墓内之水。

1. 墓外排水沟

较多围墓沟（壕）具有排水功能，且与墓内不相通，在某种程度上可视为墓外排水沟的形式之一。海昏侯墓园内的 M3—M5，封土边缘以周围排水沟为界[③]，间接形成围墓沟。青岛土山屯汉代墓群中，部分墓葬外围有沟状遗迹，可能为排水沟或界沟[④]。一些墓葬或墓地外的建筑有排水设施，新乡卫辉大司马东汉 M1 祠堂（F1），周边有较规整的卵石堆积，为房屋四周散水[⑤]，辉县路固 C 区汉代墓地发现的建筑堆积中有砖砌排水道[⑥]，洛阳朱仓 M708 祠堂南侧庭院墙外西侧有排水渠（G3）[⑦]等。另外，墓地或墓葬外

[①] 刘照建、梁勇：《徐州市铜山县楚王山汉墓群考古调查》，《汉代考古与汉文化国际学术研讨会论文集》，齐鲁书社 2006 年版，第 247—254 页。

[②] 徐州博物馆：《徐州狮子山兵马俑坑第一次发掘简报》，《文物》1986 年第 12 期；邱永生：《徐州狮子山楚王陵园初步研究》，《南京大学历史系考古专业成立三十周年纪念文集》，天津人民出版社 2002 年版，第 245—249 页。

[③] 江西省文物考古研究所、南昌市博物馆、南昌市新建区博物馆：《南昌市西汉海昏侯墓》，《考古》2016 年第 7 期。

[④] 青岛市文物保护考古研究所：《青岛土山屯墓群考古发掘获重要新发现——发现"祭台"、人字形椁顶等重要遗迹，出土温明、玉席和遣册、公文木牍等珍贵文物》，《中国文物报》2017 年 12 月 22 日第 4 版。

[⑤] 河南省文物局：《卫辉大司马墓地》，科学出版社 2015 年版，第 16—20、30—32 页。

[⑥] 中国社会科学院考古研究所：《辉县路固》，科学出版社 2017 年版，第 11—20 页。

[⑦] 洛阳市文物考古研究院：《洛阳孟津朱仓东汉墓园遗址》，《文物》2012 年第 12 期。

的一些自然沟河，如鹤壁淇县黄庄墓地Ⅱ区的 2 条自然沟，也可视为墓外排水沟。

常德市沅水下游的土墩墓中，D3 封堆外围的南部、西部和北部均发现排水沟，东部不详，沟的建筑材料为粗绳纹筒瓦、板瓦和河卵石等，宽窄和深度不同，西部三条，南部一条，北部一条，按一定坡度倾斜，有的与内部的排水暗沟相连接，最后汇入外部的水塘，整个封堆在排水沟的环绕下形成一个封闭的墓园区（图 5-11）。西部有 G2、G3、G4，平行排列，相距不远，呈东北—西南走向，G2 为长条形，沟口宽 1.40、底宽 0.5、深 0.6—0.8 米，由南向北倾斜，坡度约 4°，始建年代早，和土墩内暗沟时代相当，原可能是一条排水暗沟；G3、G4 均是在 G2 废弃后修建的排水明沟，G3 宽 1.30、深 0.35 米，G4 宽 1.55、深 0.4 米。南部排水沟为 G5，距封堆的南部边缘 6 米，平面为长条形，沟口宽 1.05、深 0.5 米，沟底呈锅底状，坡度约 4°，由

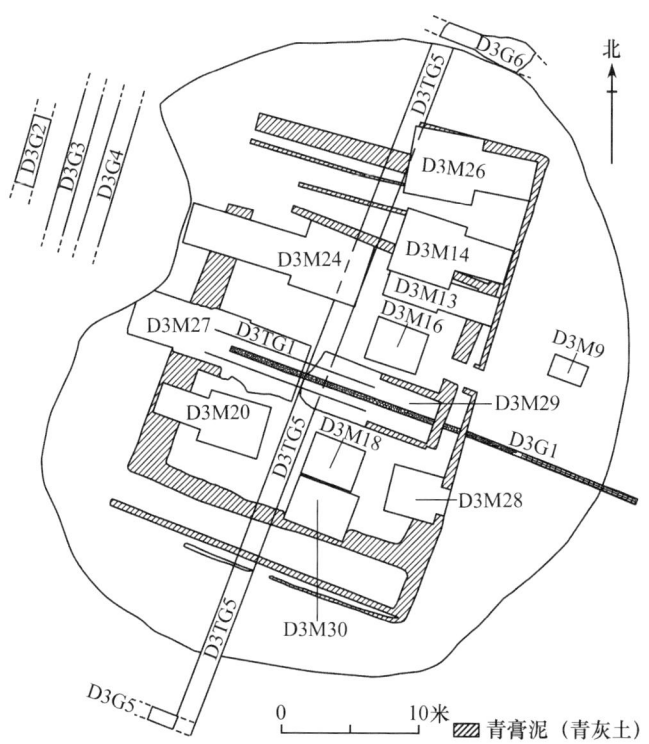

图 5-11　湖南常德沅水下游 D3 内、外排水沟及内部兆域

西向东倾斜,直通东南角的水塘。北部排水沟为 G6,距封堆北部的 M26 墓口北壁最近 6.5 米,口呈不规则形,西部窄,东部宽,沟底呈锅底状,沟宽 1.2—2.3、深 0.45—1.45 米(图 5-12)[①]。

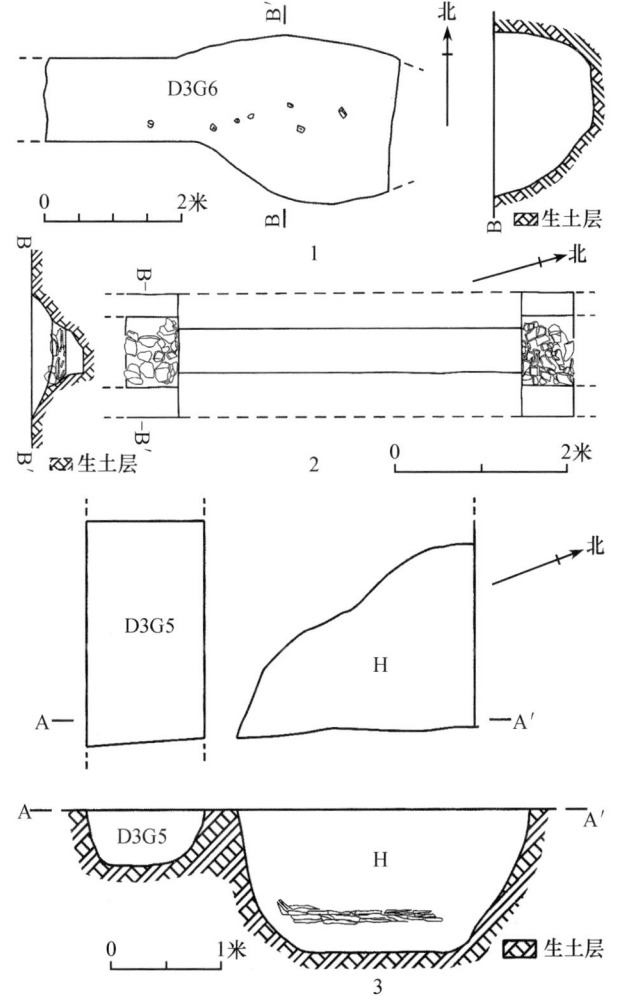

图 5-12 湖南常德沅水下游 D3 部分排水沟平、剖面图
1.D3G6 2.D3G2 3.D3G5

---

① 湖南省常德市文物局、常德博物馆、鼎城区文物局:《沅水下游汉墓》,文物出版社 2016 年版,第 53—57 页。

2. 墓葬内外相通或连成一体的排水沟

较常见，两汉墓葬均有发现，基本为土坑，较多在沟坑内以相关材料砌建。基本为一条，通过墓葬的一侧向外延伸，排水口通向墓外，或排水沟在墓外延伸一定距离。

（1）西汉墓葬排水沟

主要发现于四川、重庆、湖北、湖南、浙江及江苏扬州等地区，墓葬以土坑竖穴为主，亦有石坑竖穴者，时代多为西汉中期偏晚至新莽时期，大部分在一侧有墓道。

① 考古发现

四川省成都大邑县吴墩子西汉宣帝或稍晚时期土坑墓，墓主有一定的身份地位。墓底中间铺砌一行卵石，卵石中部向北又铺砌一条较窄卵石沟，一直延伸到墓坑外很远处，除近墓处为2层卵石，余皆3层卵石，再北被修房破坏。排水沟残长16.1、宽0.5、深0.4米，沟底部南高北低，是为墓坑排水而砌①（图5-13）。

重庆市临江支路M3为带墓道的西汉中期或稍晚阶段的竖穴土坑木椁墓，墓主为巴郡郡一级官吏或其家属。墓坑底北部摆放陪葬品的位置有一排水沟，自北壁、东壁分两支汇向中部。沟主干道宽约25、最深处约20厘米，从西壁引出墓外。墓坑外以多块薄石板并列为排水沟盖。伸出墓外的排水沟相对较长，因被民居建筑所压，总长度不明（图5-14）。该墓排水沟从与墓道相背方向伸出墓外，较为特殊，而M3南有小丘，西有溪流，北临大江，排水沟延伸向西，有利于排

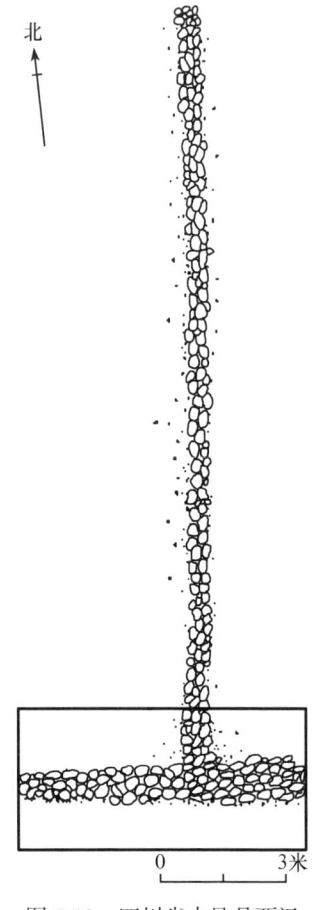

图5-13　四川省大邑县西汉土坑墓排水沟（B型）

---

① 宋治民、王有鹏：《大邑县西汉土坑墓》，《文物》1981年第12期。

水通畅[①]。

湖北黄冈付家山墓地，墓葬位于南北走向的岗地西侧，其中M4、M5、M7为西汉中期带墓道的竖穴岩坑墓，均在墓坑底设排水沟，并伸出墓外（图5-15：1）。M4墓坑西南侧掘一条排水沟，与垫木槽相通，内填黄褐土（图5-15：2）。M5、M7的排水沟形状接近，平面呈"丫"字形，沟槽不规整，宽窄不一，口大底小，沟内填筑小碎块石，既便于向外渗水又不至于淤塞。M5墓坑底排水沟口开在北部，宽0.3—1.4、深0.1—0.16米，沟底由南向北渐深

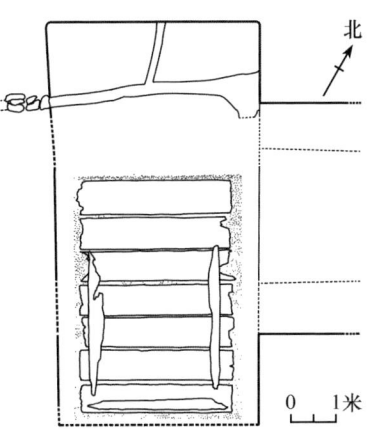

图5-14　重庆市临江支路西汉M3排水沟（B型）

（图5-15：3）；M7墓坑底排水沟残长6.86、宽0.22—0.62、深0.5米，由墓室的东北部向西南角斜伸坑外，贯通整个墓室和垫木槽，沟底呈圜底状，在墓坑向外伸出的开口处碎石上盖有板瓦[②]（图5-15：4）。上述三墓例，均存在某侧墓壁有斜度的情况，这较有利于渗水并汇集至墓内排水沟内，后经排水沟可排出墓外。

湖南长沙识字岭西汉M3为西汉晚期竖穴土坑墓，墓主是具有一定身份等级的贵族。墓道四壁竖直，底部较平整，修建有规整的排水沟，横纵相交呈十字，横向排水沟位于墓坑中部，沟槽东端被破坏，残长3.26、宽0.28米，两端浅，与纵排水沟相交处最深，深0.04—0.22米，纵向排水沟纵贯整个墓葬，并从墓道向外延伸，残长13.06米，墓道外排水沟宽0.5、深0.76—0.9米，外侧底部铺有大量鹅卵石块[③]（图5-16：1）。M327为该地的一座西汉中晚期墓葬，墓室为东西向长方形，墓道在墓室之东略偏北侧，分两

---

① 重庆市博物馆：《重庆市临江支路西汉墓》，《考古》1986年第3期。

② 黄冈市博物馆、湖北省文物考古研究所、湖北省京九铁路考古队：《罗州城与汉墓》，科学出版社2000年版，第213—247页。

③ 长沙市文物考古研究所：《湖南长沙识字岭西汉墓（M3）发掘简报》，《文物》2015年第10期。

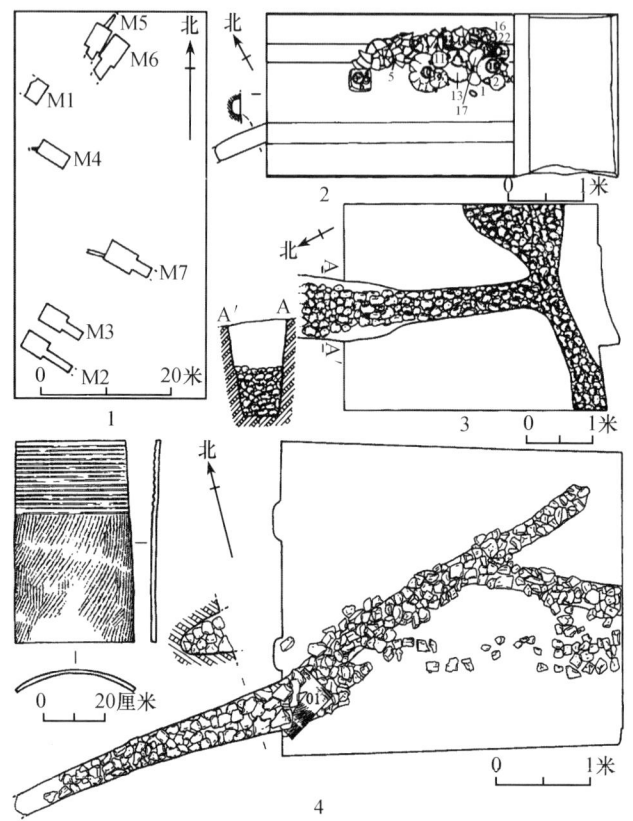

图 5-15 湖北省黄冈市付家山墓葬分布及相关墓葬的排水沟平、剖面图（B 型）
1. 墓葬分布图 2. M4 排水沟平、剖面图 3. M5 排水沟平、剖面图 4. M7 排水沟平、剖面图

段，外窄内宽，外呈阶梯状，内墓道较平，墓室及墓道有排水沟[1]。墓室底部四周沿各壁有沟道，中部偏东北侧有曲尺形沟道，与北、东壁相连，沟道宽 20、深约 30 厘米，往东渐深，东壁外较短距离为掏挖而成，至现存墓道东端尽头处深 3.4 米，沟底由西向东倾斜。墓室中沟道填满河光石，与墓底平齐，墓道部分的沟道则仅在底部填一定厚度的河光石，其上再填土（图 5-16：2），排水沟向外应有较长延伸，但因未全部开挖，全长多少，往东延伸至何处，不能究明。

---

[1] 中国科学院考古研究所：《长沙发掘报告》，科学出版社 1957 年版，第 92—95 页。

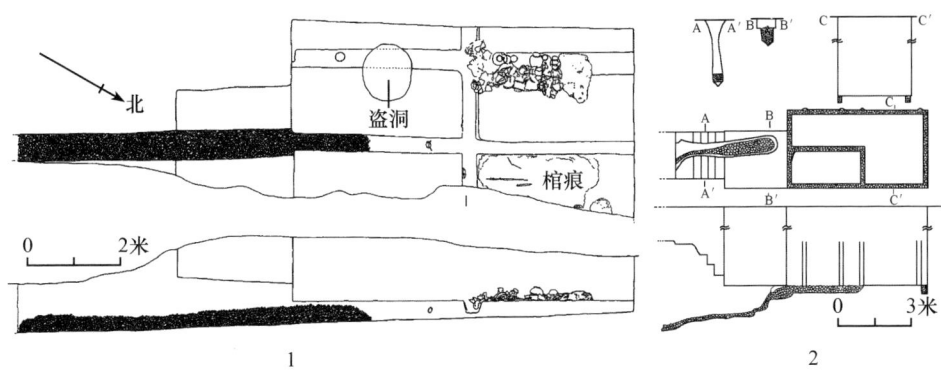

图 5-16　湖南长沙识字岭西汉 M3、M327 排水沟（A 型）
1. M3　2. M237

浙江衢州龙游仪冢山 M10、M11、M17，排水沟从一侧墓壁或一角经一段暗沟向外延伸，外沟多呈倒梯形，底铺一定厚度的卵石，卵石上再盖 2—3 层大型板瓦，距离较长，M11 外沟长在 10 米以上[1]（图 5-17）。

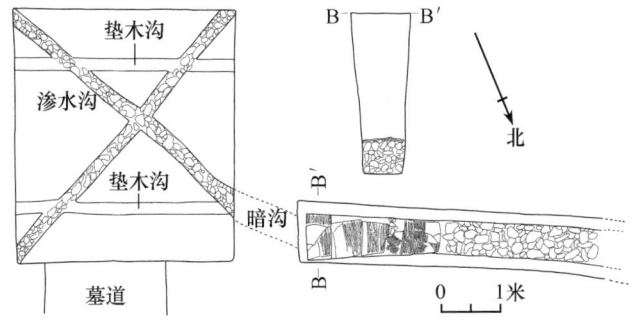

图 5-17　浙江衢州龙游仪冢山 M11 排水设施结构图（B 型）

江苏邗江县杨寿乡宝女墩新莽时期 M104 为土坑木椁单人葬墓，墓主是与广陵王室有关的女性，排水沟从墓后向西偏北方向延伸，已知长度为 114 米，宽 0.6、深 0.6 米，沟两壁竖立木板中间以鹅卵石填实[2]。

---

[1] 衢州博物馆：《衢州汉墓研究》，文物出版社 2015 年版，第 235—247、253—257 页。

[2] 扬州博物馆、邗江县图书馆：《江苏邗江县杨寿乡宝女墩新莽墓》，《文物》1991 年第 10 期。

②相关分析

上述西汉墓葬的排水设施，多是墓室内排水或渗水沟汇集后从墓葬的某一位置延伸至墓外。整体数量不多，较为简单，不见水管和整体砖砌者，仅一部分有砌壁或加盖。根据排水沟从墓葬内向外延伸位置的不同，可分为二型。

A型：从墓道向外延伸。

湖南长沙识字岭M3，排水沟从墓道向外延伸，底铺卵石。

B型：从一侧墓壁向外延伸，因具体墓葬不同又可分为不同形式，而砌建方式也有差异。

四川大邑吴墩子汉墓，由一侧墓壁向外延伸，为卵石沟，南高北低，有2—3层。

重庆临江支路M3，从西（后）壁引出墓外较长距离，以多块薄石板并列为盖。扬州邗江宝女墩M104，从墓后向西偏北方向延伸，沟两壁竖立木板，中以鹅卵石填实。

黄冈付家山墓地M7，排水沟由墓室的东北部向西南角斜伸出坑外，贯通整个墓室和垫木槽，外伸出的开口处碎石上盖有板瓦。

浙江衢州龙游仪冢山M10、M11、M17的排水沟从一侧墓壁或墓的一角经一段暗沟向外延伸，距离较长。

（2）东汉墓葬排水沟

主要发现于南部地区，以重庆、湖北、浙江等地多见且特征明显，另在陕西南部也有发现。所属墓葬均为砖室墓，数量较多，时代贯穿东汉一代，且一个墓地的多个墓葬有排水沟，基本是从墓室内经墓葬的某一位置引出墓外，砖砌普遍，也见水管等。

①考古发现

浙江地区有一定数量。上虞高坝东汉永初三年（109年）墓，砖室，墓室前半室与甬道的底砖之下，沿墓室中轴线构筑一条地下排水暗沟直通墓外，以平砖铺底，竖砖为壁，可能无盖[①]。上虞驿亭谢家岸后头山M17，

[①] 吴玉贤：《浙江上虞高坝东汉永初三年墓》，《文物》1983年第6期。

铺底砖下有一条排水沟，自墓室后端通向墓外，前端盖砖，后端覆瓦①。鄞县高钱 M40，墓室铺砖下有渗水系统和排水沟，排水沟由墓室中部向北延伸，通向墓外 4.3 米处。纵向砖平铺为底，立砖为壁，上盖横砖，宽 1.06、高 0.18 米②。

湖北省发现数量也较多。宜昌市宜都县刘家屋场东汉前期 M13 与 M16，墓主人为中小地主阶层。墓底下面正中有一排水道，从后端伸向室外，并依斜坡地势延伸至墓外。水道两边用砖侧置，上部平铺一层砖作盖，孔内填满河卵石，既可排水，又不至于坍塌③。黄冈市对面墩东汉晚期 M1，后室东壁与土圹之间在底部用长条形砖砌成向西倾斜利于排水的沟槽；东汉末年 M2，墓主为低级官员，排水沟位于甬道封门砖下，紧连铺地砖，由 4 块长条形砖围成近方形的中空沟孔（图5-18：1），由东向西南延伸，应延伸至墓外④；蕲春枫树林东汉早期陈 M4，室后中间延伸出一条不规则的排水沟至门左角；东汉初年 M9，室内中间有一条横向排水沟，均向外延伸⑤。

重庆地区有相关发现。枣子岚垭 2 座东汉晚期前段砖室墓，平面呈凸字形，单室，前有墓道和陶质水管。墓道以砖铺地，墓室铺地砖下有排水沟数条，交汇于墓室与墓道衔接的中部，经墓道与墓道口的陶质排水管相接，陶水管为夹砂灰陶，有多节。M1 陶水管形如锥形，上小下大，大口接小口，沿墓道口向前平铺，微有倾斜，以便流水，排水管长 2.92 米；M2 陶水管呈圆筒状，一端有榫口，共六节，从墓口伸出，微偏南弯折，通长 2.20 米。陶质水管排水沟在川渝地区汉墓中少见，且有数米长，应是针对特殊地理条件而建，水管口应伸出墓外，或口部露出封土⑥。合川市南屏东汉墓葬

---

① 王海明：《上虞驿亭谢家岸后头山古墓葬发掘》，浙江省文物考古研究所：《沪杭甬高速公路考古报告》，文物出版社 2002 年版，第 266—308 页。

② 浙江省文物考古研究所、南京大学历史系考古学专业：《浙江鄞县高钱古墓发掘报告》，《浙江省文物考古研究所学刊（第七辑）》，杭州出版社 2005 年版，第 423—438 页。

③ 宜昌地区博物馆、宜都县文化馆：《湖北宜都县刘家屋场东汉墓》，《考古》1987 年第 10 期。

④ 湖北省文物考古研究所、黄冈市博物馆、黄州区博物馆：《湖北黄冈市对面墩东汉墓地发掘简报》，《考古》2012 年第 3 期。

⑤ 湖北京九铁路考古队、黄冈市博物馆：《湖北蕲春枫树林东汉墓》，《考古学报》1999 年第 2 期。

⑥ 林必忠、冯庆豪：《重庆市枣子岚垭汉墓清理简报》，《四川文物》1991 年第 2 期。

群中至少 7 座墓葬有排水沟，而且砌法较为多样①（图 5-18：2—8）。WM1，墓门外排水沟从墓底向外延伸，残长 3.40 米，沟内纵排铺有素面企口空心条砖。WM2，墓道内排水沟与封门墙底部相接，残长 5.3 米，排水设施下置有沟槽的长方形砖，其上置一块铺底砖，或用花纹砖铺底，上面斜放两块长条砖，形成的排水孔截面呈三角形。WM4，排水沟与墓室底部相接，沟底用花纹砖横向排列，上面用残花纹砖的两端平整面砌成沟壁，再上以楔形砖覆盖，沟长 2 米。WM6，排水沟与封门墙底部相接，用砖纵向排列成沟底，其上斜置两砖成沟壁，使排水孔截面呈三角形，排水沟残长 6 米。ZM1，排水沟长 6.86 米，沟底铺有带凹槽和圆孔的排水砖。QM1，排水沟与墓底相接，长 4.30 米，用带凹槽的长方砖铺成，上面覆盖条砖。QM3，排水沟残长 5.0 米，沟底铺较平整的石板，其上斜置两块长方花纹砖，顶部再置砾石，其沟孔截面呈三角形。

陕西汉中南郑苏家山墓地发现 5 座东汉墓，M2 与 M5 时代为东汉晚期，墓主为中、小地主，皆有排水设施，虽简易但完备，堪称独具匠心②。M2 平面呈凸字形，由封门、甬道、墓室及排水设施组成，排水设施为三角形砖砌管道，现长 10.40、宽约 0.45 米，东南—西北走向，略弯曲，深度渐降，底部用单砖纵向平铺，上部用两砖纵向斜靠，呈倒 V 形，穿出 M2 北壁向北延伸较长，周围使用河卵石，10 余米后中断。M5 平面呈中字形，由封门、甬道、前室、后室及排水设施组成，排水设施现长 8 米，为碎石块与碎砖块填充的渗沟式设施，东西走向，西口位于前室西部东侧砖下，从西向东直穿前室、甬道及封门，封门外弧向东南，落差增大，距封门外约 3.40 米处被现代水渠打断，其后不详，应有延伸，口部用一残砖平铺，渗沟在墓内紧贴地砖，填充物为碎石块，出墓室后改用碎砖填充，上口用残断条砖纵向平盖两层防护，随地势变化，落差渐增（图 5-18：9）。二墓排水管道周围填以卵石，或分段填以碎石、碎砖，在保

---

① 重庆市博物馆、合川市文物保护管理所：《重庆合川市南屏东汉墓葬群发掘简报》，《华夏考古》2000 年第 2 期。
② 陕西省考古研究院、汉中市文物考古工作队：《陕西南郑苏家山汉墓发掘简报》，《文博》2012 年第 2 期。

持管道排水畅通、防止管道淤堵、以及支撑水道不被挤塌等方面具有一定的科学性。

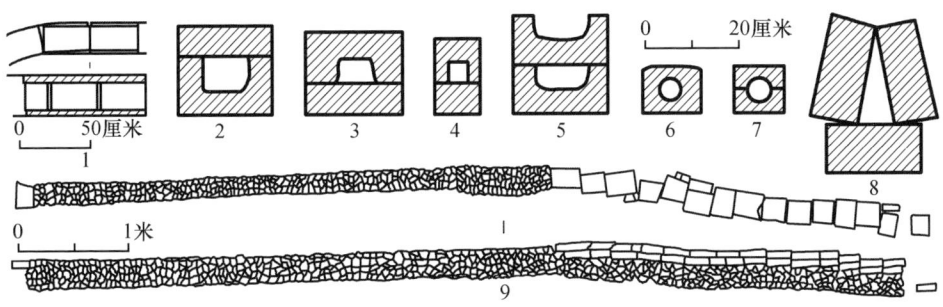

图 5-18　东汉墓葬排水沟的砌筑方式

1. 黄冈市对面墩 M2 排水沟平、剖面图　2-8. 重庆合川南屏部分东汉墓葬排水沟剖面图（2.WM2　3、4.QM1　5-7.ZM1　8.WM6）9. 陕西汉中南郑苏家山 M5 排水沟平、剖面图

②墓内向墓外延伸位置

东汉中小型墓葬的排水沟基本是从墓室内经墓葬某一位置伸出墓外，长短不等，短者或露出封土或达封土外较近距离，长者则延伸 10 余米甚至更远。大致来看，由墓内向墓外延伸的位置可分为三型。

A 型：经甬道、墓门，由墓道或墓葬前端向外延伸。墓道一般较平，或由内向外渐低，而非外高内低的斜坡墓道。上虞高坝东汉墓排水沟由前端向外延伸，黄冈市对面墩 M2 的排水沟经甬道向外延伸，重庆枣子岚垭 2 座东汉墓的排水沟经墓道与墓道口的排水管相接，合川市南屏东汉墓群中多座墓葬的排水沟均经墓道向外延伸，南郑苏家山 M5 的排水沟穿前室、甬道及封门，至封门外弧向东南。上虞驿亭谢家岸后头山 M17 与鄞县高钱 M40 的排水沟均自墓室通向甬道，再经甬道、墓门通往墓外，其中前者的排水沟起自墓室后部，后者在墓室内布满渗水设施，系用长方形砖纵向平铺 8 排，每排间都有小的间隔，其上有双层底砖，形成 7 条小水沟，并利用墓底的倾斜度将承接的墓内渗水导入排水沟中，排水沟低于渗水沟，顶部与渗水沟底面持平。

B 型：由墓葬后端伸向墓外，数量不多。宜都县刘家屋场 M13 与 M16，排水沟皆由后壁伸向室外，并依地势延伸。

C 型：由墓室旁侧向外延伸，数量亦不多。蕲春枫树林陈 M4，排水沟斜向西北侧壁，M9 的墓室内中间为一条横向排水沟，可能由两侧向外延伸。南郑苏家山 M2 排水沟从墓室前端穿北侧壁向外延伸。

③砌筑方式

有排水沟的东汉中小型墓葬基本为具有一定等级的砖室墓，这与墓主的财力及丧葬需求有关。排水沟多砖砌，也见水管或其他等，起点或盛水口基本位于墓室内，墓内排水沟多位于铺砖下，较隐蔽，伸出墓外后多以砖瓦盖顶，有的还在沟内填碎砖瓦或卵石，以防淤塞。

上虞高坝东汉墓，底砖之下沿墓室中轴线构筑一条地下排水暗沟直通墓外，以平砖铺底，竖砖为壁。驿亭谢家岸后头山 M17，排水沟位于铺底砖下，伸出墓外后前端盖砖，后端覆瓦。鄞县高钱 M40，墓室铺砖下有渗水系统和排水沟，排水沟通向墓外后，纵向砖平铺为底，立砖为壁，上盖横砖。宜都县刘家屋场 M13 与 M16，墓底下面正中有一排水道伸向墓室外，借助斜坡地势延伸，皆两边用砖侧置，上部平铺一层砖作盖，孔内填满河卵石，既可排水，又不至于坍塌。黄冈市对面墩 M2，排水沟位于甬道封门砖下，由 4 块长条形砖围成近方形的中空沟孔。重庆枣子岚垭 2 座东汉墓的墓室铺地砖下有排水沟数条，交汇于墓室，经墓道与墓道口的陶质排水管相接，陶水管为夹砂灰陶，有多节，相互扣合，向外平铺，微有倾斜，以便流水。合川市南屏东汉墓葬中，WM1 排水沟内纵排铺有素面企口空心条砖；WM2 排水沟下置有沟槽的长方形砖，其上置一块铺底砖，部分用花纹砖铺底，上面斜放两块长条砖，形成的排水孔截面呈三角形；WM4 排水沟，沟底用花纹砖横向排列，上面用残花纹砖的两端平整面砌成沟壁，再上以楔形砖覆盖；WM6 排水沟用砖纵向排列成沟底，其上斜置两砖成沟壁，使排水孔截面呈三角形；ZM1 排水沟，沟底铺有带凹槽和圆孔的排水砖；QM1 排水沟，用带凹槽的长方砖铺成，上面覆盖条砖；QM3 排水沟，沟底铺较平整的石板，其上斜置两块长方花纹砖，顶部再置砾石，其沟孔截面呈三角形。南郑苏家山 M2 排水沟为三角形砖砌管道，略弯曲，深度渐降，底部用单砖纵向平铺，上部用两砖纵向斜靠，呈"△"状，墓外周围使用河卵石；M5 排水沟的盛水口用一残砖平铺，沟在墓内紧贴地砖，填充物为碎石块，伸出墓外后改用碎砖填充，上口用残断条砖纵向盖两层防护，随地势变化，落差渐增。二墓排水管道周围填以卵石，或分段填以碎石、碎砖，在保持管道排水畅通、防止管道淤堵以及支撑水道不被挤塌等方面具有一定的科学性。

④剖面形状分析

形式多样，少量简单，多数砌壁、底、盖。根据剖面形状的不同可分为五型。

A型：凹字形，无盖。合川南屏WM1，沟内纵排铺企口空心条砖（图5-19：1）。上虞高坝东汉永初三年墓，平砖铺底，竖砖为壁，可能无盖（图5-19：2）。

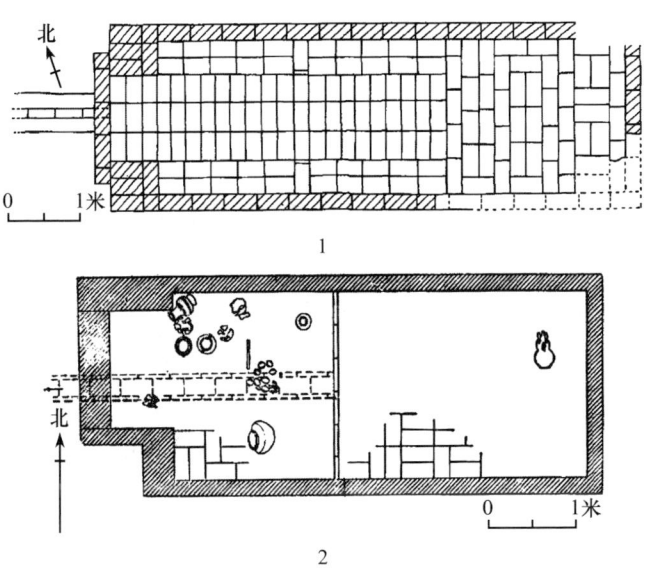

图5-19　东汉墓葬中内外相通的A型排水沟
1. 重庆合川南屏WM1　2. 浙江上虞高坝东汉永初三年墓

B型：长方形。根据修葺方式的不同又可分为三亚型。

Ba型：仅有盖，壁、底不砌。南郑苏家山M5，排水沟墓外上口用残断条砖纵向平铺两层为盖，内用碎砖填充（图5-20）。

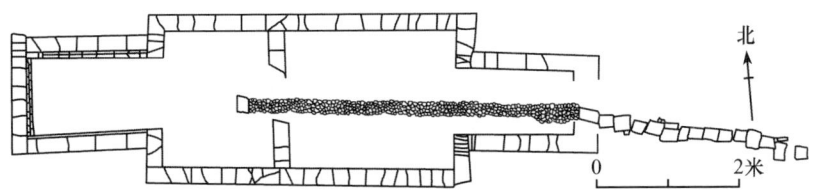

图5-20　东汉墓葬中内外相通的Ba型排水沟（陕西汉中南郑苏家山M5）

Bb 型：底部不铺砌。宜都刘家屋场东汉 M13 与 M16，排水道两边用砖侧置，上部平铺一层砖作盖，内填满卵石（图 5-21）。

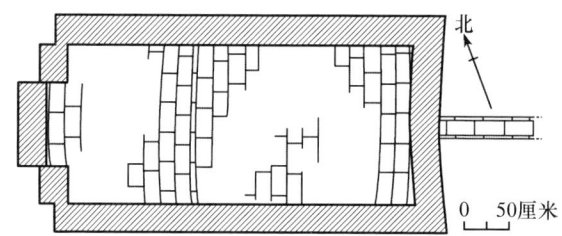

图 5-21　东汉墓葬中内外相通的 Bb 型排水沟（湖北宜都县刘家屋场东汉 M13）

Bc 型：砌壁、底，有盖。鄞县高钱 M40，排水沟纵向砖平铺为底，立砖为壁，上盖横砖（图 5-22：1）。上虞驿亭谢家岸后头山 M17 排水沟，横截面为方形，底铺砖，两侧各有平铺的砖，上有盖，前段盖砖，后段覆瓦（图 5-22：2）。黄冈对面墩东汉 M2，排水沟外由 4 块长条形砖围成近方形的中空沟孔。另有合川南屏 WM4、QM1（图 5-22：3）、ZM1（图 5-22：4）等，其中 QM1 排水沟墓外部分用带凹槽的长方砖铺成，上覆盖条砖。

C 型：圆形。重庆枣子岚垭 M1、M2，陶质排水管有多节，其中 M2 陶水管呈圆筒状，一端有榫口，从墓口伸出，微偏南弯折。

D 型：三角形。南郑苏家山 M2，排水设施底部用单砖纵向平铺，上部用两砖纵向斜靠，周围使用卵石（图 5-23：1）。合川 WM6，排水沟底用砖纵向排列，上斜置两砖成沟壁（图 5-23：2），QM3 排水沟底铺石板，上斜置两砖，顶部再置砾石，沟孔的截面均呈三角形。枣子岚垭 M1 陶水管形如锥形，沿墓道口向前平铺，微有倾斜，延伸较长。

E 型：上尖下方形。合川 WM2，排水沟下置有沟槽的长方形砖，其上置一块铺底砖，再在上面斜放两块长条砖，截面下为方形，上呈三角形（图 5-24）。

⑤湖南常德沅水下游墓葬排水沟[①]

M2153 的西南侧原还有一座墓（M2154），排水沟（G1）位于两墓之

---

① 湖南省常德市文物局、常德博物馆、鼎城区文物局等：《沅水下游汉墓》，文物出版社 2016 年版，第 53—57、317—320、735—736 页。

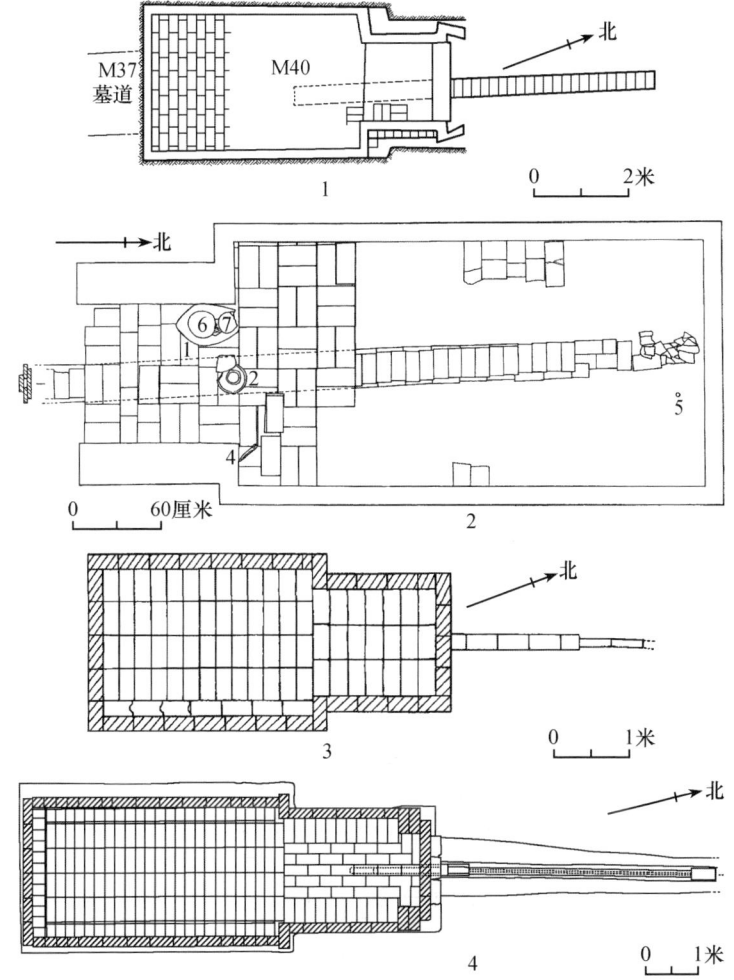

图 5-22　东汉墓葬中内外相通的 Bc 型排水沟
1. 浙江鄞县高钱 M40　2. 浙江上虞驿亭谢家岸后头山 M17
3. 重庆合川南屏 QM1　4. 重庆合川南屏 ZM1

间，沟底低于墓室底部 0.06—0.08、沟宽 0.3、发掘长度 3.1 米，沿 M2153 南壁底部向西延伸，采用河卵石和绳纹筒瓦及绳纹板瓦建成，属于两座墓共用的排水沟（图 5-25）。D3 有多个墓葬，排水沟亦较多，其中 D3G1 为内部排水暗沟，位于封堆的中心位置，贯穿主墓 M27 和 M29 的中部，从 M27 的封门下自西向东深入生土层，直通封堆外部，全长 31.2、宽 0.4—

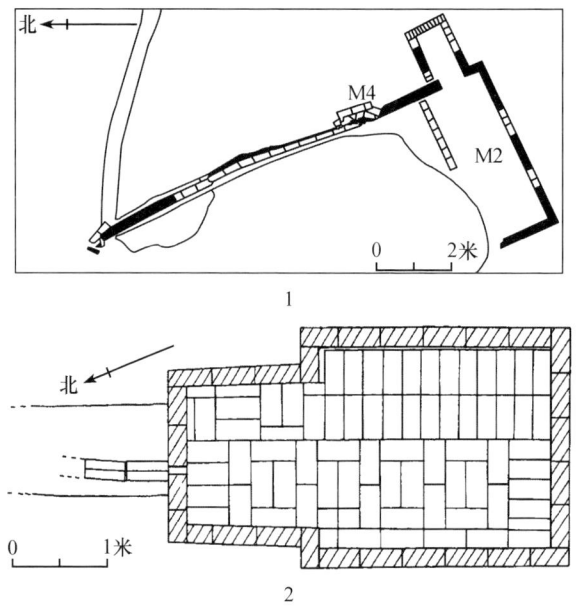

图 5-23　东汉墓葬中内外相通的 D 型排水沟
1. 陕西汉中南郑苏家山 M2　2. 重庆合川南屏 WM6

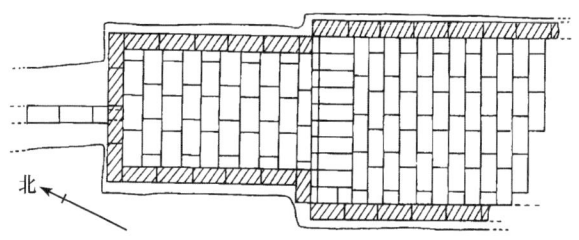

图 5-24　东汉墓葬中内外相通的 E 型排水沟（重庆合川南屏 WM2）

0.5、深 0.90—1.6 米，由河卵石、筒瓦和板瓦建筑而成。D3G1 西部长 18.3 米的部分全部使用直径 8—25 厘米的河卵石分两排或三排由上下两层构筑，中间长 2.40 米的部分使用板瓦建筑，东部存有长 2.3 米的一段，系使用筒瓦分两排上、下两层扣合而成。D3G1 应是在封堆未建成之前，在规划好墓地及封堆的位置后建成的，其深入生土层 0.9—1.2 米，自西向东倾斜，西高东低，坡度约 4°。D3G1 在 D3M27 内还有附属的排水设施，在墓底用河卵石修筑了一个口字形的沥水设施，和主排水暗沟一起，形成一个中字

（图 5-26）。另外，D2 内也发现这类使用筒瓦、板瓦建成的排水沟遗迹，破坏严重，具体结构已不清。

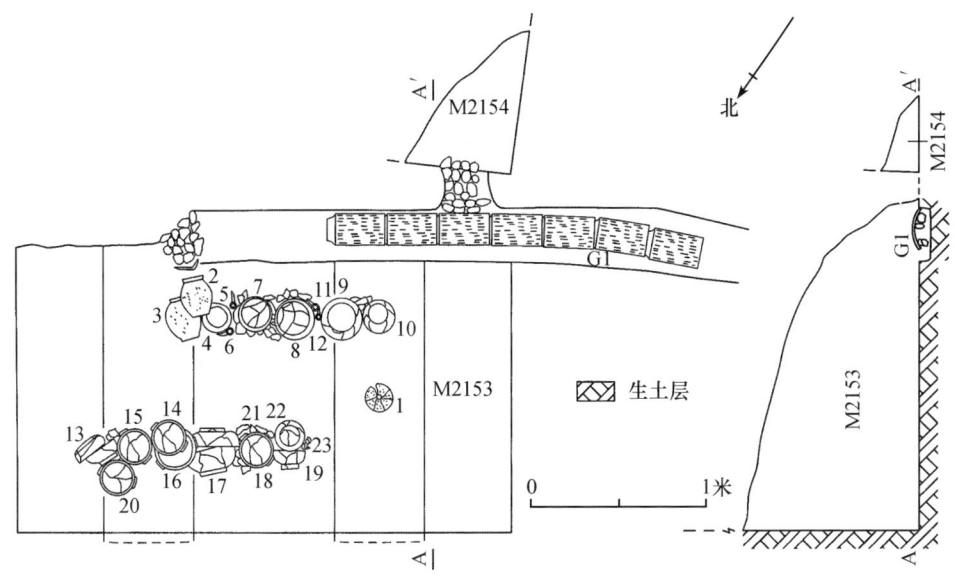

图 5-25 湖南常德沅水下游 M2153 排水沟

沅水下游 2 处汉墓的排水沟与上述排水沟有着明显差别，最突出的特点是连接 2 座墓葬再通向墓外，排水沟经过规划，砌建讲究，这与土墩墓可能有关。

3．特征与功能

出于保护墓葬等目的，相当数量的汉代墓葬设有防排水设施。与帝陵及王侯墓葬的排水设施相比较，汉代中小型墓葬的此类设施基本为排水沟，砌建相对简单，但也体现出对应的特征和功能。

（一）地域特征

与墓葬排水有直接关系的是墓室内向外延伸的排水沟，对应的中小型墓葬分布地域，北界大致以秦岭淮河为界，其南较多地区的中小型汉墓使用排水沟，这与南方雨水多，地下水位较高有关。北界以北属于我国降雨相对

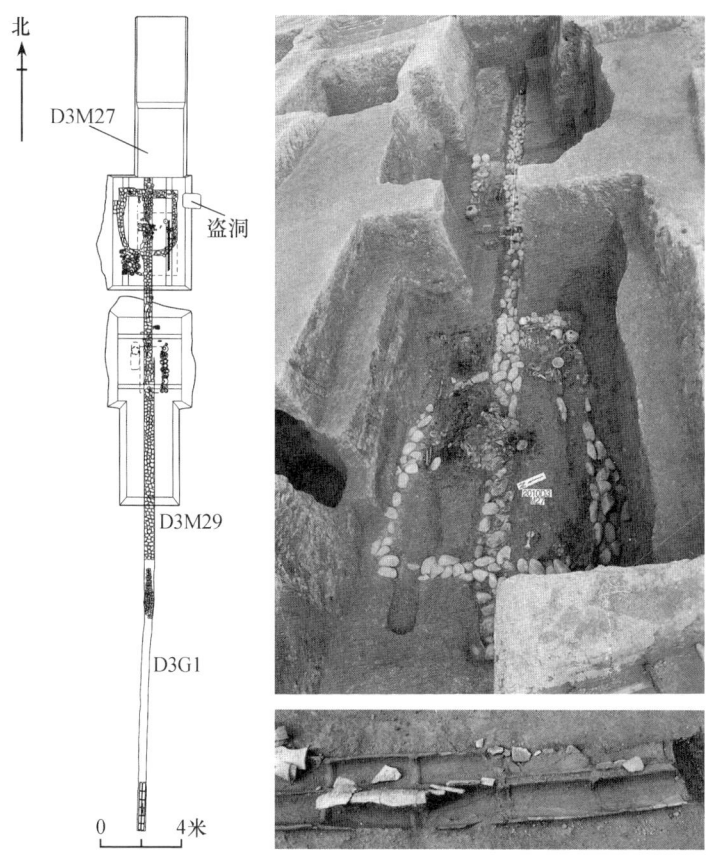

图 5-26　湖南常德沅水下游汉墓 D3G1

较少的地区，相关墓葬多采取葬在高亢之地，筑砌封土等以防水防潮，而围沟等也起到一定的防排水作用。

使用墓室内向外延伸排水沟墓葬的分布，东到江浙，西至川渝和陕南，西部最北为陕西汉中市南郑苏家山的相关墓葬，东部为江苏扬州地区的相关墓葬。分布上既有分布密集地区，也有零星发现，零星发现或与某一地区此类墓葬暂时发掘较少有关，亦可能存在相应原因。一方面，某一地区的墓葬原来并不使用排水沟，而因人员的流动可能会将这一设施的修建运用到该地区的个别或部分墓葬中；另一方面，墓葬所处的具体地理位置及周边环境、修建墓葬时的天气（如雨水多寡）等也可能是促使少量墓葬修砌排水沟的原因，但并未得到普及。

（二）时代特征

墓室内向外延伸的排水沟中，对应的西汉墓葬少。相关墓葬中，单体墓葬排水沟的时代大多为西汉中期偏晚至晚期，两墓共用的排水沟较少见，时代则稍早，具有相应的特殊性。对应的东汉墓葬数量多，且时代贯穿东汉一代，体现出推广和普及。

就西汉墓葬来讲，竖穴无墓道及有竖穴墓道的土坑墓较少使用墓室内向外延伸的排水沟，一侧有墓道的土坑竖穴墓使用较多，少量一侧有墓道的石坑竖穴墓在西汉中晚期也有使用。因此，西汉中小型墓对于墓室内向外延伸排水沟的使用和修建，与墓葬形制及其修建的位置等应有一定关系，而形制起着十分重要的制约作用。考虑到墓葬的深度，竖穴无墓道及有竖穴墓道的土坑墓，修建排水沟的难度较大，石坑竖穴墓葬存在相似困难，但最大的困难是如何开凿排水沟。黄冈付家山墓地的几座墓葬之所以修建有延伸墓外的排水沟，或许与该处山石便于开凿有关，而如徐州地区发现的众多石坑竖穴墓葬，基本凿建在石质坚硬的山体上，基本不见墓室内向外延伸的排水沟。不过，徐州地区的相关墓葬为达到墓内防水防潮等目的，多在山顶开凿墓葬，并夯筑以相对纯净的土。

东汉时，墓室内向外延伸的排水沟数量增多，使用较普遍，这与墓葬形制的转变及丧葬习俗的演进等有一定关系。两汉之际，汉代墓葬完成了由竖穴向横穴的转变，东汉时，中小型墓葬基本是砖（石）砌筑的横穴室墓，而其修建时多是先开挖相对较浅的墓圹再在其内砌筑，这也十分便于修砌排水沟。砌建排水沟的开支不大，所用材料与建墓材料大多相似，有些甚至是残砖碎瓦，投资较少就可达到排出墓内积水、保护墓葬及相关内容等目的，因此，东汉一代在我国中南部多雨地区得到推广和普及。随着汉代丧葬及"夫妇生时同室，死同葬之"[①]孝道思想的发展，夫妻同穴合葬日渐普及。横穴砖（石）室墓第宅化特征明显，多数是前有墓道，墓道后为门，门内有甬道和墓室等，墓门在合葬时可以打开，很好地满足了夫妻

---

① （东汉）班固：《白虎通义·崩薨》，（清）陈立撰，吴则虞点校：《白虎通疏证》，中华书局1994年版，第556页。

同穴合葬的需求。南方多雨地区，东汉墓室内积水既对原有死者的葬具、陪葬品等有所破坏，也对合葬及后葬者带来影响，这就对墓内排水提出要求，而如何排水则需要重点考虑。为保护墓室及其内死者和设施、物品等，修建墓葬时，当十分注重排水设施的修建，较多使用墓室内向外延伸的排水沟也在情理之中了。相关研究亦指出，"东汉墓葬多为砖（石）室墓，更多地采用合葬的方式，墓门需要经常打开，以便葬入后葬者，这就为排出墓室内的积水提出了更高的要求，因此，这时为合葬而建造的墓一般都应建造排水沟。"[①]

（三）等级特征

排水沟的砌建与墓主的身份等级有着一定关系，也体现出对应墓主的财力和物力。

墓外有排水沟的墓葬有一定数量，一些服务于家庭或家族墓地，反映出家庭或家族墓地的规划，也体现出对应家族的财力和物力，除个别家族墓地中的墓葬等级稍高外，大多数等级稍低。针对1座或2座墓葬的排水沟或具有排水功能的沟，对应墓葬的等级普遍略高，有些还要更高一些，如南昌海昏侯墓园中的陪葬墓M3—M5、洛阳朱仓M708等，后者为帝陵的陪葬墓，排水沟服务于墓外设施。

使用墓室内向外延伸排水沟墓葬的墓主皆有一定的等级身份，部分稍高，部分略低。西汉墓葬等级普遍略高，临江支路西汉墓的墓主为郡一级官吏或其家属，宝女墩M104的墓主与广陵王室有关，长沙识字岭M3、大邑县吴墩子西汉墓及衢州龙游仪冢山墓地的几座西汉墓的墓主均为有一定地位或等级的人员。东汉墓数量多、分布地域广，对应墓葬墓主的等级身份大多稍低，但亦基本具有一定的政治地位或经济实力，宜都县刘家屋场M13与M16、南郑苏家山M2与M5等的墓主为中小地主阶层，黄冈市对面墩M2的墓主为低级官吏。

---

① 湖南省常德市文物局、常德博物馆、鼎城区文物局等：《沅水下游汉墓》，文物出版社2016年版，第735—736页。

（四）功能及相关内容

墓外排水沟中，有的可起到防排水作用，另具有守护墓葬、标注范围等作用，如辉县大官庄墓地环壕内出土有兵器，护卫墓地的功能较突出[①]；有的既能保护封土或土墩，也服务于墓葬内部排水；还有的则主要服务于祠堂及配套设施等的排水。墓室内向外延伸的排水沟，功能和作用较为明确，即排出墓内积水，保护墓内设施及墓主尸身、陪葬品等，也间接服务于合葬。

为达到更好排水的目的，一些墓葬的排水沟在砌建过程中使用较多的卵石，有的则以碎砖瓦、石等代替，较多的还加盖，以便渗水，防止排水道淤堵，保证排水畅通。对比来看，西汉墓葬由墓室内向外延伸的排水沟大多相对简单，东汉墓葬的此类排水沟则更加注重壁、底的修葺和加盖，卵石、碎砖瓦等仍有较多使用，整体上体现出逐步发展和普及的特征。另外，一些排水沟还与墓葬所处的自然地势有关，大邑县西汉墓的排水沟向北延伸，墓葬北部不远处即有沟河；临江支路 M3 西有溪流，北临大江，排水沟向西延伸，利于排水。

（五）汉代中小型墓葬排水沟的确定

关于汉代中小型墓葬内的排水沟，相关研究指出：沅水下游汉代墓葬中，有的墓内有一定深度的沟，但不与墓室外部相通，虽可储存一些积水，但根本不能将墓室内部的积水排往墓外，故称为排水沟似有不当[②]。笔者较赞同这一说法。类似的如徐州市西郊韩山 M2[③] 及东郊东甸子 M3[④]，均在石坑竖穴底部葬人，墓底南北两端有 2 个对称的东西向倒梯形沟槽，发掘简报称为水道或排水设施，亦有不妥。这些沟槽可储存一些积水，但不能排出墓

---

① 河南省文物局：《河南省南水北调工程考古发掘出土文物集萃（一）》，文物出版社 2009 年版，第 88—91 页。

② 湖南省常德市文物局、常德博物馆、鼎城区文物局等：《沅水下游汉墓》，文物出版社 2016 年版，第 735—736 页。

③ 徐州博物馆：《徐州韩山西汉墓》，《文物》1997 年第 2 期。

④ 徐州博物馆：《徐州东甸子西汉墓》，《文物》1999 年第 12 期。

外，若水量较大，沟槽内积水增多，不仅不能保护墓内相关内容，反而会带来持续浸泡或危害，无法实现保护目的。而二墓墓室底部的两条沟槽很可能是固定葬具的沟槽，这在其他地区尤其是两湖、豫南等地较常见。墓葬设置排水沟的最根本目的是保护墓葬，墓葬内排水沟的基本作用是将墓内的水尽可能排出墓外，以保护墓内设施、墓主尸身和陪葬品等。因此，墓内的相关沟作为排水沟起码要满足通向墓室外、可排出墓内积水这两个条件，故由墓内向外延伸可将墓室内积水引排到墓外的沟可称为排水沟。有的墓葬，排水沟通往墓穴外一定距离将水排出即可，但有封土的墓葬来讲，排水沟应通往封土边缘或封土外，这样才能达到全面保护墓葬的目的。

综上所述，汉代中小型墓葬的排水沟类型多样，分布地域广且与自然地理环境相结合，时代跨度长且有不同的时代特点，对应墓主有一定经济实力或政治地位且呈现出多样性，综合体现出逐步发展和不断推广普及的特征，达到了进行墓内防排水及保护墓葬的目的和需求。汉代墓葬防水要求的不断提高及墓内排水设施的不断发展、对于更高等级墓葬排水设施和方式的借鉴、夫妻同穴合葬的普及和家庭、家族墓地的发展等因素的相互促进，当是推动汉代中小型墓葬排水设施发展普及的重要因素。

三、坑

指地面下凹之处，既有自然坑，也有人为挖掘而成的坑。广义的坑包括上文所述的池、塘、沼等，多与储水、排水等有关。下文所述中小型墓葬外的一些坑，大多数与水无关，包括陪葬坑和一般土坑。

（一）陪葬坑

是西汉之前高等级墓葬丧葬内容的延续，西汉帝王陵墓及一些列侯墓葬仍有使用，并延续至西汉末年，如汉平帝康陵，墓外发现7座外藏坑[①]。东汉时，陪葬坑消失，各类型墓葬的墓外、封土下及墓穴旁均不见陪葬坑。

---

① 陕西省考古研究院、咸阳市文物考古研究所：《汉平帝康陵考古调查、勘探简报》，《文物》2014年第6期。

因此，汉代中小型墓葬外的陪葬坑主要是指西汉墓外陪葬坑，而且所属多为西汉早中期墓葬。陪葬坑是外藏系统的重要组成，与之对应的墓葬等级普遍较高。刨除帝陵及王侯墓葬，墓外有陪葬坑的西汉墓葬数量不多，京畿之地有一定数量，地方则分布于某些诸侯国都城附近，为有相应等级的地方贵族或官吏墓葬，数量较少。基本是一墓一坑，多位于封土边缘地带，大多是长方形竖穴坑圹，规模小，埋藏浅，陪葬内容以陶俑为主，体现出墓主生前拥有，如侍奉仪卫、车马出行，较早阶段还有相应的军事内容。

今徐州市及其附近的一些等级略高西汉楚国墓葬有所发现，坑内所置物品多为陶俑，时代基本是西汉早期，坑长不足4、宽不过3、深度多不至2米，是在墓外凿石或挖土成坑后加以修整，再将陶俑等按一定规律置放其中。西汉初期的北郊李窝汉墓，墓主为高级贵族官吏，坑内陪葬有兵俑等[①]。早期偏晚阶段的墓葬略多。东郊黑头山汉墓，墓主为楚国宗室成员刘慎，封土南侧偏西约120米处有一陪葬坑，长2.17、宽2.14、深0.19米（图5-27），出土陶俑为女侍俑[②]。

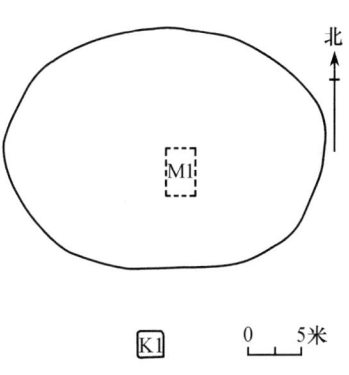

图5-27　江苏徐州黑头山汉墓封土与陪葬坑位置示意图

北郊天启山汉墓，墓主为等级较高的刘姓贵族，墓外陪葬坑内出土车马出行俑及侍俑等[③]。东北郊顾山M1，墓主有较高的身份等级，西北距M1约30米处有一陪葬坑，长3.2、宽2、深1.4米，出土陶仓、灶各1及陶俑60件，陶俑有仪卫俑、侍俑等[④]（图5-28），仓、灶则反映出粮食存储与饮食等内容。

---

① 刘尊志：《徐州西汉墓葬陪葬陶俑的置放方式及相关问题》，《考古与文物》2007年第2期；《徐州西汉墓陪葬陶俑组合及相关问题》，《考古》2013年第8期。

② 徐州博物馆：《江苏徐州黑头山西汉刘慎墓发掘简报》，《文物》2010年第11期。

③ 耿建国、马永强：《徐州市天启汉墓群》，《中国考古学年鉴·2002》，文物出版社2003年版，第193—194页。关于俑坑，笔者与徐州博物馆的同志一起进行过调查，特作说明。

④ 徐州博物馆：《江苏徐州顾山西汉墓》，《考古》2005年第12期。

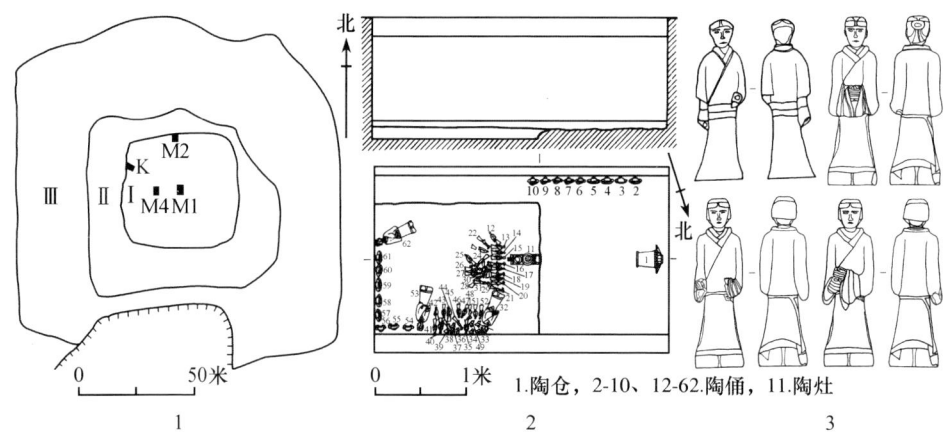

图 5-28　江苏徐州市东郊顾山西汉墓陪葬坑
1. 墓葬与陪葬坑位置　2. 陪葬坑平面图　3. 出土陶俑

其他地区发现较少。盱眙大云山江都王墓陵园中的 M9、M10，墓主为江都王刘非的高级妃嫔，M9 的陪葬坑（K8）位于封土西北部边缘，打破墓域，M10 的墓域西北部被一方形陪葬坑（K9）打破①。墓域边为封土底部四边，陪葬坑局部打破墓域，大部分在墓域外，属墓外设施，徐州顾山汉墓等与之类似。浙江温岭塘山西汉初期东瓯贵族墓为一座带墓道的长方形土坑木椁墓，封土高大，墓室南侧 5.5 米的封土边缘外有一座器物陪葬坑，残存部分东西长约 1.5、南北宽 1 米，坑内残存器物 28 件，皆为仿铜陶质乐器，包括镈、錞于和磬，另有勾鑃柄和一些其他乐器残片，出土时器物排列紧密，相同器类集中摆放，多件磬为上下叠置，该坑应是专门设置的"乐器坑"②（图 5-29）。

时代方面，与王侯墓葬的墓外陪葬坑基本一致，西汉早期多见，中期减少，晚期逐渐消失，东汉墓葬外不见。分布地域方面，多数为西汉王朝的重要地区，如京畿地区和附近、一些诸侯王国的都城附近，另有一些稍偏远地区的贵族墓葬。等级方面，陪葬坑具有象征和表明墓主身份地位的作用，所属墓葬等级普遍较高对应墓主均有相应的政治地位和身份等级。徐州地

---

① 南京博物院、盱眙县文广新局：《江苏盱眙大云山江都王陵 M9、M10 发掘简报》，《东南文化》2013 年第 1 期。

② 浙江省文物考古研究所、温岭市文化广电新闻出版局：《浙江温岭市塘山西汉东瓯贵族墓》，《考古》2007 年第 11 期。

区发现有墓外陪葬坑的中型墓葬，墓主基本为高级贵族或官吏，一些则是刘姓人员，其他地区也大体相似。同一王陵区的不同墓葬在陪葬坑使用方面还体现出等级的差异性。以盱眙大云山江都王墓陵区为例，等级最高的M1、M2、M8，墓主为江都王及其王后，附近至少2座陪葬坑，规模较大，M9、M10各有1座陪葬坑，规模小，而M9、M10北的

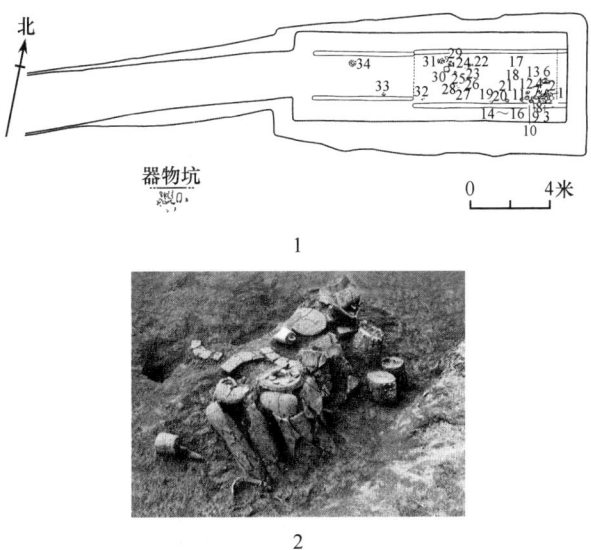

图 5-29　浙江温岭塘山西汉东瓯贵族墓（M1）与陪葬坑
1. 墓葬平面图　2. 陪葬坑出土乐器局部

9座陪葬墓无陪葬坑，体现出身份等级的差异[①]。陪葬坑还反映出事死如事生的丧葬需求，车马出行俑、兵俑、侍奉俑、仪卫俑及乐器、仓、灶等模型明器，均反映出墓主生前的拥有及希望在死后世界继续享用的丧葬内容。

还有两点需作说明。

1. 有的中小型墓葬墓穴外一定距离有陪葬坑，但明确位于封土之下，本文仅作简单叙述。江苏盱眙大云山江都王陵东区陪葬墓M16与M17的东南位置有1陪葬坑（K10），位于封土下[②]。青岛胶南殷家庄M1，封土下有并穴二竖穴土坑墓葬，东西向，北侧墓外有一器物坑，与墓葬一起均位于封土下[③]（图 5-30）。

2. 一些中小型墓葬外有祭祀坑，虽数量不多，但在某些方面体现出与

---

① 南京博物院、盱眙县文广新局：《江苏盱眙大云山汉墓》，《考古》2012年第7期。

② 南京博物院、盱眙县文广新局：《江苏盱眙县大云山西汉江都王陵东区陪葬墓》，《考古》2013年第10期。

③ 青岛市文物保护考古研究所：《胶南殷家庄汉墓发掘报告》，青岛市文物保护考古研究所编：《青岛考古（一）》，科学出版社2011年版，第41—49页。

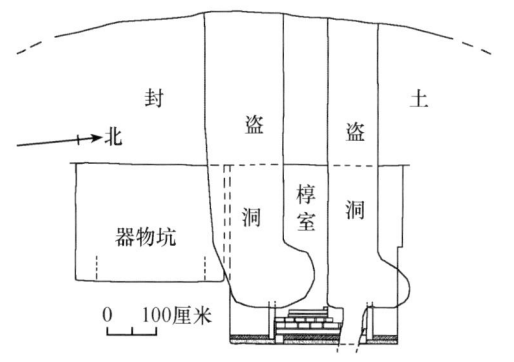

图 5-30　山东青岛胶南殷家庄 M1 剖面图

陪葬坑的不同，如一些低等级墓葬可能有祭祀坑，东汉时期的相关墓葬外还有祭祀坑。另外，一些有祭祀坑的墓葬并不是分布于京畿或王国都城附近，而是在一般郡县的普通墓地之中。

（二）取土坑

位于墓葬的旁边或附近，有一定的距离，多数不规整或不规则，深浅不一，大小不等，相关发掘简报或报告称之为灰坑，编号亦为"H"，但这些坑内多为自然淤积土，包含物极少或没有，有者较少且杂乱，与一般灰坑有明显差异，因此作为灰坑似有不妥，称取土坑可能更恰当。坑内不见有意埋藏的遗存，是该类土坑与其他坑的重要区别，除有别于灰坑外，也与形状相似的祭祀坑不同。河南平顶山黑庙墓地中的 H2 与 H3，坑内存在有意埋藏的遗存，其中 H3 内堆积灰褐色土，包含大量草木灰及少量料礓石，为祭祀坑[①]，但在取土坑不见。

取土坑在一些墓葬外或墓地中有发现，部分仅在墓葬分布图上有所体现，部分对形制、尺寸等有简单描述，一些则对取土坑的时代等进行了分析，关于功能和作用论述较少。湖北郧县余咀东周汉代墓地分为二区，Ⅰ区中的 M6 南、M11 东、M3 西、M8 北有一坑，编号为 H1，而墓地中的 M1—M13 为汉墓，集中于Ⅰ区，H1 与汉墓应有关系；Ⅱ区灰坑较多，有 7 座之多，基本都与汉墓无关[②]。H1 位于多个汉墓附近，形制、填土、包含物等符合上文所述取土坑的条件，很可能与相关墓葬取土有关。河南省淇县黄庄墓地Ⅱ区西部发掘区墓地内发现灰坑 4 个，形状不同，皆不规整，长宽与深度尺寸不一，但坑内填土未见分层，土质疏松，未有遗物，根据灰坑的层

---

① 河南省文物局：《平顶山黑庙墓地》，科学出版社 2014 年版，第 143、144、162 页。
② 武汉大学历史学院、湖北省文物局南水北调办公室：《湖北郧县余咀墓地东周汉代墓葬发掘简报》，《江汉考古》2017 年第 4 期。

位关系分析，它们和东汉晚期墓葬的形成时间大体相当，这些灰坑均可能为取土坑[①]（图5-31）。淇县西杨庄墓地也有多个类似的土坑，形制不规整，深浅不一，亦应是取土坑，部分与墓地内相关墓葬的时代接近，如H4等，另有一些坑的时代相对稍晚一些[②]。

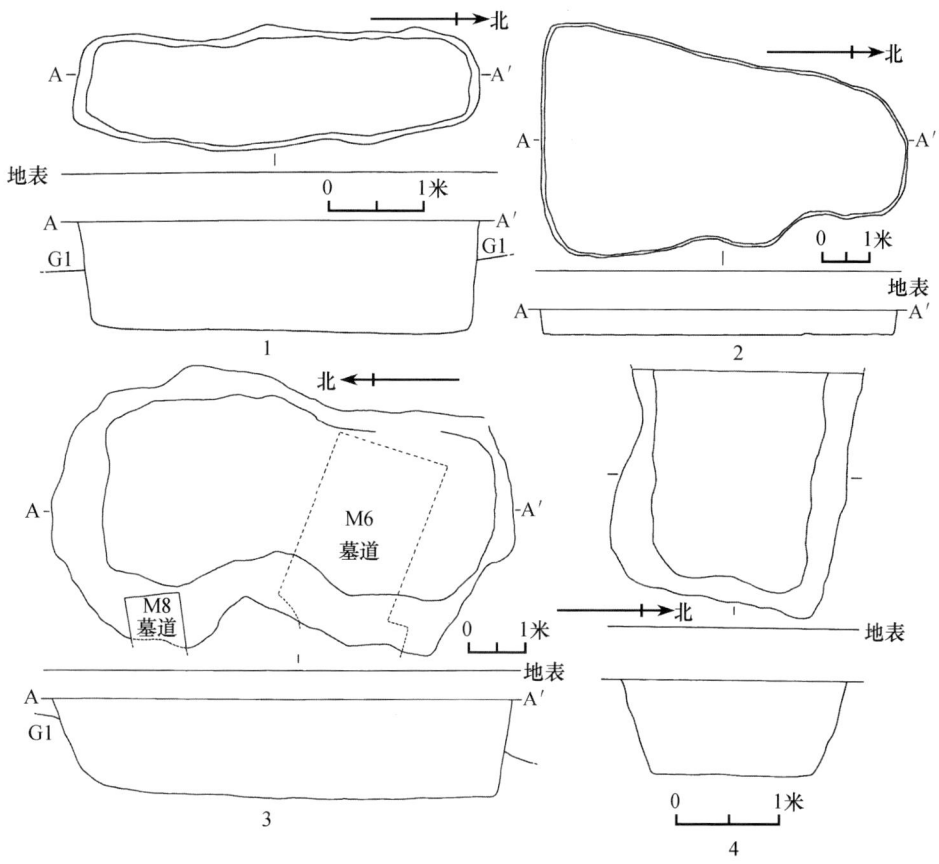

图5-31　河南省淇县黄庄Ⅱ区西部墓地取土坑
1-4. H1—H4

---

① 河南省文物局：《淇县黄庄墓地Ⅱ区发掘报告》，科学出版社2015年版，第6、7夹页，118、123页。
② 河南省文物局：《淇县西杨庄墓地、黄庄墓地Ⅰ区发掘报告》，科学出版社2015年版，第7页。

就这些取土坑的具体功能和作用来讲，笔者认为大致有两点。一是用于封土（坟），即与修建墓葬堆筑封土时局部取土有关，体现出墓葬修建的内容。二是因中小型墓葬的封土折实及水土流失等原因，需对封土或坟土添土以保持形状及所需的高度，因此在进行墓祭时或其他时间，取土添坟，这与墓祭及相关活动又有相应联系。

取土坑多发现于等级不高的墓地中或墓葬旁，这与其作用有关。就高等级墓葬来讲，取土工作大多不会选择在墓旁，而等级相对较低的墓葬则存在这种可能。与取土坑对应的墓葬或墓地分布零散，但从现有资料看，以河南地区多见。具体来讲，墓地所在位置便于取土，而如苏鲁豫皖交界地区，很多中小型墓葬分布于山丘之上，附近少土，是不便于就近取土的。时代方面，东汉墓葬或墓地居多，这与东汉墓葬较少葬在山头上，而多是选择山下或相关台地有关，而圆形封土的需土量可能较大，且保持形状及所需高度的要求也略高一些。

第二节　墙、垣

《说文》曰："牆（墙），垣蔽也""垣，墙也。从土亘声。"[①]，一般指矮墙。二者是用土、砖或石等砌成的，用以隔开内外的空间，具有间隔区分的功能，也起到相应的保护作用。本文所指的墙、垣与墓葬或墓地有关，一般包绕墓葬或墓地，故可称为围墙和墓垣。同一单位中，围墙较之墓垣高，围绕面积亦大，有的也称为垣墙。具体来讲，围墙一般与墓葬有相应距离的间隔或包绕墓地中的多个墓葬，其内还可能有祭祀设施或其他内容；墓垣有的叠压封土，有的位于封土边缘或距离封土较近，其内除建于封土之上设施外一般无其他墓外设施。围墙和墓垣在两汉中小型墓葬中均有发现，皆明显体现出保护墓葬或墓地的作用。

一、围墙

以土、石或砖筑砌，包绕1个或多个墓葬及相关设施，墙体多与墓葬

---

① （汉）许慎撰，（宋）徐铉校定：《说文解字》，中华书局2013年版，第106、288页。

封土有一定距离，形成相应的空间，在某种程度上与前文所述的部分围沟有相似之处。

就围墙而言，帝陵有陵园墙，而如西汉帝陵，陵园墙不止一重，进而形成了多重陵园制度[①]。王侯墓地也多有围墙。永城僖山 M1 和 M2 的南侧约 23 米处有一道东西走向的石围墙，宽 4.45 米，方向 97°，为五排石条南北并列垒砌，有的地方也见石条横砌的现象，石条制作不规整，角棱不明显，表面也没有凿制的錾道痕迹，尺寸大小不一，一般长约 1、宽 0.8、厚 0.3 米，由于仅作局部调查，该石围墙的长度不详，推测可能是绕山体一周，其作用是封挡山顶夯土[②]。列侯墓葬中，陪葬茂陵的较多列侯墓葬外有夯土围墙[③]，南昌海昏侯墓[④]、汉魏洛阳城西东汉墓[⑤]均发现面积较大的围墙遗迹。中小型墓葬也有发现，但整体数量不多。

（一）考古发现

主要发现于某一地区，如西汉帝陵的陪葬墓区及今苏鲁豫皖交界地区等，且有相应数量，时代上则是两汉墓葬皆有发现。

西汉帝陵的陪葬墓中，阳陵东区陪葬墓多以围沟为界，但一些时代稍晚墓园中有以土墙砌筑者[⑥]，茂陵、平陵、渭陵等也有一些等级不是太高的陪葬墓以墙为界，形成围墙。

今苏鲁豫皖交界地区有一定数量，主要分布于皖北、徐州一带及鲁南的部分地区。

---

① 刘瑞：《秦、西汉帝陵的内、中、外三重陵园制度初探》，《中国文物报》2007 年 5 月 18 日第 7 版。

② 河南省商丘市文物管理委员会、河南省文物考古研究所、河南省永城市文物管理委员会、阎根齐主编：《芒砀山西汉梁王墓地》，文物出版社 2001 年版，第 278、279 页。

③ 陕西省考古研究院、咸阳市文物考古研究所、茂陵博物馆：《汉武帝茂陵考古调查、勘探简报》，《考古与文物》2011 年第 2 期。

④ 江西省文物考古研究所、南昌市博物馆、南昌市新建区博物馆：《南昌市西汉海昏侯墓》，《考古》2016 年第 7 期。

⑤ 中国社会科学院考古研究所洛阳汉魏城队：《汉魏洛阳城西东汉墓园遗址》，《考古学报》1993 年第 3 期。

⑥ 陕西省考古研究所：《汉阳陵·前言》（中文），重庆出版社 2001 年版，第 1—11 页。

安徽北部的萧县破阁 M88，由茔垣、封土、墓道、墓室四部分组成，茔垣呈长方形，南北长 28.3、东西宽 22.6、墙宽 0.15—0.6、高 0.8—1.1 米，用大小石块错缝垒砌，中塞小石块填充，墙壁略直，四角近直角。围墙基槽在 0.3—0.35 米之间，呈口大底小状，槽内填五花土及碎石块。墓葬位于茔垣内中部略偏北，时代东汉中晚期，中期的可能性略大[①]。

山东临沂苍山县金山西汉墓地，有墓上建筑、房前活动场地、石砌围墙等，时代为西汉晚期。围墙的墙体部分保存较好，用不规则石块垒砌，保存最高处约 0.8 米，西端未见石墙，可能因人为破坏保存较差。墓道的南侧发现与墓道平行的两段石墙，石墙的西部残存一道南北向侧立石板，向北拐至墓道南边，墓道的北侧也发现与墓道南侧相对应的石板及石墙，最南侧石墙在墓道北侧亦有与之对应墙体。就石墙来讲，可能为墓园墙类建筑，即围墙[②]。

徐州地区发现数量稍多，相关墓葬分布于市区、市郊及贾汪区、邳州市等地。市区东北郊顾山西汉墓有墓垣遗存，多被破坏，外围可能有石砌围墙[③]。贾汪区石猴林东汉墓地，占地近 2000 平方米，外围有围墙遗迹，现仅存底层石板（块），南、北两侧保存相对较好，南北长 48、东西宽 39 米，南、东、西三侧围墙以长条石板垒砌，北侧则以残碎石块、砖块垒砌，不甚规整，围墙内发现东汉墓葬近 20 座，排列有序、分布密集，时代相近，为典型的家族墓地埋葬区，对研究汉代家族墓地的发展及宗族制度等提供了重要参考[④]。邳州青龙山南麓的东汉彭城相缪宇墓，依北高南低的山坡地形修筑，周围有石砌垣墙，仅余部分墙基和墙石，南半部呈方形，北半部呈梯形，总面积约 250 平方米，北墙及东西墙的北部包绕墓葬，而围墙内南部与墓葬之间有一定面积的开阔地。垣墙基础为夯土和碎石，墙由加工过的条石

[①] 安徽省文物考古研究所、安徽省萧县博物馆：《萧县汉墓》，文物出版社 2008 年版，第 144、145 页。

[②] 李振光、宋岩泉、党浩：《山东苍山县金山发现大型汉墓》，《中国文物报》2004 年 12 月 17 日第 1 版。

[③] 徐州博物馆：《江苏徐州市顾山西汉墓》，《考古》2005 年第 12 期。

[④] 徐州博物馆：《贾汪徐工综合试验场项目考古调查试掘》，《徐州考古资料汇编（2014 年度）》，内部资料，2015 年 2 月，第 43—50 页。

叠砌四层而成，顶面凿成屋檐状坡面，浮雕瓦垄、瓦当。北墙复原后通高1.35米，顶部檐缘外伸，南墙基东端有一方形凹槽，似为门框臼窝，该处为围墙的出入口[①]。

（二）相关分析

已知汉代墓葬或墓地外的围墙，平面形状为长方形或近似长方形，相对闭合，多有门道与墙外相通，但多不存或破坏较甚。墙体的具体高度大多不详，但应有一定高度，多与墓葬封土间隔一段距离，部分围墙局部与封土相连。围墙基本为一重，所围范围有一定面积，其内有墓葬及相关设施，墓葬数量不等，少者仅1座，有的则较多，墓祭等设施多在围墙内。就功能而言，与一些围沟存在相近之处。

汉代中小型墓葬或墓地外的围墙中，帝陵陪葬墓的围墙多为土筑，其他地区墓地或墓葬围墙多以块石或碎石等砌墙体，下有墙基，上为墙体，有的还有墙顶。根据墙体与封土或相关建筑关系的不同可分为三型。

A型：墙体与封土及相关建筑均有一定距离。徐州顾山西汉墓，外侧台地可能有围墙，其内面积较大，中心为主墓，砌有墓垣，旁侧有陪葬墓、陪葬坑等，墙内空间散存大量建筑材料残片，应有地面建筑，推测相关建筑可能与围墙有一定距离。萧县破阁M88，围墙长方形，面积约650平方米，内有墓葬1座（图5-32：1）。贾汪石猴林东汉墓地围墙，长方形，西侧可能有门，墙内有墓葬10余座（图5-32：2）。

B型：墙体局部与相关建筑墙体连接，形成闭合型垣墙。苍山县金山汉西汉墓葬，围墙与房屋等建筑的墙相连接，包绕墓葬与其他建筑等，局部借助相关建筑的墙体（图5-33）。

C型：部分墙体紧靠封土。邳州燕子埠东汉彭城相缪宇墓，围墙北半部呈梯形，三面包绕封土，类似墓垣，南半部近方形，南墙与墓葬封土间有较开阔空地，其内可能有祭祀设施，围墙墙基为夯土和碎石，墙体由条石叠砌而成，顶面凿屋檐状坡面，浮雕瓦垄、瓦当（图5-34），南墙基东端有出入口。

---

① 南京博物院、邳州博物馆：《东汉彭城相缪宇墓》，《文物》1984年第8期。

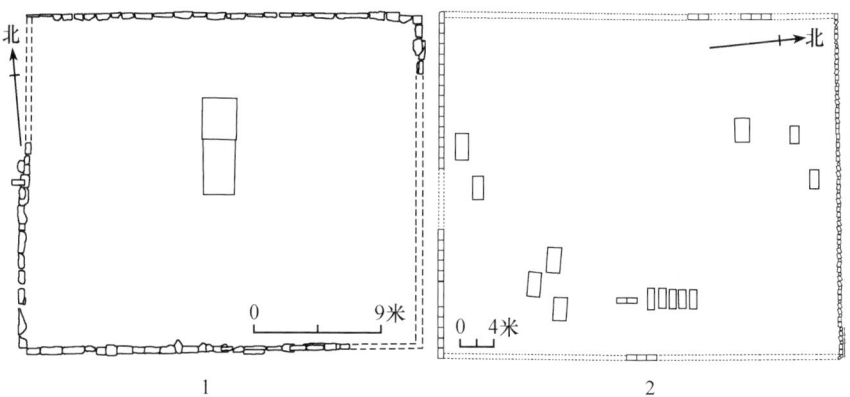

图 5-32 A 型围墙
1. 安徽萧县破阁 M88 围墙　2. 江苏徐州贾汪石猴林东汉墓地围墙

图 5-33 B 型围墙（山东苍山县金山西汉墓墓前建筑）

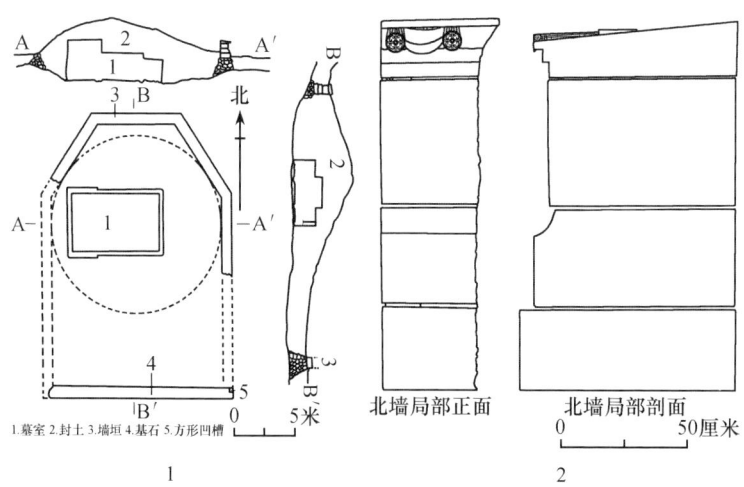

图 5-34 C 型围墙（江苏邳州燕子埠东汉彭城相缪宇墓及其围墙）

（三）几点认识

1．围墙的作用

围墙包绕 1 座墓葬或墓地中的多座墓葬，具有保护墓葬和墓地的作用。有些围墙局部包绕封土，也具有保护封土的作用。总体来讲，围墙的作用是在整体上保护墓葬，其所保护的内容，除墓葬自身外，还有一些墓外设施，如陪葬墓、陪葬坑及祭祀或其他设施。

围墙内包绕的墓葬可分三种情况：一是家族墓地的多个墓葬；二是等级较高墓葬并有其异穴合葬墓及陪葬墓、陪葬坑等；三是仅 1 座墓葬。除三种情况外，还有相关设施，综合体现出墓地规划和设置。西汉帝陵陪葬墓的围墙还存在与附近墓园共用的情况，进而反映出帝陵陪葬区的规划。

2．特征与特点

对比西汉帝陵陪葬墓的围墙及苏鲁豫皖交界地区中小型汉墓的围墙，较明显地体现出因地制宜的特点。墓葬等级或墓主身份地位的差异，又反映出围墙大小的不同及其相应设施的差别。砌筑围墙的石材还反映出不同的时代特征和相应的发展变化。西汉时期，中小型墓葬的围墙多为不规则的石块砌筑，东汉时，部分中小型墓葬的围墙仍是如此，但部分补以砖块，部分用大小石块错缝垒砌，中塞小石块以填充，还有一些则使用加工规整的块石。仿现实墙的特征明显，一些包括墙基、墙壁、墙顶，墙顶雕成瓦垄，檐头刻云纹圆瓦当等。

3．出入口问题

围墙将墓葬及相关设施等包绕在内，使得围墙内形成相对独立或封闭的空间，内有墓葬和相关设施，可进行墓祭或其他活动，如家庭或家族墓地中再次葬入去世成员等，需通过出入口进入围墙内。西汉帝陵陪葬墓的围墙多数有出入口，这可从使用围沟的相关墓园看出[①]。苏鲁豫皖交界地区的中

---

① 曹龙：《西汉帝陵陪葬制度初探》，西北大学硕士学位论文，2009 年，第 41—49 页。

小型墓葬中，贾汪石猴林墓地围墙西侧可能有门，邳州燕子埠东汉彭城相缪宇墓南部围墙基的东端有门框臼窝，苍山金山西汉墓的围墙也有连接内外的门。笔者推测，相关墓地的围墙都应有门，以便出入。为保护墓葬，一些围墙的门在多数时候应该是关闭的，在进行墓祭和其他活动时则需打开。

4．有关的设施

一些汉代中小型墓葬的围墙上还可能建有罘罳，即位于围墙四角的小楼。列侯级别墓地围墙有建罘罳的记载。云梦睡虎地 M77 出土《葬律》竹简载有西汉列侯墓地围墙的内容："中垣为门，外为阙，垣四陬为不（罘）思（罳）。"① 汉哀帝令将作为宠臣高安侯董贤"起冢茔义陵旁……外为徼道，周垣数里，门阙罘罳甚盛。"② 而《盐铁论·散不足》载："中者祠堂屏阁，垣阙罘罳。"③ 说明一些中小型墓葬的园墙也会使用罘罳。

5．相似遗存

沅水下游汉墓中的相关土墩在堆筑熟土台时，有计划和目的地在封堆内部使用经过挑选的青灰土和青膏泥筑起东西向和南北向的标志墙④。其中 D3，东西向标志墙至少 10 条，南北向标志墙可见 3 条，将该土墩的较多墓葬区分开来，标志墙（兆域）内有 12 座墓葬。墙有宽有窄，宽者 1—2.5 米，窄者 0.2—0.5 米。青灰土标志墙从封堆底部平整面就开始和熟土台同时修筑，从剖面观察，青灰土的中间还夹杂有堆筑的黄土，而且几乎所有的青灰土标志墙（兆域）都与熟土台同高，在揭去封土露出墓口时，也能发现这些青灰土标志墙（兆域）。从 D3 的标志墙（兆域）平面图来看，标志墙相互连接，东部似有通道或门。D7、D8 也有类似设施，保存较差。这些土墩墓发现的标志墙位于封土下，不属于墓外设施，而其又是某一墓地中的划分

---

① 彭浩：《读云梦睡虎地 M77 汉简〈葬律〉》，《江汉考古》2009 年第 4 期。
② （东汉）班固：《汉书·佞幸传》，中华书局 1962 年版，第 3734 页。
③ （西汉）桓宽著，王利器校注：《盐铁论校注》，中华书局 1992 年版，第 353 页。
④ 湖南省常德市文物局、常德博物馆、鼎城区文物局：《沅水下游汉墓》，文物出版社 2016 年版，第 57、132—133、146—147 页。

标志或界限，亦与较多墓地中的围墙不同。但这些标志墙（兆域）在某种程度上也与上述墓地或墓葬外的围墙有相似之处，即标明墓葬的界限或范围，并起到保护作用。

（四）总体特征

西汉中小型墓葬或墓地的围墙以帝陵陪葬墓为主，另在山东临沂苍山县金山西汉墓外有所发现，而东汉中小型墓葬或墓地的围墙多集中于苏鲁豫皖交界地区，且以块石垒砌居多，与这一地区多山地丘陵，石料充足的地理情况较为相符。在无山地区，有些墓地或墓葬会使用土墙，但因破坏不存或现已不见相关迹象，由此推测，应有相当数量的中小型墓葬或墓地原有围墙。

有围墙的西汉中小型墓葬或墓地中，多为帝陵的陪葬墓，但等级也有差别，部分接近列侯级别，部分则为一般等级的墓葬，而苍山金山西汉墓的等级则相对较高。东汉墓葬或墓地中，有围墙者或为地方官吏，如邳州彭城相缪宇墓，或墓主是具有一定经济实力或政治背景的人员，如萧县破阁M88及徐州贾汪石猴林墓地等。

二、墓垣

墓垣，简单来讲，是指人为筑砌围绕墓葬封土的矮墙，多具有闭合性，或紧邻封土，或叠压在封土之上，主要起到保护封土、减少水土流失等作用。两汉时期，墓葬使用封土进行封护的现象较为普遍，墓垣也因此得到较多使用。关于汉代墓垣，文献记载极少，相关墓葬的发掘资料也仅部分有相关描述，与之相关的专门研究暂还未有。作为汉代墓葬设施的内容之一，墓垣有着不同类型和相应的功用，体现出较多与汉代墓葬有关的内容。围绕封土的闭合性矮墙与上文所述闭合型围沟有一定的相似，而叠压在封土之上者在闭合型围沟中不见。为便于叙述，本部分会涉及汉代王侯墓葬乃至帝陵的一些相关内容，特作说明。

（一）考古发现概况

已公布的两汉墓葬资料中，帝陵未见有墓垣资料，诸侯王墓中仅个别有相关描述，较多的为列侯与中小型墓葬。由于修建材料的差异及后期损毁等因素，加之有些考古资料未对墓垣进行叙述或相关资料暂未发表，墓垣资料整体不多。综合来看，今苏鲁豫皖交界地区公布的汉代墓垣资料较多，其他地区也有一定数量。

1. 苏鲁豫皖交界地区

对应墓葬数量多，以江苏省徐州市及其周边地区的汉墓资料最为丰富，鲁南、皖北地区汉墓也有体现。

（1）徐州地区

王侯墓葬及较多中小型墓葬均有发现，基本以块石或条石等垒砌。

市区西部大彭镇楚王山汉墓群为西汉某代楚王及相关人员的墓地。根据考古调查，楚王山有数座规模较大的墓葬，多用石灰岩青条石垒砌墓垣，四面皆有，M3墓垣保留稍好，M1、M4的墓垣与之相似。墓垣用石较规整，一些有刻字[1]（图5-35：1）。

西汉列侯级别墓葬数量稍多，基本位于小山头顶部，在封土上及其底部边缘以块石砌建墓垣，石材大多不规整。簸箕山M3（宛朐侯刘埶墓）局部仍保存较好，近方形的墓垣围绕墓葬四周，封土下有主墓和2座陪葬墓[2]（图5-35：2）。火山刘和墓[3]、东郊陶楼汉墓[4]皆可能为列侯级别墓葬，均有相关遗留。南郊拖龙山M3的规模较大，为列侯级别墓葬，封土中部和底部有2重墓垣，略呈方形，墓外稍远距离还有一石砌的方形围墙，该墓地的M5、M7也有墓垣，1—2重不等，皆圆形[5]。

西汉中小型墓葬数量更多，等级不一。东郊翠屏山汉墓的男性墓主为西汉早期楚国王室成员，墓葬所在山顶较平整，墓葬封土外围明显可看到

---

[1] 刘照建、梁勇：《徐州市铜山县楚王山汉墓群考古调查》，《汉代考古与汉文化国际学术研讨会论文集》，齐鲁书社2006年版，第247—254页。

[2] 徐州博物馆：《西汉宛朐侯刘埶墓发掘简报》，《文物》1997年第2期。

[3] 耿建军、盛储彬：《徐州火山汉墓》，《中国考古学年鉴·1997年》，文物出版社1999年版，第132—133页。

[4] 徐州博物馆：《徐州市东郊陶楼汉墓清理简报》，《考古》1993年第1期。

[5] 徐州博物馆：《徐州拖龙山五座西汉墓的发掘》，《考古学报》2010年第1期。

由石块垒砌的长方形墓垣①。东郊东甸子西汉 M1 的男性墓主为楚国官吏，封土四周有墓垣，M3 墓主为 M1 墓主的亲属，封土周边也有石块砌筑的墓垣，但不明显②。东北郊顾山西汉 M1 与 M4 位于同一封土下，为夫妻同坟异穴合葬，M1 墓主男性，为楚国贵族，封土残高 0.4 米，其上有块石垒砌墓垣的痕迹，其外稍近距离也有一周石砌墓垣，将主墓与陪葬坑、陪葬墓包绕在内，在外还有一周石砌的基础，可能为围墙的墙基③。北郊后山西汉墓的封土边缘有石块垒砌墓垣的痕迹④。徐州市及其附近的较多西汉中小型墓葬有用不规则块石砌建的墓垣，1—2 重不等，1 重者墓葬等级稍低，2 重者部分等级略高⑤。

东汉墓葬的墓垣资料公布不多，墓葬等级普遍不是太高。贾汪青山泉白集汉墓，现存封土东西 24.97、南北 30 米，墓室外四周叠堆石条，多遭破坏，部分露出封土外⑥，为石砌墓垣的可能性较大，因遭破坏，加之水土流失而被封土掩盖。贾汪土龙山墓地是一处家族墓葬群，其中的 M10 等级略高，封土残高 2.5、最大径约 29 米，外围有墓垣遗迹，大致呈方形，北、东侧保存较好⑦（图 5-35：3）。

（2）安徽北部

相关资料公布不多，主要为宿县（今宿州市）褚兰发现的一些东汉墓葬。

褚兰西南的墓山孜汉墓中，山顶中部为 M1，M2 位于西南山脚下，为东汉灵帝建宁四年（171 年）的"辟阳胡元壬墓"，二墓时代相近，墓主很可能是当时郡县中的富豪、地主或低级官吏⑧。二墓地面皆有石祠和墓垣遗存，石祠建于墓冢之南，东西两端为山墙，与墓垣相接。M1 设矮

---

① 徐州博物馆：《江苏徐州市翠屏山西汉刘治墓发掘简报》，《考古》2008 年第 9 期。
② 徐州博物馆：《徐州东甸子西汉墓》，《文物》1999 年第 12 期。
③ 徐州博物馆：《江苏徐州市顾山西汉墓》，《考古》考古 2005 年第 12 期。
④ 徐州博物馆：《江苏徐州后山西汉墓发掘简报》，《文物》2014 年第 9 期。
⑤ 相关墓葬资料为笔者这在徐州博物馆工作期间进行考古发掘和调查所得，特说明。
⑥ 南京博物院：《徐州青山泉白集东汉画象石墓》，《考古》1981 年第 2 期。
⑦ 徐州博物馆：《贾汪徐工综合试验场项目考古调查试掘》，《徐州考古资料汇编（2014 年度）》，内部资料，2015 年 2 月，第 43—50 页。
⑧ 王步毅：《安徽宿县褚兰汉画像石墓》，《考古学报》1993 年第 4 期。

图 5-35　苏鲁豫皖地区汉墓墓垣与相关遗物
1. 江苏徐州楚王山西汉墓墓垣石材上的刻字　2. 江苏徐州宛朐侯刘埶墓墓垣
3. 江苏徐州贾汪土龙山 M10 墓垣西北角　4. 安徽宿州褚兰墓山孜 M2 祠堂与墓垣

垣，有地基和墙体存留，石祠基座位于南垣墙的正中；M2 石祠距墓室 2.2 米，基座略高于墓壁，北壁为正面，东西两端山墙与两侧残存的墓垣相接（图 5-35：4）。

褚兰宝光寺东山上发现的东汉墓葬，有石祠和墓垣痕迹，形式与上述两墓相似，墓葬建于东汉熹平三年（170 年），墓主邓季皇为地主或低级官吏[①]。

（3）山东南部

相关资料公布不多。邹城市车路口东汉晚期画像石墓，现封土堆东

---

① 王化民：《宿县宝光寺汉墓石祠画像石》，《文物研究（第 8 辑）》，黄山书社 1993 年版，第 64—70 页。

西长 34.8、南北宽 21.7、高出地面约 1.85 米，封土堆外有筑砌的石垣，已损毁①。

2. 其他地区

河南、甘肃、重庆等地有发现，数量较少，基本为东汉中小型墓葬。

河南密县（今新密市）打虎亭 M1，封土冢底部周长约 220 米，下部周围砌圆形石围墙，因遭破坏，发掘时仅在封土冢南面和西面的下部发现残存的石墙砌石②。

重庆枣子岚垭两座东汉砖室墓构筑于疏松的紫红色页岩上，墓垣残存③。

甘肃省嘉峪关市东新城发现四座东汉晚期画像砖墓，都以黄沙夯筑封土，现高 1—3、直径约 12—18 米，M1 和 M4 的四周尚有围墙痕迹④，推测为墓垣的可能性较大。

（二）类型分析

汉代墓葬的墓垣一般为 1—2 重，位于山上或山脚的墓葬，或附近有山丘的墓葬，多以石块垒砌，周边或附近无山丘者为土砌，也可能存在石砌，石料则由他处运来，亦可能有以块石砌基础再砌低矮土墙者，但极少发现。墓垣的重数不同，具体的位置和砌筑方式等也有差异，一重者多位于封土的边缘地带，二重者则是一重位于封土的边缘地带，另一重叠压在封土之上，有些还与一些墓地设施相配套，反映出不同的内容和形式。

1. 单重墓垣

发现较多。根据具体位置及砌筑方式的不同可分四型。

A 型：位于封土之外稍近距离，用料多为规整块石，石料个体略大。邹城市车路口东汉晚期画像石墓，封土堆外约 1 米左右有用大青石块错缝筑

---

① 解华英：《山东邹城市车路口东汉画像石墓》，《考古》1996 年第 3 期。
② 河南省文物研究所：《密县打虎亭汉墓》，文物出版社 1993 年版，第 6 页。
③ 林必忠、冯庆豪：《重庆市枣子岚垭汉墓清理简报》，《四川文物》1991 年第 2 期。
④ 嘉峪关市文物清理小组：《嘉峪关汉画像砖墓》，《文物》1972 年第 12 期。

起的闭合石垣，高1米多。

B型：位于封土边缘，以石砌筑，石料或规整或不规则。根据是否与祠堂等设施相连又可分为二亚型。

Ba型：石垣闭合，无设施相连。徐州地区较多西汉墓有发现，如东甸子M3、拖龙山M5等，封土底部周边均有1周石块砌筑的墓垣，石块不大，规格不等，亦不规则，拖龙山M5封土边缘的石砌墓垣为圆形，直径11.6米，所用石块形体较小，不规整（图5-36：1）。徐州楚王山M1、M3、M4等的封土边缘也有石砌墓垣，相对较高，石料较规整，有的还有刻字，这与墓葬等级相对较高有关。M3封土北侧墓垣石原有7、8层，高3—4米，东、西两侧存4、5层，高约1—2米，南侧仅存1—2层，高不过1米，使用的石材长、宽一般为1米，厚约0.4米左右。贾汪土龙山东汉M10，封土边缘四面皆有墓垣，以石块垒砌数层，所用石料亦不大，墓垣较规整，每两边垂直相交，完整墓垣呈长方形，其中北墓垣长8.5、东墓垣长6.4、宽0.35—0.45米。新密打虎亭M1，封土冢底部用方形和长方形青石构件环砌圆形石围墙（图5-36：2），原保留高度约3米左右，砌筑青石构件达四五层之多，所有石围墙的石材构件凿制比较规整，棱角分明，上下层错缝垒砌，未见使用白灰黏结，青石构件一般长0.7—1.05、宽0.8、厚0.7米，一些石构件则近方形。

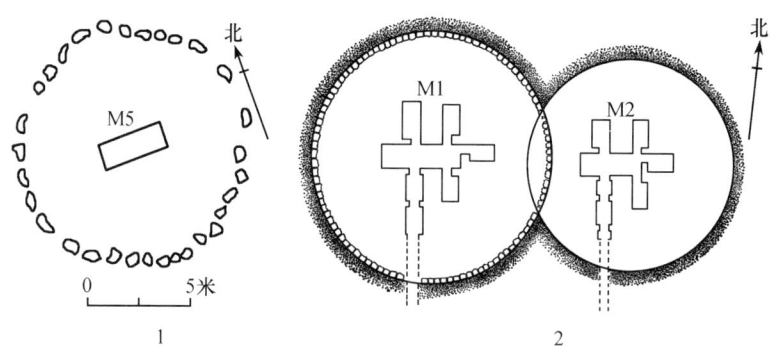

图5-36　Ba型单重墓垣

1. 江苏徐州拖龙山西汉M7　2. 河南新密打虎亭东汉墓

Bb型：石垣与祠堂相连，成为一个整体，祠堂均为石祠堂，由于祠堂内嵌，祠堂的石壁起到墓垣墙的作用。墓垣以规整块石砌成，为矮墙，平面呈长方形，部分仿现实矮墙特征明显，有墙基、墙壁、墙顶，顶雕成瓦垄。

宿州褚兰的几座东汉墓，基本是石祠堂位于一侧（主要为南侧）墓垣墙正中，背靠墓冢封土，左右两侧与墓垣联结。墓山孜 M1，南、西侧墓垣仅存地基，东、北侧墓垣存留有较完整的墙体，墓垣东西长 9.8、南北宽 6.5 米，石祠基座位于南垣墙的正中，两侧山墙与墓垣相接。墓垣墙由墙基、墙壁、墙顶叠砌而成，通高 0.48 米，内壁为封土掩盖，外壁平直且整齐，墙顶雕成瓦垄，檐头刻云纹圆瓦当，连檐刻水波纹，墙面为竖行凿齿纹，墙基为菱形纹。墓山孜 M2（胡元壬墓），墓垣东西略长，垣墙相对低矮，墙顶向外面坡雕成瓦垄，石祠大致在南墓垣墙正中，北壁为正面，两侧山墙与墓垣相接。宝光寺邓季皇墓，石祠背靠墓冢封土，正墙两端与墓垣墙联结。嘉祥武氏祠的部分石祠堂如左石室[①]、宋山出土再葬画像石[②] 复原的部分祠堂如一号单间祠堂[③] 等，与所属墓葬的墓垣亦大致属这一类型，有学者对这些石祠堂与所属墓葬及其墓垣的位置关系进行复原绘图，体现出墓葬石祠堂与石砌墓垣的关系[④]，有所不同是复原的墓垣为圆形，这还需做进一步的考证。

C 型：位于封土边缘，土砌。甘肃嘉峪关的东汉晚期 M1、M4，四周有围墙痕迹，未提及是否用石料堆筑，推测为土砌墓垣。

D 型：位于封土边缘之上一定距离，是在墓室外相应高度以块石砌筑，封土筑成后，局部露出封土之外，形成墓垣。徐州青山泉白集东汉墓，墓室外四周叠堆石条，露出封土外。该墓封土附近亦有石祠堂，位于封土边缘，亦局部内嵌入封土中。有学者对该墓祠堂、封土与墓垣的位置关系进行了复原，墓垣墙与祠堂后壁大致相连[⑤]，这与 Bb 型大致相同。但所复原的墓垣墙是在封土边缘垒砌，这与发掘简报对堆叠石条的描述不同，而根据简报的描述，墓垣为堆叠石条，与安徽宿州褚兰几座东汉墓的墓垣墙并不完全相同，且是在墓室四周堆砌石条，墓垣为方形的可能性较大，推测墓垣外还有一定

---

① 蒋英炬、吴文祺：《武氏祠画象石建筑配置考》，《考古学报》1981 年第 2 期。

② 济宁地区文物组、嘉祥县文管所：《山东嘉祥宋山 1980 年出土的汉画像石》，《文物》1982 年第 5 期。

③ 蒋英炬：《汉代的小祠堂——嘉祥宋山汉画像石的建筑复原》，《考古》1983 年第 8 期。

④ 郑岩：《逝者的面具——汉唐墓葬艺术研究》，北京大学出版社 2013 年版，第 109—112 页。

⑤ 武利华：《徐州汉画像石通论》，文化艺术出版社 2017 年版，第 92—93 页。

宽度的封土，该墓的石祠堂内嵌至封土中，后壁或与该墓垣相连，或稍有一定距离。

2. 双重墓垣

有一定数量。封土底部边缘均有墓垣，形式与 Ba 型、C 型单重墓垣一致，另在其他位置还有一重墓垣。根据双重墓垣组合方式的不同可分二型。

A 型：除封土底部边缘外，其上一定距离还有一重墓垣，叠压或局部打破封土，包绕其上封土。徐州东甸子 M1 封土，以直径 0.3—0.5 米的不规则石块垒砌 2 重墓垣，高 0.5—0.8 米，上重垣径 9.7、下重垣径 12.2 米。拖龙山 M3 封土中部和底部各有 1 重略呈方形的墓垣，边长分别为 6 米和 10 米，所用石料大小不等，但内侧较齐；M7 封土边缘及中部偏下各有 1 重石砌墓垣，皆圆形，下重垣径 10、上重垣径 7.4 米，墓葬位于上重墓垣的中部位置（图 5-37：1）。东郊翠屏山西汉墓有内外两重墓垣，北端连在一起，除北部和南部的局部遭破坏外，其余保存较好，外垣长约 50、宽 40 米，内垣长约 38、宽 28 米，东西两侧间距稍窄，南侧间距略宽（图 5-37：2）。

B 型：由封土底部边缘及封土外较近距离的两重墓垣组成。徐州顾山西汉墓的两座主墓为同坟异穴合葬，封土边缘有一重不规则石块垒砌的墓垣，封土外较近距离还有一重石砌墓垣，既包括夫妻异穴同坟合葬的 2 座墓葬，外重墓垣内还包括陪葬坑与陪葬墓，两重墓垣的整体形状皆近方形（图 5-37：3）。

不同类型的汉代墓垣体现出相应的时代特征和使用特点。A、C、D 型单重墓垣及 B 型双重墓垣较为少见，基本是某一地区的少量或个别墓葬有所使用，具有一定的特殊性，而且特殊性在两汉时期的墓葬中均存在。B 型单层墓垣及 A 型双层墓垣较多见，使用相对普遍，但也反映出某一地区较为集中的特征。使用双层墓垣者基本为西汉墓葬，而且所用的石料大多较小且不规则，同一墓垣，有的石料大小相差较明显。使用单层墓垣者既有西汉墓也有东汉墓，如 Ba 型，但较多西汉墓葬墓垣使用的石料特征与双层墓垣相似，个别等级较高者如徐州楚王山墓地的几座墓葬，墓垣石料大且规整。A、Bb 及 C、D 型单层墓垣基本为东汉墓葬的墓垣，除 Bb 相对多见外，其他类型的墓垣都不多见。

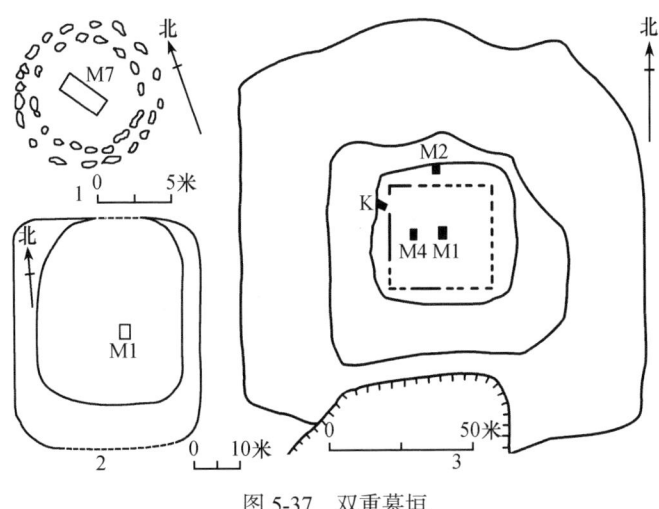

图 5-37 双重墓垣
1、2.A 型（1.江苏徐州拖龙山西汉 M7，2.江苏徐州翠屏山西汉墓） 3.B 型（江苏徐州顾山西汉墓）

（三）几点认识

目前所知汉代墓葬的墓垣类型较为多样，除时代与使用特征外，还体现出其他一些内容。

1. 功用与相关问题

两汉墓葬多有封土，起到保护墓室及其墓葬内其他设施的作用，同时还具有显示墓主身份地位，为墓葬设立相关设施如封土下陪葬坑、墓上或墓侧祭祀设施提供条件等功能，而墓垣作为封土的配套设施，其基本作用是保护封土，保持形状与尺寸，减少水土流失。除此之外还可起到标注墓葬范围，将相关设施与封土紧密结合等作用，如上文所述祠堂与墓垣。

由于年长日久，水土流失日趋严重，加之其他原因，较多墓葬封土遭到破坏，原有的形状和范围已不清晰，但就墓垣而言，大致或局部形状保留，由此可辨识封土的原始形状，对封土的发展也可提供参考，而一些墓垣还可反映封土的范围。目前所知，汉代墓垣的形状可分为方、圆二型，亦存在不规则者，但大致可归为方形或圆形封土。圆形墓垣包绕的封土基本为圆形，这在两汉墓葬中均有体现。徐州东甸子 M1 的双重墓垣均圆形，原封土为圆形，而该墓时代为西汉早期偏晚阶段，墓主为西汉楚国的官吏，与之时代接近或稍早的韩山西汉 M1，封土也为圆形，墓主等级亦相对较高[1]，说明西汉早期偏晚阶段，具有一定等级人员的墓葬已使用了圆形封土。西汉中期偏晚或晚期偏早阶段的徐州拖龙山 M5 与 M7，墓垣均圆形，封土也为圆形。东汉墓葬如新密打虎亭 M1，圆形封土的底部边缘为圆形墓垣。推测类似墓葬还有一定数量。方形墓垣包绕的封土较多为方形，这在西汉墓葬中常见。西汉早期的徐州顾山汉墓与翠屏山汉墓等，墓垣为方形或长方形，原封土平面形状为方形或长方形的可能性较大。时代与拖龙山 M5、M7 相近的 M3，两重墓垣均方形，原封土亦大致为方形，该墓等级高，等级相对低一些的 M5、M7，墓垣与封土圆形，反映出西汉时方形与圆形墓垣、封土并用的特征，且同一墓地亦存在并用现象，而方、圆之间还应有一定的等级差异，大致方者等级高，圆者等级低一些。

有的方形墓垣内为圆形封土，即圆形封土使用的为方形墓垣。西汉墓葬中，徐州楚王山汉墓据记载"上圆下方"[2]，从调查来看，楚王山汉墓封土的平面形状大致为长方形，上圆下方与水土流失及其他损毁可能有关，故该墓不能被视作方形墓垣内为圆形封土。但有的西汉墓存在类似内容，西汉中期的河北定州八角廊中山王刘修墓（M40），圆形封土边缘无墓垣，封土外一定距离有长方形围墙[3]，体现出外方内圆的特征。东汉墓葬较多使用圆形封土，一些墓葬的墓垣则为方形。宿州褚兰的几座东汉墓，圆形封土的边缘为方形墓垣，徐州贾汪土龙山 M10 的圆形封土外围也是方形墓垣，均形成"外方内圆"的平面布局。这一布局的形成或受西汉方形墓垣等的影响，也可能与相应的观念、思想及其相关丧葬需求等有关。此类东汉墓葬中，相当部分是墓垣墙的一侧有石祠堂，祠堂山墙与墓垣墙相接，这或许是形成"外方内圆"平面布局的原因之一，由此推测，嘉祥武氏祠左石室及复原的宋山东汉小石祠等所属墓葬封土边缘的墓垣也很可能为方形。徐州贾汪青山泉白集东汉墓的石祠堂位于封土边缘，但方形墓垣位置偏上，不在封土边缘，或

---

[1] 徐州博物馆：《徐州韩山西汉墓》，《文物》1997 年第 2 期。
[2] （北魏）郦道元著，（清）王先谦校：《合校水经注》，中华书局 2009 年版，第 358 页。
[3] 河北省文物研究所：《河北定县 40 号汉墓发掘简报》，《文物》1981 年第 8 期。

可视为这一内容的特殊体现。邳州燕子埠东汉墓[①]，圆形封土外有石砌的墙，其内南部有较大面积的空敞，称之为围墙较为恰当，但封土东西两侧紧邻石墙，北侧与石墙较近，大致形成东、北、西三面包绕封土的情况，北端内收呈梯形则更好地形成包绕之势，而南侧空敞区域则可设置其他墓地设施。该墓石围墙与上述圆形封土使用方形墓垣的情况有相似之处，可能为墓垣与围墙的结合与体现。

两汉帝陵及较多诸侯王墓未见墓垣，可能与封土夯筑较好并有专人看护和维护有关，而东汉帝陵等还采取了一些措施，如"无为山陵，陂池裁令流水而已"[②]。较多此类墓葬还有与墓垣相似的内容，即使用了二层台或台阶等。西汉帝后陵中的武帝李夫人陵、昭帝上官皇后陵及平帝康陵均有二层台[③]，一些东汉帝陵有多层的台阶环绕，大汉冢12级台阶、二汉冢7级台阶[④]。二层台与台阶在功用上与一些列侯及中小型墓葬的墓垣有相似之处，也可起到防止水土流失及其他作用，二者之间可能存在相应的互补和影响。另外，较多汉代墓葬的封土外紧邻或稍近距离开挖有围沟，在功用上也与墓垣有相似之处，如保护墓葬、标注范围等，二者在汉代墓葬中均有相当数量。

2．砌筑材料与装饰

从已公布资料看，石块或块石砌筑的墓垣多见，这与石料不易遭受破坏或易于保存等有一定关系。西汉墓葬中，仅个别诸侯王级别和相关人员墓葬的墓垣使用加工规整、形体稍大的块石，个别还有刻字，可能是专门开采、加工的石料，砌筑墙体有相应高度；列侯及中小型墓葬基本以形体不大、不甚规则、大小不同的石块砌筑墓垣，素面无纹饰，大多应为就近开采或墓葬开凿过程中的石料，一些也可能为山上的原石，砌筑墓垣一般较低

---

① 南京博物院、邳州博物馆：《东汉彭城相缪宇墓》，《文物》1984年第8期。

② （南朝·宋）范晔撰，（唐）李贤等注：《后汉书·光武帝纪下》，中华书局1965年版，第78页。

③ 咸阳市文物考古研究所：《汉武帝茂陵钻探调查简报》，《考古与文物》2007年第6期；刘庆柱、李毓芳：《西汉十一陵》，陕西人民出版社1987年版，第70、125页。

④ 韩国河：《东汉帝陵有关问题的探讨》，《考古与文物》2007年第5期。

矮。东汉墓葬的墓垣也有使用不规则块石者，但资料较少或暂未公布；较多墓葬的墓垣使用经加工、形体大、较规整的块石垒筑或叠砌成有一定高度的墙，仿实际生活中墙体的特征明显，一些包括墙基、墙壁、墙顶，相应位置雕琢瓦垄和瓦当，向外部分刻凿纹饰，石料应是专门开采和加工的。综合对比，两汉墓葬墓垣在石料使用方面存在相应的发展和变化，相近等级墓葬墓垣使用石料的规格大小、规整与否皆可体现，而石料的装饰也可反映，西汉墓垣用石基本素面，加工粗糙或未经加工，东汉墓垣用石多数加工规整而且雕刻纹饰。从东汉墓葬墓垣使用石材及其装饰、砌筑方式等体现的内容来看，石料加工要求得到提高，砌建也更为讲究，仿生活实物特点突出，这与东汉时期地方地主、官吏自身的发展，墓葬形制的变化和相应的丧葬需求等应有一定关系。

甘肃嘉峪关东汉晚期 M1、M4 的墓垣存在土筑墓垣的可能，另外还会有一定数量此类墓葬。封土边缘的土筑墓垣砌筑相对方便，即在封土边缘夯筑硬度大、有一定高度的矮墙；若墓垣位于封土底部之上一定高度，即在指定位置留出略窄的平台，再在平台上砌筑矮墙。由于多被破坏，还不能完全确定是否如此。

与材料有关的是砌建方式。使用石材者多为垒砌，规整的块石体现得较明显，而不甚规整石块的砌筑，少量是将石材摆放于相应位置，再在其上垒砌石料，由于稳定性较差，一般不会垒砌太高；多数是在封土的相应位置挖槽，将石料局部嵌入后，再根据需要在石料上垒砌其他石材，此类方式较稳固，可垒砌相应高度。土砌墓垣则基本为夯筑，为保护矮墙，有的可能会在墙顶铺瓦，这一推测亦需进一步的考古发掘来证明，但有的墓葬封土上散存一些板瓦或筒瓦残片，抑或与之有关。

3. 等级与地域特征

就墓垣来讲，其所体现的等级内容与墓葬时代有着一定关系。西汉时期，诸侯王墓的墓垣规模大、砌建规整且有相应的高度，使用的石料大且规整，经过细致加工，有的还有刻字；列侯与中小型墓葬的墓垣也因所属墓葬封土规模的不同体现出大小的差异，但大多在石料、砌建方式等方面又较相似，并在墓垣高度、石料的加工、装饰及形体大小方面，与诸侯王墓存在明显差别。根据上文，使用双层墓垣者基本为西汉墓葬，且等级一般相对略高，墓主为列侯或相近或稍低级别的贵族官吏等人员，相关墓葬如徐州地区的拖龙山M3与M7、宛朐侯刘埶墓、火山刘和汉墓、顾山汉墓、东甸子M1、翠屏山汉墓等。与双层墓垣相对比，使用单层墓垣的墓葬等级多数要低，这在同一墓地中表现得最明显，如拖龙山M5，墓主身份明显要低于M3与M7的墓主，而综合考察徐州地区的西汉墓，绝大多数使用单层墓垣的墓葬等级要低于使用双层墓垣者。不过，使用双层墓垣的不同墓葬及使用单层墓垣的不同墓葬，等级的区分还需从墓葬的位置及其规模、形制乃至墓葬内外设施、陪葬及殓葬物品等方面综合对比分析。如拖龙山M3与M7，位于同一墓地，M3位于山顶，规模大、设施多、陪葬丰富，等级明显高于位置略偏、规模略小、形制相对简单、陪葬物品略少的M7。东汉墓葬使用墓垣者的等级差异不大，但与不使用墓垣的等级较低墓葬相对比，又反映出相应差别，王侯或相应等级贵族墓葬不用墓垣亦是墓葬等级不同的体现，而使用墓垣的东汉墓葬，等级一般不是太高，墓主多为地方地主或官吏也印证了上述的等级差异。概括来讲，西汉墓葬使用墓垣者等级差异相对明显，东汉墓葬使用墓垣的墓葬等级则大致接近，但与其他墓葬有别。

汉代墓垣在地域上的差异主要体现在砌建材料方面。山地丘陵地带的汉墓多使用不规则石块或加工相对规整的块石砌筑墓垣，如贾汪青山泉白集汉墓，墓室、祠堂及墓垣石材全是附近盛产的青石；附近无山丘的汉墓，墓垣可能为土筑，也或许为土石共用，石料可能由他处运输而来，综合反映出因地制宜的特点及其相应的丧葬需求。分布地域方面，今苏鲁豫皖交界地区的石砌墓垣最为多见，其他一些地区如河南新密及重庆等地也有发现，但数量少，土砌墓垣发现不多，可能与遭破坏有关，在一些平原或无山地区或许会有相应数量。与材料差异相对应，砌筑方式在地域上的差别则可区分为垒砌和夯筑两种内容。

4. 墓垣与围墙

汉代墓葬显见在外的墙多称为垣，文献有记载，不仅中小型墓葬，一些帝王陵墓的相关墙亦是如此，《续汉书·礼仪志》（下）注引《古今注》

云："光武帝原陵……垣四出司马门。寝殿、钟虡皆在周垣内。"①从大的方面看，汉代墓葬显见在外的墙垣主要包括墓垣和围墙两大类，一些房屋类建筑的墙体具有专门性，基本不做探讨。

本文所述墓垣，是指人为砌筑，与墓葬封土有关的墙体，大多相对低矮，从封土边缘或偏上位置包绕封土，具有闭合性，直接作用是减少水土流失，达到保护封土的目的，并起到标志封土范围及其他相关作用。文献关于汉代墓垣的记载极少，如《水经注·获水》载："获水又东迳同孝山北，山阴有楚元王冢，上圆下方，累石为之，高十余丈，广百许步，经十余坟，悉结石也。"②同孝山，即今徐州市区西部大彭镇楚王山，"累石"、"结石"所指应是墓垣，上文所述相关考古资料亦可与之印证。

围墙亦是人为砌筑，但与墓垣存在较多不同。多数围墙的墙体与封土边缘距离相对较远，部分围墙虽局部与封土距离近，但大部分墙体距离封土远，围绕面积大，墙内除封土外，许多还有其他设施，墙体相对较高，不完全封闭，有门通向墙外，另有其他配套设施，其作用除保护墓葬不受损毁外，也对相关设施有所保护，其作为墓地界限的标志，利于墓地规划及其他功能作用的实施，如便于开展墓地祭祀等。西汉较多帝陵、较多汉代王侯墓葬的陵园墙或墓园墙皆是围墙。西汉中山怀王刘修墓（定州M40）的封土外有方形垣墙，墙体与封土边缘相对较近，但也有一定距离，作为围墙的可能性较大；列侯墓葬如南昌西汉海昏侯刘贺墓③、汉魏洛阳城西东汉墓④等，围墙特征均较明显；徐州拖龙山M3外围一定距离有一面积较大的长方形石砌园墙，亦是围墙，墙内有其他墓葬和相关设施。中小型墓葬或墓地也多有体现，邳州燕子埠东汉墓，围墙局部与墓葬封土距离较近，但南部与

---

① （晋）司马彪撰，（梁）刘昭注补：《续汉书》志第六《礼仪志》（下），中华书局1965年版，第3149页。

② （北魏）郦道元著，（清）王先谦校：《合校水经注》，中华书局2009年版，第358页。

③ 江西省文物考古研究所、南昌市博物馆、南昌市新建区博物馆：《南昌市西汉海昏侯墓》，《考古》2016年第7期。

④ 中国社会科学院考古研究所洛阳汉魏城队：《汉魏洛阳城西东汉墓园遗址》，《考古学报》1993年第3期。

封土距离远,并有门通向墙外,其他如萧县破阁 M88①、徐州贾汪石猴林墓地②等,皆有石砌围墙,与墓葬距离较远,前者墙内1座墓葬,后者有门通向墙外,墙内有墓葬10余座。文献关于围墙类的"垣"记载相对较多。《周礼·春官·冢人》载:"掌公墓之地,辨其兆域而为之图。"注曰"辨其兆域者,谓墓地之四畔有营域堳埒也""辩其界限形势,有葬者则识其兆域所在,以备祔葬,且使岁久易以识别。"③作为识别的标志,还备祔葬,若有垣墙,应为围墙。上文所引东汉光武帝原陵垣的记载中,四出司马门及相关设施在周垣内,说明所记的"垣"为陵园墙。列侯墓葬也有记载,如汉哀帝令将作为宠臣高安侯董贤"起冢茔义陵旁……外为徼道,周垣数里,门阙罘罳甚盛。"④云梦睡虎地 M77 出土《葬律》竹简记载西汉列侯墓地:"重园垣之,高丈……中垣为门,外为阙,垣四陬为不思(罘罳)。"⑤相关记载中,与垣关系较密切的为门阙、罘罳,再结合"中垣为门""周垣数里"等,以上所记的"垣"当指墓地的围墙,这与直接保护封土的墓垣存在明显区别。

大致来看,汉代墓葬的墓垣与围墙存在一定的相似性,但差异更明显,具体表现在与封土距离、面积、功用、配套设施等方面,考古发现的墓垣与围墙遗存较多,可清楚体现。就文献来讲,记载墓垣者极少,汉代文献中基本不见,这可能与墓垣和墓葬封土关系密切、相互依存,加之相对低矮、较高等级墓葬极少使用等有关。围墙范围大,与整个墓地有关,墙体相对较高,有门、阙及其他设施,在某种程度上可体现墓主身份等级,因此对应的记载也较多,如《盐铁论·散不足》载:"中者祠堂屏阁,垣阙罘罳"⑥,与上述一些记载的内容相似。另外,新密打虎亭 M1 基本可确定为东汉弘农太守张伯雅的墓葬,考古发现其封土边缘有石砌圆形墓垣,而据《水经注·洧

---

① 安徽省文物考古研究所、安徽省萧县博物馆:《萧县汉墓》,文物出版社2008年版,第144、145页。

② 徐州博物馆:《贾汪徐工综合试验场项目考古调查试掘》,《徐州考古资料汇编(2014年度)》,内部资料,2015年2月,第43—50页。

③ (清)孙诒让撰,王文锦、陈玉霞点校:《周礼正义》,中华书局1987年版,第1694、1695页。

④ (东汉)班固:《汉书·佞幸传》,中华书局1962年版,第3734页。

⑤ 彭浩:《读云梦睡虎地 M77 汉简〈葬律〉》,《江汉考古》2009年第4期。

⑥ (西汉)桓宽著,王利器校注:《盐铁论校注》,中华书局1992年版,第353页。

水》载："张伯雅墓，茔域四周，垒石为垣，隅河相降，列于绥水之阳。"[①]记载中的"茔域"当指墓地，"茔域四周"应是墓地四周，而非封土周边，且垒砌的石垣为方形的可能性较大，故推测《水经注》所记张伯雅墓茔域四周以石垒砌的垣是围墙，而非考古发掘所见的墓垣。

（四）相关问题

汉代墓垣在时代、功用、等级、地域等方面体现出与墓葬的密切关系，以此为参考，可就一些具体墓葬的相关问题进行分析和论述。

1. 白集汉墓的墓垣与祠堂

据发掘简报，徐州贾汪青山泉白集汉墓的墓室外四周叠堆石条，已露出封土外，西二北四，南北与东西方向皆有，发掘者推测可能起保护墓室坚固作用，最后以封土填盖。该墓与较多东汉墓尤其是石室墓较为相似，墓室埋藏不深，顶部有可能会高出原地面一定尺寸，石条叠堆在墓室外四周可起到保护墓室的作用，而其露出封土外，分布于四周，则又形成墓垣。笔者推测，这些石条很可能是堆筑封土时修砌墓垣形成的，因局部埋藏在封土中，又起到保护墓室的作用，后因水土流失而遭损毁，部分被封土掩盖。可能是因为双重作用，墓垣并不在封土底部周边，而应与封土底部有一定高差。

该墓的封土堆南北长 30、东西长 24.97 米，近圆形。墓室位于祠堂后，相距 8.56 米，墓门朝南，墓葬南北长 8.85 米，二者相加为 17.41 米，若墓葬后壁至北侧封土边缘与祠堂至墓葬的距离相等，则 17.41+8.56=25.97 米，这一尺寸与封土东西长 24.97 米相差仅 1 米，极为接近。该墓祠堂为单开间小型石祠堂，为求稳固，此类祠堂多局部内嵌至封土中，刨除祠堂外露部分及发掘时掩盖祠堂封土的尺寸，考虑到东汉此类墓葬多为圆形封土，结合水土流失等因素，原封土直径为 24.97—25.97 米左右较为合适。公布资料中的南北长 30 米，很可能为水土流失等原因所致。在封土遭破坏的过程中，一些墓垣石材被掩埋，一些则暴露在外，损毁、破坏或不见。该墓祠堂面阔 2.19、进深 1.5、通高约 2 米，体积不大，相对矮小，考虑到其部分内嵌封

[①] （北魏）郦道元著，（清）王先谦校：《合校水经注》，中华书局 2009 年版，第 333 页。

土中及其墓垣与封土底部边缘的高差，很容易在水土流失等情况下被封土掩埋，而不是原祠堂就在封土下，这也渐被学界所认可。

另外，该墓封土边缘也可能垒砌一重低矮的墓垣，该墓垣、封土及其祠堂的关系与 Ba 型墓垣基本一致，相关复原即是如此。这样就形成双重墓垣，但又与上文所述的双重墓垣存在一定的差异，体现出一些自身的特点。

2．江都王陵部分陪葬墓的墓域

盱眙大云山江都王陵区的一些陪葬墓以石块垒砌长方形或近似方形的墓域，与墓圹均有一定距离，主要包括嫔妃墓葬（M9、M10、M12、M13）和高等级官员夫妻墓葬（M17 与 M16）等。清理可知，石砌墓域大致位于封土的边缘区域，叠压在封土之下，1—2 层不等，且有连接内外的通道①（图 5-38）。

石砌墓域与一些墓葬的石砌墓垣有相似之处，如位于封土边缘，由块石砌筑成相对规整的形状，且相对闭合。二者之间也有差别，墓域在封土之下，墓垣叠压在封土之上或局部打破封土；墓垣闭合特征突出，虽然有的与祠堂壁连接，但亦与祠堂壁组成闭合设施，墓域也基本闭合，但有通道通向域外；从现有资料看，墓域最直接的作用应是保护墓圹及

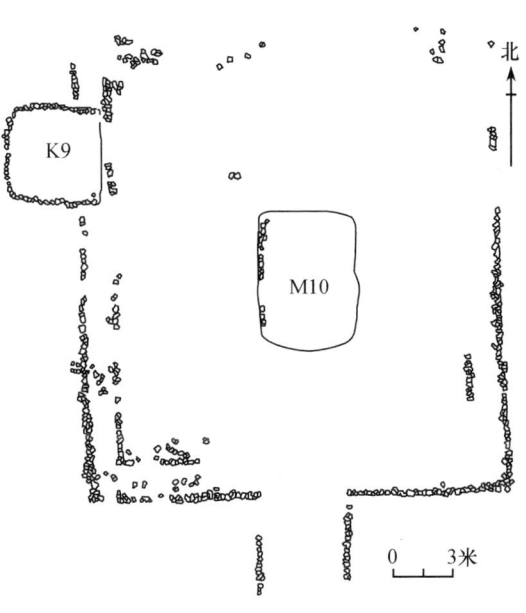

图 5-38　江苏盱眙大云山 M10 墓域平面图

---

① 南京博物院、盱眙县文广新局：《江苏盱眙大云山汉墓》，《考古》2012 年第 7 期；《江苏盱眙大云山江都王陵 M9、M10 发掘简报》，《东南文化》2013 年第 1 期；《江苏盱眙县大云山西汉江都王陵东区陪葬墓》，《考古》2013 年第 10 期；《江苏盱眙县大云山西汉江都王陵北区陪葬墓》，《考古》2014 年第 3 期。

周边土层，并规划封土边界，通道则便于墓葬修建及下葬时出入，墓垣的主要作用是保护封土，封土边缘的墓垣是封土范围形成后的再加固。另外，墓域砌石为1—2层不等，为达到相应目的，应该相对坚固并有一定高度，因位于封土边缘，很可能也起到保护封土的作用，这样其与墓垣在功用方面又有了相同或相似之处。

3. 河北秦皇岛抚宁县邴各庄东汉墓地 M1 围墙应是封土边缘的墓垣

邴各庄东汉墓地中，M1 规模较大，另有 5 座规模相对较小的墓葬分布于南侧和西侧，M1 墓圹四周的地面用石块和河卵石垒成一周方形围墙，北墙多用较大的河卵石垒砌，西墙多用大块的不规则石块垒砌，现存二层石块，高约 0.4 米，东墙经钻探也用石块垒砌，南墙仅余西南角石块[①]。

发掘简报称 M1 墓圹四周的地面上发现的石砌遗迹为围墙，但从其规模看，相对较小，基本围绕 M1，未将其他墓葬包绕在内，且 M1 的 2 条墓道伸出其外，而其叠压在这 2 条墓道之上，加之该遗迹较为封闭，未见出入口，因此推测 M1 外由石块和河卵石垒成一周方形，很大可能应是 M1 封土边缘的墓垣，相应的高度可以保护封土，但不会太高[②]。从墓地的墓葬分布看，M2 紧邻该遗迹，而 M3 则打破该遗迹，若该遗迹为围墙，M3 修建时其应有相应的高度，M3 的墓道对其打破不合情理。遗迹外侧边缘的西侧和南侧各有砖砌的祭台，这与较多墓葬在封土边缘进行祭祀相似，若是围墙，当有一定高度，若祭祀遗迹为其他墓葬的遗存还可理解，但若与 M1 有关，在一侧或后端高墙外祭祀亦不好理解。从修砌方式、形状及其位置看，邴各庄东汉墓地 M1 的墓垣与白集汉墓的墓垣、江都王陵部分陪葬墓的墓域皆有相似，而其与白集汉墓的墓垣相似性更大。

综上所述，墓垣在两汉墓葬中得到较多使用，并存在不同的类型和砌筑方式，反映出相应的时代特点和发展变化，体现出一定的等级和地域特征。墓垣的主要功能是保护封土，同时还具有其他一些作用，反映出相应的丧葬需求，同时也对研究与之有关的内容提供了相应的参考和借鉴。

---

① 河北省文物研究所：《河北抚宁县邴各庄汉墓发掘简报》，《文物春秋》1997 年第 3 期。
② 刘尊志：《河北抚宁邴各庄东汉墓地相关问题探讨》，《文物春秋》2020 年第 3 期。

三、墓园及相关问题

墓园是具有相应规划的单体墓葬及相关设施，或家庭、家族墓地与相关内容所占有的区域，两汉时期，因墓主存在等级身份的差异，与墓园有关的名称、规模及设施内容等存在差别。帝王陵墓称为陵园，规模大，有2—3重不等，设施丰富；列侯墓葬则多称之为墓园，亦有相应规模，也常见相应的设施和内容。中小型墓葬的墓园规模相对较小，结构简单，设施等内容不多，亦较简略，在某种程度上与茔域或墓地较为相似。中小型墓葬的墓园，部分有明显的界线，或为墙，或为沟，这与茔域或墓地的内涵或含义存在差别；部分不见界限，或仅有一些标志物，相对开放，这在形式上则与茔域或墓地相近。

（一）相关分析

在上文对汉代中小型墓葬围沟或围墙、墓垣等论述基础上，可对汉代中小型墓葬墓园进行相关分析。根据有无界限及界限是否闭合，可将汉代中小型墓葬墓园的形式分为三型。

A型：以围墙、墓垣或围沟为界，有门、出入口或相关设施与沟、墙结合形成相对闭合的空间，墓葬及相关内容基本位于其内。主要涉及内有多个墓葬或家族墓地的围沟或围墙，平面形状长方形、方形或局部曲折，也有诸多单层墓垣与祠堂相连者所围区域。根据相关设施与围沟或围墙、墓垣关系的不同可分为四亚型。

Aa型：围墙或围沟的一侧有规模较小的门或出口，墓葬及相关内容与围墙或围沟有一定距离。西安市曲江雁湖小区墓地围沟内有1座规模较大、2座规模小的墓葬，一侧有较窄出入口。偃师阎楼东汉墓园周边为多个不相连的围沟，出口稍宽，内侧有建筑遗存，园内7座墓葬，北侧2座等级较高。邳州山头墓地围沟的出口略窄，内有东汉墓葬45座，等级差别不大，另可能有与祭祀相关的红烧土遗存。汉阳陵东部陪葬墓区墓园，部分以壕沟或围墙分隔，一些有门道，并存在与相邻墓园共用现象。徐州顾山西汉墓地外围可能砌有围墙，内有3座墓葬及陪葬坑、建筑遗存等。萧县破阁M88

外围为石砌围墙，墓葬位于围墙内中部略偏北。贾汪石猴林东汉墓地围墙，西侧可能有门，墙内有墓葬10余座。

Ab型：围墙或围沟的一侧有规模较小的门或出口，局部包绕墓葬。对应墓葬较少，如邳州燕子埠彭城相缪宇墓，围墙北侧三面包绕墓葬，南部为开阔的活动场地，南墙东侧有门。

Ac型：墓垣与祭祀建筑相连，但与园内不通。宿县褚兰的几座东汉墓均是如此，祠堂外敞，后侧无门或通道与园内相通。贾汪白集汉墓，祠堂局部内嵌至封土，山墙可能与墓垣墙相接，形成包绕封土的闭合空间。就墓园范围来讲，当在墓垣之外，且祠堂外也应有空间以供祭祀。

Ad型：围墙与相关建筑相连，有门与内相通。苍山金山汉西汉墓，围墙与房屋的墙体相连，建在墓道之上的房屋开有东门和西门，将房子东侧台院与西侧坟丘之间连接起来，便于进行相关活动。

B型：局部有围沟或墙，以局部围绕墓地的围沟常见，呈半开放式，内有墓葬和建筑，墓葬数量不等，多者为家族墓地，少者仅1座。淇县大马庄墓地发现围沟内有5座墓葬，时代从西汉晚期至东汉早期，排列较紧密，而从沟内出土物看，可能还有祭祀建筑。卫辉大司马墓地西北G8局部包绕封土北侧的地面建筑（F1），对应的为1座墓葬。淇县黄庄墓地Ⅱ区、淇县西杨庄墓地发现的围沟亦是局部围绕墓葬，淇县黄庄墓地Ⅱ区的围沟附近还可能会有祠堂类建筑。

C型：墓域外围无墙或沟，呈开放式。单体墓葬或家庭、家族墓地多有体现。徐州东郊小猪山汉墓为单体墓葬，封土外发现较多建筑残片，当有建筑[①]；北郊米山的四座西汉墓位于同一山头，为同一家族成员聚族而葬[②]，两处墓地墓域外均未发现围墙或相关遗迹。有些墓葬封土外或边缘有墓垣，或单层或双层，如徐州东郊翠屏山西汉墓，双层墓垣较为明显；再如河南密县打虎亭汉墓，墓垣由块石垒砌，而据《水经注·洧水》的记载，墓前还有石阙、兽、庙、碑、人、柱等，设施众多，即使无外围墙，亦应

---

① 刘照建：《徐州小猪山汉墓》，《中国考古学年鉴·1997年》，文物出版社1999年版，第135、136页。

② 徐州博物馆：《江苏徐州市米山汉墓》，《考古》1996年第4期。

是一处规划有序的墓园。有的墓葬仅发现墓阙和神道，不见墓阙与园墙相连的痕迹，推测部分应是开放式墓园，而墓阙则是墓域范围的标志物，西南地区发现的一些墓葬和对应墓阙可能是如此，如四川渠县发现的东汉墓与阙、神道等[①]。还有墓葬封土外的相关设施以墙围合，如济南北毕村M1、M2，位于同一个封土下，两墓道间有闭合围墙，其内南部有空敞场地、北部为一组3处房屋，具有容纳宾客与祭祀的空间，构成院落与房屋的组合，但整个墓地外并无围墙。

另外，湖南及江浙等地的一些汉代土墩墓，一个墩上可能有多座墓葬，为家族墓地的可能性较大，这些墓葬与土墩外围一定范围内应形成相应的墓园。如湖南沅水下游的D3，墩上有多个墓葬，墓葬之间虽有青灰土标志墙，但总的来看还是一个家族墓地，而且D3标志墙的东部似有通道或门。再结合外围的池塘与排水沟，相应范围内即构成该家族墓地的墓园，但墓园之外未见围沟或围墙。

（二）几点认识

1. 一些中小型墓葬或相对独立的墓地，也可能存在围墙或界沟，因破坏不存，墓园遗存模糊不清。有些墓地或墓葬因发掘时间较早，当时可能仅仅是针对于墓葬本体的发掘，对于墓葬外一定距离的遗存关注较少，加之破坏严重，相关资料极少。随着考古发掘的科学性不断加强，与汉代中小型墓葬墓园有关的遗存和遗物会越来越多地被揭露出来。

2. 相当部分的汉代中小型墓葬属于等级较高墓葬所属的墓地，这些中小型墓葬为高等级墓葬的祔葬墓或陪葬墓，从大的方面来看，应属于高等级墓葬陵园或墓园内容的组成之一。其中一些能够体现出相对独立墓园的特征，如帝陵的一些陪葬墓。较多的则具有明显的附属性质，很难体现出独立墓园的特点，尤其是陪葬或祔葬王侯墓葬的墓葬。南昌海昏侯墓地中的一些祔葬或陪葬墓，为平面长方形全面闭合型围沟，但没有独立的墓园[②]。徐州

---

① 四川省文物考古研究院、渠县文物管理所：《四川渠县汉阙考古调查勘探简报》，《四川文物》2014年第4期。

② 江西省文物考古研究所、南昌市博物馆、南昌市新建区博物馆：《南昌市西汉海昏侯墓》，《考古》2016年第7期。

南郊拖龙山西汉墓地，M3 为列侯级别墓葬，其与 M4 有相对独立的围墙，其他几座中小型墓葬位于围墙外，为祔葬或陪葬墓，与 M3、M4 同属于一个大的墓园①。徐州荆山村西汉中晚期墓地的内容丰富，主墓很可能为列侯及其夫人的合葬墓②，另有陪葬墓、祔葬墓、陪葬坑、祭祀设施等，布局规整，规划有序③，原可能有围墙，但已不见，陪葬墓、祔葬墓也应与主墓位于同一个墓园之内。

3. 部分围沟或墓垣包绕墓葬，无门或出入口，也不见与门或出入口相关的设施，极少或不见相关建筑，考虑到其内墓葬数量较少，1 座者居多，此类围沟或墓垣不作为墓园的界限。

4. 汉代中小型墓葬的墓园在整体上有较多一致性，但具体而言，又具有较强的灵活性和相应程度的不统一性，形制和内容也有较多表现形式，体现出时代差异及因地制宜的地域特点，同时也与墓主家庭或家族的需求有一定关系。

5. 关于 Ac 型墓园，祠堂与墓垣墙相连形成封闭空间，墓葬被包绕在内，从形式看，似乎形成与墓葬有关的独立墓园。但是，相关墓葬的墓垣墙及祠堂与墓葬紧邻，其内空间较小，也存在与上文第 3 点认识所述围沟或墓垣相似的情况，即此类墓垣墙与祠堂相连形成封闭空间的情况不被视为墓园。相关资料也大致说明了这一点，如徐州贾汪青山泉白集汉墓，2016 年，考古工作者在墓葬西 500 米处发现一块汉代墓阙的顶盖石，应为该墓的墓阙用石④，这也说明，白集汉墓的墓垣墙及祠堂外的较大空间为该墓地的边界，而墓园的界限至少应该在原墓地的墓阙附近。进一步来讲，相关墓葬的墓垣及祠堂外还会有其他内容，而墓园的面积相对较大，原可能有围墙，抑或无围墙，为开放式的墓园，总体体现出墓地的规划和布局。

---

① 徐州博物馆：《徐州拖龙山五座西汉墓的发掘》，《考古学报》2010 年第 1 期。
② 刘尊志：《江苏徐州荆山村西汉墓地性质浅探》，《中原文物》2016 年第 6 期。
③ 徐州博物馆：《徐州荆山村西汉墓群发掘简报》，《穿越长三角——京沪、沪宁高铁江苏段考古发掘报告》，科学出版社 2013 年版，第 25—42 页。
④ 武利华：《徐州汉画像石通论》，文化艺术出版社 2017 年版，第 50、51 页。

第三节 窑

有陶窑与石灰窑两种，基本发现于墓群或墓葬数量较多的墓地，陶窑多见，且分布地域广，石灰窑仅在个别地区有所发现。窑址尤其是陶窑址，与墓地的位置关系是一种人为的布局，如一些地区发现的窑址，生产出来的砖可以用于墓地建墓，窑址也许就是因为墓地的需要而建造和存在的[1]。如此而言，汉代墓地或其附近发现的窑址完全可视为墓地的附属设施，即墓外设施的一种。

就目前的考古资料，已发现的汉代窑址，特别是陶窑，部分与生产、生活有关，还有相当数量位于墓地之中或其附近，直接或全面服务于墓地及相关的丧葬需求。墓地陶窑作为墓外设施的一项内容，一方面对于研究汉代窑业发展、窑的形制与结构，探讨当时窑址的生产规模和生产状况等有重要价值，同时也为分析产品用途，阐述汉代墓地的规划、墓葬的修建与相关陪葬品的来源等提供了重要的实物参考资料。

一、墓地陶窑的考古发现概况

汉代墓葬中，无论帝王陵墓，还是列侯级别墓葬或是中小型墓葬，相关墓地中均有陶窑发现，反映出陶窑与墓地或墓葬的密切关系。

西汉帝陵的陵区内有相关发现，《西汉帝陵钻探调查报告》一书中有相应描述[2]。高祖长陵陵园南面高干渠下的梯级坡地上发现3座陶窑残迹，窑呈馒头状，而且据描述，这一带陶窑诸多，多被毁，应属于长陵的陶窑作坊区。惠帝安陵的陵邑东部发现1座馒头状陶窑，仅余一半。景帝阳陵陵邑内发现大量烧造建筑材料和生活用具的陶窑，出土较多遗物。武帝茂陵陵区发现较多陶窑，如陈仟村南面的沟道西侧断面170米长的范围内，发现8座陶

---

[1] 湖北省文物考古研究所、襄阳县文物管理处：《襄阳竹条汉代墓葬、窑址发掘》，《江汉考古》2000年第1期。

[2] 咸阳市文物考古研究所：《西汉帝陵钻探调查报告》，文物出版社2010年版，第9、10、24、43、51、52页。

窑残存，还有专为陶窑提供水源的蓄水池，另在茂陵紧邻东司马道的南部还发现3座陶窑。东汉帝陵也有相关发现。考古工作者在河南省洛阳市孟津县平乐镇新庄村东北部发掘完整烧窑3座，另有水井1座、沟3条、灰坑29个。陶窑的建筑方式皆是就地面生土向下掏挖而成，均由通道、操作坑、窑门、窑室、排烟系统组成，窑室顶部为砖券穹隆顶。烧窑规模较大，单个窑室的面积均在9平方米左右，使用时间亦较长，窑壁两侧皆有一层厚约15厘米的坚硬烧结层，且发现有多次修补的痕迹，而且在两座烧窑的火塘内均发现了用煤做燃料的现象。出土遗物以建筑材料为主，另有少量日用陶器。烧窑遗址地处邙山陵墓群东汉陵区，规模宏大、保存较好，出土的砖瓦体量较大、种类丰富、制作精良，与朱仓东汉陵园遗址出土的建筑构件基本可以对应，应是东汉帝陵及陵园建设所需建材的重要产地[1]。诸侯王墓中相关报道较少，亦有所体现。河北定县40号汉墓是西汉中期中山怀王刘修的墓葬，为大型竖穴前后室黄肠题凑墓葬，墓室上面铺黄沙和陶片一层，在周围也堆积有较厚的陶片层，这种陶片堆积是从当时窑场收集来的残碎品，有陶器和板瓦、筒瓦等残片，可能起吸水防潮作用，或者也起某种防盗的作用[2]，推测定县40号汉墓附近可能有服务于该墓葬内外所需的陶窑。列侯墓地如安徽亳州东汉曹氏宗族墓地，范围较大，曹氏宗亲墓葬数量较多，修建坟墓工程自然也是非常繁重的任务，而且墓葬大部分是多室砖墓，应有一个有领导的、统一的制砖烧窑的机构[3]。

就中小型墓葬而言，相关的陶窑已有较多发现。分布地域较广，北至内蒙古，南至湖南，西北至甘肃，西南至贵州，东至苏鲁等地皆有发现。时代上，西汉时期的陶窑有一定数量，东汉时期的陶窑则较多。具体来看，一处墓地中的陶窑数量不等，少者1—2座，多者则达5座以上。具体的位置、形制等也有差别，体现出多样性特征。

---

[1] 洛阳市文物考古研究院李继鹏：《河南孟津新庄发现汉代烧窑遗址》，《中国文物报》2016年1月29日第8版。

[2] 河北省文物研究所：《河北定县40号汉墓发掘简报》，《文物》1981年第8期。

[3] 亳州市博物馆：《安徽亳州市发现一座曹操宗族墓》，《考古》1988年第1期。

（一）内蒙古自治区

巴彦淖尔磴口县纳林套海墓地共计发掘汉代墓葬40余座，可分为二期，第一期为宣帝至王莽时期，第二期为王莽至东汉初。墓地中部偏西有2座陶窑，方向均为50°，皆由工作场、火膛、窑床、烟道4部分组成（图5-39）。Y1，工作场作扇形，缓坡，场中央下凹，近火膛处两边垒有土坯，右侧有一长方形土台，土台高出工作场0.8米，工作场与火膛结合处垒砌土坯，火膛平面作扇形，底近窑床一侧呈坡状，近工作场一侧平，距地表最大深1.5米，窑床近梯形，两边微弧，底平，距地表深0.9米，窑床与烟道间有3个土坯垒砌的拱顶小洞相通，烟道平面呈长方形，窑室、烟道总长5.5米，最大宽2.63米。Y2，工作场为长方形，平底，距地表深0.4米，火膛入口处铺有一层土坯，火膛呈梯形，两边微弧，平底，距地表深1.45米，窑床略呈长方形，两侧边弧形，距地表深0.65米，窑床与烟道间有三个土坯垒砌的长方形小洞相通，三个烟道的中间呈长方形，两边的呈扇形，窑室、烟道总长4.08米，最大宽2.1米。两处陶窑皆为砖窑，毗邻墓地，应是专门为建造墓室而烧砖的[①]。

（二）北京市

西柏店、唐庄子、北埝头、李家坟等地是较集中的古墓区（多为汉墓），西柏店墓区东北三、四里的北城子村，发现古城址一座，城址西边有烧陶窑址，或许与附近的墓葬有关[②]。

大兴区亦庄发掘了较多东汉墓葬。兴业街东段发掘东西向排列的汉墓6座，墓葬中部偏南较近距离有陶窑1座，已遭严重破坏，仅存被破坏的窑室，出土有绳纹板瓦和砖残块[③]。博兴路东侧发掘南北排列的东汉墓葬多座，在墓葬分布区的东部偏北有2座近邻的陶窑，皆遭破坏，基本由操作间、窑

---

① 魏坚：《内蒙古中南部汉代墓葬》，中国大百科全书出版社1998年版，第11—51页。
② 北京市文物工作队：《北京平谷县西柏店和唐庄子汉墓发掘简报》，《考古》1962年第5期。
③ 北京市文物研究所：《北京亦庄考古发掘报告（2003—2005年）》，科学出版社2009年版，第6、334页。

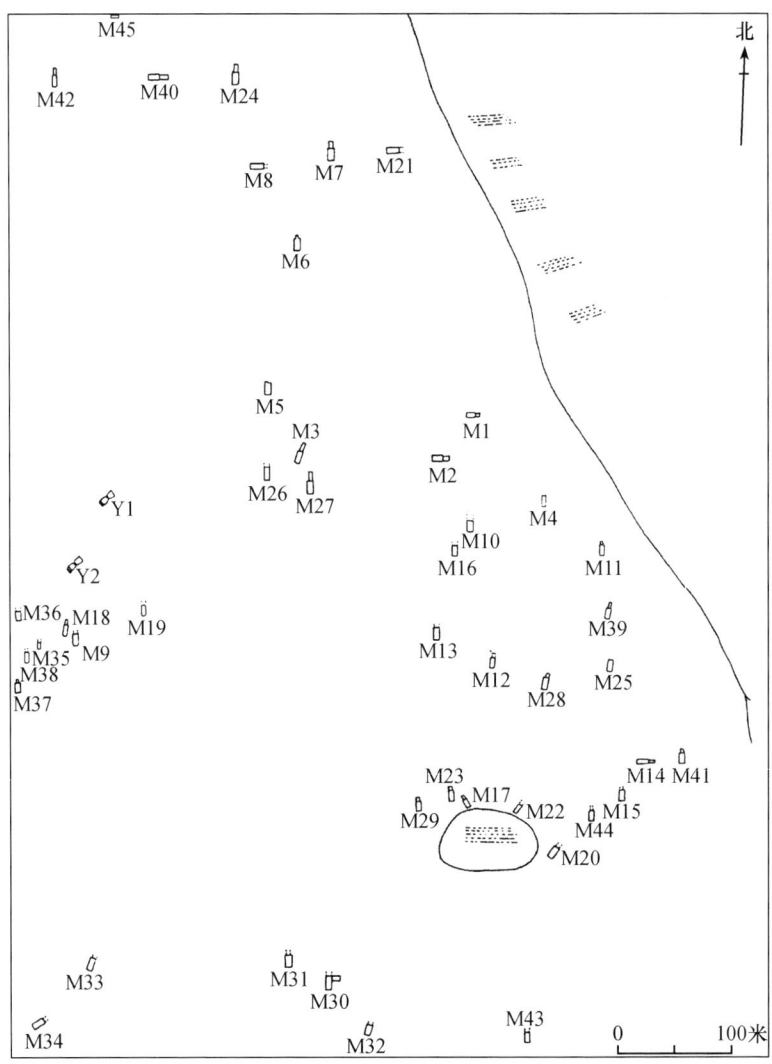

图 5-39　内蒙古巴彦淖尔磴口县纳林套海墓地墓葬与陶窑分布图

门、火膛、窑室、烟道等组成，窑门处用板瓦、残砖和草泥砌成挡火墙，烟道 3 个，等距离分布（图 5-40）。窑室内有大量草木灰、红烧土块，Y1 窑室内主要是绳纹砖块和板瓦残片，Y2 窑室内主要是板瓦和筒瓦残片[①]。从出土

---

① 北京市文物研究所：《北京亦庄考古发掘报告（2003—2005 年）》，科学出版社 2009 年版，第 10、11、334—336 页。

遗物看，这几座陶窑应是为墓地中的东汉墓葬烧制建墓材料，以砖为主，另外也为一些墓葬烧造板瓦和筒瓦，这两类遗物在墓葬中也有出土。北京经济技术开发区河西区西四号村西发掘了一批东汉墓葬，X11R2号地汉代墓葬区有陶窑7座，编号为10YZY2—10YZY8，分3组，分布于墓葬之间，Y8位置稍偏西北，Y2—Y4位置居中，Y5—Y7位置偏南，均遭严重破坏，基本由操作间、窑门、火膛、窑室、窑床、烟道等组成，Y2有2个烟道，余皆为3个烟道[①]。Y2的操作间成横向椭圆形，窑床面前低后高略呈斜坡状；Y3操作间为竖向梯形，火膛内发现碎碳块，底部有一层黑灰，窑床底较平，3烟道中，中间烟道较直，两侧烟道斜向内收；Y4操作间为马蹄形，操作坑填土有炭灰颗粒，窑床底较平，3烟道较直；Y5操作间呈马蹄形，操作间填土中有草木灰颗粒，窑床底较平；Y6操作间呈竖向椭圆形，底平，填土中有炭灰颗粒，火膛填土有炭灰颗粒及草木灰，窑床底较平；Y6操作间为不规则圆形，底平，操作间填土中有炭灰颗粒，窑室平面呈梯形，填土有青灰颗粒，窑床底较平；Y8操作间为竖向椭圆形，外端略内收，有台阶，填土中有炭灰颗粒，窑室平面呈马蹄形，填土有炭灰颗粒，火膛底部残留一层厚0.05米的草木灰，窑床底较平，2号与3号烟囱之间修筑一长条形排烟道。与这些陶窑相关的汉墓基本为东汉砖室墓，推测陶窑是为墓葬修建烧制砖等物品的，也可能会烧制陪葬品。

通州区已发现、发掘较多的汉代墓地，其中一些墓地中有数量不等的陶窑，主要用于烧砖，有的也烧制陪葬品或其他[②]。土桥汉代墓地发掘汉代墓葬27座，其中土坑竖穴墓10座、砖室墓27座，陶窑3座（Y5、Y12、Y14）。武夷花园月季园墓地发掘10座东汉砖室墓，陶窑1座，由操作坑、火门、窑室、窑床、2烟道组成，操作坑为不规则圆形，窑室为半圆形，主要是用于烧砖。宋庄文化创意产业集聚区墓地发掘汉代砖室墓3座，汉代陶窑1座，由操作坑、火门、窑室、窑床、2烟道组成，操作坑为不规则圆形，火膛与窑室连为一体，窑室后端两角各1烟道，较直，主要是用于烧砖。砖

---

① 北京市文物研究所：《北京亦庄 X11 号地考古发掘报告》，科学出版社 2012 年版，第 5、96—108 页。

② 李伟敏：《北京考古志·通州卷》，上海古籍出版社 2019 年版，第 19—48、135—144 页。

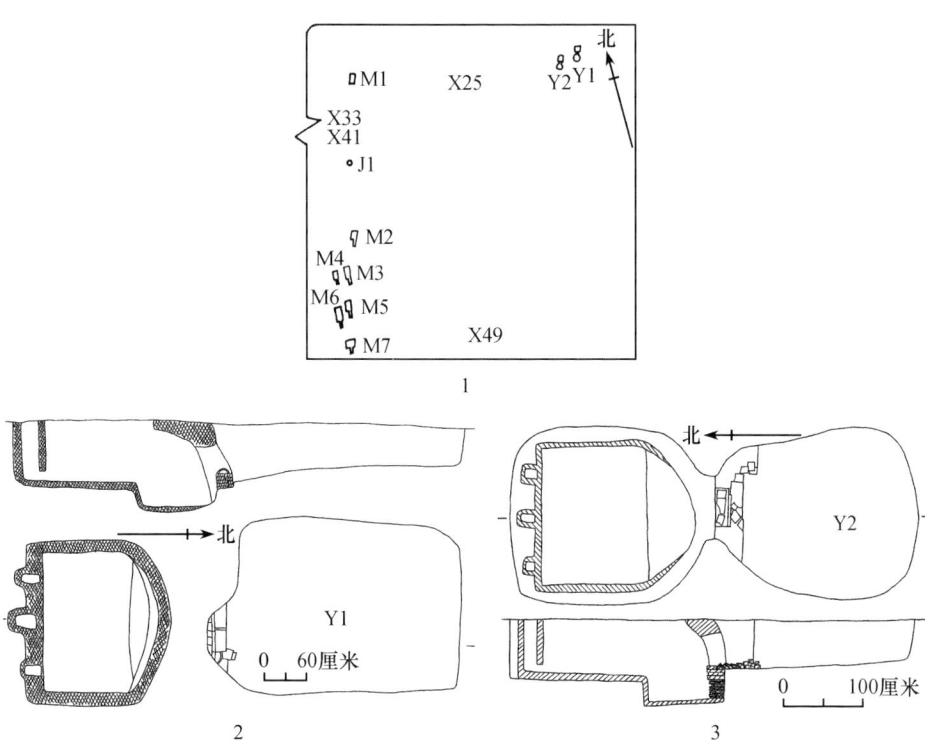

图 5-40 北京大兴亦庄博兴路东汉墓地陶窑位置与平、剖面图
1.博兴路东汉墓地陶窑位置图 2.Y1 平、剖面图 3.Y2 平、剖面图

厂村 C 区清理汉代陶窑 5 座，多遭破坏，其中 Y1 操作坑平面近圆角长方形，南壁用青砖垒砌，填土中有木灰，窑门、火膛为半圆形，火膛底部留有草木灰，窑室主体长方形，末端弧凸，窑床底平，3 烟道。陶窑发现区域北为砖厂村汉代墓地，发掘 4 座东汉砖室墓，陶窑与墓葬应有关系。

房山区长沟镇吴家坟及丰台区南苑附近地区发掘了几处汉代墓地，墓地中均有陶窑（图 5-41）。房山长沟汉代墓地的墓葬时代从西汉早期至东汉晚期，墓葬分布集中，偏东墓地中部有 4 座西南—东北向分布的陶窑，墓地东南有 1 座陶窑，平面形状均近 8 字形，半地穴式，由操作坑、火门、窑室等组成，操作坑大多为不规则圆形，窑室分为扁方形和圆形，烟道大多等距离分布，或 2 个或 3 个，2 个居多，窑体大，操作坑深（图 5-42：1）。5 座陶窑的主要功能是为该墓地烧制随葬陶器的，时代与墓地中一些墓葬接近，应以西汉中晚期至东汉时期为主①。丰台南苑共发掘 3 处汉代墓地，墓葬基本都是东汉砖室墓，时代从东汉早期至东汉末年，墓地中皆有陶窑。槐房墓地发掘区的西部南北两侧各有 1 陶窑，新宫墓地的西侧有 5 座陶窑，其中 4 座较集中，1 座陶窑偏西侧，植物油厂墓地北部有 7 座陶窑。这些陶窑的平面形状及结构与房山长沟汉代墓地的陶窑较为相似，操作坑有椭圆形或马蹄形或不规则圆形、椭圆形等，窑室为长方形、近方形或梯形，火门基本是掏挖而成，烟道基本为 3 个，多突出窑室外，平面为方形或窄长方形，少量为弧曲的半圆形（图 5-42：2），出土遗物较少，多数不见，少量在填土中见陶罐、盆、鼎及板瓦、筒瓦、瓦当残片等。3 处汉代墓地发现的陶窑，时代与所属墓地中的墓葬时代大致接近，应该是为东汉墓葬烧制建墓用砖，同时也可能会烧造一些随葬物品②。

（三）河北省

鹿泉西龙贵汉代墓地面积较大。发掘清理汉代墓葬近 40 座、陶窑 2 座。墓葬分布密集，形制虽有差异，但多用砖砌，入葬者属当地平民中的富裕者，或有个别下层官吏。两座陶窑位于墓地发掘区的东北部边缘，相距约百米余，形制大体相同（图 5-43）。Y1 全长约 8 米，由窑膛、火膛、火门和工作面等部分构成，窑膛顶部已毁坏，平底，窑膛后壁有烟道 3 个，火膛位于窑膛前端，火门位于火膛最前端，方形，在窑膛下部有许多排列密集、未烧成的长方形砖，规格大小与墓砖相同，窑膛上部填土中有许多板瓦、筒瓦和陶器残片，陶器有折腹盆、折沿盆、圈足钵等；Y2 全长 7.14 米，窑膛平面近方形，顶部已毁，结构与 Y1 相似，窑膛下部填土中有少量遗物，出土残板瓦、筒瓦、瓦当和陶质青灰色细条，烧制产品中有瓦，并与墓葬中发现的瓦基本相同。二窑的使用时间不长，出土陶器残片、砖及瓦等，与部分墓葬出土的同类器物相似度较大，Y2 的时代为东汉晚期，Y1 为东汉末期。两座陶窑位于墓地边缘，与墓地有关，烧造产品可能大多直接为丧葬服务。墓地东南 200—300 米处有一小型汉代遗址，面积数千平方米，发现较厚的瓦

---

① 北京市文物研究所：《长沟汉墓》，科学出版社 2019 年版，第 131—139、143、144 页。

② 北京市文物研究所：《丰台南苑汉墓》，科学出版社 2019 年版，第 3—7、186—204 页。

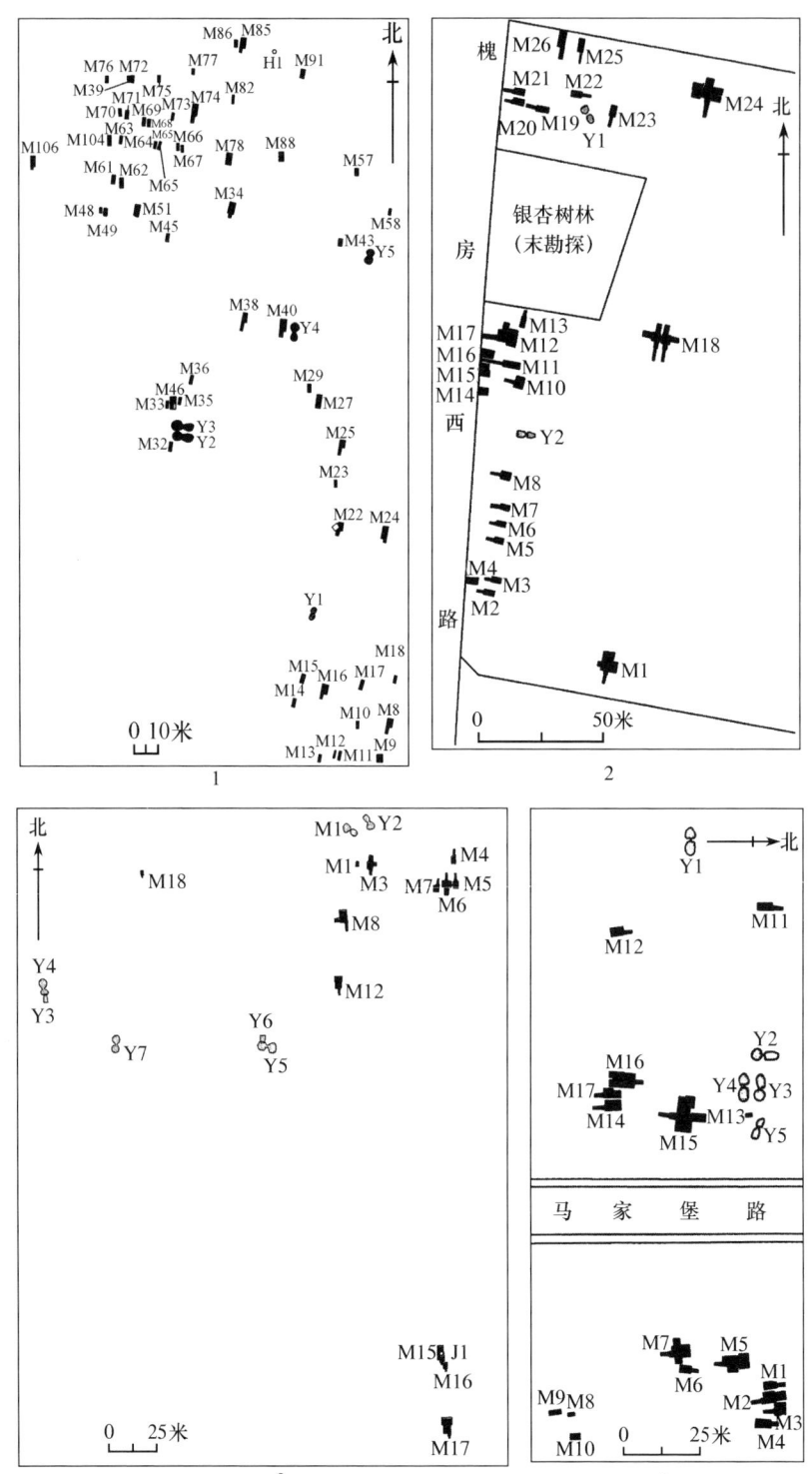

图 5-41 北京房山、丰台汉代墓地陶窑分布图

1. 房山长沟汉代墓地 2. 丰台槐房东汉墓地 3. 丰台植物油厂东汉墓地 4. 丰台新宫东汉墓地

第五章 汉代中小型墓葬外部设施 559

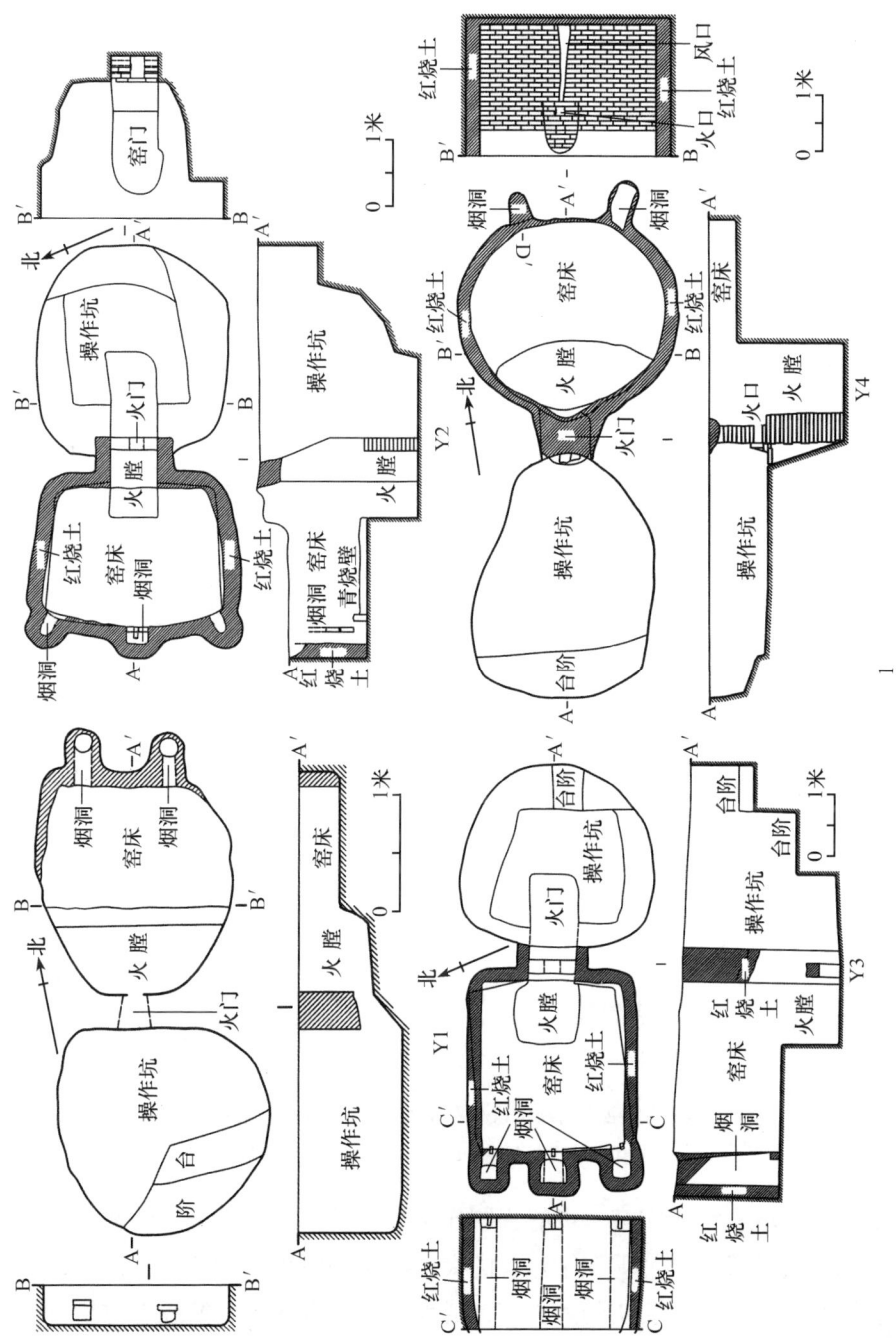

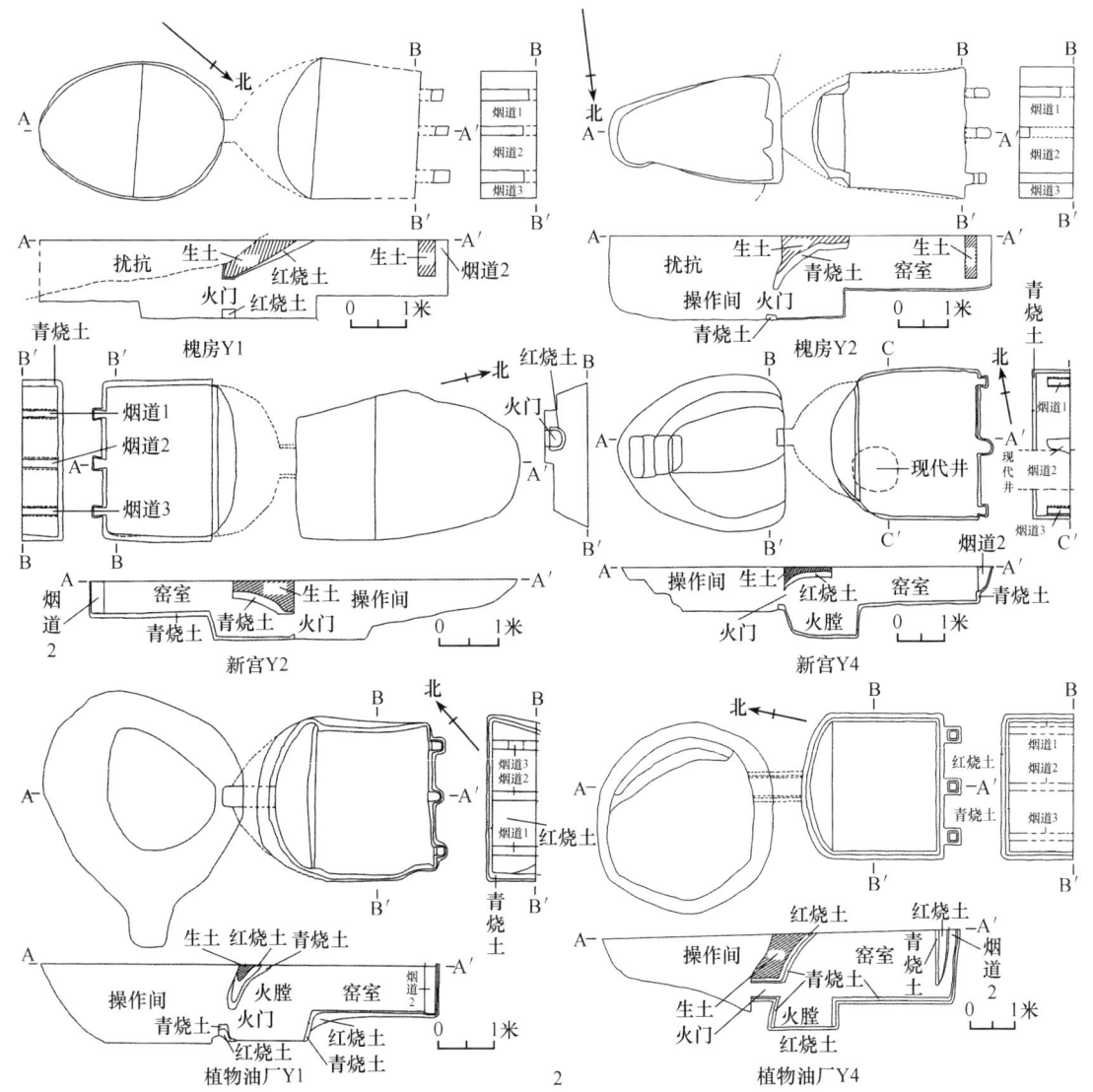

图 5-42 北京房山长沟汉代墓地与丰台南苑东汉墓地陶窑
1. 房山长沟汉代墓地　2. 丰台南苑东汉墓地陶窑

砾堆积、灰坑和 1 座陶窑，可能为制作砖瓦等的作坊。窑址中的遗物除建窑使用的砖及各遗迹单位堆积中包含的大量砖块和极少量陶片、瓦片外，无他物。陶片少见，为泥质灰陶和红陶，或素面，或有绳纹、篮纹、方格纹，可辨认器形只有圆底罐，可能与窑工的生产、生活有关[①]。

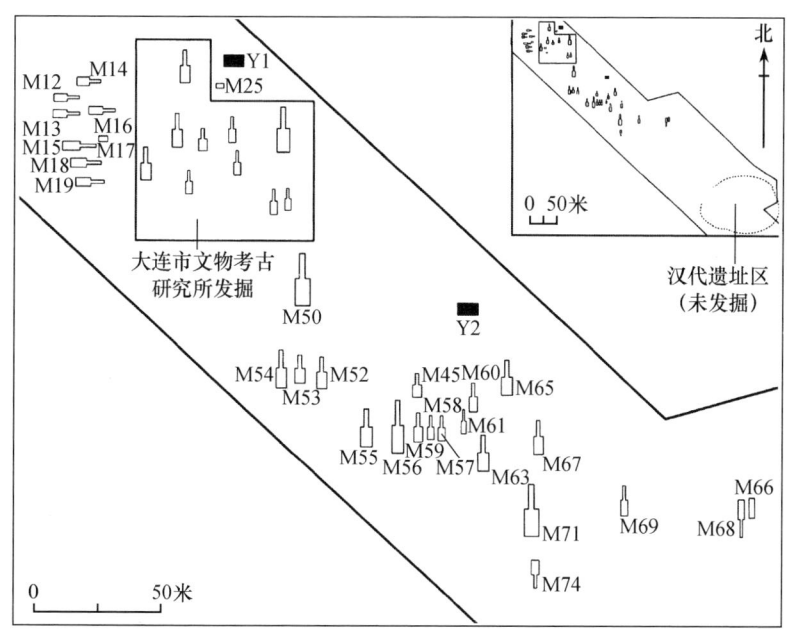

图 5-43　河北鹿泉西龙贵汉代墓葬与陶窑分布示意图

邢台内丘张夺 2 号遗址发现西汉中期的陶窑及与之有关的沟、沉淀池坑、灰坑、井等，距离墓葬区约 6400 米，应非专门的墓地陶窑。从出土遗物看，建筑材料较多，主要是板瓦、筒瓦及部分瓦当，亦说明该处几座陶窑非专用的墓地陶窑，但不能完全排除为相关墓葬烧造相关物品的可能，其中出土的少量陶灯柄、博山炉盖等残件，即可能是烧造物品的遗留[②]。

（四）山东省

兖州徐家营墓地呈南北向分布，东西亦有一定宽度，墓葬分布密集，

[①]　四川大学历史文化学院考古系、上海大学艺术研究院美术考古研究中心、河北省文物研究所：《河北鹿泉西龙贵汉代墓葬》，《考古学报》2013 年第 1 期。

[②]　南水北调中线干线工程建设管理局、河北省南水北调工程建设领导小组办公室、河北省文物局：《内丘张夺发掘报告》，科学出版社 2011 年版，第 6—46 页。

发掘汉代墓葬 347 座，墓地西侧中部偏北有一汉代陶窑，可能是为墓地生产陶器及修建墓葬材料的设施[①]。

（五）河南省

1. 郑州

新密市（原密县）密新商场发现汉墓和陶窑。汉墓 2 座，以画像砖或小砖砌成，南北并列，相距 0.7 米。陶窑一座（Y2）位于汉墓南约 500 余米，由窑门、火膛、窑室和烟道四部分构成，就断崖斜坡挖成，窑底部较平，窑室内残留两块侧立的砖，为残留的窑底支架，窑室内的主要堆积为长条砖，多已残碎，还有长舌瓦残片和宽沿灰陶盆残片。该窑烧造的物品有陶器等，时代为东汉，与墓葬应有关系[②]。

2. 焦作

武陟县苗庄村万花古墓群中心区域西南部发掘 3 座汉代陶窑，呈品字形有序规则排列（图 5-44），附近的北、东、西方向均发现汉代墓葬。陶窑操作坑相邻近，形制大致相同，均由地面向下掏挖形成，包括操作坑、窑门、火膛、窑室、烟道五部分，建造手法大致相同，构筑方式均为"穿凿为窑"。因均未出土生活类陶器，推测应该是专门为同时期（西汉中晚期）墓

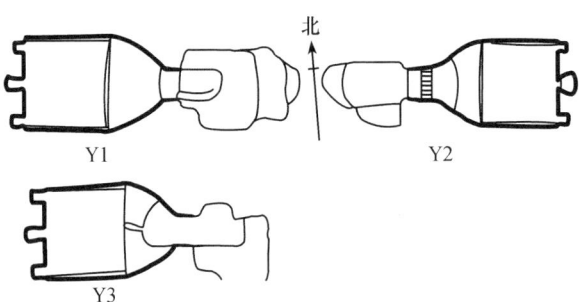

图 5-44 河南焦作武陟县苗庄村万花古墓群陶窑分布图

---

① 山东省文物考古研究所：《鲁中南汉墓》，文物出版社 2009 年版，第 410 页。
② 郑州市文物工作队：《河南密县密新商场汉墓和陶窑的发掘》，《华夏考古》1992 年第 2 期。

地烧制墓葬用砖、瓦、空心砖等建筑材料的砖瓦窑[①]。

3. 新乡

发现较多，不同墓地数量不等。

（1）辉县路固墓地陶窑

墓地的A区中部偏南墓群中间有1座东汉中晚期或稍早的陶窑（AY1），附近有水井1、大型取土坑1，三者为一组遗存。陶窑由操作间、窑门、火膛、窑室、窑床和三孔组成的"山"字形烟道等组成，东西总长7.9、南北宽2.6米，窑内尚存数百块已烧制完成的砖，码放整齐（图5-45），窑道内出土少量陶片，有盆、碗、板瓦、筒瓦及1枚"货泉"等。推测该窑一次可烧2000块砖，而窑的附近汉墓密集，多为土洞砖砌墓，每墓用砖总量不超过2000块，恰好是一次烧造的砖量，推测应是专门

图5-45　河南辉县路固汉代墓地AY1
1.AY1、AJ1　2.火道口　3.窑床

---

① 焦作市文物考古研究所、河南省文物局南水北调文物保护办公室：《焦作武陟苗庄汉代陶窑发掘简报》，《中原文物》2015年第5期。

为墓地提供用砖的窑，附近的水井可能与制砖坯及烧砖有关，而取土坑则为制砖坯提供土料①。

（2）北站区前郭柳村陶窑

发现汉代墓葬7座、陶窑6座，时代为东汉。村南共5座窑址，皆为半地穴式，多瓶胆状。1号窑除窑顶倒塌外，窑门、火膛、窑床及烟道都保存较好，全窑东西长5.1、南北宽2.5、窑壁残高1.3米，窑壁及窑床面有一层厚4—5厘米的烧结层，呈砖灰色，掺有砂粒，较坚硬，烧结层表面有明显的泥抹痕迹，出土数十片陶器残片及瓦片，可分辨器形有盆、碗、壶、瓮、罐及器盖等，以盆居多。2号窑东西长2.6、南北宽0.6—1.8米，出土罐、碗、瓦等残片。3号窑东西长4.62、南北宽2.85、窑壁残高约1米，平面呈漏斗状，清理出相当数量未烧的砖坯，估计一次烧砖1000多块。1号窑可能以烧造陶器为主，2号窑烧砖、陶器皆可，3号窑主要烧砖，从窑中所出砖、瓦及陶器残片看，与当地汉代小砖墓及瓦葬墓的砖、瓦相同，器盖及碗底残片与新乡北站东汉墓所出壶盖及陶碗相似，故应是与墓葬有关的陶窑②。

（3）东干道西汉陶窑

为一座保存较完好的西汉对称双火膛烧陶窑，半地穴式，由窑门、火膛、窑床、烟道、烟囱等组成，整窑长6.68、宽2.22米，火膛在窑床的东西两头，呈中间大、两头尖的枣核形。窑内出土遗物有陶豆、盆、罐、碗、瓶、瓮、空心陶球以及空心砖等，灰陶居多，少部分为红陶，皆残片，烧造年代下限应在西汉中期③，应是为附近墓葬烧造陶质器物的窑。

（4）辉县百泉镇大官庄墓地陶窑

村东北部清理陶窑1座（Y1）、汉墓18座、环壕1条。Y1时代属东汉中晚期，分工作坑、水井、工作面和窑室四部分，工作坑、水井和窑室一体化，较少见。Y1与M2相距仅10米，废弃层中出土大量的砖、瓦和瓦当残片，形制与M2的砖室材料完全一样，说明Y1是M2建筑材料的生产窑。

---

① 中国社会科学院考古研究所：《辉县路固》，科学出版社2017年版，第20—27、706、707页。
② 新乡市文管会：《新乡北站区前郭柳村汉代窑址发掘》，《考古》1989年第5期。
③ 贺惠陆：《河南新乡市东干道发现西汉陶窑》，《考古与文物》1994年第4期。

大官庄汉代墓地发现的陶窑、环壕等,说明该墓地具备了从整体规划到具体建设实施的目的与建设理念[①]。

(5)凤泉区王门墓地陶窑

凤泉区王门墓地清理汉墓56座,陶窑1座(Y1)。Y1位于墓地中部,时代与墓地时代一致,附近墓葬少。窑为半地穴式,分窑室和工作面两部分,窑室平面呈瓶胆状,由火门、火膛、窑床、窑壁、烟道、窑顶等组成(图5-46),3个烟道直接在壁上掏挖而成,窑前工作面上大下小,上口近圆形,直径2.35米,底呈长方圆角,底部东南角有宽0.78米的台阶通道供上下使用,出土垫片、盆、罐等陶器14件和1枚五铢钱残片[②]。

图5-46 河南新乡王门墓地Y1
1.全景 2.火膛、窑床 3.窑室、烟道

---

① 河南省文物局:《河南省南水北调工程考古发掘出土文物集萃(一)》:《大官庄墓地》,文物出版社2009年版,第88—91页。

② 河南省文物局:《新乡王门墓地》,科学出版社2013年版,第6、218—220页。

（六）陕西省

西安市张家堡村汉代墓地共清理西汉早期至王莽时期墓葬30座、围沟1条，另有汉代陶窑3座，陶窑附近发现1眼圆形水井。陶窑分为3组，均由操作间和单个窑室构成，Y2、Y3是由一条窄长的坡道进入操作间。窑平面均呈马蹄形，弧顶，由窑门、火膛、窑床、烟道等构成。窑壁构筑方式为在生土内直接掏挖，窑壁涂抹一层草拌泥或是窑壁做成后，在火膛与窑室四壁用砖坯横向错缝平铺砌筑，砖坯表面以草拌泥涂抹[1]。

（七）甘肃省

酒泉下河清发现5座砖窑，除5号窑相对稍远外，另4座分布较集中，相距不过百米，1号窑向南，3号窑向西，其余3座皆向东。窑的结构、形制基本一致，窑顶已塌毁，其余各部尚保存原状，由窑顶、窑壁、窑底、烟孔、火坑、窑门几部分构成。五窑均为烧砖的窑，而窑址周围有较多汉代墓葬，地面上有大量汉代陶片，2号窑内出土的回字形残花砖和附近1号汉墓出土的回字形铺地砖在质料、火候、花纹、制法等方面完全相同；窑内出土的条砖和未经烧过的砖坯，尺寸、大小、厚薄也和墓内出土的砖很类似。窑址和墓葬的时代皆为东汉，而这些砖窑生产的砖很可能是为筑造这些砖墓而烧造的[2]。

（八）江苏省

邳州山头墓地有较多东汉砖室墓，墓地南端多座墓葬之间空地发现约2平方米的红烧土堆积，平面椭圆形，遗迹开口于第3层灰褐土下，土质粗，土色发红，含有较多红烧土颗粒。发掘报告指出，红烧土遗迹可能为墓地祭祀过程中因祭祀用火而烧成的[3]，拟或为陶窑毁弃后遗留的遗迹。

---

[1] 陕西省考古研究院：《2011年陕西省考古研究院考古发掘新收获》，《考古与文物》2012年第2期。
[2] 甘肃省文物管理委员会：《酒泉下河清汉代砖窑窑址试掘简报》，《文物参考资料》1958年第12期。
[3] 南京博物院、邳州博物馆：《邳州山头东汉墓地》，科学出版社2010年版，第156、193页。

（九）安徽省

泗县吴店遗址发掘汉代墓葬37座及陶窑6座，时代为西汉晚期至东汉中晚期。墓葬分为两区，均为家族葬，南区墓地墓葬的墓主身份多为富裕平民，极少数为地主阶层，北区则多为贫苦百姓墓葬。6座陶窑分布集中，方向基本一致，结构大致相同，均为半地穴式，主体窑为"龟"盖形，大多由操作间、火道、火膛、窑床、烟道组成（图5-47）。Y3坐北向南，主体结构可分为操作间和窑室两大部分，龟盖形窑室，椭圆形操作间，两者之间有一火门将二者连在一起，形成一主体窑。关于墓群与陶窑间的关系，发掘者指出，6座陶窑集中处于两墓区中间，存在时代大致与墓群相当，始生终灭，两区墓葬随葬的陶器应均出自窑群中，除了烧造陶器之外，窑群还烧造砖块、绳纹板瓦等，推测该墓群内砖室墓的用砖也应来源于此，因此窑群很可能是为这两区墓葬服务的[①]。

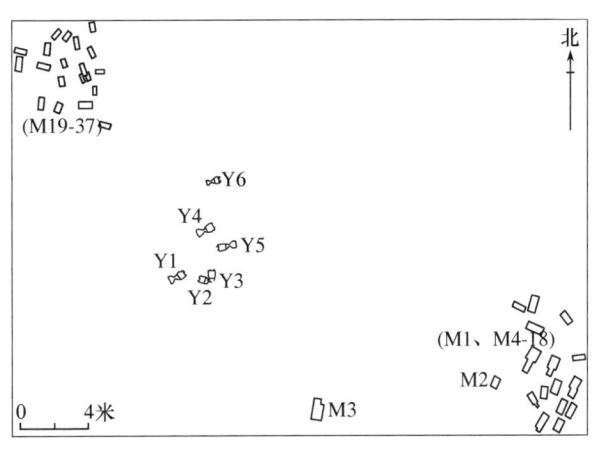

图5-47　安徽泗县吴店汉墓与陶窑位置图

（十）湖北省

1. 襄阳

（1）老河口市柴店岗砖厂陶窑

一座西汉中晚期陶窑（柴店岗Y1），半地穴式，为专门烧制日用陶器、丧葬用陶及建筑用陶的民营私窑。窑址东北发现西汉墓葬，推测柴店岗砖厂

---

① 安徽省文物考古研究所、泗县文物管理所：《安徽泗县吴店遗址发掘简报》，《文物研究（第20辑）》，黄山书社2013年版，第172—184页。

至崔营砖厂之间应有一个分布密集的汉代私营制陶作坊区①。

（2）市区西北竹条镇墓地陶窑

墓地长约1.5、宽约1千米，发掘清理汉代墓葬8座，揭露汉代砖窑遗址1处（图5-48）。8座汉墓均为小型砖室墓，M4为西汉晚期，M1为新莽至东汉初期，其余多为东汉晚期；窑3座，方向朝西，规模、形状与结构、窑内填土及包含物等情况基本一致，窑址和墓地大致处于同一时代。Y1方向270°，由窑门、火膛、窑室、烟道四部分组成，窑门两侧墙用砖错缝平砌而成，

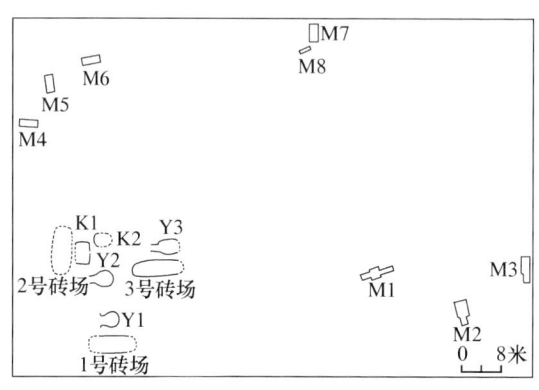

图5-48 襄阳竹条汉代墓葬、窑址分布示意图

拱形顶已塌，门前有一个窑前工作面，宽1.3米，其南侧有一处砖砌倾斜的护坡。除砖窑遗迹外，还有3处码砖场和2个较深的土坑，而窑内堆积只含有大量砖块，且整个窑址的堆积都有砖块，却极少见陶片和瓦片，各处出土的砖十分雷同，均是以菱形纹为主要特征的几何纹砖，Y1填土中的砖有个别在短侧面上有五铢钱纹或"大吉"字样，显见该窑址是一处制砖的作坊遗址。Y1废弃前曾装有一窑土砖坯，未经烧制便忽而废弃，这可能是因为某种灾难性的原因。窑址和墓地紧相毗邻，处于墓葬的半包围之中，但周围约20米的范围内不见墓葬，应是在墓地中专辟的场地，窑址出土的砖与墓葬用砖基本一致，表明二者有密切关联，即该窑址是为此处墓地修建墓葬生产砖料的②。

2．黄冈

蕲春枫树林陈家大山地墓地有多座东汉墓葬，呈西北—东南向分布，

---

① 老河口市博物馆：《老河口市柴店岗砖厂汉代窑址清理简报》，《江汉考古》2004年第4期；老河口市博物馆：《湖北老河口市柴店岗两汉墓葬》，《考古》2001年第7期。

② 湖北省文物考古研究所、襄阳县文物管理处：《襄阳竹条汉代墓葬、窑址发掘》，《江汉考古》2000年第1期。

墓地偏东南侧有一陶窑，窑旁西侧紧邻有1灰坑，另在陶窑的东北侧有1水井[①]，陶窑当服务于墓地。

（十一）湖南省

主要发现于常德市附近。

城区北部发现一座汉窑（Y1），平面呈不规则马蹄形状，半地穴式，窑床低于地表0.4米，由窑门、火膛、窑床、烟囱和窑外排水沟等构成。窑内残留少量成品砖和半成品的砖坯，可能是当时没有运完而遗弃的。Y1时代属东汉早到中期，不仅烧制墓葬用砖，还可能烧造建筑用砖，使用时间不会太短。发掘资料指出，该窑有3个烟囱，布局更加合理化，在通往烟囱的窑床上增加了火道，利于通风，从而利用热气向上的原理，使火焰先蹿到窑顶后，在火道和烟囱的抽力下把升焰变成半倒焰，增加了砖坯受热的机会，使窑内温度更加均匀。但是，由于窑床前高后低，坡度较大，虽避免了窑内砖坯在受热不均时前倾倒入火膛的危险，但客观上却给火焰的流动增加了困难，增加了后部分受热的难度，因此留下了许多疏松的砖坯于窑床内[②]。

武陵开发区发现陶窑1座，长4.7、宽2.3米，包括操作坑、窑体两部分，窑体由窑门、火膛、窑床三部分构成，火膛近半圆形，窑床近长方形，出土长方形和楔形青砖等，多有纹饰。窑址所在地区有东汉墓，根据发掘和搜集的东汉墓葬用砖情况，可知此窑应是用来烧制建造墓葬用砖的，砖窑的年代与附近墓葬年代相近，同属东汉中晚期[③]。

---

① 黄冈市博物馆、湖北省文物考古研究所、湖北省京九铁路考古队：《罗州城与汉墓》，科学出版社2000年版，第71—124页。

② 常德市文物处、常德市博物馆：《湖南常德市城区发现汉代砖窑》，《江汉考古》，1998年第2期。

③ 常德市博物馆考古部王永彪、潘能艳：《湖南常德市东汉砖窑遗址》，《考古》1997年第7期；湖南省博物馆：《湖南常德东汉墓》，《考古学集刊（第1集）》，中国社会科学出版社1981年版，第158—176页。

(十二) 四川省

广安武胜匡家坝发现一处汉代窑群,有 5 座窑,时代在西汉晚期或东汉初期。窑的平面形状呈倒漏斗形,后壁垂直,窑室、火膛、窑门周壁向内有弧形,顶无存,窑床在正中,前高后低,呈斜坡状,烟道并排设三个。根据一号窑炉只出子母砖和二号窑炉出长方形花砖来判断,这两个窑在烧造砖型上是有分工的,特别从子母砖看,很可能是专为建筑汉代墓葬用砖而烧造的[①]。

(十三) 贵州

沿河县洪渡镇发现大量汉代砖、石室墓及 5 座陶窑,窑的烧造年代为东汉时期,均修建于江、河岸边,应是出于取水方便的考虑(图 5-49)。窑均依坡地下挖呈地半穴式,周壁上部内收,火膛低于窑床,排水沟位于窑周壁脚,多呈瓶胆状,东西通长 3.2—3.6、南北宽 2.4—2.7、残高 1.2—1.5、壁厚 0.11—0.25 米。

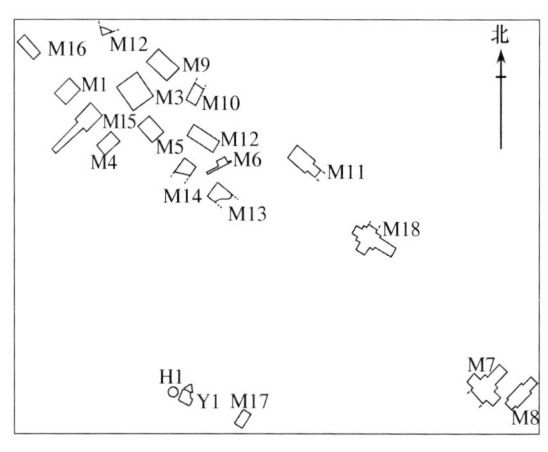

图 5-49 贵州沿河洪渡汉代窑址与墓葬

清理的 2 号窑,窑顶、窑门已破坏无存,残存窑壁、火膛、烟道,窑床、排水沟等保存较好,连成一整体,均用细泥掺细砂拍实,内抹光,因长期使用,致使窑体坚硬,呈青灰色,出土陶砖瓦及陶狗头范等。根据窑内所出砖瓦以及窑址四周地层堆积中的遗物分析,这批陶窑主要以烧制砖瓦为主,也兼烧一些小件陶器,如动物俑、罐等。窑内的砖又与附近汉代墓砖的形制、规格、纹饰颇相类似,因此,当地汉代墓葬所用墓砖,应是上述

---

① 重庆市博物馆陈丽琼:《四川武胜匡家坝汉代砖窑试掘记》,《考古与文物》1980 年第 2 期。

陶窑烧制[1]。而烧制的陶俑基本为墓葬用品，也说明这些陶窑是服务于附近墓葬的。

二、墓地陶窑的建造方式与形制分析

汉代中小型墓葬所属墓地的陶窑发现数量多，分布地域广，时代跨度也较长，两汉墓地皆有发现，体现出陶窑的建造方式与形制结构亦较多样，进而体现出汉代墓地陶窑的发展变化及其内容、内涵和相应特征。

（一）建造方式

关于汉代陶窑的建造方法或使用过程，相关发掘简报有相应描述。《老河口市柴店岗砖厂汉代窑址清理简报》一文指出：从现存遗迹现象大致可推断其建造方法或使用过程：①在背风（主要指西北风）的坡地挖半地下式窑室和窑前工作室，经修整成窑的基本形状；②用黏泥加工内壁使之密封光滑；③挖掘排烟设施；④在平地上砌筑窑顶；⑤烘烤，使之坚固耐用；⑥在窑前室构筑防雨遮阳棚；⑦装入陶坯烧制成型[2]。另外还有装窑、出窑及其陶坯与成品的摆放等。

本文所述建造方式，并不是修建细节，而是指以何种方式修建陶窑，即如何开挖或砌建窑室。大致可分为三种情况。

1. 在平地或坡地下挖半地穴式窑室。数量多，分布地域广，使用普遍，已调查、发掘中小型墓地的陶窑中多数属这一建造方式。河南等地较多墓地陶窑为平地下挖。依坡地下挖者如老河口市柴店岗砖厂陶窑、沿河县洪渡镇5座陶窑等。另外，还有较多陶窑为从地面下挖而成或开挖于生土层中，如酒泉下河清汉代砖窑、焦作武陟苗庄汉代陶窑、常德武陵开发区东汉陶窑等，或平地开挖，或依坡地开挖。房山长沟汉代墓地与丰台3处墓地中的陶窑亦皆如此，掏挖火门、烟道时，在其上相应位置留有生土。

2. 就断崖斜坡挖成。数量较少，目前所知仅新密市密新商场发现的陶窑。

---

[1] 贵州省博物馆考古队：《贵州沿河洪渡汉代窑址试掘》，《考古》1993年第9期。关于这一地区汉墓的资料，见席克定、田景平：《沿河发现东汉墓葬》，《贵州文物》1983年第2期。

[2] 老河口市博物馆：《老河口市柴店岗砖厂汉代窑址清理简报》，《江汉考古》2004年第4期。

3.平地砌窑。不下挖窑穴，而是在地面上直接砌建。目前未有确定的实例，邳州山头墓地发现具有一定面积的红烧土，可能是平地砌窑烧造后毁弃的遗留。

（二）形制分析

相当数量的墓地陶窑在大的方面存在一致性或统一性，但细处有差别，有些亦较少见，存在特殊性。根据火膛的数量、是否有操作坑等的不同可分为三种。

1.双火膛，火膛前无操作坑

数量较少。新乡市东干道液化气供应站发现的陶窑为半地穴式，直接在生土上掏挖窑室和火膛，然后封窑顶而成，由窑门、火膛、窑床、烟道、烟囱等组成，窑门外无门道，窑床的东西两边各有一平面呈漏斗状的火膛，窑床的南、北两边各建三个烟道和烟囱（图5-50）。

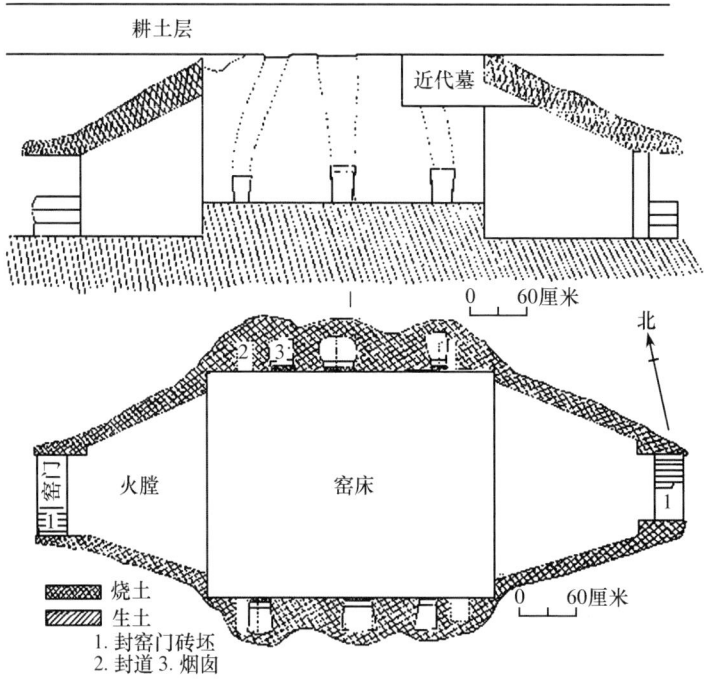

图5-50 双火膛陶窑（河南新乡市东干道液化气供应站汉代陶窑）

2. 单火膛，火膛前无操作坑

单火膛，前为窑门，后有烟囱（孔），窑门外不见操作坑，根据门道的有无可分为二型。

A型：有门道。从窑门向外有延伸一定距离的门道。根据烟道的多少又可分为三亚型。

Aa型：一个烟道。新乡市北站区前郭柳村Y2，门道宽0.6米。为直接挖好烟道，然后用大板瓦隔成烟囱，再向瓦上（朝窑里的一面）抹上厚约5厘米的带有砂粒的泥，经烧烤形成坚硬的烧结面，烟囱呈长方形（图5-51）。

Ab型：三个烟道。新乡市北站区前郭柳村Y3，门道宽0.64

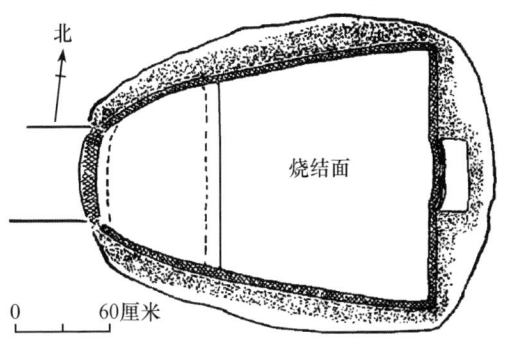

图 5-51　Aa 型单火膛陶窑
（河南新乡北站区前郭柳村汉代 2 号陶窑）

米。并列排设3个烟道，做法为紧靠窑床挖造，略呈方形，高约30厘米，烟囱用砖隔成，是先挖好约0.3米宽的直通烟道，然后用单砖横立垒起，下边留出一个方形烟道口，在砖上（靠窑里的一面）抹上带有砂粒的泥，经烧烤形成砖灰色烧结面，窑两边的2个烟囱略向中间倾斜（图5-52）。

Ac型：四个烟道。新乡市北站区前郭柳村Y1，门道宽0.6米。烟道4个，中间2个较大，两边烟道紧靠壁角挖造。烟道做法为紧靠窑床挖造，进深约0.5米后再用土坯垒起，形成4个烟囱，两边的烟道出窑壁后往中间内收约0.12米（图5-53）。

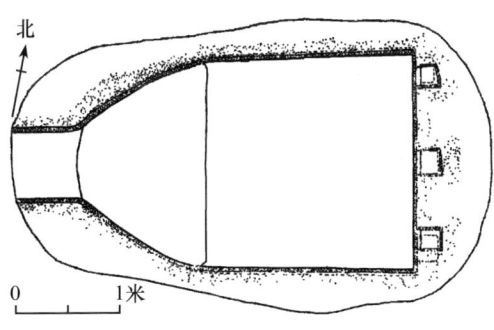

图 5-52　Ab 型单火膛无操作坑陶窑
（河南新乡北站区前郭柳村汉代 3 号陶窑）

B型：无门道。窑门处坑壁较直，无向外延伸的门道。根据烟道的多少

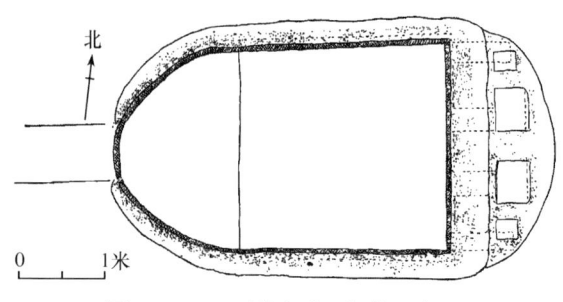

图 5-53　Ac 型单火膛无操作坑陶窑
（河南新乡北站区前郭柳村汉代 1 号陶窑）

又可分为二亚型。

Ba 型：一个烟道。新密市密新商场陶窑（Y2），烟道一个，位于窑室后壁正中，系将窑室后壁挖一个圆形开口竖洞，该洞挖通窑壁，然后在底部窑壁开口处垒砌成出烟洞口，通向竖洞，在出烟洞口上部用平砖砌起来，使烟道成为一个倒烟竖洞，最后在窑壁内涂上一层衬泥即成（图 5-54）。

Bb 型：三个烟道。

武胜匡家坝 Y2，烟道做法是在窑周壁抹上 0.1 米厚的泥形成泥壁后再进行挖造，均凹进窑壁，底部由下而上各自扩宽，形成榫子，榫子以下 0.3 米处即为烟的进口处，这样火力容易被烟道吸引，增加抽力作用。三烟囱竖立于窑床后壁，为长方条形（图 5-55：1）。

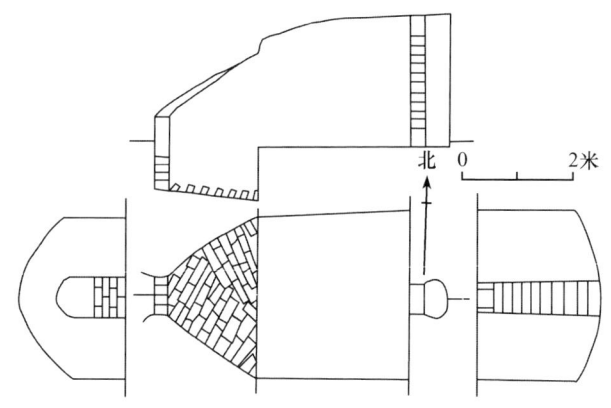

图 5-54　Ba 型单火膛无操作坑陶窑
（河南新密市密新商场陶窑 Y2）

沿河县洪渡镇 Y2，烟道做法是在西壁各预定点凿出深 0.18 米，口部两侧扩 0.06 米的槽，下留 0.32 米的抽烟孔，然后用砖沿槽自下而上封砌，形成下大上小的烟囱。烟囱 3 个，均竖立，横断面呈长方形，位于西壁之上，正中一个略大，南北两侧各一个略小，并逐渐内收。因长期水土流失及耕种，破坏严重，未见有操作室（图 5-55：2）。

酒泉下河清发现的 5 座砖窑，烟孔全设在后壁上，一般是竖起 3 个，作方筒形，均凹入窑壁。Y3 与其他不同，虽是 3 个烟孔，但从窑底 1.2 米处，两边的 2 个烟孔向中间倾斜，汇入到中间的烟孔（图 5-55：3）。

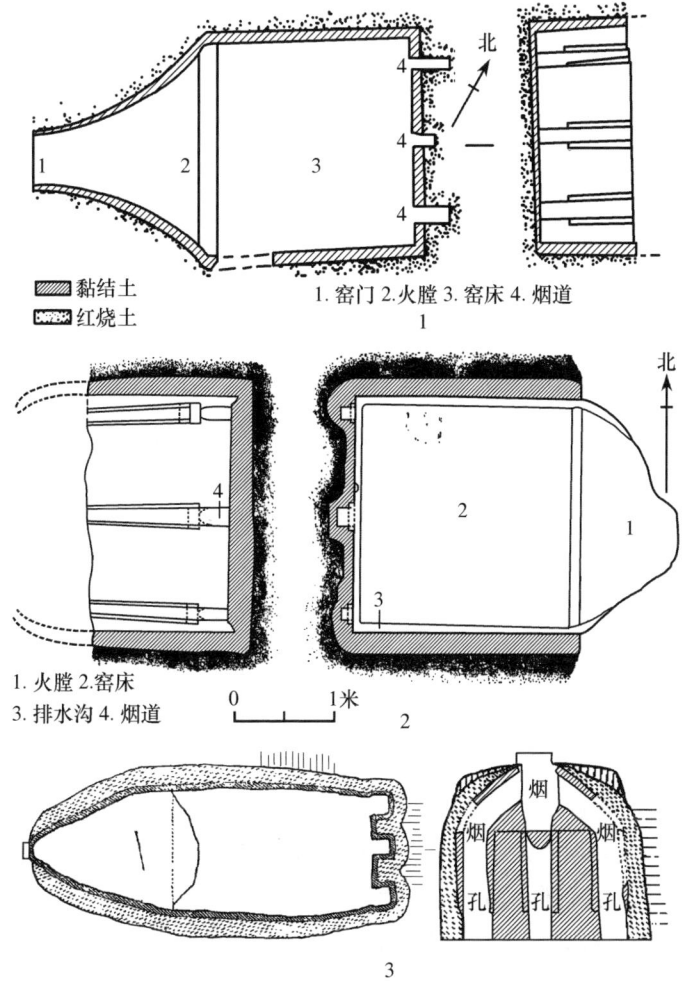

图 5-55　Bb 型单火膛无操作坑陶窑
1. 四川武胜匡家坝汉代砖窑二号窑　2. 贵州沿河洪渡汉代窑址二号窑　3. 甘肃酒泉下河清三号汉代砖窑

3．单火膛，火膛前有操作坑

数量较多，许多地区有发现。形制相近，基本是前为操作坑，之后为窑门、火膛、窑床及烟囱等，体现出较强的一致性。根据烟道的多少可分为二型。

A 型：烟道三个。数量多，形制相近，仅在具体设施的平面形状和细处的设置上存在一些差别。窑床平面形状多为方形或近方形，如焦作武陟县苗庄村发现的3座陶窑、新乡辉县路固汉代墓地AY1（图5-56：2）、河北鹿泉西龙贵汉代Y1（图5-56：5）与Y2（图5-56：6）等，辉县路固汉代墓地AY1的操作坑发现5个脚窝，烟道位于窑室东侧中部，从平面上看在窑室外，但底部与窑室相通，三个出烟口在底部合成一条弧形烟道口，整个烟道呈弧状倒三叉形，中间烟道略呈长方形，两侧烟道呈倒梯形，烟道最低端与三面窑壁最下端外凹槽相连，形成环绕式抽烟道；部分窑床为长方形，但长宽相差不大，如老河口市柴店砖厂Y1（图5-56：1）、常德武陵开发区发现的陶窑，后者有操作坑，系窑门外与窑相连的土坑，局部被破坏，坑底由外向窑门倾斜呈一缓坡，靠近窑门处堆有大量草木灰，窑床前面靠近火膛部分为平台，后面用砖砌成多道小墙，每道小墙由4块砖侧立并排砌成，由小墙隔成13条烟火通道，窑床后壁用砖砌成3道竖墙（图5-56：4）；部分两侧壁斜收呈梯形，新乡王门墓地Y1，后壁宽，两侧壁前端内收（图5-56：7）；一定数量的窑，床壁与火膛壁呈弧形，常德市城区北部发现汉代砖窑，两侧壁弧曲，呈马蹄形（图5-56：3），巴彦淖尔磴口县纳林套海墓地Y1，两侧壁弧曲，亦呈马蹄形（图5-56：8），纳林套海墓地Y2，窑床与火膛平面马蹄形，但窑床中部鼓凸（图5-56：9），襄阳竹条镇Y1，除窑床壁与火膛壁弧曲外，后壁亦弧内凹（图5-56：10）。丰台南苑3处汉代墓地中的陶窑，烟道基本为3个，未见2烟道者，操作坑有椭圆形或马蹄形或不规则圆形、椭圆形等，窑室为长方形、近方形或梯形，烟道多突出窑室外，平面方形或窄长方形者居多。房山长沟汉代墓地Y2、Y3为3烟道，外呈半圆弧形或长方形外凸，均有火膛。

B型：烟道二个。数量较少。泗县吴店汉代墓地发现的6座陶窑，后壁有2处烟道，大小相同，其原理先是通往窑室外，然后向上砌筑形成一定高度的烟囱。窑床多为不规则长方形，火膛两侧壁弧内收，火膛与操作间之间有一定长度的火道，火道前端为火门。6座陶窑的操作坑平面形状也存在差别，Y3的操作坑平面为椭圆形（图5-57：1），Y6的操作坑平面则为半圆形（图5-57：2）。房山长沟汉代墓地Y1、Y4，2个烟道，Y1的窑室为不规则圆形，烟道平直外凸，Y4窑室为圆形，烟道斜向外凸。

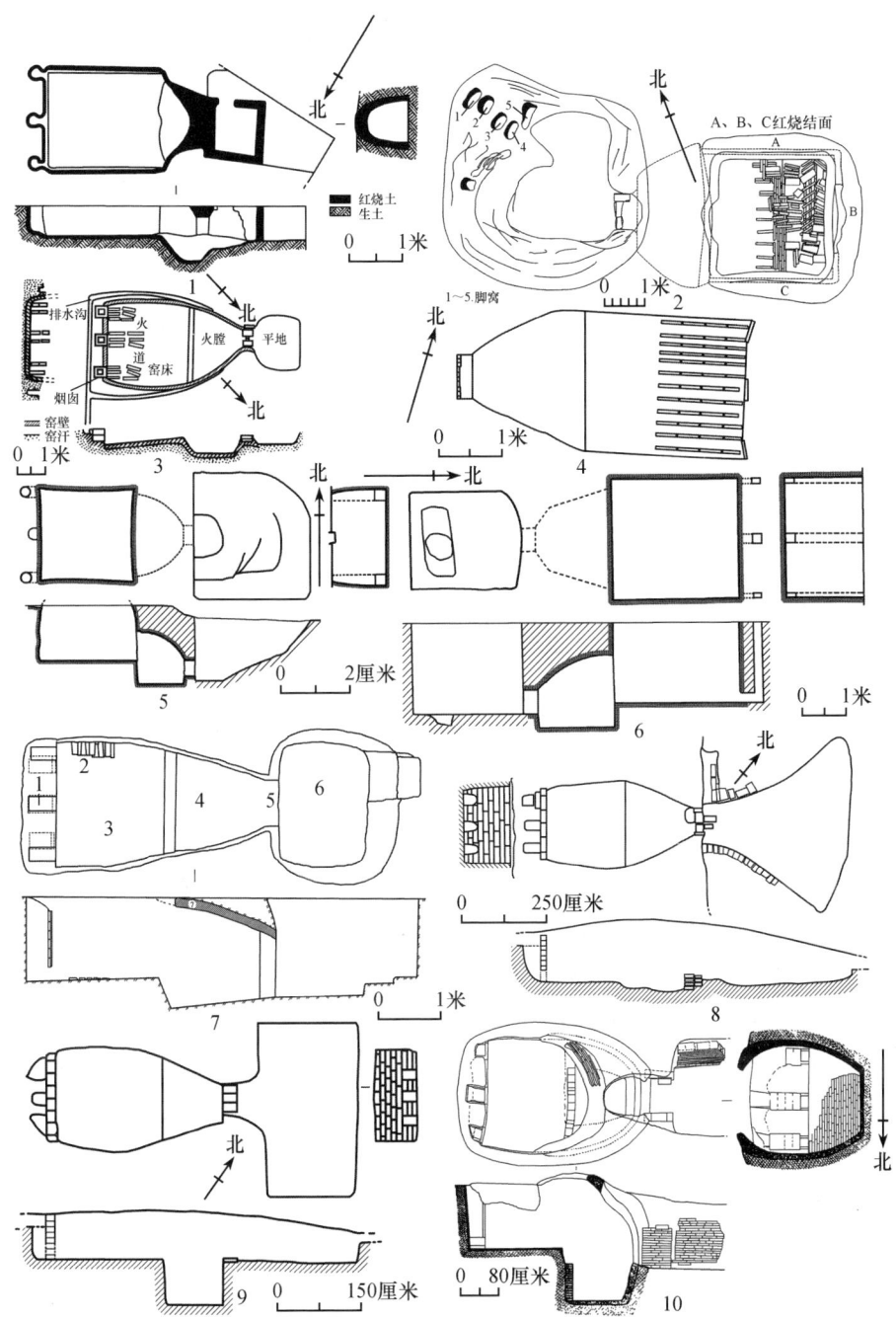

图 5-56 A 型单火膛有操作坑陶窑

1. 湖北襄阳老河口市柴店岗砖厂汉代陶窑 Y1 2. 河南辉县路固 AY1 3. 湖南常德市城区汉代陶窑 4. 湖南常德武陵开发区东汉陶窑 5. 河北鹿泉西龙贵汉代 Y1 6. 河北鹿泉西龙贵汉代 Y2 7. 河南新乡王门墓地 Y1 8. 内蒙古巴彦淖尔磴口县纳林套海墓地 Y1 9. 内蒙古巴彦淖尔磴口县纳林套海墓地 Y2 10. 湖北襄阳竹条镇 Y1

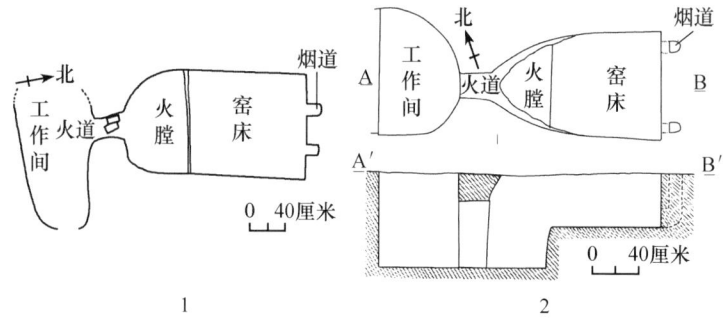

图 5-57　B 型单火膛有操作坑陶窑
1. 安徽泗县吴店汉代墓地 Y3　2. 安徽泗县吴店汉代墓地 Y6

三、窑具、燃料与相关技术

窑具、燃料与相关技术是陶窑的重要内容，与汉代中小型墓葬墓地陶窑相关的发掘资料有所公布，部分还进行了分析，对认识汉代陶窑的发展提供了相应参考。

（一）窑具

因保存状况的差异，出土的窑具或多或少，种类不一，亦有的不见。

较多陶窑出土数量、种类较少，新乡市东干道西汉陶窑出土有陶支座（图 5-58：1），王门墓地陶窑出土有陶垫片（图 5-58：2）；沿河县洪渡镇陶窑出土有陶拍、狗头范、陶柱形器等（图 5-58：3）。老河口市柴店岗砖厂陶窑出土窑具较多，皆泥质灰陶，器类有陶垫、陶拍、陶杵等。陶垫 32 件，分圆盘形、覆钵形、圆饼形、C 形四类；拍 1 件，椭圆形，外弧，圆柱形柄，中空；杵 2 件，楔形，顶平有长方形柄榫眼，下端尖圆（图 5-59）。

虽然出土的窑具不多，但也反映出相关的功用。一是制陶工具，如陶拍、陶杵及陶范等，陶拍可拍打胎土，拍印纹饰；陶杵可捣碎陶土，便于下一步加工；陶范可制作陶模，沿河县洪渡镇陶窑出土的狗头范，说明应有陶动物制作，与丧葬的关系密切。二是烧造时的辅助工具，以垫片居多，另有支座、柱形器等，主要在烧造时用于支垫器物，以求稳固并充分接受热量，

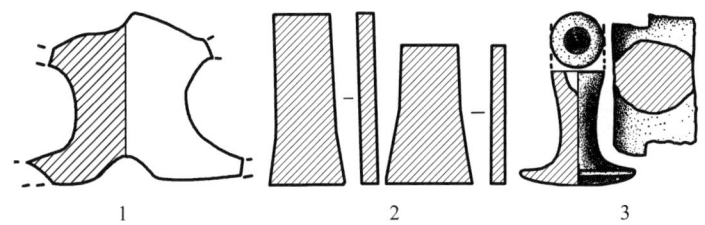

图 5-58　汉代陶窑出土窑具
1.河南新乡市东干道陶窑出土支座　2.河南新乡王门墓地 Y1 平出垫片
3.贵州沿河县洪渡镇陶窑陶窑出土陶拍、陶柱形器

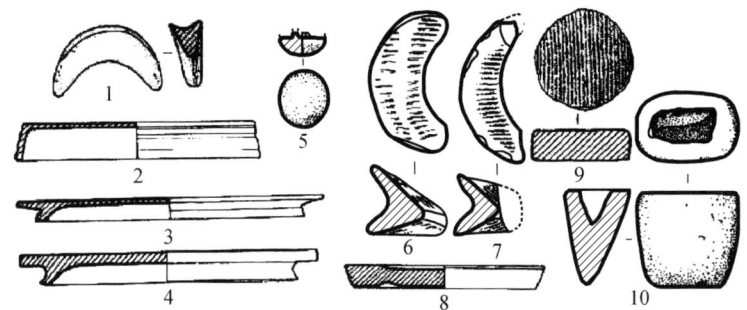

图 5-59　湖北襄阳老河口市柴店岗砖厂汉代陶窑出土陶窑具
1-4、6-9.陶垫　5.陶拍　10.陶杵

进而达到烧造要求。以老河口市柴店岗砖厂陶窑出土窑具为例，陶垫主要为盘形、C 形和圆陶片等，经分析，每种陶垫应有不同的用途：盘形垫，因其直径大、陶胎厚实，下有圈足，可用来承放大口器（如盆），也可能为制陶用轮盘；C 形垫内薄外厚，弧形，应为 3 个一组用来承放圆底器如釜、圆底罐等；圆陶片因其小巧，大小各异，用来作器物垫的局部，调整也十分方便[①]。

（二）燃料

原使用燃料极少保留，但部分有燃烧后遗留，部分经鉴定，对陶窑使用的燃料有所确认。

相关资料较丰富。武陟县苗庄村 3 座陶窑，在窑室部分、火膛、窑门、

---

① 老河口市博物馆：《老河口市柴店岗砖厂汉代窑址清理简报》，《江汉考古》2004 年第 4 期。

操作坑底部均发现有大块的木炭，火膛和操作坑填土堆积中也发现有质地疏松、细腻灰烬层，所用燃料均以木柴为主，可能辅以部分干草；新密市密新商场陶窑，火膛内的遗物仅有煤渣和未烧透的煤饼；新乡北站区前郭柳村Y1，窑门处清理时发现底有厚约20厘米的柴木灰，Y2火膛内发现厚达70厘米的草木灰，Y3亦发现有草木灰，推测燃料为木材及植物秸秆或干草。长沟汉代墓地陶窑中，Y3的操作坑、火门、火膛、烟囱等处均发现有草木灰或炭灰颗粒，其中火膛底部有厚0.3米的炭灰。丰台南苑新宫汉代墓地Y4，火膛底部的黑色、白色草木灰烬厚20厘米，Y5的火膛底部有大量木炭灰烬，操作间也发现有灰烬、木炭；植物油厂7座陶窑的火膛底部均有大量草木灰，厚0.1—0.3米不等。泗县吴店遗址发掘清理的6座陶窑，通过提取窑室的燃料进行实验，结果表明燃料多为麦草。酒泉下河清汉代砖窑，火坑深距窑底1.3—1.35米，底部堆有厚约20—30厘米的灰烬，呈灰白色，里面杂有残存木炭碎块，说明当时烧窑的燃料主要是木材。老河口市柴店岗砖厂陶窑，火膛底部残存一层纯净的草木灰，由此可推测出烧窑的燃料应为木柴。武胜汉代陶窑清理过程中未发现煤渣，只有少量木炭核，因此断定其用木柴作燃料。沿河县洪渡镇陶窑，清理火膛时发现零星木炭渣及草灰，并有很薄一层灰白色烧结层，窑床上也有木炭渣及草灰。常德武陵区陶窑，靠近窑门处堆有大量草木灰，火膛底部留有厚0.4米左右的黑色草木灰；常德市城区北部Y1，火膛内除发现少量木炭外，大部分为炭化的毛竹，炭化层在5—10厘米左右，发掘时仍可清楚地看到毛竹的竹节，有的长度达30厘米以上。

可以看出，汉代中小型墓葬墓地陶窑的燃料以木材及干草或秸秆为主，但也有陶窑使用了煤，新密市密新商场陶窑火膛内遗留的煤渣和未烧透的煤饼可以体现，这也说明东汉时期，煤已作为一些中小型墓葬墓地陶窑的燃料，但并未普及。另如洛阳孟津平乐镇新庄村东北部发掘的与东汉帝陵有关的3座完整陶窑中，有两座窑的火塘内发现了用煤做燃料的现象。其他如常德市城区北部Y1火膛内多为炭化毛竹，这说明当时人们已把毛竹这一江南盛产、价廉又高效的燃料广泛使用，而砍伐速生的毛竹也更利于生态环境的保护[①]。

---

① 常德市文物处、常德市博物馆：《湖南常德市城区发现汉代砖窑》，《江汉考古》，1998年第2期。

（三）相关技术

汉代墓地陶窑的考古资料体现出相应的陶坯制作及成品烧造工艺和技术。

襄阳竹条汉代窑址，解剖相关土层时，发现成形土砖坯的迹象，系由土砖坯经水浸润而形成。新乡北站区前郭柳村3号窑所出砖坯的制作，首先是选择不带砂礓、较纯净的土，然后再经过筛选、加工，脱出砖坯后沾上草木灰，最后待砖坯干后装窑。

新乡东干道陶窑有两个火膛，窑床位于两火膛中间，可使坯料得到高温焙烧，且受热均匀，从而保证了陶器的质量和成品率。广安武胜匡家坝陶窑的烟道与烟囱设置，使得火力容易被烟道吸引，增加抽力作用，火焰由底部而上，可充分燃烧燃料。沿河县洪渡镇陶窑装窑时，陶坯随窑壁内收到一定高度，有意堆成馒头形，然后用干湿适中的泥土覆盖，顶中留一烟孔抽火，烧好后，扒去顶部覆土，待冷却后即可出窑。

四、墓地陶窑的配套设施及相关内容

窑是陶窑遗址的主体，另有一些配套设施，共同实现陶坯制作、成品烧造及其他相关内容，综合体现出汉代墓地陶窑的发展。

（一）设施内容

从大的方面来讲，操作坑也是配套设施的内容之一，上文已有相关论述。大致来看，还包括以下设施内容。

1. 水井

辉县路固AY1南侧约3.5米有一眼水井（AJ1），平面近圆形，井底较平，井口下1.2米处内收，其上较宽，壁面垂直光滑，时代与AY1同（图5-60）。该井靠近AY1，附近无房

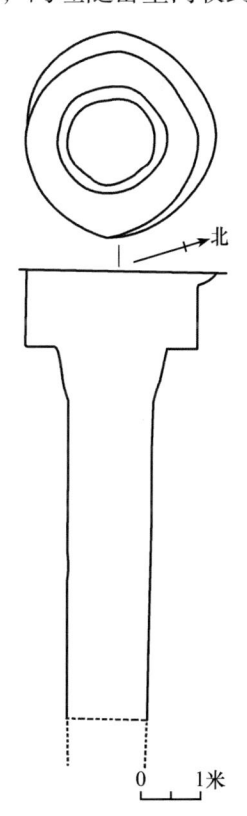

图5-60　河南省辉县路固汉代墓地A区Y1附近水井（AJ1）

基等，应是服务于 AY1，为制砖坯和浸润氧化砖提供水源。AY1 窑道内出土有陶器、建筑材料及钱币等，可能为烧窑者的生活遗存。笔者推测，水井除服务于制砖坯及烧砖外，也可能与烧窑者的生活有关。黄冈陈家大地墓地陶窑稍远距离有 1 水井，也可能供陶窑使用。辉县百泉镇大官庄村墓地陶窑，分工作坑、水井、工作面和窑室四部分，工作坑、水井和窑室一体化的陶窑相对少见。

2. 坑

有一定数量，功能和作用存在不同。有些坑原可能与陶窑取土有关，后成为废料盛放坑。

（1）取土坑

辉县路固 AY1 西侧约 10 米有一面积 70 平方米的取土坑，填土纯净，无包含物，主要作用是为制砖坯提供土料。

（2）废料盛放坑

黄冈陈家大地墓地陶窑的西侧紧邻有 1 灰坑，应是与陶窑配套的设施[①]，可能是盛放与烧窑有关的废弃材料。

襄阳竹条汉代窑址发现 2 个较深的土坑。K1 平面略呈长方形，较深，壁较陡直，长 3.92、宽 2.45、深 1.26 米，填土为杂色堆积，主要是窑址上的废弃物，包含大量的残碎砖块、烧土块和灰烬，只有少量几块陶片和绳纹瓦片；K2 平面略呈椭圆形，较深，壁较陡直，长径 3.65、短径 2.4、深 1.3 米，坑内填土与 K1 相同。K1、K2 系人工形成，且与生产活动有关，最初可能与陶窑取土有关，但从坑内堆积看，为废料盛放坑。

老河口市柴店岗砖厂陶窑北有一坑，编号为 LXCH1，开口第 3 层下，距地表深 40—75 厘米，打破生土层，坑口不甚规则，坑壁凹凸不平，坑底南高北低呈圜底状，坑口南北长 5.3、东西发掘宽度 4、坑深 1.3 米，坑内堆积分二层，第二层以草木灰为主，夹杂红烧土粒及褐色黏土，厚 0—1.1 米，出土遗物以陶片为主，器形有盆、盘、罐、瓦当、板瓦、筒瓦及器垫等。

---

① 黄冈市博物馆、湖北省文物考古研究所、湖北省京九铁路考古队：《罗州城与汉墓》，科学出版社 2000 年版，第 316—319 页。

LXCH1 的年代与陶窑同为西汉中晚期，从坑的形状、面积与包含物来看，LXCH1 原为取土坑，后用来堆积窑内废弃物。

3．存放场地

沿河县洪渡镇陶窑，可能有相应面积的场地用于码放成品和陶坯。

襄阳竹条汉代窑址有 3 处平面略呈长方形、面积约 30 平方米的场地，堆积较平缓，厚 0.1—0.3 米，呈褐红色，基本是由残碎砖块堆积而成，砖块大多为红、褐色，火候不足，硬度较低，易破碎，也有少量硬度较高的青灰砖残块。三个场地为窑址的出窑码砖场所，一些尚欠火候的残碎砖块应是当时码砖场上残存的，或经过集中的废弃砖碴。

常德市城区北部 Y1，窑门外有近 2 平方米的平地，高于火膛，可能应是作储存烧料和转运成品之用。

4．陶坯制作作坊

鹿泉西龙贵汉代墓地发现两座陶窑，墓地的东南 200—300 米还有一处小型汉代遗址，面积数千平方米，发现有较厚的瓦砾堆积、灰坑和一座陶窑，可能为制作砖瓦等的作坊。由于在附近没有发现同时期的居住遗址，因此推测该遗址应与墓地有关，可能这是一处主要为墓地提供制作砖瓦坯的作坊，砖瓦干坯制成后再就地烧造。

5．水沟

主要发现于南方或西南地区的陶窑，相对少见。

常德市城区北部汉代砖窑，窑体外四周均有排水沟环绕，只有靠烟囱的排水沟直接通窑外低处。

沿河县洪渡镇 Y2，排水沟设置在窑内四周。

6．河流

是借助自然河流，在某种程度上可将河流视为配套设施。沿河县洪渡镇陶窑，基本修建于江、河岸边，应是出于取水方便的考虑。

除上述内容外，辉县路固陶窑的操作坑发现有脚窝。另还可能有道路、蓄水池或其他相关设施,《老河口市柴店岗砖厂汉代窑址清理简报》一文指出,在窑室前可能会构筑防雨遮阳棚等[①]。

(二) 相关内容

由上可知,汉代墓地陶窑的配套设施主要包括水井、取土坑、废料盛放坑、存放场地、陶坯制作作坊、排水沟、防雨设施及借助河流等。一些设施虽不相同,但有相同或相近的功能,有些设施较为相似,但功能不同,相关作用或涉及取水与用水、为制坯提供土料、盛放废料、码放成品和陶坯或储存烧料和转运成品、制作陶坯、防雨排水等。

配套设施在一些窑址内仅有零星发现,内容较为单一,有的则有多个内容,功能涉及多个方面,也反映出相应的布局。襄阳竹条汉代窑址,发现的较多遗迹都处于相同层位,其内遗物时代也较一致,说明这些遗迹的使用年代大体上是一致的,都与窑址的生产活动直接相关,因位置毗邻,时代又较一致,应是该窑址这个统一体的不同组成部分。位置关系反映着该窑址的布局,中部有Y1、Y2,东北部有Y3,三座窑的门都朝向西,Y1、Y2、Y3的近旁分别有1号、2号、3号砖场,应是分别附属于三窑,供出窑时码放产品,西北部有K1、K2两个土坑,也与生产活动有关,此外,在这些遗迹的周围附近,当时必然还有制坯场所、道路等不可或缺的部分[②]。鹿泉西龙贵汉代墓地有两座陶窑,墓地的东南200—300米有制作砖瓦等的作坊,也体现出相应的布局。

排水沟发现不多,基本位于南方或西南地区的陶窑,因具体位置不同,作用也有差异。常德市城区北部砖窑的排水沟位于窑体外四周,保证了雨天窑内不会因水内灌而熄火,也保护陶窑不受雨水侵害[③]。沿河县洪渡镇Y2的排水沟设置在窑内四周,作用是当窑内被烧物达到一定温度时,需封闭进料口及烟道口,然后在窑顶周围及烟道处逐渐蓄水,水会慢慢渗入窑室,大部

---

① 老河口市博物馆:《老河口市柴店岗砖厂汉代窑址清理简报》,《江汉考古》2004年第4期。

② 湖北省文物考古研究所、襄阳县文物管理处:《襄阳竹条汉代墓葬、窑址发掘》,《江汉考古》2000年第1期。

③ 常德市文物处、常德市博物馆:《湖南常德市城区发现汉代砖窑》,《江汉考古》,1998年第2期。

分流进烟道内，并顺烟道流至窑底，然后沿两侧排水沟流入火膛，水入窑室后，不断蒸发，使窑室内产生二氧化硫气体，当窑室内的被烧物吸收该气体后，颜色由红褐色逐渐变为青灰色，因窑室边缘的被烧物受火不均，放水前温度不一，吸收二氧化硫成分的程度自然就不平衡，所以造成砖、瓦等有青、灰、红褐色的情况，该窑排水沟的设置及方位及其功能与现代窑相似[①]。

五、陶窑的功用和性质

诸多陶窑位于墓地边缘或附近，与墓葬关系密切，有的分布于墓地之中，或分散或集中。丰台南苑槐房汉代墓地的陶窑位于墓地偏南北两侧，附近有较多墓葬；新宫墓地的5座陶窑位置偏西，除Y1外，其余4座较为集中；植物油厂墓地的陶窑位于北侧偏西，多2个集中分布。鹿泉西龙贵汉代墓地发现两座陶窑，在墓地周围近1千米的范围，除墓地东南部的小型作坊遗址外，没有同时代的居住遗址和其他文化遗存，陶窑在这里出现应是与墓地有密切关系。襄阳竹条汉代窑址出土的砖纹等与墓葬中出土的同类遗物极为相似（图5-61），表明陶窑与墓葬关系密切。多数陶窑烧造的产品或烧造的多数产品服务于墓葬需求，因此从大的方面讲，这些陶窑的功能是服务于墓葬，其性质就是墓地的外部设施。就具体的功能和性质而言，诸多陶窑又存在较多不同，体现出自身的特点，反映出不同墓地与陶窑的关系。

专门为墓地生产建筑材料的陶窑较多，相当部分是专门的砖窑。辉县路固AY1是专门为墓地提供用砖的窑厂，新乡北站区前郭柳村的Y3专门用于烧砖。巴彦淖尔磴口县纳林套海墓地的2座陶窑是为烧制砌筑墓葬砖而专门建造的，窑内出土砖与墓地中墓葬用砖形制相同。酒泉下河清发现的五座砖窑，生产的砖很可能是为筑造附近砖墓而烧造的。鹿泉西龙贵汉代墓地Y1，烧造的产品主要是砖，产品与墓地内墓葬用砖一致。常德武陵开发区发现的陶窑，应是烧制建造墓葬用砖的。虽然都是烧造砖，但一些墓地的陶窑也有区分。广安武胜匡家坝发现5座陶窑，是专为汉代墓葬建筑用砖而烧造的，根据一号窑炉只出子母砖和二号窑炉出长方形花砖判断，二窑在烧造砖型上存在有分工。部分窑除砖外，还生产其他建筑材料。焦作武陟县苗庄

---

① 贵州省博物馆考古队：《贵州沿河洪渡汉代窑址试掘》，《考古》1993年第9期。

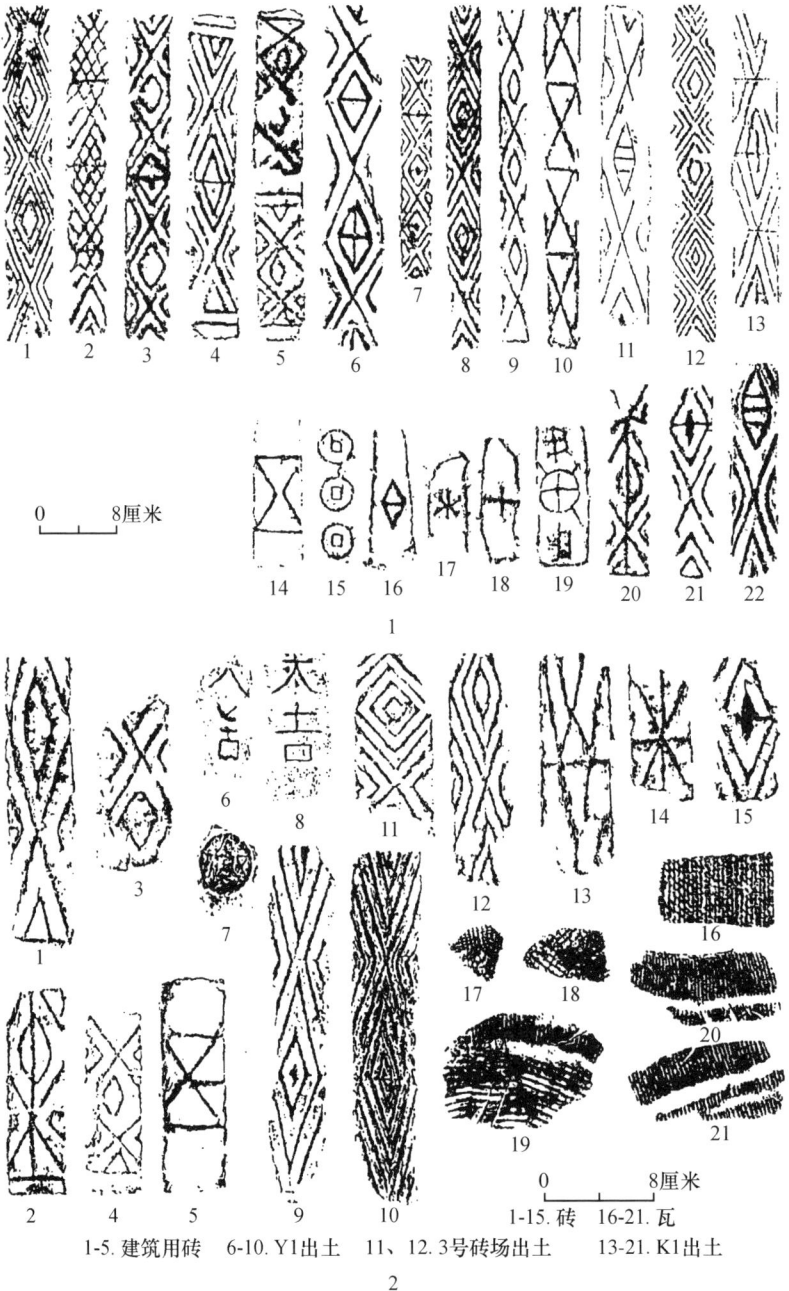

图 5-61 湖北襄阳竹条汉代墓葬出土墓砖及其他遗物纹饰
1. 墓葬出土墓砖 2. 陶窑出土器物

村发现的三座陶窑,专门为同时期(西汉中晚期)附近墓地烧制墓葬用砖、瓦、空心砖等建筑材料。鹿泉西龙贵汉代墓地 Y2 烧制的产品至少包括板瓦和筒瓦,而该墓地几乎每墓都出土板瓦和筒瓦,因此墓葬使用的各种瓦很可能是就地烧造的(图 5-62)。有的陶窑除烧砖外,还烧造其他产品。丰台南苑 3 处东汉墓地的陶窑,主体是生产墓砖,但也可能生产其他墓葬建筑用陶或陪

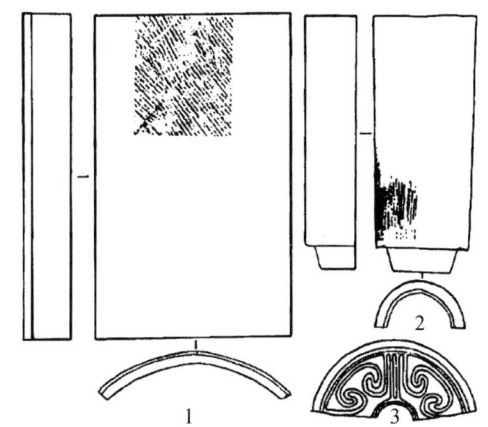

图 5-62 河北鹿泉西龙贵汉代陶窑出土建筑材料
1. 板瓦 2. 筒瓦 3. 瓦当(残)

葬品,其中植物油厂 Y3 的窑内填土中出土陶筒瓦、板瓦、瓦当等,多残;Y4、Y5、Y7 的窑内填土出土陶罐、盆等,Y5 还出土有陶鼎残片。沿河县洪渡镇的陶窑以烧砖为主(图 5-63),另外烧造一些动物俑和其他器物。新乡北站区前郭柳村 2 号窑,烧砖烧陶皆可。新密市密新商场 Y2,既烧造墓砖,也烧造其他器物(图 5-64)。有的陶窑生产日用陶器、建筑用陶的同时还烧造丧葬用陶。老河口市柴店岗砖厂陶窑以生产日用陶器、建筑用陶为主,并生产陶礼器、明器等丧葬用陶。常德市城区北部陶窑不仅烧制墓葬用砖,可能还烧造建筑用砖(图 5-65)。新乡北站区前郭柳村的 1 号陶窑,以

图 5-63 贵州沿河洪渡汉代窑址出土砖纹饰

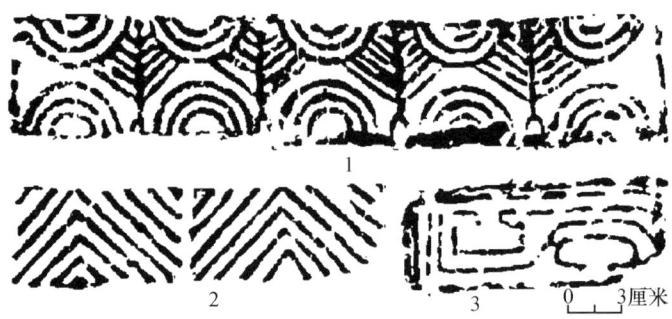

图 5-64 河南密县密新商场陶窑 Y2 出土砖纹饰
1. 树纹与半圆形纹 2. 三角形纹 3. 变体云纹

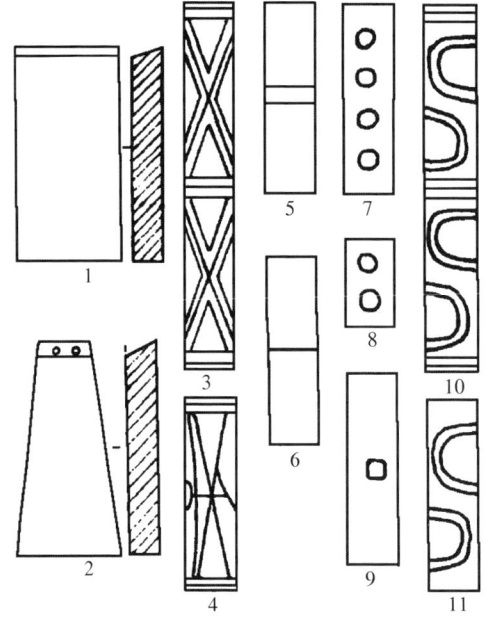

图 5-65 湖南常德市东汉砖窑遗址出土砖及纹饰
1. 长方形砖 2. 楔形砖 3-11. 纹饰

烧造陶器为主。丰台长沟汉代墓地的 5 座陶窑基本是为墓地中墓葬烧造陪葬物品的,一方面,墓地中的墓葬贯穿两汉,但基本为竖穴墓葬,不见用砖者,所以陶窑不是用来烧砖,而它们位于墓地中,烧造相关陪葬陶器应无疑问;另一方面,墓地发现的灰坑(H1)中出土的陶罐、钵、鼎足、猪等的残件,与墓地中墓葬出土陪葬品相近或相似,这也说明几座陶窑是用来烧造陪葬品的,但此类陶窑并不多见。

可以看出,相关陶窑既有相当数量专门性较强的砖窑,也有较多具有兼烧功能的窑,一些既生产日用陶、建筑用陶,也生产丧葬用陶。一些墓地陶窑分工明确,或砖与其他建筑材料区分,或不同的砖有区分,也有砖与器物的区分;一些则兼烧特征明显,或砖、陶兼烧,或丧葬用陶与日常及建筑用陶兼烧。概括来看,生产砖及其他建筑用陶的陶窑所占比例较大,这与墓葬砌建的需求有关，而较多此类陶窑的时代为西汉晚期至东汉时期，与汉代墓葬的发展较为对应。需作说明的是，同一墓地若有多个陶窑，虽然它们的形制或形状大致相同或相似，但因烧造内容及需求的差异，会在细节上存在差异，即具体的功能和性质有所区分。新乡北站区前郭柳村6座汉代陶窑中，1号窑可能以烧造陶器为主，2号窑烧砖烧陶皆可，3号窑为烧砖窑。鹿泉西龙贵汉代墓地陶窑，Y1的产品主要是砖，Y2烧制的产品至少包括有板瓦和筒瓦，亦明显不同。

不同墓地，陶窑的数量不等，亦不与墓葬数量成正比，一些还反映出相应的使用时间。西汉长陵、阳陵、茂陵等陵区内均有相当数量的陶窑，与墓地设施多、需求量大、建设时间长等有关，有些陶窑使用时间可能较长。朱仓东汉帝陵陵区的孟津新庄陶窑数量不多，但使用时间较长，窑壁两侧皆有相应厚度的坚硬烧结层且发现多次修补痕迹等，这与墓地建设时间长，有一定量的持续需求等有关。中小型墓地中，有某一墓葬的专用陶窑，使用时间较短，如辉县百泉镇大官庄村汉代陶窑，推测仅为M2生产建筑材料；有的如兖州徐家营墓地，墓葬数量多，但仅发现1座陶窑，推测应是服务于附近一些或个别墓葬，使用时间不会太长，类似情况在其他延续时间长的墓地也有发现，但陶窑数量稍多，时代相对集中；有的墓地规模不大，墓葬数量亦较少，但有多座陶窑，这与墓葬时代相对集中有关，陶窑可在较短时间内集中使用以满足需求。

上述陶窑中的多数作为墓地陶窑应无疑问。较多墓地陶窑直接服务于某一或多个家庭、家族成员墓葬的修建，一些还制作陪葬品，既方便使用，也节省开支，墓地之中、边缘或附近有足够场地，便于建窑、取土及其制坯、存放，同时还能根据需要生产具有特殊性的建墓材料和陪葬品，这些因素应是墓地陶窑在中小型墓葬中推广普及的重要原因。此类陶窑的产品基本不见生活用品，也不用于买卖，且就地使用，故不存在私营性质，是家庭或家族在丧葬方面的自产自用。一些陶窑既生产丧葬用陶，也生产日用陶器，或为家庭或家族自产自用，或具有私营性质，即相关产品用于买卖，以获取相应利益。具有私营性质的陶窑为满足需求，可能是多窑并存，产品种类较多。老河口柴店岗砖厂至崔营砖厂之间有一个分布密集的汉代私营制陶作坊区，除丧葬用陶外，还可能生产日用陶器与建筑用陶，加之附近有较多墓葬，相关产品可销售以供墓葬修建和陪葬，也可能销售给附近居住者，因此具有了私营的性质。

六、墓地陶窑的相关特征

主要包括时代、地域及等级特征等内容。

（一）时代特征

汉代中小型墓葬所属墓地的陶窑基本在西汉中期及以后，且西汉时期的陶窑数量及发现地点均较少，但东汉时期的陶窑数量大增，不仅发现数量多，分布地域广，而且形制也较为多样，体现出逐步发展和日渐普及的特征。这一方面与墓葬自身的发展有关，最突出的表现是砖砌墓葬的推广和普及，尤其是东汉时期，砖室墓成为主流，这在很大程度上推动了墓地陶窑的发展，很多已知的陶窑烧造墓葬用砖即可说明；家族墓地的不断扩大和发展是另一因素，一个家族墓地建造为墓地服务的陶窑，不仅能节省开支，还可以达到便捷化和统一化等需求，而家族的血亲关系及经济条件也推动了墓地陶窑的发展；三是烧窑技术的普及和不断提高，这使得墓地陶窑的推广成为可能。

西汉早期至武帝时期，高等级墓葬的陵区已有相当数量陶窑，推测这对于中小型墓葬当有一定的影响。西汉早期帝陵如长陵、安陵等陵区的陶窑，还具有东周时期陶窑的一些特点，而武帝茂陵陵区发现的陶窑可以确定多为三个烟道，这与较多汉代中小型墓葬所属墓地发现的陶窑相似，但中小型墓葬所属墓地发现的陶窑形状更为多样，体现出适应自身需求的发展和相应的灵活性。就烟道来讲，三个最为普遍，说明这一结构有其优点并被普遍接受，但汉代中小型墓葬墓地陶窑，还见有一个或两个，甚至也有四个烟道者，而且东汉时期并存现象还较常见，亦反映出中小型墓葬所属墓地的陶窑具有相应的灵活性和多样性。换而言之，烟道和烟孔的多少在古代陶窑发展过程中可能存在相应的演变与继承，如老河口市柴店岗砖厂陶窑，半地下式倒焰窑的形状结构源于战国时期馒头形倒焰窑，但其窑床呈长方形，出现三个排烟囱，年代明显变晚，已具有西汉中期前后的特征[①]。不过，汉代中小

---

① 老河口市博物馆：《老河口市柴店岗砖厂汉代窑址清理简报》，《江汉考古》2004年第4期。

型墓葬墓地陶窑的发展与演变的特征并不明显，而其所体现更多的是在需求基础上的灵活性或实用性。

（二）地域特征

与时代相对应，西汉时期中小型墓葬外或墓地中的陶窑数量不多，分布地域少；东汉时，使用地域较为广泛，南至湖南，北到内蒙古，西南至川渝、贵州等地的汉代墓葬或墓地皆有使用。具体来讲，汉代中小型墓葬墓地陶窑的建造存在因地制宜的特点，如利用坡地或断崖开挖，而一些具体设施也有体现。我国南方多雨，一些陶窑如常德武陵开发区、沿河县洪渡镇等发现的陶窑，修建有排水设施，但有窑内外之分。烧制技术和燃料等也有体现，如沿河县洪渡镇陶窑，装窑时陶坯随窑壁内收到一定高度时用干湿适中的泥土覆盖，顶中留一烟孔抽火；常德市城区北部Y1，以当地常见的毛竹作燃料。

（三）等级特征

西汉时期，墓葬多为竖穴坑圹与木质葬具等，墓地陶窑数量少在情理之中，但等级较高的帝王陵墓陵区内发现有陶窑，而一般中小型墓葬所属墓地基本不见，这在某种程度上体现出墓葬等级及墓主身份地位的差异。帝王陵墓尤其是帝陵，规模大，墓外设施丰富，相关设施的建造材料需要陶窑就地烧制，以减少不必要的环节，加之墓内外及其陪葬墓等所需的陪葬陶器数量较大，部分很可能需要陶窑就地烧制。中小型墓葬较之帝陵相差甚远，墓地规模小，设施简单，陪葬品数量少，基本不需要专门建造陶窑服务于墓葬。西汉晚期至东汉，尤其是东汉时期，砖室墓的普及促进了中小型墓葬或所属墓地陶窑的发展和普及，陶窑除生产墓砖外，又衍生出生产墓地所需其他建筑材料及陶质陪葬品等，这又反向促进了墓地陶窑的推广。陶窑所属墓葬或墓地的等级并不统一，一些等级稍高的墓葬或墓地，陶窑具有专门性和针对性，即服务于某一或少量墓葬，但此类陶窑数量较少，更多的是服务于多个墓葬或者是某一墓地的陶窑，墓葬的墓主身份地位普遍不高，经济实力也不是太富有，反映出这些墓葬的墓主节省开支及尽力达到修建墓葬与满足陪葬等的需求。陶窑便于修建，烧造技术要求不高等也应是较多中小型墓葬或墓地修建陶窑的原因之一。

除上述内容外，关于汉代墓地陶窑还有一些内容，如一些细节的设置与建造等，可以达到节省染料、提高温度、使烧制品更好受热、促进成品质量提高、保护窑炉等目的。上文所述陶坯制作及成品烧造的工艺和技术，既有统一性，也有多样性，既反映出时代特点，也体现出地域特征，综合说明汉代制陶业的发展及其与墓葬建造、陪葬品的制作等相关的内容。墓地陶窑的一些出土物还反映出与陶窑烧造有关的内容，如制作坯料、搬运及烧造者的生活等。辉县路固AY1出土盆、壶、罐及钱币等（图5-66：1）；新乡王门墓地陶窑出土盆、罐等陶器14件和1枚五铢残片（图5-66：2），部分应为工作者使用品或所有物，损毁或遗留于陶窑的相关位置。由相关遗物可

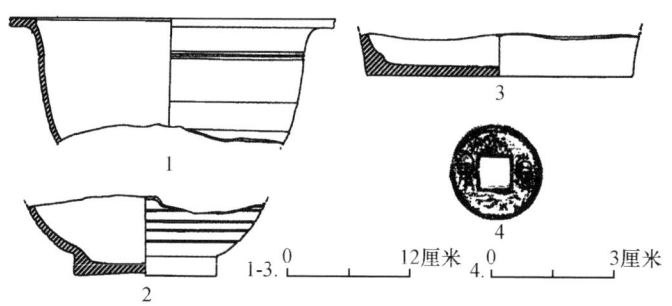

1.陶盆（AY1:2） 2.陶壶（AY1:3） 3.陶罐（AY1:4） 4.铜钱拓本（AY1:1）
1

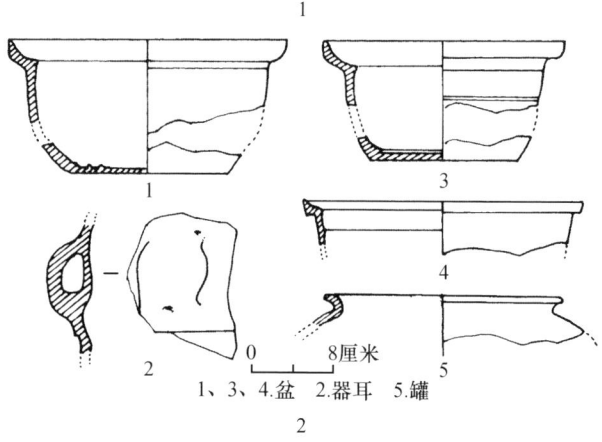

1、3、4.盆 2.器耳 5.罐
2

图 5-66 汉代陶窑出土的生活类遗物
1.河南辉县路固 AY1 出土 2.河南新乡王门墓地 Y1 出土

知，当时的劳动者或者服务于陶窑的劳动人员，地位不高，生活水平或质量也相对较低，在进行坯料搬运或陶窑烧制墓葬所需材料时，他们很可能居住于陶窑附近，或以操作坑或工作面为休憩或饮食等生活的场地。

总的来看，汉代墓地陶窑已发现较多数量，且分布地域广，并有一定的时代跨度。窑的建造方式、形制和类型较为多样，窑具及燃料充分满足了烧造相关物品的需求，同时还有较多不同内容的配套设施，综合体现出汉代墓地陶窑的发展，也体现出其服务丧葬的功能和作用，反映出与墓葬及其陶窑自身相对应的性质和内涵。可以说，汉代中小型墓葬所属墓地的陶窑是汉代中小型墓葬的重要墓外设施内容，对研究汉代墓葬的修建、陪葬品的制作及墓地规划等均有极为重要的参考价值和作用。

七、石灰窑

江苏睢宁姚集镇蛟龙村蛟龙山山前、山后的坡地土墩上发现石灰窑10余座，清理了其中的3座，均为在生土上向下挖掘而成，可分为两种类型[①]。

一是以 Y1 为代表。该石灰窑呈圆筒状，直径 2、深 3.5 米，底部稍内收。窑室内残存有块状石灰、未烧成石灰的石块、烧焦的块状物、未完全燃烧的树枝和秸秆、黑色的灰烬等。在窑室的西南部，距窑底 2 米处有一长方形的投料台，投料台为石块垒砌，长 1.05、宽 0.65、深 0.5 米。在投料台下方距窑底 0.9 米处有一宽 15、深 10、高 15 厘米的脚窝。窑室内的堆积可分为四层：第①层为棕红色土层，其间夹杂较多的石块，厚 1.9 米；第②层为黑褐色焦化物堆积层，厚 0.11 米；第③层为石灰层，厚 0.1 米，均为块状石灰、未烧成石灰的石块；第④层为灰层，厚 0.5 米，黑色灰层内尚有未完全燃烧的树枝、秸秆等。

二是以 Y3 为代表。该窑亦呈圆筒状，直径 2、残深 0.4 米。窑室内残存块状石灰、未烧成石灰的石块、烧焦的块状物、黑色的灰烬等。在窑室的东北部有由低至高的四级火道（或风道）通到窑室底部。

石灰窑的窑室内堆积物中发现有汉代的砖块等，窑址时代为东汉。

---

① 盛储彬、吴公勤：《徐州市睢宁蛟龙东汉窑址》，《中国考古学年鉴·2002年》，文物出版社2003年版，第196、197页。

与石灰窑址距离较近的为睢宁刘楼东汉墓葬群，该墓群为东汉下邳王的王陵区，已发现、发掘一些具有相应等级的墓葬，部分属中小型墓葬级别[①]。这些墓葬的修建多使用石灰，说明蛟龙山石灰窑址除服务于下邳王陵区中高等级墓葬，也会为陵区内较多中小型墓葬的修建烧造所需石灰。

第四节　阙与刻石

多为石质，有以雕琢的块石或构件搭配组合而成者，也有较多整石雕琢而成者，位于墓地之中，以墓前常见，多在墓地祭祀设施——祠堂之前至墓地入口处，墓地神道两侧居多，位置或排列有一定规则，数量、种类不等，形式也不尽相同。内容与内涵较为丰富，反映出墓地的范围、规划、与墓主相关信息等的同时也体现出与墓地有关的礼制，进而衬托出墓地的庄严及其特征。

一、阙

阙为古代庭院建筑的重要配套设施，汉代之前，渐被一些高等级墓葬的陵园所使用，墓阙因此成为古代阙的一种重要形式。

汉代之前最具代表性的是秦始皇帝陵墓阙，为土阙[②]。西汉时期，较高等级的墓葬沿袭秦始皇帝陵对墓阙的使用，亦在陵园门等处建阙，基本为土阙，规模较大，如汉阳陵的陵园东门和南门发现的墓阙[③]。陪葬帝陵如阳陵等的较多列侯级别墓园亦有墓阙遗存，但等级低者基本不见，反映出相应的

[①] 睢文、南波：《江苏睢宁县刘楼东汉墓清理简报》，《文物资料丛刊（第4辑）》，文物出版社1981年版，第112—114页；仝泽荣、盛储彬：《睢宁县刘楼二号东汉墓》，《中国考古学年鉴·1997年》，文物出版社1999年版，第138页。M3于2003年发掘，笔者参与了相关工作；相关单位对该处墓地及附近相关墓葬进行了相应调查勘探。

[②] 陕西省考古研究所、秦始皇兵马俑博物馆：《西安秦始皇陵园的考古新发现》，《考古》2002年第7期；秦始皇帝陵博物院：《西安市秦始皇帝陵》，《考古》2014年第7期。

[③] 陕西省考古研究院：《汉阳陵帝陵陵园南门遗址发掘简报》，《考古与文物》2011年第5期；郭青：《汉阳陵东阙门遗址发掘取得重要收获》，《陕西日报》2011年12月16日第1版。

等级性①。江西南昌海昏侯墓园，北门及东门均有门阙建筑，阙台夯筑，对称分布②。史书中关于一些列侯的墓葬，如霍光墓、董贤墓等，也有相关记载。就目前考古资料，较多西汉中小型墓葬或所属墓地不见墓阙，亦说明墓阙使用等级性较突出。但就《盐铁论·散不足》所载："今富者积土成山，列树成林，台榭连阁，集观增楼。中者祠堂屏阁，垣阙罘罳"③，说明西汉时期有的中小型墓葬或所属墓地可能会有墓阙，而这段记载是对当时相关社会现象的评论，也证明墓阙使用等级性较强的特征。东汉时，土阙仍为高等级墓葬使用，另有砖阙，而中小型墓葬或所属墓地开始使用石阙，这在一定程度上也体现出相应的等级性。目前的考古资料还未见东汉高等级墓葬的墓阙，但从文献记载看，一些王侯墓葬或所属墓地也使用石阙。《后汉书·侯览传》载："豫作寿冢，石椁双阙，高庑百尺，破人居室，发掘坟墓。"④《水经注》的记载内容更多，其中《汶水》条载："漆沟水侧有东平宪王苍冢，碑阙存焉。"⑤东汉早期，石阙在中小型汉墓中得到使用，四川梓潼的李业阙，时代较早，为建武时期，独石雕刻而成，呈下大上小的方柱形，阙身正中阴刻隶书"汉侍御史李公之阙"⑥。中期以后，石阙在中小型墓葬或墓地中逐渐普及，数量增多，使用地域较广，类型也十分丰富，使用者具有一定的政治地位或经济实力，基本为双阙，较多有画像和刻铭，形成具有时代特点的墓外设施内容。

关于中小型墓葬或所属墓地的石阙，《水经注》记载较多。《济水》条载："黄水东南流，水南有汉荆州刺史李刚墓……见其碑，有石阙。"⑦《沔水》条载："邛县南有黄家墓，墓前有双石阙，雕制甚工，俗谓之黄公阙。黄公

---

① 曹龙：《西汉帝陵陪葬制度初探》，西北大学硕士学位论文，2009年，第26、27、41—48页。
② 江西省文物考古研究所、南昌市博物馆、南昌市新建区博物馆：《南昌市西汉海昏侯墓》，《考古》2016年第7期。
③ （西汉）桓宽著，王利器校注：《盐铁论校注》（定本），中华书局1992年版，第353页。
④ （南朝·宋）范晔撰、（唐）李贤等注：《后汉书·宦者传》，中华书局1965年版，第2523页。
⑤ （北魏）郦道元著，（清）王先谦校：《合校水经注》，中华书局2009年版，第375页。
⑥ 陈明达：《汉代的石阙》，《文物》1961年第12期。
⑦ （北魏）郦道元著，（清）王先谦校：《合校水经注》，中华书局2009年版，第141页。

图 5-67 四川雅安高颐阙

名尚,为汉司徒。"①《洧水》条载:张伯雅墓,"庚门表二石阙,夹对石兽。"②《颍水》条载:"蔡冈山上有平阳侯相蔡昭冢,冢有石阙,阙前二碑,碑字沦碎,不可复识。羊虎倾低,殆存而已。"③《漫水》条载:汉安邑长尹俭墓,"冢西有石庙,庙前有两石阙,阙东有碑,阙南有二狮子相对。"④《阴沟水》条载:"谯城南有曹嵩冢,冢北有碑,碑北有庙堂。庙北有二石阙双峙,高一丈六尺,榱栌及柱皆雕镂云炬。"⑤留存于墓地及考古发现的汉代中小型墓葬或所属墓地的墓阙有一定数量,另有一些散存构件。留存墓阙如四川雅安高颐阙⑥(图 5-67)及山东嘉祥武氏墓地双阙等⑦(图 5-68),考古发现墓阙有山东莒南县东兰墩出土汉阙⑧、重庆忠县乌杨阙⑨等。散存构件如天津武清鲜于璜墓附近出土的汉阙顶石⑩

---

① (北魏)郦道元著,(清)王先谦校:《合校水经注》,中华书局 2009 年版,第 425 页。
② (北魏)郦道元著,(清)王先谦校:《合校水经注》,中华书局 2009 年版,第 333 页。
③ (北魏)郦道元著,(清)王先谦校:《合校水经注》,中华书局 2009 年版,第 332 页。
④ (北魏)郦道元著,(清)王先谦校:《合校水经注》,中华书局 2009 年版,第 457 页。
⑤ (北魏)郦道元著,(清)王先谦校:《合校水经注》,中华书局 2009 年版,第 351 页。
⑥ 耿继斌:《高颐阙》,《文物》1981 年第 10 期。
⑦ 蒋英炬、吴文祺:《汉代武氏墓群石刻研究》,山东美术出版社 1995 年版,第 7—16 页。
⑧ 刘心健、张鸣雪:《山东莒南发现汉代石阙》,《文物参考资料》1965 年第 5 期。
⑨ 重庆市文物考古研究所、忠县文物管理所:《忠县花灯坟墓群乌杨阙发掘简报》,《重庆库区报告集(2002 卷)》,科学出版社 2010 年版,第 1059—1077 页。
⑩ 天津市文物管理处考古队:《武清东汉鲜于璜墓》,《考古学报》1982 年第 3 期。

（图5-69：1）、江苏徐州青山泉白集汉墓西500米发现的汉代墓阙顶盖石，后者四坡式顶，前后排列5道瓦垄，两侧4道瓦垄，四角有斜脊，顶部有正脊[1]（图5-69：2）。散存的石阙也有发现，但所属墓葬或墓地不详，如徐州贾汪北部地区出土的石阙，刻有纹饰，下为二龙相对嬉戏，上呈六边形，画像分两格，下为厅堂人物，上为羽人手执仙草饲凤[2]（图5-70：1）；徐州汉画像石艺术馆征集2件有穿墓阙，四面有画像，中部偏上有圆形穿[3]（图5-70：2）。徐州地区征集的墓阙刻石还有其他种类：如圜首墓阙，1件阙首有9行刻铭，每行12字，多漫漶不清，见"永宁元年（120年）"四

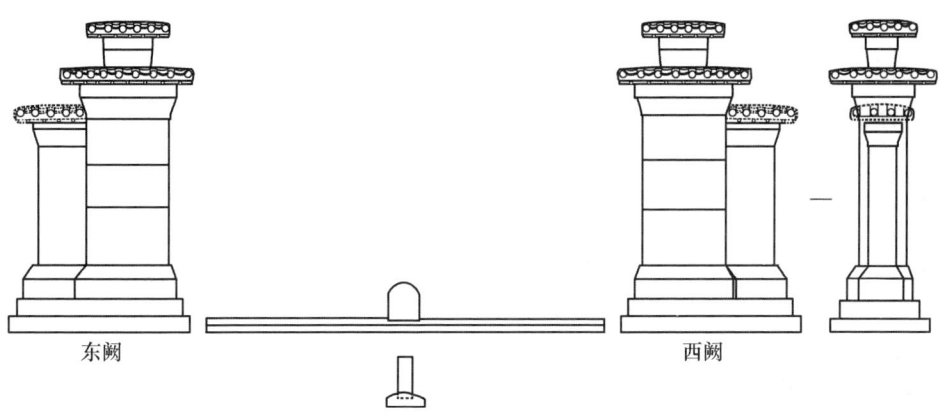

图 5-68　山东嘉祥武氏祠双阙

图 5-69　东汉墓葬外散存的石阙构件
1. 天津武清鲜于璜墓外出土石阙构件　2. 徐州贾汪白集汉墓外出土石阙盖

---

[1]　武利华：《徐州汉画像石通论》，文化艺术出版社2017年版，第50、51页。
[2]　杨孝军：《江苏徐州出土的汉代陵墓石雕》，《四川文物》2009年第1期。
[3]　杨孝军、郝利荣：《徐州新发现的汉画像石》，《文物》2007年第2期。

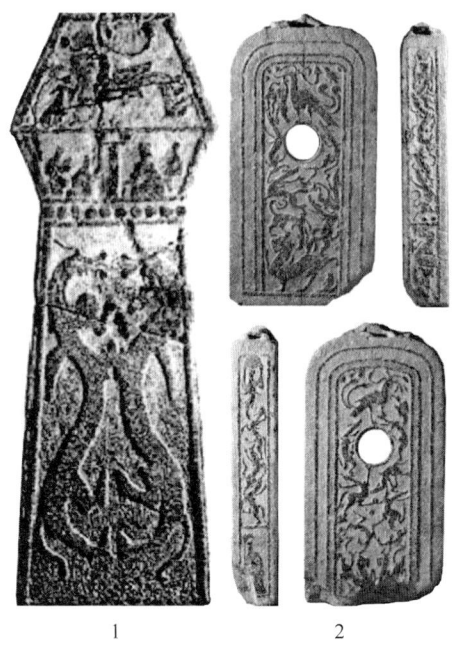

图 5-70　徐州汉画像石艺术馆征集石阙构件
1. 贾汪北部出土　2. 征集

字；1 件上刻凤鸟立于鱼上，下为 2 龙；如方形墓阙，共 4 石，为两对阙的阙身石，刻有历史故事及较多动物；如石阙构件，3 块，1 块或为子母阙中子阙阙身，1 块刻车马人物，1 块刻划船图，可能为单阙的底层部分①。

综合考察，汉代墓阙主要分布于汉王朝统治的中东部区域及渐被开发的今西南川渝地区，淮河以南（南阳及其周边地区除外），尤其是长江以南地区极少有发现，这与社会政治、经济的发展，相应丧葬习俗或制度的推广、影响可能有关。

已知的部分墓阙与对应墓葬或墓地的隶属关系基本明确，二者之间存在一定距离。天津武清鲜于璜墓，与发现的阙顶石有一定距离②。山东平邑县八埠岭上有 9 个圆形封土堆，墓地南侧为功曹阙，墓地东侧为皇圣卿阙③；莒南县东兰墩出土汉阙北 200 余米有 3 座大冢。嘉祥武氏双阙对着祠堂，东南方向一定距离处有东汉墓葬④。重庆忠县乌杨阙南 100 米处为枞树包汉代墓地（图 5-71）。四川雅安高颐阙到坟丘的距离约 163 米；芦山樊敏阙与墓葬有一定距离⑤；昭觉县好谷乡发现阙顶 3 件，均覆斗形，雕刻有仿木斗拱及瓦垄和瓦当等，是附近某

---

① 武利华：《徐州汉画像石通论》，文化艺术出版社 2017 年版，第 47—50 页。
② 天津市文物管理处考古队：《武清东汉鲜于璜墓》，《考古学报》1982 年第 3 期。
③ 刘敦桢：《山东平邑县汉阙》，《文物参考资料》1954 年第 5 期。
④ 蒋英炬、吴文祺：《汉代武氏墓群石刻研究》，山东美术出版社 1995 年版，第 7—16 页。
⑤ 陶鸣宽、曹恒钧：《芦山县的东汉石刻》，《文物参考资料》1957 年第 10 期；李军：《芦山的东汉石刻》，《四川文物》1994 年第 6 期。

处墓葬前的石刻残件[①]；渠县汉阙数量较多，考古调查勘探发现冯焕阙、赵家村西无铭阙、赵家村东无铭阙、王家坪无铭阙、沈府君阙、蒲家湾无铭阙等，基本都有对应的墓葬，距离50、100、156米，甚至230、270米不等（图5-72）。

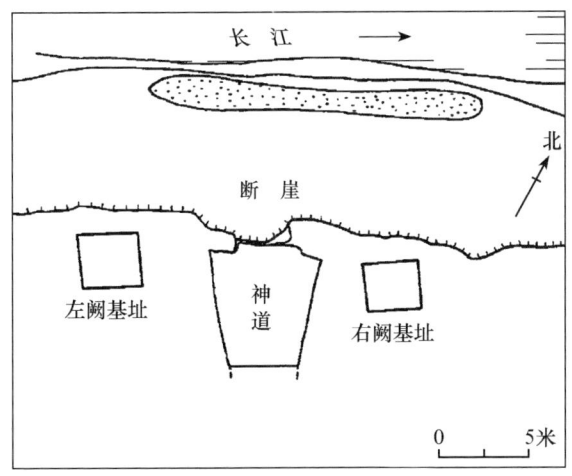

图 5-71 忠县乌杨阙阙址平面图

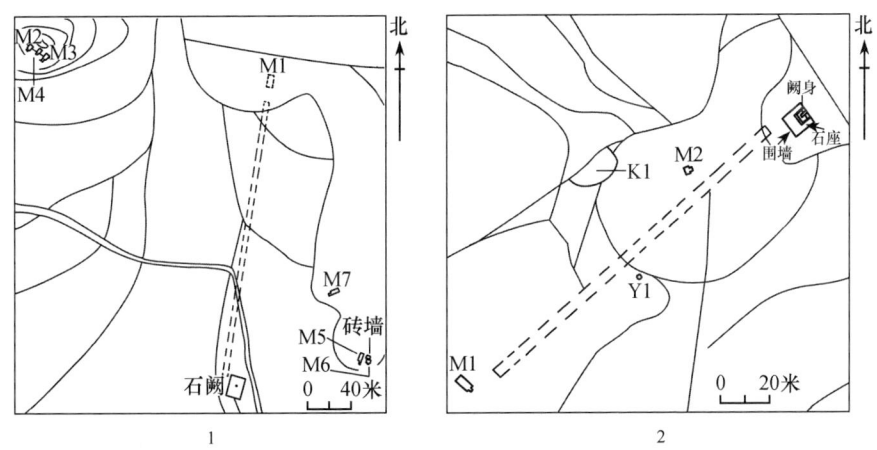

图 5-72 四川渠县汉墓与墓阙及周边遗迹分布图
1.冯焕阙周边遗迹分布图 2.赵家村西无铭阙周边遗迹分布图

---

① 凉山彝族自治州博物馆、昭觉县文管所：《四川凉山州昭觉县好谷乡发现的东汉石表》，《四川文物》2007年第5期。

墓阙的形制与形式多样。莒南东兰墩石阙为梯形阙身，方形双檐顶。武氏祠双阙为仿砖木建筑的子母阙，以雕凿成型的石块垒砌，由基座、阙身、栌斗和阙顶4部分组成，双阙间地面铺长条石，为门槛，中部有阑，以止车骑。河南正阳汉代石阙为子母阙，青条石筑砌，单檐①（图5-73：1）。乌杨阙为子母阙，由台基、阙身、楼部、顶盖四部分构成，盖为重檐庑殿顶，有学者对之进行了再研究，指出其年代可能为东汉中期偏晚阶段②。冯焕阙为双阙，仿木结构建筑，有枋子、窗格和斗拱等，阙身正面有刻铭。绵阳杨氏阙为子母阙，仿木结构，条石和板石堆砌而成，由台基、阙身、楼部及顶等组成③（图5-73：2）。西昌县发现的两阙均单阙，东阙由基座、阙身、顶三部分组成④。芦山石箱村无名阙为有扶壁式双阙，石羊上无名阙为四阿式顶，正背出五根筒瓦线，有斗拱⑤。而如上文所述，徐州地区征集的汉代墓阙中有上部呈六边形者，顶部则为梯形，还有碑形阙，包括穿阙、圜首阙、方形阙等。

阙上除刻绘纹饰，很多还有刻字，如上文所述徐州地区征集的"永宁元年"墓阙。《中国书法全集·秦汉编：秦汉刻石卷》有收集，如沈府君阙铭文（图5-73：3）、高颐阙刻铭、杨宗墓阙刻铭等⑥。关于墓阙铭文或刻铭，涉及内容较多，《汉代婚丧礼俗考》一书指出，阙上勒题额，或标官氏，或标官职姓字，或记官氏名字，或单举姓字，或详记历官，或附记造阙年月，或勒铭词者，或纪墓主行事，或纪先代名字历官，或记作阙者姓名等⑦。

墓阙附近还有相关遗存，体现出相互关系及墓阙的作用等。

（1）石兽，以辟邪、天禄、狮子常见。嘉祥武氏祠双阙前有石狮1

---

① 王润杰：《正阳县汉代石阙调查》，《文物》1962年第1期。
② 罗二虎：《重庆忠县汉代乌杨阙再研究》，《考古》2016年第8期。
③ 重庆市文化局、重庆市博物馆：《四川汉代石阙》，文物出版社1992年版，第53页。
④ 四川西昌地区博物馆黄承宗：《四川西昌城郊出土石阙》，《文物》1979年第5期。
⑤ 李军：《芦山的东汉石刻》，《四川文物》1994年第6期。
⑥ 刘正成主编：《中国书法全集》，何应辉编：《秦汉编：秦汉刻石（卷二）》，荣宝斋出版社1993年版，第377—380、389、399页。
⑦ 杨树达撰，王子今导读：《汉代婚丧礼俗考》，上海古籍出版社2000年版，第114—117页。

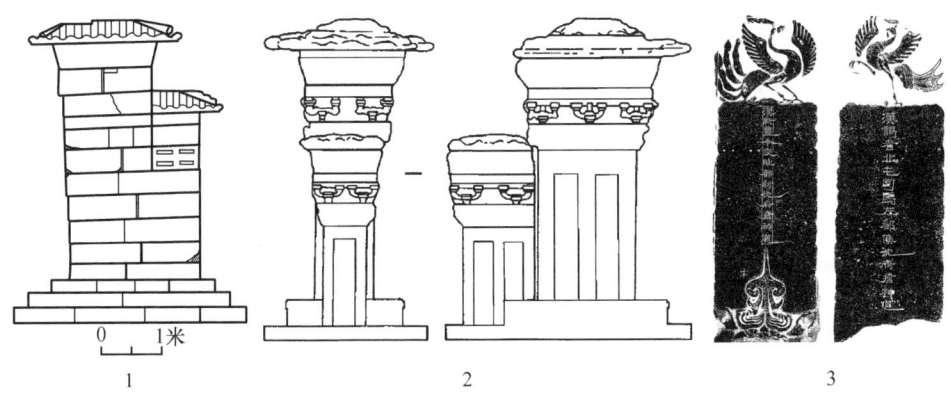

图 5-73 汉代墓阙
1. 河南正阳汉代石阙 2. 绵阳杨氏阙 3. 沈府君阙

对,阙的铭文中有"孙宗作师子,直四万"。雅安高颐阙前有石辟邪 1 对;芦山石羊上无名阙旁有天禄辟邪 1 对;石箱村无名阙前原有 2 石兽,现存 1 具。

(2)石柱。北京市西郊出土双阙前有 2 神道石柱,与双阙并立[①]。

(3)活动场地。渠县沈府君阙发现的活动面位于两阙前侧,面积约 50 平方米,并有活动面连接神道的迹象,表明当时在双阙前有一个经常活动的区域,可能是举行祭拜或相关活动时形成。

(4)树木。河南郑州、禹县等地出土的画像砖中,或双阙中间有一株桃形大树,或双阙外侧各有一株树冠为桃形的小树,表现的可能是墓地大门双阙[②]。

可以说,墓阙位于墓地的外缘,是墓地大门、神道的起点,为外界通向墓地内的入口,即通过神道可至祠堂和墓冢。平邑皇圣卿西阙即有"南武阳平邑皇圣卿冢之大门"等文字,表明墓阙可起到墓地大门的作用。雅安高颐墓两阙相距 13.6 米,门较宽阔。同时,墓阙还兼顾象征和昭示墓主身份地位的作用,因多数有画像,结合其中的西王母、神兽等画像内容来看,阙又被赋予了升仙、辟邪等功能。

[①] 北京市文物工作队:《北京西郊发现汉代石阙清理简报》,《文物》1964 年第 11 期。

[②] 信立祥:《汉代画像石综合研究》,文物出版社 2000 年版,第 99 页。

二、立石

主要包括碑、雕琢的人物与动物、柱与柱础等，上文所述的阙多为石阙，亦可视为立石。这些立石位于墓前的某个位置，大多与墓葬有一定距离，有的位于阙旁侧，有的立于神道两边，有的在祠堂附近，或有其他位置。关于汉代墓前立石，杨宽先生在《中国古代陵寝制度史研究》一书中有相关涉及与论述，如霍去病墓前石刻、东汉时期石刻状况与特色、汉代祠堂前阙的建筑、墓前神道上华表（石柱）的起源和演变、墓碑的起源及其发展等①。

汉代墓外立石在一些列侯墓地有发现。西汉列侯墓葬如陪葬茂陵的霍去病墓，封土上置有大量巨石，并有石人、石马等大型圆雕石刻十余件，品种丰富②。文献对墓外立石多有记载，涉及的多为东汉墓。据《水经注·洧水》载，河南密县（现为新密市）打虎亭汉墓有二石阙，阙下夹对石兽，冢前有石庙，列植二碑，碑侧树二石人，另有数个石柱及石兽③。《水经注·睢水》载："汉太尉乔玄墓。冢东有庙，（守敬按：《寰宇记》，墓前碑云，《汉故太尉桥公之碑》）……庙南列二柱，柱东有二石羊，羊北有二石虎。庙前东北有石驼，驼西北有二石马，皆高大，亦不甚雕饰。"④《封氏闻见记》载："秦汉以来帝王陵前有石麒麟、石辟邪、石马之属，人臣墓前有石羊、石虎、石人、石柱之属，皆所以表饰坟垄如生前之象仪耳。"⑤《宋书·礼志》载："汉以后，天下送死奢靡，多作石室、石兽、碑铭等物。"⑥ 以上说明，汉代墓葬，尤其是东汉墓葬前设置相关立石已相对普遍，不仅数量多，而且种类丰富，除阙外，石碑、石柱、石人、石兽均得到普遍使用。从考古资料

---

① 杨宽：《中国古代陵寝制度史研究》，上海人民出版社 2003 年，第 79—85、136、147 页。

② 王子云：《西汉霍去病墓石刻》，《文物参考资料》1955 年第 11 期；傅天仇：《陕西兴平县霍去病墓前的西汉石雕艺术》；马子云：《西汉霍去病墓石刻记》，《文物》1964 年第 1 期。

③ （北魏）郦道元著，（清）王先谦校：《合校水经注》，中华书局 2009 年版，第 333 页。

④ （北魏）郦道元著，（清）王先谦校：《合校水经注》，中华书局 2009 年版，第 362 页。

⑤ （唐）封演撰，赵贞信校注：《封氏闻见记校注》，中华书局 2005 年版，第 58 页。

⑥ （南朝·梁）沈约：《宋书·礼志》，中华书局 1974 年版，第 407 页。

看，汉代中小型墓葬外，石碑、石雕人物与动物数量较多，基本由整石加工而成，部分有座，石雕人物与动物则多以大块石圆雕，西汉少见，东汉时较普及，对应的墓主身份也较为多样。

（一）碑

汉代是墓碑的形成和初步发展期。由于西汉时期的墓葬多为竖穴式，很多墓葬在下棺时是竖向将棺悬调入墓，称为悬封。《后汉书·周磐传》载："敛形悬封"，唐·李贤注曰："悬封谓直下棺，不为埏道也。"[①] 为便于将棺悬调入墓，多会使用具有改变用力方向功能的辘轳等，一些为木质，一些为石质，根据需要，多在其上部凿有一孔。《礼记·檀弓下》载："公室视丰碑。"郑玄注："丰碑，斫大木为之……下棺以綍绕"；孔颖达疏曰："以綍绕者，綍即绋（绳索）也，以绋之系棺缄，一头系卢鹿。"[②] 由此可知，悬封下棺时当使用轮轴、滑轮、绳索等工具从上往下吊棺入室，湖北江陵凤凰山M167即发现类似的下棺痕迹[③]。在墓碑实用性的基础上，逐渐演变成刻写文字，具有象征性和标志性的碑，基本为石质，并保留较多实用碑的特征。

西汉晚期的麃孝禹碑是目前已知时代较早的墓碑，刻于西汉河平三年（公元前26年），形制简单，圆首长方形，顶端阴刻房檐形装饰，无座，高138、宽45厘米，纹饰简单，左右界格上方各刻一鹤形鸟，鸟下方各刻隶书铭文一行，右为"河平三年八月丁亥"，左为"平邑成里麃孝禹"，共十五字[④]，从形制及文字内容来看，已基本具备碑的形式和内容[⑤]（图5-74）。仅从内容看，麃孝禹虽有一定身份地位，但不是太高，所属墓葬为中小型墓葬。东汉时期，墓碑得到发展和普及，中小型墓葬对于碑的使用日趋普遍。根据传世拓本与实物、调查征集及发掘等资料，汉代墓碑部分有座，

---

① （南朝宋）范晔撰，（唐）李贤等注：《后汉书·周磐传》，中华书局1965年版，第1311、1312页。
② （清）孙希旦：《礼记集解》，中华书局1989年版，第281、282页。
③ 纪烈敏、张柏忠、陈雍：《凤凰山一六七号墓所见汉初地主阶级丧葬礼俗》，《文物》1976年第10期。
④ 临沂市博物馆编：《临沂汉画像石》，山东美术出版社2002年版，第127页。
⑤ 徐森玉：《西汉石刻文字初探》，《文物》1964年第5期。

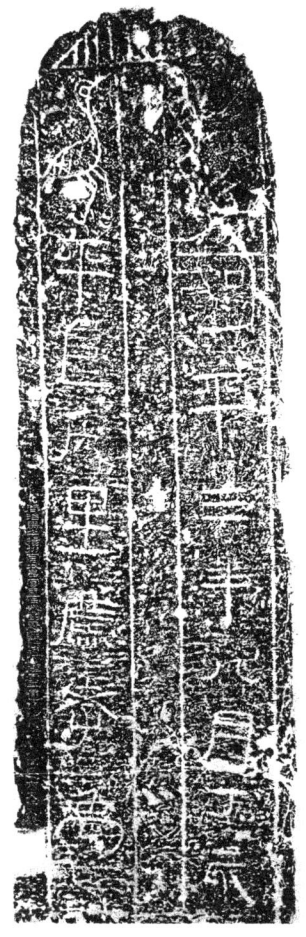

图 5-74 麃孝禹碑

部分无座，长方形座居多，一些为长方覆斗状，另有少量龟趺座；碑身为扁长方形，碑阳与碑阴多有刻字；圭首和圆首居多，极少数为方首，圭首两面多有动物纹饰，圆首有的刻动物纹，有的有晕纹；碑额常见，多为竖长方形，刻字。河南现存东汉墓碑中，李初孟碑、韩仁铭碑、赵菿碑和袁安碑中部有穿，前二者为圭首，赵菿碑为圆首，有晕，另张景碑首部有穿，尹宙碑身顶部有穿[1]。可以看出，汉代墓碑还保留一些实用碑的特征，如碑首下或碑身有圆形穿等，但自身特征日渐突出和明显。

1. 墓碑概况

关于汉代中小型墓葬的墓碑，文献有较多记载，杨树达先生的《汉代婚丧礼俗考》一书亦有辑录。该书指出，汉代墓外立碑的目的主要是表行，有的女性死后也见立碑者，男性则较为普遍，儿童或年幼者死后有立碑者，成人则较为普遍，一般庶民有立碑者，贵者则较普遍；关于立碑，有死者于生时豫自命之者，有子孙立之者，有女立之者，有弟子立之者，有门生立之者，有同岁立之者，有友人立之者，有国人立之者，有地方官长立之者，有故吏民立之者，有宗族故旧立之者，有故吏门生立之者，有乡人姻族合立之者，有故吏之子立之者，有子孙之门人立之者等，相关情况较为多样[2]。

由于墓碑多立于墓外，相当部分被损毁、位移和佚失，如汉潼亭弘农

---

[1] 河南省文化局文物工作队：《河南现存的汉碑》，《文物》1964 年第 5 期。
[2] 杨树达撰，王子今导读：《汉代婚丧礼俗考》，上海古籍出版社 2000 年版，第 124—129 页。

杨氏墓茔的4碑，唐时犹存于茔上，至宋仍有，现已不见①。与汉代中小型墓葬墓碑有关的传世拓本或实物及征集的墓碑有相当数量，碑的形制及文字、装饰等对研究汉代中小型墓葬的墓碑有重要参考价值，但所属具体墓葬绝大多数已不详。有的如武氏墓群碑刻中的武梁碑、武开明碑，仅存拓本并在相关著录中有记。较多传世或征集的汉代墓碑，原有的位置已不清晰，与所属墓葬的关系亦不可知。一些碑虽与墓葬有关，但具体位置已不详，武氏墓群现存的武斑碑、武荣碑及无字碑即已

图 5-75　樊敏碑局部

位移②，雅安的高颐碑也是由他处迁移至两阙之间的，芦山樊敏碑（图 5-75）和"杨君之铭"碑首亦与相关墓葬有关联，但具体位置已变化，其中樊敏碑为龟趺座③。

经正式考古发掘出土的汉代中小型墓葬墓碑数量不多，由于附近设施的损毁或墓葬被盗掘等原因，墓碑的出土位置虽可确定，但与墓葬及相关设施的配置关系已被破坏。内蒙古包头有2座东汉晚期墓葬出土有墓碑④。包头市南郊观音庙M1为砖砌多室墓，南向，墓门有画像石，墓主生前当有一定的社会地位，墓门处有石门框残段和石碑残块，碑为砂岩质，厚18厘米，阴阳碑，一面刻有"……□是……□孝廉□……尚符玺……"，另一面刻有"……是帝乃简□……□外有□马……□……义以……"（图 5-76：1）。包头召湾M91出土青石制成碑残块3件，一块文字竖刻，隶书，字体规整，端庄稳健，残余9行90余字："……□不就推进□□……

---

① 王仲殊：《汉潼亭弘农杨氏冢茔考略》，《考古》1963年第1期。
② 蒋英炬、吴文祺：《汉代武氏墓群石刻研究》，山东美术出版社1995年版，第17—22页。
③ 陶鸣宽、曹恒钧：《芦山县的东汉石刻》，《文物参考资料》1957年第10期；李军：《芦山的东汉石刻》，《四川文物》1994年第6期。
④ 魏坚：《内蒙古中南部汉代墓葬》，中国大百科全书出版社1998年版，第253—265、285—289页。

□下祁令平原相杨□好□……葬死年七十有五建宁三年（170年）十一……寅终于家呜呼哀哉邦丧贞干邑失……涕伤其暨终位不副德乃刊石立铭……辞曰……于穆我君敦诚笃信好乐施与……族果于主分抚育孤稚逡遁……□辈悲夫迄终位号不……"；一块上刻文3行，为"……人……□楚将……遗……"；另一块刻文2行："……其先……相□……"，三者为同一墓碑的残块（图5-76：2）。两座汉墓内出土石碑，原均应为墓外立石，因遭盗扰破坏或作他用，位置移动。天津武清鲜于璜墓外正南约6米处出土东汉桓帝延熹八年（165年）"汉故雁门太守鲜于君碑"，附近还有以花纹方砖铺砌的享堂类建筑[①]（图5-77）。

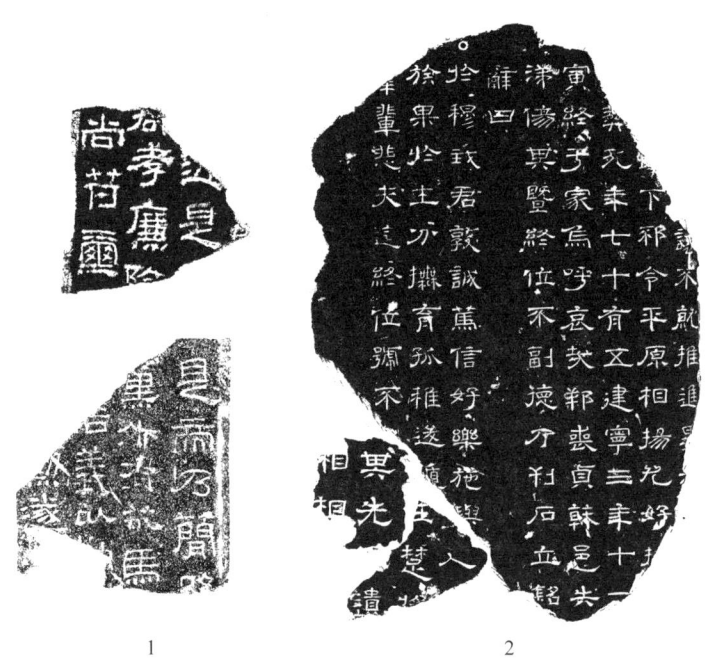

图5-76　内蒙古包头汉墓出土墓葬石碑
1. 包头市南郊观音庙M1出土　2. 包头召湾M91出土

---

① 天津市文物管理处、武清县文化馆：《武清县发现东汉鲜于璜墓碑》，《文物》1974年第8期；天津市文物管理处考古队：《武清东汉鲜于璜墓》，《考古学报》1982年第3期。

有的墓碑不在墓外，具有一定的特殊性。河南偃师出土的肥致碑发现于墓葬的南侧室，与该墓为多人合葬墓，肥致葬在南侧室，且其为道教人员等可能有关[①]。四川郫县犀浦的一座东汉墓中，后壁墙外横立放一块石碑作为护壁[②]，存在移用他墓之碑作建筑材料的可能。

2．位置与配置

就汉代中小型墓葬外所立石质墓碑的位置或与相关设施的配置来讲，文献及考古资料皆有体现，并体现出不同的内容。

据《水经注》记载，张伯雅墓前较近距离建有石庙（祠堂），祠

图 5-77　天津武清出土的鲜于璜碑

堂附近立有墓碑，太尉乔玄墓的墓碑亦在墓前祠堂附近。《水经注·漯水》载：汉安邑长尹俭墓，"冢西有石庙，庙前有两石阙，阙东有碑，阙南有二狮子相对"[③]。该墓及设施体现的位置与配置是墓在东，墓西为石庙（祠堂），祠堂西为碑，碑西为阙，阙旁侧有石狮，可知墓碑在祠堂前。天津武清鲜于璜墓外前面约 6 米处出土有鲜于璜碑，附近有享堂类祭祀建筑物，关于祠堂、墓碑的前后位置，简报中未作说明。东汉时期中小型墓葬前规模不大的祠堂一般靠近或紧邻封土，而该墓坐北朝南，基本为正南北方向，祠堂门应为南向，碑出土于墓外封土正南前面，原应立于墓葬中轴向外的延长线上，而其较近距离为墓前祠堂，参考乔玄墓、尹俭墓的墓碑位置，推测鲜于璜碑很可能立于祠堂门前的较近距离，而这很可能是汉代尤其是东汉中小型墓葬

---

① 河南偃师县文物管理委员会：《偃师县南蔡庄乡汉肥致墓发掘简报》，《文物》1992 年第 9 期。

② 谢雁翔：《四川郫县犀浦出土的东汉残碑》，《文物》1974 年第 4 期。

③ （北魏）郦道元著，（清）王先谦校：《合校水经注》，中华书局 2009 年版，第 457 页。

外墓碑常见的位置与配置关系。

有的中小型墓葬的墓碑虽与祠堂等形成组合，但位置有不同表现形式。《水经注·阴沟水》载："谯城南有曹嵩冢，冢北有碑，碑北有庙堂。庙北有二石阙双峙。"① 可知曹嵩冢的墓碑位于墓葬与祠堂之间，即在祠堂后，而鲜于璜碑也存在这种可能性。再据《水经注·颍水》载："蔡冈山上有平阳侯相蔡昭冢，冢有石阙，阙前二碑，碑字沦碎，不可复识。"② 据记载可知此处的墓阙前很可能是指由墓内向外视，即碑很可能位于墓阙外。另外，也不排除墓碑立于祠堂旁侧的可能。还有一些墓葬无祠堂，碑很可能立于墓冢附近，或与封土稍有距离，或紧邻封土。内蒙古包头两座东汉晚期墓葬出土的碑可能属于此种情况。当然，有的碑前或旁侧还可能有对称分布的石兽等。

总的来看，碑主要起到昭示世人，纪念死者等作用，碑文记载着与墓主有关的信息，可让外人对墓主有所了解，也能知晓立碑修冢人的孝行。蔡邕《郡掾吏张玄祠堂碑》中即言："乃于是立祠堂，假碑勒铭，式明令德，以示乎后。"③ 碑也与祭祀等有关，其形状及其立于祠堂旁等皆可说明，而碑立在祠堂附近，与丧葬礼俗中的立重、做主等或有相近之处，可作为死者灵魂依附的载体，祭祀时，死者灵魂可依附在碑身之上受祭。根据文献与考古资料，汉代墓碑多属于中小型墓葬，墓主以官吏居多，帝陵似乎没有，王侯墓葬也极少见，这与皇帝、王侯的身份较高，死后不需要以碑表行可能有关，而在陵区或墓区内，有较墓碑更好的载体，为便于祭祀和保护，多置放于祭祀设施中，后因朽毁而不见。这仅是笔者的浅显揣测，或有更具说服力的原因有待进一步的深入挖掘。

（二）石人

有一定数量。部分为单体人像，部分则作骑兽状或其他内容④。

有的石人可明确与墓葬无关，如西安昆明池出土的牛郎与织女石像⑤、

---

① （北魏）郦道元著，（清）王先谦校：《合校水经注》，中华书局2009年版，第351页。
② （北魏）郦道元著，（清）王先谦校：《合校水经注》，中华书局2009年版，第332页。
③ （清）严可均辑：《全后汉文》，商务印书馆1999年版，第789页。
④ 考虑到人骑兽的雕塑中，人为主体，故本书将石人骑兽归入石人范畴，特作说明。
⑤ 汤池：《西汉石雕牵牛织女辨》，《文物》1979年第2期。

成都都江堰出土的李冰石像①和持锸石人②，而枣庄藤楼出土的一件东汉晚期石人则很可能为佛造像③。一些为散存遗物，或位置与墓葬无法联系，或不能完全确定与墓葬的关系，如山东临淄出土胡人石像④、枣庄张古堆发现的2件东汉石雕人像⑤、江苏徐州贾汪出土的仙人骑羊石雕⑥（图5-78）及徐州汉画像石艺术馆征集的一件石雕，长1.47、高0.8米，下部残缺，羊角弯曲，一人手持竖笛坐在羊背上⑦。

图5-78　江苏徐州贾汪北部地区出土仙人骑羊

文献中关于墓前石人的记载不多。《风俗通·怪神》曰："汝南汝阳彭氏墓，路头立一石人，在石兽后。"⑧《水经注·洧水》载张伯雅墓"碑侧树两石人"⑨。

已知考古资料中，与墓葬有关的石人数量较少。个别列侯或更高等级墓葬前有石人，如霍去病墓前的怪人及人抱兽石雕⑩。一些汉代石人则可大致确定为中小型墓葬前的立石，但数量不多，时代为东汉晚期或东汉末。骑兽形象较少，如湖北均县"双冢"M1与M2，墓前皆有祭台，祭台左右两侧各一石人骑兽，整石雕凿而成，兽为辟邪⑪。该墓的时代为东汉末或稍晚，

---

① 四川省灌县文教局：《都江堰出土东汉李冰石像》，《文物》1974年第7期。
② 四川省博物馆、灌县工农兵文化站：《都江堰又出土一躯汉代石像》，《文物》1975年第8期。
③ 枣庄市文物管理站李锦山：《枣庄市近年发现的一批古代石人》，《文物》1983年第5期。
④ 王新良：《山东临淄出土一件汉代人物圆雕石像》，《文物》2005年第7期。
⑤ 枣庄市文物管理站李锦山：《枣庄市近年发现的一批古代石人》，《文物》1983年第5期。
⑥ 杨孝军：《江苏徐州出土的汉代陵墓石雕》，《四川文物》2009年第1期。
⑦ 武利华：《徐州汉画像石通论》，文化艺术出版社2017年版，第41页。
⑧ （汉）应劭撰，王利器校注：《风俗通义校注》，中华书局2010年版，第406页。
⑨ （北魏）郦道元著，（清）王先谦校：《合校水经注》，中华书局2009年版，第333页。
⑩ 王子云：《西汉霍去病墓前石刻》，《文物参考资料》1955年第11期；付天仇：《陕西兴平县霍去病墓前的西汉石雕艺术》，《文物》1961年第2期。
⑪ 湖北省文物管理委员会：《湖北均县"双冢"清理简报》，《考古》1965年第12期。

墓前的石人骑兽与祭台相互搭配。较多石人为立像，是以整石雕出轮廓，局部再细凿，技法相对简单，多一墓2件，形体稍有不同，有的有男女之分（表5-2）。均为低等级人员形象，如门卒等，部分有刻字，有的较特殊，具有相对特别的寓意。

表 5-2　汉代石人与中小型墓葬的对应关系

出土地点与数量	性别	内容	雕刻技法	时代	墓葬关系	备注
河北石家庄小安舍村2件① （图5-79）	男女各1，男高女低	双手交叉胸前，腰间系带，头饰不同	有圆雕、浮雕、阴线刻，女像刻字	东汉	附近汉墓前遗物	裸体、跪式
山东邹城城东匡庄1件②	男性	脸为长方形，双手叠放，有座	线条简单	东汉晚	相距250米有汉墓	为东汉画像石墓
山东曲阜南乡2件③（图5-80）	男性	均戴冠穿长袍，一拱手，一握物	拱手石像腹前有刻字	东汉末	原置于汉墓前	乐安太守蘼君墓前石人
山东台儿庄桥上村2件④	男性	头戴盔帽，身穿护甲，一怒目一温和	圆雕、浅浮雕、阴线刻并用	东汉晚	桥上村东汉墓附近	墓主为下层官吏

可以看出，石人一般成对，对称分列置于神道两侧或相关设施附近。与石人配置的有石兽、碑及祭祀设施和石柱等，其位置并不统一，有位于石兽后者，有位于旁侧者，也有位于祭祀设施两侧者等，这与墓葬的时代、等级及墓地的具体规划等可能都有关系。

（三）石雕动物

分布地域广，相关墓葬及其石雕动物均有相当数量，且石雕动物还有多个种类。西汉墓葬外发现极少，雕刻技术简练，风格古拙朴实，基本为列

---

① 河北省石家庄市文保所：《石家庄发现汉代石雕裸体人像》，《文物》1988年第5期。
② 王思礼：《山东邹县城东匡庄的古代石人》，《文物参考资料》1956年第10期。
③ 吕常凌主编：《山东文物精萃》，山东美术出版社1996年版，图174；李翠文、孔勇摄影：《孔庙之汉石人亭》，《走向世界》2014年第49期。
④ 枣庄市文物管理站李锦山：《枣庄市近年发现的一批古代石人》，《文物》1983年第5期；山东省文物考古研究所、枣庄市文物管理办公室、台儿庄区文物管理站：《山东枣庄市桥上东汉画像石墓》，《考古》2004年第6期。

第五章　汉代中小型墓葬外部设施　611

图 5-79　河北石家庄小安舍村　　　图 5-80　山东曲阜南乡乐安
　　　　出土的 2 件石人　　　　　　　　　太守麃君墓前石人

侯墓葬，如博望侯张骞墓①、霍去病墓②等。东汉时，一些列侯及中小型墓葬外使用石雕动物，尤以中小型墓葬使用较多，有的石雕动物上有刻字。据《水经注·潕水》载："水南有汉中常待长乐太仆吉成侯州苞（辅）冢。冢前有碑，基西枕冈，城开四门，门有两石兽，坟倾墓毁，碑兽沦移。人有掘出一兽，犹全不破，甚高壮，头去地减一丈许，制作甚工，左膊上刻作辟邪字。"③动物取材广泛，有现实中的大型野生动物，如虎、狮、象等；有家畜，被赋予了吉祥、辟邪等含义，如马、羊、牛等，部分经过加工，使这些动物又具备了一些神韵或特征；据《水经注·睢水》记载，可能也有石驼等；还有想象中的神兽，如天禄、辟邪、麒麟及相关动物。部分雕刻粗犷，部分则细致，有的刻名称、制作者等文字，个别还有纪年。

关于汉代中小型墓葬外的石雕动物，文献资料的相关记载也稍多。上文所述《风俗通·怪神》载汝阳彭氏墓有石兽。《水经注》的记载更多，部

---

①　卜琳、白海峰、田旭东、梁文婷：《张骞墓考古记述》，《考古与文物》2013 年第 2 期。
②　王子云：《西汉霍去病墓前石刻》，《文物参考资料》1955 年第 11 期；付天仇：《陕西兴平县霍去病墓前的西汉石雕艺术》，《文物》1961 年第 2 期。
③　（北魏）郦道元著，（清）王先谦校：《合校水经注》，中华书局 2009 年版，第 458 页。

分见上文所引。其中《洧水》条载张伯雅墓,二石阙夹对石兽,另有诸石兽,而石庙前又翼列诸兽,但物谢时沦,凋毁殆尽;《漅水》条载汉安邑长尹俭墓,阙南有二狮子相对;《睢水》条载汉太尉乔玄墓,冢东有庙,庙南列二柱,柱东有二石羊,羊北有二石虎,庙前东北,有石驼,驼西有二石马,皆高大,亦不甚凋毁;《阴沟水》条记曹嵩墓,夹碑东西列对石马,高八尺五寸,石作粗拙,不匹光武隧道所表象马也。部分上文未引,略叙几例。《汳水》条载:襄乡浮图,"汉熹平中,某君所立。死因葬之,其弟刻石树碑以旌厥德。隧前有狮子天鹿(禄),累砖作百达柱。入所,荒芜颓废,凋落略尽矣。"① 《阴沟水》条载:"过水迳大扶城西,城之东北悉诸袁旧墓,碑宇倾低,羊虎碎折。"② 《泗水》条载:"泗水又东南迳蔡州,汉长水校尉蔡瑁居之……有蔡瑁冢,冢前刻石为大鹿,状甚大,头高九尺,制作甚工。"③《清水》条载:"获嘉县故城西有汉桂阳太守赵越墓,冢北有碑,碑东又有一碑,碑北有石柱,石牛石虎,俱碎,沦毁莫记。"④

图 5-81 山西安邑县杜村出土的西汉石虎

传世与考古发现汉代中小型墓葬外的石雕动物也有相当数量,但对比来看,西汉墓葬及墓外石兽少,且部分不能确定是否与墓葬有关。如山西安邑杜村⑤(图 5-81)、陕西咸阳石桥引王村⑥出土石虎,与墓葬关系不详;甘肃天水城南石马坪发现一对石马⑦,或可能与中小型墓葬有关。东汉墓前石兽已发现相当数

---

① (北魏)郦道元著,(清)王先谦校:《合校水经注》,中华书局 2009 年版,第 355 页。
② (北魏)郦道元著,(清)王先谦校:《合校水经注》,中华书局 2009 年版,第 349 页。
③ (北魏)郦道元著,(清)王先谦校:《合校水经注》,中华书局 2009 年版,第 423、424 页。
④ (北魏)郦道元著,(清)王先谦校:《合校水经注》,中华书局 2009 年版,第 147 页。
⑤ 山西省博物馆:《安邑县杜村出土的西汉石虎》,《文物》1961 年第 12 期。
⑥ 田野:《你看毕塬下的石兽是什么时代的》,《文物参考资料》1957 年第 5 期。
⑦ 王子云:《中国雕塑艺术史》,人民美术出版社 1988 年版,第 41 页。

量。据《汉代陵墓石兽研究》一书统计，目前已知约有70余件石兽（含国外收藏）①。《徐州汉画像石通论》一书指出："鲁南苏北是中国汉画像石的主要集中地，同时也是神道石兽的主要发现地，其中山东地区出土29件，徐州地区发现11件""目前发现的东汉石羊在22件以上，主要分布在四川、山西、河南、山东、江苏等地。徐州发现7件石羊，时代都是东汉晚期，徐州汉画像石艺术馆收藏有4件，邳州博物馆收藏有3件。"② 石雕动物一般成对出现，一些墓葬稍多，个别可达5件。种类较之西汉新增有辟邪、天禄、麒麟及狮、象、羊、驼等，西南地区还发现有石龟。天禄、辟邪的搭配占有一定比例，石羊较常见，石马、虎等虽有发现，数量并不多。综合来看，多是神兽与神兽搭配，石狮多成对出现，它们中的极少数会搭配有龟等，这在考古资料中体现明显。虎、羊、马有的形成组合，这在文献中有载，如乔玄墓外有虎、羊、驼等，袁旧墓外有石羊、石虎，桂阳太守赵越墓外有石牛、石虎。从考古资料看，石羊、石虎、石狮等多单独成对，极少有与其他石雕动物配置者，这与文献记载不同。综合文献与考古资料，上述石雕动物部分也与石人、石柱等搭配或配置，形成墓前立石的组合。

目前所见中小型墓葬外的石雕动物，部分为传世，部分为征集，虽有部分经考古发掘或调查，但一些与对应墓葬的关系并不明确，如河南洛阳地区的涧西孙旗屯、伊川彭婆东高屯、偃师、孟津等地出土的石辟邪、石象、石兽等③，而从近年来东汉帝陵考古工作的成果看，这些石雕动物均非帝陵所有，其对应的墓主可能为贵族、官吏或豪强地主等，对应墓葬可归为中小型墓葬，部分应是帝陵的陪葬墓。东汉帝陵陪葬墓外的石雕动物发现不多，较具代表性的有偃师桓帝宣陵陪葬冢发现的双翼神羊④及邙山陵区发现的石象⑤，均遭受不同程度的破坏，而且仅1件。前者残长1.71、残高0.82、

---

① 秦臻：《汉代陵墓石兽研究》，文物出版社2016年版，第59—63页。

② 武利华：《徐州汉画像石通论》，文化艺术出版社2017年版，第37、41、42页。就石兽而言，河南及川渝地区也是重要或主要的出土地区，特作说明。

③ 苏健：《洛阳新获石辟邪的造型艺术与汉代石辟邪的分期》，《中原文物》1995年第2期。

④ 王竹林、赵振华：《东汉南兆域皇陵初步研究》，《古代文明（第4卷）》，文物出版社2005年版，第183—206页。

⑤ 陈长安：《洛阳邙山东汉陵试探》，《中原文物》1982年第3期。

体宽0.42米，平身挺胸昂首而立，隆角巨大，呈C形环曲，尖耳后靠，双目前视，口吻残断，下颚有须，垂于胸际，已残断，两肩膊饰飞翼，两翼周各饰三组呈品字形组合的小圆圈，脊背两侧饰1对飞羽，臀部两侧饰3对飞羽，飞羽形状与肩膊飞翼之羽毛同，尾与一角缺失，四肢残断，整体造型优美，骨肉匀称，比例适中，体壮臀圆，形神兼备（图5-82：1）。后者作站立状，头向东，系用整块青石雕刻而成，通长3.40、宽1.05、高3.20米，头笨呆，上刻两只小眼，眼睫毛线条清晰，嘴两侧象牙吐露，夹着下垂的长鼻，两个大耳向后外翻，上刻由耳孔向外辐射的五道凸线，颈部和后腿部刻有皮皱，给人以真实的象皮质感，小尾下垂，整个雕刻线条洗练，形象逼真，似有稳步行进的动态（图5-82：2）。它们的发现虽不能证明帝陵使用了石象生，但至少说明在帝陵陵区中，一些中型墓葬的墓外是可以使用石雕动物的，这与墓主的身份可能有关。其他地区也有发现，《徐州汉画像石通论》一书对徐州地区出土和征集的汉代墓外石雕动物进行了梳理，并涉及其他地区的一些石雕动物[①]，简单概述如下。①铜山县张集镇梁堂村出土2件有翼石兽，均为未完成的石雕，高1.4、长1.92、宽0.5米，头上有角，颌下有须髯，前腿、腹部及后腿均有三重三组羽翼，四肢作迈开疾走状，下有

图5-82 东汉帝陵陵区中小型墓葬出土石雕动物

1. 河南偃师大口乡宁村出土双翼石羊　2. 邙山陵区发现的石象

---

① 武利华：《徐州汉画像石通论》，文化艺术出版社2017年版，第37—43页。

底座，推测 1 件为独角，1 件为双角（图 5-83：1）。书中还提到山东滕州博物馆收藏的 1 件刻铭为"龙雀"的石有翼神兽。②徐州博物馆征集的 1 件石虎，身长 2 米，下有底板，头部前伸，嘴微张露齿，双目圆睁，四肢踡曲卧于底板上，尾蜷于后背上（图 5-83：2）。书中提到山东东平须城①及青海②出土的石虎，皆刻有较多铭文，或称"石函"，或称"石匮"，可能与墓葬无关。书中还提到江苏仪征古井中心村王庄出土的 1 件石虎，青石质，虎作行走状，昂首挺胸，另有 1 件石羊③（图 5-84）。③邳州占城出土石羊 3 件，长 1.04—1.1 米，造型大体相同，以整石圆雕而成，四肢弯曲作卧姿，羊角侧卷呈 C 形（图 5-83：3）。《江苏徐州出土的汉代陵墓石雕》一文对上文中的一些石雕动物及人骑羊石雕等也有描述（图 5-83：4），文中还提及邳州车夫山出土圆雕石牛，四肢呈跪卧状，头部前伸，二目圆睁，牛尾垂于臀后，头顶的双角呈 C 形弯曲④（图 5-83：5）。

有的墓葬出土的刻铭文字表明墓外置有石雕动物，如徐州铜山县张集镇吕梁发现的一块建武四年（28 年）刻石，其中记有"治石棺及石羊设于石室前"，所属墓葬的石祠堂前设石羊⑤。一些石雕的刻字体现出其与墓葬有关，如临沂石羊镇出土的一对石羊，有"孝子徐侯""永和五年（140 年）……西郭记子丁次渔孙仲乔所作羊"铭文，表明与墓葬有关⑥。与墓葬关系相对明确者亦有一定数量，所属墓葬基本是东汉晚期的中小型墓葬，不过墓主均是有相应身份地位和经济实力的人员。邳州占城陆井白山村西南斗篷山东麓出土 1 形体较大的石辟邪（图 5-83：6），长 1.9、高 1.65 米，下有基座，昂首，张嘴，露舌，颔下垂髯，肩生双翼，四足着地，腿或前伸或后

---

① 孙葆田：《山东通志·艺文志第十》，台北华文书局 1969 年版，第 4439 页。
② 赵生琛：《青海海晏的汉代石虎》，《文物》1959 年第 3 期；青海省文物处编：《青海文物》，文物出版社 1994 年版，图 121。
③ 仪征市博物馆编：《仪征出土文物集萃》，文物出版社 2008 年版，图版第 87。
④ 杨孝军：《江苏徐州出土的汉代陵墓石雕》，《四川文物》2009 年第 1 期。
⑤ 李银德、武利华：《徐州历史文化（5）——徐州珍宝》，中华书局 2004 年版，第 238 页；武利华：《徐州汉画像石通论》，文化艺术出版社 2017 年版，第 42 页。
⑥ 中国美术全集编辑委员会：《中国美术全集·雕塑编 2·秦汉雕塑》，人民美术出版社 1985 年版，图版 68。

图 5-83 徐州地区散存或中小型墓葬外出土的石雕动物
1.铜山县张集镇梁堂村出土有翼石兽 2.徐州博物馆 2004 年征集石虎 3.邳州占城出土石羊 4.贾汪北部地区出土石羊 5.邳州车夫山出土圆雕石牛 6.邳州占城陆井白山村西南的斗篷山东麓出土石辟邪

曲，呈昂首阔步状，发现时，石辟邪位于圆形高土堆前，该土堆前有东向神道，神道旁还有石羊，辟邪与该处东汉墓葬有关[①]。

---

① 李银德、武利华：《徐州历史文化（5）——徐州珍宝》，中华书局 2004 年版，第 239 页；武利华：《徐州汉画像石通论》，文化艺术出版社 2017 年版，第 38 页。

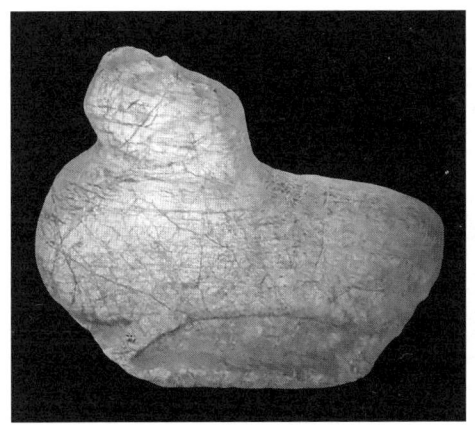 

图 5-84　仪征博物馆馆藏仪征古井乡中心村王庄组出土的汉代石虎、石羊

从位置来看，有的位于墓前神道旁侧，如上文所述邳州占城陆井斗篷山东汉墓前发现的石辟邪和石羊等，而该墓出土的石雕动物说明，东汉中小型墓葬前有石辟邪与石羊等的组合虽然少见，但也确实存在。另外，还有的置于阙旁，有的出土于碑侧，有的则位于其他位置（表 5-3）。

（四）石柱

又称石表，主体形状为高大柱形，下部多有柱础，顶端有台或额，立石兽或刻字，东汉墓地多见。

就极少量高等级墓葬而言，文献中有墓外使用石柱的记载，考古资料也有少量反映或体现。《后汉书》载：中山简王刘焉薨，"大为修冢茔，开神道。"唐李贤注："墓前开神道，建石柱以为标，谓之神道。"[1]刘焉墓葬已经发掘，为河北定县北庄东汉 M1，墓外未见有石柱等遗存物[2]。考虑到注文者为唐代李贤，其应是在参考唐代一些高等级墓葬的基础上，对神道进行的解释和注明，中山简王刘焉墓有无神道石柱还不能以此定论。考古发现主要为河南洛阳汉魏洛阳故城西东汉墓，简报称墓园遗址中的大型殿基 F1 西、北二侧，出土神道石柱残块等 35 块，原物应为圆柱体，风格颇似南朝陵墓神

---

[1]　（南朝宋）范晔撰，（唐）李贤等注：《后汉书·光武十王传》，中华书局 1965 年版，第 1450 页。
[2]　河北省文化局文物工作队：《河北定县北庄汉墓发掘报告》，《考古学报》1964 年第 2 期。

表 5-3 东汉石雕动物与中小型墓葬的对应关系

地区/地点		石兽名称与数量	与墓葬关系	墓葬或墓主	时代	出处
山东	临沭县东盘乡后利城村西	羊1对（图5-85：1）	墓葬附近	墓葬有相应规模	晚期	王亮：《山东临沭县出土汉石羊》，《考古》1986年第1期
	嘉祥县纸坊镇武翟山村北	狮2（图5-86）	墓阙前两侧	官僚地主家庭成员	晚期	蒋英炬、吴文祺：《汉代武氏墓群石刻研究》，山东美术出版社1995年版
	曲阜孔林	兽2	墓东南或南部	博陵太守孔彪或另墓	晚期	孔次青：《山东曲阜孔林发现汉代石兽》，《考古》1964年第4期
	泗水县鲍王村	双翼辟邪3，兽1	墓葬周边500米以内，破坏	墓葬规模大	未期	王思礼：《山东泗水县鲍王村发现汉晋石兽》，《考古通讯》1958年第8期
江苏	邳州古城陆井斗蓬山	双翼辟邪1，羊1	墓前，神道旁	墓葬规模大	—	《徐州历史文化（5）——徐州珍宝》，第239页；《徐州汉画像石通论》，第38页
安徽	临泉县腰庄	天禄1，带翼（图5-85：2）	西约1千米有砖室墓	墓葬高大，陪葬品多	晚期	冯耀堂：《临泉出土东汉石雕天禄》，《中国文物报》1988年4月29日第2版
陕西	城固县柳林铺镇李固庙村	兽1	墓葬附近	大司农、太尉李固墓	晚期	王子云：《中国雕塑艺术史》，人民美术出版社1998年版，第68页
河南	平顶山宋寨村	辟邪1	东汉卅辅墓前遗物	中常侍、长乐太仆墓	晚期	河南省文物局编：《中国文物地图集·河南分册》，中国地图出版社1991年版，第70页
	南阳尚庄	天禄辟邪1对（图5-87）	墓前石雕，刻有名称	汝南太守宗资墓	晚期	孙照金：《南阳汉代石雕天禄、辟邪的艺术特色》，《中原文物》2005年第4期
	孟津油坊街村西	辟邪1	西北约1000米有墓葬	传为"刘秀坟"	东汉	苏健：《洛阳新获石辟邪的造型艺术与汉代石辟邪的分期》，《中原文物》1995年第2期

第五章　汉代中小型墓葬外部设施

续表

地区/地点		石兽名称与数量	与墓葬关系	墓葬或墓主	时代	出处
四川	芦山 姜城	雄雌狮1对	杨君墓碑旁	蜀郡都尉杨统		李军：《芦山的汉代石刻》，《四川文物》1994年第6期
	石箱村	狮2，存1	墓阙前	不详		
	石羊上	天禄辟邪1对	墓阙旁	不详	晚期	
	石马坝	雌雄神兽各1，雌雄狮1	墓前	巴郡太守樊敏墓，曾孙为同徒		
		龟1	碑附近			
		兽坯	碑后			
雅安	城东姚桥	雌雄辟邪1对	阙前两侧，阙北163米为墓	益州太守	末期	耿继斌：《高颐阙》，《文物》1981年第10期
昭觉	好谷	羊1	与阙有一定距离	附近某处有一定规模墓葬所有	晚期	凉山彝族自治州博物馆、昭觉县文管所：《四川凉山州昭觉县好谷乡发现的东汉石表》，《四川文物》2007年第5期

图 5-85　山东临沭出土汉代石羊（左）与安徽临泉出土带翼神兽（右）

图 5-86　山东嘉祥武氏祠墓阙前两侧石狮

图 5-87　河南南阳尚庄汝南太守宗资墓前石雕辟邪

道柱①。该墓南向，墓前神道当为南北向，但靠近墓葬处不见石柱，而这些石柱出土于祭祀设施紧邻的西、北二侧，推测是祭祀设施通往墓葬道路旁侧的立石，并不是神道旁立石。换言之，这些石柱并非由墓外对着墓道的道路旁立石，这与李贤所注"墓前开神道，建石柱以为标，谓之神道"并不相符。

关于中小型墓葬外立置石柱，《水经注》中有较多记载，可知北魏时，较多东汉墓葬前还可见到石柱，这也说明，有一定等级的东汉中小型墓葬外有石柱。较多引文在上文已有涉及，下文仅作简单列举。《清水》条载：汉桂阳太守赵越墓，冢北有碑，碑东又有一碑，碑北有石柱石牛石虎。《洧水》条记张伯雅墓前有石柱。《潩水》条载：汉安邑长尹俭墓，石柱西有两石羊。《睢水》条载："汉太尉乔玄墓。冢东有庙……庙南列二柱，柱东有二石羊。"还有一些记载，限于篇幅不再枚举。还可能有以砖砌筑的柱，如《汳水》条载："汉熹平中某君墓，隧前有狮子天鹿（禄），累砖作百达柱。"

传世、征集及出土的中小型墓葬外石柱不多。山东历城出土有"汉琅琊相刘君墓表"，为一段雕镂花纹铭刻的石柱②。河南叶县三皇冢出土一对立于圆形底座之上的石辟邪，底座下有圆孔，可扣合设有榫头的石柱，二辟邪很可能是东汉豪族墓前石表顶端的神兽③。山东临沭后利城村西东汉墓地出土一块直径约40厘米石柱础，同出的有石羊等，未见石柱④。北京西郊出土2件复原后相对完整的神道石柱，下为长方形柱础，柱础中部有圆孔，用来插放石柱下部的榫柱，孔两侧各雕1伏虎；柱下粗上细，为直棱纹，上部有一周垂幔纹，再上为短柱，两侧各雕1虎，拱托柱额；额为竖长方形，额面以减地凸起的刻法刻字三行，为"汉故幽州书佐秦君之神道"（图5-88）。

除上述石柱外，四川昭觉县发现有东汉石表⑤，且附近有墓葬，但从石表记载的内容来看，应与墓葬无关，而是用来公示朝廷诏书或官府布告的设

---

① 中国社会科学院考古研究所洛阳汉魏城队：《汉魏洛阳城西东汉墓园遗址》，《考古学报》1993年第3期。
② 陈明达：《汉代的石阙》，《文物》1961年第12期。
③ 杨爱玲：《河南叶县发现的东汉石兽——兼谈汉晋的陵墓华表》，《中原文物》1981年第2期。
④ 王亮：《山东临沭县出土汉代石羊》，《考古》1986年第1期。
⑤ 吉木布初、关荣华：《四川昭觉县发现东汉石表和石阙残石》，《考古》1987年第5期。

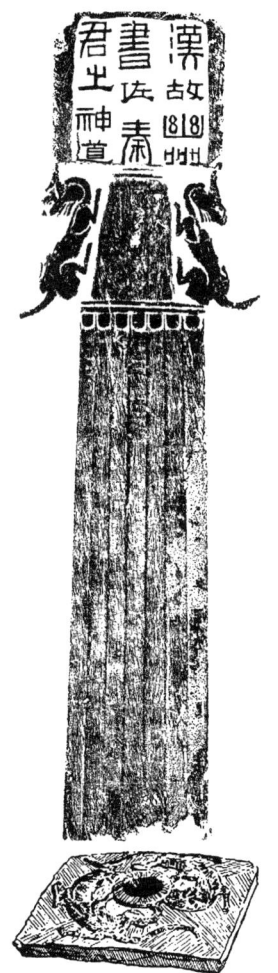

图 5-88 北京西郊出土神道石柱

施，伴出的石碑，所刻铭文为越巂太守给皇帝上的奏牍，因内容涉及当地民众，故亦刻碑立于道路之旁，公示于民，但附近出土的石羊、阙顶盖等与墓葬有关[①]。

考古资料体现的石柱位置及其搭配组合并不清晰。根据出土情况，"汉故幽州书佐秦君之神道"两石柱应位于双阙前较近距离。结合唐李贤注"大为修冢茔，开神道。"所言"墓前开神道，建石柱以为标，谓之神道"可知，石柱与墓阙共同起到标志和昭示的作用，同时又与神道有着密切关系，而这二个石柱很可能是神道起点的标识。结合上文所引《水经注》的相关记载看，石柱与石人、石动物、碑、祭祀设施、阙等形成相应组合，但并不统一。据记载，汉桂阳太守赵越墓，冢北有碑，碑东又有一碑，碑北有石柱、石牛、石虎，可知该墓很可能为北向，冢前立碑，碑前为石柱及其他立石。再看乔玄墓，墓葬可能东向，冢东有庙，庙附近有碑，但庙南列二柱，略显特殊，不过，柱东有二石羊，羊北有二石虎，另在庙前东北有石驼，驼西有二石马，可知石柱距离祭祀设施与碑较近，其外（以墓葬为参考）为石人或不同种类的石雕动物。据《水经注·洧水》载，张伯雅墓冢前有石庙，列植二碑，碑侧树二石人，另有数石柱及石兽，以墓葬为参考，石人近碑及祭祀设施，再稍远为数石柱及石兽。因此，除用于神道起点的标识外，多数石柱位于墓葬或墓葬祭祀设施与墓碑前，或有石人与之对应，石柱再前为石雕动物。

---

① 凉山彝族自治州博物馆、昭觉县文管所：《四川凉山州昭觉县好谷乡发现的东汉石表》，《四川文物》2007 年第 5 期。

（五）相关内容

上述汉代墓外立石各有特点，如产生时间、发展过程、摆放位置、形制与内容、功能与作用等。如碑，在西汉晚期开始出现，东汉获得较大发展。但综合考察，较多墓外立石在发展特征、地域分布及等级特色等方面均与墓阙有较大的相似之处。地域方面，主要分布于汉王朝统治的重要区域及逐渐开发、不断影响的今西南川渝地区，淮河以南（南阳及其周边地区除外）尤其是长江以南的中东部地区极少有发现，相关原因大致相同。等级方面，西汉时期对应的墓主等级相对较高，但墓葬数量少，未成系统，所涉及的中小型墓葬不多；东汉时，随着发展和普及，在等级方面逐渐呈现出与东汉墓阙相近或相似的特征。

关于汉代墓葬前立石，有学者针对石人、石兽指出：东汉时期墓前设立石人石兽，是仿效宫苑城阙仪仗类石雕所制，而墓地建筑体系开始仿效宫苑建筑，在墓地开设神道，设立门阙并列置石人、石兽，确立了东汉时期墓前石兽的基本制度[①]。笔者赞同上述说法，针对汉代中小型墓葬，结合一些列侯或其他级别墓葬，就其形成与作用，简单谈一下自身的看法。

西汉墓葬，墓前列置立石主要为石雕动物，另有少量石人，其他种类少见，所属墓葬的墓主多与匈奴或西域有关，体现出特殊的历史背景和墓地石刻的来源与影响。东汉时期，使用墓外立石的墓葬增多，石雕动物及立柱较多，洛阳陵区也有使用，但从目前资料看，与帝陵基本无关，如象庄石象、大口乡宁村双翼石羊等。都城之外的其他地区，墓外使用石雕动物、人物及石柱者较多，墓主基本为地方官吏或地主。上文所引相关学者的观点认为墓前设立石人石兽等与仿效宫苑城阙仪仗类建筑多有关系，这和丧葬对于现实的模仿有关，体现出事死如事生的丧葬内容。笔者认为，中小型墓葬外的立石，有对宫苑城阙仪仗类建筑仿效的因素，但更多的应是在借鉴、继承西汉等级较高墓葬外列置立石基础上，结合相关因素的综合发展，而这与墓主身份地位、丧葬需求等有着较大关系。

西汉晚期至东汉，尤其是东汉时期，地方势力获得较大发展，地方官

---

① 秦臻：《汉代陵墓石兽研究》，文物出版社2016年版，第122、137页。

吏和地主的丧葬需求也随之得到增加和提升。一方面，在墓葬外配置种类不一、数量不等的立石，并与祭祀设施相配合，可起到墓地标志物的作用，进而可显示墓主的身份地位，满足祭祀时的庄严等目的，而墓外立石中，石兽多具有驱走邪秽、祓除不祥、求得吉祥、实现升仙等思想上的功用，石人均为低等级人员形象，如门卒等，体现出生前的拥有，这些因素均促进了墓外立石的发展与普及，将石雕的人物及动物、石柱与祭祀设施、碑等按照一定规则和需求置于墓外，不仅可满足死者灵魂的需求，体现出相关丧葬物品的生活化特征，反映出事死如事生的丧葬内容，也可充分显示生者的孝行，实现其社会需求。另一方面，墓地石刻发展及推广普及与墓葬形制的转变定型，即横穴室墓在东汉时期取代竖穴椁墓，也可能存在关系。横穴室墓的形制、结构已全面第宅化，墓道多为斜坡状，亦有平坡。整体来看，墓室、墓道与墓外的墓地石刻、祭祀设施等大致可视为一个横面，即处于近似的同一界面。考虑到墓地石刻、祭祀设施多位于墓前，以神道为轴线分布排列，因此可视为墓道在墓外的延伸，能够将墓葬内外有机结合，充分体现出事死如事生、事亡如事存的丧葬理念，亦反映出相应的丧葬需求。另外，石人、石动物等也可能是汉代用俑陪葬的外现，丧葬需求及其内容亦如上文所言，不再多叙。

需作说明的是，东汉时期，中小型墓葬外的立石获得较多发展，且有相应普及，这在地域、种类、数量等方面均有体现，但较高等级的帝王墓葬极少或没有使用。至南北朝时期，墓外神道配置大型石雕动物与人物等做法被上层人员接受并推广使用，形成中国古代陵寝制度的主要组成内容之一。

第五节　其他设施

除上述内容外，汉代中小型墓葬的外部设施还有其他一些内容，综合体现出汉代中小型墓葬外部设施的多样性，也反映出相应的功能和作用。

一、买地证明

土地买卖在汉代之前就已存在，两汉时期，随着土地私有化及其地方地主势力的加强，这一行为得到进一步发展。在耕种土地及宅地买卖发展的基础上，墓地买卖也得到发展，而且出现了买卖墓地的证明物。

现存汉代遗存中，有不同质地、不同类型的土地买卖证明物。传世的《杨量买山地刻石》，又称《汉巴州氏杨量买山地刻石》，文字隶书，5 行 27 字，具体为"地节二年（公元前 68 年）十月，巴州民杨量买山，直钱千百。作业守，子孙永保其毋替。"记述了巴州民杨量花钱买山地并要求子孙永远保留勿有失的内容①。河南偃师缑氏镇郑瑶南村出土的东汉侍廷里父老僤买田约束石券，记述了东汉永平十五年（72 年）六月，侍廷里的 25 户居民敛钱六万一千五百，买田八十二亩，组织了一个叫"僤"的民间团体，另外还包括如何继承、管理和使用这块土地的具体约定等②。上述二刻石均为实际土地买卖证明物。汉代墓葬内尤其是东汉墓葬内出土的买地券也有很多，有铅质、陶质等，分布地域相对较广，与之相关的研究有很多，如《汉代买地券考》③《东汉买地券研究》④《中国古代买地券研究》⑤等。墓葬内出土的买地券基本是随葬物品，内容都与茔地或墓地的购买有关，通过这些买地券的内容来看，其并不是实际意义上的土地买卖文书，而是向冥界或地下进行土地买卖的契约，诸多买地券带有较强的宗教或神鬼色彩，一些明显体现出早期道教的影响。较具代表性的有河南洛阳东汉王当墓出土的铅质买地券⑥、东汉姚孝经墓出土陶质买地券⑦及江苏扬州甘泉出土的东汉刘元台买地砖券⑧等，形制不一，行文体例也存在差别，王当墓出土铅质买地券及刘元台买地砖券的行文最后还均有"如律令"三字。

汉代墓葬外也发现有购买墓地的证明，为刻石。浙江省绍兴县富盛镇乌石村跳山东坡发现有东汉建初买地摩崖，又称建初买地刻石、建初买山

---

① 刘正成主编：《中国书法全集》，《秦汉编：秦汉刻石卷一》，荣宝斋出版社 1993 年版，第 72 页。

② 洛阳地区行署文物处黄士武：《河南偃师县发现汉代买田约束石券》；宁可：《关于〈汉侍廷里父老僤买田约束石券〉》，《文物》1982 年第 12 期。

③ 吴天颖：《汉代买地券考》，《考古学报》1982 年第 1 期。

④ 韩姣姣：《东汉买地券研究》，山西大学硕士学位论文，2013 年。

⑤ 鲁西奇：《中国古代买地券研究》，厦门大学出版社 2014 年 7 月。

⑥ 洛阳博物馆：《洛阳东汉光和二年王当墓发掘简报》，《文物》1980 年第 6 期。

⑦ 偃师商城博物馆：《河南偃师东汉姚孝经墓》，《考古》1992 年第 3 期。

⑧ 蒋华：《扬州甘泉出土东汉刘元台买地砖券》，《文物》1980 年第 6 期。

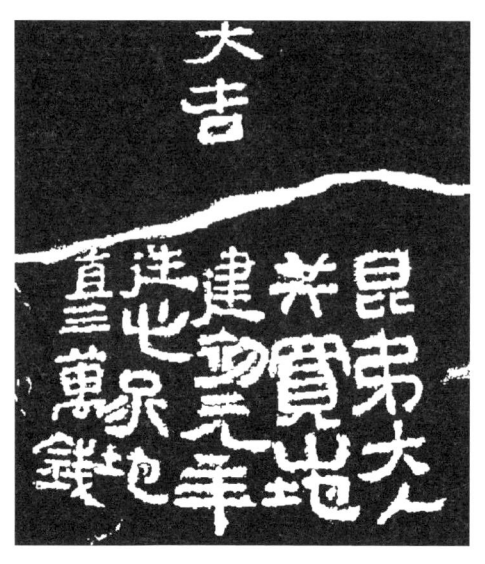

图 5-89　浙江省绍兴出土东汉
建初买地摩崖石刻文字

地记，摩崖题额"大吉"二字，故又称大吉碑。摩崖正文列 5 行，行 4 字，曰："昆弟六人，共买山地，建初元年（76 年），造此冢地，直（值）三万钱。"汉隶阴刻，四周无刻框[①]（图 5-89）。该刻石位于山坡，为墓葬之外，从所记内容看，为六兄弟共买山域为冢地的刻石，是购买墓地的证明，而且墓地（冢地）即在此附近，很可能为家族墓地。该刻石的内容不同于实际土地购买证明的刻石，但行文相似，而行文等又区别于墓葬内出土的买地券，其最特殊之处是位于墓外，为墓外设施的一种。该刻石的重要作用，是说明该处冢地已被购买，为购买者所有。作为购买墓地的证明，其具体内容与墓葬内的买地券也存在差别，笔者认为，该买地证明很可能也不存在实际土地买卖行为，而可能是向冥域买地，但反映出东汉时期墓地购买和规划的内容。

二、道路

是指墓域内与墓葬及相关设施有关的道路。西汉帝陵有司马道，配套设施也有相关道路，如寝园、陵邑等中的道路。两汉王侯墓地也有道路发现，其中江西南昌海昏侯刘贺墓园内发现数处有踩踏面的道路[②]；西安凤栖原墓地墓园内发现道路，由祠堂通向墓葬，修建讲究[③]；汉魏洛阳城西东汉

---

① 彭云、葛国庆：《汉刻重宝——建初买地摩崖》，《东南文化》2005 年第 4 期。
② 江西省文物考古研究所、南昌市博物馆、南昌市新建区博物馆：《南昌市西汉海昏侯墓》，《考古》2016 年第 7 期。
③ 张仲立、丁岩、朱艳玲：《凤栖原汉墓：西汉大将军的家族墓园》，《中国文化遗产》2011 年第 6 期。

墓东部建筑群发现多个道路，有踏道、慢道等①。中小型墓葬外的道路发现较少，参考高等级墓葬及墓地的实际需求，中小型墓葬外的道路至少包括二类：一是因相关需要便于通行的道路，二是墓前专门开通的道路，即神道。

与等级相对较低墓葬有关的道路多数是因相关需要便于通行的道路。从具体用途看，一是修建墓葬及墓主下葬时的临时道路，二是开展墓祭或相关活动时通往墓葬或祭祀处的道路，一般较为简单，这在较多的墓地或墓群中应会存在。在一些相对独立的家族墓地中，等级相对低的墓葬可能会借用等级高的墓葬所修道路。海昏侯刘贺墓园内发现数处有踩踏面的道路，等级相对稍低或较低的M3、M4、M7—M9，可能会借用M2东部的南北向道路及通往东门的东西向道路②。西安凤栖原墓地中，张安世墓与夫人墓葬外有围沟，围沟外尤其是东部有较多中小型墓葬，它们与二主墓可能共用一座祠堂，当有相关道路通向墓葬和祠堂，而它们也会与二主墓共享由外界通往墓地的道路。

文献及考古资料中，西汉中小型墓葬对于神道的使用相对少见，但列侯级别墓葬使用神道的现象在史书中有载，如《汉书·霍光传》载："太夫人显改光时所自造茔制而侈大之。起三出阙，筑神道。"③由此推测，一些有相应等级的墓葬应该有神道存在。东汉时，墓前修筑神道逐渐普及，《后汉书·中山简王焉传》载：刘焉去世，朝廷"诏济南、东海二王皆会，大为修冢茔，开神道，平夷吏人冢墓以千数，作者万余人。"④神道在一定等级的中型墓葬中也有较多使用，并与墓阙、石雕、石表等共同组成连通墓葬与外界的主要通道。部分有相关迹象，如山东嘉祥武氏祠东汉墓地，墓阙与墓葬朝向一致，位置偏向左侧，二墓左侧偏西北为祠堂，与阙正对，推测石阙与

---

① 中国社会科学院考古研究所洛阳汉魏城队：《汉魏洛阳城西东汉墓园遗址》，《考古学报》1993年第3期。

② 江西省文物考古研究所、南昌市博物馆、南昌市新建区博物馆：《南昌市西汉海昏侯墓》，《考古》2016年第7期。墓园内，M1为刘贺墓，M2为夫人墓，M5、M6等级较高，M3、M4等级稍低，但也有相应等级，M7—M9的等级较低，M3、M4与M7—M9属中小型墓葬的可能性极大。

③ （东汉）班固：《汉书·霍光传》，中华书局1962年版，第2950页。

④ （南朝宋）范晔撰，（唐）李贤等注：《后汉书·光武十王传》，中华书局1965年版，第1450页。

祠堂之间有神道相通，再有道路通往墓葬[①]。部分神道有所存留，四川渠县有汉阙的一些中型墓葬，神道基本位于两阙之间，从两阙身后开始朝向墓地，双阙前未见，形制皆为凹槽形式，内部为花土，凹槽应是神道的路基，暂未见石板、夯土及较明显的踩踏面等[②]（图5-90、91）（表5-4）。重庆忠县花灯坟，墓地中的一座有封土堆且形制大、墓室建造精良、随葬品规格高并位于该墓地中轴线（即神道）最南端的M20，应是乌杨阙所对应的墓葬[③]（图5-92）。

表5-4 四川渠县相关墓葬神道统计表

编号	阙名	神道			
		位置	形状	尺寸（米）	相关特征
1	沈府君阙	两阙中轴线上	凹槽状	宽7—8、开凿深度约0.2—0.5	自北向南缓坡状上升
2	赵家村东无铭阙	东阙后	凹槽式	宽4—5、平均深0.3	局部东侧较西侧深
3	赵家村西无铭阙	西阙东部往南	凹槽式	宽4、平均深度约0.3	南北走向
4	王家坪无铭阙	/	/	/	局部一侧呈直边
5	冯焕阙	丘陵沟谷地带	/	/	破坏较严重
6	蒲家湾无铭阙	/	凹槽状	宽14、深1—1.1	底部呈从南向北上坡状

与神道相似，相关道路还有它名。《汉书·游侠传·原涉》载："武帝时，京兆尹曹氏葬茂陵，民谓其道为京兆仟（阡）。涉慕之，乃买地开道，立表署曰南阳仟。"[④] 路南北为阡，可知以上所记相关墓葬的神道为南北向，而且可根据职官或任职地命名为××仟（阡），这或与墓主身份相对略低有关，即不能称之为神道，说明西汉时期关于墓地神道的称呼可能有等级限

[①] 蒋英炬、吴文祺：《武氏祠画象石建筑配置考》，《考古学报》1981年第2期；蒋英炬、吴文祺：《汉代武氏墓群石刻研究》，山东美术出版社1995年版，第127页。

[②] 四川省文物考古研究院、渠县文物管理所：《四川渠县汉阙考古调查勘探简报》，《四川文物》2014年第4期。

[③] 重庆市文物考古研究所、忠县文物管理所：《忠县花灯坟墓群乌杨阙发掘简报》，《重庆库区报告集（2002卷）》，科学出版社2010年版，第1059—1077页；李大地、邹后曦、曾艳：《重庆市忠县乌杨阙的初步认识》，《四川文物》2012年第4期。

[④] （东汉）班固：《汉书·游侠传·原涉》，中华书局1962年版，第3716页。

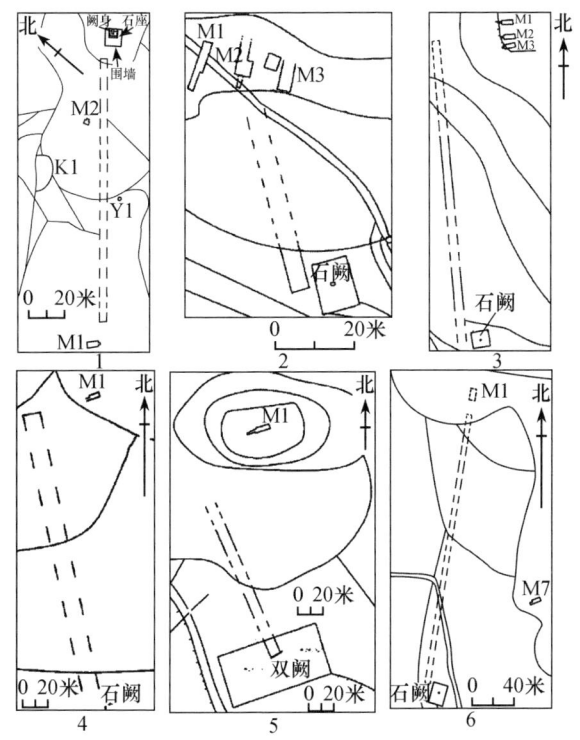

图 5-90 四川渠县汉阙、墓葬与神道
1.赵家村西无名阙 2.赵家村东无名阙 3.王家坪无名阙 4.蒲家湾无名阙 5.沈府君阙 6.冯焕阙

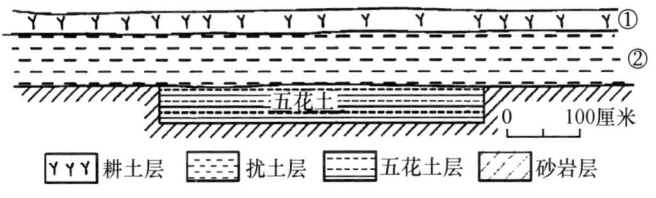

图 5-91 四川省渠县赵家村西无铭阙神道剖面图

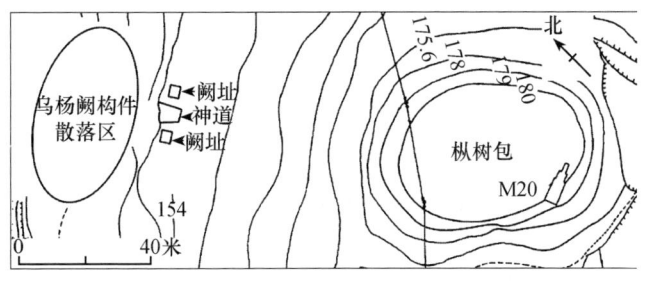

图 5-92 重庆花灯坟墓群阙、墓与神道

制，抑或下限至列侯级别墓葬，霍光墓前筑神道与其夫人有关，"太夫人显改光时所自造茔制而侈大之"①或可说明。

神道与墓阙及其他立石关系密切，因此在其时代及发展、地域和等级方面与墓阙和其他立石有相似之处，尤其东汉墓葬较为明显。墓地中道路，主要起到联通的功用，便于交通，形成秩序，同时还可起到便于下葬与祭祀、象征墓主身份地位等作用。道路也为墓地中其他设施如墓阙、石雕、石表等的设置提供参考。上文所引《汉书·游侠传·原涉》所载即有"买地开道，立表，署曰南阳仟。"立表多有题署，东汉墓尤为常见，且基本与神道有关。《汉代婚丧礼俗考》一书中收录有较多东汉墓葬的此类例子，如汉逄府君石柱及汉蜀郡太守任君神道、汉故蜀郡属国都尉王君神道、幽州刺史冯焕神道、绵竹令王君神道、上庸长司马孟台神道、韦氏神道、正南将军刘君神道、汉杨侍中文父之神道等的立表，并指出，立表还具有兼记事行、为刻画等功能和作用②。

与道路有关的还有桥。《水经注·漾水》载："漾水南有汉中常侍长乐太仆吉成侯州苞（辅）冢……门表堑上起石桥，历时不毁。"③

三、房屋及相关设施

主要包括祠堂及配套设施、冢舍、临时房舍等。关于祠堂及相关设施如冢舍等，第三章中已有论述。

（一）临时房舍

主要是服务于墓葬修建或墓主下葬而建造的临时性房屋或类似的简易房屋类设施。此类设施在王侯墓地有一定数量，中小型墓葬外也有相关内容。

河北阳原县北关汉墓M1，取掉封土后，在墓道中部偏西出现一处不规则的瓦砾遗迹，长5.2、宽3.3、厚0.15米，叠压墓道，瓦碎，排列无序，有板瓦、筒瓦等，板瓦长49.5、宽36厘米，素面；筒瓦长45、宽15厘米，

---

① （东汉）班固：《汉书·霍光传》，中华书局1962年版，第2950页。
② 杨树达撰，王子今导读：《汉代婚丧礼俗考》，上海古籍出版社2000年版，第119、120页。
③ （北魏）郦道元著，（清）王先谦校：《合校水经注》，中华书局2009年版，第458页。

瓦表饰绳纹，内壁有布纹①。该建筑应是修建墓葬或墓主下葬时的临时建筑，用后毁弃，并用封土掩埋。

徐州等地区的一些西汉石坑竖穴墓体现得更为明显，基本都在墓外，尤其是已发现发掘的一些"空墓"。据2012年统计，徐州地区已发现西汉时期竖穴岩坑形制的空墓10余座，墓内未葬人，墓坑填土有碎石和山土，未经夯筑，相对松软②。而这些"空墓"多数还有一个特点，即在竖穴填土中堆积相当数量的板瓦、筒瓦残片，极少或基本不见瓦当。以东郊蔡山汉墓为例，所在山顶较为平坦，地表发现很多汉代的绳纹瓦片，墓葬为石坑竖穴，竖穴内填石子、山土及板瓦、筒瓦残片，竖穴底部板瓦、筒瓦尤为集中，层叠堆积③。墓葬内外的建筑材料说明当时墓外应有相关建筑，而墓内未葬人，因此不可能为守冢或祭祀设施，再者来讲，死者下葬后对竖穴封填，也不可能使用墓外正在或之后需要使用建筑的相关材料。从现有资料看，徐州地区葬人的西汉石坑竖穴墓葬内的填土一般较为纯净，多是从山下耕地中搬运至山上的，而非山土，"空墓"则体现出与之明显不同的特征，而其最大的不同是填土中有大量的板瓦、筒瓦残片堆积。结合"空墓"未葬人这一突出特征可知，"空墓"外的建筑应是修墓时建造的临时建筑，其使用的材料除木结构外，应有板瓦和筒瓦，即木构瓦顶建筑，由于是临时建筑，瓦当基本不用。考虑到相关墓葬位于山头顶部，与居住地有一定距离，加之石坑墓开凿时间长，这类临时建筑可用于存储工具、供工匠等人休息，还可在墓葬修建过程中起到守护作用。由于墓葬因相关原因未葬人或不再使用，需对墓坑进行回填，而临时建筑的使命也基本完成，因便于拆除、易于回填，可作为首先回填的材料填入墓坑中，形成现在考古发掘所见墓坑内尤其是墓底堆积大量板瓦、筒瓦的情况，而在此过程中，也会有些残碎建筑材料遗留于墓葬附近。由此推测，徐州地区的较多西汉岩坑墓在修建时应有服务于墓葬修建的

---

① 河北省文物研究所：《河北阳原县北关汉墓发掘简报》，《考古》1990年第4期。

② 李平、耿建军：《徐州西汉空墓的特点及形成原因》，《湖南省博物馆馆刊（第9辑）》，岳麓书社2013年版，第267—275页。

③ 笔者与盛储彬同志发掘，相关情况较了解，特说明。另见《徐州西汉空墓的特点及形成原因》一文。

临时房屋，推而广之，汉代较多墓葬的修建可能都会有此类临时性房屋。徐州地区发现的西汉"空墓"与葬人墓葬的地表均有残碎的建筑材料发现，但就葬人墓葬而言，很可能是守冢或祭祀设施的遗留，当然也不能完全排除修建墓葬的遗留。葬人墓葬外的此类临时设施在葬人后，功能可能会发生转变，一些甚至可能会经过修缮或改建，成为看护墓葬的墓庐，一些墓庐可能会起到双重作用，即看护与祭祀一体，而等级相对较高的墓葬或将其废弃后修建祠堂等祭祀设施，并使用瓦当等，这应是一些墓葬地表出土较多板瓦、筒瓦、瓦当残片的原因之一。

有些墓葬的封土内出土有板瓦、筒瓦，甚至有铺地砖等，有的建筑材料还相对完整，可能也是修建墓葬或服务于墓主下葬时的临时建筑，在墓主下葬后进行墓葬封填时将其毁弃，相关材料也因此混入封土之中。山西孝义张家庄的 M14 与 M15，皆圆形土冢，均系夯筑，内夹杂着大量的汉代砖瓦残片，M15 封土中还出土较为完整的筒瓦和铺地砖等[①]。

（二）石楼

根据相关资料，一些有相应等级的东汉墓葬还会在墓外一旁砌建石楼。《水经注·洧水》载，张伯雅墓"旧引绥水南入茔域而为池沼。沼在丑地……池之南又建石楼"[②]。《水经注·湍水》亦载："水南道侧，有二石楼。相去六七丈，双跱齐竦，高可丈七八。柱圆围二丈有余，石质青绿，光可以鉴。其上栾栌承栱，雕檐四注，穷巧绮刻，妙绝人工。题言：蜀郡太守，姓王，字子雅，南阳西鄂人，有三女无男，而家累千金。父没当葬，女自相谓曰：'先君生我姊妹，无男兄弟，今当安神玄宅，翳灵后土，冥冥绝后，何以彰吾君之德？'各出钱五百万，一女筑墓，二女建楼，以表孝思，铭云墓楼，东平林下，近坟墓，而不能测其处所矣。"[③]

---

① 山西省文物管理委员会、山西省考古研究所：《山西孝义张家庄汉墓发掘记》，《考古》1960 年第 7 期。

② （北魏）郦道元著，（清）王先谦校：《合校水经注》，中华书局 2009 年版，第 333 页。

③ （北魏）郦道元著，（清）王先谦校：《合校水经注》，中华书局 2009 年版，第 460 页。关于"铭云墓楼东平林下近坟墓"，笔者将其断句为"铭云墓楼，东平林，下近坟墓"与一般多断句《铭》云：墓楼东，平林下，近坟墓"等不同，特说明。

可以看出，石楼多与墓地水道或沼池有关，位于墓地一侧。《水经注·淯水》载有"沼在丑地"，即墓葬或墓地的东北偏北方位，而石楼在其南，应为东部或稍偏北。《水经注·淯水》所载石楼亦大致在墓的东侧。

石楼与墓葬关系密切，又称为墓楼，但其不同于祠堂类祭祀设施。一方面其位于墓侧，而非墓前；另一方面其与墓地水道或沼池有关，推测可能是配合墓祭的设施，更可能是墓地中相对独立于墓祭设施的建筑，与水道或沼池一起，形成墓地园林式的效果，可供人观瞻，进而达到彰死者之德，显建楼者之孝等目的。

就房屋及相关设施而言，刨除祠堂及相关设施，其他方面的考古资料相对少见，即使综合相关文献，内容亦较少。就时代来讲，两汉皆有，但石楼基本为东汉墓葬外的设施，而修建墓葬或服务于墓主下葬而建造的临时性房屋也会因时代的变化、墓葬形制的演变及相关人员丧葬需求的差异等有变化和不同。就墓葬等级与分布地域来讲，相对多样或分布普遍，同时也有一定的特殊性，如使用石楼者，墓主或其家庭当具有一定政治地位或经济实力，而山地丘陵地带的相关建筑发现或记载较多，或反映出相应的使用和地域特征。

四、合葬墓、陪葬墓与祔葬墓

中小型汉墓的合葬墓在形式和内容与高等级墓葬一样，既有同穴，也有同茔及同坟异穴，较为多样。本部分所指墓外设施中的合葬墓是指异坟异穴合葬的墓葬，汉代家庭"男尊女卑"现象突出，故合葬墓是指女性在墓地中异坟异穴合葬于男性墓葬，其在某种程度上处于从属地位。汉代王侯墓地中的合葬墓在上文已作叙述，内容内涵较为丰富。中小型墓葬有较多的异坟异穴合葬墓。以徐州地区汉墓为例，西汉初期的拖龙山M1、M2[①]、早期偏晚的韩山M1、M2[②]等，均为异坟异穴合葬墓，另有多个墓葬的墓地，有的两墓并列，距离较近，可能为同坟异穴，有的有一定距离，

---

① 耿建军：《徐州市拖龙山西汉墓》，《中国考古学年鉴·1993年》，文物出版社1995年版，第136页。

② 徐州博物馆：《徐州韩山西汉墓》，《文物》1997年第2期。

则很可能为异坟异穴合葬墓，如铜山县张集翟山墓群，时代从战国末至西汉早期，两两并列的墓葬较多，距离有较近者，也有稍远者。其他地区也有较多发现，而且很多墓地如铜山县张集翟山墓群，两墓并穴但有一定距离者为异坟异穴合葬墓的可能性较大。较之高等级墓葬，中小型墓葬的同穴合葬出现较早，至迟在西汉早期稍晚阶段已有一定数量，如徐州东甸子西汉 M1[①] 等，西汉中期之后较普遍，西汉晚期至东汉则成为最为重要的合葬形式。因此，中小型墓葬的异坟异穴合葬墓在相对比例上是低于帝王陵墓及列侯墓葬的，在时代上，以西汉尤其是西汉早期居多，地域上则是分布较广，全国较多地区都有发现。

汉代中小型墓葬的陪葬墓与祔葬墓在整体上亦较帝王陵墓及列侯墓葬的比例要小，而且单体墓葬的陪葬墓与祔葬墓，数量也相对较少。中小型汉墓的陪葬墓与祔葬墓均有相关发现。作为主墓的墓外设施，较多位于主墓的封土之外，且有一定距离，与主墓墓主的身份地位对应，数量不多。都城附近有相关墓葬，地方则多集中于各诸侯国内，尤其是诸侯国都城周边或附近，个别郡县或其他地区也有发现，但墓葬具有明显等级，这也说明，有陪葬墓或祔葬墓的主墓，墓主大多具有相应的身份和地位。从时代来看，有陪葬墓与祔葬墓的西汉墓葬稍多，东汉墓葬较少；所在墓地大多独立，一些主墓特征较明显，与一般中小型墓葬附近有较多家族或家庭成员墓葬、夫妻同穴或并穴合葬常见、分布密集、数量较多、墓葬形制及等级接近等内容有着相应的区别。

陪葬墓以 1 座居多，个别为 2 座或略多。陪葬墓的规模小，形制简单，西汉墓多为竖穴木棺（有椁者极少），东汉墓则为形制简单的砖室墓，单人葬常见，墓主为奴婢或相关人员，被陪葬者的身份多为等级较高的贵族、官吏或是豪强地主。以徐州地区为例，基本分布于两汉楚国及东汉彭城国都城—彭城附近，东汉墓极少，西汉墓以石坑竖穴木棺墓居多，与被陪葬的墓葬相距十余米或数十米之远，墓坑较浅，个别有小龛，陪葬品以陶器为主。西汉初期的市区凤凰山 M1，规模大，结构复杂，墓主为较高等级的贵族或官吏，墓葬东、南侧山麓有数座时代相近且有延续性的竖穴石坑墓，为其陪

---

① 徐州博物馆：《徐州东甸子西汉墓》，《文物》1999 年第 12 期。

葬墓，其中 M2 与 M5 皆有一小龛，M3、M4 无龛①（图 5-93）。西郊韩山 M2 的西侧有一陪葬墓（M3），墓葬结构及陪葬品均较简单，所陪葬 M2 墓主的夫人（M1 墓主）可能为西汉早期的某位翁主②。东北郊顾山 M2 位于 M1 北部偏西约 20 米处，竖穴石坑较浅，底部不规整，葬一人，陪葬品以陶器为主，殓葬的口琀为较短的残龙形玉佩片，而被陪葬者可能为楚王身边较亲近的贵族③。

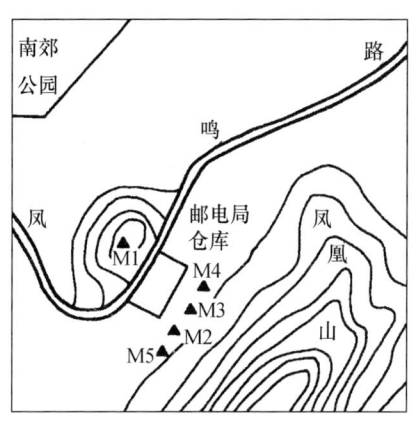

图 5-93　江苏徐州市南郊凤凰山西汉墓分布图

袝葬墓的规格较陪葬墓要高一些，墓主可能为主墓的家庭成员或较亲近的家族人员。徐州地区的一些高等级西汉墓也有发现，数量有 1 座者，也有 2 座及以上者，但相对少见。东郊东甸子 M1 为西汉早期偏晚阶段的夫妻同穴合葬墓，男性墓主为楚国官吏，M3 位于西南稍低矮的山头顶部，有一定规模，陪葬品较丰富，虽墓主为小孩，但墓葬等级不低④，应为 M1 的袝葬墓。其他如北郊米山的 4 座汉墓⑤、东郊子房山的 3 座汉墓⑥，时代稍有差别，等级亦相差不大，其中应有主墓的袝葬墓。市区奎山 M9—M12，M11 规模大，等级高，内葬 1 男性墓主和 2 女性，其他墓葬内也基本葬男女 2 人，应为 M11 的袝葬墓⑦（图 5-94）。东汉

---

① 徐州博物馆：《江苏徐州市凤凰山西汉墓的发掘》，《考古》2007 年第 4 期。

② 徐州博物馆：《徐州韩山西汉墓》，《文物》1997 年第 2 期；胡望林：《徐州韩山汉墓》，《中国考古学年鉴·2006 年》，文物出版社 2007 年版，第 190、191 页。

③ 徐州博物馆：《江苏徐州顾山西汉墓》，《考古》2005 年第 12 期。

④ 徐州博物馆：《徐州东甸子西汉墓》，《文物》1999 年第 12 期。

⑤ 徐州博物馆：《江苏徐州米山汉墓》，《考古》1996 年第 4 期。

⑥ 徐州博物馆：《江苏徐州子房山西汉墓清理简报》，《文物资料丛刊（4）》，文物出版社 1981 年版，第 59—69 页。

⑦ 徐州博物馆：《江苏徐州市奎山四座西汉墓葬》，《考古》2012 年第 2 期。

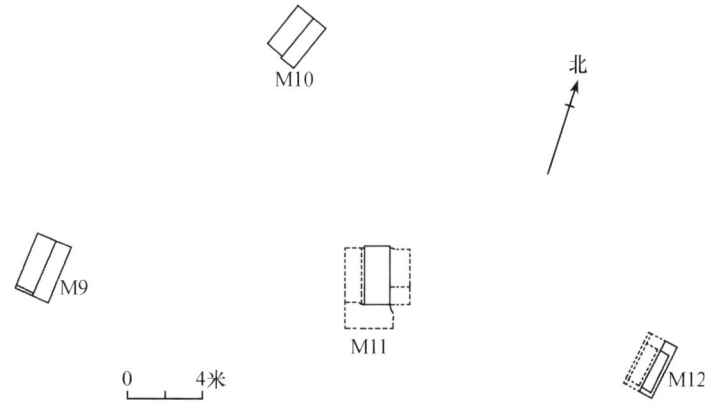

图 5-94　江苏徐州市区奎山 M9—M12 墓葬分布图

墓葬中，偃师阎楼东汉墓园内有 7 座封土墓[①]，既是家族墓地，也存在一些墓葬祔葬相关墓葬的可能。

有些具有相应等级的墓葬，可能既有陪葬墓，也有祔葬墓。西安理工大学新校区清理汉墓 40 余座，M1 和 M2 两座规模较大墓葬相距约 150 米，二墓内皆葬二人[②]；西安南郊曲江新区翠竹园小区发掘西汉时期墓葬 4 座，其中 M1 规模较大[③]，为低于诸侯王、列侯、郡太守及二千石以上官秩墓葬的一类墓葬，墓主身份为县令或稍高级别[④]。两处墓地，主墓附近既有等级、规模稍低的其他墓葬，为祔葬墓，而附近皆有多座相关墓葬，其中可能有陪葬墓。

汉代中小型墓葬的合葬墓、陪葬墓与祔葬墓，整体上较等级较高墓葬来讲，并不是太明显，这既与墓葬等级或墓主身份地位有关，也与社会政治、经济、思想及葬制、葬俗等因素有关，进而体现出时代与地域等的差

---

① 洛阳市第二文物工作队、偃师市文物管理委员会：《偃师阎楼东汉陪葬墓园》，《文物》2007 年第 10 期。

② 西安市文物保护考古所：《西安理工大学西汉壁画墓发掘简报》，《文物》2006 年第 5 期；西安市文物保护考古研究院：《西安西汉壁画墓》，文物出版社 2017 年版，第 4—11 页。

③ 西安市文物保护考古所：《西安曲江翠竹园西汉壁画墓发掘简报》，《文物》2010 年第 1 期；西安市文物保护考古研究院：《西安西汉壁画墓》，文物出版社 2017 年版，第 11—13 页。

④ 西安市文物保护考古研究院：《西安西汉壁画墓》，文物出版社 2017 年版，第 76—77 页。

异和不同。西汉帝陵均为异坟异穴合葬，诸侯王墓中极少数为同坟或同穴合葬，列侯墓葬中也仅有少量为同坟或同穴合葬者；东汉帝王陵墓及列侯墓葬多为同穴合葬，也有部分为异穴合葬者。中小型墓葬与帝王陵墓及列侯墓葬在合葬方面有着较大不同，西汉早期已有相当数量的同穴合葬墓，西汉中期，同穴合葬的墓葬增多，晚期已较为常见，东汉时则全面普及。反向对比，可充分说明中小型墓葬合葬墓的等级特征和时代特点。就分布地域来讲，特征不甚明显，京畿与诸侯国统治区域及重要郡县内的中小型墓葬有较多相似，同时也体现出相应的地域性和特殊性，而相对偏远地区，受上述地区的影响，也逐渐趋同和发展，一致性特征越来越明显，即异穴合葬的中小型墓葬渐少，同穴合葬墓不断普及和普遍。与合葬墓的特征相似，中小型墓葬的陪葬墓、祔葬墓与帝王陵墓及列侯墓葬也存在差别。有陪葬墓和祔葬墓的中小型墓葬，被祔葬或陪葬者，大多具有相应的身份地位，即具有相应政治地位或较强的经济实力。中小型墓葬中有陪葬墓或祔葬墓者，时代多为西汉，且西汉早期居多，中期渐少，晚期少见，而东汉时期，有陪葬墓的中小型墓葬基本不见，有祔葬墓者数量也极少。由于被陪葬或祔葬的墓葬具有相应等级，因此在地域上会体现出京畿、王侯封国及其他政治统治中心的周边地区相对常见，其他区域相对较少的特征。

五、墓树

墓树是指墓地中、墓冢上或墓葬附近的树木，一般为人工栽植。汉代，墓树较为常见。可视为墓外设施的内容之一，同时又被赋予诸多的含义。大致来看，柏树较为常见，另外还有松树、桑梓、梧桐等，另有一些被称为"灵木"的树木[1]。

由于年代久远，汉代墓树的实物已不可见，但相关文献及出土的图像资料中有所体现。文献资料较多。汉代之前的《吕氏春秋·安死》记有："世俗之为丘垄也，其高大若山，其树之若林。"[2] 而据《汉书·龚胜传》所

---

[1] 关于墓树的种类，下文所引相关文献中有所涉及，特说明。
[2] 许维遹撰，梁运华整理：《吕氏春秋集释》，中华书局2009年版，第224页。

载，龚胜要求其死后"勿随俗动吾冢，种柏，作祠堂"①，反向说明当时墓地植树之风较为盛行。《后汉书·袁绍传》载："梁孝王先帝母弟，坟陵尊显，松柏桑梓，犹宜恭肃。"②《西京杂记》载："杜子夏葬长安北四里……墓前种松柏树五株，至今茂盛。"③《太平御览》《东观汉记》曰："李询遭父母丧，六年躬自负土树柏，常住冢下。"④相关图像资料亦较丰富。《汉代婚丧礼俗考》一书引《隶释》十三："有汉故不其另董君阙云：'此阙刻一冢，冢上三物植立，若木叶然……冢旁一大树，其下有一马。'"⑤今苏鲁豫皖交界地区出土相当数量时代较早的画像石刻常青树图案，应是墓树的体现和反映，即墓树抽象化的体现。徐州铜山县凤凰山 M1，位于山顶，为石坑竖穴石椁墓，足部挡板为常青树图案（图 5-95），墓葬时代为西汉早期偏晚或西汉中期偏早阶段⑥。山东微山的一些石椁画像石墓的时代在武帝元狩五年（公元前 118 年）之前，足挡多有柏树图案⑦。临沭曹庄西南岭 M1、M2 均为西汉早期偏晚阶段石椁单室墓，椁北挡为单树叶纹⑧。微山沟南村出土的"丧礼"画像石⑨，右格有墓圹和人物及器物等，其上为 3 座左右并立的高大坟丘，并有六株大树分布其间⑩，反映的墓地植树较为直观（图 5-96）。东汉时期，随着祠堂的不断流行，相关画像也间接反映出墓树的内容，尤其是一些单间小型石祠堂的后壁画像。徐州铜山县吕梁散存祠堂后壁石两边刻常青树，亦

---

① （东汉）班固：《汉书·龚胜传》，中华书局 1962 年版，第 3085 页。

② （南朝宋）范晔撰，（唐）李贤等注：《后汉书·袁绍传》，中华书局 1965 年版，第 2396 页。

③ （西汉）刘歆撰，（晋）葛洪集，王根林校点：《西京杂记》，上海古籍出版社 2012 年版，第 27 页。

④ （宋）李昉等撰：《太平御览》，中华书局 1960 年版，第 4234 页。

⑤ 杨树达撰，王子今导读：《汉代婚丧礼俗考》，上海古籍出版社 2000 年版，第 117 页。另见（宋）洪适：《隶释》，《钦定四库全书·史部》，卷十三，第七一八。

⑥ 徐州博物馆：《江苏铜山县凤凰山西汉墓》，《考古》2004 年第 5 期。

⑦ 杨建东：《微山岛版出半两钱的石椁画像墓》，《中国汉画学会第十届年会论文集》，湖北长江出版集团、湖北人民出版社 2006 年版，第 452—454 页。

⑧ 刘福俊、齐克荣：《临沭县西南岭西汉画像石墓》，《中国考古学年鉴·1995 年》，文物出版社 1997 年版，第 155—156 页。

⑨ 王思礼、赖非、丁冲等：《山东微山县汉代画像石调查报告》，《考古》1989 年第 8 期。

⑩ 原报告叙述墓圹之上为山林，信立祥先生在相关论述中称其为坟丘，笔者依信说。详见信立祥：《汉代画像石综合研究》，文物出版社 2000 年版，第 219 页。

第五章 汉代中小型墓葬外部设施　639

图 5-95　江苏铜山县凤凰山西汉 M1 足挡树纹画像　　　图 5-96　山东微山县沟南村出土行丧画像石右格画像

是"墓树"①（图 5-97）。铜山东沿村附近出土的祠堂后壁画像石也见"墓树"画像②（图 5-98）。山东长清孝堂山下小祠堂出土祠堂祭祀画像中，祠堂前有 1 树，枝繁叶茂，枝条交互缠绕，祭祀者在祠堂前树下一侧祭祀，树下的另一侧有 1 人 1 马③（图 5-99）。信立祥先生在《汉代画像石综合研究》一书中对墓地植树进行了论证，指出树木是汉代墓地的象征物，而且多见将树木作为墓地象征物画进祠堂后壁画像中，同时又对一些画像石、画像砖中与树有关的内容进行了分析，指出其中相当数量是墓地祠堂建筑与墓树相结合，这些建筑旁的树木应是墓地中种植的"灵木"，如河南郑州出土的一块画像砖④，图像采用上远下近的等距离鸟瞰透视法表现了墓地全貌：近处有表示墓地大门的双阙，其上部的双室建筑应是墓上祠堂，远处是三株排成的一列大树⑤（图 5-100）。

关于墓树，《淮南子》卷十一《齐俗训》曰："殷人之礼……葬树

---

① 郝利荣：《徐州新发现的汉代石祠画像和墓室画像》，《四川文物》2008 年第 2 期。

② 徐州博物馆：《徐州发现东汉元和三年画像石》，《文物》1990 年第 2 期；王黎琳、李银德：《徐州发现东汉画像石》，《文物》1996 年第 4 期。

③ 关野贞：《中国山东省汉代坟墓表饰》，东京大学工科大学纪要第八册第一号，1916 年，图 140。

④ 周到、张秀清、张松林：《郑州汉画像砖》，河南美术出版社 1988 年版，第 74 页。将其命名为：双阙、门吏、常青树画像砖。

⑤ 信立祥：《汉代画像石综合研究》，文物出版社 2000 年版，第 98—102 页。

图 5-97　江苏徐州铜山县吕梁
散存祠堂后壁石画像

图 5-98　江苏省徐州东沿村
北山南出土第 9 石拓片

图 5-99　山东长清孝堂山下小祠堂
出土祠堂画像中树的摹本

松……周人之礼……葬树柏。"①《淮南子》为汉人撰写，所述为殷周之礼，但从我国古代墓葬的发展来看，殷商与西周时期的墓葬基本无封土，在墓地或墓葬附近栽植松柏的可能性并不大。而古之墓葬，不封不树②，随着墓葬自身及其社会的发展，加之墓主与相关人员的需求，封树现象出现并逐渐普及。东周时期，墓地植树与堆筑封土基本取代了"不封不树"丧葬习俗，墓树也成为墓地的标志物之一。东汉仲长统的《昌言》中即曰："古之葬，植松柏梧桐以识其坟。"③汉代，在墓地植树更为普遍，尤以松柏最为普遍。墓树在继承前代的基础

---

① 何宁撰：《新编诸子集成·淮南子集释》，中华书局 1998 年版，第 789、790 页。

② 《易经·系辞下传》第二章载："古之葬者，厚衣之以薪，藏之中野，不封不树，丧期无数，后世圣人易之以棺椁，盖取诸大过。"王云五主编，南环瑾、徐芹庭注译：《周易今注今译》，台湾商务印书馆 1983 年版，第 397—398 页。

③ （东汉）仲长统撰，孙启治校注：《昌言校注·佚文》，中华书局 2012 年版，第 415 页。

上，一些作用得到发展，也衍生出一些新的作用，而因松柏最为常见，相关作用也表现得较为突出。先秦时期的墓地标志物作用继续发展，并以此体现墓主的身份等级，而在财富与等级方面，相关作用均得到拓展。东周商鞅所著《商君书·境内》载："小夫死，以上至大夫，其官级一等，其墓树级一树。"① 两汉时期，墓树不仅是等级的体现，在一定程度上也是财富的展现。西汉时的《盐铁论·散不足》载："今富者积土成山，列树成林，台榭连阁，集观增楼。中者祠堂屏合，垣阙罘罳。"②

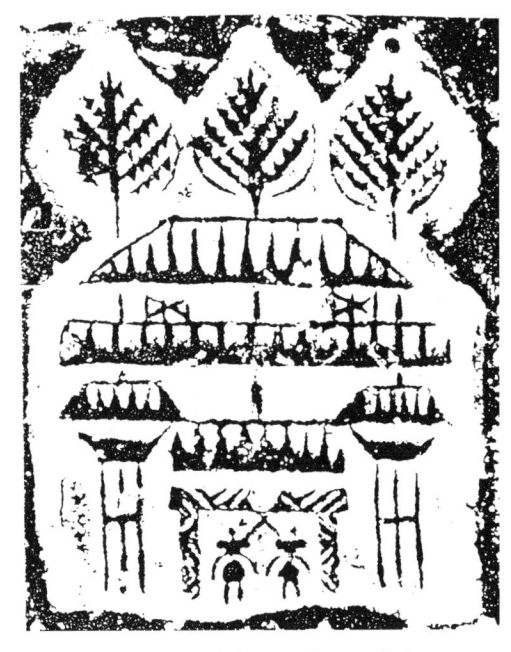

图 5-100　郑州出土墓地画像砖

东汉《潜夫论·浮侈》记："今京师贵戚，郡县豪家，生不极养，死乃崇丧，造起大冢，广种松柏，庐舍祠堂，崇侈上僭（务崇华侈）。"③ 墓树的辟邪功能在汉代也得到发展，张衡在其《冢赋》中有"曲折相连，逦靡相属，乃树灵木，灵木戎戎"④ 的描述，透露出辟邪作用。松柏的辟邪作用更为突出，《太平御览》引《风俗通》曰："墓上树柏，路头石虎。"又引《周礼》所载"方相氏入墟，驱魍像。"并指出："魍像好食亡者肝脑，人家不能常令方相立于墓侧以禁御之，而魍像畏虎与柏。"⑤ 这说明柏与虎均有辟邪的功用。辅助祭祀功能在西汉时期逐渐形成并得到发展。徐州韩山 M1

---

① （东周）商鞅：《商君书·境内》，上海古籍出版社 1989 年版，第 27 页。

② （西汉）桓宽著，王利器校注：《盐铁论校注（定本）》中华书局 1992 年版，第 353 页。

③ （东汉）王符撰，（清）汪继培笺：《潜夫论笺校正》，中华书局 1985 年版，第 137 页。关于该段文字，《后汉书》卷四十九《王符传》写作"务崇华侈"，见（南朝宋）范晔撰，（唐）李贤等注：《后汉书》，中华书局 1965 年版，第 1637 页。本文采用原著作的词句，即"崇侈上僭"，特作说明。

④ （东汉）张衡著，张震泽校注：《张衡诗文集校注》，上海古籍出版社 2009 年版，第 253 页。

⑤ （宋）李昉等撰：《太平御览》，中华书局 1960 年版，第 4235 页。

的时代为西汉早期偏晚，其洞室墓门画像各刻一常青树，树上立一作鸣叫状的鸟，树下悬挂两由绶带穿系的对称玉璧①（图 5-101）。睢宁县官山汉墓的时代为西汉早期偏晚阶段或稍晚，竖穴墓壁上刻有常青树画像，内容与韩山 M1 墓门画像相似，其中一树下也悬挂有璧，树上无鸟②（图 5-102）。由这些时代较早的常青树画像看，树下皆有悬璧，应是对现实生活中相关行为或活动的模仿，而这一行为最大的可能就是墓祭。两墓出土的常青树画像皆为松柏纹，应是墓树抽象化的表现，而汉代盛行墓祭，在墓祭时有在墓地的树下悬挂玉璧或玉璧形物的风俗，两墓出土画像中的树下悬挂玉璧正是这种墓祭习俗的真实反映。韩山 M1 两石门画像的常青树上各立一鸟，尾部翘起，张嘴相向而鸣，极为生动。树上栖鸟具有一定吉祥的含义，同时也可能有墓祭时通过鸟鸣来唤醒被祭祀者魂魄，引导其升仙的含义，墓祭时虽然不一定有鸟立于树上，但鸟儿栖于枝头鸣叫还是较为常见的事情，因此可以说这是一个真实的写照，但在其中加入了某些理想化的元

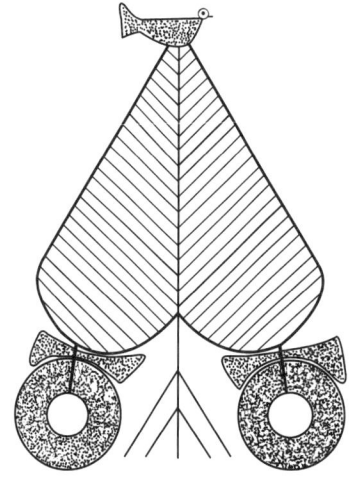 

图 5-101　江苏徐州市韩山
西汉 M1 洞室门树纹画像

图 5-102　江苏睢宁县官山
西汉墓出土树纹画像

---

① 徐州博物馆：《徐州韩山西汉墓》，《文物》1997 年第 2 期；胡望林：《徐州韩山汉墓》，《中国考古学年鉴·2006 年》，文物出版社 2007 年版，第 190、191 页。

② 仝泽荣、武利华、田忠恩：《睢宁汉画像石》，山东美术出版社 1998 年版，第 94、108 页。

素[①]。墓树多松柏，均为四季常青之树，故命名为常青树（长青树），虽然目前学界关于"常""长"二字并无统一之说，但均寓意长青常绿，这在一定程度上也象征着墓主灵魂不死的内容，由于松柏有着特殊的象征意义，成为墓地的常见树木也就不足为奇了。

另外，较多汉代画像石或画像砖中有常青树图案，一些常（长）青树下有坛台类建筑，一些不甚明显。《汉画像中"长青树"类刻画与汉代社祭》一文中有所列举，如第二类，树冠多呈三角形，冠顶皆锥状，分枝数量不一，作直枝状对称刻于主轴左右，树木图像下无明显坛台类建筑，但多数刻画线条或菱形图案，树左右两侧均有形如阙类的建筑，这类建筑物与树下所刻线条组成凹字框，有些树木栽植于墙垣之内，且每一组图案都是单株独处（图 5-103），文章指出，相关常青树可能为社树，图案反映了汉代对土地神崇拜、立社、祭社之俗，体现了汉代社祭等内容[②]。在此基础上，笔者认为，上述画像中的常青树等更像似位于墓前，而墓树距离墓葬稍近，相关设施修建在树前，并体现出上远下近的效果，近处为墓地双阙，靠近墓葬的远处为坛台和常青树，但常青树的形象明显突出。就树下的坛台而言，应类似于供台或相近设施，供墓祭时使用。这样墓树与祭祀设施相结合，形成了综合性的祭祀内容。

图 5-103　汉代画像砖中的常（长）青树图案

---

① 刘尊志：《徐州地区早期汉画像石的产生及相关问题》，《中原文物》2008 年第 4 期。
② 郑同修：《汉画像中"长青树"类刻画与汉代社祭》，《东南文化》1997 年第 4 期。

六、采石场

为墓葬及相关设施因用石材而形成的石料开采场地。

目前已知与汉代墓葬有关的采石场或采石遗存已发现几处，但多与高等级墓葬，尤其是地方诸侯王墓有关。较早发现的有广州南越王墓附近的采石遗存，分布面积大，但整体规模小，采石量少，反映出相应的采石工艺[1]。江苏徐州狮子山楚王墓的墓道内发现一大致东西向的采石坑，中间有一长条石断开形成的磋口，南北两侧较光滑，其西侧还有一断成两截基本完成的塞石，当是为该墓开凿的塞石[2]。最具规模的为2004年在徐州博物馆西侧及北侧发现的西汉时期采石遗址，总面积超过1万平方米，发现采石坑60余个，而其实际分布面积约有4万平方米左右，所开采的石料主要用于建造宫殿和陵墓，尤其是西汉楚王墓塞石[3]。该采石场距离楚王墓距离较远，作为墓外设施的特征不明显，但从大的方面看，亦可视为墓葬的外部设施。

与中小型墓葬有关的采石遗址在徐州地区也有发现。徐州市西郊小长山东坡发现一处面积达四五千平方米的汉代采石遗址，内有多个采石点，包括采石留下的大凹坑及錾印、楔窝等，楔窝大多成排分布，最多的达到4个，取石长度可达4米[4]（图5-104）。采石场附近密集分布较多汉代墓葬，既有使用石板材的西汉墓，如砌建石椁，竖穴内封石、洞室封门等，相关墓

---

[1] 朱照宇：《南越王墓建筑石料及其原产地的鉴定研究》，《西汉南越王墓》，文物出版社1991年版，第499—511页。

[2] 狮子山楚王陵考古发掘队：《徐州狮子山楚王陵发掘简报》，《文物》1998年第8期；韦正、李虎仁、邹厚本：《江苏徐州市狮子山西汉墓的发掘与收获》，《考古》1998年第8期。

[3] 徐州博物馆：《江苏徐州市汉代采石遗址发掘简报》，《考古》2010年第11期。另在《徐州西汉楚王墓塞石的开凿与封填》一文中有相关补充，见耿建军：《徐州西汉楚王墓塞石的开凿与封填》，《考古》2013年第3期。

[4] 林刚：《小长山发现汉代采石场遗址：面积达四五千平方米，国内汉代采石场遗址增至3处》，《彭城晚报》2011年2月22日第A11版。

图 5-104　徐州市西郊小长山发现的汉代采石遗存

葬如韩山 M1、M2 及其陪葬墓①和附近的小长山汉墓②，另有一些暂未公布资料的西汉墓葬；也有一定数量的东汉墓葬，如砖石混筑的画像石墓等③，因此这一面积较大的采石场可能是服务于附近汉墓使用石材。考虑到这一带西汉墓葬数量较多，其很可能主要服务于西汉墓葬，而相应时代可能会延续至东汉时期。

关于汉代中小型墓葬使用石材的开采，已知汉代祠堂等的刻铭或题记之中有所体现。东阿芗他君石祠题记有"负土成坟，列种松柏，起立石祠堂……堂虽小，经日甚久，取石南山，更逾二年，迄今成已……使师操义，山阳瑕丘荣保、高平画师代盛、邵强生等十余人。"④《从事武梁碑》记："选择名石，南山之阳，擢取妙好，色无斑黄……良匠卫改，雕文刻画，罗列

---

①　徐州博物馆：《徐州韩山西汉墓》，《文物》1997 年第 2 期；胡望林：《徐州韩山汉墓》，《中国考古学年鉴·2006 年》，文物出版社 2007 年版，第 190、191 页。

②　徐州博物馆：《江苏徐州小长山汉墓 M4 发掘简报》，《中原文物》2010 年第 6 期。

③　徐州博物馆：《徐州市韩山东汉墓发掘简报》，《文物》1990 年第 9 期。

④　罗福颐：《芗他君石祠堂题字解释》，《故宫博物院院刊》1960 年。

成行，擽骋技巧，委蛇有章。"①许安国祠堂题记载："负土成坟，徐养凌柏，朝莫祭祠……以其余财造立此堂，募使名工，高平王叔、王坚、江湖、栾石、连车，采石县西南小山阳山，琢砺磨治规矩。"②

由上可知，有的墓葬使用石料较多，可能会有专门的采石点，若有些墓地使用石料较多，附近或邻近区域则可能有采石场，如徐州市西郊小长山发现的汉代采石遗址。东汉时期，画像石墓的建造、石祠堂的搭建及墓外石阙和其他立石的推广和使用，都促进了石料的开采，上文所引刻铭或题记文字很好地说明了这一点。由于年代久远，加之后期开山采石等多方面的破坏，以及山体水土流失造成的掩盖和植物生长等原因，一些与汉代墓葬采石有关的遗存暂未被发现，但可以肯定的是，在一些山地丘陵地区，使用石材砌建墓葬及墓外设施者，基本都会从附近山上采石并进行加工，因此应有相应的采石场地。考虑到相关墓葬数量较多，分布地域也较广，与汉代墓葬有关的采石遗存当有相当数量，而随着考古工作的不断深入，将会有一些与汉代中小型墓葬有关的采石遗存被发现、发掘出来。

第六节 相关问题

综合本章并结合第四章的论述可知，汉代中小型墓葬的外部设施内容丰富，类型多样，涉及墓葬修建、墓葬与墓地保护、墓地规划、陪葬内容、合葬与祔葬、墓地祭祀、配套与辅助等多个方面，而每一个大的方面又包括许多具体内容。

墓地祭祀设施有祠堂及配套设施、祭台、祭案、祭祀坑等。墓葬及墓地修建设施包括陶窑、石灰窑、采石场、临时建筑、取土坑及围沟、围墙、墓垣、墓园、排水沟及相关沟渠等。墓地规划内容亦较丰富，如相关沟渠与垣墙、墓园、祭祀设施、石阙及各类立石、相关建筑等，一些还具有装饰或相关功能，如石楼、一些池塘等。陪葬内容以陪葬坑和陪葬墓最为常见，体

---

① 蒋英炬、吴文祺：《汉代武氏墓群石刻研究》，山东美术出版社1995年版，第17页。
② 济宁地区文物组、嘉祥县文管所：《山东嘉祥宋山1980年出土的汉画像石》，《文物》1982年第5期。

现出墓主等级及其与陪葬者的等级差异；合葬反映出家庭关系及其葬俗的发展，祔葬则是家庭或家族墓地的发展及其墓主身份地位的展现。配套与辅助设施在上述较多设施中均有体现，如祭祀设施中的烧土、储物坑等，陶窑的取土坑、加工与存储场地等。除上述内容外，墓阙及各类立石还具有多种功能，如墓地规划、墓地祭祀及思想上的守护作用等。

汉代中小型墓葬的诸多外部设施，有的是对前代的继承、延续和发展，有的则是新出现的内容，综合构成了汉代中小型墓葬墓外设施的丰富性和多样性，其中一些设施在使用过程中逐渐趋于衰落，一些则具有较强的发展态势，在某一时期或阶段达到发展中的高峰，并对后世有着重要影响。与等级较高的帝王陵墓及列侯墓葬相比较，中小型墓葬的一些外部设施的发展相对滞后，体现出受高等级墓葬影响的特点。如墓外的池沼、水渠构成的园林式设施，汉武帝茂陵陵区的中陵园内西南角即有相对独立、面积较大的池沼，池沼之间有水渠相连①（图5-105）。中小型墓葬外有此类设施者则多为东汉墓葬，在一定程度上体现出高等级墓葬的影响及其中小型墓葬对高等级墓葬设施的借鉴、吸收和应用。一些则基本同步，反映出相应的共性，一些则对同时期高等级墓葬或后世等级较高墓葬有所影响，如石雕动物与人物，对后世帝王陵墓石象生的使用影响明显。

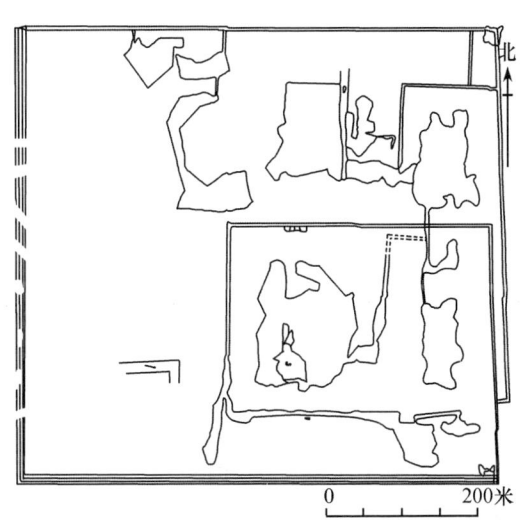

图5-105 茂陵中陵园内西南角1号建筑平面图

中小型墓葬的外部设施具有类型多、数量大、分布地域广、时代跨度长、使用者等级多样等特点，体现出相对应丧葬内容、丧葬礼俗、丧葬需求

---

① 陕西省考古研究院、咸阳市文物考古研究所、茂陵博物馆：《汉武帝茂陵考古调查勘探简报》，《考古与文物》，2011年第2期。

及其继承、发展、形成、推广普及等多方面的内容。但有一点是不可否认的，汉代中小型墓葬的外部设施在整体上还体现出时代或发展过程中的不平衡、地域发展或使用中的不均衡；等级差别方面，虽然在整体上相对明显，如中小型墓葬墓外设施的规模、面积、功用等较之帝王陵墓等相差明显，但中小型墓葬内部的等级差别则不统一，设施类型、内容等也不甚统一。不过，汉代中小型墓葬外部设施的形式与功能已较多样，比之汉代之前的墓葬有着诸多不同。通过对两汉中小型墓葬的对比，可知东汉中小型墓葬的外部设施比之西汉中小型墓葬的外部设施，种类相对丰富，使用更为普遍，汉代之前的一些内容减少，汉代逐渐兴起的内容相对流行和常见。因此可以说，东汉时期尤其是东汉中晚期，中小型墓葬的墓外设施已渐趋完善，其与等级较高墓葬的墓外设施一起对汉代之后墓葬外部设施的使用及其墓葬的发展具有十分重要的影响和促进作用。

汉代中小型墓葬的外部设施中，很多是成组合出现，在整体上体现出中小型墓葬外部设施在汉代的全面发展。如墓外的墓垣与墙、立石及神道、祠堂与相关设施、陶窑与配套场地和设施等，这使得相关功能和作用得到较大的拓展和延伸，也反映出墓外设施的不断完善，体现出墓地的规划和相应的丧葬需求。以围沟为例，一些墓地的围沟与其内侧的排水沟相连，围沟既可起到相应的保护作用，又达到辅助墓葬排水的功能，亦折射出墓地的规划与需求等。如江苏扬州甘泉镇张家墩汉墓，北部的 G2 南侧，自南向北用板瓦铺设排水沟以连接该沟，该排水沟向南延伸即为土墩中心 M1 的后侧，而该墓是土墩中规模最大的墓葬[①]（图 5-106）。由上，我们对于汉代中小型墓葬的墓外设施，既要对相对独立的设施个体进行剖析，也要对墓外设施的组合进行分析，一些还要与墓葬封土下，乃至墓穴内的一些设施进行全面、综合的考察，这样才能更加全面地认识汉代中小型墓葬的墓外设施，进而对其内容、内涵、功能和作用有更深入和全面的理解。

还有一点要做说明，随着考古工作的不断深入，越来越多的汉代遗存被揭露和发掘出来。有些汉代遗存中，既有汉代墓葬，也有与上文论述的部

---

① 秦宗林、束家平：《扬州地区汉代土墩墓葬浅析》，《汉代陵墓考古与汉文化》，科学出版社 2016 年版，211—219 页。

分墓外设施属同一类别的遗迹，如陶窑、水井、灰坑等，须作认真区分，以确定相关设施是否为墓葬的外部设施。《荥阳后真村》发掘报告所公布后真村汉代遗存中的遗迹有墓葬2座、陶窑6座、灰坑6个、水井4眼、沟1条。从分布来看，墓葬位于第Ⅰ、Ⅳ发掘区的东南，为东汉晚期，或可能至魏晋时期，为夫妻异穴合葬墓，陶窑、灰坑、水井、沟等与二墓距离较远，陶窑较为集中，形制相

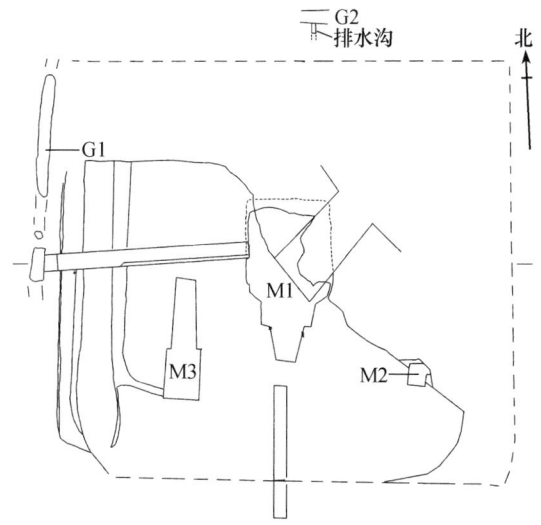

图 5-106　江苏扬州甘泉张家墩土墩平面图

似，时代为西汉中晚期至东汉时期，灰坑中的 H9 为砖砌壁，可能为窖藏或圆囷。推测这一地区原应是集生活、生产一体的区域①，后毁弃，一些地区则开始葬人。综合相关遗迹的时代、分布、性质、用途等来看，上述陶窑、灰坑、水井、沟等应与汉墓无关，不能视为墓葬的外部设施。以此为参考，其他地区的类似遗存，我们也需作认真甄别，以确定是否为汉代墓葬的外部设施，以求更好地认识汉代墓外设施的内容、内涵、功能与作用等。

---

① 河南省文物局：《荥阳后真村》，科学出版社 2018 年版，第 7—35、128、129 页。

第 六 章

汉代墓外设施系统的形成与确立

两汉时期,古代墓葬经历了较大的发展,与墓葬有关的内容,一些是对前代的继承和沿用,一些是摒弃和改进,更多的则是创新发展与推广普及,墓外设施作为汉代墓葬的重要组成部分,在较多方面体现出上述内容和特征。两汉帝陵外部设施众多,内容、内涵及功能、作用极为丰富,在经历西汉一代发展的基础上,东汉帝陵的外部设施呈现出诸多新的内容,与之对应的礼仪、制度等得到不断完善和发展,并对后世有着较大影响。有学者进而指出,东汉时期是我国古代陵寝制度的确立时期[1],而这也被较多的学者所接受和认可。汉代王侯与中小型墓葬的墓外设施虽在具体内容、功用等较多方面与帝陵的外部设施存在诸多差异,但其整体发展轨迹及表现形式等又与帝陵的外部设施有着相似或相近之处。综合帝陵的外部设施,两汉墓葬的墓外设施系统已基本形成,而与之相关的一些内容和体系也得到确立,在这方面汉代王侯与中小型墓葬的墓外设施有着充分体现,并起到相当重要的作用。

第一节 墓外设施内容及其发展

通过前文论述可知,与汉代王侯墓葬及中小型墓葬对应的外部设施种

---

[1] 杨宽:《中国古代陵寝制度史研究》,上海人民出版社2003年版,第38—44页。

类丰富，数量较多，从整体上反映出汉代王侯墓葬与中小型墓葬墓外设施的内容及其发展。

一、墓外设施的内容和种类

因墓主身份地位、墓葬等级的不同及时代、地域的差异，对应墓葬的外部设施内容和种类等存在诸多差别，但在整体上又体现出统一性或一致性的特点。

（一）西汉诸侯王墓

具有一定的特殊性，等级上低于帝陵，但较之列侯墓葬及其他中小型墓葬明显要高，这在墓葬形制、陪葬品等方面皆有体现，而其墓外有规划面积较大的空间，并有诸多与墓葬等级或墓主身份地位相符的墓地配套设施。西汉诸侯王墓地设园邑、置官吏，并有相当数量的守陵人员，同时在陵区内，与墓葬相对较近的位置设有园寺吏舍，亦有相应人员负责墓葬及陵区内的守护或相应工作，同时还有诸侯王的较多嫔妃在诸侯王去世后为其守陵的住所。陵园是诸侯王墓葬制度不可或缺的内容，基本为内外两重，突出以王墓或王墓与后墓为核心的墓地规划，设有官吏与管理人员。陵园多建围墙或围沟，形成不同空间的同时也起到守护作用；园墙设门并有配套的门阙，便于进出和连接不同空间，也体现出墓区的庄严和肃穆。寝与寝类设施与祭祀有关，诸侯王墓使用寝园的时间可能相对较早，河南永城保安山M1寝园[①]，修建年代与景帝阳陵时代较为相近，这说明西汉帝王陵墓使用寝园很可能是同步的；若阳陵无寝园，则帝陵是在武帝茂陵时开始使用寝园，这就存在帝陵受诸侯王墓影响的可能[②]。寝类设施尤其是寝园包含诸多设施，最主要的为寝殿和便殿及配套的廊、厨等建筑，另外还有防排水设施及道路等。祠庙也是用于祭祀的设施，有相应官吏和人员，较多建于墓上，这在山地丘陵地带的诸侯王墓地表现较为明显。西汉诸侯王墓在封土外缘修砌有墓垣、围墙，或开挖围沟，一些还有其他设施，如满城M1、M2，在墓口处有堆积

---

① 河南省文物考古研究所：《永城西汉梁国王陵与寝园》，中州古籍出版社1996年版，第23—90页。
② 刘尊志：《试论西汉帝陵的寝与相关建筑》，《中原文物》2015年第5期。

的石块①。西汉诸侯王墓与王后墓多为异坟异穴合葬，因此就诸侯王墓来讲，王后墓是其墓外的一项重要设施，而因有特殊或相关原因，一些诸侯王墓地还存在"一王二后"的情况。陪葬坑是西汉诸侯王墓的一项重要内容，相当部分位于诸侯王墓葬之外，位置、数量、形制及埋藏内容等存在不同，就目前资料来看，西汉晚期这一墓地设施从西汉诸侯王墓地中消失。陪葬墓与祔葬墓是诸侯王身份地位的体现内容之一，位置、数量与身份、等级存在多样性，既体现出王国的后宫制度、官僚制度、机构及统治体系，也反映出与诸侯王墓地相关的内容和内涵。道路有主路，也有一些小路，不仅是陵区规划的体现，也与连接不同设施或陵园内外有一定关系，如江苏盱眙大云山汉墓，既有宽直的司马道，也有曲折的小路②。诸侯王墓的防排水设施既有对墓葬自身保护的作用，也体现出对陵区或陵区内设施有关的保护。手工业作坊多数服务于墓葬的修建及陪葬品的制作，有的还可能服务于陵区内相关人员。墓树资料不多，但就陵区规划来讲，这是不可或缺的内容之一。另外还有修建墓葬时的临时设施、灰坑、水井、地标石等，功能、作用和服务对象各有不同。河南芒砀山梁王陵区的芒砀山主峰上还发现有礼制建筑，与梁王墓葬集中分布于芒砀山存在一定关系。

（二）东汉诸侯王墓葬

随着诸侯王自身权力地位的不断削弱，东汉诸侯王墓与列侯功勋墓葬基本没有区别③，和墓葬有关的特殊性减少。墓外设施方面，特殊性还有相应体现，即墓葬形制虽与一些稍低等级的墓葬趋同，但在墓外设施的设置上，仍显现较多与墓主身份等级相符的特征。墓葬外陪葬坑基本不见，但一些相对特殊的异姓诸侯王墓外有一定数量、规模不大，具有祭祀性质的坑，

---

① 中国社科院考古研究所、河北省文物管理处：《满城汉墓发掘报告》，文物出版社1980年版，第4、216页。
② 南京博物院、盱眙县文广新局：《江苏盱眙县大云山汉墓》，《考古》2012年第7期。
③ 黄展岳：《汉代诸侯王墓述论》，《考古学报》1998年第1期。

如河南安阳西高穴曹操墓[①]。陪葬墓与祔葬墓数量不多，在规划布局上与西汉诸侯王墓的陪葬墓、祔葬墓已有较大不同。由于东汉诸侯王与王后多为同穴合葬，部分为同坟异穴合葬，异坟异穴合葬较少，诸侯王墓外的合葬墓比例较小，而西汉诸侯王墓地所见"一王二后"的情况在东汉诸侯王墓地中仅个别有发现。陵园是基本设施，可起到保护陵区、墓葬及反映墓地规划布局等作用，或绕以围墙，或围以壕沟，也有的围墙与壕沟兼用，如西高穴曹操墓地。陵园设门，有的有主次之分，一般墓道朝向的门为主门，另有墓阙等。神道特征明显，从墓前伸向墓外，通过主门后向外仍有所延伸，两侧可能会有柱类配套设施。与东汉帝陵的发展相对应，东汉诸侯王墓外的祭祀设施较之西汉诸侯王墓也有较大变化。祠庙仅见于文献记载，且属时代较早的诸侯王墓。寝类设施仍然存在，亦有相关配套设施，如院落、道路、排水渠等，而位置也大多在墓葬一侧，但规模相对小，配套设施简略，除特殊墓葬如西高穴曹操墓地有一些临时祭祀设施外，其他基本不见。另有墓葬修建设施（含临时设施）、参考或标识、墓葬修建材料开采、加工与制作设施等。

（三）西汉列侯墓

墓外设施主要包括墓园及相关设施、道路、排水设施、水井、墓垣、墓上立石与墓前石雕、相关建筑、陪葬坑、合葬墓、祔葬墓与陪葬墓、守冢设施等多种。史书对西汉列侯墓葬外部设施记载不多，但湖北云梦睡虎地M77出土的《葬律》竹简则有较详细记载，说明应有相应制度存在[②]。有的西汉列侯墓地设有守冢户，有对应设施。墓园多以园墙或兆沟围成，建有门阙及相关设施，有道路可通往墓葬及他处，大体上也是双重墓园制度，形式多样，但列侯墓葬居于核心位置。多数列侯墓葬有陪葬墓与祔葬墓，体现出

---

① 河南省文物考古研究所、安阳县文化局：《河南安阳市西高穴曹操高陵》，《考古》2010年第8期；河南省文物考古研究院：《曹操高陵》，中国社会科学出版社2016年版；河南省文物考古研究院、安阳市文物考古研究所、曹操高陵管理委员会：《安阳高陵陵园遗址2016—2017年度考古发掘简报》，《华夏考古》2018年第1期。

② 湖北省文物考古研究所、云梦县博物馆：《湖北云梦睡虎地M77发掘简报》，《江汉考古》2008年第4期；彭浩：《读云梦睡虎地M77汉简〈葬律〉》，《江汉考古》2009年第4期。

列侯的身份等级，也反映出族葬的特点。异坟异穴合葬墓常见，这与西汉诸侯王墓有所相似。较多列侯墓外有陪葬坑，很多仅1座，形制及内容存在差别，有些为祭祀坑。祭祀设施以祠堂为主，位置存在多样性，多数是列侯墓与夫人墓共用，有的列侯墓葬还修建有专门的寝，位于墓前，面积不大，如江西南昌海昏侯刘贺墓[①]，另有灶坑或其他内容。西汉列侯墓地有神道，另有其他相关道路，神道除具有自身交通、连接相关设施的功能外，还可能与墓祭有着一定关系。个别列侯墓地有墓上立石与墓前石雕，虽具特殊性，但对后世有着重要影响。其他墓外设施中，墓垣具有保护墓葬的功能，水井可提供用水，排水设施则用于保护墓葬与陵区。

（四）东汉列侯墓

墓外设施发现略少，主要包括墓园及相关设施、相关建筑、道路、合葬墓、祔葬墓、守冢设施、墓地或墓葬的其他保护设施等。陪葬坑不见，祔葬墓数量少，陪葬墓或有或无，有者数量亦不多，合葬墓少见，这与同穴合葬居多，另有同坟异穴合葬等有关。墓园以园墙或沟围合而成，亦基本为双重。有些园墙或围沟有门或相关设施。墓地中有神道，也有其他道路，少量可能有石象生与神道石柱等。祭祀建筑以祠堂为主，另有配套设施，有的还有大规模的建筑群，如汉魏洛阳城西东汉墓地，建筑群有祠堂及相关设施、角楼、天井、藏室、廊房、小房、配房等，其中即有冢舍、排水设施、墓地或墓葬保护设施，如角楼等[②]。就神道及可能设置的石象生及神道石柱等来讲，除体现出自身功用及墓地规划等之外，还应与墓祭设施有关，即与墓祭设施相关的组合内容。东汉列侯墓地的墓外设施中少见与墓葬修建有关的设施，安徽亳州曹氏宗族墓地可能存在制砖设施和烧砖的窑[③]。

---

① 江西省文物考古研究所、南昌市博物馆、南昌市新建区博物馆：《南昌市西汉海昏侯墓》，《考古》2016年第7期。

② 中国社会科学院考古研究所洛阳汉魏城队：《汉魏洛阳城西东汉墓园遗址》，《考古学报》1993年第3期。

③ 亳州市博物馆：《安徽亳州市发现一座曹操宗族墓》，《考古》1988年第1期。

（五）墓祭设施

是诸多汉代墓地不可或缺的内容。祠堂为列侯墓地及中小型墓葬最为重要的祭祀设施，可分为砖（石、土）墙瓦顶祠堂和石祠堂两大类，西汉时期基本为砖（石、土）墙瓦顶祠堂，石祠堂大致在西汉晚期出现，东汉时得到普及，但东汉一代仍有较多墓葬使用砖（石、土）墙瓦顶祠堂。祠堂的朝向、位置及开间多少、面积大小存在差异，体现出与祭祀有关的诸多内容。汉代墓地祠堂还有较多配套或相关的设施，如窖藏、灶、室外场地、厢房、冢舍、其他房屋、道路、排水与供水设施、相关石刻等，进而形成相关组合。除祠堂外，汉代列侯墓葬及中小型墓葬外还有其他祭祀性设施，一些列侯墓葬外发现有灶坑、寝等，有的列侯墓葬外还有祭祀坑，而祭祀坑也见于一些中小型墓葬所属墓地，有的中小型墓葬的墓上或旁侧还有祭台或供台，多为砖砌，少量石砌，西汉晚期开始出现并逐渐推广，东汉墓葬使用普遍，等级不一，有的墓主甚至为平民或稍高等级，这与汉时的"露祭"可能有关。

（六）中小型墓葬

墓葬数量多，墓外设施体现出时代跨度长、分布地域广、数量多、种类丰富、用途多样等特点。塘、池、沟、壕、坑等多为人为砌建或开挖而成，位于墓外，或与墓内相连。塘、池发现不多，沟壕相对较多，坑有一定数量。沟壕在两汉墓葬外均有发现，有的为封闭型的围墓沟，较多围墓沟内为一座墓葬，亦见有多座墓葬者；有的为非封闭型，或半围型，范围较大，内有多座墓葬。排水沟多与墓内相连，少量在墓葬外，起到排水与保护墓葬的作用。坑有陪葬坑，多为等级较高中型墓葬的外部设施，基本为1坑，面积不大，埋藏内容也相对简单；有取土坑，即服务于修建墓葬时或其他需要时堆筑封土，如河南省淇县黄庄Ⅱ区西部墓地发现的部分取土坑[①]。墙有围墙，与墓地规划有关，夯土或石砌，抑或有砖砌。围墙应有门，可与外界相

---

① 河南省文物局：《淇县黄庄墓地Ⅱ区发掘报告》，科学出版社2015年版，第6、7夹页，118—123页。

通。有的围墙还配有罘罳，即位于围墙四角的小楼。部分围沟与围墙有相似作用，其内有墓葬，数量不等，形成规模不等、等级不一的墓园。包绕墓葬的墙多称为墓垣或墓垣墙，与墓葬距离近或叠压在封土之上，层数不等，石块砌筑者常见，也见有其他形式。一些中小型墓葬外或一些墓地有用于祭祀的祠堂，还有门阙及相关刻石，与祠堂等形成组合，综合体现出墓地布局与规划，也显现出墓地祭祀的重要性。墓阙的形制与形式多样，目前所见中小型墓葬外的门阙多为石阙，另在附近还有石兽、石柱等相关遗存。墓外立石内容多样，主要包括碑、雕琢的人物与动物、柱与柱础等，目前所知亦多为石质，如天津武清鲜于璜墓前出土的墓碑[①]等。其他设施还有购买墓地的文字刻石、相关道路、临时房舍、石楼、墓树等。与王侯墓葬相似，中小型墓葬中等级较高者也有陪葬墓和祔葬墓，但数量不多，等级亦不高，与主墓墓主身份等级较为相符。配合墓葬修建或陪葬需求，一些墓地砌建陶窑，主要是为墓葬修建烧造建筑材料，有的也烧造陪葬品，如贵州省沿河县洪渡镇发现的汉代陶窑，以烧制砖瓦为主，也兼烧一些小件陶器，如动物俑、罐等[②]。汉代墓地陶窑发现数量多，分布地域广，就时代来讲，以西汉晚期至东汉时期墓地外陶窑居多。每一墓地的陶窑数量不等，而较多墓地的陶窑形制也有诸多不同，体现出相应的时代特点和地域性特征。陶窑还有配套设施，如提供水的井、取土坑、废料盛放坑、存放场地、陶坯制作作坊、排水沟等，甚至一些自然河流也可视作其配套设施。另外，石灰窑、采石场等，也可为墓葬的修建提供所需材料，徐州市西郊小长山东坡发现一处面积较大的汉代采石遗址，应是服务于附近墓葬的修建[③]。

综合来看，汉代王侯墓葬与中小型墓葬的外部设施数量较大，内容较多，与之对应的种类更是丰富多样，而且分布地域广，时代跨度长。虽然不同等级、身份人员墓葬的外部设施有与之相符的特点，但就整体来看，汉代

---

① 天津市文物管理处、武清县文化馆：《武清县发现东汉鲜于璜墓碑》，《文物》1974年第8期；天津市文物管理处考古队：《武清东汉鲜于璜墓》，《考古学报》1982年第3期。
② 贵州省博物馆考古队：《贵州沿河洪渡汉代窑址试掘》，《考古》1993年第9期。
③ 林刚：《小长山发现汉代采石场遗址：面积达四五千平方米，国内汉代采石场遗址增至3处》，《彭城晚报》2011年2月22日第A11版。

王侯墓葬与中小型墓葬的较多墓外设施又存在很多的共性，体现出相同或相近的特点和大的时代特征，也折射出汉代墓葬外部设施的全面发展。

二、墓外设施的功用

汉代王侯墓葬与中小型墓葬的墓外设施多种多样，这些设施基本都服务于墓区或墓葬，因设置要求、目的或丧葬需求等的不同，墓外设施的功能和作用也有差别，并体现出较为多样化的特征。关于墓外设施的功能和作用，笔者在前文各章中已作论述，但基本是针对某一时代或某一级别墓葬进行的相关分析。就汉代王侯墓葬与中小型墓葬的墓外设施来讲，既有时代、等级方面的针对性，也有较强的统一性或较多的一致性。

（一）墓地或茔域

是汉代墓葬或墓地外部设施中一个相对笼统的概念，墓葬位于墓地或茔域之中，墓葬本体之外为墓外，墓地或茔域可视为墓外大的空间，同时又是墓葬及相关设施设置、布局的场地，因此其涉及墓葬的选址、建造，墓区的规划、布局，另外还有相关设施的设置等较多内容。墓地或茔域不仅与当时追求形胜吉地有关，也可以达到多种丧葬需求，即思想与实际需求相结合，这应是其功能的体现。墓地或茔域与自然环境有着密切关系，山川或台地以及河流、相应面积的空敞之处等都是较为重要的参考。可以说，墓地或茔域是墓葬的基础和保证，墓葬及其他墓外设施受其制约，而其也为墓葬及其他墓外设施提供场地和保障。

（二）陵园或墓园

针对于墓葬来讲，二者属相同性质的概念，但因墓主身份等级的差异，在表述或叫法上有所差别，对应的面积、规模及相关设施等也存在不同。就本书的研究内容来讲，诸侯王墓为陵园，列侯墓葬及中小型墓葬则为墓园。称之为"园"，是指有相应面积、相关规划并有一些设施或内容的组合，即相对独立，有自身的组成元素，而其以墓葬为中心，故称为陵园或墓园。相较于墓地或茔域，陵园或墓园更为具体，并有自身的规划和设施，墓地或茔域是相对较广或宽泛的概念，陵园或墓园则有针对性，其功能性更为突出。

园有其范围和面积，然而并非所有的园都有界隔，但就汉代王侯墓葬与中小型墓葬来讲，多数会有人为的界隔，形成一个包绕墓葬、有相应设施、体现相应职能的"园"，有些高等级墓葬的陵园或墓园还有双重，主墓居于内陵园或内层墓园，相关设施或其他墓葬处于外陵园（墓园）之中。相关界隔为垒砌或筑砌的园墙，或是开挖的沟壕，还有的以他物为墙为界，如东汉时期的一些王侯墓，可能会参考帝陵陵园的行马。无论采取何种方式，相关界隔内均可形成相对独立的空间，进而起到保护墓葬及其相关设施的功用，而园墙和围沟的功能更为突出，为达到保护的目的或需求，有的还建有罘罳或相应设施，汉魏洛阳城西东汉墓四周有夯土墙，在东、北二墙上发现两处建筑遗迹，为附属建筑，属于墓园的防卫性设施[1]。园墙或围沟等还设有出入口，与相关道路连接，便于进出园内外，并服务于墓地的其他工作如祭祀等。很多园门前建阙，既是园门的象征，也具有守护作用，同时还有相关人员在祭祀或其他活动时负责迎送，有的还在门内设有相关建筑，如江西南昌海昏侯墓，墓园有东、北二门，门外皆双阙，门墙内还有相关建筑[2]。

（三）守陵设施

1. 园邑

基本为西汉王侯墓葬的外部设施，以诸侯王墓最普遍。园邑位于墓区内，有相关人员及设施。西汉诸侯王墓的园邑设有官吏，与帝陵的陵邑又有明显不同，帝陵置陵邑时迁富商大贾，有较强的政治目的，而诸侯王墓园邑的居民可能多为中下阶层，其目的主要是为了奉园邑及保护陵墓[3]，而对应人员也可能会参与墓区的其他工作。

---

[1] 中国社会科学院考古研究所洛阳汉魏城队：《汉魏洛阳城西东汉墓园遗址》，《考古学报》1993年第3期。

[2] 江西省文物考古研究所、南昌市博物馆、南昌市新建区博物馆：《南昌市西汉海昏侯墓》，《考古》2016年第7期。

[3] 刘尊志：《汉代诸侯王墓研究》，社会科学文献出版社2012年版，第284页。

2．园寺吏舍及相关设施

发现不多，主要为西汉王侯墓外的相关设施。是王侯墓地中相关人员居住和处理相关事务之所，相关人员对王墓及墓区有保护作用，也可配合陵区内的相关工作，如参与祭祀、辅助陵区工作等。其他设施还有王侯去世后，其较多嫔妃、夫人或其他女性为其守陵的住所，起到守护与辅助陵区工作等作用。东汉王侯墓中，部分也应有上述设施。

3．中小型墓葬的相关设施

为墓庐或冢舍等，大多亦具有看护墓葬与辅助祭祀的双重功能，有的则是看护与祭祀为一体。

（四）墓祭设施

1．寝园与寝类设施

主要为两汉诸侯王墓地的祭祀设施，而且两汉诸侯王墓地的此类设施还有不同和变化，整体上是以寝为核心，另有较多辅助性设施，形成建筑组合，但就规模等来讲，东汉诸侯王墓的寝园与寝类设施较之西汉诸侯王墓有所逊色。另外，个别列侯墓葬也修建有寝，如江西南昌海昏侯墓前的寝，规模不大[①]。

2．祠庙

以西汉诸侯王墓地为主，而东汉诸侯王墓地修建祠庙仅见于文献，且时代较早。西汉诸侯王墓地祠庙多位于墓上，横穴崖洞墓或建于山上的石坑墓，祠庙多修建于所在山头的顶端。

3．祠堂

汉代列侯与中小型墓葬或墓地最常见的祭祀设施，位置不一，多数规

---

① 江西省文物考古研究所、南昌市博物馆、南昌市新建区博物馆：《南昌市西汉海昏侯墓》，《考古》2016年第7期。

模不大，很可能是帝王陵墓祠庙与寝及寝类设施的综合，因墓主身份及墓葬等级而呈现出与自身相符的内容和特点。一些石祠堂的很多画像和刻铭文字还间接起到保护墓葬及相关设施的意图和作用。

4．祭祀坑

数量不多，因墓主身份及墓葬等级不同，数量及其埋藏物品存在差异。西汉墓葬居多，东汉时也有，祭祀内容因时代的差别而有所不同。

5．祭台或供台

部分有配套设施，大多没有。有石祭案或祭台，也有砖砌等，部分位于墓顶或坟丘前。

6．其他

有墓园外的灶坑、墓地中的红烧土等。

汉代墓地祭祀设施的内容与形式多样，并有较多配套设施，从多方面满足了墓祭的需求，而墓区中的较多其他设施也间接或从不同方面服务于墓祭，或与墓祭设施相对应，满足祭祀墓主的需要，这也说明汉代墓地中墓祭已成为重要的内容和组成。

（五）墓垣、围墙、围沟及相关设施

是针对于墓葬的相关设施，主要功能和作用是保护墓葬，同时也体现出相应规划和布局。

（六）道路与相关设施

汉代王侯墓葬与中小型墓葬外的道路有多种，最为重要的是神道及配套设施，不仅体现出墓区的规划布局，反映出庄严神圣，也服务于下葬、祭祀及其他活动。另外，还有其他道路用于连接或联通墓葬及相关设施。

（七）墓外立石

与墓葬自身及其神道和祭祀设施有关，种类和内容均较多样，是墓地规划的展现，也是辅助墓葬外神道、祭祀设施等的内容，同时还具有展示孝行及从思想上守护墓葬等作用。

（八）合葬墓、祔葬墓

夫妻是家庭中关系最为密切的成员，汉代，夫妻死后葬在一处已常态化，相关文献亦载："夫妇生时同室，死同葬之。"[①] 汉代社会男性为尊，西汉董仲舒所著《春秋繁露》中多有相关语句。王道之三纲中有"夫为妻纲"，"君臣父子夫妇之道取之，此大礼之终也。"[②] 另有"妻受命于夫"[③]，"丈夫虽贱皆为阳，妇人虽贵皆为阴"[④] 等。由上，汉代家庭中夫妻死后要合葬一处，虽然这一时期的合葬形式较为多样，但异坟异穴合葬一直存在，且为较重要的形式，所以家庭中妻子的墓葬，在异坟异穴合葬的形式下，是男性墓葬的外部设施，这也反映出相应的家庭关系，同时也是家庭伦理的体现。在一些墓地，还存在一男二女的合葬形式，这在汉代诸侯王墓地中表现得较明显和突出，即"一王二后"墓葬布局现象。

祔葬墓是身份地位的体现，其中一些是等级与官僚体系的展现，很多还反映出家庭或亲近家族的关系。

（九）陪葬墓与陪葬坑

陪葬墓是主墓墓主身份地位的展现及其丧葬需求，同时也体现出等级和依附关系，另外也反映出墓地的规划、布局等内容。陪葬坑也是墓主身份地位的证明，同时还是将生前拥有埋入地下供死者继续享用丧葬内容的体现。

（十）防排水与供水设施

防排水设施主要是服务于墓地和墓葬的保护，供水设施则主要是服务于相关丧葬活动、祭祀活动或墓区中相关人员生活用水等。

---

① （东汉）班固：《白虎通义·崩薨》，（清）陈立著：《白虎通疏证》，吴则虞点校，中华书局1994年版，第556页。

② （西汉）董仲舒：《春秋繁露·观德》，上海古籍出版社1989年版，第56页。

③ （西汉）董仲舒：《春秋繁露·顺命》，上海古籍出版社1989年版，第85页。

④ （西汉）董仲舒：《春秋繁露·阴阳尊卑》，上海古籍出版社1989年版，第66页。

（十一）墓葬修建有关设施

有临时建筑，也有专门修建的设施，而墓区附近还有相应的作坊，为墓葬的修建提供必需的材料，一些作坊如陶窑还烧造一些陪葬品。

（十二）其他

内容多，如塘、池、石楼、取土坑、参考与标识、买地证明、墓树等。有的与墓地规划布局有关，有的与墓葬保护有关，有的与墓祭有关，很多设施除主体功能外还兼有其他作用。

另有对自然地理环境及其相关设施的应用，如自然沟河、山体等，大的自然环境也较多被应用于汉代墓地之中。

综合来看，汉代王侯墓葬与中小型墓葬的外部设施功用主要包括墓位的安排与墓区的规划布局、墓区的管理与服务、墓葬与墓区的保护、墓地与墓葬祭祀、合葬与祔葬及陪葬、反映墓主的身份地位与等级、体现相关丧葬需求与思想、服务于墓葬修建及相关内容等，另外还有一些具有配套或辅助功能的设施。就合葬、祔葬及陪葬来讲，还具有体现家庭与等级、反映家庭伦理与依附关系等功能。诸多的墓外设施中，有的为单一功能，有的具有多种功能，还有的在具有主体功能的基础上又兼有其他作用。可以说，汉代王侯墓葬与中小型墓葬的墓外设施基本都具有其功能性，这些功能服务于墓葬或墓地，与墓外设施的内容与种类相对应，组成了相对完备的墓外设施体系或系统。诸多的功能反映出汉代墓葬的整体发展，也折射出相应多样化的丧葬需求与思想，正是如此，从整体上促进了汉代墓外设施的全面发展。

三、墓外设施的发展

古代墓葬在汉代经历了诸多发展，墓外设施是其中不可或缺、十分重要的组成内容。由于相关因素的促进和推动及其影响与制约，汉代墓外设施的内容、种类、功能、作用及使用方面均有不同，整体上体现出与墓外设施相关的继承、摒弃、改造、创新等内容。不仅具体设施存在自身的发展，就整个汉代的墓外设施来讲，也有相应的发展和演进，从多个方面反映出汉代墓葬的发展与完善。

（一）具体发展

1. 墓地与茔域

西汉墓葬中，有相当部分选择山地丘陵，并借助周边环境，以求达到形胜吉地的要求，东汉墓葬位于山上者较少，多数在山脚台地处，亦是结合自然环境，达到所需的要求。西汉墓葬中，一些等级较高的墓葬虽在某种程度上有家族葬的特征，但更多是对身份等级的体现，而中小型墓葬的家族葬也处于不断发展之中；东汉时，整体上家族葬的特征较为突出，不仅中小型墓葬，王侯墓葬亦较为明显。

2. 陵园或墓园

等级较高的王侯墓地中，东汉时期的陵园或墓园规模一般要小于同等级的西汉墓葬，这与自身权力地位的衰落有着相应关系。两汉王侯墓葬的陵园或墓园多为两重，体现出相应的继承，但西汉时期有些王侯墓葬周边为内园，其外的合葬墓等位于外园，而东汉时期，随着合葬形式的发展，已体现出与西汉时期明显不同的特征，如较多的王与后合葬于一墓之中。规模上，东汉王侯墓地的陵园或墓园趋小，相关配套设施也与西汉不同，有的还趋于简化或减少。两汉中小型墓葬的墓园存在较多相似性，但东汉时期，家族墓地的墓园增多，西汉时期虽然也有，但较多为夫妻合葬墓的墓园，部分墓葬数量稍多，但基本为合葬、祔葬及其陪葬墓，不同于家族葬。具体设施方面，西汉时多为围沟或土砌围墙，东汉时石砌围墙增多；诸侯王墓葬陵园，西汉时外陵园可能辟四门，东汉诸侯王墓陵园的园门则减少，为二门或其他；墓阙方面，西汉时多为土筑阙，东汉对之有所继承，但很多中小型墓使用了石阙。需作说明的是，东汉时期的一些墓葬，特别是王侯墓葬在借鉴帝陵改垣墙为行马的基础上可能不用垣墙或围沟，这是发展的体现，同时也使得陵园或墓园成为相对开放的形式，由外望内，可观瞻到墓葬及其相关墓地设施。

3. 园邑

园邑在西汉时期得到发展，是墓葬守护的重要设施，西汉晚期趋于衰落。东汉时，园邑基本不用，相关记载亦仅为东汉早期个别王侯的墓葬。可以说，园邑大致沿用至东汉初期，东汉早期偏晚之后已基本不用。

4. 园寺吏舍与冢舍

等级较高的墓葬可能一直沿用园寺吏舍，但就使用率来讲，似乎西汉高于东汉，说明这一设施在趋于衰落或向其他设施转变。结合文献，东汉时期，冢舍或墓庐已较普遍，尤其是中小型墓葬，这可能与社会对孝道的不断推广和重视及其发展至一定阶段有关。

5. 墓祭设施

汉代王侯墓葬与中小型墓葬的墓祭设施较为多样，既有普遍性，也有特殊性。西汉高等级墓葬或墓地的特殊性可能要多于东汉，如祭祀坑，以西汉时期最为普遍，西汉晚期趋于衰落，东汉时期，除个别具有特殊性的墓葬如西高穴曹操墓[①]，基本不见祭祀坑，这与陪葬坑的发展相似。普遍性也体现出相应的发展。亦如祭祀坑，在西汉早期偏晚阶段及之后，一些中小型墓葬有所使用，有的墓葬等级还相对较低，东汉时期的一些中小型墓葬或墓地仍有使用，并有一定数量。祭台或供台的使用可能是受到相应等级墓葬前或墓上设立祭祀建筑的影响，西汉晚期尤其是东汉时期得到相应发展，并在一些地区较为流行，但发现不多。与祭台或供台相关的墓葬等级普遍不高，却从一个侧面说明墓祭的普及和推广。祠庙为高等级墓葬的祭祀设施，文献中有东汉初期相关人员死后修建祠庙的记载，但其总体流行是在西汉时期，至西汉晚期趋于衰落，或延续至东汉初期，但其后基本不见。西汉时期，高等级墓葬，尤其是诸侯王墓地还有祠庙与寝园或寝类设施的组合，东汉时基本消失。就寝园或寝类设施来讲，诸侯王墓地的使用可能会早于帝陵，体现出相应的影响，而这一设施在西汉中期偏晚阶段还被个别列侯墓地使用，但西

---

① 河南省文物考古研究所、安阳县文化局：《河南安阳市西高穴曹操高陵》，《考古》2010年第8期；河南省文物考古研究院：《曹操高陵》，中国社会科学出版社2016年版；河南省文物考古研究院、安阳市文物考古研究所、曹操高陵管理委员会：《安阳高陵陵园遗址2016—2017年度考古发掘简报》，《华夏考古》2018年第1期。

汉晚期趋于衰落，东汉诸侯王墓地在西汉的基础上进行了改进，面积趋小，设施精简，功能和作用包含了更多墓祭的内容。两汉列侯墓葬及中小型墓葬的墓祭设施较多为祠堂，可能是帝王陵墓庙、寝的综合与缩小版，主要用于墓祭。西汉时期，多为砖（石、土）墙瓦顶祠堂，西汉晚期或末期，石祠开始出现，规模较小，使用者的身份普遍不高。在此之前，使用祠堂者的身份相对较高，体现出相应的等级性和发展变化。东汉时，砖（石、土）墙瓦顶祠堂与石祠堂并行，且石祠堂在较多地区得到发展，尤以今苏鲁豫皖交界地区最为突出，祠堂开间多样，使用者等级也不断扩大，除列侯、高级官吏、地方豪强外，还有较多低级官吏或一般地主，甚至也有富裕平民等，而一些祠堂在规模等方面体现出墓主或墓葬等级的差异。西汉墓地祠堂，配套设施或内容相对简单，基本为廊、道路、排水设施等；东汉时期，碑、石雕的动物或人物、石柱等均可能与祠堂形成组合，这在考古资料及文献资料中均有反映。另外，随着时代的变化，祠堂的位置、朝向等也有变化和发展，西汉稍早阶段以东向或墓葬东侧居多，西汉晚期之后尤其东汉时期，墓南或南向者较为普遍，这与墓葬自身的发展变化有着一定联系。

6. 墓垣、围墙和围沟

墓垣的主要功用是保护墓葬封土，减少水土流失等。西汉时，山地丘陵地带的墓葬多以块石修砌墓垣，而很多墓葬为多重；东汉墓葬也有石砌墓垣，如河南密县打虎亭汉墓[①]等，但墓葬数量整体不多，或可能原有墓垣，但后期遭到破坏，也可能原无墓垣，这与墓葬所在地域可能有关，也与东汉墓葬多为圆形封土，相较于西汉时期的方形或覆斗形封土更利于排水，进而保护封土等有关。西汉晚期，一些墓葬紧贴封土外砌有围墙，应是墓葬外围墓垣发展的结果，这一做法在东汉时期也有一些墓葬继续沿用，但整体上并不普及，如山东邹城车路口东汉晚期墓葬，封土堆外约1米左右有用大青石块错缝筑起的1米多高的石垣[②]。围沟在汉代墓葬或墓地中有较多发现。西汉早期基本是沿用秦墓围沟，沟与墓葬距离近，其内墓葬少，主要作用是保

---

① 河南省文物研究所：《密县打虎亭汉墓》，文物出版社1993年版。
② 解华英：《山东邹城市车路口东汉画像石墓》，《考古》1996年第3期。

护墓葬，而这一做法一直延续至东汉，但墓例较少，如河南三门峡南交口M17，时代为东汉后期[①]。西汉早期偏晚阶段，一些多个墓葬的墓地外已使用围沟，虽有多个墓葬，但并不一定是家族墓地，主墓等级较高，为列侯或相应等级墓葬。西汉中期偏晚至晚期，家族墓地外使用围沟者增多，东汉时则较为普遍，有的围沟相对封闭，仅有一出口，有的由多个不相连的围沟围成，有的则局部有围沟，这在东汉晚期家族墓地中均有体现。

7. 陪葬坑

作为墓主身份地位的象征，陪葬坑是对汉代之前相关丧葬内容的继承。西汉时，帝陵基本都有使用，王侯墓葬与中小型墓葬外也有陪葬坑。西汉早期，使用墓外陪葬坑的墓葬相对较多，诸侯王墓的墓外陪葬坑数量大，形制多样，陪葬丰富，而且还具有多位置特征；列侯墓葬也多有使用，数量、规模、形制、陪葬内容等都明显逊于王墓。除王侯墓葬外，一些中型墓葬外也有陪葬坑，但数量少，陪葬内容简单。西汉中期，王侯墓葬与中小型墓葬对墓外陪葬坑的使用趋于衰落，列侯墓葬或有或无，中小型墓葬基本不见。就诸侯王墓外陪葬坑来讲，随着诸侯王权力的削弱及诸侯国地位的下降，在多个方面均有削弱，数量锐减，陪葬内容也明显趋简，且相当数量的诸侯王墓已不见墓外陪葬坑。结合列侯墓葬及中小型墓葬，西汉晚期，墓外陪葬坑基本从这些墓葬外消失，而该趋势一直延续至东汉一代。陪葬内容方面，西汉早期偏晚阶段及之前，诸侯王墓有一定数量的兵马俑陪葬坑，大约在"七国之乱"平息之后不久，这一陪葬内容消失，侍俑和仪卫俑等趋于普遍，与之同步的还有器物坑，而车马陪葬则有较好延续。不过，就一些列侯墓葬来讲，虽然时代相对较晚，但也有兵马俑陪葬，如西安凤栖原张安世墓，墓外陪葬坑还有一定数量[②]，这与墓主的身份地位有一定关系。

---

① 河南省文物考古研究所：《三门峡南交口》，科学出版社2009年版，第278页；河南省文物考古研究所：《河南三门峡南交口汉墓（M17）发掘简报》，《文物》2009年第3期。

② 张仲立、丁岩、朱艳玲：《凤栖原汉墓：西汉大将军的家族墓园》，《中国文化遗产》2011年第6期。

8．合葬墓、祔葬墓与陪葬墓

汉代墓葬的合葬形式较为多样，主要有异坟异穴合葬、同坟异穴合葬、同穴合葬三种形式，另有无合葬者。其中还有细分，如同穴合葬，可分为同穴异室及同室合葬等。异坟异穴合葬形成了以主墓为主体的墓外合葬形式，亦是墓外设施中重要内容。大体来看，西汉时期，尤其是早中期，夫妻死后采取异坟异穴合葬者居多，诸侯王墓中此类合葬所占比例较大，同穴合葬者极少；列侯墓与夫人墓亦多异坟异穴合葬，但也有一些为同穴合葬；中小型墓葬中，西汉早期已出现同穴合葬，西汉中期增多，晚期更为普遍，但仍有相当数量的异坟异穴合葬。东汉时期，异坟异穴合葬墓数量大减，更多的为同穴合葬，同坟异穴也有一定数量，不仅王侯墓葬及中小型墓葬，帝后也基本是同穴合葬，说明东汉时期同穴合葬已较普遍，因此以男性墓葬为核心，作为墓外设施的合葬墓在东汉时期已明显衰落并大大减少。异坟异穴合葬的减少与同坟同穴合葬增多是并行的，体现出相应的发展，而这与汉代家庭的发展及其观念的增强有着不可分割的关系。夫妻作为家庭中的主要成员，在现实生活中常年一起生活，死后葬在同一墓穴中更加合乎伦理，这是"夫妇生时同室，死同葬之"[①]的最好方式，即所谓的生同室、死同穴。同穴合葬的全面普及推动了夫妻异坟异穴合葬的锐减，反映出汉代墓葬在合葬方面的发展与演进。

祔葬墓与陪葬墓在某些方面有相似之处，均在某种程度上体现出主墓墓主的身份等级，等级相对较高的墓葬多数会有祔葬墓和陪葬墓。汉代，祔葬者有主墓墓主的家庭成员及其他亲近成员，这在西汉尤其是早中期墓地较为突出，西汉晚期之后特别是东汉时期，更多的则是以家庭成员为主的祔葬形式，这与家庭或家族墓地的全面发展有关。就数量而言，西汉墓葬的祔葬墓相对略多，西汉晚期至东汉时期，祔葬墓的数量减少，这与主墓墓主身份地位的削弱有关，尤其是王侯墓地最为明显。同时，由于家族墓地的全面发展，家族葬的性质愈发明显，一些家族墓地中的墓葬则很难区分为或不能确定为祔葬墓。陪葬墓主要是王侯墓葬与一些有相应等级墓葬的墓外设施，西

[①] （东汉）班固：《白虎通义·崩薨》，《白虎通疏证》，中华书局1994年版，第556页。

汉早期，一些王侯墓葬还有专门的陪葬墓区，陪葬墓数量多，种类丰富，并有相应的时代跨度或延续性。随着王国和侯国权力地位的不断被削弱及中央对地方统治的加强，陪葬墓呈现出数量减少、种类趋简等特征。西汉中期及以后，家族墓地得到较大发展，也促进了陪葬墓的衰落。东汉时期，王侯墓葬的陪葬墓数量较少，其他等级人员则极少或没有陪葬墓。

9. 防排水

墓葬及墓地的防排水设施在汉代之前就已存在，两汉墓葬使用更为普遍。大致来看，专门的防水设施多用于西汉墓葬，东汉墓葬相对略少。排水设施方面，墓葬外的排水设施基本是根据地理地势和墓葬自身需求砌建，而且有些与墓葬附近的沟河相连。连接墓葬内通向外部的排水沟在西汉墓葬中相对少见，以土墩墓居多，西南地区也有少量发现，随着砖砌墓葬的普及，从西汉晚期开始，尤其是东汉时期，相关排水沟在较多地区墓葬中得到使用，而其也存在相应的地域性，即基本分布于多雨多水的南方，北方汉墓极少有使用。砖砌墓葬尤其是砖室横穴墓葬，开挖的坑穴相对较浅，最重要的是便于砌建此类排水沟，加之同穴合葬的促动，使得相关地区较多墓葬在条件允许的情况下，为达到墓葬排水的保护目的而修建了此类排水沟。西汉时期的竖穴木椁（棺）墓，一般选择地势高亢之处，而且讲求深埋，竖穴内再填土密封，若从一侧开挖砌筑较窄的排水沟，工作难度大，耗资较多，而且排水效果并不一定很好，且不利于墓葬的防盗等，故相关排水沟较少，即使有，也多是土墩墓，其可在修墓时砌筑相关排水沟，然后再筑土。综合对比，体现出相应的发展，而这与墓葬形制、修建材料及其丧葬需求等均有一定关系。

10. 窑

窑，包括陶窑和石灰窑。

西汉早中期，陶窑多为帝王陵墓的外部设施，西汉中晚期尤其是晚期，一些中小型墓葬附近开始修建陶窑，基本位于多个墓葬所属墓地的某一位置，东汉时期已较为普遍，分布地域广，有些墓地还有多个陶窑。但汉代王侯墓地相对少见，不过从一些王侯墓葬如安阳西高穴曹操墓[①]及亳州曹氏宗族墓地[②]等的相关资料来看，这些王侯墓地也可能有陶窑，时代基本为东汉。就中小型墓葬来讲，西汉时，很多地区的墓葬为竖穴木椁（或木棺），砖极少或没有使用，陶窑也较少。西汉晚期，砖砌墓葬逐渐得到使用并不断普及，中小型墓葬或墓地开始出现较多陶窑。随着陶窑的普及，烧造建墓材料十分普遍，东汉时，一些陶窑还烧造陪葬品等，而两汉时，墓地陶窑也存在自身的发展和变化。石灰窑发现较少，时代为东汉，虽然石灰在西汉时已得到使用，如徐州拖龙山M6[③]等，但大量用于墓葬修建还是东汉时期，一可铺地防潮，二可勾补砖缝，三是用于粉刷墙面，这也体现出与墓葬修建相关内容的发展。

其他设施方面，有沿用和改进，也有新内容出现。墓树在汉代之前已有，两汉得到较大发展，"造起大冢，广种松柏"[④]即是证明。墓树不仅可作为墓地的标识，也是墓主及其家庭财力或地位的显现，"富者积土成山，列树成林"[⑤]，同时还与祭祀等有相应联系。可以说，汉代墓树的栽植较为普遍，同时也具有了更多的含义和功能。采石场地在西汉时多是大面积的集中开采，既有供诸侯王墓用石的采石场，也有为中小型墓葬修建提供石材者；东汉时，此类采石场地较少见，通过碑文或刻铭文字来看，多是为修建某一墓葬及相关设施的零散开采。石楼与买地证明等为东汉墓葬所有，如买地证明，很可能与东汉墓葬流行的买地券有一定关联。

（二）总体发展

两汉四百余年，社会政治、经济、思想文化等均经历了较大发展或转变，墓葬的外部设施在两汉期间持续发展的同时，又因时代变迁等因素体现出诸多不同和变化，进而折射出汉代墓葬外部设施的总体发展及特征。

西汉建国之初，丧葬内容对先秦及秦代有较多继承，伴随着政治渐趋

---

① 河南省文物考古研究院：《曹操高陵》，中国社会科学出版社2016年版。
② 亳州市博物馆：《安徽亳州市发现一座曹操宗族墓》，《考古》1988年第1期。
③ 徐州博物馆：《徐州拖龙山五座西汉墓的发掘》，《考古学报》2010年第1期。
④ （东汉）王符撰，（清）汪继培笺：《潜夫论笺校正》，中华书局1985年版，第137页。
⑤ （西汉）桓宽著，王利器校注：《盐铁论校注（定本）》，中华书局1992年版，第353页。

稳定、经济不断复苏及社会思想的多方位发展、渗透和影响，丧葬也逐渐形成与社会各阶层相适应的内容，墓外设施在此过程中得到发展，既有继承和沿用，也有适应丧葬需求等的改造与创新。至文景时期，墓外设施的内容、特点和特征已逐渐显现，汉武帝时得到加强。西汉晚期，随着社会政治、经济等的变化，一些墓外设施逐渐消失，如陪葬坑等，但就中小型墓葬来讲，一些墓外设施则得到推广普及，如家族墓地的围沟、墓顶或墓前的祭台和供台等。新莽时期，西汉时的很多高等级墓葬外部设施遭到破坏，相关发展缓慢或基本停滞，中小型墓葬虽有发展但也不明显。东汉建国之后，较多地继承了西汉墓葬及其丧葬内容，但摒弃与创新更多，有些墓外设施在东汉初可能还有使用，如祠庙、园邑等，稍后即被摒弃，但与东汉墓葬有关的外部设施在东汉早期逐渐形成，相关制度及葬俗亦是如此。东汉中晚期，较多墓外设施得到大发展，主要内容处于不断完善和发展之中，虽然也有一些创新或特殊性，但与主体内容有着较密切的关系。可以说，西汉时期，墓外设施还处于发展变化之中，经历两汉之交的转变，至东汉时期，在继承、摒弃、创新和改造的基础上，逐渐形成相对稳定的墓外设施内容，并不断地发展和完善，形成了相对成熟稳定的墓外设施系统。

大致来看，汉代王侯墓葬与中小型墓葬外部设施的总体发展主要表现在以下几个方面。

1. 继承

西汉与东汉时期，王侯墓葬与中小型墓葬的外部设施均对前代有所继承，而在两个王朝期间，继承的因素也一直存在。继承的内容在发展中有着不同的表现形式。有的延续两汉，并得到较多发展，如围沟、墓树、墓垣等。有的经改造或改进并有所发展，如陵园，汉代之前多为高等级墓葬所有，西汉时期，帝王陵墓对之有所继承，帝陵可能与秦始皇帝陵相似，为三重陵园制度[1]，诸侯王墓则为两重陵园制度[2]，列侯及其他等级墓葬也有使用，

---

[1] 刘瑞：《秦、西汉帝陵的内、中、外三重陵园制度初探》，《中国文物报》2007年5月18日第7版。

[2] 刘尊志：《论西汉诸侯王墓陵园及相关问题》，《考古》2011年第4期。

称为墓园，列侯墓园也很可能为两重，而其他墓葬则多为一重。王侯与中小型墓葬的墓园，园墙与围沟均有使用，西汉晚期及以后，家族墓地对于围墙或围沟使用更为普遍。防排水系统方面，西汉时防排水兼用，但排水设施并不普及，一些墓葬在原有基础上，改进墓内外相连的排水沟，这在东汉时已较为常用。有的则在继承使用过程中渐趋衰落、减少并消失或被摒弃。如墓外陪葬坑，西汉早期，王侯墓葬及一些有相应等级的墓葬普遍使用，有些诸侯王墓外还有兵马俑陪葬坑，西汉中期陪葬坑已明显衰落，中期偏晚阶段，除个别王侯墓葬外有陪葬坑，大多极少有使用，西汉晚期之后则从王侯墓葬与中小型墓葬外完全消失。西汉高等级墓葬的祠庙、园邑等在东汉初期被帝王陵墓继承，但很快也消失不用。

2. 创新

除继承、改进外，事物的发展还有一个重要的因素，即创新。两汉王侯墓葬与中小型墓葬的外部设施皆有创新，并在发展中呈现出不同内容。一是成为新的墓外设施内容，并经发展，成为墓葬外部设施的主要内容，如祠堂，西汉早期出现，并渐被列侯墓葬及一些有相应等级的中小型墓葬使用，西汉晚期，祠堂在一些低等级墓葬外得到使用，石祠堂开始出现，并在东汉成为普遍、常用的墓地祭祀设施。二是成为墓外设施新内容后也得到相应发展，但随着发展又趋于衰落并消失，如上文所述祠庙等。三是创新内容具有一定特殊性，使用率不高，但相应创新也体现出发展的内容，如墓园外灶坑、石刻买地证明等，其他如永城芒砀山墓地的冶铁作坊[①]、睢宁刘楼墓地的石灰窑遗存[②]等，也可视为此类设施。

3. 影响

不同阶段、不同时期墓外设施对其后时代有较多影响，如东汉时期的

[①] 李京华：《永城梁孝王寝园及保安山二号墓出土铁器、铜器的制造技术》，《永城西汉梁国王陵与寝园》，中州古籍出版社1996年版，第286—293页。

[②] 盛儲彬、吴公勤：《徐州市睢宁蛟龙东汉窑址》，《中国考古学年鉴·2002年》，文物出版社2003年版，第196、197页。

墓外设施内容及体系，对于后世有着较多影响。在汉代王侯墓葬与中小型墓葬外部设施发展过程中，不同等级墓葬对外部设施的使用也互有影响，共同促进整体发展。一些是自上而下的影响，如帝陵对王侯墓葬的影响，王侯墓葬对中小型墓葬的影响等，其中西汉帝陵的陵园、陵邑、陪葬坑、陪葬墓等对西汉王侯墓葬外部设施的内容均有影响，而东汉时期，一些王侯墓葬可能会受帝陵影响，不再砌筑陵园或墓园的园墙。祠堂的使用很可能是帝王陵墓祭祀设施对列侯墓葬与中小型墓葬的影响。还有陶窑，西汉早中期多为帝陵的设施，西汉中晚期及东汉，中小型墓葬所属墓地较为常见。二是由下至上的影响，如诸侯王墓对寝园的使用，或可能对帝陵寝园有影响。另外，圆形封土在等级相对稍低的汉墓中使用较早，后逐渐影响到更高级别的墓葬，这也会带动与之相关墓外设施的发展。

4. 同步

汉代墓葬可分为墓外与墓内两部分内容，本文所述的同步是指墓外设施与墓内发展的同步性，二者相辅相成，共同促进汉代墓葬的全面发展。墓内的发展对墓外设施的带动较为明显，如建筑材料与墓葬形制的变化，尤其是横穴砖室墓的推广普及，促进了墓葬排水设施、墓地陶窑等的发展；夫妻合葬由异坟异穴发展为同穴合葬，作为男性墓葬墓外设施的合葬墓大量减少。墓外设施也影响到墓内的内容，其种类与数量的增加，或可视为竖穴墓葬向横穴墓葬转化的动因之一，墓地祭祀设施的推广，也带动了墓内祭祀的发展，甚至墓葬形制与陪葬品也因此呈现出新的内容，如前室基本都有案、耳杯等。除墓葬内外的同步性外，墓葬整体的发展也与墓外设施存在同步特征，墓祭的推广使得墓祭设施数量增加，地位和重要性日益提升；家族墓地的推广，使得祔葬墓、陪葬墓等产生相应变化，而与之有关的围沟、墓地陶窑等得到发展；墓外设施的多样性推动了墓地规划与布局的发展，并呈现出一些新的内容和面貌。

概括来讲，汉代王侯墓葬与中小型墓葬外部设施的整体发展主要有以下特征。

（1）有继承、改进和创新，发展突出，并逐渐形成体系，如墓祭、墓葬与墓地的守护、墓地的规划与布局、家族墓地、墓地作坊的配置等。

（2）有摒弃和衰落，反映出发展中的选择与需求，如陪葬坑、祠庙的消失，陪葬墓与祔葬墓的衰落，墓外合葬墓的减少等。

（3）新旧内容并存的同时，又有创新和探索，在发展中有存留和舍弃。一些内容延续使用并得到发展，功能和作用得到加强，如墓树等；新内容不断出现，一些具有特殊性，使用不多，可视为探索过程中的现象，还有一些新内容得到较大发展和广泛应用。

（4）与时代发展有着密切关系，一是与社会发展紧密相关，一是与墓葬发展具有同步性，同时不同时期的丧葬需求也是同时期墓外设施发展的重要因素。

（5）普及化与全面化共存，较多墓外设施不再是高等级墓葬专享，亦在中小型墓葬中得到推广和普及。

（6）统一化或一致化逐渐突出，虽然两汉时期王侯墓葬与中小型墓葬的墓外设施存在时代、地域、等级等诸多差别，但更趋于统一，并在统一之中具有多样性。

（7）统一化与普遍化之中存在特殊性，如灶坑、买地证明等，而一些墓葬如安阳西高穴曹操墓也具特殊性。

（8）汉代墓外设施的内容、数量、种类日渐丰富并渐成系统，在汉代墓葬中的地位不断提高，而其在汉代墓葬发展中的作用越来越重要。

第二节　墓外设施与丧葬

汉代王侯墓葬与中小型墓葬的外部设施，相当部分在封土之外，部分叠压或打破封土，也有一些与墓内相连并延伸至封土外。这些设施以墓葬（多个墓葬者以主墓）为核心，附属于墓葬，为配套设施，同时又服务于墓葬及其所属墓地，相互间关系密切，因此体现出较多丧葬内容，反映出汉代丧葬发展的多样性和全面性。

一、墓外设施内容、功能与丧葬

汉代王侯墓葬与中小型墓葬的外部设施内容丰富，功能多样，从多方面反映出汉代丧葬内容及其内涵。

墓域或茔地体现出对于墓地的选址，这与汉代丧葬追求形胜吉地及重视堪舆术等有较大关系。墓域或茔地也与墓地规划有关，如墓位的安排、设施的设置及其交通、防排水等，这又与墓葬修建、墓主下葬、墓地祭祀等有着较多关联。

陵园或墓园对墓地及墓葬具有守护功能，也可作为墓地的标识或象征，是墓主或家族地位、等级的体现。陵园或墓园多以园墙或围沟为界隔，并配以门、阙，甚至还有罘罳等，这些设施在实用的基础上还形成一些与丧葬有关的礼制性内容，如墓阙在墓祭时可作为迎宾送客的象征。园邑为王侯墓葬的外部设施，具有奉园陵的作用，相关人员除守护墓地与墓葬外，还可参加相关丧葬活动。园寺吏舍与丧葬的关系较为直接，服务丧葬的功能突出，也体现出墓主的身份等级。一些诸侯王死后，陵区内有较多嫔妃或其他女性的居所，守护墓葬并辅助相关活动，而此类设施也直接说明汉代帝王或相关人员死后，与之有关的一些女性为之守陵，去世后陪葬的丧葬内容。中小型墓葬外的墓庐或冢舍等体现出与中下阶层居丧有关的内容。《礼记·丧大记（二）》载："父母之丧，居倚庐，不涂。寝苫枕凷，非丧事不言。"[1]《汉书·游侠传》载："及涉父死……行丧冢庐三年。"[2]《后汉书·周磐传》载："及母殁，哀至几于毁灭，服终，遂庐于冢侧。"[3]《后汉书·韦彪传》载："彪孝行纯至，父母卒，哀毁三年，不出庐寝。"[4]就墓庐或冢舍来讲，还具有看护及进行墓祭等的作用。寝园或寝类设施及与之有关设施、祠庙等为汉代王侯墓葬尤其是西汉诸侯王墓外的祭祀设施，虽在具体功能上有差别，但均反映出与墓祭有关的丧葬内容。祠堂则是列侯墓葬与中小型墓葬外常见的祭祀设施，且较多墓葬具有单一性，即墓外仅有祠堂（含配套设施），有些中小型墓葬外有祭台、供台或其他祭祀设施，反映出汉代墓祭的普及和普遍。祭祀坑是墓祭的另一种形式，是将祭祀物品埋入地下丧葬活动的物质和载体。

---

[1]（清）孙希旦：《礼记集解》，中华书局1989年版，第1170页。
[2]（东汉）班固：《汉书·游侠传·原涉》，中华书局1962年版，第3714页。
[3]（南朝宋）范晔撰，（唐）李贤等注：《后汉书·周磐传》，中华书局1965年版，第1311页。
[4]（南朝宋）范晔撰，（唐）李贤等注：《后汉书·韦彪传》，中华书局1965年版，第917页。

墓垣、围墙、围沟及相关设施具有保护墓葬的功能，与墓地的规划布局也有一定关系，同时也体现了堆筑封土、家族葬等内容。在一些中小型墓地还发现有取土坑，这与封土堆筑及后期覆土等丧葬行为有一定关系。

异穴合葬墓反映出夫妻合葬于同一茔地的密切关系，同时也体现出男女墓主在丧葬上的尊卑和地位差别。祔葬墓对于家庭葬、家族葬有较好体现，陪葬墓则反映出陪葬关系，即陪葬者与被陪葬者在丧葬及其他方面的等级差别和依附关系等。异穴合葬、祔葬及陪葬还体现出墓位的安排及其规划布局，反映出诸要素在汉代丧葬中的地位、作用及发展等。

墓外陪葬坑多数与墓葬时代接近，也有稍后阶段埋藏的可能。时代相近者可视为墓主陪葬物品的专门性埋藏，如车马陪葬、陶俑陪葬、器物陪葬等，由于墓内空间有限，在追求物质厚葬的推动下，设置陪葬坑是一项很好的措施，而足够的空间又可进行专门性埋藏。不仅墓外，封土下、墓道旁等位置也有陪葬坑。众多陪葬坑与墓内的一些陪葬品有相似之处，是将现实所有埋入坑中以供死者继续享用，满足了死者在地下需求。诸多陪葬坑应是事死如事生的体现，即如《盐铁论·散不足》所讲："厚资多藏，器用如生人。"① 陪葬坑的陪葬内容有生活所需，也有较多体现礼制及其他方面的内容，反映了相应的丧葬需求。为更好地满足死者地下生活需求，还有在墓主下葬后继续开挖陪葬坑并埋藏相关物品的现象，这往往与祭祀有关，同时也为死者的地下生活提供补充供给，以达到可长期、持续使用的目的。陪葬坑也有对身份地位展现，亦反映出墓地的规划和布局等内容。

防排水设施的主要功用是对墓葬或墓地进行保护，相关设施有对现实生活建筑的模仿。供水设施则是服务于守冢人员等的生活，也为开展相关活动提供用水。与墓葬修建有关的设施反映出墓葬修建时的程序，也体现出对安葬死者墓穴的重视。墓区附近的一些作坊遗迹，有的为墓葬修建提供铁质工具，有的提供石灰，而陶窑多是烧造建墓时所需的建材，主要是砖，另有相关丧葬中所需的瓦或其他材料，一些还烧造陪葬所需的陪葬品等。墓外的塘、池有辅助墓葬防排水的功能，而这些设施与石楼等，还体现出墓地的规划和布局，仿现实建筑生活的特征明显。修建这些设施，可能也与墓穴内空

---

① （西汉）桓宽著，王利器校注：《盐铁论校注（定本）》，中华书局1992年版，第353页。

间有限，一些设施不能在墓内展现而修建在墓外，一方面可供死者在其墓地中享用，另一方面也可供生者在进行祭祀等活动时使用。参考和标识可辅助墓地规划，同时还对同穴合葬等有重要作用，如安阳西高穴曹操墓顶端两个砖砌的竖洞[①]，可能是先葬者下葬后将墓道掩埋，并为后葬者开挖墓道进行合葬提供参考。墓树也有标识作用，同时还能够反映身份、保护墓地或墓葬，而一些还具有辅助祭祀等功用，体现出较多的丧葬内容。买地证明较少见，但体现出东汉时向冥域买地的丧葬内容等。

汉代王侯墓葬与中小型墓葬的外部设施与墓葬或墓地有着较为密切、不可分割的关系。设施的规划、布局及其建造，有作为墓葬或墓地设施的特殊性，但在整体上又有较明显仿现实生活设施或建筑的特征，这与墓葬形制的不断第宅化较为一致，也是墓外设施所反映的丧葬内容。墓外设施还尽可能多地体现墓主的身份与地位，从较多方面和角度体现丧葬目的和需求，反映出与丧葬有关的思想等。总的来看，墓外设施所体现的丧葬内容有多种，大致包括墓葬选址、墓葬修建、墓葬或墓地保护、陪葬物品、合葬与祔葬、陪葬制度与习俗、墓地规划和布局、墓主下葬、守冢与居丧、墓地祭祀等，反映出汉代丧葬内容的丰富与多样性，也综合体现出汉代墓葬的整体发展。

二、墓葬内外的双重空间

墓外设施基本是指封土之外及叠压、打破封土的设施，另有一些联通墓葬内外、在封土外或边缘有显现的设施也属于墓外设施，如排水沟等。封土及封土内、封土之下，包括埋葬墓主尸身的墓穴等，可视为墓葬的本体。墓外设施和封土内、封土下设施为内外不同的两重内容，二者以封土表层为界，形成内外两重空间。内部空间及其内容经汉代之前及两汉时期的持续发展已较为完备，而外部设施在汉代则获得较多发展，内容、种类、功能、作用及其与丧葬的关系等均有体现，标志着古代墓葬双重空间的形成。

墓葬的内外两重空间在先秦时期就已存在，但基本局限于等级较高墓葬，秦代有所发展，亦基本见于秦始皇帝陵。西汉时期，两重空间得到推广

---

① 河南省文物考古研究院：《曹操高陵》，中国社会科学出版社2016年版，103、104页。

和普及，最突出的体现是较多中小型墓葬开始使用不同类型的墓外设施，而内部空间也在不断完善，但整体上还属探索发展的模式，很多内容没有定型。东汉时，第宅化突出的横穴墓葬已普及定型，陪葬品的生活化基本完成，墓外设施亦形成体系，较多设施组合存在并能持续稳定的发展，而且对后世诸代的墓葬有着较多影响，标志着墓葬内外相对独立的两重空间已全面、正式形成，并能够不断满足日益增长的丧葬需求，进而从多个方面推动了汉代丧葬的整体发展。

汉代王侯墓葬与中小型墓葬的内部空间包含封土、封土下或封土中的陪葬坑、墓穴与相关设施、葬具等，墓主尸身及殓葬品、陪葬器物等位于内部空间。封土是墓葬封填及保护墓葬的重要设施，汉代封土墓极为流行，除少数墓葬如文帝霸陵[1]、河北满城M1与M2[2]等，多数墓葬有封土。相关墓葬，尤其是西汉早中期的一些等级较高墓葬，封土内或封土下墓葬旁侧有一定数量的陪葬坑，如临淄大武乡窝托村齐王墓[3]、章丘市洛庄汉墓[4]、泗阳大青墩汉墓[5]等。上述墓葬的陪葬坑埋藏内容丰富，是墓葬外藏系统的一部分，不仅体现了墓主的身份地位，也是追求物质厚葬、厚资多藏的充分体现。墓穴是墓主尸身的安葬之处，最重要的为棺室，可视为墓葬的核心。西汉时期，较多墓葬为竖穴式，墓穴内相对封闭，虽然低等级墓葬墓穴内的设施较为简单，但棺室是墓穴的主体，有相应等级的汉墓设有棺椁，并与其他设施有明显区分，而随着发展，墓内设施渐趋于第宅化，仿现实生活居所的特征增多。一些横穴崖洞墓第宅化的特征更加突出，呈前后布局，且较多室仿现实的功用和特征明显。西汉早期偏晚阶段及之后，瓦顶木构建筑在一些墓葬中得到使用，并影响到一些等级稍低的墓葬。东汉墓葬多数为横穴式，等级低的墓葬多数仅有一木棺，而有相应等级或相应财力者的墓葬，大部分为多室，棺室

---

[1] 杨武站、曹龙：《汉霸陵帝陵的墓葬形制探讨》，《考古》2015年第8期。
[2] 中国社会科学院考古研究所、河北省博物馆：《满城汉墓发掘报告》，文物出版社1980年版。
[3] 山东省淄博市博物馆：《西汉齐王墓随葬器物坑》，《考古学报》1985年第2期。
[4] 济南市考古研究所、山东大学考古系、山东省文物考古研究所等：《山东章丘市洛庄汉墓陪葬坑的清理》，《考古》2004年第8期。
[5] 陆建芳、杭涛：《泗阳县大青墩汉墓》，《中国考古学年鉴·2003年》，文物出版社2004年版，第176、177页。

外有前堂，有的还有中室、耳室、侧室等，一些耳室象征厨厩仓储，前堂后寝的特征虽在西汉墓葬中已有体现，但在东汉墓葬中更为突出和明显，第宅化已较为突出。陪葬品方面，等级低的汉墓，棺内有少量的随葬物品，棺外则有一定数量的陪葬品；有相应等级的汉墓中，西汉墓葬棺椁之中可以摆放较多的陪葬品，有的还有其他一些设施，这在王侯墓葬尤其是横穴崖洞式的王墓中表现得尤为突出，东汉墓的较多室内摆放陪葬品，内容较多样。从整体来看，汉墓中陪葬物品体现着墓主的身份地位，象征着对财富的拥有，满足着死者在地下的享用等。墓穴、墓葬形制及结构、葬具、殓葬物品等为墓主尸身的安葬提供了保障，墓葬形制的第宅化及其设施的多样性、陪葬品的丰富与日渐生活化、葬具设置及殓葬物品的使用，加之封土内或封土下墓葬旁侧的陪葬坑等，在相应条件下为死者地下的拥有和享用提供着足够的物质内容，满足着死者在地下的生活所需，这应是汉代普遍追求厚葬的重要原因。

汉代王侯墓葬与中小型墓葬的外部设施内容较为丰富，大致包括墓葬选址、合葬与祔葬、陪葬制度与习俗及墓葬修建、墓葬或墓地保护、墓地规划和布局、墓主下葬、守冢与居丧、墓地祭祀设施等多方面内容，与内部空间综合构成了汉代墓葬的总体内容，反映出汉代丧葬的组成，也综合体现出汉代墓葬的整体发展。墓外不同设施在功用上还有交叉和互补，如较多设施与墓区规划和布局皆有一定关系，很多设施具有守护功能等。以墓祭设施为例，在汉代得到不断发展完善和推广普及，随着墓葬内外两重空间的发展，墓祭设施成为汉代墓葬外不可或缺和极为重要的设施，而其在墓地中的地位也不断提高，至迟东汉时期已成为墓外设施的核心。另有很多设施辅助于墓祭，相关功能围绕墓祭设施开展，相互之间有机结合，构成较完备的墓外设施体系。墓祭是生者在墓前或附近为死者开展的相关活动，是生者怀念逝者、祭祀逝者，为逝者尽孝的最佳及最常见的方式和方法，很多会辅以物质，以达到祭祀目的，这应是墓祭设施在墓外设施中地位不断提高并成为墓外设施核心的重要原因，东汉墓葬尤其是东汉中小型墓葬体现得尤为明显。

汉代墓葬的内外两重空间及其内容均服务于墓葬，服务于死者，即有着共同的核心和服务对象，故二者有着密切关联，互为依存。内部空间及相关内容的埋藏与墓葬的封填基本同步，空间及内容在埋藏后基本无变化或改动，墓外设施的修建与墓葬的封填既有同步性，也有提前和滞后，设施内容则有一定的灵活性，可改动或不断补充与完善。内部空间及相关内容一次性服务于墓穴与尸身，尽可能满足死者地下所需，墓葬形制的复杂化及趋于第宅化、陪葬品的多样性与日趋生活化等皆是体现。墓外设施及相关内容主要涉及墓葬与墓地守护、墓祭、墓区规划和布局及合葬、祔葬、陪葬等。还有一部分服务于内部空间的相关需求，如墓葬修建、墓葬排水、墓主下葬及部分陪葬品的制作等，但综合来看，这些设施并不是墓外设施的主要内容，即非墓外设施主体。在事死如事生丧葬思想和行为的推动下，内部空间及其相关内容得到极大发展，但如上文所言，内部空间及其相关内容一次性服务于墓穴与尸身，尽可能满足死者地下所需，但基本无变化或改动，即死者在地下的所需无法得到补充和更新，这在某种程度上可能会影响到死者地下的生活。墓祭设施及墓祭活动很好地弥补了这一欠缺，通过祭祀可持续为逝者提供所需，而逝者可通过受祭得到所需，生者通过祭祀，不仅能为逝者在地下的生活提供相应物质上的补充，达到行孝的目的，还可与逝者灵魂沟通。较多墓外设施是生者实际使用，或死者埋葬后由生者通过相关设施开展相关活动并服务于死者的载体，体现出生者对逝者的态度和行为。生者对墓外设施的使用具有持续性，墓祭方面，高等级墓葬有日祭、月祭、时祭，还有日四上食、岁二十五祠、岁四祠及月一游衣冠等[①]。一般人员也应有不同形式的祭祀。

内部空间及其内容与外部空间的诸多设施共存于汉代墓葬或墓地，二者也体现出内外两重空间的独立性，反映出不同的丧葬内容。内部空间是逝者尸身安置之所也是逝者地下所居之处，相关设施、殓葬器物、陪葬品等均服务于此。以陪葬品为例，其在发展过程中不断去礼器化，愈来愈接近生活器物，有些仿制陶礼器也仿照现实器物，如江苏徐州九里山M2出土陶钫和陶鼎，器上分别有刻写的"酒上尊"、"宜肉宜羹"等文字[②]，"这种真实的模仿，不仅仅是厚葬的结果，也和该时期人们的灵魂观、生死观、等级观等密切相关。"[③] 内部空间及其相关内容在其发展过程中，将死者去世后和生

---

① （东汉）班固：《汉书·韦贤附子韦玄成传》，中华书局1962年版，第3115、3116页。
② 徐州博物馆：《江苏徐州市九里山二号汉墓》，《考古》2004年第9期。
③ 韩国河：《秦汉魏晋丧葬制度研究》，陕西人民出版社1999年版，第278页。

前一样对待的特征日趋明显，这是事死如事生丧葬思想及内容的充分体现。再如汉代墓葬中有较多的食物陪葬，这与丧葬中认为的"鬼犹求食"[①]相对应，同时也是事死如事生丧葬内容的体现。就墓外设施来讲，生者以之为媒介，将逝者当作在世或活着时一样对待，并通过墓外设施达到相应目的，因此墓外设施可视作事亡如事存的场所或载体，而祭祀设施在这方面表现得尤为突出。关于事死如事生、事亡如事存，《礼记·中庸》云："敬其所尊，爱其所亲，事死如事生，事亡如事存，孝之至也。"[②]《荀子·礼论》亦言："丧礼者，以生者饰死者也，大象其生以送其死也，故如死如生，如亡如存，终始一也。"[③]相关记载将"事死如事生，事亡如事存""如死如生，如亡如存"分开记载，说明二者应有一定区别，而汉代墓葬在这方面表现为两重相对独立且又有密切联系的空间，这是汉代墓葬内外的有机组合，使得汉墓的内容和内涵更为完善和全面。

需作说明的是，汉代王侯墓葬与中小型墓葬的墓外设施中，一些陪葬坑作为墓葬的外藏，其内埋藏较多物品以供死者在地下享用，所体现的是"事死如事生"的丧葬内容，但随着墓外设施的发展，作为墓葬外藏并具有"事死如事生"特征的墓外陪葬坑逐渐消失，促使这一设施衰落和消亡的原因较多，墓葬内外两重空间的逐渐形成也许与之有一定的关系，至少在墓外陪葬坑消失之后，内外两重空间的各自特征表现得更为突出和明显。虽然有些祭祀坑被笼统地当作陪葬坑，但祭祀坑在某些方面并不等同于陪葬坑。祭祀坑与墓祭的关系更为密切，可视为祭祀行为的物质存留，是生者为逝者地下所需的补充和再埋藏。就汉代王侯墓葬与中小型墓葬来讲，祭祀坑的使用并不普遍，西汉时期的一些王侯墓葬与极少数中小型墓有使用，但也是渐趋衰落的发展态势。东汉墓葬已极少见，不过东汉末年的曹操墓有一定数量的祭祀坑，体现出该墓的特殊性。这些祭祀坑规模不大，反映出的祭祀内容有时代的早晚，应该是"事亡如事存"或"如亡如存"的体

---

① 《左传·宣公四年》载："鬼犹求食，若敖氏之鬼，不其馁而？"（西晋）杜预等注：《春秋三传》，上海古籍出版社1987年版，第259页。

② 《礼记·中庸》，《十三经注疏·礼记》，台湾艺文印书馆2001年版，第887页。

③ 梁启雄：《荀子简释》，中华书局1983年版，第267页。

现。综合考察汉代王侯墓葬与中小型墓葬，尤其是中小型墓葬，祭祀设施在西汉中晚期得到发展，东汉时已较普及，但极少数墓葬外有祭祀坑，或基本不见有墓地祭祀坑，说明当时更重视在祭祀设施中进行墓祭，强调的是祭祀行为及内容，并未采取类似陪葬坑的方法将祭品等埋入地下，这或是生者"事亡如事存"方式和态度的转变，同时也表明墓外设施及相关内容的独立性，而这已较为普遍且广被接受。

厚葬是汉代丧葬发展的主线，其得以盛行与汉代社会经济的发展及儒家思想统治地位的确立、谶纬和升仙思想泛滥、尚孝意识风行等有较大关系，也和人们的灵魂与宗族观念、对死后世界的想象与希望、丧葬目的与需求等密不可分。厚葬在很大程度上与物质内容有关，相关物质内容既包括内部空间中的墓穴、封土下及墓内设施（个别墓葬还有殉葬者）、葬具、殓葬与陪葬品等，还有较多的墓外设施。学界关于汉代墓葬厚葬内容的研究，多数集中于封土、墓葬形制与结构、葬具及殓葬品、陪葬品等，即本文所述的内部空间，但关于墓外设施即外部空间探讨并不多。就墓外设施来讲，其在厚葬发展中的地位和作用较大而且得到不断提升，成为十分重要和不可或缺的物质内容。

墓葬的内外空间对厚葬的反映在文献资料中也有体现。与物质内容相关的记载，有的涉及内部空间，如"厚资多藏，器用如生人"①。而汉武帝营造茂陵时，"多藏金钱财物，鸟、兽、鱼、鳖、牛、马、虎、豹、生禽，凡百九十物，尽瘗藏之"②"比崩，陵中至不复容物"③。有的则涉及内外两重空间，如权臣霍光死，朝廷赐物极丰，并"发三河卒穿复土，起冢祠堂，置

---

① （西汉）桓宽：《盐铁论·散不足》，王利器校注：《盐铁论校注（定本）》，中华书局1992年版，第353页。
② （东汉）班固：《汉书·贡禹传》，中华书局1962年版，第3071页。
③ （元）马端临：《文献通考·王礼考》，中华书局1986年版，第1115页。另《晋书·索琳传》载："比崩而茂陵不复容物。其树已可拱。赤眉取陵中物不能减半，于今犹有朽帛委积，珠玉未尽。"《旧唐书·虞世南传》载："武帝历年长久，比葬，陵中不复容物……其后至更始之败，赤眉贼入长安，破茂陵取物，犹不能尽。"《新唐书·虞世南传》载："武帝历年长久，比葬，方中不复容物。……其后赤眉入长安，破茂陵取物，犹不能尽。"

园邑三百家"。成帝时，又为光置守冢百家，吏卒奉①，而"太夫人显改光时所自造茔制而侈大之。起三出阙，筑神道"②。另如《潜夫论·浮侈》篇载："今京师贵戚，郡县豪家，生不极养，死乃崇丧。或至金缕玉，襦梓楩楠，良田造茔，黄壤致藏，多埋珍宝偶人车马，造起大冢，广种松柏，庐舍祠堂，崇侈上僭（务崇华侈）。"③墓外设施的厚葬内容体现出墓葬或墓地保护、墓区规划和布局、开展墓祭及合葬、祔葬与陪葬等内容，作为外部空间的内容，其丧葬目的是服务于逝者及其埋葬设施，但随着发展又具有了其他作用。因相关设施位于墓外，且较为明显和直接，可外显于世人，并成为生者推行厚葬及宣扬自身孝行等内容的载体。上文所引"生不极养，死乃崇丧"可以体现，另有"废事生而营终亡，替所养而为厚葬"④"崇饰丧纪以言孝，盛飨宾旅以求名"⑤"生不能致其爱敬，死以奢侈相高，虽无哀戚之心，而厚葬重币者，则称其为孝，显名立于世，光荣著于俗。黎民相慕效，至于发屋卖业"⑥"世以厚葬为德，薄终为鄙，至于富者奢僭，贫者殚财，法令不能禁，礼仪不能止"⑦"吏民踰僭，厚死伤生"⑧。针对当时追求厚葬成风的现象，《潜夫论·浮侈》篇指出，"此之费工伤农，可为痛心""此无益于奉终，无增于孝行，但作烦搅扰，伤害吏民"⑨，《潜夫论·务本篇》亦称"此乱孝悌

---

① （东汉）班固：《汉书·霍光传》，中华书局1962年版，第2950、2959页。

② （东汉）班固：《汉书·霍光传》，中华书局1962年版，第2950页。

③ （东汉）王符撰，（清）汪继培笺：《潜夫论笺校正》，中华书局1985年版，第137页。《后汉书》卷四十九《王符传》写作"务崇华侈"，见（南朝宋）范晔撰，（唐）李贤等注：《后汉书》，中华书局1965年版，第1637页。

④ （南朝宋）范晔撰，（唐）李贤等注：《后汉书·赵咨传》，中华书局1965年版，第1315页。

⑤ （东汉）王符：《潜夫论·务本》，（清）汪继培笺：《潜夫论笺校正》，中华书局1985年版，第20页。

⑥ （西汉）桓宽：《盐铁论·散不足》，王利器校注：《盐铁论校注（定本）》，中华书局1992年版，第354页。

⑦ （南朝宋）范晔撰，（唐）李贤等注：《后汉书·光武帝纪》，中华书局1965年版，第51页。

⑧ （南朝宋）范晔撰，（唐）李贤等注：《后汉书·和帝纪》，中华书局1965年版，第186页。

⑨ （东汉）王符撰，（清）汪继培笺：《潜夫论笺校正》，中华书局1985年版，第134、137页。

之真行，而误后生之痛也"①。

在逝者墓葬外修建相关设施可充分显示生者的孝行和尽力厚葬的行为，一些墓葬外的相关石刻文字中也有较直接体现。《从事武梁碑》记有"竭家所有"②，许安国祠堂题记中有"以其余财……作治连月，功扶无亟"③，芗他君石祠题记中有"经日甚久……更逾二年，迄今成已"④等。一些石刻文字则记有采优质石材、聘请良匠等内容。较多的祠堂题记中有修建祠堂的开支和花费，且多数直（值）万或数万。这些均应是追求厚葬背景下，生者显孝行、宣扬自身的最直接体现。

综合来看，汉代王侯墓葬与中小型墓葬具有内外两重空间，不同空间对应的内容和内涵在汉代均有较多发展。西汉时，二者均在不断地发展和完善，经历两汉之交至东汉时期，王侯墓葬与中小型墓葬的内外两重空间正式形成，二者的独立性较强且联系密切，从多个方面服务于墓主及其墓葬和墓地，体现出汉代重厚葬及生者显孝行、宣扬自身等内容，同时也说明汉代墓葬的外部设施系统亦基本形成。墓外设施在汉代丧葬发展过程中的地位和作用又得到不断提升，逐渐成为十分重要和不可或缺的物质内容，这也正是汉代墓葬内外两重空间正式形成的重要原因。

三、三维世界的形成与确立

汉代墓葬存在着内外两重空间：封土下及墓穴内的内部空间埋葬墓主尸身，并有葬具、殓葬物与陪葬品，一些还有其他设施和相关物品；墓外有相应的面积和空间，有不同数量、种类的外部设施，内容丰富，功能多样。经西汉一代的发展，至东汉时，内外两重空间的体系正式形成，二者相对独立又密切关联。与内外两重空间关系较为密切者为生人，即活着的人，其与逝者存在于地上和地下两个世界，而墓葬也有外部空间，很多还有服务于地

---

① （东汉）王符撰，（清）汪继培笺：《潜夫论笺校正》，中华书局1985年版，第20页。
② 蒋英炬、吴文祺：《汉代武氏墓群石刻研究》，山东美术出版社1995年版，第17页。
③ 济宁地区文物组、嘉祥县文管所：《山东嘉祥宋山1980年出土的汉画像石》，《文物》1982年第5期。
④ 罗福颐：《芗他君石祠堂题字解释》，《故宫博物院院刊》1960年。

下逝者同时又为生人在墓地或墓区活动提供条件和服务的外部设施，有些设施则是生者与逝者沟通和联系的媒介与纽带，所以生人所在现实世界与墓葬的内外空间又构成了三维的世界。

生活在现实世界的人与逝者墓葬的内部空间有着一定关系。虽然有预作寿陵的现象，即墓主在去世之前可以直接或间接参与墓葬内部空间的相关工作，但对应墓主的身份地位一般较高，相关工作则由他人具体执行和操作，这是现实世界与墓葬内部空间的一种关联。多数并非提前做好墓穴，且很多应在人去世之后，相关内容包括墓穴的开挖、相关设施的修建、葬具的构筑、殓葬物品的使用、陪葬品的制作与摆放及墓主下葬和墓葬的封填等。这一阶段，内部空间多属开放式的，现实世界可直接与之产生多种关系，甚至一些内容如死者的殓葬等并不在墓穴内或相关设施中进行，而是在现实世界空间内开展。但是，墓葬完全封填之后，现实世界与墓葬内部空间完全被隔绝。也有再次开挖及打开墓穴后的合葬，其相关活动主要针对合葬者或后去世者，亦有对先去世者的墓内祭祀，但均是生人在墓穴中或附近举行的活动，合葬时墓穴与外界也是开通的，相关内容与上述早去世者有较多相似。在现实世界的生人与逝者墓葬内部空间产生联系的过程中，也可能会产生或使用一些墓外设施，如墓葬修建、墓主下葬时的临时设施，但这些设施在墓主下葬后或毁弃不用，或转型为其他设施，如墓葬修建时的临时设施可能经改建成为墓庐或冢舍等。

墓葬封填后，墓葬内外形成两重空间，外部空间的相关设施在墓主下葬前、下葬过程中及其下葬后均有可能修建。较多设施与内部空间有着相应关系，如异穴合葬与祔葬、陪葬墓及具有守护或保护功能的设施等，同时也体现出墓地的规划和布局。这些设施的形成和针对墓葬或墓地的功能发挥均与现实世界的人有着密切关系，而一些设施也服务于现实世界的人，体现出三维世界的联系及其内容、内涵等。

祭祀设施是汉代墓葬外部空间中的重要内容，两汉皆有，种类较多，并体现出渐趋普及和不断发展完善的态势。一些具有特殊性，如江苏邳州山头东汉墓群西南角发现的有一定面积的红烧土痕迹[5]，其他地区或墓地基本

---

[5] 南京博物院、邳州博物馆：《邳州山头东汉墓地》，科学出版社2009年版，第15、156页。

没有发现，反映出发展过程中的内容和特点。最为常见的是墓前或墓上的房屋或院落式祭祀设施，另有墓前或墓上的祭台或供台。从某种程度上讲，墓前或墓上的祭台或供台可视为房屋或院落式祭祀设施的简化形式，随着墓祭的发展，大致在西汉晚期开始出现，并在东汉墓葬外得到普及和推广，对应的墓主身份一般不高，而一些房屋或院落式祭祀设施亦有祭台或供台。因此，可将祭台或供台与房屋或院落式祭祀设施合并共述，称为墓外常见的固定性祭祀设施。

统观汉代墓葬外的祭祀设施，西汉时还处于不断发展之中，有创新和特殊性，也有改进和摒弃，但影响不断扩大，使用者身份增多，地域渐广。西汉早期，帝王陵墓较多使用祭祀设施，列侯墓葬及一些有相应等级的墓葬外也修建有祠堂，但并不普遍；一些墓葬外有特殊的祭祀设施，如汉景帝阳陵东司马道北第一排10号陪葬墓园，门阙以南与阳陵东司马道北界沟之间发现东西向一字排开的小型灶坑，共57处，可能与墓地祭祀有关[1]，但其他墓葬未有发现。诸侯王墓的祠庙，部分修建在坟丘或所在山头的顶部，寝与寝类设施不断改进完善，寝园渐趋普遍。王侯与中小型墓葬外的祭祀坑在西汉早中期有一定数量，但至西汉晚期基本不见。西汉晚期在墓祭推广的背景下及相应设施的影响下，出现了祭台或供台，石祠堂出现并在东汉得到普及。就房屋或院落式祭祀设施来讲，西汉帝王陵墓外为两大类并存，即陵（祠）庙与寝园（或寝类设施）并存，列侯墓葬多数仅有祠堂，个别如江西南昌海昏侯墓园还有专门的寝[2]。可以看出，西汉墓葬外的祭祀设施存在较多不统一性，相应的体系还没正式形成。

两汉之际，古代墓葬的很多内容发生了较大转变，东汉时，墓外祭祀设施在西汉发展的基础上已逐渐定型，墓外常见的固定性祭祀设施成为主流，其他形式已很少见。就位置而言，也多数位于墓前或旁侧，墓上较少，较高等级的墓葬也由两大类并存发展为仅有一类，祠庙不见，但帝陵的另一类内容更为丰富和全面，王侯墓葬外的寝则与中小型墓葬外的祠堂有很大相

---

[1] 曹龙：《西汉帝陵陪葬制度初探》，西北大学硕士学位论文，2009年，第26页。
[2] 江西省文物考古研究所、南昌市博物馆、南昌市新建区博物馆：《南昌市西汉海昏侯墓》，《考古》2016年第7期。

似，体现出较强的统一性。墓外常见固定性祭祀设施的核心作用日渐突出，其他很多设施与其有关，相关功能也围绕其开展，如阙、神道、石象生、碑、柱及冢舍、窖藏、水井，甚至一些排水设施等，而如合葬、祔葬、陪葬及守护或保护设施亦与之有较多关联。众多设施互有联系，构成了以墓祭设施为核心的一个有机整体。东汉时，墓外祭祀设施并不是完全一致或固定不变的，而是具有统一中的多样性，并处于不断发展之中。列侯墓葬及中小型墓葬外，砖（石、土）墙瓦顶祠堂和石祠堂并存，部分为祭台或供台，石祠堂又衍生出多种不同的类型。就影响而言，除推动墓地祭祀的发展外，也对一些地区墓葬的形制、结构等带来新内容，如西南地区崖墓内享堂的出现、使用和推广等。

汉代墓葬外的祭祀设施，尤其是墓外常见的固定性祭祀设施，对汉代墓祭的发展具有十分重要的促进作用。一方面，多数墓外祭祀设施是现实世界里的生人祭祀逝者的场所，祭祀者从生活所居的世界来到墓地，在墓外祭祀场所进行祭祀，而祭祀坑及其埋藏内容则是祭祀后的遗存和物质遗留。通过祭祀，可达到与逝者灵魂沟通，为逝者地下生活补充或供应所需，还可起到宣传教化、显示孝行等目的。另一方面，多数墓外祭祀设施又是逝者享祭之处，其灵魂可在受祭时与生者沟通，祭祀物品又可使其地下的生活有保证、保障或更加美好。有的祠堂中有祭台或供案，可放置祭品，也可能摆放有祠主的神位，如山东长清孝堂山祠堂[1]。有的石祠堂如安徽宿州宝光寺石祠[2]、褚兰胡元壬祠堂[3]等，后壁画像下部正中有凸字形图案，并刻写一定数量的文字，包括祠主信息、吉语等，可能与逝者牌位或神位有关。逝者的牌位或神位在一定程度上可代替逝者，另外也是逝者（祠主）灵魂的依附载体，这样可让祭祀者与被祭祀者共同处在祭祀设施这一特殊的世界或空间中。由此，现实世界、墓外设施、内部空间这三个世界通过墓外祭祀设施和谐地联系在一起，甚至可让生者与逝者灵魂在祭祀时处在同一世界中，三维

---

[1] 蒋英炬、杨爱国、信立祥等编：《孝堂山石祠》，文物出版社2017年版，第20—28页。

[2] 王化民：《宿州宝光寺汉墓石祠画像石》，《文物研究（第8辑）》，黄山书社1993年版，第64—70页。

[3] 王步毅：《安徽宿县褚兰汉画像石墓》，《考古学报》1993年第4期。

世界由此形成。西汉时期，三维世界虽已存在，但还处于发展和不统一的阶段，至东汉，墓外常见的固定性祭祀设施体系基本形成，相关配套设施也日臻完善，三维世界得以确立并不断发展完善。需作说明的是，较多墓葬外没有发现祭祀设施，尤其是墓外常见的固定性祭祀设施，这与后期破坏可能有关，如较多散存画像石或再利用墓葬中的画像石，相当部分原为祠堂画像石。笔者推测，较多西汉晚期至东汉时期的墓葬尤其是中小型墓葬，特别是等级稍低墓葬外原可能有祭台或供台，形制与目前考古所见墓外祭台或供台相似或更简单，抑或是形制简单的石祠堂或砖（石、土）墙瓦顶祠堂，随着时间的推移，损毁或遭破坏而不存，而它们应是三维世界中的墓外祭祀设施，即三维世界中极为重要的一环。

墓外祭祀设施是汉代墓葬外部设施的主要内容，同时又是三维世界的重要内容，起到联通地下空间与现实世界的功用，并为三维世界的确立起到不可代替的作用。三维世界的确立是一个逐步发展的过程，并在确立后逐步完善，形成一些与自身相符并能够满足内部空间、墓外设施与现实世界需求的内容。主要表现在以下三个方面。

西汉晚期或稍晚阶段，等级稍低的墓葬外使用了祭台或供台，抑或是单开间的小型石祠堂等，在此之前的较长时间内，墓外常见的固定性祭祀设施及具有特殊性的祭祀设施多属于具有一定等级的墓葬，很可能相当数量等级稍低的墓葬外没有类似设施。东汉时，墓祭设施的普及率大大提高，帝王陵墓外为寝殿类设施，列侯与中小型墓葬外为祠堂或祭台或供台，还有墓葬为更简单一些的设施，而祠堂在较多等级相对低的墓葬外得到普及和应用。这是三维世界逐步发展并确立和继续发展的一个体现。

就墓外祭祀设施来讲，其主要功能是开展墓祭与相关活动。西汉时，墓外常见的固定性祭祀设施等多属于有相应等级的墓葬，祭祀活动也应有相应的礼制、仪式、过程和场面，从一些墓葬的祭祀坑并结合祭祀的基本目的等来看，物祭可能是主要内容之一，而一些祭祀的物品在祭祀过程中或祭祀后被埋入地下，以供逝者使用。随着三维世界的确立，西汉时作为主要内容的物祭逐渐趋于淡化，虽然也有相当数量的祭品，但多摆放于祭祀设施内、外或案台之上，王侯墓葬与中小型墓葬中，除具特殊性或既有特殊性且等级较高墓葬如河南安阳西高穴曹操墓[①]外,基本不见有埋藏祭祀物品的祭祀坑。祭祀活动更加注重礼制、仪式、过程和场面,更强调墓主灵魂的受祭,也更关注于生者与逝者灵魂在受祭时的交流。这是三维世界逐步发展并确立和继续发展的另一体现。

墓外祭祀设施及其祭祀活动、内容在发展过程中,除祭祀墓主的功能外,也逐渐衍生出一些新的作用,尤其是三维世界确立之后,物祭淡化,形式更为突出,并有一些新的内容出现。针对逝者的祭祀设施和祭祀活动在某种程度上也间接服务于现实世界的生者,特别是祭祀者,这与追求厚葬、外显于世人有关,同时也是生者孝行和品行的展示,而在当时的社会背景下,这与祭祀者的主观需求也较为相符。墓外常见的固定性祭祀设施中,祠堂使用普遍,较大比例的石祠堂刻有画像,而砖(石、土)墙瓦顶祠堂多数仅余基础,墙、顶已不存,是否原有壁画已不可知,但从西汉霍光墓祠堂周围发现的大面积壁画遗存[②]来看,至少有一部分祠堂内可能有壁画,但具体内容不详。西汉晚期至东汉时期,石祠堂逐渐普及,画像内容也更丰富,有升仙题材,这与祭祀的基本作用较一致,还有很多宣传孝行、教化,让人从善祛恶、尊礼守制等的图像,与之相对应,较多祠堂还刻有文字,亦对上述内容有所宣传。这些画像和文字在某种程度上可起到思想上保护墓葬与墓外祭祀设施等的作用,也反映出祠堂作为祭祀设施与现实世界的关联,同时在一定程度上又与地下世界产生了一定关系。以祠堂画像为例,很多祠堂刻有祠主受祭的画像,特别是单开间小祠堂,后壁为祠主(多数为夫妇)受祭画像,东侧多为迎宾、庖厨,西侧为宴饮、送客,体现出较完备的祭祀画面。这一方面反映出祠堂与祭祀者和受祭者的关系,另一方面将祭祀内容以画像的形式刻在祠壁上,可达到思想上常祭久祀的目的,也体现出立祠者的孝心和孝行。东汉帝陵陵寝获得较大发展,与陵寝有关的上陵之礼等获得较大发展。帝陵的上陵之礼有其程式:"东都之仪,百官、四姓亲家妇女、公主、诸王大夫、外国朝者侍子、郡国计吏会陵。昼漏上水,大鸿胪设九宾,随立寝殿前。钟鸣,谒者治礼引客,群臣就位如仪。乘舆自东厢下,太常导出,西

[①] 河南省文物考古研究院:《曹操高陵》,中国社会科学出版社 2016 年版。

[②] 咸阳市文物考古研究所:《汉武帝茂陵钻探调查简报》,《考古与文物》2007 年第 6 期。

向拜，止旋升阼阶，拜神坐。退坐东厢。西向。侍中、尚书、陛者皆神坐后。公卿群臣谒神坐，太官上食。太常乐奏食举，《文始》《五行》之舞。"[1] 上陵之礼是在帝陵陵园内举行的祭祖、朝拜等礼仪活动，推行上陵之礼，一方面是推行"以孝治天下"的国策，另一方面是为了达到巩固刘氏天下的目的[2]。可以说，上陵之礼的推广施行，标志着以祭祀、朝拜为主要内容的陵寝制度完全确立。东汉时期，王侯墓葬与中小型墓葬的内外两重空间及与现实的三维世界基本确立，诸侯王墓外的寝、列侯墓葬与中小型墓葬外的祠堂及一些墓葬外的供台或祭台为墓葬外部空间中的祭祀设施，生者要通过这些常见的固定性祭祀设施祭祀逝者。这一时期，祭祀与形式并重，东汉帝陵有以祭祀、朝拜为主要内容的陵寝制度，就王侯墓葬与中小型墓葬，尤其是中小型墓葬来讲，祭祀者通过祭祀可以增强家庭和谐，加强家族团结，同时又可宣传教化、显示孝行等，墓外祭祀设施与祭祀活动内容和内涵也因此得到拓展，进而体现出祭祀设施在墓外设施中的核心地位。

第三节　墓外设施系统的形成与确立

汉代，墓外设施在继承的基础上，结合社会、丧葬与墓葬的发展及死者与生者的需求等，不断发展，形成了多种形式和类型，功能较为多样的墓外设施内容。这些墓外设施的形成和存在基本以墓葬为主体，同时各类设施的不同功能相互配合，共同构成墓外设施系统。这一系统在发展完善的过程中，统一性渐趋明显，并在统一之中存在多元化和多样性；地下、墓外与现实世界形成不同层次，但又互有关联，内涵及延伸作用也得到不断丰富；各类墓葬外部设施的核心内容趋于一致且日渐突出，以核心内容为主体的墓外设施构成一个整体，标志着墓外设施系统的正式形成与确立。

西汉时期，墓外设施的内容及功用还处于发展之中，一些设施虽属于新的内容，但使用时间较短，一些虽有相应的时代延续，但却渐趋衰落，整

---

[1]（西晋）司马彪：《续汉书》志第六《礼仪志》，中华书局1965年版，第2301页。
[2] 韩国河：《东汉帝陵有关问题的探讨》，《考古与文物》2007年第5期。

体上体现出不稳定的特征。不过，墓外设施系统在西汉时期已存在，就功能而言，主要有墓葬与墓地守护和保护设施、祭祀设施、合葬与祔葬设施、陪葬设施、与墓葬修建等有关的设施等，另有体现墓地规划与布局的相关设施，但一些设施还处于发展、改进、完善甚至逐渐被摒弃的过程之中。如墓地祭祀设施，内容较多，诸侯王墓外祠庙与寝类设施共存，列侯墓葬中仅个别墓前有寝，旁有祠堂，多数列侯墓葬外为祠堂，无其他，而中小型墓葬中使用祠堂者，墓主大多具有相应的身份地位，一般中小型墓葬外不见，至西汉晚期，等级稍低的中小型墓葬外开始使用祭案或供台，也有使用小型单开间石祠堂者，体现出墓地祭祀设施趋于普及的态势；祭祀坑还有使用，但并不常见，一些等级稍低的墓葬外也有祭祀坑，但埋藏内容简单；特殊性祭祀设施有所使用，但如昙花一现，仅在个别墓葬外有所发现。在经历两汉之际的转变之后，东汉墓葬的墓外设施既有继承，也摒弃掉一些不需要的内容，同时还有诸多创新和改进。与西汉时期相对比，墓外设施的统一性与普及程度相对较高，各类墓外设施皆有体现，而且逐渐形成以祭祀设施为核心，其他各类墓外设施根据需求搭配的设施体系，而东汉一代，虽有较多的发展，但墓外设施的体系相对稳固。以上说明，墓外设施系统在西汉时期已存在，经历西汉一代的发展，在东汉时期，系统内容、特征、体系等正式形成和确立，并在此基础上有其发展和进步。

汉代墓葬的发展存在两条主线，一是墓葬形制与设施（含封土、墓道、墓室、配套设施及其葬具等）、殓葬物品与陪葬器物的不断发展，二是墓外设施的发展和完善，并在发展过程中形成内外两重空间。内部空间服务于墓主，墓穴及葬具等设施体现着墓主的地下居所，诸多的陪葬品使得逝者衣食、起居、出行等皆无所忧，墓外设施对于墓主的作用也是多样化的，保护和守护设施可让其墓地与墓葬免受损毁和破坏，祭祀设施可以为逝者补充和持续供给，其他设施也从不同方面、不同角度，多样化地服务于墓主、墓葬和墓地。墓葬内外两重空间的形成，表明墓外设施在汉代墓葬发展过程中的地位和作用，这与其内容、类型、功能和作用等有较大关系，而其在发展过程中渐成系统。第一条主线中，墓葬形制的第宅化和陪葬品的生活化是趋势和特征，东汉时期，墓葬形制基本完成了由竖穴椁墓向横穴室墓的转变，陪葬品去礼器化特征明显，生活类及仿生活用品类器物的数量和比例大增，第宅化的形制与设施让逝者在地下拥有与现实相似的场所，生活化的陪葬品则让其在地下的生活与现实生活更为接近或更好。第二条主线中，墓外设施的内容、种类不断丰富，功能和作用得到加强，东汉时期，墓外设施体系趋于完备和稳固，其他设施较为多样，以祭祀设施为核心的墓外设施内容得到确立。这一时期，墓葬内外两重空间的格局基本形成，与墓葬形制、陪葬品的发展相对应，墓外设施系统也成型和确立。随着墓外设施系统的确立，其与墓葬形制、陪葬品等的发展互相配合，相辅相成，共同促进了汉代墓葬全面、综合地发展，同时也与社会发展紧密相关，如厚葬思想、孝道与孝行等，这亦是其持续发展的一个因素。

墓葬的中心是墓主尸身，内外两重空间的很多内容均是服务于墓主尸身，并有不同程度的发展，形成自身的特征。墓主生前，与其关系最为密切的是现实世界及现实世界里的人，现实世界里的一些内容如居住、饮食、穿衣、出行等以不同形式被带入地下，上文所述墓葬形制的第宅化与陪葬品的生活化皆是体现，而现实世界的人在其去世后会进行一系列的活动，并最终将其尸身及现实世界里的一些内容埋入修建的墓穴之中，这些内容在某种程度上也可视为三维世界的相互关系。现实世界里的生人会对墓地进行规划和布局，尤其在墓葬封填之后，会通过多种墓外设施保护墓葬与墓地，尽可能地满足合葬、祔葬与陪葬的需求，而与逝者之间的相互联系则多数通过墓地祭祀设施进行多次且形式多样的祭祀活动，地下、墓外设施与现实世界的三维世界有机地联系在一起。东汉时期，随着墓内外两重空间正式形成、墓外常见的固定性祭祀设施成为墓外设施的核心，三维世界得到确立。三维世界的确立，一方面说明墓外设施的内容、功用及其体系更加完备，同时还有一些衍生功能，对地下世界的服务更为全面；另一方面，生活在现实世界的生人也可借助墓外设施，尤其是墓地祭祀设施，达到自身除祭祀逝者之外的其他目的和要求，这更加推动了墓外设施的发展，也使得其内容更多、体系更完整，并可保持相对稳定的发展状态，进而说明墓外设施系统已经得到确立。

汉代墓葬所确立的墓外设施系统，是以墓地祭祀设施为核心，其他多个设施并存，共同组成的功能性系统，与之同步发展的还有墓葬内部空间的内容。上文已述，汉代墓葬在两汉之际基本完成了竖穴椁墓向横穴室墓的转变。就横穴墓葬来讲，西汉早期已经出现，如今江苏徐州地区、河南永城地区的横穴崖洞墓，墓葬等级高，墓主基本为诸侯王及王后或等级极高的王室女性（很可能为另一王后），其他等级墓葬基本不见，说明还不具普遍性。经历西汉一代的发展，至两汉之际，一些地区的中小型墓葬中出现了横穴墓葬，以河南南阳地区最为突出，如唐河电厂西汉晚期墓[1]及新莽时期的郁平大尹冯君孺人墓[2]等，而东汉时期横穴墓葬则较为普及和普遍。从时间上看，横穴室墓的普及与两重空间的形成、三维世界及其墓外设施核心系统的确立基本同步。横穴室墓的第宅化特征已较明显，一般有坡度不大的墓道，墓道后为墓门和甬道，多有前堂后室，一些还配有耳室等，墓主的棺及陪葬品的置放也与墓葬形制的第宅化相配合，如庖厨、仓储、前堂、后寝等。参考横穴室墓的形制与形状及其室的功用，结合墓穴的深度及相关室顶的砌建等，笔者推测，横穴室墓的推广或许与墓外设施的发展，尤其是墓祭设施成为墓外设施的核心、墓祭成为墓外活动的主体等有关。一方面，横穴的形制可让墓主的后寝与墓外设施尤其是祭祀设施尽可能地处在相对统一的水平线上（刨除墓道的坡度），这有利于墓主灵魂出入享祭，甚至灵魂不出入，亦可达到享祭的效果，而与墓祭设施有关的各类设施也不断涌现和完善，如墓阙、神道、石象生、石柱、碑等，这些设施与墓祭设施如祠堂大致位于一个平面、一条直线上，亦使得墓葬、墓祭设施与这些设施形成一个整体，加之第宅化的设置，使得墓主、墓葬与祭祀设施之间更能达到和实现上述效果。第二方面，西汉晚期至东汉时期的横穴墓葬，特别是东汉横穴墓葬，基本为砖室、石室或砖石混筑墓，多是先开挖坑穴，再在其内砌筑，墓坑的形状与墓葬轮廓基本一致，且很多所开挖的坑穴不深。一些坑穴深度与室墙高度相近，而室顶则高出坑穴，其上及坑穴周边再加筑封土，这在东汉诸侯王墓中多有体现，如山东临淄金岭镇齐炀王刘石墓[3]、济宁肖王庄M1[4]与河北定

---

[1] 《南阳汉画像石》编委会：《唐河电厂汉画像石墓》，《中原文物》1982年第1期。
[2] 南阳地区文物队等：《唐河汉郁平大尹冯君孺人画像石墓》，《考古学报》1980年第2期。
[3] 山东省文物考古研究所：《山东临淄金岭镇一号东汉墓》，《考古学报》1999年第1期。
[4] 济宁市文物管理局：《山东济宁市肖王庄一号汉墓》，《考古学集刊（第12集）》，中国大百科全书出版社1995年版，第41—112页。

县北庄东汉中山简王刘焉及其夫人合葬墓①等。一些墓葬的室顶与地表大致接近，如《西安东汉墓》所报道的部分东汉墓②，但墓室壁皆不高。《萧县汉墓》一书所报道的东汉墓中，两种情况皆有存在③。整体来看，东汉时期的横穴室墓较之西汉时期的竖穴椁墓，墓室整体较浅，与地表距离明显抬升，地下空间与横穴形式得到结合，较利于防排水，也便于下葬和合葬等，而从立体层面来观察，与地面距离缩短，更便于墓主受祭，也更接近于现实生活中的拜祭，这与墓地祭祀的全面普及可能有关。第三方面，随着墓外设施尤其是墓祭设施的发展，祭祀者与被祭祀者更近交流、更多交流和更便于交流的需求加强，这使得墓葬逐渐由封闭式向开放式、竖穴式向横穴式及其更趋第宅化的方向发展。

汉代王侯与中小型墓葬的墓外设施内容与类型较为丰富，功能和作用多样，并体现出继承、改进、创新、摒弃、整合等发展内容，反映出较多与丧葬有关的内涵。经历西汉一代的发展及两汉之际的转变，至东汉时期，墓葬内外两重空间正式形成，地下空间、墓外设施、现实世界的三维世界得到确立，而以墓地祭祀设施为核心的墓外设施系统也形成并确定下来，之后又经不断发展，成为墓葬不可或缺的重要内容。汉代王侯墓葬与中小型墓葬的外部设施，不仅体现出服务逝者、服务墓葬、服务墓地的内容，还反映出生者与死者的密切关系，体现了较多生者的需求及相关丧葬内容，墓祭内容尤为突出；同时还折射出较多的社会内容，如厚葬的思想、行为、习俗和追求，对孝道、孝行的推崇及其背后的内容。墓外设施的发展及以墓地祭祀设施为核心的墓外系统的确立，对于墓葬发展的影响是多方面的，横穴墓葬的形成和推广普及与之有关，而从进行墓祭，为逝者地下生活补充和持续提供物质内容的祭祀目的等来看，陪葬品生活化的发展和趋势也可能或应该与墓外设施尤其是墓地祭祀设施及其墓祭活动的发展和开展有关。

就墓外设施而言，随着发展，相关内容、内涵不断丰富，自身系统逐渐形成，并成为汉代墓葬或墓地不可缺少的内容。其中的墓地祭祀设施得到

---

① 河北省文化局文物工作队：《河北定县北庄汉墓发掘报告》，《考古学报》1964年第2期。
② 西安市文物保护考古所：《西安东汉墓》，文物出版社2009年版。
③ 安徽省文物考古研究所、安徽省萧县博物馆：《萧县汉墓》，文物出版社2008年版。

不断推广和普及，并成为墓外设施的核心，这既是墓地祭祀发展的结果，也促进了墓地祭祀的常态化，而其在汉代丧葬中的地位也日渐重要。关于汉代墓葬或丧葬内容的发展，《秦汉魏晋丧葬制度研究》一书指出，墓葬形制的第宅化与陪葬品的生活化是其总规律和主旋律[①]，也即汉代墓葬发展的两大特征和特点。通过上文论述可以看出，伴随着墓葬形制与陪葬品的发展，还有墓外设施的日益丰富和不断完善，尤其是以墓祭设施为核心的墓外设施系统形成。因此，在汉代墓葬发展过程中，除墓葬形制的渐趋第宅化和陪葬品的日趋生活化之外，还有外部设施的逐渐系统化，而其中，墓地祭祀设施的核心化是其重要的内容，这也表明，墓祭行为趋于普及、普遍和常态化。墓地祭祀设施和行为具有服务于逝者的功能，同时又在很多方面体现出祭祀者及其他现实世界里生人的需求，这是墓祭设施和行为全面发展的重要原因。从相关角度看，墓祭设施乃至于墓祭行为又具有一定形式化的特征，即通过形式化的设施和行为，来达到相应的需求和目的，如显孝示孝，外显于人。

概括而言，汉代王侯与中小型墓葬的墓外设施，在继承前代的基础上同时受帝陵的影响等，并和汉代社会发展相适应，与汉代丧葬礼俗、墓葬自身等的发展相互促进、相辅相成，形成使用普遍、内容丰富、数量较多、类型不一、功能多样的墓外设施系统，逐渐确立为以墓地祭祀设施为核心的汉代墓外设施系统。结合两汉帝陵的墓外设施发展及其内容、内涵来看，两汉时期，墓外设施已成为墓葬极其重要、不可或缺的内容和组成部分，这标志着古代墓葬的内容已从先秦时期重地下转向墓葬自身与墓外设施的并存和并重，而且对于墓外设施的重视还在不断加强，这也反映出汉代墓葬发展的一个重要特征，即墓外设施的系统化与祭祀设施的核心化。随着墓外设施系统的形成、确立和稳定发展，至迟在东汉时期，墓外设施的地位和作用得到提高和拓展，古代墓葬也逐渐形成一个新的发展方向，并对后世有着十分重要和深远的影响。

---

① 韩国河：《秦汉魏晋丧葬制度研究》，陕西人民出版社 1999 年版，第 266—293 页。

结　语

　　事物的发展存在多种方式，有连续性，有间断性，也有突发性等。就古代墓葬来讲，连续性是其发展的主要体现和方式。汉代是继秦代之后我国古代历史上大一统封建帝国的重要发展期，统治时间较长，虽两汉之际有王莽新朝及其他政权，但时间均较短，且期间具有汉文化特质的诸多内容并未间断，丧葬即是其中之一。西汉、东汉两个王朝统治均达200余年，两汉共计400余年，社会政治、经济、思想、文化均获得较大发展，这一时期也是古代丧葬发展的一个重要阶段，既有对前代的承继，也有对后世的影响，同时又有较多的改进、创新、完善和发展，形成一些时代特征突出又在中国古代丧葬史上具有影响和时代标志的内容。

　　汉代之前，古代墓葬经历了较为漫长的发展历程。从人类有意识地将死者埋葬开始，墓葬产生。新石器时代，尤其是新石器时代中晚期及以后，墓葬获得了较大发展。从无棺无椁到棺椁合用，后又有多重棺椁，并形成制度、等级和习俗；从不封不树，到封树成俗，筑陵以象山，列树成林。随着墓葬自身的发展，墓外设施逐渐出现，这在封土日渐普及之后表现得十分突出。环壕（隍壕）、陵园及相关建筑等在东周高等级墓葬外已得到使用，与人、牲殉葬不同，墓外有一定数量的陪葬墓和陪葬坑等。秦统一之后，古代墓葬在大一统的环境下迎来新的发展，但秦的统治时间太短，墓外设施仅在秦始皇帝陵区有较为集中的体现，陪葬墓、陪葬坑、防排水设施、手工业加工场地、寝殿、食官遗址及园寺吏舍、道路等皆有发现。西汉承秦之制且统治日久，在经历休养生息、文景之治及汉武帝时的励精图治之后，社会发展达到了一个新的高度。随着社会日趋稳定并不断发展，西汉早中期，墓外设施也获得较多发展，与秦及其之前明显不同，不仅等级较高的帝陵与王侯墓葬有数量多、种类丰富的墓外设施，相当数量的中小型墓葬也有一定数量、不同种类的外部设施，且墓地祭祀设施在中小型墓葬外逐渐推广普及。西汉中晚期与两汉之际，墓葬又经历了相应的发展和转变，墓外设施的一些内容也有创新、改进和摒弃，至东汉时，墓外设施的内容和系统基本确立，与之相对应，墓葬内外双重空间及墓葬内外与现实世界的三维世界基本形成和确立，墓外设施作为墓葬的一个重要组成部分也被确定下来。就汉代王侯墓葬与中小型墓葬的外部设施来讲，核心较为明确，即以墓地祭祀设施为核心，其他墓外设施与之共同组成墓外设施系统与内容。东汉一代，王侯墓葬与中小型墓葬的墓外设施仍有较多发展，墓外设施系统及其功能、作用等更为完备，体现出其作为墓葬组成内容与墓葬的共同发展。

汉代王侯墓葬与中小型墓葬的外部设施存在着统一性和相似性，这在设施的种类、功能和作用等方面均有体现，如祭祀设施的普遍使用等，但具体而言，又存在时代差别、地域差异和等级间的不同等。时代差异方面，两汉之间存在发展，这是二者差异性的一种体现，而两汉墓外设施的内容也有较多不同，如祠庙的使用、陪葬坑的有无等，而同一朝代的不同期段也有差别，如西汉早期与晚期，墓外设施的组成及其具体内容有诸多差别。时代的差异体现出不同的时代特征，同时也说明相应设施的发展及其在发展过程中的一些具体体现。需作说明的是，西汉时期，汉代王侯墓葬与中小型墓葬的外部设施还处于不断发展之中，不同期段的差别相对明显，而且与东汉时期的差别也较突出，东汉时期，随着墓外设施系统的确立，相应的发展较为稳定，不同期段的差异性较小。地域差异在两汉时期皆有存在，西汉时期相对明显，东汉时期地域间的差异则稍小，这也应是发展的体现。从大的方面看，西汉时期墓葬的外部设施在京畿一带与各诸侯国附近地区使用较多，东汉时期，区域则有所扩大，而且就某一地区来讲，东汉时期使用墓外设施墓葬的分布密度也相对较大。具体来讲，排水设施对应的墓葬多分布于中南部地区，大致在秦岭—淮河线以南，这与降水多当有一定关系，而秦岭—淮河线以北区域，气候相对干旱，加之墓葬多建于地势相对高亢地区，基本不见墓外排水设施或与墓内相连伸至墓外的排水设施。再如墓地祠堂，整体分布区域较广，但从考古资料反映的分布密度来看，今苏鲁豫皖交界地区最为集中，砖（石、土）墙瓦顶祠堂与石祠堂并存，且目前所知的众多石祠堂基本都分布于这一地区。究其原因大致有三：一，这一地区多为山地丘陵，为石祠堂的修建提供了充足的原料；二，该地区为儒家思想的发源地，而墓地祠堂的盛行与儒家推崇的孝道有关；三，与该地区社会政治、经济的发展有关，即地方官吏和地主势力得到较大发展。其他如围沟的使用、园墙与墓垣的砌建、陪葬坑与陪葬墓的形制、墓地石刻的使用等，也都体现出地域差别或特点的较多内容。墓外设施的等级差别与汉代社会有较严格的等级秩序有关，墓主有等级上的不同，墓葬则有差别，墓外设施亦不例外。总体来看，墓主与墓葬等级越高，墓外设施越丰富，档次也相对要高，与墓外设施有关的要求也就越严格，等级较低者的墓葬外或无墓外设施，即使有，数量与种类均较少，设施也相对简单。通过对汉代诸侯王墓葬、列侯墓葬、中小型墓葬等的外部设施进行对比，不仅可体现出上述的时代与地域差别，也充分折射出等级的差异和不同。如西汉诸侯王墓有寝或寝园、祠庙，西汉列侯墓葬与中小型墓葬则基本为祠堂，个别特殊者墓前有寝，但规模较小，而列侯墓葬外的祠堂较之其他墓葬的祠堂规模要大，且西汉一代使用寝或祠堂者的墓葬等级一般较高，西汉晚期出现的墓外祭台或供台相对简单，所属墓葬等级普遍不高。东汉时期，诸侯王墓地的祭祀设施亦称为寝，列侯墓葬与中小型墓葬外则为祠堂，另有祭台或供台等。从目前资料看，两汉尤其是东汉，列侯墓地的祠堂无石祠堂，而石祠堂则基本为地方官吏、地主等的墓地祭祀设施。石祠开间的多少、规模的大小，某种程度上也与墓主等级有一定关系，但就同一家族来讲，可能不甚明显。其他如墓地石刻、配套设施等也有体现。由上，汉代王侯墓葬与中小型墓葬外部设施存在差异性，既体现出发展的内容，也有相应的社会内容，就其整体而言，又反映出统一中的多样性，一体中的多元性，进而说明在其发展过程中，特别是随着墓外设施系统的确立，多元一体的特征渐趋明显，而这也与汉代墓葬文化，甚至是汉文化的表现特征相一致。

墓外设施是墓葬的组成部分和重要内容，与墓葬有着十分密切的关系，因此也与墓葬所属的墓地、墓葬内墓主尸身与灵魂等有着较密切关系。从大的方面讲，墓外设施的功能和作用就是服务于墓葬、墓主尸身与灵魂、墓地等，而从具体设施来看，功能和作用则可细化为多个方面。手工业作坊多数服务于墓葬的修建，个别陶窑也烧造陪葬品；临时设施等，或与墓葬修建有关，或服务于墓主下葬；防排水设施较多地用于保护墓葬，有些与墓地或部分墓外设施有关，也间接地服务于墓葬与墓主；守护设施形式较多，对于墓葬、墓地及墓主尸身等均起到保护作用；祭祀设施虽有不同种类，但皆是用来祭祀墓主；合葬、祔葬及陪葬墓、陪葬坑，既体现出墓地的规划和布局，又与墓主关系密切，反映出相互关系或等级差别。其他还有较多设施，或与上述设施相配合，起到相同或相近的作用，或具有专门或不同的作用，服务于墓地、墓葬及墓主。因此，就墓外设施与墓葬的关系来讲，核心是服务于逝者与其灵魂，而其中十分重要的是灵魂的载体——尸身，以核心目的为出发点，有对墓穴的修建、保护，有合葬、祔葬及不同形式的陪葬（如陪葬墓与陪葬坑），有墓地或墓区的规划与布局，有祭祀逝者的设施等，墓内、墓外紧密联系，进而形成了墓葬内外的两重空间。墓地位置的选择也与当时流行的堪舆术及追求形胜吉地的思想需求有着较为密切的关系，这也使得两层空间的含义更为丰富。

墓葬作为特殊的遗存，其所埋藏的为去世者，即死后离开现实世界的逝者，所以墓葬及其所处墓地有其独立性和特殊性，与现实世界存在较多差异和不同。但墓葬与现实世界又有诸多的联系和依存关系，从墓址的选定、墓葬的修建、陪葬品的制作、墓主的下葬、墓葬的封填，到墓封填后对于墓葬与墓地的守护、生者对死者的祭祀及其合葬、祔葬和陪葬等，都反映出墓葬与现实世界及现实世界里的人之间密切的关系。就封土下的内容来讲，墓葬形制的日趋第宅化及陪葬品的不断生活化也是墓葬与现实世界紧密联系的体现。墓外设施位于墓葬封土之外，有些设施与墓内相连，封土外则有延伸，如排水沟等，均在整体上属于墓葬的组成部分，较多与封土内分属两重空间，在外则更便于和现实世界联系。因此，作为墓葬组成部分的墓外设施，较多内容成为现实世界及生人与封土下空间及逝者之间联系的纽带和媒介，这在墓主下葬后尤为突出，三维世界因此形成，而墓外设施的作用和地位也由此得到提升和提高。墓葬封填后，现实世界及生人与封土下空间及逝者之间最重要也是最常见且频率较高的联系是由生者在墓葬外依托祭祀设施进行的祭祀活动。这一活动展开的过程中，生者来到墓葬地，有的在寝或祠堂中，有的在祭案或供台旁，或采取其他形式开展祭祀，而墓主的灵魂也由墓内出来，或依托于神位，或以其他方式受祭，生人、墓地祭祀设施、逝者灵魂三者在此时共处于同一个世界，即墓外祭祀设施之中或附近，进而达到生者与逝者沟通与联系的目的，在此过程中，祭祀者还会为逝者祭物，满足逝者在地下生活所需。在祭祀逝者、满足逝者地下所需的同时，祭祀者或现实世界的生人并非一无所求。通过祭祀或相关活动，可以纪念和缅怀死者，而以此为基础，则衍生出许多与生者有关或生者借此希望达到的目的或需求，如示厚葬以告于世人，显孝行求显名立于世，光荣著于俗等，而据史料记载，还有显示尊师重友、尊逝者显德行等内容。生者的这些目的和需求与社会需要有关，而墓葬及其墓外设施，特别是墓外的祭祀设施成为他们实现相关需求的场所或媒介，这也是相互之间联系的体现和反映，同时还应是墓外设施获得较大发展，墓地祭祀设施成为墓外设施系统核心的重要原因。墓祭行为的推广和普及、设施内容的多样性及使用，在一定程度上说明，墓祭的普遍化和常态化也是汉代墓葬的特征之一，并体现出相应的形式化特点。

  汉代，帝陵是最高统治者与其皇后及相关人员的墓葬区，墓外设施内容丰富，代表着这一时期陵寝制度的发展及核心内容，但其具有特殊性。王侯墓葬与中小型墓葬为汉代墓葬的主体，墓外设施数量多，种类丰富，功能与作用多样，所属墓葬从诸侯王墓到一般平民百姓的墓葬，涉及面较广，而其发展较为全面，所蕴含的内容、内涵极为丰富，有些具体内容可能还会对帝陵产生相应的影响。因此，汉代王侯墓葬与中小型墓葬的外部设施在汉代墓葬发展过程中起着十分重要的作用，也具有自身在发展中的地位。首先，它包含着较多阶层人员墓葬外部设施的内容和发展，具有普遍性；其次，它体现出与不同等级、不同类型、不同地区墓葬之间的关系，相对较为全面；第三，它的存在、发展和功用的发挥与社会多个阶层人员关系密切，反映的社会内容具有大众化；第四，它与帝陵的外部设施共同组成了汉代墓外设施的总体内容，而且相互补充，同时还能凸显帝陵的特殊性；第五，随着发展，墓外设施系统体现出不断系统化，墓地祭祀设施也趋于核心化，这与墓葬形制的第宅化、陪葬品的生活化共同构成汉代墓葬发展的特征与规律。汉代王侯与中小型墓葬的外部设施与帝陵外部设施还综合体现出汉代墓葬在古代墓葬发展史上承上启下的作用，在中国古代陵寝制度及丧葬制度和习俗等的发展史上有着极为重要的地位和作用。通观汉代王侯墓葬与中小型墓葬的外部设施，其所形成的墓葬内外双重空间和封土下、墓葬外、现实世界的三维世界，发展、形成并确立的以墓地祭祀设施为核心的墓外设施系统，还有墓外设施在逝者与生人之间的关系与作用等，均对后世有着极为重要且不可忽视的作用。因此，汉代王侯墓葬与中小型墓葬的外部设施在汉代墓葬及其整个古代墓葬发展史上均有其历史地位。

汉代王侯墓葬与中小型墓葬的外部设施，时代跨度长，分布地域广，涉及社会多个阶层的墓葬，也反映出诸多与社会有关的内容，因此开展汉代王侯墓葬与中小型墓葬外部设施的研究有着十分重要的价值和意义。由于暴露在墓外，且距今时间久长，加之汉代之后不同时期、不同原因的损毁和破坏，这些墓外设施或不存或保存较差，有的已湮埋于地下。而墓葬原多有封土，很多墓葬的墓坑开挖在高亢之处，虽然有很多墓葬遭受盗掘和破坏，但墓坑多数存留，有的还有一定数量的陪葬品。因此，以往关于汉代王侯墓葬与中小型墓葬的发掘，尤其是中小型墓葬的发掘，多数针对墓穴，而墓葬之外的周边或附近所做工作较少，这可能是较多已公布或未公布汉墓资料未见墓外设施资料的原因之一，而近年来，随着考古工作的不断深入和细致开展，一些墓葬的外部设施被揭露出来，对我们开展相关研究提供了所必需的参考。通过本书的研究可知，汉代王侯墓葬多有墓外设施，而中小型墓葬中相当部分也应有墓外设施，故相关研究成果或许会为今后汉代墓葬的考古发掘提供一点参考，对于墓外设施会有更多、更全面地揭露，这或可视为本书对于当今的一点贡献。另外，墓外设施作为墓葬的重要组成部分，对于研究古代墓葬及其丧葬内容有重要作用，合理保护与适当开发，在允许的条件下展示于世人，不仅可开展历史教育，给人们提供学习历史、认识历史的物质条件，还可在某种程度上提高公众对历史文化遗产等的保护意识，同时也会有相应的社会效益与经济效益。

关于本书的研究内容还有一点需作说明，两汉帝陵外有较多的陪葬墓，一些陪葬墓为本书的研究内容，也有一些暂未列入。至于原因，一方面是篇幅所限，另一方面未列入的墓葬大多与帝陵关系密切，是开展帝陵墓外设施研究的重要内容。以西汉帝陵为例，多为与帝陵关系密切的嫔妃墓。汉景帝阳陵北区陪葬墓区现存有两座封土，距帝陵园约550米，编号为YM1与M2。根据钻探，两座陪葬墓的周围有各自的壕沟及陪葬坑，形成独立的墓园，此外在墓葬西、北、东侧还有大量可能是用于祭祀的小坑。YM1的墓园平面形状为方形，东西并未连通，墓室与壕沟之间有 13 座外藏坑。YM2 位于王皇后陵北部略偏西，距离较近，可能是景帝栗姬的墓葬，墓园平面形状近方形，壕沟未连通，墓室与壕沟之间有 8 座外藏坑，封土西、北、东三面还分布有大量的小坑，总数达 300 余座，有些小坑打破了周围的壕沟[①]。汉元帝渭陵陵园内东北角成排分布一批墓葬，共计 32 座，西侧有夯土垣墙，南侧有夯土垣墙及围沟，东侧以围沟为界，北侧利用了渭陵陵园北垣墙，由此形成了一个相对独立的墓园，西垣墙原应有五个门道。园内墓葬排列整齐，南北 5 排。5 排墓葬的墓道前均有一条东西向道路，与西垣墙上的门道相通。园内一些墓葬如南侧第一排东端的 4 座墓葬，都有较小规模的墓园，且有门与门阙及墙等，墙的上部可能覆盖有瓦，或有回廊类建筑，另在墓葬的墓道西侧偏南有建筑遗址，坐西朝东，门道居于东墙中部，房址东侧有散水遗迹。这批相对独立、布局严谨、结构规整、排列有序的墓园，四周绕以垣墙、围沟，其内部有墓葬和建筑遗址，同时还有完备的道路系统，对于西汉帝陵殡妃葬地的探索及相关制度的研究具有重要学术价值[②]。关于上述墓葬及墓外设施，笔者将在今后的研究中持续关注并开展与之相关的研究。

另外，由于作者水平不足、能力有限，关于汉代王侯墓葬与中小型墓葬外部设施的研究还有诸多不足和欠缺之处，或有资料没有运用，或有内容没有涉及或不够全面，相关结论也可能存在不当之处。笔者将在今后继续保持对汉代王侯墓葬与中小型墓葬外部设施的关注和研究，也希望得到学者们的指导、帮助和鼓励，对汉代墓葬与墓外设施开展更为全面、深入、细致的研究

---

① 曹龙：《西汉帝陵陪葬制度初探》，西北大学硕士学位论文，2009 年，第 15—18 页。
② 陕西省考古研究院、咸阳市文物考古研究所：《汉元帝渭陵考古调查、勘探简报》，《考古》2013 年第 11 期。

参考文献

一、古代文献及相关书目

1. 阮元辑刻：《十三经注疏》，中华书局1980年版。
2. 孙诒让：《十三经注疏校记》，齐鲁书社1983年版。
3. 杜预等注：《春秋三传》，上海古籍出版社1987年版。
4. 杨伯峻：《春秋左传注》，中华书局2016年版。
5. 袁珂：《山海经校注》，上海古籍出版社1980年版。
6. 南怀瑾、徐芹庭注译：《周易今注今译》，台湾商务印书馆1983年版。
7. 孙希旦：《礼记集解》，中华书局1989年版。
8. 郑玄注：《仪礼注疏》，上海古籍出版社1990年版。
9. 杨天宇：《礼记译注》，上海古籍出版社2004年版。
10. 子思著，余庆编译：《中庸诠解》，万卷出版公司2018年版。
11. 商鞅：《商君书》，上海古籍出版社1989年版。
12. 梁启雄：《荀子简释》，中华书局1983年版。
13. 许维遹撰，梁运华整理：《吕氏春秋集释》，中华书局2009年版。
14. 司马迁：《史记》，中华书局1982年版。
15. 孙楷撰、徐复订补：《秦会要订补》，中华书局1959年版。
16. 班固：《汉书》，中华书局1962年版。
17. 王先谦：《汉书补注》，中华书局1983年版。
18. 吴恂：《汉书注商》，上海古籍出版社1983年版。
19. 徐天麟：《西汉会要》，上海人民出版社1977年版。
20. 范晔：《后汉书》，中华书局1965年版。
21. 王先谦：《后汉书集解》，中华书局1984年版。

22. 周天游:《八家后汉书辑注》,上海古籍出版社 1986 年版。

23. 袁宏撰,周天游校注:《后汉记校注》,天津古籍出版社 1987 年版。

24. 徐天麟:《东汉会要》,中华书局 1955 年版。

25. 荀悦:《汉纪》,台湾商务印书馆 1984 年版。

26. 张烈点校:《两汉纪》,中华书局 2002 年版。

27. 陈寿:《三国志》,中华书局 1982 年版。

28. 卢弼:《三国志集解》,中华书局 1982 年版。

29. 房玄龄等:《晋书》,中华书局 1974 年版。

30. 沈约:《宋书》,中华书局 1974 年版。

31. 司马光编撰:《资治通鉴》,中华书局 1992 年版。

32. 何宁:《淮南子集释》,中华书局 1998 年版。

33. 刘文典:《淮南鸿烈集解》,中华书局 1989 年版。

34. 董仲舒撰,凌曙注:《春秋繁露》,中华书局 1975 年版。

35. 苏舆:《春秋繁露义证》,中华书局 1992 年版。

36. 刘向:《说苑校证》,中华书局 1991 年版。

37. 刘向:《列仙传》,上海古籍出版社 1990 年版。

38. 刘歆撰,葛洪集,王根林校点:《西京杂记》,上海古籍出版社 2012 年版。

39. 桓宽著,王利器校注:《盐铁论校注》(定本),中华书局 1992 年版。

40. 刘庆柱辑注:《三秦记辑注》《关中记辑注》,三秦出版社 2006 年版。

41. 胡平生:《孝经译注》,中华书局 2009 年版。

42. 王充:《论衡》,上海人民出版社 1974 年版。

43. 王充撰,黄晖校释:《论衡校释》,中华书局 1990 年版。

44. 王符著,王继培笺,彭铎校正:《潜夫论笺校正》,中华书局 1985 年版。

45. 刘珍撰,吴树平校注:《东观汉记》,中州古籍出版社 1987 年版。

46. 应劭撰,王利器校注:《风俗通义校注》,中华书局 2010 年版。

47. 应劭著,赵泓译注:《风俗通义全译》,贵州人民出版社 1998 年版。

48. 陈立:《白虎通疏证》,吴则虞点校,中华书局 1994 年版。

49. 孙启治校注:《昌言校注》,中华书局 2012 年版。

50. 蔡邕:《独断》,上海古籍出版社 1990 年版。

51. 张震泽校注:《张衡诗文集校注》,上海古籍出版社 2009 年版。

52. 应劭撰，孙星衍校集：《汉官仪》，中华书局 1990 年版。

53. 孙星衍等辑，周天游点校：《汉官六种》，中华书局 1990 年版。

54. 崔豹：《古今注》，台北商务印书馆 1983 年版。

55. 严可均辑：《全后汉文》，商务印书馆 1999 年版。

56. 何清谷校注：《三辅黄图校注》，三秦出版社 2006 年版。

57. 王国维校，袁英光、刘寅生整理：《水经注校》，上海人民出版社 1984 年版。

58. 郦道元著，王先谦校：《合校水经注》，中华书局 2009 年版。

59. 许慎：《说文解字》（附检字），中华书局 1996 年版。

60. 杜佑：《通典》，中华书局 1988 年版。

61. 封演撰，赵贞信校注：《封氏闻见记校注》，中华书局 2005 年版。

62. 欧阳询撰，汪绍楹校：《艺文类聚》（附索引），上海古籍出版社 1999 年版。

63. 李昉、李穆、徐铉等编纂：《太平御览》，中华书局 1960 年版。

64. 马端临：《文献通考》，中华书局 1986 年版。

二、论著

1. 孙葆田：《山东通志》，台北华文书局 1969 年版。

2. 刘泽华、杨志玖、王玉哲等：《中国古代史》，人民出版社 1979 年版。

3. 罗福颐：《汉印文字征》，中华书局香港分局 1979 年版。

4. 方诗铭：《中国历史纪年版表》，上海辞书出版社 1982 年版。

5. 翦伯赞：《秦汉史》，北京大学出版社 1983 年版。

6. 吕思勉：《秦汉史》，上海古籍出版社 1983 年版。

7. 王仲殊：《汉代考古学概说》，中华书局 1984 年版。

8. 钱泳（钱梅溪）编：《汉碑大观》，中国书店 1984 年版。

9. 柳春藩：《秦汉封国食邑赐爵制》，辽宁人民出版社 1984 年版。

10. 杨宽：《中国古代陵寝制度史研究》，上海古籍出版社 1985 年版。

11. 安作璋、熊铁基：《秦汉官制史稿》，齐鲁书社 1985 年版。

12. 林剑鸣、余华青、周天游等：《秦汉社会文明》，西北大学出版社 1985 年版。

13. 李泽厚：《中国古代思想史论》，人民出版社 1986 年版。

14. 金少英：《汉书食货志集释》，中华书局 1986 年版。

15. 葛剑雄：《西汉人口地理》，人民出版社 1986 年版。

16. 刘庆柱、李毓芳：《西汉十一陵》，陕西人民出版社1987年版。
17. 张步天：《中国历史地理》，湖南大学出版社1987年版。
18. 罗福颐：《秦汉南北朝官印征存》，文物出版社1987年版。
19. 金春峰：《汉代思想史》，中国社会科学出版社1987年版。
20. 周振鹤：《西汉政区地理》，人民出版社1987年版。
21. 孙中家、林黎明：《中国古代帝王陵寝》，黑龙江人民出版社1987年版。
22. 王子云：《中国雕塑艺术史》，人民美术出版社1988年版。
23. 林剑鸣：《秦汉史》，上海人民出版社1989年版。
24. 袁仲一：《秦始皇陵与兵马俑研究》，文物出版社1990年版。
25. 查瑞珍：《战国秦汉考古》，南京大学出版社1990年版。
26. 尚秉和：《历代社会风俗事物考》，上海书局1991年版。
27. 李学勤：《东周与秦代文明》（增订本），文物出版社1991年版。
28. 孙机：《汉代物质文化资料图说》，文物出版社1991年版；《汉代物质文化资料图说》（增订本），上海古籍出版社2008年版。
29. 徐吉军、贺云翱：《中国丧葬礼俗》，浙江人民出版社1991年版。
30. 周苏平：《中国古代丧葬习俗》，陕西人民出版社1991年版。
31. 陈光唐、王昌兰：《邯郸历史与考古》，天津出版社1991年版。
32. 安金槐：《中国考古》，上海古籍出版社1992年版。
33. 华友根：《董仲舒思想研究》，上海社会科学院出版社1992年版。
34. 杨生民：《汉代社会性质研究》，北京师范学院出版社1993年版。
35. 刘正成主编：《中国书法全集·秦汉编：秦汉刻石卷一》，荣宝斋出版社1993年版。
36. 宋治民：《战国秦汉考古》，四川大学出版社1993年版。
37. 孙慰祖主编：《古封泥集成》，上海书店出版社1994年版。
38. 王学理：《秦始皇陵研究》，上海人民出版社1994年版。
39. 李如森：《汉代丧葬制度》，吉林大学出版社1995年版。
40. 郭德维：《楚系墓葬研究》，湖北教育出版社1995年版。
41. 吴荣曾：《先秦两汉史研究》，中华书局1995年版。
42. 蒋英炬、吴文祺：《汉代武氏墓群石刻研究》，山东美术出版社1995年版。
43. 钱玄：《三礼通论》，南京师范大学出版社1996年版。
44. 李衡眉：《昭穆制度研究》，齐鲁书社1996年版。

45. 曹砚农：《古代帝王陵寝实录》，岳麓书社1997年版。

46. 高敏：《秦汉史探讨》，中州古籍出版社1998年版。

47. 韩国河：《秦汉魏晋丧葬制度研究》，陕西人民出版社1999年版。

48. 黄留珠：《周秦汉唐文明》，陕西人民出版社1999年版。

49. 李晓杰：《东汉政区地理》，山东教育出版社1999年版。

50. 陈华文：《丧葬史》，上海文艺出版社1999年版。

51. 杨树达撰，王子今导读：《汉代婚丧礼俗考》，上海古籍出版社2000年版。

52. 刘庆柱：《古代都城与帝陵考古学研究》，科学出版社2000年版。

53. 信立祥：《汉代画像石综合研究》，文物出版社2000年版。

54. 孙机：《中国古代舆服论丛（增订本）》，文物出版社2001年版。

55. 周学鹰：《徐州汉墓建筑——中国汉代楚（彭城）国墓葬建筑考》，中国建筑工业出版社2001年版。

56. 黄留珠：《秦汉历史文化论稿》，三秦出版社2002年版。

57. 赵化成、高崇文：《秦汉考古》，文物出版社2002年版。

58. 孙筱：《两汉经学与社会》，中国社会科学出版社2002年版。

59. 刘厚琴：《儒学与汉代社会》，齐鲁书社2002年版。

60. 李如森：《汉代丧葬礼俗》，沈阳出版社2003年版。

61. 王学理：《汉代雄风——汉景帝与阳陵》，三秦出版社2003年版。

62. 姜波：《汉唐都城礼制建筑研究》，文物出版社2003年版。

63. 黄晓芬：《汉墓的考古学研究》，岳麓书社2003年版。

64. 郑绍宗：《满城汉墓》，文物出版社2003年版。

65. 钱穆：《秦汉史》，三联书店2004年版。

66. 〔法〕E. 迪尔凯姆著，狄玉明译：《社会学方法的准则》，商务印书馆2004年版。

67. 张从军：《黄河中下游的汉画像石艺术》，齐鲁书社2004年版。

68. 李银德、武利华：《徐州历史文化（5）——徐州珍宝》，中华书局2004年版。

69. 白云翔：《先秦两汉铁器的考古学研究》，科学出版社2005年版。

70. 董新林：《中国古代陵墓考古学研究》，福建人民出版社2005年版。

71. 余英时：《东汉生死观》，侯旭东译，上海古籍出版社2005年版。

72. 王恺、葛明宇：《徐州狮子山楚王陵》，三联书店2005年版。

73. 〔英〕马修·约翰逊著，魏峻译：《考古学理论导论》，岳麓书社2005年版。

74. 杨爱国：《幽明两界——纪年版汉代画像石研究》，陕西人民美术出版社 2006 年版。

75. 王子云：《古代陵墓图考》，太白文艺出版社 2007 年版。

76. 阎崇东：《两汉帝陵》，中国青年版出版社 2007 年版。

77. 蒲慕州：《墓葬与生死观——中国古代宗教之省思》，中华书局 2008 年版。

78. 贺云翱、郭怡：《古代陵寝》，文物出版社 2008 年版。

79. 后晓荣：《秦代政区地理》，社会科学文献出版社 2009 年版。

80. 刘毅：《中国古代陵墓》，南开大学出版社 2010 年版。

81. 刘瑞、刘涛：《西汉诸侯王陵墓制度研究》，中国社会科学出版社 2010 年版。

82. 段清波：《秦始皇帝陵园考古研究》，北京大学出版社 2011 年版。

83. 刘尊志：《徐州汉墓与汉代社会研究》，科学出版社 2011 年版。

84. 刘尊志：《汉代诸侯王墓研究》，社会科学文献出版社 2012 年版。

85. 马孟龙：《西汉侯国地理》，上海古籍出版社 2013 年版。

86. 郑岩：《逝者的面具——汉唐墓葬艺术研究》，北京大学出版社 2013 年版。

87. 何旭红：《汉代长沙国考古发现与研究》，岳麓书社 2013 年版。

88. 韩国河、赵海洲、刘尊志等：《中国古代物质文化史·秦汉》，开明出版社 2014 年版。

89. 鲁西奇：《中国古代买地券研究》，厦门大学出版社 2014 年版。

90. 施永安：《汉碑读析》，吉林文史出版社 2015 年版。

91. 刘振东：《冥界的秩序——中国古代墓葬制度概论》，文物出版社 2015 年版。

92. 刘毅：《中国古代物质文化史·陵墓》，开明出版社 2016 年版。

93. 秦臻：《汉代陵墓石兽研究》，文物出版社 2016 年版。

94. 武利华：《徐州汉画像石通论》，文化艺术出版社 2017 年版。

95. 秦铁柱：《帝国中坚——汉代列侯研究》，齐鲁书社 2018 年版。

96. 白云翔：《秦汉考古与秦汉文明研究》，文物出版社 2019 年版。

97. 韩国河：《旨归汉道》，科学出版社 2020 年版。

三、考古学文集

1. 中国科学院考古研究所编：《新中国的考古收获》，文物出版社 1961 年版。

2. 文物编辑委员会：《文物考古工作三十年版（1949—1979）》，文物出版社 1979 年版。

3. 河北省博物馆、河北省文物管理处编：《河北出土文物选集》，文物出版社 1980 年版。

4. 文物编辑委员会：《文物考古工作三十年版》，文物出版社 1981 年版。

5. 中国考古学会编:《中国考古学会第三次年版会论文集》,文物出版社 1984 年版。
6. 中国社会科学院考古研究所:《新中国的考古发现和研究》,文物出版社 1984 年版。
7. 俞伟超:《先秦两汉考古学论集》,文物出版社 1985 年版。
8. 中国大百科全书总编辑委员会、《考古学》编辑委员会:《中国大百科全书·考古学》,中国大百科全书总出版社 1986 年版。
9. 杨鸿勋:《建筑考古学论文集》,文物出版社 1987 年版。
10. 文物编辑委员会:《文物考古工作十年版(1979—1989)》,文物出版社 1991 年版。
11. 徐州博物馆编:《徐州博物馆三十年版纪念文集》,北京燕山出版社 1992 年版。
12. 中国社会科学院考古研究所:《中国考古学论丛》,科学出版社 1993 年版。
13. 石兴邦主编:《考古学研究》,三秦出版社 1993 年版。
14. 王学理、尚志儒、呼林贵:《秦物质文化史》,三秦出版社 1994 年版。
15. 中国社会科学院考古研究所汉唐与边疆考古研究编委会:《汉唐与边疆考古研究(第一辑)》,科学出版社 1994 年版。
16. 洛阳市文物工作队叶万松主编:《洛阳考古四十年版》,科学出版社 1996 年版。
17. 吕常凌主编:《山东文物精萃》,山东美术出版社 1996 年版。
18. 徐州市两汉文化研究会编:《两汉文化研究(第 1 辑)》,文化艺术出版社 1996 年版;《两汉文化研究(第 2 辑)》,文化艺术出版社 1999 年版;《两汉文化研究》(第 3 辑),文化艺术出版社 2004 年版。
19. 四川大学考古专业编:《四川大学考古专业创建三十五周年版纪念文集》,四川大学出版社 1998 年版。
20. 河北文物研究所:《河北省考古文集》,东方出版社 1998 年版。
21. 远望集编委会编:《远望集——陕西省考古研究所华诞四十周年版纪念文集》,陕西人民美术出版社 1998 年版。
22. 中国史学会编:《世纪之交的中国史学》,中国社会科学出版社 1999 年版。
23. 邹厚本主编:《江苏考古五十年版》,南京出版社 2000 年版。
24. 咸阳市文物考古研究所:《文物考古论集——咸阳市文物考古研究所成立十周年版纪念》,三秦出版社 2000 年版。
25. 洛阳市文物局、洛阳白马寺汉魏故城文物保管所:《汉魏洛阳故城研究》,科学出版社 2000 年版。
26. 河南省文物考古学会:《河南文物考古论集(二)》,中州古籍出版社 2000 年版。

27. 河北文物研究所：《河北考古文集（二）》，北京燕山出版社 2001 年版。
28. 蒋赞初主编：《南京大学历史系考古专业成立三十周年版纪念文集》，天津人民出版社 2002 年版。
29. 吴永琪、杨绪敏、邱永生主编：《秦汉文化比较研究》，三秦出版社 2002 年版。
30. 中国社会科学院考古研究所：《中国考古学·夏商卷》，中国社会科学出版社 2003 年版。
31. 河南省文物考古学会编：《中原文物考古研究》，大象出版社 2003 年版。
32. 孙厚兴、吴敢主编：《徐州文化博览》，文化艺术出版社 2003 年版。
33. 中国社会科学院考古研究所：《中国考古学·两周卷》，中国社会科学出版社 2004 年版。
34. 西安市文物保护研究所编：《西安市文物考古研究》，陕西人民出版社 2004 年版。
35. 中国国家博物馆、徐州博物馆：《大汉楚王：徐州西汉楚王陵墓文物辑萃》，中国社会科学出版社 2005 年版。
36. 《汉代考古与汉文化国际学术研讨会论文集》编委会：《汉代考古与汉文化国际学术研讨会论文集》，齐鲁书社 2006 年版。
37. 中国汉画学会、南阳师范学院汉文化研究中心编：《中国汉画学会第十届年版会论文集》，湖北长江出版集团、湖北人民出版社 2006 年版。
38. 石金鸣主编：《三晋考古（三）》，山西人民出版社 2006 年版。
39. 河北省文物研究所：《河北考古文集（三）》，科学出版社 2007 年版。
40. 顾森、邵泽水编：《大汉雄风——中国汉画学会第十一届年版会论文集》，高等教育出版社 2008 年版。
41. 洛阳市第二文物工作队：《洛阳汉魏陵墓研究论文集》，文物出版社 2009 年版。
42. 河北省文物研究所：《河北考古重要发现》，科学出版社 2009 年版。
43. 中国社会科学院考古研究所：《中国考古学·新石器卷》，中国社会科学出版社 2010 年版。
44. 中国社会科学院考古研究所：《中国考古学·秦汉卷》，中国社会科学出版社 2010 年版。
45. 徐州博物馆：《徐州文物考古文集（一）》，科学出版社 2011 年版。
46. 青岛市文物保护考古研究所编：《青岛考古（一）》，科学出版社 2011 年版。
47. 中国汉画学会、河南博物院编：《中国汉画学会第十三届年版会论文集》，中州古籍出版社 2011 年版。
48. 河北省文物研究所：《河北省考古文集（四）》，科学出版社 2011 年版。
49. 河北省文物研究所：《河北省考古文集（五）》，科学出版社 2014 年版。
50. 成都文物考古研究所编：《成都考古发现（2012）》，科学出版社 2014 年版。

51. 四川大学博物馆、四川大学考古学系、成都文物考古研究所编：《南方民族考古》（第 10 辑），科学出版社 2014 年版。

52. 青岛市文物保护考古研究所编：《青岛考古（二）》，科学出版社 2015 年版。

53. 中国社会科学院考古研究所、徐州博物馆编：《汉代陵墓考古与汉文化》，科学出版社 2016 年版。

54. 刘尊志主编：《考古学视角下的秦汉家庭与日常生活学术研讨会论文集》，科学出版社 2019 年版。

四、发掘报告、考古图集及相关资料

1. 北京历史博物馆、河北省文物管理委员会编：《望都汉墓壁画》，中国古典艺术出版社 1955 年版。

2. 南京博物院、山东省文物管理处编：《沂南古画像石墓发掘报告》，文化部文物管理局，1956 年版。

3. 中国科学院考古研究所：《长沙发掘报告》，科学出版社 1957 年版。

4. 中国科学院考古研究所：《洛阳烧沟汉墓》，科学出版社 1959 年版。

5. 河北省文化局文物工作队：《望都二号汉墓》，文物出版社 1959 年版。

6. 郭宝均：《浚县辛村》，科学出版社 1964 年版。

7. 湖南省博物馆、中国科学院考古研究所：《长沙马王堆一号汉墓》，文物出版社 1973 年版。

8. 中国社会科学院考古研究所、河北省文物管理处：《满城汉墓发掘报告》，文物出版社 1980 年版。

9. 山东省博物馆、山东省文物考古研究所编：《山东汉画像石选集》，齐鲁书社 1982 年版。

10. 徐州博物馆编：《徐州汉画像石》，江苏美术出版社 1985 年版。

11. 中国美术全集编辑委员会：《中国美术全集·雕塑编 2·秦汉雕塑》，人民美术出版社 1985 年版。

12. 陕西省考古研究所、始皇陵秦俑坑考古发掘队：《秦始皇陵兵马俑坑一号坑发掘报告（1974—1984）》，文物出版社 1988 年版。

13. 广西壮族自治区博物馆：《广西贵县罗泊湾汉墓》，文物出版社 1988 年版。

14. 周到、张秀清、张松林：《郑州汉画像砖》，河南美术出版社 1988 年版。

15. 湖北省博物馆：《曾侯乙墓》，文物出版社 1989 年版。

16. 大葆台汉墓发掘组、中国社会科学院考古研究所：《北京大葆台汉墓》，文物出版社 1989

年版。

17. 广州市文物管理委员会、中国社会科学院考古研究所、广东省博物馆：《西汉南越王墓》，文物出版社 1991 年版。
18. 重庆市文化局、重庆书博物馆：《四川汉代石阙》，文物出版社 1992 年版。
19. 中国社会科学院考古研究所：《汉杜陵陵园遗址》，科学出版社 1993 年版。
20. 河南省文物研究所：《密县打虎亭汉墓》，文物出版社 1993 年版。
21. 高文：《中国汉阙》，文物出版社 1994 年版。
22. 北京市文物研究所：《琉璃河西周燕国墓地》，文物出版社 1995 年版。
23. 河北省文物研究所：《墓——战国中山国国王之墓》，文物出版社 1995 年版。
24. 徐毅英主编：《徐州汉画像石》，中国世界语出版社 1995 年版。
25. 西省考古研究所侯马工作站编：《晋都新田——纪念山西省考古研究所侯马工作站建站 40 周年版》，山西人民出版社 1996 年版。
26. 河南省文物考古研究所：《永城西汉梁王陵与寝园》，中州古籍出版社 1996 年版。
27. 吕常凌主编：《山东文物精萃》，山东美术出版社 1996 年版。
28. 内蒙古考古研究所、魏坚：《内蒙古中南部汉代墓葬》，中国大百科全书出版社 1998 年版。
29. 山东省济宁市文物局：《汉任城王墓刻石精选》，山东美术出版社 1998 年版。
30. 田忠恩、陈剑彤、仝泽荣、武利华：《睢宁汉画像石》，山东美术出版社 1998 年版。
31. 徐锡台、楼宇栋、魏效祖编：《周秦汉瓦当》，文物出版社 1988 年版。
32. 中国社会科学院考古研究所：《张家坡西周墓地》，中国大百科全书出版社 1999 年版。
33. 苏州博物馆：《真山东周墓地——吴楚贵族墓地的发掘与研究》，文物出版社 1999 年版。
34. 湖南省博物馆、湖南省文物考古研究所：《长沙楚墓》，文物出版社 2000 年版。
35. 陕西省考古研究所、秦始皇兵马俑博物馆：《秦始皇帝陵考古报告》，科学出版社 2000 年版。
36. 中国画像石全集编辑委员会编：《中国画像石全集·山东汉画像石》，山东美术出版社 2000 年版。
37. 黄冈市博物馆、湖北省文物考古研究所、湖北省京九铁路考古队：《罗州城与汉墓》，科学出版社 2000 年版。
38. 陕西省考古研究所：《汉阳陵》，重庆出版社 2001 年版。
39. 河南省商丘市文物管理委员会、河南省文物考古研究所、河南省永城市文物管理委员会、阎根齐主编：《芒砀山西汉梁王墓地》，文物出版社 2001 年版。

40. 陕西省考古研究所、榆林市文物管理委员会办公室：《神木大保当：汉代城址与墓葬考古报告》，科学出版社 2001 年版。
41. 浙江省文物考古研究所、绍兴县文物保护管理所：《印山越王陵》，文物出版社 2002 年版。
42. 浙江省文物考古研究所：《沪杭甬高速公路考古报告》，文物出版社 2002 年版。
43. 临沂市博物馆编：《临沂汉画像石》，山东美术出版社 2002 年版。
44. 中国社会科学院考古研究所：《西汉礼制建筑》，文物出版社 2003 年版。
45. 徐州博物馆、南京大学历史系考古专业：《徐州北洞山西汉楚王墓》，文物出版社 2003 年版。
46. 马汉国主编：《微山汉画像石选集》，文物出版社 2003 年版。
47. 河南省文物考古研究所：《固始侯古堆一号墓》，大象出版社 2004 年版。
48. 王世昌主编：《陕西古代砖瓦图典》，三秦出版社 2004 年版。
49. 河北省文物研究所：《战国中山国灵寿城——1975—1993 年版考古发掘考古发掘报告》，文物出版社 2005 年版。
50. 陕西省考古研究所、秦始皇兵马俑博物馆：《秦始皇帝陵陵园考古报告（2000 年版）》，文物出版社 2006 年版。
51. 河北省文物研究所、鹿泉市文物保管所：《高庄汉墓》，科学出版社 2006 年版。
52. 四川省文物考古研究所：《绵阳双包山汉墓》，文物出版社 2006 年版。
53. 陕西省考古研究所、秦始皇兵马俑博物馆：《秦始皇帝陵陵园考古报告（2001—2003 年版）》，文物出版社 2007 年版。
54. 安徽省文物考古研究所、巢湖市文物管理所：《巢湖汉墓》，文物出版社 2007 年版。
55. 四川省文物考古研究院、绵阳市博物馆、三台县文物管理所编：《三台郪江崖墓》，文物出版社 2007 年版。
56. 洛阳市文物工作队程永建：《洛阳出土瓦当》，科学出版社 2007 年版。
57. 胡新立：《邹城汉画像石》，文物出版社 2008 年版。
58. 四川省文物考古研究院、德阳市文物考古研究所、中江县文物保护管理所编：《中江塔梁子崖墓》，文物出版社 2008 年版。
59. 安徽省文物考古研究所、安徽省萧县博物馆：《萧县汉墓》，文物出版社 2008 年版。
60. 沧州市文物局：《沧州文物古迹》，科学出版社 2008 年版。
61. 仪征市博物馆编：《仪征出土文物集萃》，文物出版社 2008 年版。
62. 河北省文物研究所：《河北考古重要发现》，科学出版社 2009 年版。

63. 河南省文物局：《河南省南水北调工程考古发掘出土文物集萃（一）》，文物出版社 2009 年版。
64. 秦始皇兵马俑博物馆：《秦始皇陵二号兵马俑坑发掘报告（第一分册）》，科学出版社 2009 年版。
65. 西安市文物保护考古所：《西安东汉墓》，文物出版社 2009 年版。
66. 山东省文物考古研究所：《鲁中南汉墓》，文物出版社 2009 年版。
67. 河南省文物考古研究所：《三门峡南交口》，科学出版社 2009 年版。
68. 咸阳市文物考古研究所：《西汉帝陵钻探调查报告》，文物出版社 2010 年版。
69. 南京博物院、邳州博物馆：《邳州山头东汉墓地》，科学出版社 2010 年版。
70. 重庆市文物局、重庆市移民局编：《重庆库区报告集》（2002 卷），科学出版社 2010 年版。
71. 河南省文物考古研究所、永城市文物旅游管理局：《永城黄土山与酇城汉墓》，大象出版社 2010 年版。
72. 滕州市汉画像石馆编：《滕州汉画像石精品集》，齐鲁出版社 2011 年版。
73. 秦始皇帝陵博物院编：《秦始皇帝陵陵园考古报告（2009—2010）》，科学出版社 2012 年版。
74. 洛阳市文物考古研究所：《偃师华润电厂考古报告》，中州古籍出版社 2012 年版。
75. 南阳市文物考古研究所：《南阳一中战国秦汉墓》，文物出版社 2012 年版。
76. 傅惜华、陈志农编辑，陈沛箴整理：《山东汉画像石汇编》，山东画报出版社 2012 年版。
77. 南京博物馆编：《穿越长三角——京沪、沪宁高铁江苏段考古发掘报告》，科学出版社 2013 年版。
78. 河南省文物局：《禹州新峰墓地》，科学出版社 2013 年版。
79. 河南省文物局：《新乡王门墓地》，科学出版社 2013 年版。
80. 河南省文物局：《淇县大马庄墓地》，科学出版社 2013 年版。
81. 洛阳市文物考古研究院：《洛阳朱仓东汉陵园遗址》，中州古籍出版社 2014 年版。
82. 河南省文物局：《平顶山黑庙墓地》，科学出版社 2014 年版。
83. 河南省文物局：《卫辉大司马墓地》，科学出版社 2015 年版。
84. 河南省文物局：《淇县西杨庄墓地、黄庄墓地Ⅰ区发掘报告》，科学出版社 2015 年版。
85. 衢州博物馆编：《衢州汉墓研究》，文物出版社 2015 年版。
86. 国家文物局主编：《2014 中国重要考古发现》，文物出版社 2015 年版。
87. 王国平、张文彦、史国强等：《南乐汉墓》，中州古籍出版社 2015 年版。

88. 蒋英炬、杨爱国、蒋群:《朱鲔石室》,文物出版社 2015 年版。

89. 河南省文物局:《淇县黄庄墓地Ⅱ区发掘报告》,科学出版社 2015 年版。

90. 江西晨报、江西省文物考古研究所图片:《发现海昏侯》,江西教育出版社 2015 年版。

91. 湖南省常德市文物局、常德博物馆、鼎城区文物局等:《沅水下游汉墓》,文物出版社 2016 年版。

92. 浙江省文物考古研究所胡继根主编:《浙江汉墓》,文物出版社 2016 年版。

93. 河南省文物考古研究院:《曹操高陵》,中国社会科学出版社 2016 年版。

94. 张孜江、高文主编:《中国汉阙全集》,中国建筑工业出版社 2017 年版。

95. 江西省文物考古研究院、萍乡市莲花县文物办:《江西莲花罗汉山西汉安成侯墓》,上海古籍出版社 2017 年版。

96. 中国社会科学院考古研究所:《辉县路固》,科学出版社 2017 年版。

97. 蒋英炬、杨爱国、信立祥等编:《孝堂山石祠》,文物出版社 2017 年版。

98. 山东省文物考古研究所、临淄区文物管理局、韩伟东等:《临淄山王村汉代兵马俑》,文物出版社 2017 年版。

99. 南水北调中线干线工程建设管理局、河北省南水北调工程建设领导小组办公室、河北省文物局:《磁县双庙墓群考古发掘报告》,文物出版社 2017 年版。

100. 西安市文物保护考古研究院:《西安西汉壁画墓》,文物出版社 2017 年版。

101. 洛阳市文物考古研究院:《邙山陵墓群考古调查与勘测第一阶段考古报告》,文物出版社 2018 年版。

102. 河南省文物局:《荥阳后真村》,科学出版社 2018 年版。

103. 秦始皇帝陵博物院:《秦始皇帝陵一号兵马俑陪葬坑发掘报告(2009—2011 年版)》,文物出版社 2018 年版。

104. 徐州博物馆编:《徐州考古资料集成:1953—1985 年版》,江苏凤凰美术出版社 2018 年版。

105. 刘云涛:《莒县汉画像石》,齐鲁书社 2019 年版。

106. 李伟敏:《北京考古志·通州卷》,上海古籍出版社 2019 年版。

107. 陕西省考古研究所、咸阳市文物考古研究所:《汉成帝延陵考古调查勘探报告》,文物出版社 2019 年版。

108. 侯宁彬主编、秦始皇帝陵博物院编:《平天下——秦的统一》,西北大学出版社 2019 年版。

109. 韩国河主编:《刘庆柱访谈录——考古学与中原文明》,科学出版社 2020 年版。

五、年版鉴、报刊、期刊及其他

1. 《中国考古学年版鉴》，1985 年版—2013 年版，文物出版社。2014—2018 年版，中国社会科学出版社。
2. 《中国文物报》，1985 年版 1 月—2018 年版 12 月，国家文物局主办，中国文物报社出版。
3. 《考古学报》、《考古》(《考古通讯》)、《文物》(《文物参考资料》)、《考古与文物》、《华夏考古》、《中原文物》、《北方文物》、《南方文物》、《江汉考古》、《东南文化》(《文博通讯》)、《中国历史文物》(《中国国家博物馆馆刊》)、《文博》、《考古学集刊》、《文物资料丛刊》、《故宫博物院院刊》、《四川文物》、《文物春秋》、《文物研究》、《陇右文博》、《浙江文博》、《文物季刊》、《文物天地》、《大众考古》、《西部考古》、《艺术考古》、《贵州文物》、《浙江省文物考古研究所学刊》、《文物鉴定与鉴赏》等文物、考古类期刊，含相关增刊年版。
4. 《收藏家》《古代文明》《中国文化遗产》《古代文明研究通讯》《中国历史地理论丛》《人文杂志》《唐都学刊》《黄淮学刊》《中国文化报》《艺术研究》等相关期刊、报纸年版。
5. 《历史研究》《中国史研究》《史学集刊》《史学月刊》《文史哲》《史林》《中州古今》《中州学刊》《东岳论丛》《管子学刊》《文学界》《走向世界》等期刊。
6. 相关高校学报类期刊，哲学社会科学版年版。

六、学位论文

1. 范志军：《汉代丧礼研究》，郑州大学硕士学位论文，2006 年 5 月。
2. 曹龙：《西汉帝陵陪葬制度初探》，西北大学硕士学位论文，2009 年 5 月。
3. 张号召：《西汉列侯的分封及演变》，郑州大学硕士学位论文，2010 年 5 月。
4. 吕婷：《试论汉碑的史料价值》，山东大学硕士学位论文，2010 年 5 月。
5. 廖巾敏：《汉阙艺术研究》，东南大学硕士学位论文，2012 年 2 月。
6. 李进：《秦汉墓葬围沟问题初探》，西北大学硕士学位论文，2013 年 5 月。
7. 韩姣姣：《东汉买地券研究》，山西大学硕士学位论文，2013 年 6 月。
8. 赵海龙：《东汉侯国地理研究》，郑州大学硕士学位论文，2015 年 5 月。

后 记

本书虽与学位论文、出站报告或结项报告无关，但却是我关注已久的一项考古学研究。1995年6月底，从南开大学博物馆专业本科毕业后，我来到徐州博物馆从事田野考古发掘与研究工作，8月中旬到单位报到，三天后我就和徐州博物馆的梁勇老师骑车到了东郊东甸子村北的无名山。由于山顶的一座西汉墓葬被盗，需要进行抢救性考古发掘，我在古城徐州的考古生活也就此展开。当时的条件还很艰苦，但刚刚毕业的我却是兴趣极高、干劲很大。正是缘于我在徐州的第一次考古，确切地说是第一次进行墓葬考古，我开始关注汉代墓葬外部设施的相关内容，这与东甸子西汉M1地表散存大量板瓦、筒瓦、瓦当、空心砖残片有很大关系，而我确实很想弄清楚墓葬地表这些汉代遗物的内容和内涵。记得当时我采集了很多标本，在自己的记录本上写下"用心关注"四个字，并将这些标本资料及M1的墓垣情况均写进了发掘简报之中。此后，无论是主持，还是参与发掘的两汉墓葬，我都会做好与之有关的记录。但很多时候，我却在碌碌中无为地生活着，对汉代墓葬外部设施的研究没有大的进展。后来，我攻读博士、做博士后，并于2009年回到母校南开大学，主要从事秦汉魏晋南北朝时期考古与物质文化研究，对汉代墓葬外部设施的研究又重入正轨，而真正开展这一综合研究却是在2017年的年底。2018年的春天，因为征服一棵榆树和树上的榆钱未果，其后的近五个月，除了一些必要的本科生教学工作之外，我基本都是坐着轮椅待在家中看天花板和户外被风吹动的树叶，还好这一研究没有耽搁。2019年的春天，初稿完成，之后又几经修改，大致形成目前的框架结构和内容体系。书稿确实有很多不全面和不完善之处，这是我的遗憾之处，但个人能力有限，留有遗憾或许就是没有遗憾，这勉强可作为一种解释吧。

关于汉代墓葬外部设施研究，涉及资料及理解认识等十分庞杂，因自身水平有限，在研究过程中常遇瓶颈之困，幸有良师的鼓励和帮助，使得本书的研究能够顺利进展。我的博士生导师韩国河先生对我的工作、学习常常挂念于心，给予我诸多的帮助和关怀，并多有教导和督促。我的博士后导师刘毅先生对我时时指导和鞭策，让我做研究不能太局限于一点一面，要转变研究视角和拓展视野，这一点我时刻铭记于心。在此谨向两位先生表达心中最深的感激和尊敬！

衷心感谢中国社会科学院考古研究所的刘庆柱先生和白云翔先生。刘庆柱先生对晚辈十分关心呵护，每每见到先生，先生总是亲切关怀，询问我的学习、教学和科研等，并给予我诸多鼓励和指导，让我从多个方面学到很多知识。对于本书稿，刘先生给出很多指导性意见，更让我感动满怀的是，先生在百忙之中抽出时间为本书作序。白云翔先生也对晚辈关爱备至，常常关心和照顾，督促我努力和上进，并对我的科研给予无私的指导和帮助，对本书稿，先生也提出较多宝贵意见和建议。在此谨向二位先生表达我深深的感谢和崇高的敬意！

在徐州博物馆工作期间，李银德和梁勇二位老师对我指导颇多，这其中就包括我所关注的汉代墓葬外部设施及内容，还有考古部的诸多同仁们，常常不吝言辞，畅谈学术与生活，让我受益颇多，这也为我进行汉代墓外设施研究树立了信心。本研究开展过程中，陕西省考古研究院的曹龙和杨武站、西安市文物保护考古研究院的张翔宇和柴怡、秦始皇帝陵博物院的张卫星、天津博物馆的黄娟、郑州大学的朱津、洛阳师范学院的张鸿亮及南开大学历史学院的付成双、丁见民、夏炎与南开大学博物馆的王军等给予较多帮助和支持，王音帮助翻译了书名和目录。另外还有很多支持我工作、科研的老师、朋友、同事和同学。在此一并向诸位师友表达我心中深深的感谢！

还要感谢我的学生们，书稿撰写过程中，帮我进行了部分资料的查找和收集，文稿校对方面，他们逐字逐句，认真负责，而且还提出一些有价值的意见或建议。这些学生分别是董雪迎、潘继业、常乐、赵丹、谢佳芮、杨本硕、延李超、楚展鹏、龚裕、高利、石望辰、崔焱、张轩华、柯宇航、王景宏等，在此向你们说声谢谢，是你们的劳动和付出，使得书稿更趋完善。

书中的插图，部分由作者自己绘制，更多是引自原著作，因行文及其他原因，除少数在文中做了说明，其余未作标注，特作说明，在此向各位原著作者表示衷心的感谢。

本书有幸入选2019年度"国家哲学社会科学成果文库"（批准号19KKG053），并得到资助出版；科学出版社的张亚娜、郑佐一两位女士为本书的出版付出较多辛勤劳动，在此表示诚挚的感谢！

感谢我的爱人和儿子，感谢你们给予我诸多的理解和默默支持，谢谢你们！

又是一年春将至，盼望中的榆钱轻缀、槐朵低垂会随着春的脚步慢慢临近，曾经的诸多不舒心必将逝去，迎来的将是明媚春光，也借本书的出版祝愿灿烂春日能给所有关心帮助我的人带来无限美好，再次向你们表达我诚挚的感谢！

刘尊志

2021年1月12日于南开大学

历史学院楼527室